NomosKommentar

Prof. Dr. Winfried Boecken, LL.M.
Universität Konstanz
Prof. Dr. Jacob Joussen
Universität Jena

Teilzeit- und Befristungsgesetz

Handkommentar

Die Deutsche Nationalbibliothek verzeichnet diese Publikation in
der Deutschen Nationalbibliografie; detaillierte bibliografische Daten
sind im Internet über http://www.d-nb.de abrufbar.

ISBN 978-3-8329-0245-2

1. Auflage 2007
© Nomos Verlagsgesellschaft, Baden-Baden 2007. Printed in Germany. Alle
Rechte, auch die des Nachdrucks von Auszügen, der fotomechanischen Wiedergabe und der Übersetzung, vorbehalten.

Vorwort

Das Teilzeit- und Befristungsgesetz ist seit dem 1. Januar 2001 in Kraft. Seitdem regelt es zusammenhängend und systematisch eine Rechtsmaterie, die in der Arbeitswelt unter dem Stichwort der „Flexibilisierung" immer stärker an Bedeutung gewonnen hat. In seiner noch recht jungen Geschichte hat dieses Gesetz vor allem eine ungewöhnlich starke Rechtsprechungstätigkeit provoziert – und naturgemäß dieser folgend eine ebenso starke Produktivität in der Literatur. Dies führt dazu, dass gerade für die Praxis häufig die gesetzlichen Strukturen und das, was „heute noch gilt", kaum noch überschaubar ist. Der vorliegende Kommentar soll daher versuchen, die Grundzüge des Teilzeit- und Befristungsrechts anhand der einschlägigen Rechtsprechung und auch Literatur systematisch deutlich werden zu lassen; er soll als Nachschlagewerk vor allem demjenigen dienen, der in der täglichen Arbeit mit Fragestellungen aus diesem Rechtsgebiet befasst ist. Daraus folgt, dass in der Kommentierung der einzelnen Vorschriften vor allem die höchstrichterliche Rechtsprechung zum Gegenstand geworden ist. Die Verfasser haben sich dabei entschieden, diese so aufzubereiten, dass demjenigen, der in der betrieblichen Praxis sowie in der anwaltlichen Beratungstätigkeit auf Fragestellungen aus diesem Rechtsgebiet trifft, eine aktuelle und systematische Kommentierung in der Hand hat. In der zuversichtlichen Hoffnung, dass dies gelungen ist, möge diese Kommentierung eine Hilfe sein.

Besonderer Dank gilt Frau Danguole Hackel, LL.M., Konstanz, für die wissenschaftliche Unterstützung bei der Vorbereitung der von Prof. Dr. Winfried Boecken bearbeiteten Vorschriften der Kommentierung. Für die zuverlässige Erstellung der diesbezüglichen Manuskriptteile ist Frau Brigitte Geiger und Herrn Philipp Hauenschild, jeweils Konstanz, zu danken.

Konstanz/Jena, Januar 2007
Winfried Boecken *Jacob Joussen*

Bearbeiterverzeichnis

Prof. Dr. Winfried Boecken, LL. M, Universität Konstanz (§§ 6–10, 12–14, 19)
Prof. Dr. Jacob Joussen, Universität Jena (§§ 1–5, 11, 15–18, 20–23)

Zitiervorschlag
Hk-TzBfG/*Boecken*, § 6 Rn 1

Inhaltsverzeichnis

Vorwort 5
Bearbeiterverzeichnis 7
Abkürzungsverzeichnis 11
Literaturverzeichnis 17

Gesetz über Teilzeitarbeit und befristete Arbeitsverträge

Erster Abschnitt
Allgemeine Vorschriften

§ 1	Zielsetzung	19
§ 2	Begriff des teilzeitbeschäftigten Arbeitnehmers	27
§ 3	Begriff des befristet beschäftigten Arbeitnehmers	45
§ 4	Verbot der Diskriminierung	62
§ 5	Benachteiligungsverbot	98

Zweiter Abschnitt
Teilzeitarbeit 107

§ 6	Förderung von Teilzeitarbeit	107
§ 7	Ausschreibung; Information über freie Arbeitsplätze	109
§ 8	Verringerung der Arbeitszeit	118
§ 9	Verlängerung der Arbeitszeit	191
§ 10	Aus- und Weiterbildung	206
§ 11	Kündigungsverbot	213
§ 12	Arbeit auf Abruf	226
§ 13	Arbeitsplatzteilung	243

Dritter Abschnitt
Befristete Arbeitsverträge 252

§ 14	Zulässigkeit der Befristung	252
§ 15	Ende des befristeten Arbeitsvertrages	331
§ 16	Folgen unwirksamer Befristung	372
§ 17	Anrufung des Arbeitsgerichts	381
§ 18	Information über unbefristete Arbeitsplätze	402
§ 19	Aus- und Weiterbildung	407
§ 20	Information der Arbeitnehmervertretung	415
§ 21	Auflösend bedingte Arbeitsverträge	418

Vierter Abschnitt
Gemeinsame Vorschriften 434

§ 22	Abweichende Vereinbarungen	434
§ 23	Besondere gesetzliche Regelungen	441

Stichwortverzeichnis 443

Abkürzungsverzeichnis

aA	andere(r) Ansicht
aaO	am angegebenen Ort
abl	ablehnend
Abs	Absatz
abzgl	abzüglich
aE	am Ende
aF	alte(r) Fassung
AFG	Arbeitsförderungsgesetz
AFRG	Arbeitsförderungsreformgesetz
AG	Aktiengesellschaft
AGB-DDR	Arbeitsgesetzbuch der Deutschen Demokratischen Republik
AGBG	Gesetz zur Regelung des Rechts der Allgemeinen Geschäftsbedingungen
AiB	Arbeitsrecht im Betrieb (Zeitschrift)
AktG	Aktiengesetz
Alg	Arbeitslosengeld
Alhi	Arbeitslosenhilfe
allg	allgemein, allgemeine
Alt	Alternative
aM	anderer Meinung
Amtsbl	Amtsblatt
AngKSchG	Gesetz über die Fristen für die Kündigung von Angestellten
Anh	Anhang
Anm	Anmerkung
AO	Abgabenordnung
AOG	Gesetz zur Ordnung der nationalen Arbeit
AP	Arbeitsrechtliche Praxis – Nachschlagewerk des BAG
ArbG	Arbeitsgericht
ArbGG	Arbeitsgerichtsgesetz
ArbPlSchG	Gesetz über den Schutz des Arbeitsplatzes bei Einberufung zum Wehrdienst (ArbeitsplatzschutzG)
ArbZG, AZG	Arbeitszeitgesetz
ARST	Arbeitsrecht in Stichworten (Zeitschrift)
Art	Artikel
ArztR	Arztrecht (Zeitschrift)
ASiG	Arbeitssicherheitsgesetz
AuA	Arbeit und Arbeitsrecht (Zeitschrift)
Auff	Auffassung
Aufl	Auflage
AÜG	Arbeitnehmerüberlassungsgesetz
AuR/ArbuR	Arbeit und Recht (Zeitschrift)
azaO	am zuletzt angegebenen Ort
AZO	Arbeitszeitordnung
BA	Bundesagentur für Arbeit
Bad-Württ/BW	Baden-Württemberg
BAG GS	Großer Senat des BAG
BAG	Bundesarbeitsgericht

Abkürzungsverzeichnis

BAT	Bundes-Angestelltentarifvertrag
BB	Der Betriebs-Berater (Zeitschrift)
BBiG	Berufsbildungsgesetz
BDO	Bundesdisziplinarordnung
BDSG	Bundesdatenschutzgesetz
BErzGG	Gesetz über die Gewährung von Erziehungsgeld und Erziehungsurlaub (BundeserziehungsgeldG)
BeschäftigtenschutzG	Gesetz zum Schutz der Beschäftigten vor sexueller Belästigung am Arbeitsplatz (Beschäftigtenschutzgesetz)
BeschFG	Gesetz über arbeitsrechtliche Vorschriften zur Beschäftigungsförderung (Beschäftigungsförderungsgesetz)
BetrVG 1952	Betriebsverfassungsgesetz 1952
BetrVG	Betriebsverfassungsgesetz
BfA	Bundesanstalt für Arbeit
BFH	Bundesfinanzhof
BFHE	Amtliche Sammlung der Entscheidungen des Bundesfinanzhofs
BGB	Bürgerliches Gesetzbuch
BGBl	Bundesgesetzblatt
BGH	Bundesgerichtshof
BGHZ	Amtliche Sammlung der Entscheidungen des Bundesgerichtshofs in Zivilsachen
BImSchG	Bundesimmissionsschutzgesetz
BlStSozArb	Blätter für Steuerrecht, Sozialversicherung und Arbeitsrecht (Zeitschrift)
BMF	Bundesfinanzministerium
BMTG	Bundesmanteltarifvertrag für Arbeiter gemeindlicher Verwaltungen und Betriebe
BMTV	Bundesmanteltarifvertrag
BPersVG	Bundespersonalvertretungsgesetz
br	Behindertenrecht (Zeitschrift)
BRG	Betriebsrätegesetz
BRRG	Beamtenrechtsrahmengesetz
BRTV	Bundesrahmentarifvertrag
BSG	Bundessozialgericht
BSGE	Entscheidungen des Bundessozialgerichts
BSHG	Bundessozialhilfegesetz
bspw	beispielsweise
BStBl	Bundessteuerblatt
BT-Drucks	Drucksache des Deutschen Bundestages
Buchst	Buchstabe
BUrlG	Mindesturlaubsgesetz für Arbeitnehmer (Bundesurlaubsgesetz)
BVerfG	Bundesverfassungsgericht
BVerwG	Bundesverwaltungsgericht
BVerwGE	Entscheidungen des Bundesverwaltungsgerichts (amtliche Sammlung)
BW	Baden-Württemberg
BZRG	Bundeszentralregistergesetz
bzw	beziehungsweise

Abkürzungsverzeichnis

DB	Der Betrieb (Zeitschrift)
DBlR	Dienstblatt der Bundesanstalt für Arbeit, Ausgabe C – Rechtsprechung
DDR	Deutsche Demokratische Republik
dh	das heißt
DM	Deutsche Mark
DStR	Deutsches Steuerrecht (Zeitschrift)
EBRG	Gesetz über Europäische Betriebsräte (Europäische Betriebsräte- Gesetz)
EEÄndG	Entlassungsentschädigungs-Änderungsgesetz
EFZG	Entgeltfortzahlungsgesetz
EGBGB	Einführungsgesetz zum Bürgerlichen Gesetzbuch
EGMR	Europäischer Gerichtshof für Menschenrechte
Einl	Einleitung
EntgeltfortzahlungsG	Entgeltfortzahlungsgesetz
Erl	Erläuterung(en)
EStG	Einkommenssteuergesetz
etc.	et cetera, und so weiter
EU	Europäische Union
EuGH	Gerichtshof der Europäischen Gemeinschaften
eV	eingetragener Verein
evtl	eventuell
EWG	Europäische Wirtschaftsgemeinschaft
EzA	Entscheidungssammlung zum Arbeitsrecht
f	folgend(e)
ff	fortfolgende
Fn	Fußnote
FS	Festschrift
GBl	Gesetzblatt
GdB	Grad der Behinderung
GefahrstoffVO	Gefahrstoffverordnung
gem	gemäß
GenG	Gesetz betreffend die Erwerbs- und Wirtschaftsgenossenschaften (GenossenschaftsG)
GewO	Gewerbeordnung
GG	Grundgesetz
ggf	gegebenenfalls
GmbHG	Gesetz betreffend die Gesellschaften mit beschränkter Haftung (GmbH-Gesetz)
grds.	grundsätzlich
GS	Großer Senat
HAG	Heimarbeitsgesetz
HAS	Handbuch des Arbeits- und Sozialrechts, hrsg. von Weiss/Gagel
HessLAG	Hessisches Landesarbeitsgericht

Abkürzungsverzeichnis

HGB	Handelsgesetzbuch
HGO	Hessische Gemeindeordnung
hL	herrschende Lehre
hM	herrschende Meinung
HS	Halbsatz
idF	in der Fassung
idR	in der Regel
idS	in diesem Sinne
ie	im einzelnen
ieS	im engeren Sinne
InsO	Insolvenzordnung
iR	im Rahmen
iRv	im Rahmen von
iS	im Sinne
iSd	im Sinne des/der
iSv	im Sinne von
iü	im übrigen
iVm	in Verbindung mit
iwS	im weiteren Sinne
JArbSchG	Jugendarbeitsschutzgesetz
JAV	Jugend- und Auszubildendenvertretung
Kap	Kapitel
KG	Kommanditgesellschaft
KGaA	Kommanditgesellschaft auf Aktien
KO	Konkursordnung
KrG	Kreisgericht
KSchG	Kündigungsschutzgesetz
LAG	Landesarbeitsgericht
LAGE	Entscheidungen der Landesarbeitsgerichte
LFZG, LohnFG, LohnfortzG	Lohnfortzahlungsgesetz
lit	literum, Buchstabe
LM	Lindenmaier/Möhring, Nachschlagewerk des Bundesgerichtshofes
LPersVG, LPVG	Landespersonalvertretungsgesetz
LS	Leitsatz
LStDV	Lohnsteuerdurchführungsverordnung
maW	mit anderen Worten
MDR	Monatsschrift für Deutsches Recht (Zeitschrift)
mE	meines Erachtens
MitbestG	Mitbestimmungsgesetz
MRK	Menschenrechtskonvention
MTB	Manteltarifvertrag für Arbeiter des Bundes
MTL	Manteltarifvertrag für Arbeiter der Länder
MTV	Manteltarifvertrag

Abkürzungsverzeichnis

MuSchG	Gesetz zum Schutz der erwerbstätigen Mutter (Mutterschutzgesetz)
mwN	mit weiteren Nachweisen
nF	neue Fassung
NJW	Neue Juristische Wochenschrift (Zeitschrift)
NJW-CoR	NJW-Computerrecht (Zeitschrift)
NJW-RR	NJW-Rechtsprechungs-Report (Zeitschrift)
Nr	Nummer
Nrn	Nummern
nv	nicht veröffentlicht
NW	Nordrhein-Westfalen
NZA	Neue Zeitschrift für Arbeits- und Sozialrecht (Zeitschrift)
NZA-RR	NZA-Rechtsprechungs-Report Arbeitsrecht (Zeitschrift)
OHG	offene Handelsgesellschaft
OLG	Oberlandesgericht
PersF	Personalführung (Zeitschrift)
PersR	Der Personalrat (Zeitschrift)
PersVG	Personalvertretungsgesetz
rd	rund
RdA	Recht der Arbeit (Zeitschrift)
RegE	Regierungsentwurf
RGBl	Reichsgesetzblatt
Rh-Pf	Rheinland-Pfalz
Rspr	Rechtsprechung
RTV	Rahmentarifvertrag
RVO	Reichsversicherungsordnung
Rz	Randziffer
S	Seite
s	siehe
SAE	Sammlung arbeitsrechtlicher Entscheidungen (Zeitschrift)
SchwbG	Gesetz zur Sicherung der Eingliederung Schwerbehinderter in Arbeit, Beruf und Gesellschaft (Schwerbehindertengesetz)
SeemG	Seemannsgesetz
SGB III	Sozialgesetzbuch-Drittes Buch-Arbeitsförderungsrecht
SGB IX	Sozialgesetzbuch – Neuntes Buch – Rehabilitation und Teilhabe behinderter Menschen
SGB V	Sozialgesetzbuch – Fünftes Buch – Gesetzliche Krankenversicherung
SGB VI	Sozialgesetzbuch – Sechstes Buch – Gesetzliche Rentenversicherung
SGB X	Sozialgesetzbuch – Zehntes Buch – Verwaltungsverfahren
sog	sogenannte(r)
SprAuG	Gesetz über die Sprecherausschüsse der leitenden Angestellten (Sprecherausschußgesetz)
StPO	Strafprozeßordnung

Abkürzungsverzeichnis

str	streitig
su	siehe unten
TVAL	Tarifvertrag für Angehörige alliierter Dienststellen
TVG	Tarifvertragsgesetz
TzBfG	Teilzeit- und Befristungsgesetz
u	unten
uä	und ähnliches
ua	und andere, unter anderem
überw	überwiegend
UmwG	Umwandlungsgesetz
unstr	unstreitig
Urt	Urteil
usw	und so weiter
uU	unter Umständen
v	vom
VBG	Unfallverhütungsvorschrift der Berufsgenossenschaft
VerglO, VglO	Vergleichsordnung
VGH	Verwaltungsgerichtshof
vgl	vergleiche
VVaG	Versicherungsverein auf Gegenseitigkeit
VwGO	Verwaltungsgerichtsordnung
WahlO, WO	Wahlordnung
WissZeitVG	Wissenschaftszeitvertragsgesetz
WRV	Weimarer Reichsverfassung
zB	zum Beispiel
ZDG	Zivildienstgesetz
ZfA	Zeitschrift für Arbeitsrecht
ZIP	Zeitschrift für Wirtschaftsrecht und Insolvenzrecht
ZPO	Zivilprozessordnung
zT	zum Teil
ZTR	Zeitschrift für Tarifrecht
zust	zustimmend
zVv	zur Veröffentlichung vorgesehen

Literaturverzeichnis

Annuß/Thüsing, Teilzeit- und Befristungsgesetz, 2. Auflage, Frankfurt 2006

Arnold/Gräfl, Praxiskommentar zum TzBfG, München 2005

Ascheid/Preis/Schmidt, Großkommentar zum Kündigungsrecht, 2. Auflage, München 2004

Becker u.a., GK-Kündigungsschutzgesetz (KR), 7. Auflage, Neuwied 2004

Boewer, Teilzeit- und Befristungsgesetz, Köln 2002

Dieterich/Müller-Glöge, Erfurter Kommentar zum Arbeitsrecht, 7. Auflage, München 2007

Dütz, Arbeitsrecht, 11. Auflage, München 2006

Düwell, Betriebsverfassungsgesetz, Handkommentar, 2. Auflage, Baden-Baden 2006

Erman, Kommentar zum BGB, 11. Auflage, Münster 2004

Fiebig/Gallner, Kündigungsschutzgesetz. Handkommentar (HK-KSchG), 2. Auflage, Baden-Baden 2004

Fitting u.a., Betriebsverfassungsgesetz. Kommentar, 23. Auflage, München 2006

Gamillscheg, Kollektives Arbeitsrecht I, München 1997

Henssler/Willemsen/Kalb, Arbeitsrecht(HWK). Kommentar, 2. Auflage, Köln 2006

Holwe/Kossens/Pielenz/Räder, Teilzeit- und Befristungsgesetz. Basiskommentar, Frankfurt 2004

Kempen/Zachert, Tarifvertragsgesetz, 4. Auflage, Frankfurt 2006

Kittner/Däubler/Zwanziger, Kündigungsschutzrecht (KSchR), 6. Auflage, Frankfurt 2004

Kraft/Wiese/Kreutz/Oetker/Raab/Weber/Franzen, Gemeinschaftskommentar zum Betriebsverfassungsgesetz, 8. Auflage, Neuwied 2005

Meinel/Heyn/Herms, TzBfG, 2. Auflage, München 2004

Münchener Kommentar zum BGB, Band 4, 4. Auflage, München 2005

Palandt, Bürgerliches Gesetzbuch, 66. Auflage, München 2007

Ring, Gesetz über Teilzeit und befristete Arbeitsverhältnisse, Bonn 2001

Rolfs, Teilzeit- und Befristungsgesetz, München 2002

Rolfs/Giesen, BeckOK Arbeitsrecht, München, fortlaufend aktualisiert

Sievers, TzBfG. Kommentar zum Teilzeit- und Befristungsgesetz, Neuwied 2003

Stahlhacke/Leinemann, Handbuch zum Arbeitsrecht, Loseblatt, Neuwied

Wiedemann, Tarifvertragsgesetz, 7. Auflage, München 2007

Gesetz über Teilzeitarbeit und befristete Arbeitsverträge

Vom 21.12.2000 (BGBl. I S. 1966)

(BGBl. III 800-26)

zuletzt geändert durch Gesetz zur Verbesserung der Beschäftigungschancen älterer Menschen vom 19.4.2007 (BGBl. I S. 538)

Erster Abschnitt

Allgemeine Vorschriften

§ 1 Zielsetzung

Ziel des Gesetzes ist, Teilzeitarbeit zu fördern, die Voraussetzungen für die Zulässigkeit befristeter Arbeitsverträge festzulegen und die Diskriminierung von teilzeitbeschäftigten und befristet beschäftigten Arbeitnehmern zu verhindern.

Literatur: *Altendorf*, Hindernisse für Teilzeitarbeit und flexible Arbeitsorganisation in der Bundesrepublik Deutschland, Diss. Univ. Mainz 1998; *Bauer*, Neue Spielregeln für Teilzeitarbeit und befristete Arbeitsverträge, in: Brennpunkte des Arbeitsrechts 2002, 111; *Behrens/Richter*, Teilzeitarbeit in Schweden, den Niederlanden und Deutschland, NZA 2002, 138; *Blanpain*, The Changing World of Work, in: Blanpain/Engels, Comparative Labour Law and Industrial Relations in industrialized market economies, 5. Auflage, Deventer 1993, 23; *Bosch*, Konturen eines neuen Normalarbeitsverhältnisses, WSI-Mitteilungen, 219; *Brügge*, Das Gesetz über Teilzeitarbeit, Frankfurt 2004; *Buschmann/Dieball/Stevens-Bartol*, TZA – Das Recht der Teilzeitarbeit, 2. Auflage, Frankfurt 2001; *Dassau*, Das Gesetz über Teilzeitarbeit und befristete Arbeitsverträge, ZTR 2001, 64; *Dörner*, Der befristete Arbeitsvertrag, München 2004; *Hanau*, Gutachten C für den 63. Deutschen Juristentag, in: Ständige Deputation des DJT (Hrsg.), Verhandlungen des Dreiundsechzigsten Deutschen Juristentages Leipzig 2000. Band 1: Gutachten, München 2000; *von Hoyningen-Huene*, Das neue Beschäftigungsförderungsgesetz 1985, NJW 1985, 1801; *Hromadka*, Das neue Teilzeit- und Befristungsgesetz, NJW 2001, 400; *Kleinhenz*, Gutachten B für den 63. Deutschen Juristentag, in: Ständige Deputation des DJT (Hg.), Verhandlungen des Dreiundsechzigsten Deutschen Juristentages Leipzig 2000. Band 1: Gutachten, München 2000; *Löwisch*, Das Beschäftigungsförderungsgesetz 1985, BB 1985, 1200; *Preis/Gotthardt*, Neuregelung der Teilzeitarbeit und befristeten Arbeitsverhältnisse, DB 2000, 2065; *Rolfs*, Das neue Recht der Teilzeitarbeit, RdA 2001, 129; *Seifert*, Arbeitszeitpolitik in Deutschland: auf der Suche nach neuen Wegen, WSI-Mitteilungen 1998, 579; *Zachert*, Erosion des Normalarbeitsverhältnisses in Europa, BB 1990, 565; *Zachert*, Die Zerstörung des Normalarbeitsverhältnisses, AuR 1988, 138

I.	Allgemeines	1	IV.	Verhinderung der Diskriminierung ... 15
II.	Förderung der Teilzeitarbeit	6		
III.	Festlegung der Voraussetzungen für die Zulässigkeit befristeter Arbeitsverhältnisse	11		

I. Allgemeines

Mit Wirkung vom 1.1.2001 ist das Gesetz über Teilzeitarbeit und befristete **1** Arbeitsverträge (Teilzeit- und Befristungsgesetz – TzBfG, BGBl. 2000 I S. 1966) in der Nachfolge der Vorgängerregelung, des **Beschäftigungsförderungsgesetzes aus dem Jahr 1985 (BeschFG)**, in Kraft getreten. Schon das letztgenannte verfolgte wie das TzBfG eine doppelte Zielrichtung: Erstmals sollte ein rechtlicher Rahmen für Teilzeitarbeit zur Verfügung gestellt werden, zugleich beabsichtigte das BeschFG die Erleichterung des Abschlusses befristeter Arbeitsverhältnisse.[1] Doch bestand aus unterschiedlichen Gründen der Bedarf nach einer neuen rechtlichen Regelung. Dieser Bedarf speiste sich vor allem aus zwei Quellen. Zum einen war die gesetzliche Fassung der Kernbestimmung des BeschFG, nämlich seines § 1 BeschFG, von Anfang an befristet. Diese Befristung war zwar zwischenzeitlich wiederholt verlängert worden: durch das Gesetz zur Verlängerung beschäftigungsfördernder Vorschriften vom 22.12.1989[2] bis zum 31.12.1995 und bis zum 31.12.2000 durch das BVG vom 26.7.1994.[3] Doch lief nunmehr seine Geltung aus, so dass Handlungsbedarf schon auf nationaler Ebene gegeben war. Zum anderen ergab sich ein Handlungsbedarf auch durch europäische Vorgaben: Der Gesetzgeber musste tätig werden, weil eine Verpflichtung der Bundesrepublik zur Umsetzung der europäischen **Richtlinie 1997/81/EG** des Rates vom 15.12.1997 zu der von UNICE, CEEP und EGB geschlossenen Rahmenvereinbarung über Teilzeitarbeit[4] sowie der **Richtlinie 1999/70/EG** des Rates vom 28.6.1999 zu der EGB-UNICE-CEEP-Rahmenvereinbarung über befristete Arbeitsverträge[5] bestand. Die Teilzeitrichtlinie 1997/81/EG verlangte von den Mitgliedstaaten unter anderem, Hindernisse rechtlicher und verwaltungstechnischer Natur, die Teilzeitarbeitsmöglichkeiten beschränken könnten, zu prüfen und gegebenenfalls zu beseitigen. Gleiches galt für die Sozialpartner innerhalb ihrer Zuständigkeiten; zudem war ein Appell an die Arbeitgeber enthalten, Anträge von Vollzeitbeschäftigten auf Wechsel in ein im Betrieb zur Verfügung stehendes Teilzeitarbeitsverhältnis zu berücksichtigen. Entsprechend der Richtlinie 1999/70/EG wiederum war jeder Mitgliedstaat verpflichtet, eine oder mehrere Maßnahmen der folgenden Art zu ergreifen: eine Festlegung sachlicher Gründe, welche die Verlängerung eines befristeten Arbeitsvertrags rechtfertigen, Festlegung der Höchstdauer aufeinander folgender befristeter Arbeitsverträge sowie die Festlegung der zulässigen Zahl der Verlängerungen eines befristeten Arbeitsvertrags (vgl § 5 der genannten Richtlinie). Für die Umsetzung bedurfte es entweder einer anpassenden Novellierung des bereits bestehenden BeschFG oder einer neuen gesetzlichen Regelung, dies vor allem auch deshalb, weil das Erfordernis eines sachlichen Grundes für die Befristung eines Arbeitsvertrags bis dato nicht gesetzlich geregelt war, sondern sich („nur") aus der Rechtsprechung des BAG ergab.[6] Der Gesetzgeber hat sich zu einer vollständigen Revision entschlossen, wobei er zu berücksichtigen hatte, dass bei der Umsetzung nach den Vorgaben der Richtlinien bestehende nationale Standards nicht abgesenkt werden durften.

2 Diesen rechtlich bindenden Vorgaben, die zum Erlass des TzBfG führten, standen zudem rechtspraktische **Erwägungen** zur Seite: Teilzeitarbeit und befristete Arbeitsverhältnisse sind Formen der Beschäftigung, die in Deutschland eine lange Tradition haben und im Interesse von Arbeitnehmern und Arbeitgebern an einer flexiblen Organisation der Arbeit auch weiterhin erforderlich sind. Zum Zeitpunkt des Erlasses des TzBfG waren über sechs Millionen Arbeitneh-

---

1 S. von Hoyningen-Huene, NJW 1985, 1801; Löwisch, BB 1985, 1200.
2 BGBl. I S. 2406.
3 BGBl I S. 1786.
4 ABl. EG 1998 Nr. L 14 S. 9.
5 ABl. EG 1999 Nr. L 175S. 43.
6 Zu der Entwicklung der Rechtsprechung s. Dörner, Arbeitsvertrag Rn 26.

Zielsetzung § 1

mer teilzeitbeschäftigt, mehr als zwei Millionen Arbeitnehmer hatten ein befristetes Arbeitsverhältnis.[7] Dabei hatte die historische Entwicklung gezeigt, dass es sich bei diesen hohen Zahlen nicht um singuläre Erscheinungen handelte, sondern dauerhaft sowohl von einer hohen Zahl teilzeit- als auch befristet beschäftigter Arbeitnehmer auszugehen war. Während die befristete Beschäftigung, die in den neunziger Jahren des 20. Jahrhunderts eine signifikante Ausweitung erfuhr,[8] in gleicher Weise von Frauen und Männern ausgeübt wurde, war die Situation 1999 bei der Teilzeitbeschäftigung anders gelagert: Etwa 85 % der teilzeitbeschäftigten Arbeitnehmer sind weiblich.[9] Auch diese besondere rechtstatsächliche Situation hatte maßgeblichen Einfluss auf die Neufassung der rechtlichen Rahmenbedingungen: Dass schon aufgrund dieser rechtstatsächlichen Situation in besonderem Maße auch die Diskriminierungserwägungen zu berücksichtigen waren, hat sich bereits im Wortlaut der einleitenden Vorschrift des Gesetzes niedergeschlagen.

Vor diesem Hintergrund hat der Gesetzgeber das vorliegende Gesetz erlassen. In ihm sind, dies wird bereits in der Formulierung des § 1 TzBfG deutlich angesprochen, Teilzeitarbeit und befristete Arbeitsverhältnisse gemeinsam geregelt. Dabei hat § 1 TzBfG eine dreifache **Zielsetzung** für das Gesetz vorgegeben: Es soll zum einen die Teilzeitarbeit gefördert (§ 1 Rn 6), es sollen die Voraussetzungen für die Zulässigkeit befristeter Arbeitsverträge festgelegt werden (§ 1 Rn 11) und schließlich soll durch das Gesetz die Diskriminierung von teilzeitbeschäftigten und befristet beschäftigten Arbeitnehmern verhindert werden (§ 1 Rn 15), wobei unter systematischen Gesichtspunkten zu berücksichtigen ist, dass § 4 TzBfG den Diskriminierungsschutz noch verbindlich in das Gesetz aufnimmt. Diese Zielvorstellungen sind nicht isoliert voneinander zu sehen; zwar beziehen sich die beiden erstgenannten auf die jeweils genannte Gruppe, doch gerade das Ziel des Diskriminierungsschutzes ist übergeordnet und auf beide Gruppen bezogen. 3

Von seiner Rechtsnatur her gesehen stellt § 1 TzBfG einen **Programmsatz** dar. Nicht haltbar ist es dabei jedoch, ihm „keinen eigenen Regelungsgehalt" zuzusprechen.[10] Zutreffend ist, dass es sich bei dieser Vorschrift nicht um eine Anspruchsgrundlage handelt, so dass sich aus ihr keine Individualansprüche des einzelnen Arbeitnehmers ergeben können.[11] Umgekehrt ergeben sich allein aus § 1 TzBfG auch keine Pflichten des Arbeitgebers. Dies bedeutet aber keineswegs, dass die Vorschrift regelungsfrei wäre. Eine solche Formulierung verkennt nämlich, dass Rechtssätze mehr bzw anderes als nur Anspruchsnormen sein können. Vielmehr ist § 1 TzBfG, wie jeder Programmsatz, als Auslegungsregelung heranzuziehen: Insbesondere bei der Auslegung der im Gesetz vorhandenen unbestimmten Rechtsbegriffe gibt § 1 TzBfG das Ziel und den Zweck des Gesetzes vor, an denen sich die teleologische (und systematische) Auslegung zu orientieren haben.[12] 4

---

7 BT-Drucks. 14/4374 S. 1; s. auch Bauer S. 111.
8 Annuß in Annuß/Thüsing, Einführung Rn 18.
9 Altendorf, S. 92.
10 So aber Sievers, § 1 Rn 1; ähnlich Annuß in Annuß/Thüsing, § 1 Rn 1.
11 So auch Dassau, ZTR 2001, 65; Rolfs, RdA 2001, 130; Preis/Gotthardt, DB 2000, 2066.
12 Meinel/Heyn/Herms, § 1 Rn 9; zu vorsichtig demgegenüber MünchKommBGB/Müller-Glöge § 1 TzBfG Rn 2, wenn er davon spricht, § 1 „kann" bei der Auslegung Bedeutung erlangen – er erlangt sie vielmehr zwingend.

5 Unabhängig von den einzelnen speziellen Zielvorgaben des § 1 TzBfG (Förderung der Teilzeit, Festlegung der Voraussetzungen für die Zulässigkeit befristeter Arbeitsverhältnisse und Verbot der Diskriminierung) ist zusätzlich hinter dem TzBfG insgesamt auch noch eine tiefer gehende **Zielsetzung** zu beachten. Diese beruht auf dem Umstand, dass Teilzeitarbeit und befristete Arbeitsverhältnisse Formen der Beschäftigung darstellen, die in Deutschland eine lange Tradition haben und im Interesse von Arbeitnehmern wie Arbeitgebern an einer flexiblen Organisation der Arbeit auch erforderlich sind.[13] Wenn daher durch das TzBfG eine Novellierung dieser Formen vorgenommen worden ist, so kann dies auch als Zeichen dafür gesehen werden, dass rechtliche Veränderungen und Fortentwicklungen stets auch die Reaktion auf einen Wandel sind, der sich in der Gesellschaft vollzieht.[14] Der Bedarf nach einer Regelung von Teilzeit- und befristeter Beschäftigung spiegelt nicht zuletzt die sich immer mehr ausdifferenzierende Wirklichkeit des Arbeitslebens wider, die dazu führt, dass sich die in ihren konkreten Zügen für die Mehrheit der Arbeitsverhältnisse typische Arbeitsbeziehung, das sog. Normalarbeitsverhältnis, auf dem Rückzug befindet. Setzte das traditionelle Arbeitsverhältnis noch eine stabile, sozial abgesicherte und abhängige Beschäftigung in Vollzeit voraus,[15] und wurde sogar zum Teil das „**Normalarbeitsverhältnis**" als durch die Merkmale der Standardisierung der Arbeitsdauer und der Lage der Arbeitszeit gekennzeichnet angesehen, ist es vor allem die Arbeitszeit, die in den vergangenen Jahren neu konzipiert und flexibilisiert wird – es ist die Arbeitszeit, die seit Jahren – nicht nur in Deutschland[16] – einem tief greifenden Modellwechsel unterliegt.[17] Diese gelegentlich auch als „Erosion des Normalarbeitsverhältnis"[18] oder sogar als „Zerstörung des Normalarbeitsverhältnis"[19] bezeichnete Entwicklung prägt die gesamte Regelung im TzBfG – denn dieses versucht, eben dieser Entwicklung Rechnung zu tragen.

II. Förderung der Teilzeitarbeit

6 Vor dem zuvor geschilderten Hintergrund richtet sich die erste Zielbestimmung des § 1 TzBfG zunächst auf die **Förderung** der Teilzeitarbeit. Der Gesetzgeber selbst hat dieses Ziel an den Beginn seiner Erwägungen gestellt und formuliert, die Ausweitung von Teilzeitarbeit habe eine erhebliche beschäftigungspolitische Bedeutung.[20] Die Förderung der Teilzeitarbeit erfolgt jedoch nicht nur, so die Zielvorstellung des Gesetzgebers, aus arbeitsmarktpolitischen, sondern auch aus gleichstellungspolitischen Beweggründen, denn die nichtdiskriminierende Teilzeit, so die Begründung des Gesetzentwurfs, sei für die tatsächliche Durchsetzung der Gleichstellung von Mann und Frau eine wesentliche Voraussetzung.

---

13 BT-Drucks. 14/4374 S. 1.
14 Brügge, S. 25.
15 Bosch, WSI-Mitteilungen 2001, 220.
16 Zu unterschiedlichen, vor allem europäischen Entwicklungen s. etwa Behrens/Richter, NZA 2002, 138; Blanpain S. 23.
17 Seifert, WSI-Mitteilungen 1998, 585.
18 Zachert, BB 1990, 567.
19 Zachert, AuR 1988, 132.
20 BT-Drucks. 14/4374 S. 1.

Zielsetzung §1

Die Förderung der Teilzeitarbeit erfolgt also im Wesentlichen aus diesen beiden Motivationen heraus.

Die **arbeitsmarktpolitische Motivation** des Gesetzgebers beruht auf zwei miteinander verbundenen Vorstellungen: Zum einen geht die Gesetzesbegründung davon aus, durch den Ausbau von Teilzeitarbeit könnten Arbeitsplätze gesichert und neue Arbeitsplätze geschaffen werden. Zur Erreichung dieses Ziels sei jedoch generell erforderlich, dass Teilzeitarbeit noch stärker als bisher gefördert werde; denn im europäischen Durchschnitt liegt Deutschland in der **Teilzeitquote** lediglich im Mittelfeld, hinter den Niederlanden, Großbritannien, Schweden und Dänemark.[21] Zum anderen, dies hängt eng mit dem soeben Genannten zusammen, fällt ebenfalls in den Bereich der arbeitsmarktpolitischen Motivation, dass der Gesetzgeber der Ansicht ist, die Nachfrage der Arbeitnehmer an Teilzeitbeschäftigung steige kontinuierlich an.[22] Auch aus diesem Grund sei eine Förderung dieser Beschäftigungsform geboten. Diese Konsequenz klingt in der Tat schlüssig: Denn wenn die subjektive Bereitschaft und das Interesse vorhanden sind, verstärkt teilzeitbeschäftigt tätig zu sein, besteht ein guter Grund, diese Bereitschaft zu fördern: Insofern kann die Gesetzesbegründung auf Berechnungen des Instituts für Arbeitsmarkt- und Berufsforschung der damaligen Bundesanstalt für Arbeit (IAB) verweisen, denen zufolge die Ausschöpfung dieses Nachfragepotenzials nach Teilzeitarbeit erhebliche Entlastungseffekte auf dem Arbeitsmarkt auslösen würde.[23] Arbeitsmarktpolitisch steht somit hinter dem TzBfG, formuliert in dieser Zielbestimmung in seinem § 1, dass die gesetzlichen Regelungen einen effektiven Beitrag zur Beschäftigungssicherung und zum Beschäftigungsaufbau gerade deshalb zu leisten geeignet sind, weil die Betroffenen ihren Wunsch nach Teilzeitarbeit häufig bislang allein deshalb nicht verwirklichen können, weil entsprechende Teilzeitarbeitsplätze nicht angeboten werden – und dies, obwohl mehr Teilzeit, so die gesetzliche Idee, zu mehr Beschäftigung führt.[24]

Inwieweit diese **arbeitsmarktpolitische Zielsetzung** der Realität entspricht, insbesondere in der Hinsicht, ob tatsächlich die Formel „mehr Teilzeit gleich mehr Beschäftigung" als tragfähig angesehen werden kann, wird zwar immer wieder in Frage gestellt; zum Teil wird etwa kritisch darauf hingewiesen, der europäische Vergleich im Hinblick auf die Teilzeitquote (und damit der daraus abgeleitete Wunsch der Erhöhung der deutschen Quote) sei deshalb problematisch, weil die durchschnittliche tarifliche Arbeitszeit in den Vergleichsländern möglicherweise auch höher sei als in Deutschland, so dass sich ein stärkerer Wunsch und ein stärkerer Bedarf nach Teilzeitbeschäftigung schon hieraus ergäbe.[25] Wenn auch derartige Einwände inhaltlich zutreffen mögen – worüber sich wahrscheinlich trefflich streiten lässt[26] –, doch können sie die teleologische Motivation des

---

21 So die Gesetzesbegründung BT-Drucks. 14/4374 S. 11 mit Verweis auf EUROSTAT 1998.
22 BT-Drucks. 14/4374 S. 11.
23 S. die Ergebnisse dieser Untersuchung in Mitteilungen aus der Arbeitsmarkt- und Berufsforschung 1/99.
24 Meinel/Heyn/Herms, § 1 Rn 11.
25 Für den Fall der Niederlande so etwa Hromadka, NJW 2001, 405.
26 S. zu den Koordinaten dieser Diskussion etwa Brügge S. 35; zu der Frage, ob das TzBfG mit seinen dort enthaltenen Instrumenten generell ein geeignetes Mittel der Arbeitsmarktpolitik darstellt s. auch ausführlich die Gutachten von Kleinhenz und Hanau für den 63. Deutschen Juristentag.

9 Hinter der Zielvorgabe der „**Förderung** von Teilzeitarbeit" steht zusätzlich zu der arbeitsmarktpolitischen Motivation auch noch ein gleichstellungspolitischer Beweggrund, den der Gesetzgeber in gleichem Maße zu fördern beabsichtigt. Ausgangspunkt für diese Motivation ist die Feststellung, dass (zum Zeitpunkt des Gesetzentwurfs, der für die Motivation entscheidend ist) 87 % der Teilzeitbeschäftigten Frauen sind.[27] Aus diesem Befund speist sich eine gleichstellungspolitische Motivation in zweifacher Hinsicht: Zum einen soll die Chancengleichheit zwischen Frauen und Männern gestärkt und gefördert werden; dies soll vor allem dadurch erreicht werden, dass durch die Vorgaben des TzBfG (vor allem) den Frauen die Möglichkeit gegeben wird, die ihnen durch die Ausübung einer „nur" Teilzeitbeschäftigung verbleibende Zeit zu nutzen: Ihnen soll sozusagen gesetzlich abgesichert und durch das TzBfG gefördert die Ausübung einer Teilzeitbeschäftigung ermöglicht werden, damit sie das „lebenslange Lernen" und den Erwerb zusätzlicher Qualifikationen außerhalb des Unternehmens verfolgen können.[28] Zum anderen soll den persönlichen Bedürfnissen der Teilzeitbeschäftigten Rechnung getragen werden, denn mehr als die Hälfte aller Teilzeitbeschäftigten übt die Teilzeittätigkeit aus persönlichen und familiären Gründen aus. Diese Gründe werden vom Gesetzgeber respektiert, und er fördert damit zugleich auch den von ihm wahrgenommenen Wunsch der Betroffenen, mehr Zeit für die Familie zu haben. Gleichstellungspolitische Motivation heißt somit, das Gesetz hat sich zum Ziel gesetzt, die Vereinbarkeit von (eben) Teilzeitbeschäftigung und dem Wunsch, mehr Zeit neben der Arbeit zu haben, zu fördern. Gleichstellung ist dies, so die Vorstellung des Gesetzgebers, deshalb, weil diese persönlichen Wünsche regelmäßig mehr den Lebensentwürfen der weiblichen Beschäftigten entsprechen – das Gesetz, so heißt es in der Begründung ausdrücklich, „berücksichtigt auch die unterschiedlichen Lebensentwürfe der Arbeitnehmer".

10 Auch hier ließe sich sicher Kritisches einwenden; insbesondere könnte man hinterfragen, ob die **Förderung** der unterschiedlichen Lebensentwürfe nicht in dem Sinne kontraproduktiv ist, dass hierdurch gerade vorgegebene und tradierte Rollenbilder geradezu zementiert werden, was wiederum einer Gleichstellung möglicherweise diametral entgegengesetzt wäre. Doch gilt hier Gleiches wie schon zur arbeitsmarktpolitischen Motivation. Mag man auch die Zielvorstellungen kritisieren, mag man sie auch inhaltlich für unzutreffend halten – sind sie doch Grundlage des gesetzgeberischen Handelns und werden auf diesem Wege entsprechend den allgemein anerkannten Grundsätzen der Auslegung zum Maßstab vor allem der teleologischen Auslegung. Es soll eine deutliche Ausweitung der Teilzeitarbeit erreicht werden, um das Beschäftigungspotenzial, was sich aus dieser Form der Beschäftigung nach den Vorstellungen des Gesetzgebers ergibt, auszuschöpfen und um die Gleichstellung zwischen Männern und Frauen voranzutreiben. Aus diesem Grund sieht das Gesetz etwa Maßnahmen vor, die sicherstellen sollen, dass Anträge von Vollzeitbeschäftigten auf Wechsel in eine

---

27 Statistisches Bundesamt, Mikrozensus 1999.
28 BT-Drucks. 14/4374 S. 11.

Zielsetzung § 1

Teilzeitarbeit ermöglicht werden.[29] Die Förderung der Teilzeitbeschäftigung aus den genannten Gründen wird daher zur zentralen Richtschnur: Kommt es zu Auslegungsfragen bzw zu mehreren möglichen Auslegungsoptionen einer Norm des TzBfG, wird somit diejenige Auslegungsvariante zu bevorzugen sein, der es gelingt, einer dieser beiden Zielvorgaben stärker Rechnung zu tragen.[30]

III. Festlegung der Voraussetzungen für die Zulässigkeit befristeter Arbeitsverhältnisse

Ein zweites Ziel des TzBfG ist nach § 1 des Gesetzes, die Voraussetzungen für die Zulässigkeit befristeter Arbeitsverhältnisse festzulegen. Auch zu diesem, von den europäischen Vorgaben freilich vorgeprägten und vorgezeichneten Motivationsstrang, zieht die Gesetzesbegründung statistisches Material heran. Danach hatten im Jahr 1999 von den 28,4 Millionen Arbeitnehmern 2,34 Millionen einen befristeten Arbeitsvertrag. Dies entsprach eine **Befristungsquote** von 8,3 %; hier gab es im Übrigen erhebliche Differenzen zwischen den alten und den neuen Bundesländern. Zudem war die Quote seit 1985 stark gestiegen, als sie noch 5,4 % (in der ehemaligen Bundesrepublik) betrug.[31]

11

Vor dem Hintergrund dieser Zahlen geht der Gesetzgeber mit Recht davon aus, dass der **Regelfall** der Beschäftigung unverändert derjenige in einem (zumindest von der Anlage aus gesehen) unbefristeten Arbeitsverhältnis ist, die Gesetzesbegründung spricht hier davon, das unbefristete Arbeitsverhältnis stelle den „Normalfall" dar.[32] Unabhängig von der tatsächlichen Rechtsentwicklung und Rechtssituation ist – ähnlich wie bei der Zielvorstellung in Bezug auf die Förderung der Teilzeitbeschäftigung – auch hier maßgeblich, was der Gesetzgeber als Ziel vor Augen hat: Auch für das TzBfG ist entscheidend, dass unbefristete Arbeitsverhältnisse in Deutschland auch in Zukunft aus sozialpolitischen Gründen grundsätzlich der Normalfall bleiben soll. Neben dieser Zielvorstellung findet sich jedoch keine explizite Äußerung zu der Fragestellung, ob befristete Beschäftigung – ähnlich wie die Teilzeitarbeit – gefördert werden soll. Hier wird man das Schweigen des Gesetzgebers durchaus als beredtes Schweigen ansehen können. Dieses regelmäßig nicht sehr zuverlässige Auslegungskriterium des *„argumentum e silentio"* dürfte hier deshalb Überzeugungskraft besitzen, weil der Gesetzgeber sehr wohl formuliert, dass er aus sozialpolitischen Gründen den unbefristeten Arbeitsvertrag als Normalfall ansieht. In gleiche Richtung, auch dies ist Inhalt einer systematischen, hier sogar europarechtskonformen Auslegung, zielt die Erwägung zu der der gesetzlichen Regelung zugrunde liegenden Richtlinie: Nach Erwägungsgrund Nr. 6 der Rahmenvereinbarung über befristete Arbeitsverträge, die die Auffassung der europäischen Sozialpartner widerspiegelt, sind unbefristete Arbeitsverhältnisse „die übliche Form des Beschäftigungsverhältnisses" und tragen zur Lebensqualität der betreffenden Arbeitnehmer und zur Verbesserung ihrer Leistungsfähigkeit bei.

12

---

29 BT-Drucks. 14/4374 S. 12.
30 In diesem Sinne auch KSchR/Zwanziger, § 1 TzBfG Rn 1; Buschmann/Dieball/Stevens-Bartol TZA § 1 TzBfG Rn 3.
31 BT-Drucks. 14/4374 S. 12 mit Verweis auf die IAB-Auswertung des Mikrozensus.
32 Zu den kritischen Stimmen diesbezüglich s. schon oben in § 1 Rn 5.

13 Diese systematische Erwägung führt daher zu **zwei Schlussfolgerungen**: Zum einen beabsichtigt der Gesetzgeber – anders als bei der Förderung der Teilzeitbeschäftigung – hier keine (explizite) Förderung der befristeten Arbeitsverhältnisse; es findet sich im Gesetz insofern umgekehrt implizit eine Aussage, dass eine Förderung nicht erfolgen soll.[33] Zum anderen ergibt sich aus dem postulierten Grundsatz des „Normalfalles", dass die Befristung als Durchbrechung eben dieses vorstehenden Grundsatzes grundsätzlich der gesetzgeberischen Legitimation bedarf.[34] Gesetzgeberische Legitimation bedeutet aber in erster Linie eine Legitimation für das reglementierende Handeln in Bezug auf die Befristung: Gemeinschaftsrechtlich vorgegeben verfolgt der Gesetzgeber in erster Linie mit den Regelungen zur befristeten Beschäftigung also nicht eine Förderungs-(oder Verhinderungs-)strategie, sondern es soll die befristete Beschäftigung als Ausnahme von dem Normalfall respektiert und in gewisse Bahnen gelenkt werden, nämlich vor allem in Bahnen, die den Missbrauch dieser Ausnahmeform verhindert. Gemeint sind dabei vor allem der Schutz vor dem Missbrauch dieses Instruments durch die Mehrfachbefristung und somit der Schutz des bestehenden Kündigungsrechts, das nicht umgangen werden soll.

14 Entscheidende Zielrichtung des Gesetzesteils zur befristeten Beschäftigung ist daher zwar zunächst die Verhinderung der **Diskriminierung** befristet beschäftigter Arbeitnehmer[35] und dabei konsequenterweise auch die Beschränkung aufeinanderfolgender befristeter Arbeitsverhältnisse. Doch aus der gesetzgeberischen Grundannahme von Normal- und Ausnahmefall folgt zugleich systematisch ein weiteres Ziel der gesetzlichen Regelung: Um den Arbeitnehmern, die bislang nur in einer Ausnahmeform beschäftigt sind, den Zugang zum „Normalfall" zu ermöglichen, sind alle Regelungen des TzBfG, die sich mit der befristeten Beschäftigung befassen, auch unter dem Aspekt zu sehen, dass die Chancen der bislang befristet Beschäftigten auf einen Dauerarbeitsplatz verbessert werden. Diese Zielsetzung wird daher auch die Auslegung der Vorschriften beherrschen müssen, die die befristete Beschäftigung betreffen. Anders als bei der Teilzeit geht es also nicht um eine Förderung, sondern darum, die betreffenden Arbeitnehmer zu schützen (vor dem Missbrauch durch Mehrfachbefristung, die verhindert, dass der Arbeitnehmer den Normalfall erreicht) und ihre Chancen auf die Erreichung des Normalfalls zu verbessern.

IV. Verhinderung der Diskriminierung

15 Das TzBfG verfolgt schließlich als drittes Ziel, die **Diskriminierung** von teilzeitbeschäftigten und befristet beschäftigten Arbeitnehmern zu verhindern. An dieser Zielvorgabe wird der Rechtsnormcharakter des § 1 TzBfG besonders deutlich: Denn diesem Programmsatz mit dem Inhalt vor allem der Auslegungshilfe steht § 4 TzBfG zur Seite, der konkrete Ansprüche und Verbote enthält. Programmatisch macht § 1 TzBfG deutlich, worum es dem Gesetzgeber bei der Regelung dieses Gesetzes vor allem geht: darum, in Teilzeit und befristet beschäftigte Arbeitnehmer vor Diskriminierung zu schützen.

---

33 AA Arnold/Gräfl/Rambach, § 1 Rn 8; wie hier Annuß in: Annuß/Thüsing, § 1 Rn 1.
34 Meinel/Heyn/Herms, § 1 Rn 16.
35 Dazu sogleich noch in § 1 Rn 15.

Auf diese Weise vereinheitlicht das TzBfG den **Diskriminierungsschutz** für die beiden betroffenen Arbeitnehmergruppen. Zuvor war nämlich allein der Schutz der teilzeitbeschäftigten Arbeitnehmer gesetzlich normiert, in § 2 Abs. 1 BeschFG. Demgegenüber resultierte das Verbot einer Benachteiligung befristet beschäftigter Arbeitnehmer nicht aus einer Gesetzesnorm, sondern ergab sich auf der Grundlage des vor allem aus Art. 3 Abs. 1 GG herzuleitenden allgemeinen arbeitsrechtlichen Gleichbehandlungsgrundsatzes. Die gesetzliche Neuregelung hat nun zum Ziel, so formuliert es das Gesetz ja auch explizit, beide Gruppen in gleichem Maße vor Diskriminierung zu schützen. Wie dieses Ziel im Einzelnen erreicht werden soll, wird an dieser Stelle noch nicht deutlich; insofern ergeben sich die konkreten Diskriminierungsvorgaben dann erst aus § 4 bzw auch § 5 TzBfG sowie dem Kündigungsschutz in § 11 TzBfG. Doch hat der Gesetzgeber durch die Aufnahme dieser Zielbestimmung in § 1 TzBfG deutlich gemacht, dass er vor allem auch die diesbezüglichen europäischen Vorgaben umzusetzen gedenkt, denen zufolge das bereits bestehende Verbot der unterschiedlichen Behandlung teilzeitbeschäftigter (und letztlich auch der befristet beschäftigten) Arbeitnehmer gegenüber vollzeitbeschäftigten Arbeitnehmern an die Vorgaben der Teilzeitrichtlinie angepasst werden muss. Zu diesem Zweck sind die einzelnen Bestimmungen der Richtlinie in das Gesetz aufgenommen worden. Die Zielvorgabe in § 1 TzBfG bündelt diese zentrale Motivation des Gesetzes nur noch einmal und wird somit, wie auch die beiden erstgenannten Zielvorgaben, zur Richtschnur der Auslegung des gesamten Gesetzes, vor allem aber des schon genannten § 4 TzBfG. Im Zweifel wird also immer diejenige Auslegung vorzuziehen sein, die eine Diskriminierung, also eine nicht gerechtfertigte Ungleichbehandlung der beiden Beschäftigtengruppen, verhindert. 16

§ 2 Begriff des teilzeitbeschäftigten Arbeitnehmers

(1) Teilzeitbeschäftigt ist ein Arbeitnehmer, dessen regelmäßige Wochenarbeitszeit kürzer ist als die eines vergleichbaren vollzeitbeschäftigten Arbeitnehmers. Ist eine regelmäßige Wochenarbeitszeit nicht vereinbart, so ist ein Arbeitnehmer teilzeitbeschäftigt, wenn seine regelmäßige Arbeitszeit im Durchschnitt eines bis zu einem Jahr reichenden Beschäftigungszeitraums unter der eines vergleichbaren vollzeitbeschäftigten Arbeitnehmers liegt. Vergleichbar ist ein vollzeitbeschäftigter Arbeitnehmer des Betriebes mit derselben Art des Arbeitsverhältnisses und der gleichen oder einer ähnlichen Tätigkeit. Gibt es im Betrieb keinen vergleichbaren vollzeitbeschäftigten Arbeitnehmer, so ist der vergleichbare vollzeitbeschäftigte Arbeitnehmer auf Grund des anwendbaren Tarifvertrages zu bestimmen; in allen anderen Fällen ist darauf abzustellen, wer im jeweiligen Wirtschaftszweig üblicherweise als vergleichbarer vollzeitbeschäftigter Arbeitnehmer anzusehen ist.

(2) Teilzeitbeschäftigt ist auch ein Arbeitnehmer, der eine geringfügige Beschäftigung nach § 8 Abs. 1 Nr. 1 des Vierten Buches Sozialgesetzbuch ausübt.

Literatur: *Ackermann*, Die Neuregelung der 630-DM-Beschäftigung im Betriebsrentenrecht, NZA 2000, 465; *Heinze*, Flexible Arbeitszeitmodelle, NZA 1997, 681; *Lakies*, Das Teilzeit- und Befristungsgesetz, NJW 2001, 70; *Lieb*, Die Schutzbedürftigkeit arbeitnehmerähnlicher Personen, RdA 1974, 257; *Preis/Gotthardt*, Neuregelungen der Teilzeitarbeit und befristeten Arbeitsverhältnisse, DB 2000, 2065; *Preis/Gotthardt*, Das Teilzeit- und Befristungsgesetz, DB

2001, 145; *Schiefer*, Teilzeitarbeit, Düsseldorf 2001; *Schmidt*, Teilzeitarbeit in Europa, Baden-Baden 1995; *Staudinger/Hellmann/Hartmann/Wenk*, Teilzeitarbeit, München 2003; *Worzalla/Will/Mailänder/Worch/Heise*, Teilzeitarbeit und befristete Arbeitsverträge, München 2001

I. Allgemeines ... 1	a) Allgemein ... 21
II. Der teilzeitbeschäftigte „Arbeitnehmer" ... 5	b) Insbesondere: Das Verhältnis zwischen § 2 Abs. 1 und § 4 TzBfG ... 34
III. Die Definition des § 2 Abs. 1 TzBfG ... 11	4. Die hilfsweise Bestimmung bei nichtvorhandenem vergleichbaren vollzeitbeschäftigten Arbeitnehmer nach § 2 Abs. 1 Satz 4 TzBfG ... 36
1. Die Grunddefinition in § 2 Abs. 1 Satz 1 TzBfG ... 12	
2. Die hilfsweise Bestimmung bei fehlender regelmäßiger wöchentlicher Arbeitszeit gemäß § 2 Abs. 1 Satz 2 TzBfG ... 17	5. Der Vergleich (bei unterschiedlichen Bemessungszeiträumen) ... 39
3. Die Bestimmung des vergleichbaren vollzeitbeschäftigten Arbeitnehmers in § 2 Abs. 1 Satz 3 TzBfG ... 20	IV. Die Klarstellung in § 2 Abs. 2 TzBfG ... 40

I. Allgemeines

1 § 2 TzBfG enthält eine **Legaldefinition**, die als Grundlage für einen der beiden Regelungsbereiche des Gesetzes dient, denjenigen zur Teilzeitbeschäftigung; vergleichbar definiert § 3 TzBfG dann den Begriff des befristet Beschäftigten. Beide Vorschriften setzen inhaltlich die Vorgaben der jeweiligen einschlägigen europäischen Richtlinie um. § 2 TzBfG dient infolgedessen der Umsetzung des § 3 der Richtlinie über Teilzeitarbeit 1997/81/EWG in Verbindung mit der Rahmenvereinbarung von UNICE/CEEP/EGB vom 6.6.1997.[1] Ihre Vorgängerregelung fand sich in § 2 Abs. 2 BeschFG,[2] war jedoch sehr viel kürzer gehalten und genügte schon deshalb den europäischen Vorgaben nicht.[3]

2 Der Vergleich mit der Vorgängerregelung macht deutlich, dass sich die neue Bestimmung sehr viel eingehender bemüht, den **Begriff der Teilzeitbeschäftigung** zu konkretisieren. Dies gelingt ihr gesetzestechnisch durch eine schrittweise Vorgehensweise, wie sie auch aus anderen terminologischen bzw. definitorischen Normen bekannt ist, etwa aus § 612 Abs. 2 BGB.[4] Ein solch detailliertes Vorgehen hatte die Vorgängerregelung nicht gekannt; sie war daher auch schon früh für ihre nur unbefriedigende und zu viele Fallgestaltungen offen lassende Definition kritisiert worden.[5] Nunmehr kann die Legaldefinition jedoch als hinreichend präzise angesehen werden, so dass nahezu alle denkbaren Fallgestaltungen von ihr erfasst werden. Relevant wird die Definition stets dort, wo das

---

1 ABl. EG 1998 Nr. L 14, S. 9.
2 BGBl. I 1985, S. 710.
3 § 2 Abs. 2 BeschFG hatte folgenden Wortlaut: „Teilzeitbeschäftigt sind die Arbeitnehmer, deren regelmäßige Wochenarbeitszeit kürzer ist als die regelmäßige Wochenarbeitszeit vergleichbarer vollzeitbeschäftigter Arbeitnehmer des Betriebs. Ist eine regelmäßige Wochenarbeitszeit nicht vereinbart, so ist die regelmäßige Arbeitszeit maßgeblich, die im Jahresdurchschnitt auf eine Woche entfällt."
4 Vgl. dazu die Kommentierung von Joussen, in: Rolfs/Giesen, BeckOK § 612 BGB Rn 2.
5 MünchArbR/Schüren, § 161, Rn 2.

Gesetz jeweils den Begriff des „teilzeitbeschäftigten Arbeitnehmers" verwendet; dies ist insbesondere in § 4 Abs. 1 TzBfG der Fall sowie in dem der Teilzeitarbeit gewidmeten zweiten Abschnitt des Gesetzes in den §§ 9 und 10 TzBfG. Darüber hinaus rekurrieren auch die Vorschriften der §§ 6, 7 Abs. 1 und 3 sowie § 11 TzBfG indirekt auf diese Definition, da bzw soweit sie von „Teilzeitarbeit" bzw „Teilzeitarbeitsplatz" sprechen.

Die Legaldefinition des § 2 Abs. 1 TzBfG wird dabei noch in Abs. 2 derselben Vorschrift erweitert. Über die präzise Begriffsbestimmung mit ihrem stufenweisen Vorgehen hinaus wird dort eine **legislatorische Klarstellung** vorgenommen; die Vorschrift des Abs. 2 hat vor allem zum Ziel, einer irrtümliche Vorstellung entgegenzuwirken,[6] dem zufolge geringfügig Beschäftigte im Sinne von § 8 Abs. 1 Nr. 1 SGB IV keine teilzeitbeschäftigten Arbeitnehmer seien. Dieser Irrtum soll durch das Gesetz ausgeräumt werden. Erforderlich wäre eine solche Klarstellung indes nicht.

Ziel der gesamten Vorschrift des § 2 TzBfG ist es, einheitlich für das ganze Gesetz den **Begriff des teilzeitbeschäftigten Arbeitnehmers** festzulegen; aufgrund des Umstandes, dass sich durch die zunehmende Flexibilisierung auf dem Arbeitsmarkt vor allem in arbeitszeitrechtlicher Hinsicht sehr viele unterschiedliche Arbeitszeitmodelle entwickelt haben,[7] soll auf der Grundlage einer übergreifenden Definition gewährleistet werden, dass eine einheitliche Begriffsbestimmung möglich ist. Dazu wird abstrakt auf die Art der Arbeitsverhältnisse sowie auf die Tätigkeit im Vergleich zu einem Vollzeitbeschäftigten zurückgegriffen. Anhand dieser Definition bestimmt sich demzufolge, ob ein Arbeitnehmer teilzeitbeschäftigt ist oder nicht.[8]

II. Der teilzeitbeschäftigte „Arbeitnehmer"

Die Legaldefinition des § 2 Abs. 1 TzBfG enthält grundlegend eine Aussage zum **Anwendungsbereich** des Gesetzes – diese Aussage wiederholt sich in § 3 Abs. 1 TzBfG, so dass insofern einheitlich festgestellt werden kann, dass das Gesetz nur auf Arbeitnehmer Anwendung findet, also allgemeiner gesprochen auf „Arbeitsverhältnisse". Dabei enthält das Gesetz diesbezüglich keine Einschränkungen seines Geltungsbereichs. Davon geht auch der Gesetzgeber selbst aus, dem zufolge das TzBfG für „alle Arbeitsverhältnisse bei privaten und öffentlichen Arbeitgebern" gilt.[9] Wenn also § 2 Abs. 1 und § 3 Abs. 1 TzBfG in den jeweiligen Begriffsbestimmungen ohne nähere Erläuterung von „Arbeitnehmern" sprechen, so weist dies darauf hin, dass insofern der allgemeingebräuchliche Arbeitnehmerbegriff zur Anwendung kommen soll.[10]

Unbeschadet zahlreicher weiterer Definitionsversuche vor allem in der Literatur hat sich vor allem in der Rechtsprechung mittlerweile ein weitgehender Begriff durchgesetzt, der, so lässt sich der angesprochenen Äußerung des Gesetzgebers

---

6 Die Begründung des Regierungsentwurfs spricht sogar von „einem weit verbreiteten Irrtum", BT-Drucks. 14/4374, S. 15.
7 S. im Einzelnen hierzu Heinze, NZA 1997, 681.
8 Holwe/Kossens, § 2 Rn 1; Arnold/Gräfl/Imping, § 2 Rn 2.
9 BT-Drucks. 14/4374, S. 15.
10 Näher hierzu auch Staudacher/Hellmann, Rn 36ff.

entnehmen, auch für das TzBfG Anwendung finden soll. Danach gilt das Gesetz für solche Vertragsverhältnisse, die ein Arbeitsverhältnis darstellen, in denen also eine der Vertragsparteien Arbeitgeber, die andere Arbeitnehmer ist. **Arbeitnehmer** ist danach, wer sich durch einen privatrechtlichen Vertrag verpflichtet, (entgeltlich, str.) Dienste zu leisten, die in unselbstständiger Arbeit zu erbringen sind.[11] Von Bedeutung und Stein des Anstoßes in der Literatur ist dabei insbesondere das drittgenannte Kriterium, also das der Unselbstständigkeit. Das TzBfG, so lässt sich jedoch festhalten, gilt im Grundsatz nur für unselbstständig Beschäftigte, also für solche, die ihre Tätigkeit in einer persönlichen Abhängigkeit verrichten. Diese wird angenommen, wenn der Vertragspartner seine Dienstleistung weisungsgebunden erbringt und er in räumlicher und/oder zeitlicher Hinsicht in eine fremde Arbeitsorganisation hinreichend eingegliedert ist.[12] Eine einschränkende Ansicht, die die Arbeitnehmereigenschaft durch die Länge der Arbeitszeit beeinflusst sah,[13] hat sich nicht durchgesetzt; infolgedessen verbleibt es bei der genannten allgemeinen Definition.

7   Von dem Begriff des Arbeitnehmers und somit vom Geltungsbereich des Gesetzes insgesamt erfasst sind insbesondere auch **leitende Angestellte**, wie sie § 5 Abs. 3 BetrVG definiert: Zwar kommt ihnen in manchen Gesetzen eine besondere Stellung zu, insbesondere in der Betriebsverfassung, so dass sie dort nur eingeschränkt bzw überhaupt nicht unter den jeweils gesetzesspezifischen Arbeitnehmerbegriff fallen, doch handelt es sich bei den leitenden Angestellten letztlich um Arbeitnehmer im allgemeinen Sinne (wenn auch in leitender Position), so dass die Regelungen des TzBfG auf sie anzuwenden sind.[14] Die Hineinnahme der leitenden Angestellten in den Geltungsbereich lässt sich dabei zweifach begründen. Zum einen beruht sie auf der Erwägung, dass sie, wie angesprochen, Arbeitnehmer im Sinne des § 611 BGB sind.[15] Zum anderen ist aber auch kein Grund ersichtlich, sie gerade aus dem Geltungsbereich des TzBfG herauszunehmen, wie dies etwa im Bereich des BetrVG sehr wohl der Fall ist. Dort lässt sich nämlich die Herausnahme vor allem mit der Überlegung begründen, dass ihre grundsätzliche Ausgrenzung aus dem Anwendungsbereich des BetrVG dem Interessengegensatz zwischen Arbeitgeber und der durch den Betriebsrat repräsentierten Belegschaft entspricht.[16] Wer jedoch schon wegen seiner Tätigkeit oder der Bedeutung seiner Funktion der Unternehmensleitung bzw der Arbeitgeberseite nahe steht, soll, so die Vorstellung, der Einwirkung des Betriebsrats entzogen sein.[17] Derartige Erwägungen greifen für das TzBfG nicht. Insbesondere ist keine besondere Kollisionslage bezüglich der betroffenen Interessen festzustellen. Eine Einbeziehung auch der leitenden Angestellten ist daher geboten.

8   Eine Anwendung des TzBfG auf **arbeitnehmerähnliche Personen**, also solche Personen, die aufgrund ihrer wirtschaftlichen Abhängigkeit zwar keine Arbeitneh-

---

11 So die st. Rspr., s. nur BAG 12. Dezember 2001–5 AZR 253/00 – NZA 2002, 787; BAG 20. August 2003–5 AZR 610/02 – NZA 2004, 39.
12 BAG 7. März 2002–2 AZR 173/01 – NZA 2002, 963; BAG 26. Juli 1995–5 AZR 22/94 – NZA 1996, 478; BAG 30. November 1994–5 AZR 704/93 – NZA 1995, 622.
13 Lieb, RdA 1974, 254.
14 Ebenso Annuß in Annuß/Thüsing, § 1 Rn 2; ErfKomm/Preis, § 2 TzBfG Rn 4.
15 S. nur ErfKomm/Eisemann, § 5 BetrVG Rn 30.
16 Fitting § 5 BetrVG Rn 320; GK-BetrVG/Raab, § 5 Rn 94.
17 BAG 16. April 2002–1 ABR 23/01 – AP Nr. 69 zu § 5 BetrVG 1971.

mer, aber wie diese sozial schutzbedürftig sind,[18] wie sie im Hinblick auf andere Gesetze erfolgt, ist nicht zu befürworten. Dies gilt in gleicher Weise für **freie Mitarbeiter**.[19] Insbesondere die Einbeziehung arbeitnehmerähnlicher Personen in den Anwendungsbereich arbeitsrechtlicher Schutzgesetze verlangt regelmäßig eine entsprechende gesetzliche Regelung; diese ist vor allem in § 12a TVG vorhanden, vergleichbar auch in § 2 Satz 1 BUrlG. Das Verlangen nach einer ausdrücklichen Einbeziehung ist schon deshalb berechtigt, weil es bei ihnen an dem entscheidenden Charakteristikum des Arbeitnehmerbegriffs gerade fehlt, nämlich der persönlichen Abhängigkeit. Gerade diese ist es aber, die eine besondere Behandlung über die Regelungen des Dienstvertrags nach §§ 611ff. BGB hinaus erforderlich macht. Fehlt es einerseits an der persönlichen Abhängigkeit, will man aber andererseits die „nur" wirtschaftlich abhängigen Personen bzw Selbstständigen in eine schützende arbeitsrechtliche Regelung – aus welchen Gründen auch immer – einbeziehen, bedarf es dazu eines dementsprechenden Aktes des Gesetzgebers, dem insofern eine Vorrangstellung zukommt: Er kann entscheiden, ob er diese Nicht-Arbeitnehmer ausnahmsweise von der Regelung profitieren lassen möchte. Eine solche Regelung fehlt im TzBfG. Demzufolge scheidet eine Anwendung dieser Regelung auf arbeitnehmerähnliche Personen aus.[20]

Sofern das Gesetz in §§ 2 Abs. 1 und 3 Abs. 1 TzBfG von Arbeitnehmern spricht und sofern man hier, wie vorhin dargelegt, mit gutem Grund den allgemeinen Arbeitnehmerbegriff zugrunde legt, so ist hinsichtlich von Personen, die **zu ihrer Ausbildung beschäftigt** sind, zu differenzieren. Für denn Fall, dass kein echtes Volontärs- oder Anlernverhältnis im Sinne von § 26 BBiG besteht, können Volontäre und Praktikanten durchaus als Arbeitnehmer gelten, sofern die allgemeinen Tatbestandsvoraussetzungen vorliegen.[21] Liegen sie vor,[22] gilt das TzBfG auch für sie. Darüber hinaus gilt das Gesetz grundsätzlich auch für Berufsausbildungsverhältnisse. Hier sind jedoch deren Besonderheiten zu berücksichtigen. Insofern bildet § 10 Abs. 2 BBiG den entscheidenden Maßstab. Danach sind auf den Berufsausbildungsvertrag, soweit sich aus seinem Wesen und Zweck und aus dem BBiG selbst nichts anderes ergibt, die für den Arbeitsvertrag geltenden Rechtsvorschriften und Rechtsgrundsätze anzuwenden. Es ist die Einschränkung „soweit ...", die dazu führt, dass das TzBfG in seinem überwiegenden Teil auf das Berufsausbildungsverhältnis keine Anwendung findet; denn dessen Regelungen sind mit dem Ausbildungsziel regelmäßig unvereinbar. 9

Dies gilt vor allem für § 8 TzBfG – eine Verringerung der Arbeitszeit widerspricht dem Grundgedanken der Ausbildung, denn bei dieser geht es regelmäßig um einen geplanten, strukturierten längeren Vorgang, dem es widerspräche, würde hier die Arbeitszeit entsprechend § 8 TzBfG verringert. Daher stehen dem Auszubildenden, wiewohl er Arbeitnehmer sein mag, etwa die Rechte aus § 8 TzBfG nicht zu.[23] Zusätzlich ist daher für jede einzelne Vorschrift zu bestimmen, inwieweit sie mit den Spezifika des **Ausbildungsverhältnisses** nicht überein- 10

---

18 Vgl. die Legaldefinitionen in § 5 Abs. 1 Satz 2 ArbGG, § 2 Satz 2 BUrlG.
19 Bayreuther, in: Rolfs/Giesen, BeckOK § 2 TzBfG Rn 1.
20 Ebenso Meinel/Heyn/Herms, § 1 Rn 3; Holwe/Kossens, § 1 Rn 2; Staudacher/Hellmann, Rn 227.
21 ErfKomm/Preis § 611 BGB Rn 203.
22 Dazu auch näher Staudinger/Richardi vor §§ 611ff. BGB Rn 334f.
23 Preis/Gotthardt DB 2001, 148.

stimmt, so dass eine Anwendung auf Auszubildende nicht in Betracht kommt. Dies gilt dann insbesondere und in vergleichbarer Weise wie zu § 8 TzBfG geschildert auch für den § 9 TzBfG: Auch hier ist eine Anwendung der Vorschrift auf Auszubildende abzulehnen: Denn angesichts der durch den Ausbildungsvertrag verbindlich festgelegten und vom Ausbildungszweck determinierten Arbeitszeitregelung kann diese Regelung eines Anspruchs auf Verlängerung der Arbeitszeit in diesen besonderen Rechtsverhältnissen nicht zum Tragen kommen.[24] Etwas anderes ergibt sich auch nicht aus einem Rekurs auf die zugrunde liegenden europäischen Rechtsquellen – die entsprechende Auslegung, insbesondere der §§ 8 und 9 TzBfG, die Auszubildende aus dem Anwendungsbereich herausnimmt, lässt sich als europarechtskonforme Auslegung ansehen: Denn wenn auch Auszubildende nach der den Regelungen zur Teilzeitarbeit insgesamt zugrunde liegenden Richtlinie 1997/81/EG nicht generell aus dem Anwendungsbereich exkludiert werden dürfen,[25] so ist doch nach § 5 der Rahmenvereinbarung in Fassung der Richtlinie 199/81/EG der nationale Gesetzgeber zur Gewährung eines Teilzeitanspruchs nur soweit verpflichtet, als dies dem Arbeitgeber möglich ist. In Zusammenschau mit dem Sinn und Zweck des Ausbildungsverhältnisses, wie zuvor geschildert, wird man daher diese Bestimmung als Tor ansehen können, Auszubildende aus dem Anwendungsbereich etwa der genannten Bestimmungen europarechtskonform herausnehmen zu können.[26] Demgegenüber ist ein Ausschluss dieser Arbeitnehmergruppe aus dem **Diskriminierungsverbot** des § 4 TzBfG nicht gerechtfertigt – und verstieße auch gegen die europarechtlichen Vorgaben. Denn hier ist nicht ersichtlich, dass eine entsprechende Anwendung dieser Vorschrift dem Sinn und Zweck des Ausbildungsverhältnisses widerspräche. Das Diskriminierungsverbot des § 4 TzBfG ist daher auch auf Auszubildende anzuwenden: Aufgrund der Unanwendbarkeit des § 8 TzBfG ist dies etwa dann eine denkbare Situation, wenn sie im Rahmen einer Elternzeit nach den §§ 20, 15 BEEG nur teilzeitbeschäftigt sind.

III. Die Definition des § 2 Abs. 1 TzBfG

11 § 2 Abs.1 TzBfG enthält die für das gesamte Gesetz entscheidende Definition des teilzeitbeschäftigten Arbeitnehmers. Die Systematik dieser Vorschrift erschließt sich nicht sofort auf den ersten Blick, weil sie die einzelnen Begriffsbestimmungen sehr verschachtelt bzw sprunghaft vorzunehmen scheint, doch ist sie im Ergebnis sehr strukturiert aufgebaut. Den Grundsatz enthält Satz 1: Danach ist ein Arbeitnehmer teilzeitbeschäftigt, wenn seine regelmäßige Arbeitszeit innerhalb einer Woche oder eines bis zu einem Jahr reichenden Referenzzeitraums unterhalb der eines vergleichbaren vollzeitbeschäftigten Arbeitnehmers liegt.[27] Dieser Grundsatz wird in den folgenden drei Sätzen in unterschiedlicher Hinsicht näher ausgeführt. Demzufolge enthält Satz 2 eine Hilfsbestimmung für den Fall, dass eine regelmäßige Wochenarbeitszeit nicht vereinbart ist: Denn dann vermag

---

24 So auch Meinel/Heyn/Herms, § 9 Rn 10.
25 Anders als dies für den Bereich der befristet Beschäftigten der Fall ist: Hier sieht § 2 nämlich die Möglichkeit eines Ausschlusses expli zit. vor.
26 Und zu müssen; s. in diesem Sinne auch Schiefer S. 26.
27 Dazu § 2 Rn 12.

die Grunddefinition in Satz 1 nicht zu greifen, da ihr der Ansatzpunkt fehlt.[28] Satz 3 des ersten Absatzes wiederum enthält eine Konkretisierung zu einem Begriff der Grunddefinition, und zwar zu dem „vergleichbaren vollzeitbeschäftigten Arbeitnehmer"; dieser Teil der Vorschrift stellt also letztlich eine Unterdefinition zu einem Teil von Satz 1 dar.[29] Auch hierzu besteht wiederum eine Hilfsbestimmung: Satz 4 regelt insofern hilfsweise den Fall, dass ein vergleichbarer Arbeitnehmer nicht vorhanden ist. Mit dieser systematisch sehr fein differenzierten Regelungstechnik versucht der Gesetzgeber, anders als noch die Vorgängerregelung in § 2 BeschFG, möglichst alle denkbaren Fälle zu erfassen, in denen ein Beschäftigter ein teilzeitbeschäftigter Arbeitnehmer ist bzw sein kann.[30]

1. Die Grunddefinition in § 2 Abs. 1 Satz 1 TzBfG

Die Ausgangsnorm für die **Legaldefinition des teilzeitbeschäftigten Arbeitnehmers** enthält § 2 Abs. 1 Satz 1 TzBfG. Er stellt letztlich die Basis der Definition überhaupt dar, auf deren Grundlage sich dann in den Folgesätzen dieses Absatzes die bereits angesprochenen Hilfsbestimmungen bzw näheren Konkretisierungen ergeben. Die Grundaussage der Legaldefinition zieht für die Bestimmung des teilzeitbeschäftigten Arbeitnehmers zwei Tatbestandsmerkmale heran: Zum einen wird Bezug genommen auf die „regelmäßige Wochenarbeitszeit", zum anderen wird eben diese Bezugsgröße in Relation gesetzt zu einem vergleichbaren vollzeitbeschäftigten Arbeitnehmer. Wer entsprechend ein vergleichbarer Arbeitnehmer in diesem Sinne ist, ergibt sich – wie dargelegt – in systematischer Hinsicht aus der Definition in Satz 3; zu der personellen Komponente der Legaldefinition also sogleich noch.[31] Daraus folgt rechtssystematisch, dass das Gesetz auf einen relativen Teilzeitbegriff zurückgreift: Die Frage, wer Teilzeitbeschäftigter ist, bestimmt sich nämlich nicht nach abstrakten Kriterien, die unterschiedslos auf alle Arbeitsverhältnisse Anwendung fänden, sondern maßgeblich sind vielmehr die Verhältnisse im konkreten Beschäftigungsbetrieb. Daraus folgt, worauf zurecht hingewiesen worden ist, dass ein Arbeitnehmer eines Betriebs Teilzeitarbeitnehmer sein kann, ein Arbeitnehmer eines anderen hingegen Vollzeitbeschäftigter, obwohl die Arbeitszeit jeweils gleich lang bemessen ist.[32] Die Relativität des Teilzeitbegriffs führt darüber hinaus dazu, dass es Teilzeitbeschäftigte mit allen denkbaren Wochenstundenzahlen gibt, etwa in einem Betrieb, in dem auch vierzig Stunden gearbeitet werden, von einer bis zu neununddreißig Wochenstunden.

12

Entscheidend an dieser Stelle ist daher (nur) die zeitliche Komponente des Tatbestands. Für die Bestimmung, ob ein Arbeitnehmer teilzeitbeschäftigt im Sinne dieses Gesetzes ist, ist daher in zeitlicher Hinsicht auf die regelmäßige Wochenarbeitszeit zurückzugreifen – diese muss dann in einem zweiten Schritt mit der eines „**vergleichbaren**" Vollzeitbeschäftigten in Bezug gesetzt werden, und dann muss sie schließlich unterhalb der (regelmäßigen) Wochenarbeitszeit dieses Vergleichsarbeitnehmers liegen. Erst wenn dies der Fall ist, kann ein Arbeitnehmer

13

---

28 Dazu § 2 Rn 17.
29 Dazu § 2 Rn 20.
30 Dazu § 2 Rn 36.
31 § 2 Rn 20.
32 Bayreuther, in: Rolfs/Giesen, BeckOK § 2 TzBfG Rn 2.

als teilzeitbeschäftigt gelten mit der Folge, dass die Bestimmungen des TzBfG auf ihn Anwendung finden können.

14 Abzustellen ist somit als erstes auf die **„regelmäßige Wochenarbeitszeit"**. Deren Ermittlung stellt den ersten Schritt zur Einordnung eines Arbeitnehmers anhand der Legaldefinition des § 2 Abs. 1 TzBfG dar. Zunächst maßgeblich ist die Wochenarbeitszeit; dies ist schon deshalb konsequent, weil regelmäßig vertraglich (sei es individual-, sei es tarifvertraglich) eine Wochenarbeitszeit vereinbart ist. Diese ist bei der Subsumtion zugrunde zu legen.[33] Durch die nähere Qualifizierung über den Begriff „regelmäßig" wird deutlich, dass es um die typischerweise erbrachte Arbeitszeit innerhalb einer Woche geht. Daraus folgt, dass vorübergehende Erhöhungen oder Verringerungen der Arbeitszeit, also infolge von Überstunden oder von Kurzarbeit im Sinne von § 169 SGB III, außer Betracht bleiben.[34]

15 Entscheidend für die Bestimmung der regelmäßigen wöchentlichen Arbeitszeit ist somit die Bestimmung im **Arbeits- bzw Tarifvertrag**, sofern letzterer auf das Arbeitsverhältnis anwendbar ist: Dabei ist der Geltungsgrund für den Tarifvertrag in dem betreffenden Arbeitsverhältnis unerheblich, kann sich also aus einer einzelvertraglichen Inbezugnahme ebenso ergeben wie aus einer Allgemeinverbindlicherklärung gemäß § 5 TVG oder – wie im Regelfall – aus einer beiderseitigen Verbandszugehörigkeit. Besteht kein (vorrangiger) Tarifvertrag und ist auch der Arbeitsvertrag nicht schriftlich abgeschlossen worden, können sich zwar Schwierigkeiten hinsichtlich der Bestimmbarkeit der wöchentlichen Arbeitszeit ergeben. Doch hat der Arbeitnehmer in diesem Fall einen Anspruch auf eine schriftliche Fixierung des Vertragsinhalts, den er gemäß § 2 **NachweisG** gegen seinen Arbeitgeber erheben kann. Dieser ist dann verpflichtet, innerhalb eines Monats eine schriftliche Vertragsurkunde auszustellen, aus der sich, gemäß § 2 Abs. 1 Satz 2 Nr. 7 NachweisG, insbesondere auch die – regelmäßige wöchentliche – Arbeitszeit ergibt bzw zu ergeben hat. Trotz der Verpflichtung des Arbeitgebers durch das NachweisG kann es – aufgrund der fehlenden Sanktionierung in dem Gesetz – dazu kommen, dass kein schriftlicher Vertrag vorliegt. In diesem Fall ergibt sich die regelmäßige wöchentliche Arbeitszeit, die die entscheidende zeitliche Bezugsgröße für die Definition nach § 2 Abs. 1 TzBfG darstellt, aus der tatsächlich geleisteten Arbeitszeit innerhalb einer Woche, es ist dann also auf die tatsächliche Durchführung des Arbeitsverhältnisses durch die Arbeitsvertragsparteien abzustellen.[35]

16 Diese ist auch dann maßgeblich, wenn zwar ein schriftlicher Vertrag vorliegt, der auch die wöchentliche Arbeitszeit näher bestimmt, diese Bestimmung jedoch durch die tatsächlichen Gegebenheiten überholt ist, insbesondere dadurch, dass die regelmäßige wöchentliche Arbeitszeit von der schriftlich fixierten abweicht. In dieser Situation geht die **tatsächlich geleistete wöchentliche Arbeitszeit** zum Zwecke der Einordnung eines Arbeitnehmers als teilzeitbeschäftigter Arbeitnehmer der schriftlich fixierten vor;[36] dies folgt schon aus dem **Sinn und Zweck** des

---

33 So zur vergleichbaren Situation im Rahmen des EFZG: BAG 9. Juli 2003–5 AZR 610/01 – EEK 3121.
34 Anders hingegen, wenn die Leistung von Überstunden bzw Kurzarbeit dauerhaft wird, dazu s. § 2 Rn 16.
35 So auch Holwe/Kossens, § 2 Rn 6.
36 So auch Meinel/Heyn/Herms, § 2 Rn 6.

Gesetzes, welches den Schutz des teilzeitbeschäftigten Arbeitnehmers beabsichtigt: Dieser Schutz macht jedoch nämlich nur dann wirksam Sinn, wenn das tatsächlich ausgeübte Beschäftigungsverhältnis zum Gegenstand der Bestimmung wird und nicht das, was zwar schriftlich vereinbart, aber tatsächlich nicht durchgeführt wird. Dies ist insbesondere dann von Belang, wenn etwa eine bestimmte wöchentliche Arbeitszeit vereinbart ist, beispielsweise eine Arbeitszeit von 38,5 Stunden, doch vom Arbeitnehmer regelmäßig Überstunden zu leisten sind.[37] In diesem Fall ist die tatsächliche regelmäßige Arbeitszeit diejenige inklusive der (dann mit einer gewissen Regelmäßigkeit geleisteten) Überstunden. Dies gilt dann unabhängig davon, ob man, was anzunehmen ist, in dieser Situation von einer stillschweigenden Vertragsänderung in Bezug auf die Arbeitszeit auszugehen hat: Eine derartige Änderung des geschlossenen Vertrags hat nämlich zur Folge, dass sich die regelmäßige Arbeitszeit aus der schriftlich vereinbarten (bzw nachträglich gemäß den Bestimmungen des NachweisG in einer Vertragsurkunde niedergelegten) Arbeitszeit zuzüglich der üblicherweise geleisteten Überstunden ergibt.

2. Die hilfsweise Bestimmung bei fehlender regelmäßiger wöchentlicher Arbeitszeit gemäß § 2 Abs. 1 Satz 2 TzBfG

(Nur) für den Fall, dass eine regelmäßige wöchentliche Arbeitszeit nicht vereinbart ist, sei es, dass sie ganz konkret nicht vereinbart ist, sei es, dass sie, wie etwa bei der **Abrufarbeit** nach § 12 Abs. 1 Satz 3 TzBfG, nicht im Einzelnen feststellbar ist (auch in diesem weiteren Sinne ist diese Vorschrift zu verstehen, denn auch hier ist eine „wöchentliche" Arbeitszeit nicht „vereinbart"!), kommt hilfsweise die Bestimmung des § 2 Abs. 1 Satz 2 TzBfG zum Tragen, soweit es um die **zeitliche Komponente der Legaldefinition** geht. Das bedeutet, dass in dieser besonderen Situation nicht mehr die wöchentliche Arbeitszeit mit derjenigen des vergleichbaren Arbeitnehmers (dazu sogleich) in Verhältnis zu setzen ist, sondern diejenige, die sich aus Satz 2 ergibt: Es ist dann (hilfsweise!) auf die „regelmäßige Arbeitszeit im Durchschnitt eines bis zu einem Jahr reichenden Beschäftigungszeitraum" abzustellen.

Die Idee hinter dieser sehr weiten Zeitspanne, die zur Ermittlung eines Teilzeitbeschäftigten hilfsweise herangezogen werden soll, dürfte vor allem darin zu sehen sein, dass auf diese Weise auch saison- oder witterungsabhängige Branchen ausreichend erfasst werden können; denn in diesen sind nicht selten sehr **flexible Arbeitszeitvereinbarungen** anzutreffen, auch mit einem großzügigen Verteilzeitraum, die dem jahreszeitlich unterschiedlichen bedingten Beschäftigungsbedarf Rechnung tragen.[38]

Unklar ist indes, wie dieser **Jahreszeitraum**, wenn es denn mangels regelmäßiger betrieblicher Wochenarbeitszeit relevant wird und § 2 Abs.1 Satz 2 TzBfG zur Anwendung kommt, genau bestimmt werden soll. Maximal beträgt der maßgebliche Vergleichszeitraum ein Jahr. Die Gesetzesformulierung „bis zu einem Jahr" macht jedoch deutlich, dass es sich hierbei um eine Höchstdauer handelt. Das heißt, ist etwa aufgrund der Kürze des Arbeitsverhältnisses ein Jahresvergleich

---

[37] In diese Richtung ähnlich auch BAG 5. November 2003–5 AZR 8/03 – NZA 2005, 222.
[38] Rolfs § 2 Rn 2.

nicht möglich oder lässt sich innerhalb eines kürzeren Zeitraums bereits eine (für die Begriffsbestimmung) ausreichende regelmäßige Arbeitszeit feststellen, kann der Zeitraum auch kürzer bemessen werden.[39] Gelegentlich wird vertreten, dass auf den Zeitraum abzustellen sei, der aufgrund einer repräsentativen Beurteilung des Arbeitsverhältnisses am besten geeignet erscheine, wobei in Vor- und Rückschau ein Jahr nicht überschritten werden dürfe und in Zweifelsfällen auf das Kalenderjahr abzustellen sei.[40] Doch wird hier schon nicht deutlich, worauf sich diese Zweifelsregelung begründen ließe. Der Wortlaut gibt insofern nichts her, auch systematisch oder teleologisch kann eine solche enge Auslegung nicht gestützt werden. Gleiches gilt hinsichtlich der angesprochenen Rückschau. Es wird daher vielmehr davon auszugehen sein, dass nicht auf das Kalenderjahr abzustellen ist, sondern vielmehr auf den der Beurteilung unmittelbar vorausliegenden Jahreszeitraum, auf eine prognostische Entscheidung kommt es infolgedessen nicht an, weil es um die Festlegung eines **Beurteilungszeitraums** geht.[41]

3. Die Bestimmung des vergleichbaren vollzeitbeschäftigten Arbeitnehmers in § 2 Abs. 1 Satz 3 TzBfG

20 Ist in dem zuvor beschriebenen Sinne in einem ersten Schritt der zeitliche Referenzrahmen für die Einordnung eines Arbeitnehmers als Teilzeitbeschäftigter erfolgt, ist in einem zweiten Schritt der persönliche Bezugsaspekt festzulegen: Denn der zeitliche Rahmen allein genügt nicht, entscheidend ist vielmehr, in Verhältnis zu welchem anderen (Vollzeit-)Beschäftigten (innerhalb welcher Zeit) der betroffene Beschäftigte weniger arbeitet. Ausreichend ist dabei, dass der Arbeitnehmer überhaupt, das heißt auch nur eine Stunde weniger arbeitet als der entsprechend vergleichbare Vollzeitbeschäftigte. § 2 Abs. 1 Satz 1 TzBfG definiert somit den Teilzeitbeschäftigten in Relation zu einem „vergleichbaren Vollzeitbeschäftigten"; es gibt keine „Teilzeitbeschäftigung an sich", sondern immer nur im Vergleich zu einem „passenden" vollzeitbeschäftigten Arbeitnehmer. Dabei lässt die Vorschrift des § 2 Abs. 1 TzBfG jedoch offen, wer in diesem Sinne vergleichbar ist, an wen sich der Bestimmungsvorgang also in persönlicher Hinsicht zu orientieren hat. Hier greift § 2 Abs. 1 Satz 3 TzBfG ein, hilfsweise, für den Fall dass kein vergleichbarer Vollzeitbeschäftigter im Sinne dieser Norm vorhanden ist, § 2 Abs. 1 Satz 4 TzBfG, der den Blick auf die tarifliche bzw. branchenübliche Ebene lenkt.

a) Allgemein

21 Zu bestimmen ist, wer ein „vergleichbarer Vollzeitbeschäftigter" ist, in Verhältnis zu dem ein anderer Beschäftigter[42] dann als Teilzeitbeschäftigter zu gelten hat. Es muss sich bei dem betreffenden Arbeitnehmer infolgedessen zum einen um einen „Vollzeitbeschäftigten" handeln, zudem muss er „vergleichbar" (mit dem in Frage stehenden Teilzeitbeschäftigten) sein. Zur Ausfüllung dieser Vorgaben lässt sich der Regelung in § 2 Abs. 1 Satz 3 und 4 TzBfG ein **dreistufiges**

---

39 Holwe/Kossens, § 2 Rn 7; Worzalla/Will, § 2 Rn 5.
40 Ring, § 2 Rn 5.
41 So auch Annuß in Annuß/Thüsing, § 2 Rn 3.
42 Aufgrund seiner regelmäßigen wöchentlichen Arbeitszeit, zu deren Bestimmung s. § 2 Rn 12.

Vorgehen entnehmen, welches sich an dem Ort orientiert, an dem der Vergleichsarbeitnehmer tätig sein muss: Zunächst geht es um die betriebliche Ebene; sodann, auf einer zweiten Ebene, die eingreift, wenn auf betrieblicher Ebene kein (ausreichend) vergleichbarer Arbeitnehmer tätig ist, wird der Vergleich auf die Ebene eines anwendbaren Tarifvertrags gehoben. Schließlich, auf einer dritten Ebene, wenn auch kein anwendbarer Tarifvertrag existiert, wird der Blick auf den jeweiligen Wirtschaftszweig gerichtet. Die genannten zweiten und dritten Ebenen sind als Hilfsregelungen in § 2 Abs. 1 Satz 4 TzBfG enthalten.

Auf einer ersten Ebene ist gemäß § 2 Abs. 1 Satz 3 TzBfG die Situation innerhalb des Betriebs in den Blick zu nehmen. Der primäre **räumliche Bezugspunkt** ist damit verhältnismäßig eng, die Vergleichsgruppenbildung erfolgt nicht in Bezug auf das Unternehmen oder gar Konzern. Dies unterscheidet den Wortlaut an dieser Stelle von demjenigen des Diskriminierungsverbots in § 4 Abs. 1 TzBfG, der keine räumliche Beschränkung enthält. Innerhalb des Betriebs ist die für die Bestimmung des Vorliegens einer Teilzeitbeschäftigung entscheidende wöchentliche Arbeitszeit mit derjenigen „eines vergleichbaren vollzeitbeschäftigten Arbeitnehmers" zu vergleichen. Vergleichbar ist dabei der Vollzeitbeschäftigte „mit derselben Art des Arbeitsverhältnisses und der gleichen oder ähnlichen Tätigkeit". Infolgedessen muss die für den Vergleich heranzuziehende Vergleichsperson anhand **dreier Tatbestandsmerkmale** bestimmt werden, die nach der Vorstellung des Gesetzgebers kumulativ vorliegen müssen – dies folgt schon aus dem Wortlaut der Vorschrift („und"): Es muss sich somit um einen Vollzeitbeschäftigten handeln,[43] dieser muss zweitens „mit derselben Art des Arbeitsverhältnisses" versehen sein;[44] und schließlich muss er drittens die „gleiche oder ähnliche Tätigkeit" ausüben wie der fragliche Teilzeitbeschäftigte.[45] Gerade in dieser sehr ausdifferenzierten Vergleichbarkeitsregelung liegt ein deutlicher Fortschritt gegenüber der zuvor geltenden Regelung des § 2 Abs. 2 BeschFG, die von einer bloßen Vergleichsberechnung gegenüber vollzeitbeschäftigten Arbeitnehmern desselben Betriebs ausging – diese versagte nämlich notwendiger Weise dann, wenn alle vergleichbaren Tätigkeiten von Teilzeitbeschäftigten ausgeübt wurden – in diesem Fall musste man dann auf die „allgemein übliche Wochenarbeitszeit" abstellen.[46] Hier hält § 2 Abs. 1 Satz 3 und 4 TzBfG nunmehr eine umfassendere Regelung bereit.

Es muss sich bei der **Vergleichsperson** um einen **Vollzeitbeschäftigten** handeln. Das Gesetz bestimmt jedoch nicht, welcher Arbeitnehmer als vollzeitbeschäftigt angesehen werden kann. Eine Definition findet sich weder hier noch an einer anderen Stelle des Gesetzes, etwa in § 4 TzBfG. Dies ist umso misslicher, als gerade auf diese Weise eines der entscheidenden Kriterien für die Bestimmung des Teilzeitbeschäftigten unklar bleibt. Auch das ArbZG kann insofern nicht weiterführen, denn dort ist in § 3 ArbZG lediglich die zulässige Höchstarbeitszeit geregelt, die wiederum keine Angaben darüber erlaubt, ob ein Beschäftigter als „vollzeitbeschäftigt" anzusehen ist. Es bedarf daher einer genaueren Auslegung und wertenden Betrachtung.

---

43 Dazu § 2 Rn 23.
44 Dazu § 2 Rn 29.
45 Dazu § 2 Rn 31.
46 Schmidt, S. 34.

24 Der Wortlaut der Norm lässt deutlich werden, dass es auch in diesem Zusammenhang um den betrieblichen Zusammenhang geht; zudem macht die grammatikalische Auslegung deutlich, dass noch weiter zu differenzieren ist: Wenn § 2 Abs. 1 Satz 3 TzBfG vom vollzeitbeschäftigten Arbeitnehmer „mit derselben Art des Arbeitsverhältnisses und der gleichen oder ähnlichen Tätigkeit"[47] spricht, kann dies nur dahingehend verstanden werden, dass die Einordnung einer bestimmten zu leistenden Arbeitszeit als Vollzeitbeschäftigung nicht betriebseinheitlich vorgenommen werden kann, sondern **gruppenspezifisch**, es geht also nicht um eine „betriebsübliche" Vollzeitarbeit.[48] Das führt dazu, dass in einem Betrieb unterschiedliche Arbeitszeitvolumina als Vollzeitbeschäftigung angesehen werden können: So kann etwa in der Abteilung A eine 40-Stunden-Woche als Vollzeitbeschäftigung gelten, in der Abteilung B desselben Betriebs hingegen eine 38-Stunden-Woche.

25 Fraglich bleibt, ob man von einer **bestimmten Mindeststundenzahl** ausgehen muss, um eine Vollzeitbeschäftigung als gegeben anzusehen. Vorgeschlagen wird insofern, mit Blick auf die Bestimmung in **§ 23 Abs. 1 Satz 4 KSchG** und der dort enthaltenen gesetzgeberischen Wertung davon auszugehen, dass ein „vergleichbarer Vollzeitbeschäftigter" mit weniger als 30 Stunden regelmäßig nicht denkbar wäre;[49] von einer Vollzeitbeschäftigung bei einem Arbeitszeitvolumen von unter 30 Stunden könne man ausnahmsweise nur dann ausgehen, wenn sie auch von den Tarifvertragsparteien als Regelarbeitszeit anerkannt werde oder dem Bild der Branche entspreche, etwa bei Reinigungsunternehmen.[50]

26 Eine solche Einengung auf eine bestimmte Stundenzahl ist jedoch nicht gerechtfertigt; der Gesetzeswortlaut in § 2 Abs. 1 Satz 3 TzBfG ist insofern eindeutig: Er enthält **keine derartige Einschränkung**. Infolgedessen ist durchaus auch ein Betrieb denkbar, in dem eine Vollzeitbeschäftigung bei 25 Stunden liegt. Entscheidend dürfte daher nicht der Rückgriff auf das KSchG sein, sondern auf eine wertende Beurteilung, ohne sich auf eine bestimmte Stundenzahl festzulegen (was auch im Hinblick auf das TzBfG nicht erforderlich ist): Diese Beurteilung hängt dann von der üblichen Arbeitszeit der in der jeweiligen Betriebsgruppe beschäftigten Arbeitnehmer ebenso ab wie von den Arbeitszeiten, die üblicherweise in dieser Berufgruppe überhaupt erbracht werden. Insofern ist es durchaus möglich, zumindest in gewisser Hinsicht von einer „**Faustformel**"[51] auszugehen, der zufolge als Vollzeit die Regelarbeitszeit angenommen werden kann, die für die Mehrheit der in der entscheidenden Vergleichsgruppe beschäftigten Arbeitnehmer gilt – dann muss jedoch klar sein, dass diese Faustformel nur ein Bestandteil der wertenden Beurteilung ist.

27 Denn die fehlende gesetzliche Festlegung eines Vollzeitbeschäftigungszeitraums und die damit verbundene Relativität in der Begriffsbestimmung können dann jedoch auch zu der Situation führen, dass in einem Betrieb überhaupt keine vergleichbaren Vollzeitbeschäftigten tätig sind, weil die Arbeitszeitdauer bei allen Arbeitnehmern mit der gleichen oder ähnlichen Beschäftigung aufgrund der vor-

---

47 Dazu sogleich § 2 Rn 29.
48 AA Meinel/Heyn/Herms, § 2 Rn 14; wie hier hingegen MünchKomm/Müller-Glöge, § 2 TzBfG Rn 2; Arnold/Gräfl/Imping, § 2 Rn 12.
49 Holwe/Kossens, § 2 Rn 20.
50 Arnold/Gräfl/Imping, § 2 Rn 13.
51 Mit diesem Begriff Holwe/Kossens, § 2 Rn 19.

zunehmenden wertenden Betrachtung nicht mehr als Vollzeitbeschäftigung angesehen werden kann; denkbar ist dies etwa bei **Zeitungszustellern oder Garderobenpersonal** bei Abendveranstaltungen. In diesem Fall kommt es dann auf die genannten weiteren (**überbetrieblichen**) **Ebenen** an; im Ergebnis hat dies allerdings auch keine wesentlichen praktischen Auswirkungen: Denn insbesondere § 4 TzBfG kommt dann, wenn überhaupt kein vollzeitbeschäftigter Arbeitnehmer im Betrieb vorhanden ist, nicht mehr zum Tragen, da eine Ungleichbehandlung nicht mehr denkbar ist; allenfalls für die Bestimmungen in §§ 9 und 11 TzBfG kann dies dann noch eine Relevanz haben.[52]

Bei der angesprochenen wertenden Beurteilung kann hilfsweise gegebenenfalls auch auf eine **bestehende tarifliche Regelung** zurückgegriffen werden. Insofern kann dann auch das **tarifliche Vollzeitarbeitsniveau** hilfreich sein, dies ist insbesondere möglich, wenn die ermittelte betriebsgruppenübliche Arbeitszeit (deutlich) unterhalb des tariflichen Niveaus liegt. Doch hat in der Wertung aufgrund des Gesetzeswortlauts und der Gesetzessystematik die Betriebsgruppenüblichkeit Vorrang. Das heißt, arbeiten in einem Betrieb nahezu alle Beschäftigten mit einer Arbeitszeit von 38,5 Stunden, ist demgegenüber ein Arbeitnehmer mit nur 35 Stunden beschäftigt, was auch dem branchenüblichen Tarifvertrag entspricht, so ist er gleichwohl als Teilzeitbeschäftigter anzusehen, da hier die betriebliche Situation den Ausschlag gibt. 28

Der auf die vorgenannte Weise ermittelte „Vollzeitbeschäftigte" muss zudem „mit derselben Art des Arbeitsverhältnisses" beschäftigt sein. Hieran wird deutlich, dass die drei Tatbestandsmerkmale des zum Vergleich heranzuziehenden Beschäftigten notwendigerweise eng miteinander verwoben sind. Wann von „derselben Art des Arbeitsverhältnisses" ausgegangen werden kann, ist ebenfalls nicht näher gesetzlich bestimmt. Der Gesetzgeber hat diesbezüglich in der Begründung zum Gesetz lediglich einen Beispielsfall angegeben: So soll es sich bei befristeten Arbeitsverhältnissen oder umgekehrt bei unbefristeten Arbeitsverhältnissen um Arbeitsverhältnisse „derselben Art" handeln.[53] Doch ist diese Beispielsnennung ebenso dürftig wie in ihrer Pauschalität nicht überzeugend. Die Formulierung „Arbeitsverhältnisse derselben Art" stammt im Wesentlichen aus der europäischen Vorgabe in § 3 Abs. 1 Nr. 2 der **Rahmenvereinbarung über Teilzeitarbeit** – macht sie aufgrund der unterschiedlichen möglichen Arbeitsverhältnisse auf europäischer Ebene dort auch durchaus Sinn,[54] kann diesem Tatbestandsmerkmal im nationalen Rahmen kaum eine eigenständige Bedeutung zugemessen werden, wie schon das Beispiel in der Gesetzesbegründung zeigt; dies liegt daran, dass Arbeitsverhältnisse nach deutschem Recht einheitlich nach der gängigen Einordnung eines Vertrags als Arbeitsvertrag beurteilt werden;[55] eine weitere Differenzierung nach (denselben oder eben unterschiedlichen) „Arten" kommt demgegenüber kaum vor. Daher ist schon die dem Gesetzgeber vorschwebende Gruppenbildung, Arbeitsverhältnisse derselben Art seien befristete Arbeitsverhältnisse, einer anderen Art hingegen unbefristete, so nicht zutreffend. Ist nämlich wesentlich die Einordnung eines Vertrags als Arbeitsvertrag maßgeb- 29

---

52 In diesem Sinne auch Bayreuther, in: Rolfs/Giesen, BeckOK § 2 TzBfG Rn 3.
53 BT-Drucks. 14/4374 S. 15; so auch Annuß in Annuß/Thüsing, § 2 Rn 5; HWK/Schmalenberg, § 2 TzBfG Rn 4.
54 Dazu näher Holwe/Kossens, § 2 Rn 12.
55 Dazu schon oben § 2 Rn 5.

lich, so kann es regelmäßig nicht darauf ankommen, ob der zum Vergleich herangezogene Vollzeitbeschäftigte befristet oder unbefristet tätig ist. Geht es etwa um die Anwendbarkeit des TzBfG im Hinblick auf das **Diskriminierungsverbot** des § 4 TzBfG, ist nicht ersichtlich, wieso ein auf zwei Jahre befristet beschäftigter Vollzeitarbeitnehmer nicht mit einem unbefristet beschäftigten Teilzeitarbeitnehmer vergleichbar sein soll.[56] Hier kann sich eine Unvergleichbarkeit allenfalls aus dem Aspekt der „gleichen oder ähnlichen Tätigkeit" ergeben.[57]

30 Allenfalls eine Unterscheidung zwischen Arbeitsverhältnissen von Arbeitern und Angestellten mag lange Zeit – allerdings aus vor allem traditionellen Gründen – gerechtfertigt gewesen sein; doch wie auch sonst im Arbeitsrecht ist auch im Hinblick auf das TzBfG mittlerweile unbestritten, dass eine **Differenzierung zwischen Arbeitern und Angestellten** ohne Relevanz ist.[58] Mit derselben Begründung gehen auch leitende Angestellte und einfache Arbeitnehmer einem Arbeitsverhältnis „derselben Art" nach.[59] Schließlich erscheint es auch nicht überzeugend, von unterschiedlichen Arbeitsverhältnissen in diesem Zusammenhang auszugehen, nur weil eines der beiden zum Vergleich anstehenden Arbeitsverhältnisse – etwa im Rahmen des SGB III – mit öffentlichen Mitteln finanziell gefördert wird.[60] Denn unabhängig von der Finanzierung ist zu beurteilen, ob ein Arbeitsverhältnis vorliegt; zudem kann es – etwa für die Frage des Diskriminierungsschutzes nach § 4 TzBfG – keinen Unterschied machen, ob ein Arbeitsverhältnis mit öffentlichen Mitteln gefördert wird oder nicht. Auch ein gefördertes Arbeitsverhältnis ist, weil Arbeitsverhältnis, somit ein Arbeitsverhältnis „derselben Art". Im Ergebnis lässt sich daher festhalten, dass die Frage, ob die zwei zu vergleichenden Arbeitsverhältnisse von „derselben Art" sind, allein nach dessen äußerem Erscheinungsbild und nach deren rechtlichen Einordnung als Arbeitsverhältnis zu beurteilen ist.

31 Ist somit das zweite Tatbestandsmerkmal nur von eingeschränktem Nutzen, kommt es entscheidend auf die **„vergleichbare Tätigkeit"** an – der zum Vergleich herangezogene Vollzeitbeschäftigte muss nach § 2 Abs. 1 Satz 3 TzBfG mit einer „gleichen oder ähnlichen Tätigkeit" beschäftigt sein. Für die Prüfung, ob eine Tätigkeit in diesem Sinne vergleichbar ist, sind alle Merkmale heranzuziehen, die für die jeweilige Tätigkeit charakteristisch sind. Von einer gleichen Tätigkeit ist auszugehen, wenn die Arbeitsvorgänge (im Wesentlichen) übereinstimmen und die Arbeitnehmer – hypothetisch – ohne weiteres einander ersetzen könnten.[61] Entscheidend ist also hier **das Kriterium der sofortigen Austauschbarkeit ohne weiteren Einarbeitungsaufwand**. Ähnlich sind wiederum Tätigkeiten, wenn sie zwar durch ihre Prägung Unterschiede aufweisen, jedoch durch einen geringen Einarbeitungsaufwand die Arbeitnehmer ausgetauscht werden können, wenn also insbesondere die Hierarchieebenen übereinstimmen und für die Ausübung der Arbeit eine gleiche Qualifikation und körperliche Belastbarkeit erfor-

---

56 Ähnlich auch Meinel/Heyn/Herms, § 2 Rn 10.
57 Dazu sogleich § 2 Rn 31.
58 Arnold/Gräfl/Imping, § 2 Rn 12.
59 Wie hier Annuß in Annuß/Thüsing, § 2 Rn 5; aA MünchKomm/Müller-Glöge, § 2 TzBfG Rn 2.
60 So aber Holwe/Kossens, § 2 Rn 13.
61 Sievers, § 2 Rn 9.

derlich sind.[62] Beiden Merkmalen – „gleich" und „ähnlich" – ist gemeinsam, dass sie jedenfalls so nah an dem arbeitsvertraglich vereinbarten Tätigkeitsinhalt liegen müssen, dass der Arbeitgeber – hypothetisch – dazu befugt wäre, jeweils die andere Tätigkeit kraft seines Direktionsrechts nach § 106 GewO zuzuweisen.

Indizien für eine „gleiche oder ähnliche Tätigkeit" und somit für eine Gleichartigkeit im weiteren Sinne[63] können zunächst die erfolgte **Stellenausschreibung bzw Stellenbeschreibung** sein. Ebenfalls kann **dieselbe Eingruppierung in eine Vergütungsgruppe** ein Hinweis auf eine gleichartige Tätigkeit darstellen.[64] Entscheidend bleibt, dass nicht nur gänzlich identische Tätigkeiten in Betracht kommen, sondern auch funktional austauschbare mit gleichem Anforderungsprofil und Belastungen.[65] Daher ist es umgekehrt auch unschädlich, wenn die beiden Tätigkeiten in unterschiedliche Tarifgruppen eingeordnet sind, etwa dann, wenn die unterschiedliche Eingruppierung allein aus einem Bewährungsaufstieg eines der beiden Betroffenen folgt.[66] Es bleibt also auch in diesem Zusammenhang, bei allen vorliegenden Indizien, bei einer wertenden Beurteilung im Hinblick auf die vorliegende Gleichartigkeit, bei der die tatsächlich ausgeübte Tätigkeit der Arbeitnehmer sowie ihre sonstigen persönlichen Merkmale wie Ausbildung und Qualifikation im Mittelpunkt der Wertung steht.

32

Fehlt es im Betrieb an einem auf die vorgenannte Weise ermittelbaren vergleichbaren Vollzeitbeschäftigten, kommt, für die Beantwortung, ob ein Beschäftigter ein Teilzeitbeschäftigter ist, die zweite Stufe zum Tragen. Dies folgt unmittelbar aus § 2 Abs. 1 Satz 4 TzBfG.[67]

33

b) Insbesondere: Das Verhältnis zwischen § 2 Abs. 1 und § 4 TzBfG

Die Vorschrift erstellt ihre Legaldefinition anhand eines Vergleiches: Wie auch § 3 der Rahmenvereinbarung und die entsprechende Regelung in der **Richtlinie 1997/81/EG** bezieht sich die Definition auf den „vergleichbar vollzeitbeschäftigten Arbeitnehmer". Unabhängig davon, wie dieser zu bestimmen ist und unabhängig von der insofern maßgeblichen Frage nach dem Anknüpfungspunkt der regelmäßigen Wochenarbeitszeit,[68] ist bereits umstritten, ob der in § 2 Abs. 1 TzBfG als Bezugspunkt herangezogene und genannte Vollzeitbeschäftigte begrifflich identisch ist mit demjenigen, der in § 4 TzBfG hinsichtlich des **Diskriminierungsverbots** genannt ist.

34

Im Ergebnis wird man hier davon auszugehen haben, dass der nach § 2 Abs. 1 TzBfG zu ermittelnde vergleichbare Vollzeitbeschäftigte mit dem im Rahmen des Diskriminierungsverbots nach § 4 TzBfG zu ermittelnden vergleichbaren Vollzeitbeschäftigten übereinstimmen muss. Hier eine unterschiedliche **terminologische Ausfüllung** vorzunehmen, überzeugt nicht. Zwar wird vertreten, die Unterscheidung zwischen der abstrakten Vergleichbarkeit zur Feststellung einer

35

---

62 MünchKomm/Müller-Glöge, § 2 TzBfG Rn 5; enger Sievers, § 2 Rn 9; offenbar auch Annuß in Annuß/Thüsing, § 2 Rn 5.
63 Nicht zu verwechseln mit derjenigen aus § 612 Abs. 3 BGB, dazu eingehend Joussen, in: Rolfs/Giesen, BeckOK § 612 BGB Rn 50.
64 So auch KSchR/Däubler, § 3 TzBfG Rn 19.
65 HWK/Schmalenberg, § 2 TzBfG Rn 4.
66 Bayreuther, in: Rolfs/Giesen, BeckOK § 2 TzBfG Rn 6.
67 Dazu s. § 2 Rn 36.
68 Dazu sogleich in § 2 Rn 14.

Teilzeitbeschäftigung generell auf der einen und der konkreten Vergleichbarkeit zur Feststellung einer Diskriminierung auf der anderen Seite sei zu zentral, um der jeweiligen Bedeutung der Vorschriften gerecht zu werden:[69] Allein im Rahmen des § 4 TzBfG sei nämlich die Feststellung einer konkreten Vergleichbarkeit eines Teilzeit- mit einem Vollzeitbeschäftigten im Hinblick auf eine bestimmte Schlechterstellung notwendig, was wiederum für die abstrakte Feststellung nach § 2 Abs. 1 TzBfG ohne Bedeutung sei (ebenda mit Beispiel). Doch spricht gegen diese differenzierende Ansicht hier zentral die systematische Auslegung dieser Vorschrift. § 2 Abs. 1 TzBfG soll gerade, wie dargelegt, dazu dienen, einen einheitlichen Begriff des teilzeitbeschäftigten Arbeitnehmers zu schaffen. Dem widerspräche es jedoch, wenn man diesen Begriff ohne wirkliche Notwendigkeit gleich wieder preisgäbe. Zudem ist die konkrete Prüfungsstufung in § 2 TzBfG ausreichend, um auch in § 4 TzBfG dem Bedürfnis nach einer konkreten Feststellung im Bereich des Diskriminierungsverbots Rechnung zu tragen. Infolgedessen sind beide Begriffe hier einheitlich zu sehen.[70]

4. Die hilfsweise Bestimmung bei nichtvorhandenem vergleichbaren vollzeitbeschäftigten Arbeitnehmer nach § 2 Abs. 1 Satz 4 TzBfG

36 Lässt sich nach § 2 Abs. 1 Satz 3 TzBfG ein vergleichbarer vollzeitbeschäftigter Arbeitnehmer im Betrieb nicht finden, was durchaus denkbar ist, etwa weil die Arbeitszeitdauer bei allen Arbeitnehmern mit der gleichen oder einer ähnlichen Tätigkeit nicht mehr als Vollzeitbeschäftigung gewertet werden kann, so führt dies nicht dazu, dass die Frage, ob ein Beschäftigter als Teilzeitbeschäftigter angesehen werden kann, nicht beantwortet werden könnte. Vielmehr enthält § 2 Abs. 1 Satz 4 TzBfG in Ausführung der Vorgaben des § 3 Abs. 2 **der Rahmenvereinbarung über Teilzeitarbeit** eine hilfsweise Bestimmung für diesen Fall. Ist infolgedessen im Betrieb kein vergleichbarer Arbeitnehmer vorhanden, so hat die Bestimmung des vergleichbaren vollzeitbeschäftigten Arbeitnehmers nach dem anwendbaren **Tarifvertrag** zu erfolgen. Das bedeutet zunächst, dass der Arbeitnehmer, der als einziger mit einer 39-Stunden-Woche arbeitet, wohingegen alle übrigen mit ihm nicht nach § 2 Abs. 1 Satz 3 TzBfG vergleichbaren Arbeitnehmer mit einer 40-Stunden-Woche tätig sind, nicht über einen betriebsinternen Vergleich als Teilzeitbeschäftigter angesehen werden kann – denn wenn es im Betrieb keinen vergleichbaren Arbeitnehmer gibt, kann auch nicht auf einen konkreten vergleichbaren Arbeitnehmer zurückgegriffen werden. Dass alle anderen Arbeitnehmer im Betrieb vierzig Stunden in der Woche arbeiten, spielt dann für die Beurteilung des 39-Stunden-Arbeitsverhältnisses keine Rolle. Hier kommt vielmehr auf der zweiten Ebene § 2 Abs. 1 Satz 4 TzBfG zum Tragen.

37 Danach ist zu prüfen, welche Arbeitszeit der einschlägige Tarifvertrag für diese Art von Tätigkeit vorsieht. Was das Gesetz hier unter „anwendbarem Tarifvertrag" versteht, wird nicht deutlich. Doch ist ein solcher anzunehmen, wenn die entsprechende Tätigkeit in den räumlichen, zeitlichen, sachlichen und persönlichen Anwendungsbereich eines Tarifvertrags fällt. Zusätzlich erforderlich ist,

---

69 Meinel/Heyn/Herms, § 2 Rn 3.
70 So auch die wohl überwiegende Auffassung in der Literatur, s. etwa Annuß in Annuß/Thüsing, § 2 Rn 4; Arnold/Gräfl/Imping, § 2 Rn 3; Lakies, NJ 2001, 70.

dass zumindest der Arbeitgeber hinsichtlich dieses Tarifvertrages gemäß der Bestimmung des § 3 Abs. 1 TVG (tarif-)gebunden ist.[71] Maßgeblich ist also der Tarifvertrag, der für den Arbeitgeber anzuwenden ist, das heißt, es ist allein auf die **Tarifbindung des Arbeitgebers**, nicht auf die des Arbeitnehmers abzustellen.[72] Diese Sicht lässt sich mit der Überlegung rechtfertigen, dass es grundsätzlich für die Frage der Vergleichbarkeit von Arbeitnehmern im Hinblick auf das Vorliegen einer Teilzeitbeschäftigung um eine betriebliche Frage handelt. Anwendbar ist ein Tarifvertrag demgegenüber jedoch dann nicht, wenn ein Arbeitgeber zwar nicht unmittelbar tarifgebunden ist, dieser jedoch einen Tarifvertrag üblicherweise kraft einzelvertraglicher Bezugnahme in standardisierten Arbeitsverträgen anwendet.[73] Denn in diesem Fall liegt gerade kein „anwendbarer", sondern lediglich ein „angewendeter" Tarifvertrag vor, so dass die Verweisung in § 2 Abs. 1 Satz 4 TzBfG schon aus grammatikalischen Gründen nicht eingreifen kann. Besonderheiten ergeben sich jedoch dann für die Frage, wie zu verfahren ist, wenn für den Arbeitgeber mehrere Tarifverträge einschlägig sind, also in der Situation der Tarifkonkurrenz. Soweit jedoch insofern vertreten wird, in diesen Fällen sei davon auszugehen, dass dann kein Tarifvertrag maßgeblich sei,[74] kann dies nicht überzeugen. Denn auch in diesem Fall gibt es „einen anwendbaren" Tarifvertrag; denn insofern ist vom Grundsatz der Tarifeinheit auszugehen, was bedeutet, dass in dem betroffenen Arbeitsverhältnis nur ein Tarifvertrag zur Anwendung kommen kann.[75] Welcher Tarifvertrag dann „anwendbar" ist, bestimmt sich nach dem **Spezialitätsgrundsatz**, maßgebend ist infolgedessen, welcher Tarifvertrag dem Betrieb räumlich, fachlich und persönlich am nächsten steht. Nur dann, wenn sich mit Hilfe des Spezialitätsgrundsatzes ausnahmsweise kein Vorrang feststellen lässt, wird nach dem Mehrheitsprinzip derjenige Tarifvertrag angewendet, das heißt anwendbar im Sinne von § 2 Abs. 1 Satz 3 TzBfG, der die meisten Arbeitsverhältnisse im Betrieb erfasst.[76]

Sollte ein einschlägiger „anwendbarer" Tarifvertrag nicht existieren, der als Vergleichsmaßstab herhalten kann, greift gemäß § 2 Abs. 1 Satz 4 TzBfG die dritte Stufe ein: Es ist dann auf die **Üblichkeit im Wirtschaftszweig** abzustellen. Diese Situation kann also in zweierlei Hinsicht eintreten: Zum einen ist möglich, dass zwar ein einschlägiger Tarifvertrag existiert, dieser aber mangels Tarifgebundenheit des Arbeitgebers im konkreten Fall nicht anwendbar ist. Zum anderen ist aber auch möglich, dass für die betreffende Branche überhaupt kein Tarifvertrag vorhanden ist, anhand dessen die einschlägige, für eine „Vollzeitbeschäftigung" erforderliche Stundenzahl festgestellt werden kann. Liegt ein Tarifvertrag, jedoch keine Tarifbindung des Arbeitgebers vor, ist hypothetisch auf den vorhandenen Tarifvertrag und die dort enthaltene Arbeitszeit abzustellen; sind mehrere Tarifverträge hypothetisch einschlägig, gilt das oben Gesagte entsprechend, im Zweifel ist auf den meist verbreiteten Tarifvertrag zurückzugreifen.[77] Ansonsten ist darauf abzustellen, mit welcher Arbeitszeit ein Arbeitnehmer nach den in

---

71 Arnold/Gräfl/Imping, § 2 Rn 14; Küttner, Tarifbindung, Rn 22.
72 So auch Sievers, § 2 Rn 11; KSchR/Zwanziger § 2 TzBfG Rn 10; Meinel/Heyn/Herms, § 2 Rn 17.
73 So aber Sievers, § 2 Rn 11; KR/Bader, § 3 TzBfG Rn 54.
74 So jedenfalls Annuß in Annuß/Thüsing, § 2 Rn 6.
75 Gamillscheg, S. 754; Wiedemann/Wank, § 4 TVG Rn 284.
76 So bereits BAG 22. Februar 1957 –1 AZR 536/56 – AP Nr. 2 zu § 4 TVG Tarifkonkurrenz.
77 KSchR/Zwanziger, § 2 TzBfG Rn 20.

der betreffenden Branche herrschenden Anschauungen üblicherweise als vollzeitbeschäftigt anzusehen ist.[78] Dabei ist jedoch nicht zu verkennen, dass an dieser Stelle der erkennende Richter im Einzelfall möglicherweise erhebliche Schwierigkeiten haben wird festzustellen, was im Einzelfall üblicherweise als Vollzeitbeschäftigung anzusehen ist.

5. Der Vergleich (bei unterschiedlichen Bemessungszeiträumen)

39 Ist auf die vorgenannte Weise gemäß § 2 Abs. 1 Satz 3 bzw 4 TzBfG ein vergleichbarer Vollzeitbeschäftigter ermittelt worden, ist dessen Arbeitszeit mit derjenigen des potenziell Teilzeitbeschäftigten zu vergleichen. Es sind also die regelmäßigen Arbeitszeiten desjenigen Arbeitnehmers, bei dem sich die Frage stellt, ob er teilzeitbeschäftigt im Sinne des § 2 TzBfG ist, der regelmäßigen Arbeitszeit des vergleichbaren Vollzeitbeschäftigten gegenüberzustellen.[79] Fällt die Arbeitszeit des einen Beschäftigten geringer aus als des anderen, ist dieser Teilzeitbeschäftigter, auch bei einem Abweichen von nur einer Stunde. Dieser Vergleich ist dann unproblematisch, wenn beider Arbeitszeiten für identische Bezugszeiträume vereinbart sind; sind jedoch für die jeweiligen Arbeitszeiten unterschiedliche Bezugszeiträume vereinbart, für den einen etwa eine regelmäßige Wochenarbeitszeit, für den anderen hingegen eine Jahresarbeitszeit, bedarf es einer Umrechnung. Diese kann sich nach tarifvertraglichen Umrechnungsfaktoren richten, sofern solche vorhanden sind. Ansonsten werden für die Umrechung von Woche zu Monat oder umgekehrt der Faktor 4,3, von der Woche auf ein Jahr bzw umgekehrt der Faktor 52 vorgeschlagen.[80]

IV. Die Klarstellung in § 2 Abs. 2 TzBfG

40 § 2 Abs. 2 TzBfG enthält lediglich eine klarstellende Anmerkung des Gesetzgebers, der zufolge auch geringfügig Beschäftigte im Sinne von § 8 Abs. 1 Nr. 1 SGB IV Teilzeitarbeitnehmer im Sinne des TzBfG sind. Infolgedessen sind auch alle Vorschriften dieses Gesetzes auf geringfügig Beschäftigte anwendbar – gemeint ist mit dieser Bezeichnung nämlich ausschließlich die Entgelt-, nicht eine zeitliche Geringfügigkeit. Ausweislich der Gesetzesbegründung war dem Gesetzgeber dabei bewusst, mit dieser Vorschrift rein deklaratorisch zu arbeiten: Denn er wollte mit dem Abs. 2 „einem weit verbreiteten Irrtum" entgegentreten.[81] Dieser Irrtum hatte insbesondere zur Konsequenz, dass gelegentlich die Arbeitnehmereigenschaft der geringfügig Beschäftigten bestritten wurde; dies ist jedoch ohnehin nicht mehr der Fall, die Klarstellung in § 2 Abs. 2 TzBfG hat daher keinen eigenständigen Bedeutungsgehalt (mehr), zum Teil wird die Vorschrift daher auch als „fast überflüssig" angesehen.[82] Von § 2 Abs. 2 TzBfG darf aufgrund der Bestimmung in § 22 Abs. 1 TzBfG zudem nicht zuungunsten

---

78 Meinel/Heyn/Herms, § 2 Rn 18; Holwe/Kossens, § 2 Rn 25.
79 Meinel/Heyn/Herms, § 2 Rn 26.
80 Vgl. mit entsprechenden Umrechnungsbeispielen Holwe/Kossens, § 2 Rn 27; Arnold/Gräfl/Imping, § 2 Rn 16.
81 BT-Drucks. 14/4374 S. 15.
82 S. etwa Preis/Gotthardt DB 2000, 2066.

der Arbeitnehmer abgewichen werden.[83] Entsprechende arbeits- oder tarifvertragliche Bestimmungen, die einen Ausschluss geringfügiger Beschäftigter enthalten, sind infolgedessen wegen eines Verstoßes gegen § 22 Abs. 1 TzBfG, § 134 BGB nichtig.[84]

§ 3 Begriff des befristet beschäftigten Arbeitnehmers

(1) Befristet beschäftigt ist ein Arbeitnehmer mit einem auf bestimmte Zeit geschlossenen Arbeitsvertrag. Ein auf bestimmte Zeit geschlossener Arbeitsvertrag (befristeter Arbeitsvertrag) liegt vor, wenn seine Dauer kalendermäßig bestimmt ist (kalendermäßig befristeter Arbeitsvertrag) oder sich aus Art, Zweck oder Beschaffenheit der Arbeitsleistung ergibt (zweckbefristeter Arbeitsvertrag).

(2) Vergleichbar ist ein unbefristet beschäftigter Arbeitnehmer des Betriebes mit der gleichen oder einer ähnlichen Tätigkeit. Gibt es im Betrieb keinen vergleichbaren unbefristet beschäftigten Arbeitnehmer, so ist der vergleichbare unbefristet beschäftigte Arbeitnehmer auf Grund des anwendbaren Tarifvertrages zu bestimmen; in allen anderen Fällen ist darauf abzustellen, wer im jeweiligen Wirtschaftszweig üblicherweise als vergleichbarer unbefristet beschäftigter Arbeitnehmer anzusehen ist.

Literatur: *Bauer*, Befristete Arbeitsverträge unter neuen Vorzeichen. Teil 1: Europarechtliche Vorgaben und Befristungen ohne Sachgrund, BB 2001, 2473; *Boewer*, Teilzeit- und Befristungsgesetz, Köln 2002; *Clemens/Appel*, Gesetz zur Beschleunigung des arbeitsgerichtlichen Verfahrens, AuR 2000, 281; *Dörner*, Der befristete Arbeitsvertrag, München 2004; *Enderlein*, Die Reichweite des Arbeitnehmerschutzes im Fall des auflösend bedingten Arbeitsvertrags, RdA 1998, 90; *Hromadka*, Befristete und bedingte Arbeitsverhältnisse neu geregelt, BB 2001, 621; *Lakies*, Das Teilzeit- und Befristungsgesetz, DZWIR 2001, 1; *Preis/Gotthardt*, Neuregelungen der Teilzeitarbeit und befristeten Arbeitsverhältnisse, DB 2000, 2065; *Richardi/Wlotzke*, Münchener Handbuch für Arbeitsrecht. Ergänzungsband, München 2001; *Sievers*, Individualrechtliche Möglichkeiten und Grenzen einer Entgeltreduzierung, NZA 2002, 1182; *Sowka*, Es lebe die Zweckbefristung – trotz des Teilzeit- und Befristungsgesetzes, DB 2002, 1158; *Worzalla/Will/Mailänder/Worch/Heise*, Teilzeitarbeit und befristete Arbeitsverträge, Freiburg/Brsg. 2001

I.	Allgemeines	1	
II.	Der befristet beschäftigte Arbeitnehmer, § 3 Abs. 1 TzBfG	6	
1.	Die kalendermäßige Befristung	7	
2.	Die Zweckbefristung	12	
3.	Auslegung	16	
4.	Die auflösende Bedingung	21	
5.	Vereinbarung einer Mindest- und Höchstdauer	24	
6.	Doppelbefristung	29	
III.	Die Definition des § 3 Abs. 2 TzBfG	33	

I. Allgemeines

Ähnlich wie § 2 TzBfG enthält auch § 3 TzBfG Begriffsbestimmungen; in dieser Vorschrift geht es um die Klärung des Begriffs des „befristet beschäftigten Arbeitnehmers" sowie desjenigen des „vergleichbaren unbefristet beschäftigten Arbeitnehmers" – § 3 TzBfG enthält somit in seinen beiden Absätzen die maß- 1

---

83 Eine Ausnahme wird gemeinhin nur im Hinblick auf die betriebliche Altersversorgung anerkannt, dazu Ackermann, NZA 2000, 465.
84 Dazu auch die Kommentierung § 22 Rn 1.

geblichen Definitionen für die neben der Gruppe der Teilzeitbeschäftigten zweite Zielgruppe des Gesetzes. Auch bei dieser Vorschrift handelt es sich um eine konkrete Umsetzung der zugrunde liegenden europäischen Vorgaben, also der **Richtlinie 1999/90/EG** vom 28.6.1999 in Verbindung mit der **UNICE/CEEP/EGB Rahmenvereinbarung über befristete Arbeitsverhältnisse:**[1] § 3 Nr. 1 der Rahmenvereinbarung über befristete Arbeitsverhältnisse definiert nämlich seinerseits den befristet Beschäftigten als „eine Person mit einem direkt zwischen dem Arbeitgeber und dem Arbeitnehmer geschlossenen Arbeitsvertrag oder -verhältnis, dessen Ende durch objektive Bedingungen wie das Erreichen eines bestimmten Datums, die Erfüllung einer bestimmten Aufgabe oder das Eintreten eines bestimmten Ereignisses bestimmt wird". Nach § 3 Nr. 2 der Vereinbarung ist darüber hinaus ein „vergleichbarer Dauerbeschäftigter" näher bestimmt und definiert. Die deutsche Umsetzung orientiert sich zwar nicht wortgleich, aber doch sehr nahe an der europäischen Vorgabe. So lautet auch die Einschätzung des Gesetzgebers selbst, der der Ansicht war, mit den Definitionen die europäischen Begriffsbestimmungen aufzunehmen und sie in Übereinstimmung mit dem bislang geltenden Recht, vor allem also in Übereinstimmung mit § 620 BGB, auszugestalten.[2] Diese Einschätzung ist allerdings nicht ganz zutreffend: Während nämlich die europäische Definition die auflösend bedingten Arbeitsverträge erfasst, da sie nicht zwischen dem sicheren und lediglich möglichen Eintritt des Ereignisses unterscheidet,[3] definiert § 3 Abs. 1 Satz 2 TzBfG den befristet Beschäftigten als einen Arbeitnehmer mit einem auf bestimmte Zeit geschlossenen Arbeitsvertrag, wobei wiederum ein befristeter Arbeitsvertrag nach Abs. 1 Satz 2 TzBfG, also ein kalendermäßig befristeter oder zweckbefristeter Arbeitsvertrag ist. Daher erfasst § 3 Abs. 1 TzBfG die auflösende Bedingung nicht. Stattdessen enthält § 21 TzBfG hierzu eine eigene Bestimmung, die die befristungsrechtlichen Regelungen des Gesetzes für auflösend bedingte Arbeitsverträge zum Großteil für entsprechend anwendbar erklärt.[4]

2 § 3 TzBfG, der sich wie § 2 TzBfG auf den **Arbeitnehmer** bezieht, so dass insofern die gleichen Überlegungen zur Reichweite des Gesetzes zum Tragen kommen wie bei § 2 TzBfG,[5] enthält infolgedessen zwei unabhängig voneinander zu sehende **Begriffsbestimmungen.** Abs. 1 definiert – rechtstechnisch nicht ganz überzeugend – den befristet beschäftigten Arbeitnehmer: Nicht ganz überzeugend aufgebaut ist diese Vorschrift, weil sie in Satz 1 eine engere Definition enthält als in Satz 2, obwohl letzterer suggeriert, er enthielte lediglich eine nähere Ausführung des Satzes 1: Während nämlich Satz 1 sich darauf beschränkt, nur einen „auf bestimmte Zeit" geschlossenen Arbeitsvertrag als befristete Beschäftigung anzusehen, macht Satz 2, der diesen Begriff „bestimmte Zeit" näher erläutert, deutlich, dass auch eine Zweckbefristung genügt: dass also genügt, dass nicht die Vertragsdauer als solche („Zeit") bestimmt ist, sondern diese durch das Wesen der begrenzten Arbeitsaufgabe bestimmt wird. Die eigentlich entscheidende

---

1 ABlEG 1999 L Nr. 175 S. 43.
2 BT-Drucks. 14/4374, S. 15.
3 Preis/Gotthardt DB 2000, 2070; Appel/Kaiser AuR 2000, 286; MünchArbr/Wank, § 116 Rn 38.
4 Dazu ausführlicher die Kommentierung zu § 21.
5 Vgl. die Anmerkungen dort zum Arbeitnehmerbegriff und zur Anwendbarkeit des Gesetzes, § 2 Rn 5ff.

Definition enthält infolgedessen § 3 Abs. 1 Satz 2 TzBfG.[6] Als zweite Begriffsbestimmung enthält § 3 Abs. 2 TzBfG zusätzlich die Definition des vergleichbaren unbefristet beschäftigten Arbeitnehmers. Diese Vorschrift hat allein Bedeutung für § 4 TzBfG und das dort enthaltene Diskriminierungsverbot.

Wie schon § 2 TzBfG macht auch § 3 TzBfG durch die Verwendung des Begriffs „Arbeitnehmer" deutlich, dass der gesamte befristungsrechtliche Teil des Gesetzes nur Arbeitsverhältnisse erfasst.[7] Infolgedessen findet § 3 TzBfG keine Anwendung auf **arbeitnehmerähnliche Personen** sowie solche, die ihre Dienstleistung auf der Grundlage eines **freien Dienstvertrages** erbringen.[8]

Für die **Mitbestimmung des Betriebsrats** gelten, da es sich bei befristet beschäftigten Arbeitnehmern um Arbeitnehmer im eigentlichen Sinne handelt, keine Besonderheiten: Insbesondere das Mitbestimmungsrecht des Betriebsrats aus § 99 BetrVG bei der Einstellung gilt vollumfänglich auch bei der Einstellung eines nur befristet beschäftigten Arbeitnehmers; eine Einstellung in diesem Sinne liegt dann auch vor, wenn ein befristetes Arbeitsverhältnis verlängert oder in ein unbefristetes Arbeitsverhältnis umgewandelt wird.[9] Daraus ergibt sich, dass der Betriebsrat auch bei einer wiederholten Befristung stets zu beteiligen ist. Etwas anderes kann nur dann gelten, wenn der Arbeitnehmer im Anschluss an ein **befristetes Probearbeitsverhältnis**[10] unbefristet weiterbeschäftigt werden soll: Hier bedarf es keiner erneuten Anhörung, wenn der Arbeitgeber den Betriebsrat bereits vor Abschluss des befristeten Probearbeitsvertrags darüber informiert hatte, dass er die Absicht habe, den Arbeitnehmer, sofern er sich bewähre, im Anschluss an die Probezeit auf unbestimmte Zeit weiterzubeschäftigen.[11] Verletzt der Arbeitgeber hier ein Mitbestimmungsrecht des Betriebsrats, so ergeben sich die üblichen Konsequenzen; insbesondere führt eine Verletzung jedoch nicht zu einer Unwirksamkeit des mit dem befristet eingestellten Arbeitnehmer vereinbarten Arbeitsvertrages.[12]

Nicht in den Anwendungsbereich des Gesetzes einbezogen werden die Befristungen nur **einzelner Vertragsbedingungen**, mögen sie auch Bestandteil eines Arbeitsvertrages sein. Bei diesen handelt es sich schon nicht um die Befristung des Arbeitsverhältnisses: Wird dieser im Ganzen befristet, wirkt sich die Befristung des Arbeitsvertrages auch unmittelbar auf den Fortbestand des Arbeitsverhältnisses aus; demgegenüber lässt die befristete Geltung einzelner Vertragsbedingungen das unbefristete Arbeitsverhältnis als solches in seinem Fortbestand unberührt.[13] Das Gesetz findet daher, so wie hierzu konsequenterweise ergangene ständige Rechtsprechung, weder unmittelbar noch analog Anwendung auf die Befristung einzelner Vertragsbedingungen.[14] Dies bedeutet, dass auch unter Geltung des TzBfG die Befristung einzelner Vertragsbedingungen nur insofern wirksam möglich ist, wie dies die von der Rechtsprechung ent-

---

6 In diesem kritischen Sinne auch Annuß in Annuß/Thüsing, § 3 Rn 2.
7 Dazu schon § 2 Rn 5.
8 Bayreuther, in: Rolfs/Giesen, BeckOK § 3 TzBfG Rn 1.
9 BAG 7. August 1990–1 ABR 68/89 – AP Nr. 82 zu § 99 BetrVG.
10 Vgl. § 3 Rn 18.
11 BAG 7. August 1990–1 ABR 68/89 – AP Nr. 82 zu § 99 BetrVG; Arnold/Gräfl/dies., § 3 Rn 22.
12 BAG 5. April 2001–2 AZR 580/99 – AP Nr. 32 zu § 99 BetrVG Einstellung.
13 Boewer, § 3 Rn 23.
14 BAG 14. Januar 2004–7 AZR 213/03 – AP Nr. 10 zu § 14 TzBfG.

wickelten Grundsätze vorsehen. Es sind also die entsprechenden richterrechtlichen Rechtsgrundsätze anzuwenden,[15] so dass die Befristung einer einzelnen Vertragsbedingung eines sie rechtfertigenden Grundes bedarf, sobald bzw wenn dem Arbeitnehmer durch die Befristung der gesetzliche **Änderungskündigungsschutz** objektiv entzogen werden kann.[16] Eine gegenteilige Auffassung in der Literatur, derzufolge die Bestimmungen des TzBfG entsprechend anzuwenden seien,[17] hat sich mit Recht bislang nicht durchgesetzt; insbesondere Normzweck und Interessenlage sind in diesem Zusammenhang kaum vergleichbar, so dass schon aus diesen Gründen eine analoge Anwendung ausscheidet.[18]

II. Der befristet beschäftigte Arbeitnehmer, § 3 Abs. 1 TzBfG

6 § 3 Abs. 1 TzBfG bestimmt terminologisch den befristeten Arbeitsvertrag als einen auf eine bestimmte Zeit geschlossenen Arbeitsvertrag. Die Vorschrift definiert grundlegend vorweg, was das Gesetz überhaupt unter einem „befristeten Arbeitsverhältnis" versteht: nämlich einen auf Zeit geschlossenen Arbeitsvertrag. Mit dieser **Legaldefinition** greift die Vorschrift, wie bereits angesprochen, insofern gegenüber der europäischen Vorlage zu kurz, als sie die auflösende Bedingung nicht erfasst;[19] zudem ist diese grundlegende Definition des „befristeten Arbeitsvertrags" im Hinblick auf § 3 Abs. 1 Satz 2 TzBfG unvollständig, in dem auch ein durch Art, Zweck oder Beschaffenheit befristeter Arbeitsvertrag vorgesehen ist, womit der zeitliche Aspekt nicht angesprochen ist.[20] Im Hinblick auf die insofern unbefriedigende Ausgangsdefinition differenziert die Vorschrift gemäß § 3 Abs. 1 Satz 2 TzBfG in Anlehnung an § 620 Abs. 2 BGB zwischen der kalendermäßigen[21] und der Zweckbefristung.[22] Nicht definiert bzw nicht erwähnt wird an dieser Stelle die auflösende Bedingung, obwohl § 3 Nr. 1 der Richtlinie 1999/70/EG diese enthält („das Eintreten eines bestimmten Ereignisses") und diese durch § 21 TzBfG der Befristung weitestgehend gleichgestellt wird.[23] Die Unterscheidung zwischen den verschiedenen **Befristungsarten**, also zwischen der kalendermäßigen Befristung auf der einen und der Zweckbefristung auf der anderen Seite, ist kein Selbstzweck, sondern diese Differenzierung wird vor allem bedeutsam im Hinblick auf die Anwendbarkeit einzelner Vorschriften des Gesetzes. Insbesondere § 14 Abs. 2 TzBfG ist etwa ausschließlich für eine „kalendermäßige Befristung" anwendbar.

---

15 Vgl. insbesondere BAG 14. Januar 2004–7 AZR 213/03 – AP Nr. 10 zu § 14 TzBfG.
16 Ständige Rechtsprechung, s. etwa BAG 4. Juni 2003–7 AZR 406/02 – AP Nr. 1 zu § 17 TzBfG; BAG 14. Januar 2004–7 AZR 213/03 – AP Nr. 10 zu § 14 TzBfG; Arnold/Gräfl/dies., § 14 Rn 10; MünchKommBGB/Hesse, § 3 TzBfG Rn 7.
17 Worzalla/Will S. 76; Lakies DZWIR 2001, 8; Sivers, NZA 2002, 1185.
18 Mit Verweis auf die Schuldrechtsmodernisierung 2002 ebenso ErfKomm/Müller-Glöge, § 3 TzBfG Rn 23.
19 S. schon oben, § 3 Rn 1.
20 Dazu bereits zuvor in § 3 Rn 2.
21 § 3 Rn 7.
22 § 3 Rn 12.
23 Dazu § 3 Rn 23.

1. Die kalendermäßige Befristung

Ein Arbeitsverhältnis kann zunächst, entsprechend dem Wortlaut des § 3 Abs. 1 TzBfG, **kalendermäßig** befristet sein. Dies ist dann der Fall, wenn die Dauer des Arbeitsverhältnisses „kalendermäßig bestimmt" ist. Davon ist wiederum auszugehen, wenn das Arbeitsverhältnis an einem bestimmten Tag oder zumindest an zu einem kalendermäßigen Termin enden soll, der seinerseits zweifelsfrei bestimmbar ist. Zwar spricht das Gesetz selbst nur von „bestimmt", und auch das BAG definiert die Zeitbefristung ausdrücklich als ein Arbeitsverhältnis, das mit einer kalendermäßig „bestimmten" Frist enden soll;[24] doch ist mit der überwiegenden Literatur davon auszugehen, dass eine kalendermäßige „Bestimmbarkeit" genügt.[25] Dies folgt zum einen daraus, dass der Gesetzgeber ausweislich seiner Begründung in § 3 TzBfG eine **abschließende Definition** der befristeten Arbeitsverträge vornehmen wollte und entsprechend ausdrücklich auch die „bestimmbare" Dauer mit in den § 3 TzBfG einbezog;[26] des weiteren ist auch die Sachnähe zur kalendermäßigen Bestimmtheit offensichtlich;[27] schließlich kann systematisch darauf verwiesen werden, dass für eine „bestimmte" Frist in der Rechtsordnung regelmäßig die „Bestimmbarkeit" ausreicht.

Erforderlich ist dann jedoch jedenfalls, dass sich das (vereinbarte) Vertragsende mit Hilfe eines Kalenders bestimmen lässt, um so eine **Gleichstellung mit der konkreten bestimmten Dauer** zu erreichen. Dies ist der Fall, wenn entweder das Datum des Vertragsendes explizit formuliert wird („Der Arbeitsvertrag zwischen den Parteien endet am 24.5.2006") oder wenn sich dieses Datum ohne weiteres anhand eines Kalenders oder feststehender Ereignisse errechnen lässt („Das Arbeitsverhältnis zwischen den Parteien beginnt am 24.5.2006 und dauert zwei Monate"; ähnlich: „Das Arbeitsverhältnis ist vertraglich auf die Dauer der Fußballweltmeisterschaft festgelegt"). Für die Befristung bzw den Fristablauf und seine Berechnung gelten in diesem Fall die allgemeinen Regelungen der §§ 186 ff BGB.

Da der Wortlaut des § 3 Abs. 1 Satz 2 TzBfG explizit verlangt, die Dauer müsse „kalendermäßig bestimmt" sein, genügt es demgegenüber nicht, wenn der Arbeitsvertrag nur eine unbestimmte, nicht eindeutig erklärte „Befristung" enthält; so stellt die Formulierung „Der Arbeitsvertrag zwischen den Parteien soll ungefähr drei Monate dauern" keine ausreichende kalendermäßige Bestimmtheit dar.[28] Infolgedessen fehlt es in diesem Fall an einer kalendermäßigen Befristung – es liegt somit eine **unwirksame Befristung** vor, die gemäß § 16 TzBfG unweigerlich zur Folge hat, dass der befristete Arbeitsvertrag als **auf unbestimmte Zeit** geschlossen gilt.[29] Liegt demgegenüber eine wirksame kalendermäßige Befristung vor, kann diese auch nicht vorzeitig wegen Wegfalls des hinter der kalendermäßigen Befristung liegenden (Sach-)Grundes verkürzt werden: So

---

24 BAG 27. Juni 2001–7 AZR 157/00 – NZA 2002, 351, ohne damit allerdings die zeitlich bestimmbaren Arbeitsverhältnisse ausdrücklich auszuschließen.
25 So etwa Annuß in Annuß/Thüsing, § 3 Rn 3; Bauer, BB 2001, 2473; Hromadka, BB 2001, 621.
26 BT-Drucks. 14/4374 S. 15 – ein Rätsel bleibt, wieso er den Wortlaut dann nicht auch entsprechend formulierte.
27 MünchKommBGB/Hesse, § 3 TzBfG Rn 10.
28 So auch Sievers, § 3 Rn 4.
29 Dazu näher die Kommentierung zu § 16 TzBfG.

ist die durch die zweimonatige Erkrankung einer Arbeitnehmerin bedingte Befristung eines Ersatzarbeitnehmers in der Formulierung „Das Arbeitsverhältnis dauert vom 1.5. bis zum 30.6.2006" auch dann auf die Zeit bis zum 30.6.2006 angelegt, wenn der Erkrankte schon nach sechs Wochen wieder zurückkehrt. Dies gilt jedenfalls dann, wenn die vertragliche Regelung ausschließlich an die kalendermäßige, zeitliche Befristung anknüpft (s. jedoch die Möglichkeit der Doppelbefristung, dazu § 3 Rn 29). Insofern ist die vereinbarte Arbeitszeitdauer im Zweifel sowohl die Höchst- als auch die Mindestdauer.[30]

10 Fraglich ist, ob eine kalendermäßige Befristung vorliegt, wenn der Arbeitgeber vertraglich das Recht erhält, das Arbeitsverhältnis innerhalb eines definierten Zeitraums **einseitig zu beenden.** Hier kann jedoch schon deshalb keine kalendermäßige Befristung gegeben sein, weil das Beendigungsdatum weder bestimmt noch bestimmbar ist, sondern allein von der – möglichen – Ausübung eines **Gestaltungsrechts** durch den Arbeitgeber abhängt, der diese Option nicht einmal in Anspruch nehmen muss. Folglich kommt eine kalendermäßige Befristung hier nicht in Betracht.[31]

11 Umstritten war lange Zeit, ob die Vereinbarung von Altersgrenzen als auflösende Bedingung[32] oder **kalendermäßige Befristung** anzusehen ist; diese Unsicherheit bezog sich auf Abreden, denen zufolge das Arbeitsverhältnis beispielsweise mit der Erreichung des 63. Lebensjahrs enden soll. In der Praxis gehen nämlich beide Fallgestaltungen (das heißt kalendermäßige Befristung und auflösende Bedingung) häufig ineinander über. Ursprünglich vertrat das BAG die Ansicht, derartige Vereinbarungen von Altersgrenzen seien als auflösende Bedingung zu werten.[33] Doch wird man hier von einer kalendermäßigen Befristung auszugehen haben, wie dies mittlerweile auch vom (jetzt zuständigen 7. Senat des) BAG vertreten wird.[34] Aus Sicht der Arbeitsvertragsparteien ist nämlich der Eintritt des vereinbarten Alters ein zukünftiges Ereignis, dessen Eintritt sie als feststehend, das heißt letztlich als kalendermäßig bestimmt ansehen. Ob eine Befristung zur Beendigung des Arbeitsverhältnisses führt, hängt, so die Vorstellung, immer davon ab, dass das Arbeitsverhältnis nicht bereits vor Fristablauf anderweitig, zB durch Kündigung oder Aufhebungsvertrag, endet. Nicht anders verhält es sich bei der Beendigung des Arbeitsverhältnisses auf Grund einer Altersgrenze. Diese wird nicht allein durch die Möglichkeit einer vorherigen anderweitigen Beendigung des Arbeitsverhältnisses zur auflösenden Bedingung,[35] sondern bleibt eine kalendermäßige Bestimmung, das heißt Befristung im Sinne von § 3 Abs. 1 Satz 2 1. Alternative. Aufgrund der weitgehenden Angleichung des auflösend bedingten an den befristeten Arbeitsvertrag über § 21 TzBfG kommt dieser Streitfrage, die überwiegend zum alten Recht geführt wurde, heute kaum noch eine praktische Relevanz zu.[36]

---

30 So auch ErfKomm/Müller-Glöge § 3 TzBfG Rn 3.
31 KR/Bader, § 3 TzBfG Rn 27.
32 Zu dieser sogleich noch, § 3 Rn 21.
33 BAG 20. Dezember 1984–2 AZR 3/84 – AP Nr. 9 zu § 620 BGB; BAG 6. März 1986–2 AZR 262/85 – AP Nr. 1 zu § 620 BGB Altersgrenze.
34 BAG 14. August 2002–7 AZR 469/01 – AP Nr. 20 zu § 620 BGB Altersgrenze; BAG 19. November 2003–7 AZR 296/03 – AP Nr. 3 zu § 17 TzBfG.
35 Enderlein, RdA 1998, 91.
36 Meinel/Heyn/Herms, § 3 Rn 7.

2. Die Zweckbefristung

Die zweite von § 3 Abs. 1 Satz 2 TzBfG definierte Befristungsform ist die sog. „Zweckbefristung". Diese liegt vor, wenn sich die Dauer des Vertrages aus der Art, dem Zweck oder Beschaffenheit der Arbeitsleistung ergibt. Hier wird das Vertragsende also nicht durch einen aus der Perspektive der Verabredenden bereits feststehenden, bestimmten bzw bestimmbaren fixen Zeitpunkt festgelegt, sondern durch den Eintritt eines von den Parteien in ihrer Abrede definierten und ausgesuchten **künftigen Ereignisses oder bestimmter Umstände**. Dabei ergibt sich das entscheidende, zur Befristung führende Ereignis (Art, Zweck oder Beschaffenheit) aus der vertraglichen Vereinbarung, sie ist im Vertrag daher möglichst genau zu bezeichnen. Im Gegensatz zur zeitlichen Befristung ist hier der Endtermin somit nicht bestimmt, auch nicht anhand des Kalenders bestimmbar, vielmehr ist der Eintritt des Ereignisses lediglich als solches gewiss, zeitlich ist das Ereignis jedoch unbestimmbar[37] bzw ungewiss. Mit Eintritt des Ereignisses endet dann jedoch das Arbeitsverhältnis, beispielsweise mit der Fertigstellung eines Bauwerkes.[38]

12

Um eine klassische Zweckbefristung handelt es sich etwa bei der Vereinbarung eines Arbeitsverhältnisses zum Zwecke der **Saisonarbeit** (Erdbeerernte) oder bei derjenigen zum Zweck der **Vertretung eines erkrankten Arbeitnehmers**; dann lautet die vertragliche Vereinbarung, dass das Arbeitsverhältnis befristet ist bis zur Genesung des erkrankten Kollegen. Ebenso gilt als Zweckbefristung die Einstellung aufgrund eines einmaligen Arbeitsanfalls im Rahmen eines Projekts oder einer Sonderverkaufsaktion im Einzelhandel.

13

Nicht entscheidend für das Vorliegen einer Zweckbefristung ist nach dem zuvor Gesagten, dass das künftige Ereignis, auf dem die Befristung beruht, „demnächst" oder überhaupt in einem überschaubaren Zeitraum eintritt; eine solche Bedingung lässt sich dem Gesetzeswortlaut an keiner Stelle entnehmen.[39] Keine wirksame Zweckbefristung liegt demgegenüber dann vor, wenn die Zweckerreichung selbst der mehr oder weniger willkürlichen **Disposition des Arbeitgebers** oder auch eines Dritten unterliegt.[40]

14

Erforderlich ist die ausdrückliche Bestimmung des für die Befristung entscheidenden Ereignisses in der Vereinbarung: Die Parteien müssen also den Zweck des Vertrages eigens vereinbaren. Wird der Zweck aus der Vereinbarung nicht deutlich, ist also nicht eindeutig und zweifelsfrei erkennbar, dass das Arbeitsverhältnis bei Zweckerreichung ohne weiteres enden soll, ist der Vertrag auf unbestimmte Zeit geschlossen, § 16 TzBfG; der Befristungsgrund ist dabei auch bei der Zweckbefristung vom Schriftformerfordernis des § 14 Abs. 4 TzBfG erfasst[41], denn die Vereinbarung einer Zweckbefristung ist ohne Verein-

15

---

37 BAG 21. Dezember 2005–7 AZR 541/04 – ZTR 2006, 384; BAG 19. Januar 2005–7 AZR 250/04 – NZA 2005, 873; Holwe/Kossens, § 3 Rn 6.
38 BAG 27. Juni 2001–7 AZR 157/00 – NZA, 2002, 351.
39 Dörner, Arbeitsvertrag Rn 48; KR/Bader, § 3 TzBfG Rn 29; aA Rolfs § 3 Rn 8 mit Verweis auf die Rechtsprechung zur früheren Rechtslage, etwa für den Fall, dass eine Befristung zur Vertretung eines ins Ausland entsandten Arbeitnehmers erfolgen soll, dessen Rückkehr völlig ungewiss war, BAG 17. Februar 1983–2 AZR 481/81 – AP Nr. 14 zu § 15 KSchG.
40 So schon RAG 18. Januar 1933 – 444/32 – ARS 17, 88; LAG Düsseldorf 18. März 1958–3 Sa 487/57 – BB 1958, 665; Rolfs § 3 Rn 12.
41 Boewer, § 3 Rn 31.

barung des Vertragszwecks nicht denkbar. Der schriftliche Vertrag muss demzufolge auch den **Befristungsgrund eindeutig erkennen lassen**; fehlt es daran, ist die Befristung unwirksam und infolgedessen, wie sich aus § 16 TzBfG ergibt, ein Vertrag auf unbestimmte Zeit geschlossen. Die Bezeichnung des Vertragszwecks tritt hier letztlich an die Stelle der Datumsangabe oder der Zeitangabe bei der Zeitbefristung.[42] Nicht ausreichend ist in diesem Zusammenhang dann auch ein bloßer Beweggrund zum Abschluss des Vertrages, der sich selbst nicht im Vertragstext wieder findet. Ebenso wenig genügt regelmäßig die bloße Zuweisung eines begrenzten Arbeitsbereichs: Diese stellt daher also solche noch keine, auch keine konkludente Befristungsabrede dar.[43] Nicht ausreichend ist die nur vage und ganz allgemeine Bezeichnung des Vertragszwecks oder die bloße Angabe, das Arbeitsverhältnis werde „bis zur Erreichung des Zwecks verlängert", selbst wenn der Zweck mündlich vereinbart wurde.[44] Gleiches gilt, wenn die Erreichung des vereinbarten Zwecks nur durch eine wertende Betrachtung durch den Arbeitgeber festgestellt werden kann. Daher ist keine ausreichende Zweckbefristung gegeben, wenn die Vertragsformulierung dahingehend lautet, das Arbeitsverhältnis sei zur Deckung des erforderlichen Mehrbedarfs oder bis zur Sanierung des Betriebes geschlossen.[45]

3. Auslegung

16 Für die Frage, ob ein befristeter oder unbefristeter Arbeitsvertrag geschlossen worden ist, ist der (notwendigerweise schriftliche) Vertragstext maßgeblich; gegebenenfalls muss dieser, sollten Unklarheiten bestehen, mit Hilfe der bekannten Kriterien ausgelegt werden. Richtschnur der Auslegung sind somit die §§ 133, 157 BGB, also vor allem der **objektive Empfängerhorizont**. Fraglich ist, wie Zweifelsfälle zu beurteilen sind, also diejenigen, in denen sich aus dem Vertragstext nicht eindeutig ergibt, ob eine Befristung vorliegt oder nicht. Zum Teil wird vertreten, man könne nicht „im Zweifel" davon ausgehen, es sei dann ein unbefristeter Arbeitsvertrag (oder umgekehrt „im Zweifel" ein befristeter) Arbeitsvertrag geschlossen worden.[46] Dafür ließe sich anführen, dass in der Tat die auf dem Spiel stehenden Interessen für diese Fragestellung zu disparat sind, um hier zu einer entsprechenden Zweifelsregelung zu gelangen. Doch ist gleichwohl mit dem BAG davon auszugehen, dass dann, wenn im Einzelfall Zweifel bestehen, ob ein befristetes oder ein unbefristetes Arbeitsverhältnis vorliegt, zu Gunsten des Arbeitnehmers vom Vorliegen eines unbefristeten Arbeitsverhältnisses auszugehen ist.[47] Für eine solche Auslegungsregel für die Zweifelsfälle zugunsten eines unbefristeten Vertrages spricht vor allem der Sinn des TzBfG ins-

---

42 BAG 21. Dezember 2005–7 AZR 541/04 – ZTR 2006, 384.
43 BAG 16. März 2000–2 AZR 196/99 – EzAÜG Nr. 34 zu § 1 AÜG Gewerbsmäßige Arbeitnehmerüberlassung.
44 BAG 21. Dezember 2005–7 AZR 541/04 – ZTR 2006, 384.
45 KR/Bader, § 3 TzBfG Rn 27). Die **Darlegungs- und Beweislast** für den Umstand, dass eine Zweckbefristung gewollt ist, trägt der Arbeitgeber (Meinel/Heyn/Herms, § 3 Rn 10.
46 KR/Bader, § 3 TzBfG Rn 27; Dörner, Arbeitsvertrag Rn 31.
47 Zumindest inzident BAG 30. September 1981–7 AZR 789/78 – NJW 1982, 1173; so auch Bayreuther, in: Rolfs/Giesen, BeckOK § 3 TzBfG Rn 5; MünchKommBGB/Hesse, § 3 TzBfG Rn 5; aA Arnold/Gräfl/dies., § 3 Rn 10, der zufolge es keine Regel gebe, dass im Zweifel ein unbefristetes Arbeitsverhältnis vereinbart sei.

gesamt: Eine wirksame Befristung nimmt dem Arbeitnehmer die Möglichkeit, sich bei der Beendigung des Vertrags auf den allgemeinen oder besonderen Kündigungsschutz zu berufen. Daher ist, da das TzBfG im Wesentlichen als ein **Schutzgesetz zugunsten des Arbeitnehmers** konzipiert ist, davon auszugehen, dass entsprechend dem Erfordernis der Rechtsklarheit und Rechtssicherheit nicht nur eine möglichst eindeutige und unmissverständliche Regelung über die Frist im Vertrag enthalten sein muss, sondern dass zudem Unklarheiten zu Lasten des Arbeitgebers gehen. Insofern kommt nämlich auch der Umstand zum Tragen, dass es schon aus Gründen der Fürsorgepflicht des Arbeitgebers diesem obliegt, seinen Vertragspartner nicht um den Kündigungsschutz zu bringen, was er jedoch, wie soeben geschildert, mit einem nur befristeten Arbeitsvertrag täte.[48]

Aufgrund des Umstandes, dass eine unwirksame Befristung zu einem unbefristeten Arbeitsvertrag führt, und zusätzlich aufgrund des Umstandes, dass der schriftliche Vertragstext die insofern entscheidende Vorgabe enthält, ist auf diesen in besonderer Weise zu achten: Nach ihm allein richtet sich der vereinbarte Vertragsinhalt. Dies gilt etwa für das **Verhältnis zwischen Zweck- und kalendermäßiger Befristung**. Auch für die Frage, ob die Parteien ein kalendermäßig oder zweckbefristetes Arbeitsverhältnis geschlossen haben, ist insofern die Auslegung der Vertragsbeziehung entscheidend.[49] Ist beispielsweise vereinbart, dass das Arbeitsverhältnis mit der Wiederaufnahme der Arbeit durch den vertretenen Mitarbeiter enden soll, kann daraus im Zweifel nicht geschlossen werden, dass das Arbeitsverhältnis auch dann enden soll, wenn der vertretene Mitarbeiter vor Wiederaufnahme seiner Tätigkeit aus dem Arbeitsverhältnis ausscheidet.[50] Insofern zählt allein die verabredete, eindeutig erkennbare kalendermäßige Befristung („mit der Wiederaufnahme der Arbeit durch den vertretenen Mitarbeiter enden soll"), nicht der möglicherweise auch dahinter stehende Grund, dass gerade dieser Mitarbeiter vertreten werden soll; möchte der Arbeitgeber eine solche Zweckbefristung (mit der Folge, dass das Ende des zweckbefristeten Arbeitsvertrags einträte, wenn der vertretene Mitarbeiter vor Wiederaufnahme seiner Tätigkeit aus dem Arbeitsverhältnis ausscheidet), muss er sie eindeutig in den Vertragstext aufnehmen; in Betracht kommt dann eine **Doppelbefristung**.[51] Ebenfalls spricht für eine Zweck- und gegen eine kalendermäßige Befristung, wenn die Parteien vereinbaren, das befristete Arbeitsverhältnis werde bis zur Erreichung des Zwecks verlängert, dies werde voraussichtlich spätestens zum 30. Juni der Fall sein. Denn hier haben die Parteien zwar ein Datum genannt, das auf eine kalendermäßige Befristung hindeuten könnte, doch steht im Vordergrund die Zweckbestimmung, das heißt, das genannte Datum ist letztlich allein eine Prognose, die die vermutete Zweckerreichung ungefähr in Aussicht stellen soll; schon der Gebrauch des Wortes „spätestens" spricht insofern gegen eine (erforderliche: klar bestimmbare) kalendermäßige Befristung. Das ist ebenso der Fall, das heißt für eine Zweck- und gegen eine kalendermäßige Befristung spricht, wenn der Arbeitgeber eine Frist in die schriftliche Vertragsversion auf-

---

48 Mit diesem Argument auch KR/Bader, § 3 TzBfG Rn 7.
49 BAG 21. Dezember 2005–7 AZR 541/04 – ZTR 2006, 384; BAG 19. Januar 2005–7 AZR 250/04 – NZA 2005, 873.
50 BAG 26.6.1996 – 7 AZR 674/95 – AP Nr. 23 zu § 620 BGB Bedingung.
51 S. dazu § 3 Rn 29.

nimmt, die erkennbar an § 15 Abs. 2 TzBfG angelehnt ist, wenn er also aufnimmt, das Arbeitsverhältnis ende mit Ablauf der Befristung, ohne dass es einer Kündigung bedarf, wobei er hinzufügt: „Sie werden innerhalb der 2-Wochen-Frist über die eintretende Beendigung informiert". Eine solche Formulierung weist regelmäßig, sofern Unklarheiten gegeben sind, auf eine Zweckbefristung hin, denn nur diese verlangt die zwei Wochen im Voraus zu gebende Information, nicht hingegen die kalendermäßige Befristung.[52]

18 Fraglich ist, wie eine in einem Arbeitsvertrag enthaltene **Vereinbarung einer Probearbeitszeit** auszulegen ist. Insofern muss ebenfalls mit Hilfe der Auslegung entschieden werden, was die Vertragsparteien beabsichtigt haben. Im Hinblick auf den objektiven Empfängerhorizont wird man hier davon ausgehen müssen, dass die Vereinbarung einer Probezeit im Zweifel auf ein unbefristetes Arbeitsverhältnis verweist; das heißt, allein in der Vereinbarung einer Probezeit liegt in der Regel keine Befristung des Arbeitsvertrags. Denn eine derartige Probezeit kann auch in einem unbefristeten Arbeitsvertrag vereinbart werden – weil aber eine Befristung eindeutig erkennbar und unmissverständlich vereinbart sein muss, muss der Vertrag auch eindeutig und zweifelsfrei zum Ausdruck bringen, soll er nur für die Dauer der Probezeit abgeschlossen sein und danach ohne weiteres enden. Denn hierbei handelt es sich um eine Ausnahme, die eigens festzuhalten wäre. Ist eine solche eindeutige Erkennbarkeit nicht gegeben, handelt es sich auch dann, wenn eine Probezeit vereinbart worden ist, um ein unbefristetes Arbeitsverhältnis.[53] Daraus folgt, dass die Parteien dann, wenn sie ausdrücklich nur ein befristetes Arbeitsverhältnis (zum Zwecke der Erprobung) vereinbaren wollen, dies – wie jede andere Befristung auch – ausdrücklich zu erkennen geben müssen.

19 Das Gleiche gilt in dem Fall, dass ein Arbeitnehmer nur **zur Aushilfe** eingestellt werden soll; hier liegt das Besondere im Arbeitsverhältnis darin, dass der Arbeitgeber von Vornherein kein Arbeitsverhältnis auf Dauer eingehen möchte, sondern nur einen vorübergehenden Bedarf an Arbeitskräften decken will, der durch unterschiedliche Gründe verursacht sein kann.[54] Auch in diesem Fall muss anhand der Auslegung des Arbeitsvertrags festgestellt werden, was die Parteien vereinbart haben. Allein in der Einstellung „zur Aushilfe" liegt keine Befristung des Arbeitsvertrags. Eine solche wäre eigenständig und unmissverständlich in den Vertragstext aufzunehmen, auch hier gilt: Möchten die Vertragsparteien eine Befristung, so müssen sie diese eindeutig formulieren.[55]

20 Die **nachträgliche Befristung** eines zunächst unbefristet geschlossenen Arbeitsvertrags ist möglich. Sie wird regelmäßig dahingehend auszulegen sein, dass nunmehr ein befristeter Arbeitsvertrag zwischen den Parteien bestehen soll, auf den die Bestimmungen des TzBfG vollumfänglich Anwendung finden sollen.[56] Bei Vorliegen eines entsprechenden **Sachgrundes** gemäß § 14 Abs. 1 TzBfG steht einer solchen „Umwandlung" des Vertrags rechtlich nichts im Wege: Die Par-

---

52 Vgl. BAG 21. Dezember 2005–7 AZR 541/04 – ZTR 2006, 384.
53 BAG 30. September 1981–7 AZR 789/78 – NJW 1982, 1173; Rolfs § 14 Rn 41; Arnold/Gräfl/dies., § 3 Rn 8.
54 KR/Bader, § 3 TzBfG Rn 10.
55 BAG 12. Juni – 5 AZR 96094 – AP Nr. 4 zu § 611 BGB Werkstudent; Staudinger/Preis § 622 BGB Rn 38; Maschmann in: Annuß/Thüsing, § 14 Rn 56.
56 Meinel/Heyn/Herms, § 3 Rn 8a.

teien sind dann an ihr nicht gehindert. Eine solche nachträgliche Befristung kann dann auch in einem Aufhebungsvertrag gesehen werden: Auch er kann als nachträgliche Befristung gewertet werden, nämlich dann, wenn nicht die alsbaldige Beendigung, sondern die befristete Fortsetzung des Arbeitsverhältnisses geregelt wird; sein eigentlicher Regelungsgehalt muss daher so ausgelegt werden, dass er nicht auf die alsbaldige Beendigung gerichtet ist, sondern auf eine befristete Fortsetzung des Arbeitsverhältnisses.[57]

4. Die auflösende Bedingung

Von den zuvor skizzierten befristeten Arbeitsverhältnissen unterschiedlichen Typs abzugrenzen sind **auflösend bedingte Arbeitsverträge**. Bei diesen handelt es sich nicht um befristete Arbeitsverträge im Sinne von § 3 TzBfG. Der maßgebliche Unterschied zwischen den beiden Vertragstypen, die von der europäischen Rahmenrichtlinie beide umfasst sind,[58] liegt in der Gewissheit des relevanten Ereignisses: Bei einer Zweckbefristung sind sich die Parteien sicher darüber, dass der Zweck erreicht werden wird, sie wissen allein nicht, wann dies der Fall sein wird. Bei einer auflösenden Bedingung hingegen wissen die Parteien nicht einmal, ob das zu einer Beendigung führende Ereignis selbst überhaupt eintreten wird; wenn es aber eintritt, führt dies zur **Beendigung der Vertragsbeziehung**.[59]

Eine **Zweckbefristung** liegt demzufolge vor, wenn das Arbeitsverhältnis nicht zu einem kalendermäßig bestimmten Zeitpunkt, sondern bei Eintritt eines zukünftigen Ereignisses enden soll. Von einer auflösenden Bedingung, bei der die Beendigung des Arbeitsverhältnisses ebenfalls vom Eintritt eines zukünftigen Ereignisses abhängt, unterscheidet sich die Zweckbefristung dadurch, dass bei ihr der Eintritt des zukünftigen Ereignisses von den Parteien als feststehend angesehen wird, lediglich der Zeitpunkt des Eintritts ist ungewiss; demgegenüber ist bei der **auflösenden Bedingung** bereits ungewiss, ob das zukünftige Ereignis, das zur Beendigung des Arbeitsverhältnisses führen soll, überhaupt eintreten wird.[60] Worauf sich die Parteien geeinigt haben, ist durch Auslegung der getroffenen Vereinbarungen zu ermitteln.

Wenn auch die deutsche Umsetzung der europäischen Richtlinie deshalb nicht ganz geglückt ist, weil sie die Definition des befristet Beschäftigten zu eng fasst, indem sie den auflösend bedingt Beschäftigten nicht in die Definition mit hinein nimmt[61], so ist diese fehlerhafte Umsetzung gleichwohl nicht wirklich problematisch, weil in § 21 TzBfG eine weitestgehende Gleichstellung dieser beiden Vertragstypen angeordnet ist; Relevanz konnte die Differenzierung bislang lediglich noch dadurch erhalten, dass § 21 TzBfG nicht auch auf § 14 Abs. 3 TzBfG verweist; da dessen Anwendung jedoch mittlerweile aufgrund der europäischen Entscheidung in der Rechtssache **Mangold** obsolet ist,[62] ist auch hier kein Anlass

---

57 S. dazu BAG 12. Januar 2000–7 AZR 48/99 – NZA 2000, 718.
58 Vgl. oben § 3 Rn 1.
59 BAG 19. Januar 2005–7 AZR 250/04 – NZA 2005, 873.
60 Vgl. dazu *BAG* 9. Februar 1984–2 AZR 402/83 – NZA 1984, 266 = AP Nr. 7 zu § 620 BGB Bedingung; *BAG* 22. Oktober 2003–7 AZR 113/03 – NZA 2004, 1275.
61 Siehe dazu schon § 3 Rn 1.
62 EuGH 22. November – Rs. C 144/04 (Mangold) – NZA 2005, 1345; BAG 26. April 2006–7 AZR 500/04.

mehr für eine Differenzierung zwischen diesen beiden Vertragstypen. Dies ist auch der Grund dafür, dass die oft schwierige Unterscheidung zwischen zweckbefristeten und auflösend bedingten Arbeitsverträgen nahezu vollständig an Bedeutung verloren hat.[63] Vor dieser Gleichstellung war die Differenzierung, so schwierig sie aufgrund des Umstandes, dass beide Fallkonstellationen häufig ineinander übergingen, im Einzelfall auch war, deshalb wichtig, weil nur die Befristungen von den (richterrechtlich entwickelten) Schutzvorstellungen erfasst waren. Streit bestand insofern vor allem im Hinblick auf die Frage, ob Altersgrenzen in Verträgen eine auflösende Bedingung oder eine Höchstbefristung darstellten;[64] ähnlich umstritten waren die in Tarifverträgen gelegentlich vorkommenden Regelungen wie in § 33 Abs. 2 TVöD, wonach das Arbeitsverhältnis endet, wenn durch den Bescheid eines Rentenversicherungsträgers festgestellt wird, dass der Arbeitnehmer erwerbsgemindert ist.[65]

5. Vereinbarung einer Mindest- und Höchstdauer

24 Besonderheiten können sich ergeben, wenn die Parteien nicht eine bestimmte kalendermäßige Frist oder einen bestimmten Zweck vereinbaren, sondern die Vereinbarung einer **Mindest- oder Höchstdauer** erfolgt; hierbei ist im Hinblick auf die Frage, ob es sich bei den beiden Vereinbarungen um eine Befristung im Sinne des TzBfG handelt, zu differenzieren. Bei der Vereinbarung einer Mindestdauer oder, wie gelegentlich irreführend formuliert wird: einer Mindestbefristung, wird gerade keine Befristung vereinbart, sondern ein unbefristetes Arbeitsverhältnis, das innerhalb der vereinbarten (Mindest-)Frist ordentlich unkündbar ist.[66] Vereinbart wird zwischen den Parteien in diesen Fällen also beispielsweise, dass das Arbeitsverhältnis „mindestens für zwölf Monate" bestehen soll. Der erste mögliche **Kündigungszeitpunkt** besteht dann, bei der jedoch gleichwohl zu beachtenden Kündigungsfrist, zum Zeitpunkt des Ablaufs der vereinbarten Mindestdauer, im genannten Beispiel also nach zwölf Monaten. Es handelt sich in diesen Fällen schon deshalb nicht um eine befristete Beschäftigung, weil die vereinbarte Mindestdauer nicht dazu führt, dass nach ihrem Ablauf das Arbeitsverhältnis beendet sein soll, sondern dass es – im Gegenteil – im Anschluss daran unbefristet weiterläuft, wenn nicht zu diesem (oder zu einem späteren) Zeitpunkt eine (dann mögliche) Kündigung ausgesprochen wird.[67]

25 Ein solches Arbeitsverhältnis mit einer vereinbarten **Mindestdauer**, das nach dem zuvor Gesagten nicht dem Begriff des „befristeten Arbeitsverhältnis" unterfällt, muss nicht ausdrücklich in der zuvor genannten Weise vereinbart werden. Es kann vielmehr auch **konkludent verabredet** werden. So liegt es etwa auch dann vor, wenn von den Parteien vereinbart wird, dass das Arbeitsverhältnis „frühestens zum 30. Juni" gekündigt werden kann. Gleiches gilt, wenn verabredet wird, dass das Arbeitsverhältnis „zum 15. Juli beendet werden soll, wenn zu diesem Zeitpunkt eine Kündigung ausgesprochen wird".[68] Denn all diesen Fällen

---

63 Bayreuther, in: Rolfs/Giesen, BeckOK § 3 TzBfG Rn 3.
64 Dazu bereits § 3 Rn 10.
65 Bayreuther, in: Rolfs/Giesen, BeckOK § 3 TzBfG Rn 3.
66 BAG 19. Juni 1980–2 AZR 660/78 – AP Nr. 55 zu § 620 BGB Befristeter Arbeitsvertrag.
67 Dörner, Arbeitsvertrag Rn 38; Boewer, § 3 Rn 19.
68 KR/Bader, § 3 TzBfG Rn 34.

ist gemein, dass bei ihnen nicht das Arbeitsverhältnis mit einem Fristablauf unwillkürlich enden soll, sondern es jedenfalls bis zu einem bestimmten Zeitpunkt, dem Zeitpunkt der vereinbarten Mindestdauer nämlich, und gegebenenfalls auch darüber hinaus fortdauern soll.

Aus dieser Vorstellung folgt dann konsequenterweise, dass es sich auch nicht um einen befristen Arbeitsvertrag, sondern um eine vereinbarte **Mindestdauer** handelt, wenn vereinbart wird, dass das Arbeitsverhältnis eine bestimmte Zeit dauern soll, etwa für zwölf Monate, und sich dann jeweils um einen weiteren Zeitraum verlängert, „wenn es nicht zuvor gekündigt wird." Hier liegt trotz des insofern nicht ganz klaren Wortlauts deshalb keine **Kettenbefristung** vor, weil das Arbeitsverhältnis nicht aufgrund einer Befristung endet, sondern nur aufgrund einer – bei unbefristeten Arbeitsverträgen stets möglichen – Kündigung.[69] Umgekehrt liegt jedoch dann eine Befristung, keine Mindestdauer vor, wenn die Parteien vereinbaren, dass das Arbeitsverhältnis zu einem (kalendermäßig!) bestimmten Zeitpunkt enden soll, aber vor diesem Fristablauf noch über die Fortsetzung des (dann befristeten) Arbeitsverhältnisses verhandelt werden soll.[70] 26

Anders als die Vereinbarung einer Mindestdauer, die keine Befristung darstellt und somit auch nicht dazu führt, dass der mit einer solchen Mindestdauer beschäftigte Arbeitnehmer unter die Vorschriften des TzBfG fiele, liegt bei dem terminologisch umgekehrten Fall, der Vereinbarung einer „**Höchstdauer**" sehr wohl eine befristete Beschäftigung im Sinne von § 3 TzBfG vor. Hierbei handelt es sich um die besondere Vertragssituation, in der die Arbeitsvertragsparteien verabreden, dass das Arbeitsverhältnis bis zu einem bestimmten Zeitpunkt („31. Dezember 2010") dauern soll, eine vorher ordentliche Kündigung soll jedoch möglich sein. Die Zulässigkeit einer derartigen Regelung, die die kalendermäßige Befristung mit der Möglichkeit einer ordentlichen Kündigung kombiniert, ist ausdrücklich in § 15 Abs. 3 TzBfG angesprochen. 27

In der Vereinbarung einer derartigen Höchstdauer liegt eine kalendermäßige Befristung im Sinne von § 3 Abs. 1 TzBfG: Dies folgt daraus, dass das Arbeitsverhältnis (jedenfalls) mit Ablauf des zuvor festgelegten Tags endet; dies ist ausnahmsweise nur dann nicht der Fall, wenn es zuvor bereits gekündigt worden ist. Die vertraglich vereinbarte Möglichkeit einer früheren Kündigung ändert insofern nichts an dem Charakter des Vertrags als einem befristeten Arbeitsvertrag. Eine solche Höchstdauer, die eine ordentliche Kündigung auch eines befristeten Beschäftigungsverhältnisses ausnahmsweise ermöglicht, wird regelmäßig auch vereinbart, wenn ein Vertrag „spätestens" zu einem bestimmten Datum beendet sein soll: Denn es ist in diesem Zusammenhang nicht erforderlich, dass die **ordentliche Kündigungsmöglichkeit** ausdrücklich vereinbart wird – es genügt vielmehr, wenn sich ein **entsprechender Parteiwille** konkludent ergibt, wenn also ein entsprechender beiderseitiger Wille aus den konkreten Umständen des Vertrags ersichtlich ist.[71] Die Verwendung des Begriffs „spätestens" kann insofern dahingehend ausgelegt werden, dass der grundsätzlich mit einer Befristung verbundene Ausschluss der Möglichkeit einer ordentlichen Kündigung hier abbe- 28

---

69 BAG 12. Oktober 1979–7 AZR 960/77 – AP Nr. 48 zu § 620 BGB Befristeter Arbeitsvertrag; ErfKomm/Müller-Glöge, § 3 TzBfG Rn 9; MünchKommBGB/Hesse, § 3 TzBfG Rn 7.
70 Dörner, Arbeitsvertrag Rn 40; Arnold/Gräfl/dies., § 3 Rn 11.
71 Dörner, Arbeitsvertrag Rn 42.

dungen ist und stattdessen regulär auch vor Ablauf der Frist (ordentlich) gekündigt werden kann.

6. Doppelbefristung

29 Schon aus Gründen der Vertragsfreiheit ist es grundsätzlich möglich, die kalendermäßige und die Zweckbefristung miteinander zu kombinieren.[72] In diesen Fällen werden beide Befristungstypen miteinander verbunden. Das Vertragsverhältnis enthält in diesen Fällen neben einer Zweckbefristung zusätzlich eine kalendermäßige Befristung.[73] Eine solche Kombination **bietet sich insbesondere in Vertretungsfällen an**: Denkbar wäre also etwa, eine Befristung, die zum Zwecke einer Vertretung eines erkrankten Arbeitnehmers eingestellt wird, dergestalt zu formulieren, dass das Beschäftigungsverhältnis „solange andauern soll, bis der erkrankte Kollege wieder seinen Dienst aufnimmt, längstens jedoch bis zum 31. März". Mit einer solchen Kombination kann das Arbeitsverhältnis zu dem zuerst eintretenden Beendigungszeitpunkt beendet werden; es kann aber auch über diesen Zeitpunkt hinaus noch bis zum Eintritt des zweiten, in der Vereinbarung enthaltenen Befristungsgrund fortgesetzt werden und bei dessen Eintritt enden. § 625 BGB war, zumindest nach der Rechtslage vor Inkrafttreten des TzBfG, in diesen Fällen durch die Vereinbarung eine Doppelbefristung als konkludent abbedungen anzusehen, so dass es hier nicht zu einer stillschweigenden (unbefristeten) Verlängerung durch die bloße Fortsetzung eines befristeten Arbeitsverhältnisses kam.

30 Die **Wirksamkeit** einer solchen Kombination ist, so der Grundsatz, für jede einzelne der beiden Befristungsteile zu überprüfen; ihre Wirksamkeit ist jeweils **getrennt und unabhängig voneinander zu beurteilen**.[74] Tritt das die erste Befristung begründende Ereignis (Tag oder Zweckerreichung) ein, setzt sich dann jedoch nach § 15 Abs. 5 TzBfG das Arbeitsverhältnis als unbefristetes fort, wenn nicht der Arbeitgeber unverzüglich widerspricht oder dem Arbeitnehmer die Zweckerreichung unverzüglich mitteilt.

31 In der **rechtswissenschaftlichen Literatur** ist die Zulässigkeit einer solchen Kombination indes nicht unumstritten; es wird vielmehr diskutiert, ob nicht – entgegen dem Wortlaut des § 15 Abs. 5 TzBfG – auch nach Eintritt des ersten Ereignisses zunächst das Arbeitsverhältnis weiterhin nur befristet fortdauere, nämlich bis zum Eintritt des zweiten Ereignisses. Die Diskussion entzündet sich an dem Umstand, dass § 22 Abs. 1 TzBfG nunmehr die Regelung des § 15 Abs. 5 TzBfG für zwingend erklärt. Das bisherige Erklärungsmuster einer konkludenten Abbedingung des § 625 BGB[75] greift daher nicht mehr. Doch wird gleichwohl zum (überwiegenden) Teil vertreten, auch unter Geltung des TzBfG seien Doppelbefristungen wie zuvor wirksam und zu handhaben, das heißt, dass auch nach Eintritt des ersten Ereignisses weiterhin von einem (auf das zweite Ereignis hin) befristeten Arbeitsverhältnis auszugehen sei. Dazu werden unterschiedliche

---

72 BAG 27. Juni 2001–7 AZR 157/00 – NZA 2002, 351.
73 BAG 3. Oktober 1984–7 AZR 192/83 – AP Nr. 87 zu § 620 BGB Befristeter Arbeitsvertrag; BAG 21. April 1993–7 AZR 388/92 – AP Nr. 148 zu § 620 BGB Befristeter Arbeitsvertrag.
74 BAG 15. August 2001–7 AZR 263/00 – AP Nr. 5 zu § 21 BErzGG; ErfKomm/Müller-Glöge, § 3 TzBfG Rn 18; Bayreuther, in: Rolfs/Giesen, BeckOK § 3 TzBfG Rn 4.
75 Vgl. § 3 Rn 29.

Erklärungsmuster vertreten. So ergebe sich aus dem Zweck der Regelung, dass § 15 Abs. 5 TzBfG im Falle einer wirksam vereinbarten Doppelbefristung für die Weiterbeschäftigung über den ersten Beendigungszeitpunkt hinaus bis zum Eintritt des zweiten Beendigungszeitpunkts nicht anzuwenden sei.[76] Die Fiktion des § 15 TzBfG könne daher erst bei einer Weiterbeschäftigung über den zweiten Beendigungszeitraum hinaus eintreten. Diese teleologische Reduktion[77] wird ergänzt durch ein Argument, dem zufolge der Anwendungsbereich des § 15 Abs. 5 TzBfG von vornherein auf diejenigen Fälle beschränkt wird, in denen die Parteien keinerlei Regelung über die Fortsetzung des Arbeitsverhältnisses getroffen haben.[78]

Dieser Auffassung kann jedoch nicht gefolgt werden; sie ist erkennbar darauf 32 gerichtet, die genannten Doppelbefristungen „zu retten"; doch findet schon die teleologische Reduktion im Gesetz keinen Anhaltspunkt. Vielmehr wird man hier dem eindeutig erkennbaren, in § 22 Abs. 1 TzBfG deutlich zum Ausdruck gekommenen Willen des Gesetzgebers Rechnung zu tragen haben. Einer konkludenten Abbedingung des § 625 BGB, so wie noch vor Inkrafttreten des TzBfG in der Verabredung einer Doppelbefristung gesehen, steht nunmehr § 15 Abs. 5 TzBfG entgegen: Diese Vorschrift, die als lex specialis zu § 625 BGB anzusehen ist, ist nämlich gemäß § 22 Abs. 1 TzBfG nicht abdingbar, somit zwingend. Daraus wird zu Recht gefolgert, dass die bloße Fortführung des Arbeitsverhältnisses nach Eintritt der ersten Bedingung zu einem unbefristeten Arbeitsverhältnis führen muss, entsprechend der Bestimmung in § 15 Abs. 5 TzBfG.[79] Dem ist zuzustimmen: Denn das Gesetz hat in § 22 Abs. 1 TzBfG eindeutig die **zwingende Wirkung** festgelegt, die entgegenstehende Ansicht wird insofern dieser gesetzlichen Anordnung nicht gerecht. Von § 15 Abs. 5 TzBfG darf somit nicht zuungunsten des Arbeitnehmers abgewichen werden – eine Abbedingung des § 15 Abs. 5 TzBfG ist jedoch schon deshalb ungünstig für den Arbeitnehmer, weil ihm somit der Zugang zu einer unbefristeten Beschäftigung nach Erreichen der ersten Befristung verwehrt wird.

III. Die Definition des § 3 Abs. 2 TzBfG

§ 3 Abs. 2 TzBfG enthält eine Definition des „vergleichbar unbefristet beschäf- 33 tigten Arbeitnehmers" Relevant wird diese Begriffsbestimmung allein im Hinblick auf eine möglicherweise vorliegende **Diskriminierung** nach § 4 Abs. 2 TzBfG; keine Bedeutung spielt sie hingegen im Rahmen der Begriffsdefinition des befristet beschäftigten Arbeitnehmers (anders als bei derjenigen des teilzeitbeschäftigten). Systematisch hätte diese Vorschrift daher eher in § 4 TzBfG ihren Platz gehabt.[80] Wie schon zur Bestimmung des vergleichbaren vollzeitbeschäftigten Arbeitnehmers in § 2 TzBfG sieht auch die Vorschrift in § 3 Abs. 2 TzBfG eine **mehrstufige Prüfungsreihenfolge** vor, die an Art. 3 Nr. 2 der EGB/UNICE/

---

76 Annuß in Annuß/Thüsing, § 3 Rn 5; KR/Bader, § 3 TzBfG Rn 48; Boewer, § 3 Rn 34; Dörner, Arbeitsvertrag Rn 55; Meinel/Heyn/Herms, § 15 Rn 59a; Arnold/Gräfl/dies., § 3 Rn 18.
77 So MünchKommBGB/Hesse, § 15 TzBfG Rn 55.
78 In diesem Sinne Sowka DB 2002, 1160.
79 So etwa Ascheid/Preis/Schmidt-Backhaus, § 3 TzBfG Rn 30; ErfKomm/Müller-Glöge, § 3 TzBfG Rn 18.
80 So auch MünchArbR/Wank, § 116 Rn 47.

CEEP-Rahmenvereinbarung orientiert ist. Die Prüfungsreihenfolge, von der nicht abgewichen werden darf, die also zwingend ist,[81] blickt zunächst auf die betriebliche Ebene: Es ist also zunächst auf einen vergleichbaren unbefristeten Beschäftigten im Betrieb abzustellen; vergleichbar ist dabei, so die Begriffsbestimmung, ein Arbeitnehmer mit der gleichen oder ähnlichen Tätigkeit. Ist im Betrieb kein vergleichbarer unbefristeter Arbeitnehmer tätig, erfolgt die Bestimmung – auf einer zweiten Stufe – anhand des in dem Betrieb anwendbaren Tarifvertrags. Führt mangels eines anwendbaren Tarifvertrags auch diese Stufe nicht zum Ziel, kommt es – in einem dritten Schritt – darauf an, wer im jeweiligen Wirtschaftszweig üblicherweise als vergleichbarer unbefristet beschäftigter Arbeitnehmer anzusehen ist.

34   Vor der **lokalen Bezugsgröße** (Betrieb – Tarifvertrag – Wirtschaftszweig) ist der Inhalt des Begriffs „vergleichbar" zu bestimmen. Vergleichbar ist ein unbefristet beschäftigter Arbeitnehmer „mit der gleichen oder einer ähnlichen Tätigkeit"; hier sind die Ausführungen zu dem wortidentischen Tatbestandsmerkmal in § 2 TzBfG übertragbar. Maßgeblich ist also dem Wortlaut zufolge ein rein **tätigkeitsbezogener Vergleichsmaßstab**; umgekehrt kommt es hier grundsätzlich nicht auf persönliche Merkmale wie Alter oder Länge der Betriebszugehörigkeit an. Doch wird man diesen reinen Tätigkeitsbezug im Rahmen des Diskriminierungsbezugs als zu eng anzusehen haben. Schon die europäische Grundlage, § 3 Nr. 2 der Rahmenrichtlinie, macht deutlich, dass für den Vergleich auch Ausbildung und Qualifikation mit zu berücksichtigen sind; folglich ist der tätigkeitsbezogene Maßstab in § 3 Abs. 2 TzBfG gegebenenfalls europarechtskonform auszulegen. Das bedeutet, dass diese beiden Aspekte jedenfalls dann für die Vergleichbarkeitsprüfung mit einzubeziehen sind, wenn sie für die Tätigkeit erforderlich sind.[82]

35   Für die Prüfung, ob eine Tätigkeit in diesem Sinne vergleichbar ist, sind alle Merkmale heranzuziehen, die für die jeweilige Tätigkeit charakteristisch sind. Von einer gleichen Tätigkeit ist auszugehen, wenn die Arbeitsvorgänge (im Wesentlichen) übereinstimmen und die Arbeitnehmer – hypothetisch – ohne weiteres einander ersetzen könnten.[83] Entscheidend ist also hier das Kriterium der sofortigen **Austauschbarkeit** ohne weiteren Einarbeitungsaufwand. Ähnlich sind wiederum Tätigkeiten, wenn sie zwar durch ihre Prägung Unterschiede aufweisen, jedoch durch einen geringen Einarbeitungsaufwand die Arbeitnehmer ausgetauscht werden können, wenn also insbesondere die Hierarchieebenen übereinstimmen und für die Ausübung der Arbeit eine gleiche Qualifikation und körperliche Belastbarkeit erforderlich sind.[84] Die **tarifliche Eingruppierung** ist nicht zwingend von Bedeutung, sie kann jedoch einen Hinweis auf eine Ähnlichkeit geben; gegen eine zwingende Bedeutung spricht, dass es allein auf die Tätigkeit, nicht auf die Vergütung ankommt.[85] Beiden Merkmalen – „gleich" und „ähnlich" – ist gemeinsam, dass sie jedenfalls so nah an dem arbeitsvertraglich vereinbarten Tätigkeitsinhalt liegen müssen, dass der Arbeitgeber – hypothe-

---

81 Sievers, § 3 Rn 14; Arnold/Gräfl/dies., § 3 Rn 36.
82 So auch Arnold/Gräfl/dies., § 3 Rn 33; Holwe/Kossens, § 3 Rn 10; zurückhaltender Meinel/Heyn/Herms, § 3 Rn 14.
83 Meinel/Heyn/Herms, § 3 Rn 12; Sievers, § 3 Rn 15.
84 MünchKommBGB/Hesse, § 3 TzBfG Rn 19.
85 AA KSchR/Däubler § 3 TzBfG Rn 19.

tisch – dazu befugt wäre, jeweils die andere Tätigkeit kraft seines Direktionsrechts nach § 106 GewO zuzuweisen.[86]

Indizien für eine „gleiche oder ähnliche Tätigkeit" und somit für eine Gleichartigkeit im weiteren Sinne[87] können zunächst die erfolgte **Stellenausschreibung bzw Stellenbeschreibung** sein. Ebenfalls kann dieselbe Eingruppierung in eine **Vergütungsgruppe** ein Hinweis auf eine gleichartige Tätigkeit darstellen.[88] Entscheidend bleibt, dass nicht nur gänzlich identische Tätigkeiten in Betracht kommen, sondern auch funktional austauschbare mit gleichem Anforderungsprofil und Belastungen.[89] 36

Auf der ersten Stufe gilt nun ein **betriebsinterner Vergleichsmaßstab**. Das bedeutet, dass zunächst innerhalb des Betriebes festzustellen ist, ob ein vergleichbarer unbefristet beschäftigter Arbeitnehmer vorhanden ist, der eine in dem zuvor beschriebenen Maße gleiche oder ähnliche Tätigkeit ausführt. Ist in dem Betrieb kein „vergleichbarer Arbeitnehmer" beschäftigt, kommt es für die Vergleichbarkeit auf einer zweiten Ebene auf einen **tariflichen Vergleichsmaßstab** an. Nach § 3 Abs. 2 Satz 2 TzBfG ist nämlich der vergleichbare unbefristet beschäftigte Arbeitnehmer aufgrund des in dem Betrieb anwendbaren Tarifvertrages zu bestimmen, soweit im Betrieb keine vergleichbaren unbefristet beschäftigten Arbeitnehmer vorhanden sind. Der Sinn dieser Ausdehnung ist kaum zu erkennen: Da die Definition, wie bereits angesprochen,[90] allein für das Diskriminierungsverbot des § 4 Abs. 2 TzBfG relevant ist, dieses jedoch wiederum allein betriebsintern greift, vermag nicht einzuleuchten, welchen Sinn es macht, einen vergleichbaren Arbeitnehmer außerhalb des Betriebes zu suchen.[91] Hier könnte allein dann eine Relevanz bestehen, wenn ausnahmsweise eine unternehmensweite Diskriminierungsregelung gelten würde, das heißt dann, wenn das Diskriminierungsverbot des § 4 Abs. 2 TzBfG über den Wortlaut des Gesetzes hinaus auch für das gesamte Unternehmen anwendbar wäre.[92] 37

Kommt es nach dem zuvor Gesagten überhaupt noch auf eine tarifliche Ebene an, so ist nach der Bestimmung in § 3 Abs. 2 Satz 2 TzBfG ein vergleichbarer Arbeitnehmer mit der gleichen oder ähnlichen Tätigkeit **„auf Grund des anwendbaren Tarifvertrages zu bestimmen"**. Dies setzt die Anwendbarkeit eines Tarifvertrags voraus, somit die Tarifbindung zumindest des Arbeitgebers. Ein Tarifvertrag ist infolgedessen im Betrieb anwendbar, wenn er räumlich, fachlich und zeitlich auf den Betrieb Anwendung findet. Fehlt es sogar an einem anwendbaren Tarifvertrag,[93] ist schließlich die **Üblichkeit im Wirtschaftsverkehr** die relevante Bezugsgröße. Dabei kommt dann insbesondere der branchenübliche Tarifvertrag zum Tragen,[94] sind mehrere Tarifverträge in der Branche vorhanden, wird man auf denjenigen abzustellen haben, der am meisten verbreitet ist. Diesbezüglich werden jedoch regelmäßig Erkenntnisprobleme auftreten, da 38

---

86 AA Sievers, § 3 Rn 17.
87 Nicht zu verwechseln mit derjenigen aus § 612 Abs. 3 BGB, dazu eingehend Joussen, in: Rolfs/Giesen, BeckOK § 612 BGB Rn 50.
88 So auch KSchR/Däubler, § 3 TzBfG Rn 19.
89 HWK/Schmalenberg § 3 TzBfG Rn 16.
90 § 3 Rn 33.
91 Kritisch auch Annuß in Annuß/Thüsing, § 3 Rn 11.
92 S. dazu die Kommentierung zu § 4 TzBfG.
93 Zur Problematik der Tarifkonkurrenz s. Annuß in: Annuß/Thüsing, § 3 Rn 14.
94 KSchR/Däubler, § 3 TzBfG Rn 20.

schwierig sein wird festzustellen, wie der am meisten verbreitete Tarifvertrag festzustellen ist. Ähnliche Erkenntnisschwierigkeiten hinsichtlich der maßgeblichen Üblichkeit dürften bestehen, wenn überhaupt kein Tarifvertrag besteht. Gegebenenfalls helfen hier Auskunftsbegehren bei den entsprechend zuständigen Kammern über die „üblichen" Arbeitsbedingungen;[95] vorgeschlagen, aber im Ergebnis aufgrund mangelnder Vergleichbarkeit nicht überzeugend, wird auch, wie im Mietpreisrecht auf mindestens drei vergleichbare Fälle zurückzugreifen.[96]

§ 4 Verbot der Diskriminierung

(1) Ein teilzeitbeschäftigter Arbeitnehmer darf wegen der Teilzeitarbeit nicht schlechter behandelt werden als ein vergleichbarer vollzeitbeschäftigter Arbeitnehmer, es sei denn, dass sachliche Gründe eine unterschiedliche Behandlung rechtfertigen. Einem teilzeitbeschäftigten Arbeitnehmer ist Arbeitsentgelt oder eine andere teilbare geldwerte Leistung mindestens in dem Umfang zu gewähren, der dem Anteil seiner Arbeitszeit an der Arbeitszeit eines vergleichbaren vollzeitbeschäftigten Arbeitnehmers entspricht.

(2) Ein befristet beschäftigter Arbeitnehmer darf wegen der Befristung des Arbeitsvertrages nicht schlechter behandelt werden als ein vergleichbarer unbefristet beschäftigter Arbeitnehmer, es sei denn, dass sachliche Gründe eine unterschiedliche Behandlung rechtfertigen. Einem befristet beschäftigten Arbeitnehmer ist Arbeitsentgelt oder eine andere teilbare geldwerte Leistung, die für einen bestimmten Bemessungszeitraum gewährt wird, mindestens in dem Umfang zu gewähren, der dem Anteil seiner Beschäftigungsdauer am Bemessungszeitraum entspricht. Sind bestimmte Beschäftigungsbedingungen von der Dauer des Bestehens des Arbeitsverhältnisses in demselben Betrieb oder Unternehmen abhängig, so sind für befristet beschäftigte Arbeitnehmer dieselben Zeiten zu berücksichtigen wie für unbefristet beschäftigte Arbeitnehmer, es sei denn, dass eine unterschiedliche Berücksichtigung aus sachlichen Gründen gerechtfertigt ist.

Literatur: *Adomeit*, Arbeitsrecht auf Abwegen, NJW 1997, 2295; *Berkowsky*, Die soziale Auswahl bei der betriebsbedingten Kündigung, 1990; *Blanke*, Der Gesetzentwurf der Bundesregierung über Teilzeitarbeit und befristete Arbeitsverträge, AiB 2000, 728; *Buschmann/Dieball/Stevens-Bartol*, TZA – Das Recht der Teilzeitarbeit, 2. Auflage, Frankfurt 2001; *Däubler*, Das geplante Teilzeit- und Befristungsgesetz, ZIP 2000, 1961; *Dassau*, Das Gesetz über Teilzeitarbeit und befristete Arbeitsverträge, ZTR 2001, 65; *Dörner*, Der befristete Arbeitsvertrag, München 2004; *Fastrich/Erling*, Teilzeitbeschäftigung neben Hauptberuf – Gleichberechtigung. Anmerkung, SAE 1997, 223; *Hanau*, Offene Fragen zur Teilzeitarbeit, NZA 2000, 1168; *Hanau*, Was ist wirklich neu in der Beschäftigungsrichtlinie?, NZA 2000, 1045; *Hromadka*, Befristete und bedingte Arbeitsverhältnisse neu geregelt, BB 2001, 621; *Kliemt*, Der neue Teilzeitanspruch – Die gesetzliche Neuregelung der Teilzeitarbeit ab dem 1.1.2001, NZA 2001, 63; *Lakies*, Das Teilzeit- und Befristungsgesetz, DZWIR 2001, 1; *Lindemann/Simon*, Neue Regelungen zur Teilzeitarbeit, BB 2001, 146; *Link/Fink*, Teilzeit- und Befristungsgesetz, AuA 2001, 59; *Link/Fink*, Das neue Recht für Arbeitsverträge, AuA 2001, 204; *Nielebock*, Die neuen gesetzlichen Regelungen zur befristeten Beschäftigung, AiB 2001, 76; *Peifer*, Die Teilzeitbeschäftigung in der neueren Rechtsprechung des Bundesarbeitsgerichts, ZfA 1999, 276; *Preis/Gotthardt*, Neuregelung der Teilzeitarbeit und befristeten Arbeitsverhältnisse, DB 2000, 2065; *Richardi*, Das Gleichbehandlungsgebot für Teilzeitarbeit und seine Auswirkung auf Entgeltregelung, NZA 1992, 625; *Richar-*

---

95 Holwe/Kossens, § 3 Rn 9.
96 So KSchR/Däubler, § 3 TzBfG Rn 26.

Verbot der Diskriminierung § 4

di/Annuß, Gesetzliche Neuregelung von Teilzeitarbeit und Befristung, BB 2000, 2201; *Richardi/ Wlotzke*, Münchener Handbuch für Arbeitsrecht. Ergänzungsband, München 2001; *Schaub*, Aktuelle Rechtsfragen der Sonderzuwendungen des Arbeitgebers, ZIP 1994, 921; *Schüren*, Überstundenzuschläge für Teilzeitkräfte, NZA 1993, 529; *Thüsing*, Das Verbot der Diskriminierung wegen Teilzeit und Befristung, ZfA 2002, 249; *Wank*, Bezahlte Freistellung am 24. und 31. 12. – mittelbare Frauendiskriminierung, SAE 1994, 156; *Wank*, Teilzeitbeschäftigte im Kündigungsschutzgesetz, ZIP 1986, 206; *Wank/Börgmann*, Der Vorschlag für eine Richtlinie des Rates über befristete Arbeitsverhältnisse, RdA 1999, 383; *Wiedemann*, Die Gleichbehandlungsgebote im Arbeitsrecht, 2001; *Worzalla/Will/Mailänder/Worch/Heise*, Teilzeitarbeit und befristete Arbeitsverträge, München 2001

I. Allgemeines 1	5. Die Bindung der Tarifvertragsparteien an § 4 Abs. 1 TzBfG . 56
II. Die Diskriminierungsverbote des § 4 TzBfG im Verhältnis zu anderen arbeitsrechtlichen Diskriminierungsverboten 12	6. Rechtsfolgen eines Verstoßes gegen das Diskriminierungsverbot des § 4 Abs. 1 TzBfG 58
III. Das Diskriminierungsverbot zugunsten Teilzeitbeschäftigter, § 4 Abs. 1 TzBfG 16	7. Darlegungs- und Beweislast .. 60
1. Schlechtere Behandlung 17	IV. Das Diskriminierungsverbot zugunsten befristet Beschäftigter, § 4 Abs. 2 TzBfG 62
2. Kausalität 22	1. Das Verbot der Schlechterbehandlung nach § 4 Abs. 2 Satz 1 TzBfG 64
3. Rechtfertigender, sachlicher Grund 33	2. Die lex specialis in § 4 Abs. 2 Satz 2 TzBfG 70
a) Allgemeines 34	3. Die Regelung in § 4 Abs. 2 Satz 3 TzBfG 75
b) Einzelfälle 37	4. Rechtsfolgen und Prozessuales 77
4. Die lex specialis in § 4 Abs. 1 Satz 2 TzBfG 46	

I. Allgemeines

Die **Diskriminierungsverbote** des § 4 TzBfG zugunsten der von dem Gesetz 1 geschützten Personengruppen gehören zu den zentralen Regelungen des Gesetzes über Teilzeit- und befristete Beschäftigung. Sie sind in erster Linie darauf ausgerichtet, die befristet und in Teilzeit beschäftigten Arbeitnehmer vor **Benachteiligungen** zu schützen, für die es keine Rechtfertigung gibt. Weder der teilzeit- noch der befristet Beschäftigte, so der Inhalt des Diskriminierungsverbots, dürfen demnach wegen ihrer besonderen Arbeitsbedingungen schlechter behandelt werden als ein vergleichbarer vollzeit- bzw unbefristet Beschäftigter, sofern es für diese Ungleichbehandlung nicht einen Rechtfertigungsgrund gibt. Zum Schutz der beiden Arbeitnehmergruppen soll somit jegliche Diskriminierung ausgeschlossen werden.[1] Darüber hinaus soll zudem die Gleichbehandlung der bereits angesprochenen Gruppen gegenüber den jeweils zu üblichen Konditionen Beschäftigten sichergestellt werden.[2] Im Ergebnis stellt § 4 TzBfG eine Konkretisierung des allgemeinen arbeitsrechtlichen Gleichbehandlungsgrundsatzes dar.[3]

---

[1] So auch der Erwägungsgrund Nr. 11 der Richtlinie 97/81/EG.
[2] Vgl. Präambel der Rahmenvereinbarung über befristete Arbeitsverhältnisse, Richtlinie 1999/70/EG.
[3] Ascheid/Preis/Schmidt-Preis § 4 TzBfG Rn 3; dazu sogleich noch § 4 Rn 12.

2 § 4 TzBfG geht mit seinen Diskriminierungsverboten zwar weitgehend auf die dem Gesetz insgesamt zugrunde liegenden europäischen Vorgaben zurück, zum Teil entsprechen die Regelungen aber auch den **bereits zuvor geltenden Bestimmungen des BeschFG**. So setzt § 4 Abs. 1 Satz 1 TzBfG die europäische Bestimmung in § 4 der Rahmenvereinbarung zur Teilzeitarbeit um, also der **Richtlinie 1997/81/EG**.[4] Zugleich entspricht dieser Teil der deutschen Umsetzung im Wesentlichen dem Inhalt der Vorgängerregelung des § 2 Abs. 1 BeschFG, dem zufolge eine sachlich nicht gerechtfertigte Benachteiligung wegen eines unterschiedlichen Arbeitszeitumfangs nicht zulässig war.[5] Zusätzlich enthält nunmehr § 4 Abs. 1 Satz 2 TzBfG eine Ergänzung zu dem Benachteiligungsverbot, welches im Übrigen keine Aussage zur Zulässigkeit einer Besserstellung von Teilzeitkräften enthält – eine solche ist also nicht *eo ipso* unzulässig, vielmehr ist entsprechend der Gesetzesbegründung ausdrücklich etwa eine Besserstellung der Teilzeitbeschäftigten, beispielsweise aus arbeitsmarktpolitischen Gründen, nicht ausgeschlossen:[6] Diese Ergänzung betrifft eine ausdrückliche Normierung des Grundsatzes der zeitanteiligen Vergütung für Arbeitsentgelt und andere teilbare geldwerte Leistungen: § 4 Abs. 1 Satz 2 TzBfG übernimmt insoweit den in § 4 Abs. 2 der angesprochenen Rahmenvereinbarung über Teilzeitarbeit enthaltenen *Pro-rata-temporis*-Grundsatz, der zumindest für die Fälle gelten soll, wo dies angemessen ist.

3 Inhaltlich zielt § 4 Abs. 1 TzBfG zwar allgemein und undifferenziert auf „Teilzeitbeschäftigte" ab, *de facto* handelt es sich hier jedoch um eine Regelung, die spezifisch auf den Schutz vor einer – mittelbaren – Frauendiskriminierung abzielt. Teilzeitarbeit ist **nämlich unverändert im Wesentlichen Frauenarbeit**.[7] Auch die Gesetzesbegründung hat dies vor Augen: Ihr zufolge stellen Frauen mit rund 87 % den Großteil der Teilzeitbeschäftigten dar.[8] Das bedeutet, dass eine Benachteiligung von Teilzeitbeschäftigten in aller Regel zumeist auch die Voraussetzungen einer **mittelbaren Frauenbenachteiligung** erfüllt, weil von einer sie benachteiligenden Regelung im Vergleich zu den Vollzeitbeschäftigten wesentlich mehr Frauen als Männer betroffen sind.[9] Konsequenterweise vertritt daher auch der EuGH seit jeher die Ansicht, dass in der Benachteiligung von Teilzeitbeschäftigten immer auch eine – grundsätzlich unzulässige – mittelbare Frauendiskriminierung liegen kann.[10]

4 Anders als § 4 Abs. 1 TzBfG, der infolge der Bestimmung in § 2 Abs. 1 BeschFG dem deutschen Recht schon vertraut war, enthält § 4 Abs. 2 TzBfG mit seinem Schutz der befristet Beschäftigten vor einer ungerechtfertigten Diskriminierung eine Regelung, die zuvor dem deutschen Recht in dieser Konkretisierung nicht bekannt war.[11] Mit dieser Vorschrift wird die europäische Vorgabe in § 4 der

---

4 ABl. vom 20. Januar 1998 Nr. L 14/9.
5 Dazu auch BAG 16. Januar 2003–6 AZR 222/01 – AP Nr. 3 zu § 4 TzBfG.
6 Vgl. BT-Drucks. 14/4374 S. 15; s. auch HWK/Schmalenberg § 4 TzBfG Rn 1; Boewer, § 4 Rn 2.
7 Vgl. die Zahlen etwa bei KSchR/Zwanziger § 4 TzBfG Rn 4.
8 BT-Drucks. 14/4374 S. 11; s. auch BAG 20. Januar 1990–3 AZR 613/89 – AP Nr. 8 zu § 1 BetrAVG Gleichberechtigung, wonach der Anteil der Frauen an der Gesamtzahl der Teilzeitbeschäftigten stets über 92 %, im Einzelhandel sogar über 95 % lag.
9 Arnold/Gräfl/Rambach § 4 Rn 3.
10 So schon EuGH, Urteil vom 31. März 1981 – Rs. 96/80 – AP Nr. 2 zu Art. 119 EWG-Vertrag.
11 Sievers, § 4 Rn 1; vgl dazu jedoch Hanau NZA 2000, 1045.

Rahmenvereinbarung über befristete Arbeitsverhältnisse (**Richtlinie 1999/70/EG**) in deutsches Recht umgesetzt. Verboten werden durch diesen Absatz der Vorschrift Schlechterstellungen aufgrund der Befristung oder auflösenden Bedingungen, die sachlich nicht gerechtfertigt sind. Wie auch zugunsten der Teilzeitbeschäftigten enthält § 4 Abs. 2 Satz 2 TzBfG zugunsten der befristet Beschäftigten eine Ergänzung: Auch insofern gilt, dass das Diskriminierungsverbot des Satzes 1 dahingehend konkretisiert wird, dass Arbeitsentgelt oder andere teilbare geldwerte Leistungen, die für einen bestimmten Bemessungszeitraum gewährt werden, also etwa Personalrabatte, dem befristet beschäftigten Arbeitnehmer mindestens entsprechend dem Anteil seiner Beschäftigungsdauer am Bemessungszeitraum zustehen. Auch zugunsten der befristet Beschäftigten soll demzufolge der *Pro-rata-temporis*-Grundsatz gelten.[12]

Beide Absätze der Diskriminierungsregelung in § 4 TzBfG werden somit strukturell gleich aufgebaut: Sie werden zunächst beide durch eine grundsätzliche Regelung eingeleitet, welche eine Konkretisierung des **allgemeinen arbeitsrechtlichen Gleichbehandlungsgrundsatzes** darstellt. Im Anschluss daran werden sie jeweils für besonders bedeutsam erachtete Fragestellungen nochmals näher gefasst und ausgestaltet; auf diese Weise lehnt sich die deutsche Umsetzung nah an die europäischen Vorgaben an – dabei wären die Konkretisierungen in den jeweiligen Sätzen 2 (und 3) nicht einmal erforderlich gewesen, sie dienen insofern allein der Klarstellung.[13] Zusätzlich enthält § 4 Abs. 2 Satz 3 TzBfG eine weitere **Konkretisierung des Diskriminierungsverbots**, mit dem § 4 Abs. 4 der Rahmenvereinbarung über befristete Arbeitsverträge umgesetzt wird. Durch diese Bestimmung wird klargestellt, dass bei Beschäftigungsbedingungen, deren Gewährung von einer bestimmten Dauer des Bestehens des Arbeitsverhältnisses abhängt, für befristet Beschäftigte dieselben Zeiten wie für unbefristet beschäftigte Arbeitnehmer zu berücksichtigen sind.[14] Gemeint ist etwa der Anspruch auf den vollen Jahresurlaub, der von der sechsmonatigen Wartezeit abhängt, oder auch tarifliche Entgelt- bzw Urlaubsansprüche, die wiederum von gewissen, zurückzulegenden Beschäftigungszeiten abhängen.[15]

Die Diskriminierungsverbote des § 4 TzBfG gelten grundsätzlich umfassend. In **persönlicher Hinsicht** bedeutet dies, dass sie auf alle Arbeitsverhältnisse Anwendung finden. Maßgeblich ist dabei jeweils der Begriff des teilzeit- bzw befristet Beschäftigten, so wie er in den §§ 2 und 3 TzBfG verwandt bzw definiert wird. Da grundsätzlich alle Arbeitsverhältnisse erfasst werden, gilt das Verbot des § 4 TzBfG auch für Berufsausbildungsverhältnisse, wobei gemäß der Natur des Berufsbildungsvertrags regelmäßig allein das Diskriminierungsverbot für Teilzeitbeschäftigte relevant wird. Arbeitnehmerähnliche Personen sind demgegenüber schon generell vom Anwendungsbereich des Gesetzes ausgeschlossen, das gilt daher besonders auch für das Verbot nach § 4 TzBfG.[16] Geringfügig Beschäftigte wiederum sind, sofern sie als Arbeitnehmer zu qualifizieren sind, vom persönlichen Geltungsbereich der Vorschrift erfasst.

---

12 So auch ausdrücklich BT-Drucks. 14/4374 S. 16.
13 So auch Meinel/Heyn/Herms, § 4 Rn 2.
14 BT-Drucks. 14/4374 S. 16.
15 Boewer, § 4 Rn 9.
16 Vgl. auch die Kommentierung in § 2 Rn 8.

§ 4   Erster Abschnitt. Allgemeine Vorschriften

7   In **sachlicher Hinsicht** ist ebenfalls eine umfassende Anwendung gegeben. Erfasst sind damit von dem Diskriminierungsverbot sämtliche arbeitsrechtlichen Regelungen, unabhängig davon, ob sie individueller oder kollektivvertraglicher Natur sind. Das bedeutet, dass sich das Benachteiligungsverbot zum einen auf einseitige Arbeitgebermaßnahmen sowie auf individuelle vertragliche Regelungen zwischen den Arbeitsvertragsparteien bezieht.[17] Dies gilt im Übrigen für das gesamte rechtserhebliche Handeln des Arbeitgebers gegenüber seinen Arbeitnehmern.[18] Erfasst von dem Diskriminierungsverbot sind somit insbesondere auch Kündigungen als eine einseitige Ausübung eines dem Arbeitgeber zustehenden Gestaltungsrechts.[19] Zum anderen müssen sich auch sämtliche kollektiven Regelungen an dem Diskriminierungsverbot des § 4 TzBfG messen lassen. Daraus folgt zunächst, dass auch tarifvertragliche Regelungen die Vorgaben des § 4 TzBfG beachten müssen; verstoßen sie hiergegen, sind sie nichtig. In gleicher Weise müssen aber auch Betriebsvereinbarungen[20] dem Benachteiligungsverbot entsprechen, ebenso gilt dies für Gesamtzusagen, kirchliche Arbeitsvertragsrichtlinien, Rechtsverordnungen und Verwaltungsvorschriften.[21]

8   In **räumlicher Hinsicht** erstreckt sich der Anwendungsbereich des § 4 TzBfG grundsätzlich auf die betriebliche Ebene; unternehmensweit gelten die Diskriminierungsverbote indes, sobald der Arbeitgeber unternehmenseinheitlich Regelungen aufstellt und auch anwendet. Insofern gilt hier nichts anderes als zum räumlichen Anwendungsbereich des allgemeinen arbeitsrechtlichen Gleichbehandlungsgrundsatz.[22] Nicht erfasst sind hingegen Ungleichbehandlungen von Teilzeitbeschäftigten untereinander bzw von befristet Beschäftigten untereinander. In diesen Fällen kommt jedoch möglicherweise der allgemeine arbeitsrechtliche Gleichbehandlungsgrundsatz zum Tragen, jedenfalls ist er auf die Fälle anwendbar, wenn eine unterschiedliche Gruppenbildung innerhalb der Teilzeitbeschäftigten oder innerhalb der befristet Beschäftigten erfolgt.[23]

9   Sofern § 4 TzBfG, wie bereits angesprochen, eine Konkretisierung, zum Teil wird auch formuliert: einen Ausschnitt[24] des **allgemeinen arbeitsrechtlichen Gleichbehandlungsgrundsatzes** darstellt, handelt es sich **hierbei um zwingendes Recht**; gemäß § 22 TzBfG kann von dem Inhalt der Vorschrift nicht abgewichen werden. § 4 TzBfG ist dabei auch tariffest, das heißt, auch die Tarifvertragsparteien können von dem Diskriminierungsverbot nicht abrücken. Diese Unabdingbarkeit hinsichtlich der Tarifvertragsparteien ist in § 22 TzBfG ausdrücklich bestä-

---

17   BAG 15. November 1994–5 AZR 682/93 – AP Nr. 121 zu § 242 BGB Gleichbehandlung.
18   Vgl. BAG 25. Januar 1989–5 AZR 161/88 – AP Nr. 2 zu § 2 BeschFG 1985; Ascheid/Preis/Schmidt-Preis § 4 TzBfG Rn 5.
19   BAG 1. Dezember 1994–6 AZR 501/94 – AP Nr. 41 zu § 2 BeschFG 1985.
20   S. hierzu BAG 16. Juni 2004 – 5 AZR 448/03 – AP Nr. 20 zu § 1 TVG Tarifverträge Großhandel.
21   S. BAG 21. Januar 2003–9 AZR 4/92 – AP Nr. 157 zu § 611 BGB Lehrer und Dozenten; Bayreuther in: Rolfs/Giesen, BeckOK § 4 TzBfG Rn 2; Meinel/Heyn/Herms, § 4 Rn 3; KSchR/Zwanziger § 4 TzBfG Rn 6; Holwe/Kossens § 4 Rn 3; Thüsing in: Annuß/Thüsing, § 4 Rn 4.
22   S. etwa BAG 12. Januar 1994–5 AZR 6/93 – AP Nr. 112 zu § 242 BGB Gleichbehandlung; MünchKommBGB/Müller-Glöge § 611 BGB Rn 452; Wiedemann, Gleichbehandlungsgebote S. 11.
23   So auch KSchR/Zwanziger § 4 TzBfG Rn 8; Meinel/Heyn/Herms, § 4 Rn 21; Bayreuther in: Rolfs/Giesen, BeckOK § 4 TzBfG Rn 7; MünchHdbArbR/Schüren Ergänzungsband § 161 Rn 50.
24   So etwa von Ascheid/Preis/Schmidt-Preis § 4 TzBfG Rn 3.

Verbot der Diskriminierung §4

tigt, eine Regelung, die die zuvor ergangene Rechtsprechung aufnimmt und bestätigt.[25] Konsequenterweise wird die Vorschrift des § 4 TzBfG zudem auch als ein Verbotsgesetz im Sinne von § 134 BGB angesehen; Maßnahmen bzw Vereinbarungen, die gegen das Verbot verstoßen, sind infolgedessen nichtig.[26] Schließlich ist § 4 TzBfG auch als Schutzgesetz im Sinne von § 823 Abs. 2 BGB zu qualifizieren, wenngleich dies gelegentlich bestritten wird.[27] Wenn von der Gegenauffassung angebracht wird, der generelle Schutzgesetzcharakter des § 823 Abs. 2 BGB passe nicht in das haftpflichtrechtliche Gesamtsystem des Zivil- und Arbeitsrechts,[28] so vermag dies in dieser Pauschalität nicht zu überzeugen. Vielmehr ist zu berücksichtigen, was ein „Schutzgesetz" im Sinne des § 823 Abs. 2 BGB ist. Darunter ist eine Gebots- oder Verbotsnorm zu verstehen, wenn sie nach Zweck und Inhalt jedenfalls auch dem Individualschutz dient, wenn sie also auf den Schutz vor einer näher bestimmten Art der Schädigung eines Rechtsguts oder des Individualinteresses gerichtet ist. Zudem muss die Norm, um Schutzgesetz im Sinne von § 823 Abs. 2 BGB zu sein, dazu bestimmt sein, gerade vor Schädigungen der eingetretenen Art zu schützen. Der jeweilige Schaden muss also vom Schutzzweck dieser Norm umfasst sein.[29] Dies trifft auf beide Absätze des § 4 TzBfG zu, so dass bei einer Verletzung des Verbots gegebenenfalls nicht nur einen Schadensersatzanspruch wegen der Verletzung einer vertraglichen Nebenpflicht gemäß § 280 Abs. 1 BGB gegeben sein kann, sondern auch ein solcher aus Delikt, nämlich aus § 823 Abs. 2 BGB.[30] Denn das Verbot der Diskriminierung, welches in § 4 TzBfG normiert ist, soll maßgeblich der sachlich nicht gerechtfertigten Schlechterstellung der in Teilzeit und in Befristung tätigen Beschäftigten entgegen, und zwar gerade auch in finanzieller Hinsicht, wie dies aus § 4 Abs. 1 und 2 Satz 2 TzBfG jeweils deutlich wird. Infolgedessen erscheint es als angemessen, auch einen Ersatz allein der Vermögensschäden über die deliktische Schiene des § 823 Abs. 2 BGB zuzulassen.

Die Diskriminierungstatbestände des § 4 TzBfG sind, wie bereits angesprochen, vergleichbar aufgebaut.[31] Dies führt dazu, dass auch **die Struktur der Diskriminierungsprüfung** vergleichbar ist, unabhängig davon, ob es um eine (vermeintlich) ungerechtfertigte Benachteiligung eines teilzeit- oder eines befristet Beschäftigten geht. Wie im Rahmen des allgemeinen arbeitsrechtlichen Gleichbehandlungsgrundsatz ist somit auch beim spezielleren Verbot des § 4 TzBfG zunächst zu prüfen, ob eine Ungleichbehandlung „wegen" der Teilzeitarbeit bzw der befristeten Beschäftigung vorliegt, das heißt, es muss zunächst eine Ungleichbehandlung vorliegen, die

10

---

25 Vgl. etwa BAG 29. August 1989–3 AZR 370/88 – AP Nr. 6 zu § 2 BeschFG 1985; nunmehr auch BAG 24. Juni 2004–6 AZR 389/02 – AP Nr. 10 zu § 34 BAT; BAG 11. Dezember 2003–6 AZR 64/03 – AP Nr. 7 zu § 4 TzBfG.
26 BAG 24. Mai 2000–10 AZR 629/99 – AP Nr. 79 zu § 2 BeschFG 1985; MünchKommBGB/Müller-Glöge § 4 TzBfG Rn 4; Meinel/Heyn/Herms, § 4 Rn 47; Boewer, § 4 Rn 4; Buschmann/Dieball/Stevens-Buschmann, § 4 TzBfG Rn 11; Richardi NZA 1992, 626.
27 Etwa von Thüsing in: Annuß/Thüsing, § 4 TzBfG Rn 4; Erfkomm/Preis § 4 Rn 6; zu § 2 BeschFG noch Adomeit NJW 1997, 2295.
28 So Thüsing in: Annuß/Thüsing, § 4 TzBfG Rn 4.
29 MünchKommBGB/Müller-Glöge § 4 TzBfG Rn 3; Boewer, § 4 Rn 11.
30 Wie hier auch (noch zu § 2 BeschFG) BAG 25. April 2001–5 AZR 368/99 – AP Nr. 80 zu § 2 BeschFG 1985; MünchKommBGB/Müller-Glöge § 4 TzBfG Rn 4; Buschmann/Dieball/Stevens-Buschmann, § 4 TzBfG Rn 11; KSchR/Zwanziger § 4 TzBfG Rn 1; Meinel/Heyn/Herms, § 4 Rn 56; Holwe/Kossens § 4 Rn 39.
31 S. oben § 4 Rn 5.

kausal auf eines der beiden Kriterien zurückzuführen ist. Dabei genügt eine unmittelbare wie eine mittelbare Diskriminierung.[32] Mittelbar ist eine Diskriminierung, wenn dem Anschein nach neutrale Vorschriften, Kriterien oder Verfahren Personen mit einem bestimmten Merkmal gegenüber anderen Personen, die dieses Merkmal nicht besitzen, in besonderer Weise benachteiligen können, wenn nicht die betreffenden Kriterien, Vorschriften oder Verfahren durch ein rechtmäßiges Ziel sachlich gerechtfertigt und die Mittel zur Erreichung des Ziels angemessen und erforderlich sind.[33]

11 Eine **Ungleichbehandlung**, die im Sinne des § 4 TzBfG maßgeblich ist, liegt jedoch nur dann vor, wenn die beiden Gruppen, die zueinander in Beziehung gesetzt werden, vergleichbar sind. Insofern greifen die Bestimmungen in § 2 Abs. 1 und § 3 Abs. 2 TzBfG und die dortigen Ausführungen. Schließlich darf die unterschiedliche Behandlung nicht durch einen sachlichen Grund gerechtfertigt sein, soll es sich um eine Diskriminierung im Sinne des § 4 TzBfG handeln.[34] Unerheblich ist auch hier, wie stets im Rahmen des allgemeinen arbeitsrechtlichen Gleichbehandlungsgrundsatzes, eine subjektive Komponente: Das heißt, auf eine besondere Diskriminierungsabsicht des Arbeitgebers kommt es nicht an, entscheidend ist insofern ausschließlich die objektive Ungleichbehandlung.[35]

II. Die Diskriminierungsverbote des § 4 TzBfG im Verhältnis zu anderen arbeitsrechtlichen Diskriminierungsverboten

12 § 4 TzBfG enthält mit seinen Diskriminierungsverboten eine **Regelungsmaterie**, die auch bereits an anderen Stellen des Arbeitsrechts eine *sedes materiae* hat. Dies gilt zunächst, wie bereits angesprochen, im Hinblick auf den allgemeinen arbeitsrechtlichen Gleichbehandlungsgrundsatz, der von § 4 TzBfG konkretisiert wird. Denn in aller Regel wird bei einem Verstoß gegen das Verbot aus § 4 TzBfG zugleich auch ein Verstoß gegen den allgemeinen arbeitsrechtlichen Gleichbehandlungsgrundsatz vorliegen.[36] Dieser (wie auch § 4 TzBfG) verbietet es dem Arbeitgeber, seine Arbeitnehmer oder Gruppen von Arbeitnehmern, die sich in einer vergleichbaren Lage befinden, ungleich zu behandeln, wenn nicht ausnahmsweise ein die Ungleichbehandlung rechtfertigender sachlicher Grund gegeben ist.[37] Verboten ist nach diesem Grundsatz sowohl die willkürliche Schlechterstellung einzelner Arbeitnehmer innerhalb einer Gruppe als auch die sachfremde Gruppenbildung selbst.[38] Von einer willkürlichen bzw sachfremden Schlechterstellung ist dann auszugehen, wenn es für sie keine billigenswerten Gründe gibt; dann kann der Arbeitnehmer verlangen, nach Maßgabe der allgemeinen Regelung behandelt zu werden. Infolgedessen **wird der Gleichbehand-**

---

32 Bayreuther in: Rolfs/Giesen, BeckOK § 4 TzBfG Rn 11.
33 Vgl. Art. 2 Richtlinie 2000/43/EG.
34 Vgl. auch ErfKomm/Preis § 4 TzBfG Rn 9.
35 BAG 15. Oktober 2003–4 AZR 606/02 – AP Nr. 87 zu § 2 BeschFG 1985; so auch Thüsing in: Annuß/Thüsing, § 4 Rn 22; ErfKomm/Preis § 4 TzBfG Rn 37; aA indes Oetker Anmerkung zu EzA Nr. 7 zu § 2 BeschFG 1985.
36 Bayreuther in: Rolfs/Giesen, BeckOK § 4 TzBfG Rn 40.
37 Vgl. hierzu ausführlich Joussen in: Rolfs/Giesen, BeckOK § 611 BGB Rn 265ff.
38 S. etwa BAG 17. November 1998–1 AZR 147/98 – AP Nr. 162 zu § 242 BGB Gleichbehandlung.

lungsgrundsatz eine vollwertige Anspruchsgrundlage des Arbeitnehmers gegen den Arbeitgeber. Die Unwirksamkeit einer Maßnahme folgt aus dem Verstoß gegen ein gesetzliches Verbot nach § 134 BGB. Da es sich hier um einen Erfüllungs-, nicht aber um einen Schadensersatzanspruch hinsichtlich der vom Arbeitgeber noch zu erbringenden Nebenpflicht handelt, kommt es insofern auf ein Verschulden des Arbeitgebers bei seiner Ungleichbehandlung nicht an.[39] Die sich auf diese Weise ergebende Regelungslücke ist durch Anpassung an die Erfordernisse des Gleichbehandlungsgrundsatzes zu schließen.[40] Der Gruppe von Arbeitnehmern, der bislang ein Anspruch verwehrt worden ist, wird daher ein solcher zugesprochen; es erfolgt regelmäßig eine Anpassung „nach oben", weil anders die Beseitigung nicht durchführbar ist; denn der bereits begünstigten Gruppe wird man die ihnen gewährten Vergünstigungen aus vertragsrechtlichen Gründen in der Regel nicht nehmen können.[41] Insbesondere stellt die bisherige Gleichbehandlungswidrigkeit keinen betriebsbedingten Grund zur sozialen Rechtfertigung einer Änderungskündigung dar; es gilt hier der **Bestandsschutz der bevorzugten Gruppe**. Die benachteiligte Gruppe wird also der begünstigten Gruppe gleichgestellt.[42] Diese zumeist gebotene Anpassung „nach oben" gilt jedoch nicht grenzenlos; zumindest bei einer bisherigen Besserstellung einer außerordentlich kleinen Gruppe infolge eines sachlich nicht gerechtfertigten Grundes muss der Arbeitgeber die Vergünstigung nicht allen anderen Arbeitnehmern auch gewähren. Dies stützt sich auf die Überlegung, dass bei einem derart großen zahlenmäßigen Unterschied das der Pflicht zur Gleichbehandlung (auch) zugrunde liegende Gebot der Verteilungsgerechtigkeit die Ausweitung nicht mehr trage. Denn in Fällen dieser Art würde die Freiheit des Arbeitgebers in der Bestimmung des Dotierungsrahmens freiwilliger Leistungen besonders nachhaltig verletzt und zu unverhältnismäßig hohen weiteren finanziellen Belastungen des Arbeitgebers führen.[43]

Gegenüber diesem allgemeinen, hier nur in aller Kürze skizzierten arbeitsrechtlichen Gleichbehandlungsgrundsatz stellt § 4 TzBfG die lex specialis dar. Beide regeln nämlich regelmäßig die gleiche Situation. Gleiches gilt auch gegenüber den übrigen Ausformungen bzw Konkretisierungen des Grundsatzes, etwa durch das AGG oder § 75 Abs. 1 BetrVG.[44] Verstößt somit eine Maßnahme sowohl gegen § 4 TzBfG als auch gegen den allgemeinen arbeitsrechtlichen Gleichbehandlungsgrundsatz, wird letzterer durch die erstgenannte speziellere Regelung verdrängt. 13

Eine Diskriminierung im Sinne von § 4 TzBfG kann zudem auch eine nach **Art. 141 EG verbotene Geschlechterdiskriminierung** darstellen. Dies folgt 14

---

39 BAG 28. Juli 1992–3 AZR 173/92 – AP Nr. 18 zu § 1 BetrAVG Gleichbehandlung; BAG 23. April 1997–10 AZR 603/96 – AP Nr. 22 zu §§ 22, 23 BAT Zulagen; LAG Hamm 13. Juli 1999–6 Sa 2248/98 – NZA-RR 1999, 541.
40 MünchKommBGB/Müller-Glöge § 611 BGB Rn 1142; Schaub ZIP 1994, 923.
41 BAG 14. Dezember 1982–3 AZR 251/80 – AP Nr. 1 zu § 1 BetrAVG Besitzstand.
42 BAG 20. Juli 1993–3 AZR 52/93 – AP Nr. 11 zu § 1 BetrAVG Gleichbehandlung; BAG 11. September 1985–7 AZR 371/83 – AP Nr. 76 zu § 242 BGB Gleichbehandlung; BAG 24. April 1991–4 AZR 570/90 – AP Nr. 140 zu § 242 BGB Gleichbehandlung.
43 BAG 13. Februar 2002–5 AZR 713/00 – AP Nr. 184 zu § 242 BGB Gleichbehandlung.
44 Meinel/Heyn/Herms, § 4 Rn 15; Arnold/Gräfl/Rambach § 4 Rn 8; ErfKomm/Preis § 4 TzBfG Rn 13; Link/Fink AuA 2001, 60.

daraus, dass Teilzeitbeschäftigte regelmäßig Frauen sind. Wie bereits angesprochen,[45] kann es somit besonders zu einer mittelbaren Diskriminierung kommen, also einer Diskriminierung, die dadurch gegeben ist, dass das Differenzierungsmerkmal selbst zwar geschlechtsneutral ist, von der fraglichen Maßnahme jedoch deutlich mehr Frauen als Männer betroffen bzw benachteiligt werden.[46] Letztlich wird insbesondere eine Ungleichbehandlung von Teilzeitbeschäftigten im Entgeltbereich bzw bei sonstigen teilbaren Leistungen, geregelt von § 4 Abs. 1 Satz 2 TzBfG, häufig zugleich auch in den Anwendungsbereich des Art. 141 EG fallen, der im Entgeltbereich die unmittelbare wie auch die mittelbare Diskriminierung aufgrund des Geschlechts verbietet. Art. 141 EG gilt unmittelbar und zwingend im nationalen Recht.[47] Denn gerade aufgrund des angesprochenen hohen Frauenanteils im Bereich der Teilzeitbeschäftigung treffen solche Maßnahmen bzw Vereinbarungen, die gerade an das (vermeintlich geschlechtsneutrale Kriterium) „Teilzeitbeschäftigung" anknüpfen, sehr viel mehr Frauen als Männer, so dass neben § 4 TzBfG auch Art. 141 EG Anwendung finden kann. Hier wird auch nicht die eine Regelung durch die andere verdrängt, vielmehr kann Art. 141 EG als eigene, anspruchsbegründende Norm zur Anwendung kommen. Inhaltlich liegen die beiden Vorschriften allerdings ohnehin so nah beieinander, dass für eine Anwendung auch noch des Art. 141 EG neben der Bestimmung des § 4 TzBfG regelmäßig kein Bedarf bestehen wird.[48]

15 Schließlich kann ein Verstoß gegen das Verbot aus § 4 TzBfG zugleich auch einen Verstoß gegen das **nationale verfassungsrechtliche Gleichbehandlungsgebot** darstellen – letztlich gilt auch hier, wie schon beim allgemeinen arbeitsrechtlichen Gleichbehandlungsgrundsatz, die **lex specialis-Regelung:** Auch gegenüber Art. 3 Abs. 1 GG ist § 4 TzBfG die speziellere Norm;[49] Gleiches gilt für den Sonderfall des Art. 3 Abs. 2 GG.[50]

III. Das Diskriminierungsverbot zugunsten Teilzeitbeschäftigter, § 4 Abs. 1 TzBfG

16 Nach § 4 Abs. 1 Satz 1 TzBfG darf ein teilzeitbeschäftigter Arbeitnehmer wegen der Teilzeitarbeit nicht schlechter behandelt werden als ein vergleichbarer vollzeitbeschäftigter Arbeitnehmer, es sei denn, dass sachliche Gründe eine unterschiedliche Behandlung rechtfertigen. Entsprechend diesen Vorgaben gliedert sich eine Prüfung, wie bereits angesprochen, in drei Teile: Es muss zunächst eine schlechtere Behandlung gegenüber einem vergleichbaren Arbeitnehmer bzw einer vergleichbaren Gruppe gegeben sein,[51] und diese Benachteiligung darf nicht durch einen

---

45 Vgl. oben § 4 Rn 3.
46 S. etwa EuGH 10. März 2005 – Rs. C 196/02 – von Nikoloudi/Organismos Tilepokoinonoion Ellados, NZA 2005, 807.
47 So die ständige Rechtsprechung des EuGH seit EuGH 8. April 1976 – Rs. 73/75 – Defrenne II – NJW 1976, 2068.
48 Vgl. hierzu auch Bayreuther in: Rolfs/Giesen, BeckOK § 4 TzBfG Rn 41; Meinel/Heyn/Herms, § 4 Rn 9.
49 ErfKomm/Preis § 4 TzBfG Rn 16; Arnold/Gräfl/Rambach § 4 Rn 9.
50 S. insofern BAG 24. Juni 2004–6 AZR 389/03 – AP Nr. 10 zu § 34 BAT; ausführlich zu dem Verhältnis des § 4 TzBfG zu den verfassungsrechtlichen Vorgaben, insbesondere auch im Hinblick auf entsprechende europarechtliche Einflüsse, Meinel/Heyn/Herms, § 4 Rn 12.
51 Dazu § 4 Rn 17.

sachlichen Grund gerechtfertigt sein.[52] Diese allgemeinen Regelungen finden dann ihre Konkretisierung im Entgeltbereich: Insofern enthält § 4 Abs. 1 Satz 2 TzBfG noch einmal eine vorrangige Regelung für diesen Bereich.[53]

1. Schlechtere Behandlung

Der Arbeitnehmer, der sich auf das Verbot des § 4 Abs. 1 Satz 1 TzBfG beruft, muss zunächst geltend machen können, dass er schlechter behandelt worden ist als ein vergleichbarer vollzeitbeschäftigter Arbeitnehmer. Eine nähere Umreißung der vom Arbeitgeber vorzunehmenden Aktivität enthält die Vorschrift nicht. Daraus folgt, dass § 4 Abs. 1 Satz 1 TzBfG jede unterschiedliche Behandlung von teilzeit- gegenüber vollzeitbeschäftigten Arbeitnehmern verbietet, die nicht sachlich gerechtfertigt ist. Eine **Schlechterbehandlung liegt dann vor,** wenn dem Teilzeitbeschäftigten eine bestimmte Vergünstigung oder ein bestimmter Anspruch nicht gewährt wird, die bzw der dem vergleichbaren Vollzeitbeschäftigten gewährt wird. Maßgeblich dafür, ob eine „Behandlung" schlechter ist, ist letztlich die Verkehrsanschauung. Wie auch beim **Günstigkeitsvergleich** nach § 4 Abs. 3 TVG wird in Zweifelsfällen, wenn also zu beurteilen ist, ob eine Behandlung wirklich „schlechter" ist, nur eine wertende Gesamtbetrachtung weiter helfen. „Schlechter" ist sie dann, wenn ein objektiver Beobachter unter Berücksichtigung der Verkehrsanschauung in der konkreten Situation zu dem Ergebnis kommt, dass der jeweilige Teilzeitbeschäftigte weniger gute, eben schlechtere Arbeitsbedingungen zu gewärtigen hat als eine vergleichbare Vollzeitkraft.[54] 17

Dabei kommt die allgemeine Regelung in § 4 Abs. 1 Satz 1 TzBfG nur dann und nur soweit zur Anwendung, wie es **nicht um eine Entgeltleistung bzw eine andere teilbare geldwerte Leistung** geht. Denn für solche greift die spezialgesetzliche Regelung des § 4 Abs. 1 Satz 2 TzBfG. Eine Schlechterstellung im Sinne des Satzes 1 kann daher (nur) bei allen Arbeitsbedingungen mit Ausnahme des Arbeitsentgelts und der sonstigen geldwerten Leistungen relevant sein, also etwa bei der Gewährung bzw Nichtgewährung altersbedingter Arbeitszeitverkürzungen gegeben sein,[55] ebenso bei der Anrechnung von Betriebszugehörigkeit und Dienstzeit,[56] bei einem versagten Anspruch auf eine Arbeitsfreistellung an besonderen Tagen, die Vollzeitbeschäftigten gewährt wird[57] oder bei der Einteilung zum Wochenenddienst, hinsichtlich derer Teilzeitbeschäftigte anders behandelt werden als Vollzeitkräfte.[58] **Gleiches gilt für Regelungen über die Dauer, Lage und Verteilung der Arbeitszeit oder die Aufstellung von Urlaubsgrundsätzen und der Möglichkeiten zur Teilnahme an Weiterbildungen**, von denen etwa Teilzeitbeschäftigte ausgenommen werden. 18

Soweit das Gesetz in § 4 Abs. 1 TzBfG verlangt, ein Teilzeitarbeitnehmer müsse „schlechter behandelt" werden, rückt es damit dezidiert von der Vorgängerrege- 19

---

52 § 4 Rn 33.
53 Dazu § 4 Rn 46.
54 So auch Worzalla/Will § 4 Rn 7.
55 Dazu BAG 30. September 1998–5 AZR 18/98 – AP Nr. 70 zu § 2 BeschFG 1985.
56 BAG 15. Mai 1997–6 AZR 40/96 – AP Nr. 6 zu § 19 BAT.
57 BAG 26. Mai 1993–5 AZR 184/92 – AP Nr. 2 zu § 16 BAT.
58 BAG 24. April 1997–8 AZR 352/96 – AP Nr. 60 zu § 2 BeschFG 1985.

lung ab, die noch jegliche „unterschiedliche Behandlung" verboten hatte. Aufgrund dieser sprachlichen Differenzierung wird deutlich, dass eine **Bevorzugung von Teilzeitbeschäftigten** grundsätzlich keinen Verstoß gegen § 4 Abs. 1 TzBfG darstellt. Dem Gesetzgeber schwebte hier insbesondere vor, dass aus arbeitsmarktpolitischen Gründen eine solche Bevorzugung denkbar und auch gerechtfertigt sein könnte.[59] Kommt es jedoch zu einer derartigen Besserbehandlung von Teilzeitbeschäftigten, so kann darin eine Ungleichbehandlung liegen, die von den dann benachteiligten Vollzeitbeschäftigten wiederum gegebenenfalls erfolgreich mit Verweis auf den allgemeinen arbeitsrechtlichen Gleichbehandlungsgrundsatz angegriffen werden kann.[60] Ebenfalls kann in einem solchen Fall einer Bevorzugung eine **mittelbare Diskriminierung der Männer** gegeben sein, die dann gegen Art. 141 EG verstieße; dies nämlich dann, wenn eine Bevorzugung an der Teilzeitbeschäftigung festgemacht wird, von ihr aber überwiegend Frauen profitieren.[61]

20   Eine schlechtere Behandlung eines Teilzeitbeschäftigten ist jedoch nur dann relevant im Sinne von § 4 Abs. 1 TzBfG, wenn er gegenüber einem „vergleichbaren" vollzeitbeschäftigten Arbeitnehmer benachteiligt wird. Das heißt, die Frage, ob eine Ungleichbehandlung zugleich auch eine nach § 4 Abs. 1 TzBfG verbotene Diskriminierung darstellt, ist hinsichtlich ihrer Beantwortung davon abhängig, dass die ungleich behandelten Arbeitnehmer – unabhängig von der Dauer ihrer Beschäftigung – vergleichbar sind. **Wann und ob eine Vergleichbarkeit zwischen einem teilzeit- und einem vollzeitbeschäftigten Arbeitnehmer** gegeben ist, ist hinsichtlich des § 4 Abs. 1 TzBfG entsprechend denjenigen Kriterien zu ermitteln, die für die Begriffsbestimmung des teilzeitbeschäftigten Arbeitnehmers gemäß § 2 TzBfG selbst anzuwenden sind. Die abstrakte Begriffsdefinition des § 2 TzBfG kommt somit hier vollständig zum Tragen. Im Ergebnis wird man daher davon auszugehen haben, dass der nach § 2 Abs. 1 TzBfG zu ermittelnde vergleichbare Vollzeitbeschäftigte mit dem im Rahmen des Diskriminierungsverbots nach § 4 TzBfG zu ermittelnden vergleichbaren Vollzeitbeschäftigten übereinstimmen muss.[62] Daraus folgt, dass insbesondere regelmäßig nur eine betriebliche Ebene ausschlaggebend ist: Für die Vergleichsgruppenbildung ist im Grundsatz nur auf den Betrieb abzustellen. Doch ist dies nicht zwingend:[63] Denn dann (aber auch nur dann), wenn ein Arbeitgeber für mehrer Betriebe eine **überbetriebliche Regelung** aufstellt, kommt es auf deren Anwendungsbereich an, also beispielsweise auf das Unternehmen.[64]

21   Während sich der **Vergleich im Hinblick auf Vollzeitbeschäftigte** an den Grundsätzen zu orientieren hat, die schon zu § 2 TzBfG dargestellt wurden, ist festzuhalten, dass § 4 Abs. 1 TzBfG Teilzeitbeschäftigte nicht unmittelbar vor Benachteiligungen schützt, die diese gegenüber einer anderen Gruppe teilzeitbeschäftigter Arbeitnehmer erleidet.[65] Ein Verstoß gegen das Diskriminierungs-

---

[59] Vgl. BT-Drucks. 14/4374 S. 27.
[60] So auch Arnold/Gräfl/Rambach § 4 Rn 11; Worzalla/Will § 4 Rn 4; Richardi/Annuß BB 2000, 2201; Lakies DZWIR 2001, 2; Lindemann/Simon BB 2001, 147; Thüsing ZfA 2002, 258.
[61] Vgl. dazu BAG 16. April 2003–4 AZR 156/02 – AP Nr. 85 zu § 2 BeschFG 1985.
[62] Vgl. schon Kommentierung zu § 2 Rn 35; so auch Meinel/Heyn/Herms, § 4 Rn 21a.
[63] S. auch Worzalla/Will § 4 Rn 3.
[64] MünchKommBGB/Müller-Glöge § 4 TzBfG Rn 21.
[65] Dazu schon oben § 4 Rn 19; so auch Thüsing in: Annuß/Thüsing, § 4 Rn 24; Sievers, § 4 Rn 11.

verbot des § 4 Abs. 1 TzBfG liegt demzufolge dann nicht vor, wenn es allein um Ungleichbehandlungen im Verhältnis zu einem anderen Teilzeitbeschäftigten oder zu einer anderen Gruppe von Teilzeitbeschäftigten geht. Dies wird schon aus dem Wortlaut der Vorschrift deutlich. Auch der Zweck der Vorschrift, der Teilzeitbeschäftigte vor Nachteilen schützen soll, die diese wegen ihrer Teilzeitbeschäftigung gegenüber Vollzeitkräften erleiden (können), spricht gegen eine derart extensive Auslegung. Gleichwohl können hier andere Mechanismen greifen. Insbesondere ist denkbar, dass eine Ungleichbehandlung eines gegenüber einem anderen Teilzeitbeschäftigten **einen Verstoß gegen den allgemeinen arbeitsrechtlichen Gleichbehandlungsgrundsatz** darstellt.[66] Dieser ist nämlich für diese Sachverhaltskonstellation gerade nicht verdrängt, da § 4 TzBfG eben nicht zur Anwendung kommt.

2. Kausalität

Die angesprochene Schlechterstellung des Teilzeitbeschäftigten muss, um eine 22 verbotene Diskriminierung im Sinne von § 4 Abs. 1 Satz 1 TzBfG sein zu können, „wegen der Teilzeitarbeit" erfolgt sein. Dieses **Kausalitätserfordernis** ist jedenfalls dann erfüllt, wenn der Anknüpfungspunkt einer Differenzierung die Dauer der Arbeitszeit selbst ist, wenn also allein und ausschließlich die Unterschreitung einer bestimmten Arbeitszeitdauer dazu führt, dass der Arbeitnehmer von einer bestimmten begünstigenden Regelung ausgeschlossen, also schlechter behandelt wird.[67] Gewährt demzufolge der Arbeitgeber allein den Vollzeitbeschäftigten bestimmte bessere **Arbeitsbedingungen** und verweigert sie denjenigen Beschäftigten, die in Teilzeit arbeiten, ist das Kausalitätserfordernis in jedem Fall erfüllt – somit sind die ersten beiden Voraussetzungen des § 4 Abs. 1 Satz 1 TzBfG gegeben, diese Schlechterstellung könnte dann allenfalls noch durch einen sachlichen Grund gerechtfertigt sein.

Dabei wird hinsichtlich des Kausalitätserfordernisses – in Parallelität etwa zu 23 den Voraussetzungen in § 7 **AGG**[68] – nicht verlangt, dass die Teilzeittätigkeit **ausschließliches Kriterium für die Schlechterbehandlung** sein muss. Im Rahmen des AGG kommt es nämlich nach verbreiteter Auffassung ebenfalls nicht darauf an, ob beispielsweise neben der Anknüpfung an das Geschlecht auch zusätzlich noch andere Gründe maßgeblich waren. Vielmehr genügt es, dass bei mehreren Motiven, welche eine Entscheidung des Arbeitgebers beeinflusst haben, auch das Geschlecht als Kriterium enthalten ist, um eine unzulässige Ungleichbehandlung herbeizuführen.[69] Umgekehrt kann formuliert werden, dass für eine diskriminierungsfeste Maßnahme erforderlich ist, dass ausschließlich andere als

---

66 In diesem Sinne auch MünchHdbArbR/Schüren § 161 Rn 50; ErfKomm/Preis § 4 TzBfG Rn 21.
67 BAG 30. September 1998–5 AZR 18/98 – AP Nr. 70 zu § 2 BeschFG; BAG 29. Januar 1992–5 AZR 518/90 – AP Nr. 18 zu § 2 BeschFG 1985; BAG 10. August 1994–7 AZR 695/93 – AP Nr. 162 zu § 620 BGB Befristeter Arbeitsvertrag; MünchKommBGB/Müller-Glöge § 4 TzBfG Rn 19.
68 Vgl. dazu die Kommentierung von Joussen in: Rolfs/Giesen, BeckOK § 611a BGB Rn 9.
69 S. nur BVerfG 16. November 1993–1 BvR 258/86 – AP Nr. 9 zu § 611a BGB, wo von „Motivbündel" die Rede ist; s. auch BAG 5. Februar 2004–8 AZR 112/03 – AP Nr. 23 zu § 611a BGB.

geschlechtsbezogene Gründe vorgelegen haben.[70] Daher genügt es vergleichbar auch in § 4 Abs. 1 Satz 1 TzBfG, dass der Arbeitgeber den Teilzeitbeschäftigten „auch" wegen seiner geringeren Stundenzahl benachteiligt. Unerheblich ist infolgedessen, wenn den Arbeitgeber noch weitere Motive antreiben und er noch weitere Gründe hat, die zur Schlechterbehandlung führen, sofern nur für die Schlechterbehandlung die Teilzeitbeschäftigung zumindest ein maßgebliches Kriterium ist.[71] Umgekehrt ist die Dauer der Arbeitszeit als Anknüpfungspunkt maßgeblich, wenn eine Vereinbarung oder Maßnahme ausdrücklich nur für Vollzeitbeschäftigte gilt oder wenn ein Arbeitnehmer deshalb, weil er nur in Teilzeit tätig ist, von Arbeitsbedingungen oder einer Maßnahme des Arbeitgebers (nicht) erfasst wird.

24 Keine Benachteiligung „wegen" der Teilzeitarbeit liegt nach Ansicht der Rechtsprechung vor, wenn eine Schlechterbehandlung **nicht an die Dauer der Arbeitszeit, sondern deren Lage** angebunden wird. Denn die Lage der Arbeitszeit ist, anders als die Dauer, nicht von § 4 Abs. 1 TzBfG erfasst.[72] Werden infolgedessen Teilzeitkräfte durch einen **Schichtplan**, beispielsweise in einem Krankenhaus, ebenso häufig zu Wochenenddiensten oder Nachtschichten eingeteilt wie Vollzeitkräfte, so kann man gegebenenfalls schon Bedenken haben, ob hier überhaupt eine „Schlechterbehandlung" vorliegt;[73] jedenfalls aber wäre diese Schlechterbehandlung nicht durch die Teilzeitbeschäftigung verursacht, denn die Einteilung zum Wochenenddienst betrifft ausschließlich die Lage der Arbeitszeit, nicht jedoch deren Dauer.[74] Das heißt, hier werden zwar die Teilzeitbeschäftigten schlechter behandelt, weil sie verhältnismäßig mehr Wochenenddienste leisten als ihnen die Verkehrsanschauung auferlegen würde, doch ist diese Schlechterstellung nicht der Dauer der Arbeitszeit geschuldet, sondern allein der Lage. Konsequenterweise ist daher die Schlechterstellung „wegen" der Teilzeitarbeit zu bejahen, wenn sich durch eine Schichtplanregelung die Arbeitszeit von teilzeit- und vollzeitbeschäftigten Arbeitnehmern in einem ungleichen Verhältnis auf Wochenenddienst und sonstigen Dienst verteilt, also auf den Dienst an den übrigen Tagen.[75]

25 Ebenfalls keine Ungleichbehandlung „wegen" der Teilzeitbeschäftigung (also wegen der Dauer der Arbeitszeit!) liegt aus den nämlichen Gründen vor, wenn eine bezahlte Freistellung nicht an die Dauer der Arbeitszeit, sondern an deren **Lage** anknüpft. In diesem Fall haben Teilzeitarbeitnehmer daher keinen Anspruch auf eine bezahlte Freistellung zu anderen Zeiten, wenn sie während der Freistellungsphase nicht hätten arbeiten müssen. Ist also an einem (Quasi-)Feiertag, zum Beispiel Heiligabend oder Rosenmontag), der Nachmittag freigestellt, so haben die Teilzeitarbeitnehmer keinen Anspruch auf Bezahlung, wenn sie an dem Nachmittag ohnehin nicht gearbeitet hätten. Hierin liegt auch keine Schlechterbehandlung „wegen der Teilzeitbeschäftigung", denn es werden

---

70 So MünchKommBGB/Müller-Glöge § 611a BGB Rn 8.
71 So auch Meinel/Heyn/Herms, § 4 Rn 28.
72 BAG 9. Februar 1989–6 AZR 174/87 – AP Nr. 4 zu § 2 BeschFG 1985.
73 Verneinend etwa ErfKomm/Preis § 4 TzBfG Rn 29; doch liegt hier deshalb eine Schlechterbehandlung vor, weil die Verkehrsanschauung – die ja maßgeblich ist, s. oben, § 4 Rn 17 – es für schlechter ansehen wird, dass jemand, der etwa nur mit halbem Deputat arbeitet, genauso häufig am Wochenende arbeiten muss, wie jemand, der vollzeitbeschäftigt ist.
74 BAG 1. Dezember 1994–6 AZR 501/94 – AP Nr. 41 zu § 2 BeschFG 1985.
75 So auch BAG 24. April 1997–2 AZR 352/96 – AP Nr. 42 zu § 2 KSchG 1969.

überhaupt nur diejenigen begünstigt, die zu der jeweiligen (Freistellungs-)Tageszeit gearbeitet und somit ihre Arbeitsverpflichtung erfüllt hätten. Es geht also auch hier wieder um eine Frage der Lage, nicht der Dauer der Arbeitszeit.[76] Gleiches gilt bei Regelungen zu einer bezahlten Pausenfreistellung: Gewährt der Arbeitgeber den Arbeitnehmern in einer Freilufttätigkeit im Sommer eine zusätzliche bezahlte Pause von 20 Minuten in der heißesten Zeit des Tages, also etwa um 14 Uhr, um dadurch die Arbeitsbelastung etwas zu mildern, liegt keine Schlechterbehandlung „wegen der Teilzeitarbeit" vor, wenn Teilzeitbeschäftigte, die nur halbtags bis 13 Uhr arbeiten, eine solche bezahlte Pause nicht erhalten. Denn die Freistellung knüpft nicht an die Dauer, sondern an die Lage der Arbeitszeit an, sie erfolgt zum Ausgleich der besonderen Belastung am Nachmittag, der die Teilzeitkräfte nicht ausgesetzt sind – daher erfolgt die (objektiv vorliegende) Schlechterbehandlung nicht „wegen" der Teilzeitbeschäftigung.

Umgekehrt folgt dann daraus, dass ein Arbeitnehmer, der in Teilzeit beschäftigt 26 ist, nicht dadurch schlechter behandelt werden darf, dass ihm eine Lohnzahlung deshalb verweigert wird, weil seine individuelle Arbeitszeit wegen eines **gesetzlichen Feiertages** ausfällt. Hier hat er einen **vollen Entgeltanspruch**: Würde der Arbeitgeber insofern darauf verweisen, dass der Arbeitnehmer deshalb keinen Anspruch habe, weil er ohnehin nur halbtags arbeite, verstieße dies gegen das Diskriminierungsverbot des § 4 Abs. 1 TzBfG.[77]

Eine Schlechterbehandlung wegen der Teilzeitbeschäftigung kommt demgegen- 27 über bei zahlreichen **allgemeinen Arbeitsbedingungen**[78] vor, wobei jeweils entscheidend ist, dass allein die Schlechterbehandlung noch nicht zur Diskriminierung führt, da diese eben noch sachlich gerechtfertigt sein kann. So kann eine unterschiedlich lange Bewährungszeit unmittelbar an die Dauer der Beschäftigung anknüpfen, also solche Zeiten, die etwa für einen **Bewährungsaufstieg** zurückgelegt werden müssen. Hier ist eine Schlechterstellung regelmäßig kausal auf die Teilzeitbeschäftigung zurückzuführen und muss daher sachlich gerechtfertigt sein,[79] ein vollständiger Ausschluss von Teilzeitkräften vom Bewährungsaufstieg sowie die vollständige Nichtanrechnung von ehemaligen Beschäftigungszeiten als Teilzeitbeschäftigter ist dabei jedoch stets unzulässig, hier sieht die Rechtsprechung generell keine Möglichkeit der Rechtfertigung.[80]

Auch beim **Kündigungsschutz** kann eine schlechtere Behandlung von Teilzeit- 28 beschäftigten vorkommen, die dann gegebenenfalls sachlich gerechtfertigt sein muss. Eine solche Schlechterbehandlung liegt etwa in Regelungen vor, die den Ausschluss einer ordentlichen Kündigung bei Teilzeitbeschäftigten von einer längeren Dienstzeit abhängig machen als dies bei Vollzeitbeschäftigten der Fall ist – wenn also etwa die ordentliche Unkündbarkeit eines Teilzeitbeschäftigten erst

---

76 So auch Sievers, § 4 Rn 10; MünchKommBGB/Müller-Glöge § 4 TzBfG Rn 20; Wank SA E 1994, 196.
77 Vgl. auch BAG 10. Juli 1996–5 AZR 113/95 – AP Nr. 69 zu § 1 FeiertagslohnzahlungsG.
78 Zur Diskriminierung hinsichtlich des Arbeitsentgelts vgl § 4 Abs. 1 Satz 2 TzBfG und die Ausführungen unten ab Rn 46.
79 Etwa dadurch, dass zwischen der Art der ausgeübten Tätigkeit und der Erfahrung, die die Ausübung der Tätigkeit nach einer bestimmten Anzahl geleisteter Arbeitsstunden verschafft, eine Beziehung besteht, so EuGH 7. Februar 1991 – Rs. C 184/89 – AP Nr. 25 zu § 23a BAT; Thüsing, ZfA 2002, 265; s. dazu auch § 4 Rn 35.
80 Vgl. BAG 15. Mai 1997–6 AZR 40/96 – AP Nr. 9 zu § 3 BAT; BAG 16. September 1993–6 AZR 691/92 – AP Nr. 2 zu § 9 TV Arb Bundespost.

nach zehnjähriger Beschäftigungszeit, eines Vollzeitbeschäftigten jedoch schon nach achtjähriger Tätigkeit gegeben sein soll. Hierin liegt eine **Anknüpfung unmittelbar an die Beschäftigungsdauer**, die im Übrigen, aus Sicht der Rechtsprechung, regelmäßig mangels rechtfertigenden Grundes, unzulässig ist.[81] Dahinter steht die Vorstellung, dass Teilzeitbeschäftigte kündigungsrechtlich den gleichen Schutz genießen (sollen) wie Vollzeitkräfte. Infolgedessen gelten gerade auch tarifvertragliche Unkündbarkeitsregelungen regelmäßig auch für Teilzeitbeschäftigte, ohne dass von ihnen eine längere Dienstzeit zurückgelegt werden müsste.[82] Hier liegt nämlich eine schlechtere Behandlung allein deshalb vor, weil der Teilzeitbeschäftigte ein geringeres zeitliches Arbeitspensum bewältigt – und nach der Rechtsprechung rechtfertigt dann auch ein solches unterschiedliches Arbeitspensum allein eine Schlechter- bzw Ungleichbehandlung nicht.[83] Dies gilt dann auch soweit, dass zwar eine Schlechterbehandlung „wegen der Teilzeitbeschäftigung" vorliegt, wenn für die Unkündbarkeit verlangt wird, dass die Arbeitszeit des Teilzeitbeschäftigten mindestens die Hälfte der regelmäßigen Arbeitszeit eines Vollzeitbeschäftigten betragen muss; doch auch hier erkennt die Rechtsprechung keinen ausreichenden rechtfertigenden sachlichen Grund.[84]

29 Hinsichtlich der Kündigungsregelungen gilt dann zusätzlich, dass zumindest eine Benachteiligung „wegen" der Teilzeitbeschäftigung vorliegt, wenn der Arbeitgeber bei der **Sozialauswahl** ein Teilzeitarbeitsverhältnis als weniger sozial schutzbedürftig ansieht, nur weil das Arbeitsverhältnis lediglich ein Teilzeitarbeitsverhältnis darstellt oder für den betreffenden Arbeitnehmer „nur" eine Nebenbeschäftigung ist.[85] Dies ist wiederum unabhängig von der Frage zu beurteilen, ob eine solche Schlechterbehandlung gerechtfertigt ist oder nicht, dazu § 4 Rn 34.

30 Keine schlechtere Behandlung „wegen der Teilzeit" liegt zudem in den Fällen vor, in denen **arbeitsschutzrechtliche Regelungen** vorschreiben, dass mit bestimmten gefährlichen Stoffen nur eine bestimmte Zeit gearbeitet werden darf und dies dazu führt, dass der Vollzeitbeschäftigte nur 50% seiner Arbeitszeit, der Teilzeitbeschäftigte jedoch 100% seiner Arbeitszeit mit diesen Stoffen in Kontakt kommt. Denn in diesen Fällen wird der Teilzeitbeschäftigte, was schon zweifelhaft erscheint, zwar möglicherweise noch nach der Verkehrsanschauung schlechter behandelt als der Vollzeitbeschäftigte, doch erfolgt dies nicht „wegen der Teilzeitbeschäftigung", sondern allein aufgrund des Umstandes, dass er wegen der Arbeitsschutzregelungen nicht länger arbeiten darf.[86]

---

81 BAG 13. März 1997–2 AZR 175/96 – AP Nr. 54 zu § 23a BAT.
82 HWK/Schmalenberg § 4 TzBfG Rn 9.
83 BAG 13. März 1997–2 AZR 175/96 – AP Nr. 54 zu § 23a BAT.
84 BAG 18. September 1997–2 AZR 592/96 – AP Nr. 5 zu § 53 BAT; so auch Thüsing in: Annuß/Thüsing, § 4 Rn 43.
85 So auch Ascheid/Preis/Schmidt-Preis § 4 TzBfG Rn 29; Bayreuther in: Rolfs/Giesen, BeckOK § 4 TzBfG Rn 19; aA hingegen Berkowsky, Kündigung § 8 Rn 139; Wank ZIP 1986, 216f.
86 Mit diesem Ergebnis auch BAG 9. Februar 1989–6 AZR 174/87 – AP Nr. 4 zu § 2 BeschFG 1985: Das BAG sieht hierin eine gerechtfertigte Ungleichbehandlung; daran wird deutlich, dass häufig nicht trennscharf zwischen Kausalität und rechtfertigendem Grund unterschieden werden kann; zu dieser Problematik auch Meinel/Heyn/Herms, § 4 Rn 27, die formulieren, im Übrigen könne der Übergang von der Kausalität zum sachlichen Rechtfertigungsgrund oftmals fließend sein; kritisch zu der Begründung der angesprochenen Entscheidung auch Thüsing in: Annuß/Thüsing, § 4 Rn 44.

Eine unterschiedliche, schlechtere Behandlung wegen der Teilzeit kann auch 31
darin liegen, dass eine **Kollektiv-, etwa eine Betriebsvereinbarung** vorsieht, dass
eine Gleitzeitregelung ausschließlich für Vollzeitbeschäftigte gelten soll. Hier
wird man eine sachliche Rechtfertigung kaum finden können.[87]

Wie bereits angesprochen kommt es allein auf eine objektive Kausalität und eine 32
objektiv vorliegende Schlechterbehandlung an; **unerheblich ist demgegenüber,
welche Absicht der Arbeitgeber mit seiner Maßnahme** verfolgt. Insbesondere ist
nicht erforderlich, dass er mit einer Diskriminierungsabsicht handelt, er also beispielsweise den Teilzeitbeschäftigten gerade absichtlich schlechter behandeln
wollte.[88] Entscheidend für das Vorliegen eines Verstoßes gegen das Diskriminierungsverbot ist somit allein, dass objektiv diskriminierende Auswirkungen einer
Vereinbarung oder Maßnahme vorliegen.[89]

3. Rechtfertigender, sachlicher Grund

Ist nach dem zuvor Geschilderten eine schlechtere Behandlung eines Teilzeit- 33
beschäftigten gegenüber einem vergleichbaren Vollzeitbeschäftigten zu bejahen
und ist diese schlechtere Behandlung auch wegen der Teilzeitbeschäftigung
erfolgt, so liegt grundsätzlich ein Verstoß gegen das Diskriminierungsverbot des
§ 4 Abs. 1 Satz 1 TzBfG vor. Etwas anderes gilt nur, wenn ein **sachlicher Grund
diese unterschiedliche Behandlung rechtfertigt**. Das Gesetz geht also von einer
Regel-Ausnahme-Situation aus, der zufolge grundsätzlich die Schlechterbehandlung verboten ist, nur ausnahmsweise kann sie, bei Vorliegen eines entsprechenden sachlichen Grundes, gerechtfertigt sein.[90]

a) Allgemeines

Im Wesentlichen hat sich hierzu eine langjährige Kasuistik herausgebildet, die im 34
Folgenden in ihren entscheidenden Grundzügen vorgestellt wird. Doch lässt sich
jedenfalls auch eine alle Einzelfälle übergreifende Tendenz und Grundlinie
erkennen, der zufolge die Schlechterbehandlung, um eine gerechtfertigte Benachteiligung im Sinne von § 4 Abs. 1 Satz 1 aE TzBfG zu sein, sachlich gerade aus der
geringeren Arbeitsleistung des Teilzeitbeschäftigten begründet sein muss. Entscheidend ist infolgedessen, dass die spezifische Schlechterstellung, die auf der
Teilzeitbeschäftigung beruht bzw. durch sie verursacht ist, das heißt, **der an die
Dauer der Arbeitszeit anknüpfende Differenzierungsgrund,** sachlich gerechtfertigt ist. Dabei legt die deutsche Rechtsprechung, hierin eng der europäischen folgend, einen sehr strengen Maßstab an, so dass ein die Schlechterbehandlung
rechtfertigender sachlicher Grund im Sinne von § 4 Abs. 1 TzBfG nur dann
bejaht werden kann, wenn objektive Gründe gegeben sind, die einem wirklichen
Bedürfnis des Unternehmens entsprechen und für die Erreichung dieses Ziels
geeignet und erforderlich sind.[91] Das bedeutet, dass ein sachlicher Grund nur

---

[87] So auch LAG Frankfurt/M. 10. November 1989–13 Sa 255/89 – LAGE Nr. 6 zu § 611a BGB.
[88] BAG 7. März 1995–3 AZR 282/94 – AP Nr. 6 zu § 1 BetrAVG Gleichbehandlung; Thüsing in: Annuß/Thüsing, § 4 Rn 22.
[89] So auch BAG 28. Juli 1992–3 AZR 173/92 – AP 18 zu § 1 BetrAVG Gleichbehandlung.
[90] BAG 1. November 1995–5 AZR 84/94 – AP Nr. 45 zu § 2 BeschFG 1985.
[91] S. etwa EuGH 26. Juni 2001 – Rs. C 381/99 – NZA 2001, 883; EuGH 13. Mai 1986 – Rs. C 170/84 – AP Nr. 10 zu Art. 119 EWG-Vertrag.

dann gegeben ist bzw gegeben sein kann, wenn für die Schlechterbehandlung ein legitimer Grund besteht und darüber hinaus die Maßnahme bzw Vereinbarung, die zur Schlechterbehandlung führt, geeignet und erforderlich ist, um dieses Ziel zu erreichen. Wie stets beim **Kriterium der Erforderlichkeit** gilt auch hier, dass eine Schlechterbehandlung nur dann „erforderlich" ist, wenn sie das mildeste Mittel zur Zielerreichung darstellt, das heißt, wenn kein anderes, gleich wirksames Mittel vorhanden ist, welches weniger oder überhaupt nicht nachteilig für die Teilzeitbeschäftigten ist.[92]

35 Inhaltlich darf der Grund, der die schlechtere Behandlung rechtfertigen soll, dabei nicht allein aus der Tatsache folgen, dass der Arbeitnehmer nur teilzeitbeschäftigt ist. Das heißt, allein das unterschiedliche (geringere) Arbeitspensum kann als solches nicht zur **Rechtfertigung einer unterschiedlichen Behandlung** herangezogen werden; vielmehr müssen die jeweiligen Sachgründe von anderer Art sein, sie müssen neutral ausgestaltet sein, sich also letztlich allein aus dem Verhältnis von Leistungszweck und Umfang der Teilzeitarbeit herleiten lassen.[93] Nur dann, heißt es, wenn sich aus dem Leistungszweck selbst Gründe herleiten lassen, die es rechtfertigen können, dem Teilzeitbeschäftigten Leistungen vorzuenthalten, die der Vollzeitbeschäftigte beanspruchen kann, kann ein sachlicher Grund für die unterschiedliche Behandlung gegeben sein.[94]

36 Bleibt man noch in dem allgemeinen Bereich, so kann sich, entsprechend der zuvor skizzierten Grundsätze, ein rechtfertigender, sachlicher Grund für eine Schlechterbehandlung also gerade **nicht aus der Dauer der Arbeitszeit** ergeben, sondern er muss auf billigenswerte Kriterien außerhalb dieses Parameters gestützt werden; in der Rechtsprechung liest man dabei häufig – sozusagen vorweg – die Formulierung, eine Differenzierung sei dann nicht sachfremd, wenn es für die unterschiedliche Behandlung **billigenswerte Gründe** gebe.[95] Das heißt, fachliche und sachliche Gründe, die eine Schlechterbehandlung zu rechtfertigen imstande sind, können sich etwa aus der Arbeitsleistung, der Qualifikation, Ausbildung, der unterschiedlichen Arbeitsbelastung, der Berufserfahrung des Arbeitnehmers oder den unterschiedlichen Anforderungen am Arbeitsplatz ergeben.[96] In gleicher Weise können auch Gründe des Arbeitsschutzes eine Schlechterbehandlung der teilzeitbeschäftigten Arbeitnehmer rechtfertigen, insbesondere solche der Arbeitsmedizin.[97] An dieser Stelle ist jedoch nochmals darauf hinzuweisen, dass die Grenzen zwischen der Verneinung der Diskriminierung „wegen Teilzeitarbeit" und der Bejahung eines „sachlichen Grundes" für die unterschiedliche Behandlung fließend sind und häufig nicht trennscharf auseinander gehalten werden können, aber auch nicht müssen: So lässt sich etwa die Situati-

---

92 So auch ErfKomm/Preis § 4 TzBfG Rn 41; Meinel/Heyn/Herms, § 4 Rn 29; Bayreuther in: Rolfs/Giesen, BeckOK § 4 Rn 30.
93 S. auch BAG 16. Juni 2004–5 AZR 448/03 – AP Nr. 20 zu § 1 TVG Tarifverträge: Großhandel; BAG 24. September 2003–10 AZR 675/02 – AP Nr. 4 zu § 4 TzBfG; Boewer, § 4 Rn 29; Worzalla/Will § 4 Rn 13.
94 BAG 20. Juni 1995–3 AZR 684/93 – AP Nr. 11 zu § 1 TVG Tarifverträge: Chemie; Schüren NZA 1993, 530.
95 S. etwa BAG 12. November 1991–3 AZR 489/90 – AP Nr. 17 zu § 1 BetrAVG Gleichbehandlung; BAG 12. Juni 1996–5 AZR 960/94 – AP Nr. 4 zu § 611 BGB Werkstudent.
96 S. nur BAG 25. April 2001–5 AZR 368/99 – AP Nr. 80 zu § 2 BeschFG 1985; Erman/Hanau § 611 BGB Rn 224.
97 Hierzu etwa BAG 9. Februar 1989–6 AZR 147/87 – AP Nr. 4 zu § 2 BeschFG 1985; BAG 30. September 1998–5 AZR 18/98 – AP Nr. 70 zu § 2 BeschFG 1985.

on, in der ein Arbeitgeber aus Gründen des Arbeitsschutzes vollzeitbeschäftigte Arbeitnehmer nur zur Hälfte ihrer Arbeitszeit mit Arbeiten an Bildschirmgeräten betraut, teilzeitbeschäftigte jedoch zu 100 oder 75 % ihrer Arbeitszeit, nicht als Verstoß gegen § 4 Abs. 1 TzBfG werten: Dabei kann man hinsichtlich der Begründung Unterschiedliches vertreten: Die Rechtsprechung sieht hierin eine Schlechterbehandlung, die jedoch durch einen sachlichen Grund gerechtfertigt sei; nach der hier vertretenen Ansicht[98] dürfte jedoch nicht einmal die zweite Voraussetzung des § 4 Abs. 1 Satz 1 TzBfG erfüllt sein: Es liegt hier nämlich nicht einmal eine Schlechterbehandlung „wegen der Teilzeitbeschäftigung" vor. Auf den sachlichen Rechtfertigungsgrund kommt es daher überhaupt nicht mehr an.

b) Einzelfälle

Mit diesen grundsätzlichen, allgemeinen Richtlinien vor Augen, haben sich **unterschiedliche Fallgruppen** kasuistisch herausgebildet, in denen Rechtsprechung und Lehre im Laufe der Zeit zu beurteilen hatten, inwieweit ein Verstoß gegen § 4 Abs. 1 Satz 1 TzBfG vorliegt. Dabei schwanken, wie bereits deutlich geworden ist, die Begründungen für einen bejahten Verstoß zwischen den zwei unterschiedlichen Möglichkeiten: Zum Teil wird ein Verstoß aufgrund eines vorhandenen sachlichen Grundes verneint, zum Teil wird ein Verstoß deshalb verneint, weil die Schlechterbehandlung nicht „wegen der Teilzeitbeschäftigung" erfolgte: Die Begründungen gehen insofern zum Teil etwas durcheinander, doch lassen sich gleichwohl folgende **Leitlinien** feststellen, soweit es um einen Diskriminierung im Bereich der Arbeitsbedingungen geht.[99] 37

Bereits zuvor angesprochen wurde die Situation, in der eine Schlechterbehandlung von Teilzeitbeschäftigten bei Vereinbarungen oder Maßnahmen des Arbeitgebers insofern erfolgt, als ihnen längere **Bewährungszeiten** auferlegt werden.[100] Gemeint sind zum einen Situationen, in denen von Teilzeitbeschäftigten eine längere Betriebszugehörigkeit als Voraussetzung für die Erlangung eines besonderen, vor allem tariflichen Kündigungsschutzes verlangt wird als von Vollzeitbeschäftigten: Hier liegt eine Schlechterbehandlung wegen der Teilzeitbeschäftigung vor, doch ist diese, entsprechend der zuvor skizzierten Grundzüge, regelmäßig nicht gerechtfertigt.[101] In diesen Fällen lässt sich also keine Differenzierung zwischen Teilzeit- und Vollzeitbeschäftigten rechtfertigen. Etwas anderes kann nur dann gelten, wenn zwischen der Art der ausgeübten Tätigkeit und der Erfahrung, die die Ausübung nach einer bestimmten Anzahl geleisteter Arbeitsstunden verschafft, eine Beziehung besteht.[102] Das heißt, die Zulässigkeit einer Differenzierung kann in diesem Zusammenhang daraus resultieren, dass der Arbeitgeber **nach unterschiedlicher Berufserfahrung** differenziert, die sich insbesondere in einer unterschiedlich langen Ausübung der 38

---

98 S. oben, § 4 Rn 30.
99 Nicht im Bereich des Entgelts, die ja spezialgesetzlich durch § 4 Abs. 1 Satz 2 TzBfG geregelt sind, dazu später noch ausführlich.
100 Vgl. oben § 4 Rn 27.
101 Vgl. BAG 13. März 1997–2 AZR 175/96 – AP Nr. 54 zu § 2 BeschFG 1985.
102 So EuGH 7. Februar 1991 – Rs. C 184/89 – AP Nr. 25 zu § 23a BAT; Ascheid/Preis/Schmidt-Preis § 4 TzBfG Rn 34; HWK/Schmalenberg § 4 TzBfG Rn 9; Thüsing ZfA 2002, 265.

Tätigkeit manifestiert.[103] Hier wird man jedoch nur in Ausnahmefällen von einer Rechtfertigung ausgehen können, etwa nur bei hoch qualifizierten Tätigkeiten, die erst vergleichsweise kurz ausgeübt worden sind, so dass eine Teilzeitkraft in der Tat noch nicht über die Erfahrung verfügt, über die eine Vollzeitkraft verfügen kann, so dass eine Schlechterbehandlung wegen des unterschiedlichen Erfahrungswissens sachlich gerechtfertigt sein kann.

39 Eng damit zusammenhängend kann eine sachliche Rechtfertigung für eine Schlechterbehandlung von Teilzeitkräften auch darin liegen, dass sich für die beiden zu vergleichenden Arbeitnehmer(gruppen) **unterschiedliche Arbeitsanforderungen** ergeben: Gemeint sind die Situationen, in denen die Arbeitsbelastung mit der längeren, von den Vollzeitbeschäftigten zu erbringenden Arbeitszeit nicht linear ansteigt, sondern gerade mit der Vollzeitbeschäftigung besondere physische und psychische Anstrengungen verbunden sind. Es ist dies der eigentliche Grund dafür, dass es die Rechtsprechung für gerechtfertigt ansieht, Teilzeitkräften erst dann Überstundenzuschläge zu gewähren, wenn die regelmäßige Arbeitszeit für Vollzeitbeschäftigte überschritten wird. Dies ist jedoch eine Frage der Entgeltleistung, die in § 4 Abs. 1 Satz 2 TzBfG geregelt ist, dazu s. § 4 Rn 46.

40 Keine sachliche Rechtfertigung wird man dort finden können, wo eine **(tarifliche) Regelung** ausschließlich für Vollzeitbeschäftigte einen Anspruch vorsieht, die Arbeitszeit aus **familiären Gründen** vorübergehend zu verringern. Das Bedürfnis, Freiraum für die Betreuung von Kindern zur Verfügung zu haben, besteht nämlich für Teilzeitbeschäftigte in gleichem Maße wie für Vollzeitkräfte; denn auch diejenigen, die etwa nur halbtags arbeiten, können in die Lage geraten, Arbeit und Betreuung nicht mehr miteinander vereinbaren zu können. Infolgedessen ist eine Versagung eines solchen Anspruchs als eine Schlechterbehandlung wegen der Teilzeitbeschäftigung anzusehen, die sachlich nicht gerechtfertigt ist.[104]

41 **Teilzeitbeschäftigten Betriebsratsmitgliedern** ist eine Arbeitsbefreiung in gleichem Maße zu gewähren wie einem vollzeitbeschäftigten Betriebsratsmitglied. Denn ein sachlicher Grund für eine Schlechterbehandlung ist in diesem Fall nicht erkennbar: Daraus folgt, dass dann, wenn ein teilzeitbeschäftigtes Mitglied des Betriebsrats während seiner Amtszeit außerhalb seiner Arbeitszeit an einer Betriebsratsschulung teilnimmt, ihm ein Anspruch auf entsprechenden Freizeitausgleich nach § 37 Abs. 6 in Verbindung mit § 37 Abs. 3 BetrVG zusteht.[105]

42 **Gleitzeitvereinbarungen**, die ausschließlich für Vollzeitbeschäftigte gelten sollen, stellen ebenfalls eine Schlechterbehandlung von Teilzeitkräften dar, die sachlich nicht gerechtfertigt ist. Hier lassen sich keine Gründe finden, die eine solche Diskriminierung rechtfertigen könnten, bzw die sich, wie dies der Fall sein müsste, aus dem Verhältnis von Leistungszweck (das heißt Zubilligung der Gleitzeitmöglichkeit) und Umfang der Teilzeitarbeit herleiten ließen.[106] Ähnlich gelagert,

---

103 Bayreuther in: Rolfs/Giesen, BeckOK § 4 TzBfG Rn 33.
104 BAG 18. März 2003–9 AZR 126/02 – AP Nr. 3 zu § 8 TzBfG; Arnold/Gräfl/Rambach § 4 TzBfG Rn 24.
105 So auch HWK/Schmalenberg § 4 TzBfG Rn 7; Thüsing in: Annuß/Thüsing, § 4 Rn 55; vgl BAG 16. Februar 2005–7 AZR 330/04 – AP Nr. 141 zu § 37 BetrVG; anders noch BAG 5. März 1997–7 AZR 581/92 – AP Nr. 123 zu § 37 BetrVG 1972.
106 LAG Frankfurt/M. 10. November 1989–13 Sa 255/89 – LAGE Nr. 6 zu § 611a BGB; KSchR/Zwanziger § 4 TzBfG Rn 15.

Verbot der Diskriminierung § 4

nämlich auch die Arbeitszeit betreffend, lässt sich der Einsatz von Teilzeitkräften zu ungünstigen Arbeitszeiten beurteilen: Werden diese etwa besonders zu Zeiten hoher Arbeitsintensität eingesetzt, so kann darin eine ungerechtfertigte Benachteiligung der Teilzeitbeschäftigten liegen.[107]

Auch die Gewährung von **Arbeitszeitreduktionen** ist im Lichte des § 4 TzBfG zu beurteilen. So verstößt es mangels ausreichender Rechtfertigung gegen das Diskriminierungsverbot, wenn eine altersabhängige Unterrichtsermäßigung nur vollzeitbeschäftigten Lehrkräften gewährt wird, Teilzeitkräfte jedoch nicht in den Genuss eines Anspruches auf Altersteilzeit kommen.[108] 43

Bei Entscheidungen in **Kündigungsfällen** kann ebenfalls eine Diskriminierung im Sinne von § 4 Abs. 1 TzBfG relevant werden. Dabei gilt der bereits geäußerte Grundsatz, dass Teilzeitbeschäftigte kündigungsrechtlich regelmäßig den gleichen Schutz genießen wie Vollzeitarbeitnehmer. Kommt es bei einer betriebsbedingten Kündigung zu einer Sozialauswahl gemäß § 1 Abs. 3 KSchG, ist zu beachten, dass keine sachliche Rechtfertigung dafür gesehen wird, Teilzeitbeschäftigte allein wegen ihrer geringeren Arbeitszeit als sozial weniger schutzbedürftig anzusehen. Vielmehr wird die Auswahl hier grundsätzlich unabhängig davon stattzufinden haben, mit welchem Arbeitszeitdeputat die Arbeitnehmer beschäftigt sind. Zu berücksichtigen ist in diesen Fällen jedoch, dass gegebenenfalls unternehmerische Entscheidungsfreiheit und Diskriminierungsverbot aufeinander treffen. Grundsätzlich ist es nämlich der Entscheidung des Arbeitgebers überlassen, wie er einen Überhang an Arbeitskräften abbauen möchte: durch eine Reihe von Änderungskündigungen gegenüber Vollzeitkräften mit dem Ziel, deren Arbeitszeit zu verringern, oder durch Beendigungskündigungen gegenüber Teilzeitbeschäftigten. Dies ist etwa dann der Fall, wenn der Arbeitgeber ein bestimmtes **Arbeitszeitvolumen** abbauen möchte und dafür die Wahl hat, entweder zwei Teilzeitbeschäftigte zu entlassen, die jeweils die Hälfte dieses Volumens erbringen, oder einen Vollzeitbeschäftigten, der allein dieses Volumen erbringt; ähnliches gilt, wenn entweder einem Teilzeitbeschäftigten gegenüber eine Entlassung ausgesprochen werden kann oder alternativ, mit dem gleichen Ergebnis, einem Vollzeitbeschäftigten gegenüber eine Änderungskündigung mit dem Ziel der Verringerung seiner Arbeitszeit. Hier ist zu differenzieren: Entweder geht es dem Arbeitgeber allein um den Volumenabbau: Dann kann der Arbeitgeber die Gesamtmenge des abzubauenden Volumens allein durch die Addition unterschiedlicher Teilmengen erreichen, unabhängig davon, wie groß die einzelnen Teilmengen sind – das heißt, in diesen Fällen ist eine Vergleichbarkeit zwischen Vollzeit- und Teilzeitbeschäftigten gegeben, der Arbeitgeber muss also zwischen den beteiligten bzw potenziell zur Verfügung stehenden Teilzeit- und Vollzeitbeschäftigten sozial auswählen, will er nicht gegen das Diskriminierungsverbot verstoßen. Das führt dann dazu, dass gegebenenfalls, wenn der Vollzeitbeschäftigte in der Sozialauswahl hinter den Teilzeitbeschäftigten zurückbleibt, dessen Stundenzahl um das vom Arbeitgeber beabsichtigte Volumen zu kürzen ist, gegebenenfalls im Wege der Änderungskündigung. Möglicherweise kann aber auf der anderen Seite der Arbeitgeber auch ein bestimmtes unternehmerisches Konzept verfolgen, dem zufolge bestimmte Tätigkeiten ausschließlich mit einem 44

---

107 BAG 24. April 1997–8 AZR 352/96 – AP Nr. 60 zu § 2 BeschFG 1985.
108 BAG 18. März 2003–9 AZR 126/02 – AP Nr. 3 zu § 8 TzBfG; MünchKommBGB/Müller-Glöge § 4 TzBfG Rn 25.

bestimmten Arbeitszeitvolumen erbracht werden sollen: In diesem Fall scheidet eine Diskriminierung gemäß § 4 TzBfG (aufgrund eines vorliegenden sachlichen Grundes) aus mit der Folge, dass Arbeitnehmer, die aufgrund solcher unternehmerischen Entscheidungen nicht mehr passende Arbeitszeitvolumina aufweisen, die nur durch eine Änderungskündigung geändert bzw angepasst werden könnten, nicht mehr miteinander vergleichbar sind. Der Arbeitgeber kann daher sein unternehmerisches Konzept umsetzen und sich allein auf die Kündigung der Teilzeitkräfte beschränken, ohne gegen § 4 Abs. 1 TzBfG zu verstoßen. Entscheidend ist jedoch, dass diese unternehmerische Entscheidung auf ihre Dringlichkeit hin überprüft wird – sie darf zudem insbesondere auch nicht willkürlich sein.[109]

45 Keine Rechtfertigung für die schlechtere Behandlung von Teilzeitbeschäftigten, also dafür, ihnen bestimmte Leistungen vorzuenthalten, kann in der **sozialen Lage** eines Arbeitnehmers gesehen werden. Dies folgt wiederum unmittelbar aus dem Grundsatz, dass sich eine Rechtfertigung allein aus dem Verhältnis von Leistungszweck und Umfang der Teilzeitarbeit herleiten können lassen muss.[110] Weil als Rechtfertigung somit nur Gründe aus dem Bereich der Arbeitsleistung in Betracht kommen und der Arbeitgeber dem Arbeitnehmer insbesondere auch keinen „Sozialhohn" oder dessen Alimentation nach beamtenrechtlichen Grundsätzen schuldet,[111] müssen soziale Gesichtspunkte, etwa bei der Lohnfindung, aber auch bei allen anderen Leistungen des Arbeitgebers, in gleichem Maßen auf Vollzeit- wie auf Teilzeitbeschäftigte angewendet werden.[112] Dies kann etwa bei der Vergabe von Kindergartenplätzen zum Tragen kommen; die Rechtsprechung hatte sich zudem mit der Gewährung eines Essenszuschusses zu befassen (in der soeben schon angesprochenen Entscheidung vom 1. November 1995). Generell hat das BAG diesbezüglich festgestellt, die Arbeitsleistung als solche verändere ihren Wert nicht durch die soziale Lage des Arbeitnehmers, die Bemessung des Arbeitsentgelts sei von ihr unabhängig: Dieses wie auch die Gewährung von sonstigen Vergünstigungen müsse daher von der sozialen Lage unabhängig sein, die Teilzeitbeschäftigung könne insbesondere nicht als eine „Vertypung" einer geringeren Schutzwürdigkeit gewertet werden.[113]

4. Die lex specialis in § 4 Abs. 1 Satz 2 TzBfG

46 Verbietet § 4 Abs. 1 Satz 1 TzBfG unter den dort angesprochenen Voraussetzungen der Kausalität und des fehlenden rechtfertigenden Grundes ungerechtfertigte Ungleichbehandlungen von Teilzeit- gegenüber vergleichbaren Vollzeitbeschäf-

---

109 S. BAG 15. Juli 2004 - 2 AZR 376/03 – AP Nr. 68 zu § 1 KSchG 1969 Soziale Auswahl; BAG 17. Januar 2002–2 AZR 15/01 – NZA 2002, 759; BAG 3. Dezember 1998–2 AZR 341/98 – AP Nr. 39 zu § 1 KSchG 1969 Soziale Auswahl; Ascheid/Preis/Schmidt-Preis § 4 TzBfG Rn 29.
110 BAG 16. Juni 2004–5 AZR 448/03 – AP Nr. 20 zu § 1 TVG Tarifverträge: Großhandel; BAG 24. September 2003–10 AZR 675/02 – AP Nr. 4 zu § 4 TzBfG; Boewer, § 4 Rn 29; Worzalla/Will § 4 Rn 13.
111 So anschaulich ErfKomm/Preis § 4 TzBfG Rn 55.
112 So auch BAG 1. November 1995–5 AZR 84/94 – AP Nr. 45 zu § 2 BeschFG 1985; BAG 9. Oktober 1996–5 AZR 338/95 – AP Nr. 50 zu § 2 BeschFG 1985.
113 BAG 1. November 1995–5 AZR 84/94 – AP Nr. 45 zu § 2 BeschFG 1985; BAG 9. Oktober 1996–5 AZR 338/95 – AP Nr. 50 zu § 2 BeschFG; BAG 26. September 2001–10 AZR 714/00 – AP Nr. 1 zu § 4 TzBfG; Thüsing in: Annuß/Thüsing, § 4 Rn 65; Pfeifer ZfA 1999, 276; Fastrich/Erling SAE 1997, 223.

tigten bei allen Arbeitsbedingungen mit Ausnahme des Arbeitsentgelts und der sonstigen geldwerten Leistungen, enthält § 4 Abs. 1 Satz 2 TzBfG im Hinblick auf das Arbeitsentgelt und sonstige geldwerte Leistungen eine lex specialis zu diesem Diskriminierungsverbot: Rechtstechnisch ist dies als Gebot ausgestaltet, zielt aber inhaltlich auf das Gleiche ab: § 4 Abs. 1 Satz 2 TzBfG verlangt, dass der Arbeitgeber einem teilzeitbeschäftigten Arbeitnehmer Arbeitsentgelt mindestens in dem Umfang gewähren muss, der dem Anteil seiner Arbeitszeit an der Arbeitszeit eines entsprechenden vollzeitbeschäftigten Arbeitnehmers entspricht. Umgekehrt, als Verbot formuliert, hieße dies, der Arbeitgeber darf hier keine Ungleichbehandlung insofern vornehmen, als er dem Teilzeitbeschäftigten ein Arbeitsentgelt gewährt, das diesem Anteil nicht entspricht.

§ 4 Abs. 1 Satz 2 TzBfG konkretisiert somit die allgemeine Regelung des Satzes 1, 47 ist diesem gegenüber für die angesprochenen Bereiche **„Arbeitsentgelt" und „andere teilbare geldwerte Leistung"** als *lex specialis* anzusehen, wobei er inhaltlich denselben Regelungsgehalt (nämlich ein Diskriminierungsverbot) aufweist.[114] Das bedeutet insbesondere, trotz seiner eigenen[115] kann eine Rechtfertigung einer Ungleichbehandlung durch einen sachlichen Grund auch beim Arbeitsentgelt im Sinne von § 4 Abs. 1 Satz 2 TzBfG möglich sein; dies folgt schon daraus, dass es sich hier eben lediglich um eine Konkretisierung des Gleichbehandlungsgebots handelt, das dem gesamten § 4 TzBfG vorgelagert ist, und bei diesem regelmäßig, bei Vorliegen eines sachlichen Grundes, eine Differenzierung erlaubt sein kann. Auch der Gesetzgeber ging davon aus,[116] dass der Arbeitgeber nicht berechtigt sei, bestimmte Vergütungsbestandteile, zum Beispiel Sozialzulagen, wegen der Teilzeit „ohne sachlichen Grund" gänzlich zu versagen.[117] Wie auch im Rahmen des allgemeinen Differenzierungsverbots nach § 4 Abs. 1 Satz 1 TzBfG,[118] kann auch eine Schlechterbehandlung im Rahmen der Entgeltleistung grundsätzlich nur dann gerechtfertigt sein, wenn sich der Grund für die Differenzierung aus dem Leistungszweck selbst ergibt.[119] Gleichwohl ist im Rahmen der Vergütung eine Besonderheit zu berücksichtigen, die sich daraus ergibt, dass die Entgeltleistung dem allgemeinen (dem Differenzierungsverbot vorgelagerten!) Gleichbehandlungsgrundsatz regelmäßig nicht direkt zugänglich ist: Dieser ist vielmehr, wie auch die spezielle, für Teilzeitkräfte geltende Regelung in § 4 Abs. 1 Satz 2 TzBfG im Bereich der Vergütung nur beschränkt anwendbar: Denn der Grundsatz der Vertragsfreiheit hat, so formuliert es die Rechtspre-

---

114 So auch BT-Drucks. 14/4374 S. 15.
115 Zum Teil wird auch formuliert: trotz seiner „missglückten" Formulierung, so Thüsing, in: Annuß/Thüsing, § 4 Rn 49.
116 Vgl. BT-Drucks. 591/00 S. 23.
117 Wie hier auch Meinel/Heyn/Herms, § 4 Rn 42; Bayreuther in: Rolfs/Giesen, BeckOK § 4 TzBfG Rn 12; Richardi/Annuß BB 2000, 2001; Kliemt NZA 2001, 69; Hanau NZA 2001, 1174; Lindemann/Simon, BB 2001, 147; aA Däubler ZIP 2000, 1964; MünchHdbArbR/Schüren Ergänzungsband § 161 Rn 105; Dassau ZTR 2001, 65; Rolfs § 4 Rn 4; Holwe/Kossens § 4 Rn 14: Eine Ungleichbehandlung im Entgeltbereich sei schon aufgrund des Wortlauts gänzlich unzulässig.
118 S. die Kommentierung oben in § 4 Rn 33.
119 S. dazu BAG 11. Dezember 2003–6 AZR 64/03 – AP Nr. 7 zu § 4 TzBfG; BAG 24. September 2003–10 AZR 675/02 – AP Nr. 4 zu § 4 TzBfG; BAG 26. September 2001–10 AZR 714/00 – AP Nr. 1 zu § 4 TzBfG.

chung seit jeher, für die individuell vereinbarten Löhne und Gehälter Vorrang.[120] Das bedeutet, dass der Arbeitgeber auch unter Geltung des § 4 TzBfG grundsätzlich nicht daran gehindert ist, im Rahmen der Vertragsfreiheit einzelne Arbeitnehmer im Rahmen einer individuellen Vergütungsvereinbarung besser zu stellen – allein daraus kann der einzelne andere, von der Vergütung nicht berührte Arbeitnehmer zunächst keine Besserstellung verlangen, auch nicht der Teilzeitbeschäftigte mit Hinweis auf das Diskriminierungsverbot des § 4 Abs. 1 Satz 2 TzBfG. Ein solcher Hinweis ist erst dann mit Erfolg möglich, die Gleichbehandlung kann also, mit anderen Worten, im Entgeltbereich erst dann zur Geltung kommen, wenn der Arbeitgeber Leistungen nach einem bestimmten erkennbaren und generalisierenden Prinzip gewährt, wenn er also, wie die Rechtsprechung es in den genannten Entscheidungen betont, bestimmte Voraussetzungen oder einen bestimmten Zweck festlegt und dadurch einen kollektiven Bezug bei der Vergütungsabsprache herstellt.[121]

48 Im Ergebnis ist die Auswirkung des geschilderten Streits gering: Denn Gründe, Teilzeitbeschäftigte gänzlich von einer Leistung des **Arbeitsentgelts** auszuschließen, werden kaum denkbar sein, wenn dies auch, wie hier vertreten, schon aus systematischen Gründen grundsätzlich möglich ist. Gegen ein solches **absolutes Differenzierungsverbot** sprechen zudem verfassungsrechtliche Bedenken, auch europarechtlich ist eine solche weitgehende Auslegung des § 4 Abs. 1 Satz 2 TzBfG nicht geboten.[122] Sobald sie jedoch in eine Leistung mit einbezogen werden, bedarf es dann jedoch, wie § 4 Abs. 1 Satz 2 TzBfG klar formuliert, einer anteiligen Leistung auch an die Teilzeitbeschäftigten. Ein Teilzeitbeschäftigter hat dann einen Anspruch auf die jeweilige Arbeitsentgeltleistung mindestens in dem Umfang, der dem Anteil seiner Arbeitszeit an der Arbeitszeit eines vergleichbaren Vollzeitmitarbeiters entspricht. Bedeutung hat ein vollständiger Ausschluss letztlich nur dort, wo es um den Ausschluss aus der betrieblichen Altersversorgung geht.[123]

49 Der Begriff des Arbeitsentgelts, wie er in § 4 Abs. 1 Satz 2 TzBfG enthalten ist, umfasst zunächst den **Entgeltbegriff im engeren Sinne**: Dementsprechend ist etwa eine unterhalb der anteiligen, auf Stunden umgerechneten tariflichen Vergütung für einen Vollzeitbeschäftigten liegende Stundenvergütung einer Teilzeitkraft nicht gerechtfertigt.[124] Doch gehören hierzu darüber hinaus auch alle gegenwärtigen und zukünftigen Leistungen des Arbeitgebers, die mit der Arbeitsleistung und dem Arbeitsverhältnis in Zusammenhang stehen. Dazu gehören infolgedessen neben dem Grundgehalt auch Leistungs- und Erschwerniszulagen, Zuschläge für Sonntags-, Feiertags- oder Nachtarbeit, pauschale Vergütungen für den Bereitschaftsdienst, Gratifikationen, einmalige und wiederkehrende Zuwendungen wie Urlaubs- und Weihnachtsgeld, Freistellungsansprüche sowie Sachbezüge, etwa die Möglichkeit der Nutzung eines Firmenwagens oder des Telefons auf Firmenkosten. Je nach Leistungszweck ist entsprechend § 4 Abs. 1

---

120 S. etwa BAG 13. Februar 2002–5 AZR 713/00 – AP Nr. 184 zu § 242 BGB Gleichbehandlung; BAG 25. April 2001–5 AZR 368/99 – AP Nr. 80 zu § 2 BeschFG 1985; BAG 21. März 2001–10 AZR 444/00 – AP Nr. 17 zu § 33 BAT; kritisch hierzu Sievers, § 4 Rn 17.
121 Wie hier auch Meinel/Heyn/Herms, § 4 Rn 39; Thüsing in: Annuß/Thüsing, § 4 Rn 49; aA Sievers, § 4 Rn 18.
122 Näher hierzu Meinel/Heyn/Herms, § 4 Rn 42.
123 Dazu sogleich, § 4 Rn 54; s. auch KSchR/Zwanziger § 4 TzBfG Rn 9.
124 BAG 16. Juni 1993–4 AZR 317/92 – AP Nr. 26 zu § 2 BeschFG 1985.

Satz 2 TzBfG eigenständig festzustellen, ob eine anteilige Gewährung, also eine solche *pro rata temporis*, oder eine vollständige Gewährung auch an den Teilzeitbeschäftigten zu erfolgen hat. Geht es um das Arbeitsentgelt oder eine andere teilbare Leistung, die dem Arbeitsentgelt in dem genannten Sinne vergleichbar ist, ist dem Teilzeitbeschäftigten somit die Leistung in dem Umfang zu gewähren, der dem Verhältnis seiner eigenen, verminderten Arbeitszeit zu derjenigen eines vergleichbaren Vollzeitbeschäftigten entspricht. Dies ist Inhalt des „pro-rata-temporis-**Grundsatzes**". Liegt hingegen eine unteilbare Leistung vor, die dem Entgeltbereich zugeordnet ist (aber auch jenseits des Entgeltbereichs liegen kann), wie beispielsweise die Ermöglichung, Kinder in die Kindertagesstätte zu schicken oder der Zugang zur Kantine oder zu sonstigen Sozialeinrichtungen des Arbeitgebers, so kann der „*pro-rata-temporis*-Grundsatz" naturgemäß nicht greifen, dann ist dem Teilzeitbeschäftigten regelmäßig die gesamte Leistung zu gewähren, wenn nicht – s. oben – ausnahmsweise eine sachliche Rechtfertigung dafür gegeben ist, die Teilzeitbeschäftigten aus dieser Leistung herauszunehmen, sie ihnen also zu verwehren.

Entsprechend diesen Grundsätzen ist die Frage, ob eine bestimmte Zulage vollständig oder nur *pro rata temporis* gezahlt werden muss oder ob sie etwa gänzlich versagt werden kann, differenziert zu beurteilen. Ob eine anteilige Kürzung einer Leistung möglich ist, hängt daher davon ab, ob der Entgeltcharakter der Leistung zentral ist oder ob nicht vielmehr ein anderer, an die **Dauer der Arbeitszeit** anknüpfender, mit der Leistung verbundener Zweck honoriert werden soll:[125] Weihnachtsgratifikationen sind dem Teilzeitbeschäftigten anteilig zu gewähren; ihm diese Entgeltbestandteile gänzlich zu verwehren, verstieße gegen das Diskriminierungsverbot, weil hier der Leistungszweck eine generelle Versagung der Leistung nicht zu rechtfertigen vermag; stattdessen ist dann, entsprechend § 4 Abs. 1 Satz 2 TzBfG, eine anteilige Leistung geboten.[126] Eine pauschale, einheitliche Kürzung des Weihnachtsgeldes um den Betrag X € durch Tarifvertrag ist dann sachlich nicht zu rechtfertigen und damit eine unzulässige Diskriminierung, wenn Teilzeitbeschäftigte ohnehin nur ein anteiliges Weihnachtsgeld im Verhältnis ihrer Arbeitszeit zu derjenigen eines Vollzeitmitarbeiters erhalten haben.[127] Demgegenüber sind Erschwernis- oder Schmutzzulagen nicht lediglich *pro rata temporis*, sondern vollständig zu gewähren, zumindest dann, wenn sie nicht direkt an die Arbeitszeit gebunden sind. Treten besondere Belastungen, die mit einer solchen Zulage ausgeglichen werden sollen, beim Teilzeitbeschäftigten gar nicht auf, so liegt hierin ein rechtfertigender Grund, ihn vollständig von dieser Leistung auszuschließen, der Ausschluss von Teilzeitbeschäftigten ist daher dann gerechtfertigt.[128] Das Urlaubsgeld wiederum ist zeitanteilig zu gewähren, denn es stellt in der Regel keine ausschließlich soziale Leistung des Arbeitgebers dar, sondern es soll auch eine zusätzliche Vergütung der Arbeitsleistung beinhalten, so dass lediglich eine Vergütung *pro rata temporis* geboten ist, wie es § 4 Abs. 1 Satz 2 TzBfG verlangt.[129] Eine Pflegezulage darf

---

125 BAG 11. Dezember 1996–10 AZR 359/96 – AP Nr. 19 zu §§ 22, 23 BAG Zulagen.
126 BAG 6. Dezember 1990–6 AZR 159/89 – AP Nr. 12 zu § 2 BeschG 1985; BAG 24. Oktober 1989–8 AZR 5/89 – AP Nr. 29 zu § 11 BUrlG; BAG 14. November 1990–8 AZR 283/89 – AP Nr. 11 zu § 2 BeschFG 1985.
127 BAG 24. Mai 2000–10 AZR 629/99 – AP Nr. 79 zu § 2 BeschFG 1985.
128 BAG 28. Oktober 1992–10 AZR 129/92 – AP Nr. 66 zu § 112 BetrVG 1972.
129 So auch BAG 15. April 2003–9 AZR 548/01 – AP Nr. 1 zu § 1 TVG Tarifverträge: Urlaubsgeld.

dem Teilzeitbeschäftigten dann vollständig versagt werden, wenn die mit der Zulage auszugleichende Belastung bei diesem nicht auftritt, etwa deshalb, weil er noch neben der Arbeit genügend Zeit für die Pflege zur Verfügung hat.[130] Eine Funktionszulage wiederum, die einem Arbeitnehmer aufgrund einer bestimmten Tätigkeit gewährt wird und die einen Teil des Arbeitsentgeltes darstellt, ist dem Teilzeitbeschäftigten nur anteilig zu gewähren, wenn sie als Arbeitentgelt für die Verrichtung von Arbeit in einer bestimmten Funktion gezahlt wird.[131] Wird eine solche Funktionszulage allerdings nur allgemein für die Übernahme der Funktion selbst gewährt, ist sie vollständig auch an den Teilzeitbeschäftigten zu zahlen, wenn nicht gegen das Diskriminierungsverbot verstoßen werden soll. Eine Jubiläumszulage wiederum, die in der Vergangenheit erwiesene Betriebstreue honoriert, ist, im Lichte des § 4 Abs. 1 Satz 1 TzBfG, auch Teilzeitbeschäftigten vollständig zu gewähren, denn die Betriebstreue eines Teilzeitbeschäftigten ist nach Ablauf der vorgesehenen Fristen genauso zu bewerten und zu gewichten wie diejenige eines Vollzeitbeschäftigten;[132] hat sie hingegen ausnahmsweise auch Entgeltcharakter, ist sie somit Vergütungsbestandteil, so ist eine Leistung *pro rata temporis* nach § 4 Abs. 1 Satz 2 TzBfG geboten.[133]

51 **Zuschüsse, die der Arbeitgeber zum Kantinenessen** gewährt, können regelmäßig auf Vollzeitkräfte beschränkt werden, wenn, dies ist dann allerdings vorausgesetzt, üblicherweise nur diese sich über die Mittagspause hinaus im Betrieb aufhalten. In diesem längeren Verbleib liegt dann ein sachlicher Grund, der es rechtfertigt, Teilzeitbeschäftigte auch vollständig von dieser Leistung auszuschließen, wenn deren Arbeitszeit regelmäßig vor der Mittagspause endet.[134] An der genannten Voraussetzung fehlt es allerdings, wenn auch Teilzeitkräfte in Gleitzeit arbeiten können, so dass auch sie sich durchaus in der Mittagszeit noch im Betrieb aufhalten. Dann kann die Rechtfertigung des Ausschlusses nämlich nicht mehr greifen.

52 Ebenfalls eine Frage der Entgeltleistung sind Regelungen zur **Überstundenvergütung**. Hier liegt nach der gefestigten Rechtsprechung von BAG (und EuGH) keine ungerechtfertigte Schlechterbehandlung vor, wenn eine Regelung vorsieht, dass zuschlagspflichtige Mehrarbeit und damit eine Überstundenvergütung für Teilzeitbeschäftigte erst dann als gegeben anzusehen sind, wenn sie die regelmäßige Arbeitszeit für Vollzeitbeschäftigte überschreiten. Gemeint sind etwa Bestimmungen, in denen derartige Zuschläge erst für die 43. Wochenstunde gezahlt werden, wenn ein Vollzeitbeschäftigter 42 Stunden arbeitet, ein Teilzeitbeschäftigter allerdings nur 20, so dass der Teilzeitbeschäftigte die Überstundenzuschläge wie der Vollzeitbeschäftigte erst nach Überschreiben der betriebsüblichen Vollarbeitzeit erhält. Eine Schlechterstellung liegt deshalb nicht vor, weil jeder Arbeitnehmer, ob Vollzeit- oder Teilzeitbeschäftigter, für die gleiche Arbeit auch die gleiche Vergütung erhält. Da, so diese Ansicht, Vollzeitkräfte erst bei Überschreiten der üblichen wöchentlichen Arbeitszeit Zuschläge erhalten, sei es keine Schlechterstellung von Teilzeitkräften wegen ihrer Teilzeitarbeit, wenn sie

---

130 S. auch BAG 10. Februar 1999 – AP Nr. 5 zu § 34 BAT.
131 BAG 17. April 1996–10 AZR 617/95 – AP Nr. 18 zu § 22 BAT Zulagen.
132 So auch Worzalla/Will § 4 TzBfG Rn 10.
133 Vgl. BAG 16. April 2003–4 AZR 156/02 – AP Nr. 85 zu § 2 BeschFG 1985.
134 So auch BAG 26. September 2001–10 AZR 714/00 – AP Nr. 1 zu § 4 TzBfG.

bis zum Erreichen der betriebsüblichen Wochenarbeitszeit keine Zuschläge erhielten.[135]

Arbeitszeitverkürzungen, die Vollzeitbeschäftigten gewährt werden, dürfen grundsätzlich Teilzeitkräften nicht vorenthalten werden, vielmehr sind sie auch ihnen *pro rata temporis* zu gewähren. Das heißt, derartige Verkürzungen für die Vollzeitkräfte müssen sich bei Teilzeitbeschäftigten entweder in einer höheren Entgeltzahlung oder in einer geringeren Arbeitszeit niederschlagen.[136] Umgekehrt kann von einer Teilzeitkraft nicht verlangt werden, dass sie ohne zusätzliche Vergütung mehr leistet: Erbringt daher beispielsweise eine in Teilzeit tätige Lehrkraft im Rahmen einer Klassenfahrt Arbeit wie eine Vollzeitkraft, so steht ihr entweder ein Anspruch auf eine spätere entsprechende Arbeitsbefreiung unter Fortzahlung der Vergütung oder aber auf eine zusätzliche anteilige (*pro rata temporis!*) Vergütung zu.[137] 53

Im Rahmen der **betrieblichen Altersversorgung** ist ein Ausschluss der Teilzeitbeschäftigten im Ganzen unzulässig: Es dürfen also nicht alle Teilzeitbeschäftigten von vornherein aus der betrieblichen Altersversorgung ausgeschlossen werden. Es stehen den Teilzeitbeschäftigten vielmehr grundsätzlich Ansprüche *pro rata temporis* zu.[138] Seit den Änderungen über die geringfügige Beschäftigung gilt dies, im Unterschied zu der vorherigen Rechtslage, nunmehr auch für diese Gruppe von Teilzeitbeschäftigten: Auch geringfügig Beschäftigte sind ja nicht mehr von vornherein aus der gesetzlichen Altersversorgung ausgeschlossen; daher entfällt der nach der alten Rechtslage noch herangezogene Rechtfertigungsgrund, sie auch von der betrieblichen Altersversorgung gänzlich auszuschließen.[139] Infolgedessen ist nunmehr ein genereller Ausschluss sämtlicher Teilzeitbeschäftigter, auch der geringfügig Beschäftigten im Sinne von § 8 Abs. 1 SGB IV aus der betrieblichen Altersversorgung unzulässig; dies ergibt sich, im Hinblick auf die geringfügig Beschäftigten, nunmehr auch unmittelbar bereits aus § 2 Abs. 2 TzBfG.[140] 54

Auch die **Gewährung eines Darlehens** oder eines besonders günstigen Zinssatzes auf ein Darlehen stellt eine Entgeltleistung im Sinne von § 4 Abs. 1 Satz 2 TzBfG dar; folglich sind sie, also etwa Sonderkonditionen für Darlehen zur Ermöglichung des Erwerbs von Immobilien, auch Teilzeitbeschäftigten grundsätzlich zu gewähren.[141] Infolgedessen genügt die Begründung, durch eine derartige Gewäh- 55

---

135 EuGH 15. Dezember 1994 – C-399/92 – AP Nr. 7 zu § 611 BGB Teilzeit; BAG 16. Juni 2004–5 AZR 448/03 – AP Nr. 20 zu § 1 TVG Tarifverträge: Großhandel; BAG 5. November 2003–5 AZR 8/03 – AP Nr. 6 zu § 4 TzBfG; so auch Meinel/Heyn/Herms, § 4 Rn 67; kritisch Erf-Komm/Preis § 4 TzBfG Rn 31; Bayreuther in: Rolfs/Giesen, BeckOK § 4 TzBfG Rn 14, die eine Benachteiligung zwar sehen, diese aber für potenziell sachlich zu rechtfertigen halten.
136 BAG 29. Januar 1992–4 AZR 293/91 – AP Nr. 16 zu § 2 BeschFG 1985; KSchR/Zwanziger § 4 TzBfG Rn 11.
137 BAG 25. Mai 2005–5 AZR 566/04 – AP Nr. 10 zu § 4 TzBfG; BAG 22. August 2001–5 AZR 108/00 – AP Nr. 144 zu § 611 BGB Lehrer, Dozenten.
138 St. Rechtsprechung seit BAG 6. April 1982–3 AZR 134/79 – AP Nr. 1 zu § 1 BetrAVG Gleichbehandlung; BAG 25. Oktober 1994–3 AZR 149/94 – AP Nr. 40 zu § 2 BeschFG 1985.
139 So etwa noch BAG 22. Februar 2000–3 AZR 845/98 – AP Nr. 44 zu § 1 BetrAVG Gleichbehandlung; BAG 27. Februar 1996–3 AZR 886/94 – AP Nr. 28 zu § 1 BetrAVG Gleichbehandlung.
140 So auch KSchR/Zwanziger § 4 TzBfG Rn 13; ErfKomm/Preis § 4 TzBfG Rn 56; Meinel/Heyn/Herms, § 4 Rn 61; Erman/Hanau § 611 BGB Rn 125.
141 BAG 27. Juli 1994–10 AZR 538/93 – AP Nr. 37 zu § 2 BeschFG 1985.

rung von Sonderkonditionen solle bei qualifizierten, langjährig beschäftigten Arbeitnehmern eine stärkere Bindung an den Betrieb gefördert werden, nicht den Anforderungen, die an den sachlichen Grund im Sinne von § 4 Abs. 1 Satz 1 bzw 2 TzBfG zu stellen sind. Die entsprechenden Sonderkonditionen sind infolgedessen auch denjenigen Teilzeitbeschäftigten zu gewähren, die allgemein die Voraussetzungen für diese Kredite erfüllen.[142]

5. Die Bindung der Tarifvertragsparteien an § 4 Abs. 1 TzBfG

56 Nicht ganz geklärt ist nach wie vor, inwieweit sich das Diskriminierungsverbot des § 4 TzBfG auch an **die Tarifvertragsparteien** richtet. Grundsätzlich müssen auch sie die Grundrechte und infolgedessen auch den allgemeinen Gleichbehandlungsgrundsatz beachten; daraus folgt, dass dies prinzipiell auch für dessen arbeitsrechtliche Ausformung sowie, als *lex specialis*, auch für § 4 TzBfG gilt.[143] Im Einzelnen ist hier freilich noch vieles offen: So ist insbesondere nach wie vor nicht ganz klar, inwieweit eine richterliche Kontrolle von Tarifverträgen, auch im Hinblick auf die Einhaltung von Grundrechten, möglich ist; auch sind Art und Umfang der Bindung der Tarifvertragsparteien an die Grundrechte unverändert nicht abschließend durchdrungen.

57 Diese Unsicherheiten wirken sich auch auf die Frage der Bindung der Tarifpartner an § 4 TzBfG aus, dies in zweierlei Hinsicht: zum einen im Hinblick auf die Vereinbarung von **Ausnahmeregelungen**, die als sachlicher Grund dafür dienen sollen, Teilzeitbeschäftigte von einer Vergünstigung auszuschließen, zum anderen im Hinblick auf die Festlegung des **persönlichen Anwendungsbereichs** eines Tarifvertrags, der auch dazu führen kann, dass Teilzeitbeschäftigte (unmittelbar oder auch nur mittelbar) vom Anwendungsbereich eines Tarifvertrags ausgeschlossen werden. Beide Aspekte können nicht trennscharf voneinander unterschieden werden,[144] im Ergebnis geht es jedenfalls um dieselbe Fragestellung: Wie weit können die Tarifvertragsparteien in dem ihnen zustehenden kontrollfreien Bereich bestimmte Leistungen Teilzeitbeschäftigten vorenthalten, ohne gleich mit § 4 TzBfG in Konflikt zu geraten? Hier stoßen nämlich eine grundsätzlich bejahte und anerkannte Einschätzungsprärogative der Tarifvertragsparteien, etwa darüber, was als sachlicher Grund für eine Rechtfertigung einer Schlechterbehandlung gelten kann, und das Diskriminierungsverbot des § 4 TzBfG aufeinander, welches von den Tarifpartnern grundsätzlich zu beachten ist. Im Ergebnis wird man den Tarifpartnern hier wie auch in anderen Fällen von Diskriminierungsverboten einen Entscheidungsspielraum zugestehen müssen, weil und soweit ihre Vereinbarungen das ausgehandelte Ergebnis paritätischer Vertragspartner sind. Das heißt, das von den Tarifvertragsparteien festgesetzte Differenzierungskriterium, die von ihnen vorgenommene Bestimmung des persönlichen Anwendungsbereichs eines Tarifvertrags ist grundsätzlich einer Inhaltskontrolle nicht zugänglich. Die Parteien sind infolgedessen grundsätzlich insbesondere frei darin, den persönlichen Geltungsbereich eines Tarifvertrags festzulegen und beispielsweise bestimmte Arbeitnehmergruppen – trotz der Bin-

---

142 So auch BAG 15. November 1990–8 AZR 283/89 – AP Nr. 11 zu § 2 BeschFG 1985; KSchR/Zwanziger § 4 TzBfG Rn 10.
143 Arnold/Gräfl/Rambach § 4 Rn 17.
144 So auch Thüsing in: Annuß/Thüsing, § 4 Rn 66.

dung an Art. 3 Abs. 1 GG oder § 4 TzBfG – aus ihm herauszunehmen, sofern sie diese Herausnahme unter Beachtung des ihnen zustehenden Ermessens vollziehen.[145] Hieran sollte auch im Lichte abweichender Rechtsprechung des 3. und 6. Senats des BAG festgehalten werden, die etwa den Ausschluss von Studierenden, die nach § 6 Abs. 1 Nr. 3 SGB V versicherungsfrei sind, aus dem Geltungsbereich des BAT für unwirksam erachteten.[146] Denn nur auf diese Weise wird man den Kerngedanken der Tarifautonomie gerecht: Die Einschätzungsprärogative der Tarifpartner kann nicht an dieser Stelle beschnitten werden. Vielmehr ist daran festzuhalten, dass die originäre, aus Art. 9 Abs. 3 GG folgende Befugnis der Tarifpartner, die Grenzen ihrer Tarifmacht eigenverantwortlich festlegen zu dürfen, prinzipiell Vorrang genießt vor verfassungsrechtlichen und erst Recht vor einfachgesetzlichen Gleichbehandlungsgeboten. Daraus folgt, dass die Tarifpartner frei darin sein müssen festzulegen, wer von ihren Regelungen profitieren soll – die Grenze, die ihnen dabei gezogen ist, ist wie stets allein diejenige der Willkür.[147]

6. Rechtsfolgen eines Verstoßes gegen das Diskriminierungsverbot des § 4 Abs. 1 TzBfG

Die **Rechtsfolgen eines Verstoßes** gegen § 4 Abs. 1 TzBfG sind bereits verschiedentlich angeklungen.[148] Im Ergebnis lässt sich zusammenfassend festhalten, dass eine nach § 4 Abs. 1 TzBfG unzulässige Schlechterbehandlung rechtswidrig ist, eine diskriminierende rechtsgeschäftliche Vereinbarung ist gemäß § 134 BGB nichtig, denn § 4 TzBfG ist im Sinne dieser Norm ein Verbotsgesetz.[149] Die sich anschließenden Folgen hängen dann davon ab, wie der Verstoß beschaffen war. Grundsätzlich hat ein Teilzeitbeschäftigter, der ohne den erforderlichen sachlichen Grund von einer Leistung ganz oder teilweise ausgeschlossen wird, einen Anspruch auf deren Gewährung, gegebenenfalls jedoch, sofern der Zweck der Leistung dies gebietet, nur *pro rata temporis*: Geht es um das Arbeitsentgelt oder eine andere teilbare Leistung, die dem Arbeitsentgelt in dem genannten Sinne vergleichbar ist, ist dem teilzeitbeschäftigten Arbeitnehmern somit die Leistung in dem Umfang zu gewähren, der dem Verhältnis seiner eigenen, verminderten Arbeitszeit zu derjenigen eines vergleichbaren Vollzeitbeschäftigten entspricht. Dies ist Inhalt des „*pro-rata-temporis*-Grundsatzes". Liegt hingegen eine **unteilbare Leistung** vor, wie beispielsweise die Ermöglichung, Kinder in die Kindertagesstätte zu schicken, der Zugang zur Kantine oder zu sonstigen Sozialeinrichtungen des Arbeitgebers oder die Belohnung der Betriebstreue bei einer Jubiläumszusage, so kann der „*pro-rata-temporis*-Grundsatz" naturgemäß nicht greifen, dann ist dem Teilzeitbeschäftigten regelmäßig die gesamte Leistung zu gewähren, wenn nicht – s. oben – ausnahmsweise eine sachliche Rechtfertigung

58

---

145 So auch BAG 30. August 2000–4 AZR 563/99 – AP Nr. 1 zu § 1 TVG Gleichbehandlung.
146 Vgl. etwa BAG 28. März 1996–6 AZR 501/96 – AP Nr. 10 zu § 3 BAT; ihm folgend MünchArbR/Schüren Ergänzungsband § 161 Rn 52; KSchR/Zwanziger § 4 TzBfG Rn 33.
147 Wie hier von Kempen/Zachert § 1 TVG Rn 714; Meinel/Heyn/Herms, § 4 Rn 34 mit eingehender Begründung; Thüsing in: Annuß/Thüsing, § 4 Rn 66; ders. ZfA 2002, 270f.
148 Vgl. vor allem § 4 Rn 50.
149 BAG 17. April 2002–5 AZR 413/00 – AP Nr. 84 zu § 2 BeschFG 1985; BAG 24. Mai 2000–10 AZR 629/99 – AP Nr. 79 zu § 2 BeschFG 1985.

dafür gegeben ist, die Teilzeitbeschäftigten aus dieser Leistung herauszunehmen, sie ihnen also zu verwehren.

59 Es findet also regelmäßig eine **„Anpassung nach oben"** statt – dem bislang von einer Vergünstigung Ausgeschlossenen wird nunmehr auch von ihr erfasst, die Begünstigung wird ausgedehnt auch auf den Teilzeitbeschäftigten.[150] Aufgrund der Geltung des „pro-rata-temporis-**Grundsatzes**" kommt jedoch, in den zuvor skizzierten Grenzen, regelmäßig nur eine anteilige Erweiterung in Betracht, wenn eine solche anteilige Gewährung nicht ausnahmsweise von der Natur der Sache her ausgeschlossen ist. Über diese Anpassung hinaus steht dem ohne sachliche Rechtfertigung schlechter behandelten Teilzeitbeschäftigten zusätzlich, sofern ein Verschulden des Arbeitgebers vorliegt, ein Schadensersatzanspruch zu, dies sowohl aus Vertrag gemäß § 280 BGB als auch, da es sich bei § 4 TzBfG ja wie dargestellt um ein Schutzgesetz handelt, gemäß § 823 Abs. 2 in Verbindung mit § 4 TzBfG.[151] Allenfalls (einzel- oder tarifvertragliche) Ausschlussklauseln können der Realisierung derartiger Schadensersatzansprüche entgegenstehen,[152] wobei zu beachten ist, dass diese regelmäßig Ansprüche wegen einer vorsätzlichen Schädigung des Arbeitnehmers durch den Arbeitgeber gemäß §§ 202, 134 BGB nicht erfassen.[153]

7. Darlegungs- und Beweislast

60 Prozessual gilt für die Fälle, dass ein Teilzeitbeschäftigter sich auf § 4 Abs. 1 TzBfG beruft und einen entsprechenden Anspruch geltend machen möchte, dass er – den allgemeinen Regeln gemäß – grundsätzlich die **volle Darlegungs- und Beweislast** für die anspruchsbegründenden Tatsachen trägt. Er muss also darlegen und gegebenenfalls auch beweisen, dass er wegen seiner Teilzeitarbeit schlechter behandelt worden ist als ein vergleichbarer Vollzeitbeschäftigter. Umgekehrt trägt der Arbeitgeber seinerseits die Darlegungs- und Beweislast dafür, dass eine Differenzierung sachlich gerechtfertigt ist, dass also sachliche Gründe vorliegen, die es ihm erlauben, den Teilzeitbeschäftigten schlechter zu behandeln.[154]

61 Von den zuvor skizzierten Grundsätzen der **Beweislastverteilung** kann in Ausnahmefällen abgewichen werden, wobei jedoch die Übertragung der Beweislastregel des § 22 AGG nicht in Betracht kommt.[155] So ist eine Umkehr der Beweislast dann denkbar, wenn dem Arbeitnehmer anderenfalls kein wirksames Mittel zur Verfügung stünde, um der Schlechterbehandlung adäquat zu begegnen, etwa dann, wenn der Arbeitgeber ein vollständig intransparentes Vergütungssystem verwendet, so dass es für den Arbeitnehmer schlechthin ausgeschlossen ist, die Zusammensetzung verschiedener Vergütungsbestandteile (von ihm

---

150 So die ständige Rechtsprechung, s. nur BAG 11. Dezember 2003–6 AZR 64/03 – AP Nr. 7 zu § 4 TzBfG; BAG 15. Oktober 2003–4 AZR 606/02 – AP Nr. 87 zu § 2 BeschFG 1985.
151 So auch HWK/Schmalenberg § 4 TzBfG Rn 14.
152 So auch Worzalla/Will § 4 Rn 21.
153 Vgl. dazu auch BAG 25. Mai 2005–5 AZR 572/04 – AP Nr. 10 zu § 4 TzBfG.
154 S. nur BAG 16. Januar 2003–6 AZR 222/01 – AP Nr. 3 zu § 4 TzBfG; ErfKomm/Preis § 4 TzBfG Rn 71; Meinel/Heyn/Herms, § 4 Rn 46; HWK/Schmalenberg § 4 TzBfG Rn 16; Buschmann/Dieball/Stevens-Bartol, § 4 TzBfG Rn 38; KSchR/Zwanziger § 4 TzBfG Rn 19.
155 Wie hier Bayreuther in: Rolfs/Giesen, BeckOK § 4 TzBfG Rn 47; zu dieser eingehend Joussen in: Rolfs/Giesen, BeckOK § 611a BGB Rn 32.

IV. Das Diskriminierungsverbot zugunsten befristet Beschäftigter, § 4 Abs. 2 TzBfG

§ 4 Abs. 2 TzBfG untersagt, in Umsetzung von § 4 der europäischen Rahmenvereinbarung über befristete Arbeitsverträge **1999/70/EG** vom 28. Juni 1999,[157] die Ungleichbehandlung von befristet beschäftigten Arbeitnehmern im Verhältnis zu unbefristet Beschäftigten, anders als § 4 Abs. 1 TzBfG gibt es für dieses Diskriminierungsverbot im deutschen Recht keinen Vorläufer.[158] Dieses Verbot greift dabei für alle Befristungen, also nicht nur für die, die gemäß § 14 TzBfG erfolgen, sondern auch für diejenigen, die sich aus anderen Gesetzen ergeben, also etwa aus § 21 BEEG oder aus den §§ 57a ff HRG bzw den Nachfolgeregelungen in Wisstervg.[159] Rechtssystematisch handelt es sich bei dem Diskriminierungsverbot zugunsten der befristet Beschäftigten – in gleicher Weise wie bei demjenigen für Teilzeitbeschäftigte – um einen **gesetzlich geregelten Sonderfall des allgemeinen arbeitsrechtlichen Gleichbehandlungsgrundsatzes**.[160] Wie § 4 Abs. 1 TzBfG ist auch die Vorschrift des Abs. 2 zwingend, von ihr kann also weder in Tarifverträgen noch individualvertraglich zuungunsten der Arbeitnehmer abgewichen werden;[161] auch § 22 TzBfG macht deutlich, dass beide Diskriminierungsverbote nicht zur Disposition der Tarifvertragsparteien stehen.[162] Gemäß § 21 TzBfG und dem dort enthaltenen Verweis gilt das Diskriminierungsverbot auch zugunsten von Arbeitnehmern, die auf der Grundlage eines auflösend bedingten Arbeitsvertrages beschäftigt sind.

62

Der **Aufbau** des § 4 Abs. 2 TzBfG ist nicht auf Anhieb einleuchtend und nicht unmittelbar aus sich selbst verständlich, wobei insbesondere Satz 3 zu Schwierigkeiten führt. Zunächst ist er jedoch parallel zu dem Verbot des § 4 Abs. 1 TzBfG strukturiert, das heißt, das Diskriminierungsverbot zugunsten der Teilzeitbeschäftigten und dasjenige zugunsten der befristet Beschäftigten sind parallel gestaltet: Wie in Abs. 1 enthält auch § 4 Abs. 2 Satz 1 TzBfG zunächst den allgemeinen Grundsatz, dass niemand allein wegen der Befristung des Arbeitsvertrags schlechter behandelt werden darf als ein vergleichbarer unbefristeter Arbeitnehmer, es sei denn, es liegt für eine derartige Schlechterbehandlung ein sachlicher Rechtfertigungsgrund vor. § 4 Abs. 2 Satz 2 TzBfG konkretisiert nun dieses allgemeine Verbot – wie die Parallelvorschrift in § 4 Abs. 1 Satz 2 TzBfG – im Hinblick auf das Arbeitsentgelt und andere teilbare geldwerte Leistungen, die für einen bestimmten Bemessungszeitraum gewährt werden: Insoweit müssen

63

---

156 Vgl. in diesem auch EuGH 26. Juni 2001 – Rs. C-381/99 – NZA 2001, 883; Meinel/Heyn/Herms, § 4 TzBfG Rn 45; Ascheid/Preis/Schmidt-Preis § 4 TzBfG Rn 70.
157 ABl. EG Nr. L 175 S. 43.
158 Hanau NZA 2000, 1045.
159 Arnold/Gräfl/Rambach § 4 Rn 31.
160 So auch BAG 11. Dezember 2003–6 AZR 64/03 – AP Nr. 7 zu § 4 TzBfG.
161 Holwe/Kossens § 4 Rn 18, Nielebock AiB 2001, 76.
162 S. auch BAG 5. November 2003–5 AZR 8/03 – AP Nr. 6 zu § 4 TzBfG.

nämlich befristet Beschäftigten Leistungen mindestens entsprechend dem Anteil ihrer Beschäftigungsdauer am Bemessungszeitraum gewährt werden; wie auch in § 4 Abs. 1 Satz 2 TzBfG ist hier vom Wortlaut keine Möglichkeit einer Ausnahme vorgesehen, das heißt, es scheint auch hier ein absolutes Diskriminierungsverbot im Hinblick auf diese Parameter formuliert zu sein.[163] Doch wie auch bei § 4 Abs. 1 Satz 2 TzBfG,[164] gilt auch hier, dass eine Einschränkung schon aus systematischen Gründen möglich ist, wenn ein entsprechender sachlicher Grund für eine Schlechterbehandlung gegeben ist; zudem macht auch hier die Gesetzesbegründung deutlich, dass durch Satz 2 der Satz 1 konkretisiert, nicht von ihm eine Ausnahme statuiert werden soll.[165] Daraus folgt, dass eine Schlechterstellung befristet beschäftigter Arbeitnehmer bei Vorliegen eines sachlichen Grundes auch im Entgeltbereich gerechtfertigt und damit zulässig ist. Inhaltlich soll jedenfalls auch hier in § 4 Abs. 2 Satz 2 TzBfG der (für befristet Beschäftigte in § 4 Abs. 2 der Rahmenvereinbarung festgelegte) „pro-rata-temporis-**Grundsatz**" normiert werden.[166] § 4 Abs. 2 Satz 3 TzBfG enthält dann, insoweit über § 4 Abs. 1 TzBfG hinausgehend, eine zusätzliche Regelung im Hinblick auf Beschäftigungsbedingungen, die von der Dauer der Betriebs- bzw. Unternehmenszugehörigkeit abhängen. Befristet Beschäftigte sind hier genauso wie unbefristet Beschäftigte zu behandeln, wenn nicht eine unterschiedliche Behandlung aus sachlichen Gründen gerechtfertigt ist. Anders als in § 4 Abs. 2 Satz 2 TzBfG liegt hier also wieder auch vom Wortlaut her die Möglichkeit einer Abweichung vom Schlechterbehandlungsverbot vor.

1. Das Verbot der Schlechterbehandlung nach § 4 Abs. 2 Satz 1 TzBfG

64 § 4 Abs. 2 Satz 1 TzBfG formuliert den allgemeinen Grundsatz, dass ein befristet Beschäftigter nicht wegen der Befristung des Arbeitsvertrags schlechter behandelt werden darf als ein vergleichbarer unbefristet beschäftigter Arbeitnehmer, es sei denn, dass sachliche Gründe eine unterschiedliche Behandlung rechtfertigen. Anknüpfungspunkt für die Feststellung, ob eine **Schlechterbehandlung** vorliegt, ist auch hier wieder der „vergleichbare Arbeitnehmer"; auch hier kann wieder auf die Norm verwiesen werden, die festlegt, wer vergleichbar in diesem Sinne ist: Hier ist also auf die Bestimmung in § 3 TzBfG zu verweisen.[167] § 4 Abs. 2 TzBfG kann überhaupt erst eingreifen, wenn bereits ein befristetes Arbeitsverhältnis begründet worden ist, der Arbeitsvertrag also schon geschlossen wurde. Daher ist § 4 Abs. 2 TzBfG nicht anzuwenden bei der Frage, ob schon im Einstellungsprozess eine Ungleichbehandlung liegt, etwa dadurch, dass der Arbeitgeber dem Bewerber

---

163 So auch ein Teil der Literatur, s. etwa KSchR/Däubler § 4 TzBfG Rn 31; Dörner, Arbeitsvertrag Rn 100; Blanke AiB 2000, 730; Däubler ZIP 2000, 1966; Preis/Gotthardt DB 2000, 2070.
164 Vgl. oben, § 4 Rn 47.
165 S. die Formulierung in BT-Drucks. 14/4373 S. 16; auch das BAG geht nicht davon aus, dass der Gesetzgeber für den Bereich des Entgelts ein absolutes Diskriminierungsverbot regeln wollte, s. BAG 11. Dezember 2003–6 AZR 64/03 – AP Nr. 7 zu § 4 TzBfG; wie hier auch Arnold/Gräfl/Rambach § 4 Rn 36; Thüsing in: Annuß/Thüsing, § 4 Rn 73; Boewer, § 4 Rn 42; Meinel/Heyn/Herms, § 4 Rn 42; Richardi/Annuß BB 2000, 2204.
166 Kritisch zu dessen Normierung, vor allem im Hinblick auf eine mögliche (wenn auch höchst selten nur denkbare) Schlechterstellung von unbefristet Beschäftigten, die vor Ende des Bemessungszeitraums ausscheiden, Thüsing in: Annuß/Thüsing, § 4 Rn 73.
167 Vgl. die Kommentierung dort, § 3 Rn 33.

hätte eine unbefristete Stellung anbieten müssen anstatt einer nur befristeten. Für diese Ansicht sprechen sowohl der Wortlaut der Vorschrift als auch die verfassungsrechtlich geschützte Abschlussfreiheit des Arbeitgebers.[168]

Der befristet Beschäftigte muss schlechter behandelt werden: Eine solche Schlechterbehandlung liegt vor, wenn dem befristet Beschäftigten entweder **schlechtere Arbeitsbedingungen zugemutet oder wenn ihm Vergünstigungen bzw Leistungen vorenthalten werden**, die ein vergleichbarer unbefristet Beschäftigter erhält. Im Wesentlichen gilt hier das zur Schlechterbehandlung von Teilzeitbeschäftigten Gesagte entsprechend, insbesondere auch im Hinblick auf die Bedeutung der allgemeinen Verkehrsanschauung.[169] § 4 Abs. 2 TzBfG schließt aber, erneut in Parallele zu § 4 Abs. 1 TzBfG, eine Besserstellung befristet Beschäftigter im Vergleich zu unbefristet Beschäftigten nicht aus, sofern dann nicht der allgemeine Gleichbehandlungsgrundsatz anderes verlangt.[170] Wie bei § 4 Abs. 1 Satz 1 TzBfG muss auch hier ein Kausalzusammenhang bestehen, dem zufolge die Befristung nicht weggedacht werden kann, ohne dass nicht auch die Ungleichbehandlung entfiele. Die zum Verbot der Diskriminierung von Teilzeitbeschäftigten ausgeführten Grundsätze gelten wiederum auch hier entsprechend. Auch hier ist eine Diskriminierungsabsicht nicht erforderlich. Letztlich ist also § 4 Abs. 2 TzbBfG in systematischer Hinsicht, also insbesondere im Hinblick auf die Vergleichsgruppenbildung, auf die Kausalität, aber auch im Hinblick auf die nicht erforderliche Diskriminierungsabsicht, ebenso zu prüfen und zu bestimmen wie seine Parallelvorschrift.[171]

Die festgestellte Schlechterbehandlung ist nur dann eine Diskriminierung im Sinne von § 4 Abs. 2 Satz 1 TzBfG, wenn nicht ausnahmsweise ein sachlicher Grund vorliegt, der die Ungleichbehandlung zu rechtfertigen vermag. Wie bei den Teilzeitbeschäftigten gilt auch hier also von der gesetzlichen Konzeption her gesehen ein **Regel-Ausnahme-Verhältnis**: Regelmäßig ist die Schlechterbehandlung unzulässig, nur ausnahmsweise kann sie gerechtfertigt sein. Das bedeutet, schon aus dieser systematischen Konzeption heraus ist der sachliche Grund, der eine Ungleichbehandlung rechtfertigen könnte, an sehr strenge Voraussetzungen zu knüpfen.[172] Wie in § 4 Abs. 1 Satz 1 TzBfG gilt vergleichbar auch hier, dass für eine Schlechterbehandlung eines befristet Beschäftigten objektive Gründe erforderlich sind, die einem billigenswerten Bedürfnis des Arbeitgebers entsprechen und im Hinblick auf dessen Verwirklichung geeignet und erforderlich sind. Aus dieser Formulierung wird schon deutlich, dass Sachgrund nicht allein das Gebot des sparsamen Umgangs mit Haushaltsmitteln sein kann, sondern es müssen darüber hinausgehende Zwecke sein, die der Arbeitgeber mit der Schlechterstellung verfolgt; wie auch im Bereich der Teilzeitbeschäftigung sind auch hier Arbeitsleistung, Qualifikation des befristet und des unbefristet Beschäftigten, Berufserfahrung sowie Arbeitsplatzanforderungen denkbare Differenzierungskriterien.[173] Die sachlichen Gründe müssen dabei zum Zeitpunkt

---

168 BAG 19. August 1992–7 AZR 560/01 – AP Nr. 2 zu § 57b HRG; Meinel/Heyn/Herms, § 4 Rn 95; KR/Bader, § 4 TzBfG Rn 6.
169 Vgl. oben, § 4 Rn 17.
170 KR/Bader, § 4 TzBfG Rn 7; Richardi/Annuß BB 2000, 2201.
171 Ascheid/Preis/Schmidt-Preis § 4 TzBfG Rn 20.
172 Holwe/Kossens § 4 Rn 26; Meinel/Heyn/Herms, § 4 Rn 100.
173 Dörner, Arbeitsvertrag Rn 94.

der Maßnahme objektiv vorliegen, zudem müssen sie, vergleichbar mit der Situation im Teilzeitbereich, subjektiv zumindest auch Motiv des Handelns für den Arbeitgeber sein.

67 Ob etwa ein sachlicher Grund für eine Schlechterbehandlung gefunden werden kann, die darin liegt, **die Arbeit zu ungünstigen Zeiten speziell den befristet Beschäftigten zuzuweisen**, ist nicht einheitlich zu beurteilen. Eine Schlechterbehandlung liegt darin sicherlich, und zwar auch dann, wenn die Arbeit zu diesen Zeiten durch entsprechende Zuschläge ausgeglichen wird; eine Kausalität mag auch noch bejaht werden, doch könnte ein rechtfertigender sachlicher Grund darin gesehen werden, dass der Arbeitgeber keine zumutbaren Alternativen hat.

68 Eine Schlechterbehandlung von befristet Beschäftigten liegt auch vor, wenn diese aus dem **Geltungsbereich eines Sozialplans** ausgenommen werden. Gemeint sind die Situationen, in denen Arbeitnehmer, deren Arbeitsverhältnis aufgrund eines Befristungsablaufs ohnehin endet, aus dem Geltungsbereich eines Sozialplans herausgenommen werden. Fraglich ist etwa, ob eine Sozialplanregelung im Lichte des § 4 Abs. 2 TzBfG zulässig sein kann, die beispielsweise ab einem Jahr Betriebszugehörigkeit eine Abfindung vorsieht, befristet Beschäftigte jedoch von dem Sozialplan ausnimmt. Da auch die Betriebspartner an das Diskriminierungsverbot des § 4 Abs. 2 TzBfG gebunden sind, liegt in dieser Herausnahme eine verbotene Diskriminierung, wenn nicht ausnahmsweise ein rechtfertigender sachlicher Grund vorliegt. Ein solcher dürfte aber regelmäßig in der Funktion des Sozialplans liegen: Dieser hat nämlich maßgeblich die Aufgabe, die Zeit zwischen dem Auslaufen eines Beschäftigungsverhältnisses infolge einer betriebsbedingten Kündigung und dem Antritt einer neuen Beschäftigung zu überbrücken.[174] Diese Überbrückungsfunktion erreicht jedoch befristet Beschäftigte schon von der Natur der Sache her nicht, da deren Arbeitsverhältnisse ohnehin ausgelaufen wären. Infolgedessen sind diese Herausnahmen in der Regel als sachlich gerechtfertigt anzusehen.[175]

69 Keine sachliche Rechtfertigung lässt sich dafür finden, befristet Beschäftigte von der **Nutzung betrieblicher Sozialeinrichtungen** auszuschließen, also etwa von der Werkskantine, dem Betriebskindergarten oder den Leistungen des Werkfuhrparks. Denn soweit diese typischerweise den Beschäftigten des Betriebs zugute kommen sollen, besteht kein Grund, denjenigen diese Leistungen zu gewähren, die während ihrer Beschäftigungsdauer in gleicher Weise im Betrieb tätig sind wie unbefristet Beschäftigte.[176] Hinsichtlich des Urlaubsanspruchs befristet Beschäftigter ist ebenfalls kein sachlicher Grund für eine Schlechterbehandlung ersichtlich. Für den Urlaubsabgeltungsanspruch nach Ablauf der Befristung gilt entsprechend der allgemeinen Regelungen, dass der Urlaub dann, wenn er vor Befristungsablauf nicht gewährt werden konnte, entsprechend § 7 Abs. 4 BUrlG im Umfang der gesetzlichen bzw vertraglichen Ansprüche abzugelten ist.[177]

---

174 Vgl. etwa BAG 9. November 1994–10 AZR 291/94 – AP Nr. 85 zu § 112 BetrVG 1972.
175 So auch Meinel/Heyn/Herms, § 4 Rn 119; Dörner, Arbeitsvertrag Rn 104; etwas vorsichtiger, aber im Ergebnis wohl ebenso Thüsing in: Annuß/Thüsing, § 4 Rn 83; aA KR/Bader, § 4 TzBfG Rn 10; KSchR/Däubler § 4 TzBfG Rn 37; Hromadka BB 2001, 675.
176 Vgl. hierzu auch Wank/Börgmann RdA 1999, 384.
177 BAG 18. Oktober 1990–8 AZR 490/89 – AP Nr. 133 zu § 620 BGB Befristeter Arbeitsvertrag.

Verbot der Diskriminierung § 4

2. Die lex specialis in § 4 Abs. 2 Satz 2 TzBfG

Die Bestimmung des § 4 Abs. 2 Satz 2 TzBfG entspricht nahezu wortgleich derjenigen in § 4 Abs. 1 Satz 2 TzBfG. Dementsprechend hat auch der befristet Beschäftigte einen anteilig, *pro rata temporis* zu berechnenden **Anspruch auf Entgelt und andere teilbare geldwerte Leistungen, die für einen bestimmten Bemessungszeitraum** gewährt werden, wie ein vergleichbarer Arbeitnehmer, der unbefristet beschäftigt ist. Daraus folgt, dass die Leistung dem befristet Beschäftigten anteilmäßig in dem Umfang zu gewähren ist, wie es seinem tatsächlichen Beschäftigungsumfang entspricht. Trotz der im Wortlaut fehlenden Möglichkeit, ihn auch generell von Entgeltleistungen bzw ähnlichen Leistungen auszuschließen, ist dies jedoch, wie bereits ausgeführt,[178] möglich, sofern nur ein sachlicher Grund für einen derartigen Ausschluss vorhanden ist. 70

Grundsätzlich muss nach § 4 Abs. 2 Satz 2 TzBfG also ein befristet Beschäftigter für die einzelne von ihm erbrachte **Arbeitsstunde ein Entgelt in derselben Höhe** erhalten wie ein vergleichbarer unbefristet Beschäftigter. Infolgedessen wäre es, da zunächst auch kein sachlicher Grund für eine Differenzierung erkennbar ist, unzulässig, weil ein Verstoß gegen § 4 Abs. 2 Satz 2 TzBfG, einem befristet Beschäftigten einen Stundenlohn von 8 € zu zahlen, einem unbefristet Beschäftigten, der die gleiche Arbeit erledigt, jedoch einen Stundenlohn von 8,50 €. 71

Bei Zuwendungen ist die Frage, ob eine Schlechterbehandlung von befristet Beschäftigten zugleich auch deren Diskriminierung nach § 4 Abs. 2 TzBfG darstellt, abhängig von der **Art der Zulage** zu beurteilen. Hat der befristet Beschäftigte dann einen Anspruch auf die Leistung, so besteht dieser Anspruch, gemäß § 4 Abs. 2 Satz 2 TzBfG *pro rata temporis*. Wird mit der Leistung ausschließlich oder im Wege eines Mischcharakters vor allem künftige **Betriebstreue** honoriert, ist eine Ungleichbehandlung sachlich gerechtfertigt, denn diese Leistungen knüpfen nicht (allein) an einen in der Vergangenheit liegenden Bemessungszeitraum an, sondern enthalten einen Ausblick auf künftige Zeiten, von denen der befristet Beschäftigte nicht mehr erfasst ist. Hier ist eine Schlechterbehandlung in gleicher Weise gerechtfertigt wie bei denjenigen unbefristet Beschäftigten, die absehbar in der Zukunft ausscheiden.[179] Ist also etwa eine Prämie für den Fall vereinbart, dass ein Arbeitsverhältnis am 1. Dezember zwölf Monate ununterbrochen bestand, so hat der befristet Beschäftigte, der erst sechs Monate im Betrieb ist, keinen Anspruch, auch nicht *pro rata temporis*, denn er erfüllt die tatbestandlichen Voraussetzungen nicht, wie auch derjenige nicht, der erst seit sechs Monaten aufgrund eines unbefristeten Vertrages in dem Betrieb tätig ist. Handelt es sich demgegenüber um ein dreizehntes Monatsgehalt, das allein die bereits erbrachte Arbeitsleistung im ablaufenden bzw abgelaufenen Jahr honoriert, so scheidet eine Rechtfertigung der Schlechterbehandlung aus – auch hier hilft ein Blick auf den unbefristet Beschäftigten, der zuvor ausscheidet: Auch bei ihm wäre eine Schlechterbehandlung unzulässig, was bei ihm wie beim befristet Beschäftigten schon an dem Umstand liegt, dass die Prämie ja bereits erarbeitet worden ist. In diesen Fällen hat somit der befristet Beschäftigte, entsprechend 72

---

178 Vgl. zuvor § 4 Rn 47.
179 So auch Rolfs § 4 Rn 6.

Joussen

der „*pro-rata-temporis*-Regelung" in § 4 Abs. 2 Satz 2 TzBfG, einen anteiligen Anspruch für die Zeit, in der das Arbeitsverhältnis besteht.[180]

73 Wie im Bereich der Teilzeitbeschäftigten ist es auch im Rahmen des § 4 Abs. 2 TzBfG den **Tarifpartnern** grundsätzlich, das heißt bis zur Grenze der Willkür, möglich, befristet Beschäftigte aus dem persönlichen Anwendungsbereich eines Tarifvertrags herauszunehmen. Hier verlaufen die Argumentationslinien für und gegen eine entsprechende Möglichkeit wie auch im Rahmen des § 4 Abs. 1 TzBfG.[181] Generell ist es also möglich, hier zwischen unbefristet und befristet Beschäftigten zu differenzieren. Regelmäßig steht es den Tarifparteien daher zu, einheitlich bei allen Arbeitnehmern das tarifliche Entgelt abzusenken (insofern liegt ja ohnehin keine Schlechterbehandlung vor), zugleich aber ausschließlich den unbefristet Beschäftigten eine so genannte Besitzstandszulage zu gewähren. Eine derartige Verengung des persönlichen Anwendungsbereich des Tarifvertrags auf die unbefristet Beschäftigten ist grundsätzlich möglich, etwa aus dem Grund, da gerade bei ihnen die zukünftige Treue dem Betrieb gegenüber gefördert werden soll, was bei befristet Beschäftigten gar nicht möglich ist. Infolgedessen ist eine solche Beschneidung des persönlichen Anwendungsbereichs auch nicht willkürlich, sondern die Zwecksetzung, die in der Förderung der Betriebstreue liegt, eröffnet den Tarifpartnern den Raum, hiervon nur unbefristet Beschäftigte erfassen zu lassen, so dass ein Verstoß gegen § 4 Abs. 2 Satz 2 TzBfG nicht zu bejahen ist.[182] Infolgedessen können Tarifparteien etwa auch vereinbaren, Werkstudenten aus dem Anwendungsbereich eines Tarifvertrags herauszunehmen mit der Folge, dass diesen ein geringerer Stundenlohn gezahlt wird als anderen Arbeitnehmern. Zwar liegt hierin ein Verstoß gegen das Verbot der Ungleichbehandlung, doch wird dieser überwunden durch die Freiheit der Tarifvertragsparteien, den Anwendungsbereich des Tarifvertrags zu bestimmen, Art. 9 Abs. 3 GG überrundet auch hier § 4 TzBfG. Zum Teil wird auch vertreten, zwar läge eine Ungleichbehandlung vor, doch sei diese gerechtfertigt auf der Grundlage der anerkannten abweichenden sozialen Lage der Werkstudenten.[183]

74 Bei den Leistungen der **betrieblichen Altersversorgung** ist zu beachten, dass ein Anspruch auf diese ohnehin erst nach einer Wartezeit besteht. Infolgedessen ist eine tarifvertragliche Regelung als zulässig, weil sachlich gerechtfertigt anzusehen, die Arbeitnehmer, deren Arbeitsverhältnisse auf nur ein Jahr befristet sind, aus dem System der betrieblichen Altersversorgung ausschließt.[184] Zudem ist ein Ausschluss auch unter dem Gesichtspunkt der Betriebstreue sachlich gerechtfertigt: Mit der Zusage einer betrieblichen Altersversorgung möchte der Arbeitgeber nämlich regelmäßig die Betriebstreue fördern und belohnen und die begünstigten Arbeitnehmer an den Betrieb binden. Ist jedoch ein Arbeitnehmer von vornherein nur befristet im Betrieb tätig, besteht für eine solche Leistung kein Grund, ein Ausschluss von den Leistungen der betrieblichen Altersversor-

---

180 BAG 21. März 2001–10 AZR 28/00 – AP Nr. 1 zu § 4b EntgeltFZG.
181 Dazu oben § 4 Rn 56.
182 Wie hier Meinel/Heyn/Herms, § 4 Rn 117; KR/Bader, § 4 TzBfG Rn 27; aA Thüsing in: Annuß/Thüsing, § 4 Rn 86; KSchR/Däubler § 4 Rn 33; BAG 19. Januar 2005–6 AZR 80/03 – Arbeitsrechtsberater 2005, 132.
183 So etwa von Thüsing in: Annuß/Thüsing, § 4 Rn 80.
184 BAG 13. Dezember 1994–3 AZR 367/94 – AP Nr. 5 zu § 91 AFG.

gung ist daher sachlich gerechtfertigt.[185] Etwas anderes kann allerdings gelten, wenn es sich bei der Befristung nicht um eine einmalige handelt, sondern der Arbeitnehmer immer wieder auf der Grundlage befristeter Arbeitsverhältnisse beschäftigt wird und der Arbeitgeber damit rechnet, er werde auch künftig weiter für ihn tätig sein; in einem solchen Fall wäre eine Herausnahme aus der betrieblichen Altersversorgung gegenüber den vergleichbaren unbefristet Beschäftigten eine nicht gerechtfertigte Benachteiligung.[186]

3. Die Regelung in § 4 Abs. 2 Satz 3 TzBfG

Mit der Bestimmung in § 4 Abs. 2 Satz 3 TzBfG sollte schließlich die Regelung in § 4 Abs. 4 der europäischen Richtlinie 1999/70/EG umgesetzt werden. Danach gelten in Bezug auf **bestimmte Beschäftigungsbedingungen** für befristet beschäftigte Arbeitnehmer dieselben Betriebszugehörigkeitszeiten wie für unbefristet Beschäftigte, es sei denn, unterschiedliche Betriebszugehörigkeitszeiten bildeten eine sachlichen Differenzierungsgrund. Die Regelung in Satz 3 betrifft somit ausschließlich Bedingungen, die von der Dauer der Beschäftigung abhängen. Inhaltlich stellt Satz 3 letztlich nur eine Klarstellung dar: Kommt es für die Gewährung einer Beschäftigungsbedingung auf eine bestimmte **Dauer des Bestehens des Arbeitsverhältnisses** an, also etwa bei dem Anspruch auf den Jahresurlaub, für den zunächst eine sechsmonatige Wartefrist zurückzulegen ist, so gelten für die befristet Beschäftigten dieselben Zeiten wie für ihre vergleichbaren unbefristeten Pendants. Das heißt, es wäre unzulässig, den Anspruch auf das Entstehen eines vollen Jahresurlaubs für befristet Beschäftigte von einem längeren Zeitraum abhängig zu machen wie für unbefristet tätige Arbeitnehmer. Diese Gleichbehandlungspflicht gilt aber nicht nur für Wartefristen beim Urlaubsanspruch, sondern in gleichem Maße auch für sonstige gesetzliche wie tarifliche Wartezeiten im Hinblick beispielsweise auf die Entgeltfortzahlung im Krankheitsfalle, auf besondere Entgeltleistungen oder Treueprämien. Daher darf auch einem befristet Beschäftigten eine solche Prämie nicht erst nach einer längeren Vertragslaufzeit gewährt werden als einem unbefristet Beschäftigten. Denn die Treue beider ist unabhängig von der Frage, ob eine befristete oder eine unbefristete Beschäftigung vorliegt, gleich zu bewerten.

Zulässig ist in diesem Zusammenhang allerdings, dass der Arbeitgeber die im Rahmen eines früheren befristeten Arbeitsverhältnisses zurückgelegten **Zeiten einer Vorbeschäftigung** innerhalb eines späteren befristeten Beschäftigungsverhältnisses unberücksichtigt lässt, sie also nicht anrechnet, insofern sind die beiden Arbeitsverhältnisse getrennt voneinander zu bewerten.[187] So hat ein Arbeitnehmer keinen Anspruch auf die Zahlung einer Gratifikation, wenn sein Arbeitsverhältnis erst nach dem fraglichen Stichtag begründet wurde, obwohl er zuvor bereits für den gleichen Arbeitgeber befristet beschäftigt war.[188]

---

[185] So auch BAG 27. Januar 1998–3 AZR 415/96 – AP Nr. 45 zu § 1 BetrAVG Zusatzversorgungskassen.
[186] So auch LAG Hamm 9. Januar 1996–6 Sa 867/95 – NZA-RR 196, 337; KSchR/Däubler § 4 TzBfG Rn 35.
[187] So auch BAG 11. Dezember 2003–6 AZR 64/03 – AP Nr. 7 zu § 4 TzBfG.
[188] Bayreuther in: Rolfs/Giesen, BeckOK § 4 TzBfG Rn 24.

4. Rechtsfolgen und Prozessuales

77 Im Hinblick auf die Rechtsfolgen und die Fragen zur **Darlegungs- und Beweislast** gilt für das Diskriminierungsverbot des § 4 Abs. 2 TzBfG das zu § 4 Abs. 1 TzBfG Gesagte entsprechend. Auf die dortigen Ausführungen kann daher verwiesen werden.

§ 5 Benachteiligungsverbot

Der Arbeitgeber darf einen Arbeitnehmer nicht wegen der Inanspruchnahme von Rechten nach diesem Gesetz benachteiligen.

Literatur: *Belling/von Steinau-Steinrück*, Freiwillige Leistungen des Arbeitgebers als Maßregelung streikender Arbeitnehmer?, DB 1993, 534; *Gaul*, Die „Streikbruchprämie" als zulässiges Arbeitskampfmittel, NJW 1994, 1025; *Kort*, Maßregelungsverbot – Ausschluss von freiwilliger Leistung, RdA 2003, 122; *Preis*, Grundfragen der Vertragsgestaltung im Arbeitsrecht, Neuwied 1993; *Richardi/Wlotzke*, Münchener Handbuch für Arbeitsrecht, Ergänzungsband, München 2001; *Schliemann*, Das Arbeitsrecht im BGB, 2. Auflage, Berlin 2002; *Thüsing*, Anwendungsbereich und Regelungsgehalt des Maßregelungsverbots nach § 612a BGB, NZA 1994, 728

I.	Allgemeines 1	4.	„Wegen" der Inanspruchnahme: Kausalität 15
II.	Der Tatbestand des § 5 TzBfG 3	III.	Rechtsfolgen 16
1.	Arbeitnehmer 4	IV.	Darlegungs- und Beweislast .. 20
2.	Benachteiligung 5		
3.	Wegen „der Inanspruchnahme von Rechten" 9		

I. Allgemeines

1 Die Vorschrift des § 5 TzBfG schließt den ersten Teil des Gesetzes mit seinen allgemeinen, für beide Zielgruppen (Teilzeitbeschäftigte wie befristet Beschäftigte) geltenden Vorschriften ab und enthält eine spezielle Regelung bzw Konkretisierung des allgemeinen Benachteiligungsverbots. Die Regelung enthält das Verbot, Arbeitnehmer, die sich auf ihre Rechte aus dem TzBfG berufen und diese Rechte in Anspruch nehmen, bei Vereinbarungen oder Maßnahmen zu benachteiligen, etwa bei einem beruflichen Aufstieg.[1] Das allgemeine Benachteiligungsverbot, das als *lex generalis* zu § 5 TzBfG anzusehen ist, ist in § 612a BGB enthalten; auf die zu dieser Regelung entwickelten Grundsätze kann daher auch für die Auslegung und das Verständnis des § 5 TzBfG zurückgegriffen werden.

2 Die Vorschrift war europarechtlich nicht erforderlich. Keine der europäischen, dem TzBfG zugrunde liegenden Vereinbarungen, weder die Europäische Rahmenvereinbarung zur Teilzeitarbeit (Richtlinie 1997/81/EG), noch die Rahmenvereinbarung über befristete Arbeitsverhältnisse (Richtlinie 1999/70/EG) enthalten ein Benachteiligungsverbot, so wie es nunmehr in § 5 TzBfG vorgesehen ist.[2] Wie die Vorschrift des § 612a BGB[3] ist auch das Benachteiligungsverbot in § 5 TzBfG zwingend und somit aufgrund seines Charakters als Schutzvorschrift nicht abdingbar.

---

1 Vgl. das Beispiel in BR-Drucks 591/00 S. 21.
2 Bauer, BB 2000, 2474.
3 Dazu Joussen, in: Rolfs/Giesen, BeckOK § 612a BGB Rn 1.

II. Der Tatbestand des § 5 TzBfG

Nach dem Wortlaut des § 5 TzBfG setzt das Benachteiligungsverbot verschiedene Tatbestandsmerkmale voraus: Es muss die Benachteiligung „eines Arbeitnehmers" erfolgt sein;[4] es muss sich um eine Benachteiligung handeln.[5] Diese muss wegen der Inanspruchnahme der dem Arbeitnehmer zustehenden Rechte erfolgt sein;[6] zudem muss eine Kausalität zwischen der Inanspruchnahme und der Benachteiligung vorliegen.[7]

1. Arbeitnehmer

Die Vorschrift des § 5 TzBfG erfasst „Arbeitnehmer". Damit gilt sie in gleichem Umfang wie das gesamte TzBfG für alle Arbeitnehmer: Das Benachteiligungsverbot gilt somit für alle Arbeitsverhältnisse, auch für leitende Angestellte; umgekehrt gilt es, wie an anderer Stelle dargelegt,[8] nicht für arbeitnehmerähnliche Personen und auch nicht für freie Mitarbeiter.[9] Fraglich ist, inwieweit diesen dann zumindest der Schutz aus § 612a BGB zugute kommt. Eine unmittelbare Anwendung kommt auf Grund des eindeutigen Wortlauts nicht in Betracht. Denkbar ist allerdings eine analoge Anwendung. Eine solche wird zwar hinsichtlich freier Dienstverpflichteter mit Recht weitgehend abgelehnt.[10] Für arbeitnehmerähnliche Personen wird sie indes in der Literatur mit Recht weitgehend befürwortet, wobei meist auf eine bestehende Regelungslücke sowie auf die vergleichbare Schutzbedürftigkeit dieser Gruppe verwiesen wird (wenn nicht sogar in gesteigertem) Maße.[11] Die Rechtsprechung lehnt die Anwendung des § 612a BGB auf arbeitnehmerähnliche Personen indes ausdrücklich ab.[12]

2. Benachteiligung

Es muss durch den Arbeitgeber eine Benachteiligung des Arbeitnehmers erfolgt sein. Ähnlich wie in § 7 AGG iVm § 3 AGG[13] liegt auch hier eine Benachteiligung vor, wenn der Arbeitnehmer eine Einbuße erleidet, sich also seine Situation nach der Vereinbarung oder Maßnahme durch den Arbeitgeber im Verhältnis zu der Situation, wie sie zuvor bestand, verschlechtert (hat). Eine **Benachteiligung** kann somit sowohl in einer aktiven Schlechterstellung des Arbeitnehmers, als auch in der konkreten Vorenthaltung einer Leistung liegen. Da es bei § 5 TzBfG nicht auf einen Vergleich zu anderen Arbeitnehmern ankommt, kann eine Benachteiligung auch dann anzunehmen sein, wenn der finanzielle Vorteil von

---

4 § 5 Rn 4.
5 § 5 Rn 5.
6 § 5 Rn 9.
7 § 5 Rn 15.
8 § 2 Rn 8.
9 So auch Meinel/Heyn/Herms, § 5 Rn 2.
10 Soergel/Raab § 612a BGB Rn 4; ArbRBGB/Schliemann § 612a BGB Rn 6; MünchKommBGB/Müller-Glöge § 612a BGB Rn 4.
11 Wie hier Soergel/Raab § 612a BGB Rn 5; ErfKomm/Preis § 612a BGB Rn 4; KR/Pfeiffer § 612a BGB Rn 3; ArbG Berlin 7. März 2006–86 Ca 34037/99 – PersR 2001, 45.
12 BAG 14. Dezember 2004–9 AZR 23/04 – NZA 2005, 637; so auch schon zuvor ArbRBGB/Schliemann § 612a BGB Rn 6, 8.
13 Vgl. etwa die Kommentierung von Joussen, in: Rolfs/Giesen, § 611a BGB.

einer tatsächlichen Mehrleistung des Arbeitnehmers abhängt, also von einem (deutlich) erhöhten Aufwand.[14] Gleichwohl ist in der Regel davon auszugehen, dass eine Benachteiligung gerade im Vergleich mit der Behandlung anderer Arbeitnehmer deutlich wird, etwa dadurch, dass der Arbeitgeber denjenigen Arbeitnehmern eine bestimmte Vergünstigung gewährt, die sich nicht auf ihnen zustehende Rechte berufen haben.[15] Grundsätzlich ist keine gesteigerte Wertbezifferung erforderlich, um eine Benachteiligung anzunehmen. Geringwertigste Vergünstigungen unterfallen jedoch nicht dem Benachteiligungsbegriff.[16] Abgesehen davon wird man jedoch mit Recht davon auszugehen haben, dass grundsätzlich sämtliche Benachteiligungen und nicht bloß unverhältnismäßige oder inadäquate Sanktionen des Arbeitgebers erfasst sind.[17]

6 Die Benachteiligung muss „der Arbeitgeber" begangen haben. Wie im Wortlaut des § 612a BGB enthalten, nicht hingegen in demjenigen des § 5 TzBfG, gilt auch hier, dass jede einseitige Maßnahme des Arbeitgebers vom Benachteiligungsverbot erfasst ist. Darüber hinaus sind auch Vereinbarungen, die den Arbeitnehmer benachteiligen, aber von ihm aus welchen Gründen auch immer eingegangen werden, unzulässig. Die Begriffe der Vereinbarung oder Maßnahme, die § 612a BGB gebraucht, sind identisch mit denjenigen, die in § 611a aF BGB Verwendung fanden und nunmehr dem AGG zugrunde liegen, ohne in dem gleichen Maße explizit Ausdruck im Gesetzeswortlaut gefunden zu haben. Durch diese Formulierung soll in erster Linie zum Ausdruck gebracht werden, dass der von der Norm gewährte oder zumindest beabsichtigte Schutz umfassend sein soll. Erfasst ist somit auch hier **jedes arbeitgeberseitige Verhalten**. Eine Differenzierung zwischen beiden Tatbestandsalternativen ist wegen der gleichen Rechtsfolge praktisch müßig und hat lediglich (aber immerhin) theoretischen Wert.

7 Will man daher differenzieren, so meint **Vereinbarung** jede Form vertraglicher Abreden; dies umfasst sowohl individualvertragliche Abreden als auch sämtliche Formen kollektiver Vereinbarungen, also etwa Firmentarifverträge, Betriebsvereinbarungen oder Regelungsabreden sowie auch Sozialpläne. Da auch individualvertragliche Abreden erfasst sind, kann das Maßregelungsverbot des § 5 TzBfG bei jeder vertraglichen Vereinbarung zwischen Arbeitgeber und Arbeitnehmer eingreifen.[18] Die größere Relevanz in Bezug auf eine mögliche Maßregelung hat die vom Arbeitgeber vorgenommene „**Maßnahme**". Dieser Begriff ist weit zu verstehen. Er erfasst entsprechend dem ihm beizulegenden weiten Verständnis das gesamte tatsächliche und rechtsgeschäftliche Verhalten des Arbeitgebers in Beziehung zu seinem Arbeitnehmer, das zu der angegriffenen Benachteiligung führt.[19] Als Auffangtatbestand fungierend ist somit Maßnahme jedes Arbeitgeberverhalten, welches nicht dem Bereich Vereinbarung zugeordnet werden kann. Eingeschlossen in diesen Begriff sind somit Willenserklärungen ebenso wie rechtsgeschäftsähnliche und tatsächliche Verhaltensweisen des Arbeitgebers. Auch eine Kündigung ist somit eine Maßnahme im Sinne des § 612a BGB sowie

---

14 BAG 7. November 2000–2 AZR 742/00 – NZA 2003, 1139.
15 BAG 26. Oktober 1994–10 AZR 482/93 – NZA 1995, 266; BAG 23. Februar 2000–10 AZR 1/99 – AP Nr. 80 zu §§ 22, 23 BAT Lehrer; BAG 12. Juni 2002–10 AZR 340/01 – NZA 2002, 1389.
16 Dazu LAG Köln 4. Oktober 1990–10 Sa 629/90 – LAGE GG Art 9 Arbeitskampf Nr. 39.
17 Thüsing, in: Annuß/Thüsing, § 5 Rn 4.
18 So auch schon die Begründung des Regierungsentwurfs, BT-Drucks. 14/4374 S. 16.
19 BT-Drucks. 8/3317 S. 8.

des § 5 TzBfG[20]. Das weite Begriffsverständnis lässt es auch eine Maßnahme sein, wenn der Arbeitgeber den Beschäftigten mit einer sinnlosen Tätigkeit betraut oder die persönliche An- und Abmeldung trotz vorhandener Stempeluhr nach Erhebung einer Kündigungsschutzklage verlangt.[21] Auch ein Unterlassen kann eine Maßnahme darstellen. So hat die Rechtsprechung es als eine Maßnahme angesehen, dass ein Arbeitgeber eine Höhergruppierung einzelner Arbeitnehmer vorgenommen hat, dies bei anderen jedoch unterlässt, weil sie eine Klage auf Höhergruppierung verfolgt oder zumindest nicht zurückgenommen haben.[22] Schließlich kann die Benachteiligung auch durch eine Betriebsvereinbarung erfolgen, denn auch hier ist es (auch) „der Arbeitgeber", der zu Lasten des Arbeitnehmers tätig wird.[23]

Im Rahmen der *lex generalis* des § 612a BGB ist umstritten, ob das Benachteiligungsverbot auch Benachteiligungen erfasst, die vor der Rechtsausübung erfolgen, aber erst nach ihr wirksam werden. Überwiegend und zu Recht wird hierzu vertreten, es sei unerheblich, ob die Benachteiligung der zulässigen Rechtsausübung nachfolge oder vorangehe.[24] Dies ergibt sich zutreffender Weise schon aus dem Sinn und Zweck der Norm.[25] Hinzu kommt, dass anderenfalls § 612a BGB im Hinblick auf die Tatbestandsvariante „Vereinbarung" sonst weitestgehend leer liefe, da sich ein Arbeitnehmer auf eine später wirkende Vereinbarung dann kaum einlassen dürfte.[26] Die gleiche Argumentation gilt auch für die *lex specialis*. Folglich kann eine Benachteiligung **jede Handlung des Arbeitgebers sein, die der Inanspruchnahme eines Rechts aus dem TzBfG zeitlich nachfolgt oder ihr vorangeht.**[27]

8

3. Wegen „der Inanspruchnahme von Rechten"

Der Schutz des 5 TzBfG ist daran geknüpft, dass die **Benachteiligung erfolgt, weil der Arbeitnehmer in zulässiger Weise ihm zustehende Rechte ausübt**. Es muss also um ein ihm zustehendes Recht gehen. Das bedeutet, dass das geltend gemachte Recht auch tatsächlich besteht. Besteht das Recht nicht, geht jedoch der Arbeitnehmer ersichtlich und gutgläubig von einem Bestehen aus, gebietet es die Fürsorgepflicht des Arbeitgebers, in diesem Fall von einer Maßregelung abzusehen und stattdessen den Arbeitnehmer aufzuklären. Etwas anderes kann allenfalls dann gelten, wenn der Arbeitnehmer den Arbeitgeber ohne jeden Anlass mit einer Forderung konfrontiert, die ersichtlich nicht auf einem (grundsätzlich möglichen) Recht begründet ist. Doch auch dann entsteht letztlich kein Recht des Arbeitgebers auf Benachteiligung. Besteht allerdings das Recht, gilt

9

---

20 BAG 2. April 1987–2 AZR 227/86 – NZA 1988, 18; BAG 16. Februar 1989–2 AZR 247/88 – AP Nr. 20 zu § 1 KSchG 1969 Krankheit.
21 LAG Kiel 25. Juli 1989–1 (3) Sa 557/88 – LAGE Nr. 4 zu § 612a BGB.
22 BAG 23. Februar 2000–10 AZR 1/99 – AP Nr. 80 zu §§ 22, 23 BAT Lehrer.
23 Ohne Begründung wie hier Meinel/Heyn/Herms, § 5 Rn 9.
24 Preis, Vertragsgestaltung, 1993, S. 172; ErfKomm/Preis § 612a BGB Rn 10; Kania/Wackerbarth AR-Blattei SD 90 „Anwesenheitsprämie" Rn 114; Staudinger/Richardi § 612a BGB Rn 13; aA Thüsing NZA 1994, 731.
25 BAG 16. Februar – 2 AZR 247/88 – 1989 AP Nr. 20 zu § 1 KSchG 1969 Krankheit.
26 Preis, Vertragsgestaltung, 1993, S. 173.
27 So auch Boewer, § 3 Rn 9.

das Maßregelungsverbot in jedem Fall, unabhängig davon, ob der Arbeitgeber sich dessen bewusst war.[28]

10 Wenn auch grundsätzlich zu verlangen ist, dass das in Anspruch genommene Recht tatsächlich besteht, so schadet es – über die soeben genannte Situation hinaus – nach zutreffender Ansicht gleichwohl nicht, wenn etwa der Arbeitnehmer im Hinblick auf § 8 TzBfG einen Antrag auf Teilzeitbeschäftigung stellt, dieser dann aber aus Gründen, die er nicht kennen kann, weil sie nicht in seiner Sphäre liegen, unbegründet ist, beispielsweise deshalb, weil der verlangten Arbeitszeitverkürzung betriebliche Gründe entgegenstehen. Hier nimmt der Arbeitnehmer gleichwohl ein ihm zustehendes Recht in Anspruch, auch wenn er damit nicht durchdringt.[29] Gleiches muss dann auch gelten, wenn der Verkürzungsantrag des Arbeitnehmers zu früh gestellt wird.[30]

11 Die Form der Ausübung ist unerheblich und kann schriftlich, mündlich oder auch rein tatsächlich erfolgen. Auch die gerichtliche oder kollektive Wahrnehmung durch eine Interessenvertretung kann eine **zulässige Rechtsausübung** darstellen. Die Erhebung einer Klage gegen den Arbeitgeber gehört somit zu der zulässigen Ausübung einer Rechtsposition, auf die Erfolgsaussichten der Klage kommt es nicht an; dies ist anders zu beurteilen, soweit es sich um mutwillige Klageerhebungen rechtsmissbräuchlichen Charakters handelt.[31]

12 Der Wortlaut des § 5 TzBfG enthält dies zwar nicht, doch in Verbindung mit der *lex generalis* und der dort enthaltenen Formulierung muss auch die Ausübung des Rechts nach dem TzBfG „in zulässiger Weise" erfolgen. Insofern kann dieses Erfordernis als ungeschriebenes Tatbestandsmerkmal angesehen werden.[32] Ob die Ausübung zulässig ist, richtet sich nach den allgemeinen Regeln der Rechtsordnung. **Die zulässige Ausübung setzt somit die Vereinbarkeit des Verhaltens mit Gesetz und Vertrag voraus.** Somit rechtfertigt die Wahrnehmung zustehender Rechte grundsätzlich nicht die Verletzung arbeitsvertraglicher Haupt- oder Nebenpflichten durch den Arbeitnehmer. Infolgedessen unterfallen Sanktionen des Arbeitgebers als Reaktion hierauf nicht dem Maßregelungsverbot des § 612a BGB. Zudem muss der Arbeitnehmer die objektive Rechtslage beachten; sie ist entscheidend, nicht die subjektive Vorstellung des Arbeitnehmers.[33]

13 Der Arbeitnehmer muss Rechte in Anspruch nehmen, die ihm das TzBfG einräumt. Hierin liegt die Verengung gegenüber der *lex generalis*, die nur allgemein von Rechten spricht; das Benachteiligungsverbot des § 5 TzBfG erfasst infolgedessen **ausschließlich Rechte nach dem TzBfG**. In Betracht kommt somit die Inanspruchnahme der unterschiedlichen, vom Gesetz gewährten Rechtspositionen: Darunter fällt im Hinblick auf die Teilzeitbeschäftigung vor allem das Recht auf Gleichbehandlung nach § 4 Abs. 1 TzBfG; hierzu gehören auch das Recht auf Reduzierung der Arbeitszeit nach § 8 TzBfG, sowie das Recht aus § 9 TzBfG bezüglich der bevorzugten Berücksichtigung bei der Besetzung eines freien Arbeitsplatzes zur Verlängerung der Arbeitszeit; das Recht auf Teilnahme an Aus- und Weiterbildungsmaßnahmen zur Förderung der beruflichen Weiterent-

---

28 LAG Köln 13. Oktober 1993–7 Sa 690/93 – NZA 1995, 128.
29 Bayreuther, in: Rolfs/Giesen, § 5 TzBfG Rn 2.
30 Rolfs § 5 Rn 2.
31 BAG 23. Februar 2000–10 AZR 1/99 – AP Nr. 80 zu §§ 22, 23 BAT Lehrer.
32 So auch ErfKomm/Preis § 5 TzBfG Rn 1; Thüsing, in: Annuß/Thüsing, § 5 Rn 3.
33 Gamillscheg AR-Blattei SD 1183 Rn 20; KR/Pfeiffer § 612a BGB Rn 6.

wicklung und Mobilität nach § 10 TzBfG und schließlich das Recht zur Arbeitsverweigerung bei Abrufarbeit und Nichteinhaltung der viertägigen Ankündigungsfrist nach § 12 Abs. 2 TzBfG.

Die Inanspruchnahme von Rechten durch den befristet beschäftigten Arbeitnehmer erstreckt sich in erster Linie ebenfalls auf das Recht auf Gleichbehandlung nach § 4 Abs. 2 TzBfG. Gemeint ist aber auch das Recht auf Information über entsprechend unbefristete Arbeitsplätze, welches sich aus § 18 TzBfG ergibt; Gleiches gilt für das Recht auf Teilnahme an Aus- und Weiterbildungsmaßnahmen zur Förderung der beruflichen Weiterentwicklung und Mobilität nach § 19 TzBfG sowie die Möglichkeit, innerhalb der Frist nach § 17 TzBfG die Unwirksamkeit einer Befristung geltend zu machen. 14

4. „Wegen" der Inanspruchnahme: Kausalität

Die Benachteiligung des Arbeitnehmers muss wegen seiner Rechtswahrnehmung erfolgt sein. Zwischen der Rechtsausübung und der Benachteiligung muss somit eine **Kausalität** vorliegen. Erforderlich ist daher zunächst eine Ursächlichkeit im Sinne einer *condicio sine qua non*. Darüber hinaus wird jedoch zusätzlich noch von der Rechtsprechung (zur *lex generalis* des § 612a BGB, aber auf § 5 TzBfG übertragbar) verlangt, dass die Rechtsausübung durch den Arbeitnehmer nicht nur in irgendeiner Weise auch ursächlich für die Maßregelung war. Vielmehr bedarf es als subjektives Moment auch noch einer gewissen **Maßregelungsabsicht des Arbeitgebers**. Das bedeutet, für diesen muss die Rechtsausübung durch den Arbeitnehmer das tragende Motiv, der wesentliche Beweggrund für seine Vereinbarung oder Maßnahme sein.[34] Die arbeitgeberseitige Maßnahme gegenüber dem Arbeitnehmer ist damit auch dann unwirksam, wenn objektiv ein anderer Grund für die Maßnahme des Arbeitgebers vorliegt, dieser aber die Maßnahme nicht ausgelöst hat. Eine rein zeitliche Koinzidenz, also ein rein zeitliches Zusammentreffen von Inanspruchnahme und Benachteiligung reicht infolgedessen nicht aus, sie ist aber andererseits auch nicht unbedingt notwendig.[35] Darüber hinaus kann eine dem Benachteiligungsverbot widersprechende Maßnahme daher auch dann vorliegen, wenn an sich ein Sachverhalt gegeben ist, der eine Benachteiligung gerechtfertigt hätte;[36] entscheidend ist somit die subjektive Ebene. Eine Benachteiligung wegen einer fehlenden Kausalität scheidet hingegen aus, wenn die Rechtsausübung lediglich irgendein Grund war, also nur auf irgendeine Weise mitursächlich für die Benachteiligung war. 15

III. Rechtsfolgen

§ 5 TzBfG enthält zunächst, wie auch die allgemeine Regelung in § 612a BGB, keine eigenständigen Rechtsfolgen. Da die Norm allerdings ein **gesetzliches Verbot** enthält, führt ein Verstoß gegen das Verbot der Benachteiligung nach § 134 16

---

34 BAG 2. April 1987–2 AZR 227/86 – NZA 1988, 18; LAG Hamm 18. Dezember 1987–17 Sa 1295/87 – DB 1988, 917.
35 Holwe/Kossens § 5 Rn 8.
36 BAG 2. April 1987–2 AZR 227/86 – AP Nr. 1 zu § 612a BGB, Arnold/Gräfl/Rambach § 5 Rn 10.

BGB zur Nichtigkeit der Vereinbarung oder Maßnahme, sofern es sich bei letzterer um ein Rechtsgeschäft handelt: Eine vorgenommene Kündigung ist somit nichtig.[37] Die Nichtigkeit ist dann jedoch jedenfalls innerhalb der **Dreiwochenfrist des § 4 KSchG** geltend zu machen. Dazu ist allerdings nicht erforderlich, dass das Arbeitsverhältnis bereits seit sechs Monaten besteht, da es sich hier nicht um die Geltendmachung einer nach dem KSchG ungerechtfertigten Kündigung handelt. Doch ist die Kündigung als Maßnahme im Sinne von § 5 TzBfG als „anderer Grund" gemäß § 4 KSchG anzusehen, so dass die Fristeinhaltung zu verlangen ist. Versäumt der betroffene Arbeitnehmer die Frist des § 4 KSchG und wird die Rechtsunwirksamkeit der Kündigung nicht rechtzeitig durch die Klageerhebung geltend gemacht, gilt sie gemäß § 7 KSchG als wirksam.[38]

17 Benachteiligende Maßnahmen ohne rechtlichen Gehalt, also tatsächliche Maßnahmen des Arbeitgebers, sind für den Arbeitnehmer, soweit sie gegen das Verbot aus § 5 TzBfG verstoßen, unverbindlich. Der Arbeitnehmer muss ihnen also nicht nachkommen.[39] Stattdessen ist er berechtigt, ihre Beseitigung und – bei der Gefahr der Wiederholung – ihre Unterlassung zu verlangen; Anspruchsgrundlage ist in diesem Fall § 1004 Abs. 1 Satz 2 BGB (analog). Dauert die Maßnahme bzw Benachteiligung noch fort, kann der Arbeitgeber entsprechend § 1004 Abs. 1 Satz 1 BGB ihre Beseitigung verlangen. Aus **§ 280 Abs. 1 BGB** kann der Arbeitnehmer dann, wenn ihm durch die verbotene Maßnahme ein Vermögensschaden entstanden ist, einen Ersatzanspruch geltend machen. § 5 TzBfG kann zudem als **Verbotsgesetz im Sinne von § 823 Abs. 2 BGB** gelten, da er gerade dazu dienen soll, wirtschaftliche Nachteile des betroffenen Arbeitnehmers zu kompensieren.[40]

18 **Unklar ist, inwieweit § 5 TzBfG auch anspruchsbegründend sein kann.** Zum Teil wird explizit vertreten, dass in den Fällen, in denen dem Arbeitnehmer ein Vorteil vorenthalten wird, die Beseitigung der darin liegenden Maßnahme in einer entsprechenden Zuwendung an den Arbeitnehmer liegen kann.[41] Das erscheint jedoch fraglich; im Ergebnis dürfte hier die gleiche Argumentation greifen wie bei § 612a BGB. Auch hier ist umstritten, ob diese Norm anspruchsbegründend wirken kann. Dies ist zumindest nach der Rechtsprechung der Fall. So kann bei einer maßregelnden Unterlassung einer Höhergruppierung eine Beseitigung der rechtswidrigen Benachteiligung nur dadurch erfolgen, dass die Höhergruppierung in gleicher Weise gewährt wird wie den höher gruppierten Arbeitnehmern.[42] In gleicher Weise muss, so das BAG, der Arbeitgeber denjenigen Arbeitnehmern, die er zunächst aus dem Kreis einer freiwilligen Leistung ausgeschlossen hat, bei einer vorliegenden verbotenen Benachteiligung in den Empfängerkreis aufnehmen.[43] Auch soll ein Arbeitnehmer auf dieser Grundlage

---

37 So für die allgemeine Norm in § 612a BGB, übertragbar auf § 5 TzBfG BAG 2. April 1987–2 AZR 227/86 – AP BGB § 612a Nr 1.
38 Wie hier auch Bayreuther, in: Rolfs/Giesen, § 5 TzBfG Rn 4; ErfKomm/Preis § 612a BGB, Rn 26; Meinel/Heyn/Helms § 5 Rn 12; aA, wohl noch beeinflusst durch die Rechtslage vor der Änderung des § 4 KSchG 2003, Thüsing, in: Annuß/Thüsing, § 5 Rn 6; Holwe/Kossens § 5 Rn 10; Boewer, § 5 Rn 5.
39 KR/Pfeiffer § 612a BGB Rn 11.
40 LAG Hamm 18. Dezember 1987–17 Sa 1295/87 – DB 1988, 917; MünchKommBGB/Müller-Glöge § 612a BGB Rn 23; Kort RdA 2003, S. 125.
41 Boewer, § 5 Rn 5.
42 BAG 23. Februar 2000–10 AZR 1/99 – AP Nr. 80 zu §§ 22, 23 BAT Lehrer.
43 BAG 12. Juni 2002–10 AZR 340/01 – NZA 2002, 1389.

einen Anspruch auf die Zuweisung von 45 Stunden Arbeit haben, wenn nicht benachteiligte Kollegen ebenfalls 45 Stunden arbeiten dürfen, der Anspruchsteller allerdings nur 35.[44] Ob hier in der Tat ein Anspruch aus § 612a BGB hergeleitet werden kann, erscheint jedoch fraglich. Eine so weite Rechtsfolge trägt zumindest die Norm unmittelbar schon auf Grund ihres Wortlauts nicht. Daher wird man in derartigen Fällen eher mit dem allgemeinen arbeitsrechtlichen Gleichbehandlungsgrundsatz denn mit § 612a BGB arbeiten müssen.[45] Gleiches gilt infolgedessen auch für die Bestimmung in § 5 TzBfG.

Eine Benachteiligung kann jedoch für den Arbeitnehmer, wenn auch nicht zu einem **Leistungsanspruch**, so doch zu einem Zurückbehaltungsrecht nach § 273 BGB führen; macht er dieses Recht geltend, kann ihm sein Entgeltanspruch aufgrund des Verzugs des Arbeitgebers mit der Annahme der Leistung gemäß § 615 Satz 1 BGB erhalten bleiben.

19

IV. Darlegungs- und Beweislast

§ 5 TzBfG enthält **keine eigenständige Darlegungs- und Beweislastregelung**, wie sie von anderen Diskriminierungsverboten, namentlich von denen des AGG bekannt ist.[46] Auch hier entspricht die *lex specialis* in der allgemeinen Regelung in § 612a BGB, die ebenfalls keine eigenständigen Beweislastbestimmungen enthält. Daraus folgt, dass **grundsätzlich der Arbeitnehmer die Darlegungs- und Beweislast für das Vorliegen einer Maßregelung trägt**. Er muss die gesamten Tatbestandsvoraussetzungen eines Verstoßes gegen § 5 TzBfG darlegen und gegebenenfalls beweisen, das heißt die Zulässigkeit seiner Rechtsausübung auf der Grundlage des TzBfG, die Benachteiligung durch den Arbeitgeber sowie den Kausalzusammenhang („wegen"). Eine analoge Anwendung der Stufungen des § 22 AGG ist nicht möglich,[47] denn dem Gesetzgeber war die Regelungslücke bekannt, so dass man schon nicht von einer planwidrigen Lücke ausgehen kann.

20

Umstritten ist in diesem Zusammenhang, ob dem Arbeitnehmer ein **Anscheinsbeweis** zugute kommen kann.[48] Der Anscheinsbeweis beruht auf der Lebenserfahrung, wonach bestimmte Geschehensabläufe eine gleich bleibende Ursache haben. Steht ein Sachverhalt fest, so der Grundsatz vom Anscheinsbeweis, ist dieser regelmäßige Verlauf als bewiesen anzusehen, wenn der Fall das Gepräge des Üblichen und Typischen trägt.[49] Häufig wird diesbezüglich zu Zurückhaltung gemahnt; da regeltypische Geschehensabläufe nur selten bestünden, sei Zurückhaltung geboten.[50] Doch kann eine solche Fallgestaltung nicht von vornherein ausgeschlossen sein. Vielmehr wird man auch hier daran festzuhalten haben, dass der Anscheinsbeweis führbar ist, beispielsweise dann, wenn ein enger zeitlicher Zusammenhang zwischen der benachteiligenden Maßnahme bzw Verein-

21

---

44 BAG 7. November 2000–2 AZR 742/00 – NZA 2003, 1139.
45 In diesem Sinne auch Kort RdA 2003, 122 [123].
46 Zu den dortigen Grundsätzen der Beweislastverteilung vgl Joussen, in: Rolfs/Giesen, BeckOK § 611a BGB Rn 32.
47 BAG 2. April 1987–2 AZR 227/86 – NZA 1988, 18; BAG 25. November 1993–2 AZR 517/93 – NZA 1994, 838; KR/Pfeiffer § 612a BGB Rn 12.
48 Dazu jüngst noch LAG Kiel 28. Juni 2006–5 Sa 64/05 – BB 2006, 112.
49 Arnold/Gräfl/Rambach § 5 Rn 15.
50 Thüsing, in: Annuß/Thüsing, § 5 Rn 7; Meinel/Heyn/Helms § 5 Rn 16.

barung und der zuvor erfolgten Inanspruchnahme besteht; denn gerade diese Fallkonstellation ist es ja auch, die überhaupt das Benachteiligungsverbot motiviert.[51]

22 Lässt man somit zu Recht den Anscheinsbeweis zu, ist dieser dem Arbeitnehmer dann gelungen, wenn er Tatsachen nachweist, die einen Schluss auf die Benachteiligung wegen der Rechtsausübung wahrscheinlich machen, also insbesondere weil, wie zuvor schon angesprochen, der zeitliche Zusammenhang zwischen Inanspruchnahme des Rechts und der Benachteiligung durch den Arbeitgeber auf der Hand liegt.[52] Der Anscheinsbeweis kann dem Arbeitnehmer also zumindest hinsichtlich der subjektiven Tatbestandsmerkmale sowie der Kausalität jedenfalls dann zugute kommen, wenn und soweit er sich insofern auf **anerkannte Erfahrungssätze** berufen kann.[53] Als ein solcher Zusammenhang kann etwa gelten, wenn der Arbeitnehmer ohne weiteren erkennbaren Grund nach einem in erster Instanz gewonnenen Rechtsstreit an einem neuen Arbeitsplatz getrennt von seinen Kollegen mit sinnlosen Arbeiten beschäftigt wird und sich trotz Stempeluhr bei jedem Verlassen des Arbeitsplatzes mündlich an- und abzumelden hat.[54]

23 Der Arbeitgeber muss dann seinerseits substantiiert darlegen und gegebenenfalls beweisen, warum der Arbeitnehmer benachteiligt wurde, dass also in der Benachteiligung keine Benachteiligung „wegen" der Inanspruchnahme eines Rechts liegt. Gelingt es dem Arbeitgeber nicht, diesen Zusammenhang zu bestreiten, wird dieser regelmäßig als zugestanden zu bewerten sein.[55]

---

51 In diesem Sinne auch LAG Kiel 25. Juli 1989–1 (3) Sa 557/88 – LAGE Nr. 4 zu § 612a BGB; Gaul, NJW 1994, 1030; Belling/von Steinau-Steinrück DB 1993, 536; Boewer, § 5 Rn 7.
52 LAG Kiel 25. Juli 1989–1 (3) Sa 557/88 – LAGE Nr. 4 zu § 612a BGB; ArbRBGB/Schliemann § 612a BGB Rn 23.
53 Für die allgemeine Regelung s. hierzu MünchKommBGB/Müller-Glöge § 612a BGB Rn 24.
54 So der Sachverhalt zu der Entscheidung von LAG Kiel 25. Juli 1989–1 (3) Sa 557/88 – LAGE Nr. 4 zu § 612a BGB.
55 Thüsing, in: Annuß/Thüsing, § 5 Rn 7; Holwe/Kossens § 5 Rn 13.

Zweiter Abschnitt

Teilzeitarbeit

§ 6 Förderung von Teilzeitarbeit

Der Arbeitgeber hat den Arbeitnehmern, auch in leitenden Positionen, Teilzeitarbeit nach Maßgabe dieses Gesetzes zu ermöglichen.

- I. Normzweck 1
- II. Rechtliche Relevanz der Regelung 2
- III. Beteiligung des Betriebsrats .. 5

I. Normzweck

§ 6 verpflichtet den Arbeitgeber, Arbeitnehmern **Teilzeitarbeit** nach Maßgabe des Teilzeit- und Befristungsgesetzes **zu ermöglichen**, und zwar – wie besonders hervorgehoben wird – auch **Arbeitnehmern in leitenden Positionen**. Nach der Gesetzesbegründung soll mit dieser Regelung, die § 5 Abs. 3 lit. d), 1. Alt. der gemeinschaftsrechtlichen Rahmenvereinbarung über Teilzeitarbeit umsetzt, dem Umstand Rechnung getragen werden, dass vielfach noch Vorbehalte gegen Teilzeitarbeit von Männern und in höher qualifizierten Tätigkeiten bestehen.[1] Die Arbeitgeber sollen deshalb durch die Bestimmung aufgefordert werden, Teilzeitarbeit auf allen Unternehmensebenen im Rahmen des durch dieses Gesetz eröffneten Handlungsspielraums auch in leitenden Stellungen zu ermöglichen.[2] Sie sollen dafür sorgen, dass Teilzeitarbeit als Arbeitsform insbesondere im Bereich qualifizierter Tätigkeiten attraktiver wird.[3] 1

II. Rechtliche Relevanz der Regelung

Der im Kontext mit der in § 1 formulierten Zielsetzung des Gesetzes, Teilzeitarbeit zu fördern, stehenden Vorschrift des § 6 kommt über einen bloßen Programmsatz[4] **rechtliche Bedeutung** in verschiedener Richtung zu. 2

Zum einen formuliert das Gesetz die Verpflichtung – „hat" – des Arbeitgebers, den Arbeitnehmern, auch in leitenden Positionen, Teilzeitarbeit nach Maßgabe dieses Gesetzes zu ermöglichen. Wenn diese allgemein bestimmte Verpflichtung auch im Verhältnis zu im Gesetz selbst konkretisierten Pflichten wie insbesondere in den Regelungen der §§ 7 Abs. 2 und 8 keine weitergehende rechtliche Bedeutung erlangen kann, so ist der Bestimmung des § 6 gleichwohl nicht lediglich ein Appellcharakter beizumessen. Die hier niedergelegte Verpflichtung zur 3

---

1 Siehe BT-Drucks. 14/4374, S. 16.
2 Siehe Gesetzesbegründung, BT-Drucks. 14/4374, S. 16.
3 Siehe Gesetzesbegründung, BT-Drucks. 14/4374, S. 16.
4 So Rolfs, § 7 TzBfG Rn 2; siehe auch Annuß/Thüsing/*Mengel*, § 6 TzBfG Rn 1, die der Vorschrift einen normativen Charakter abspricht und ihr bestenfalls programmatischen Charakter einräumen will.

Ermöglichung von Teilzeitarbeit ist vielmehr als **Auslegungsmaxime** bei der Anwendung der Vorschriften des Gesetzes zu beachten, erlangt mithin vor allem bei der Auslegung unbestimmter Rechtsbegriffe Bedeutung. So wird aus der in § 6 hervorgehobenen Verpflichtung des Arbeitgebers zur Ermöglichung von Teilzeitarbeit auch gegenüber Arbeitnehmern in leitenden Positionen ohne weiteres deutlich, dass im Rahmen der Prüfung, inwieweit dem Verlangen eines Arbeitnehmers auf Verringerung der Arbeitszeit betriebliche Gründe im Sinne des § 8 Abs. 4 Sätze 1, 2 entgegenstehen, die Ausübung einer leitenden Tätigkeit nicht bereits als solche das Vorliegen eines betrieblichen Grundes begründen kann.[5] Allgemein kommt § 6 bei dem Verständnis als Auslegungsmaxime die Funktion zu, jenseits gesetzlich ausdrücklich konkretisierter Pflichten wie etwa in § 7 Abs. 2 und § 8 den Arbeitgeber im Rahmen des Möglichen auf die Verwirklichung des Teilzeitwunsches eines Arbeitnehmers zu verpflichten und diese Pflichtenstellung bei der Anwendung des Gesetzes zu beachten.

4 Des Weiteren entfaltet die Regelung des § 6 insoweit rechtliche Wirkung, als mit der Anordnung, Arbeitnehmern, und zwar auch solchen in leitenden Positionen, Teilzeitarbeit nach Maßgabe dieses Gesetzes zu ermöglichen, der persönliche Anwendungsbereich des Gesetzes konkretisiert wird. Mangels einer eigenständigen Definition des Arbeitnehmerbegriffs in § 6 selbst wie auch in den anderen Vorschriften des Gesetzes ist für die Abgrenzung des persönlichen Anwendungsbereichs von dem allgemeinen Arbeitnehmerbegriff auszugehen. Arbeitnehmer ist danach derjenige, der aufgrund eines privatrechtlichen Vertrages zur Leistung von Diensten für einen anderen in persönlicher Abhängigkeit gegen Entgelt verpflichtet ist.[6] Nicht erfasst vom Anwendungsbereich sind deshalb neben selbständig tätigen Personen Beamte, Richter und Soldaten, die nicht auf der Grundlage eines privatrechtlichen Vertrages tätig werden, sondern nach Ernennung (Verwaltungsakt) im Rahmen eines öffentlich-rechtlichen Dienstverhältnisses. § 6 spricht ausdrücklich auch von „Arbeitnehmern, in leitenden Positionen". Mit dieser begrifflichen Neuschöpfung zur Beschreibung von Arbeitnehmern, die eine höher qualifizierte Tätigkeit ausüben,[7] wird nicht eine, womöglich ausschließende, Abgrenzung zu bisher bekannten gesetzlichen Bezeichnungen von Arbeitnehmern, die einer qualifizierten Tätigkeit nachgehen (zum Beispiel leitende Angestellte im Sinne von § 5 Abs. 3 BetrVG), vorgenommen. Vielmehr soll mit dieser unspezifischen Begrifflichkeit klargestellt werden, dass die Verpflichtung nach § 6 für Arbeitnehmer auf allen Unternehmensebenen gilt[8] und damit für jeden Arbeitnehmer unabhängig davon, ob er eine qualifizierte Tätigkeit ausübt und wie er begrifflich in anderen arbeitsrechtlichen Gesetzen eingeordnet wird.[9] Die Regelung des § 6 spricht, nicht anders als insbesondere auch § 7 Abs. 2 und § 8, jenseits der Arbeitnehmer in leitenden Positionen ganz allgemein von Arbeitnehmern. Die Verpflichtung des Arbeitgebers zur Ermöglichung von Teilzeitarbeit besteht deshalb auch gegenüber Arbeitnehmern, die

---

5 So auch Annuß/Thüsing/*Mengel*, § 6 TzBfG Rn 4; KDZ/*Zwanziger* § 8 TzBfG Rn 23.
6 Siehe nur Dütz, Arbeitsrecht, 11. Auflage, Rn 29 ff mwN.
7 So die Beschreibung in der Gesetzesbegründung, BT-Drucks. 14/4374, S. 16.
8 Siehe die Gesetzesbegründung, BT-Drucks. 14/4374, S. 16.
9 Zur Verringerung der vertraglichen Arbeitszeit bei Arbeitnehmern in leitenden Positionen siehe § 8 Rn 60 und 99.

bereits teilzeitbeschäftigt sind,[10] wie auch gegenüber befristet beschäftigten Arbeitnehmern, soweit die Befristungsdauer die Wartezeit nach § 8 Abs. 1 übersteigt.[11] Zu den Arbeitnehmern nach § 6 wie auch den anderen Vorschriften des Teilzeit- und Befristungsgesetzes gehören nicht Auszubildende im Sinne des Berufsbildungsgesetzes, eine Teilzeittätigkeit wäre nicht mit dem Zweck eines Ausbildungsverhältnisses vereinbar. Mitglieder des Vertretungsorgans einer juristischen Person wie etwa der Geschäftsführer einer GmbH unterfallen nur dann dem persönlichen Anwendungsbereich dieses Gesetzes, wenn sie ihre Tätigkeit als Organ im Rahmen eines Arbeitsverhältnisses ausüben.[12]

III. Beteiligung des Betriebsrats

Die Verpflichtung nach § 6 wird kollektivrechtlich ergänzt durch das in § 92a BetrVG niedergelegte **Vorschlagsrecht des Betriebsrats zur Beschäftigungssicherung**, das sich unter anderem auch auf die Förderung von Teilzeitarbeit erstreckt (§ 92a Abs. 1 Satz 2 BetrVG). Mit diesem Vorschlagsrecht korrespondiert eine Beratungspflicht des Arbeitgebers nach § 92a Abs. 2 BetrVG.[13] Über dieses Mitwirkungsrecht kann der Betriebsrat versuchen, Einfluss auf die Verwirklichung der in § 6 niedergelegten Verpflichtung des Arbeitgebers zu nehmen.

5

§ 7 Ausschreibung; Information über freie Arbeitsplätze

(1) Der Arbeitgeber hat einen Arbeitsplatz, den er öffentlich oder innerhalb des Betriebes ausschreibt, auch als Teilzeitarbeitsplatz auszuschreiben, wenn sich der Arbeitsplatz hierfür eignet.

(2) Der Arbeitgeber hat einen Arbeitnehmer, der ihm den Wunsch nach einer Veränderung von Dauer und Lage seiner vertraglich vereinbarten Arbeitszeit angezeigt hat, über entsprechende Arbeitsplätze zu informieren, die im Betrieb oder Unternehmen besetzt werden sollen.

(3) Der Arbeitgeber hat die Arbeitnehmervertretung über Teilzeitarbeit im Betrieb und Unternehmen zu informieren, insbesondere über vorhandene oder geplante Teilzeitarbeitsplätze und über die Umwandlung von Teilzeitarbeitsplätzen in Vollzeitarbeitsplätze oder umgekehrt. Der Arbeitnehmervertretung sind auf Verlangen die erforderlichen Unterlagen zur Verfügung zu stellen; § 92 des Betriebsverfassungsgesetzes bleibt unberührt.

Literatur: *Bauer*, Neue Spielregeln für Teilzeitarbeit und befristete Arbeitsverträge, NZA 2000, 103 ff; *Beckschulze*, Die Durchsetzbarkeit des Anspruchs auf Teilzeitarbeit in der betrieblichen Praxis, DB 2000, 2598 ff; *Däubler*, Das geplante Teilzeit- und Befristungsgesetz, ZIP 2000, 1961 ff; *Däubler*, Das neue Teilzeit- und Befristungsgesetz, ZIP 2001, 217 ff; *Ehler*, Unterlassene Ausschreibung als Teilzeitarbeitsplatz, BB 2001, 1146 ff; *Hanau*, Offene Fragen zum Teilzeitgesetz, NZA 2001, 1168 ff; *Hromadka*, Das neue Teilzeit- und Befristungsgesetz, NJW 2001,

---

10 Insoweit gehen § 6 wie auch die folgenden Vorschriften über die Zielsetzung des § 1 hinaus, zutreffend Annuß/Thüsing/*Mengel*, § 6 TzBfG Rn 9.
11 Siehe insoweit zu § 8, Rn 13 und Rn 62 im Zusammenhang mit der Berücksichtigung betrieblicher Gründe bei dem Verlangen eines befristet beschäftigten Arbeitnehmers auf Reduzierung und Neuverteilung seiner Arbeitszeit.
12 Siehe näher Annuß/Thüsing/*Mengel*, § 6 TzBfG Rn 13.
13 Siehe dazu näher HaKo-BetrVG/*Kreuder*, § 92 a) BetrVG Rn 3.

400 ff; *Kliemt*, Der neue Teilzeitanspruch, NZA 2001, 63 ff; *Lakies*, Das Teilzeit- und Befristungsgesetz, DZWIR 2001, 1 ff; *Link/Fink*, Anspruch auf Verringerung der Arbeitszeit, AuA 2001, 107 ff; *Preis/Gotthardt*, Neuregelung der Teilzeitarbeit und befristeten Arbeitsverhältnisse, DB 2000, 2065 ff; *Rolfs*, Das neue Rechts der Teilzeitarbeit, RdA 2001, 129 ff; *Schiefer*, Entwurf eines Gesetzes über Teilzeitarbeit und befristete Arbeitsverhältnisse und zur Änderung und Aufhebung arbeitsrechtlicher Bestimmungen, DB 2000, 2118 ff; *Schmidt*, Neue Probleme der Teilzeitarbeit – Zur Rechtmäßigkeit der Bevorzugung Teilzeitbeschäftigter und zum Anspruch auf Reduzierung der Arbeitszeit, AuR 2002, 245 ff.

I.	Normzweck 1	1.	Inhalt 10
II.	Ausschreibung als Teilzeitarbeitsplatz 3	2.	Folgen eines Verstoßes gegen § 7 Abs. 2 18
1.	Inhalt der Regelung 3	IV.	Information der Arbeitnehmervertretung über Teilzeitarbeit (§ 7 Abs. 3) 20
2.	Folgen eines Verstoßes gegen § 7 Abs. 1 6		
III.	Information der Arbeitnehmer über freie Arbeitsplätze (§ 7 Abs. 2) 10	1.	Inhalt 20
		2.	Verstoß gegen § 7 Abs. 3 28

I. Normzweck

1 Die Vorschrift des § 7 regelt die Verpflichtungen des Arbeitgebers, im Falle der Ausschreibung eines Arbeitsplatzes diesen bei Eignung auch als **Teilzeitarbeitsplatz auszuschreiben** (Abs. 1), **Arbeitnehmer über freie Arbeitsplätze zu informieren** (Abs. 2) und die **Arbeitnehmervertretung über Teilzeitarbeit in Betrieb und Unternehmen zu informieren** (Abs. 3). Mit der Vorgabe des § 7 Abs. 1 zielt das Gesetz auf eine Erweiterung des Angebots von Teilzeitarbeitsplätzen.[1]

2 Absätze 2 und 3 dienen der Umsetzung von § 5 Nr. 3 lit. c) und lit. e) der Rl. 97/81/EG über Teilzeitarbeit. Die Informationspflicht des § 7 Abs. 2 ist darauf ausgerichtet, interessierten Arbeitnehmern Informationen über zu besetzende Arbeitsplätze in Betrieb oder Unternehmen zu verschaffen, um damit die **Transparenz der Möglichkeit von Teilzeitarbeit** zu erhöhen.[2] Dem Ziel einer größeren Transparenz über die Möglichkeit von Teilzeitarbeit dient auch die Verpflichtung zur Information der Arbeitnehmervertretung in § 7 Abs. 3. Diese Regelung schränkt nicht Beteiligungsrechte der Arbeitnehmervertretung nach Maßgabe anderer Rechtsgrundlagen ein, wie der zweite Halbsatz von § 7 Abs. 3 deutlich macht.

II. Ausschreibung als Teilzeitarbeitsplatz

1. Inhalt der Regelung

3 Gemäß § 7 Abs. 1 hat der Arbeitgeber einen Arbeitsplatz, den er öffentlich oder innerhalb des Betriebs ausschreibt, **auch als Teilzeitarbeitsplatz auszuschreiben**, wenn sich der Arbeitsplatz hierfür eignet. Diese Regelung begründet, nicht anders als § 11 AGG, **keine Verpflichtung des Arbeitgebers zur Ausschreibung** eines Arbeitsplatzes. Vorbehaltlich besonderer Vorschriften wie etwa § 93

---

1 Siehe die Begründung zum Gesetzentwurf, BT-Drucks. 14/4374, S. 16.
2 Siehe Begründung zum Gesetzentwurf, BT-Drucks. 14/4374, S. 16.

BetrVG bleibt der Arbeitgeber in der Entscheidung, ob eine Stelle ausgeschrieben werden soll, frei. Die Verpflichtung des § 7 Abs. 1 kommt deshalb erst und nur dann zum Tragen, wenn sich der Arbeitgeber entschließt, einen zu besetzenden Arbeitsplatz auszuschreiben.[3] Das gilt unabhängig davon, ob der Arbeitsplatz öffentlich oder lediglich betriebsintern ausgeschrieben wird. Darüber hinaus führt die Verpflichtung des § 7 Abs. 1 nicht dazu, dass der Arbeitgeber in der Freiheit der Auswahl unter den Bewerbern beschränkt wird. Wie der Arbeitsplatz letztlich besetzt wird, bleibt der freien Entscheidung des Arbeitgebers vorbehalten, so dass er auch eine Vollzeitkraft einstellen kann.[4]

Ein zu besetzender Arbeitsplatz ist nur dann auch als Teilzeitarbeitsplatz auszuschreiben, **wenn sich der Arbeitsplatz hierfür eignet**. In § 7 Abs. 1 des Entwurfs eines Gesetzes über Teilzeitarbeit und befristete Arbeitsverträge war noch vorgesehen, dass eine Ausschreibung auch als Teilzeitarbeitsplatz nur für den Fall unterbleiben konnte, dass dringende betriebliche Gründe einer Teilzeitarbeit an diesem Arbeitsplatz entgegenstehen.[5] Durch die im Zuge des Gesetzgebungsverfahrens erfolgte Änderung sollte klargestellt werden, dass der Arbeitgeber ausgeschriebene Arbeitsplätze nur im Rahmen seiner betrieblichen Möglichkeiten auch als Teilzeitarbeitsplätze ausschreiben muss.[6] Die Frage, nach welchen Maßstäben die Eignung eines Arbeitsplatzes als Teilzeitarbeitsplatz zu beurteilen ist, wird im Gesetz selbst nicht geregelt. Ein maßgebender Gesichtspunkt ist der auch in der Gesetzesbegründung genannte Aspekt, ob für die mit dem Arbeitsplatz verbundene Tätigkeit auf dem Arbeitsmarkt überhaupt Teilzeitkräfte zur Verfügung stehen.[7] Darüber hinaus ist für die Frage der Eignung unter Orientierung an § 8 Abs. 4 Sätze 1, 2 aber auch zu berücksichtigen, inwieweit durch eine entsprechende Besetzung die Organisation, der Arbeitsablauf oder die Sicherheit im Betrieb beeinträchtigt oder unverhältnismäßige Kosten verursacht werden. 4

§ 7 Abs. 1 enthält des Weiteren keine Aussage darüber, wer über die Eignung eines Arbeitsplatzes als Teilzeitarbeitsplatz zu entscheiden hat. Zwar ist nach der gesetzlichen Regelung, die nicht auf die Sicht des Arbeitgebers abstellt, der Begriff der Eignung objektiv zu bestimmen. Jedoch hat im Hinblick darauf, dass Schaffung, Ausschreibung und Besetzung eines Arbeitsplatzes Teil der unternehmerischen Freiheit sind, **der Arbeitgeber zu entscheiden**, ob sich ein Arbeitsplatz als Teilzeitarbeitsplatz eignet oder nicht.[8] Diese Entscheidung unterliegt nur der Missbrauchskontrolle.[9] 5

---

3 Siehe auch Boewer, § 7 TzBfG Rn 7; Annuß/Thüsing/*Mengel*, § 7 TzBfG Rn 2; MHH-Heyn, § 7 TzBfG Rn 5; Lakies, DZWIR 2001, 1ff. (3).
4 Siehe auch Ehler, BB 2001, S. 1146 ff (1148); Preis/Gotthard, DB 2000, 2065 ff (2066); Schiefer, DB 2000, 2118 ff (2119); Pelzner/Scheddler/Widlak, Flexibilität im Arbeitsverhältnis, S. 25.
5 Siehe BT-Drucks. 14/4374, S. 7 und 16.
6 Siehe BT-Drucks. 14/4625, S. 7.
7 Siehe BT-Drucks. 14/4374, S. 16.
8 ArbG Hannover, 13.1.2005, 10 BV 7/04, DB 2005, 896; Kliemt, NZA 2001, 63 ff (68); Bauer, NZA 2000, 1039 ff (1041); HWK/Schmalenberg, § 7 TzBfG Rn 4.
9 ArbG Hannover, 13.1.2005, 10 BV 7/04, DB 2005, 896.

2. Folgen eines Verstoßes gegen § 7 Abs. 1

6 § 7 Abs. 1 selbst ordnet **keine rechtlichen Folgen** für den Fall an, dass ein Arbeitgeber gegen die Verpflichtung zur Ausschreibung eines Arbeitsplatzes als Teilzeitarbeitsplatz trotz entsprechender Eignung verstößt.

7 Entgegen in der Literatur zum Teil vertretener Auffassung[10] begründet die Nichtbeachtung des § 7 Abs. 1 **kein Zustimmungsverweigerungsrecht des Betriebsrats nach § 99 Abs. 2 Nr. 1 BetrVG** im Zusammenhang mit der Einstellung des ausgewählten Bewerbers. Gemäß dieser Regelung kann der Betriebsrat unter anderem seine Zustimmung zu einer Einstellung verweigern, wenn diese gegen ein Gesetz verstoßen würde. Der Zustimmungsverweigerungsgrund des § 99 Abs. 2 Nr. 1 BetrVG ist nach der Rechtsprechung des BAG nur gegeben, wenn die personelle Maßnahme selbst gegen ein Gesetz verstößt. Sofern es um eine Einstellung geht, muss diese als solche durch ein Gesetz bzw eine untergesetzliche Regelung untersagt sein.[11] An dieser Voraussetzung fehlt es bei einem Verstoß gegen § 7 Abs. 1. Diese Regelung ist ihrem Inhalt nach nicht darauf gerichtet, die Einstellung bestimmter Personen zu verhindern, was letztlich nur widerspiegelt, dass der Arbeitgeber trotz der Verpflichtung nach § 7 Abs. 1 in der Auswahl des einzustellenden Bewerbers frei bleibt.[12]

8 Darüber hinaus begründet ein Verstoß gegen § 7 Abs. 1 auch **nicht ein Zustimmungsverweigerungsrecht des Betriebsrats nach § 99 Abs. 2 Nr. 5 BetrVG**.[13] Hiernach kann der Betriebsrat die Zustimmung zu einer Einstellung verweigern, wenn eine nach § 93 BetrVG erforderliche Ausschreibung im Betrieb unterblieben ist. Schon der Wortlaut des § 99 Abs. 2 Nr. 5 BetrVG macht deutlich, dass ein Verstoß gegen § 7 Abs. 1 von dem vorgenannten Zustimmungsverweigerungsgrund nicht erfasst wird, denn § 99 Abs. 2 Nr. 5 BetrVG stellt lediglich auf einen Verstoß gegen § 93 BetrVG ab. Aus dem Umstand, dass die Bestimmung des § 93 BetrVG bis zu ihrer Änderung durch Art. 2a des Gesetzes v. 21.12.2000 über Teilzeitarbeit und befristete Arbeitsverträge und zur Änderung und Aufhebung arbeitsrechtlicher Bestimmungen[14] in den aufgehobenen Sätzen 2 und 3 Regelungen zur Teilzeitarbeit enthielt, die mit Inkrafttreten des § 7 Abs. 1 überflüssig wurden und demgemäß aufgehoben worden sind, kann nichts Gegenteiliges hergeleitet werden, und zwar insbesondere deshalb, weil der Gesetzgeber in § 99 Abs. 2 Nr. 5 BetrVG an der Anknüpfung allein an einen Verstoß gegen § 93 BetrVG gleichwohl festgehalten hat. Schließlich würde die Bejahung eines Zustimmungsverweigerungsgrundes nach § 99 Abs. 2 Nr. 5 BetrVG auch gegen Sinn und Zweck des § 7 Abs. 1 verstoßen. Mit der Regelung soll sichergestellt werden, dass der Arbeitgeber bei entsprechender Eignung des Arbeitsplatzes diesen auch als Teilzeitarbeitsplatz ausschreibt. § 7 Abs. 1 soll allerdings nicht die Freiheit des Arbeitgebers, über die Auswahl des einzustellen-

---

10 Siehe etwa Boewer, § 7 Rn 17; Ehler, BB 2001, 1146 ff (1147); Schmidt, AuR 2002, 245 ff (251); so auch ArbG Hannover, 13.1.2005, 10 BV 7/04, DB 2005, 896.
11 BAG v. 28.3.2000, 1 ABR 16/99, NZA 2000, 1294 ff (1295); zB §§ 3, 4, 8 MuSchG, § 22 ff JArbSchG, weitere Beispiele siehe Fitting/Kaiser/Heither/Engels/Schmidt, 21. Aufl., § 99 BetrVG Rn 164 ff.
12 Vgl. auch Annuß/Thüsing/Mengel, § 7 TzBfG Rn 5; Beckschulze, BB 2000, 2598 ff (2605); aA Boewer, § 7 TzBfG Rn 17.
13 A.A. etwa Rolfs, RdA 2001, 129 ff (141); Däubler, ZIP 2001, 217 ff (218); Fitting/Kaiser/-Heither/Engels, 21. Aufl., BetrVG, § 93 Rn 16.
14 BGBl. I 2000, 1966.

den Arbeitnehmers als Vollzeit- oder Teilzeitkraft zu entscheiden, beschränken. Genau diese Wirkung würde die Anwendung des § 99 Abs. 2 Nr. 5 BetrVG zur Folge haben.[15]

§ 7 Abs. 1 ist **kein Schutzgesetz** i.S v. § 823 Abs. 2 BGB.[16]

9

III. Information der Arbeitnehmer über freie Arbeitsplätze (§ 7 Abs. 2)

1. Inhalt

Sofern ein Arbeitnehmer seinem Arbeitgeber den Wunsch nach einer Veränderung von Dauer und Lage der vertraglich vereinbarten Arbeitszeit angezeigt hat, ist dieser nach § 7 Abs. 2 verpflichtet, **den Arbeitnehmer über entsprechende Arbeitsplätze zu informieren**, die im Betrieb oder Unternehmen besetzt werden sollen. Diese Regelung zielt, wie die gemeinschaftsrechtliche Grundlage des Art. 5 Nr. 3 lit. c) Rl. 97/81/EG deutlich macht, darauf ab, den Wechsel von einem Vollzeit- in ein Teilzeitarbeitsverhältnis und umgekehrt zu erleichtern.

10

Die Verpflichtung zur Information nach § 7 Abs. 2 besteht nur dann, wenn ein Arbeitnehmer seinem Arbeitgeber gegenüber **den Wunsch nach einer Veränderung von Dauer und Lage seiner vertraglich vereinbarten Arbeitszeit angezeigt**, dh geäußert hat.[17] Ihrer **Rechtsnatur** nach stellt die Äußerung dieses Wunsches die bloße Mitteilung eines entsprechenden Willens, hingegen nicht eine Willenserklärung dar.[18] Die Mitteilung des Wunsches ist weder an die Einhaltung einer bestimmten (Warte) Frist noch an die Beachtung einer bestimmten Form gebunden.[19] Praktisch sinnvoll ist jedoch die schriftliche Äußerung des Wunsches gegenüber dem Arbeitgeber oder einem für die Arbeitszeitregelung zuständigen Vertreter, um im Streitfall die Mitteilung nachweisen zu können.[20]

11

Nach dem eindeutigen Wortlaut des § 7 Abs. 2 muss sich die Anzeige des Wunsches nach einer Veränderung auf „**Dauer und Lage**" der vertraglich vereinbarten Arbeitszeit beziehen. Die Informationspflicht des Arbeitgebers kann deshalb nicht ausgelöst werden, wenn der Arbeitnehmer einen Wunsch allein nach Änderung der Lage der Arbeitszeit äußert.[21] Diese Beschränkung des § 7 Abs. 2 steht im Einklang mit Sinn und Zweck der Regelung, die eben den Wechsel zwischen Vollzeit- und Teilzeittätigkeit in jeder Richtung erleichtern soll, mithin auf die Möglichkeit einer Änderung des Umfangs der Arbeitszeit zielt, mit der dann auch eine Neufestlegung der Lage der Arbeitszeit verbunden ist. Die Veränderung der Lage der Arbeitszeit als solche wird von dieser Zwecksetzung nicht erfasst.[22]

12

---

15 In diesem Sinne auch ErfK/Preis, § 7 TzBfG Rn 5.
16 Annuß/Thüsing/*Mengel*, § 7 TzBfG Rn 5.
17 Siehe Boewer, § 7 TzBfG Rn 31.
18 Siehe nur Link/Fink, AuA 2001, 107ff. (107); Annuß/Thüsing/*Mengel* § 7 TzBfG Rn 7; TZA-Buschmann § 7 TzBfG, Rn 18.
19 Siehe nur Rolfs, RdA 2001, 129 ff (141); Hanau, NZA 2001, 1168 ff (1168); Kliemt, NZA 2001, 63 ff. (68); ErfK/Preis § 7 TzBfG Rn 8.
20 Zu den Folgen eines Verstoßes des Arbeitgebers gegen § 7 Abs. 2 siehe noch folgend Rn 18 f.
21 Siehe nur Hanau, NZA 2001, 1168 ff (1168).
22 A.A. etwa Lakies, DZWIR 2001, 1 ff (3); Boewer, § 7 TzBfG Rn 29.

13 Die Anzeige des Veränderungswunsches im Sinne von § 7 Abs. 2 löst die Verpflichtung des Arbeitgebers aus, über entsprechende Arbeitsplätze zu informieren, die im Betrieb oder Unternehmen besetzt werden sollen. Das Gesetz regelt ausdrücklich weder Zeitpunkt und Dauer der **Informationspflicht** noch die Frage, in welcher Form und welchem Adressaten gegenüber der Arbeitgeber die Information zu geben hat. Des Weiteren ist der Inhalt der Informationspflicht nur in Ansätzen geregelt.

14 Mangels näherer gesetzlicher Bestimmung ist davon auszugehen, dass der Arbeitgeber auf eine entsprechende Anzeige des Arbeitnehmers hin **innerhalb angemessener Zeit orientiert am Maßstab des § 121 BGB** seiner Informationspflicht nachzukommen hat.[23] Mit einer solchermaßen zeitgerechten Information als Antwort auf die Mitteilung des Arbeitnehmers erfüllt der Arbeitgeber seine Informationspflicht, nicht etwa löst die arbeitnehmerseitige Anzeige des Veränderungswunsches einen Dauertatbestand dahingehend aus, dass der Arbeitgeber über einen gewissen Zeitraum ständig wiederholend über die Arbeitsplatzsituation zu informieren hätte. Für eine solche Verpflichtung enthält das Gesetz keine Anhaltspunkte und sie wäre auch unpraktikabel und unzumutbar aufwendig.[24] Nach Erfüllung der Informationspflicht durch den Arbeitgeber kann der Arbeitnehmer innerhalb der Grenzen des § 242 BGB seinen Veränderungswunsch erneut anzeigen, auf den der Arbeitgeber dann wiederum zu reagieren hat.

15 In welcher Form der Arbeitgeber seine Informationspflicht zu erfüllen hat, wird im Gesetz ebenfalls nicht geregelt. Es ist deshalb davon auszugehen, dass die Unterrichtung des Arbeitgebers gleichermaßen wie die Veränderungsanzeige des Arbeitnehmers **keinen Formanforderungen unterliegt** und mithin auch formlos erfolgen kann.[25]

16 Der Arbeitgeber kommt seiner Informationspflicht nur ausreichend nach, wenn er **den anzeigenden Arbeitnehmer persönlich unterrichtet**, eine allgemeine Information durch Rundschreiben oder etwa Aushang am so genannten „Schwarzen Brett" genügt nicht.[26] Hierfür sprechen nicht nur der Wortlaut des § 7 Abs. 2, danach hat der Arbeitgeber „einen Arbeitnehmer, der . angezeigt hat, . zu informieren", und der systematische Vergleich mit § 18 Satz 2,[27] sondern darüber hinaus der auf den einzelnen Arbeitnehmer abgestellte Zweck der Regelung, die Möglichkeit eines Wechsels zwischen Vollzeit- und Teilzeitbeschäftigung zu erleichtern. Der Arbeitnehmer, der seinen Veränderungswunsch anzeigt, nimmt allein ein individuelles Interesse wahr, auf welches der Arbeitgeber entsprechend persönlich und nur dem anzeigenden Arbeitnehmer gegenüber zu reagieren hat. Im Hinblick darauf, dass § 7 Abs. 2 nicht einen Dauertatbestand der Informationspflicht auslöst,[28] ist eine an den anzeigenden Arbeitnehmer gerichtete individuelle Unterrichtung dem Arbeitgeber auch zumutbar.

---

23 Vgl. Hromadka, NJW 2001, 400 ff (401); Kliemt, NZA 2001, 63 ff (68).
24 Siehe auch Hromadka, NJW 2001, 400 ff (401); Hanau, NZA 2001, 1168 ff (1168); aA etwa HWK/Schmalenberg, § 7 TzBfG Rn 10 und 11.
25 So auch Kliemt, NZA 2001, 63 ff (68).
26 Wie hier Rolfs, RdA 2001, 129 ff (141); ErfK/Preis, § 7 TzBfG Rn 8; aA zum Beispiel Annuß/Thüsing/*Mengel,* § 7 TzBfG Rn 12; HWK/Schmalenberg, § 7 TzBfG Rn 11.
27 Darüber hinaus ist „eine Unterrichtung durch Aushang" gem. § 3 Abs. 2 BeschFG in § 7 Abs. 2 TzBfG nicht mehr vorhanden.
28 Siehe oben Rn 14.

Ausschreibung; Information über freie Arbeitsplätze § 7

Inhaltlich ist die Unterrichtungspflicht in § 7 Abs. 2 dahin näher bestimmt, dass der Arbeitgeber über **entsprechende Arbeitsplätze** zu informieren hat, die im Betrieb oder Unternehmen besetzt werden sollen. Mit der Beschränkung auf eine Information über „entsprechende" Arbeitsplätze wird klargestellt, dass die Antwort des Arbeitgebers mit dem Inhalt der Veränderungsanzeige des Arbeitnehmers zu korrespondieren hat.[29] Die Information ist danach inhaltlich auf solche zu besetzenden Arbeitsplätze begrenzt, die nach Qualifikation und/oder bisher ausgeübter Tätigkeit des Arbeitnehmers sowie unter Berücksichtigung der gewünschten Dauer und Lage der Arbeitszeit allein in Betracht kommen können.[30] Insoweit hat der Arbeitgeber wesentlich darüber Auskunft zu geben, welche Arbeitsplätze mit welcher Dauer und Lage der Arbeitszeit in welchem Bereich des Unternehmens besetzt werden sollen.[31] Das Gesetz spricht ausdrücklich von der Information über entsprechende Arbeitsplätze, die im **Betrieb oder Unternehmen** besetzt werden sollen. Macht der Arbeitnehmer bei der Anzeige seines Veränderungswunsches keine näheren Angaben darüber, dass er auch zur Arbeitsleistung an einem arbeitsvertraglich nicht vereinbarten Ort bereit ist, so hat der Arbeitgeber nur über solche Arbeitsplätze zu informieren, auf denen der Arbeitnehmer im Rahmen der arbeitsvertraglichen Vereinbarung kraft des arbeitgeberseitigen Weisungsrechts eingesetzt werden kann. 17

2. Folgen eines Verstoßes gegen § 7 Abs. 2

§ 7 Abs. 2 regelt selbst nicht, **welche Folgen ein Verstoß des Arbeitgebers gegen die Informationspflicht hat.** Anders als § 7 Abs. 1 stellt § 7 Abs. 2 eine **gesetzliche Konkretisierung der arbeitsvertraglichen Nebenpflichten** des Arbeitgebers im Sinne von §§ 241 Abs. 2, 242 BGB dar. Als Auskunftspflicht über Informationen an den Arbeitnehmer, die für die künftige Arbeitsvertragsgestaltung von Bedeutung sein können, handelt es sich dogmatisch um eine **selbständige Nebenpflicht**[32] mit der Folge, dass ein Anspruch auf Erfüllung besteht und dieser bei Nichterfüllung seitens des Arbeitgebers eigenständig klagbar ist. 18

Die Verletzung der Informationspflicht als einer selbständigen Nebenpflicht kann **Schadensersatzansprüche nach Maßgabe des § 280 Abs. 1 BGB auslösen.**[33] Ein materieller Schaden des Arbeitnehmers kann etwa in Betracht kommen, wenn dieser sich wegen einer unterlassenen Information des Arbeitgebers über zu besetzende Arbeitsplätze nicht auf einen ansonsten für ihn geeigneten Arbeitsplatz beworben hat. Problematisch dürfte allerdings immer der Nachweis der Kausalität zwischen Pflichtverletzung und Schaden sein, § 7 Abs. 2 schafft **grundsätzlich keine Beweiserleichterung.** Es spricht allerdings einiges dafür, dass im Falle unterlassener Information eine Beweiserleichterung nach den **Grundsätzen der Beweisvereitelung** in Betracht kommen kann. Zutreffender Ansicht nach ist ein Schadensersatzanspruch nicht nur dann möglich, wenn der 19

---

29 Siehe Annuß/Thüsing/*Mengel*, § 7 TzBfG, Rn 8.
30 Siehe auch die Begründung zum Gesetzentwurf, BT-Drucks. 14/4625, S. 20.
31 Siehe auch Rolfs, RdA 2001, 129 ff (142); Boewer, § 7 TzBfG Rn 35.
32 Zum Begriff der selbständigen Nebenpflicht siehe Palandt/*Heinrichs*, BGB, 65. Aufl., § 242 Rn 25 und 37.
33 Siehe auch Hanau, NZA 2001, 1168 ff (1169); HWK/Schmalenberg, § 7 TzBfG Rn 12; unzutreffend Annuß/Thüsing/*Mengel*, § 7 TzBfG Rn 14.

arbeitgeberseits nicht beantwortete Veränderungswunsch des Arbeitnehmers auf eine **Verlängerung der Arbeitszeit** gerichtet war,[34] sondern auch in Fällen einer gewünschten **Verringerung der Arbeitszeit**.[35] Ausgeschlossen sind deliktische Ansprüche über § 823 Abs. 2 BGB aus Verletzung eines Schutzgesetzes. § 7 Abs. 2 ist **kein Schutzgesetz**, insoweit fehlt es trotz der Begründung eines Erfüllungsanspruchs auf Auskunft an dem für die Einordnung als Schutzgesetz maßgebenden Zweck, gerade auch dem Schutz vor der Verletzung von Rechtsgütern, hier allgemein des Vermögens, zu dienen.[36]

IV. Information der Arbeitnehmervertretung über Teilzeitarbeit (§ 7 Abs. 3)

1. Inhalt

20 § 7 Abs. 3 Satz 1 regelt eine **Informationspflicht des Arbeitgebers gegenüber der Arbeitnehmervertretung** über Teilzeitarbeit im Betrieb und Unternehmen, wobei die Unterrichtung insbesondere über vorhandene oder geplante Teilzeitarbeitsplätze und über die Umwandlung von Teilzeitarbeitsplätzen in Vollzeitarbeitsplätze oder umgekehrt zu erfolgen hat. Den Informationsanspruch der Arbeitnehmervertretung ergänzend ordnet § 7 Abs. 3 Satz 2, Halbsatz 1 an, dass diesem auf Verlangen die erforderlichen Unterlagen zur Verfügung zu stellen sind. Gemäß Halbsatz 2 von § 7 Abs. 3 Satz 2 bleibt § 92 BetrVG unberührt.

21 **Ihrem Inhalt nach** bezieht sich die Informationspflicht des Arbeitgebers gegenüber der Arbeitnehmervertretung auf Teilzeitarbeit im Betrieb und Unternehmen. Konkretisiert wird dieser Gegenstand durch die beispielhafte Aufzählung in Halbsatz 2 von § 7 Abs. 3 Satz 1, wonach die Information insbesondere vorhandene oder geplante Teilzeitarbeitsplätze sowie die Umwandlung von Teilzeitarbeitsplätzen in Vollzeitarbeitsplätze oder umgekehrt zu beinhalten hat. Die Regelung macht deutlich, dass mit diesen Beispielen der Gegenstand der Informationspflicht über Teilzeitarbeit **nicht abschließend** umschrieben ist. Sofern weitere Daten im Zusammenhang mit Teilzeitarbeit zur Verfügung stehen, zB geschlechtsbezogene Aufteilung der Teilzeitarbeit, Anteil der Teilzeitarbeitnehmer an der Gesamtbelegschaft im Betrieb oder Unternehmen, sind auch diese Informationen an die Arbeitnehmervertretung weiterzugeben. Die Unterrichtung ist nicht auf Teilzeitarbeit im Betrieb beschränkt, sondern erstreckt sich darüber hinausgehend auf das gesamte Unternehmen.

22 **Adressat der Unterrichtung** ist nach dem unpräzisen Gesetzeswortlaut die Arbeitnehmervertretung. Sofern ein Unternehmen nur **einen Betrieb** hat und in diesem Betrieb ein Betriebsrat gewählt ist, so ist dieser die nach § 7 Abs. 3 Satz 1 zu informierende Arbeitnehmervertretung. Besteht darüber hinaus ein Sprecherausschuss nach Maßgabe des Sprecherausschussgesetzes, so hat der Arbeitgeber auch dieses Gremium zu unterrichten. Im Anwendungsbereich der Personalvertretungsgesetze des Bundes und der Länder ist der Personalrat die

---

34 So aber Hanau, NZA 2001, 1168 ff (1169).
35 So auch ErfK/Preis, § 7 TzBfG Rn 9.
36 Zum Begriff des Schutzgesetzes siehe Palandt/*Sprau*, BGB 65. Aufl., § 823 Rn 57.

Arbeitnehmervertretung im Sinne des § 7 Abs. 3 Satz 1. Bezogen auf den kirchlichen Bereich sind die Mitarbeitervertretungen zu informieren.[37]

Hat ein Unternehmen **mehrere Betriebe** mit Betriebsräten und ist demzufolge nach § 47 Abs. 1 BetrVG ein Gesamtbetriebsrat errichtet, so stellt sich die Frage, welches Betriebsratsgremium Adressat der arbeitgeberseitigen Informationspflicht ist. Für die Beantwortung dieser Frage ist von der Regelung des § 50 Abs. 1 Satz 1 BetrVG über die originäre Zuständigkeit des Gesamtbetriebsrats auszugehen. Hiernach ist der Gesamtbetriebsrat zuständig für die Behandlung von Angelegenheiten, die das Gesamtunternehmen oder mehrere Betriebe betreffen und nicht durch die einzelnen Betriebsräte innerhalb ihrer Betriebe geregelt werden können. Diese Zuständigkeitszuweisung macht deutlich, dass das Gesetz von einer Primärzuständigkeit des Betriebsrats ausgeht[38] und der Gesamtbetriebsrat nur bei Vorliegen der engen Voraussetzung des § 50 Abs. 1 Satz 1 BetrVG zuständig ist. Im Hinblick darauf, dass der Empfang von Informationen über Teilzeitarbeit keine Angelegenheit darstellt, die nicht von den einzelnen Betriebsräten innerhalb ihrer Betriebe bewältigt werden kann, ist eine zwingende Information des Gesamtbetriebsrats durch den Arbeitgeber zu verneinen.[39] **Dieser hat vielmehr die Betriebsräte der jeweiligen Betriebe zu unterrichten.** Dem steht nicht entgegen, dass Gegenstand der Informationspflicht nicht nur die Teilzeitarbeit im Betrieb, sondern auch im Unternehmen ist. Es macht Sinn, dass die einzelnen Betriebsräte auch insoweit unterrichtet werden, weil dadurch entsprechend dem Gesetzesziel von § 7 die Transparenz über vorhandene Teilzeitarbeitsplätze erhöht und die Möglichkeit der Unterstützung von Arbeitnehmern mit entsprechenden Arbeitszeitwünschen verstärkt wird.

Einen **Zeitpunkt**, zu dem der Arbeitgeber die Arbeitnehmervertretung über Teilzeitarbeit zu informieren hat, legt das Gesetz im Unterschied zu § 7 Abs. 2 nicht fest. Gleichwohl ist davon auszugehen, dass der Arbeitgeber die Arbeitnehmervertretung nicht von sich aus zu unterrichten hat,[40] sondern die Informationspflicht in Parallele zu § 7 Abs. 2 erst **auf ein entsprechendes Verlangen der Arbeitnehmervertretung hin** aktualisiert wird. Liegt ein solches Verlangen des Betriebsrats vor, das der Betriebsrat auch ohne aktuellen Anlass stellen kann,[41] so hat der Arbeitgeber dem unverzüglich (§ 121 BGB) Rechnung zu tragen, wobei ihm ein angemessener Zeitraum für die Sammlung der Daten zur Verfügung stehen muss.

Die Unterrichtung des Betriebsrats bedarf **keiner bestimmten Form**. Damit reicht auch eine mündliche Information seitens des Arbeitgebers aus.

Auf Verlangen der Arbeitnehmervertretung hin hat der Arbeitgeber im Rahmen der Information gemäß § 7 Abs. 3 Satz 2, Halbsatz 1 die **erforderlichen Unterlagen** zur Verfügung zu stellen. Unter Berücksichtigung der in § 7 Abs. 3 Satz 1 beispielhaft als besonders bedeutsam hervorgehobenen Informationsgegenstände über Teilzeitarbeit sind unter den zur Verfügung zu stellenden Unterlagen vor allem Stellenbedarfs- und Stellenbesetzungspläne mit entsprechenden Aussagen

---

37 Siehe Däubler, ZIP 2000, 1961ff. (1962).
38 Siehe nur HaKo-BetrVG/Tautphäus, § 50 BetrVG Rn 2.
39 Im Ergebnis ebenso HWK/Schmalenberg, § 7 TzBfG Rn 16.
40 Anderer Ansicht HWK/Schmalenber, § 7 TzBfG Rn 15.
41 Vgl. BAG v. 19.10.1999, 1 ABR 75/98, NZA 2000, 837 f (837), hier zu dem Informationsanspruch nach § 80 Abs.2 Satz 1 BetrVG.

zu verstehen. § 7 Abs. 3 Satz 2, Halbsatz 1 begründet allerdings keine Verpflichtung für den Arbeitgeber, entsprechende Unterlagen erst herzustellen, wenn diese im Zeitpunkt des Verlangens des Betriebsrats nicht existieren.[42]

27 § 7 Abs. 3 Satz 2, Halbsatz 2 stellt ausdrücklich klar, dass **§ 92 BetrVG unberührt bleibt.** Danach hat der Arbeitgeber den Betriebsrat über die Personalplanung, insbesondere über den gegenwärtigen und künftigen Personalbedarf sowie über die sich daraus ergebenden personellen Maßnahmen und Maßnahmen der Berufsbildung anhand von Unterlagen rechtzeitig und umfassend zu unterrichten (§ 92 Abs. 1 Satz 1 BetrVG). Dieses Beteiligungsrecht des Betriebsrats umfasst insbesondere die Personalbedarfs- und Personalmaßnahmenplanung[43] und erstreckt sich damit auch auf den Gegenstand der Informationspflicht des § 7 Abs. 3 Satz 1, wobei § 92 Abs. 1 Satz 1 BetrVG ebenfalls einen Anspruch auf Zurverfügungstellung der notwendigen Unterlagen gibt. Damit hat § 7 Abs. 3 als Grundlage einer Informationspflicht gegenüber Betriebsräten keine eigenständige Bedeutung. Die Regelung konkretisiert letztlich nur für den Bereich der Teilzeitarbeit den Gegenstand der nach § 92 BetrVG sowieso bestehenden Informationspflicht.

2. Verstoß gegen § 7 Abs. 3

28 Kommt der Arbeitgeber seiner Verpflichtung aus § 7 Abs. 3 nicht nach, so kann der Betriebsrat im Hinblick darauf, dass damit zugleich ein **Verstoß gegen § 92 BetrVG** gegeben ist,[44] bei Vorliegen der maßgebenden Voraussetzungen nach § 23 Abs. 3 BetrVG vorgehen. Im Übrigen stellt die in einem Verstoß gegen § 7 Abs. 3 liegende Nichtbeachtung auch des § 92 BetrVG nach **§ 121 BetrVG eine Ordnungswidrigkeit** dar.

§ 8 Verringerung der Arbeitszeit

(1) Ein Arbeitnehmer, dessen Arbeitsverhältnis länger als sechs Monate bestanden hat, kann verlangen, dass seine vertraglich vereinbarte Arbeitszeit verringert wird.

(2) Der Arbeitnehmer muss die Verringerung seiner Arbeitszeit und den Umfang der Verringerung spätestens drei Monate vor deren Beginn geltend machen. Er soll dabei die gewünschte Verteilung der Arbeitszeit angeben.

(3) Der Arbeitgeber hat mit dem Arbeitnehmer die gewünschte Verringerung der Arbeitszeit mit dem Ziel zu erörtern, zu einer Vereinbarung zu gelangen. Er hat mit dem Arbeitnehmer Einvernehmen über die von ihm festzulegende Verteilung der Arbeitszeit zu erzielen.

(4) Der Arbeitgeber hat der Verringerung der Arbeitszeit zuzustimmen und ihre Verteilung entsprechend den Wünschen des Arbeitnehmers festzulegen, soweit betriebliche Gründe nicht entgegenstehen. Ein betrieblicher Grund liegt insbesondere vor, wenn die Verringerung der Arbeitszeit die Organisation, den Arbeitsablauf oder die Sicherheit im Betrieb wesentlich beeinträchtigt oder

---

42 So auch Boewer, § 7 TzBfG Rn 46.
43 HaKo-BetrVG/Kreuder, § 92 BetrVG Rn 1.
44 So auch HWK/Schmalenberg, § 7 TzBfG Rn 18.

unverhältnismäßige Kosten verursacht. Die Ablehnungsgründe können durch Tarifvertrag festgelegt werden. Im Geltungsbereich eines solchen Tarifvertrages können nicht tarifgebundene Arbeitgeber und Arbeitnehmer die Anwendung der tariflichen Regelungen über die Ablehnungsgründe vereinbaren.

(5) Die Entscheidung über die Verringerung der Arbeitszeit und ihre Verteilung hat der Arbeitgeber dem Arbeitnehmer spätestens einen Monat vor dem gewünschten Beginn der Verringerung schriftlich mitzuteilen. Haben sich Arbeitgeber und Arbeitnehmer nicht nach Absatz 3 Satz 1 über die Verringerung der Arbeitszeit geeinigt und hat der Arbeitgeber die Arbeitszeitverringerung nicht spätestens einen Monat vor deren gewünschtem Beginn schriftlich abgelehnt, verringert sich die Arbeitszeit in dem vom Arbeitnehmer gewünschten Umfang. Haben Arbeitgeber und Arbeitnehmer über die Verteilung der Arbeitszeit kein Einvernehmen nach Absatz 3 Satz 2 erzielt und hat der Arbeitgeber nicht spätestens einen Monat vor dem gewünschten Beginn der Arbeitszeitverringerung die gewünschte Verteilung der Arbeitszeit schriftlich abgelehnt, gilt die Verteilung der Arbeitszeit entsprechend den Wünschen des Arbeitnehmers als festgelegt. Der Arbeitgeber kann die nach Satz 3 oder Absatz 3 Satz 2 festgelegte Verteilung der Arbeitszeit wieder ändern, wenn das betriebliche Interesse daran das Interesse des Arbeitnehmers an der Beibehaltung erheblich überwiegt und der Arbeitgeber die Änderung spätestens einen Monat vorher angekündigt hat.

(6) Der Arbeitnehmer kann eine erneute Verringerung der Arbeitszeit frühestens nach Ablauf von zwei Jahren verlangen, nachdem der Arbeitgeber einer Verringerung zugestimmt oder sie berechtigt abgelehnt hat.

(7) Für den Anspruch auf Verringerung der Arbeitszeit gilt die Voraussetzung, dass der Arbeitgeber, unabhängig von der Anzahl der Personen in Berufsbildung, in der Regel mehr als 15 Arbeitnehmer beschäftigt.

Literatur: *Bauer*, Neue Spielregeln für Teilzeitarbeit und befristete Arbeitsverträge, NZA 2000, 1039 ff; *Beckschulze*, Die Durchsetzbarkeit des Anspruchs auf Teilzeitarbeit in der betrieblichen Praxis, DB 2000, 2598 ff; *Bezani/Müller*, Das Gesetz über Teilzeitarbeit und befristete Arbeitsverträge, DStR 2001, 87 ff; *Boecken*, Wie sollte der Übergang vom Erwerbsleben in den Ruhestand rechtlich gestaltet werden?, Gutachten B zum 62. Deutschen Juristentag Bremen 1998; *Däubler*, Das neue Teilzeit- und Befristungsgesetz, ZIP, 2001, 217 ff; *Diller*, Der Teilzeitwunsch im Prozess: Maßgeblicher Beurteilungszeitpunkt, insbesondere bei nachfolgenden Tarifverträgen nach § 8 IV 3 TzBfG, NZA 2001, 589 ff; *Dütz*, Einstweiliger Rechtsschutz beim Teilzeitanspruch, AuR 2003, 161 ff; *Flatten/Coeppicus*, Betriebliche Gründe" im Sinne des Teilzeit- und Befristungsgesetzes, ZIP 2001, 1477 ff; *Hanau*, Offene Fragen zum Teilzeit- und Befristungsgesetz, NZA 2001, 1168 ff; *Gotthardt*, Teilzeitanspruch und einstweiliger Rechtsschutz, NZA 2001, 1183 ff; *Grobys/Bram*, Auswirkungen einer nachträglichen Arbeitszeitreduzierung auf das Arbeitsentgelt und andere Vertragsbestandteile, NZA 2001, 1175 ff; *Hromadka*, Das neue Teilzeit- und Befristungsgesetz NJW 2001, 400 ff; *Kliemt*, Der neue Teilzeitanspruch; NZA 2001, 63 ff; *Lakies*, Das Teilzeit- und Befristungsgesetz, DZWIR 2001, 1 ff; *Lindemann/Simon*, Neue Regelung zur Teilzeitarbeit, BB 2001, 146 ff; *Link/Fink*, Anspruch auf Verringerung der Arbeitszeit, AuA 2001, 107 ff; *Peters-Lange/Rolfs*, Reformbedarf und Reformgesetzgebung im Mutterschutz- und Erziehungsgeldgesetz, NZA 2000, 682 ff; *Preis/Gotthardt*, Das Teilzeit- und Befristungsgesetz, DB 2001, 145 ff; *Preis/Gotthardt*, Neuregelung der Teilzeitarbeit und befristeten Arbeitsverhältnisse, DB 2000, 2065 ff; *Richardi/Annuß*, Gesetzliche Neuregelung von Teilzeit und Befristung, BB 2000, 2201 ff; *Rieble/Gutzeit*, Teilzeitanspruch nach § 8 TzBfG und Arbeitszeitmitbestimmung, NZA 2002, 7 ff; *Rolfs*, Das neue Recht der Teilzeitarbeit, RdA 2001, 129 ff (132); *Rudolf*, Die Verlängerung der Arbeitszeit gemäß § 9 TzBfG, 2003; *Schiefer*, Entwurf eines Gesetzes über Teilzeitarbeit und befristete Arbeitsverhältnisse und zur Änderung und Aufhebung arbeitsrechtlicher Bestimmungen DB 2000, 2118 ff; *Straub*, Erste Erfahrungen mit dem Teilzeit-

und Befristungsgesetz, NZA 2001, 919 ff; *Waas*, Gesetzlicher Anspruch auf Teilzeitarbeit in den Niederlanden, NZA 2000, 538 ff.

I.	**Normzweck** 1
II.	**Voraussetzungen des Anspruchs auf Verringerung der Arbeitszeit** 6
1.	Arbeitnehmereigenschaft 9
2.	Wartefrist (§ 8 Abs. 1) 17
3.	Kleinunternehmerklausel (§ 8 Abs. 7) 25
4.	Keine entgegenstehenden betrieblichen Gründe (§ 8 Abs. 4) 34
	a) Begriff des betrieblichen Grundes 35
	b) Prüfung des Vorliegens eines betrieblichen Grundes 41
	(1) Geltendmachung eines betrieblichen Organisationskonzepts als Grundlage für eine bestimmte Arbeitszeitgestaltung 44
	(a) Betriebliches Organisationskonzept mit bestimmter Arbeitszeitgestaltung 45
	(b) Kollision zwischen konzeptbedingter Arbeitszeitgestaltung und Arbeitszeitwunsch des Arbeitnehmers 51
	(c) Wesentliche Beeinträchtigung arbeitgeberseitiger Interessen 55
	(2) Geltendmachung sonstiger Gründe für eine Arbeitszeitregelung 63
	c) Tarifvertraglich konkretisierte Ablehnungsgründe und einzelvertragliche Übernahme (§ 8 Abs. 4 Sätze 3, 4) 72
	d) Beurteilungszeitpunkt für das Vorliegen eines betrieblichen Grundes 80
III.	**Rechtsfolge: Anspruch auf Verringerung der Arbeitszeit** .. 86
1.	Inhalt des Anspruchs 86
2.	Geltendmachung des Anspruchs 96
	a) Anforderungen an die Geltendmachung 97
	b) Verhandlungspflicht 110
	c) Mitteilungspflicht des Arbeitgebers und Rechtsfolgen nicht ordnungsgemäßer Ablehnung 119
	d) Keine Sperrfrist nach § 8 Abs. 6 134
3.	Prozessuale Durchsetzung 143
	a) Rechtsweg 145
	b) Klageart 146
	c) Klagefrist 155
	d) Beweislast 156
	e) Einstweiliger Rechtsschutz 159
	f) Streitwert 164
4.	Auswirkungen der Arbeitszeitverringerung auf die Gegenleistung 166
IV.	**Änderungsmöglichkeiten für Arbeitnehmer und Arbeitgeber** 173
1.	Änderungsmöglichkeiten des Arbeitnehmers 174
2.	Änderungsmöglichkeiten des Arbeitgebers 178
	a) Änderung des Umfangs der Arbeitszeit 179
	b) Änderung allein der Verteilung der Arbeitszeit 180
V.	**Beteiligung des Betriebsrats** .. 189
VI.	**Verhältnis zu anderen Regelungen über eine Verringerung der Arbeitszeit** 197

Verringerung der Arbeitszeit §8

I. Normzweck

Die Vorschrift des § 8 normiert unter bestimmten Voraussetzungen einen **Anspruch auf Verringerung (Verkürzung)** [1] **der vertraglich vereinbarten Arbeitszeit**, bei der es sich, wie § 2 Abs. 1 Satz 2 Nr. 7 NachwG deutlich macht, um eine wesentliche Vertragsbedingung handelt. In § 8 Abs. 7 wird ausdrücklich von einem Anspruch auf Verringerung der Arbeitszeit gesprochen, in den Regelungen des § 8 Abs. 1 und Abs. 6 wird dahingehend formuliert, dass der Arbeitnehmer eine Verringerung der Arbeitszeit verlangen kann. § 8 normiert die Voraussetzungen des Anspruchs[2] sowie Anforderungen an Arbeitnehmer und Arbeitgeber im Zusammenhang mit der Geltendmachung des Anspruchs.[3]

Die Einräumung eines Anspruchs auf Verringerung der Arbeitszeit geht über die Vorgaben der auf einer Rahmenvereinbarung der europäischen Sozialpartner beruhenden Rl. 97/81/EG über Teilzeitarbeit zugunsten der Arbeitnehmer hinaus. Nach § 5 Abs. 3 lit. a) der Rahmenvereinbarung sollten die Arbeitgeber, soweit dies möglich ist, Anträge von Vollzeitbeschäftigten auf einen Wechsel in ein im Betrieb zur Verfügung stehendes Teilzeitarbeitsverhältnis berücksichtigen. Damit ist **gemeinschaftsrechtlich nicht die Einräumung eines Anspruchs auf Verringerung der Arbeitszeit im Rahmen der nationalen Umsetzung gefordert.**[4] Die EG-rechtliche Zulässigkeit der Begründung eines Rechtsanspruchs im Sinne von § 8 folgt aus § 6 Abs. 1 der Rahmenvereinbarung der europäischen Sozialpartner, wonach die Mitgliedstaaten günstigere Bestimmungen beibehalten oder einführen können, als sie in der Rahmenvereinbarung vorgesehen sind. Deutschland hat von dieser Regelung Gebrauch gemacht mit der Einführung eines gesetzlichen Anspruchs auf Verringerung der Arbeitszeit.[5]

Neben dem in § 4 Abs. 1 niedergelegten Verbot der Diskriminierung von teilzeitbeschäftigten Arbeitnehmern, das allerdings insoweit keine Neuerung darstellt, als ein solches bereits in der Vorgängerbestimmung des § 2 Abs. 1 BeschFG enthalten war, handelt es sich bei § 8 mit der Gewährung eines Anspruchs auf Verringerung der Arbeitszeit um das – wie inzwischen auch die gerichtliche Entscheidungspraxis zeigt[6] – **Herzstück der Vorschriften des Teilzeit- und Befristungsgesetzes zur Verfolgung des in § 1 u.a. genannten Ziels der Förderung von Teilzeitarbeit.** In der Gesetzesbegründung wird der Anspruch ausdrücklich mit dem Zweck gerechtfertigt, es solle eine deutliche Ausweitung von Teilzeitarbeit ermöglicht werden, um das sich daraus ergebende Beschäftigungspotential voll ausschöpfen zu können, indem vorhandenes Arbeitsvolumen auch durch individuelle Verkürzung der Arbeitszeit auf mehr Menschen verteilt wird.[7] Über

---

1 Siehe die Gesetzesbegründung, BT-Drucks. 14/4374, S. 2.
2 Siehe folgend Rn 6 ff.
3 Siehe folgend Rn 96 ff.
4 Siehe nur Hromadka, NJW 2001, 400 ff (400); Rolfs, RdA 2001, 129 ff (132); Schiefer, DB 2000, 2118 ff (2118); Bezani/Müller, DStR 2001, 87 ff (87); Annuß/Thüsing/*Mengel*, § 8 Rn 1.
5 Ebenso die Niederlande, siehe Art. 2 Abs. 1 Satz 1 Wet aanpassing arbeidsduur (Gesetz über die Anpassung der Arbeitszeit), siehe hierzu Waas, NZA 2000, 538 ff.
6 Siehe nur die bereits beachtliche Vielzahl der Entscheidungen des BAG zu § 8, beginnend mit dem Urteil vom 18.2.2003, 9 AZR 164/02, NZA 2003, 1392 ff betr. insbesondere die Rechtsnatur der Geltendmachung einer Verringerung der Arbeitszeit sowie die einem Anspruch entgegenstehenden betrieblichen Gründe; siehe zur Rechtsprechung des BAG im übrigen im Rahmen der folgenden Kommentierung.
7 Siehe BT-Drucks. 14/4374, S. 1, 11 und 12.

diese arbeitsmarktpolitische Zielsetzung hinaus wird in der Gesetzesbegründung auch auf eine steigende Nachfrage der Arbeitnehmer nach Teilzeitarbeit hingewiesen.[8]

4 Die unter den Vorschriften über Teilzeitarbeit des Teilzeit- und Befristungsgesetzes hervorragende Stellung des § 8 wird auch dadurch unterstrichen, dass der Gesetzgeber zur Verwirklichung des Ziels, mit einem Anspruch auf Verringerung der Arbeitszeit positive arbeitsmarktpolitische Wirkungen zu erreichen, **die Geltendmachung des Anspruchs durch weitere Vorschriften unterstützt**. Hierzu gehören insbesondere die **Regelungen des § 7 Abs. 2 und Abs. 3 betreffend die Informationspflicht des Arbeitgebers** über freie (Teilzeit)Arbeitsplätze gegenüber Arbeitnehmern[9] und Betriebsrat[10] sowie die Vorschrift des **§ 9 über die Verlängerung der Arbeitszeit**, die teilzeitbeschäftigten Arbeitnehmern mit einem solchen Wunsch einen Anspruch auf bevorzugte Berücksichtigung bei der Besetzung freier Arbeitsplätze einräumt.[11] Damit soll die fehlende Befristungsmöglichkeit des Anspruchs auf Verringerung der Arbeitszeit, § 8 gibt bei Vorliegen der maßgebenden Voraussetzungen einen Anspruch nur auf unbefristete Herabsetzung der Arbeitszeit,[12] kompensiert werden, indem § 9 den Arbeitnehmern die Befürchtung nimmt, nicht mehr in ein Arbeitsverhältnis mit längerer Arbeitszeit oder sogar in das ursprüngliche Vollzeitarbeitsverhältnis zurückkehren zu können.[13] Flankiert wird § 8 nicht zuletzt auch durch **das Verbot der Diskriminierung von teilzeitbeschäftigten Arbeitnehmern nach § 4 Abs. 1**, indem in Teilzeitarbeit wechselnde Arbeitnehmer einen ausdrücklich normierten Anspruch auf Gleichbehandlung haben und insoweit jedenfalls von Rechts wegen nicht Benachteiligungen hinnehmen müssen.

5 Auch wenn die Einräumung eines gesetzlichen Anspruchs auf Verringerung der Arbeitszeit das die bürgerlich-rechtliche Vertragsordnung nach wie vor beherrschende **Prinzip pacta sunt servanda zugunsten der berechtigten Arbeitnehmer durchbricht** und damit zum Nachteil der Arbeitgeber verfassungsrechtlich sowohl in die nach Art. 2 Abs. 1 GG geschützte Vertragsfreiheit wie auch in die in Art. 12 Abs. 1 GG u.a. gewährleistete Berufsausübungsfreiheit eingreift, so ist doch mit der Rechtsprechung des BAG und der überwiegenden Ansicht in der Literatur **von der Verfassungsmäßigkeit des § 8 auszugehen**.[14] Weder ist von einem Verstoß gegen das Rechtsstaatprinzip unter dem Aspekt der Unbestimmtheit[15] auszugehen, noch kann von einem unverhältnismäßigen Eingriff in die Vertragsfreiheit[16] oder die Berufsausübungs-

---

8 BT-Drucks. 14/4374, S. 11. Siehe auf gemeinschaftsrechtlicher Ebene im Zusammenhang mit der Richtlinie über Teilzeitarbeit auch die Stellungnahme des Wirtschafts- und Sozialausschusses zum Thema „Arbeitszeit", ABl. Nr. C 18 vom 21.1.1996, 74.
9 Zu § 7 Abs. 2 siehe die Kommentierung zu § 7 Rn 10 ff.
10 Zu § 7 Abs. 3 siehe die Kommentierung zu § 7 Rn 20 ff.
11 Siehe § 9 Rn 11.
12 Siehe BAG, 19.8.2003, 9 AZR 542/02, ZTR 2004, 542 ff (544).
13 Siehe die Gesetzesbegründung zu § 9, BT-Drucks. 14/4374, S. 12.
14 Siehe BAG, 18.2.2003, 9 AZR 164/02, NZA 2003, 1392 ff (1395 f); BAG, 30.9.2003, 9 AZR 665/02, NZA 2004, 382 ff (384); aus der Literatur siehe nur Preis/Gotthardt, DB 2001, 145 ff (148); Boewer, § 8 Rn 18; Rolfs, RdA 2001, 129 ff (133); Pelzner/Scheddler/Widlak, § 8 TzBfG, 58 f.
15 So aber Richardi/Annuß, BB 2000, 2201 ff (2202 f).
16 A.A. Schiefer, DB 2000, 2118 ff (2120); Hromadka, NJW 2000, 400 ff (402).

freiheit gesprochen werden.[17] Insbesondere durfte der Gesetzgeber auf der Grundlage der ihm verfassungsrechtlich zustehenden Einschätzungsprärogative[18] davon ausgehen, dass die Förderung der Teilzeitarbeit u.a. durch einen Anspruch auf Verringerung der Arbeitszeit ein geeignetes und erforderliches Mittel zur Verwirklichung seiner arbeitsmarktpolitischen Zielsetzungen darstellt.[19]

II. Voraussetzungen des Anspruchs auf Verringerung der Arbeitszeit

Der Anspruch auf Verringerung der Arbeitszeit ist von dem Vorliegen bestimmter Voraussetzungen abhängig. Im einzelnen handelt es sich um **folgende vier Erfordernisse:**

- die Verringerung der Arbeitszeit muss von einem Arbeitnehmer verlangt werden (§ 8 Abs. 1),[20]
- das Arbeitsverhältnis des Arbeitnehmers muss länger als sechs Monate bestanden haben (Wartefrist, § 8 Abs. 1),[21]
- der Arbeitgeber, dem gegenüber die Verringerung der Arbeitszeit verlangt wird, muss idR mehr als 15 Arbeitnehmer beschäftigen (Kleinunternehmerklausel, § 8 Abs. 7)[22] und schließlich
- dürfen – als negative Voraussetzung – dem Verlangen nach Verringerung der Arbeitszeit nicht betriebliche Gründe entgegenstehen (§ 8 Abs. 4).[23]

Von den Anspruchsvoraussetzungen sind die in § 8 gleichfalls geregelten **Anforderungen** an Arbeitnehmer und Arbeitgeber **im Zusammenhang mit der Geltendmachung des Anspruchs** zu unterscheiden.[24]

Der Anspruch auf Verringerung der Arbeitszeit ist gemäß § 22 Abs. 1 zum Nachteil des Arbeitnehmers **unabdingbar,**[25] und zwar sowohl für die Einzelvertrags- wie auch für die Kollektivvertragsparteien.

1. Arbeitnehmereigenschaft

Gemäß § 8 Abs. **1 kann nur ein Arbeitnehmer** bei Vorliegen der Voraussetzungen im Übrigen verlangen, dass seine vertraglich vereinbarte Arbeitszeit verringert wird. Die Regelung ist systematisch im Zusammenhang mit der Bestimmung des § 6 zu sehen, der dem Arbeitgeber allgemein die Verpflichtung auferlegt, den Arbeitnehmern, und zwar auch in leitenden Positionen, Teilzeitarbeit nach Maßgabe dieses Gesetzes zu ermöglichen. Die rechtliche Wirkung dieser Vorschrift besteht wesentlich darin, den persönlichen Anwendungsbereich des Teil-

---

17 BAG, 18.2.2003, 9 AZR 164/02, NZA 2003, 1392 ff (1395); BAG, 30.9.2003, 9 AZR 665/02, NZA 2004, 382 ff (384).
18 Vgl. hierzu BVerfG 19.7.2000, 1 BVR 539/96, BVerfGE Bd. 107, 186 ff (197 ff).
19 BAG, 18.2.2003, 9 AZR 164/02, NZA 2003, 1392 ff (1395); BAG, 30.9.2003, 9 AZR 665/02, NZA 2004, 382 ff (384).
20 Siehe hierzu Rn 9 ff.
21 Siehe Rn 17 ff.
22 Siehe dazu Rn 25 ff.
23 Siehe dazu Rn 34 ff.
24 Siehe § 8 Abs. 2, Abs. 3, Abs. 5 und Abs. 6, dazu Rn 96 ff.
25 Siehe auch BAG, 14.10.2003, 9 AZR 100/03, NZA 2004, 614 ff (616).

zeit- und Befristungsgesetzes zu konkretisieren,[26] weshalb sie auch bei der Abgrenzung des nach § 8 Abs. 1 berechtigten Personenkreises zu beachten ist.

10 Der in § 8 Abs. 1 – wie auch in § 6 und den weiteren Vorschriften des Teilzeit- und Befristungsgesetzes – verwendete **Begriff des Arbeitnehmers** ist im Rahmen dieses Gesetzes nicht eigenständig bestimmt worden. Damit ist von dem allgemeinen arbeitsrechtlichen Arbeitnehmerbegriff auszugehen, worunter derjenige zu verstehen ist, der aufgrund eines privatrechtlichen Vertrages zur Leistung von Diensten für einen anderen in persönlicher Abhängigkeit gegen Entgelt verpflichtet ist.[27]

11 Unter den Anwendungsbereich des § 8 fallen deshalb zunächst nicht Personen, die im Rahmen eines **freien Dienstvertrages** tätig werden (freie Mitarbeiter). **Mitglieder von Vertretungsorganen** juristischer Personen sowie **Gesellschafter** von Personen (Handels) -gesellschaften gehören ebenfalls nicht zum anspruchsberechtigten Personenkreis,[28] sofern sie nicht in einem Arbeitsverhältnis zu ihrer Gesellschaft stehen,[29] was nach allgemeinen Grundsätzen zu beurteilen ist.[30] Des Weiteren werden nicht **Beamte, Richter und Soldaten** erfasst, weil diese nicht auf der Grundlage eines privatrechtlichen Vertrages, sondern nach Ernennung im Rahmen eines öffentlich-rechtlichen Dienstverhältnisses tätig werden.

12 Der Begriff des Arbeitnehmers wird in § 8 Abs. 1 uneingeschränkt verwendet. Deshalb kommt es für den Anspruch auf Verringerung der Arbeitszeit nicht auf den bestehenden Umfang der Arbeitszeit an, der Anspruch steht gleichermaßen **vollzeit- wie auch teilzeitbeschäftigten Arbeitnehmern** zu. Mit der Einbeziehung auch teilzeitbeschäftigter Arbeitnehmer, und zwar auch geringfügig Beschäftigter im Sinne von § 2 Abs. 2, wird dem in § 4 Abs. 1 niedergelegten Verbot der Diskriminierung teilzeitbeschäftigter Arbeitnehmer Rechnung getragen.

13 Des Weiteren werden Arbeitnehmer **unabhängig von der Art des Arbeitsverhältnisses** erfasst. Anspruchsberechtigt nach § 8 Abs. 1 können deshalb nicht nur Arbeitnehmer in einem unbefristeten Arbeitsverhältnis sein, sondern grundsätzlich auch befristet beschäftigte Arbeitnehmer im Sinne des § 3 Abs. 1.[31] Das setzt allerdings im Hinblick auf die ebenfalls in § 8 Abs. 1 geregelte Wartefrist sowie die Notwendigkeit der Einhaltung der Ankündigungsfrist nach § 8 Abs. 2 Satz 1[32] voraus, dass die Befristungsdauer mindestens über neun Monate hinausreicht.[33]

14 Für die Arbeitnehmereigenschaft kommt es weiterhin nicht darauf an, **auf welcher Unternehmensebene** ein Arbeitnehmer tätig ist. Das folgt nicht nur bereits aus der uneingeschränkten Begriffsverwendung in § 8 Abs. 1, sondern wird besonders deutlich aus der systematischen Zusammenschau mit der Verpflichtung des Arbeitgebers nach § 6, auch Arbeitnehmer in leitenden Positionen Teil-

---

26 Siehe § 6 Rn 4.
27 Siehe nur Dütz, Arbeitsrecht, 11. Auflage, Rn 29 ff mwN.
28 Siehe nur Boewer, § 8 Rn 19.
29 Siehe Annuß/Thüsing/*Mengel*, § 6 Rn 13.
30 Siehe Hümmerich/Spirolke/*Reiserer*, Das arbeitsrechtliche Mandat, 3. Aufl., § 4 Rn 5 ff.
31 Siehe auch Schiefer, DB 2000, 2118 ff (2119); Link/Fink, AuA 2001, 107 ff (109); Boewer, § 8 Rn 20; ErfK/Preis, § 8 TzBfG Rn 7.
32 Siehe dazu Rn 106 ff.
33 Zur Berücksichtigung der Befristung eines Arbeitsverhältnisses im Rahmen der Prüfung des Vorliegens eines betrieblichen Grundes siehe noch Rn 62.

zeitarbeit nach Maßgabe dieses Gesetzes zu ermöglichen.[34] Damit kann eine Verringerung der Arbeitszeit von jedem Arbeitnehmer unabhängig davon verlangt werden, ob er eine niedrigere oder höher qualifizierte Tätigkeit ausübt und wie er unter diesem Aspekt nach anderen gesetzlichen Regelungen, etwa gemäß § 5 Abs. 3 BetrVG als leitender Angestellter oder nicht, eingeordnet wird.[35]

Nicht zu den Arbeitnehmern im Sinne des § 8 Abs. 1 gehören **Auszubildende** nach Maßgabe der §§ 1 Abs. 3, 4 ff BBiG.[36] Nach § 10 Abs. 2 BBiG finden zwar auf den Berufsausbildungsvertrag die für den Arbeitsvertrag geltenden Rechtsvorschriften und Rechtsgrundsätze Anwendung, soweit sich aus seinem Wesen und Zweck und aus dem Berufsbildungsgesetz nichts anderes ergibt. Insoweit machen allerdings schon die Regelungen der §§ 11 Abs. 1 Satz 2 Nr. 4 und 14 Abs. 1 Nr. 1 BBiG deutlich, dass das Ausbildungsverhältnis der gesetzlichen Konzeption nach eine regelmäßige tägliche Ausbildungszeit aufweisen muss, damit das Ausbildungsziel in der vorgesehenen Ausbildungszeit durch eine dem Zweck der Berufsausbildung entsprechend auch zeitlich gegliederte Ausbildung erreicht werden kann. Diese Regelungen schließen es aus, über § 10 Abs. 2 BBiG die Regelung des § 8 Abs. 1 auch im Berufsausbildungsverhältnis anzuwenden und damit den Umfang der Ausbildungszeit zur Disposition des Auszubildenden zu stellen. Im Hinblick auf § 26 BBiG gilt § 8 Abs. 1 auch nicht für Personen, die zwar nicht in einem Berufsausbildungsverhältnis stehen, jedoch außerhalb eines Arbeitsverhältnisses eingestellt werden, um berufliche Kenntnisse, Fähigkeiten oder Erfahrungen zu erwerben.[37] 15

Zu den Arbeitnehmern im Sinne des § 8 Abs. 1 gehören auch **Arbeitnehmer, deren Arbeitsverhältnis ruht**, zB aufgrund einer tarifvertraglichen Regelung wegen der befristeten Bewilligung einer Erwerbsminderungsrente[38] oder wegen der Inanspruchnahme von Elternzeit nach §§ 15 f BEEG.[39] Allerdings kann hier bezogen auf den Zeitraum des Ruhens im Hinblick auf den Inhalt des Anspruchs der Verringerung der Arbeitszeit ein solcher nicht in Betracht kommen.[40] 16

2. Wartefrist (§ 8 Abs. 1)

Gemäß § 8 Abs. 1 kann ein Arbeitnehmer die Verringerung der vertraglich vereinbarten Arbeitszeit erst verlangen, wenn das **Arbeitsverhältnis länger als sechs** 17

---

34 Zur Zielsetzung dieser Regelung siehe § 6 Rn 1, 4.
35 Siehe schon § 6 Rn 4; zur Einbeziehung etwa auch von leitenden Angestellten und sonstigen Führungskräften siehe nur Rolfs, RdA 2001, 129 ff (133); Link/Fink, AuA 2001, 107 ff (109); Boewer, § 8 Rn 20; ErfK/Preis, § 8 TzBfG Rn 7; Ring, § 8 Rn 15.
36 Siehe nur Däubler, ZIP, 2001, 217 ff (218); Preis/Gotthardt, DB 2001, 145 ff (148); Boewer, § 8 Rn 21; unverständlich KDZ/Zwanziger, § 8 TzBfG Rn 4, die eine geringfügige Verringerung der Arbeitszeit, etwa von 40 auf 38 Stunden pro Woche, mit dem Zweck eines Ausbildungsverhältnisses für vereinbar halten.
37 Zum Beispiel Praktikanten, siehe Gedon/Spiertz, BBiG, § 19 Rn 1, 10.
38 Siehe BAG, 14.10.2003, 9 AZR 100/03, NZA 2004, 614 ff (616).
39 Durch Art. 1 des Gesetzes zur Einführung des Elterngeldes vom 5. 12. 2006, BGBl. 2006 I, 2748 ist das Gesetz zum Elterngeld und zur Elternzeit (Bundeselterngeld- und Elternzeitgesetz – BEEG) eingeführt worden, der zweite Abschnitt des Bundeserziehungsgeldgesetzes mit den §§ 5 f BErzGG ist durch Art. 3 Abs. 2 des Gesetzes zur Einführung des Elterngeldes zum 31.12.2006 außer Kraft gesetzt worden.
40 Siehe BAG, 14.10.2003, 9 AZR 100/03, NZA 2004, 614 ff (616) und folgend noch zum Inhalt des Anspruchs auf Verringerung der Arbeitszeit Rn 94.

Monate bestanden hat. Nach der Gesetzesbegründung soll die Voraussetzung der Wartefrist von dem Gedanken getragen sein, dass es für den Arbeitgeber insbesondere wegen des mit einer Arbeitszeitverringerung verbundenen Mehraufwands nicht zumutbar ist, dass ein Arbeitnehmer bereits vor dem Ablauf der Wartefrist eine Änderung der Arbeitszeit verlangt.[41] Diese Begründung erscheint vorgeschoben. Erstens ist nicht ersichtlich, welcher Zusammenhang zwischen der Zumutbarkeit des mit einer Verringerung der Arbeitszeit verbundenen Mehraufwands und der Dauer des Arbeitsverhältnisses besteht. Zum zweiten kann diese Begründung auch nicht im Hinblick auf die in § 8 Abs. 6 geregelte zweijährige Sperrfrist für eine erneute Geltendmachung des Verringerungsanspruchs überzeugen, die auch dem Schutz des Arbeitgebers im Hinblick auf Planung und Organisation des Personaleinsatzes und der Verfügbarkeit des Personals dient.[42] Gerade auch vor dem Hintergrund der Inkongruenz mit der Sperrfrist des § 8 Abs. 6 scheint die Sechsmonatsfrist des § 8 Abs. 1 allein im Hinblick darauf gewählt worden zu sein, dass **nach Ablauf dieses Zeitraums das Kündigungsschutzgesetz grundsätzlich eingreift** (§ 1 Abs. 1 KSchG) und damit eine (verdeckte) Kündigung wegen der Inanspruchnahme des Rechts aus § 8 Abs. 1 nicht mehr möglich ist. Auf das Benachteiligungsverbot des § 5 scheint der Gesetzgeber hier nicht wirklich vertrauen zu wollen, § 11 greift für diesen Fall nicht.

18 § 8 Abs. 1 spricht davon, dass das Arbeitsverhältnis länger als sechs Monate bestanden hat. Entscheidend ist der **rechtliche Bestand des Arbeitsverhältnisses**,[43] es kommt nicht darauf an, ob der Arbeitnehmer während dieses Zeitraums auch tatsächlich seine Arbeitsleistung erbracht hat oder zB wegen krankheitsbedingter Arbeitsunfähigkeit, eines Beschäftigungsverbots nach dem Mutterschutzgesetz oder auch wegen eines Arbeitskampfes an der Leistung gehindert war.[44]

19 Von anderen rechtsbegründenden Wartezeitregelungen – zB § 1 Abs. 1 KSchG, § 15 Abs. 7 Satz 1 Nr. 2 BEEG oder auch § 3 Abs. 3 EFZG – weicht § 8 Abs. 1 insofern ab, als hier nicht ausdrücklich ein ununterbrochener rechtlicher Bestand von mehr als sechs Monaten gefordert wird. In Übereinstimmung mit der einhelligen Auffassung in der Literatur ist gleichwohl auch hier **ein Bestand während des Sechsmonatszeitraums ohne Unterbrechung** zu fordern.[45] Damit schadet jede rechtliche Unterbrechung, im Falle der Neubegründung eines Arbeitsverhältnisses bei demselben Arbeitgeber beginnt die Wartefrist erneut zu laufen. Entgegen in der Literatur zT vertretener Auffassung[46] ist die Rechtsprechung des BAG zu § 1 Abs. 1 KSchG betr. die Anrechnung der Zeiten eines früheren Arbeitsverhältnisses bei demselben Arbeitgeber auf die Wartezeit des

---

41 BT-Drucks. 14/4374, S. 17.
42 Vgl. Rudolf, Die Verlängerung der Arbeitszeit gemäß § 9 TzBfG, 2003, S. 139; Kliemt, NZA 2001, 63 ff (65); Richardi/Annuß, BB 2000, 2201 ff (2203); zur Sperrfrist siehe noch Rn 134 ff.
43 Siehe nur Boewer, § 8 Rn 23; ErfK/Preis, § 8 TzBfG Rn 8; Rolfs, RdA 2001, 129 ff (133); MHH/*Heyn*, § 8 Rn 21.
44 Siehe nur Annuß/Thüsing/*Mengel*, § 8 Rn 32; Boewer, § 8 Rn 23; Rolfs, RdA 2001, 129 ff (133).
45 Siehe Rolfs, RdA 2001, 129 ff (133); Preis/Gotthardt, DB 2001, 145 ff (149); Annuß/Thüsing/-*Mengel*, § 8 Rn 26 f; Ring, § 8 Rn 17; Worzalla, § 8 Rn 4.
46 S. zB Boewer, § 8 Rn 26 f; Worzalla, § 8 Rn 4; ErfK/Preis, § 8 Rn 8; MHH/*Heyn*, § 8 Rn 22.

§ 1 Abs. 1 KSchG, wenn zwischen beiden Arbeitsverhältnissen ein enger zeitlicher Zusammenhang besteht,[47] nicht zu übertragen. Das BAG begründet seine Rechtsprechung mit Sinn und Zweck des Kündigungsschutzgesetzes,[48] der sich allerdings grundlegend von dem des Teilzeit- und Befristungsgesetzes und hier dem Zweck der Wartefristregelung des § 8 Abs. 1, wie er in der Gesetzesbegründung genannt wird,[49] unterscheidet. Während die Wartezeitregelung des § 1 Abs. 1 KSchG vor allem von dem Gedanken getragen ist, dass der Arbeitgeber vor dem Eingreifen des kündigungsrechtlichen Bestandsschutzes Gelegenheit haben soll, den Arbeitnehmer ausreichend kennen zu lernen, weshalb es dann durchaus Sinn macht, auf die Wartezeit die Zeiten eines früheren Arbeitsverhältnisses im Falle eines engen zeitlichen Zusammenhangs anzurechnen, aktualisiert sich der nach der Gesetzesbegründung verfolgte Zweck des Schutzes des Arbeitgebers vor dem mit einer Verringerung der Arbeitszeit verbundenen Mehraufwand zu einem zu frühen Zeitpunkt mit jeder Neubegründung eines Arbeitsverhältnisses immer wieder aufs Neue. Davon wird der Arbeitgeber nicht durch ein zuvor bestehendes, rechtlich selbständiges Arbeitsverhältnis mit demselben Arbeitnehmer entlastet.

Ohne dass § 8 Abs. 1 das ausdrücklich sagt, kommt es für den Ablauf der Wartefrist darauf an, dass das Arbeitsverhältnis mehr als sechs Monate zu **demselben Arbeitgeber** bestanden hat.[50] Insoweit spielt es keine Rolle, ob der Arbeitnehmer seine Arbeitsleistung während des gesamten Zeitraums in demselben Betrieb oder, wenn der Arbeitgeber mehrere Betriebe hat, einem anderen Betrieb desselben Unternehmens erbracht hat. Im Falle eines **Betriebsübergangs** nach § 613a BGB wird die Dauer des Arbeitsverhältnisses beim Veräußerer bei der Erfüllung der Wartefrist berücksichtigt (§ 613a Abs. 1 Satz 1 BGB).[51] Dasselbe gilt, wenn die Betriebsveräußerung im Rahmen einer **Unternehmensumwandlung** in Form der Verschmelzung, Spaltung oder Vermögensübertragung erfolgt, denn gemäß § 324 UmwG bleibt u.a. § 613a Abs. 1 BGB von diesen Umwandlungsvorgängen unberührt.[52]

Wird ein **Leiharbeitnehmer** von dem Entleiher in ein Arbeitsverhältnis übernommen, so können die bei diesem Arbeitgeber zuvor als Leiharbeitnehmer verbrachten Zeiten nicht auf die Wartezeit angerechnet werden.[53] Denn ein Arbeitsverhältnis bestand während dieser Zeit rechtlich nur zum Verleiher.

Die Wartefrist ist zutreffender Ansicht nach auch einzuhalten, wenn ein Auszubildender **nach der Beendigung der Berufsausbildung** bei demselben Arbeitgeber in ein Arbeitsverhältnis übernommen wird.[54] Angesichts dessen, dass Aus-

---

47 Siehe BAG, 10.5.1989, 7 AZR 450/88, NZA 1990, 221 ff (221); BAG, 20.8.1998, 2 AZR 83/98, NZA 1999, 314 ff (315); BAG, 9.2.2000, 7 AZR 730/98, NZA 2000, 721 ff (722).
48 Siehe BAG, 10.5.1989, 7 AZR 450/88, NZA 1990, 221 ff (221), ohne hier jedoch den Sinn und Zweck näher auszuführen.
49 Siehe oben Rn 17.
50 Siehe nur Lindemann/Simon, BB 2001, 146 ff (148); Däubler, ZIP 2001, 217 ff (218); Boewer, § 8 Rn 28; Annuß/Thüsing/*Mengel*, § 8 Rn 26; ErfK/Preis, § 8 TzBfG Rn 8.
51 Siehe auch Annuß/Thüsing/*Mengel*, § 8 Rn 31.
52 Siehe dazu ausführlich Boecken, Unternehmensumwandlungen und Arbeitsrecht, 1996, S. 36 ff.
53 Siehe Rolfs, RdA 2001, 129 ff (133); Annuß/Thüsing/*Mengel*, § 8 Rn 26.
54 Siehe Annuß/Thüsing/*Mengel*, § 8 Rn 30; Boewer, § 8 Rn 30; aA Blanke/Schüren/*Wank*, 2. Teil Rn 75.

zubildende nicht zu den Arbeitnehmern im Sinne des § 8 Abs. 1 gehören,[55] aktualisiert sich der nach der Gesetzesbegründung maßgebende Zweck der Wartefrist, den Arbeitgeber insbesondere vor dem unzumutbaren organisatorischen Mehraufwand einer frühzeitigen Inanspruchnahme des Rechts auf Verringerung der Arbeitszeit zu schützen,[56] erstmals mit der Übernahme des Auszubildenden in ein Arbeitsverhältnis. Aus denselben Gründen kann im Falle des **Wechsels von einem Beamtenverhältnis in ein Arbeitsverhältnis** bei demselben Arbeitgeber (Dienstherren) die im Beamtenverhältnis verbrachte Zeit nicht auf die Wartezeit angerechnet werden.

23 Die **Berechnung des Ablaufs der Wartefrist** richtet sich nach §§ 186 ff BGB. Für den Beginn des Laufs der Wartefrist ist nicht auf den Zeitpunkt des Vertragsschlusses, sondern den der vereinbarten Arbeitsaufnahme abzustellen,[57] wobei im Hinblick darauf, dass dieser Tag für den Beginn der Zeit maßgebend ist, der Tag der Arbeitsaufnahme nach § 187 Abs. 2 Satz 1 BGB mitzurechnen ist. Die Wartefrist beginnt auch dann mit dem vorbezeichneten Tag der Arbeitsaufnahme zu laufen, wenn der Arbeitnehmer die Arbeit etwa wegen krankheitsbedingter Arbeitsunfähigkeit nicht aufnehmen kann.[58] Die Wartefrist endigt gemäß § 188 Abs. 2 BGB mit Ablauf desjenigen Tages des sechsten Monats, welcher dem Tage vorhergeht, der durch seine Benennung oder seine Zahl dem Anfangstag der Frist entspricht. § 193 BGB findet keine Anwendung.[59]

24 Besteht das Arbeitsverhältnis rechtlich über das Fristende hinaus, so entsteht bei Vorliegen der Voraussetzungen auch im übrigen der Anspruch auf Verringerung der Arbeitszeit. Im Hinblick auf die nach § 8 Abs. 2 Satz 1 für die Geltendmachung des Anspruchs zu beachtende Ankündigungsfrist von drei Monaten[60] kann der Anspruch frühestens zu einen Zeitpunkt realisiert werden, zu dem das Arbeitsverhältnis **mindestens neun Monate** bestanden hat.[61]

3. Kleinunternehmerklausel (§ 8 Abs. 7)

25 Gemäß § 8 Abs. 7 setzt der Anspruch auf Verringerung der Arbeitszeit weiter voraus, dass der **Arbeitgeber idR mehr als 15 Arbeitnehmer beschäftigt**, wobei die Anzahl der Personen in Berufsbildung außer Betracht zu bleiben hat. In der Gesetzesbegründung zu § 8 Abs. 7 wird lediglich auf die Anlehnung an § 15 Abs. 7 Satz 1 Nr. 1 BEEG hingewiesen,[62] der für den Anspruch von Arbeitnehmern in Elternzeit auf Verringerung der Arbeitszeit denselben Schwellenwert regelt. In der Gesetzesbegründung zu dieser Bestimmung wird wiederum lediglich § 23 KSchG erwähnt,[63] woraus zu entnehmen ist, dass der maßgebende **Zweck für die Kleinunternehmerklausel** des § 8 Abs. 7 nicht anders als im Rah-

---

55 Siehe oben Rn 15.
56 Siehe oben Rn 17.
57 Siehe nur Annuß/Thüsing/*Mengel*, § 8 Rn 24; Boewer, § 8 Rn 34.
58 Siehe auch Boewer, § 8 Rn 35; Annuß/Thüsing/*Mengel*, § 8 Rn 24.
59 Siehe Boewer, § 8 Rn 36.
60 Siehe folgend Rn 106.
61 Siehe Preis/Gotthardt, DB 2001, S. 145 ff (149); Kliemt, NZA 2001, 63 ff (64 f); Rolfs, RdA 2001, 129 ff (134); Bauer, NZA 2000, 1039 ff (1040); Schiefer, DB 2000, 2118 ff (2119).
62 Siehe BT-Drucks. 14/4374, S. 17 f.
63 Siehe die Begründung zum Entwurf des Dritten Gesetzes zur Änderung des BErzGG, BT-Drucks. 14/3118, S. 7.

men des Bundeselterngeld- und Elternzeitgesetzes und des Kündigungsschutzgesetzes die Vermeidung der mit gesetzlich eingeräumten Ansprüchen bzw Rechtspositionen verbundenen besonderen organisatorischen und letztlich wirtschaftlichen Belastungen für Arbeitgeber, die nur eine relativ geringe Zahl von Arbeitnehmern beschäftigen, ist.[64]

Unter Berücksichtigung dieser Zwecksetzung sowie des eindeutigen Wortlauts von § 8 Abs. 7 kommt es allein darauf an, ob der Arbeitgeber in seinem **Unternehmen** idR mehr als 15 Arbeitnehmer beschäftigt, der Schwellenwert ist **nicht betriebsbezogen** zu berechnen.[65] 26

Anders als etwa nach § 23 Abs. 1 Satz 4 KSchG spielt bei der Ermittlung des Schwellenwerts der Umfang der Arbeitszeit der Arbeitnehmer keine Rolle, **die Zahl der Arbeitnehmer wird allein nach Köpfen berechnet.** Zu Recht wird daran unter dem Gesichtspunkt Kritik geübt, dass dadurch Arbeitgeber, die Teilzeitarbeitnehmer beschäftigen, eher dem Anspruch auf Verringerung der Arbeitszeit ausgesetzt sind,[66] was sich im Hinblick auf das Ziel der Förderung von Teilzeitarbeit kontraproduktiv auswirken kann. 27

§ 8 Abs. 7 sagt ausdrücklich, dass **Personen in Berufsbildung** nicht mitzuzählen sind. Mangels näherer Konkretisierung ist dieser Begriff **im Sinne von § 1 Abs. 1 BBiG** zu verstehen mit der Folge, dass damit alle Personen ausgeklammert sind von der Berechnung, die an einer Berufsausbildungsvorbereitung, Berufsbildung, beruflichen Fortbildung, oder beruflichen Umschulung teilnehmen. Unter Anknüpfung an § 26 BBiG sind auch Personen nicht einzubeziehen, die eingestellt werden, um berufliche Kenntnisse, Fähigkeiten oder Erfahrungen zu erwerben, ohne dass es sich um eine Berufsausbildung im Sinne des Berufsbildungsgesetzes handelt.[67] 28

Nicht mitzuzählen sind auch **sonstige Beschäftigte** wie etwa Beamte. Diese werden nicht vom Arbeitnehmerbegriff des § 8 Abs. 7 erfasst.[68] 29

Arbeitnehmer, deren Arbeitsverhältnis ruht, sind mitzuzählen.[69] Der Begriff der Beschäftigung in § 8 Abs. 7 ist nicht, wie grundsätzlich im Sozialversicherungsrecht[70] dahin zu verstehen, dass die Arbeitnehmer auch tatsächlich ihre Arbeitsleistung erbringen. Es geht insoweit nur darum, ob dem Unternehmen des Arbeitgebers rechtlich mehr als 15 Arbeitnehmer zugehören. Das ist auch bei solchen Arbeitnehmern der Fall, deren Hauptleistungspflicht ruht. Im übrigen fehlt im Teilzeit- und Befristungsgesetz eine mit § 21 Abs. 7 BEEG vergleichbare Regelung, die unter bestimmten Voraussetzungen anordnet, dass Arbeitnehmer in einem ruhenden Arbeitsverhältnis, hier wegen Elternzeit oder Freistellung wegen 30

---

64 Vgl. zu Sinn und Zweck der Kleinbetriebsklausel des § 23 KSchG BVerfG, 27.1.1998, 1 BvL 15/87 NZA 1998, 470 ff (472).
65 Siehe nur Lindemann/Simon, BB 2001, 146 ff (148); Rolfs, RdA 2001, 129 ff (134); Däubler, ZIP 2000, 1961 ff (1962); Annuß/Thüsing/*Mengel*, § 8 Rn 5; aA Schiefer, DB 2000, 2118 ff (2119).
66 Siehe etwa Schiefer, DB 2000, 2118 ff (2119); Rolfs, RdA 2001, 129 ff (134); Preis/Gotthardt, DB 2000, 2065 ff (2068).
67 Zu dem hiervon typischerweise erfassten Personen siehe näher Gedon/Spiertz, BBiG, § 26 Rn 1 ff.
68 Siehe oben Rn 11.
69 Siehe nur ErfK/Preis, § 8 Rn 10.
70 Siehe § 7 Abs. 1, Abs. 1 a SGB IV.

Kinderbetreuung, bei auf die Arbeitnehmerzahl abstellenden Schwellenwertregelungen nicht mitzuzählen sind.

31 Rechtlich zugehörig und deshalb mitzuzählen sind auch **vorübergehend ins Ausland entsandte Arbeitnehmer**.[71]

32 Nach § 8 Abs. 7 müssen idR mehr als 15 Arbeitnehmer beschäftigt werden. Das bedeutet, dass **geringfügige Schwankungen** nach oben oder unten unbeachtlich bleiben.[72]

33 Im Hinblick darauf, dass die Kleinunternehmerklausel ihrer gesetzlichen Konzeption nach als Anspruchsvoraussetzung ausgestaltet ist, das BAG spricht von einer betrieblichen Voraussetzung,[73] muss **im Zeitpunkt der Geltendmachung des Anspruchs der maßgebende Schwellenwert erreicht sein**.[74] Wird zu diesem Zeitpunkt die Zahl von 15 beschäftigten Arbeitnehmern nicht überschritten, dann besteht kein Anspruch auf Verringerung der Arbeitszeit. Wird die maßgebende Arbeitnehmerzahl zu einem späteren Zeitpunkt idR erreicht, entsteht der Anspruch und kann geltend gemacht werden. Die Sperrfrist des § 8 Abs. 6 hindert nicht, weil die berechtigte Ablehnung durch den Arbeitgeber auf das Vorliegen der negativen Voraussetzung eines entgegenstehenden betrieblichen Grundes im Sinne von § 8 Abs. 4 Satz 1 bezogen ist.[75]

4. Keine entgegenstehenden betrieblichen Gründe (§ 8 Abs. 4)

34 Der Gesetzgeber hat den Anspruch auf Verringerung der Arbeitszeit und der damit einhergehenden Neuverteilung unter den **Vorbehalt des Nichtvorliegens eines betrieblichen Grundes** gestellt. Gemäß § 8 Abs. 4 Satz 1 hat der Arbeitgeber der Verringerung der Arbeitszeit zuzustimmen und ihre Verteilung entsprechend den Wünschen des Arbeitnehmers zu legen, soweit betriebliche Gründe nicht entgegenstehen. Nach Satz 2 von § 8 Abs. 4 liegt ein betrieblicher Grund insbesondere vor, wenn die Verringerung der Arbeitszeit die Organisation, den Arbeitsablauf oder die Sicherheit im Betrieb wesentlich beeinträchtigt oder unverhältnismäßige Kosten verursacht. Die Ablehnungsgründe können nach § 8 Abs. 4 Satz 3 durch Tarifvertrag festgelegt werden, dessen Regelungen über die Ablehnungsgründe im Geltungsbereich des Tarifvertrages einzelvertraglich zwischen nichttarifgebundenen Arbeitgebern und Arbeitnehmern vereinbart werden können (§ 8 Abs. 4 Satz 4).

---

71 Siehe Annuß/Thüsing/*Mengel*, § 8 Rn 9; Boewer, § 8 Rn 53.
72 Siehe nur Däubler, ZIP 2001, 217 ff (218); Lindemann/Simon, BB 2001, 146 ff (148); Annuß/Thüsing/*Mengel*, § 8 Rn 10.
73 Siehe BAG, 18.02.2003, 9 AZR 356/02, NZA 2003, 911 ff (912).
74 Zutreffend Boewer, § 8 Rn 63; aA Diller, NZA 2001, 589 ff (591), der im Falle eines Rechtsstreits auf den Zeitpunkt der letzten mündlichen Verhandlung abstellen will. Pelzner/Scheddler/Widlak, § 8 TzBfG, S. 31 wollen auf den Zeitpunkt der Mitteilung der Entscheidung durch den Arbeitgeber nach § 8 Abs. 5 Satz 1 abstellen.
75 Siehe auch Boewer, § 8 Rn 63.

a) Begriff des betrieblichen Grundes

Bei dem **Begriff des betrieblichen Grundes** handelt es sich um einen unbestimmten Rechtsbegriff,[76] der als solcher im Gesetz nicht positiv definiert wird. In der Gesetzesbegründung wird davon gesprochen, dass unzumutbare Anforderungen an die Ablehnung durch den Arbeitgeber ausgeschlossen sein sollen und deshalb rationale, nachvollziehbare Gründe genügen.[77]

35

Fest steht jedenfalls, dass es sich **nicht um dringende betriebliche Gründe** handeln muss.[78] Das zeigt nicht nur der Vergleich mit anderen Vorschriften des Teilzeit- und Befristungsgesetzes[79] und sonstigen gesetzlichen Regelungen wie zB § 15 Abs. 7 Satz 1 Nr. 4 BEEG, § 1 Abs. 2 Satz 1 KSchG oder auch § 7 Abs. 1 Satz 1 BUrlG, sondern wird auch aus der Entstehungsgeschichte von § 8 deutlich: Im Unterschied zur gesetzlichen Regelung des § 8 Abs. 4 Satz 1 sowie zum Gesetzentwurf[80] wurden im vorausgehenden Referentenentwurf des Bundesministeriums für Arbeit und Sozialordnung[81] ursprünglich entgegenstehende dringende betriebliche Gründe gefordert, wobei diese in der Begründung zum Referentenentwurf durch dieselben Regelbeispiele erläutert wurden wie nunmehr die betrieblichen Gründe in § 8 Abs. 4 Satz 2.[82]

36

Trotz des Bezuges der in § 8 Abs. 4 Satz 2 enthaltenen Konkretisierung ursprünglich auf dringende betriebliche Gründe kann nach der insoweit eindeutigen gesetzlichen Regelung nicht daran vorbeigegangen werden, dass die **Anforderungen des § 8 Abs. 4 Satz 2 nunmehr der beispielhaften Erläuterung des betrieblichen Grundes im Sinne von § 8 Abs. 4 Satz 1 dienen**[83] und damit ein bei der Auslegung des unbestimmten Begriffs der betrieblichen Gründe zu beachtender Maßstab gesetzlich vorgegeben wird. In Übereinstimmung mit der Rechtsprechung des BAG kann deshalb abweichend von der Gesetzesbegründung **nicht jeder rational nachvollziehbare Grund** ausreichen, vielmehr können nur solche Gründe als betriebliche Gründe anerkannt werden, die **hinreichend gewichtig** sind, sprich so erheblich, dass sie zu einer wesentlichen Beeinträchtigung oder unverhältnismäßigen wirtschaftlichen Belastung im Sinne der Regelungsbeispiele des § 8 Abs. 4 Satz 2 oder – im Hinblick darauf, dass diese Regelung nicht abschließend ist[84] – sonstigen wesentlichen Beeinträchtigung führen.[85] Damit ist nicht ein dringender betrieblicher Grund gefordert, der nach der Rechtsprechung des BAG

37

---

76 Siehe BAG, 18.2.2003, 9 AZR 164/02, NZA 2003, 1392 ff (1396); BAG 14.10.2003, 9 AZR 636/02, NZA 2004, 975 ff (977); BAG, 16.3.2004, 9 AZR 323/03, NZA 2004, 1047 ff (1051).
77 Siehe BT-Drucks. 14/4374, S. 17.
78 Siehe BAG, 18.2.2003, 9 AZR 164/02, NZA 2003, S. 1392 ff (1395); BAG, 16.3.2004, 9 AZR 323/03, NZA 2004, 1047 ff (1050); BAG, 21.6.2005, 9 AZR 409/04, NZA 2006, 316 ff (318).
79 Siehe §§ 9, 10, 13 und 19.
80 BT-Drucks 14/4374, S. 8.
81 Az IIIa 4/IIIa 1-31325, abgedruckt in NZA 2000, 1045 ff.
82 Siehe die Begründung zum Referentenentwurf, S. 30.
83 Siehe nur BAG, 18.02.2003, 9 AZR 164/02, NZA 2003, 1392 ff (1395).
84 Siehe BAG, 27.04.2004, 9 AZR 522/03, NZA 2004, 1225 ff (1227).
85 Siehe nur BAG, 18.02.2003, 9 AZR 164/02, NZA 2003, 1392 ff (1395); BAG, 19.08.2003, 9 AZR 542/02, ZTR 2004, 542 ff (544); BAG, 30.09.2003, 9 AZR 665/02, NZA 2004, 382 ff (383); BAG, 16.03.2004, 9 AZR 323/03, NZA 2004, 1047 ff (1050); BAG, 27.04.2004, 9 AZR 522/03, NZA 2004, 1225 ff (1227 f), hier zur wesentlichen Beeinträchtigung künstlerischer Belange; BAG, 21.6.2005, 9 AZR 409/04, NZA 2006, 316 ff (318).

dann gegeben ist, wenn sich die betrieblichen Interessen als zwingende Hindernisse für eine arbeitnehmerseits gewünschte Arbeitszeitgestaltung darstellen.[86]

38 Die beispielhafte Konkretisierung des § 8 Abs. 4 Satz 2 ist dahin zu verstehen, dass im Falle wesentlicher Beeinträchtigungen von Betriebsablauf, -organisation oder -sicherheit oder unverhältnismäßiger wirtschaftlicher Belastung jedenfalls betriebliche Gründe vorliegen. Das schließt im Sinne eines diesbezüglichen **Mindestcharakters der Regelbeispiele** gerade auch vor dem Hintergrund der Entstehungsgeschichte des Ausschlusstatbestands nicht aus, dass in diesen Fällen auch ein dringender betrieblicher Grund gegeben sein kann, was zwar im Rahmen von § 8 Abs. 4 Satz 1 bedeutungslos ist, jedoch in anderen Vorschriften des Teilzeit- und Befristungsgesetzes, in denen für die Beschränkung bzw den Ausschluss einer Rechtsposition des Arbeitnehmers auf dringende betriebliche Gründe des Arbeitgebers abgestellt wird,[87] zum Tragen kommen kann.[88] Die beispielhafte Konkretisierung des § 8 Abs. 4 S. 2 kann auch im Rahmen dieser Vorschriften herangezogen werden, um festzustellen, ob im Einzelfall die wesentliche Beeinträchtigung nach Maßgabe der Regelbeispiele auch die Anforderungen eines dringenden betrieblichen Grundes erfüllt.

39 Die Berechtigung des Arbeitgebers zur Ablehnung der Wünsche des Arbeitnehmers nach Verringerung der Arbeitszeit und ihrer Neuverteilung ist, wie § 8 Abs. 4 Satz 1 deutlich macht, einheitlich geregelt, weshalb an das Gewicht des Ablehnungsgrundes **bezogen sowohl auf die Verringerung wie auch die Neufestsetzung der Arbeitszeit identische Anforderungen** zu stellen sind.[89] Insoweit ist es ohne Bedeutung, dass die in § 8 Abs. 4 Satz 2 zur Erläuterung des betrieblichen Grundes im Sinne von § 8 Abs. 4 Satz 1 genannten Regelbeispiele[90] ihrem Wortlaut nach allein auf die Verringerung der Arbeitszeit bezogen sind.[91]

40 Das Gesetz stellt für die Anerkennung entgegenstehender arbeitgeberseitiger Interessen als betrieblicher Grund allein auf die Belastung des Arbeitgebers im Sinne **einer wesentlichen Beeinträchtigung bzw unverhältnismäßiger wirtschaftlicher Konsequenzen ab** (§ 8 Abs. 4 Sätze 1, 2). Damit spielt es für die Frage des Vorliegens eines betrieblichen Grundes keine Rolle, **aus welchen Gründen der Arbeitnehmer** den Anspruch auf Verringerung und Neuverteilung geltend macht, diesbezügliche persönliche und insbesondere soziale Gründe haben keinen Einfluss auf die Beurteilung, ob für die Ablehnung des Begehrens ein hinreichend gewichtiger Grund gegeben ist.[92]

---

86 Siehe BAG, 18.03.2003, 9 AZR 126/02, DB 2004, 319 ff (320) hier zu § 15b BAT.
87 Siehe §§ 9, 10, 13 und 19 oder auch § 15b BAT.
88 Das macht auch die Rechtsprechung des BAG deutlich, wenn zB das pädagogische Konzept eines Kindergartenträgers zur Gewährleistung einer ganztägigen Betreuung einer Bezugsperson nur Vollzeitarbeitnehmer zu beschäftigen, sowohl als betrieblicher Grund im Sinne des § 8 Abs. 4 Satz 1 (siehe BAG, 19.08.2003, 9 AZR 542/02, ZTR 2004, 542 ff (544) wie auch als dringender betrieblicher Grund (siehe BAG, 18.03.2003, 9 AZR 126/02, DB 2004, 319 ff (320 f), hier zu § 15b BAT) eingeordnet wird.
89 Siehe BAG, 18.02.2003, 9 AZR 126/02, NZA 2003, 1392 ff (1395); BAG, 16.03.2004, 9 AZR 323/03, NZA 2004, 1047 ff (1050).
90 Siehe nur BAG, 18.02.2003, 9 AZR 164/02, NZA 2003, 1392 ff (1395).
91 Siehe BAG, 18.02.2003, 9 AZR 164/02, NZA 2003, 1392 ff (1395).
92 Siehe BAG, 9.12.2003, 9 AZR 16/03, NZA 2004, 921 ff (922); Hanau, NZA 2001, 1168 ff (1171); Lindemann/Simon, BB 2001, 146 ff (149). Das steht in völligem Einklang damit, dass es nach der gesetzlichen Konzeption des Anspruchs auf Arbeitszeitverringerung unerheblich ist, aus welchen Gründen der Arbeitnehmer diesen geltend macht; aA Däubler, ZIP 2001, 217 ff (218).

b) Prüfung des Vorliegens eines betrieblichen Grundes

Für die Prüfung der Frage, ob ein dem Arbeitszeitverlangen des Arbeitnehmers entgegenstehender hinreichend gewichtiger Grund gegeben ist, muss **nach der Grundlage der mit dem Wunsch des Arbeitnehmers möglicherweise kollidierenden Arbeitszeitgestaltung** im Betrieb unterschieden werden. 41

Macht der Arbeitgeber für die Notwendigkeit einer bestimmten Arbeitszeitgestaltung die **Verwirklichung eines betrieblichen Organisationskonzepts** geltend, so kann zur Wahrung der über Art. 12 Abs. 1 GG verfassungsrechtlich verbürgten **unternehmerischen Entscheidungsfreiheit**, sprich auch der Freiheit, das Konzept zur Verwirklichung der unternehmerischen Aufgabenstellung im Betrieb festzulegen, nur ein **eingeschränkter Überprüfungsmaßstab**, der die unternehmerische Organisationsentscheidung als solche grundsätzlich akzeptiert, in Betracht kommen. Insoweit hat das BAG in einer nunmehr schon ständigen Rechtsprechung eine **dreistufige Prüfungsfolge** entwickelt, die der verfassungsrechtlich geforderten Wahrung der unternehmerischen Entscheidungsfreiheit und Organisationsfreiheit Rechnung trägt.[93] Zugleich hat das BAG damit den Ausschlusstatbestand des § 8 Abs. 4 Sätze 1, 2 so konturiert, dass seine Anwendung in der Praxis erleichtert wird. 42

Beruft sich der Arbeitgeber für entgegenstehende betriebliche Gründe nicht auf ein eine bestimmte Arbeitszeitgestaltung notwendig machendes betriebliches Organisationskonzept, sondern macht er **sonstige Gründe, wie etwa die Bindung an eine Betriebsvereinbarung über die Lage der Arbeitszeit** geltend, so ist für die Prüfung des Vorliegens eines betrieblichen Grundes allein entscheidend, ob dieser nach Maßgabe des § 8 Abs. 4 Sätze 1, 2 hinreichend gewichtig ist. Die dreistufige Prüfungsfolge zur Wahrung der betrieblichen Organisationsfreiheit des Arbeitgebers kann hier keine Bedeutung erlangen, was das BAG in seiner Rechtsprechung selbst deutlich macht, wenn es davon spricht, dass das Vorliegen eines hinreichend gewichtigen Grundes nur **regelmäßig** in drei Stufen zu prüfen ist.[94] 43

(1) Geltendmachung eines betrieblichen Organisationskonzepts als Grundlage für eine bestimmte Arbeitszeitgestaltung

Beruft sich der Arbeitgeber für die Notwendigkeit einer bestimmten Arbeitszeitgestaltung auf die **Verwirklichung eines betrieblichen Organisationskonzepts,** so ist die Frage des Vorliegens eines hinreichend gewichtigen Grundes, der dem Arbeitszeitwunsch eines Arbeitnehmers entgegensteht, nach der Rechtsprechung 44

---

[93] Zutreffend: BAG, 18.02.2003, 9 AZR 164/02, NZA 2003, 1392 ff (1395); BAG, 30.09.2003, 9 AZR 665/02, NZA 2004, 382 ff (383 f); BAG, 21.6.2005, 9 AZR 409/04, NZA 2006, 316 ff (319). Insoweit ist auch der Eingriff in die durch Art. 2 Abs. 1 GG geschützte Vertragsfreiheit verhältnismäßig, siehe BAG, aaO.

[94] Siehe BAG, 19.08.2003, 9 AZR 542/2, ZTR 2004, 542 ff (544). In anderen einschlägigen Entscheidungen wird das jedoch nicht ausdrücklich gesagt, kommt aber in der Prüfungsweise zum Ausdruck, wie die Entscheidungen des BAG zur Frage von einem Arbeitszeitwunsch eines Arbeitnehmers entgegenstehenden Betriebsvereinbarungen deutlich machen, siehe BAG, 18.02.2003, 9 AZR 164/02, NZA 2003, 1392 ff (1395), BAG, 14.10.2003, 9 AZR 636/02, NZA 2004, 975 ff (977); BAG, 16.03.2004, 9 AZR 323/03, NZA 2004, 1047 ff (1050).

des BAG im Wege einer **dreistufigen Prüfungsreihenfolge** zu untersuchen.[95] Diese baut derart aufeinander auf, dass zunächst das Vorliegen eines entsprechenden Organisationskonzepts festzustellen ist,[96] um dann zu prüfen, ob die daraus abgeleitete betriebliche Arbeitszeitgestaltung mit dem Arbeitszeitwunsch des Arbeitnehmers kollidiert,[97] und – bejahendenfalls – schließlich die Frage einer wesentlichen Beeinträchtigung der arbeitgeberseitigen Interessen durch den Arbeitszeitwunsch des Arbeitnehmers zu untersuchen.[98]

(a) Betriebliches Organisationskonzept mit bestimmter Arbeitszeitgestaltung

45 Auf der **ersten Stufe** ist festzustellen, ob überhaupt und wenn ja, welches betriebliche Organisationskonzept der vom Arbeitgeber als erforderlich angesehenen Arbeitszeitregelung zugrunde liegt.[99] Dabei ist unter dem Organisationskonzept **das Konzept zu verstehen, mit dem die unternehmerische Aufgabenstellung im Betrieb verwirklicht werden soll**.[100] Insoweit liegt die Darlegungslast dafür, dass das Organisationskonzept die Arbeitszeitregelung bedingt, bei dem Arbeitgeber. Die Richtigkeit seines Vortrags ist arbeitsgerichtlich voll überprüfbar.[101] Demgegenüber sind die dem Organisationskonzept zugrunde liegende unternehmerische Aufgabenstellung sowie die daraus abgeleiteten organisatorischen Entscheidungen des Arbeitgebers hinzunehmen, soweit sie nicht willkürlich sind.[102] In vollem Umfang überprüfbar ist hingegen, inwieweit das arbeitgeberseits vorgetragene Konzept auch tatsächlich im Betrieb durchgeführt wird.[103]

46 Mit den Anforderungen auf dieser ersten Prüfungsstufe ist zunächst gewährleistet, dass **das betriebliche Organisationskonzept lediglich einer Missbrauchskontrolle** unterliegt[104] und damit lediglich ein eingeschränkter Prüfungsmaßstab Anwendung findet.[105] Damit wird der durch Art. 12 Abs. 1 GG geschützten unternehmerischen Entscheidungs- und Organisationsfreiheit Rechnung getragen, die eben auch die Festlegung umfasst, nach welchem Konzept die unterneh-

---

95 Grundlegend BAG, 18.02.2003, 9 AZR 164/02, NZA 2003, 1392 ff (1395); BAG 19.08.2003, 9 AZR 542/02, ZTR 2004, 542 ff (544); BAG, 30.09.2003, 9 AZR 665/02, NZA 2004, 382 ff (383 f); BAG, 14.10.2003, AZR 636/02, NZA 2004, 975 ff (977); BAG, 9.12.2003, 9 AZR 16/03, NZA 2004, 921 ff (922 f); BAG, 16.03.2004, 9 AZR 323/03, NZA 2004, 1047 ff (1050); BAG, 27.04.2004, 9 AZR 522/03, NZA 2004, 1225 ff (1227 f).
96 Siehe folgende Rn 45 ff.
97 Dazu Rn 51 ff.
98 Siehe Rn 55 ff.
99 BAG, 18.2.2003, 9 AZR 164/02, NZA 2003, 1392 ff (1395); BAG, 9.8.2003, 9 AZR 542/02, ZTR 2004, 542 ff (544); BAG, 14.10.2003, 9 AZR 636/02, NZA 2004, 975 ff (977); BAG, 27.4.2004, 9 AZR 522/03, NZA 2004, 1225 ff (1227).
100 BAG, 18.2.2003, 9 AZR 164/02, NZA 2003, 1392 ff (1395); BAG, 16.3.2004, 9 AZR 323/03, NZA 2004, 1047 ff (1050).
101 BAG, 18.2.2003, 9 AZR 164/02, NZA 2003, 1392 ff (1395); BAG, 9.12.2003, 9 AZR 16/03, NZA 2004, 921 ff (922); BAG, 27.4.2004, 9 AZR 522/02, NZA 2004, 1225 ff (1227 f).
102 BAG, 18.2.2003, 9 AZR 164/02, NZA 2003, 1392 ff (1395); BAG, 30.9.2003, 9 AZR 665/02, NZA 2004, 382 ff (383); BAG, 16.3.2004, 9 AZR 323/03, NZA 2004, 1047 ff (1050).
103 BAG, 18.2.2003, 9 AZR 164/02, NZA 2003, 1392 ff (1395); BAG, 30.9.2003, 9 AZR 665/02, NZA 2004, 382 ff (383); BAG, 16.3.2004, 9 AZR 323/03, NZA 2004, 1047 ff (1050).
104 Vgl. BAG, 18.3.2003, 9 AZR 126/02, DB 2004, 319 ff (321), hier zu § 15b BAT.
105 Siehe BAG, 18.2.2003, 9 AZR 164/02, NZA 2003, 1392 ff (1396).

merisch bestimmte Aufgabenstellung im Betrieb verwirklicht werden soll. Als Organisationskonzepte, die grundsätzlich im Rahmen der Prüfung des Vorliegens eines betrieblichen Grundes zu beachten sind, kommen nach der bisherigen Rechtsprechung des BAG **folgende Konzepte** in Betracht:

- **Dienstleistungskonzept,** wonach der Arbeitnehmer entsprechend der Aufgabenzuweisung für das nachfragende Publikum jeden Tag erreichbar sein soll;[106]
- **pädagogisches Konzept,** wonach zur Gewährleistung der ganztägigen Betreuung durch eine Bezugsperson nur Vollzeitkräfte beschäftigt werden sollen;[107]
- **servicefreundliches Organisationskonzept,** wonach der Arbeitgeber jeden Kunden kontinuierlich nur von einem Verkäufer bedienen lassen möchte;[108]
- Organisationskonzept, wonach einer **Schicht regelmäßig eine bestimmte Zahl von Vollzeitarbeitnehmern zugeordnet** sein soll;[109]
- Organisationskonzept in einem **Großhandelsbetrieb,** das in der Festlegung eines allgemeinen Arbeitszeitmodells besteht, um **die Aufgaben zeit- und vertragsgerecht** abwickeln zu können;[110]
- **künstlerische Belange;**[111]
- Organisationskonzept in Gestalt der **Entscheidung über die Kapazität an Arbeitskräften sowie Arbeitszeit und wie die Kapazität verteilt werden soll;** dazu gehört im Bereich der **Akquise-Tätigkeit** die Entscheidung des Arbeitgebers über den **zeitlichen und räumlichen Umfang des Außendienstes.**[112]

Kein zureichendes Organisationskonzept stellt es dar, wenn der Arbeitgeber die Ablehnung des Arbeitszeitwunsches des Arbeitnehmers allein mit seiner davon abweichenden **unternehmerischen Vorstellung von einem „richtigen" Arbeitszeitumfang bzw einer „richtigen" Arbeitszeitverteilung** begründet.[113] Die Anerkennung einer solchen rein subjektiven Sichtweise als Organisationskonzept würde den Anspruch auf Verringerung der Arbeitszeit von vornherein leer laufen lassen. Aus demselben Grund kann auch die arbeitgeberseitige **Entscheidung, nur Vollzeitkräfte zu beschäftigen,** als solche keine ausreichendes Organisationskonzept darstellen. Anderes würde nur dann gelten, wenn diese Entscheidung substantiell etwa wegen der Art der zu verrichtenden Tätigkeit begründet ist und deshalb den Umfang einer Vollzeitarbeitszeit bedingt. 47

Wenn auch die Sinnhaftigkeit des Organisationskonzepts selbst bis zur Willkürgrenze nicht überprüfbar ist, so unterliegt auf der ersten Prüfungsstufe **in vollem Umfang der gerichtlichen Kontrolle, ob das Konzept besteht, inwieweit dieses die arbeitgeberseits für notwendig erachtete Arbeitszeitregelung bedingt, und ob das Konzept auch tatsächlich durchgeführt wird.**[114] Damit ist erforderlich, 48

---

106 BAG, 18.2.2003, 9 AZR 164/02, NZA 2003, 1392 ff (1397).
107 BAG, 18.3.2003, 9 AZR 126/02, DB 2004, 319 ff, hier zu § 15b BAT; BAG, 19.8.2003, 9 AZR 542/02, ZTR 2004, 542 ff (544), hier zu § 8 Abs. 4 Sätze 1, 2.
108 BAG, 30.9.2003, 9 AZR 665/02, NZA 2004, 382 ff (384).
109 BAG, 14.10.2003, 9 AZR 636/02, NZA 2004, 975 ff (977).
110 BAG, 16.3.2004, 9 AZR 323/03, NZA 2004, 1047 ff (1051.).
111 BAG, 27.4.2004, 9 AZR 522/03, NZA 2004, 1225 ff (1228).
112 BAG, 21.6.2005, 9 AZR 409/04, NZA 2006, 316 ff (319).
113 Siehe BAG, 30.9.2003, 9 AZR 665/02, NZA 2004, 382 ff (383); BAG, 9.12.2003, 9 AZR 16/03, NZA 2004, 921 ff (922); BAG, 16.3.2004, 9 AZR 323/03, NZA 2004, 1047 ff (1050).
114 Siehe nur BAG, 19.8.2003, 9 AZR 542/02, ZTR 2004, 542 ff (544); BAG, 30.9.2003, 9 AZR 665/02, NZA 2004, 382 ff (383).

dass der Arbeitgeber substantiell Umstände darlegt, aus denen die Existenz des Konzepts hervorgeht, was vor allem dessen tatsächliche Durchführung deutlich macht,[115] und die daraus resultierende Notwendigkeit einer bestimmten Arbeitszeitregelung. Die **Bedingtheit der Arbeitszeitregelung infolge des Konzepts** ist etwa ohne weiteres nachvollziehbar, wenn der Träger eines Kindergartens ein pädagogisches Konzept verfolgt, wonach die Kinder täglich nur von einer Bezugsperson betreut werden sollen und deshalb eine Vollzeitbeschäftigung der Mitarbeiter erforderlich ist.[116] Bei einem Dienstleistungskonzept, das von der täglichen Erreichbarkeit eines bestimmten Arbeitnehmers für das nachfragende Publikum ausgeht, kann eine Arbeitszeitverteilung auf fünf Tage bedingt sein, sofern nur dieser Arbeitnehmer die gewünschten Auskünfte erteilen kann.[117]

49 Ein bestehendes Organisationskonzept mit dadurch bedingter Arbeitszeitregelung kann jedoch nur dann einen betrieblichen Grund darstellen, **wenn der Arbeitgeber das Konzept auch tatsächlich durchführt.** Damit wird die Ernsthaftigkeit des Konzepts geprüft.[118] Die tatsächliche Durchführung eines Konzepts wird nicht dadurch in Frage gestellt, dass wegen Krankheit, Urlaub oder sonstigen Abwesenheitsgründen von Arbeitnehmern Einschränkungen bei der Umsetzung auftreten. Hierbei handelt es sich um äußere Umstände, die der Arbeitgeber nicht beeinflussen kann,[119] und die deshalb die Ernsthaftigkeit des Konzepts auch nicht in Frage stellen können. Dasselbe gilt allerdings auch für seitens des Arbeitgebers veranlasste Ausnahmen, die im betrieblichen Alltag unvermeidlich sind.[120] So schadet es nicht, wenn bei der Verfolgung eines pädagogischen Konzept der Ganztagsbetreuung durch allein vollzeitbeschäftigte Bezugspersonen wegen vorübergehender Besetzungsprobleme Aushilfskräfte in Teilzeit beschäftigt werden müssen.[121] Darin kann noch keine „Abkehr vom Konzept" gesehen werden, das die Ablehnung eines betrieblichen Grundes schon auf der ersten Prüfungsstufe rechtfertigen könnte.

50 Der Arbeitgeber kann kraft seiner unternehmerischen Entscheidungsfreiheit **das betriebliche Organisationskonzept auch ändern.** Deshalb schadet es nicht, wenn während einer Übergangszeit die tatsächliche Durchführung des neuen Konzepts wegen noch an das frühere Konzept angepasster Arbeitszeitstrukturen langjähriger Arbeitnehmer nicht in vollem Umfang verwirklicht werden kann.[122]

---

115 Einfach ist der Nachweis dann, wenn das Konzept schriftlich niedergelegt und aufsichtsbehördlich vorgegeben ist, siehe den Sachverhalt BAG, 19.8.2003, 9 AZR 542/02, ZTR 2004, 542 ff (543).
116 Siehe BAG, 8.3.2003, 9 AZR 126/02, DB 2004, 319 ff (321), hier zu § 15b BAT; BAG, 19.8.2003, 9 AZR 542/02, ZTR 2004, 542 ff (544).
117 Siehe BAG, 18.2.2003, 9 AZR 164/02, NZA 2003, 1392 ff (1397). Als Beispiel für die unzureichende Darlegung der Bedingtheit einer bestimmten Arbeitszeitregelung durch das arbeitgeberseits vorgetragene Konzept siehe BAG, 27.4.2004, 9 AZR 522/03, NZA 2004, 1225 ff (1228), hier zu Arbeitszeitregelung zwecks Gewährleistung der „Homogenität des Orchesters".
118 Siehe BAG, 14.10.2003, 9 AZR 636/02, NZA 2004, 975 ff (977).
119 Siehe BAG, 18.3.2003, 9 AZR 126/02, DB 2004, 319 ff (321), hier zu § 15b BAT; BAG, 14.10.2003, 9 AZR 636/02, NZA 2004, 975 ff (977).
120 BAG, 19.8.2003, 9 AZR 542/02, ZTR 2004, 542 ff (544); BAG, 14.10.2003, 9 AZR 636/02, NZA 2004, 975 ff (977).
121 BAG, 18.3.2003, 9 AZR 126/02, DB 2004, 319 ff (321), hier zu § 15b BAT.
122 Vgl. BAG, 18.3.2003, 9 AZR 126/02, DB 2004, 319 ff (321).

(b) Kollision zwischen konzeptbedingter Arbeitszeitgestaltung und Arbeitszeitwunsch des Arbeitnehmers

Auf einer zweiten Stufe ist zu prüfen, inwieweit die durch das betriebliche Organisationskonzept bedingte Arbeitszeitregelung dem Arbeitszeitverlangen des Arbeitnehmers tatsächlich entgegensteht. Im Rahmen dieser Prüfung ist auch der Frage nachzugehen, ob durch eine dem Arbeitgeber zumutbare Änderung von betrieblichen Abläufen oder des Personaleinsatzes der betrieblich als erforderlich angesehene Arbeitszeitbedarf unter Wahrung des Organisationskonzepts mit dem individuellen Arbeitszeitwunsch des Arbeitnehmers in Deckung gebracht werden kann.[123]

51

Auf dieser Stufe ist also bei einer Differenz zwischen der konzeptbedingten und tatsächlich durchgeführten Arbeitszeitregelung und dem Arbeitszeitwunsch des Arbeitnehmers insbesondere zu prüfen, **ob der Wunsch des Arbeitnehmers mit dem Konzept dadurch in Einklang gebracht werden kann, dass der Arbeitgeber entsprechende zumutbare Maßnahmen ergreift.** Hierzu gehört neben einer die Beeinträchtigung des Konzepts verhindernden Ausübung des Weisungsrechts hinsichtlich der Arbeitszeitlage[124] oder des Einsatzes technischer Lösungen[125] wie auch der Anpassung des zeitlichen Arbeitsablaufs[126] vor allem auch die Einstellung einer Ersatzkraft,[127] soweit dies dem Arbeitgeber möglich und zumutbar ist.[128]

52

Die Verpflichtung zur **Einstellung einer Ersatzkraft** ist allerdings ausgeschlossen, wenn nach dem betrieblichen Organisationskonzept nur die Beschäftigung von Vollzeitkräften in Betracht kommt.[129] Sofern nicht von vornherein feststeht, dass eine Ersatzkraft auf dem regionalen Arbeitsmarkt nicht zu finden ist,[130] hat sich der Arbeitgeber durch Nachfrage bei der zuständigen Agentur für Arbeit und durch inner- und/oder außerbetriebliche Stellenausschreibung um eine Ersatzkraft zu bemühen.[131] Dabei dürfen die fachlichen Anforderungen an die Bewerber im Vergleich zu der zu übernehmenden Tätigkeit nicht zu hoch angesetzt werden.[132] Nur wenn diese Anstrengungen übernommen werden, kann sich der Arbeitgeber auf das Nichtvorhandensein einer Ersatzkraft zur Ablehnung des Arbeitszeitwunsches des Arbeitnehmers berufen.[133]

53

Den Arbeitgeber trifft im Rahmen der zu ergreifenden Harmonisierungsmaßnahmen **keine Verpflichtung, Überstunden abzubauen,** um dann zusammen mit dem

54

---

123 Siehe BAG, 18.2.2003, 9 AZR 164/02, NZA 2003, 1392 ff (1395); BAG, 19.8.2003, 9 AZR 542/02, ZTR 2004, 542 ff (544); BAG, 30.9.2003, 9 AZR 665/02, NZA 2004, 382 ff (383 f); BAG, 14.10.2003, 9 AZR 636/02, NZA 2004, 975 ff (977); BAG, 9.12.2003, 9 AZR 16/03, NZA 2004, 921 ff (923); BAG, 16.3.2004, 9 AZR 323/03, NZA 2004, 1047 ff (1050); BAG, 27.4.2004, 9 AZR 522/03, NZA 2004, 1225 ff (1228).
124 BAG, 30.9.2003, 9 AZR 665/02, NZA 2004, 382 ff (384).
125 BAG, 18.2.2003, 9 AZR 164/02, NZA 2003, 1392 ff (1397).
126 BAG, 16.3.2004, 9 AZR 323/03, NZA 2004, 1047 ff (1051).
127 BAG, 14.10.2003, 9 AZR 636/02, NZA 2004, 975 ff (977 f); BAG, 9.12.2003, 9 AZR 16/03, NZA 2004, 921 ff (923); BAG, 27.4.2004, 9 AZR 522/03, NZA 2004, 1225 ff (1229); BAG, 21.6.2005, AZR 409/04, NZA 2006, 316 ff (320).
128 Siehe BAG, 9.12.2003, 9 AZR 16/03, NZA 2004, S. 921 ff (923).
129 Siehe BAG, 19.8.2003, 9 AZR 542/02, ZTR 2004, S. 542 ff (544).
130 Siehe BAG, 19.12.2003, 9 AZR 16/03, NZA 2004, S. 921 ff (923).
131 BAG, 27.4.2004, 9 AZR 522/03, NZA 2004, 1225 ff (1229).
132 BAG, 14.10.2003, 9 AZR 636/02, NZA 2004, 975 ff (978).
133 BAG, 27.4.2004, 9 AZR 522/03, NZA 2004, 1225 ff (1229).

wegen der gewünschten Arbeitszeitverringerung freiwerdenden Arbeitszeitdeputat eine Vollzeitkraft einstellen zu können, die auf dem Arbeitsmarkt unter Umständen eher verfügbar ist.[134] Unzumutbar ist es für den Arbeitgeber darüber hinaus, durch dauernde Anordnung von Überstunden den Arbeitszeitwunsch unter Wahrung des betrieblichen Organisationskonzepts zu ermöglichen.[135] Die **Inanspruchnahme von Leiharbeitnehmern oder freien Mitarbeitern** ist jedenfalls dann unzumutbar, wenn das Organisationskonzept des Arbeitgebers gerade auch dadurch geprägt ist, dass er die betriebliche Aufgabenstellung allein mit eigenen Arbeitnehmern verwirklichen will.[136]

(c) Wesentliche Beeinträchtigung arbeitgeberseitiger Interessen

55 Sofern das Arbeitszeitverlangen des Arbeitnehmers nicht mit dem betrieblichen Organisationskonzept und der dadurch bedingten Arbeitszeitregelung in Einklang gebracht werden kann, **ist auf einer dritten Stufe das Gewicht der entgegenstehenden betrieblichen Gründe zu prüfen**. Insoweit ist zu fragen, ob durch den Arbeitszeitwunsch des Arbeitnehmers die in § 8 Abs. 4 Satz 2 genannten besonderen betrieblichen Belange oder das betriebliche Organisationskonzept mit der diesem zugrunde liegenden unternehmerischen Aufgabenstellung **wesentlich beeinträchtigt** werden.[137]

56 Von einer wesentlichen Beeinträchtigung ist nach der Rechtsprechung des BAG jedenfalls dann auszugehen, wenn durch die Verwirklichung des Arbeitszeitwunsches des Arbeitnehmers **das betriebliche Organisationskonzept des Arbeitgebers im Kern betroffen wird**.[138] Das wird vom BAG etwa dann angenommen, wenn das Organisationskonzept eine Vollzeittätigkeit bedingt[139] oder das Konzept unter anderem zum Inhalt hat, den Arbeitsbedarf nur mit eigenen Arbeitnehmern abzudecken, was einen Verweis des Arbeitgebers auf Leiharbeitnehmer[140] oder die Inanspruchnahme freier Mitarbeiter ausschließt.

57 Bei der zutreffenden Anerkennung eines betrieblichen Grundes, wenn der Kern des Organisationskonzepts betroffen ist, ist jedoch zu beachten, dass der **Eingriff in den „Kernbereich" nicht zum alleinigen Maßstab für die hinreichende Gewichtigkeit arbeitgeberseitiger Interessen** im Rahmen von § 8 Abs. 4 Sätze 1, 2 wird. Wesentliche Beeinträchtigungen können **auch schon unterhalb dieser Schwelle** gegeben sein, ansonsten würde mit der Kernbezogenheit der Frage des Vorliegens einer wesentlichen Beeinträchtigung der betriebliche Grund zum dringenden betrieblichen Grund. Denn in dem Fall, dass der Kern eines Organi-

---

134 BAG, 9.12.2003, 9 AZR 16/03, NZA 2004, S. 921 ff (923).
135 BAG, 9.12.2003, 9 AZR 16/03, NZA 2004, S. 921 ff (923).
136 Insoweit offen gelassen von BAG, 9.12.2003, 9 AZR 16/03, NZA 2004, S. 921 ff (923), ob hier von einer Unzumutbarkeit auszugehen ist. Das BAG kommt jedenfalls zur Bejahung einer wesentlichen Beeinträchtigung auf der dritten Stufe der Prüfung, siehe no folgend.
137 BAG, 18.2.2003, 9 AZR 164/02, NZA 2003, S. 1392 ff (1395); BAG, 19.8.2003, 9 AZR 542/02, ZTR 2004, S. 542 ff (544); BAG, 30.9.2003, 9 AZR 665/02, NZA 2004, S. 382 ff (384); BAG, 14.10.2003, 9 AZR 636/02, NZA 2004, S. 975 ff (977); BAG, 9.12.2003, 9 AZR 16/03, NZA 2004, 921 ff (923); BAG, 16.3.2004, 9 AZR 323/03, NZA 2004, 1047 ff (1050); BAG, 27.4.2004, 9 AZR 522/03, NZA 2004, 1225 ff (1228).
138 Siehe BAG, 19.8.2003, 9 AZR 542/02, ZTR 2004, 542 ff (544); BAG, 9.12.2003, 9 AZR 16/03, NZA 2004, 921 ff (923).
139 BAG, 19.8.2003, 9 AZR 542/02, ZTR 2004, 542 ff (544)(pädagogisches Konzept).
140 Siehe BAG, 9.12.2003, 9 AZR 16/03, NZA 2004, 921 ff (923).

sationskonzepts betroffen ist, steht dem Arbeitszeitwunsch des Arbeitnehmers ein zwingendes Hindernis entgegen, was begrifflich die Anforderungen eines dringenden betrieblichen Grundes erfüllt,[141] wie gerade auch die Rechtsprechung des BAG zur Anerkennung eines pädagogischen Konzepts, nach dem nur Vollzeitkräfte beschäftigt werden sollen zur Gewährleistung einer ganztägigen Betreuung allein durch eine Person, besonders deutlich macht. Das BAG begründet hier die wesentliche Beeinträchtigung mit dem Eingriff in den Kern des Konzepts[142] und lässt dies auch im Rahmen von § 15b BAT genügen, der allerdings dringende betriebliche Gründe für die Ablehnung einer Arbeitszeitverringerung voraussetzt.[143]

Eine wesentliche Beeinträchtigung eines betrieblichen Organisationskonzepts im Dienstleistungsbereich, wonach Kunden möglichst nur von einem Mitarbeiter betreut werden, scheidet schon dann aus, wenn ein Wechsel der Mitarbeiter im Kundenkontakt wegen der **Diskrepanz der Geschäftszeiten und der Arbeitszeiten vollzeitbeschäftigter Mitarbeiter** sowieso unvermeidlich ist.[144] Die Geltendmachung einer wesentlichen Beeinträchtigung aufgrund **unverhältnismäßiger Kosten** setzt voraus, dass diese **konkretisiert** dargelegt werden. Eine nur pauschalisierte Darlegung reicht nicht aus, um einen betrieblichen Grund zu rechtfertigen.[145] 58

Eine wesentliche Beeinträchtigung etwa des betrieblichen Organisationskonzepts kann auch im Falle einer **Häufung arbeitnehmerseitiger Verlangen auf Verringerung** der Arbeitszeit eintreten.[146] Zwar ist in § 8 kein so genannter **Überforderungsschutz** des Arbeitgebers geregelt, wie er beispielsweise in § 3 Abs. 1 Nr. 3 ATzG für den Fall bestimmt ist, dass ein Arbeitgeber kollektivrechtlich zur Einräumung von Altersteilzeit verpflichtet ist. Gleichwohl muss auch im Rahmen des zur Ablehnung eines Teilzeitverlangens berechtigenden betrieblichen Grundes nach § 8 Abs. 4 Sätze 1, 2 berücksichtigt werden, dass mit einer steigenden Zahl von Arbeitnehmern, die ihre Arbeitszeit verringern wollen, die Schwelle zu einer wesentlichen Beeinträchtigung des Organisationskonzepts oder auch anderer in § 8 Abs. 4 Satz 2 genannter Belange erreicht werden kann. Ist das der Fall, so kann der Arbeitgeber den Wunsch auf Verringerung der Arbeitszeit ablehnen, ohne daran aus Gleichbehandlungsgründen gehindert zu sein. Die Ungleichbehandlung im Vergleich mit Arbeitnehmern, die zu einem früheren Zeitpunkt ihre Arbeitszeit auf der Grundlage von § 8 verringern konnten, ist wegen des Vorliegens eines zur Ablehnung berechtigenden betrieblichen Grundes sachlich gerechtfertigt. Nicht ausreichend für die Ablehnung des Teilzeitbegehrens ist die bloße Befürchtung, bei einer Häufung von Teilzeitverlangen könne es zu einer wesentlichen Beeinträchtigung etwa des Organisationskonzepts kommen.[147] 59

---

141 Siehe schon oben Rn 37.
142 BAG, 19.8.2003, 9 AZR 542/02, ZTR 2004, 542 ff (544).
143 Siehe BAG, 18.3.2003, 9 AZR 126/02, DB 2004, S. 319 ff (320).
144 BAG, 30.9.2003, 9 AZR 665/02, NZA 2004, 382 ff (384).
145 BAG, 27.4.2004, 9 AZR 522/03, NZA 2004, 1225 ff (1228).
146 Vgl. BAG, 30.9.2003, 9 AZR 665/02, NZA 2004, S. 382 ff (385), wonach es nicht ausgeschlossen ist, dass durch eine Häufung von Teilzeitverlangen eine Überforderung des Arbeitgebers eintreten kann.
147 Siehe BAG, 30.9.2003, 9 AZR 665/02, NZA 2004, 382 ff (385); BAG, 27.4.2004, 9 AZR 522/03, NZA 2004, 1225 ff (1228).

60 Macht ein **Arbeitnehmer in leitender Position** einen Anspruch auf Verringerung und Neuverteilung der Arbeitszeit geltend, so kann im Hinblick auf die Regelung des § 6 die leitende Position als solche nicht eine Ablehnung wegen wesentlicher Beeinträchtigung arbeitgeberseitiger Belange begründen. Sofern nicht schon die mögliche und zumutbare Einstellung einer Ersatzkraft auf der zweiten Prüfungsstufe[148] zur Verneinung eines betrieblichen Grundes führt, ist das Vorliegen eines hinreichend gewichtigen Grundes im Sinne einer wesentlichen Beeinträchtigung von Arbeitgeberinteressen insbesondere unter dem Gesichtspunkt zu beurteilen, welche Bedeutung die Art der Tätigkeit und die persönliche Stellung des Arbeitnehmers, gerade auch unter dem **Aspekt der Angewiesenheit des Arbeitgebers auf eine jederzeit einsatzfähige Vertrauensperson**, für die Verwirklichung des betrieblichen Organisationskonzepts hat. Je höher diese Bedeutung einzuschätzen ist, desto eher kann der Arbeitgeber den Arbeitszeitwunsch des Arbeitnehmers ablehnen. Eine wesentliche Beeinträchtigung ist sicherlich anzunehmen, wenn es sich um einen **für den Unternehmenserfolg tragenden Mitarbeiter handelt** und eine Verringerung der Arbeitszeit die Erreichung des Erfolgs gefährden würde. In diesem Fall ist der Kern des arbeitgeberseitigen Organisationskonzepts betroffen, auf bestimmten Positionen Vollzeitarbeitnehmer zur Verfügung zu haben.

61 Die vom Arbeitgeber grundsätzlich in Betracht zu ziehende Möglichkeit der **Einstellung einer Ersatzkraft**[149] **stellt dann eine unverhältnismäßige Kostenbelastung dar,** wenn über die grundsätzlich hinzunehmenden Kosten der Einarbeitung laufend Aufwendungen für die Fortbildung der Ersatzkraft anfallen.[150] Insoweit steht dem Arbeitgeber etwa gegenüber dem Verlangen eines Außendienstmitarbeiters im Pharmabereich auf Verringerung der Arbeitszeit ein betrieblicher Grund zur Ablehnung des Anspruchs zur Seite.[151]

62 Der **Verringerungsanspruch eines nur befristet beschäftigten Arbeitnehmers** stellt jedenfalls dann eine **wesentliche Beeinträchtigung betrieblicher Belange** dar, wenn der für die Ausführung einer bestimmten Aufgabe zweck- oder kalendarisch befristet eingestellte Arbeitnehmer während der verbleibenden Restdauer des Arbeitsverhältnisses die ihm übertragene Aufgabe im Rahmen der verringerten Arbeitszeit nicht mehr bewältigen könnte. Das Vorliegen eines betrieblichen Grundes kann auch nicht schon auf der zweiten Prüfungsstufe[152] mit dem Hinweis auf eine mögliche und zumutbare Einstellung einer Ersatzkraft verneint werden, wenn die Aufgabe angesichts der noch verbleibenden Zeit für ihre Durchführung unter dem Aspekt notwendiger Einarbeitung nicht durch die zusätzliche Einstellung einer Ersatzkraft rechtzeitig beendet werden kann.

(2) Geltendmachung sonstiger Gründe für eine Arbeitszeitregelung

63 Eine bestimmte Arbeitszeitregelung im Betrieb muss nicht notwendig unmittelbar auf einem betrieblichen Organisationskonzept des Arbeitgebers beruhen. Das ist insbesondere dann nicht der Fall, wenn die **Arbeitszeit durch eine kollektivrechtliche Regelung** bestimmt wird, wobei hier vor allem eine **Betriebsverein-**

---

[148] Siehe oben Rn 53.
[149] Siehe oben Rn 53.
[150] BAG, 21.6.2005, 9 AZR 409/04, NZA 2006, 316 ff (320).
[151] BAG, 21.6.2005, 9 AZR 409/04, NZA 2006, 316 ff (320).
[152] Siehe Rn 51 ff.

barung nach Maßgabe des Mitbestimmungstatbestands des § 87 Abs. 1 Nr. 2 BetrVG über die **Lage der Arbeitszeit** praktisch relevant ist.[153] In diesem Fall macht es mangels unmittelbarer Bedingtheit der Arbeitszeitregelung durch ein arbeitgeberseits bestimmtes betriebliches Organisationskonzept keinen Sinn, die Frage des Vorliegens eines betrieblichen Ablehnungsgrundes direkt am Maßstab der dreistufigen Prüfungsfolge[154] zu untersuchen.[155] Hier geht es darum, ob das Bestehen einer die Arbeitszeit regelnden Betriebsvereinbarung als solche nach Maßgabe des § 8 Abs. 4 Satz 1, 2 einen betrieblichen Grund zur Ablehnung eines Verlangens nach Verringerung und Neuverteilung der Arbeitszeit darstellen kann. Wie bei der dreistufigen Prüfungsfolge ist allerdings auch hier relevant, ob eine auf einer Betriebsvereinbarung beruhende Arbeitszeitregelung **überhaupt tatsächlich durchgeführt** wird und inwieweit der Arbeitszeitwunsch des Arbeitnehmers **überhaupt mit der Betriebsvereinbarung kollidiert**.

Bezüglich des Anspruchs auf Verringerung der Arbeitszeit ist die Ablehnung unter Berufung auf eine Betriebsvereinbarung schon im Hinblick darauf ausgeschlossen, dass dem Betriebsrat auf der Grundlage von § 87 Abs. 1 Nr. 2 BetrVG **ein Mitbestimmungsrecht hinsichtlich der Dauer bzw des Umfangs der Arbeitszeit nicht zusteht**.[156] Von diesem Mitbestimmungstatbestand wird lediglich die Verteilung der Arbeitszeit erfasst,[157] entsprechende Betriebsvereinbarungen können unter dem Vorbehalt, dass ein kollektiver Regelungstatbestand gegeben ist,[158] nach § 87 Abs. 1 Nr. 2 BetrVG Beginn und Ende der täglichen Arbeitszeit einschließlich der Pausen sowie die Verteilung der Arbeitszeit auf die einzelnen Wochentage regeln. Bezogen auf Teilzeitarbeit hat der Betriebsrat nach der Rechtsprechung des BAG ein Mitbestimmungsrecht hinsichtlich der Verteilung der Arbeitszeit auf die einzelnen Tage, der Festlegung der Schichtlänge im Rahmen der Dauer der wöchentlichen Arbeitszeit[159] wie auch insoweit, ob die Arbeitsleistung des Arbeitnehmers nach Bedarf[160] oder zu festen Zeiten abgerufen wird.[161] 64

Besteht eine auch **die Verteilung der Arbeitszeit bezogen auf Teilzeitarbeitnehmer regelnde Betriebsvereinbarung** nach § 87 Abs. 1 Nr. 2 BetrVG, so kann das nach der zutreffenden Rechtsprechung des BAG grundsätzlich einen betrieblichen Grund darstellen, der den Arbeitgeber zur Ablehnung des arbeitnehmersei- 65

---

153 Das zeigen schon die bisherigen Entscheidungen des BAG zu § 8 Abs. 4, siehe BAG, 18.2.2003, 9 AZR 164/02, NZA 2003, 1392 ff (1395 f); BAG, 14.10.2003, 9 AZR 636/02, NZA 2004, 975 ff (977); BAG, 16.3.2004, 9 AZR 323/03, NZA 2004, 1047 ff (1051 f).
154 Siehe oben Rn 44 ff.
155 Das machen auch die einschlägigen Entscheidungen des BAG deutlich, ohne das allerdings ausdrücklich zu sagen, siehe etwa BAG, 18.2.2003, 9 AZR 164/02, NZA 2003, 1392 ff (1395 f); BAG, 16.3.2004, 9 AZR 323/03, NZA 2004, 1047 ff (1050 f).
156 Siehe nur BAG, 14.10.2003, 9 AZR 636/02, NZA 2004, 975 ff (977).
157 BAG, 14.10.2003, 9 AZR 636/02, NZA 2004, 975 ff (977).
158 Siehe BAG, 18.2.2003, 9 AZR 164/02, NZA 2003, 1392 ff (1396); BAG, 16.3.2004, 9 AZR 323/03, NZA 2004, 1047 ff (1052). BAG, 16.7.1991, 1 ABR 69/90, NZA 1992, 70 ff (71).
159 Siehe BAG, 13.10.1987, 1 ABR 10/86, NZA 1988, 251 ff (252).
160 Insoweit ist ein Mitbestimmungsrecht des Betriebsrats allerdings abzulehnen, siehe § 12 Rn 42 ff.
161 Siehe BAG, 18.2.2003, 9 AZR 164/02, NZA 2003, 1392 ff (1396); zur Abrufarbeit siehe BAG, 28.9.1988, 1 ABR 41/87, NZA 1989, 184 ff (185).

tigen Verlangens nach Verringerung und Neuverteilung seiner Arbeitszeit berechtigt.[162] **Weder** kommt § 8 gegenüber dem Mitbestimmungstatbestand des § 87 Abs. 1 Nr. 2 BetrVG eine diesen **verdrängende Vorrangstellung** zu, was schon aus der Beschlussempfehlung und dem Bericht des Ausschusses für Arbeit und Sozialordnung zum Entwurf des Teilzeit- und Befristungsgesetzes folgt, wonach die Bestimmungen des Betriebsverfassungsgesetzes zu beachten sind und eine besondere Erwähnung des § 87 BetrVG für überflüssig erachtet wurde,[163] **noch stellt § 8 eine abschließende gesetzliche Regelung** im Sinne von § 87 Abs. 1 BetrVG Einleitungssatz dar, die ein Mitbestimmungsrecht des Betriebsrats ausschließen würde.[164] § 8 beschränkt nicht die Regelungsbefugnis des Arbeitgebers bezüglich der Festlegung der Arbeitszeit entsprechend seinem betrieblichen Organisationskonzept, so dass ein **Regelungsspielraum** besteht, an den die Mitbestimmung des Betriebsrat anknüpfen kann.[165]

66 Die **grundsätzliche Anerkennung einer bestehenden Betriebsvereinbarung über die Lage der Arbeitszeit als betrieblicher Grund** folgt daraus, dass der Arbeitgeber nach § 77 Abs. 1 Satz 1 BetrVG zur Durchführung der Betriebsvereinbarung **verpflichtet** ist und dem Betriebsrat insoweit ein Anspruch auf Unterlassung von Maßnahmen zusteht, die dem Inhalt der Betriebsvereinbarung widersprechen.[166] Das bedeutet allerdings auch, dass der Arbeitgeber das Teilzeitbegehren des Arbeitnehmers nicht unter Hinweis auf eine Betriebsvereinbarung ablehnen kann, wenn die gewünschte Verteilung der Arbeitszeit zu den Regelungen der Betriebsvereinbarung **nicht in Widerspruch steht**. Das ist im Einzelfall genau zu prüfen.[167] Steht der Teilzeitwunsch im Einklang mit der kollektivrechtlichen Arbeitszeitregelung, dann ist der Arbeitgeber verpflichtet, dem Verteilungswunsch des Arbeitnehmers zuzustimmen.

67 Das gilt darüber hinaus im Falle einer Abweichung des Verteilungswunsches von den Regelungen der Betriebsvereinbarung dann, **wenn die gewünschte Verteilung der Arbeitszeit keinen kollektiven Bezug aufweist**. Hier ist der Arbeitgeber, sofern nicht sonstige Ablehnungsgründe vorliegen, gleichfalls trotz Abweichung der Arbeitszeitverteilung von den Regelungen einer Betriebsvereinbarung zur Zustimmung entsprechend dem Verteilungswunsch verpflichtet.[168] Das Mitbestimmungsrecht des Betriebsrats nach § 87 Abs. 1 Nr. 2 BetrVG besteht nämlich nur, soweit **kollektive Interessen** betroffen sind, was im Zusammenhang mit einem Neuverteilungswunsch eines Arbeitnehmers nach § 8 dann der Fall ist, wenn damit **Auswirkungen auf die Arbeitszeit oder sonstige Arbeitsbedingungen anderer Arbeitnehmer** verbunden sind wie etwa eine Arbeitsverdichtung oder eine Änderung der Arbeitszeiten.[169] Sind solche über das einzelne Arbeitsverhältnis hinausgehenden Interessen anderer Arbeitnehmer nicht betroffen, dann fehlt

---

162 BAG, 18.2.2003, 9 AZR 164/02, NZA 2003, 1392 ff (1396 f); BAG, 14.10.2003, 9 AZR 636/02, NZA 2004, 975 ff (977); BAG, 16.3.2004, 9 AZR 323/03, NZA 2004, 1047 ff (1051 f).
163 BT-Drucks. 14/4625, S. 20.
164 Siehe BAG, 18.2.2003, 9 AZR 164/02, NZA 2003, 1392 ff (1296); BAG, 16.3.2004, 9 AZR 323/03, NZA 2004, 1047 ff (1051).
165 BAG, 18.2.2003, 9 AZR 164/02, NZA 2003, 1392 ff (1396).
166 Siehe BAG, 16.3.2004, 9 AZR 323/03, NZA 2004, 1047 ff (1052 f).
167 Siehe BAG, 18.2.2003, 9 AZR 164/02, NZA 2003, 1392 ff (1396 f).
168 BAG, 16.3.2004, 9 AZR 323/03, NZA 2004, 1047 ff (1052).
169 BAG, 16.3.2004, 9 AZR 323/03, NZA 2004, 1047 ff (1052).

es wegen der Begrenztheit der Auswirkungen des Arbeitszeitwunsches auf das Arbeitsverhältnis des eine Verringerung und Neuverteilung seiner Arbeitszeit begehrenden Arbeitnehmers an dem für eine Beteiligung des Betriebsrats bzw. Bindung des Arbeitgebers an eine Betriebsvereinbarung erforderlichen kollektiven Bezug mit der Folge, dass dem Arbeitgeber eine Berufung auf die Abweichung des Arbeitszeitwunsches von der Betriebsvereinbarung als Ablehnungsgrund im Sinne von § 8 Abs. 4 Sätze 1, 2 nach zutreffender Rechtsprechung des BAG versagt ist.[170] Es ist allerdings nicht zu verkennen, dass die danach für die Frage einer Zustimmungspflicht erforderliche Abgrenzung zwischen Kollektivbezug und lediglich auf das einzelne Arbeitsverhältnis bezogener Bedeutung des arbeitnehmerseitigen Verteilungswunsches **praktisch erhebliche Probleme** aufwirft, zumal im Zeitpunkt der Geltendmachung häufig weder feststeht noch prognostiziert werden kann, ob die Arbeitszeitverringerung und Neuverteilung mit Auswirkungen auf die Arbeitszeit und Arbeitsbedingungen anderer Arbeitnehmer verbunden sein werden. Die Verneinung eines Kollektivbezuges kann deshalb nur in Betracht kommen, **wenn im Zeitpunkt der Entscheidung des Arbeitgebers über das Arbeitszeitbegehren positiv feststeht, dass von dem Arbeitszeitwunsch andere Arbeitnehmer nicht betroffen werden.** Allein das entspricht der aus der Entstehungsgeschichte[171] zu entnehmenden Wertung, dass die Bestimmungen des Betriebsverfassungsgesetzes zu beachten sind. Die Tatsachen, aus denen sich ein ausschließlicher Einzelarbeitsverhältnisbezug des Arbeitszeitwunsches ergibt, hat der nach § 8 verlangende Arbeitnehmer darzulegen und im Streitfall zu beweisen.

Die vorbezeichneten Schwierigkeiten lassen sich auch nicht dadurch vermeiden, dass eine Verpflichtung des Arbeitgebers zur Zustimmung des Arbeitszeitwunsches des Arbeitnehmers auch bei Abweichung von der Betriebsvereinbarung über das auch **im Verhältnis zwischen individualvertraglicher Vereinbarung und Betriebsvereinbarung geltende Günstigkeitsprinzip**[172] begründet wird. Dessen Anwendung steht unter dem Vorbehalt, dass die Mitbestimmung des Betriebsrats, soweit sie auf den Ausgleich widerstreitender Interessen innerhalb der Belegschaft gerichtet ist, nicht durch abweichende Individualabsprachen ausgehebelt werden darf,[173] und deshalb das Günstigkeitsprinzip solche Vertragsabreden nicht tragen kann, die wegen ihrer (auch) nachteiligen Wirkung für andere Arbeitnehmer und deren Arbeitsbedingungen nicht allein Bedeutung nur im Einzelarbeitsverhältnis haben.[174] Damit kann das Günstigkeitsprinzip eine Verpflichtung des Arbeitgebers, dem Arbeitszeitwunsch des Arbeitnehmers zuzustimmen, ebenfalls nur begründen, wenn mit dem Veränderungswunsch keine Auswirkungen auf andere Arbeitsverhältnisse verbunden sind, sprich dieser einen kollektiven Bezug nicht aufweist.[175]

68

---

170 Siehe BAG, 16.3.2004, 9 AZR 323/03, NZA 2004, 1047 ff (1052).
171 Siehe Rn 65.
172 Siehe nur Fitting, Betriebsverfassungsgesetz, 21. Auflage, § 77 Rn 196; Richardi, in: Richardi, Betriebsverfassungsgesetz, 8. Auflage, § 77 Rn 144.
173 Siehe Richardi, in: Richardi, Betriebsverfassungsgesetz, 8. Auflage, § 77 Rn 150; Annuß, NZA 2001, 756 ff (762).
174 Siehe Richardi, in: Richardi, Betriebsverfassungsgesetz, 8. Auflage, § 77 Rn 150.
175 In diesem Sinne auch Hanau, NZA 2001, 1168 ff (1172), wonach eine „reine Einzelfallregelung" vom Günstigkeitsprinzip gedeckt wird.

69 Die vorstehenden Grundsätze gelten genauso, wenn **ein den Arbeitgeber bindender Tarifvertrag** Regelungen zur Verteilung der Arbeitszeit enthält. Steht der Arbeitszeitwunsch des Arbeitnehmers damit nicht im Einklang, was genau zu prüfen ist,[176] so kann der Arbeitgeber aufgrund seiner Verpflichtung zur Einhaltung des Tarifvertrages den Arbeitszeitwunsch grundsätzlich ablehnen. Allerdings ist auch hier das in § 4 Abs. 3 TVG ausdrücklich normierte Günstigkeitsprinzip zu beachten. Soweit die tarifvertragliche Regelung von ihrem Schutzzweck her **kollektiv auf den Schutz der Belegschaft** bezogen ist, wovon bei einer tarifvertraglichen Festlegung der Arbeitszeitlage typischerweise ausgegangen werden kann, ist für die Frage der Zulässigkeit einer Abweichung ein **kollektiver Günstigkeitsvergleich** durchzuführen.[177] Danach scheidet eine Verpflichtung des Arbeitgebers zur Zustimmung zu dem Arbeitszeitwunsch des Arbeitnehmers aus, wenn mit der Neuverteilung der Arbeitszeit unmittelbar nachteilige Auswirkungen auf andere Arbeitnehmer verbunden sind.

70 Für die **Verringerung der Dauer der Arbeitszeit** kann das allerdings nicht gelten. Eine tarifvertraglich bestimmte Dauer der Arbeitszeit ist ihrer Natur nach **individualbezogen**, in dem sie mit der Festlegung des Umfangs der Arbeitszeit das Austauschverhältnis zwischen Arbeitsleistung und Vergütung bestimmt. Hiervon kann unter Vornahme allein eines individuellen Günstigkeitsvergleichs durch Geltendmachung des Anspruchs auf Verringerung der Arbeitszeit abgewichen werden,[178] so dass die Bindung des Arbeitgebers an den Tarifvertrag keinen entgegenstehenden betrieblichen Ablehnungsgrund darstellt. Abgesehen davon würde ansonsten die Regelung des § 8 zur Disposition der Tarifvertragsparteien gestellt, was nach § 22 Abs. 1 ausgeschlossen ist.

71 Die Überschreitung von **an die Zahl der beschäftigten Arbeitnehmer anknüpfenden Schwellenwerten nach dem Betriebsverfassungsgesetz**[179] **oder anderen gesetzlichen Regelungen wie zB § 23 KSchG** dadurch, dass der Arbeitgeber bei Durchsetzung des Anspruchs auf Verringerung der Arbeitszeit zusätzliche Arbeitnehmer einstellen muss, kann **keinen betrieblichen Grund** zur Ablehnung des Arbeitszeitwunsches darstellen, und zwar auch nicht unter dem Aspekt daraus letztlich resultierender zusätzlicher wirtschaftlicher Belastungen.[180] Wesentlich ist hierfür der Gesichtspunkt, dass – wie die in § 8 Abs. 4 Satz 2 genannten Regelbeispiele deutlich machen – die wesentliche Beeinträchtigung etwa in Gestalt unverhältnismäßiger Kosten gerade durch die Verringerung der Arbeitszeit verursacht sein muss. Das ist bei den durch das Erreichen von Schwellenwerten möglicherweise ausgelösten wirtschaftlichen Folgen nicht der Fall. Diese resultieren **nicht aus der individuellen Verringerung der Arbeitszeit, sondern aus gesetzlichen Regelungen**, die für die Festlegung bestimmter Arbeitgeberpflichten an die Zahl der beschäftigten Arbeitnehmer anknüpfen, zum Teil auch unter Rücksichtnahme darauf, ob Teilzeitarbeitnehmer darunter sind, indem diese nur quotal angerechnet werden. Es fehlt mithin an der für die Anerkennung eines betrieblichen Grundes vorausgesetzten Kausalität zwischen Ver-

---

176 Siehe BAG, 27.4.2004, 9 AZR 522/03, NZA 2004, 1225 ff (128 f).
177 Siehe ErfK/Schaub, § 4 TVG Rn 62 f.
178 Dem Arbeitnehmer steht ein Wahlrecht zu, welche Arbeitszeitregelung für ihn günstiger ist, siehe nur ErfK/Schaub, § 4 TVG Rn 71.
179 Siehe etwa §§ 99, 106, 111 BetrVG.
180 Anders Hanau, NZA 2001, 1168 ff (1171); wie hier KZD/Zwanziger, § 8 Rn 30; Beckschulze, DB 2000, 2598 ff (2601 f).

ringerung der Arbeitszeit und wesentlicher Beeinträchtigung arbeitgeberseitigen Belange.

c) Tarifvertraglich konkretisierte Ablehnungsgründe und einzelvertragliche Übernahme (§ 8 Abs. 4 Sätze 3, 4)

Gemäß der Regelung des § 8 Abs. 4 Satz 3 können die Ablehnungsgründe durch **Tarifvertrag** festgelegt werden. § 8 Abs. 4 Satz 4 ermöglicht es nicht tarifgebundenen Arbeitgebern und Arbeitnehmern, im Geltungsbereich eines solchen Tarifvertrages die Anwendung der tariflichen Regelungen über die Ablehnungsgründe einzelvertraglich zu vereinbaren. Nach der Begründung zum Gesetzentwurf sollen mit § 8 Abs. 4 Satz 3 die Tarifvertragsparteien ermächtigt werden, die **Gründe für die Ablehnung** der Verringerung der Arbeitszeit zu **konkretisieren** und dabei den spezifischen Erfordernissen des jeweiligen Wirtschaftszweiges Rechnung zu tragen.[181]

72

Den Tarifvertragsparteien steht auf der Grundlage von § 8 Abs. 4 Satz 3 keine Befugnis zu, zum Nachteil der Arbeitnehmer von den Vorschriften des Teilzeit- und Befristungsgesetzes in § 8 Abs. 4 Sätze 1, 2 über entgegenstehende betriebliche Gründe abzuweichen. Sie können vielmehr nur Gründe bestimmen, die als hinreichend gewichtig anzusehen sind. Die **Befugnis allein zur Konkretisierung**[182] folgt nicht nur aus der Gesetzesbegründung, sondern ergibt sich aus dem Gesetz selbst aus der Unabdingbarkeitsregelung des § 22 Abs. 1, in der § 8 Abs. 4 Sätze 3, 4 gerade nicht als Ausnahme von dem Abweichungsverbot zuungunsten des Arbeitnehmers genannt wird.[183] Den Tarifvertragsparteien ist es damit verwehrt, zum Nachteil der Arbeitnehmer bereits solche Gründe als Ablehnungsgründe für den Arbeitgeber anzuerkennen, die die Schwelle eines hinreichend gewichtigen Grundes im Sinne des § 8 Abs. 4 Sätze 1, 2 unterschreiten, sprich geringere Anforderungen an das Recht zur Ablehnung stellen als gesetzlich vorgesehen. Es liegt auf der Hand, dass dies angesichts der notwendig einzelfallunabhängigen Regelung im Tarifvertrag nur typisierend beurteilt werden kann und den Tarifvertragsparteien die Beurteilung der Wichtigkeit des Grundes vor dem Hintergrund der Tarifautonomie und der in § 8 Abs. 4 Satz 3 geregelten Ermächtigung eine **Einschätzungsprärogative** zukommt. Gleichwohl ändert das nichts daran, dass auch die Tarifvertragsparteien über § 22 Abs. 1 an den in § 8 Abs. 4 Sätze 1, 2 gesetzlich bestimmten Maßstab gebunden sind. Mangels Abweichungsbefugnis zum Nachteil des Arbeitnehmers dürfen die Tarifvertragsparteien das Nichteingreifen eines Ablehnungsgrundes auch nicht von zusätzlichen Voraussetzungen abhängig machen,[184] etwa davon, dass der Arbeitszeitwunsch des Arbeitnehmers entgegen der gesetzlichen Beliebigkeit vergleichbar zB § 15 b BAT (§ 11 TVöD) auf bestimmten Gründen beruhen muss.[185] Zugunsten der Arbeitnehmer sind die Tarifvertragsparteien nicht gehindert,

73

---

181 Siehe BT-Drucks. 14/4374, 17.
182 Davon spricht auch das BAG, siehe BAG, 27.4.2004, 9 AZR 522/03, NZA 2004, 1225 ff (1228 f).
183 Siehe auch Rolfs, RdA 2001, 129 ff (137); Kliemt, NZA 2001, 63 ff (66); Flatten/Coeppicus, ZIP 2001, 1477 ff (1481); Boewer, § 8 Rn 208: Pelzner/Scheddler/Widlak, § 8 TzBfG, S. 43 f.
184 Zutreffend Boewer, § 8 Rn 207.
185 Siehe auch HWK/*Schmalenberg*, § 8 TzBfG Rn 22.

einen strengeren Maßstab für das Gewicht der Ablehnungsgründe festzulegen, etwa das Erfordernis eines dringenden betrieblichen Grundes.

74 Die Ermächtigung zur Konkretisierung bedeutet, dass die Tarifvertragsparteien **typisierend Gründe festlegen**, bei deren Vorliegen der Arbeitgeber ohne weiteres berechtigt ist, den Arbeitszeitwunsch des Arbeitnehmers abzulehnen. Auf eine Einzelfallprüfung dahingehend, ob der tariflich festgelegte Grund sich auch in der konkreten Situation als hinreichend gewichtig erweist, kann es nicht mehr ankommen. Denn ansonsten wäre die Ermächtigung an die Tarifvertragsparteien überflüssig.[186] Die tarifvertragliche Festlegung ist also trotz des Abweichungsverbots nach § 22 Abs. 1 insoweit **nachteilig für die Arbeitnehmer**, als bei einer von der Typisierung abweichenden Einzelfallsituation dem Arbeitgeber gleichwohl ein Ablehnungsgrund zusteht. Diese Konsequenz ist jedoch der gesetzlichen Regelung immanent und bedeutet keine unzulässige Abweichung. Umgekehrt ist es **für den Arbeitnehmer von Vorteil**, wenn die Tarifvertragsparteien die in Betracht kommenden Ablehnungsgründe abschließend regeln, wozu sie aufgrund der Ermächtigung befugt sind, wie bereits der Wortlaut von § 8 Abs. 4 Satz 3[187] und der letztlich mit dieser Regelung verbundene Sinn, für die Praxis eine möglichst weitgehende Rechtssicherheit zu schaffen, deutlich machen. **Sind die Gründe abschließend festgelegt**, kann sich der Arbeitgeber für die Ablehnung eines Arbeitszeitwunsches nur auf die tariflich geregelten Gründe berufen, mögen im Einzelfall auch andere Ablehnungsgründe im Sinne des Gesetzes gegeben sein.[188] Führt der Tarifvertrag Ablehnungsgründe nur beispielhaft auf, so ist der Arbeitgeber nicht gehindert, sich auf andere betriebliche Gründe zu berufen.

75 Es liegt nach der gesetzlichen Regelung innerhalb der oben genannten Grenzen in der **Freiheit der Tarifvertragsparteien, welche Gründe sie inhaltlich konkretisierend als Ablehnungsgründe festlegen**. In Betracht kommen etwa die Regelung eines so genannten Überforderungsschutzes vergleichbar § 3 Abs. 1 Nr. 3 ATzG, wonach der Arbeitgeber ab einer bestimmten Zahl von Arbeitnehmern, die von der Möglichkeit der Arbeitszeitverringerung Gebrauch gemacht haben, berechtigt ist, weitere Verringerungswünsche abzulehnen.[189] Der Tarifvertrag kann auch bestimmen, unter welchen Voraussetzungen die Ablehnung eines Verringerungsanspruchs von nur befristet beschäftigten Arbeitnehmern in Betracht kommt, insbesondere unter dem Aspekt, ab welcher Restlaufzeit des Vertrages von einer wesentlichen Beeinträchtigung auszugehen ist. Des weiteren ist die Regelung von Gründen vorstellbar, die für das Recht zur Ablehnung an Kriterien wie die Hierarchieebene, auf welcher der Arbeitnehmer tätig ist, und den Umfang der gewünschten Arbeitszeitreduzierung abstellen. Ein Verstoß gegen § 6, wonach der Arbeitgeber auch Arbeitnehmern in leitenden Positionen Teilzeitarbeit zu ermöglichen hat, kann darin nicht gesehen werden, weil nach § 8 Abs. 4 Satz 3 die Tarifvertragsparteien gerade zur typisierenden Konkretisierung befugt sind und es nicht von der Hand zu weisen ist, dass die Art der Tätigkeit und der Umfang der Verringerung Kriterien sind, die einen sachlichen Bezug zur Frage des Vorliegens einer Beeinträchtigung haben.

---

186 Vergleiche auch Boewer, § 8 Rn 210.
187 „Die Ablehnungsgründe können ... <> ... festgelegt werden".
188 Zutreffend Boewer, § 8 Rn 208; TZA-Buschmann, § 8 TzBfG Rn 33.
189 Siehe BAG, 27.4.2004, 9 AZR 522/03, NZA 2004, 1225 ff (1228 f); Annuß/Thüsing/*Mengel*, § 8 Rn 166.

Verringerung der Arbeitszeit § 8

Entgegen zum Teil vertretener Auffassung[190] steht die **Konkretisierungsbefugnis** 76
nach § 8 Abs. 4 Satz 3 **nur den Tarifvertragsparteien, nicht auch den Betriebsparteien** zu.[191] Das macht nicht nur der Wortlaut des § 8 Abs. 4 Satz 3, der eben nur von einer Festlegung durch Tarifvertrag spricht, deutlich, sondern folgt letztlich auch aus § 22 Abs. 1. Im Hinblick darauf, dass jede zulässige Typisierung eines Ablehnungsgrundes insofern einen Nachteil für die Arbeitnehmer bedeutet, als bei Vorliegen eines solchen Grundes eine Einzelfallprüfung der Gewichtigkeit nicht mehr stattfindet, hätte die Konkretisierungsbefugnis auch der Betriebsparteien ausdrücklich im Gesetz geregelt werden müssen, um vor dem Unabdingbarkeitsgebot des § 22 Abs. 1 Bestand haben zu können. Für die Tarifvertragsparteien ist das geschehen, nicht aber für Arbeitgeber und Betriebsrat, weshalb eine Festlegung durch Betriebsvereinbarung ausgeschlossen ist.

Im Geltungsbereich eines die Ablehnungsgründe festlegenden Tarifvertrags kön- 77
nen **nicht tarifgebundene Arbeitgeber und Arbeitnehmer** die Anwendung der tariflichen Regelungen über die Ablehnungsgründe vereinbaren. Mit der Anknüpfung an den **Geltungsbereich** verlangt das Gesetz, dass der Tarifvertrag nicht nur **räumlich**, sondern auch **fachlich** einschlägig sein muss.[192] Das folgt mittelbar aus der Gesetzesbegründung, wonach die Konkretisierungsbefugnis für die Tarifvertragsparteien gerade deshalb aufgenommen worden ist, um den spezifischen Erfordernissen des jeweiligen Wirtschaftszweiges Rechnung tragen zu können.[193] Hiervon ausgehend wäre es wenig konsequent, wenn die Einzelvertragsparteien losgelöst vom fachlichen Geltungsbereich einschlägige Regelungen auch branchenfremder Tarifverträge übernehmen könnten.

Für die fehlende Tarifgebundenheit kommt es allein darauf an, dass der Arbeit- 78
geber nicht Mitglied des tarifvertragsschließenden Arbeitgeberverbandes ist. An die **Vereinbarung über die Anwendung tarifvertraglich geregelter Ablehnungsgründe** stellt das Gesetz keine besonderen Anforderungen. Diese kann deshalb **ausdrücklich** oder **konkludent** erfolgen, sie bedarf **keiner bestimmten Form**, und sie kann inhaltlich **statisch** oder **dynamisch** ausgestaltet sein,[194] wobei im Falle des Fehlens einer ausdrücklich statischen Vereinbarung davon auszugehen ist, dass der jeweils geltende Tarifvertrag unter Einbeziehung seiner Änderungen maßgebend sein soll. Für die Zulässigkeit der Vereinbarung ist es ausreichend, dass ein **nachwirkender Tarifvertrag** besteht.[195] Regelt der Tarifvertrag die in Betracht kommenden Ablehnungsgründe abschließend, so führt die Vereinbarung nach § 8 Abs. 4 Satz 4 dazu, dass der Arbeitgeber sich nicht auf andere Gründe zur Ablehnung des Anspruchs berufen kann. Unbenommen ist es den Arbeitsvertragsparteien, auch weitere Regelungen des Tarifvertrages, soweit diese auf den Anspruch auf Verringerung der Arbeitszeit bezogen sind und zugunsten des Arbeitnehmers vom Gesetz abweichen, zu übernehmen. Das folgt schon aus § 22 Abs. 1. Eine Pflicht zur Übernahme weiterer einschlägiger Tarifvertragsregelungen im Zusammenhang mit der Vereinbarung von Ablehnungs-

---

190 Siehe etwa Pelzner/Scheddler/Widlak, S. 45.
191 Zutreffend Annuß/Thüsing/Mengel, § 8 Rn 169; ebenso wohl Flatten/Coeppicus, ZIP 2001, 1477 ff (1481).
192 Siehe auch Boewer, § 8 Rn 211.
193 Siehe BT-Drucks. 14/4374, 17.
194 Siehe auch Boewer, § 8 Rn 214.
195 Zutreffend Boewer, § 8 Rn 213.

gründen nach § 8 Abs. 4 Satz 4 besteht jedoch nicht.[196] Die Vereinbarung von für den Arbeitnehmer günstigeren Regelungen, auch unter Bezugnahme auf einen einschlägigen Tarifvertrag, ist der Vertragsfreiheit der Parteien überlassen.

79 Die Übernahme tarifvertragsgeregelter Ablehnungsgründe durch eine **Betriebsvereinbarung** scheitert grundsätzlich an § 77 Abs. 3 Satz 1 BetrVG. Anderes gilt dann, wenn der Tarifvertrag eine **Öffnungsklausel** im Sinne von § 77 Abs. 3 Satz 2 BetrVG enthält. § 8 Abs. 4 Satz 4 ist seinem Regelungsinhalt nach nicht darauf gerichtet, eine Übernahme durch die Betriebsparteien bei entsprechender Öffnungsklausel im Tarifvertrag auszuschließen.

d) Beurteilungszeitpunkt für das Vorliegen eines betrieblichen Grundes

80 Nach der Rechtsprechung des BAG ist für die Beurteilung des Vorliegens eines betrieblichen Grundes auf den **Zeitpunkt der Ablehnung des Arbeitszeitwunsches durch den Arbeitgeber** abzustellen, und zwar gerade auch im Falle eines prozessualen Auseinandersetzung.[197] Damit weicht das BAG für die Frage des (Nicht)Bestehens eines Anspruchs auf Verringerung der Arbeitszeit von der für die Geltendmachung von Ansprüchen allgemeinen Grundregel ab, wonach es allein darauf ankommt, **ob der Anspruch im Zeitpunkt der letzten mündlichen Tatsachenverhandlung besteht**. Die zivilprozessualen Vorschriften der §§ 136 Abs. 4, 296a, 322 Abs. 1 und 767 Abs. 2 ZPO machen ohne weiteres deutlich, dass (nur) bis zur letzten mündlichen Verhandlung eingetretene Tatsachen Berücksichtigung finden.[198]

81 Das BAG begründet seine Ansicht maßgebend unter **Hinweis auf die Sperrfrist des § 8 Abs. 6.** Danach kann der Arbeitnehmer eine erneute Verringerung der Arbeitszeit frühestens nach Ablauf von zwei Jahren verlangen, nachdem der Arbeitgeber den vorherigen Verringerungswunsch berechtigt abgelehnt hat. Im Hinblick darauf, dass der Arbeitgeber durch diese Regelung bei berechtigter Ablehnung für zwei Jahre vor einer erneuten Überprüfung der betrieblichen Verhältnisse in Bezug auf den Arbeitszeitwunsch des Arbeitnehmers geschützt werden solle, müsse der Zeitpunkt der Ablehnung für die Berechtigung des Vorliegens eines betrieblichen Grundes maßgebend sein, weil ansonsten das Gesetzesziel nicht erreichbar sei. Denn der Arbeitgeber würde dann während des laufenden Verfahrens zu eben dieser Überprüfung angehalten.[199]

82 **Diese Begründung des BAG überzeugt nicht**, um die Abweichung von der oben genannten allgemeinen Grundregel zu rechtfertigen. Zwar ist es zutreffend, dass das Regelungsziel des § 8 Abs. 6 darin besteht, den Arbeitgeber zwei Jahre lang vor einer erneuten Befassung mit einem Anspruch auf Verringerung der Arbeitszeit und damit der Notwendigkeit einer Überprüfung auch der betrieblichen Verhältnisse zu schützen. Das Gesetz sagt auch insoweit etwas über den Zeitpunkt,

---

196 A.A. Boewer, § 8 Rn 212.
197 BAG, 18.2.2003, 9 AZR 356/02, NZA 2003, 911 ff (914); BAG, 27.4.2004, 9 AZR 522/03, NZA 2004, 1225 ff (1227); ebenso Beckschulze, DB 2000, 1598 ff (2606).
198 Siehe BGH, 11.3.1983, V ZR 287/81, NJW 1984, 126 ff (127); Zöller/*Greger*, ZPO, 26. Aufl., § 296a Rn 2 f; zutreffend auch Diller, NZA 2001, 589 ff (590); Rolfs, RdA 2001, 129 ff (137).
199 BAG, 18.2.2003, 9 AZR 356/02, NZA 2003, 911 ff (914).

zu dem die Frist beginnt, aus, indem u.a. auf die berechtigte Ablehnung durch den Arbeitgeber abgestellt wird.

Allerdings steht im Falle einer streitigen Auseinandersetzung über den Anspruch **erst mit dem rechtskräftigen Abschluss des Verfahrens** fest, ob der Anspruch auf Verringerung der Arbeitszeit berechtigt oder nicht berechtigt abgelehnt worden ist.[200] Der Schutzzweck des § 8 Abs. 6 fordert in diesem Fall nicht, auf den Zeitpunkt der Ablehnung durch den Arbeitgeber abzustellen. Dem Gesetzesziel wird ebenso Rechnung getragen, wenn als maßgebender Zeitpunkt auf den **Zeitpunkt der letzten mündlichen Verhandlung** abgestellt wird. Denn dann ist der Arbeitgeber beginnend mit diesem Zeitpunkt für zwei Jahre vor der erneuten Geltendmachung eines Anspruchs auf Verringerung der Arbeitszeit geschützt, wenn die Klage (u.a.) wegen Vorliegens eines betrieblichen Grundes abgelehnt wird. Die Auffassung des BAG führt aber bezogen auf den Arbeitgeber zu einer Einschränkung des Schutzzwecks von § 8 Abs. 6 dadurch, dass sich der Arbeitgeber bis zu einem Urteil nicht nur mit einem geltend gemachten Anspruch konfrontiert sieht und auseinandersetzen muss, sondern auch für den Fall seines Obsiegens, sprich, dass eine berechtigte Ablehnung gegeben ist, wegen der Anknüpfung an den Zeitpunkt der Ablehnung bei einem über längere Zeit andauernden Verfahren im Hinblick auf den Ablauf der Zweijahresfrist uU sofort wieder mit der erneuten Geltendmachung eines Verringerungsanspruchs rechnen muss. Die Ansicht des BAG **verkehrt damit den Schutzzweck des § 8 Abs. 6 zu einem Schutz des Arbeitnehmers.**

83

Vor diesem Hintergrund kann der Hinweis auf § 8 Abs. 6 die Abweichung von der allgemeinen Regel, wonach für die Frage des (Nicht) Bestehens eines Anspruchs der Zeitpunkt der letzten mündlichen Verhandlung maßgebend ist, nicht rechtfertigen. Deshalb ist auch hier für die Frage des Bestehens eines Anspruchs auf Verringerung der Arbeitszeit und damit die Beurteilung des Vorliegens eines betrieblichen Grundes auf diesen Zeitpunkt abzustellen.[201] Das Risiko, dass bis zu diesem Zeitpunkt **ein womöglich ursprünglich gegebener betrieblicher Grund entfallen kann,** muss der Arbeitgeber als Schuldner wie jeder andere Schuldner auch tragen. Umgekehrt kommt ihm zugute, wenn **nach zunächst unberechtigter Ablehnung jedenfalls im Zeitpunkt der letzten mündlichen Tatsachenverhandlung ein betrieblicher Grund gegeben ist.** Die Auffassung des BAG würde hier dazu führen, dass der Arbeitgeber sehenden Auges zur Zustimmung[202] verurteilt werden müsste, obwohl die Voraussetzungen eines Anspruchs auf Verringerung im Zeitpunkt der Entscheidung nicht gegeben sind.

84

Auf die **Rechtsprechung zum Beurteilungszeitpunkt der Wirksamkeit einer Kündigung** kann im vorliegenden Zusammenhang nicht verwiesen werden.[203] Bei der Kündigung geht es um die Ausübung eines Gestaltungsrechts, für dessen Wirksamkeit es allein auf den Zeitpunkt der Ausübung ankommen kann.[204]

85

---

200 Zutreffend Diller, NZA 2001, 589 ff (590).
201 Zutreffend deshalb Diller, NZA 2001, 589 ff (590).
202 Siehe noch folgend Rn 86.
203 Siehe Diller, NZA 2001, 589 ff (590).
204 Zutreffend Diller, NZA 2001, 589 ff (590).

III. Rechtsfolge: Anspruch auf Verringerung der Arbeitszeit

1. Inhalt des Anspruchs

86 Liegen die Voraussetzungen nach § 8 Abs. 1, Abs. 4, Abs. 7 vor, so hat der Arbeitnehmer – wie es in § 8 Abs. 7 ausdrücklich heißt – einen Anspruch auf Verringerung der vertraglich vereinbarten Arbeitszeit. Hierbei handelt es sich um einen **gesetzlichen Anspruch**[205] auf Zustimmung des Arbeitgebers zur gewünschten Reduzierung der Dauer der Arbeitszeit und ihrer Neuverteilung, mithin auf eine entsprechende **Vertragsänderung**, die im Streitfall klageweise durchzusetzen ist. Nicht etwa räumt § 8 dem Arbeitnehmer ein Gestaltungsrecht dahingehend ein, dass er allein mit dem Zugang seines Verlangens bei dem Arbeitgeber die Verringerung der vertraglich vereinbarten Arbeitszeit bewirken kann.[206] Deshalb ist der Arbeitnehmer auch bis zum Wirksamwerden der Vertragsänderung verpflichtet, seine Arbeitsleistung im Umfang der bisher vereinbarten Arbeitszeit zu erbringen.[207]

87 § 8 gibt einen Anspruch auf Verringerung der vertraglich vereinbarten Arbeitszeit, der aksessorisch notwendig auch den Anspruch auf Neuverteilung der reduzierten Arbeitszeit beinhaltet. Der Arbeitnehmer kann aus diesem Grunde unter Festhalten an der vertraglich vereinbarten Arbeitszeit **nicht isoliert allein eine Änderung der Lage seiner Arbeitszeit verlangen**.[208]

88 Der Anspruch ist nach dem klaren Wortlaut des § 8 Abs. 1 auf die Verringerung der vertraglich vereinbarten Arbeitszeit gerichtet. **Vertraglich vereinbarte Arbeitszeit** ist sowohl die einzelvertraglich wie auch die kollektivvertraglich, insbesondere tarifvertraglich festgelegte Arbeitszeit.[209] Die gesetzliche Regelung enthält keine Anhaltspunkte dafür, dass der Verringerungsanspruch allein im Falle einzelvertraglich vereinbarter Arbeitszeit bestehen soll.[210]

89 Mit dem Bezug auf die vertraglich vereinbarte Arbeitszeit ist Anknüpfungspunkt für den Anspruch auf Verringerung **die im Arbeitsvertrag oder Kollektivvertrag festgelegte Arbeitszeit, hingegen nicht die tatsächliche Arbeitszeit**.[211] Allerdings ist zu beachten, dass die Arbeitsvertragsparteien einen vertraglich ausdrücklich festgelegten Umfang der Arbeitszeit auch **konkludent ändern können**. Arbeitet der Arbeitnehmer regelmäßig in einem Umfang, der von der vertraglich festgelegten Arbeitszeit abweicht, so ist dieser Umfang Bezugspunkt für das Verlangen nach Verringerung der Arbeitszeit. Hier liegt eine vom ausdrücklichen Vertragsinhalt abweichende, stillschweigend vereinbarte Arbeitszeit vor, bei der es

---

205 Siehe die Gesetzesbegründung, BT-Drucks. 14/4374, 16.
206 Insoweit unterscheidet sich § 8 von dem Anspruch auf Verringerung der Arbeitszeit nach § 81 Abs. 5 Satz 3 SGB IX für schwerbehinderte Menschen, siehe hierzu BAG, 14.10.2003, 9 AZR 100/03, NZA 2004, 614 ff (617) und noch folgend Rn 198.
207 BAG, 19.8.2003, 9 AZR 542/02, ZTR 2004, 542 ff (543 f).
208 Siehe nur Annuß/Thüsing/*Mengel*, § 8 Rn 78; Boewer, § 8 Rn 66; Rieble/Gutzeit, NZA 2002, 7 ff (8); Preis/Gotthardt, DB 2001, 145 ff (147); Rolfs, RdA 2001, 129 ff (134); aA Straub, NZA 2001, 919 ff (920).
209 Siehe nur Worzalla, § 8 Rn 10; Annuß/Thüsing/*Mengel*, § 8 Rn 14; Boewer, § 8 Rn 75; Bauer, NZA 2000, 1039 ff (1040); Schiefer, DB 2000, 2118 ff (2119).
210 Davon geht denn auch das BAG selbstverständlich aus, siehe BAG, 27.4.2004, 9 AZR 522/03, NZA 2004, 1225 ff (1227), hier ging es um einen Anspruch auf Verringerung einer tarifvertraglich festgelegten Arbeitszeit, wobei beide Vertragspartner tarifgebunden waren.
211 Siehe auch Annuß/Thüsing/*Mengel*, § 8 Rn 16; Preis/Gotthardt, DB 2001, 145 ff (147); Ring, § 8 Rn 11.

sich dann um die maßgebende vertraglich vereinbarte Arbeitszeit handelt. Die Leistung von **Überstunden**, die begrifflich nur bei einer vorübergehenden Erhöhung der Arbeitszeit aus besonderem Anlass vorliegen,[212] können angesichts fehlender Regelmäßigkeit nicht zu einer stillschweigenden Änderung der vertraglich ausdrücklich vereinbarten Arbeitszeit führen und bleiben deshalb für die Frage, welche Arbeitszeit zu verringern ist, unberücksichtigt.[213] Fehlt es überhaupt an einer vertraglich ausdrücklich vereinbarten Arbeitszeit, wie dies vor allem bei Arbeitnehmern in leitenden Positionen der Fall sein kann, so ist nach allgemeinen Grundsätzen der **regelmäßige tatsächliche Umfang der Arbeitszeit**[214] als stillschweigend festgelegt und damit im Sinne des Gesetzes vertraglich vereinbarte Arbeitszeit anzusehen.[215]

Der Anspruch auf Verringerung der Arbeitszeit besteht unabhängig davon, ob arbeitsvertraglich eine **flexible Arbeitszeitgestaltung** vereinbart ist.[216] Er ist deshalb nicht nur im Falle einer festgelegten Wochenarbeitszeit gegeben,[217] sondern auch dann, wenn die maßgebende Wochenarbeitszeit nur im Durchschnitt eines Referenzzeitraums festgestellt werden kann.[218]

90

Der Anspruch nach § 8 ist auf eine **unbefristete Herabsetzung der Arbeitszeit** gerichtet.[219] Insoweit unterscheidet sich dieser Anspruch sowohl von dem Anspruch auf Verringerung der Arbeitszeit während der Elternzeit nach § 15 Abs. 5 bis Abs. 7 BEEG wie auch von § 15b BAT (§ 11 TVöD).[220] Vor dem Hintergrund der Möglichkeit allein zur unbefristeten Herabsetzung der Arbeitszeit ist der **Zusammenhang mit § 9** zu sehen, wonach Teilzeitbeschäftigte, die den Wunsch nach einer Verlängerung der vertraglich vereinbarten Arbeitszeit angezeigt haben, bei der Besetzung eines entsprechenden freien Arbeitsplatzes bevorzugt zu berücksichtigen sind.[221] Diese Regelung ist gerade (auch) deshalb geschaffen worden, um Arbeitnehmern mit dem Wunsch nach Verringerung der Arbeitszeit die Sorge zu nehmen, nicht mehr zu einer längeren Arbeitszeit zurückkehren zu können.[222]

91

---

212 Siehe BAG, 9.6.2003, 5 AZR 610/01 (n.v.); BAG, 26.6.2002, 5 AZR 153/01, DB 2002, 2441 f (2442).
213 Siehe auch Annuß/Thüsing/*Mengel*, § 8 Rn 17; MHH/*Heyn*, § 8 Rn 27.
214 Dieser lässt sich nur im Wege der Referenzbetrachtung bezogen auf die Vergangenheit feststellen, wobei im Hinblick auf die in § 8 Abs. 1 geregelte Wartezeit, nach welcher der Anspruch auf Verringerung erstmals geltend gemacht werden kann, ein Referenzzeitraum von sechs Monaten sinnvoll erscheint.
215 In diesem Sinne auch Annuß/Thüsing/*Mengel*, § 8 Rn 16.
216 Siehe BAG, 30.9.2003, 9 AZR 665/02, NZA 2004, 382 ff (383).
217 In diesem Sinne war ursprünglich § 8 Abs. 1 des Gesetzentwurfs formuliert, siehe BT-Drucks. 14/4374, S. 8.
218 Siehe BAG, 30.9.2003, 9 AZR 665/02, NZA 2004, 382 ff (383).
219 BAG, 19.8.2003, 9 AZR 542/02, ZTR 2004, 542 ff (544).
220 Siehe zu § 15b BAT BAG, 18.3.2003, 9 AZR 126/02, DB 2004, 319 ff (320), hier u.a. dazu, dass § 15b BAT im Hinblick auf die Möglichkeit, die Arbeitszeit befristet herabzusetzen, günstiger ist als § 8 und deshalb durch diese Vorschrift nicht verdrängt wird. Siehe auch noch Rn 205.
221 Siehe näher § 9 Rn 10 ff.
222 So ausdrücklich die Gesetzesbegründung, BT-Drucks. 14/4374, S. 12. Siehe dazu, dass § 9 auch Arbeitnehmer erfasst, die von vornherein nur als Teilzeitarbeitnehmer eingestellt worden sind, § 9 Rn 5.

92 Für den Anspruch nach § 8 ist es **irrelevant, aus welchen Gründen der Arbeitnehmer eine Verringerung seiner Arbeitszeit begehrt**.[223] Auch insoweit unterscheidet sich dieser Anspruch von den Ansprüchen auf Verringerung der Arbeitszeit nach § 15 Abs. 5 bis Abs. 7 BEEG, § 15b BAT (§ 11 TVöD) wie auch § 81 Abs. 5 SGB IX. Der Arbeitnehmer ist deshalb bei der Wahrnehmung dieses Anspruchs auch **nicht auf einen bestimmten Zeitpunkt während der Dauer des Arbeitsverhältnisses beschränkt**. Das ist im Hinblick auf ältere Arbeitnehmer unter dem Gesichtspunkt von besonderer Bedeutung, als diese nunmehr bei Inanspruchnahme einer Teilrente nach § 42 SGB VI im Unterschied zu dem bloßen Erörterungsanspruch nach § 42 Abs. 3 SGB VI[224] einen durchsetzbaren Anspruch auf eine dem Umfang der Teilrente entsprechende Herabsetzung der Arbeitszeit haben. Mit dem Wegfall der Altersteilzeit ab Januar 2010[225] wird dieser Möglichkeit eines gleitenden Übergangs in den Ruhestand erhöhte Bedeutung zukommen.

93 Neben der „Grundlosigkeit" des Anspruchs ist dessen inhaltliche Ausgestaltung auch **nicht durch zeitliche Vorgaben im Sinne eines Mindest- oder Höchstumfangs** der Verringerung der Arbeitszeit beschränkt.[226] Der Gesetzgeber wollte mit dieser zeitlichen Schrankenlosigkeit erreichen, dass die Arbeitnehmer ihre Teilzeitwünsche verwirklichen können und auf diesem Weg die beschäftigungspolitische Wirkung der Teilzeitarbeit gestärkt wird.[227] Bis zur Grenze des Rechtsmissbrauchs[228] kann deshalb jeder Umfang der Verringerung der Arbeitszeit gewählt werden.[229]

94 Im Hinblick darauf, dass der Anspruch auf Verringerung der vertraglich vereinbarten Arbeitszeit seinem Inhalt nach auf die Reduzierung des Umfangs der Hauptleistungspflicht des Arbeitnehmers gerichtet ist, kann der Anspruch nach § 8 nur in Betracht kommen, wenn der Arbeitnehmer überhaupt zur Arbeitsleistung in einem festgelegten zeitlichen Umfang verpflichtet ist.[230] Damit setzt der Anspruch auf Verringerung der Arbeitszeit **eine bestehende Verpflichtung zur Arbeitsleistung** voraus.[231] Hieran fehlt es etwa dann, wenn eine Tarifvertragsregelung im Falle der Gewährung einer befristeten Erwerbsminderungsrente nach SGB VI das Ruhen des Arbeitsverhältnisses anordnet.[232]

95 Der Anspruch auf Verringerung der Arbeitszeit ist nach § 22 **unabdingbar**. Diese Vorschrift untersagt alle Regelungen, die von dem gesetzlichen Anspruch auf Verringerung abweichen.[233] Der Ausschluss des Anspruchs nach § 8 durch ein tarifvertraglich angeordnetes Ruhen des Arbeitsverhältnisses unterliegt als mittelbare Folge nicht dem Verbot des § 22.[234]

---

223 BAG, 9.12.2003, 9 AZR 16/03, NZA 2004, 921 ff (922).
224 Kritisch dazu Boecken, Wie sollte der Übergang vom Erwerbsleben in den Ruhestand rechtlich gestaltet werden?, Gutachten B zum 62. Deutschen Juristentag Bremen 1998, B 189 ff.
225 Siehe § 16 ATG.
226 Anders auch hier § 15 Abs. 4 bis Abs. 7 BEEG, siehe § 15 Abs. 7 Satz 1 Nr. 3 BEEG, wonach eine Verringerung nur auf einen Umfang zwischen 15 und 30 Wochenstunden möglich ist.
227 Siehe die Gesetzesbegründung, BT-Drucks. 14/4374, S. 16 f.
228 Siehe Boewer, § 8 Rn 72; Annuß/Thüsing/Mengel, § 8 Rn 60.
229 Siehe zB Arbeitsgericht Stuttgart, 23.11.2001, 26 Ca 1324/01, NZA-RR 2002, 183 f, hier ging es um eine Verringerung der Arbeitszeit um 1,4 Stunden.
230 BAG, 14.10.2003, 9 AZR 100/03, NZA 2004, 614 ff (616).
231 BAG, 14.10.2003, 9 AZR 100/03, NZA 2004, 614 ff (616).
232 BAG, 14.10.2003, 9 AZR 100/03, NZA 2004, 614 ff (616).
233 BAG, 14.10.2003, 9 AZR 100/03, NZA 2004, 614 ff (616).
234 BAG, 14.10.2003, 9 AZR 100/03, NZA 2004, 614 ff (616).

2. Geltendmachung des Anspruchs

Der Anspruch auf Verringerung der Arbeitszeit ist wie jeder andere Anspruch auch durch den Arbeitnehmer **geltend zu machen**. Im Zusammenhang mit der Geltendmachung enthält § 8 in den Absätzen 2, 3 und 5 bestimmte Maßgaben für Arbeitnehmer und Arbeitgeber, deren Nichteinhaltung jeweils mit rechtlichen Konsequenzen verbunden ist.

a) Anforderungen an die Geltendmachung

Nach § 8 Abs. 2 Satz 1 muss der Arbeitnehmer die Verringerung seiner Arbeitszeit und den Umfang der Verringerung **spätestens drei Monate vor deren Beginn** geltend machen. Dabei soll er gemäß § 8 Abs. 2 Satz 2 die gewünschte Verteilung der Arbeitszeit angeben.

Die Geltendmachung des Anspruchs auf Verringerung der Arbeitszeit und deren Neuverteilung ist ihrer **Rechtsnatur nach als Angebot des Arbeitnehmers auf Änderung des Arbeitsvertrages** im Sinne von § 145 BGB einzuordnen.[235] Damit handelt es sich um eine empfangsbedürftige Willenserklärung,[236] die im Rechtsverkehr nach den allgemeinen Grundsätzen über das Wirksamwerden von Willenserklärungen Wirksamkeit erst mit dem Zugang beim Arbeitgeber entfaltet.[237] Darüber hinaus folgt aus der Rechtsnatur als Angebot auf Abschluss eines Änderungsvertrages, dass dieses so bestimmt sein muss, dass es seitens des Arbeitgebers mit einem einfachen „ja" angenommen werden kann.[238] **Essentialia negotii** dieser Erklärung sind, wie aus § 8 Abs. 2 Satz 1 deutlich wird, das Verlangen nach Verringerung der Arbeitszeit, die Angabe des Umfangs der Verringerung sowie die Bezeichnung des Zeitpunkts, zu dem die Verringerung beginnen soll.

Die Erklärung des Arbeitnehmers muss deshalb zunächst **klar zum Ausdruck bringen, dass eine Verringerung der vertraglich vereinbarten Arbeitszeit begehrt wird und in welchem Umfang**. Dabei finden die allgemeinen Grundsätze über Willenserklärungen und deren Auslegung (§§ 133, 157 BGB) Anwendung.[239] Danach fehlt es an einem Antrag auf Vertragsänderung im Sinne des § 8, wenn der Arbeitnehmer sich beim Arbeitgeber lediglich über die Möglichkeit einer Teilzeitbeschäftigung informieren will. Hier hat der Arbeitnehmer nicht den Willen, eine rechtlich relevante Erklärung mit dem Ziel der Arbeitszeitreduzierung abzugeben. Der Antrag ist nur bestimmt genug, wenn aus der Erklärung des Arbeitnehmers der **genaue Umfang der gewünschten Arbeitszeitreduzierung** hervorgeht. Das ist der Fall, wenn der Arbeitnehmer die bisher vertraglich vereinbarte Arbeitszeit bezeichnet und hieran anknüpfend die Stundenzahl benennt, um die er seine Arbeitszeit reduzieren will. Ausreichend ist es auch, wenn sich der genaue Umfang der Arbeitszeitreduzierung durch Auslegung ermitteln lässt. So

---

235 Siehe BAG, 18.2.2003, 9 AZR 164/02, NZA 2003, 1392 ff (1394); BAG, 27.4.2004, 9 AZR 522/03, NZA 2004, 1225 ff (1227); BAG, 18.5.2004, 9 AZR 319/03, NZA 2005, 108 ff (111). Zum Angebot siehe näher Boecken, BGB-AT, 2007, Rn 262 ff.
236 Siehe nur Annuß/Thüsing/*Mengel*, § 8 Rn 44; Worzalla, § 8 Rn 17; Ring, § 8 Rn 31.
237 Annuß/Thüsing/*Mengel*, § 8 Rn 44; Ring, § 8 Rn 31. Zum Zugang einer Willenserklärung siehe Boecken, BGB-AT, 2007, Rn 220 ff.
238 BAG, 18.5.2004, 9 AZR 319/03, NZA 2005, 108 ff (111).
239 Siehe BAG, 20.7.2004, 9 AZR 626/03, ZTR 2004, 598 ff (598).

ist der Antrag bestimmt genug, wenn die bisherige vertragliche Arbeitszeit feststeht und der Arbeitnehmer eine Herabsetzung „auf die Hälfte der Arbeitszeit" begehrt.[240] Bezeichnet der Arbeitnehmer in seinem Antrag die bisherige vertraglich vereinbarte Arbeitszeit falsch oder gar nicht, dann ist der Antrag gleichwohl bestimmt genug, wenn durch Auslegung unter Abstellen auf die Gesamtumstände ohne weiteres zu ermitteln ist, von welcher vertraglich vereinbarten Arbeitszeit für die geltend gemachte Reduzierung auszugehen ist.[241] Das ist insbesondere dann relevant, wenn der Arbeitnehmer mit Zustimmung des Arbeitgebers dauernd in einem abweichenden Umfang von der ausdrücklich vereinbarten Arbeitszeit Arbeit geleistet hat oder – wie das häufig bei Mitarbeitern in leitenden Positionen der Fall ist – ein Arbeitszeitumfang nicht ausdrücklich festgelegt ist und sich aus einer Referenzbetrachtung[242] ohne weiteres entnehmen lässt, in welchem stillschweigend vereinbarten Umfang der Arbeitnehmer tatsächlich bislang Arbeit geleistet hat.

100 Ohne Einfluss auf die Bestimmtheit des Vertragsänderungsangebots ist es auch, wenn der Arbeitnehmer in seinem Antrag **keine Angaben zur Verteilung der Arbeitszeit** macht.[243] Das folgt schon aus § 8 Abs. 2 Satz 2, wonach der Arbeitnehmer die gewünschte Verteilung der Arbeitszeit angeben soll. Macht der Arbeitnehmer insoweit keine Angaben, so überlässt er die Verteilung dem Arbeitgeber, der diese durch Ausübung seines Weisungsrechts (§ 106 GewO) festlegt.[244]

101 Die Geltendmachung der Verringerung der Arbeitszeit verbunden mit dem Wunsch nach einer Neuverteilung derselben stellt ein **einheitliches Angebot** dar: Der Arbeitnehmer kann das Verlangen nach Verringerung der Arbeitszeit mit dem Verteilungswunsch derart verbinden, **dass das Änderungsangebot von der Festsetzung der gewünschten Arbeitszeitverteilung abhängig ist**.[245] Bei einem solchermaßen konditionierten Angebot des Arbeitnehmers kommt es zum Vertragsschluss über die Änderung des Arbeitsvertrages nur, wenn der Arbeitgeber seinerseits unverändert die Annahme erklärt (§ 150 Abs. 2 BGB).[246] Die Ablehnung der gewünschten Verteilung der Arbeitszeit bedeutet danach zugleich auch die Ablehnung der Geltendmachung der Verringerung der Arbeitszeit.[247]

102 Der Arbeitnehmer ist allerdings nicht gezwungen, seine Wünsche nach Verringerung der Arbeitszeit und einer bestimmten Neuverteilung zu einem einheitlichen Angebot zu verbinden. Im Hinblick darauf, dass er die Festlegung der Arbeitszeitverteilung gänzlich dem Arbeitgeber überlassen kann (§ 8 Abs. 2 Satz 2),

---

240 Siehe BAG, 27.4.2004, 9 AZR 522/03, NZA 2004, 1225 ff (1227).
241 Vgl. BAG, 20.7.2004, 9 AZR 626/03, ZTR 2004, 598 ff (598), hier bezogen auf die Ermittlung des gewünschten Beginns der Arbeitszeitreduzierung.
242 Siehe oben Rn 89.
243 Siehe BAG, 27.4.2004, 9 AZR 522/03, NZA 2004, 1225 ff (1227), hier jeweils zur Bestimmtheit des Klageantrags im Sinne von § 253 Abs. 2 Nr. 2 ZPO. Siehe auch Rolfs, RdA 2001, 129 ff (134); Däubler, ZIP 2001, 217 ff (221); Kliemt, NZA 2001, 63 ff (66); Annuß/Thüsing/*Mengel*, § 8 Rn 61; Boewer, § 8 Rn 67.
244 Siehe BAG, 27.4. 2004, 9 AZR 522/03, NZA 2004, 1225 ff (1227); Rolfs, RdA 2001, 129 ff (134); Annuß/Thüsing/*Mengel*, § 8 TzBfG Rn 63.
245 Siehe BAG, 18.2.2003, 9 AZR 356/02, NZA 2003, 911 ff (912); BAG, 18.2.2003, 9 AZR 356/02, NZA 2003, 1392 ff (1394).
246 Siehe BAG, 18.2.2003, 9 AZR 356/02, NZA 2003, 911 ff (912); BAG, 18.2.2003, 9 AZR 356/02, NZA 2003, 1392 ff (1394).
247 Siehe BAG, 18.2.2003, 9 AZR 356/02, NZA 2003, 911 ff (912);

kann er auch **zwei rechtlich selbständige Angebote**, zum einen auf Arbeitszeitreduzierung, zum anderen auf eine Vereinbarung über die Verteilung der neuen Arbeitszeit, abgeben. Hier läuft der Arbeitnehmer allerdings Gefahr, dass der Arbeitgeber zwar dem Wunsch auf Verringerung der Arbeitszeit entspricht, nicht aber der begehrten Neuverteilung. Aufgrund der getrennten Willenserklärungen kommt es dann auf jeden Fall zu einer Arbeitszeitreduzierung, ohne dass gewährleistet ist, dass deren Verteilung auch den Wünschen des Arbeitnehmers entspricht. Denn insoweit können betriebliche Gründe entgegenstehen. Will der Arbeitnehmer eine solche Situation vermeiden, so muss er die Wünsche nach Verringerung der Arbeitszeit und einer bestimmten Verteilung zu einem einheitlichen Angebot verbinden.

Zur Bestimmtheit des Angebots gehört schließlich als vertragswesentlicher Inhalt die **Angabe des Zeitpunkts, zu dem die Verringerung der Arbeitszeit wirksam werden soll**. Auch wenn die Einhaltung der so genannten Ankündigungsfrist[248] keine materielle Voraussetzung des Anspruchs auf Arbeitszeitverringerung darstellt,[249] so kann ein entsprechendes Angebot durch der Arbeitgeber jedoch durch ein einfaches „ja" nur angenommen werden, wenn der zeitliche Beginn der Reduzierung aus der Erklärung des Arbeitnehmers eindeutig hervorgeht. Macht der Arbeitnehmer insoweit überhaupt keine Angaben, so kann daraus auch durch Auslegung unter Abstellen auf die Gesamtumstände[250] nicht entnommen werden, dass die Verringerung der Arbeitszeit zum frühest möglichen Zeitpunkt, sprich nach Ablauf der vom Gesetz vorgesehenen Ankündigungsfrist, geltend gemacht wird. Anderes gilt jedoch idR für den Fall, dass der Arbeitnehmer einen gemessen an der Ankündigungsfrist des § 8 Abs. 2 Satz 1 **zu frühen Zeitpunkt** nennt.[251] Hier ist durch Auslegung aus der Sicht vom objektiven Empfängerhorizont her das Angebot des Arbeitnehmers dahin zu verstehen, dass sein Wunsch nach Verringerung auf den Zeitpunkt gerichtet ist, zu dem der Arbeitnehmer nach Maßgabe der gesetzlichen Regelungen frühestens den Beginn der Verringerung verlangen kann.[252]

103

Das Gesetz schreibt für die Geltendmachung des Anspruchs auf Verringerung der Arbeitszeit und damit für das Angebot des Arbeitnehmers **keine besondere Form** vor.[253] Deshalb kann das Änderungsangebot durch den Arbeitnehmer auch mündlich ausgesprochen werden. Diese Großzügigkeit des Gesetzes im Sinne der Zulassung einer formlosen Geltendmachung ist im Hinblick darauf verfehlt, dass das Gesetz in § 8 Abs. 5 Satz 1 eine an den arbeitnehmerseits gewünschten Beginn der Verringerung der Arbeitszeit anknüpfende formgebundene Mitteilungspflicht des Arbeitgebers statuiert, deren Nichteinhaltung zu Rechtsnachteilen führt. Hierdurch wird eine **ungleichgewichtige „Formlast"** für den Arbeitnehmer einerseits und den mitteilungspflichtigen Arbeitgeber andererseits aufgestellt. Es ist kein Grund ersichtlich, weshalb dem Arbeitnehmer nicht eine schriftliche Geltendmachung seines Begehrens sollte zugemutet

104

---

248 Siehe BAG, 20.7.2004, 9 AZR 626/03, ZTR 2004, 598 ff (599), siehe noch folgend Rn 106.
249 Siehe noch folgend Rn 106.
250 Siehe BAG, 20.7.2004, 9 AZR 626/03, ZTR 2004, 598 ff (598).
251 Zu den rechtlichen Folgen einer Geltendmachung zu einem zu frühen Zeitpunkt siehe Rn 116.
252 Siehe BAG, 20.7.2004, 9 AZR 626/03, ZTR 2004, 598 ff (598).
253 Anders § 15 Abs. 7 Satz 1 Nr. 5 BEEG, hier ist für den Antrag auf Verringerung der Arbeitszeit Schriftform vorgeschrieben.

werden können.[254] Der Gesetzgeber missachtet mit der Zulassung einer formlosen Geltendmachung des Anspruchs auf Verringerung der Arbeitszeit völlig die Bedürfnisse der Praxis, sprich vor allem der Arbeitgeber, aus Gründen der Rechtssicherheit und insbesondere zur Vermeidung der nach § 8 Abs. 5 im Falle nicht rechtzeitiger Mitteilung drohenden Rechtsnachteile von einem urkundlich niedergelegten Angebot des Arbeitnehmers ausgehen zu können. Problematisch ist das fehlende Erfordernis eines schriftlichen Antrags gerade auch im Hinblick darauf, dass die häufig vorhandene Rechtsunerfahrenheit sowohl auf Arbeitnehmer- wie auch auf Arbeitgeberseite Streitigkeiten darüber hervorruft, ob zu einem bestimmten Zeitpunkt ein Antrag auf Verringerung der Arbeitszeit gestellt worden ist oder zwischen Arbeitnehmer und Arbeitgeber nur ein allgemeines Gespräch über die Möglichkeit von Teilzeitarbeit und einen irgendwann zu stellenden Verringerungsantrag geführt wurde. Das fehlende Schriftformgebot für den Antrag des Arbeitnehmers ist damit Garant für die Entstehung von Rechtsstreitigkeiten zwischen Arbeitnehmer und Arbeitgeber und sollte de lege ferenda baldmöglichst durch die Einführung einer Verpflichtung zur schriftlichen Geltendmachung beseitigt werden. Bis dahin ist der **Praxis auf Arbeitgeberseite** zu raten, auf Einhaltung der Schriftform zu drängen, wenn ein Arbeitnehmer seinen Wunsch nach Verringerung der Arbeitszeit äußert, was auch dadurch geschehen kann, dass der Arbeitgeber für entsprechende Situationen ein Formular bereit hält, das ausgefüllt und durch den Arbeitnehmer unterzeichnet wird.

105 Das Angebot auf Verringerung der Arbeitszeit ist an den **Arbeitgeber** als Vertragspartner des Arbeitnehmers zu richten, jener ist **Adressat der Geltendmachung**. Hierbei finden die Regeln über die passive Stellvertretung (§ 164 Abs. 3 in Verbindung mit Abs. 1 BGB) Anwendung, so dass die Erklärung gegenüber einem zur Vertretung des Arbeitgebers in Personalangelegenheiten bevollmächtigten Mitarbeiter (Personalstelle) ausreicht. Erklärungen gegenüber einem bloßen Empfangsboten des Arbeitgebers gehen erst in dem Zeitpunkt zu, in welchem nach dem regelmäßigen Verlauf der Dinge die Weiterleitung an den Arbeitgeber zu erwarten war.[255] Übermittelt der Empfangsbote das Angebot auf Verringerung der Arbeitszeit nicht, verspätet oder falsch, so geht das zu Lasten des Arbeitgebers.[256]

106 Die Geltendmachung des Anspruchs auf Verringerung der Arbeitszeit hat nach § 8 Abs. 2 Satz 1 **spätestens drei Monate vor deren Beginn** zu erfolgen. Hierbei handelt es sich um eine **Ankündigungsfrist**,[257] die dem Schutz des Arbeitgebers dient, damit dieser prüfen kann, ob der Teilzeitwunsch aus betrieblichen Gründen abgelehnt werden muss, oder die bei Realisierung des Teilzeitbegehrens erforderlichen arbeitsorganisatorischen und personellen Maßnahmen treffen kann.[258] Entgegen

---

254 Ebenfalls kritisch dazu, dass eine mündliche Geltendmachung ausreicht, Rolfs, RdA 2001, 129 ff (134); Preis/Gotthardt, DB 2001, 145 ff (145); Lindemann/Simon, BB 2001, 146 ff (148); Boewer, § 8 Rn 93 f; Worzalla, § 8 Rn 17.
255 Siehe Palandt/*Heinrich*, BGB, 65. Aufl. § 130 Rn 9; Boecken, BGB-AT, 2007, Rn 226.
256 Vergleiche BAG, 13.10.1976, 5 AZR 510/75, AP Nr. 8 zu § 130 BGB; Hamm, VersR 1980, 1164 ff (1165). Siehe Boecken, BGB-AT, 2007, Rn 226.
257 Siehe BAG, 20.7.2004, 9 AZR 626/03, ZTR 2004, 598 ff (599).
258 BAG, 16.3.2004, 9 AZR 323/03, NZA 2004, 1047 ff (1050); BAG, 20.7.2004, 9 AZR 626/03, ZTR 2004, 598 ff (599); BT-Drucks. 14/4374, S. 17.

in der Literatur zT vertretener Auffassung[259] handelt es sich **nicht um eine materielle Anspruchsvoraussetzung**[260] mit der Folge, dass bei Nichteinhaltung der Dreimonatsfrist der Anspruch nicht besteht und die Folge des § 8 Abs. 6 eingreift, wenn der Arbeitgeber im Hinblick auf die zu frühe Geltendmachung das Teilzeitbegehren abgelehnt hat. Das folgt nicht nur bereits systematisch aus dem Vergleich mit der Regelung des § 15 Abs. 7 Satz 1 Nr. 5 BEEG, in welcher ausdrücklich von der Voraussetzung der Mitteilung des Anspruchs auf Verringerung der Arbeitszeit unter Einhaltung der dort genannten Fristen die Rede ist,[261] sondern wesentlich aus dem Zweck der Ankündigungsfrist, dem Arbeitgeber eine Überlegungs- und Vorbereitungszeit einzuräumen. Diesem Zweck wird auch dann ausreichend Rechnung getragen, wenn die Ankündigungsfrist als bloß formelles Erfordernis eingeordnet und mittels Auslegung ein zu kurzfristig gestelltes Verringerungsverlangen als auf den Zeitpunkt gerichtet angesehen wird, zu welchem der Arbeitnehmer frühestmöglich die Verringerung verlangen kann.[262]

Für die **Berechnung der Frist** sind die §§ 187 Abs. 1, 188 Abs. 2 Nr. 2 BGB maßgebend, wobei der Tag der Geltendmachung in die Berechnung der Frist nicht einzubeziehen ist.[263] Zwischen dem Zugang des Antrags und dem gewünschten Beginn der Verringerung müssen volle drei Monate liegen.[264]

Im Hinblick darauf, dass die Ankündigungsfrist dem Schutz des Arbeitgebers dient, kann dieser **auf deren Einhaltung verzichten**.[265] Ein solcher Verzicht liegt etwa darin, dass sich der Arbeitgeber auf ein Verlangen des Arbeitnehmers nach Reduzierung der Arbeitszeit, das die Frist des § 8 Abs. 2 Satz 1 nicht beachtet, einlässt.[266]

Schließlich steht nichts entgegen, dass der Arbeitnehmer seinen Anspruch auf Verringerung der Arbeitszeit unter **Einhaltung einer längeren Ankündigungsfrist als von drei Monaten** wirksam geltend machen kann. Deshalb kann die Geltendmachung auch bereits vor Ablauf der sechsmonatigen Wartefrist nach § 8 Abs. 1 erfolgen, wenn das Zusammenspiel der Wartefrist und der mindestens dreimonatigen Ankündigungsfrist beachtet und hiervon ausgehend der Beginn der Verringerung auf einen Zeitpunkt nach Ablauf von neun Monaten des Bestehens des Arbeitsverhältnisses datiert wird.[267] In der Praxis wird die Geltendmachung zu

---

259 Siehe Preis/Gotthardt, DB 2001, 145 ff (145); Straub, NZA 2001, 919 ff (922).
260 Siehe BAG, 20.7.2004, 9 AZR 626/03, ZTR 2004, 598 ff (599); offen gelassen in BAG, 18.2.2003, 9 AZR 164/02, NZA 2003, 1392 (1394); BAG, 30.9.2003, 9 AZR 665/02, NZA 2004, 382 ff (383); BAG, 14.10.2003, 9 AZR 636/02, NZA 2004, 975 ff (977).
261 Siehe auch BAG, 20.7.2004, 9 AZR 626/03, ZTR 2004, 598 ff (599).
262 Zutreffend BAG, 20.7.2004, 9 AZR 626/03, ZTR 2004, 598 ff (598); zu den Konsequenzen eines zu kurzfristigen Reduzierungsverlangens für die Verhandlungspflicht nach § 8 Abs. 3 und die Mitteilungspflicht des Arbeitgebers nach § 8 Abs. 5 Satz 1 siehe noch Rn 116 und 126 f.
263 BAG, 18.2.2003, 9 AZR 356/02, NZA 2003, 911 ff (912).
264 BAG, 18.2.2003, 9 AZR 356/02, NZA 2003, 911 ff (912.).
265 BAG 14.10.2003, 9 AZR 636/02, NZA 2004, 975 ff (977); BAG, 20.7.2004, 9 AZR 626/03, ZTR 2004, 598 ff (598).
266 BAG, 14.10.2003, 9 AZR 636/02, NZA 2004, 975 ff (977); BAG, 20.7.2004, 9 AZR 626/03, ZTR 2004, 598 ff (598).
267 Insoweit ergibt sich aus der Gesetzesbegründung in BT-Drucks. 14/4374, 17 nichts Gegenteiliges, hier wird nur ausgeführt, weshalb der Arbeitgeber durch die Wartefrist des § 8 Abs. 1 und die Ankündigungsfrist des § 8 Abs. 2 Satz 1 eine bestimmte Zeit vor der Realisierung des Anspruchs auf Verringerung der Arbeitszeit geschützt werden soll.

einem so frühen Zeitpunkt jedoch schon deshalb keine Relevanz haben, weil das Kündigungsschutzgesetz idR erst nach sechs Monaten eingreift.[268]

b) Verhandlungspflicht

110 Nach der Bestimmung des § 8 Abs. 3 Satz 1 hat der Arbeitgeber mit dem Arbeitnehmer die gewünschte Verringerung der Arbeitszeit **mit dem Ziel zu erörtern, zu einer Vereinbarung zu gelangen.** Dabei hat der Arbeitgeber gemäß § 8 Abs. 3 Satz 2 mit dem Arbeitnehmer Einvernehmen über die von ihm festzulegende Verteilung der Arbeitszeit zu erzielen.

111 Mit diesen Regelungen statuiert das Gesetz eine **Verhandlungspflicht sowohl für den Arbeitgeber wie auch** – weil damit notwendig verbunden – **für den Arbeitnehmer**[269] mit dem Ziel, dass sich beide Seiten über die gewünschte Verringerung der Arbeitszeit und deren Neuverteilung einigen.[270] Diese, beiden Seiten auferlegte Verhandlungspflicht spiegelt nur wider, dass der Anspruch auf Verringerung der Arbeitszeit allein im Wege einer so genannten **Vertragslösung**[271] realisiert werden kann, dh aufgrund einer Vertragsänderung zwischen Arbeitnehmer und Arbeitgeber, und nicht durch Ausübung eines Gestaltungsrechts seitens des Arbeitnehmers, wie dies etwa bei dem Anspruch auf Verringerung der Arbeitszeit für schwer behinderte Menschen nach § 81 Abs. 5 Satz 2 SGB IX der Fall ist.[272]

112 Die in § 8 Abs. 3 bestimmte **Erörterungspflicht** gilt nicht nur für die **Verringerung der Arbeitszeit**, sondern – wie § 8 Abs. 3 Satz 2 deutlich macht – auch bezogen auf die **Verteilung der reduzierten Arbeitszeit**. Das ist konsequent, denn auch die Lage der Arbeitszeit steht vorbehaltlich vorrangiger gesetzlicher oder untergesetzlicher zwingender Bestimmungen, zB Betriebsvereinbarungen, zur Disposition der Arbeitsvertragsparteien. Die im Vergleich mit § 8 Abs. 3 Satz 1 besondere Formulierung des § 8 Abs. 3 Satz 2 trägt allein dem Umstand Rechnung, dass – anders als der Umfang der Arbeitszeit – die Verteilung der Arbeitszeit durch den Arbeitgeber kraft seines Direktionsrechts (§ 106 GewO) vorgenommen wird, was jedoch nicht hindert, den Inhalt dieser Festlegung durch eine Vereinbarung zwischen Arbeitgeber und Arbeitnehmer zu bestimmen. Deshalb ist die Regelung des § 8 Abs. 3 Satz 2 nicht in sich widersprüchlich[273] und es ist konsequent, wenn das Gesetz in den Bestimmungen des § 8 Abs. 4 Satz 1 und Abs. 5 Satz 3 ebenfalls die Unterscheidung zwischen der Befugnis zur Festlegung der Verteilung der Arbeitszeit und dem Inhalt dieser Festlegung, der durch Vereinbarung zwischen Arbeitnehmer und Arbeitgeber bestimmt werden kann, fortführt.

---

268 Siehe zu dem Zusammenhang mit der Wartefrist schon oben Rn 17.
269 Siehe BAG, 20.7.2004, 9 AZR 626/03, ZTR 2004, 598 ff (59).
270 Siehe die Gesetzesbegründung, BT-Drucks. 14/4374, 12; zur Verhandlungspflicht siehe nur Annuß/Thüsing/*Mengel*, § 8 Rn 92 ff; Preis/Gotthardt, DB 2001, 145 ff (146); Däubler, ZIP 2001, 217 ff (219). Bezogen auf den Anspruch auf Verringerung der Arbeitszeit während der Elternzeit hat der Gesetzgeber in § 15 Abs. 5 Satz 1 BEEG gleichfalls eine Verhandlungspflicht normiert.
271 Siehe BAG, 19.8.2003, 9 AZR 542/02, ZTR 2004, 542 ff (543).
272 Siehe dazu BAG, 14.10.2003, 9 AZR 100/03, NZA 2004, 614 ff (617): Hier bewirkt das Verlangen unmittelbar eine Verringerung der geschuldeten Arbeitszeit.
273 Siehe aber Preis/Gotthardt, DB 2001, 145 ff (146); Kliemt, NZA 2001, 63 ff (66).

Ihrer Rechtsnatur nach begründet die Regelung des § 8 Abs. 3 keine Verhandlungspflichten für Arbeitgeber und Arbeitnehmer im Sinne gegenseitig durchsetzbarer Ansprüche auf Erörterung des arbeitnehmerseitigen Teilzeitwunsches. Einem solchen Verständnis steht schon entgegen, dass das Gesetz dem Arbeitnehmer weitergehend einen durchsetzbaren Anspruch auf Verringerung und Neuverteilung der Arbeitszeit einräumt und es deshalb überflüssig wäre, einen eigenständigen Anspruch auf Erörterung vorzuschalten. Andererseits kann die gesetzlich angeordnete Verhandlungspflicht nicht als ein bloß rechtlich unverbindlicher Appell des Gesetzgebers angesehen werden, denn es gelangt in § 8 Abs. 3 der Wille des Gesetzgebers zum Ausdruck, durch die Begründung beiderseitiger Verhandlungspflichten möglichst eine einvernehmliche Regelung zwischen Arbeitgeber und Arbeitnehmer zu erreichen.[274] Hiervon ausgehend ist die in § 8 Abs. 3 für beide Vertragspartner niedergelegte Verhandlungspflicht ihrer Rechtsnatur nach als **Obliegenheit** einzuordnen,[275] die eine Pflicht zur Mitwirkung bei der Erfüllung des Anspruchs auf Verringerung der Arbeitszeit beinhaltet und im Falle ihrer Nichtbeachtung zu Rechtsnachteilen führt.

Bezogen auf den Arbeitgeber bedeutet die Verhandlungsobliegenheit, die mit dem Zugang des Verlangens des Arbeitnehmer nach Arbeitszeitreduzierung ausgelöst wird,[276] dass dieser mit dem Arbeitnehmer die gewünschte Verringerung der Arbeitszeit mit dem Ziel zu erörtern hat, zu einer Vereinbarung zu gelangen und mit dem Arbeitnehmer Einvernehmen über die arbeitgeberseits festzulegende Verteilung der Arbeitszeit zu erzielen.[277] Ein Verstoß des Arbeitgebers gegen die Verhandlungsobliegenheit hat für diesen den Rechtsnachteil zur Folge, dass er dem Anspruch des Arbeitnehmers solche Einwendungen nicht entgegenhalten kann, die im Rahmen einer Erörterung des Teilzeitbegehrens hätten ausgeräumt werden können.[278] So wird sich der Arbeitgeber, der eine Erörterung mit dem Arbeitnehmer abgelehnt hat, nicht mehr auf einen entgegenstehenden betrieblichen Grund berufen können, wenn in Verhandlungen mit dem Arbeitnehmer durch Ergreifen zumutbarer Maßnahmen dem Arbeitszeitwunsch des Arbeitnehmers unter Wahrung des Organisationskonzepts hätte Rechnung getragen werden können.[279] Der **Einwendungsausschluss** greift allerdings nicht bezüglich solcher Einwendungen ein, die auch im Falle einer Erörterung nicht hätten ausgeräumt werden können.[280] Das ist etwa dann der Fall, wenn zumutbare Maßnahmen zur Harmonisierung von Arbeitszeitwunsch und Organisationskonzept nicht in Betracht kommen, zB weil das tatsächlich durchgeführte Organisationskonzept seinem Inhalt nach keine Durchbrechung duldet.[281]

Über den Einwendungsausschluss hinaus zeitigt der Verstoß des Arbeitgebers gegen die Verhandlungsobliegenheit keine weiteren nachteiligen Rechtsfolgen.

---

274 Zutreffend BAG, 18.2.2003, 9 AZR 356/02, NZA 2003, 911 ff (913).
275 Siehe BAG, 18.2.2003, 9 AZR 356/02, NZA 2003, 911 ff (913); BAG, 20.7.2004, 9 AZR 626/03, ZTR 2004, 598 ff (599).
276 Siehe BAG, 20.7.2004, 9 AZR 626/03, ZTR 2004, 598 ff (599).
277 Siehe BAG, 18.2.2003, 9 AZR 356/02, NZA 2003, 911 ff (913).
278 Siehe BAG, 18.2.2003, 9 AZR 356/02, NZA 2003, 911 ff (913); BAG, 19.8.2003, 9 AZR 542/02, ZTR 2004, 542 ff (544).
279 Siehe zur Prüfung eines entgegenstehenden betrieblichen Grundes bei Geltendmachung eines Organisationskonzepts durch den Arbeitgeber oben Rn 55 ff.
280 Siehe BAG, 19.8.2003, 9 AZR 542/02, ZTR 2004, 542 ff (544).
281 Siehe BAG, 20.7.2004, 9 AZR 626/03, ZTR 2004, 598 ff (599).

Insbesondere führt die Verletzung dieser Pflicht **nicht zur Unwirksamkeit einer Ablehnung des Teilzeitwunsches** nach § 8 Abs. 5 Satz 1 mit der Konsequenz, dass die in § 8 Abs. 5 Sätze 2 und 3 angeordneten Rechtsfolgen, Verringerung der Arbeitszeit und Fiktion ihrer Verteilung entsprechend den Wünschen des Arbeitnehmers, eintreten.[282] Zutreffend geht das BAG davon aus, dass diese Konsequenzen gesetzlich nur für den Fall vorgesehen sind, dass der Arbeitgeber die Wünsche des Arbeitnehmers nicht rechtzeitig ablehnt und es für die Übertragung dieser Rechtsfolgen auf den Fall fehlender Verhandlungsbereitschaft einer ausdrücklichen gesetzlichen Anordnung bedurft hätte.[283] Im Hinblick darauf kann auch nicht eine Verwirkung des Rechts des Arbeitgebers zur Ablehnung des Teilzeitwunsches unter dem Gesichtspunkt des Rechtsmissbrauchs begründet werden, wenn der Arbeitgeber nicht verhandelt hat.[284] Die danach jenseits des (beschränkten) Einwendungsausschlusses bestehende Folgenlosigkeit eines Verstoßes des Arbeitgebers gegen die Verhandlungsobliegenheit steht im Einklang mit der Konzeption des Gesetzes, das dem Arbeitnehmer in § 8 einen durchsetzbaren Anspruch auf Verringerung der Arbeitszeit und ihrer Neuverteilung einräumt, weshalb der Arbeitnehmer eines Schutzes über gesetzlich nicht vorgesehene Sanktionen bei fehlender Verhandlungsbereitschaft des Arbeitgebers nicht bedarf.

116 Hat der Arbeitnehmer den Anspruch auf Verringerung der Arbeitszeit entgegen § 8 Abs. 2 Satz 1 **zu frühzeitig geltend gemacht**, so genügt der Arbeitgeber seiner Verhandlungsobliegenheit zunächst dadurch, dass er den Arbeitnehmer auf die Nichteinhaltung der Ankündigungsfrist hinweist.[285] Erst wenn der Arbeitnehmer den Inhalt seines Begehrens klarstellt, trifft den Arbeitgeber die Obliegenheit zur inhaltlichen Erörterung und damit vor allem zur Erörterung von aus seiner Sicht entgegenstehenden betrieblichen Gründen.[286]

117 Die zutreffender Ansicht nach aus § 8 Abs. 3 zu entnehmende **Verhandlungsobliegenheit auch für den Arbeitnehmer**[287] hat für diesen im Falle des Verstoßes gleichfalls den Eintritt von Rechtsnachteilen zur Folge. Zwar wird dadurch der Arbeitgeber nicht von der Pflicht zur rechtzeitigen Ablehnung zwecks Vermeidung der in § 8 Abs. 5 Sätze 2 und 3 angeordneten Rechtsfolgen entbunden. Denn nach der Konzeption des § 8 besteht die Mitteilungspflicht des Arbeitgebers gemäß § 8 Abs. 5 Satz 1 unabhängig davon, ob es zu einer Erörterung im Sinne des § 8 Abs. 3 gekommen ist. Allerdings kann der Arbeitnehmer, der ohne Bereitschaft zu Verhandlungen mit dem Arbeitgeber im Falle rechtzeitiger Ablehnung des Teilzeitwunsches auf Zustimmung des Arbeitgebers zum Verlangen nach Verringerung seiner Arbeitszeit klagt,[288] sich im Prozess gegenüber einem arbeitgeberseits geltend gemachten betrieblichen Grund nicht mehr darauf berufen, **der Arbeitgeber könne seinem Arbeitszeitwunsch durch Ergreifen zumutbarer Maßnahmen unter Wahrung des Organisationskonzepts Rech-**

---

282 Siehe BAG, 18.2.2003, 9 AZR 356/02, NZA 2003, 911 ff (913); BAG, 19.8.2003, 9 AZR 542/02, ZTR 2004, 542 ff (544); aA zunächst LAG Düsseldorf, 2.5.2002, 5 Sa 216/02, DB 2002, 1778 (1778).
283 Siehe BAG, 18.2.2003, 9 AZR 356/02, NZA 2003, 911 ff (913).
284 Siehe BAG, 18.2.2003, 9 AZR 356/02, NZA 2003, 911 ff (913).
285 Siehe BAG, 20.7.2004, 9 AZR 626/03, ZTR 2004, 598 ff (599).
286 Siehe BAG, 20.7.2004, 9 AZR 626/03, ZTR 2004, 598 ff (599).
287 Siehe BAG, 20.7.2004, 9 AZR 626/03, ZTR 2004, 598 ff (599).
288 Siehe dazu noch Rn 143 ff.

nung tragen. Der Arbeitgeber ist also in diesem Fall davon entlastet, darzulegen und nachzuweisen, dass zumutbare Maßnahmen bezogen auf Betriebsablauf und -organisation oder auch den Personaleinsatz zur Vereinbarkeit des Arbeitszeitwunsches mit seinem Organisationskonzept nicht in Betracht kommen. Hiervon ist wegen der Verletzung der Verhandlungsobliegenheit durch den Arbeitnehmer auszugehen, so dass es für die Durchsetzung des Anspruchs allein darauf ankommen kann, ob der Arbeitszeitwunsch unter diesen Umständen zu einer wesentlichen Beeinträchtigung im Sinne des § 8 Abs. 4 Sätze 1 und 2 führt.

Für die **Praxis** ist zum Schutz vor Rechtsnachteilen im Zusammenhang mit der Verhandlungspflicht gemäß § 8 Abs. 3 zu empfehlen, **dass die Vertragsparteien der Pflicht zur Erörterung nachkommen und den Inhalt sowie das Ergebnis der Verhandlungen dokumentieren.** Dabei ist insbesondere aus Arbeitgebersicht darauf zu achten, dass alle im Zeitpunkt der Erörterung nach der Sachlage in Betracht kommenden Einwendungen in die Verhandlungen eingeführt werden, um nicht in einem möglichen späteren Prozess schon deshalb von der Berufung auf einen betrieblichen Grund ausgeschlossen zu sein, weil bei rechtzeitiger Erörterung bestimmter Maßnahmen eine Kollision zwischen dem Arbeitszeitwunsch des Arbeitnehmers und dem Organisationskonzept des Arbeitgebers und der dadurch bedingten Arbeitszeitgestaltung hätte vermieden werden können. 118

c) Mitteilungspflicht des Arbeitgebers und Rechtsfolgen nicht ordnungsgemäßer Ablehnung

Gemäß § 8 Abs. 5 Satz 1 hat der Arbeitgeber seine Entscheidung über die Verringerung der Arbeitszeit und ihre Verteilung dem Arbeitnehmer spätestens einen Monat vor dem gewünschten Beginn der Verringerung schriftlich mitzuteilen. Das Gesetz ordnet damit eine **form- und fristgerechte Mitteilung des Arbeitgebers** unabhängig vom Inhalt seiner Entscheidung an, deren Zweck in der Herstellung von Transparenz[289] sowie der Gewährleistung von Rechtssicherheit liegt. 119

Trifft der Arbeitgeber eine **positive Entscheidung**, dh, stimmt er dem Wunsch des Arbeitnehmers nach Reduzierung der Arbeitszeit zu, dann liegt in der Mitteilung des Arbeitgebers die **Annahme des arbeitnehmerseitigen Angebots** mit der Folge einer wirksamen Änderung des Arbeitsvertrages bezogen auf den Umfang der Arbeitszeit sowie deren Verteilung, sofern der Arbeitnehmer auch insoweit einen Wunsch geäußert hat. Versäumt der Arbeitgeber eine form- und fristgerechte Mitteilung seiner positiven Entscheidung, so ist das im Ergebnis deshalb ohne rechtliche Bedeutung, als über die in § 8 Abs. 5 Sätze 2 und 3 normierten Rechtsfolgen dieselbe rechtliche Wirkung eintritt.[290] 120

Die Entscheidung des Arbeitgebers kann auch **negativ ausfallen**, sprich eine **Ablehnung des Arbeitszeitwunsches** des Arbeitnehmers enthalten, wie ohne weiteres aus den Sätzen 2 und 3 des § 8 Abs. 5 hervorgeht. Bei der Ablehnung handelt es sich um eine solche im Sinne des § 146 BGB, die ihrer Rechtsnatur nach selbst eine empfangsbedürftige Willenserklärung darstellt.[291] Die Ablehnung 121

---

[289] Siehe BAG, 18.5.2004, 9 AZR 319/03, NZA 2005, 108 ff (110).
[290] Zutreffend Boewer, § 8 Rn 231.
[291] Siehe Palandt/*Heinrichs* BGB, 65. Aufl., § 146 Rn 1; Boecken, BGB-AT, 2007, Rn 269; aA etwa Hanau, NZA 2001, 1169 ff (1171).

hat nach § 146 BGB zur Folge, dass das **Angebot (nicht der Anspruch im Sinne von § 8 Abs. 1) des Arbeitnehmers erlischt.** Hat der Arbeitnehmer den Anspruch auf Verringerung der Arbeitszeit und Neuverteilung zu einem **einheitlichen Angebot** verbunden, was durch Auslegung zu ermitteln ist, dann liegt eine Annahme dieses Angebots nur vor, wenn der Arbeitgeber dem Antrag des Arbeitnehmers im Ganzen zustimmt. Ist der Arbeitgeber lediglich mit der Verringerung der Arbeitszeit einverstanden, nicht aber mit dem Verteilungswunsch des Arbeitnehmers und lehnt er diesen ab, so liegt ein Fall des § 150 Abs. 2 BGB vor. Es handelt sich insgesamt um die Ablehnung des arbeitnehmerseitigen Angebots, verbunden mit einem neuen Antrag des Arbeitgebers, den nunmehr der Arbeitnehmer annehmen kann. Hat der Arbeitnehmer zwei rechtlich selbständige Angebote abgegeben, und zwar zum einen bezogen auf die Verringerung der Arbeitszeit und zum anderen davon unabhängig bezogen auf die Verteilung der reduzierten Arbeitszeit, dann kann der Arbeitgeber dem Verringerungswunsch des Arbeitnehmers zustimmen mit der Wirkung der Änderung des Arbeitsvertrages insoweit und den Verteilungswunsch ablehnen, ohne dass ein Fall des § 150 Abs. 2 BGB gegeben ist.[292]

122 Der Arbeitgeber kann auch dann das Angebot des Arbeitnehmers wirksam ablehnen, wenn er **unter Verstoß gegen die Verhandlungsobliegenheit** des § 8 Abs. 3 den Arbeitszeitwunsch des Arbeitnehmers nicht mit diesem erörtert hat.[293]

123 Das Gesetz verlangt in § 8 Abs. 5 Satz 1 im Unterschied zur Geltendmachung durch den Arbeitnehmer[294] eine **schriftliche Mitteilung des Arbeitgebers.** Damit findet § 126 Abs. 1 BGB Anwendung mit der Folge, dass die Mitteilung urkundlich niedergelegt sein muss und nur dann dem Schriftformgebot genügt, wenn sie eigenhändig durch Namensunterschrift des Arbeitgebers bzw seines Vertreters unterzeichnet ist. **Das Schriftformgebot gilt auch für die Ablehnung** im Hinblick darauf, dass es sich bei dieser um eine Willenserklärung handelt.[295] Gemäß § 126 Abs. 3 BGB kann die schriftliche Form auch durch die **elektronische Form** im Sinne des § 126a BGB ersetzt werden, insoweit findet sich im Teilzeit- und Befristungsgesetz keine entgegenstehende Regelung. Nach § 126a Abs. 1 BGB verlangt die Einhaltung der elektronischen Form, dass der Aussteller, hier der Arbeitgeber, der Erklärung seinen Namen hinzufügt und das elektronische Dokument mit einer qualifizierten elektronischen Signatur nach dem Signaturgesetz vom 16.5.2001[296] versieht. Die Anforderungen an die elektronische Signatur ergeben sich aus § 1 Nr. 2 Signaturgesetz. Voraussetzung für die Einhaltung der elektronischen Form bei einem Vertrag ist nach § 126a BGB zusätzlich, dass die Parteien jeweils ein gleich lautendes Dokument in der in § 126a Abs. 1 BGB bezeichneten Weise elektronisch signieren. Insoweit ist es allerdings auch ausreichend, wenn eines der Dokumente in elektronischer und das andere in Schriftform errichtet wird.[297] Die Wahl der elektronischen Form nach § 126a BGB kann praktisch

---

292 Siehe Boewer, § 8 Rn 239.
293 Siehe BAG, 18.2.2003, 9 AZR 356/02, NZA 2003, 911 ff (913); BAG, 19.8.2003, 9 AZR 542/02, ZTR 2004, 542 ff (544).
294 Zur Kritik an dem fehlenden Schriftformerfordernis für die Geltendmachung siehe oben Rn 104.
295 Siehe oben Rn 121.
296 BGBl. 2001, I, 876.
297 Siehe Palandt/*Heinrichs*, BGB, 65. Aufl., § 126a Rn 10.

nur in Betracht kommen, wenn jede der Vertragsparteien, Arbeitnehmer und Arbeitgeber, über die entsprechenden technischen Mittel verfügen.

Erfolgt die Mitteilung des Arbeitgebers entgegen dem Schriftformgebot nur mündlich, sei es als Zustimmung oder als Ablehnung, **so ist die Erklärung des Arbeitgebers nach § 125 Satz 1 BGB nichtig.** Eine Unbeachtlichkeit des Formmangels kann nach § 242 BGB nur in Betracht kommen, wenn es nach den Beziehungen der Arbeitsvertragsparteien und den gesamten Umständen mit Treu und Glauben unvereinbar wäre, die Erklärung des Arbeitgebers am Formmangel scheitern zu lassen und die Unwirksamkeit zu einem für den Arbeitgeber schlechthin untragbaren Ergebnis führen würde.[298] Damit werden an die Unbeachtlichkeit des Formmangels hohe Anforderungen gestellt, die jedenfalls dann nicht gegeben sind, wenn dem Arbeitnehmer sowieso bekannt ist, dass nach dem Willen des Arbeitgebers eine Teilzeitbeschäftigung nicht in Betracht kommt.[299]

124

Die schriftliche Mitteilung des Arbeitgebers hat **spätestens einen Monat vor dem gewünschten Beginn der Verringerung** zu erfolgen. Damit hängt die einzuhaltende Frist und deren Berechnung davon ab, zu welchem Zeitpunkt der Arbeitnehmer eine Änderung seiner Arbeitszeit verlangt. Die Berechnung der Frist hat unter Anknüpfung an den Zeitpunkt des gewünschten Beginns **rückblickend nach Maßgabe der §§ 187 Abs. 1, 188 Abs. 2 BGB zu erfolgen.** Danach wird der erste Tag, zu dem die Arbeitszeitverringerung eintreten soll, nicht mitgerechnet (§ 187 Abs. 1 BGB) und die Frist endet mit dem Ablauf des Tages des letzten Monats, welcher durch seine Benennung oder Zahl dem Tag entspricht, in den das Ereignis (der Beginn der Arbeitszeitverringerung) fällt (§ 188 Abs. 2 BGB). Wird also eine Arbeitszeitverringerung beginnend ab dem 1. Februar eines Kalenderjahres gewünscht, dann endet die Monatsfrist des § 8 Abs. 5 Satz 1 zurückgerechnet am 1. Januar, 0.00 Uhr desselben Jahres mit der Folge, dass die Mitteilung des Arbeitgebers bis zum 31. Dezember des vorangehenden Jahres zugegangen sein muss. Für die Einhaltung der Frist ist nach allgemeinen Grundsätzen der **Zugang der Mitteilung des Arbeitgebers** bei dem Arbeitnehmer maßgebend, unter Abwesenden findet § 130 Abs. 1 BGB Anwendung. Im Hinblick darauf, dass der Arbeitgeber für den rechtzeitigen Zugang der Mitteilung darlegungs- und beweispflichtig ist, empfiehlt es sich in der Praxis, die schriftliche Mitteilung dem Arbeitnehmer entweder **persönlich im Beisein von Zeugen** zu übergeben oder, im Falle einer Erklärung unter Abwesenden, die Mitteilung durch **Boten,** dem der Inhalt des Schreibens bekannt ist, dem Arbeitnehmer überbringen zu lassen.

125

Nach der Rechtssprechung des BAG soll **der Arbeitgeber nicht an die Einhaltung der Frist des § 8 Abs. 5 Satz 1 gebunden sein,** wenn der Arbeitnehmer unter Nichtbeachtung der Ankündigungsfrist des § 8 Abs. 2 Satz 1 **einen zu frühen Beginn** der Verringerung seiner Arbeitszeit gewünscht hat.[300] Zwar ist auch das BAG der Ansicht, dass eine zu frühe Geltendmachung idR dahin ausgelegt werden kann, dass das Angebot des Arbeitnehmers auf Änderung der Arbeitszeit auf den frühest möglichen Zeitpunkt unter Berücksichtigung der Ankündigungs-

126

---

298 Vgl. BGH, 3.12.1958, V ZR 28/57, BGHZ Bd. 29, 6 ff (10); BGH, 24.4.1998, V ZR 197/97, BGHZ Bd. 138, 339 ff (348); Palandt/*Heinrichs*, BGB, 63. Aufl., § 125 Rn 16.
299 Siehe BAG, 18.5.2004, NZA 2005, 108 ff (110).
300 BAG, 20.7.2004, 9 AZR 626/03, ZTR 2004, 598 ff (598 f).

frist gerichtet ist.[301] Der Arbeitgeber soll jedoch deshalb nicht an die Fristeinhaltung gebunden sein, weil er durch das zu frühe Verlangen seitens des Arbeitnehmers Unklarheiten hinsichtlich der Fristberechnung ausgesetzt wird und er die damit verbundenen Risiken – die Rechtsfolgen des § 8 Abs. 5 Sätze 2 und 3 – soll hinnehmen müssen.[302] Das BAG beruft sich hierfür auf den allgemeinen Grundsatz, wonach eine Partei für die andere im Rahmen von Vertragsverhandlungen keine Gefahrenquelle schaffen darf[303] und weist deshalb das Risiko fehlerhafter Fristberechnungen dem Arbeitnehmer zu.

127 Diese Rechtsprechung überzeugt nicht. Wenn die Bezeichnung des Zeitpunkts bezüglich des Beginns der Verringerung der Arbeitszeit als wesentlicher Bestandteil des Änderungsvertrages zum notwendigen Inhalt des arbeitnehmerseitigen Angebots gehört[304] und – wovon auch das BAG ausgeht – eine zu frühe Geltendmachung des Arbeitnehmers idR dahin auslegungsfähig ist, dass vom objektiven Empfängerhorizont aus betrachtet das Begehren des Arbeitnehmers unter Berücksichtigung der Ankündigungsfrist auf den frühestmöglichen Zeitpunkt der Verringerung gerichtet ist, **dann steht hiernach der Zeitpunkt des Beginns der Arbeitszeitverringerung fest und ist maßgebender Anknüpfungspunkt für die Einhaltung der Mitteilungsfrist nach § 8 Abs. 5 Satz 1.** Die Auffassung des BAG ist insoweit inkonsequent, als zwar auf der einen Seite ein wirksames Angebot unter Heranziehung allgemeiner Auslegungsgrundsätze angenommen wird, auf der anderen Seite jedoch daraus die gesetzlich vorgesehenen Konsequenzen nicht gezogen werden.

128 § 8 Abs. 5 Sätze 2 und 3 regeln die **Folgen einer nicht form- und/oder fristgerechten Ablehnung des Antrags** des Arbeitnehmers durch den Arbeitgeber. Dabei führt das Gesetz die Unterscheidung zwischen Verringerung der Arbeitszeit und Neuverteilung der reduzierten Arbeitszeit, wie sie bereits in den Bestimmungen des § 8 Abs. 2, Abs.3 und Abs. 4 Satz 1 zum Ausdruck gelangt, durch jeweilige Rechtsfolgeanordnungen in den Sätzen 2 (Verringerung) und 3 (Verteilung) fort.[305]

129 Haben sich Arbeitgeber und Arbeitnehmer nicht nach § 8 Abs. 3 Satz 1 über die Verringerung der Arbeitszeit geeinigt und hat der Arbeitgeber die Arbeitszeitverringerung nicht spätestens einen Monat vor dem gewünschten Beginn schriftlich abgelehnt, dann verringert sich die Arbeitszeit in dem vom Arbeitnehmer gewünschten Umfang. Voraussetzung für das Eingreifen der in Satz 2 angeordneten Rechtsfolge ist zunächst eine **fehlende Einigung** im Sinne des § 8 Abs. 3 Satz 1. Dieses negative Tatbestandsmerkmal ist sowohl gegeben, wenn Arbeitnehmer und Arbeitgeber verhandelt haben, ohne sich zu einigen, wie auch dann, wenn entgegen der Verhandlungsobliegenheit[306] überhaupt keine Erörterung des Arbeitszeitwunsches des Arbeitnehmers stattgefunden hat.

130 Weiteres negatives Erfordernis ist das **Fehlen einer form- und/oder fristgerechten Ablehnung** des Arbeitszeitwunsches durch den Arbeitgeber.[307] Das ist der Fall,

---

301 BAG, 20.7.2004, 9 AZR 626/03, ZTR 2004, 598 ff (598).
302 BAG, 20.7.2004, 9 AZR 626/03, ZTR 2004, 598 ff (599).
303 Siehe BAG, 20.7.2004, 9 AZR 626/03, ZTR 2004, 598 ff (599) unter Hinweis auf BAG, 10.2.2004, 9 AZR 401/02, DB 2004, 1046 ff. (1048).
304 Siehe oben Rn 103.
305 Siehe auch BAG, 18.5.2004, 9 AZR 319/03, NZA 2005, 108 ff (111).
306 Siehe oben Rn 110 ff.
307 Siehe oben Rn 121 f.

wenn der Arbeitgeber den Antrag des Arbeitnehmers nur mündlich ablehnt[308] und/oder nicht rechtzeitig unter Beachtung der in § 8 Abs. 5 Satz 2 genannten, an den Zeitpunkt der arbeitnehmerseits verlangten Änderung der Arbeitszeit anknüpfenden Monatsfrist. Lässt sich bei einem wegen Nichteinhaltung der Ankündigungsfrist nach § 8 Abs. 2 Satz 1 zu frühen Verlangen des Arbeitnehmers der Zeitpunkt des frühestmöglichen Beginns der Arbeitszeitreduzierung nur durch Auslegung ermitteln, so ist der Arbeitgeber nach Ansicht das BAG nicht an die Beachtung der Monatsfrist gebunden.[309]

Liegen die negativen Voraussetzungen vor, so verringert sich die Arbeitszeit gemäß § 8 Abs. 5 Satz 2 in dem vom Arbeitnehmer gewünschten Umfang. Entgegen der Ansicht des BAG[310] handelt es sich bei dieser Regelung nicht um eine Fiktion.[311] **Es wird allein kraft Gesetzes der vertraglich vereinbarte Umfang der Arbeitszeit reduziert.** Die gesetzliche Arbeitszeitverringerung in dem vom Arbeitnehmer gewünschten Umfang kann nur eingreifen, wenn das Angebot des Arbeitnehmers insoweit ausreichend bestimmt war. Denn der Inhalt der kraft Gesetzes zustande kommenden Änderung des Arbeitsvertrags muss feststehen.[312] Das ist zB dann nicht der Fall, wenn der Arbeitnehmer in seinem Verlangen nur einen „Korridor" der Arbeitszeitreduzierung[313] genannt hat. 131

Gemäß § 8 Abs. 5 Satz 3 gilt die Verteilung der Arbeitszeit entsprechend den Wünschen des Arbeitnehmers als festgelegt, wenn zwischen Arbeitnehmer und Arbeitgeber ein Einvernehmen im Sinne des § 8 Abs. 3 Satz 2 nicht erzielt werden konnte und der Arbeitgeber die gewünschte Arbeitszeitverteilung nicht form- und/oder fristgerecht abgelehnt hat. Bei dieser Regelung handelt es sich um eine **Fiktion im Rechtssinne**, indem von Gesetzes wegen der Sachverhalt einer entsprechenden Festlegung der Arbeitszeit durch den Arbeitgeber unterstellt wird. Bezogen auf die negativen Voraussetzungen einer fehlenden Einigung sowie fehlenden form- und/oder fristgerechten Ablehnung seitens des Arbeitgebers gilt grundsätzlich dasselbe wie zu § 8 Abs. 5 Satz 2.[314] Die Fiktion des § 8 Abs. 5 Satz 3 kann nur zusätzlich zu § 8 Abs. 5 Satz 2 eingreifen, **wenn der Arbeitnehmer sein Angebot auf Verringerung der Arbeitszeit mit einem bestimmten Wunsch bezüglich der Verteilung der reduzierten Arbeitszeit verbunden hat.**[315] Fehlt es an einem solchen Wunsch, so tritt bei fehlender Vereinbarung und fehlender form- und/oder fristgerechter Ablehnung allein die Rechtsfolge des § 8 Abs. 5 Satz 2 ein, für die Fiktion des § 8 Abs. 5 Satz 3 ist kein Raum: In diesem Fall hat der Arbeitnehmer keinen Verteilungswunsch geäußert, an welchen die Fiktion anknüpfen könnte. Es ist dem Arbeitgeber überlassen, die Verteilung der Arbeitszeit kraft seines Weisungsrechts gemäß § 106 Satz 1 GewO nach bil- 132

---

308 Siehe auch BAG, 18.5.2004, 9 AZR 319/03, NZA 2005, 108 ff (110).
309 Siehe oben Rn 126 f.
310 Siehe auch BAG, 18.2.2003, 9 AZR 356/02, NZA 2003, 911 ff (913); BAG 19.8.2003, 9 AZR 542/02, ZTR 2004, 542 ff (544); BAG, 18.5.2004, 9 AZR 319/03, NZA 2005, 108 ff (111).
311 Unzutreffend auch Boewer, § 8 Rn 231.
312 Zutreffend BAG, 18.5.2004, 9 AZR 319/03, NZA 2005, 108 ff (111).
313 Z.B. die Verringerung auf „19,5–25 Stunden/Woche", siehe BAG, 18.5.2004, 9 AZR 319/03, NZA 2005, 108 ff (111).
314 Siehe oben Rn 129 f.
315 Siehe BAG, 18.5.2004, 9 AZR 319/03, NZA 2005, 108 ff (111).

ligem Ermessen näher zu bestimmen.³¹⁶ Darüber hinaus ist das Eingreifen der Fiktion nach § 8 Abs. 5 Satz 3 auch dann ausgeschlossen, wenn der Arbeitnehmer zwar einen Verteilungswunsch geäußert hat, dieser jedoch nicht ausreichend bestimmt ist, zB weil der Arbeitnehmer verschiedene Verteilungsoptionen vorgetragen hat.

133 Hat der Arbeitnehmer im Rahmen seines Verlangens im Sinne von § 8 Abs. 1 **zwei rechtlich selbständige Angebote** auf Verringerung der Arbeitszeit und deren Neuverteilung abgegeben und hat der Arbeitgeber allein der Verringerung zugestimmt, so greift bei Vorliegen der negativen Voraussetzungen die Fiktion des § 8 Abs. 5 Satz 3 allein ein.

d) Keine Sperrfrist nach § 8 Abs. 6

134 Gemäß der Regelung des § 8 Abs. 6 kann der Arbeitnehmer eine erneute Verringerung der Arbeitszeit frühestens nach Ablauf von zwei Jahren verlangen, nachdem der Arbeitgeber einer Verringerung zugestimmt oder sie berechtigt abgelehnt hat. Der wesentliche Zweck dieser so genannten **Sperrfrist**³¹⁷ liegt darin, dass der Arbeitgeber nach Zustimmung oder berechtigter Ablehnung vor einer erneuten Überprüfung der betrieblichen Verhältnisse und dem damit verbundenen Aufwand in organisatorischer und personeller Hinsicht in Bezug auf einen Arbeitszeitwunsch des Arbeitnehmers geschützt werden soll.³¹⁸

135 Materiellrechtlich handelt es sich bei dem Nichtvorliegen der Sperrfrist **nicht um eine negative Anspruchsvoraussetzung** wie etwa bei dem Nichtvorliegen eines betrieblichen Grundes im Sinne von § 8 Abs. 4 Sätze 1 und 2. Die Sperrfrist ist vielmehr lediglich ein **Hindernis für die Geltendmachung des Anspruchs** nach § 8 Abs. 1. Das wird daran deutlich, dass der Anspruch auf Arbeitszeitverringerung bis zum (erstmaligen) Eintritt einer Sperrfrist völlig unabhängig davon anderen Voraussetzungen³¹⁹ unterliegt, deren Vorliegen für die Entstehung und Durchsetzung des Anspruchs ausreichen.

136 Der Eintritt der Sperrfrist von zwei Jahren ist davon abhängig, dass der Arbeitgeber einer Verringerung der Arbeitszeit und ihrer Verteilung zugestimmt oder sie berechtigt abgelehnt hat. Sperrfristauslösende Ereignisse sind mithin die **Zustimmung** oder die **berechtigte Ablehnung** des Arbeitgebers in Bezug auf ein Verlangen des Arbeitnehmers nach § 8 Abs. 1.

137 Unter Zustimmung im Sinne des § 8 Abs. 6 ist im Ausgangspunkt die **Annahme des in der Geltendmachung des Anspruchs auf Arbeitszeitverringerung liegenden Angebots des Arbeitnehmers** zur entsprechenden Vertragsänderung durch den Arbeitgeber zu verstehen. Diese Zustimmung kann im Rahmen der Erörterung nach § 8 Abs. 3 als deren Ergebnis erfolgen wie auch durch die rechtzeitige schriftliche Mitteilung nach § 8 Abs. 5 Satz 1. Des Weiteren wird von dem Begriff der Zustimmung auch die im Falle rechtskräftiger Verurteilung auf Abgabe der Annahmeerklärung nach § 894 Abs. 1 ZPO **fingierte Willenserklärung** des Arbeitgebers erfasst. Nicht unmittelbar unter den Begriff der Zustimmung im Sinne des § 8 Abs. 6 fallen die nach Maßgabe des § 8 Abs. 5 Sätze 2

---

316 Siehe BAG, 18.5.2004, 9 AZR 319/03, NZA 2005, 108 ff (111).
317 Siehe BAG, 19.8.2003, 9 AZR 542/02, ZTR 2004, 542 ff (545).
318 Siehe BAG, 18.2.2003, 9 AZR 356/02, NZA 2003, 911 ff (914).
319 Siehe dazu oben Rn 6.

und 3 kraft Gesetzes eintretende Verringerung der Arbeitszeit wie auch die Fiktion der Festlegung ihrer Verteilung. In beiden Fällen geht es nicht um eine (fingierte) Zustimmung zu dem Angebot des Arbeitnehmers. **Gleichwohl sind auch diese Konstellationen als Zustimmung im Sinne des § 8 Abs. 6 einzuordnen,** weil auch hier der Arbeitnehmer sein Ziel der Arbeitszeitverringerung und -verteilung erreicht und hieran anknüpfend der Zweck des § 8 Abs. 6 gleichermaßen wie in den eigentlichen Zustimmungsfällen zum Tragen kommt.

Weiteres Ereignis, an das der Eintritt der Sperrfrist anknüpft, ist die **berechtigte Ablehnung** des arbeitnehmerseits geltend gemachten Anspruchs auf Verringerung der Arbeitszeit. Eine Ablehnung ist nur dann berechtigt, wenn sie **formell und materiell begründet** ist. In formeller Hinsicht setzt eine berechtigte Ablehnung voraus, dass der Arbeitgeber ordnungsgemäß nach § 8 Abs. 5 Satz 1 vorgegangen ist, dh, dem Arbeitnehmer die Ablehnung form- und fristgerecht mitgeteilt hat.[320] Materiell ist eine Ablehnung nur berechtigt, wenn sie von einem entgegenstehenden betrieblichen Grund im Sinne des § 8 Abs. 4 Sätze 1 und 2 getragen ist. Das folgt daraus, dass der Begriff der Ablehnung in § 8 Abs. 6 im Zusammenhang mit § 8 Abs. 4 zu sehen ist, wo das Gesetz entgegenstehende betriebliche Gründe als Ablehnungsgründe – siehe § 8 Abs. 4 Sätze 3 und 4 – bezeichnet. Daraus folgt wiederum, dass im Falle des Fehlens anderer Anspruchsvoraussetzungen wie etwa der Nichterfüllung der Wartezeit nach § 8 Abs. 1 oder der Unterschreitung des nach § 8 Abs. 7 maßgebenden Schwellenwertes der Arbeitgeber zwar den Wunsch nach Arbeitszeitverringerung ablehnen kann, hierdurch jedoch nicht die Sperrfrist des § 8 Abs. 6 ausgelöst wird.[321] 138

Liegen eine Zustimmung oder eine berechtigte Ablehnung vor, **so tritt eine Sperrfrist von zwei Jahren ein mit der Wirkung,** dass der Arbeitnehmer während dieser Zeit an den aufgrund der Zustimmung des Arbeitgebers verringerten Umfang der Arbeitszeit und deren Verteilung bzw an die bis zur berechtigten Ablehnung maßgebende vertraglich vereinbarte Arbeitszeit und deren Verteilung gebunden ist.[322] Das gilt auch dann, wenn sich im Falle berechtigter Ablehnung zwischenzeitlich die Voraussetzungen zugunsten des Arbeitnehmers ändern.[323] 139

Für den **Beginn des Laufs der Zweijahresfrist,** der sich nach §§ 187 Abs. 1, 188 Abs. 2 BGB bestimmt, ist zu unterscheiden. 140

Nimmt der Arbeitgeber das Angebot des Arbeitnehmers auf Arbeitszeitverringerung im Rahmen des § 8 Abs. 3 oder nach § 8 Abs. 5 Satz 1 an, dann ist für den Beginn des Laufs der Sperrfrist **der Zeitpunkt maßgebend, zu dem die Verringerung der Arbeitszeit entsprechend dem Wunsch des Arbeitnehmers wirksam werden soll.** Nicht etwa ist auf den Zugang der Zustimmungserklärung abzustellen.[324] Das folgt aus dem Zweck der Sperrfrist, die den Arbeitgeber für zwei Jahre vor einer erneuten Überprüfung der betrieblichen Verhältnisse und dem damit verbundenen Planungsaufwand in organisatorischer und personeller Hinsicht schützen soll.[325] Diesem Zweck kann erst in vollem Umfang Rechnung getragen werden, wenn die Umsetzung der Arbeitszeitverringerung abgeschlos- 141

---

320 Zutreffend Boewer, § 8 Rn 315.
321 So auch Boewer, § 8 Rn 316; ErfK/Preis, § 8, TzBfG Rn 48.
322 Siehe BAG, 18.2.2003, 9 AZR 356/02, NZA 2003, 911 ff (913).
323 Siehe BAG, 18.2.2003, 9 AZR 356/02, NZA 2003, 911 ff (913).
324 So allerdings Boewer, § 8 Rn 320; Worzalla, § 8 Rn 58.
325 Siehe schon oben Rn 81 f.

sen ist. Der Wortlaut des § 8 Abs. 6 steht dem hier befürworteten Anknüpfungspunkt für den Beginn der Sperrfrist nicht entgegen. Daraus lässt sich nur entnehmen, dass die Frist jedenfalls nicht vor dem Zeitpunkt der Zustimmung des Arbeitgebers zu laufen beginnt, also etwa schon mit der Geltendmachung des Anspruchs durch den Arbeitnehmer. Im Falle einer durch rechtskräftige Verurteilung des Arbeitgebers gemäß § 894 ZPO fingierten Zustimmung **beginnt die Frist mit Rechtskraft des Urteils nach Maßgabe des § 187 Abs. 1 BGB zu laufen,** sofern der arbeitnehmerseits gewünschte Beginn der Arbeitszeitverringerung vor diesem Zeitpunkt lag. Auch diese Anknüpfung folgt aus dem Zweck der Sperrfrist, denn erst im Zeitpunkt der Fiktion kraft rechtskräftigen Urteils muss sich der Arbeitgeber nicht mehr mit dem geltend gemachten Anspruch befassen. Kommt es zu einer rückwirkenden Verurteilung des Arbeitgebers zur Zustimmung,[326] so beginnt die Frist nicht mit dem ursprünglich gewünschten Beginn der Arbeitszeitverringerung, sondern **erst mit der Umsetzung des Arbeitszeitwunsches nach Rechtskraft des Urteils zu laufen.** Allein dadurch kann dem Schutzzweck des § 8 Abs. 6 ausreichend Rechnung getragen werden, denn auch hier musste sich der Arbeitgeber bis zum Zeitpunkt der Rechtskraft des Urteils mit dem geltend gemachten Anspruch des Arbeitnehmers auseinandersetzen. Kommt die Verringerung der Arbeitszeit und deren Verteilung aufgrund der Rechtsfolgenanordnungen des § 8 Abs. 5 Sätze 2 und 3 zustande, so ist – nicht anders als im Falle der Annahme durch den Arbeitgeber – entsprechend dem Zweck der Sperrfrist der **arbeitnehmerseits gewünschte Beginn maßgebend.**

142 Wird die Sperrfrist durch eine berechtigte Ablehnung des Arbeitgebers ausgelöst, so ist für den Beginn des Laufs der Frist ebenfalls zu unterscheiden. Erhebt der Arbeitnehmer **keine Klage** auf Zustimmung zu seinem Angebot der Arbeitszeitverringerung, **so beginnt die Frist am Tag nach dem Zugang der ablehnenden Mitteilung.** Versucht der Arbeitnehmer, seinen vermeintlichen Anspruch auf Arbeitszeitverringerung **klageweise durchzusetzen** und wird die Klage wegen berechtigter Ablehnung des Arbeitgebers rechtskräftig abgewiesen, so beginnt die Sperrfrist entgegen der Rechtsprechung des BAG[327] nicht im Zeitpunkt des Zugangs der ablehnenden Mitteilung, **sondern erst mit Rechtskraft des Urteils zu laufen.**[328] Auch hierfür ist der Schutzzweck des § 8 Abs. 6 maßgebend.[329]

3. Prozessuale Durchsetzung

143 Insbesondere die Regelungen des § 8 Abs. 3, Abs. 4 Satz 1 und Abs. 5 Sätze 1 bis 3 machen deutlich, dass die Durchsetzung des Anspruchs auf Verringerung der Arbeitszeit nicht im Wege eines dem Arbeitnehmer eingeräumten Gestaltungsrechts allein aufgrund seines Verlangens dem Arbeitgeber gegenüber bei Vorliegen der maßgebenden Voraussetzungen bewirkt werden kann.[330] § 8 Abs. 3 Sätze

---

326 Siehe dazu noch folgend Rn 151.
327 Siehe BAG, 19.8.2003, 9 AZR 542/02, ZTR 2004, 542 ff (544).
328 Siehe zur Rechtsprechung des BAG im Zusammenhang mit der Frage, auf welchen Zeitpunkt für das Vorliegen eines betrieblichen Grundes abzustellen ist, und der Kritik insoweit näher oben Rn 80 ff.
329 Siehe schon oben Rn 83 f.
330 Das ist bei dem in § 81 Abs. 5 Satz 3 geregelten schwerbehindertenrechtlichen Anspruch auf Verringerung der Arbeitszeit der Fall, siehe hierzu BAG, 14.10.2003, 9 AZR 100/03, NZA 2004, 614 ff (617).

1 und 2 sprechen von einer Vereinbarung zwischen Arbeitnehmer und Arbeitgeber über die Verringerung der Arbeitszeit und einem Einvernehmen über die arbeitgeberseits festzulegende Verteilung. In § 8 Abs. 4 Satz 1 wird die Pflicht des Arbeitgebers statuiert, dem Verlangen bei Fehlen entgegenstehender betrieblicher Gründe zuzustimmen, und die Rechtsfolgen des § 8 Abs. 5 Sätze 2 und 3 treten u.a. nur ein, wenn Arbeitgeber und Arbeitnehmer sich nicht geeinigt haben. Der Gesetzgeber hat damit eine so genannte **Vertragslösung** gewählt, dh, für die Durchsetzung des Anspruchs auf Verringerung der Arbeitszeit eine Vertragsänderung erforderlich.[331] Erst mit Zustandekommen der Vertragsänderung verringert sich die Arbeitszeit ab dem vereinbarten Zeitpunkt in dem arbeitnehmerseits gewünschten Umfang, bis dahin hat der Arbeitnehmer im Umfang seiner ursprünglich vereinbarten vertraglichen Arbeitszeit seine Arbeitsleistung zu erbringen.[332]

Können sich Arbeitgeber und Arbeitnehmer über die Verringerung der Arbeitszeit und deren Verteilung nicht einigen und hat der Arbeitgeber das Verlangen des Arbeitnehmers nach Maßgabe des § 8 Abs. 5 Satz 1 form- und fristgerecht abgelehnt und damit die Rechtsfolgen des § 8 Abs. 5 Sätze 2 und 3 vermieden, so muss der Arbeitnehmer, will er seinen Anspruch auf Verringerung der Arbeitszeit durchsetzen, gegen den Arbeitgeber **Klage auf Zustimmung zur gewünschten Verringerung der Arbeitszeit und gewünschten Verteilung derselben erheben.** 144

a) Rechtsweg

Streitigkeiten zwischen Arbeitnehmer und Arbeitgeber über das Bestehen eines Anspruchs auf Verringerung der Arbeitszeit wie auch den Eintritt der in § 8 Abs. 5 Sätze 2 und 3 bestimmten Rechtsfolgen sind bürgerliche Rechtsstreitigkeiten aus dem Arbeitsverhältnis im Sinne des § 2 Abs. 1 Nr. 3 lit. a) ArbGG. **Damit sind die Gerichte für Arbeitssachen zuständig.** 145

b) Klageart

Die richtige Klageart zur Ersetzung der fehlenden Zustimmung des Arbeitgebers ist die **Leistungsklage**,[333] da es um die Durchsetzung des materiell-rechtlichen Anspruchs auf Verringerung der Arbeitszeit und deren Verteilung geht, der auf der Grundlage der Vertragslösung auf die Abgabe der Zustimmungserklärung des Arbeitgebers als der geschuldeten Handlung (§ 194 BGB) gerichtet ist. Im Hinblick darauf, dass das ursprüngliche Angebot des Arbeitnehmers durch die Ablehnung des Arbeitgebers nach § 146 BGB erloschen ist, **ist in der Klageerhebung selbst materiell-rechtlich ein neues Angebot des Arbeitnehmers zu sehen.** 146

Hat der Arbeitnehmer das Verlangen nach Verringerung der Arbeitszeit mit dem Verteilungswunsch derart verbunden, dass das Angebot auf Reduzierung der Arbeitszeit von der Festsetzung der gewünschten Verteilung der Arbeitszeit abhängig ist,[334] **so ist dieses materiell-rechtlich einheitliche Angebot auch pro-** 147

---

331 BAG, 19.8.2003, 9 AZR 542/02, ZTR 2004, 542 ff (543 f).
332 BAG, 19.8.2003, 9 AZR 542/02, ZTR 2004, 542 ff (543 f).
333 BAG, 18.2.2003, 9 AZR 356/02, NZA 2003, 911 ff (912).
334 In diesem Fall handelt es sich um ein einheitliches Angebot, siehe BAG, 18.2.2003, 9 AZR 164/02, NZA 2003, 1392 ff (1394) und oben Rn 101.

zessrechtlich als einheitlicher Klageantrag zu behandeln.[335] Es liegt kein Fall der Klagehäufung im Sinne des § 260 ZPO vor[336] und eine Aufspaltung des einheitlichen Klageantrags in zwei prozessuale Ansprüche verstößt gegen die Bindung des Gerichts an die Parteianträge nach § 308 ZPO.[337] Deshalb kann bei Zustimmung des Arbeitgebers zur Reduzierung der Arbeitszeit, nicht aber zur gewünschten Verteilung derselben die Klage nicht insoweit als unbegründet abgewiesen werden, als es um die Verringerung der vertraglich vereinbarten Arbeitszeit geht.[338]

148 Der Klageantrag auf Abgabe der Zustimmungserklärung des Arbeitgebers **muss nach § 253 Abs. 2 Nr. 2 ZPO ausreichend bestimmt sein.** Maßstab hierfür ist im Hinblick darauf, dass die Verurteilung des Arbeitgebers zur Abgabe einer Zustimmungserklärung zur begehrten Arbeitszeitreduzierung erstrebt wird, ob der Antrag die für den begehrten Änderungsvertrag und das hierauf gerichtete Angebot des Arbeitnehmers **wesentlichen Vertragsinhalt** enthält. Der Antrag auf Verurteilung des Arbeitgebers zur Abgabe der Zustimmungserklärung muss deshalb notwendig den **Umfang der gewünschten Verringerung der Arbeitszeit** genau bestimmen sowie den **Zeitpunkt, ab dem die Arbeitszeitreduzierung beginnen soll.** Demgegenüber sind Angaben zur Verteilung der Arbeitszeit im Hinblick auf das ohne entsprechenden Wunsch des Arbeitnehmers bestehende Direktionsrecht des Arbeitgebers (§ 106 GewO) nicht erforderlich.[339] Will der Arbeitnehmer sicherstellen, dass die reduzierte Arbeitszeit auch auf eine bestimmte Weise verteilt wird, so muss er im Falle eines solchermaßen konditionierten Angebots auf Verringerung der Arbeitszeit in seinem Antrag auch genaue Angaben zur Verteilung der Arbeitszeit machen. Der Klageantrag ist unbestimmt und die Klage deshalb als unzulässig abzuweisen, wenn zum Umfang der Arbeitszeitverringerung keine Angaben oder nur ungenaue Angaben etwa derart gemacht werden, dass auf Zustimmung des Arbeitgebers zu einer Reduzierung in einem Umfang zwischen einer Mindest- und einer Höchstgrenze geklagt wird. Gleichfalls als unzulässig abzuweisen wegen Unbestimmtheit des Klageantrags ist die Klage bei fehlender Bezeichnung des gewünschten Beginns der Arbeitszeitverringerung. Anderes gilt nur in dem Ausnahmefall, dass der Arbeitnehmer die Ankündigungsfrist nach § 8 Abs. 2 Satz 1 nicht eingehalten hat und mittels Auslegung der gewünschte Beginn zum frühestmöglichen Zeitpunkt ermittelt werden kann. Das muss dann auch für den ebenfalls auslegungsfähigen[340] Klageantrag gelten.

149 **Maßgebender Zeitpunkt für die Beurteilung, ob die Voraussetzungen des Anspruchs auf Verringerung der Arbeitszeit und ihrer Neuverteilung gegeben sind,** ist im Falle der Klageerhebung nach der Rechtsprechung des BAG der Zeitpunkt der Ablehnung des Begehrens durch den Arbeitgeber.[341] Das BAG begrün-

---

335 BAG, 18.2.2003, 9 AZR 164/02, NZA 2003, 1392 ff (1394).
336 BAG, 18.2.2003, 9 AZR 164/02, NZA 2003, 1392 ff (1394); aA Grobys/Bram, NZA 2001, 1175 ff (1178).
337 BAG, 18.2.2003, 9 AZR 164/02, NZA 2003, 1392 ff (1394).
338 Siehe BAG, 18.2.2003, 9 AZR 164/02, NZA 2003, 1392 ff (1394).
339 Siehe BAG 18.5.2004, 9 AZR, 319/03, NZA 2005, 108 ff (111); BAG, 27.4.2004, 9 AZR 522/03, NZA 2004, 1225 ff (1227).
340 Siehe BGH, 1.7.1975, VI ZR 251/74, NJW 1975, 2013 ff (2014).
341 Siehe BAG, 18.2.2003, 9 AZR 356/02, NZA 2003, 911 ff (913 f); BAG, 27.4.2004, 9 AZR 522/03, NZA 2004, 1225 ff (1227).

Verringerung der Arbeitszeit § 8

det seine Auffassung mit der Schutzfunktion des § 8 Abs. 6,[342] was aber nicht überzeugt.[343] Stattdessen ist allgemeinen Grundsätzen entsprechend auf den Zeitpunkt der letzten mündlichen Tatsachenverhandlung abzustellen.[344]

Kommt das Gericht zu der Überzeugung, dass die anspruchsbegründenden Voraussetzungen für den Arbeitszeitwunsch des Arbeitnehmers gegeben sind, so wird der Arbeitgeber entsprechend dem Leistungsantrag des Arbeitnehmers **zur Abgabe der Zustimmungserklärung** verurteilt, die nach § 894 ZPO mit Rechtskraft des Urteils als abgegeben gilt und aufgrund dieser Fiktionswirkung als **Akt der Zwangsvollstreckung** die Zustimmung in diesem Zeitpunkt gleichsam ersetzt.[345] Da die Zustimmung erst im Zeitpunkt der Rechtskraft des Urteils als abgegeben gilt, schuldet der Arbeitnehmer grundsätzlich bis zu diesem Zeitpunkt die ursprünglich vereinbarte vertragliche Arbeitsleistung.[346] 150

Allerdings ist mit dem Inkrafttreten des § 311a Abs. 1 BGB im Zuge der Schuldrechtsreform zum 1.1.2002[347] auch eine **Verurteilung des Arbeitgebers zur rückwirkenden Verringerung der Arbeitszeit zulässig**.[348] Das folgt daraus, dass nach § 311a Abs. 1 BGB der rückwirkende Abschluss eines Vertrages nicht mehr wegen anfänglicher Unmöglichkeit zu dessen Unwirksamkeit führt.[349] Hat der Arbeitnehmer einen Antrag auf rückwirkende Verurteilung des Arbeitgebers gestellt, so gilt mit Rechtskraft des Urteils die Zustimmung des Arbeitgebers **bezogen auf den arbeitnehmerseits genannten Zeitpunkt** als abgegeben, der Änderungsvertrag über die Verringerung der Arbeitszeit kommt zu einem **vor der Rechtskraft des Urteils liegenden Zeitpunkt** zustande. Hat der Arbeitnehmer, was der Regelfall sein dürfte, zwischen diesem Zeitpunkt und der Rechtskraft des Urteils im Umfang der ursprünglich vereinbarten Arbeitszeit Arbeit geleistet, so ist die den rückwirkend verringerten Arbeitszeitumfang übersteigende Arbeitsleistung ohne vertragliche Grundlage erbracht worden. Nach den Grundsätzen über das fehlerhafte Arbeitsverhältnis ergeben sich daraus für den Arbeitnehmer allerdings keine Nachteile. Eine rückwirkende Verurteilung des Arbeitgebers zur Zustimmung hat für den Arbeitnehmer zunächst den Vorteil, dass eine eigenmächtige Reduzierung der Arbeitszeit ab dem gewünschten Beginn der Verringerung keine Pflichtverletzung darstellen kann. Denn ab diesem Zeitpunkt war der Arbeitnehmer im Hinblick auf die Rückwirkung der Zustimmung nicht mehr verpflichtet, im Umfang der ursprünglich vereinbarten vertraglichen Arbeitszeit zu arbeiten. Zum anderen kann ein weiterer Vorteil einer rückwirkenden Verurteilung für den Arbeitnehmer darin liegen, dass möglicherweise **Schadensersatzansprüche wegen schuldhafter Pflichtverletzung** des Arbeitgebers nach § 280 Abs. 1 BGB in Betracht kommen im Hinblick darauf, dass dieser trotz vertraglich verringerter Arbeitszeit weiter die Arbeitsleistung des Arbeitnehmers im ursprünglich vereinbarten Umfang gefordert hat und inso- 151

---

342 Siehe BAG, 18.2.2003, 9 AZR 356/02, NZA 2003, 911 ff (914).
343 Siehe dazu oben Rn 82 ff.
344 Zutreffend Diller, NZA 2001, 589 ff (590 f).
345 Siehe BAG, 18.2.2003, 9 AZR 164/02, NZA 2003, 1392 ff (1394); BAG, 14.10.2003, 9 AZR 636/02, NZA 2004, 975 ff (976)); Zöller/*Stöber*, ZPO, 23. Aufl., § 894 Rn 5.
346 Siehe BAG, 19.8.2003, 9 AZR 542/02, ZTR 2004, 542 ff (543 f).
347 Gesetz zur Modernisierung des Schuldrechts vom 26.11.2001, BGBl. I, S. 3138.
348 Siehe BAG, 27.4.2004, 9 AZR 522/03, NZA 2004, 1225 ff (1227).
349 Siehe BAG, 27.4.2004, 9 AZR 522/03, NZA 2004, 1225 ff (1227); Palandt/*Heinrichs*, BGB, 65. Aufl., § 311a Rn 5.

weit zumindest hätte erkennen müssen, dass für eine Ablehnung des Arbeitszeitwunsches des Arbeitnehmers kein Grund gegeben war. Denkbare Schäden können zB in Aufwendungen für Kinderbetreuung oder für Pflegekräfte zur Betreuung pflegebedürftiger Angehöriger bestehen, die dem Arbeitnehmer bei rechtzeitiger Zustimmung des Arbeitgebers nicht entstanden wären.

152 Die Verurteilung zur Abgabe der Zustimmungserklärung kann – auch rückwirkend – **nur vorbehaltlos** erfolgen:[350] Damit ist es ausgeschlossen, dass die Wirksamkeit der Zustimmung bzw Verringerung der Arbeitszeit unter den Vorbehalt etwa der Bereitschaft des Arbeitnehmers gestellt wird, zur Vermeidung wesentlicher Beeinträchtigungen im Sinne des § 8 Abs. 4 Sätze 1, 2 im Einzelfall von der von ihm gewünschten Arbeitszeitverteilung abzuweichen.[351] In einem solchen Fall steht dem Arbeitszeitverlangen des Arbeitnehmers ein betrieblicher Grund entgegen, was wiederum mangels Anspruchs auf Arbeitszeitreduzierung zur Klageabweisung führen muss.

153 Haben Arbeitgeber und Arbeitnehmer eine Vereinbarung über die Arbeitszeitreduzierung und die Arbeitszeitverteilung getroffen nach § 8 Abs. 3, Abs. 5 Satz 1, so hat der Arbeitnehmer einen **Anspruch auf entsprechende Beschäftigung aufgrund des geänderten Arbeitsvertrages**. Hält sich der Arbeitgeber nicht an die getroffene Vereinbarung, so kann der Arbeitnehmer die Erfüllung dieses Anspruchs im Wege der Leistungsklage durchsetzen.[352]

154 Hat der Arbeitgeber entgegen § 8 Abs. 5 Satz 1 das Angebot des Arbeitnehmers auf Verringerung der Arbeitszeit nicht form- und fristgerecht abgelehnt, dann treten die Rechtsfolgen des § 8 Abs. 5 Satz 2 und – evt. – Satz 3 ein. Bestreitet der Arbeitgeber in diesem Fall die Verringerung und Neuverteilung der Arbeitszeit, so kann der Arbeitnehmer im Wege der **Klage nach § 256 Abs. 1 ZPO die gesetzliche Reduzierung der Arbeitszeit und deren Neufestlegung kraft Fiktion gerichtlich feststellen lassen**. Der für eine Feststellungsklage nach § 256 Abs. 1 ZPO erforderliche **Streit über ein Rechtsverhältnis** besteht in den zwischen Arbeitgeber und Arbeitnehmer unterschiedlichen Auffassungen über den Umfang der Arbeitszeit und evt. deren Verteilung und damit über die Hauptleistungspflichten[353] als wesentlicher Inhalt des Arbeitsverhältnisses. Das weiter notwendige **besondere Feststellungsinteresse** ergibt sich aus der Unsicherheit über den Umfang der arbeitnehmerseitigen Leistungspflicht, die durch das Bestreiten des Eintritts der in § 8 Abs. 5 Sätze 2 und 3 angeordneten Rechtsfolgen seitens des Arbeitgebers entsteht.[354]

c) Klagefrist

155 Weder im Teilzeit- und Befristungsgesetz noch anderweit ist eine **Frist für die Erhebung der Leistungsklage** zur Durchsetzung des Anspruchs auf Verringerung der Arbeitszeit oder die in den Fällen des § 8 Abs. 5 Sätze 2 und 3 in Betracht

---

350 Siehe BAG, 18.2.2003, 9 AZR 164/02, NZA 2003, 1392 ff (1397).
351 Siehe BAG, 18.2.2003, 9 AZR 164/02, NZA 2003, 1392 ff (1397).
352 Siehe Grobys/Bram, NZA 2001, 1175 ff (1176).
353 Zu den Folgen der Arbeitszeitverringerung für den Anspruch des Arbeitnehmers auf die Gegenleistung siehe noch Rn 166 ff.
354 Zu der Voraussetzung des Feststellungsinteresses siehe nur Zöller/*Greger*, ZPO 26. Aufl., § 256 Rn 7 ff.

kommende Feststellungsklage vorgegeben. Damit ist zwar keine Klagefrist zu beachten. Gleichwohl kann im Hinblick darauf, dass das **Rechtsinstitut der Verwirkung** auch im Verfahrensrecht Anwendung findet, das Recht zur Klageerhebung verwirken mit der Folge, dass entsprechende Klagen als unzulässig abzuweisen sind. Voraussetzung ist allerdings, dass das so genannte **Zeitmoment** und das so genannte **Umstandsmoment** für die Annahme der Verwirkung eines Rechts gegeben sind.[355] Eine Verwirkung des Klagerechts kann deshalb nur in Betracht kommen, wenn der Arbeitnehmer trotz Klagemöglichkeit längere Zeit untätig bleibt und damit bei dem Arbeitgeber das Vertrauen weckt, eine prozessuale Durchsetzung des Verlangens nach Verringerung der Arbeitszeit oder Feststellung der Rechtsfolgen des § 8 Abs. 5 Sätze 2, 3 werde unterbleiben. Angesichts dessen, dass das Gesetz mit der Sperrfrist nach § 8 Abs. 6 die Geltendmachung des Anspruchs für höchstens zwei Jahre hindert, muss das Zeitmoment der Verwirkung relativ kurz bemessen werden.

d) Beweislast

Für die Darlegungs- und Beweislast im Zusammenhang mit der Geltendmachung eines Anspruchs auf Verringerung der Arbeitszeit sind die **allgemeinen Grundsätze** maßgebend. Danach trägt der Arbeitnehmer grundsätzlich die Darlegungs- und Beweislast für das Vorliegen der Tatsachen, die den Anspruch begründen, der Arbeitgeber hat die Tatsachen darzulegen und im Bestreitensfalle nachzuweisen, die eine dem Anspruch entgegenstehende Einwendung bzw Einrede begründen.

156

Hiervon ausgehend **trägt der Arbeitnehmer zunächst die Darlegungs- und Beweislast** für das Vorliegen der Anspruchsvoraussetzungen der Arbeitnehmereigenschaft, des Ablaufs der Wartefrist nach § 8 Abs. 1 sowie des Erreichens des Schwellenwertes gemäß § 8 Abs. 7. Darüber hinaus hat der Arbeitnehmer im Rahmen der Geltendmachung des Anspruchs die Abgabe und den Zugang des Angebots zur Vertragsänderung sowie im Falle der Berufung auf eine Vereinbarung mit dem Arbeitgeber nach § 8 Abs. 3 oder Abs. 5 Satz 1 die Annahme durch den Arbeitgeber darzulegen und zu beweisen.

157

Der **Arbeitgeber trägt in Bezug auf das Vorliegen der Anspruchsvoraussetzungen die Darlegungs- und Beweislast** für die Tatsachen, die einen entgegenstehenden betrieblichen Grund im Sinne des § 8 Abs. 4 begründen. Das folgt daraus, dass § 8 Abs. 4 als negative Anspruchvoraussetzung ausgestaltet ist. Insoweit hat der Arbeitgeber insbesondere bei der Berufung auf die Unvereinbarkeit des arbeitnehmerseitigen Arbeitszeitwunsches mit einem von ihm gewählten Organisationskonzept nach Maßgabe der vom BAG entwickelten Dreistufenprüfung[356] die Existenz des Organisationskonzepts, die daraus folgende Bedingtheit der Arbeitszeitregelung[357] und deren tatsächliche Durchführung, auf der zweiten Stufe die Tatsachen für die Unzumutbarkeit von Maßnahmen bezogen auf den Betriebsablauf oder den Personaleinsatz, durch welchen die aus dem Organisationskonzept folgende Arbeitszeitregelung und der Arbeitszeitwunsch des Arbeit-

158

---

355 Siehe BAG, 15.8.2002, 2 AZR 514/01, NZA 2003, 795 ff (797), hier zur Verwirkung des Rechts zur verhaltensbedingten Kündigung.
356 Siehe oben Rn 44 ff.
357 Siehe BAG, 18.2.2003, 9 AZR 164/02, NZA 2003, 1392 ff (1395).

nehmers in Einklang gebracht werden können, zB bezogen auf die Einstellung einer Ersatzkraft, sowie auf der dritten Stufe die eine wesentliche Beeinträchtigung im Sinne des § 8 Abs. 4 Sätze 1, 2 begründenden Tatsachen darzulegen und im Bestreitensfall zu beweisen. Darüber hinaus hat der Arbeitgeber im Rahmen der Geltendmachung des Anspruchs das Vorliegen seiner form- und fristgerechten Ablehnung (§ 8 Abs. 5 Satz 1) des Angebots des Arbeitnehmers auf Verringerung der Arbeitszeit darzulegen und zu beweisen sowie das Vorliegen der Voraussetzungen für das Eingreifen der Sperrfrist nach § 8 Abs. 6 im Hinblick darauf, dass dadurch die Geltendmachung des Anspruchs auf Arbeitszeitverringerung für zwei Jahre gehindert wird.[358] Beruft sich der Arbeitgeber auf § 8 Abs. 6 und bestreitet der Arbeitnehmer den Lauf einer Sperrfrist, so hat der Arbeitgeber die Tatsachen für eine in der Vergangenheit erfolgte Zustimmung[359] und den insoweit maßgebenden Zeitpunkt[360] oder für eine berechtigte Ablehnung[361] und den insoweit bedeutsamen Zeitpunkt[362] darzulegen und nachzuweisen. Die Zuweisung der Darlegungs- und Beweislast für eine Zustimmung und deren Zeitpunkt im Falle einer Berufung des Arbeitgebers auf § 8 Abs. 6 an diesen steht nicht im Widerspruch zu der den Arbeitnehmer betreffenden Darlegungs- und Beweislast für die Annahme seines Angebots auf Verringerung der Arbeitszeit durch den Arbeitgeber,[363] weil die Zustimmung im Sinne des § 8 Abs. 6 auf eine frühere Vereinbarung, die in Verbindung mit der daran anknüpfenden Sperrfrist eine erneute Geltendmachung dilatorisch hindert, bezogen ist.

e) Einstweiliger Rechtsschutz

159 Muss der Arbeitnehmer im Falle rechtzeitiger Ablehnung durch den Arbeitgeber versuchen, seinen Anspruch auf Arbeitszeitverringerung arbeitsgerichtlich durchzusetzen, so kann das **Verfahren bis zu einer rechtskräftigen Entscheidung längere Zeit in Anspruch nehmen.** Zugleich ist der Arbeitnehmer im Hinblick auf die vom Gesetz gewählte Vertragslösung[364] **grundsätzlich nicht berechtigt,** vor dem Zeitpunkt der durch rechtskräftiges Urteil gemäß § 894 Abs. 1 ZPO fingierten Zustimmung des Arbeitgebers die Arbeitszeit entsprechend seinen Wünschen **von sich aus zu reduzieren.**[365]

160 Damit wird die Frage nach der **Möglichkeit einstweiligen Rechtsschutzes** bis zum rechtskräftigen Abschluss des Hauptsacheverfahrens aufgeworfen, wenn der Arbeitnehmer auf die Verringerung der Arbeitszeit und ihre Neuverteilung ab dem von ihm gewünschten Zeitpunkt angewiesen ist. Insoweit ist entgegen einer ablehnenden Ansicht[366] mit der überwiegenden Auffassung

---

358 Siehe dazu oben Rn 134 ff.
359 Siehe oben Rn 137.
360 Siehe Rn 141.
361 Siehe dazu oben Rn 138.
362 Siehe Rn 142.
363 Siehe oben Rn 157.
364 Siehe dazu oben Rn 143.
365 Siehe oben Rn 143; anders im Falle rückwirkender Verurteilung des Arbeitgebers, dazu vorstehend Rn 151.
366 Siehe etwa Rolfs, RdA 2003, 129 ff (136); Lakies, DZWIR 2001, 1 ff (5); Peters-Lange/Rolfs, NZA 2000, 682 ff (686).

in Rechtsprechung[367] und Literatur[368] die Zulässigkeit einstweiligen Rechtsschutzes bis zum rechtskräftigen Abschluss des Hauptsacheverfahrens **in Form der so genannten Leistungsverfügung** gemäß § 62 Abs. 2 ArbGG in Verbindung mit §§ 935, 940 ZPO zu bejahen. § 894 ZPO steht der Zulässigkeit einer einstweiligen Regelung durch Leistungsverfügung nicht entgegen,[369] wenn diese ihrem Inhalt nach nicht auf die Fiktion der Zustimmung des Arbeitgebers gerichtet ist, sondern **allein auf die vorläufige Anordnung einer Regelung des Arbeitszeitumfangs und der Verteilung der reduzierten Arbeitszeit** und damit eine tatsächliche Ausgestaltung der wechselseitigen Rechte und Pflichten der Arbeitsvertragsparteien bis zu einer Entscheidung in der Hauptsache.[370]

Im Hinblick darauf, dass die Leistungsverfügung vorläufig den Arbeitszeitwunsch des Arbeitnehmers realisiert und damit in ihrer Wirkung tatsächlich einer Erfüllung des Anspruchs nach § 8 – auf Abgabe der Zustimmungserklärung des Arbeitgebers – gleichkommt, sind an die **erforderliche Glaubhaftmachung**[371] der Voraussetzungen einer solchen Leistungsverfügung bezogen auf den **Verfügungsanspruch** und den **Verfügungsgrund** strenge Anforderungen zu stellen.[372] Bezogen auf den Verfügungsanspruch muss die richterliche Überzeugung von der überwiegenden Wahrscheinlichkeit des Vorliegens der Anspruchsvoraussetzungen nach § 8 gegeben sein, wobei die abeitgeberseits dazulegenden betrieblichen Gründe, sofern als Ablehnungsgrund geltend gemacht, besonders eingehend zu prüfen sind.

161

Ein **Verfügungsgrund** für die einstweilige Arbeitszeitgestaltung durch das Gericht kann wegen der vorläufigen (Quasi)Erfüllungswirkung nur bejaht werden, wenn der Gläubiger, hier der Arbeitnehmer, auf die **sofortige Verwirklichung seines geltend gemachten Anspruchs zur Abwehr wesentlicher Nachteile dringend angewiesen ist**.[373] Entsprechende Fallkonstellationen dürften nur in

162

---

367 Siehe ArbG Nürnberg, 28.11.2003, 14 Ga 114/03, BB 2004, 560; LAG Berlin, 20.2.2002, 4 Sa 2243/01, NZA 2002, 858 ff; LAG Köln, 5.3.2002, 10 Ta 50/02, ArbuR 2002, 275; LAG Rheinland-Pfalz, 12.4.2002, 3 Sa 161/02, AuA 2002, 326 f; LAG Hamm, 6.5.2002, 8 Sa 641/02, NZA-RR 2003, 178 ff.
368 Siehe Beckschulze, DB 2000, 2598 ff (2606); Gotthardt, NZA 2001, 1183 ff (1184 ff); Straub, NZA 2001, 919 ff (925); Grobys/Bram, NZA 2001, 1175 ff (1181 f); Dütz, AuR 2003, 161 ff; Worzalla, § 8 Rn 62; MHH/*Heyn*, § 8 Rn 128; HWK/Schmalenberg, § 8 TzBfG Rn 50; TZA-Buschmann, § 8 TzBfG Rn 41.
369 So aber Rolfs, RdA 2001, 129 ff (136); Lakies, DZWIR 2001, 1 ff (5).
370 LAG Hamm, 6.5.2002, 8 Sa 641/02, NZA-RR 2003, 178 ff (178); LAG Rheinland-Pfalz, 12.4.2002, 3 Sa 161/02, AuA 2002, 326 f (327).
371 Siehe § 62 Abs. 2 ArbGG in Verbindung mit §§ 935, 936, 940, 920 Abs. 2 ZPO.
372 Siehe allgemein Zöller/*Vollkommer*, ZPO, 26. Aufl., § 940 Rn 6; bezogen auf § 8 siehe nur LAG Rheinland-Pfalz, 12.4.2002, 3 Sa 161/02, AuA 2002, 326 f (327); LAG Köln, 5.3.2002, 10 Ta 50/02, ArbuR 2002, 275; LAG Hamm, 6.5.2002, 8 Sa 641/02, NZA-RR 2003, 178 ff (178).
373 Siehe allgemein Zöller, ZPO, 26. Aufl. § 940 Rn 6; bezogen auf § 8 siehe LAG Rheinland-Pfalz, 12.4.2002, 3 Sa 161/02, AuA 2002, 326 f (327); von dem Erfordernis endgültiger, nicht wiedergutzumachender Nachteile sprich LAG Hamm, 6.5.2002, 8 Sa 641/02, NZA-RR 2003, 178 ff (182); eine einstweilige Verfügung nur in Notfällen zulassen wollen etwa Lindemann/Simon, BB 2001, 146 ff (150); Boewer, § 8 Rn 288; MHH/*Heyn*, § 8 Rn 128; aA etwa Grobys/Bram, NZA 2001, 1175 ff (1181), wonach es ausreichend sein soll, dass die Interessen des Arbeitnehmers an der Reduzierung der Arbeitszeit die Interessen des Arbeitgebers überwiegen. Diese Auffassung ist abzulehnen, weil sie dem exzeptionellen Charakter der Leistungsverfügung und dem damit verbundenen Eingriff in die Rechtsposition des Schuldners (hier des Arbeitgebers) wie auch möglicherweise von Dritten, betroffene Arbeitnehmer, nicht Rechnung trägt.

besonderen Ausnahmefällen gegeben sein. So ist eine dringende Angewiesenheit des Arbeitnehmers jedenfalls dann anzunehmen, wenn ohne die gewünschte Arbeitszeitreduzierung die **Betreuung von Kindern** nicht sichergestellt werden kann.[374] Insoweit hat der Arbeitnehmer allerdings darzulegen und glaubhaft zu machen, dass er alle ihm zumutbaren Anstrengungen (erfolglos) unternommen hat, eine anderweitige Betreuung seines Kinder bzw seiner Kinder zu gewährleisten.[375] Die Entscheidung der Eltern, ihr Kind selbst zu betreuen und deshalb eine Fremdbetreuung trotz bestehender Möglichkeit nicht in Anspruch zu nehmen, kann einen Verfügungsgrund nicht begründen.[376] Entgegen der Ansicht des LAG Hamm[377] müssen sich die Eltern trotz Art. 6 Abs. 1 GG auf eine Fremdbetreuung durch zB einen Kindergarten verweisen lassen. Zwar können sich Eltern für ihre Erziehungsentscheidung auf Art. 6 Abs. 1 GG berufen, der im Rahmen der Beurteilung des Vorliegens eines Verfügungsgrundes zu berücksichtigen ist. Auf der anderen Seite steht der mit der Arbeitszeitverringerung einhergehende Eingriff in die ebenfalls verfassungsrechtlich unterfütterte Vertrags- und Berufsfreiheit des Arbeitgebers,[378] die jedenfalls bei der Frage einstweiligen Rechtsschutzes die Interessen des Arbeitnehmers überwiegt, solange dieser wegen objektiv vorhandener Möglichkeiten der Kinderbetreuung Familie und Beruf in Einklang bringen kann.

163 Ein Verfügungsgrund ist auch dann anzunehmen, wenn ohne einstweilige Regelung die **Betreuung pflegebedürftiger Personen** nicht, auch nicht durch Dritte sichergestellt werden kann. Der **Gesundheitszustand eines Arbeitnehmers** und die damit verbundene Unfähigkeit zur Erbringung der vertraglich vereinbarten Arbeitsleistung in vollem Umfang kann dann einen Verfügungsgrund darstellen, wenn der Arbeitnehmer im Falle der begehrten Arbeitszeitreduzierung die geschuldete Arbeitsleistung erbringen kann und ein Zuwarten bis zur Entscheidung in der Hauptsache aus gesundheitlichen Gründen unzumutbar ist. Ist der Arbeitnehmer als **schwerbehinderter Mensch** anerkannt, so scheidet ein einstweiliger Rechtsschutz zur Durchsetzung des Anspruchs nach § 8 im Hinblick darauf aus, dass der Arbeitnehmer nach § 81 Abs. 5 Satz 3 den Umfang der Arbeitszeit einseitig verringern kann.[379] Will ein älterer Arbeitnehmer von der **Möglichkeit eines gleitenden Übergangs in den Ruhestand nach § 42 SGB VI** Gebrauch machen, so ist die Bejahung eines Verfügungsgrundes davon abhängig zu machen, ob eine Teilaltersrente beantragt und bewilligt worden ist und ob unter dem Gesichtspunkt der Dauer des Hauptsacheverfahrens im Hinblick auf eine häufig vorliegende Altersbefristung des Arbeitsvertrages ohne einstweilige Regelung zu befürchten steht, dass die, im übrigen gesetzlich unterstützte, Möglichkeit eines gleitenden Übergangs in den Ruhestand[380] nicht mehr in Betracht kommen kann.

---

374 Zutreffend LAG Rheinland-Pfalz, 12.4.2002, 3 Sa 161/02, AuA 2002, 326 f (327).
375 Siehe LAG Rheinland-Pfalz, 12.4.2002, 3 Sa 161/02, AuA 2002, 326 f (327).
376 Anders allerdings LAG Hamm, 6.5.2002, 8 Sa 641/02, NZA-RR 2003, 178 ff (182).
377 Siehe den Beschluss vom 6.5.2002, 8 Sa 641/02, NZA-RR 2003, 178 ff (182).
378 Siehe oben Rn 5.
379 Siehe dazu BAG, 14.10.2003, 9 AZR 100/03, NZA 2004, 614 ff (617).
380 Siehe neben § 42 SGB VI auch § 1 ATzG.

Verringerung der Arbeitszeit § 8

f) Streitwert

Für die Bestimmung des **Gebührenstreitwerts einer Leistungsklage auf Zustimmung des Arbeitgebers** zur Verringerung der Arbeitszeit und ihrer Neuverteilung ist unter Berücksichtigung des damit letztlich verfolgten Ziels, die Arbeitszeit in einem bestimmten Umfang zu reduzieren, die **Vergleichbarkeit mit einer Änderungsschutzklage** des Arbeitnehmers, der bei einer Änderungskündigung des Arbeitgebers die Änderung der Arbeitsbedingungen unter dem Vorbehalt des § 2 KSchG angenommen hat, zu berücksichtigen. In beiden Fällen geht es nicht um die Existenz des Arbeitsverhältnisses an sich, sondern lediglich um eine Änderung der Bedingungen, unter denen der Arbeitnehmer seine Arbeitsleistung zu erbringen hat. Für die Streitwertfestsetzung kann es keinen Unterschied machen, ob die Änderung, hier bezogen auf den Umfang der Arbeitszeit und dementsprechend auch die arbeitnehmerseits zu beanspruchende Gegenleistung,[381] durch einen gesetzlich eingeräumten Anspruch des Arbeitnehmers auf Verringerung der Arbeitszeit oder durch eine Änderungskündigung seitens des Arbeitgebers herbeigeführt wird. Im Hinblick darauf sind für die Höhe des Streitwerts einer Leistungsklage auf Zustimmung zur Verringerung der Arbeitszeit die Grundsätze heranzuziehen, die das BAG für die Bemessung des Gebührenstreitwerts einer Änderungsschutzklage im Falle einer Annahme der Änderung der Arbeitsbedingungen unter dem Vorbehalt des § 2 KSchG entwickelt hat.[382]

164

Ausgangspunkt für die Festsetzung der Höhe des Streitwerts sind danach die Regelungen der §§ 39 ff GKG[383] **in Verbindung mit §§ 3 ff ZPO.** Gemäß § 42 Abs. 3 Satz 1 GKG[384] ist bei Ansprüchen von Arbeitnehmern auf wiederkehrende Leistungen der dreifache Jahresbetrag der wiederkehrenden Leistungen maßgebend. Diese Regelung ist entsprechend anzuwenden, soweit es um die Leistungspflichten des Arbeitnehmers geht.[385] Der Wert des dreifachen Jahresbetrages ist nach § 3 ZPO von dem Arbeitsgericht nach freiem Ermessen festzusetzen.[386] Insoweit ist für die Bemessung des Jahresbetrages maßgebend, worin der Streitgegenstand der Leistungsklage auf Zustimmung zur Verringerung der Arbeitszeit besteht.[387] Dieser ist letztlich in der Herbeiführung einer Änderung des Umfangs der Arbeitszeit und damit der Hauptleistungspflicht des Arbeitnehmers zu sehen, weshalb der Jahresbetrag auf das Ausmaß der Veränderung im Vergleich mit der ursprünglich vertraglich vereinbarten Arbeitszeit und damit auf den Wert der dem entsprechenden Gegenleistung beschränkt ist.[388] **Der hiernach ermittelte dreifache Jahreswert im Sinne des § 42 Abs. 3 Satz 1 GKG ist wiederum auf den sich aus § 42 Abs. 4 Satz 1 GKG**[389] **ergebenden**

165

---

381 Siehe noch folgend Rn 166 ff.
382 Grundlegend BAG, 23.3.1989, 7 AZR 527/85 (B), AP Nr. 1 zu § 17 GKG 1975.
383 In der Fassung von Art. 1 des Gesetzes zur Modernisierung des Kostenrechts vom 5.5.2004, BGBl. 2004 I, 718, zuletzt geändert durch das erste Gesetz zur Modernisierung der Justiz vom 24.8.2004, BGBl. 2004 I, 2198.
384 § 17 Abs. 3 GKG aF.
385 BAG, 23.3.1989, 7 AZR 527/85 (B), AP Nr. 1 zu § 17 GKG 1975, hier zu § 17 Abs. 3 GKG aF insoweit enthält § 42 Abs. 3 Satz 1 GKG keine Änderung.
386 BAG, 23.3.1989, 7 AZR 527/85 (B), AP Nr. 1 zu § 17 GKG 1975.
387 Vgl. BAG, 23.3.1989, 7 AZR 527/85 (B), AP Nr. 1 zu § 17 GKG 1975.
388 Vgl. BAG, 23.3.1989, 7 AZR 527/85 (B), AP Nr. 1 zu § 17 GKG 1975.
389 § 12 Abs. 7 Satz 1 ArbGG aF, aufgehoben durch Art. 4 Abs. 24 Nr. 2 des Gesetzes zur Modernisierung des Kostenrechts vom 5.5.2004, BGBl 2004 I, 718.

Höchstbetrag, nämlich des für die Dauer eines Vierteljahres zu leistenden Arbeitsentgelts, begrenzt.[390] Insoweit kommt auch hier der Schutzzweck des § 42 Abs. 4 Satz 1 GKG, aus sozialen Gründen das Verfahren vor den Arbeitsgerichten möglichst billig zu gestalten,[391] zum Tragen. Es ist kein Grund ersichtlich, weshalb nach der Übernahme des § 12 Abs. 7 Satz 1 ArbGG aF in § 42 Abs. 4 Satz 1 GKG nicht an dieser Beschränkung festgehalten werden sollte.[392]

4. Auswirkungen der Arbeitszeitverringerung auf die Gegenleistung

166 Das Teilzeit- und Befristungsgesetz enthält keine Regelung bezüglich der Auswirkungen, die eine Reduzierung der Arbeitszeit, sei es, dass diese auf einer Vereinbarung zwischen Arbeitgeber und Arbeitnehmer, auf einer klageweisen Durchsetzung mit der Fiktion des § 894 ZPO oder auf der gesetzlichen Anordnung des § 8 Abs. 5 Satz 2 beruht, auf die vom Arbeitgeber zu erbringende Gegenleistung hat. Die Frage nach den Auswirkungen stellt sich allerdings nicht, wenn die Arbeitsvertragsparteien über die Verringerung der Arbeitszeit hinaus ausdrücklich eine Vereinbarung auch hinsichtlich der Gegenleistung getroffen haben.

167 Fehlt eine solche, so bedeutet das nicht, dass die vertraglich vereinbarte Gegenleistung von der Verringerung der Arbeitszeit unberührt bleibt. Vielmehr **reduziert sich der Anspruch des Arbeitnehmers auf die Gegenleistung ohne weiteres entsprechend dem Umfang der Verringerung der Arbeitszeit**. Das folgt daraus, dass im Arbeitsverhältnis die Verpflichtungen zur Arbeitsleistung und Vergütungszahlung synallagmatisch verbunden sind, wobei die Vertragsparteien bei der Begründung dieses Austauschverhältnisses davon ausgehen, dass Leistung und Gegenleistung einander gleichwertig – äquivalent – sind.[393] Im Rahmen eines solchen Austauschverhältnisses, das nach den Vorstellungen der Vertragsparteien hinsichtlich der synallagmatisch verbundenen Leistungen von deren Äquivalenz geprägt ist, beinhaltet die Vereinbarung über eine Reduzierung der Arbeitsleistung auch ohne ausdrückliche Abrede zugleich eine entsprechende Reduzierung der Gegenleistung, sofern nicht Anhaltspunkte dafür gegeben sind, dass die Vertragsparteien das Äquivalenzverhältnis ändern wollten. Aus diesem Grunde bedarf es auch keiner gesonderten gesetzlichen Regelung darüber, welche Auswirkungen die Verringerung der Arbeitszeit auf die Gegenleistung hat.

168 Das gilt auch dann, wenn der Anspruch auf Verringerung der Arbeitszeit nach einer form- und fristgerechten Ablehnung des Arbeitgebers[394] **klageweise durchgesetzt wird**. Die wegen der Vertragslösung erforderliche Klage auf Zustimmung des Arbeitgebers[395] zu der gewünschten Arbeitszeitverringerung führt bei Obsiegen des Arbeitnehmers mit Rechtskraft des Urteils gemäß § 894 ZPO zur Fiktion der Zustimmungserklärung des Arbeitgebers.[396] Das ändert allerdings nichts

---

390 Vgl. BAG, 23.3.1989, 7 AZR 527/85 (B), AP Nr. 1 zu § 17 GKG 1975.
391 BAG, 23.3.1989, 7 AZR 527/85 (B), AP Nr. 1 zu § 17 GKG 1975, hier zu § 12 Abs. 7 Satz 1 ArbGG aF
392 Im Ergebnis ebenso Boewer, § 8 Rn 290 f.
393 Siehe Larenz, Lehrbuch des Schuldrechts, Bd. I, Allgemeiner Teil, 14. Aufl., 202; bezogen auf das Arbeitsverhältnis Wiese in: Festschrift für Nipperdey, 1965, Bd. I, 837 ff (850).
394 Siehe dazu oben Rn 121 ff.
395 Siehe dazu Rn 143 ff.
396 Siehe Rn 150.

daran, dass wegen des von den Arbeitsvertragsparteien zugrunde gelegten Äquivalenzverhältnisses der synallagmatisch verbundenen Leistungen auch hier zugleich der Umfang des Anspruchs auf die Gegenleistung reduziert wird.

Schließlich gilt das auch dann, wenn der Umfang der Arbeitszeit auf der Grundlage des § 8 Abs. 5 Satz 2 **gesetzlich verringert wird**. Die gesetzliche Anordnung surrogiert zwar die im Rahmen von § 8 an sich vorgesehene Vertragslösung derart, dass eine Reduzierung der Arbeitszeit auch ohne entsprechende Vereinbarung zwischen Arbeitgeber und Arbeitnehmer herbeigeführt wird. Damit wird jedoch nicht in das dem Leistungsaustausch nach dem Willen der Parteien zugrunde liegende Äquivalenzverhältnis der synallagmatisch verbundenen Leistungen eingegriffen, in welchem gerade die mit der Verringerung der Arbeitszeit einhergehende Reduzierung auch des Umfangs der Gegenleistung vertraglich begründet ist. 169

Aus der **Anknüpfung an das vertraglich angelegte Äquivalenzverhältnis von Leistung und Gegenleistung** als Begründung für die mit einer Verringerung der Arbeitszeit ohne weiteres einhergehende Reduzierung auch des Umfangs der Gegenleistung folgt, dass nur solche Vergütungsbestandteile dem Umfang der Arbeitszeitreduzierung entsprechend angepasst werden, die im Gegenleistungsverhältnis zum Umfang der zu erbringenden Arbeitsleistung stehen. Hierbei ist der pro rata temporis-Grundsatz des § 4 Abs. 1 Satz 2[397] zu beachten. 170

An den Umfang der Arbeitszeitverringerung entsprechend angepasst werden deshalb neben der **laufenden Normalvergütung** auch solche **Sonderleistungen** des Arbeitgebers, die zu einem bestimmten Zeitpunkt **zusätzlich als Vergütung für erbrachte Arbeitsleistung** gezahlt werden, wie zB ein 13. Monatsgehalt. Dabei gilt die Reduzierung der Gegenleistung auch für geldwerte Sachleistungen wie etwa der Vorteil eines auch zur Privatnutzung überlassenen Dienstwagens. Richtet sich der Wert des Dienstwagens, wie in der Praxis üblich, nach der Position des Arbeitnehmers in der Unternehmenshierarchie, dann ist der in der Überlassung auch zur Privatnutzung liegende geldwerte Vorteil dergestalt anzupassen, dass der den Umfang der Reduzierung überschießende geldwerte Vorteil mit dem Barlohn verrechnet wird. Diese Art der Reduzierung des geldwerten Vorteils von auch zur Privatnutzung überlassenen Gegenständen kann allgemein angewandt werden. Voraussetzung ist allerdings immer, dass auch nach Reduzierung der Arbeitszeit die Sachleistung überhaupt noch zur Verfügung gestellt wird. 171

Handelt es sich bei **Vergütungsbestandteilen** um Leistungen, die der Arbeitgeber **unabhängig von dem Umfang der zu erbringenden Arbeitsleistung aus anderen Gründen** gewährt, so kommt eine Kürzung solcher Leistungen wegen Verringerung der Arbeitszeit nicht in Betracht. Das gilt zB für arbeitszeitunabhängige Weihnachtsgratifikationen,[398] Jubiläumszuwendungen,[399] Erschwerniszuschläge wie etwa solche für Nachtarbeit,[400] wie auch für leistungsbezogene Vergütungsbestandteile, die nicht vom Umfang der Arbeitszeit abhängen. Hierzu gehören zB Provisionen und sonstige ergebnisbezogene Vergütungen,[401] deren 172

---

397 Siehe dazu § 4 Rn 46 ff.
398 Vgl. BAG, 6.12.1990, 6 AZR 159/89, ArbuR 1991, 285 f (287).
399 Vgl. BAG, 22.5.1996, 10 AZR 618/95, AP Nr. 1 zu § 39 BAT.
400 Vgl. BAG, 15.12.1998, 3 AZR 239/97, RdA 2000, 46 ff (48).
401 Siehe hierzu ausführlich MünchArbR/Kreßel, 2. Aufl. § 68.

Gesamtumfang sich allerdings idR dadurch mittelbar verringern wird, dass der Arbeitnehmer nur noch in einem zeitlich reduzierten Umfang tätig ist.

IV. Änderungsmöglichkeiten für Arbeitnehmer und Arbeitgeber

173 Hat der Arbeitnehmer den Anspruch auf Verringerung der Arbeitszeit verwirklicht, sei es im Wege einer unmittelbaren Vereinbarung mit dem Arbeitgeber, durch klageweise Durchsetzung gemäß § 894 ZPO oder aufgrund der Regelungen des § 8 Abs. 5 Sätze 2 und 3, dann stellt sich die **Frage, ob und unter welchen Voraussetzungen eine erneute Änderung der Arbeitszeit und ihrer Lage** herbeigeführt werden kann. Insoweit ist zwischen den rechtlichen Möglichkeiten des Arbeitnehmers einerseits und des Arbeitgebers andererseits zu unterscheiden.

1. Änderungsmöglichkeiten des Arbeitnehmers

174 Eine Änderung sowohl des Umfangs der Arbeitszeit, weitere Verringerung oder Verlängerung, wie auch der Lage der Arbeitszeit ist durch **Vereinbarung mit dem Arbeitgeber** innerhalb der Grenzen des § 105 Satz 1 GewO immer möglich.

175 Eine **erneute Verringerung der Arbeitszeit** kann der Arbeitnehmer **einseitig** aufgrund des Anspruchs nach § 8 nur nach Maßgabe des § 8 Abs. 6[402] durchsetzen. Die Sperrfrist gilt trotz fehlender ausdrücklicher Einbeziehung auch für die Fälle des § 8 Abs. 5 Sätze 2 und 3.[403]

176 Eine **Veränderung** der im Zuge der Realisierung des Anspruchs aus § 8 festgelegten **Verteilung der Arbeitszeit** kann der Arbeitnehmer **einseitig überhaupt nicht herbeiführen.** Insoweit besteht weder ein Anspruch aus § 8 noch aufgrund einer anderen gesetzlichen Regelung.

177 Eine **Verlängerung der Arbeitszeit** kommt, abgesehen von einer Vereinbarung zwischen Arbeitnehmer und Arbeitgeber, **nur nach Maßgabe des § 9 in Betracht.** Diese Regelung gibt bei Vorliegen der Voraussetzungen[404] einen Anspruch lediglich auf bevorzugte Berücksichtigung bei der Besetzung eines freien Arbeitsplatzes, der dem seitens des teilzeitbeschäftigten Arbeitnehmers gegenüber dem Arbeitgeber angezeigten Wunsch nach einer Verlängerung seiner vertraglich vereinbarten Arbeitszeit entspricht.[405]

2. Änderungsmöglichkeiten des Arbeitgebers

178 Bei den **Änderungsmöglichkeiten des Arbeitgebers** ist zwischen einer Änderung des Umfangs der Arbeitszeit und einer Änderung bezogen allein auf die Lage der Arbeitszeit zu unterscheiden.

---

402 Siehe dazu Rn 134 ff.
403 Siehe oben Rn 137.
404 Siehe dazu § 9 Rn 10 ff.
405 Siehe näher § 9 Rn 21 ff.

a) Änderung des Umfangs der Arbeitszeit

Neben der **Möglichkeit einer Vereinbarung mit dem Arbeitnehmer** kann der Arbeitgeber den Umfang der Arbeitszeit **einseitig durch Ausspruch einer Änderungskündigung** bei Vorliegen der Voraussetzungen der §§ 2, 1 Abs. 2 KSchG herbeiführen. Das Kündigungsverbot des § 11 Satz 1 steht nicht entgegen, sofern der Arbeitgeber für die Änderung des Umfangs der Arbeitszeit einen Kündigungsgrund im Sinne des § 1 Abs. 2 KSchG bzw § 626 BGB hat (§ 11 Satz 2).[406] Darüber hinaus kann aus § 8 Abs. 6 nichts gegen eine berechtigte Änderungskündigung des Arbeitgebers hergeleitet werden. Die Sperrfrist dient allein dem Schutz des Arbeitgebers[407] und wirkt sich nicht derart zugunsten des Arbeitnehmers aus, dass für zwei Jahre der Umfang der Arbeitszeit und deren Verteilung als Folge der Realisierung des Verringerungsanspruchs festgeschrieben werden. Insoweit bleibt das Recht des Arbeitgebers zur einseitigen Änderung durch Kündigung bei Vorliegen entsprechender Kündigungsgründe unberührt.

179

b) Änderung allein der Verteilung der Arbeitszeit

Jenseits einer immer möglichen Vereinbarung des Arbeitgebers mit dem Arbeitnehmer, auf deren Grundlage der Arbeitgeber die Lage der Arbeitszeit festlegt, ist insoweit § 8 Abs. 5 Satz 4 zu beachten. **Nach dieser Regelung kann der Arbeitgeber die nach § 8 Abs. 5 Satz 3 oder § 8 Abs. 3 Satz 2 festgelegte Verteilung der Arbeitszeit wieder ändern**, wenn das betriebliche Interesse daran das Interesse des Arbeitnehmers an der Beibehaltung erheblich überwiegt und der Arbeitgeber die Änderung spätestens einen Monat vorher angekündigt hat.

180

Seiner Rechtsnatur nach handelt es sich bei diesem so genannten Korrekturrecht[408] um ein dem Arbeitgeber **gesetzlich eingeräumtes unselbständiges Gestaltungsrecht** zur Beseitigung der festgelegten Verteilung der Arbeitszeit im Hinblick darauf, dass er diese Änderung einseitig herbeiführen und damit unmittelbar auf die bestehende Rechtslage im Arbeitsverhältnis einwirken kann. Insoweit ist dieses Recht vergleichbar der in § 81 Abs. 5 Satz 3 SGB IX schwerbehinderten Menschen gesetzlich eingeräumten Gestaltungsbefugnis, die einseitig eine behinderungsgerechte Verringerung sogar der vertraglich geschuldeten Arbeitszeit bewirkt.[409] Inhaltlich und anders als das Gestaltungsrecht nach § 81 Abs. 5 Satz 3 SGB IX stellt die Befugnis nach § 8 Abs. 5 Satz 4 ein ansonsten grundsätzlich unzulässiges **Teilkündigungsrecht** dar.[410] Hierunter ist die einseitige Änderung von Vertragsbedingungen gegen den Willen der anderen Vertragspartei zu verstehen, bei der einzelne Rechte oder Pflichten aus dem Arbeitsverhältnis gelöst werden, der Arbeitsvertrag selbst jedoch aufrecht erhalten bleiben soll.[411] Der Einordnung als Teilkündigungsrecht steht nicht entgegen, dass der Arbeitgeber die Verteilung der Arbeitszeit neu festlegen kann.[412] Diese Befugnis folgt nicht aus § 8 Abs. 5 Satz 4, sondern besteht allgemein aufgrund des arbeit-

181

---

406 Siehe zu § 11 Rn 13.
407 Siehe oben Rn 134.
408 Siehe BAG, 18.2.2003, 9 AZR 356/02, NZA 2003, 911 ff (914).
409 Siehe dazu BAG, 14.10.2003, 9 AZR 100/03, NZA 2004, 614 ff (617).
410 Zutreffend Preis/Gotthardt, DB 2001, 145 ff (148); Kliemt, NZA 2001, 63 ff (67); aA Boewer, § 8 Rn 294 f; Rolfs, RdA 2001, 129 ff (137); Däubler, ZIP 2001, 217 ff (221).
411 Siehe BAG, 14.11.1990, 5 AZR 509/89, NZA 1991, 377 ff (377).
412 So aber etwa Boewer, § 8 Rn 295.

geberseitigen Direktionsrechts nach Maßgabe des § 106 GewO. Das Gestaltungsrecht nach § 8 Abs. 5 Satz 4 beseitigt lediglich das Hindernis für eine entsprechende Ausübung des Direktionsrechts, nämlich die im Zuge der Verringerung des Anspruchs auf Arbeitszeit erfolgte Festlegung der Verteilung derselben jedenfalls nicht allein nach dem Willen des Arbeitgebers.

182 Seinem **Anwendungsbereich** nach kann mit dem Korrekturrecht nach § 8 Abs. 5 Satz 4 nur eine **Änderung der Lage der Arbeitszeit** herbeigeführt werden, es begründet anders als § 81 Abs. 5 Satz 3 keine Befugnis zur einseitigen Änderung des Umfangs der Arbeitszeit. Nach dem Gesetz ist das Korrekturrecht auf die Fälle einer nach § 8 Abs. 5 Satz 3 oder § 8 Abs. 3 Satz 2 festgelegten Verteilung der Arbeitszeit beschränkt. Hieraus folgt zunächst, dass das Korrekturrecht außerhalb von § 8 keine Anwendung findet, also dann, wenn unabhängig von einer Verwirklichung des Anspruchs auf Verringerung der Arbeitszeit nach § 8 mit einem Teilzeitarbeitnehmer eine Vereinbarung über die Lage der Arbeitszeit getroffen worden ist. Auf der anderen Seite **gilt das Korrekturrecht für alle Fälle der Festlegung der Verteilung der Arbeitszeit im Zuge der Verwirklichung des Verringerungsanspruchs** nach § 8, und zwar auch dann, wenn der Arbeitnehmer die Verringerung über eine Leistungsklage mit der Wirkung des § 894 ZPO durchgesetzt hat. Das folgt daraus, dass hier die Zustimmung des Arbeitgebers fingiert wird und damit, sofern der Arbeitnehmer in seinem Klageantrag auch das Verlangen einer bestimmten Verteilung der Arbeitszeit aufgenommen hat, der Arbeitgeber die Lage der Arbeitszeit auch insoweit entsprechend der fingierten Zustimmung festzulegen hatte.[413] § 8 Abs. 5 Satz 4 findet keine Anwendung, wenn das hier niedergelegte Teilkündigungsrecht des Arbeitgebers durch eine Vereinbarung zwischen Arbeitnehmer und Arbeitgeber ausgeschlossen worden ist. Einer solchen Vereinbarung steht § 22 Abs. 1 nicht entgegen, weil hiermit von den Vorschriften des Teilzeit- und Befristungsgesetzes zugunsten des Arbeitnehmers abgewichen wird.

183 Das Teilkündigungsrecht nach § 8 Abs. 5 Satz 4 setzt zunächst voraus, dass das **betriebliche Interesse des Arbeitgebers an einer Änderung der festgelegten Verteilung der Arbeitszeit das Interesse des Arbeitnehmers an der Beibehaltung derselben erheblich überwiegt.** Damit macht das Gesetz das Korrekturrecht von einer Interessenabwägung abhängig. Insoweit besteht ein wesentlicher Unterschied zu § 8 Abs. 4 Sätze 1, 2, wonach es für die Ablehnung des Verringerungsanspruchs seitens des Arbeitgebers allein auf das Vorliegen eines betrieblichen Grundes ankommt, ohne dass auch die Interessen des Arbeitnehmers einzubeziehen sind.[414]

184 Das Korrekturrecht fordert zunächst ein **betriebliches Interesse des Arbeitgebers**. Unter Orientierung an § 8 Abs. 4 Satz 2 kann sich ein solches betriebliches Interesse insbesondere aus Gründen der betrieblichen Organisation, des betrieblichen Arbeitsablaufs oder der Sicherheit im Betrieb ergeben.[415] Zu beachten ist, dass das Gesetz gerade nicht von einem betrieblichen Grund spricht, weshalb mit dem betrieblichen Interesse, welches arbeitgeberseits geltend gemacht wird, nicht von vornherein auch eine wesentliche Beeinträchtigung der vorgenannten Belange gefordert ist.

---

413 Im Ergebnis ebenso Boewer, § Rn 293; aA Däubler, ZIP 2001, 217 ff (221).
414 Siehe oben Rn 40.
415 Siehe oben Rn 34 ff.

§ 8 Verringerung der Arbeitszeit

Das geltend gemachte betriebliche Interesse muss abgewogen werden mit dem **Interesse des Arbeitnehmers an der Beibehaltung der festgelegten Verteilung der Arbeitszeit.** Damit ist seitens des Arbeitnehmers, anders als bei dem Anspruch auf Verringerung der Arbeitszeit und deren Verteilung, die Offenlegung der Gründe erforderlich, die für eine Beibehaltung der festgelegten Verteilung sprechen. Ansonsten kann die in § 8 Abs. 5 Satz 4 vorgeschriebene Abwägung nicht vorgenommen werden. 185

In einem dritten Schritt sind dann die jeweils geltend gemachten Interessen abzuwägen, wobei das Korrekturrecht nur besteht, wenn das betriebliche Interesse des Arbeitgebers das Arbeitnehmerinteresse erheblich überwiegt. Damit stellt das Gesetz relativ hohe Anforderungen an das Teilkündigungsrecht des Arbeitgebers, zumal dann, wenn der Arbeitnehmer gewichtige Interessen für die Beibehaltung der festgelegten Verteilung einbringt wie insbesondere die Notwendigkeit der Kinderbetreuung oder auch der Betreuung pflegebedürftiger Angehöriger. Insoweit ist allerdings im Rahmen der Interessenabwägung immer zu prüfen, ob die arbeitnehmerseits geltend gemachten Gründe überhaupt die Beibehaltung bedingen, **wobei in diesem Zusammenhang auch dem Arbeitnehmer zumutbare Anpassungsmaßnahmen in Betracht zu ziehen sind**. Im Hinblick darauf, dass wegen der Notwendigkeit einer Interessenabwägung ein gegebenes betriebliches Interesse des Arbeitgebers als solches nicht für die Begründung des Korrekturrechts ausreicht, kann auch ein noch so zwingender Grund des Arbeitgebers für eine Änderung der festgelegten Verteilung nicht genügen, wenn auf Seiten des Arbeitnehmers gleichfalls ein bedeutsamer Grund für die Beibehaltung der Festlegung gegeben ist und es deshalb an einem erheblichen Überwiegen des Arbeitgeberinteresses fehlt. 186

Das Gesetz verlangt für die Ausübung des Korrekturrechts weiterhin, dass der Arbeitgeber die beabsichtigte Änderung dem Arbeitnehmer **spätestens einen Monat zuvor angekündigt hat.** Die Ankündigung ist **formlos** möglich, was im Vergleich mit dem Schriftformgebot des § 8 Abs. 5 Satz 1 wenig konsequent und im Hinblick auf vorprogrammierte Rechtsstreitigkeiten ebenso kritikwürdig ist wie die Möglichkeit der formlosen Geltendmachung des Anspruchs auf Verringerung der Arbeitszeit durch den Arbeitnehmer.[416] Bei der Ankündigung des Arbeitgebers handelt es sich ihrer **Rechtsnatur** nach um eine empfangsbedürftige Willenserklärung, so dass die Vorschriften der §§ 104 ff BGB Anwendung finden. Die **Fristberechnung** erfolgt nach Maßgabe der §§ 187 Abs. 1, 188 Abs. 2 BGB, wobei für den Beginn der Monatsfrist auf den Zugang der Ankündigung beim Arbeitnehmer abzustellen ist. **Inhaltlich** muss die Ankündigung mindestens den Zeitpunkt enthalten, zu dem eine Neufestlegung der Arbeitszeit erfolgen soll. Wird die Ankündigungsfrist nicht eingehalten, so führt das nicht ohne weiteres zur Unwirksamkeit der Ausübung des Korrekturrechts, vielmehr ist nach allgemeinen Grundsätzen durch Auslegung der Zeitpunkt der Änderung der Arbeitszeitverteilung zu ermitteln. Nicht notwendig als Bestandteil der Ankündigung, jedoch im Zusammenhang mit derselben muss der Arbeitgeber dem Arbeitnehmer auch die **Gründe für die Neufestlegung der Lage der Arbeitszeit** nennen.[417] Das ist im Hinblick darauf erforderlich, dass nur dann der Arbeitnehmer in der Lage ist, zu prüfen, ob der Arbeitgeber ein betriebliches Interesse gel- 187

---

416 Siehe dazu Rn 104.
417 Siehe auch Boewer, § 8 Rn 303.

tend macht, welches das Interesse des Arbeitnehmers an der Beibehaltung erheblich überwiegt.

188 Liegen die Voraussetzungen des § 8 Abs. 5 Satz 4 vor, so wird die im Zuge der Verwirklichung des Anspruchs auf Verringerung der Arbeitszeit **festgelegte Verteilung der Arbeitszeit beseitigt** und der Arbeitgeber kann **unter Ausübung seines Direktionsrechts** nach Maßgabe des § 106 GewO die Lage der Arbeitszeit neu festlegen. Entgegen in der Literatur zT vertretener Auffassung[418] bleibt die neu festgelegte Verteilung der Arbeitszeit auch dann bestehen, wenn das **betriebliche Interesse zu einem Zeitpunkt nach der Ausübung des Korrekturrechts wegfallen sollte**. Insoweit sieht das Gesetz keine entsprechende Rückkehrpflicht zur zuvor festgelegten Verteilung der Arbeitszeit vor und es ist im übrigen auch keine Grundlage für einen entsprechenden Anspruch des Arbeitnehmers ersichtlich. § 8 kann einen solchen Anspruch jedenfalls nicht begründen, da es nicht um die Verringerung der Arbeitszeit geht. Weigert sich der Arbeitnehmer, seine Arbeitsleistung zeitlich entsprechend der arbeitgeberseits nach Ausübung des Korrekturrechts festgelegten Verteilung der Arbeitszeit zu erbringen, so stellt dies eine Pflichtverletzung dar, wenn die Voraussetzungen für die Neufestlegung der Verteilung der Arbeitszeit gegeben waren. Insoweit kann der Arbeitgeber eine Abmahnung aussprechen und im Wiederholungsfall verhaltensbedingt kündigen. Aus Sicht des Arbeitnehmers sollte deshalb bis zu einer gerichtlichen Klärung der berechtigten Ausübung des Korrekturrechts **der arbeitgeberseits neu festgelegten Arbeitszeit Folge geleistet werden.** Hält der Arbeitnehmer die Neufestlegung im Wege der Ausübung des Korrekturrechts nach § 8 Abs. 5 Satz 4 nicht für berechtigt, so kann er eine **Leistungsklage** auf Beschäftigung nach Maßgabe der im Zuge der Verringerung der Arbeitszeit festgelegten Verteilung derselben erheben.

V. Beteiligung des Betriebsrats

189 In der Beschlussempfehlung und dem Bericht des Ausschusses für Arbeit und Sozialordnung zu dem Gesetzentwurf des Teilzeit- und Befristungsgesetzes wird zu § 8 des Entwurfs ausdrücklich darauf hingewiesen, dass die Bestimmungen des Betriebsverfassungsgesetzes zu beachten sind und es einer besonderen Erwähnung des § 87 BetrVG nicht bedarf.[419] Damit machen die Gesetzesmaterialien deutlich, dass die Gewährung des Individualanspruchs auf Verringerung der Arbeitszeit nach § 8 nach den Vorstellungen der Gesetzesverfasser die **Beteiligung des Betriebsrats gemäß den einschlägigen Vorschriften unberührt lassen sollte**. Im Zusammenhang mit dem Anspruch auf Verringerung der Arbeitszeit kommt eine Beteiligung des Betriebsrats ernsthaft nur auf der Grundlage der Mitbestimmungstatbestände des § 87 Abs. 1 Nr. 2 BetrVG betreffend die Lage der Arbeitszeit und des § 99 BetrVG bezogen auf personelle Einzelmaßnahmen in Betracht.

190 Gemäß § 87 Abs. 1 Nr. 2 BetrVG hat der Betriebsrat, soweit eine gesetzliche oder tarifliche Regelung nicht besteht, bei der Festlegung von Beginn und Ende der täglichen Arbeitszeit einschließlich der Pausen sowie der Verteilung der Arbeits-

---

418 Siehe zB Boewer, § 8 Rn 306.
419 Siehe BT-Drucks. 14/4625, S. 20.

zeit auf die einzelnen Wochentage mitzubestimmen. Dieser Mitbestimmungstatbestand ist nicht schon deshalb ausgeschlossen, weil § 8 eine abschließende gesetzliche Regelung im Sinne des Einleitungssatzes von § 87 Abs. 1 BetrVG darstellen würde.[420] Einer solchen Wirkung von § 8 steht entgegen, dass diese Bestimmung **nicht die Regelungsbefugnis des Arbeitgebers bezüglich der Festlegung der Arbeitszeit entsprechend seinem betrieblichen Organisationskonzept beschränkt**, weshalb ein Regelungsspielraum verbleibt, an den die Mitbestimmung des Betriebsrats anknüpfen kann.[421]

Aus § 87 Abs. 1 Nr. 2 BetrVG ergibt sich allerdings **kein Mitbestimmungsrecht des Betriebsrats bezogen auf den Umfang der Arbeitszeit**, vielmehr wird von diesem Tatbestand lediglich die Verteilung der Arbeitszeit erfasst.[422] Damit unterliegt die Reduzierung der Arbeitszeit als solche nicht der Beteiligung des Betriebsrats. 191

Das allein **auf die Verteilung der Arbeitszeit bezogene Mitbestimmungsrecht nach § 87 Abs. 1 Nr. 2 BetrVG** umfasst bei Teilzeitarbeit die Verteilung der Arbeitszeit auf die einzelnen Tage, die Festlegung der Schichtlänge im Rahmen der Dauer der wöchentlichen Arbeitszeit wie auch die Frage, ob die Arbeitsleistung des Arbeitnehmers nach Bedarf oder zu festen Zeiten abgerufen wird.[423] Danach kann im Zusammenhang mit der Geltendmachung eines Anspruchs auf Verringerung der Arbeitszeit eine **Beteiligung des Betriebsrats grundsätzlich insoweit in Betracht kommen, als es um die Verteilung der reduzierten Arbeitszeit geht**. Aber auch hierauf bezogen besteht das Mitbestimmungsrecht nach § 87 Abs. 1 Nr. 2 BetrVG nur, soweit die gewünschte Verteilung der Arbeitszeit einen **kollektiven Bezug** aufweist, dh, kollektive Interessen betroffen sind und sich die tatsächlichen Wirkungen der Arbeitszeitreduzierung und der damit verbundenen Neuverteilung nicht allein auf das Arbeitsverhältnis des seinen Verringerungsanspruch geltend machenden Arbeitnehmers beschränken.[424] Kollektive Interessen sind dann berührt, wenn mit dem Neuverteilungswunsch des Arbeitnehmers bezüglich der verringerten Arbeitszeit **Auswirkungen auf die Arbeitszeit oder sonstige Arbeitsbedingungen anderer Arbeitnehmer** verbunden sind wie zB eine damit einhergehende Arbeitsverdichtung oder Änderung der Arbeitszeiten.[425] Sind solche, außerhalb des einzelnen Arbeitsverhältnisses stehende Drittinteressen im Zuge einer Verringerung der Arbeitszeit und ihrer Neuverteilung nicht betroffen, begrenzen sich deren Auswirkungen vielmehr auf das Arbeitsverhältnis des seinen Anspruch aus § 8 verwirklichenden Arbeitnehmers, so fehlt es an dem für eine Mitbestimmung des Betriebsrats kollektiven Bezug der Vertei- 192

---

420 Siehe BAG, 18.2.2003, 9 AZR 164/02, NZA 2003, 1392 ff (1396); BAG, 16.3.2004, 9 AZR 323/03, NZA 2004, 1047 ff (1051); aA Boewer, § Rn 349.
421 BAG, 18.2.2003, 9 AZR 164/02, NZA 2003, 1392 ff (1396).
422 BAG, 18.2.2003, 9 AZR 164/02, NZA 2003, 1392 ff (1396).
423 BAG, 18.2.2003, 9 AZR 164/02, NZA 2003, 1392 ff (1396) mwN; zur Mitbestimmung bei Abrufarbeit siehe BAG, 28.9.1988, 1 ABR 41/87, NZA 1989, 184 ff (185).
424 Siehe BAG, 16.3.2004, 9 AZR 323/03, NZA 2004, 1047 ff (1052); allgemein zur Notwendigkeit eines kollektiven Tatbestandes als Voraussetzung für die Mitbestimmung nach § 87 BetrVG Richardi, in: Richardi, Betriebsverfassungsgesetz, 8. Aufl. § 87 Rn 15 ff.
425 Siehe BAG, 16.3.2004, 9 AZR 323/03, NZA 2004, 1047 ff (1052).

lung der Teilzeit-Arbeitszeit mit der Folge, dass dem Betriebsrat ein Mitbestimmungsrecht nach § 87 Abs. 1 Nr. 2 BetrVG nicht zusteht.[426]

193 Besteht eine **Betriebsvereinbarung**, in welcher die Verteilung der Arbeitszeit (auch) für Teilzeitarbeit geregelt ist, so gelten die vorstehenden Grundsätze genauso: Fehlt es an einem kollektiven Bezug der Neuverteilung der reduzierten Arbeitszeit, so kommt ein Mitbestimmungsrecht des Betriebsrats auch dann nicht in Betracht, wenn die Vereinbarung über die Festlegung der Arbeitszeit von den Regelungen der Betriebsvereinbarung abweicht.[427] Sind kollektive Interessen betroffen, so können in diesem Fall die Abweichung von einer Betriebsvereinbarung und ein Ausschluss des Mitbestimmungsrechts des Betriebsrats auch nicht über das Günstigkeitsprinzip begründet werden.[428]

194 Macht der Arbeitgeber bei Vorliegen der entsprechenden Voraussetzungen von seinem **Korrekturrecht** nach § 8 Abs. 5 Satz 4 Gebrauch,[429] so folgt ein kollektiver Bezug der dann kraft Direktionsrechts festzulegenden Verteilung der Arbeitszeit nicht schon allein daraus, dass die wirksame Ausübung des Korrekturrechts unter anderem das Vorliegen eines betrieblichen Interesses auf Seiten des Arbeitgebers erfordert.[430] Das betriebliche Interesse des Arbeitgebers kann vielfältiger Art sein und **begründet als solches noch nicht den kollektiven Bezug**, der für die Bejahung des Mitbestimmungsrechts nach § 87 Abs. 1 Nr. 2 BetrVG erforderlich ist. Auch hier ist bei der arbeitgeberseitigen Neufestlegung der Arbeitszeit zu prüfen, ob damit Auswirkungen auf andere Arbeitnehmer und deren Arbeitsverhältnisse verbunden sind, etwa dergestalt, dass zugleich deren Arbeitszeit neu festgelegt wird.

195 Die Verwirklichung des Anspruchs auf Verringerung der Arbeitszeit begründet **kein Mitbestimmungsrecht des Betriebsrats nach § 99 BetrVG**. Insoweit stellt die Fortführung der Tätigkeit des Arbeitnehmers im Rahmen eines nur noch reduzierten Arbeitszeitumfangs keine Einstellung im Sinne des § 99 Abs. 1 Satz 1 BetrVG dar. Eine solche ist nach der ständigen Rechtsprechung des BAG dann gegeben, wenn Personen in den Betrieb eingegliedert werden, um zusammen mit den dort schon beschäftigten Arbeitnehmern den arbeitstechnischen Zweck des Betriebs durch weisungsgebundene Tätigkeit zu verwirklichen.[431] Dabei kommt eine Einstellung nicht nur bei der erstmaligen Eingliederung in Betracht, vielmehr ist nach der Rechtsprechung des BAG entsprechend Sinn und Zweck des Mitbestimmungsrechts aus § 99 Abs. 1 Satz 1 BetrVG von einer solchen auch dann auszugehen, wenn sich die Umstände der Beschäftigung ohne Vorliegen einer Versetzung aufgrund einer neuen Vereinbarung grundlegend ändern.[432] Hieran anknüpfend hat das BAG etwa in den Fällen einer unbefristeten Fortsetzung eines zuvor befristeten Arbeitsverhältnisses,[433] der Fortführung

---

426 Siehe BAG, 16.3.2004, 9 AZR 323/03, NZA 2004, 1047 ff (1052). Siehe dazu, dass das Fehlen kollektiver Auswirkungen im Zeitpunkt der Entscheidung des Arbeitgebers über den Arbeitszeitwunsch feststehen muss, um das Eingreifen des Mitbestimmungstatbestand zu verhindern, oben Rn 67.
427 Siehe BAG, 16.3.2004, 9 AZR 323/03, NZA 2004, 1047 ff (1052) und oben Rn 67.
428 Siehe dazu oben Rn 68.
429 Dazu oben Rn 180 ff.
430 So aber etwa Boewer, § 8 Rn 347.
431 Siehe nur BAG, 28.4.1998, 1 ABR 63/97, NZA 1998, 1352 ff (1353).
432 Siehe BAG, 28.4.1998, 1 ABR 63/97, NZA 1998, 1352 ff (1353).
433 Siehe BAG, 7.8. 1990, NZA 1991, 150 f.

des Arbeitsverhältnisses über eine vorgesehene Altersgrenze hinaus[434] wie auch der nach Antritt des Erziehungsurlaubs (heute Elternzeit) vereinbarten aushilfsweisen befristeten Teilzeitbeschäftigung[435] das Vorliegen einer Einstellung und die daraus folgende Beteiligung des Betriebsrats bejaht. Unabhängig davon, ob dieser Rechtsprechung überhaupt oder im Einzelfall zuzustimmen ist, fehlt es auch unter Zugrundelegung des Einstellungsbegriffs im Sinne der Rechtsprechung des BAG im Falle der Reduzierung der Arbeitszeit nach § 8 an einer Einstellung des Arbeitnehmers. Der bereits eingegliederte Arbeitnehmer wird durch die Verringerung der Arbeitszeit nicht erneut eingegliedert, es handelt sich **nicht um eine grundlegende Änderung der Umstände der Beschäftigung**, wie seitens des BAG zur Aktivierung des Mitbestimmungsrechts gefordert. Das gilt auch im Vergleich zu dem Vorgang der Vereinbarung einer Teilzeitbeschäftigung nach Antritt der Elternzeit, also zu einem Zeitpunkt, zu dem der Elternteil zuvor bereits (vorübergehend) ganz ausgeschieden war. Hier kehrt der Arbeitnehmer mit Vereinbarung der Aufnahme einer Teilzeitbeschäftigung während der Elternzeit tatsächlich in den Betrieb zurück, worin allerdings eine grundlegende Änderung der Umstände der Beschäftigung gesehen werden kann, denn vor der Teilzeitvereinbarung war der Elternzeit-Arbeitnehmer suspendiert und tatsächlich nicht beschäftigt. Die bloße Reduzierung der Arbeitszeit eines sowieso beschäftigten Arbeitnehmers beinhaltet keine vergleichbar grundlegende Änderung der Beschäftigungsumstände. Im Übrigen scheitert ein Mitbestimmungsrecht des Betriebsrats unter dem Gesichtspunkt der Einstellung im Sinne des § 99 Abs. 1 Satz 1 BetrVG auch daran, **dass dessen Ausübung einen Regelungsspielraum des Arbeitgebers voraussetzt,**[436] **an dem es jedoch im Falle des § 8 fehlt.** Liegen die Voraussetzungen vor, so hat der Arbeitnehmer einen Anspruch auf Verringerung der Arbeitszeit, der dem Arbeitgeber keinen Entscheidungsspielraum lässt, an welchen ein Mitbestimmungsrecht des Betriebsrats anknüpfen könnte.[437]

Eine Mitbestimmung des Betriebsrats nach § 99 BetrVG kommt auch nicht unter Anknüpfung an den **Tatbestand der Versetzung** im Sinne der §§ 99 Abs. 1 Satz 1, 95 Abs. 3 BetrVG in Betracht. Die bloße Veränderung der Dauer der Beschäftigung, sei es die Verlängerung oder die Verkürzung der Arbeitszeit, **stellt keine Versetzung** im Sinne der genannten Vorschriften dar.[438] Eine Änderung des Umfangs der Arbeitszeit wie deren Verringerung nach § 8 beinhaltet weder die Zuweisung eines anderen Arbeitsbereichs noch eine erhebliche Änderung der Umstände der Arbeitsleistung im Sinne des § 95 Abs. 3 BetrVG.[439]

196

---

434 Siehe BAG, 20.12.1988, 1 ABR 68/87, NZA 1989, 518 ff (529).
435 Siehe BAG, 28.4.1998, 1 ABR 63/97, NZA 1998, 1352 ff.
436 Siehe BAG, 28.4.1998, 1 ABR 63/97, NZA 1998, 1352 ff (1354).
437 Vgl. BAG, 28.4.1998, 1 ABR 63/97, NZA 1998, 1352 ff (1354), das im Hinblick darauf, dass nach § 15 BErzGG aF der Arbeitnehmer keinen Anspruch auf Verringerung der Arbeitszeit während der Elternzeit hatte, gerade den für das Mitbestimmungsrecht erforderlichen Regelungsspielraum des Arbeitgebers bejaht hat.
438 Siehe BAG, 16.7.1991, 1 ABR 71/90, NZA 1992, 180 f (181).
439 Siehe BAG, 16.7.1991, 1 ABR 71/90, NZA 1992, 180 f (181).

VI. Verhältnis zu anderen Regelungen über eine Verringerung der Arbeitszeit

197 Die Regelung des § 8 stellt keine alleinige Rechtsgrundlage für einen Anspruch auf Verringerung der Arbeitszeit dar. Darüber hinaus gibt es eine **Reihe weiterer gesetzlicher oder untergesetzlicher Bestimmungen**, die Arbeitnehmern unter im Einzelnen unterschiedlichen Voraussetzungen die Möglichkeit einräumen, im Rahmen eines bestehenden Arbeitsverhältnisses die ursprünglich vereinbarte Arbeitszeit zu reduzieren. Hierzu gehören der Anspruch auf Teilzeitbeschäftigung für schwerbehinderte Menschen nach § 81 Abs. 5 Satz 3 SGB IX, der Anspruch auf Verringerung der Arbeitszeit während der Elternzeit nach § 15 Abs. 5 bis 7 BEEG, die Möglichkeit der Inanspruchnahme von Altersteilzeit nach Maßgabe des Altersteilzeitgesetzes sowie tarifvertraglich eingeräumte Ansprüche auf Verringerung der Arbeitszeit wie etwa § 15b BAT (§ 11 TVöD).

198 **Nach § 81 Abs. 5 Satz 3 SGB IX haben schwerbehinderte Menschen einen Anspruch auf Teilzeitbeschäftigung,** wenn die kürzere Arbeitszeit wegen Art oder Schwere der Behinderung notwendig ist. Der Anspruch besteht gemäß § 81 Abs. 5 Satz 3, Abs. 4 Satz 3 SGB IX nicht, soweit seine Erfüllung für den Arbeitgeber nicht zumutbar oder mit unverhältnismäßigen Aufwendungen verbunden wäre, oder soweit die staatlichen oder berufsgenossenschaftlichen Arbeitsschutzvorschriften oder beamtenrechtlichen Vorschriften entgegenstehen. Der Anspruch auf Verringerung der Arbeitszeit nach § 81 Abs. 5 Satz 3 besteht für schwerbehinderte Menschen **neben dem Anspruch aus § 8**.[440] Diese können ihre vertraglich vereinbarte Arbeitszeit mithin grundsätzlich wahlweise nach der einen oder anderen Vorschrift verringern. § 81 Abs. 5 Satz 3 SGB IX stellt jedoch jenseits weiterer Erleichterungen vor allem im Hinblick darauf die für den schwerbehinderten Menschen vorteilhaftere Rechtsgrundlage dar, als hier das Verlangen des Arbeitnehmers nach Teilzeitbeschäftigung bei Vorliegen der maßgebenden Voraussetzungen unmittelbar die Verringerung des zeitlichen Umfangs der geschuldeten Arbeitsleistung bewirkt. Anders als nach der für den Anspruch aus § 8 geltenden Vertragslösung[441] bedarf es bei einem Vorgehen nach § 81 Abs. 5 Satz 3 SGB IX keiner Zustimmung des Arbeitgebers zur Verringerung der Arbeitszeit.[442] Ist die Geltendmachung des Anspruchs aus § 8 wegen Eingreifens der Sperrfrist nach § 8 Abs. 6[443] ausgeschlossen, so kann der schwerbehinderte Arbeitnehmer gleichwohl während des Zweijahreszeitraums nach § 81 Abs. 5 Satz 3 SGB IX vorgehen. Im Hinblick auf die besondere Zielsetzung dieses Verringerungsanspruchs, dem schwerbehinderten Arbeitnehmer eine seiner Behinderung entsprechende Beschäftigung zu ermöglichen, kann die Sperrfrist insoweit keine über § 8 hinausgehende Wirkung entfalten. Der schwerbehinderte Arbeitnehmer ist allerdings auf § 81 Abs. 5 Satz 3 SGB IX verwiesen, wenn der Verringerungsanspruch nach § 8 wegen des Ruhens des Arbeitsverhältnisses nicht in Betracht kommen kann. Eine Verringerung nach dieser Vorschrift setzt nämlich voraus, dass der Arbeitnehmer überhaupt zur Arbeitsleistung in einem festgelegten zeitlichen Umfang verpflichtet ist.[444] Wird das Ruhen des Arbeitsverhältnisses

---

440 Vgl. BAG, 14.10.2003, 9 AZR 100/03, NZA 2004, 614 ff (616).
441 Siehe oben Rn 143.
442 Siehe BAG, 14.10.2003, 9 AZR 100/03, NZA 2004, 614 ff (617).
443 Dazu oben Rn 134 ff.
444 Siehe BAG, 14.10.2003, 9 AZR 100/03, NZA 2004, 614 ff (616) und oben Rn 94.

durch eine tarifvertragliche Regelung für die Bewilligungsdauer einer Rente wegen Erwerbsminderung angeordnet, so kann eine solche Tarifnorm nicht den Anspruch aus § 81 Abs. 5 Satz 3 SGB IX beseitigen, sofern der Arbeitnehmer trotz der Erwerbsminderung seine Arbeitsleistung noch in verringertem Umfang erbringen kann, dies auch verlangt und die Erbringung der Arbeitsleistung im Rahmen verminderter Arbeitszeit dem Arbeitgeber zumutbar ist.[445]

Bezogen auf das **Verhältnis zwischen den Ansprüchen auf Verringerung der Arbeitszeit nach § 8 einerseits und § 15 Abs. 5 bis 7 BEEG während der Elternzeit andererseits** ist zu unterscheiden. **Bis zum Zeitpunkt des Beginns der Elternzeit** kann der Arbeitnehmer seine vertraglich vereinbarte Arbeitszeit ab dem Zeitpunkt des Beginns der Elternzeit nach § 8 reduzieren. Im Hinblick darauf, dass der Arbeitnehmer nach § 15 Abs. 5 Satz 4 BEEG seine vor der Elternzeit ausgeübte Teilzeitarbeit unverändert während der Elternzeit fortsetzen kann, und zwar unabhängig davon, ob die Fortsetzung mit Beginn der Elternzeit oder erst zu einem späteren Zeitpunkt danach während der Elternzeit erfolgt,[446] besteht, sofern die Sperrfrist des § 8 Abs. 6 nicht eingreift, die Möglichkeit, den Umfang der Arbeitszeit auch während der Elternzeit erneut auf der Grundlage von § 8 zu reduzieren. 199

Verringert der Arbeitnehmer seine Arbeitszeit bezogen auf den **Zeitraum der Elternzeit** auf der Grundlage des § 15 Abs. 5 bis 7 BEEG, dann ist zu beachten, dass nach § 15 Abs. 6 BEEG der Elternzeit-Arbeitnehmer während der Gesamtdauer der Elternzeit höchstens zweimal eine Verringerung seiner Arbeitszeit beanspruchen kann. Bezogen auf das Verhältnis zu § 8 hat diese Regelung zur Folge, dass nach Ausschöpfung der zweimaligen Verringerungsmöglichkeit **nicht über den allgemeinen Verringerungsanspruch nach § 8 während der Elternzeit** eine weitere Arbeitszeitreduzierung in Betracht kommen kann. Der Grund hierfür liegt darin, dass die Begrenzung der Verringerungsmöglichkeiten nach § 15 Abs. 6 BEEG zum Schutze des Arbeitgebers vor dem mit einer Arbeitszeitreduzierung verbundenen Planungs- und Organisationsaufwand besteht und insofern nicht durch den Rückgriff auf den allgemeinen Verringerungsanspruch nach § 8 ausgehebelt werden kann. 200

Will der während der Elternzeit nicht oder teilzeitbeschäftigte Arbeitnehmer nach Beendigung der Elternzeit nicht zum Umfang seiner Arbeitszeit vor Inanspruchnahme der Elternzeit zurückkehren,[447] sondern weiterhin nur mit einer reduzierten Dauer der Arbeitszeit tätig sein, so kann er die **Verringerung seiner Arbeitszeit nach dem Ende der Elternzeit nur nach Maßgabe des § 8 beanspruchen**.[448] Nichts steht entgegen, bereits während der Elternzeit unter Einhaltung der Ankündigungsfrist des § 8 Abs. 2 Satz 1 den Anspruch auf Verringerung bezogen auf diesen Zeitpunkt geltend zu machen. 201

---

445 BAG, 14.10.2003, 9 AZR 100/03, NZA 2004, 614 ff (617).
446 Siehe BAG, 27.4.2004, 9 AZR 21/04, BB 2004, 2245 ff (2246), im zuletzt genannten Fall allerdings nur unter den Voraussetzungen, die für den Anspruch auf Verringerung der Arbeitszeit maßgebend sind, siehe BAG, aaO
447 Wozu er grundsätzlich verpflichtet ist, was jedoch in § 15 Abs. 5 Satz 3 BErzGG mit der Betonung eines diesbezüglichen Rechts nur unzureichend deutlich gemacht wird.
448 Sofern nicht sonstige Anspruchsgrundlagen in Betracht kommen, etwa § 81 Abs. 5 Satz 3 SGB IX.

202 Übt der Arbeitnehmer **während der Elternzeit keine Teilzeittätigkeit** aus, so kommt bezogen auf diesen Zeitraum ein Anspruch auf Verringerung der Arbeitszeit nach § 8 **nicht in Betracht**. Die Inanspruchnahme von Elternzeit führt zur **Suspendierung der jeweiligen Hauptleistungspflichten** und damit zum Ruhen des Arbeitsverhältnisses,[449] was eine Anwendung des § 8 ausschließt. Denn dieser Anspruch setzt voraus, dass der Arbeitnehmer **überhaupt zur Arbeitsleistung in einem festgelegten zeitlichen Umfang verpflichtet ist**, woran es fehlt, wenn das Arbeitsverhältnis ruht.[450]

203 Das **Altersteilzeitgesetz** vom 23.7.1996[451] begründet, anders als § 8, als solches für den Arbeitnehmer **keinen Anspruch auf Verringerung der Arbeitszeit**. Ein Anspruch auf Altersteilzeitarbeit im Sinne der Reduzierung der Arbeitszeit auf die Hälfte der bisherigen wöchentlichen Arbeitszeit[452] kann sich allein aufgrund einer **kollektivrechtlichen oder kirchenrechtlichen Regelung** oder einer **individualvertraglichen Verein**barung ergeben,[453] sofern die übrigen Maßgaben der arbeitnehmer- und arbeitgeberbezogenen Voraussetzungen der §§ 2, 3 ATzG für einen Anspruch des Arbeitgebers auf Erstattungsleistungen gemäß § 4 ATzG gegen die Bundesagentur für Arbeit beachtet werden. Ein solcher kollektivrechtlich oder einzelvertraglich begründeter **Anspruch auf Altersteilzeit besteht neben** § 8, dieser wird nicht verdrängt. Der Anspruch aus § 8 besteht auch während der Altersteilzeit, seine Geltendmachung verbunden mit einer weiteren Verringerung der Arbeitszeit führt allerdings zum Wegfall der Voraussetzungen des arbeitgeberseitigen Erstattungsanspruchs nach § 4 ATzG, weil die Altersteilzeitarbeit nach § 2 Abs. 1 Nr. 2 ATzG eine Arbeitsleistung im Umfang der Hälfte der bis zum Wechsel in Altersteilzeit erbrachten Arbeitszeit erfordert.

204 Will ein **rentenberechtigter Arbeitnehmer** von der **Möglichkeit der Teilrente nach § 42 Abs. 1, Abs. 2 SGB VI** Gebrauch machen und zugleich in einem nur noch reduzierten Umfang weiterarbeiten, so steht ihm wie jedem Arbeitnehmer der Anspruch auf Verringerung der Arbeitszeit nach § 8 zu.[454] Der in § 42 Abs. 3 SGB VI geregelte Anspruch des Arbeitnehmers auf Erörterung einer Einschränkung der Arbeitsleistung wegen der beabsichtigten Inanspruchnahme einer Teilrente stellt insoweit keine den Verringerungsanspruch nach § 8 verdrängende lex specialis dar. Das folgt daraus, dass § 42 Abs. 3 SGB VI mit Einführung des Teilrentenanspruchs zum 1. Januar 1992 als begleitende arbeitsrechtliche Regelung zu einem Zeitpunkt geschaffen wurde, als es noch keinen allgemeinen Anspruch auf Verringerung der Arbeitszeit gab, um eine, wenn auch mangels Anspruchs unzureichende, arbeitsrechtliche Flankierung der mit dem Teilrentenkonzept verfolgten Möglichkeit eines gleitenden Übergangs in den Ruhestand zu schaffen. Mit § 8 hat § 42 Abs. 3 SGB VI jegliche Bedeutung verloren.

205 Bezogen auf das **Verhältnis zwischen § 8 und tarifvertraglich geregelten Ansprüchen auf Verringerung der Arbeitszeit** können diese nach § 22 Abs. 1 nur Wirksamkeit entfalten, sofern sie nicht zuungunsten des Arbeitnehmers von den Vor-

---

449 Siehe nur BAG, 12.1.2000, 10 AZR 840/98, NZA 2000, 944 ff (945); BAG, 2.12.1999, 8 AZR 796/98, NZA 2000, 369 ff (370); BAG, 16.7.1997, 5 AZR 309/96, BAGE Bd. 86, 162 ff (165).
450 BAG, 14.10.2003, 9 AZR 100/03, NZA 2004, 614 ff (616).
451 BGBl. 1996 I, 1087.
452 Siehe § 2 Abs. 1 Nr. 2 ATzG.
453 Siehe § 3 Abs. 1 ATzG.
454 Siehe schon oben Rn 163.

schriften des Teilzeit- und Befristungsgesetzes und damit insbesondere auch dem in § 8 niedergelegten Anspruch abweichen.[455] **Günstigere tarifvertragliche Bestimmungen** sind damit nicht ausgeschlossen. Hierzu gehört auch die Regelung des § 15b BAT (§ 11 TVÖD), die unter bestimmten Voraussetzungen einen Anspruch auf Arbeitszeitreduzierung wegen der Betreuung von Kindern oder pflegebedürftigen Angehörigen einräumt,[456] im Hinblick darauf, dass § 15b BAT es den Arbeitnehmern ermöglicht, die Arbeitszeit befristet herabzusetzen, damit also nach Ablauf der Befristung wieder zum ursprünglichen Umfang der Arbeitszeit zurückkehren zu können.[457] Im Rahmen von § 8 ist das nicht möglich.[458] Macht ein Arbeitnehmer im öffentlichen Dienst von der Möglichkeit des § 15b BAT Gebrauch, so ist er während der Zeit der hiernach erfolgten befristeten Herabsetzung der Arbeitszeit gehindert, den Anspruch aus § 8 geltend zu machen, wenn nicht ausdrücklich etwas anderes zwischen Arbeitnehmer und Arbeitgeber vereinbart worden ist. Das folgt daraus, dass auch der Arbeitnehmer aufgrund der über § 15b BAT befristeten Änderung der Arbeitszeit an die Befristung gebunden ist.

§ 9 Verlängerung der Arbeitszeit

Der Arbeitgeber hat einen teilzeitbeschäftigten Arbeitnehmer, der ihm den Wunsch nach einer Verlängerung seiner vertraglich vereinbarten Arbeitszeit angezeigt hat, bei der Besetzung eines entsprechenden freien Arbeitsplatzes bei gleicher Eignung bevorzugt zu berücksichtigen, es sei denn, dass dringende betriebliche Gründe oder Arbeitszeitwünsche anderer teilzeitbeschäftigter Arbeitnehmer entgegenstehen.

Literatur: *Hanau*, Offene Fragen zum Teilzeitgesetz, NZA 2001, 1168 ff; *Gotthardt*, Teilzeitanspruch und einstweiliger Rechtsschutz, NZA 2001, 1183 ff; *Link/Fink*, Ende der unternehmerischen Entscheidungsfreiheit?, AuA 2001, 155 ff; *Preis/Gotthardt*, Das Teilzeit- und Befristungsgesetz, DB 2001, 145 ff; *Rudolf*, Die Verlängerung der Arbeitszeit gemäß § 9 TzBfG, 2003; *Schüren*, Die Mitbestimmung des Betriebsrats bei der Änderung der Arbeitszeit nach dem TzBfG, ArbuR 2001, 321 ff.

I. Normzweck 1	c) Gleiche Eignung des Teilzeitarbeitnehmers im Vergleich mit anderen Bewerbern 25
II. Anwendungsbereich 4	
III. Voraussetzungen 10	
1. Positive Voraussetzungen 13	
a) Anzeige des Wunsches nach Verlängerung der Arbeitszeit 13	2. Negative Voraussetzungen 29
	IV. Rechtsfolgen und prozessuale Fragen 35
b) Besetzung eines entsprechenden freien Arbeitsplatzes 19	V. Beteiligung des Betriebsrats .. 41

---

455 Siehe BAG, 18.3.2003, 9 AZR 126/02, ZTR 2004, 143 ff (144). Zur tarifvertraglichen Regelung von Ablehnungsgründen siehe oben Rn 72 ff.
456 Zum Verstoß dieser Regelung gegen § 4 Abs. 1 unter dem Gesichtspunkt, dass hiernach die Arbeitszeitverringerung nur vollbeschäftigten Arbeitnehmern eingeräumt wird, siehe BAG, 18.3.2003, 9 AZR 126/02, DB 2004, 319 ff (320).
457 Siehe BAG, 18.3.2003,, DB 2004, 319 ff (320).
458 Siehe oben Rn 91, der Arbeitnehmer kann eine Rückkehr allein nach Maßgabe des § 9 realisieren.

I. Normzweck

1 Mit der Regelung des § 9 wird § 5 Abs. 3 lit. b) und c) der Rahmenvereinbarung über Teilzeitarbeit (Rl 97/81/EG) umgesetzt.[1] § 9 räumt teilzeitbeschäftigten Arbeitnehmern mit dem Wunsch nach einer Verlängerung ihrer Arbeitszeit bei Vorliegen der maßgebenden Voraussetzungen **einen Anspruch auf bevorzugte Berücksichtigung bei der Besetzung eines freien Arbeitsplatzes** ein, sofern nicht einer der im Gesetz genannten Ausnahmetatbestände gegeben ist.

2 Im Hinblick auf das Erfordernis der Anzeige eines Wunsches nach Verlängerung der Arbeitszeit korrespondiert die Vorschrift mit § 7 Abs. 2.[2] Darüber hinaus steht § 9, wie auch die systematische Stellung deutlich macht, seiner **Zwecksetzung nach in engem Zusammenhang mit dem in § 8 geregelten Anspruch auf Verringerung der Arbeitszeit**. Das erschließt sich allerdings erst auf den zweiten Blick. Ausgehend von der grundlegenden Zielsetzung des Teilzeit- und Befristungsgesetzes, neben einem Beitrag zur Beseitigung geschlechtsbezogener Diskriminierung vor allem aus beschäftigungspolitischen Gründen die Ausweitung von Teilzeitarbeit zu fördern und dadurch Arbeitsplätze zu sichern und neue Arbeitsplätze zu schaffen,[3] **kommt § 9 die Funktion zu, die Entscheidung für Teilzeitarbeit nach Maßgabe des § 8 zu erleichtern**, indem die Möglichkeit eröffnet wird, auch wieder die Vereinbarung einer längeren Arbeitszeit erreichen zu können.[4] Denn § 8 beinhaltet nur einen Anspruch auf unbefristete Herabsetzung der Arbeitszeit.[5] Insoweit passt sich der Anspruch nach § 9 in das Teilzeitarbeit-Förderungskonzept des Gesetzes ein, und zwar nicht nur bezogen auf Arbeitnehmer, die von der Möglichkeit der Verringerung der Arbeitszeit nach § 8 Gebrauch gemacht haben, sondern auch **im Hinblick auf solche Arbeitnehmer, die von vornherein nur als Teilzeitbeschäftigte eingestellt worden sind**. Denn auch bezüglich dieses Personenkreises lässt sich sagen, dass die mögliche Aussicht auf eine uU Vollzeittätigkeit die Bereitschaft zur Aufnahme zunächst nur einer Teilzeitbeschäftigung fördern kann.[6]

3 **Beschäftigungspolitisch problematisch** ist das Konzept des § 9 unter dem Gesichtspunkt, dass mit der Verpflichtung des Arbeitgebers zur Bevorzugung von teilzeitbeschäftigten Arbeitsplatzinhabern bei der Besetzung freier Arbeitsplätze die Hintanstellung Außenstehender und damit vor allem auch arbeitsloser Personen wiederum einmal gesetzlich nicht nur unterstützt, sondern sogar vorgegeben wird.[7]

---

1 Zur Entstehungsgeschichte auf Gemeinschaftsebene und Umsetzung in das deutsche Recht siehe ausführlich Rudolf, Die Verlängerung der Arbeitszeit gemäß § 9 TzBfG, 2003, S. 25 ff.
2 Siehe auch Boewer, § 9 Rn 2 und oben § 7 Rn 11.
3 Siehe BT-Drucks. 14/4374, S. 1 und S. 11 f.
4 Siehe BT-Drucks. 14/4374, S. 12.
5 Siehe BAG, 19.8.2003, 9 AZR 542/02, ZTR 2004, 542 ff (544). Siehe auch zu § 8 Rn 91.
6 Zu eng deshalb Rudolf, Die Verlängerung der Arbeitszeit gemäß § 9 TzBfG, 2003, S. 62 f, der § 9 im Hinblick auf die Einbeziehung auch solcher Teilzeitarbeitnehmer sogar wegen unverhältnismäßigen Eingriffs in die Berufsfreiheit des Arbeitgebers unter dem Gesichtspunkt der Ungeeignetheit nach Art. 12 Abs. 1 GG für verfassungswidrig hält.
7 Diese Privilegierung von Arbeitsplatzinhabern findet vor allem auch im kollektiven Arbeitsrecht statt, siehe wesentlich die betriebsverfassungsrechtlichen Vorschriften des § 93 BetrVG und §§ 99 BetrVG, hier insbesondere die Zustimmungsverweigerungsgründe in § 99 Abs. 2 Nr. 3 und 5 BetrVG.

II. Anwendungsbereich

Ihrem **persönlichen Anwendungsbereich** nach gilt die Regelung des § 9 für **teilzeitbeschäftigte Arbeitnehmer**. Das sind nach § 2 Abs. 1 Satz 1 alle Arbeitnehmer, deren regelmäßige Wochenarbeitszeit kürzer ist als die eines vergleichbaren vollzeitbeschäftigten Arbeitnehmers.[8] Dazu gehören geringfügig Beschäftigte im Sinne des § 8 Abs. 1 Nr. 1 SGB IV, wie § 2 Abs. 2 klarstellt, ebenso wie Arbeitnehmer, deren Arbeitszeit im Vergleich mit der eines vollzeitbeschäftigten Arbeitnehmers nur geringfügig kürzer ist.[9]

Trotz des engen Zusammenhangs mit dem in § 8 niedergelegten Anspruch auf Verringerung der Arbeitszeit findet § 9 nicht nur auf Arbeitnehmer, die von dieser Möglichkeit Gebrauch gemacht haben, Anwendung.[10] Sie gilt darüber hinaus, wie Wortlaut und Gesetzesbegründung[11] deutlich machen, **auch für Arbeitnehmer, die bereits als Teilzeitbeschäftigte eingestellt wurden** und den Wunsch nach einer Verlängerung ihrer Arbeitszeit haben.[12]

Schließlich erfasst § 9 teilzeitbeschäftigte Arbeitnehmer unabhängig davon, ob sie in einem **befristeten oder unbefristeten Arbeitsverhältnis** stehen[13] oder ein **Abrufarbeitsverhältnis**[14] vereinbart haben.[15]

Ebenso wie der Anspruch auf Verringerung der Arbeitszeit nach § 8 nur geltend gemacht werden kann, wenn überhaupt eine Pflicht zur Arbeitsleistung besteht,[16] kann auch eine Verlängerung nur für Zeiträume in Betracht kommen, in denen der Arbeitnehmer **zur Arbeitsleistung in einem festgelegten zeitlichen Umfang verpflichtet** ist. Während des Ruhens der Arbeitspflicht ist deshalb eine Verlängerung nicht möglich, was aber eine Mitteilung des Wunsches im Sinne von § 9 bezogen auf folgende Zeiträume der Leistungserbringung nicht ausschließt.[17]

Bezogen auf seinen **sachlichen Anwendungsbereich** gilt § 9 für teilzeitbeschäftigte Arbeitnehmer **unabhängig von der Größe des Unternehmens, insbesondere von der Zahl der Arbeitnehmer**, die ein Arbeitgeber beschäftigt.[18] Insoweit hat der Gesetzgeber bei der Verlängerung der Arbeitszeit keine dem § 8 Abs. 7 vergleichbare Schutzregelung zugunsten des Arbeitgebers aufgenommen. Angesichts der klaren Entscheidung des Gesetzgebers ist das Vorliegen einer Lücke des Gesetzes, die durch analoge Anwendung des § 8 Abs. 7 zu schließen wäre,

---

8 Siehe näher § 2 Rn 5 ff.
9 Nach der Definition des § 2 Abs. 1 Satz 1 liegt eine Teilzeitbeschäftigung schon vor, wenn die regelmäßige Wochenarbeitszeit eines Vollzeitarbeitnehmers nur geringfügig unterschritten wird, siehe dazu BAG, 18.3.2003, 9 AZR 126/02, DB 2004, 319 ff (320 f), hier im Zusammenhang mit tariflicher Arbeitszeit.
10 Siehe nur BT-Drucks. 14/43/74, S. 18.
11 Siehe BT-Drucks. 14/4374, S. 18.
12 Zur Vereinbarkeit mit dem Gesetzeszweck s. oben Rn 2.
13 Siehe auch HWK/Schmalenberg, § 9 TzBfG Rn 2; Boewer, § 9 Rn 7; Rudolf, Die Verlängerung der Arbeitszeit gemäß § 9 TzBfG, 2003, S. 92 ff.
14 Zum Begriff s. § 12 Rn 4 ff.
15 Zutreffend Boewer, § 9 Rn 7.
16 Siehe BAG, 14.10.2003, 9 AZR 100/03, NZA 2004, 614 ff (616) und § 8 Rn 94.
17 Zutreffend Rudolf, Die Verlängerung der Arbeitszeit gemäß § 9 TzBfG, 2003, S. 79 f.
18 Siehe auch Annuß/Thüsing/*Jacobs*, § 9, Rn 7; Rudolf, Die Verlängerung der Arbeitszeit gemäß § 9 TzBfG, 2003, S. 138 mwN und Fn. 280.

zu verneinen.[19] Das ändert nichts daran, dass wegen der vergleichbaren Schutzbedürftigkeit von Arbeitgebern mit einer nur geringen Zahl von Beschäftigten[20] de lege ferenda eine § 8 Abs. 7 entsprechende Schwellenwertregelung in § 9 aufgenommen werden sollte.

9 In **zeitlicher Hinsicht** ist der Anwendungsbereich des § 9 unbegrenzt. Die Regelung enthält weder eine § 8 Abs. 1 vergleichbare Wartefrist, noch ist arbeitnehmerseits eine § 8 Abs. 2 Satz 1 entsprechende Ankündigungsfrist einzuhalten. Auch hier ist angesichts der eindeutigen Entscheidung des Gesetzgebers gerade im Unterschied zu der Aufnahme von Fristkautelen in § 8 das Vorliegen einer Lücke, die eine analoge Anwendung der genannten Regelungen des § 8 begründen könnte, zu verneinen.[21] Mangels Notwendigkeit der Einhaltung einer Ankündigungsfrist kann der Verlängerungswunsch im Sinne des § 9 jederzeit, und zwar auch noch im Rahmen eines zur Besetzung eines freien Arbeitsplatzes laufenden Bewerbungsverfahrens, mitgeteilt werden. Arbeitgeberseits gesetzte Grenzen durch Bewerbungsfristen, die eine ordnungsgemäße und vor allem zeitlich planbare Durchführung des Besetzungsverfahrens sicherstellen sollen, berechtigen allerdings zur Nichtbeachtung eines Verlängerungswunsches, wenn dieser verspätet mitgeteilt wird. Im übrigen ist auf die Zumutbarkeit der Beachtung für den Arbeitgeber abzustellen.[22]

III. Voraussetzungen

10 Der Anspruch auf bevorzugte Berücksichtigung ist von dem Vorliegen bestimmter **positiver und dem Nichteingreifen bestimmter negativer Voraussetzungen** abhängig.

11 Der Arbeitgeber hat einen teilzeitbeschäftigten Arbeitnehmer bei der Besetzung eines freien Arbeitsplatzes bevorzugt zu berücksichtigen, wenn folgende **drei positiven Voraussetzungen** gegeben sind:
- der Arbeitnehmer muss ihm den Wunsch nach einer Verlängerung seiner vertraglich vereinbarten Arbeitszeit angezeigt haben,
- es muss die Besetzung eines entsprechenden freien Arbeitsplatzes in Frage stehen und
- der Teilzeitarbeitnehmer muss im Verhältnis zu anderen Bewerbern eine gleiche Eignung vorweisen.

12 Trotz des Vorliegens dieser Tatbestandsmerkmale ist der Anspruch auf bevorzugte Berücksichtigung gleichwohl ausgeschlossen, wenn der Arbeitgeber diesem

---

19 A.A. Rudolf, Die Verlängerung der Arbeitszeit gemäß § 9 TzBfG, 2003, 138 f.
20 Insoweit zutreffend Rudolf, Die Verlängerung der Arbeitszeit gemäß § 9 TzBfG, 2003, 138 f.
21 Im Ergebnis wie hier Annuß/Thüsing/*Jacobs*, § 9 Rn 7; ebenso zur Wartefrist ErfK/Preis, § 9 TzBfG Rn 4; Münch ArbR/*Schüren*, Ergänzungsband, 2. Aufl., § 162, Rn 96; aA Rudolf, Die Verlängerung der Arbeitszeit gemäß § 9 TzBfG, 2003, S. 137 f, der unzutreffend § 8 Abs. 1 als ungeschriebenes Tatbestandsmerkmal in § 9 hineinlesen will; zur Ankündigungsfrist im Ergebnis wie hier Rudolf, aaO, S. 136 f.
22 Zutreffend Rudolf, Die Verlängerung der Arbeitszeit gemäß § 9 TzBfG, 2003, S. 111.

dringende betriebliche Gründe oder Arbeitszeitwünsche anderer teilzeitbeschäftigter Arbeitnehmer entgegenhalten kann (**negative Voraussetzungen**).[23]

1. Positive Voraussetzungen

a) Anzeige des Wunsches nach Verlängerung der Arbeitszeit

Das Erfordernis der **Anzeige des Wunsches nach Verlängerung der vertraglich vereinbarten Arbeitszeit** korrespondiert mit der Regelung des § 7 Abs. 2,[24] die auf eine entsprechende Mitteilung des Arbeitnehmers hin eine Informationspflicht des Arbeitgebers über entsprechende Arbeitsplätze statuiert.[25] Im Rahmen von § 9 bekommt die Anzeige eine weitergehende Rechtswirkung, indem sie bei Vorliegen auch der anderen Voraussetzungen eine Pflicht des Arbeitgebers zur bevorzugten Berücksichtigung des anzeigenden Teilzeitarbeitnehmers bei der Besetzung des freien Arbeitsplatzes auslöst.

13

Für die Mitteilung des Wunsches ist **keine bestimmte Form** vorgeschrieben, so dass der Wunsch auch mündlich geäußert werden kann.[26] Angesichts der mit der Anzeige verbundenen Rechtswirkung ist es hier wie im Rahmen von § 8 Abs. 2 Satz 1[27] wegen der potentiellen Beweisprobleme genauso unzuträglich, dass der Gesetzgeber nicht die Einhaltung der Schriftform vorgeschrieben hat. Für die **Praxis** ist deshalb zu raten, dass Arbeitgeber auf einer **schriftlichen Mitteilung des Verlängerungswunsches** bestehen.

14

Ihrer **Rechtsnatur** nach handelt es sich bei der Anzeige nicht um eine Willenserklärung, sprich ein Angebot zur Änderung des Arbeitsvertrages,[28] sondern um eine bloße **invitatio ad offerendum**.[29] Gleichwohl sind aus Gründen der Rechtssicherheit die Vorschriften über Willenserklärungen, insbesondere über den Zugang entsprechend anzuwenden. Äußert der Arbeitnehmer den Verlängerungswunsch bezogen auf einen konkreten freien Arbeitsplatz, was idR im Rahmen eines Bewerbungsverfahrens der Fall sein wird, so kann auch hierin nach allgemeinen Grundsätzen **noch nicht das Angebot auf Abschluss eines Änderungsvertrages** bezogen auf den zu besetzenden Arbeitsplatz gesehen werden.[30] Auch hier liegt der objektive Erklärungswert der Anzeige, nicht anders als bei sonstigen Bewerbern, allein darin, dass sich der teilzeitbeschäftigte Arbeitnehmer um den Arbeitsplatz bewirbt. Die mit der Anzeige verbundene Rechts-

15

---

23 Rudolf, Die Verlängerung der Arbeitszeit gemäß § 9 TzBfG, 2003, S. 126 will hierin keine Tatbestandsmerkmale im engeren Sinne, sondern lediglich Einreden sehen, weshalb die Ausschlusstatbestände nur zu berücksichtigen seien, wenn sich der Arbeitgeber darauf beruft. Dagegen spricht u.a., dass der Ausschlusstatbestand der Arbeitszeitwünsche anderer teilzeitbeschäftigter Arbeitnehmer wegen der Betroffenheit Dritter nicht als bloße Einrede konzipiert sein kann, deren Interessen können nicht allein davon abhängen, ob sich der Arbeitgeber auf den Ausschlusstatbestand beruft.
24 Siehe auch Boewer, § 9 Rn 2.
25 Siehe § 7 Rn 10.
26 Siehe nur Boewer, § 9 Rn 10; LAG Düsseldorf, 23.3.2006, 5 (3) Sa 13/06.
27 Siehe § 8 Rn 104.
28 A.A. Annuß/Thüsing/*Jacobs*, § 9 Rn 8.
29 Zum Begriff Palandt/*Heinrich*, BGB, 65. Aufl., § 145 Rn 5; Boecken, BGB-AT, 2007, Rn 264.
30 A.A. etwa Rudolf, Die Verlängerung der Arbeitszeit gemäß § 9 TzBfG, 2003, S. 110 f; Annuß/Thüsing/*Jacobs*, § 9 Rn 8.

wirkung einer bevorzugten Berücksichtigung auch bei Vorliegen der weiteren Voraussetzungen ändert daran nichts.

16 **Inhaltlich** muss die Mitteilung den Wunsch nach einer Verlängerung der vertraglich vereinbarten Arbeitszeit zum Ausdruck bringen, dh, **auf die Dauer der Arbeitszeit bezogen sein**.[31] Die Äußerung auch eines Wunsches zur Lage der Arbeitszeit schadet nicht, ist jedoch nicht erforderlich und im Regelfall auch nicht praktikabel, denn die Lage der Arbeitszeit wird innerhalb der tariflichen oder betriebsüblichen Vorgaben durch die Gestaltung des zu besetzenden freien Arbeitsplatzes bestimmt. Eine **Verlängerung** der vertraglich vereinbarten Arbeitszeit wird immer begehrt, wenn die gewünschte neue Arbeitszeit den Umfang der bisherigen Arbeitszeit des teilzeitbeschäftigten Arbeitnehmers überschreitet. Es kommt mithin nicht darauf an, dass der Verlängerungswunsch auf eine Vollzeittätigkeit gerichtet ist, vielmehr reicht auch der Wunsch nach einer zeitlich umfangreicheren Teilzeittätigkeit aus.[32] Eine die tarifliche oder betriebsübliche Arbeitszeit eines vergleichbaren Vollzeitarbeitnehmers überschreitende Verlängerung kann nicht begehrt werden.[33] Die Äußerung eines entsprechenden Wunsches nimmt der Anzeige jedoch nicht ihre Rechtswirkung, diese ist im Wege der „Umdeutung" so zu behandeln, dass der Verlängerungswunsch auf die mögliche Höchstarbeitszeitgrenze eines vergleichbar Vollzeitbeschäftigten gerichtet ist.

17 **Adressat der Anzeige** ist nach dem Wortlaut von § 9 der Arbeitgeber. Ausreichend ist die Mitteilung gegenüber einem **empfangszuständigen Vertreter** des Arbeitgebers, wozu jeder einstellungsberechtigte Arbeitnehmer wie auch in jedem Falle die Mitarbeiter eines vorhandenen Personalbüros gehören.[34] Die Vorgesetzteneigenschaft als solche begründet keine Empfangszuständigkeit.

18 Die Anzeige des Wunsches kann **jederzeit** erfolgen, auch noch im Rahmen eines laufenden Bewerbungsverfahrens zur Besetzung eines Arbeitsplatzes, wenn dem Arbeitgeber die Berücksichtigung des Wunsches noch zumutbar ist.[35] Ist der Wunsch eines Teilzeitbeschäftigten im Zusammenhang mit der Besetzung eines Arbeitsplatzes nicht realisiert worden, so bleibt die Anzeige aufrecht erhalten, nicht etwa greift hier eine § 8 Abs. 6 vergleichbare Sperrfrist ein.

b) Besetzung eines entsprechenden freien Arbeitsplatzes

19 Der Arbeitgeber entscheidet kraft seiner verfassungsrechtlich verbürgten unternehmerischen Freiheit allein darüber, ob Arbeitsplätze eingerichtet werden oder nicht. Daran ändert auch die Verpflichtung aus § 9 nichts. Sie begründet keine Pflicht, einen freien Arbeitsplatz zu schaffen,[36] noch eine Verpflichtung des

---

[31] Wie hier MünchArbR/Schüren, Ergänzungsband, 2. Aufl., § 162 Rn 67; Worzalla, § 9 Rn 4; aA Boewer, § 9 Rn 11; Annuß/Thüsing/*Jacobs*, § 9 Rn 9; LAG Düsseldorf, 23.3.2006, 5 (3) Sa 13/06.
[32] Siehe nur Rolfs, § 9 Rn 2; Boewer, § 9 Rn 8.
[33] Siehe Rolfs, § 9 Rn 2; HWK/Schmalenberg, § 9 TzBfG Rn 1; Annuß/Thüsing/*Jacobs*, § 9 Rn 10.
[34] Siehe auch Annus/Thüsing/*Jacobs*, § 9 Rn 8.
[35] Siehe näher Rudolf, Die Verlängerung der Arbeitszeit gemäß § 9 TzBfG, 2003, S. 110 f und oben Rn 9.
[36] Siehe nur Rolfs, § 9 Rn 3; HWK/*Schmalenberg*, § 9 TzBfG Rn 4; LAG Berlin, 9.6.2006, 6 Sa 445/06.

Arbeitgebers, einen freien Arbeitsplatz zu besetzen.[37] Es kann deshalb, sofern der Arbeitgeber nicht von sich aus einen neuen Arbeitsplatz einrichtet, nur darum gehen, **dass sich der Anspruch aus § 9 auf einen vorhandenen freien Arbeitsplatz bezieht, den der Arbeitgeber auch besetzen will.**

Wenn das Gesetz ausdrücklich von einem **freien Arbeitsplatz** spricht, so ist hierfür mehr erforderlich, als dass ein Arbeitsplatz lediglich unbesetzt ist.[38] D.h., ein Arbeitsplatz ist **nur frei, wenn der Arbeitgeber einen unbesetzten Arbeitsplatz auch besetzen darf,**[39] was dann nicht der Fall ist, wenn der Arbeitgeber aufgrund (vertrags)rechtlicher Verpflichtungen einen unbesetzten Arbeitsplatz mit einem bestimmten Arbeitnehmer besetzen muss, mithin an der Besetzung mit einem Teilzeitarbeitnehmer im Sinne des § 9 rechtlich gehindert ist.[40] Das hat Relevanz vor allem im Zusammenhang mit der Rückkehr eines Arbeitnehmers aus einem ruhenden Arbeitsverhältnis, etwa nach Beendigung der Elternzeit, der Weiterbeschäftigungspflicht im Falle beabsichtigter betriebsbedingter Kündigung gemäß § 1 Abs. 2 KSchG wie auch bei einer Pflicht zur Beschäftigung aufgrund eines gemäß § 78 a Abs. 2 BetrVG zustande gekommenen Arbeitsvertrages.[41]

Der Anspruch auf bevorzugte Berücksichtigung bei der Besetzung eines freien Arbeitsplatzes wird jedoch u.a. nur dann eingeräumt, wenn es sich um einen „**entsprechenden**" freien Arbeitsplatz handelt. Mit dieser Beschränkung wird das Spektrum in Betracht kommender freier Arbeitsplätze auf solche verengt, die **erstens** unter dem **Gesichtspunkt der Arbeitszeit** mit dem Arbeitszeitwunsch des Teilzeitarbeitnehmers übereinstimmen[42], und **zweitens** unter dem **Aspekt des Tätigkeitsfeldes bzw Aufgabenbereichs** mit der bislang von dem Teilzeitarbeitnehmer vertraglich geschuldeten oder – bei Abweichung – tatsächlich ausgeübten Tätigkeit vergleichbar sind,[43] wovon unter Anlehnung an § 2 Abs. 1 Satz 3 dann auszugehen ist, wenn auf dem freien Arbeitsplatz die gleiche oder eine ähnliche Tätigkeit wie auf dem Arbeitsplatz des Teilzeitarbeitnehmers auszuüben ist.[44] **Kontrollmaßstab** hierfür ist die Frage, ob der Arbeitgeber losgelöst von dem Umfang der Arbeitszeit den Teilzeitarbeitnehmer im Wege der **Ausübung seines Direktionsrechts** auf dem freien Arbeitsplatz einsetzten könnte.[45]

§ 9 gibt damit keinen Anspruch auf bevorzugte Berücksichtigung bei der Besetzung eines Arbeitsplatzes, **wenn die auf diesem auszuübende Tätigkeit eine**

---

37 Siehe Annuß/Thüsing/*Jacobs*, § 9 Rn 14.
38 Hierzu sehr zutreffend näher Rudolf, Die Verlängerung der Arbeitszeit gemäß § 9 TzBfG, 2003, S. 141 ff.
39 Richtig Rudolf, Die Verlängerung der Arbeitszeit gemäß § 9 TzBfG, 2003, S. 141; Annuß/Thüsing/*Jacobs*, § 9 Rn 12 spricht zutreffend davon, dass der Arbeitsplatz rechtlich frei sein muss.
40 Rolfs, § 9 Rn 6 ordnet die rechtliche Hinderung des Arbeitgebers als dringenden betrieblichen Grund ein; ebenso Annuß/Thüsing/*Jacobs*, § 9 Rn 26, was allerdings nicht zusammenpasst mit seiner zutreffenden Ansicht, wonach freier Arbeitsplatz rechtlich frei bedeutet, aaO Rn 12.
41 Siehe ausführlich zu den in Betracht kommenden Fallkonstellationen Rudolf, Die Verlängerung der Arbeitszeit gemäß § 9 TzBfG, 2003, S. 141 ff.
42 Siehe nur HWK/Schmalenberg, § 9 TzBfG Rn 4; aA Annuß/Thüsing/*Jacobs*, § 9 Rn 9 und 12 ff, für den Fall der Bezeichnung einer genauen Verlängerungsdauer fordert aber auch Jacobs eine hierauf bezogene Entsprechung, aaO Rn 15.
43 Siehe Rolfs, § 9 Rn 3; HWK/*Schmalenberg*, § 9 TzBfG Rn 4.
44 Zutreffend Rudolf, Die Verlängerung der Arbeitszeit gemäß § 9 TzBfG, 2003, S. 90.
45 Zutreffend Rolfs, § 9 Rn 3 und Rudolf, Die Verlängerung der Arbeitszeit gemäß § 9 TzBfG, 2003, S. 91.

andere als auf dem bisherigen Teilzeitarbeitsplatz ist, etwa weil höhere Anforderungen gestellt werden oder der Tätigkeitsbereich ein aliud darstellt.[46] Im Rahmen der Vergleichbarkeit der Arbeitsplätze spielen im Hinblick darauf, dass es um das jeweilige Tätigkeitsprofil derselben geht und § 9 die weitere, selbständige Voraussetzung der „gleichen Eignung" aufstellt, die Fähigkeiten des Teilzeitarbeitnehmers keine Rolle.[47] Darüber hinaus kommt es für die Vergleichbarkeit der Arbeitsplätze auch nicht darauf an, ob der Teilzeitarbeitnehmer befristet tätig ist, der freie Arbeitsplatz jedoch mit einem unbefristet beschäftigten Arbeitnehmer besetzt werden soll. Bei der Unterscheidung zwischen befristetem und unbefristetem Arbeitsverhältnis geht es um die Art des Arbeitsverhältnisses,[48] während die Vergleichbarkeit der Arbeitsplätze tätigkeitsbezogen ist. Genau in diesem Sinne differenziert auch § 2 Abs. 1 Satz 3.[49]

23 Das Gesetz spricht von der Besetzung eines entsprechenden freien Arbeitsplatzes und macht damit deutlich, dass es um **einen anderen Arbeitsplatz** geht als den, den der Teilzeitarbeitnehmer bislang innehat. Der Anspruch auf bevorzugte Berücksichtigung scheint deshalb zu implizieren, dass der Teilzeitarbeitnehmer nur unter Aufgabe des bisherigen Arbeitsplatzes bei der Besetzung des entsprechenden freien Arbeitsplatzes Berücksichtigung finden kann.[50] Nichts spricht aber dagegen, dass der Begriff der Besetzung auch dahin verstanden werden kann, den bisherigen Arbeitsplatz des Teilzeitarbeitnehmers mit dem freien Arbeitsplatz zu verbinden, **letztlich also die Arbeitszeit durch Übernahme der Tätigkeit auf dem freien Arbeitsplatz aufzustocken, ohne dass der Teilzeitarbeitnehmer also den bisherigen Arbeitsplatz aufgibt.**[51] Praktisch relevant kann diese Konstellation dann werden, wenn die Arbeitszeiten beider Arbeitsplätze zusammen nicht die betriebsübliche Arbeitszeit eines vollzeitbeschäftigten Arbeitnehmers übersteigen und dem Arbeitszeitwunsch des Teilzeitarbeitnehmers entsprechen.

24 Das Merkmal der Besetzung eines entsprechenden freien Arbeitsplatzes beinhaltet nicht, dass lediglich Arbeitsplätze in dem Betrieb in Betracht kommen, in dem der Teilzeitarbeitnehmer bisher seinen Arbeitsplatz hat.[52] Vielmehr bezieht sich die Verpflichtung des Arbeitgebers nach § 9 auf **entsprechende freie Arbeitsplätze im gesamten Unternehmen.**[53] Anderes folgt auch nicht aus dem negativen Tatbestandsmerkmal der dringenden betrieblichen Gründe.[54] Zwar ist hier von einem Bezug auf den Betrieb auszugehen, in welchem der Teilzeitarbeitnehmer seinen Arbeitsplatz bislang hat. Dieser Betriebsbezug sagt aber nichts darüber aus, dass auch die bevorzugte Berücksichtigung nur bezogen auf freie Arbeits-

---

46 Vgl. auch Rolfs, § 9 Rn 3; Boewer, § 9 Rn 28 f.
47 Anders Rolfs, § 9 Rn 3 und Rudolf, Die Verlängerung der Arbeitszeit gemäß § 9 TzBfG, 2003, S. 90 f.
48 Siehe § 2 Abs. 1 Satz 3 und hierzu die Gesetzesbegründung, in der auf eben diese Unterscheidung für den Begriff der Art des Arbeitsverhältnisses ausdrücklich hingewiesen wird, BT-Drucks. 14/4374, S. 15.
49 Siehe § 2 Rn 20 ff; aA LAG Rheinland-Pfalz, 14.4.2005, 6 Sa 17/05.
50 So wohl HWK/*Schmalenberg*, § 9 TzBfG Rn 5; sächsisches LAG, 9.8.2005, 7 Sa 958/04.
51 A.A. sächsisches LAG, 9.8.2005, 7 Sa 958/04.
52 So auch Boewer, § 9 Rn 9; Annuß/Thüsing/*Jacobs*, § 9 Rn 12; aA Rudolf, Die Verlängerung der Arbeitszeit gemäß § 9 TzBfG, 2003, S. 105.
53 Siehe Nachweise vorherige Fn. und zusätzlich ErfK/Preis, § 9 TzBfG Rn 6; Schüren, ArbuR 2001, S. 321 ff (323).
54 So aber Rudolf, Die Verlängerung der Arbeitszeit gemäß § 9 TzBfG, 2003, S. 105.

plätze in demselben Betrieb gilt. Gegenteilig macht die betriebsbezogen zu verstehende negative Voraussetzung der dringenden betrieblichen Gründe gleichermaßen Sinn, wenn die Besetzung eines freien Arbeitsplatzes in einem anderen Betrieb desselben Arbeitgebers in Frage steht.

c) Gleiche Eignung des Teilzeitarbeitnehmers im Vergleich mit anderen Bewerbern

Mit dem **Erfordernis der gleichen Eignung** wird für den Anspruch auf bevorzugte Berücksichtigung eine Voraussetzung aufgestellt, die anders als das Tatbestandsmerkmal der Besetzung eines entsprechenden freien Arbeitsplatzes[55] darauf abstellt, dass der Teilzeitarbeitnehmer **arbeitsplatzbezogen**[56] bestimmte Anforderungen erfüllt. Dabei wird mit der Forderung nach gleicher Eignung zweierlei verlangt: Der Teilzeitarbeitnehmer muss als solcher seinen Fähigkeiten nach überhaupt in der Lage sein, die Tätigkeit auf dem zu besetzenden Arbeitsplatz wahrzunehmen, darüber hinaus muss er – gleiche Eignung – im Vergleich mit anderen Bewerbern jedenfalls bezogen auf den besten der anderen Bewerber mindestens ebenso gut geeignet sein.[57]

25

Der **Begriff der gleichen Eignung ist ein unbestimmter Rechtsbegriff**, der den Arbeitgeber verpflichtet, eine **Auswahlentscheidung** vorzunehmen.[58] Im Rahmen dieser Auswahlentscheidung geht es zum einen darum, **welche Auswahlkriterien** zugrunde zu legen sind, zum anderen um die Frage, wie diese Kriterien im Verhältnis zueinander **zu gewichten** sind.[59] Die gesetzliche Regelung enthält insoweit keine Konkretisierung, es steht aber nichts entgegen, für den Begriff der Eignung für einen Arbeitsplatz und die danach berücksichtigungsfähigen Auswahlkriterien auf den in Art. 33 Abs. 2 GG niedergelegten Begriff der Eignung in weiterem Sinne[60] zurückzugreifen, der bezogen auf den gleichen Zugang zu jedem öffentlichen Amt von Eignung, Befähigung und fachlicher Leistung spricht. Während mit fachlicher Leistung auf die Ausbildung und berufliche Erfahrung abgestellt wird,[61] die Befähigung auf allgemeine der Tätigkeit zugute kommende Fähigkeiten des Bewerbers wie etwa Begabung, Allgemeinwissen und Lebenserfahrung abstellt, werden mit der Eignung im engeren Sinne spezifisch persönliche Eigenschaften wie der geistige und körperliche Zustand eines Bewerbers erfasst.[62] Die Gesetzesbegründung stimmt mit dieser Konkretisierung des Eignungsbegriffs jedenfalls insoweit überein, als Ausbildung und Qualifikation als Eignungskriterien genannt werden,[63] was jedoch wegen der Außerachtlassung der persönlichen Seite im Sinne des wiedergegebenen Eignungsbegriffs zu wenig ist. Welche Kriterien der Arbeitgeber in der konkreten Auswahlsitua-

26

---

55 Siehe oben Rn 19 ff.
56 Siehe Annuß/Thüsing/*Jacobs*, § 9 Rn 16.
57 Siehe Rolfs, RdA 2001, S. 129 ff (140); Rudolf, Die Verlängerung der Arbeitszeit gemäß § 9 TzBfG, 2003, S. 116.
58 Zutreffend Rudolf, Die Verlängerung der Arbeitszeit gemäß § 9 TzBfG, 2003, S. 115.
59 Siehe die präzisen Ausführungen von Rudolf, Die Verlängerung der Arbeitszeit gemäß § 9 TzBfG, 2003, S. 115 ff.
60 Siehe hierzu BVerfG, Beschl. v. 1.3.1978, 1 BvR 333/75, 1 BvR 174/71, 1 BvR 178/71, 1 BvR 191/71, BVerfGE Bd. 47, S. 327 ff (332); Jarass/Pieroth, GG, 7. Aufl., Art. 33 Rn 13.
61 Siehe Jarass/Pieroth, GG, 7. Aufl., Art. 33 Rn 13.
62 Siehe Jarass/Pieroth, GG, 7. Aufl., Art. 33 Rn 13.
63 Siehe BT-Drucks. 14/4374, S. 18.

tion heranzuziehen hat, richtet sich nach dem Tätigkeitsprofil der zu besetzenden Stelle und muss von sachlichen Erwägungen aus der Sicht eines objektiven Betrachters getragen sein.[64] So muss der Arbeitgeber etwa berücksichtigen können, ob der Teilzeitarbeitnehmer auch grundsätzlich in der Lage ist, die Arbeitsleistung auf einem Arbeitsplatz mit längerer Arbeitszeit zu bewältigen. Bezüglich der Gewichtung der fachlichen und persönlichen Kriterien ist der Arbeitgeber gehalten, ein aus sachlichen Gründen zu berücksichtigendes Kriterium auch in angemessenem Umfang in seine Auswahl einzubeziehen. Damit wird mehr verlangt, als dass der Arbeitgeber ein sachlich begründetes Kriterium nur irgendwie beachtet.

27 Im Rahmen der vorgenannten Grenzen hat der Arbeitgeber einen **Beurteilungsspielraum**, der gerichtlich nicht überprüfbar ist.[65] Gleichwohl ist das Tatbestandsmerkmal der gleichen Eignung justitiabel. Die **gerichtliche Kontrolle** beschränkt sich allerdings auf die Fragen, ob der Arbeitgeber überhaupt eine Auswahlentscheidung getroffen hat und bei dieser Entscheidung von sachbezogenen Auswahlkriterien ausgegangen ist sowie diese angemessen gewichtet hat, wobei die Relation der Gewichtung nur aus der Sachbegründetheit des jeweiligen Kriteriums bezogen auf das Tätigkeitsprofil der zu besetzenden Stelle abgeleitet werden kann.

28 Im Hinblick auf die gerichtliche Überprüfbarkeit der Auswahlentscheidung trifft den Arbeitgeber eine **Dokumentationspflicht** bezüglich der zugrunde gelegten Kriterien, der Gründe für die Gewichtung derselben und bezüglich der Eignung der Mitbewerber, damit der für das Vorliegen der Voraussetzung der gleichen Eignung darlegungs- und beweispflichtige Arbeitnehmer überhaupt in der Lage ist, den Nachweis einer fehlerhaften Auswahl zu führen.[66] Eine fehlende oder unzureichende Dokumentation des Arbeitgebers führt zur Beweiserleichterung für den Arbeitnehmer bis hin zur Beweislastumkehr.

2. Negative Voraussetzungen

29 Trotz des Vorliegens der positiven Voraussetzungen ist der Anspruch des Teilzeitarbeitnehmers auf bevorzugte Berücksichtigung bei der Besetzung eines entsprechenden freien Arbeitsplatzes **gleichwohl ausgeschlossen**, wenn dem Anspruch dringende betriebliche Gründe oder aber Arbeitszeitwünsche anderer teilzeitbeschäftigter Arbeitnehmer entgegenstehen.

30 Der **Ausschlusstatbestand der dringenden betrieblichen Gründe** wird im Gesetz nicht weiter konkretisiert. Auch in der Begründung zum Gesetzentwurf des § 9 finden sich keine weiteren Ausführungen dazu, was unter dem Begriff zu verstehen ist.[67]

31 Mit dem Erfordernis eines dringenden betrieblichen Grundes werden an den Ausschluss des Anspruchs auf bevorzugte Berücksichtigung bei der Besetzung eines entsprechenden freien Arbeitsplatzes **höhere Anforderungen** gestellt[68] als

---

64 Vgl. Rudolf, Die Verlängerung der Arbeitszeit gemäß § 9 TzBfG, 2003, S. 119.
65 Zutreffend Rudolf, Die Verlängerung der Arbeitszeit gemäß § 9 TzBfG, 2003, S. 119.
66 Vgl. Rudolf, Die Verlängerung der Arbeitszeit gemäß § 9 TzBfG, 2003, S. 119.
67 Siehe BT-Drucks. 14/4374, S. 18.
68 Siehe HWK/*Schmalenberg*, § 9 TzBfG Rn 9.

an die Ablehnung einer Verringerung und Neuverteilung der Arbeitszeit, wofür nach § 8 Abs. 4 Satz 1 betriebliche Gründe ausreichen. Im Hinblick auf die Konkretisierung bloß betrieblicher Gründe durch die Regelbeispiele[69] in § 8 Abs. 4 Satz 2 spricht gesetzessystematisch zunächst alles dafür, dass eine wesentliche Beeinträchtigung von Organisation, Arbeitsablauf oder der Sicherheit im Betrieb wie auch die Verursachung unverhältnismäßiger Kosten nicht ausreichen kann. Allerdings ist zu berücksichtigen, dass § 8 Abs. 4 Satz 2 im Zusammenhang mit Satz 1 zwar sagt, was jedenfalls betriebliche Gründe sind, damit **aber nicht ausschließt, dass die dort genannten wesentlichen Beeinträchtigungen und die Herbeiführung unverhältnismäßiger Kosten nicht auch dringende betriebliche Gründe sein können.** Deshalb sind die in § 8 Abs. 4 Satz 2 genannten Regelbeispiele durchaus auch im Rahmen von § 9 heranzuziehen[70] und es ist im Einzelfall zu prüfen, ob die wesentliche Belastung über die Intensität einer hinreichenden Gewichtigkeit im Sinne der Interpretation des BAG zum betrieblichen Grund nach § 8 Abs. 4 Sätze 1 und 2[71] hinausgeht und damit einen dringenden betrieblichen Grund darstellt.[72] Das kann nur im Einzelfall beurteilt werden.

Dringende betriebliche Gründe können sich deshalb auch im Rahmen von § 9 **32** aus **Beeinträchtigung der Organisation, des Arbeitsablaufs oder der Sicherheit im Betrieb ergeben.**[73] So kann ein dringender betrieblicher Grund etwa dann gegeben sein, wenn der Teilzeitarbeitnehmer auf seinem bisherigen Arbeitsplatz zur Aufrechterhaltung des Betriebsablaufs unbedingt erforderlich ist und zugleich der freie Arbeitsplatz vor dem Zeitpunkt der Abkömmlichkeit des Teilzeitarbeitnehmers besetzt werden muss.[74]

Der Begriff des dringenden betrieblichen Grundes ist allerdings nicht nur unter **33** Orientierung an § 8 Abs. 4 Satz 2 auf **betriebliche Störungen tatsächlicher Natur** beschränkt. Darüber hinaus können auch **Beeinträchtigungen rechtlicher Gegebenheiten** das Vorliegen dieses Ausschlusstatbestands begründen. Das ist etwa dann der Fall, wenn der eine Arbeitszeitverlängerung begehrende Teilzeitarbeitnehmer nur befristet beschäftigt ist, der entsprechende freie Arbeitsplatz jedoch mit einem unbefristet eingestellten Arbeitnehmer besetzt werden soll. Der Arbeitgeber kann im Rahmen von § 9 weder gezwungen werden, aus Anlass der Besetzung eines freien Arbeitsplatzes den Teilzeitarbeitnehmer unbefristet zu beschäftigen, noch den freien Arbeitsplatz wegen des Verlängerungswunsches des Teilzeitarbeitnehmers nur befristet zu besetzen. Die Anerkennung eines dringenden betrieblichen Grundes in diesem Fall folgt im übrigen daraus, dass § 9 lediglich einen Anspruch auf bevorzugte Berücksichtigung bei der Besetzung

---

69 Siehe BAG, 18.2.2003, 9 AZR 164/02, NZA 2003, 1392 ff (1395).
70 So auch Annuß/Thüsing/*Jacobs*, § 9 Rn 23, der bezogen auf § 8 Abs. 4 Satz 2 von einer Richtschnur für die dringenden betrieblichen Gründe im Sinne des § 9 spricht.
71 Siehe BAG 16.3.2004, 9 AZR 323/03, NZA 2004, 1047 ff (1050); BAG 18.3.2003, 9 AZR 126/02, DB 2004, 319 ff (320 f); BAG 18.2.2003, 9 AZR 164/02, NZA 2003, 1392 ff (1394 f). Siehe zu § 8 Rn 35 ff.
72 Mit diesem Verständnis wird das von Rudolf, Die Verlängerung der Arbeitszeit gemäß § 9 TzBfG, 2003, S. 121 bei einer gesetzessystematischen Anlehnung an § 8 Abs. 4 Satz 2 befürchtete Leerlaufen des Ausschlusstatbestands der dringenden betrieblichen Gründe im Rahmen von § 9 vermieden.
73 Richtig Rolfs, § 9 Rn 5; Annuß/Thüsing/*Jacobs*, § 9 Rn 23; siehe auch LAG München, 4.5.2006, 2 Sa 1164/05.
74 Siehe das Beispiel bei Rudolf, Die Verlängerung der Arbeitszeit gemäß § 9 TzBfG, 2003, S. 125.

eines freien Arbeitsplatzes entsprechend dem Arbeitszeitwunsch des Teilzeitarbeitnehmers einräumt, nicht aber auf Entfristung des Arbeitsverhältnisses. Dringende betriebliche Gründe, die einer Verlängerung der Arbeitszeit entgegenstehen, können sich auch aus einem Personalüberhang in anderen Bereichen des Unternehmens ergeben.[75]

34 Einer bevorzugten Berücksichtigung bei der Besetzung eines entsprechenden freien Arbeitsplatzes können des Weiteren **Arbeitszeitwünsche anderer teilzeitbeschäftigter Arbeitnehmer** entgegenstehen. Dieser Ausschlusstatbestand kann nur in Betracht kommen, wenn mehrere Teilzeitarbeitnehmer ihren Wunsch nach Arbeitszeitverlängerung angezeigt und der Umfang der jeweils gewünschten Verlängerung identisch ist. In diesem Fall hat der Arbeitgeber eine **Auswahl zwischen den Bewerbern** zu treffen, die er analog § 315 BGB nach **billigem Ermessen** durchzuführen hat.[76] Im Rahmen der Ausübung des billigen Ermessens kann der Arbeitgeber nicht nur **soziale Kriterien** berücksichtigen,[77] sondern auch **betriebliche Belange**.[78] Nicht zu berücksichtigen sind hier die für die Ausübung der Tätigkeit auf dem zu besetzenden Arbeitsplatz maßgebenden persönlichen und beruflichen Fähigkeiten des teilzeitbeschäftigten Arbeitnehmers im Hinblick darauf, dass diese bereits im Rahmen der Eignungsprüfung erfasst werden.[79] Auch wenn eine ursprünglich im Rahmen von § 9 ausdrücklich vorgesehene Entscheidung des Arbeitgebers nach „sozialen Gesichtspunkten"[80] im Laufe des Gesetzgebungsverfahrens weggefallen ist,[81] hat der Arbeitgeber bei der Ausübung seines billigen Ermessens soziale Kriterien zu berücksichtigen. Insoweit ist der Arbeitgeber aber weder verpflichtet, die nunmehr in § 1 Abs. 3 Satz 1 KSchG genannten vier Sozialkriterien zu berücksichtigen noch ist er darauf begrenzt. Aus Gründen der Rechtssicherheit für die Ausübung des billigen Ermessens empfiehlt es sich jedoch für die Praxis, bei der Berücksichtigung sozialer Kriterien die Auswahlentscheidung auf die in § 1 Abs. 3 Satz 1 KSchG genannten Kriterien zu begrenzen, da der Gesetzgeber diesen, wie die Regelung des § 1 Abs. 3 Satz 1 KSchG deutlich macht, eine hohe Wertigkeit beimisst. Bei der Gewichtung sozialer Kriterien zueinander ist der Arbeitgeber mangels des Vorrangs eines der Kriterien im Verhältnis zu anderen[82] relativ frei,[83] die Relation muss letztlich nur vertretbar sein.[84]

---

75 LAG München, 4.5.2006, 2 Sa 1164/05.
76 Siehe Beschlussempfehlung und Bericht des Ausschusses für Arbeit und Sozialordnung zum TzBfG, BT-Drucks. 14/4625, 20; HWK/*Schmalenberg*, § 9 TzBfG Rn 10; Rolfs, § 9 Rn 7; Annuß/Thüsing/*Jacobs*, § 9 Rn 30; Boewer, § 9 Rn 41; Rudolf, Die Verlängerung der Arbeitszeit gemäß § 9 TzBfG, 2003, S. 129 f; aA MünchArbR/Schüren, Ergänzungsband, 2. Aufl., § 162 Rn 102, danach soll der Arbeitgeber „volle Auswahlfreiheit" haben.
77 Zutreffend Preis/Gotthardt, DB 2001, 145 ff (150); Link/Fink AuA 2001, 155 (156); Boewer, § 9 Rn 41; aA Rudolf, Die Verlängerung der Arbeitszeit gemäß § 9 TzBfG, 2003, S. 132, der hierfür auf den „verallgemeinerungsfähigen Rechtsgedanken der §§ 1 Abs. 3 KSchG, § 7 Abs. 1 BUrlG" verweist.
78 Boewer, § 9 Rn 41.
79 Siehe oben Rn 26.
80 Siehe die Gesetzesbegründung zu § 9, BT-Drucks. 14/4374, S. 8.
81 Siehe die Beschlussempfehlung und den Bericht des Ausschusses für Arbeit und Sozialordnung zum TzBfG, BT-Drucks. 14/4625, S. 8 und 20.
82 Vgl. zu § 1 Abs. 3 Satz 1 KSchG BAG, 5.12.2002, 2 AZR 549/01, NZA 2003, 791 ff (794).
83 Zu § 1 Abs. 3 Satz 1 KSchG spricht das BAG von einem „Wertungsspielraum" des Arbeitgebers, siehe BAG, 5.12.2002, 2 AZR 549/01, NZA 2003, 791ff. (793).
84 Vgl. zu § 1 Abs. 3 Satz 1 KSchG BAG, 5.12.2002, 2 AZR 549/01, NZA 2003, 791 ff (793).

IV. Rechtsfolgen und prozessuale Fragen

Bei Vorliegen der Voraussetzungen und Nichteingreifen eines Ausschlusstatbestands hat der Teilzeitarbeitnehmer einen **Anspruch auf bevorzugte Berücksichtigung bei der Besetzung des entsprechenden freien Arbeitsplatzes**. Dieser Anspruch kann nur dadurch erfüllt werden, dass der Arbeitgeber mit dem Arbeitnehmer eine **Vertragsänderung vereinbart** mit dem Inhalt, dass der Arbeitnehmer seine Arbeitsleistung mit der entsprechend längeren Arbeitszeit auf dem neu zu besetzenden Arbeitsplatz zu erbringen hat. Der Anspruch auf bevorzugte Berücksichtigung bedeutet deshalb bei Vorliegen der Voraussetzungen **nichts anderes als die Verpflichtung des Arbeitgebers, den Arbeitsplatz mit dem Teilzeitarbeitnehmer zu besetzen**.[85] Aus der Verpflichtung des Arbeitgebers nach § 9 auf bevorzugte Berücksichtigung bei der Besetzung eines entsprechenden freien Arbeitsplatzes folgt nicht, dass der Arbeitgeber auch verpflichtet wäre, die **Vergütung für das verlängerte Arbeitsverhältnis** nach den bisherigen Grundsätzen zu gewähren.[86] Eine solche Verpflichtung kann sich nur aus anderen Regelungen ergeben, zB tarifvertraglichen Bestimmungen.[87]

35

Diesem Anspruch auf Vertragsänderung kann nicht entgegengehalten werden, dass damit im Falle der Klage[88] der Beurteilungsspielraum des Arbeitgebers auf das Gericht übertragen würde.[89] Das Gericht kann nur kontrollieren, ob unter Beachtung der vom Arbeitgeber herangezogenen Sachkriterien und deren angemessene Gewichtung sowie bei Vorliegen der Voraussetzungen im übrigen eine bevorzugte Berücksichtigung als Teilzeitarbeitnehmer hätte erfolgen müssen. Damit setzt sich das Gericht nicht an die Stelle des Arbeitgebers, sondern **prüft nur, ob bei Anwendung der vom Arbeitgeber gesetzten Maßstäbe eine bevorzugte Berücksichtigung hätte erfolgen müssen**.

36

Die Einräumung eines Anspruchs lediglich auf bevorzugte Berücksichtigung mit dem vorstehenden Inhalt **geht als Erfüllungsanspruch gemäß § 275 Abs. 1 BGB unter**, wenn der Arbeitgeber den Arbeitsplatz mit einem anderen Arbeitnehmer besetzt hat.[90] In diesem Fall kann der Arbeitgeber als Schuldner seiner Verpflichtung zur bevorzugten Berücksichtigung nicht mehr nachkommen, weil diese allein auf den ursprünglich freien, inzwischen anderweit besetzten entsprechenden Arbeitsplatz bezogen war und damit dem Arbeitgeber die Leistung unmöglich geworden ist.[91] Der Anspruch auf bevorzugte Berücksichtigung bei der Besetzung eines bestimmten Arbeitsplatzes beinhaltet weder einen Anspruch auf Einräumung eines anderen Arbeitsplatzes noch einen Anspruch darauf, dass der Arbeitgeber den entgegen § 9 mit einem anderen Arbeitnehmer besetzten Arbeitsplatz freikündigen müsste.[92]

37

---

85 So auch Annuß/Thüsing/*Jacobs*, § 9 Rn 34 ff; *Boewer*, § 9 Rn 50 ff.
86 LAG Düsseldorf, 11.8.2006, 9 Sa 172/06.
87 LAG Düsseldorf, 11.8.2006, 9 Sa 172/06.
88 Siehe noch folgend Rn 39.
89 So aber Rudolf, Die Verlängerung der Arbeitszeit gemäß § 9 TzBfG, 2003, S. 155.
90 A.A. *Boewer*, § 9 Rn 50 ff für den Fall, dass der Arbeitgeber die Besetzung rückgängig machen kann. Diese Ansicht stimmt jedoch nicht mit § 275 Abs. 1 BGB überein, wonach der Anspruch auf Erfüllung im Falle der Unmöglichkeit ausgeschlossen ist.
91 Wie hier HWK/*Schmalenberg*, § 9 TzBfG Rn 13.
92 Zutreffend Rolfs, § 9 Rn 8; Schüren, ArbuR 2001, 321 ff (323).

38 Bei einem arbeitgeberseitigen Verstoß gegen § 9 durch anderweitige Besetzung des freien Arbeitsplatzes hat der Arbeitnehmer einen **Schadensersatzanspruch gemäß §§ 280 Abs. 1, Abs. 3, 283 BGB**.[93] Der Schaden besteht **wesentlich in dem entgangenen Gewinn (§ 252 BGB)**,[94] sprich der Differenz zwischen der Vergütung des Teilzeitarbeitnehmers auf seinem (bisherigen) Arbeitsplatz und der Vergütung, die er auf dem entsprechenden freien Arbeitsplatz erhalten hätte, die jedenfalls wegen der Verlängerung der Arbeitszeit höher gewesen wäre.[95] Voraussetzung für den Anspruch auf Schadensersatz ist u.a. die **Kausalität** zwischen der Pflichtverletzung und dem entgangenen Verdienst, insoweit muss der Arbeitnehmer nachweisen, dass er bei bevorzugter Berücksichtigung einen Änderungsvertrag abgeschlossen hätte, wobei ihm die Beweiserleichterungen des § 252 Satz 2 BGB zugute kommen.[96] Der Anspruch auf Schadensersatz ist grundsätzlich zeitlich unbegrenzt. Er entfällt jedoch mangels Kausalität, wenn der Arbeitgeber zu einem späteren Zeitpunkt hätte kündigen können, etwa wegen Wegfalls des Arbeitsplatzes. Der Anspruch gerät weiter wegen Mitverschuldens in Wegfall, wenn der Arbeitgeber zu einem späteren Zeitpunkt dem Teilzeitarbeitnehmer einen weiteren entsprechenden freien Arbeitsplatz anbietet und dieser eine Vertragsänderung ausschlägt.[97]

39 Der Arbeitnehmer kann seinen Erfüllungsanspruch auf Vertragsänderung durch **Leistungsklage auf Abgabe einer entsprechenden Willenserklärung des Arbeitgebers** durchsetzen,[98] die gemäß § 894 Abs. 1 Satz 1 ZPO mit Rechtskraft des Urteils als abgegeben gilt. In Übereinstimmung mit der Rechtsprechung des BAG betreffend die Verurteilung zu einer rückwirkenden Verringerung der Arbeitszeit gemäß § 8[99] ist seit dem Inkrafttreten des § 311a BGB, wonach der Wirksamkeit eines Vertrages nicht entgegensteht, dass der Schuldner nach § 275 Abs. 1–3 BGB nicht zu leisten braucht und das Leistungshindernis schon bei Vertragsschluss vorliegt, auch die **Verurteilung zu einer rückwirkenden Vertragsänderung** mit dem Inhalt, dass der Teilzeitarbeitnehmer seine Arbeitsleistung auf dem entsprechenden freien Arbeitsplatz mit der verlängerten Arbeitszeit zu erbringen hat, zulässig.[100] Wesentliche Folge einer solchen rückwirkenden Verurteilung ist die, **dass der Arbeitgeber für die Vergangenheit in Annahmeverzug gerät** und der Arbeitnehmer insoweit einen Vergütungsanspruch gemäß § 615 Satz 1 BGB hat, wobei der Verdienst auf dem bisherigen Arbeitsplatz als Erwerb durch anderweitige Verwendung seiner Dienste nach § 615 Satz 2 BGB anzurechnen ist. Daneben besteht ein verschuldensabhängiger Schadensersatzanspruch gemäß § 280 Abs. 1 BGB wegen Verletzung der durch § 9 konkretisierten vertraglichen Nebenpflicht des Arbeitgebers auf bevorzugte Berücksichtigung des Teilzeitarbeitnehmers, der seinen Wunsch auf Verlänge-

---

93 Siehe nur HWK/Schmalenberg, § 9 TzBfG Rn 15; Boewer, § 9 Rn 48; Annuß/Thüsing/*Jacobs*, § 9 Rn 44 f.
94 MünchArbR/Schüren, Ergänzungsband, 2. Aufl., § 162 Rn 106.
95 Siehe LAG Düsseldorf, 23.3.2006, 5 (3) Sa 13/06.
96 Siehe MünchArbR/Schüren, Ergänzungsband, 2. Aufl., § 162 Rn 106.
97 Siehe auch MünchArbR/Schüren, Ergänzungsband, 2. Aufl., §162 Rn 106; Annuß/Thüsing/*Jacobs*, § 9 Rn 45.
98 HWK/Schmalenberg, § 9 TzBfG Rn 11 f; Annuß/Thüsing/*Jacobs*, § 9 Rn 37; Boewer, § 9 Rn 62.
99 Siehe BAG, 27.4.2004, 9 AZR 522/03, NZA 2004, 1225 ff (1227).
100 Vgl. zu § 8 BAG, 27.4.2004, 9 AZR 522/03, NZA 2004, 1225 ff (1227).

rung der Arbeitszeit angezeigt hat, bei der Besetzung eines entsprechenden freien Arbeitsplatzes.

Zur Sicherung seines Anspruchs auf bevorzugte Berücksichtigung kann der nicht berücksichtigte Teilzeitarbeitnehmer den Erlass einer **einstweiligen Verfügung** gemäß §§ 935, 940 ZPO in Verbindung mit § 62 Abs. 2 ArbGG mit dem **Ziel der vorläufigen Übertragung des entsprechenden freien Arbeitsplatzes** beantragen. Das Vorliegen des **Verfügungsgrundes** ist im Hinblick darauf zu bejahen, dass die Besetzung des freien Arbeitsplatzes mit einem anderen Arbeitnehmer zum Untergang des Erfüllungsanspruchs auf Vertragsänderung führt.[101] Angesichts dessen erscheint eine einstweilige Verfügung mit dem Inhalt, dass der Arbeitgeber die Besetzung des freien Arbeitsplatzes mit einem anderen Bewerber zu unterlassen hat, nicht ausreichend.[102] Die Darlegungs- und Beweislast richtet sich nach den allgemeinen Grundsätzen. Der Teilzeitarbeitnehmer hat das Vorliegen der positiven Voraussetzungen darzulegen und im Streitfall zu beweisen. Dem Arbeitgeber obliegt es, die für das Eingreifen eines Ausschlusstatbestandes maßgebenden Tatsachen darzulegen und zu beweisen. 40

V. Beteiligung des Betriebsrats

Hat der Teilzeitarbeitnehmer einen Anspruch auf bevorzugte Berücksichtigung und besetzt der Arbeitgeber den freien Arbeitsplatz gleichwohl mit einem Bewerber, der bislang nicht im Betrieb beschäftigt war, so liegt eine **Einstellung im Sinne des § 99 Abs. 1 Satz 1 BetrVG** vor und der Betriebsrat hat ein Zustimmungsverweigerungsrecht nach § 99 Abs. 2 Nr. 1 BetrVG.[103] Besetzt der Arbeitgeber den Arbeitsplatz entgegen § 9 mit einem anderen Teilzeitarbeitnehmer des Betriebs, der keinen Anspruch auf bevorzugte Berücksichtigung hat, dann ist zu unterscheiden. Stellt die Besetzung des freien Arbeitsplatzes mit dem nichtbevorrechtigten Teilzeitarbeitnehmer bezogen auf diesen eine **Versetzung** im Sinne des § 95 Abs. 3 BetrVG dar,[104] so wird hieran anknüpfend die Mitbestimmung des Betriebsrats nach § 99 Abs. 1 Satz 1 BetrVG ausgelöst und wegen des Verstoßes gegen § 9 wird ein Zustimmungsverweigerungsrecht nach § 99 Abs. 2 Nr. 1 BetrVG begründet. Ist das nicht der Fall, fehlt es also an einer Versetzung, so löst die bloße Verlängerung der Arbeitszeit bei gleichbleibender Tätigkeit, wenn auch auf einem andern Arbeitsplatz, **mangels Vorliegens einer Einstellung**[105] **keine Mitbestimmung** des Betriebsrats und damit auch kein Zustimmungsverweigerungsrecht aus.[106] 41

Kommt der Arbeitgeber seiner Verpflichtung aus § 9 nach und besetzt den freien Arbeitsplatz mit dem bevorrechtigten Teilzeitarbeitnehmer, so scheidet ein Mit- 42

---

101 Im Ergebnis wie hier KDZ/Zwanziger § 9 Rn 15.
102 Hierfür aber HWK/Schmalenberg, § 9 TzBfG Rn 13; Gotthardt, NZA 2001, 1183 ff (1189); Annuß/Thüsing/*Jacobs*, § 9 Rn 41.
103 Siehe nur HWK/'Schmalenberg, § 9 TzBfG Rn 16.
104 Die bloße Arbeitszeitverlängerung ist allerdings keine Versetzung, siehe BAG, 16.7.1991, 1 ABR 71/90, NZA 1992, 180 f (181).
105 Zum Begriff der Einstellung im Sinne von § 99 Abs. 1 Satz 1 BetrVG siehe BAG, 28.4.1998, 1 ABR 63/97, NZA 1998, 1352 ff (1353).
106 Siehe nur Fitting, BetrVG, 21. Aufl., § 99 Rn 40 mwN aus Rechtsprechung und Literatur; aA Rudolf, Die Verlängerung der Arbeitszeit gemäß § 9 TzBfG, 2003, S. 187 f.

bestimmungsrecht des Betriebsrats nach § 99 Abs. 1 BetrVG schon **wegen des fehlenden Regelungsspielraums** des Arbeitgebers aus,[107] der Voraussetzung für die Eröffnung eines Mitbestimmungsrechts nach § 99 Abs. 1 Satz 1 BetrVG ist.[108] Denn der Arbeitgeber ist zur Besetzung des Arbeitsplatzes mit dem bevorrechtigten Teilzeitarbeitnehmer **verpflichtet**,[109] von einer seinerseitigen, ihm freistehenden Zustimmung ist die Besetzung nicht abhängig.[110] Ein Regelungsspielraum kann auch nicht mit der Begründung bejaht werden, der Arbeitgeber stelle kraft freier Unternehmerentscheidung den Arbeitsplatz zur Verfügung.[111] Darauf kann es für die Frage des Regelungsspielraums nicht ankommen, weil das Vorhandensein eines Arbeitsplatzes immer die tatsächlich erforderliche Prämisse dafür ist, dass sich überhaupt die rechtliche Frage eines Regelungsspielraums und damit eines daran anknüpfenden Mitbestimmungsrechts des Betriebsrats stellen kann.

§ 10 Aus- und Weiterbildung

Der Arbeitgeber hat Sorge zu tragen, dass auch teilzeitbeschäftigte Arbeitnehmer an Aus- und Weiterbildungsmaßnahmen zur Förderung der beruflichen Entwicklung und Mobilität teilnehmen können, es sei denn, dass dringende betriebliche Gründe oder Aus- und Weiterbildungswünsche anderer teilzeit- oder vollzeitbeschäftigter Arbeitnehmer entgegenstehen.

Literatur: *Däubler*, Das geplante Teilzeit- und Befristungsgesetz, ZIP 2000, 1961 ff; *Preis/Gotthardt*, Neuregelung der Teilzeitarbeit und befristeten Arbeitsverhältnisse, DB 2000, 2065 ff.

I. Normzweck 1	2. Aus- und Weiterbildungsmaßnahmen 9
II. Gleichbehandlung von teilzeitbeschäftigten Arbeitnehmern bei Aus- und Weiterbildungsmaßnahmen 4	III. Ausnahmen von der Gleichbehandlungspflicht 14
1. Verpflichtung des Arbeitgebers zur Gleichbehandlung 4	IV. Folgen eines Verstoßes gegen die Gleichbehandlungspflicht . 20
	V. Ergänzende Regelungen 24

I. Normzweck

1 Mit der Regelung des § 10 wird § 5 Abs. 3 lt. d), 2. Alt. der gemeinschaftsrechtlichen Rahmenvereinbarung über Teilzeitarbeit (Rl. 97/81/EG) umgesetzt. Ziel der Bestimmung ist es nach der Gesetzesbegründung, die **Gleichbehandlung** von teilzeitbeschäftigten Arbeitnehmern mit vollzeitbeschäftigten Arbeitnehmern bei **Maßnahmen der Aus- und Weiterbildung zum Zwecke der Förderung der beruflichen Entwicklung und Mobilität zu gewährleisten**.[1] Von der Gleichbehandlung

---

107 A.A. Rudolf, Die Verlängerung der Arbeitszeit gemäß § 9 TzBfG, 2003, S. 189; im Ergebnis wie hier Hanau, NZA 2001, 1168 ff (1174).
108 BAG, 28.4.1998, 1 ABR 63/97, NZA 1998, 1352 ff (1353).
109 Siehe oben Rn 35.
110 Siehe zu diesem Kriterium bei der Frage des Regelungsspielraums BAG, 28.4.1998, 1 ABR 63/97, NZA 1998, 1352 ff (1353).
111 So aber Rudolf, Die Verlängerung der Arbeitszeit gemäß § 9 TzBfG, 2003, S. 189.
1 Siehe BT- Drucks. 14/4374, S. 18.

bei Aus- und Weiterbildungsmaßnahmen soll nur dann abgesehen werden können, wenn dringende betriebliche Gründe oder Aus- und Weiterbildungswünsche anderer teilzeit- oder vollzeitbeschäftigter Arbeitnehmer entgegenstehen.

Mit der Verfolgung des Ziels der Gewährleistung von Gleichbehandlung im Bereich der Aus- und Weiterbildung enthält § 10 eine **Konkretisierung** des in § 4 Abs. 1 Satz 1 niedergelegten allgemeinen Verbots der Diskriminierung von teilzeitbeschäftigten Arbeitnehmern[2] und **verengt die hiernach bestehende Möglichkeit der Rechtfertigung** einer unterschiedlichen Behandlung bei Vorliegen eines Sachgrundes[3] auf die beiden ausdrücklich genannten Rechtfertigungsgründe. Insoweit kommt § 10 im Verhältnis zu § 4 Abs. 1 Satz 1 eigenständige Bedeutung zu.[4]

§ 10 ist ausdrücklich lediglich auf teilzeitbeschäftigte Arbeitnehmer und deren Teilnahmemöglichkeit an Aus- und Weiterbildungsmaßnahmen bezogen. Über den **allgemeinen Gleichbehandlungsgrundsatz** ist der Arbeitgeber allerdings auch gehindert, vollzeitbeschäftigte Arbeitnehmer in diesem Bereich im Vergleich mit Teilzeitarbeitnehmern zu benachteiligen, wenn nicht ein sachlicher Rechtfertigungsgrund für eine unterschiedliche Behandlung gegeben ist. Jedoch reicht hier jeder anerkennenswerte sachliche Grund aus, eine Verengung auf die nach § 10 allein möglichen Rechtfertigungsgründe kommt im Rahmen des allgemeinen Gleichbehandlungsgrundsatzes nicht zum Tragen.

II. Gleichbehandlung von teilzeitbeschäftigten Arbeitnehmern bei Aus- und Weiterbildungsmaßnahmen

1. Verpflichtung des Arbeitgebers zur Gleichbehandlung

Gemäß § 10 hat der Arbeitgeber Sorge zu tragen, dass auch teilzeitbeschäftigte Arbeitnehmer an Maßnahmen der Aus- und Weiterbildung teilnehmen können. Trotz der, gerade auch im Vergleich mit dem allgemeinen Diskriminierungsverbot des § 4 Abs. 1 Satz 1 („darf .nicht.") weichen Formulierung ist von einer **Verpflichtung des Arbeitgebers zur Gleichbehandlung** teilzeitbeschäftigter Arbeitnehmer in dem durch § 10 erfassten Bereich auszugehen.[5] Die Regelung dispensiert deshalb nicht von der nach § 4 Abs. 1 Satz 1 sowieso bestehenden Gleichbehandlungspflicht, sondern konkretisiert diese für Aus- und Weiterbildungsmaßnahmen, was nicht nur aus der Gesetzesbegründung deutlich wird, wenn dort von dem Zweck der Gewährleistung von Gleichbehandlung mit vollzeitbeschäftigten Arbeitnehmern die Rede ist,[6] sondern auch aus dem Umstand, dass das Gesetz Ausnahmetatbestände formuliert, bei deren Vorliegen allein der Arbeitgeber von der bezeichneten „Sorgetragung" entlastet wird.

Der Regelungsgehalt von § 10 erschöpft sich in der Anordnung einer Verpflichtung des Arbeitgebers zur Gleichbehandlung von Teilzeitarbeitnehmern bei der Teilnahme an Aus- und Weiterbildungsmaßnahmen, eine **Verpflichtung zur**

---

2 Siehe § 4 Rn 16 ff.
3 Dazu § 4 Rn 33 ff.
4 Zutreffend Rolfs, § 10 Rn 3.
5 Siehe nur Boewer, § 10 Rn 4; Däubler, ZIP 2000, 1961 ff (1964f.); Preis/Gotthard, DB 2000, 2065 ff (2066f.).
6 Siehe BT-Drucks. 14/4374, S. 18.

Durchführung bzw Finanzierung entsprechender Maßnahmen** wird dem Arbeitgeber hier ebenso wenig auferlegt wie dies auch ansonsten nicht der Fall ist.[7] Die Vorschrift des § 10 begründet damit **keinen originären Anspruch** von Teilzeitarbeitnehmern auf Teilnahme an Aus- und Weiterbildungsmaßnahmen, vielmehr kann eine solche nur über den Anspruch auf Gleichbehandlung durchgesetzt werden, was allerdings voraussetzt, dass der Arbeitgeber anderen Arbeitnehmern entsprechende Maßnahmen gewährt und ein Rechtfertigungsgrund im Sinne von § 10 für eine Ungleichbehandlung nicht gegeben ist.

6 Mangels Anspruchs auf Durchführung einer Aus- und Weiterbildungsmaßnahme gegen den Arbeitgeber besteht auch jenseits einer Gleichbehandlungsverpflichtung **kein Anspruch auf Finanzierung von von Seiten des Teilzeitarbeitnehmers selbst initiierten Maßnahmen**. Übernimmt der Arbeitgeber die Kosten einer Maßnahme, so finden die von der Rechtsprechung entwickelten allgemeinen Grundsätze über die Zulässigkeit der Vereinbarung von Rückzahlungsklauseln Anwendung.[8]

7 Die in § 10 statuierte Gleichbehandlungspflicht besteht **während der gesamten Dauer** des Arbeitsverhältnisses. Damit hat der Arbeitgeber auch bei der Aufstellung so genannter **Transfersozialpläne**, in denen aus Anlass einer Betriebsänderung Aus- und Weiterbildungsmaßnahmen mit dem Betriebsrat vereinbart und die unter den Voraussetzungen des § 216 a SGB III,[9] insbesondere bei angemessener finanzieller Beteiligung des Arbeitgebers[10] durch die Agenturen für Arbeit gefördert werden, für die Gleichbehandlung von Teilzeitarbeitnehmern Sorge zu tragen. Insoweit werden die bereits nach §§ 75 Abs. 1, 96 Abs. 2 BetrVG bestehenden Pflichten ergänzt und konkretisiert.

8 Aufgrund der Konzeption des § 10 als Gleichbehandlungsgebot bzgl der Behandlung von Teilzeitarbeitnehmern im Vergleich mit Vollzeitarbeitnehmern gibt die Regelung keine Handhabe gegen Ungleichbehandlungen **von Arbeitnehmern bei Aus- und Weiterbildung aus anderen Gründen**, etwa wegen des Geschlechts oder wegen des Alters.[11] Bei geschlechtsbezogener Benachteiligung ist § 7 AGG einschlägig. Dasselbe gilt im Falle von Diskriminierungen wegen Alters.

2. Aus- und Weiterbildungsmaßnahmen

9 Die Gleichbehandlungspflicht des Arbeitgebers bezieht sich auf die Teilnahme teilzeitbeschäftigter Arbeitnehmer an Aus- und Weiterbildungsmaßnahmen zur Förderung der beruflichen Entwicklung und Mobilität. Mit der Begrenzung entsprechender Maßnahmen auf die **Förderung beruflicher Zwecke** ist klargestellt, dass Aus- und Weiterbildungsmaßnahmen außerhalb dieses Bereichs, etwa aus

---

7 Siehe nur Rolfs, § 10 Rn 2; Boewer, § 10 Rn 4.
8 Siehe zur Zulässigkeit entsprechender Klauseln ausführlich HWK/Thüsing, § 611 BGB Rn 460 ff.
9 Eingeführt durch Art. 1 Nr. 120 des Dritten Gesetzes für moderne Dienstleistungen am Arbeitsmarkt (Hartz III) v. 23.12.2003, BGBl. 2003 I, S. 2848.
10 Siehe § 216 a Abs. 1 Satz 2 SGB III.
11 Zur Problematik einer „altersselektiven Qualifizierungspraxis" mit der Folge eines weitgehenden Ausschlusses älterer Arbeitnehmer von betrieblichen und öffentlichen Weiterbildungsmaßnahmen siehe näher Boecken, Wie sollte der Übergang vom Erwerbsleben in den Ruhestand gestaltet werden?, Gutachten B zum 62. Deutschen Juristentag Bremen 1998, B 141 ff.

privaten, ehrenamtlichen, religiösen, politischen oder sonstigen Gründen, nicht erfasst werden.

Der **Begriff der Aus- und Weiterbildungsmaßnahmen zwecks Förderung bestimmter beruflicher Zielsetzungen** ist im Vergleich mit anderen gesetzlichen Regelungen betreffend die berufliche Qualifizierung von Arbeitnehmern unspezifisch und sehr weit. So wird im Berufsbildungsgesetz von Berufsbildung gesprochen, worunter gemäß § 1 Abs. 1 BBiG neben der hier nicht interessierenden Berufsausbildungsvorbereitung die Berufsausbildung,[12] die berufliche Fortbildung[13] und die berufliche Umschulung[14] zu verstehen sind.[15] In den einschlägigen betriebsverfassungsrechtlichen Vorschriften ist gleichfalls von Berufsbildung mit der Unterscheidung betrieblicher und außerbetrieblicher Maßnahmen der Berufsbildung die Rede,[16] für deren Bestimmung im Ausgangspunkt auf die Begriffsbildung des § 1 Abs. 1 BBiG zurückgegriffen wird.[17] § 81 Abs. 4 Satz 1 Nr. 2 und 3 SGB IX spricht ebenfalls von Maßnahmen der beruflichen Bildung, der bezüglich schwer behinderte Menschen gegenüber ihrem Arbeitgeber einen Anspruch auf bevorzugte Berücksichtigung[18] bzw Erleichterung der Teilnahme[19] haben. Die Begriffswahl des § 10 findet sich noch am ehesten im SGB III wieder, wo zwischen Maßnahmen zur Förderung der Berufsausbildung[20] und der beruflichen Weiterbildung[21] unterschieden wird.[22] 10

Im Hinblick darauf, dass aus der Gesetzesbegründung zu § 10[23] ebenso wenig wie zu der vergleichbaren Regelung des § 19 für befristet beschäftigte Arbeitnehmer[24] keine Anhaltspunkte dafür zu entnehmen sind, dass der Gesetzgeber mit der Formulierung „Aus- und Weiterbildung" eine neue Begrifflichkeit beruflicher Qualifizierung schaffen wollte, ist davon auszugehen, dass hierunter zumindest im Kern **die klassische Trias beruflicher Bildung im Sinne des § 1 BBiG bestehend aus Berufsbildung, beruflicher Fortbildung und beruflicher Umschulung**, zu verstehen ist.[25] Sollten hiervon Maßnahmen nicht erfasst werden, so ist in Anlehnung an die Rechtsprechung des BAG zur beruflichen Bildung im Sinne der §§ 96 ff BetrVG darauf abzustellen, ob eine Maßnahme gezielt Kenntnisse, Erfahrungen und Fähigkeiten zur beruflichen Qualifizierung vermittelt.[26] 11

---

12 §§ 1 Abs.3, 4 ff BBiG.
13 §§ 1 Abs. 4, 53 ff BBiG.
14 § 1 Abs. 5, 58 ff BBiG.
15 Siehe zu diesen Begriffen des Berufsbildungsrechts ausführlich MünchArbR/Natzel 2. Aufl., § 177 Rn 211 ff.
16 Siehe §§ 96 ff BetrVG.
17 Siehe Fitting/ Kaiser/Heither/Engels/Schmidt, Betriebsverfassungsgesetz, 21. Aufl., § 96 Rn 9 ff.
18 Bei innerbetrieblichen Maßnahmen siehe § 81 Abs. 4 Satz 1 Nr. 2 SGB IX.
19 Bei außerbetrieblichen Maßnahmen siehe § 81 Abs. 4 Satz 1 Nr. 3 SGB IX.
20 §§ 59 ff SGB III.
21 §§ 77 ff SGB III.
22 Siehe hierzu ausführlich Bernard in: Spellbrink/Eicher, Kasseler Handbuch des Arbeitsförderungsrechts, 2003, § 17, S. 1043 ff.
23 Siehe BT-Drucks. 14/4374, S. 18.
24 Siehe BT-Drucks. 14/4374, S. 21.
25 So auch zutreffend Annuß/Thüsing/*Jacobs* § 10 Rn 4.
26 Siehe nur BAG, 23.4.1991, 1 ABR 49/90, NZA 1991, 817 ff (819); Fitting/Kaiser/Heither/-Engels/Schmidt, Betriebsverfassungsgesetz, 22. Aufl., § 96 Rn 10 mwN

12 Zu den Aus- und Weiterbildungsmaßnahmen im Sinne des § 10 gehören **innerbetriebliche und außerbetriebliche Maßnahmen**. Unter letzteren sind Berufsbildungsmaßnahmen zu verstehen, die von einem privaten oder staatlichen Träger unabhängig vom Arbeitgeber durchgeführt werden.

13 Die in Betracht kommenden Berufsbildungsmaßnahmen, bezüglich derer die Teilnahme auch von Teilzeitarbeitnehmern durch die Gleichbehandlungspflicht des Arbeitgebers sichergestellt werden soll, sind nicht nur solche, mit denen die berufliche Entwicklung des Teilzeitarbeitnehmers in dem Sinne gefördert wird, dass sie eine **Qualifizierung im Rahmen der bisherigen Tätigkeit** zum Inhalt haben.[27] Ausdrücklich werden auch Maßnahmen zur Förderung der beruflichen Mobilität erwähnt, womit – wie auch die Gesetzesbegründung deutlich macht[28] – wesentlich die **Qualifizierung zur Ausübung einer anderen beruflichen Tätigkeit**, sprich die berufliche Umschulung im Sinne des § 1 Abs. 5 BBiG gemeint ist.

III. Ausnahmen von der Gleichbehandlungspflicht

14 Die **benachteiligende Ungleichbehandlung** von teilzeitbeschäftigten Arbeitnehmern in Bezug auf die Teilnahme an beruflichen Bildungsmaßnahmen ist **sachlich nur gerechtfertigt**, wenn dringende betriebliche Gründe oder Aus- und Weiterbildungswünsche anderer teilzeit- oder vollzeitbeschäftigter Arbeitnehmer entgegenstehen. Andere Sachgründe, die uU im Rahmen von § 4 Abs. 1 Satz 1 eine Ungleichbehandlung tragen könnten, kommen nicht in Betracht.[29]

15 Mit dem Erfordernis eines **dringenden betrieblichen Grundes** werden an die Rechtfertigung einer Ungleichbehandlung im Rahmen von § 10 höhere Anforderungen gestellt als an die Ablehnung einer Verringerung und Neuverteilung der Arbeitszeit, wofür nach § 8 Abs. 4 Satz 1 betriebliche Gründe ausreichen. Im Hinblick auf die Konkretisierung bloß betrieblicher Gründe durch die Regelbeispiele[30] in § 8 Abs. 4 Satz 2 spricht gesetzessystematisch zunächst alles dafür, dass eine wesentliche Beeinträchtigung von Organisation, Arbeitsablauf oder der Sicherheit im Betrieb wie auch die Verursachung unverhältnismäßiger Kosten nicht ausreichen kann.[31] Allerdings ist zu berücksichtigen, dass § 8 Abs. 4 Satz 2 im Zusammenhang mit Satz 1 zwar sagt, was jedenfalls betriebliche Gründe sind, damit aber nicht ausschließt, dass die dort genannten wesentlichen Beeinträchtigungen und die Herbeiführung unverhältnismäßiger Kosten nicht auch dringende betriebliche Gründe sein können. Deshalb sind die in § 8 Abs. 4 Satz 2 genannten Regelbeispiele durchaus auch im Rahmen von § 10 heranzuziehen und es ist im Einzelfall zu prüfen, ob die wesentliche Belastung über die Intensität einer hinreichenden Gewichtigkeit im Sinne der Interpretation des BAG zum betrieblichen Grund nach § 8 Abs. 4 Sätze 1 und 2[32] hinausgeht und

---

27 Siehe Begründung zum Gesetzentwurf BT-Drucks. 14/4374, S. 18.
28 Siehe BT-Drucks. 14/4374, S. 18.
29 Zutreffend Rolfs, § 10 Rn 3.
30 Siehe BAG, 18.2.2003, 9 AZR 164/02, NZA 2003, 1392 ff (1395).
31 So Annuß/Thüsing/*Jacobs*, § 10 Rn 10.
32 Siehe BAG, 16.3.2004, 9 AZR 323/03, NZA 2004, 1047 ff (1050); BAG, 18.3.2003, 9 AZR 126/02, ZTR 2004, 143 ff (145 f); BAG, 18.2.2003, 9 AZR 164/02, NZA 2003, 1392 ff (1395). Siehe näher zu § 8 Rn 35 ff.

damit einen dringenden betrieblichen Grund darstellt. Das kann nur im Einzelfall beurteilt werden.

Danach kann ein dringender betrieblicher Grund etwa dann gegeben sein, wenn der **Kostenaufwand** für die Teilnahme an einer Bildungsmaßnahme im Hinblick auf die wirtschaftliche Situation des Betriebs bzw Unternehmens nicht gerechtfertigt werden kann – ein Gleichbehandlungsanspruch bis zur Existenzgefährdung des Betriebs bzw Unternehmens oder der Gefährdung von Arbeitsplätzen kommt nicht in Betracht, oder die Kosten einer Maßnahme im Verhältnis zum Umfang der Arbeitszeit eines Teilzeitarbeitnehmers völlig unverhältnismäßig sind.[33] Ein dringender betrieblicher Grund kann auch darin liegen, dass die Teilnahme an einer Bildungsmaßnahme **zur Unzeit** erfolgen und damit Betriebsablauf und/oder -organisation wesentlich beeinträchtigt würden.[34]   16

Eine Ungleichbehandlung kann auch aufgrund der **Berücksichtigung von Aus- und Weiterbildungswünschen anderer teilzeit- oder vollzeitbeschäftigter Arbeitnehmer** gerechtfertigt sein. Dieser Sachgrund kann nur in Betracht kommen, wenn die Zahl der sich für eine Berufsbildungsmaßnahme bewerbenden Arbeitnehmer das Kontingent der verfügbaren Aus- und Weiterbildungsplätze übersteigt. Hier muss der Arbeitgeber eine Auswahl treffen, die er **analog § 315 BGB nach billigem Ermessen** vorzunehmen hat. Im Rahmen der hiernach erforderlichen Abwägung darf er nicht an das Kriterium des Umfangs der Arbeitszeit anknüpfen. Nach der Gesetzesbegründung hat der Arbeitgeber sein Ermessen unter Berücksichtigung beruflicher und sozialer Kriterien auszuüben und hiernach zu entscheiden, die Bildungswünsche welchen Arbeitnehmers als vorrangig einzustufen sind.[35] Im Hinblick darauf, dass es um die Teilnahme an Aus- und Weiterbildungsmaßnahmen geht, die der Arbeitgeber zumindest auch im betrieblichen Interesse fördert, müssen bei der Entscheidung nach billigem Ermessen **berufliche Kriterien** sowohl aus Arbeitnehmersicht wie auch aus betrieblicher Sicht im Vordergrund stehen. Eine rein oder auch nur überwiegend auf soziale Gesichtspunkte gestützte Entscheidung würde mit dem Gesetzeszweck nicht im Einklang stehen. Wesentlich maßgebende Kriterien sind danach   17

- die **Notwendigkeit der Qualifizierung** eines Arbeitnehmers unter Berücksichtigung seiner Leistungsfähigkeit und im Hinblick auf die ausgeübte bzw auszuübende Tätigkeit; hierbei können auch soziale Aspekte wie die Kompensation gesundheitlicher Defizite durch Qualifizierung einfließen (individuelle Qualifizierungsnotwendigkeit);
- die **Sinnhaftigkeit der Qualifizierung** eines Arbeitnehmers bezogen auf seine Fortbildungsfähigkeit und sein Alter, sprich im Hinblick auf die noch verbleibende Zeit der Erwerbstätigkeit bis zum Eintritt in den Ruhestand (individuelle Qualifizierungssinnhaftigkeit),
- die **Erforderlichkeit der Qualifizierung** unter dem Gesichtspunkt des Nutzens für den Betrieb bzw das Unternehmen (Betriebsinteresse).

Die **Sozialkriterien** des § 1 Abs. 3 KSchG sind im Rahmen der nach § 10 durchzuführenden Auswahl nach billigem Ermessen für sich betrachtet nicht sachbezogen. Eine Ausnahme stellt das Kriterium der Schwerbehinderung dar, das der   18

---

33 Vgl. KDZ/Zwanziger, § 10 Rn 8.
34 Vgl. auch Rolfs, § 10 Rn 3.
35 Siehe BT-Drucks. 14/4374, S. 18.

Arbeitgeber bei der Auswahl bereits aufgrund von § 81 Abs. 4 Satz 1 Nr. 2 und Nr. 3 SBG IX zu berücksichtigen hat.

19 Die getroffene Auswahlentscheidung unterliegt analog § 315 Abs. 3 BGB der gerichtlichen **Überprüfung**.

IV. Folgen eines Verstoßes gegen die Gleichbehandlungspflicht

20 Verstößt der Arbeitgeber gegen die Pflicht zur Gleichbehandlung von Teilzeitarbeitnehmern im Zusammenhang mit der Teilnahme an Bildungsmaßnahmen, so hat der betroffene Arbeitnehmer einen **Anspruch auf Gleichbehandlung, der auf Gleichstellung mit den begünstigten Arbeitnehmern gerichtet ist**. Nicht anders als bei einem Verstoß gegen das allgemeine Diskriminierungsverbot (§ 4 Abs. 1 Satz 1) und den pro rata temporis-Grundsatz (§ 4 Abs. 1 Satz 2) kann der Gleichbehandlungsverpflichtung nur durch eine **Begünstigung des benachteiligten Teilzeitarbeitnehmers** Genüge geleistet werden.[36] Der Inhalt des Gleichbehandlungsanspruchs richtet sich danach, in Bezug worauf der Teilzeitarbeitnehmer ungerechtfertigt benachteiligt worden ist. Geht es um die Teilnahme an einer Bildungsmaßnahme überhaupt, so ist der Anspruch auf Freistellung zum Zwecke der Teilnahme gerichtet. Besteht die Benachteiligung darin, dass der Arbeitgeber zwar die Teilnahme ermöglicht, im Unterschied zu anderen Arbeitnehmern jedoch nicht die Kosten einer Maßnahme für den teilzeitbeschäftigten Arbeitnehmer übernehmen will, so hat dieser einen Anspruch auf Kostenübernahme.

21 Der benachteiligte Teilzeitarbeitnehmer kann seinen Anspruch auf Gleichbehandlung im Wege der **Leistungsklage** arbeitsgerichtlich durchsetzen. Das gilt auch für den Fall, dass der Anspruch wegen der Bildungswünsche anderer Arbeitnehmer von einer billigem Ermessen entsprechenden Auswahlentscheidung des Arbeitgebers abhängig ist. Zwar ist, wenn die Entscheidung nicht der Billigkeit entspricht, analog § 315 Abs. 3 BGB die Auswahl durch Gestaltungsurteil zu treffen, jedoch ist insoweit anerkannt, dass unmittelbar auf die Leistung geklagt werden kann, die bei einer der Billigkeit entsprechenden Entscheidung geschuldet wird.[37]

22 Die Geltendmachung des Gleichbehandlungsanspruchs auf Freistellung zur Teilnahme an einer bestimmten Bildungsmaßnahme im Wege **einstweiliger Verfügung** gemäß §§ 935, 940 ZPO in Verbindung mit § 46 Abs. 2 ArbGG ist zwar grundsätzlich denkbar, jedoch wird es für den Erlass einer entsprechenden Befriedigungsverfügung regelmäßig an dem **Erfordernis des Verfügungsgrundes**, dass der Gläubiger auf sofortige Erfüllung dringend angewiesen ist,[38] fehlen.[39] Insoweit ist zu berücksichtigen, dass Gleichbehandlung auch dadurch hergestellt werden kann, dass der benachteiligte Teilzeitarbeitnehmer angesichts der zahlreichen Angebote auf dem Fortbildungsmarkt auch noch zu einem späteren Zeitpunkt an einer vergleichbaren Bildungsmaßnahme teilnehmen kann. Etwas

---

36 Vgl. zur so genannten „Anpassung nach oben" bei einem Verstoß gegen § 4 Abs. 1 Satz 2 nur BAG, 24.9.2003, 10 AZR 675/02, NZA 2004, 611 ff (612); BAG, 15.10.2003, 4 AZR 606/02, NZA 2004, 551 ff (553 f).
37 Siehe BGH, 2.4.1964, KZR 10/62, BGHZ 41, 271 ff (280); BGH, 24.11.1995, V ZR 174/94, NJW 1996, 1054 ff (1055).
38 Siehe nur Zöller/*Vollkommer*, ZPO, 26. Aufl., § 980 Rn 6.
39 Großzügiger wohl Boewer, § 10 Rn 17.

anderes kann gelten, wenn es sich um eine innerbetriebliche Bildungsmaßnahme handelt, die nur einmal durchgeführt wird.

Ebenfall grundsätzlich denkbar sind **Schadensersatzansprüche** nach Maßgabe der §§ 280 Abs. 1, 241 Abs. 2, 242 BGB. Diese werden jedoch regelmäßig daran scheitern, dass der benachteiligte Arbeitnehmer keinen Schaden, etwa aus entgangenem Gewinn im Hinblick auf bessere Verdienstmöglichkeiten aufgrund der Teilnahme an einer Bildungsmaßnahme, wird nachweisen können. Besteht die Benachteiligung darin, dass dem betroffenen Teilzeitarbeitnehmer eine Kostenübernahme versagt wurde und hat er die Finanzierung der Bildungsmaßnahme selbst übernommen, so können die aufgewendeten Kosten als Schaden geltend gemacht werden. § 10 ist Schutzgesetz im Sinne von § 823 Abs. 2 BGB.

V. Ergänzende Regelungen

Teilzeitbeschäftigte schwerbehinderte Menschen haben gegenüber ihrem Arbeitgeber nach § 81 Abs. 4 Satz 1 Nr. 2 SGB IX einen Anspruch auf bevorzugte Berücksichtigung bei innerbetrieblichen Maßnahmen der beruflichen Bildung zur Förderung ihres beruflichen Fortkommens und nach § 81 Abs. 4 Satz 1 Nr. 3 SGB IX bei außerbetrieblichen Maßnahmen der beruflichen Bildung Anspruch auf Erleichterung der Teilnahme in einem für den Arbeitgeber zumutbaren Umfang. Diese spezielle Schutzregelung besteht neben § 10 und wirkt sich insbesondere im Rahmen des Rechtfertigungsgrundes der Berücksichtigung von Bildungswünschen anderer Arbeitnehmer auf die nach billigem Ermessen zu treffende Entscheidung des Arbeitgebers aus.

Kollektivarbeitsrechtlich haben Arbeitgeber und Betriebsrat nach § 96 Abs. 2 Satz 2 in Verbindung mit Satz 1 BetrVG die Belange von Teilzeitarbeitnehmern bei der Ermöglichung der Teilnahme an betrieblichen oder außerbetrieblichen Maßnahmen der Berufsbildung zu berücksichtigen. Diese, an die Betriebsparteien und damit auch den Arbeitgeber gerichtete betriebsverfassungsrechtliche Pflicht zur Einbeziehung der Interessen teilzeitbeschäftigter Arbeitnehmer im Zusammenhang mit Bildungsmaßnahmen besteht neben der in § 10 allein an den Arbeitgeber adressierten Gleichbehandlungspflicht.

§ 11 Kündigungsverbot

Die Kündigung eines Arbeitsverhältnisses wegen der Weigerung eines Arbeitnehmers, von einem Vollzeit- in ein Teilzeitarbeitsverhältnis oder umgekehrt zu wechseln, ist unwirksam. Das Recht zur Kündigung des Arbeitsverhältnisses aus anderen Gründen bleibt unberührt.

Literatur: *Bauer/Krieger*, Kündigungsrecht Reformen 2004. Gesetz zu Reformen am Arbeitsmarkt und „Hartz-Gesetze", Köln 2004; *Buschmann/Dieball/Stevens-Bartol*, TZA – Das Recht der Teilzeitarbeit, 2. Auflage, Frankfurt 2001; *Däubler*, Das geplante Teilzeit- und Befristungsgesetz, ZIP 2000, 1961; *Hromadka*, Das neue Teilzeit- und Befristungsgesetz, NJW 2001, 400; *Kliemt*, Der neue Teilzeitanspruch – Die gesetzliche Neuregelung der Teilzeitarbeit ab dem 1.1.2001, NZA 2001, 63; *Lakies*, Das Teilzeit- und Befristungsgesetz, DZWIR 2001, 1; *Lindemann/Simon*, Neue Regelungen zur Teilzeitarbeit im Gesetz über Teilzeitarbeit und befristete

Arbeitsverträge, BB 2001, 146; *Oetker*, Sozialauswahl bei Teilzeitbeschäftigung, RdA 1999, 267; *Preis/Gotthardt*, Neuregelung der Teilzeitarbeit und befristeten Arbeitsverhältnisse, DB 2000, 2065; *Reinfelder/Zwanziger*, Teilzeitarbeit und betriebsbedingte Kündigung, DB 1996, 677; *Richardi/Wlotzke*, Münchener Handbuch für Arbeitsrecht. Ergänzungsband, München 2001; *Reiserer*, Das gilt für die neue Teilzeitarbeit ab 2001, München 2001

I.	Allgemeines	1		3.	Rechtsfolge	19
II.	Das Kündigungsverbot gemäß § 11 Satz 1 TzBfG	7	III.		Die Kündigung „aus anderen Gründen" gemäß § 11 Satz 2 TzBfG	22
1.	Der Anwendungsbereich	8	IV.		Darlegungs- und Beweislast	32
2.	Tatbestand des Kündigungsverbots: Weigerung	14				

I. Allgemeines

1 Die Regelung des § 11 normiert in Satz 1 ein eigenständiges, vom Kündigungsschutzgesetz unabhängiges **Kündigungsverbot**.[1] Dieses Verbot schließt die Weigerung eines Arbeitnehmers, von einem Vollzeit- in ein Teilzeitarbeitsverhältnis oder umgekehrt zu wechseln, als Kündigungsgrund aus. Damit findet das in § 5 bezogen auf Teilzeitarbeit und befristete Beschäftigung allgemein geregelte Benachteiligungsverbot in den besonderen Vorschriften über Teilzeitarbeit eine **spezifische Ergänzung** dahingehend, dass es der Arbeitnehmer, der von seinen Rechten insbesondere nach §§ 8 und 9 TzBfG keinen Gebrauch macht, jedenfalls gegen eine daran anknüpfende Kündigung seines Arbeitsverhältnisses geschützt wird. Infolgedessen findet in § 11 TzBfG ein Perspektivwechsel statt: Während die §§ 8 und 9 TzBfG Änderungswünsche des Arbeitnehmers zum Gegenstand haben, ist § 11 TzBfG an einen Änderungswunsch gebunden, der vom Arbeitgeber ausgeht.[2] Für dieses Kündigungsverbot genügt jedoch das Benachteiligungsverbot deshalb nicht, weil hier der Arbeitnehmer nicht wegen der Inanspruchnahme seiner Rechte aus diesem Gesetz benachteiligt (das heißt gekündigt) werden soll, sondern gerade wegen des umgekehrten Falls: dass er nämlich eine Teilzeitbeschäftigung nicht in Anspruch nehmen möchte, sondern sich auf seine vertraglich vereinbarte Arbeitszeit beruft. Damit wird das Kündigungsverbot des § 11 TzBfG jedoch (wie schon § 5 TzBfG) zu einer (weiteren) **lex specialis zum allgemeinen Maßregelungsverbot des § 612 a BGB**.[3] Das Kündigungsverbot führt, wie § 11 Satz 2 ausdrücklich bestimmt, nicht zu einer Beschränkung des arbeitgeberseitigen Rechts zur Kündigung des Arbeitsverhältnisses aus anderen Gründen.

2 Hinter der Vorschrift des § 11 TzBfG steht insgesamt die Vorstellung bzw die Absicht, dass der Arbeitnehmer nicht soll befürchten müssen, seinen Arbeitsplatz (nur deshalb) zu verlieren, weil er – aus welchen Gründen auch immer – keine Möglichkeit sieht, von einem Vollzeit- in einen Teilzeitarbeitsvertrag zu wechseln.[4] Aus diesem Grund soll umgekehrt dem Arbeitgeber verwehrt werden, allein eine solche Weigerung zum Anlass für eine Kündigung zu nehmen.

---

1 S. jedoch die Kommentierung in Rn 20 hinsichtlich der einzuhaltenden Frist für die Erhebung der Kündigungsschutzklage.
2 Arnold/Gräfl/Arnold, § 11 Rn 1.
3 Jacobs, in: Annuß/Thüsing, § 11 Rn 1; Däubler ZIP 2000, 1962.
4 S. insofern die Begründung des Gesetzgebers in BT-Drucks. 14/4373 S. 12.

§ 11 TzBfG dient der Umsetzung der gemeinschaftsrechtlichen Bestimmung des § 5 Abs. 2 der **Richtlinie 97/81/EG**, über die sie jedoch hinausgeht: Denn die europarechtliche Vorgabe ist lediglich als Sollvorschrift ausgestaltet („Die Weigerung eines Arbeitnehmers, von einem Vollzeitarbeitsverhältnis in ein Teilzeitarbeitsverhältnis oder umgekehrt überzuwechseln, sollte (...) als solche keinen gültigen Kündigungsgrund darstellen"), demgegenüber ist die Regelung in § 11 TzBfG zwingend; sie ist infolgedessen **weder durch Einzelarbeitsvertrag noch kollektivvertraglich abdingbar**.[5]

Das Kündigungsverbot des § 11 entspricht in seiner Konzeption dem in § 613a Abs. 4 BGB im Zusammenhang mit einem Betriebsübergang geregelten Kündigungsverbot.[6] Daher ist es möglich und rechtstechnisch auch zulässig, auf die Rechtsprechung des BAG zu § 613a Abs. 4 BGB in Einzelfällen zurückzugreifen,[7] sofern die Besonderheiten des TzBfG ausreichend berücksichtigt werden.

Dogmatisch ist die Ausdehnung der europäischen Sollvorschrift hin zu einer zwingenden Regelung durch den Umstand begründet, dass der Arbeitgeber einseitig die vertraglich vereinbarte Arbeitszeit nicht ändern kann: Sie gehört zum Synallagma und kann daher nur vertraglich geändert werden.[8] Ein entsprechendes Begehren des Arbeitgebers ist somit ein Angebot zu einer Vertragsänderung, das bei Ablehnung durch den Vertragspartner, also den Arbeitnehmer, schon aus Gründen der Vertragsfreiheit nicht zu einem Kündigungsgrund werden kann bzw darf. Dem Arbeitgeber bleibt infolgedessen, möchte er die vertraglich vereinbarte Arbeitszeit einseitig ändern, allein der Weg der **Änderungskündigung**; ansonsten ist er auf die Mitwirkung des Vertragspartners angewiesen, mit dem er einen Änderungsvertrag schließen kann. Andere Wege der Änderung der Arbeitszeit (von einem Vollzeit- in ein Teilzeitarbeitsverhältnis oder umgekehrt) bestehen nicht. § 11 TzBfG dient somit ganz maßgeblich dem Schutz eines einmal geschlossenen Arbeitsvertrags.

Rechtstatsächlich wird § 11 TzBfG gelegentlich sehr kritisch beurteilt; zum Teil wird davor gewarnt, die praktische Bedeutung des Kündigungsverbots dürfe nicht überschätzt werden, dies schon aufgrund der Beweislastverteilung zulasten des Arbeitgebers.[9] Zum anderen findet sich die Ansicht, die Regelung sei überflüssig, weil eine Kündigung aus dem genannten Grund jedenfalls im Anwendungsbereich des KSchG unzulässig wäre, weil sie nicht durch einen der dort genannten Gründe gerechtfertigt wäre; zum anderen wäre sie außerhalb des KSchG unwirksam, weil sie dann rechtsmissbräuchlich sei.[10] Dieser Kritik ist insofern zuzustimmen, als tatsächlich der Anwendungsbereich der Vorschrift sehr schmal sein dürfte. Gleichwohl kann der Sinn dieser Vorschrift auch in ihrer klarstellenden und appellativen

---

5 Meinel/Heyn/Herms, § 11 Rn 6; Boewer, § 11 Rn 3.
6 Siehe zum Kündigungsverbot des § 613a Abs. 4 BGB etwa BAG 3. September 1998–8 AZR 306/96 – NZA 1999, 147; BAG 18. Juli 1996–8 AZR 127/94 – NZA 1997, 148; grundlegend BAG 31. Januar 1985–2 AZR 530/83 – NZA 1985, 593.
7 Sievers, § 11 Rn 4.
8 BAG 12. Dezember 1984–7 AZR 509/83 – AP Nr. 6 zu § 2 KSchG 1969 zur Unwirksamkeit einer Vereinbarung, die den Arbeitgeber einseitig berechtigen sollte, die zunächst festgelegte Arbeitszeit später einseitig nach Bedarf zu reduzieren; LAG Düsseldorf 30. August 2002–9 Sa 709/02 – NZA-RR 2003, 407; Joussen, in: Rolfs/Giesen BeckOK § 611 BGB Rn 324.
9 Holwe/Kossens § 11 Rn 8.
10 Bayreuther, in: Rolfs/Giesen Beck OK § 11 TzBfG Rn 1.

Funktion gesehen werden, die den vom Gesetz verfolgten Diskriminierungs- und Benachteiligungsschutz nochmals eigenständig illustriert.

II. Das Kündigungsverbot gemäß § 11 Satz 1 TzBfG

7 Die Bestimmung in § 11 Satz 1 TzBfG beinhaltet ein eigenständiges Kündigungsverbot. Voraussetzung für das Eingreifen des Kündigungsverbots ist, sofern sein Anwendungsbereich eröffnet ist,[11] die Weigerung des Arbeitnehmers, von einem Vollzeit- in ein Teilzeitarbeitsverhältnis oder umgekehrt zu wechseln.[12]

1. Der Anwendungsbereich

8 § 11 TzBfG gilt für alle Arbeitsverhältnisse, das heißt für die gesamte Bandbreite der Anwendung des TzBfG selbst.[13] Wie schon bei § 613a Abs. 4 BGB handelt es sich bei dem Kündigungsverbot des § 11 Satz 1 TzBfG um ein vom Kündigungsschutzgesetz unabhängiges, **eigenständiges Kündigungsverbot** im Sinne des § 13 Abs. 3 KSchG, das nicht lediglich die Sozialwidrigkeit einer Kündigung nach Maßgabe des § 1 KSchG konkretisiert,[14] daher gelten die Beschränkungen der Anwendbarkeit des Kündigungsschutzgesetzes für das hier in Frage stehende Kündigungsverbot nicht. § 11 Satz 1 findet deshalb auch Anwendung im Falle der Kündigung sowohl solcher Arbeitsverhältnisse, die noch nicht länger als sechs Monate in demselben Betrieb oder Unternehmen bestanden haben, wie auch auf solche Arbeitsverhältnisse, die in Betrieben begründet sind, deren Arbeitnehmerzahl nicht die in § 23 Abs. 1 Sätze 2 und 3 KSchG bezeichneten Schwellenwerte überschreiten: Auf die Anwendbarkeit des KSchG kommt es nach dem zuvor Gesagten somit nicht an; der Schutz des § 11 TzBfG gilt somit vom ersten Tag der Beschäftigung an.

9 Das Kündigungsverbot des § 11 Satz 1 gilt mangels Beschränkung im Gesetz für jede Art der Kündigung eines Arbeitsverhältnisses durch den Arbeitgeber. Erfasst werden danach die **ordentliche und außerordentliche Kündigung** wie auch die **Änderungskündigung**; die Regelung findet Anwendung unabhängig davon, ob der Arbeitnehmer in Voll- oder Teilzeit, befristet oder unbefristet beschäftigt ist. Fraglich und umstritten ist, ob auch **arbeitnehmerseitige Kündigungen sowie Aufhebungsverträge** durch die Regelung in § 11 TzBfG verboten sind; Gleiches gilt für die Frage nach der Anwendbarkeit auf die Vereinbarung von Befristungen und auflösenden Bedingungen, wenn sie darauf abzielen, den Schutz des Satzes 1 zu umgehen. Zum Teil wird diese Ausdehnung des Norminhalts – entgegen dem Wortlaut – verlangt.[15] Begründet wird diese Auffassung mit einer entsprechenden Anwendung der Rechtsprechung des BAG zu § 613a Abs. 4 BGB, die dort eben-

---

11 § 11 Rn 8.
12 § 11 Rn 14.
13 Dazu § 2 Rn 5.
14 BAG 18. Juli 1996–8 AZR 127/94 – NZA 1997, 148; grundlegend BAG 31. Januar 1985–2 AZR 530/83 – NZA 1985, 593.
15 Etwa von Jacobs, in: Annuß/Thüsing, § 11 Rn 3.

falls eine extensive Auslegung in dem oben genannten Sinne vornimmt, sofern diese Rechtsgeschäfte mit dem Ziel einer Umgehung vorgenommen werden.[16]

Dieser extensiven Auslegung wird indes auch explizit und mit Recht widersprochen. Schon der Wortlaut der Vorschrift setzt hier eine deutliche Grenze. Diese könnte nur dann überwunden werden, wenn andere Auslegungskriterien einen entsprechenden Weg wiesen. Dies setzte voraus, dass der Zweck dieser Bestimmung etwa auch ein **Umgehungsverbot** beinhalten würde. Denn die Anwendung von gesetzlichen Verboten, um das es sich vorliegend handelt, auf Umgehungsgeschäfte setzt insbesondere voraus, dass durch das gesetzliche Verbot die Verwirklichung eines bestimmten Erfolgs verhindert werden soll.[17] Eine solche Intention lässt sich der Vorschrift indes nicht entnehmen. Der Tatbestand des § 11 TzBfG enthält vielmehr kein Umgehungsverbot[18] – es ist stattdessen allein auf einen Schutz der vereinbarten Arbeitszeit vor einseitigen Änderungen des Arbeitgebers gerichtet. Geht indes die Änderung der Arbeitszeit (auch) vom Arbeitnehmer selbst aus, bedarf er keines Schutzes; dies ist der Grund, warum hier auch kein Umgehungsverbot ersichtlich ist. Sollte der Arbeitnehmer zu seinem Einverständnis bzw zu seiner Änderungserklärung gedrängt worden sein, stellt ihm die Rechtsordnung mit § 123 BGB einen ausreichenden Schutz zur Verfügung.[19] Ein Schutz ist auch denkbar über § 5 TzBfG bzw § 612a BGB. Wird daher ein Aufhebungsvertrag geschlossen, weil sich die Parteien nicht über eine Veränderung der Arbeitszeit einigen konnten, die vom Arbeitgeber beabsichtigt und beantragt worden war, so ist dieser nicht aufgrund der Bestimmung des § 11 TzBfG unwirksam. Eine derart weite Einschränkung der Vertragsfreiheit gerade auch des Arbeitnehmers ist weder geboten noch erforderlich.

Entsprechend dem zuvor Ausgeführten fällt daher auch nicht die Situation unter den Anwendungsbereich des § 11 TzBfG, in der der Arbeitgeber eine Kündigung ausspricht, nachdem er selbst ein Änderungsbegehren des Arbeitnehmers auf Veränderung der Arbeitszeit (von einer Vollzeit- in eine Teilzeitbeschäftigung oder umgekehrt) abgelehnt hat. Eine Kündigung ist infolgedessen nicht wegen eines Verstoßes gegen diese Vorschrift unwirksam, kann jedoch als Benachteiligung gegen das Verbot aus § 5 TzBfG verstoßen.

§ 11 Satz 1 TzBfG betrifft von seinem Wortlaut her (nur) die Situation, dass der Arbeitnehmer sich weigert, von einem Vollzeit- in ein Teilzeitarbeitsverhältnis zu wechseln oder umgekehrt. Damit zielt die Vorschrift allein auf ein „Alles-oder-Nichts" ab, also allein auf einen Wechsel von der einen in die andere Beschäftigungsform. Nicht hervorgeht somit aus der Vorschrift, ob damit auch die Situation betroffen ist, in der der Arbeitnehmer sich weigert, von einer Teilzeitbeschäftigung mit einer bestimmten Stundenanzahl in eine Beschäftigung mit einer anderen Stundenzahl zu wechseln, wenn es also nicht um das „Ob", sondern allein um den **Umfang der Teilzeitbeschäftigung** geht. Fraglich ist etwa, ob eine Kündigung auch dann unwirksam ist, wenn sie wegen der Weigerung des Arbeitnehmers erfolgt, statt seiner bisherigen Teilzeitbeschäftigung mit einem Stundenumfang von 25 Stunden nunmehr nur noch 20 Stunden tätig zu sein; ver-

---

16 BAG 10. Dezember 1998–8 AZR 324/94 – AP Nr. 185 zu § 613a BGB; BAG 28. April 1987–3 AZR 75/86 – AP Nr. 5 zu § 1 BetrAVG Betriebsveräußerung; Boecken, Rn 267.
17 S. etwa Palandt/Heinrichs § 134 BGB Rn 28.
18 So auch MünchKommBGB/Müller-Glöge § 11 Rn 4.
19 So auch Arnold/Gräfl/Arnold, § 11, Rn 7.

gleichbar wäre die Frage nach der Wirksamkeit einer Kündigung wegen der Weigerung, anstelle der bisherigen 15 Stunden in Teilzeit fortan 25 Stunden in Teilzeit tätig zu sein.

13 Denkbar ist, auch hier – wie schon zuvor bei der abgelehnten Ausdehnung des sachlichen Anwendungsbereichs der Vorschrift auf Aufhebungsverträge und Eigenkündigungen – eine entsprechende ausdehnende Auslegung mit dem Hinweis auf den Wortlaut abzulehnen. Doch stellt in diesem Fall der Wortlaut nicht die Grenze der Auslegung dar: Denn insbesondere die teleologische Auslegung verlangt, das Kündigungsverbot nicht auf die „Alles-oder-Nichts-Fälle" zu beschränken, sondern es auszudehnen auch auf die Situationen, in denen eine Weigerung des Arbeitnehmers sich auf die Änderung des Umfangs der Teilzeitbeschäftigung bezieht. Denn die Situation ist vergleichbar: Auch hier geht es um den Versuch eines einseitigen Eingriffs des Arbeitgebers in die vertragliche Vereinbarung, auch hier ist also der Normzweck darauf gerichtet, den Arbeitnehmer vor der Folge einer (vertragsrechtlich zulässigen und durchaus berechtigten) Weigerung einer Vertragsänderung zu schützen. Demzufolge gelten der Anwendungsbereich des § 11 TzBfG und das dort enthaltene **Kündigungsverbot auch für die Fälle der Weigerung, einer Umfangsänderung zuzustimmen,** weil auch in diesen nicht vom Wortlaut der Vorschrift erfassten Fällen die Interessenlage der beiden betroffenen Vertragsparteien nicht anders zu bewerten ist als in den beiden Situationen, die das Gesetz in § 11 anspricht.[20]

2. Tatbestand des Kündigungsverbots: Weigerung

14 Die Unwirksamkeit einer Kündigung innerhalb des zuvor geschilderten Anwendungsbereichs setzt voraus, dass sich der **Arbeitnehmer zuvor geweigert hat, von einem Vollzeit- in ein Teilzeitarbeitsverhältnis zu wechseln** bzw. einer Änderung des Umfangs der Arbeitszeit zuzustimmen.[21] Der Arbeitnehmer muss sich demzufolge „geweigert" haben – dies setzt ein entsprechendes Ansinnen des Arbeitgebers voraus. § 11 TzBfG kommt infolgedessen dann nicht zur Anwendung, wenn eine Weigerung des Arbeitnehmers zum Wechsel deshalb nicht vorliegt, weil der Arbeitgeber vor der ausgesprochenen Kündigung eine (einvernehmliche) Änderung gar nicht angeboten hat.[22]

15 Die Weigerung des Arbeitnehmers muss zudem in einem Kausalzusammenhang zu der anschließenden Kündigung des Arbeitgebers stehen, damit diese die Rechtsfolge des § 11 Satz 1 TzBfG auslösen, mithin unwirksam sein kann. Der danach erforderliche **Kausalzusammenhang zwischen der Weigerung des Arbeitnehmers im Sinne von § 11 Satz 1 TzBfG und der Kündigung des Arbeitgebers** ist nach denselben Grundsätzen zu beurteilen, wie sie von der Rechtsprechung zu dem Kündigungsverbot des § 613a Abs. 4 Satz 1 BGB entwickelt worden sind.[23] Hiervon ausgehend wird eine Kündigung nur dann „wegen" einer Weigerung

---

20 Wie hier Meinel/Heyn/Herms, § 11 Rn 9; Sievers, § 11 Rn 5; Holwe/Kossens § 11 Rn 2.
21 Zu dieser Auslegung des Anwendungsbereichs s. § 11 Rn 8.
22 Arnold/Gräfl/Arnold § 11 Rn 10 mit Verweis auf die Entscheidung BAG 22. April 2004–2 AZR 385/04 – AP Nr. 12 zu § 612a BGB.
23 Siehe hierzu grundlegend BAG 31. Januar 1985–2 AZR 530/83 – NZA 1985, 593.

ausgesprochen, wenn die Weigerung die **überwiegende Ursache der Kündigung** bildet.[24] Die Weigerung des Arbeitnehmers muss der Beweggrund für die Kündigung sein bzw – wie das Bundesarbeitsgericht § 613a Abs. 4 Satz 1 BGB auch formuliert – der tragende Grund und nicht nur der äußere Anlass für die Kündigung.[25]

Eine Kündigung ist deshalb nicht schon dann nach § 11 Satz 1 TzBfG unwirksam, wenn die Weigerung für die Kündigung mitursächlich ist, sondern nur dann, wenn das Motiv der Kündigung wesentlich durch die Weigerung des Arbeitnehmers bestimmt wird. Es muss folglich ein **unmittelbarer Zusammenhang zwischen Weigerung und Kündigung** vorliegen. Liegt neben der Weigerung ein sachlicher Grund vor, der aus sich heraus die Kündigung zu rechtfertigen vermag, so kann das Kündigungsverbot des § 11 Satz 1 TzBfG nicht eingreifen.[26] Das bedeutet, dass insbesondere eine bloße Mitursächlichkeit nicht genügt; insbesondere reicht es nicht aus, wenn die Rechtsausübung nur der äußere Anlass für die Maßnahme war.[27] Das folgt im Übrigen auch schon ohne weiteres aus dem systematischen Zusammenhang zwischen den Sätzen 1 und 2 von § 11 TzBfG, wonach das Recht zur Kündigung des Arbeitsverhältnisses aus anderen Gründen unberührt bleibt. Liegt ein solcher rechtfertigender Grund vor, dann schützt § 11 Satz 1 TzBfG nicht vor Risiken, die sich jederzeit unabhängig von der Weigerung des Arbeitnehmers realisieren können. 16

Ob der Arbeitgeber wegen einer Weigerung des Arbeitnehmers kündigt, ist subjektiv unter **Berücksichtigung des Motivs des Arbeitgebers** für die Kündigung zu beurteilen; hier unterscheidet sich das Kündigungsverbot des § 11 TzBfG von denjenigen des KSchG, welches maßgeblich auf die objektive Sachlage zum Zeitpunkt der Kündigung abstellt. Dies führt dazu, dass das Kündigungsverbot des § 11 Satz 1 TzBfG auch dann eingreift, wenn objektiv ein die Kündigung rechtfertigender Grund gegeben ist, der Arbeitgeber davon nichts weiß und allein wegen der Weigerung des Arbeitnehmers kündigt. Kündigt indes der Arbeitgeber „allein wegen der Weigerung", ist also der Kündigungsentschluss allein durch die Weigerung beeinflusst gewesen, decken sich Motiv und äußerer Anlass: Daraus folgt, dass der Arbeitgeber dann keine Möglichkeit mehr hat, sich im Nachhinein auf andere Gründe im Sinne von § 11 Satz 2 TzBfG zu berufen; nichts anders ist gemeint, wenn von „wesentlicher Ursache" und „tragender Grund" die Rede ist.[28] 17

Für die Frage, ob die Weigerung des Arbeitnehmers den tragenden Grund für die Kündigung darstellt, ist grundsätzlich auf die Verhältnisse im **Zeitpunkt des Zugangs** der Kündigung abzustellen;[29] etwas anderes gilt nur, wenn – wie zuvor bereits angesprochen – die Kündigung ersichtlich allein wegen der Weigerung erfolgt ist; denn dann ist der Kündigungsentschluss allein durch die Weigerung 18

---

24 BAG 3. September 1998–8 AZR 306/96 – NZA 1999, 147; BAG 13. November 1997–8 AZR 295/95 – AP Nr. 169 zu § 613a BGB.
25 BAG 18. Juli 1996–8 AZR 127/94 – NZA 1997, 148; Arnold/Gräfl/Arnold § 11 Rn 14; MünchKommBGB/Müller-Glöge § 11 TzBfG Rn 1; HzA/Linck Gruppe 1.4 Rn 283; Bayreuther, in: Rolfs/Giesen BeckOK § 11 TzBfG Rn 2.
26 BAG 18. Juli 1996–8 AZR 127/94 – NZA 1997, 148; KSchR/Zwanziger § 11 Rn 1; Preis/Gotthardt DB 2000, 2069.
27 BAG 12. Juni 2002–10 AZR 340/01 – AP Nr. 8 zu § 612a BGB.
28 So auch Arnold/Gräfl/Arnold § 11 Rn 5.
29 BAG 3. September 1998–8 AZR 306/96 – NZA 1999, 147.

bedingt, somit ist der Tatbestand des § 11 Satz 1 TzBfG bereits erfüllt, so dass es auf die objektive Lage nicht mehr ankommt. Ein erst nach diesem Zeitpunkt auftretender Sachgrund für eine Kündigung kann deshalb die Unwirksamkeit einer zuvor wegen einer Weigerung im Sinne des § 11 Satz 1 ausgesprochenen Kündigung nicht hindern.

3. Rechtsfolge

19 Liegen die Voraussetzungen des § 11 Satz 1 TzBfG vor, so ist die Kündigung bereits nach dieser Vorschrift unwirksam. § 11 Satz 1 TzBfG ordnet selbst die Rechtsfolge der Unwirksamkeit an, so dass es auf § 134 BGB nicht ankommt.[30] Infolge der Unwirksamkeit der Kündigung gilt, dass das Arbeitsverhältnis dann unverändert und ungekündigt fortbesteht.

20 Durch die Neufassung des KSchG zum Jahr 2004 ist die Frage, in welchem Zeitraum die Unwirksamkeit der Kündigung gemäß § 11 TzBfG geltend zu machen ist, neu zu beantworten. Gemäß § 4 Satz 1 KSchG muss nämlich ein Arbeitnehmer, der die Unwirksamkeit einer Kündigung nach § 11 Satz 1 geltend machen will, nunmehr innerhalb von drei Wochen nach Zugang der schriftlichen Kündigung Klage beim Arbeitsgericht auf Feststellung erheben, dass das Arbeitsverhältnis durch die Kündigung nicht aufgelöst worden ist. Mit der Erstreckung der Klagefrist des § 4 Satz 1 KSchG zum 1.1.2004 durch Art. 1 Nr. 3 des Gesetzes zu Reformen am Arbeitsmarkt vom 24.12.2003[31] müssen mit Ausnahme der mangelnden Schriftform jetzt alle Unwirksamkeitsgründe einer Kündigung und damit auch der des § 11 Satz 1 innerhalb der **Dreiwochenfrist des § 4 Satz 1 KSchG** geltend gemacht werden.[32] Die Geltendmachung der Unwirksamkeit der Kündigung ist somit auch in diesem Fall an die kurze Frist des § 4 KSchG gebunden.[33] Die Geltung der kurzen, dreiwöchigen Frist folgt im Übrigen auch aus § 13 Abs. 3 KSchG. Gemäß § 13 Abs. 1 Satz 2 KSchG ist die Klagefrist des § 4 Satz 1 KSchG auch bei einer außerordentlichen Kündigung zu beachten.

21 Die **Klagefrist** hindert den Arbeitnehmer jedoch nicht daran, sich in einem – fristgemäß begonnenen – Prozess im Nachhinein noch auf **andere Kündigungsgründe** zu stützen. Hat er etwa innerhalb der Dreiwochenfrist des § 4 Satz 1 KSchG Kündigungsschutzklage erhoben und diese allein auf eine fehlerhafte Anhörung des Betriebsrats gestützt, kann er im Prozess, bis zum Schluss der letzten mündlichen Verhandlung vor dem Arbeitsgericht erster Instanz, zur Begründung der Klage auch solche Gründe heranziehen, die er nicht innerhalb der Klagefrist geltend gemacht hat. Dies folgt aus § 6 KSchG. So kann er auch später, bis zu dem genannten Zeitpunkt, anbringen, dass die Kündigung (zusätzlich) noch gegen § 11 Satz 1 KSchG verstoße.

---

30 AA Jacobs, in: Annuß/Thüsing, § 11 Rn 5; Arnold/Gräfl/Arnold § 11 Rn 13.
31 BGBl. 2003 I S. 3002.
32 Zur Erstreckung des § 4 Satz 1 KSchG auf nahezu alle Unwirksamkeitsgründe einer Kündigung s. Bauer/Krieger Rn 99.
33 So die überwiegende Auffassung, s. etwa Jacobs, in: Annuß/Thüsing, § 11 Rn 5; Holwe/Kossens § 11 Rn 5; MünchKommBGB/Müller-Glöge § 11 TzBfG Rn 3; Arnold/Gräfl/Arnold § 11 Rn 13; HWK/Schmalenberg § 11 Rn 3; Bayreuther, in: Rolfs/Giesen BeckOK § 11 TzBfG Rn 5; ErfKomm/Preis § 11 TzBfG Rn 4; aA Meinel/Heyn/Herms, § 11 Rn 17; KSchR/Zwanziger § 11 Rn 5; beeinflusst durch die alte Rechtslage ebenso Reiserer, S. 24; Boewer, § 11 Rn 4.

III. Die Kündigung „aus anderen Gründen" gemäß § 11 Satz 2 TzBfG

Nach § 11 Satz 2 TzBfG bleibt, unbeschadet des Verbots in Satz 1 dieser Vorschrift, eine Kündigung aus anderen Gründen auch nach einer Weigerung des Arbeitnehmers, von einer Vollzeit- in eine Teilzeitbeschäftigung (oder umgekehrt) zu wechseln, unverändert möglich. Mit dieser Regelung wird klargestellt, dass das allgemeine Kündigungsrecht durch das besondere Verbot in § 11 Satz 1 TzBfG nicht beschränkt wird. Das Kündigungsverbot schützt, mit anderen Worten, nicht vor **Kündigungen, die aus anerkannten Gründen sachlich gerechtfertigt sind**.[34] Mit dieser (klarstellenden) Ergänzung zum Kündigungsverbot setzt das Gesetz die europäische Vorgabe in **§ 5 Abs. 2 der Rahmenvereinbarung** um, welche ausdrücklich vorsieht, dass das Recht zur Kündigung aus anderen Gründen unberührt bleibe. Für die Frage, an welche „anderen Kündigungsgründe" hier zu denken ist, nennt die deutsche Gesetzesbegründung – allerdings sehr kursorisch und unvollständig – „wirtschaftliche, technische oder organisatorische Gründe, die zu einer Änderung oder Beendigung des Arbeitsverhältnisses führen".[35] Diese Gründe sind indes näher auszuführen bzw zu erläutern. 22

Unter den in § 11 Satz 2 genannten „anderen Gründen" sind im Anwendungsbereich des Kündigungsschutzgesetzes **personen- und verhaltensbedingte Gründe** wie auch **dringende betriebliche Erfordernisse** im Sinne des § 1 Abs. 2 KSchG zu verstehen. Darüber hinaus ist das Vorliegen der Voraussetzungen einer **außerordentlichen Kündigung** gemäß § 626 Abs. 1 BGB ein „anderer Grund" im Sinne dieser Vorschrift, sofern eben deren Voraussetzungen vorliegen. Außerhalb des Anwendungsbereichs des Kündigungsschutzgesetzes ist jeder Grund, der nicht die Voraussetzungen des § 11 Satz 1 TzBfG erfüllt, ein „anderer Grund", der bei Beachtung der Beschränkungen durch die zivilrechtlichen Generalklauseln[36] die Kündigung rechtfertigen kann. Möglich aus anderen Gründen ist nicht nur die Beendigungskündigung, sondern auch eine Änderungskündigung. 23

Hinsichtlich einer personen- oder verhaltensbedingten Kündigung ergeben sich rechtlich in diesem Zusammenhang keine Besonderheiten, bei Vorliegen ihrer Voraussetzungen sind sie trotz § 11 Satz 1 TzBfG aufgrund der Regelung in S. 2 TzBfG möglich.[37] Dies gilt etwa in dem Fall, in dem der Arbeitnehmer krankheitsbedingt seine Tätigkeit nicht mehr in dem bisherigen zeitlichen Umfang wahrnehmen kann, bei reduzierter Arbeitszeit jedoch dazu in der Lage wäre. In diesem Fall ist eine personenbedingte (auf die Krankheit, nicht auf die Weigerung! gestützte) Kündigung denkbar. Auch eine verhaltensbedingte Kündigung als zulässig im Sinne von § 11 Satz 2 TzBfG ist vorstellbar, wenngleich sie in der Praxis kaum auftreten dürfte. So könnte eine Kündigung verhaltensbedingt begründet sein, wenn der Arbeitnehmer, der in einer bestimmten Filiale beschäftigt ist, ständig zu spät kommt, weil diese Filiale sehr weit von seiner Wohnung entfernt ist und dieser zuvor einen Wechsel in einer näher gelegene Filiale verweigert hat, in der er aber nur – stellenbedingt – halbtags arbeiten könnte. Hier ist die Kündigung dann nicht wegen der Weigerung erfolgt, sondern wegen des Ver- 24

---

34 So zu § 613a Abs. 4 BGB auch BAG 18. Juli 1996–8 AZR 127/94 – NZA 1997, 148.
35 BT-Drucks. 14/4374 S. 18.
36 Siehe hierzu BVerfG 27. Januar 1998–1 BvL 15/87 – AP Nr. 17 zu § 23 KSchG 1969.
37 Hierzu auch Meinel/Heyn/Herms, § 11 Rn 16.

haltens des Arbeitnehmers. Eine solche Kündigung muss weiterhin möglich bleiben, wie dies auch § 11 Satz 2 TzBfG formuliert.

25 Es ist jedoch die **betriebsbedingte (Änderungs-)Kündigung zur Reduzierung der Arbeitszeit** nach einer entsprechend erfolgten Weigerung des Arbeitnehmers, die in rechtlicher Hinsicht einige Probleme aufwirft. Dies folgt aus dem Umstand, dass der Arbeitgeber, der, wie aufgezeigt, nicht einseitig dazu befugt ist, das Arbeitszeitvolumen kraft Direktionsrechts zu verändern,[38] prinzipiell die Möglichkeit des Ausspruchs einer Änderungskündigung unter der Berücksichtigung der Voraussetzungen des § 1 KSchG hat. Das heißt, der Arbeitgeber kann dem sich weigernden Arbeitnehmer die Verringerung der Arbeitszeit (nochmals) anbieten und für den Fall der Weigerung des Arbeitnehmers eine dementsprechende Änderungskündigung aussprechen. Dies folgt unmittelbar aus der Regelung des § 11 Satz 2 TzBfG, da eine Änderungskündigung eine „Kündigung", und zwar eine „aus anderem Grund" darstellt.[39]

26 Geht der Arbeitgeber diesen Weg, ist er indes, **bei Eingreifen des KSchG, an dessen Voraussetzungen gebunden.** Das Kündigungsverbot des § 11 Satz 1 TzBfG auf der einen Seite ist also insbesondere abzugrenzen von einer zulässigen betriebsbedingten **Änderungskündigung mit dem Ziel der Arbeitszeitreduzierung oder der Erhöhung der Arbeitszeit** auf der anderen. Sofern daher der Arbeitgeber vor dem Hintergrund einer im Verhältnis zum Arbeitszeitvolumen zu geringen Auftragsmenge die Arbeitszeit der Arbeitnehmer reduzieren will, kann er dies im Wege einer nach §§ 2 Satz 1, 1 Abs. 2 KSchG betriebsbedingten Änderungskündigung durchführen, ohne daran durch § 11 Satz 1 TzBfG gehindert zu sein, sofern diese Änderungskündigung die an sie gestellten Bedingungen und Voraussetzungen erfüllt. Darüber hinaus hindert auch das Kündigungsschutzgesetz, insbesondere § 1 Abs. 3 KSchG, den Arbeitgeber nicht daran, im Falle eines Arbeitskräfteüberhangs die Mehrzahl von Änderungskündigungen anstelle einzelner Beendigungskündigungen auszusprechen.[40] Gleiches gilt, wenn der Arbeitgeber auf der Grundlage seiner unternehmerischen Entscheidung sich dazu entschließt, die Ladenöffnungszeiten zu verlängern oder zu kürzen und deshalb einer geänderten Struktur der Beschäftigungszeiten bedarf.

27 Zu der Frage der Wirksamkeit einer Änderungskündigung in diesem Zusammenhang haben sich indes, vor allem in der Rechtsprechung, einige **Grundsätze** entwickelt, die es zu beachten gilt. Spricht der Arbeitgeber gegenüber einem Teilzeitarbeitnehmer eine Änderungskündigung mit dem Ziel der Erhöhung der Arbeitszeit aus, weil er zukünftig nur noch Vollzeitkräfte einsetzen will, so ist die Kündigung nach § 11 Satz 1 TzBfG nur dann unwirksam, wenn die Entscheidung des Arbeitgebers nicht von einem **Organisationskonzept** getragen ist, das die Beschäftigung allein von Vollzeitkräften bedingt bzw sinnvoll macht. Eine solche Kündigung ist danach, in anderen Worten, grundsätzlich zulässig, es sei denn, die innerbetriebliche Organisationsentscheidung des Arbeitgebers ist

---

38 Vgl. § 11 Rn 5.
39 Vgl. etwa BAG 19. Mai 1993–2 AZR 584/92 – AP Nr. 31 zu § 2 KSchG 1969; KSchR/Zwanziger § 11 TzBfG Rn 4; Preis/Gotthardt DB 2000, 2069; Lindemann/Simon BB 2001, 151; Buschmann/Dieball/Stevens-Barol § 11 TzBfG Rn 5.
40 BAG 19. Mai 1993–2 AZR 584/92 – AP Nr. 31 zu § 2 KSchG 1969.

offenbar unsachlich, unvernünftig oder willkürlich.[41] Zwar handelt es sich bei der Entscheidung, einen bestimmten Dienstleistungsbedarf nur mit Vollzeitkräften abzudecken, um eine nur beschränkt überprüfbare unternehmerische Entscheidung. Folglich bleibt es grundsätzlich für den Arbeitgeber möglich, nach der Weigerung des Arbeitnehmers im Sinne von § 11 Satz 1 TzBfG eine Änderungskündigung zur Reduzierung oder Erhöhung der Dauer der Arbeitszeit wirksam auszusprechen, wenn diese Änderungskündigung aufgrund einer organisatorischen Unternehmensentscheidung mit dem Inhalt erfolgt, zukünftig das Arbeitszeitvolumen nur noch mit Teilzeit- bzw nur noch mit Vollzeitbeschäftigten zu bewältigen. In diesem Fall stellt die Änderungskündigung eine Kündigung aus anderem Grund dar, weil die Festlegung der Stärke der Belegschaft in gleicher Weise zur **unternehmerischen Entscheidungsbefugnis** gehört wie die Organisation des Betriebs insgesamt, etwa in Form von der Entscheidung über die Anschaffung von Maschinen.[42] Daraus folgt, dass der Arbeitgeber, wenn er eine entsprechende unternehmerische Entscheidung über die Änderung der Personalstruktur getroffen hat und wenn ein Arbeitnehmer die vorgeschlagene Änderung der Arbeitszeit nicht annimmt, „aus anderem Grund" (betriebsbedingt) änderungskündigen kann.

Dies führt dazu, dass der Arbeitgeber beispielsweise wegen verringerten Arbeitsanfalls, etwa aufgrund eines Auftragsrückgangs, eine betriebsbedingte Änderungskündigung mit dem Ziel aussprechen kann, die Arbeitszeit der betroffenen Beschäftigten entsprechend den Anforderungen des gesunkenen Arbeitsanfalls zu verringern, ohne dass er damit gegen das Kündigungsverbot des § 11 Satz 1 TzBfG verstößt.[43] Voraussetzung ist dann – nach dem zuvor Gesagten – allein, dass er den Anforderungen des KSchG genügt, das heißt, dass seine im Kern unüberprüfbare unternehmerische Entscheidung plausibel dargelegt ist und zudem nicht willkürlich erscheint. Dahinter steht letztlich die Erwägung, dass, wie es eben auch § 11 Satz 2 TzBfG offen hält, der Grund für die dann erfolgende Kündigung nicht die Weigerung des Arbeitnehmers, seine Arbeitszeit zu verringern, sondern der verringerte Arbeitsanfall ist. Eine derartige Änderungskündigung stellt infolgedessen deshalb keinen Verstoß gegen § 11 Satz 1 TzBfG dar, weil der Grund für die Kündigung nicht der Kündigung zeitlich nachfolgende Weigerung des einzelnen Arbeitnehmers ist, seine individuellen Arbeitszeiten an das neue Konzept des Arbeitgebers anzupassen; vielmehr ist die Kündigung begründet in der Organisationsentscheidung des Arbeitgebers, in seiner unternehmerischen Entscheidung, die der Weigerung (und Kündigung) zeitlich vorgelagert ist.

28

Bietet somit der Arbeitgeber dem Beschäftigten einen Teilzeitarbeitsplatz an, weil (aufgrund seiner unternehmerischen Entscheidung, zum Beispiel Verkürzung der Öffnungszeiten) die Vollzeitstelle weggefallen ist, und lehnt der Beschäftigte diesen neuen Arbeitsplatz wegen der verringerten Arbeitszeit ab, so bleibt dem Arbeitgeber kein anderer Weg als der Ausspruch einer Änderungs-

29

---

41 BAG 3. Dezember 1998–2 AZR 341/98 – AP Nr. 39 zu § 1 KSchG 1969 Soziale Auswahl; BAG 24. April 1997–2 AZR 352/96 – AP Nr. 42 zu § 1 KSchG 1969 Soziale Auswahl; Oetker RdA 1999, 267; Reinfelder/Zwanziger DB 1996, 677.
42 Dazu BAG 18. Februar 2003–9 AZR 164/02 – AP Nr. 2 zu § 8 TzBfG; ErfKomm/Preis § 11 TzBfG Rn 3; Meinel/Heyn/Herms, § 11 Rn 13; Preis/Gotthardt DB 2000, 2069; Hromadka NJW 2001, 403; Lakies DZWIR 2001, 7; Kliemt NZA 2001, 69.
43 Holwe/Kossens § 11 Rn 11.

kündigung. Diese ist dann auch nicht gemäß § 11 Satz 2 TzBfG gesperrt, denn die **Weigerung des Arbeitnehmers stellt lediglich den äußeren Anlass, nicht den tragenden Grund für die Kündigung** dar – dieser liegt vielmehr in der (vorgelagerten) Entscheidung des Arbeitgebers.[44]

30 Umgekehrt findet diese Entscheidung bei der Umgestaltung von bestehenden Arbeitsverhältnissen wegen § 1 Abs. 2 KSchG dort ihre **Grenze, wo keine sachlich begründbaren, betrieblichen Erfordernisse** vorliegen. Der Arbeitgeber ist also verpflichtet, ein entsprechendes unternehmerisches Konzept plausibel darzulegen; auf diese Weise wird verhindert, dass das Kündigungsverbot des § 11 Satz 1 TzBfG leer läuft.[45] Im Übrigen würde, sollte allein schon die Entscheidung des Arbeitgebers, nur mit Vollzeitkräften zu arbeiten, als betrieblicher Grund für eine Kündigung ausreichen, dies den Schutz des § 11 Satz 1 jedenfalls dann leer laufen lassen, wenn die betroffenen Arbeitnehmer mit der Arbeitszeiterhöhung nicht einverstanden sind. Die hier vertretene Auffassung steht im Einklang mit der **Anerkennung betrieblicher Gründe im Sinne des § 8 Abs. 4 Sätze 1 und 2 TzBfG**. Auch insoweit reicht die Entscheidung eines Arbeitgebers, nur Vollzeitkräfte zu beschäftigen, als solche nicht aus, um einen Anspruch auf Verringerung der Arbeitszeit abzulehnen.

31 Umstritten ist jedoch, ob im Rahmen der zuvor geschilderten Grundzüge von der grundsätzlich durch § 11 Satz 2 TzBfG nicht gesperrten „**unternehmerischen Entscheidung**" auch diejenige liegt, zukünftig auf bestimmten Arbeitsplätzen nur noch Vollzeit- oder Teilzeitarbeitskräfte einzusetzen – also letztlich die bloße Verkürzungsentscheidung selbst, die nicht zusätzlich noch auf unternehmerischen Erwägungen wie Absatzrückgang o.ä beruht. Gelegentlich wird, unter Hinweis auf §§ 8 und 9 TzBfG und auf die europäischen Vorgaben, vertreten, dass eine Änderung der persönlichen Arbeitszeitdauer allein nicht eine unternehmerische Entscheidung in dem hier gemeinten Sinne darstellen könne.[46] Dieser Ansicht kann jedoch nicht gefolgt werden. Vielmehr ist auch dieser Beschluss des Arbeitgebers seiner freien unternehmerischen Entscheidung zuzurechnen: Es liegt nämlich darin eine verbindliche unternehmerische Organisationsentscheidung, wenn der Arbeitgeber sich dazu entschließt, nach einem bestimmten personellen Konzept der Arbeitszeitgestaltung künftig in einem bestimmten Bereich nur noch Voll- oder nur noch Teilzeitarbeitnehmer zu beschäftigen.[47] Hier kann letztlich nichts anderes gelten als für die Entscheidung über den Einsatz und die Anschaffung von Maschinen, Geräten oder über die Gestaltung der Arbeitsabläufe: Wie diese gehört auch die Entscheidung über die Stärke und Arbeitszeitverteilung (in) der Belegschaft zu den freien unternehmerischen Entscheidungen, die somit eine Änderungskündigung gemäß § 11 Satz 2 TzBfG ermöglichen, sofern diese nicht rechtsmissbräuchlich ist.[48]

---

44 S. hierzu auch Preis/Gotthardt DB 2000, 2069.
45 BAG 12. August 1988–2 AZR 12/99 – AP Nr. 44 zu § 1 KSchG 1969 Soziale Auswahl; Bayreuther, in: Rolfs/Giesen BeckOK § 11 TzBfG Rn 3; Preis/Gotthardt DB 2000, 2069.
46 So vor allem Buschmann/Dieball/Stevens-Bartol, § 11 TzBfG Rn 6; MünchHdbArbR/Schüren § 162 Rn 284; KSchR/Zwanziger § 4 KSchG Rn 22.
47 S. etwa BAG 3. Dezember 1998–2 AZR 341/98 – AP Nr. 39 zu § 1 KSchG 1969 Soziale Auswahl.
48 S. näher zu dieser Frage vor allem auch die Kommentierung in § 8, Rn 44ff.; wie hier ErfKomm/Preis § 11 TzBfG Rn 3; Jacobs, in: Annuß/Thüsing, § 11 Rn 12; Preis/Gotthardt DB 2000, 2069; Lindemann/Simon BB 2001, 151; Kliemt NZA 2001, 69; Hromadka NJW 2001, 403.

IV. Darlegungs- und Beweislast

Bestreitet der Arbeitgeber, die Kündigung des Arbeitsverhältnisses wegen einer Weigerung des Arbeitnehmers im Sinne des § 11 Satz 1 TzBfG ausgesprochen zu haben, so hat der Arbeitnehmer die Tatsachen darzulegen und zu beweisen, aus denen sich ein Kausalzusammenhang zwischen der Weigerung des Arbeitnehmers und der arbeitgeberseitigen Kündigung ergibt. Er trägt insofern die Darlegungs- und Beweislast dafür, dass die Kündigung gegen § 11 TzBfG verstößt; eine **Beweiserleichterung** oder gar Umkehr, wie sie aus § 22 AGG bekannt ist,[49] **ist nicht vorhanden.** Auch im Rahmen des § 11 TzBfG scheidet wie schon bei § 5 TzBfG oder bei der für beide Vorschriften geltenden *lex generalis* des § 612a BGB eine analoge Anwendung aus[50]. 32

Doch wird man, wie in § 5 TzBfG,[51] davon auszugehen haben, dass zugunsten des Arbeitnehmers zumindest die **Grundsätze des Anscheinsbeweises** eingreifen können: Danach gilt, dass ein unstreitiger oder bewiesener Sachverhalt gegeben ist, der infolge der Häufigkeit gleicher Ereignisse nach der Lebenserfahrung auch gleiche Folgen auslöst.[52] Zwar wird die Möglichkeit eines Anscheinsbeweises hier mit dem Hinweis darauf bestritten, dass § 11 Satz 1 TzBfG auf die innere Willensrichtung des Arbeitgebers abstelle und § 11 Satz 2 TzBfG die Kündigung aus anderen Gründen ausdrücklich zulasse: Daher könne nach der Lebenserfahrung nicht unterstellt werden, das wesentliche Motiv einer Kündigung sei die Weigerung des Arbeitnehmers gewesen und nicht der andere (berechtigende) Grund nach § 11 Satz 2 TzBfG.[53] Doch besteht kein Grund, dem Arbeitnehmer hier den Anscheinsbeweis zu versagen, wenn nur ein entsprechender Sachverhalt gegeben ist, der infolge der Häufigkeit gleicher Ereignisse nach der Lebenserfahrung auch gleiche Folgen auslöst.[54] Zwar ist zuzugeben, dass in der Tat die Mischung der beiden Varianten in § 11 Satz 1 und 2 TzBfG einen solchen Anscheinsbeweis seltener macht. Doch insbesondere die **enge zeitliche Koinzidenz von Weigerung und Kündigung** wird regelmäßig dafür sprechen, dass es die Weigerung ist, die der tragende Grund für die Kündigung ist. Der Arbeitgeber kann dann den Anscheinsbeweis dadurch erschüttern, dass er die sachlichen Gründe für die Kündigung nennt, die eben nicht mit der Weigerung zusammenhängen. Will der Arbeitgeber diesen Anscheinsbeweis vermeiden, sollte er daher ein vorhandenes unternehmerisches Konzept schon bei seinem Ansinnen offen legen, so dass der Anschein dann in der Tat nicht mehr für eine verbotene Kündigung nach Satz 1 sprechen kann, weil eine Rechtfertigung nach Satz 2 möglich ist. 33

---

49 Zu den dortigen Grundsätzen der Beweislastverteilung vgl Joussen, in: Rolfs/Giesen, BeckOK § 611a BGB Rn 32.
50 BAG 2. April 1987–2 AZR 227/86 – NZA 1988, 18; BAG 25. November 1993–2 AZR 517/93 – NZA 1994, 838.
51 Vgl. die Kommentierung dort, § 5 Rn 21.
52 BAG 22. September 1994–2 AZR 31/94 – AP Nr. 68 zu § 102 BetrVG 1972.
53 So zumindest Arnold/Gräfl/Arnold § 11 Rn 24, der sich stattdessen für den Rückgriff auf den Grundsatz der abgestuften Darlegungs- und Beweislast ausspricht.
54 Wie hier auch Boewer, § 11 Rn 10; Jacobs, in: Annuß/Thüsing, § 11 Rn 24.

§ 12 Arbeit auf Abruf

(1) Arbeitgeber und Arbeitnehmer können vereinbaren, dass der Arbeitnehmer seine Arbeitsleistung entsprechend dem Arbeitsanfall zu erbringen hat (Arbeit auf Abruf). Die Vereinbarung muss eine bestimmte Dauer der wöchentlichen und täglichen Arbeitszeit festlegen. Wenn die Dauer der wöchentlichen Arbeitszeit nicht festgelegt ist, gilt eine Arbeitszeit von zehn Stunden als vereinbart. Wenn die Dauer der täglichen Arbeitszeit nicht festgelegt ist, hat der Arbeitgeber die Arbeitsleistung des Arbeitnehmers jeweils für mindestens drei aufeinander folgende Stunden in Anspruch zu nehmen.

(2) Der Arbeitnehmer ist nur zur Arbeitsleistung verpflichtet, wenn der Arbeitgeber ihm die Lage seiner Arbeitszeit jeweils mindestens vier Tage im Voraus mitteilt.

(3) Durch Tarifvertrag kann von den Absätzen 1 und 2 auch zuungunsten des Arbeitnehmers abgewichen werden, wenn der Tarifvertrag Regelungen über die tägliche und wöchentliche Arbeitszeit und die Vorankündigungsfrist vorsieht. Im Geltungsbereich eines solchen Tarifvertrages können nicht tarifgebundene Arbeitgeber und Arbeitnehmer die Anwendung der tariflichen Regelungen über die Arbeit auf Abruf vereinbaren.

Literatur: *Hanau*, Befristung und Abrufarbeit nach den Beschäftigungsförderungsgesetz 1985, RdA 1987, 25 ff; *Lakies*, Das Teilzeit- und Befristungsgesetz, DZWIR 2001, 1 ff; *Otto*, Mitbestimmung des Betriebsrats bei der Regelung von Dauer und Lage der Arbeitszeit, NZA 1992, 97 ff; *Reinecke*, Flexible Beschäftigung aufgrund von Rahmenvereinbarungen in der Rechtsprechung des Bundesarbeitsgerichts, FS Däublers, 1999, 117 ff; *Rolfs*, Das neue Rechts der Teilzeitarbeit, RdA 2001, 129 ff; *Schüren*, Neue rechtliche Rahmenbedingungen der Arbeitszeitflexibilisierung, RdA 1985, 22 ff.

I. Normzweck	1	1. Festlegung der wöchentlichen und täglichen Arbeitszeit 21
II. Abrufarbeitsverhältnis	4	2. Einhaltung der Vorankündigungsfrist 31
1. Begriff und Inhalt	4	IV. Tarifvertragsdispositivität 36
2. Anwendungsbereich und Abgrenzungen	12	V. Mitwirkung des Betriebsrats .. 42
III. Schutzregelungen im Zusammenhang mit einer Vereinbarung über Arbeit auf Abruf	20	

I. Normzweck

1 Die Regelung des § 12 enthält verschiedene **Schutzbestimmungen zugunsten des Arbeitnehmers**, der mit seinem Arbeitgeber ein so genanntes **Abrufarbeitsverhältnis**[1] vereinbart hat. Im Hinblick darauf, dass ein solches Arbeitsverhältnis prägend einerseits – nicht anders als bei sonstigen Arbeitsverhältnissen – durch das Bestehen einer Verpflichtung des Arbeitnehmers zur Erbringung seiner vertraglich festgelegten Arbeitsleistung,[2] andererseits als eine Form flexibler Arbeitszeitgestaltung durch die allein arbeitgeberseitige Bestimmung der Lage

---
1 Siehe etwa BAG, 31.7.2002, 7 AZR 181/01, BB 2003, 525 ff (526).
2 Siehe BAG, 31.7.2002, 7 AZR 181/01, BB 2003, 525 ff (526).

und uU der Dauer³ der Arbeitszeit entsprechend seinem Arbeitsbedarf gekennzeichnet ist,⁴ soll die mit einem Abrufarbeitsverhältnis verbundene dauerhafte Verpflichtung des Arbeitnehmers zur Erbringung der Arbeitsleistung wegen der darin liegenden Bindung potentiell auch anderweit einsetzbarer Arbeitskraft durch **gesetzliche Mindestschutzvorschriften** erträglich gestaltet werden.⁵ Insbesondere wird mit der Regelung ausgeschlossen, dass der Arbeitnehmer während des bestehenden Arbeitsverhältnisses überhaupt nicht zur Arbeitsleistung herangezogen wird.⁶ Zugleich macht die Regelung des § 12 deutlich, dass eine solchermaßen gestaltete Flexibilisierung des Arbeitseinsatzes rechtlich zulässig ist.⁷

Neben einer **Definition des Abrufarbeitsverhältnisses** in § 12 Abs. 1 Satz 1 schreibt § 12 Abs. 1 Satz 2 vor, dass in einer Vereinbarung von Arbeit auf Abruf eine **bestimmte Dauer** der wöchentlichen und täglichen Arbeitszeit festgelegt sein muss. Fehlt es ganz oder teilweise an einer entsprechenden Festlegung, so greifen die Schutzvorschriften des § 12 Abs. 1 Sätze 3 und 4 über eine **Mindestdauer der wöchentlichen Arbeitszeit** wie auch den zeitlichen **Mindestumfang einer täglichen Inanspruchnahme** der Arbeitsleistung des Arbeitnehmers durch den Arbeitgeber ein. § 12 Abs. 2 stellt die Verpflichtung des Arbeitnehmers zur Erbringung der Arbeitsleistung nach Abruf unter den Vorbehalt der Einhaltung einer arbeitgeberseits zu beachtenden **Vorankündigungsfrist**. Schließlich wird in § 12 Abs. 3 Satz 1 zwar die Möglichkeit der Abweichung von den vorgenannten Schutzvorschriften auch zum Nachteil der Arbeitnehmer durch **Tarifvertrag** zugelassen, dessen Regelungen im Geltungsbereich des Tarifvertrages gemäß Satz 2 auch zwischen nicht tarifgebundenen Arbeitgebern und Arbeitnehmern einzelvertraglich vereinbart werden können. Jedoch wird die Zulässigkeit der Abweichung durch Tarifvertrag davon abhängig gemacht, dass dieser Regelungen über die tägliche und wöchentliche Arbeitszeit und die Vorankündigungsfrist enthält.

§ 12 knüpft im Kern an die Regelung des § 4 BeschFG an,⁸ die unter der Bezeichnung „Anpassung der Arbeitszeit an den Arbeitsanfall" mit § 12 Abs. 1, Abs. 2 im Wesentlichen übereinstimmende Schutzregelungen für ein vereinbartes Abrufarbeitsverhältnis enthielt. Im Unterschied zu § 12 regelte § 4 allerdings nicht ausdrücklich einen Bezugszeitraum, innerhalb dessen ein bestimmter Umfang an Arbeitsleistung abzurufen war. Darüber hinaus enthielt § 4 BeschFG keine einschränkenden Vorgaben für die nach § 6 Abs. 1 BeschFG zulässige Abweichung von den gesetzlichen Schutzbestimmungen zum Nachteil der Arbeitnehmer durch Tarifvertrag. Schließlich sieht § 12 keine Abweichungsbefugnis zugunsten öffentlich-rechtlicher Religionsgesellschaften vor, die in § 6

---

3 Siehe BAG, 7.12.2005, 5 AZR 535/04, NZA 2006, 423 ff (425 f) für den Fall, dass die Arbeitsvertragsparteien vereinbart haben, dass der Arbeitnehmer über die vertraglich festgelegte Mindestarbeitszeit hinaus auf Verlangen des Arbeitgebers Arbeit auf Abruf leisten muss, siehe noch Rn 22.
4 Siehe noch näher im Folgenden.
5 Vgl. BAG, 31.7.2002, 7 AZR 181/01, BB 2003, 525 ff (526).
6 Siehe die Begründung zum Gesetzentwurf des Beschäftigungsförderungsgesetzes, BT-Drucks. 10/3206, S. 30.
7 Siehe auch Boewer, § 12 TzBfG Rn 7.
8 Siehe die Begründung zum Gesetzentwurf, BT- Drucks. 14/4374, S. 18.

Abs. 3 BeschFG allgemein anerkannt war und damit auch bei der Vereinbarung von Abrufarbeitsverhältnissen zum Tragen kommen konnte.[9]

II. Abrufarbeitsverhältnis

1. Begriff und Inhalt

4 Gemäß § 12 Abs. 1 Satz 1 können Arbeitgeber und Arbeitnehmer vereinbaren, dass der Arbeitnehmer seine Arbeitsleistung entsprechend dem Arbeitsanfall zu erbringen hat. Eine solche Vereinbarung bezeichnet das Gesetz als **Arbeit auf Abruf (Abrufarbeitsverhältnis)**.

5 Kennzeichnende Besonderheit eines solchen Abrufarbeitsverhältnisses ist die **Flexibilisierung der Leistungserbringung** derart, dass die im Arbeitsvertrag nach Art und Umfang innerhalb eines bestimmten zeitlichen Bezugsrahmens festgelegte Arbeitsleistung[10] entsprechend dem Arbeitsanfall, sprich nach Maßgabe des arbeitgeberseitigen Arbeitsbedarfs zu erbringen ist.[11] Nach der Rechtsprechung des BAG ist Merkmal der Arbeit auf Abruf das Recht des Arbeitgebers, entsprechend dem Arbeitsanfall Lage und Dauer der Arbeit bestimmen zu können.[12] Bei der Vereinbarung einer solchen kapazitätsorientierten variablen Verteilung der Arbeitszeit[13] **konkretisiert mithin der Arbeitgeber je nach Bedarf unter Beachtung der Vorgaben des § 12 Abs. 1 Dauer und Lage der Arbeitszeit**,[14] sein Direktionsrecht (§ 106 GewO) ist insoweit im Vergleich mit Arbeitsverhältnissen, bei denen die Dauer und Lage der Arbeitszeit einzel- oder kollektivvertraglich festgelegt ist, weiter.

6 Die Einordnung eines Arbeitsverhältnisses als Abrufarbeitsverhältnis setzt das Vorliegen einer **Vereinbarung über Arbeit auf Abruf** voraus. Die Vereinbarung kann im Arbeitsvertrag selbst oder auch unabhängig davon in einer diesen ergänzenden Absprache getroffen werden. Ihrer **Rechtsnatur** nach handelt es sich bei der Vereinbarung um ein Rechtsgeschäft bzw., wenn diese im Arbeitsvertrag selbst getroffen wird, um einen Teil eines Rechtsgeschäfts, auf das die allgemeinen Vorschriften betreffend den Abschluss und die Auslegung von Rechtsgeschäften Anwendung finden. Entgegen in der Literatur zT vertretener Auffassung[15] reicht für die wirksame Vereinbarung eines Abrufarbeitsverhältnisses **schlüssiges Verhalten nicht aus**.[16] Das Gesetz spricht in § 12 Abs. 1 Satz 1 davon, dass Arbeitgeber und Arbeitnehmer Arbeit auf Abruf vereinbaren können. Damit wird zwar für sich betrachtet die Möglichkeit stillschweigender Vereinbarung nicht definitiv ausgeschlossen. Jedoch macht die Schutzregelung des § 12 Abs. 1 Satz 2 deutlich, dass eine **ausdrückliche Vereinbarung** zwischen

---

9 Kritisch zum Wegfall dieser Abweichungsbefugnis Rolfs, RdA 2001, 129 ff (142); ders. Teilzeit- und Befristungsgesetz, § 12 Rn 8.
10 MünchArbR/Schüren, Ergänzungsband, § 166 Rn 17.
11 Siehe nur Hanau, RdA 1987, 25 ff (27); TZA-Buschmann, § 12 TzBfG Rn 9; ErfK/Preis, § 12 TzBfG Rn 1; Schüren, RdA 1985, 22 ff (24).
12 Siehe BAG, 7.12.2005, 5 AZR 535/04, NZA 2006, 423 ff (425 f).
13 Zum Begriff siehe näher MünchArbR/Schüren, Ergänzungsband, 2. Aufl., § 166 Rn 2 f mwN
14 Siehe nur HWK/Schmalenberg, § 12 TzBfG Rn 8.
15 Siehe etwa Kittner/Däubler/Zwanziger, § 12 TzBfG Rn 11; Annuß/Thüsing/*Jacobs* § 12 Rn 18; HWK/Schmalenberg, § 12 TzBfG Rn 13.
16 Zutreffend MünchArbR/Schüren, Ergänzungsband, 2. Aufl., § 166 Rn 18.

Arbeitgeber und Arbeitnehmer gefordert ist, denn nur dann kann den gesetzlichen Mindestanforderungen des § 12 Abs. 1 Satz 2 Rechnung getragen werden. Im übrigen würde die Anerkennung auch einer stillschweigenden Vereinbarung letztlich nichts anderes bedeuten, als dass der Arbeitgeber Arbeit auf Abruf einseitig einführen könnte.[17] Kann hiernach ein Abrufarbeitsverhältnis nur ausdrücklich begründet werden, so schreibt das Gesetz nicht die Einhaltung einer bestimmten Form vor. Die Vereinbarung über Arbeit auf Abruf kann deshalb auch **mündlich** getroffen werden. Allerdings hat der Arbeitgeber in jedem Falle die Nachweispflicht des § 2 Abs. 1 NachwG zu beachten, wonach spätestens einen Monat nach dem vereinbarten Beginn des Arbeitsverhältnisses die wesentlichen Vertragsbedingungen schriftlich niederzulegen sind und die Niederschrift zu unterzeichnen sowie dem Arbeitnehmer auszuhändigen ist.[18] Zu den wesentlichen Vertragsbedingungen zählt gemäß § 2 Abs. 1 Nr. 7 NachwG auch die **vereinbarte Arbeitszeit**, worunter nicht nur deren **Dauer**, sondern auch **Lage** zu verstehen ist.[19]

Die mit einem Abrufarbeitsverhältnis notwendig verbundene Erstreckung des Weisungsrechts auf die Lage der Arbeitszeit und uU eines Leistungsbestimmungsrechts hinsichtlich der Dauer der Arbeitszeit[20] impliziert, dass **der Arbeitgeber die Entscheidung trifft, ob ein entsprechender Arbeitsbedarf gegeben ist,** weswegen er die Erbringung der Arbeitsleistung abruft.[21] Die Entscheidung zum Abruf bedarf keines bestimmten Grundes, vielmehr kann eine Vielzahl unterschiedlicher Gründe in Betracht kommen wie etwa die Auftragslage oder auch die Notwendigkeit der Vertretung ausfallender Arbeitnehmer. 7

Der Arbeitgeber hat sein **Weisungsrecht bzw Leistungsbestimmungsrecht** in Gestalt des Abrufs der Arbeitsleistung allerdings gemäß § 106 Satz 1 GewO nach **billigem Ermessen** innerhalb der durch Arbeitsvertrag, Betriebsvereinbarung, Tarifvertrag oder Gesetz festgelegten Grenzen auszuüben. Insoweit sind vor allem auch die zwingenden Vorschriften des Arbeitszeitgesetzes zu beachten. Die Leistungsbestimmung in Form des Abrufs entspricht billigem Ermessen, wenn sie die wesentlichen Umstände des Falles abgewogen und die beiderseitigen Interessen angemessen berücksichtigt hat.[22] Insoweit ist im Zusammenhang mit Abrufarbeitsverhältnissen insbesondere zu berücksichtigen, dass diese gerade durch die zeitliche Dispositionsbefugnis des Arbeitgebers geprägt sind, der spiegelbildlich die entsprechende Verfügbarkeit der Arbeitnehmer gegenübersteht. Deshalb muss ein Abrufarbeitnehmer vorbehaltlich eines rechtzeitigen und im Übrigen ordnungsgemäßen Abrufs idR verfügbar sein.[23] Billigem Ermessen entspricht die Ausübung des Weisungsrechts etwa dann nicht, wenn dem Arbeitnehmer die Erbringung der Arbeitsleistung zu dem vom Arbeitgeber bestimmten Zeitpunkt unzumutbar und dies dem Arbeitgeber bekannt ist. 8

---

17 Zutreffend MünchArbR/Schüren, Ergänzungsband, 2. Aufl., § 166 Rn 18.
18 Für Vertragsänderungen siehe § 3 NachwG.
19 TZA-Buschmann, § 12 TzBfG Rn 32, 41 und 51.
20 Siehe BAG, 7.12.2005, 5 AZR 535/04, NZA 2006, 423 ff (425 f), siehe noch Rn 22.
21 Siehe Boewer, § 12 Rn 33; TZA-Buschmann, § 12 TzBfG Rn 54 f.
22 Siehe zum Begriff des billigen Ermessens bei der Leistungsbestimmung BAG, 8.9.1994, 6 AZR 254/94, NZA 1995, 1006 ff (1007).
23 MünchArbR/Schüren, Ergänzungsband, 2. Aufl., § 166 Rn 32.

Boecken

Die Frage, ob die Leistungsbestimmung billigem Ermessen entspricht, unterliegt nach § 315 Abs. 3 BGB der gerichtlichen Überprüfung.[24]

9 Das Leistungsbestimmungsrecht des Arbeitgebers hinsichtlich der Lage und uU der Dauer[25] der Arbeitszeit und die dementsprechende Verfügbarkeit des Arbeitnehmers sind nur vor dem Hintergrund denkbar, dass der Arbeitnehmer im Falle der Vereinbarung eines Abrufarbeitsverhältnisses wie bei jedem anderen Arbeitsverhältnis auch **zur Erbringung der Arbeitsleistung verpflichtet ist.**[26] Die Vereinbarung von Arbeit auf Abruf ändert nichts an dem Bestehen einer arbeitsvertraglich begründeten Leistungspflicht des Arbeitnehmers, wie mittelbar auch aus der Regelung des § 12 Abs. 2 hervorgeht. Umgekehrt hat der Arbeitnehmer allerdings keinen Anspruch gegen den Arbeitgeber, **bezogen auf einen bestimmten Zeitpunkt und oberhalb der vereinbarten Mindestdauer in einem bestimmten Umfang**[27] **zur Erbringung der vereinbarten Arbeitsleistung abgerufen zu werden.**[28] Das ändert nichts daran, dass den Arbeitgeber nach allgemeinen Grundsätzen auch bei Arbeit auf Abruf grundsätzlich eine Beschäftigungspflicht im Rahmen des festgelegten Arbeitszeitumfangs trifft.

10 Der Arbeitgeber ist zur **Leistung der versprochenen Vergütung** verpflichtet, und zwar kontinuierlich und unabhängig vom Arbeitsanfall.[29] Ruft der Arbeitgeber die Arbeitsleistung während des vertraglich bestimmten Bezugszeitraums nicht ab, so ist er zur Zahlung der Vergütung nach § 615 Satz 1 BGB verpflichtet. Eine Anrechnung böswillig unterlassenen Erwerbs gemäß § 615 Satz 2 BGB scheidet schon im Hinblick darauf aus, dass der Arbeitnehmer wegen der Verfügbarkeit nicht in der Lage ist, seine Dienste anderweitig zu verwenden. Annahmeverzug nach § 615 Satz 1 BGB tritt nicht ein, wenn Arbeitgeber und Arbeitnehmer einen periodenübergreifenden Ausgleich von während des Bezugszeitraums unterlassener Anforderung der Arbeitsleistung vereinbart haben,[30] sofern der Ausgleichszeitraum nicht unangemessen lang ist[31] und eine kontinuierliche Vergütungszahlung gewährleistet ist.[32]

11 Bei **Leistungsstörungen** gelten die allgemeinen Grundsätze. Das gilt insbesondere auch im Falle **krankheitsbedingter Arbeitsunfähigkeit** des Arbeitnehmers. Dieser hat Anspruch auf Entgeltfortzahlung für längstens sechs Wochen gemäß § 3 Abs. 1 EFZG nach den allgemeinen Regeln über die Entgeltfortzahlung. Insbesondere ist für die Höhe des fortzuzahlenden Arbeitsentgelts nach § 4 Abs. 1 EFZG auch hier von dem so genannten **modifizierten Entgeltausfallprinzip**[33] auszugehen, was für den Fall noch nicht erfolgter Festlegung der Arbeitszeit für den Zeitraum

---

24 BAG, 8.9.1994, 6 AZR 254/94, NZA 1995, 1006 ff (1007).
25 Siehe BAG, 7.12.2005, 5 AZR 535/04, NZA 2006, 423 ff (425 f), siehe noch Rn 22.
26 Siehe BAG, 31.7.2002, 7 AZR 181/01, BB 2003, 525 ff (256); BAG, 20.10.1993, 7 AZR 657/92, AfP 1994, 72 ff (72); Reinecke, FS Däubler, 1999, 117 ff (120).
27 Siehe BAG, 7.12.2005, 5 AZR 535/04, NZA 2006, 423 ff (426), siehe noch Rn 22.
28 Siehe TZA-Buschmann, § 12 TzBfG Rn 55; GK-TzA/Mikosch, § 4 BschFG Rn 30.
29 Siehe MünchArbR/Schüren, Ergänzungsband, 2. Aufl., § 166 Rn 64; HWK/Schmalenberg, § 12 TzBfG Rn 3.
30 Siehe hierzu MünchArbR/Schüren, Ergänzungsband, 2. Aufl., § 166 Rn 33.
31 Als Maßstab könnte auf den in § 3 ArbZG und den hier bestimmten Ausgleichszeitraum abgestellt werden.
32 Siehe auch Annuß/Thüsing/*Jacobs*, § 12 Rn 45.
33 Siehe BAG, 9.7.2003, 5 AZR 610/01 (n.v.); BAG, 26.6.2002, 5 AZR 592/00, AP Nr. 61 zu § 4 EFZG; MünchArbR/Boecken, 2. Aufl., § 84 Rn 8 f.

der krankheitsbedingten Arbeitsunfähigkeit bedeutet, dass für die Ermittlung der regelmäßigen Arbeitszeit im Sinne von § 4 Abs. 1 EFZG auf den Durchschnitt der Arbeitszeit in einem Referenzzeitraum von drei Monaten bzw 13 Wochen vor dem Eintritt der krankheitsbedingten Arbeitsunfähigkeit abzustellen ist.[34] Anspruch auf Erholungsurlaub besteht ebenfalls nach allgemeinen Grundsätzen.[35]

2. Anwendungsbereich und Abgrenzungen

Ihrer gesetzessystematischen Stellung nach ist die Bestimmung des § 12 im Zweiten Abschnitt des Teilzeit- und Befristungsgesetzes betreffend die besonderen Regelungen zur Teilzeitarbeit eingeordnet[36] und damit von der gesetzgeberischen Intention her **in erster Linie auf Teilzeitarbeitsverhältnisse** bezogen. Gleichwohl steht nichts entgegen, § 12 auch auf **Vollzeitarbeitsverhältnisse** anzuwenden, die im Sinne dieser Regelung als Abrufarbeitsverhältnis ausgestaltet sind.[37] Hierfür spricht wesentlich, dass erstens der Begriff der Arbeit auf Abruf in § 12 Abs. 1 Satz 1 **unabhängig vom Umfang der Arbeitszeit definiert wird**,[38] zweitens die Regelungen der §§ 6 ff im Zweiten Abschnitt über Teilzeitarbeit auch in anderen Zusammenhängen verschiedentlich Vollzeitarbeitsverhältnisse bzw Vollzeitarbeitnehmer einbeziehen, so §§ 7 Abs. 2, 11 und 13, und drittens Vollzeitarbeitnehmer im Falle der Vereinbarung von Arbeit auf Abruf wegen der Flexibilisierung der Arbeitszeitlage nach Weisung des Arbeitgebers bei gleichzeitig dauernder Verpflichtung zur Leistungserbringung im Falle des Abrufs **nicht weniger schutzbedürftig** sind als Teilzeitarbeitnehmer.[39]

12

Arbeit auf Abruf kann nach dem eindeutigen Gesetzeswortlaut **mit jedem Arbeitnehmer** vereinbart werden, unabhängig davon, ob dieser arbeitsrechtlich einem besonders schutzbedürftigen Personenkreis wie etwa werdende oder stillende Mütter oder auch schwerbehinderte Menschen angehört.[40] Einschränkungen für die Durchführung des Abrufarbeitsverhältnisses können sich in diesen Fällen aus der notwendigen Beachtung der einschlägigen Schutzgesetze ergeben. § 12 findet auch Anwendung auf so genannte **unechte Leiharbeitsverhältnisse** im Sinne des Arbeitnehmerüberlassungsgesetzes (AÜG).[41] Nach Aufhebung des in § 3 Abs. 1 Nr. 3 AÜG aF enthaltenen Befristungsverbots durch Art. 6 des Geset-

13

---

34 Siehe MünchArbR/Boecken, 2. Aufl., § 84 Rn 39 in Verbindung mit 36; vgl auch MünchArbR/Schüren, Ergänzungsband, 2. Aufl., § 166 Rn 75.
35 Siehe hierzu MünchArbR/Schüren, Ergänzungsband, 2. Aufl., § 166 Rn 78 f mwN
36 Siehe die Überschrift vor §§ 6 ff.
37 So auch Annuß/Thüsing/*Jacobs*, § 12 Rn 5; MünchArbR/Schüren, Ergänzungsband, 2. Aufl., § 166 Rn 12; HWK/Schmalenberg, § 12 TzBfG Rn 6; aA etwa Boewer, §12 Rn 10, Kittner/Däubler/Zwanziger, § 12 TzBfG Rn 8; ErfK/Preis, § 12 TzBfG Rn 7.
38 Siehe auch MünchArbR/Schüren, Ergänzungsband, 2. Aufl., § 166 Rn 12; TZA-Buschmann, § 12 TzBfG Rn 28.
39 Vgl. MünchArbR/Schüren, Ergänzungsband, 2. Aufl., § 166 Rn 12; Ehrmann/Edenfeld, BGB § 611 Rn 303; TZA-Buschmann, § 12 TzBfG Rn 28.
40 Zutreffend Annuß/Thüsing/*Jacobs*, § 12 Rn 6; MünchArbR/Schüren, Ergänzungsband, 2. Aufl., § 166 Rn 13; aA TZA-Buschmann, § 12 TzBfG Rn 86 ff.
41 Vgl. BSG, 29.7.1992, 11 RAr 51/91, NZA 1993, 527 f (527 f), das im Zusammenhang mit der Erteilung einer unbefristeten Erlaubnis zur gewerbsmäßigen Arbeitnehmerüberlassung die Erteilung einer behördlichen Auflage zur Durchsetzung der Schutzregelungen der § 4 BSchFG (heute § 12) für zulässig erachtet hat; wie hier etwa MHH/Heyn, § 12 Rn 10; anderer Ansicht Annuß/Thüsing/*Jacobs*, § 12 Rn 6 ohne Begründung; TZA-Buschmann, § 12 TzBfG Rn 90.

zes für moderne Dienstleistungen am Arbeitsmarkt vom 23.12.2002[42] kann auch die Vereinbarung eines Höchstarbeitszeitdeputats, die nichts anderes als eine Befristung darstellt, vorbehaltlich des Vorliegens eines Sachgrundes nicht mehr als solche zur Unzulässigkeit der Vereinbarung eines Abrufarbeitsverhältnisses führen.[43] Im übrigen steht der Anwendbarkeit des § 12 auf Leiharbeitsverhältnisse auch nicht der bislang vom BSG hervorgehobene Aspekt entgegen, es handele sich bei jedem Abruf um unerlaubte Arbeitsvermittlung im Hinblick darauf, dass bei einem Abrufarbeitsverhältnis zwischen den einzelnen Arbeitsphasen die gegenseitigen Rechte und Pflichten zwischen Verleiher und Leiharbeitnehmer ruhen würden.[44] Jedenfalls seit dem Inkrafttreten von § 4 BeschFG und der heutigen Nachfolgeregelung des § 12 kann diese Ansicht nicht mehr aufrechterhalten werden. Arbeit auf Abruf ist der Gesetzeskonzeption nach dadurch gekennzeichnet, **dass der Arbeitnehmer dauernd zur Erbringung der Arbeitsleistung nach Weisung des Arbeitgebers verpflichtet ist**[45] **und der Arbeitgeber die Vergütung kontinuierlich zu zahlen hat.**[46] Von einem Ruhen der gegenseitigen Hauptleistungspflichten kann mithin nicht gesprochen werden, weshalb die Beendigung einer Arbeitsphase auch nicht zur Arbeitslosigkeit des Leiharbeitnehmers führen kann, an die wiederum das BSG in seiner Rechtsprechung für die Annahme unerlaubter Arbeitsvermittlung angeknüpft hat.[47]

14 § 12 findet keine Anwendung im Rahmen von **Berufsausbildungsverhältnissen**.[48] Nach § 10 Abs. 2 BBiG finden auf den Berufsausbildungsvertrag die für den Arbeitsvertrag geltenden Rechtsvorschriften und Rechtsgrundsätze nur Anwendung, soweit sich aus seinem Wesen und Zweck und aus dem Berufsbildungsgesetz nichts anderes ergibt. Insoweit macht insbesondere die Regelung des § 11 Abs. 1 Satz 2 Nr. 4 BBiG deutlich, dass nach dem Berufsbildungsgesetz zwingend (§ 25 BBiG) eine regelmäßige tägliche Ausbildungszeit zu vereinbaren ist, denn nur so kann der Verpflichtung zu einer planmäßig, zeitlich und sachlich gegliederten Berufsausbildung (§ 11 Abs. 1 Satz 2 Nr. 1 BBiG) Rechnung getragen werden.

15 **Rahmenvereinbarungen**, in denen lediglich die Bedingungen zukünftig abzuschließender, auf den jeweiligen Einsatz befristeter Arbeitsverträge festgelegt werden, wie dies in der Praxis in Gestalt **so genannter „Pool-Lösungen"** geschieht,[49] stellen selbst noch keinen Arbeitsvertrag dar und begründen damit als solche kein Arbeitsverhältnis, das den Anforderungen des § 12 unterfällt.[50] Insoweit fehlt es im Unterschied zum Abrufarbeitsverhältnis an der **Begründung einer Verpflichtung zur dauerhaften Erbringung der Arbeitsleistung** in der Rah-

---

42 Bundesgesetzblatt 2002 I, S. 4607.
43 So aber BSG, 29.7.1992, 11 RAr 51/91, NZA 1993, 527 f (527 f) unter der Geltung von § 3 Abs. 1 Nr. 3 AÜG aF
44 Siehe BSG, 16.12.1976, 12/7 RAr 89/75, NJW 1978, 853 ff (855); BSG, 29.7.1992, 11 RAr 51/91, NZA 1993, 527 f (528).
45 BAG, 31.7.2002, 7 AZR 181/01, BB 2003, 525 ff (526) und oben Rn 5.
46 Siehe oben Rn 10.
47 Siehe BSG, 16.12.1976, 12/7 RAr 89/75, NJW 1978, 853 ff (855); BSG, 29.7.1992, 11 RAr 51/91, NZA 1993, 527 f (528).
48 Siehe Annuß/Thüsing/ *Jacobs*, § 12 Rn 6; TZA-Buschmann, § 12 TzBfG Rn 86; MünchArbR/Schüren, Ergänzungsband, 2. Aufl., § 166 Rn 14.
49 Siehe hierzu näher Reinecke, FS Däubler, 1999, S. 117 ff (118 ff).
50 BAG, 31.7.2002, 7 AZR 181/01, DB 2003, 96 ff (97).

menvereinbarung selbst,[51] dh der Arbeitnehmer bleibt frei, auf der Grundlage der Rahmenvereinbarung einen befristeten Arbeitsvertrag abzuschließen, kann also nicht nach Arbeitsbedarf einseitig abgerufen werden und muss sich deshalb anders als ein Abrufarbeitnehmer auch nicht zur Verfügung halten. Die Regelung des § 12 zwingt nicht dazu, anstelle der Kombination von Rahmenvereinbarung und befristeten Einzelarbeitsverträgen ein Abrufarbeitsverhältnis zu vereinbaren.[52] Entsprechende Rahmenvereinbarungen stellen deshalb grundsätzlich weder eine Gesetzesumgehung noch einen Missbrauch einer an sich zulässigen rechtlichen Gestaltungsmöglichkeit dar,[53] zumal die jeweils befristeten Einzelarbeitsverträge nach allgemeinen Grundsätzen der Befristungskontrolle unterliegen.[54]

Schließlich ist das Abrufarbeitsverhältnis **abzugrenzen von anderen Arten flexibler Arbeitszeitgestaltung** wie auch von Sonderformen des Begriffs der Arbeitszeit im Sinne des Arbeitszeitgesetzes, die nicht den Anforderungen des § 12 unterfallen. Hierzu gehört zunächst die vertraglich vereinbarte **ungleichmäßige Verteilung von Vollzeit- und Teilzeitarbeit**, die zu einer unterschiedlichen Lage der Arbeitszeit je nach Schichtplan führen kann.[55] Anders als bei Arbeit auf Abruf ist hier vertraglich eine bestimmte, wenn auch veränderliche Lage der Arbeitszeit festgelegt, der Arbeitnehmer wird nicht nur auf Abruf entsprechend einem vorhandenen Arbeitsbedarf tätig. Erbringt der Arbeitnehmer seine Arbeitsleistung im Rahmen einer **Gleitzeitregelung**, so scheidet die Anwendbarkeit von § 12 im Hinblick darauf aus, dass es hier vorbehaltlich einer idR vorgegebenen Kernarbeitszeit Sache des Arbeitnehmers ist, den Zeitpunkt der Arbeitsleistung innerhalb eines Rahmenzeitraums zu bestimmen.[56]

Für die **Abgrenzung von Sonderformen der Arbeitszeit** ist von dem Begriff der Arbeitszeit im Sinne des Arbeitszeitgesetzes auszugehen. § 2 Abs. 1 Satz 1 ArbZG definiert Arbeitszeit als die Zeit vom Beginn bis zum Ende der Arbeit ohne die Ruhepausen.[57] Unter Arbeit im Sinne dieser Begriffsbestimmung versteht das BAG jede Tätigkeit, die der Befriedigung eines fremden Bedürfnisses dient.[58] Hierzu zählen nicht nur die dauernde Ausübung einer bestimmten Tätigkeit, sondern auch die Sonderformen der Leistungserbringung in Gestalt von Arbeitsbereitschaft und Bereitschaftsdienst.[59] Im Falle von **Arbeitsbereitschaft** hat der Arbeitnehmer während einer festgelegten Arbeitszeit bei entsprechendem Arbeitsanfall seine vertraglich bestimmte Tätigkeit konkret zu erbringen (zB Telefonist, Pförtner).[60] Hier geht es um eine besondere Art und Weise der aus-

---

51 BAG, 31.7.2002, 7 AZR 181/01, DB 2003, 96 ff (97); Reinecke, FS Däubler, 1999, 117 ff (120).
52 BAG, 31.7.2002, 7 AZR 181/01, DB 2003, 96 ff (98).
53 BAG, 31.7.2002, 7 AZR 181/01, DB 2003, 96 ff (98); zu Rechtsproblemen im Zusammenhang mit Rahmenvereinbarungen siehe näher Reinecke, FS Däubler, 1999, 117 ff (120 ff).
54 BAG, 31.7.2002, 7 AZR 181/01, DB 2003, 96 ff (98).
55 Siehe nur Annuß/Thüsing/*Jacobs*, § 12 Rn 10.
56 Siehe hierzu auch Boewer, § 12 Rn 18; TZA-Buschmann, § 12 TzBfG Rn 19; KDZ/Zwanziger, § 12 TzBfG Rn 4.
57 Näher zum Begriff der Arbeitszeit siehe Buschmann, § 2 ArbZG Rn 4; Baeck/Deutsch, § 2 ArbZG Rn 4.
58 BAG, 16.1.2002, 5 AZR 303/00, DB 2002, 950 (950).
59 Siehe § 7 Abs. 1 Nr. 1 lit. a) ArbZG.
60 Zum Begriff siehe BAG, 10.9.1959, 4 AZR 597/5a, AP Nr. 5 zu § 7 AZO; BAG, 24.1.1962, 4 AZR 416/60, AP Nr. 8 zu § 7 AZO.

zuübenden Tätigkeit unter dem Aspekt der Arbeitsdichte, nicht um die einseitige Bestimmung der Lage der Arbeitszeit durch den Arbeitgeber nach Arbeitsbedarf. Dasselbe gilt für den so genannten **Bereitschaftsdienst**, der nach Entscheidungen des EuGH[61] inzwischen im Arbeitszeitgesetz als Arbeitszeit anerkannt ist,[62] und begrifflich den Arbeitnehmer verpflichtet, sich an einem vom Arbeitgeber bestimmten Ruheort aufzuhalten, um jederzeit tätig werden zu können.[63] Auch hier handelt es sich vom Begriff her nicht um Arbeit auf Abruf, Bereitschaftsdienst ist vielmehr eine Sonderform der Leistung von Arbeit, bei der der Arbeitnehmer außerhalb von Phasen konkreter Inanspruchnahme Ruhephasen an einem arbeitgeberseits vorgegebenen Ort verbringen kann.

18 Schließlich stellt die ebenfalls im Arbeitszeitgesetz erwähnte, gleichwohl jenseits von Zeiten konkreter Inanspruchnahme nicht als Arbeitszeit eingeordnete[64] **Rufbereitschaft** grundsätzlich ebenfalls keine Arbeit auf Abruf dar. Im Falle der Rufbereitschaft kann sich der Arbeitnehmer an einem selbst gewählten Ort aufhalten und muss auf Abruf für die Aufnahme der vertraglich bestimmten Tätigkeit bereit stehen (zB Krankenhausarzt).[65] Zwar beinhaltet die Rufbereitschaft insoweit auch eine Tätigkeit nach Bedarf, jedoch sie idR unselbständiger Teil eines Arbeitsverhältnisses, bei dem die Lage der Arbeitszeit vertraglich festgelegt ist. § 12 ist allerdings anwendbar, sofern Rufbereitschaft – etwa mit Aushilfskräften – isoliert vereinbart wird.[66] Allerdings dürfte eine solche Gestaltung wegen der Vorankündigungsfrist des § 12 Abs. 2 nur dann relevant werden, wenn eine tarifvertragliche Regelung mit einer kürzeren Vorankündigungsfrist als der in § 12 Abs. 2 geregelten besteht.

19 Von der **Vereinbarung zur Leistung von Überstunden**, bei der sich der Arbeitnehmer verpflichtet, bei einem vorübergehenden zusätzlichen Arbeitsbedarf länger als vertraglich vereinbart zu arbeiten, unterscheidet sich die Arbeit auf Abruf im Sinne des § 12 dadurch, dass hier für den Arbeitnehmer eine selbständige, nicht auf Unregelmäßigkeit oder Dringlichkeit beschränke Verpflichtung besteht, auf Anforderung des Arbeitgebers zu arbeiten.[67]

III. Schutzregelungen im Zusammenhang mit einer Vereinbarung über Arbeit auf Abruf

20 Das Gesetz enthält in § 12 Abs. 1 Sätze 2 bis 4 Regelungen zur Dauer der wöchentlichen und täglichen Arbeitszeit. § 12 Abs. 2 stellt die Verpflichtung des Arbeitnehmers zur Arbeitsleistung unter den Vorbehalt der Einhaltung einer Vorankündigungsfrist durch den Arbeitgeber. Hierbei handelt es sich um **Schutzregelungen zugunsten des Arbeitnehmers** im Rahmen eines Abrufarbeitsverhält-

---

61 Siehe EuGH, 3.10.2000, Rs. C-303/98 (SIMAP), NZA 2000, 1227 ff (1230); EuGH, 9.9.2003, Rs. C-151/02 (JAEGER), Slg, 2003, 8389.
62 Siehe § 7 Abs. 1 Nr. 1 lit. a) ArbZG, neu gefasst durch Art. 4a des Gesetzes zu Reformen am Arbeitsmarkt v. 24.12.2003, Bundesgesetzblatt 2003 I, S. 3002.
63 Zum Begriff der Arbeitsbereitschaft siehe näher Buschmann, § 2 ArbZG Rn 16.
64 Siehe § 5 Abs. 3 und § 7 Abs. 2 Nr. 1 ArbZG.
65 Zum Begriff der Rufbereitschaft siehe näher Buschmann, § 2 ArbZG Rn 18.
66 Insofern zutreffend TZA-Buschmann, § 12 TzBfG Rn 26.
67 BAG, 7.12.2005, 5 AZR 535/04, NZA 2006, 423 ff (425).

nisses, die erforderlich sind, weil sich dieser dauerhaft zur Erbringung seiner Arbeitsleistung verpflichtet.[68]

1. Festlegung der wöchentlichen und täglichen Arbeitszeit

Gemäß § 12 Abs. 1 Satz 2 muss die Vereinbarung über Arbeit auf Abruf eine **bestimmte Dauer der wöchentlichen und täglichen Arbeitszeit** festlegen. Die Vorgängerregelung des § 4 BSchFG forderte in Abs. 1 lediglich die Festlegung einer bestimmten Dauer der Arbeitszeit. 21

Das Erfordernis der Festlegung zunächst einer **bestimmten Dauer der wöchentlichen Arbeitszeit** bedeutet zum einen, dass der **Umfang der Arbeitszeit konkret durch Vereinbarung einer festen Stundenzahl bestimmt werden muss**. Nicht ausreichend als Festlegung einer bestimmten Dauer im Sinne des Gesetzes ist deshalb die Bestimmung des Umfangs der Arbeitszeit etwa durch die Angabe eines vom Hundertsatzes unter Bezug auf die Arbeitszeit eines anderen, zB Vollzeitarbeitnehmers.[69] Nach der Rechtsprechung des BAG fordert § 12 Abs. 1 Satz 2 bei der Vereinbarung von Abrufarbeit nur die Festlegung einer bestimmten Dauer der wöchentlichen und täglichen Arbeitszeit im Sinne einer Mindestdauer.[70] Deshalb können die Arbeitsvertragsparteien wirksam vereinbaren, dass der Arbeitnehmer **über die vertragliche Mindestarbeitszeit hinaus einseitig vom Arbeitgeber abrufbare Arbeit leisten muss**.[71] Eine solche Vereinbarung verstößt nicht gegen § 12 Abs. 1 Satz 2, sie unterliegt jedoch bei formularmäßiger Vereinbarung der Inhaltskontrolle nach § 307 BGB und ist nur wirksam, wenn die kraft Vereinbarung über die Mindestarbeitszeit einseitig vom Arbeitgeber abrufbare Arbeit nicht mehr als 25 v.H. der vereinbarten wöchentlichen Mindestarbeitszeit beträgt.[72] 22

Zum anderen beinhaltet die Verpflichtung zur Festlegung einer bestimmten Dauer der wöchentlichen Arbeitszeit in der Vereinbarung über Arbeit auf Abruf, dass **die Abrede zum Umfang der Arbeitszeit ausdrücklich, schriftlich oder mündlich, getroffen werden muss**. Zwar ist es grundsätzlich nicht ausgeschlossen, dass der Umfang der Arbeitszeit innerhalb eines bestimmten Bezugsrahmens auch durch konkludentes Verhalten festgelegt werden kann.[73] Allerdings gilt dies nicht für die Festlegung des Umfangs der Arbeitszeit bei einem Abrufarbeitsverhältnis, weil hier für die Vereinbarung desselben nach § 12 Abs. 1 Satz 1 eine ausdrückliche Vereinbarung erforderlich ist[74] und § 12 Abs. 1 Satz 2 im Kontext damit als Mindestinhalt dieser Vereinbarung u.a. die Festlegung des Umfangs der Arbeitszeit fordert. 23

Des weiteren folgt aus dem Erfordernis der Festlegung einer bestimmten Dauer der wöchentlichen Arbeitszeit, dass als **Bezugszeitraum für den Umfang der Arbeitszeit** in der Vereinbarung auf die Woche abzustellen ist, dh, es muss eine 24

---

68 Siehe BAG, 31.7.2002, 7 AZR 181/01, BB 2003, 525 ff (526).
69 Siehe nur Annuß/Thüsing/*Jacobs*, § 12 Rn 24; TZA-Buschmann, § 12 TzBfG Rn 63.
70 BAG, 7.12.2005, 5 AZR 535/04, NZA 2006, 423 ff (426).
71 BAG, 7.12.2005, 5 AZR 535/04, NZA 2006, 423 ff (426).
72 BAG, 7.12.2005, 5 AZR 535/04, NZA 2006, 423 ff (428).
73 Siehe BAG, 12.6.1996, 5 AZR 960/94, NZA 1997, 191 ff (192).
74 Siehe oben Rn 6.

Boecken

bestimmte Stundenzahl pro Woche festgelegt werden.[75] Die Vereinbarung eines bestimmten Arbeitszeitumfangs bezogen auf einen längeren Zeitraum (Monat, Jahr) genügt nicht den gesetzlichen Mindestanforderungen. Einer solchen Festlegung steht der klare Wortlaut von § 12 Abs. 1 Satz 2 und Satz 3 entgegen. Die Befürwortung der Zulässigkeit eines längeren Bezugszeitraums lässt sich auch nicht unter Hinweis auf die insoweit großzügigere Vorgängerregelung in § 4 Abs. 1 BSchFG rechtfertigen.[76] Abgesehen davon, dass das Gesetz in § 12 Abs. 1 Satz 2 eine eindeutige Regelung enthält, deren abweichender Inhalt von der Vorgängerregelung nicht unter Hinweis gerade auf die Vorgängerregelung für bedeutungslos erklärt werden kann,[77] ist eine den Wortlaut des § 12 Abs. 1 Satz 2 missachtende weite Auslegung auch nicht unter Arbeitnehmer-Schutzgesichtspunkten gerechtfertigt.[78] Die Mindestanforderungen des § 12 Abs. 1 Satz 2 dienen gerade dem Schutz des Abrufarbeitnehmers dadurch, dass eine **Kontinuität des Abrufs der vereinbarten Arbeitszeit innerhalb eines engen Zeitraums** gewährleistet wird. Im Übrigen verfängt auch nicht der Hinweis auf § 2 Abs. 1 Satz 2, wonach in Teilzeitarbeitsverhältnissen eine regelmäßige Wochenarbeitszeit nicht vereinbart werden muss.[79] Im Verhältnis zu dieser Regelung stellt § 12 Abs. 1 Satz 2 eine vorgehende Sonderregelung dar.

25 Die Notwendigkeit der Festlegung einer bestimmten Dauer der wöchentlichen Arbeitszeit in der Vereinbarung beschränkt die Vertragsparteien nicht darin, den Umfang der Arbeitszeit innerhalb der arbeitszeitgesetzlich zulässigen Grenzen zu bestimmen. Die Regelung des § 12 Abs. 1 Satz 2 **schreibt mithin nicht die Vereinbarung einer Mindest- oder Höchstdauer der wöchentlichen Arbeitszeit vor.**[80] Insoweit kann ein Abrufarbeitsverhältnis auch als geringfügiges Beschäftigungsverhältnis im Sinne des § 8 SGB IV vereinbart werden, wobei der praktisch relevante Fall der Entgeltgeringfügigkeit nicht mehr an eine bestimmte Stundenzahl anknüpft, sondern nur noch die Entgeltgrenze von 400 Euro als Differenzierungskriterium zwischen geringfügiger und nicht geringfügiger Beschäftigung bestimmt.

26 **Fehlt es völlig an der Festlegung der Dauer der wöchentlichen Arbeitszeit oder entspricht die Festlegung des Umfangs der Arbeitszeit nicht den Anforderungen des § 12 Abs. 1 Satz 2, so hat dies die Unwirksamkeit evt. vorhandener Absprachen zwischen Arbeitgeber und Arbeitnehmer zur Folge.** § 12 Abs. 1 Satz 2 ist ein gesetzliches Verbot im Sinne des § 134 BGB,[81] das aber nicht zur Nichtigkeit des Abrufarbeitsvertrages in toto führt, wie der Kontext mit § 12 Abs. 1 Satz 3 deutlich macht. Insoweit ergibt sich aus dem Verbotsgesetz „ein anderes" im

---

75 Wie hier TZA-Buschmann, § 12 TzBfG Rn 66, Lakies, DZWIR 2001, 1 ff (7); anderer Ansicht Rolfs, § 12 Rn 4; Busch, NZA 2001, 593 ff (594); MünchArbR/Schüren, Ergänzungsband, 2. Aufl., § 166 Rn 22.
76 So aber etwa Rolfs, § 12 Rn 4; MünchArbR/Schüren, Ergänzungsband, 2. Aufl., § 166 Rn 22.
77 Siehe die vergleichbare Problematik zu der Regelung über das Anschlussverbot nach § 14 Abs. 2 Satz 2, die im Vergleich mit der Vorgängerregelung des § 1 Abs. 3 BSchFG enger gefasst ist und die insoweit klare Rechtsprechung des BAG, wonach § 14 Abs. 2 Satz 2 ohne zeitliche Begrenzung Anwendung findet, BAG, 6.11.2003, 2 AZR 690/02, ZTR 2004, 488 ff (489).
78 So aber Rolfs, § 12 Rn 4.
79 Siehe Rolfs, § 12 Rn 4; Busch, NZA 2001, 593 ff (594); HWK/Schmalenberg, § 12 TzBfG Rn 10.
80 Siehe nur Boewer, § 12 Rn 25; ErfK/Preis, § 12 TzBfG Rn 19; Lakies, DZWIR 2001, 1 ff (7).
81 A.A. ErfK/Preis, § 12 TzBfG Rn 19.

Sinne von § 134 BGB. Gemäß § 12 Abs. 1 Satz 3 **gilt bei fehlender oder unwirksamer Vereinbarung einer bestimmten Dauer der wöchentlichen Arbeitszeit eine solche von zehn Stunden als vereinbart.** Zum Schutze des Abrufarbeitnehmers wird mithin das Vorliegen einer Abrede zwischen Arbeitgeber und Arbeitnehmer über den genannten wöchentlichen Arbeitszeitumfang fingiert. Entgegen z.T vertretener Ansicht[82] greift die Fiktion bei fehlender oder unwirksamer Festlegung im Sinne des § 12 Abs. 1 Satz 2 unmittelbar ein. Sie steht nicht unter dem Vorbehalt, dass sich der Umfang der Arbeitszeit nicht aus der bisherigen durchschnittlichen Arbeitszeitdauer bezogen auf einen bestimmten Zeitraum ermitteln lässt.[83] Diese Auffassung steht nicht im Einklang mit dem aus § 12 Abs. 1 Satz 2 grundsätzlich zu entnehmenden Erfordernis einer ausdrücklichen Vereinbarung u.a. über den Umfang der wöchentlichen Arbeitszeit.[84] Abgesehen davon wirkt die Fiktion sofort im Zeitpunkt der Aufnahme des Abrufarbeitsverhältnisses, wenn den Anforderungen des § 12 Abs. 1 Satz 2 nicht Rechnung getragen worden ist. In diesem Zeitpunkt lässt sich nicht retrospektiv ein durchschnittlicher Umfang der Arbeitszeit ermitteln.

Hat der Arbeitnehmer bei fehlender oder unwirksamer Regelung des Arbeitszeitumfangs über zehn Stunden hinaus wöchentlich eine Arbeitsleistung erbracht, so ist er insoweit für die Vergangenheit nach den **Grundsätzen über das fehlerhafte Arbeitsverhältnis** geschützt,[85] hat also insbesondere einen Anspruch auf Vergütung auch für die über zehn Stunden hinaus erbrachte Arbeitsleistung. Für die Zukunft besteht keine Verpflichtung des Arbeitnehmers, über zehn Stunden pro Woche hinaus zur Arbeitsleistung auf Abruf zur Verfügung zu stehen. Umgekehrt trifft mangels entsprechender Vereinbarung im Sinne des § 12 Abs. 1 Sätze 1 und 2 auch den Arbeitgeber keine Pflicht, dem Arbeitnehmer über zehn Stunden pro Woche hinausgehende Arbeitseinsätze zu verschaffen.

Ist eine Vereinbarung der Arbeitsvertragsparteien darüber, dass der Arbeitnehmer über die vertraglich festgelegte Mindestarbeitszeit hinaus auf Verlangen des Arbeitgebers abrufbare Arbeit leisten muss, deshalb nach § 307 BGB unwirksam, weil der Umfang der einseitig abrufbaren Arbeit mehr als 25 v.H. der vereinbarten wöchentlichen Mindestarbeitszeit überschreitet,[86] so ist die dadurch entstandene Lücke im Arbeitsvertrag im Wege **ergänzender Vertragsauslegung** zu schließen.[87] Insoweit ist darauf abzustellen, was die Parteien bei einer angemessenen Abwägung ihrer Interessen nach Treu und Glauben als redliche Vertragsparteien vereinbart haben würden, wenn sie die Unwirksamkeit der Klausel bedacht hätten.[88] Ein Rückgriff auf § 12 Abs. 1 Satz 3 scheidet im Hinblick darauf aus, dass die Anwendung dieser Fiktion nicht interessengerecht wäre, weil die Parteien durch ihre Vereinbarung deutlich gemacht haben, dass sie einen

---

82 Siehe etwa MünchArbR/Schüren, Ergänzungsband, 2. Aufl., § 166 Rn 24.
83 So aber MünchArbR/Schüren, Ergänzungsband, 2. Aufl., § 166 Rn 24.
84 Siehe oben Rn 6; Schüren fordert selbst eine ausdrückliche Vereinbarung der Arbeit auf Abruf, siehe MünchArbR/Schüren, Ergänzungsband, 2. Aufl., § 166 Rn 18. Wieso das nicht für den Umfang gelten soll, der in § 12 Abs. 1 Satz 3 als Teil dieser Vereinbarung vorgeschrieben wird, bleibt unklar.
85 Zutreffend ErfK/Preis, § 12 TzBfG Rn 20.
86 Siehe BAG, 7.12.2005, 5 AZR 535/04, NZA 2006, 423 ff (428), siehe oben Rn 22.
87 BAG, 7.12.2005, 5 AZR 535/04, NZA 2006, 423 ff (428).
88 BAG, 7.12.2005, 5 AZR 535/04, NZA 2006, 423 ff (428).

Boecken

über die Mindestarbeitszeit hinausgehenden Umfang der Arbeit auf Abruf vereinbaren wollten.[89]

29 Für das in § 12 Abs. 1 Satz 2 des weiteren aufgestellte Erfordernis der **Festlegung einer bestimmten Dauer der täglichen Arbeitszeit** gelten die vorstehend zum wöchentlichen Arbeitszeitumfang dargelegten Ausführungen grundsätzlich entsprechend. Der Umfang der täglichen Arbeitszeit muss konkret bestimmt werden, Bestimmbarkeit mittels Festlegung etwa eines Vomhundertsatzes der täglichen Arbeitszeit anderer Arbeitnehmer reicht nicht aus.[90] Die Abrede über die Dauer der täglichen Arbeitszeit muss gleichfalls ausdrücklich, schriftlich oder mündlich, getroffen werden. § 12 Abs. 1 Satz 2 lässt den Vertragsparteien auch bei der Festlegung der täglichen Arbeitszeit völlige Freiheit, deren Dauer innerhalb der Arbeitszeit gesetzlich maßgebenden Grenzen zu bestimmen, wie auch zu regeln, ob die an einem Tag zu erbringende Arbeitsleistung ohne Unterbrechung erfolgt oder in mehrere getrennte Zeitabschnitte aufgeteilt erbracht wird.[91] Eine Mindest- oder Höchstarbeitszeit pro Tag wird nicht vorgeschrieben.[92]

30 **Ist eine Festlegung der Dauer der täglichen Arbeitszeit unterblieben,** so hat nach § 12 Abs. 1 Satz 4 der Arbeitgeber die Arbeitsleistung des Arbeitnehmers jeweils für mindestens drei aufeinander folgende Stunden in Anspruch zu nehmen. Anders als in § 12 Abs. 1 Satz 3 fingiert das Gesetz hier nicht eine Vereinbarung zwischen Arbeitgeber und Arbeitnehmer, sondern verpflichtet den Arbeitgeber zu einem entsprechenden Abruf, was damit zusammenhängt, dass es hier um eine **Beschränkung des arbeitgeberseitigen Weisungsrechts** hinsichtlich der Lage der Arbeitszeit geht. Kommt der Arbeitgeber dieser Verpflichtung nicht nach, indem er für eine kürzere Dauer pro Tag abruft, so ist der Arbeitnehmer nicht zur Erbringung der Arbeitsleistung verpflichtet unter Aufrechterhaltung seines Lohnanspruchs gemäß § 615 Satz 1 BGB für drei Stunden.[93] Der Annahmeverzug des Arbeitgebers ist nicht etwa deshalb ausgeschlossen, weil noch an einem anderen Tag der Woche die Leistungserbringung im Umfang von drei Stunden möglich ist. Mit dem Abruf für einen bestimmten Tag löst der Arbeitgeber die Pflicht des § 12 Abs. 1 Satz 4 aus, deren Nichteinhaltung die Nichtannahme der arbeitnehmerseits nur nach Maßgabe des § 12 Abs. 1 Satz 4 zu erbringenden Arbeitsleistung bedeutet. Eine Nachholung kommt gemäß § 615 Satz 1 BGB nicht in Betracht.

2. Einhaltung der Vorankündigungsfrist

31 Gemäß § 12 Abs. 2 ist der Arbeitnehmer nur zur Arbeitsleistung verpflichtet, wenn der Arbeitgeber ihm die Lage seiner Arbeitszeit jeweils mindestens vier Tage im voraus mitteilt. Hiermit regelt das Gesetz zum Schutze des Arbeitnehmers eine so genannte **Vorankündigungsfrist**[94] und bringt zugleich zum Aus-

---

89 Siehe BAG, 7.12.2005, 5 AZR 535/04, NZA 2006, 423 ff (428).
90 Siehe TZA-Buschmann, § 12 TzBfG Rn 63; Annuß/Thüsing/*Jacobs*, § 12 Rn 24.
91 Siehe Annuß/Thüsing/*Jacobs*, § 12 Rn 26; Worzalla, § 12 Rn 5.
92 ErfK/Preis, § 12 TzBfG Rn 27.
93 A.A. HWK/Schmalenberg, § 12 TzBfG Rn 19.
94 Siehe § 12 Abs. 3 Satz 1.

druck, dass ein Arbeitnehmer auch im Rahmen eines Abrufarbeitsverhältnisses grundsätzlich zur Arbeitsleistung verpflichtet ist.[95]

Die Einhaltung der Frist von **vier Tagen, nicht Arbeitstage und auch nicht Werktage**, berechnet sich nach Maßgabe der §§ 186 ff BGB.[96] Der Tag der Mitteilung der Lage der Arbeitszeit, sprich des Zugangs des Abrufs, ist nach § 187 Abs. 1 BGB nicht mitzurechnen. Gemäß § 188 Abs. 1 BGB endet die Viertagesfrist mit dem Ablauf des vierten Tages, wobei dieser Tag im Hinblick auf die Anforderung des § 12 Abs. 2 einer Mitteilung „im voraus" vor dem Tag des Arbeitseinsatzes liegen muss. § 193 findet Anwendung für den Fall, dass der Tag der Ankündigung auf einen Samstag, Sonntag oder Feiertag fällt.[97] Allerdings führt das nicht zu einer Fristverkürzung, vielmehr ist aus Arbeitnehmerschutzgründen § 193 BGB dergestalt anzuwenden, dass die Ankündigung an einem Werktag vor einem dieser Tage zugehen muss.[98] 32

Ihrer **Rechtsnatur** nach handelt es sich bei der Mitteilung bzw dem Abruf der Arbeitsleistung um die **Ausübung des Weisungsrechts** (§ 106 GewO) im Wege einseitiger Leistungsbestimmung bezüglich der Lage der Arbeitszeit. Diese Leistungsbestimmung kann nur durch Erklärung gegenüber dem Arbeitnehmer erfolgen (§ 315 Abs. 2 BGB) und stellt eine **empfangsbedürftige, rechtsgestaltende Willenserklärung** dar.[99] Damit finden die Vorschriften über Willenserklärungen Anwendung, insbesondere ist die Erklärung gemäß §§ 119 ff BGB anfechtbar und nur nach Maßgabe des § 130 Abs. 1 Satz 2 BGB widerruflich.[100] Eine ohne Einhaltung der Viertagesfrist ausgesprochene Mitteilung ist nach § 134 BGB unwirksam, § 12 Abs. 2 ist insoweit Verbotsgesetz im Sinne jener Norm. Damit kann der Abruf keine rechtsgestaltende Wirkung entfalten, so dass, wie in § 12 Abs. 2 ausdrücklich klargestellt, der Arbeitnehmer nicht zur Erbringung der Arbeitsleistung verpflichtet ist. Damit wird für den Arbeitnehmer jenseits der §§ 273, 320 BGB **ein besonderes Leistungsverweigerungsrecht** statuiert. Allerdings kann sich der Arbeitnehmer trotz des unwirksamen Abrufs gleichwohl zu dem arbeitgeberseits bestimmten Zeitpunkt zur Leistung bereit erklären, dogmatisch ist diese Bereiterklärung als Annahme einer nach §§ 133, 140 BGB umgedeuteten unwirksamen Leistungsbestimmung in ein Angebot des Arbeitgebers über den Abschluss einer Vereinbarung bezogen auf den von ihm bestimmten Leistungszeitpunkt einzuordnen.[101] 33

Lehnt der Arbeitnehmer **bei fehlender Fristeinhaltung** die Erbringung der Arbeitsleistung zu dem vom Arbeitgeber bestimmten Zeitpunkt ab, so hat er insoweit auch keinen Anspruch auf Vergütung. Der Umfang seiner vertraglich geschuldeten Arbeitsleistung wird durch einen unwirksamen Abruf, bezogen 34

---

95 Siehe oben Rn 1, 9.
96 Siehe nur Boewer, § 12 Rn 39; Annuß/Thüsing/Jacobs, § 12 Rn 49; MünchArbR/Schüren, Ergänzungsband, 2. Aufl., § 166 Rn 41.
97 Siehe nur MünchArbR/Schüren, Ergänzungsband, 2. Aufl., § 166 Rn 41.
98 Allgemeine Ansicht, siehe nur ErfK/Preis, § 12 TzBfG Rn 32; TZA-Buschmann, § 12 TzBfG Rn 79; MünchArbR/Schüren, Ergänzungsband, 2. Aufl., § 166 Rn 41; Boewer, § 12 Rn 40. Zur Fristberechnung im Einzelnen siehe TZA-Buschmann, § 12 TzBfG Rn 79.
99 Siehe Palandt/Heinrichs, BGB 65. Aufl., § 315 Rn 11.
100 Zur Widerruflichkeit einer einseitigen Leistungsbestimmung siehe BGH, 24.1.2002, IX ZR 228/00, NJW 2002, 1421 ff (1424); BAG, 11.3.1981, 4 AZR 1070/79, VersR 1981, 941 ff (942).
101 So zutreffend MünchArbR/Schüren, Ergänzungsband, 2. Aufl., § 166 Rn 51.

auf den maßgebenden Bezugszeitraum, nicht gemindert. Anderes gilt allerdings dann, wenn die geschuldete Arbeitsleistung im Bezugszeitraum **nicht mehr unter Einhaltung der Vorankündigungsfrist** abgerufen werden kann. In diesem Falle hat der Arbeitnehmer Anspruch auf Annahmeverzugslohn gemäß § 615 Satz 1 BGB[102] und ist zur Nachleistung nicht verpflichtet.

35 Die Regelung des § 12 Abs. 2 ist **insoweit zwingend**, als von ihr nicht zum Nachteil des Arbeitnehmers einzelvertraglich oder im Wege einer Betriebsvereinbarung durch Verkürzung der Vorankündigungsfrist abgewichen werden kann.[103] Einer vertraglichen Verlängerung der Frist steht nichts entgegen.

IV. Tarifvertragsdispositivität

36 Gemäß § 12 Abs. 3 Satz 1 kann von den Absätzen 1 und 2 durch **Tarifvertrag** auch zuungunsten des Arbeitnehmers abgewichen werden, wenn der Tarifvertrag Regelungen über die tägliche und wöchentliche Arbeitszeit und die Vorankündigungsfrist enthält. Nach Satz 2 von § 12 Abs. 3 können im Geltungsbereich eines solchen Tarifvertrages nicht tarifgebundene Arbeitgeber und Arbeitnehmer die Anwendung der tariflichen Regelungen über die Arbeit auf Abruf vereinbaren.

37 Die Regelung des § 12 Abs. 3 stellt eine **Ausnahme von der nach § 22 Abs. 1 zwingenden Wirkung** der in § 12 Abs. 1 und Abs. 2 enthaltenen Schutzregelungen insofern dar, als Tarifvertragsparteien von diesen auch zum Nachteil der Arbeitnehmer abweichen und entsprechende tarifvertragliche Bestimmungen unter den Voraussetzungen des § 12 Abs. 3 Satz 2 auch einzelvertraglich vereinbart werden können. Die in § 12 Abs. 3 Satz 1 normierte Öffnung für Tarifvertragsbestimmungen auch zuungunsten der Arbeitnehmer steht allerdings unter dem **Vorbehalt, dass der Tarifvertrag Regelungen über die tägliche und wöchentliche Arbeitszeit und die Vorankündigungsfrist vorsieht**. Damit wird die Tarifvertragsdispositivität von § 12 Abs. 1, Abs. 2 auch zum Nachteil der Arbeitnehmer im Vergleich zu der Rechtslage vor Inkrafttreten des Teilzeit- und Befristungsgesetzes unter der Geltung des Beschäftigungsförderungsgesetzes eingeschränkt. Auf der Grundlage des in § 6 BeschFG geregelten Tarifvorrangs konnten die Tarifvertragsparteien von den Schutzvorschriften des § 4 BeschFG zuungunsten der Arbeitnehmer abweichen, ohne dass ihnen die Regelung eines bestimmten Mindestschutzes gesetzlich vorgegeben war. So hat das BAG die Wirksamkeit von tarifvertraglichen Bestimmungen anerkannt, die im Zusammenhang mit der Regelung von Arbeit auf Abruf nicht eine Mindestdauer der Arbeitszeit festlegten.[104] Die nunmehr in § 12 Abs. 3 Satz 1 enthaltene Beschränkung der Tarifvertragsparteien durch die Bindung der Abweichungsbefugnis an die Regelung bestimmter Sachverhalte stellt zwar einen Eingriff in die durch Art. 9 Abs. 3 GG gewährleistete Tarifautonomie dar, dieser ist jedoch über das Sozialstaatsprinzip und den Persönlichkeitsschutz des Arbeitnehmers verfassungsrechtlich legitimiert und insbesondere unter dem Gesichtspunkt verhältnis-

---

102 Siehe nur Annuß/Tüsing/*Jacobs*, § 12 Rn 52 und TZA-Buschmann, § 12 TzBfG Rn 81.
103 Zur tarifvertraglichen Dispositivität siehe noch folgende Rn 36 ff.
104 Siehe BAG, 12.3.1992, 6 AZR 311/90, NZA 1992, 938 ff (939 f); BAG, 8.9.1994, 6 AZR 254/94, NZA 1995, 1006 ff (1008).

mäßig auch im engeren Sinne, als hier nicht der Bereich der Lohnverhandlungen als Schwerpunkt der Tarifautonomie betroffen ist.[105]

Das Gesetz macht in § 12 Abs. 3 Satz 1 den Tarifvertragsparteien lediglich die Vorgabe, dass der Tarifvertrag **überhaupt Regelungen über die tägliche und wöchentliche Arbeitszeit und die Vorankündigungsfrist enthalten muss**. Bezüglich des Umfangs der täglichen und wöchentlichen Arbeitszeit enthält das Gesetz keine Mindestvorgaben, die Tarifvertragsparteien können mithin die Dauer der täglichen und wöchentlichen Arbeitszeit grundsätzlich frei regeln, soweit sie insbesondere die arbeitszeitgesetzlichen Grenzen beachten. Aus dem Erfordernis einer tarifvertraglichen Regelung auch der **wöchentlichen Arbeitszeit** ist allerdings zu entnehmen, dass eine solche im Tarifvertrag in einem Mindestumfang vorgegeben sein muss, der einen wöchentlichen Einsatz des Arbeitnehmers garantiert. Zwar kann ein Bezugszeitraum für die Erbringung der vertraglich vereinbarten Arbeitsleistung auch wochenunabhängig geregelt werden,[106] jedoch darf das nicht dazu führen, dass ein wöchentlicher Abruf durch den Arbeitgeber unterbleiben kann. Mit der Vorgabe einer Regelung auch über die **tägliche Arbeitszeit** sind die Tarifvertragsparteien gehalten, den Umfang der täglichen Einsätze des Abrufarbeitnehmers zu bestimmen, wobei sie bis zur Grenze der Unverhältnismäßigkeit frei sind, sowohl die Dauer des Tageseinsatzes zu minimieren wie auch einen Tageseinsatz mit Unterbrechungen der Arbeitszeit zu regeln, bei dem die Arbeitsleistung also nicht in aufeinander folgenden Stunden erbracht wird.   38

Mit der Vorgabe der Regelung auch einer **Vorankündigungsfrist** macht das Gesetz deutlich, dass eine solche bestimmt werden muss. Die Dauer der Frist steht ebenfalls bis zu Grenze der Unverhältnismäßigkeit im Belieben der Tarifvertragsparteien.   39

Enthält ein Tarifvertrag keine den Anforderungen des § 12 Abs. 3 Satz 1 genügenden Regelungen im Zusammenhang mit Bestimmungen über Arbeit auf Abruf, so verbleibt es mangels Abweichungsbefugnis **bei den in § 12 Abs. 1 Sätze 3 und 4 und § 12 Abs. 2 normierten Schutzregelungen**. Das gilt auch dann, wenn ein Tarifvertrag zwar Bestimmungen über die tägliche und wöchentliche Arbeitszeit enthält, jedoch keine Regelung betreffend die Einhaltung einer Vorankündigungsfrist trifft. Die gesetzliche Öffnung zur tarifvertraglichen Abweichung auch zum Nachteil der Arbeitnehmer von den in § 12 Abs. 1, Abs. 2 enthaltenen Schutzregelungen setzt die **kumulative Einhaltung** der in § 12 Abs. 3 Satz 1 normierten Vorgaben voraus.   40

Die **einzelvertragliche Übernahme der Regelungen über Arbeit auf Abruf eines Tarifvertrages** im Sinne von § 12 Abs. 3 Satz 1 durch nicht tarifgebundene Arbeitgeber und Arbeitnehmer ist nur im Geltungsbereich eines solchen Tarifvertrages zulässig. Mangels näherer Konkretisierung dessen, was unter dem Geltungsbereich eines solchen Tarifvertrages zu verstehen ist, kann eine Übernahme nur in Betracht kommen, wenn neben dem **räumlichen auch der sachliche Geltungsbereich** gegeben ist.[107] Tragender Gesichtspunkt für das Erfordernis auch der Brancheneinschlägigkeit des Tarifvertrages ist der Gedanke, dass eine einzel-   41

---

105 Vgl. BVerfG, 27.4.1999, 1 BvR 2203/93, 1 BvR 897/95, BVerfGE Bd. 100, 271 ff (283 f und 286 f); BVerfG 3.4.2001, 1 BvL 32/97, BVerfGE Bd. 103, 293 ff (307).
106 A.A. Boewer, § 12 Rn 50; TZA-Buschmann, § 12 TzBfG Rn 84b.
107 Ebenso Rolfs, § 12 Rn 9 in Verbindung mit § 14 Rn 93.

vertragliche Abweichung von den grundsätzlich zwingenden Vorschriften des Teilzeit- und Befristungsgesetzes nur dort in Betracht kommen kann, wo dem Schutz der Arbeitnehmer in Abrufarbeitsverhältnissen durch sachbezogene, sprich auf die jeweilige Branche zugeschnittene Regelungen angemessen Rechnung getragen wird.[108]

V. Mitwirkung des Betriebsrats

42 Aus § 22 Abs. 1 in Verbindung mit § 12 Abs. 3 folgt zunächst, dass durch **Betriebsvereinbarung** nicht von den Schutzregelungen des § 12 Abs. 1, Abs. 3 zum Nachteil der Arbeitnehmer abgewichen werden kann. Die Zulässigkeit einer im Vergleich mit den gesetzlichen Bestimmungen günstigeren Betriebsvereinbarung über Arbeit auf Abruf bestimmt sich nach den allgemeinen Vorschriften, insbesondere nach Maßgabe des § 77 Abs. 3 BetrVG.

43 Gemäß § 87 Abs. 1 Nr. 2 BetrVG hat der Betriebsrat ein zwingendes Mitbestimmungsrecht hinsichtlich Beginn und Ende der täglichen Arbeitszeit einschließlich der Pausen sowie Verteilung der Arbeitszeit auf die einzelnen Wochentage. Von diesem Mitbestimmungstatbestand wird **nicht die Dauer** der von den Arbeitnehmern geschuldeten Arbeitszeit umfasst,[109] was auch für die Bestimmung des Umfangs der Arbeitsleistung in Abrufarbeitsverhältnissen gilt. Hiernach steht dem Betriebsrat kein Mitbestimmungsrecht bezüglich der von den Arbeitsvertragsparteien nach § 12 Abs. 1 S. 2 zu regelnden Dauer der wöchentlichen Arbeitszeit zu.[110] Nach der Rechtsprechung des BAG erstreckt sich der Mitbestimmungstatbestand des § 87 Abs. 1 Nr. 2 BetrVG allerdings auf die Dauer der Festlegung der täglichen Arbeitszeit und die Verteilung der wöchentlichen Arbeitszeit auf die einzelnen Wochentage, weil es hier nur um die Frage geht, wie die einzelvertraglich vereinbarte wöchentliche Arbeitszeit an den einzelnen Wochentagen genutzt werden soll.[111] Das soll auch für die Dauer und Verteilung der täglichen Arbeitszeit in Abrufarbeitsverhältnissen gelten, und zwar mit der Folge, dass **der Arbeitgeber den Einsatz des Abrufarbeitnehmers nicht einseitig anordnen kann, sondern auf die Zustimmung des Betriebsrats angewiesen ist.**[112] Das kann nur insoweit zutreffend sein, als der Abruf durch den Arbeitgeber die Erbringung der Arbeitsleistung zu einem Zeitpunkt fordert, der zeitlich außerhalb der in einer Betriebsvereinbarung niedergelegten täglichen Arbeitszeit liegt. Im Übrigen kann der Arbeitgeber kraft seines Direktionsrechts unabhängig vom Betriebsrat den Zeitpunkt der Inanspruchnahme der Arbeitsleistung des Arbeitnehmers in einem Abrufarbeitsverhältnis bestimmen.[113]

---

108 Zutreffend Rolfs, § 12 Rn 9 in Verbindung mit § 14 Rn 93.
109 BAG, 18.8.1987, 1 ABR 30/86, NZA 1987, 779 ff (782 f); BAG, 13.10.1987, 1 ABR 10/86, NZA 1988, 251 ff (252).
110 Siehe nur Boewer, § 12 Rn 55.
111 BAG, 28.9.1988, 1 ABR 41/87, NZA 1989, 184 f (185); BAG, 13.10.1987, 1 ABR 10/86, NZA 1988, 251 ff (252).
112 Siehe BAG, 28.9.1988, 1 ABR 41/87, NZA 1989, 184 f (185).
113 Vgl. insoweit auch Boewer, § 12 Rn 59.

Die Entscheidung des Arbeitgebers, **Arbeit auf Abruf einzuführen**, unterliegt 44
nicht der zwingenden Mitbestimmung nach § 87 Abs. 1 Nr. 2 BetrVG.[114] Bei
der Entscheidung selbst handelt es sich noch nicht um die Festlegung der Lage
der Arbeitszeit, diese stellt erst eine notwendige Folge jener Entscheidung dar
und aktiviert allein insoweit als „Folgenbewältigung" das Mitbestimmungsrecht
des Betriebsrats nach § 87 Abs. 1 Nr. 2 BetrVG.

§ 13 Arbeitsplatzteilung

(1) Arbeitgeber und Arbeitnehmer können vereinbaren, dass mehrere Arbeitnehmer sich die Arbeitszeit an einem Arbeitsplatz teilen (Arbeitsplatzteilung). Ist einer dieser Arbeitnehmer an der Arbeitsleistung verhindert, sind die anderen Arbeitnehmer zur Vertretung verpflichtet, wenn sie der Vertretung im Einzelfall zugestimmt haben. Eine Pflicht zur Vertretung besteht auch, wenn der Arbeitsvertrag bei Vorliegen dringender betrieblicher Gründe eine Vertretung vorsieht und diese im Einzelfall zumutbar ist.

(2) Scheidet ein Arbeitnehmer aus der Arbeitsplatzteilung aus, so ist die darauf gestützte Kündigung des Arbeitsverhältnisses eines anderen in die Arbeitsplatzteilung einbezogenen Arbeitnehmers durch den Arbeitgeber unwirksam. Das Recht zur Änderungskündigung aus diesem Anlass und zur Kündigung des Arbeitsverhältnisses aus anderen Gründen bleibt unberührt.

(3) Die Absätze 1 und 2 sind entsprechend anzuwenden, wenn sich Gruppen von Arbeitnehmern auf bestimmten Arbeitsplätzen in festgelegten Zeitabschnitten abwechseln, ohne dass eine Arbeitsplatzteilung im Sinne des Absatzes 1 vorliegt.

(4) Durch Tarifvertrag kann von den Absätzen 1 und 3 auch zuungunsten des Arbeitnehmers abgewichen werden, wenn der Tarifvertrag Regelungen über die Vertretung der Arbeitnehmer enthält. Im Geltungsbereich eines solchen Tarifvertrages können nicht tarifgebundene Arbeitgeber und Arbeitnehmer die Anwendung der tariflichen Regelungen über die Arbeitsplatzteilung vereinbaren.

Literatur
Reichold, Zeitsouveränität im Arbeitsverhältnis: Strukturen und Konsequenzen, NZA 1998, 393 ff

I.	Normzweck 1	III.	Arbeitsplatzwechsel 19
II.	Arbeitsplatzteilung 3	IV.	Abweichung durch Tarifvertrag 20
1.	Begriff und rechtliche Einordnung 3	V.	Beteiligung des Betriebsrats .. 23
2.	Vertretungspflicht 8		
3.	Kündigungsverbot 15		

---

[114] Zutreffend Otto, NZA 1992, 97 ff (99); aA Boewer, § 12 Rn 60; ErfK/Preis, § 12 TzBfG Rn 42; TZA-Buschmann, § 12 TzBfG Rn 85. Aus BAG, 28.9.1988, 1 ABR 41/87, NZA 1989, 184 f (185) lässt sich nichts Gegenteiliges zu der hier vertretenen Auffassung entnehmen.

I. Normzweck

1 Die Bestimmung des § 13 enthält verschiedene **Schutzregelungen für den Fall der Arbeitsplatzteilung** durch zwei oder mehr Arbeitnehmer. In § 13 Abs.1 werden der **Begriff der Arbeitsplatzteilung** definiert sowie die **Voraussetzungen**, unter denen die auf einem Arbeitsplatz beschäftigten Arbeitnehmer untereinander zur Vertretung verpflichtet sind. § 13 Abs. 2 regelt ein **Kündigungsverbot** im Zusammenhang mit der Arbeitsplatzteilung. Über § 13 Abs. 3 wird die Anwendung der Absätze 1 und 2 auf den Arbeitsplatzwechsel **innerhalb von Arbeitnehmergruppen** erweitert. Schließlich normiert § 13 Abs. 4 die **Möglichkeit tarifvertraglicher** Abweichung von den Absätzen 1 und 3 zu Lasten der Arbeitnehmer.

2 § 13 knüpft seinem wesentlichen Inhalt nach an die Regelung des **§ 5 BeschFG an**. Allerdings enthielt diese `Bestimmung keine dem § 13 Abs. 4 vergleichbare Regelung betreffend Abweichungsmöglichkeiten durch Tarifvertrag. Die ausdrückliche Aufnahme dieser Bestimmung war von dem Ziel getragen, die Zulässigkeit von für Arbeitnehmer nachteiligen tarifvertraglichen Regelungen im Vergleich zum Beschäftigungsförderungsgesetz deutlicher zu regeln.[1] Ihrem wesentlichen Regelungsinhalt nach ist die Vorschrift des § 13 darauf ausgerichtet, den im Rahmen einer Arbeitsplatzteilung beschäftigten Arbeitnehmer bei vorübergehendem oder endgültigem Ausfall eines anderen in die Arbeitsplatzteilung einbezogenen Arbeitnehmers durch Vorschriften insbesondere über die Vertretungspflicht und Kündigungsmöglichkeiten des Arbeitgebers zu schützen.

II. Arbeitsplatzteilung

1. Begriff und rechtliche Einordnung

3 Der **Begriff der Arbeitsplatzteilung** wird im § 13 Abs.1 Satz 1 dahingehend legaldefiniert, dass Arbeitgeber und Arbeitnehmer vereinbaren können, dass mehrere Arbeitnehmer sich die Arbeitszeit an einem Arbeitsplatz teilen. Wesentliches Merkmal der Arbeitsplatzteilung ist danach die **Teilung der Arbeitszeit an einem Arbeitsplatz unter mehreren Arbeitnehmern**, dh, diese erhalten aufgrund vertraglicher Vereinbarung eine Zeitsouveränität[2] dergestalt, dass sie untereinander koordinierend im Rahmen ihrer jeweiligen Arbeitszeit planend die Besetzung des geteilten Arbeitsplatzes sicherstellen.[3] Damit ist im Falle der Arbeitsplatzteilung die **Arbeitszeitplanung durch die beteiligten Arbeitnehmer jeweils Inhalt der vertraglich geschuldeten Arbeitsleistung.**[4] Die Besonderheit der Arbeitsplatzteilung liegt mithin darin, dass die beteiligten Arbeitnehmer unter Beschränkung des arbeitgeberseitigen Weisungsrechts (§ 106 GewO) die Lage ihrer Arbeitszeit in Absprache untereinander bestimmen, dogmatisch handelt es sich um ein **Leistungsbestimmungsrecht des Schuldners** im Sinne des § 315 Abs. 1 BGB,[5] auf das § 317 Abs. 2 BGB anzuwenden ist.[6]

---

1 Siehe die Begründung zu § 13 des Gesetzentwurfs, BT-Drucks. 14/4374, S.18.
2 Siehe MünchArbR/Schüren, Ergänzungsband, 2. Aufl., § 166 Rn 82.
3 MünchArbR/Schüren, Ergänzungsband, 2. Aufl., § 166 Rn 91; Rolfs, § 13 TzBfG Rn 2.
4 MünchArbR/Schüren, Ergänzungsband, 2. Aufl., § 166 Rn 91.
5 Siehe Reichold, NZA 1998, S. 393 ff (398).
6 Reichold, NZA 1998, S. 393 ff (398); MünchArbR/Schüren, Ergänzungsband, 2. Aufl., § 166 Rn 98.

Die Arbeitsplatzteilung muss, wie auch § 13 Abs. 1 Satz 1 deutlich macht, zwischen Arbeitgeber und Arbeitnehmer **vertraglich vereinbart** werden. Nicht etwa kann der Arbeitgeber kraft Weisungsrechts eine Arbeitsplatzteilung durch mehrere Arbeitnehmer anordnen.[7] Jeder der an einer Arbeitsplatzteilung beteiligten Arbeitnehmer schließt mit dem Arbeitgeber **einen eigenen, von den Rechtsbeziehungen der anderen Arbeitnehmer unabhängigen Arbeitsvertrag**.[8] Davon geht auch die gesetzliche Regelung aus, wie das in § 13 Abs. 2 Satz 1 niedergelegte Kündigungsverbot deutlich macht. Im Rahmen des jeweils rechtlich selbständigen Arbeitsvertrages mit der Vereinbarung einer Arbeitsplatzteilung müssen wie auch sonst insbesondere die Art der Tätigkeit und der Umfang der Arbeitszeit festgelegt werden. Darüber hinaus ist die Verpflichtung zur Arbeitsplatzteilung dergestalt arbeitsvertraglich zu regeln, **dass seitens des Arbeitnehmers die Lage der Arbeitszeit bezogen auf einen bestimmten Arbeitsplatz in Absprache mit bestimmten anderen Arbeitnehmern festzulegen ist**, wobei Zeitsouveränität auch hinsichtlich des Zeitraums, innerhalb dessen im Wechsel mit den anderen beteiligten Arbeitnehmern die vertraglich geschuldete Arbeitsleistung ihrem Umfang nach zu erbringen ist, eingeräumt werden kann.[9] Aus der Vereinbarung einer Arbeitsplatzteilung und der damit einhergehenden Befugnis zur Festlegung der Lage der Arbeitszeit durch die beteiligten Arbeitnehmer folgt notwendig die **Pflicht, den Arbeitgeber über die Arbeitszeitverteilung rechtzeitig zu unterrichten**.[10] Können sich die in die Arbeitsplatzteilung einbezogenen Arbeitnehmer nicht über die Verteilung der Arbeitszeit auf dem Arbeitsplatz einigen, so bestimmt der Arbeitgeber kraft seines Direktionsrechts die Verteilung.[11]

4

Die rechtliche Selbständigkeit eines jeden Arbeitsvertrages der beteiligten Arbeitnehmer im Verhältnis zum Arbeitgeber und die Vereinbarung der Arbeitsplatzteilung jeweils nur mit diesem hat zur Folge, dass unter den Arbeitnehmern selbst keine schuldrechtlichen Beziehungen begründet werden. Damit besteht **kein Gesamtschuldverhältnis** zwischen den Arbeitnehmern gegenüber dem Arbeitgeber,[12] aus dem dieser einen Anspruch gegen den einzelnen Arbeitnehmer auf Erfüllung der Arbeitszeit mitbeteiligter Arbeitnehmer, sofern diese an der Arbeitsleistung verhindert sind, ableiten könnte. Das machen im Übrigen auch schon die Regelungen der Sätze 2 und 3 von § 13 Abs. 1 deutlich. Aus der rechtlichen Selbständigkeit der jeweiligen Arbeitsverhältnisse folgt auch die **Eigenständigkeit der Vergütungsansprüche** gegenüber dem Arbeitgeber sowie der sonstigen beiderseitigen Ansprüche und Pflichten. Im Falle der Verhinderung eines Arbeitnehmers richtet sich der Lohnanspruch des Vertreters allein gegen den Arbeitgeber.

5

Der Arbeitsplatz, auf den sich die Arbeitsplatzteilung bezieht, kann auch ein **Teilzeitarbeitsplatz** sein.[13] Darüber hinaus kann eine Arbeitsplatzteilung zutreffender Ansicht nach auch mit **Vollzeitkräften** vereinbart werden,[14] was bei einer

6

---

7 Siehe nur Boewer, § 13 TzBfG Rn 10.
8 MünchArbR/Schüren, Ergänzungsband, 2. Aufl., § 166 Rn 91, Annuß/Thüsing/*Maschmann*, § 13 TzBfG Rn 8; TZA-Buschmann, § 13 TzBfG Rn 16.
9 Siehe dazu MünchArbR/Schüren, Ergänzungsband, 2. Aufl., § 166 Rn 95.
10 Siehe nur HWK/Schmalenberg, § 13 TzBfG Rn 5.
11 Zutreffend ErfK/Preis, § 13 TzBfG Rn 3; aA Annuß/Thüsing/*Maschmann*, § 13 TzBfG Rn 12.
12 Siehe nur Boewer, § 13 TzBfG Rn 15; ErfK/Preis, § 13 TzBfG Rn 7.
13 Siehe etwa TZA-Buschmann, § 13 TzBfG Rn 22.
14 Siehe MünchArbR/Schüren, Ergänzungsband, 2. Aufl., § 166 Rn 86 ff.

mehrschichtigen Arbeitsorganisation durchaus Sinn macht, etwa im Falle der Erkrankung eines Kollegen.[15] Sofern die Arbeitszeit eines Vollzeitarbeitnehmers unterhalb der Höchstgrenzen des Arbeitszeitgesetzes liegt, wie das heute regelmäßig der Fall ist, steht einer Vereinbarung über Arbeitsplatzteilung auch nicht das Arbeitszeitgesetz entgegen.

7 Das Modell der Arbeitsplatzteilung im Sinne von § 13 Abs. 1 Satz 1 ist abzugrenzen von der so genannten **Eigengruppe**, bei der mehrere Personen zusammen sich als Einheit gegenüber dem Arbeitgeber zur Erbringung einer Arbeitsleistung im Rahmen eines rechtlich einheitlichen Arbeitsvertrages verpflichten.[16] Zu unterscheiden ist auch die **Betriebsgruppe**, bei der im Rahmen des betrieblichen Arbeitsablaufs eine Gruppe von Arbeitnehmern eine ihr übertragene Aufgabe im Wesentlichen eigenverantwortlich wahrnimmt.[17] Hier bestehen zwar auch jeweils rechtlich selbständige Arbeitsverhältnisse, es geht aber zwischen den Arbeitnehmern nicht um die Aufteilung der Arbeitszeit bezogen auf einen bestimmten Arbeitsplatz, sondern um die im Regelfall seitens des Arbeitgebers zugewiesene gemeinsame Erledigung einer bestimmten Aufgabe.[18]

2. Vertretungspflicht

8 § 13 Abs. 1 Sätze 2 und 3 enthält Regelungen zum Schutz eines an der Arbeitsplatzteilung beteiligten Arbeitnehmers für den Fall, dass ein anderer **einbezogener Arbeitnehmer an der Erbringung der Arbeitsleistung verhindert ist**. Gemäß Satz 2 sind insoweit die anderen Arbeitnehmer zur Vertretung nur verpflichtet, wenn sie dieser im Einzelfall zugestimmt haben. Darüber hinaus besteht eine Vertretungspflicht nach Satz 3, wenn der Arbeitsvertrag bei Vorliegen dringender betrieblicher Gründe eine Vertretung vorsieht und diese im Einzelfall zumutbar ist.

9 Beide Regelungen setzen die **Verhinderung eines arbeitsplatzteilenden Arbeitnehmers an der Erbringung der Arbeitsleistung** voraus. Die Verhinderung kann auf personenbezogenen Gründen, etwa krankheitsbedingter Arbeitsunfähigkeit, beruhen wie auch auf sonstigen Gründen. Anders als bei § 616 BGB muss die Verhinderung nicht durch einen in der Person des Arbeitnehmers liegenden Grund bedingt sein, wie bereits der abweichende Wortlaut des § 13 Abs. 1 Satz 2 deutlich macht. **Vertretung** meint die teilweise oder vollständige Übernahme der durch den verhinderten Arbeitnehmer an sich zu erbringenden Arbeitsleistung. Dogmatisch stellt sich die Vertretung als **befristete Änderung einer einzelnen Vertragsbedingung**, nämlich der Regelung der Arbeitszeit bezogen auf den Arbeitsvertrag des vertretenden Arbeitnehmers dar. Insoweit findet zwar die Befristungskontrolle nach § 14 keine Anwendung,[19] was nicht nur die Unanwendbarkeit des Schriftformgebots, sondern auch der Regelungen des

---

15 Siehe MünchArbR/Schüren, Ergänzungsband, 2. Aufl., § 166 Rn 88.
16 Siehe hierzu BAG AP Nr. 1, 2 zu § 611 BGB Gruppenarbeitsverhältnis; klassisches Beispiel hierfür ist das aufgrund eines einheitlichen Arbeitsvertrages eingestellte Haumeisterehepaar.
17 Siehe die Beschreibung in § 87 Abs. 1 Nr. 13 BetrVG.
18 Zu weiteren Abgrenzungen von Formen der Zusammenarbeit in Bezug auf die Arbeitsplatzteilung siehe Annuß/Thüsing/*Maschmann*, § 13 TzBfG Rn 4; zur Gruppenarbeit im Sinne von § 13 Abs. 3 siehe noch folgend Rn 19.
19 Siehe BAG, 14.1.2004, 7 AZR 213/03, NZA 2004, 719 ff (721); BAG v. 3.9.2003, 7 AZR 106/03, NZA 2004, 255 ff (256).

§ 15 Abs. 5 wie auch des § 17 zur Folge hat.[20] Gleichwohl bedarf auch die befristete Änderung einzelner Vertragsbedingungen jedenfalls insoweit, als wie bei der Arbeitszeit das Verhältnis von Leistung und Gegenleistung betroffen ist, zu ihrer Rechtfertigung eines sachlichen Grundes.[21] Die Vertretung eines zeitweilig ausfallenden Mitarbeiters ist als Sachgrund für die befristete Erhöhung der Arbeitszeit anerkannt[22].

Die Regelungen des § 13 Abs.1 Sätze 2 und 3 machen deutlich, dass **grundsätzlich eine Vertretungspflicht nicht besteht.** Das folgt auch schon ohne weiteres aus der rechtlichen Selbständigkeit der Arbeitsverhältnisse der an der Arbeitsplatzteilung beteiligten Arbeitnehmer, die durch dieses Arbeitszeitmodell nicht aufgehoben wird. Lediglich in **Notfällen** besteht gemäß §§ 241 Abs. 2, 242 BGB eine Verpflichtung des Arbeitnehmers, über die arbeitsvertraglich vereinbarte Zeit hinaus zu arbeiten,[23] und unterliegt dieser einem entsprechenden Weisungsrecht des Arbeitgebers.

Ohne eine allgemeine arbeitsvertragliche Regelung ist der an einer Arbeitsplatzteilung beteiligte Arbeitnehmer gemäß § 13 Abs.1 Satz 2 **zur Vertretung nur verpflichtet, wenn er der Vertretung im Einzelfall zugestimmt hat.** Damit kommt es auf das Einverständnis des Arbeitnehmers, bei dem es sich um eine Willenserklärung gerichtet auf die vorübergehende Änderung der vertraglich vereinbarten Arbeitszeit handelt, in der konkreten Situation der Verhinderung eines anderen Arbeitnehmers an. Die Zustimmung zur Vertretung kann auch stillschweigend durch tatsächliche Arbeitsaufnahme erklärt werden.[24]

Nach § 13 Abs.1 Satz 3 kann im Ausgangspunkt einzelfallunabhängig arbeitsvertraglich eine Vertretungspflicht nur begründet werden, sofern diese auf Fälle beschränkt wird, in denen **dringende betriebliche Gründe eine Vertretung bedingen, und die Vertretung dem Arbeitnehmer in der konkreten Situation zumutbar ist.** Eine von diesen Voraussetzungen abweichende arbeitsvertragliche Vertretungsvereinbarung ist gemäß §§ 13 Abs. 1 Satz 3, 22 Abs.1 iVm § 134 BGB unwirksam. Ein dringender betrieblicher Grund für die Vertretung liegt jedenfalls nicht schon in der Verhinderung des an einer Arbeitsplatzteilung beteiligten Arbeitnehmers selbst.[25] Es muss hinzu kommen, dass die infolge der Verhinderung drohende Nichterledigung von Aufgaben **erhebliche Nachteile** mit sich bringt,[26] die etwa in der Störung des Betriebsablaufs oder auch in drohenden Schadensersatzfolgen für den Arbeitgeber wegen nicht rechtzeitiger Fertigstellung eines Auftrags liegen können. Im Streitfall hat der Arbeitgeber das Vorliegen eines dringenden betrieblichen Grundes darzulegen und zu beweisen.[27]

Mit dem weiteren Erfordernis, dass dem Arbeitnehmer die Vertretung im Einzelfall auch **zumutbar** sein muss, wird wiederum auf die konkrete Verhinderungsbzw Vertretungssituation Bezug genommen. Im Falle der Unzumutbarkeit

---

20 BAG, 14.1.2004, 7 AZR 213/03, NZA 2004, 719 ff (722).
21 BAG, 14.1.2004, 7 AZR 213/03, NZA 2004, 719 ff (721f.); BAG, 4.6.2003, 7 AZR 406/02, NZA 2003, 1424 (1424).
22 Siehe nur BAG, 4.6.2003, 7 AZR 406/02, NZA 2003, 1424, (1424).
23 Siehe nur Dütz, Arbeitsrecht, 11., Aufl., Rn 155.
24 Zutreffend TZA-Buschmann, § 13 TzBfG Rn 27; HWK/Schmalenberg, § 13 TzBfG Rn 8.
25 Siehe nur Rolfs, § 13 TzBfG Rn 3.
26 Siehe ErfK/Preis, § 13 TzBfG Rn 10.
27 Siehe Schaub, Arbeitsrechtshandbuch, 10. Aufl., § 44 Rn 87.

besteht trotz entsprechender einzelvertraglicher Vereinbarung keine Vertretungspflicht. Die Frage der Zumutbarkeit ist unter Berücksichtigung der Situation des potentiell zur Vertretung verpflichteten Arbeitnehmers zu beurteilen. Insoweit ist davon auszugehen, dass der Grund für die Unzumutbarkeit spiegelbildlich zur Dringlichkeit des betrieblichen Grundes auf Arbeitgeberseite ein entsprechendes Gewicht haben muss. Hierfür spricht vor allem, dass eine arbeitsvertragliche Vereinbarung getroffen worden ist, die bei Vorliegen eines dringenden betrieblichen Grundes grundsätzlich zur Vertretung verpflichtet.

14 **Gründe für die Unzumutbarkeit**, denen erhebliches Gewicht beizumessen ist, können sich vor allem aus dem **familiären Bereich** ergeben, etwa wegen Kinderbetreuung oder der Pflege eines Familienangehörigen. Darüber hinaus kann die Unzumutbarkeit auch in einer **arbeitsvertraglichen Verpflichtung bei einem anderen Arbeitgeber** begründet sein. Bei der Beurteilung der Zumutbarkeit sind alle Einzelfallumstände zu berücksichtigen, so dass zB auch der zeitliche Umfang der Vertretung, deren Dauer wie auch ihre (rechtzeitige) Ankündigung durch den Arbeitgeber Bedeutung erlangen.[28]

3. Kündigungsverbot

15 § 13 Abs. 2 Satz 1 enthält ein **Kündigungsverbot** dahingehend, dass die auf das Ausscheiden eines Arbeitnehmers aus der Arbeitsplatzteilung gestützte Kündigung des Arbeitsverhältnisses eines anderen in die Arbeitsplatzteilung einbezogenen Arbeitnehmers unwirksam ist. Gemäß Satz 2 von § 13 Abs. 2 bleibt das Recht zur Änderungskündigung aus diesem Anlass wie auch zur Kündigung des Arbeitsverhältnisses aus anderen Gründen unberührt.

16 Die Regelung des **§ 13 Abs. 2 entspricht in ihrer Struktur den in § 11 und § 613a Abs. 4 BGB** normierten Kündigungsverboten. Damit gelten dieselben Grundsätze.[29] Das in Satz 1 von § 13 Abs. 2 niedergelegte Kündigungsverbot ist ein **eigenständiges Kündigungsverbot** im Sinne des § 13 Abs. 3 KSchG. Das Verbot findet deshalb Anwendung auch auf Arbeitsverhältnisse, die nicht dem Kündigungsschutzgesetz unterliegen. Erfasst werden mithin auch die Arbeitsverhältnisse von Arbeitnehmern, die noch nicht länger als sechs Monate bestehen, wie auch solche, bei denen der Betrieb des Arbeitgebers nicht die nach § 23 Abs. 1 Sätze 2 und 3 KSchG maßgebenden Schwellenwerte überschreitet. Nach § 13 Abs. 3 KSchG finden allerdings die Vorschriften der §§ 4 bis 7 KSchG auch auf eine Kündigung im Sinne des § 13 Abs. 2 Satz 1 Anwendung, so dass insbesondere die Dreiwochenfrist des § 4 Satz 1 KSchG für die Erhebung einer Kündigungsschutzklage zu beachten ist.

17 Das Kündigungsverbot greift ein, wenn das Ausscheiden eines an der Arbeitsplatzteilung beteiligten Arbeitnehmers **der tragende Grund für die Kündigung** eines anderen in die Arbeitsplatzteilung einbezogenen Arbeitnehmers ist.[30] Das Verbot setzt voraus und bestätigt die rechtliche Selbständigkeit eines jeden Arbeitsverhältnisses der an einer Arbeitsplatzteilung beteiligten Arbeitnehmer. Auch wenn § 13 Abs. 2 Satz 1 ausdrücklich nur von der Kündigung des Arbeits-

---

28 Siehe auch MHH/Heyn § 13 TzBfG Rn 22; TZA-Buschmann § 13 TzBfG Rn 33.
29 Siehe zu § 11, Rn 7 ff.
30 Siehe zum Begriff des tragenden Grundes § 11, Rn 14 ff.

verhältnisses spricht, so werden von dem Verbot **gleichermaßen Umgehungsrechtsgeschäfte erfasst.** Insbesondere ist hiernach auch die Vereinbarung einer auflösenden Bedingung, die den Fortbestand des Arbeitsverhältnisses davon abhängig macht, dass keiner der an der Arbeitsplatzteilung beteiligten Arbeitnehmer ausscheidet, unzulässig.[31] Dasselbe gilt für die Konstruktion einer Zweckbefristung (§ 3 Abs. 1 Satz 2) des Inhalts, dass das Arbeitsverhältnis endet, wenn als Zweck der Befristung der Arbeitsplatzteilung mit bestimmten Arbeitnehmern vereinbart wird.

Nicht anders als bei § 11 stellt das Gesetz in § 13 Abs. 2 Satz 2 klar, dass das Kündigungsverbot nicht das Recht des Arbeitgebers zur **Kündigung aus anderen Gründen** beeinträchtigt. Bei Vorliegen eines **personen-, verhaltens- oder betriebsbedingten Kündigungsgrundes** kann deshalb ordentlich und im Falle eines wichtigen Grundes außerordentlich gekündigt werden. Außerhalb des Anwendungsbereichs des Kündigungsschutzgesetzes bleibt gleichfalls das Recht zur Kündigung unter Beachtung des aus § 242 BGB folgenden Mindestkündigungsschutzes erhalten. Ausdrücklich wird in Satz 2 von § 13 Abs. 2 hervorgehoben, dass das **Recht zur Änderungskündigung** aus Anlass des Ausscheidens eines Arbeitnehmers aus der Arbeitsplatzteilung ebenfalls unberührt bleibt. Dieser, angesichts des Inhalts von Satz 2 im Übrigen rein deklaratorische Hinweis macht deutlich, dass das Ausscheiden eines an der Arbeitsplatzteilung beteiligten Arbeitnehmers bezogen auf die verbleibenden Arbeitnehmer eine betriebsbedingte Änderungskündigung rechtfertigen kann, was etwa dann der Fall ist, wenn der Arbeitgeber für die Wiederbesetzung des frei gewordenen Teilzeitarbeitsplatzes keine Ersatzkraft findet. Hier liegt es grundsätzlich in der Entscheidungsfreiheit des Arbeitgebers, ob er die Änderungskündigung gegenüber den verbliebenen, an der Arbeitsplatzteilung beteiligten Arbeitnehmern mit dem Ziel einer Erhöhung der Arbeitszeitdeputate ausspricht oder gegenüber bislang außerhalb der Arbeitsplatzteilung stehenden vergleichbaren Arbeitnehmern mit dem Ziel, diese in die Arbeitsplatzteilung einzubeziehen. Bei der notwendigen Sozialauswahl sind nicht allein die Arbeitnehmer zu berücksichtigen, die bislang schon an der Arbeitsplatzteilung beteiligt waren.[32]

III. Arbeitsplatzwechsel

Gemäß § 13 Abs. 3 sind die Absätze 1 und 2 entsprechend anzuwenden, wenn sich **Gruppen von Arbeitnehmern auf bestimmten Arbeitsplätzen in festgelegten Zeitabschnitten abwechseln, ohne dass eine Arbeitsplatzteilung im Sinne des Absatzes 1 gegeben ist.** Mit dieser Regelung werden die Schutzvorschriften der Absätze 1 und 2 auf Arbeitnehmer erweitert, die – wie es in der Begründung des Gesetzentwurfs zur Vorgängerregelung des § 5 Abs. 3 BeschFG heißt[33] – im Rahmen von so genannter „Turnusarbeit" ihre Arbeitsleistung erbringen. Allerdings wird dort der **Begriff der Turnusarbeit** nicht weiter erläutert. Nach § 13 Abs. 3 wird deutlich, dass es hier um eine gruppenförmige Zusammenarbeit von Arbeitnehmern geht, die nicht durch eine Arbeitsplatzteilung im Sinne von § 13 Abs. 1

---

31 Siehe Boewer, § 13 TzBfG Rn 25; HWK/Schmalenberg, § 13 TzBfG Rn 11.
32 Anders etwa Annuß/Thüsing/*Maschmann*, § 13 TzBfG Rn 21.
33 Siehe BT-Drucks. 10/2102, S. 26.

Satz 1 gekennzeichnet ist, sondern geprägt wird durch den Wechsel der Gruppenmitglieder auf den dieser Gruppe zugeordneten Arbeitsplätzen innerhalb bestimmter Zeitabschnitte. Im Hinblick darauf, dass bei einer solchen Zusammenarbeit festgelegt werden muss, welches Gruppenmitglied innerhalb welchen Zeitabschnitts auf welchem Arbeitsplatz seine Arbeitsleistung erbringt, besteht auch hier vorbehaltlich einer Festlegung durch den Arbeitgeber für die beteiligten Arbeitnehmer **Entscheidungsfreiheit** hinsichtlich der Festlegung der Zeitabschnitte wie auch der Zuordnung eines bestimmten Arbeitsplatzes zu einem bestimmten Arbeitnehmer innerhalb der Gruppe.[34] Angesichts der auch bei dieser Art der Zusammenarbeit bestehenden tatsächlichen Abhängigkeiten der beteiligten Arbeitnehmer untereinander macht es Sinn, für die typischen Risiken des vorübergehenden Ausfalls eines Gruppenmitglieds oder eines gänzlichen Ausscheidens die Regelungen der Absätze 1 und 2 auf den turnusmäßigen Arbeitsplatzwechsel innerhalb einer Gruppe auszudehnen.

IV. Abweichung durch Tarifvertrag

20 Gemäß § 13 Abs. 4 Satz 1 kann durch **Tarifvertrag** von den Absätzen 1 und 3 auch zuungunsten des Arbeitnehmers abgewichen werden, sofern der Tarifvertrag Regelungen über die Vertretung der Arbeitnehmer enthält. Entsprechende tarifliche Regelungen können im Geltungsbereich eines solchen Tarifvertrages zwischen nicht tarifgebundenen Arbeitgebern und Arbeitnehmern vereinbart werden (§ 13 Abs. 4 Satz 2).

21 § 13 Abs. 4 ist eine **Ausnahme von der Unabdingbarkeitsregelung** des § 22 Abs. 1 und wird dementsprechend dort auch genannt. Voraussetzung für eine Abweichung zum Nachteil der Arbeitnehmer ist, dass **der Tarifvertrag selbst Vorschriften über die Vertretung der Arbeitnehmer schafft.** Das Gesetz nennt keine Anforderungen an die Ausgestaltung entsprechender tarifvertraglicher Vertretungsregelungen. Aus diesem Umstand wie auch der Abweichungsbefugnis selbst ist zu entnehmen, dass die Vertretungsregelungen im Unterschied zu den engen Voraussetzungen des § 13 Abs. 1 Sätze 2 und 3 dem Arbeitgeber großzügigere Vertretungsmöglichkeiten einräumen können. Auf der anderen Seite folgt aus dem Erfordernis der Schaffung von entsprechenden Bestimmungen im Tarifvertrag als Voraussetzung für die Dispositivität der in § 13 Abs. 1 Sätze 2 und 3 enthaltenen Bestimmungen, dass **der Tarifvertrag die Frage der Vertretung nicht völlig der Entscheidung des Arbeitgebers überantworten darf,**[35] sondern selbst präzise Vorgaben für den Fall der Verhinderung eines an der Arbeitsplatzteilung im Sinne von § 13 Abs. 1 S. 1 oder am Arbeitsplatzwechsel im Sinne von § 13 Abs. 3 beteiligten Arbeitnehmers treffen muss. Fehlt es daran, so ist eine entsprechende tarifvertragliche Regelung wegen Verstoßes gegen §§ 13 Abs. 4 S. 1, 22 iVm § 134 BGB unwirksam.

22 Die Regelung des § 13 Abs. 2 steht, wie § 13 Abs. 4 S. 1 deutlich macht, nicht zur Disposition der Tarifvertragsparteien.

---

34 Vgl. auch MünchArbR/Schüren, Ergänzungsband, 2. Aufl., § 166 Rn 89, der allerdings nur von Selbstbestimmung hinsichtlich der Arbeitszeitverteilung spricht.
35 Zutreffend Rolfs, § 13 TzBfG Rn 7.

V. Beteiligung des Betriebsrats

Die Vereinbarung von Arbeitsplatzteilung **unterliegt nicht der Mitbestimmung des Betriebsrats nach § 87 Abs. 1 Nr. 2 BetrVG**.[36] Ihrem Inhalt nach wird durch die Aufteilung der Arbeitszeit auf einem Arbeitsplatz auf mehrere Arbeitnehmer weder der Beginn noch das Ende der täglichen Arbeitszeit noch deren Verteilung auf die einzelnen Wochentage berührt. 23

Im Falle der Verhinderung eines an der Arbeitsplatzteilung beteiligten Arbeitnehmers kommt es für den vertretenden Arbeitnehmer zu einer **vorübergehenden Verlängerung der Arbeitszeit**. Der Mitbestimmungstatbestand des § 87 Abs. 1 Nr. 3 BetrVG ist gleichwohl nicht gegeben, weil § 13 Abs. 1 Sätze 2 und 3 eine **abschließende gesetzliche Regelung** im Sinne des § 87 Abs. 1 Einl. BetrVG darstellt, welche die Mitbestimmung des Betriebsrats sperrt.[37] Die Sätze 2 und 3 von § 13 Abs.1 stellen eine abschließende gesetzliche Regelung[38] der Vertretung im Hinblick darauf dar, dass dem Arbeitgeber bei Vorliegen der einschlägigen Voraussetzungen von Gesetzes wegen definitiv die Möglichkeit eingeräumt wird, einen verbleibenden Arbeitnehmer zur Vertretung einzusetzen. Spielraum für eine Mitbestimmung des Betriebsrats bleibt hier nicht, denn das Gesetz stellt in diesen Fällen das „ob" allein in das Belieben des Arbeitgebers. 24

---

36 Wie hier MünchArbR/Matthes, 2. Aufl., § 87 BetrVG Rn 61; Annuß/Thüsing/Maschmann, § 13 TzBfG Rn 27; aA Boewer, § 13 TzBfG Rn 38; TZA-Buschmann, § 13 TzBfG Rn 38; Fitting/Kaiser/Heither/ Engels/Schmidt, § 87 BetrVG Rn 110.
37 A.A. etwa Boewer, § 13 TzBfG Rn 42. Darüber hinaus ist fraglich, ob überhaupt eine Verlängerung der betriebsüblichen Arbeitszeit gegeben ist, offen gelassen von BAG, 23.7.1996, 1 ABR 13/96, ArbuR 1997, 171 ff (172).
38 Siehe zu diesem Erfordernis für die Sperrung der Mitbestimmung nach § 87 Abs. 1 BetrVG, HaKo-BetrVG/Kohte, § 87 BetrVG Rn 9.

Dritter Abschnitt

Befristete Arbeitsverträge

§ 14 Zulässigkeit der Befristung

(1) Die Befristung eines Arbeitsvertrages ist zulässig, wenn sie durch einen sachlichen Grund gerechtfertigt ist. Ein sachlicher Grund liegt insbesondere vor, wenn

1. der betriebliche Bedarf an der Arbeitsleistung nur vorübergehend besteht,
2. die Befristung im Anschluss an eine Ausbildung oder ein Studium erfolgt, um den Übergang des Arbeitnehmers in eine Anschlussbeschäftigung zu erleichtern,
3. der Arbeitnehmer zur Vertretung eines anderen Arbeitnehmers beschäftigt wird,
4. die Eigenart der Arbeitsleistung die Befristung rechtfertigt,
5. die Befristung zur Erprobung erfolgt,
6. in der Person des Arbeitnehmers liegende Gründe die Befristung rechtfertigen,
7. der Arbeitnehmer aus Haushaltsmitteln vergütet wird, die haushaltsrechtlich für eine befristete Beschäftigung bestimmt sind, und er entsprechend beschäftigt wird oder
8. die Befristung auf einem gerichtlichen Vergleich beruht.

(2) Die kalendermäßige Befristung eines Arbeitsvertrages ohne Vorliegen eines sachlichen Grundes ist bis zur Dauer von zwei Jahren zulässig; bis zu dieser Gesamtdauer von zwei Jahren ist auch die höchstens dreimalige Verlängerung eines kalendermäßig befristeten Arbeitsvertrages zulässig. Eine Befristung nach Satz 1 ist nicht zulässig, wenn mit demselben Arbeitgeber bereits zuvor ein befristetes oder unbefristetes Arbeitsverhältnis bestanden hat. Durch Tarifvertrag kann die Anzahl der Verlängerungen oder die Höchstdauer der Befristung abweichend von Satz 1 festgelegt werden. Im Geltungsbereich eines solchen Tarifvertrages können nicht tarifgebundene Arbeitgeber und Arbeitnehmer die Anwendung der tariflichen Regelungen vereinbaren.

(2a) In den ersten vier Jahren nach der Gründung eines Unternehmens ist die kalendermäßige Befristung eines Arbeitsvertrages ohne Vorliegen eines sachlichen Grundes bis zur Dauer von vier Jahren zulässig; bis zu dieser Gesamtdauer von vier Jahren ist auch die mehrfache Verlängerung eines kalendermäßig befristeten Arbeitsvertrages zulässig. Dies gilt nicht für Neugründungen im Zusammenhang mit der rechtlichen Umstrukturierung von Unternehmen und Konzernen. Maßgebend für den Zeitpunkt der Gründung des Unternehmens ist die Aufnahme einer Erwerbstätigkeit, die nach § 138 der Abgabenordnung der Gemeinde oder dem Finanzamt mitzuteilen ist. Auf die Befristung eines Arbeitsvertrages nach Satz 1 findet Absatz 2 Satz 2 bis 4 entsprechende Anwendung.

(3) Die kalendermäßig Befristung eines Arbeitsvertrages ohne Vorliegen eines sachlichen Grundes ist bis zu einer Dauer von fünf Jahren zulässig, wenn der Arbeitnehmer bei Beginn des befristeten Arbeitsverhältnisses das 52. Lebensjahr vollendet hat und unmittelbar vor Beginn des befristeten Arbeitsverhältnisses

mindestens vier Monate beschäftigungslos im Sinne des § 119 Abs. 1 Nr. 1 des Dritten Buches Sozialgesetzbuch gewesen ist, Transferkurzarbeitergeld bezogen oder an einer öffentlich geförderten Beschäftigungsmaßnahme nach dem Zweiten oder Dritten Buch Sozialgesetzbuch teilgenommen hat. Bis zu der Gesamtdauer von fünf Jahren ist auch die mehrfache Verlängerung des Arbeitsvertrages zulässig.

(4) Die Befristung eines Arbeitsvertrages bedarf zu ihrer Wirksamkeit der Schriftform.

Literatur: *Bader*, Das Gesetz zu Reformen am Arbeitsmarkt: Neues im Kündigungsschutzgesetz und im Befristungsrecht, NZA 2004, 65 ff; *Bahnsen*, Schriftform nach § 14 Abs. 4 TzBfG – die neue Befristungsfalle für Arbeitsgeber, NZA 2005, 676 ff; *Bauer/ Arnold*, Auf „Junk" folgt „Mangold" – Europarecht verdängt deutsches Arbeitsrecht, NJW 2006, 6 ff; *Blanke*, Der Gesetzentwurf der Bundesregierung über Teilzeitarbeit und befristete Arbeitsverträge, AiB 2000, 728 ff; *Braun*, Befristung eines Arbeitsvertrages – Sachgründe außerhalb des Katalogs des § 14 TzBfG, MDR 2006, 609 ff; *Dieterich*, Die Befristung von Trainerverträgen im Spitzensport, NZA 2000, 857 ff; *Däubler*, Das neue Teilzeit- und Befristungsgesetz, ZIP 2001, 217 ff; *Giesen*, Verbotene Altersdiskriminierung durch befristete Arbeitsverträge mit Arbeitnehmern ab 52 Jahren, SAE 2006, 45 ff; *Hromadka*, Das neue Teilzeit- und Befristungsgesetz, NJW 2001, 400 ff; *Hümmerich/Holthausen*, Der Arbeitnehmer als Verbraucher, NZA 2002, 173 ff.; *Joch/Klichowski*, Die Vereinbarung auflösender Bedingungen in Darstellerverträgen – Kunstfreiheit als Sachgrund, NZA 2004, 302 ff; *Kliemt*, Das neue Befristungsrecht, NZA 2001, 296 ff; *Kothe*, Beschäftigungssicherung durch befristete Übernahme von Auszubildenden – Bedeutung und Struktur tariflicher Weiterbeschäftigungsklauseln, NZA 1997, 457 ff; *Koenigs*, Unbegrenzte Prüfungsbefugnis des EuGH? – Zugleich Anmerkung zu EuGH vom 22.11.2005 (Verbot der Alterdiskriminierung), DB 2006, 49 ff; *Lakies*, Das Teilzeit- und Befristungsgesetz, DZWIR 2001, 1 ff; *Lingemann*, Allgemeine Geschäftsbedingungen und Arbeitsvertrag, NZA 2002, 181 ff; *Löwisch*, Vereinbarkeit der Haushaltsmittelbefristung nach § 14 Abs. 1 Satz 2 Nr. 7 TzBfG mit europäischer Befristungsrichtlinie und grundgesetzlicher Bestandsschutzpflicht, NZA 2006, 457 ff; *Nikolai*, Europarechtliches Verbot der Diskriminierung wegen Alters: Verstoß durch uneingeschränkte Zulässigkeit der Vereinbarung einer Befristung für Arbeitnehmer ab 52. Lebensjahr – Anmerkung zu EuGH vom 22.11.2005 C-144/04, DB 2005, 2641 ff; *Oberthür*, Das Prognoseprinzip im Befristungsrecht, DB 2001, 2246 ff; *Petrovicki*, Projektbefristung von Arbeitsverhältnissen, NZA 2006, 411 ff; *Plander*, Der nur vorübergehende Arbeitsbedarf als Befristungsgrund, DB 2002, 1002 ff; *Preis/Gotthardt*, Neuregelung der Teilzeitarbeit und befristeten Arbeitsverhältnisse, DB 2000, 2065 ff; *Preis*, Flexibilität und Rigorismus im Befristungsrecht, NZA 2005, 714 ff; *ders.*, Verbot der Altersdiskriminierung als Gemeinschaftsgrundrecht – Der Fall „Mangold" und die Folgen, NZA 2006, 401 ff; *Reichold*, Der Fall Mangold: Entdeckung eines europäischen Gleichbehandlungsprinzips?, ZESAR 2006, 55 ff.; *Schlachter*, Gemeinschaftsrechtliche Grenzen der Altersbefristung, RdA 2004, 352 ff; *von Steinau- Steinrück/Oelker*, Befristung von Arbeitsverträgen – Chancen und Fallen, NJW-Spezial 2005, 33 ff; *Thüsing*, Was sind die Besonderheiten des Arbeitsrechts?, NZA 2002, 591 ff; *ders.*, Europarechtlicher Gleichbehandlungsgrundsatz als Bindung des Arbeitgebers?, ZIP 2005, 2149 ff

I.	Normzweck	1	
II.	Befristung mit Sachgrund (§ 14 Abs. 1)	8	
1.	Grundlagen	8	
	a) Regel-Ausnahme-Konzeption des § 14 Abs.1	8	
	b) Sachgrund als Rechtfertigungsgrund für die Befristung	13	
	c) Anwendungsbereich von § 14 Abs. 1	24	
	(1) Persönlicher Anwendungsbereich	25	
	(2) Sachlicher Anwendungsbereich	29
	(3) Zeitlicher Anwendungsbereich	36
	d) Unabdingbarkeit des § 14 Abs. 1	39
	e) Verhältnis zu anderen Befristungsregelungen	42
2.	Sachgründe nach § 14 Abs. 1 Satz 2	43
	a) Vorübergehender betrieblicher Bedarf an der Arbeits-	

leistung (§ 14 Abs. 1 Satz 2 Nr. 1) ... 44
b) Befristung im Anschluss an eine Ausbildung oder ein Studium (§ 14 Abs. 1 Satz 2 Nr. 2) ... 50
c) Beschäftigung zur Vertretung eines anderen Arbeitnehmers (§ 14 Abs. 1 Satz 2 Nr. 3) ... 57
d) Eigenart der Arbeitsleistung (§ 14 Abs. 1 Satz 2 Nr. 4) ... 66
e) Befristung zur Erprobung (§ 14 Abs. 1 Satz 2 Nr. 5) ... 77
f) In der Person des Arbeitnehmers liegende Gründe (§ 14 Abs. 1 Satz 2 Nr. 6) ... 84
g) Haushaltsrechtlich begründete Befristung (§ 14 Abs. 1 Satz 2 Nr. 7) ... 93
h) Gerichtlicher Vergleich ... 98
3. Sonstige Sachgründe ... 102
4. Beweislast ... 114
III. Sachgrundlose Befristung nach § 14 Abs. 2 ... 115
1. Voraussetzungen der sachgrundlosen Befristung ... 116
a) Höchstbefristungsdauer und zulässige Anzahl von Verlängerungen ... 116
b) Anschlussverbot ... 117
c) Beweislast ... 123
2. Tarifvertragsdispositivität ... 124
IV. Sachgrundlose Befristung nach Unternehmensgründung gemäß § 14 Abs. 2a ... 128
1. Voraussetzungen der sachgrundlosen Befristung ... 129
2. Anschlussverbot und Tarifvertragsdispositivität ... 134
3. Beweislast ... 135
V. Sachgrundlose Befristung wegen Alters nach § 14 Abs. 3 ... 136
1. Unanwendbarkeit von § 14 Abs. 3 ... 136
2. Neuregelung des § 14 Abs. 3 ... 141
a) Voraussetzungen der sachgrundlosen Befristung nach § 14 Abs. 3 E ... 143
b) Kein Anschlussverbot ... 150
c) Unabdingbarkeit ... 151
d) Beweislast ... 152
VI. Schriftformerfordernis nach § 14 Abs. 4 ... 153
1. Schutzzweck und Anwendungsbereich ... 154
2. Gegenstand des Schriftformerfordernisses ... 157
3. Zeitpunkt der Beachtung der Schriftform ... 161
4. Anforderungen an die Einhaltung der Schriftform ... 164
5. Rechtsfolgen bei Verstoß gegen das Schriftformerfordernis ... 167

I. Normzweck

1 Mit der Vorschrift des § 14 sind im deutschen Recht erstmals die **Voraussetzungen, unter denen die Befristung eines Arbeitsvertrages zulässig ist**, allgemein gesetzlich geregelt worden.[1] Bis zum Inkrafttreten des Teilzeit- und Befristungsgesetzes zum 1.1.2001 war – abgesehen von besonderen gesetzlichen Regelungen[2] – für die Frage, ob und unter welchen Voraussetzungen ein Arbeitsvertrag zulässigerweise befristet werden konnte, **wesentlich die Rechtsprechung des BAG maßgebend**, die unter Anknüpfung an und Einschränkung von § 620 Abs. 1 BGB eine sachliche Rechtfertigung für die Befristung forderte, sofern der für unbefristete Arbeitsverhältnisse maßgebende Kündigungsschutz nach dem Kündigungsschutzgesetz umgangen werden konnte.[3] Heute verweist § 620 Abs. 3 BGB[4] für die Zulässigkeit von auf bestimmte Zeit abgeschlossenen

---

[1] Siehe die Gesetzesbegründung in BT-Drucks. 14/4374, 13.
[2] Siehe noch Rn 7.
[3] Siehe grundlegend BAG, 12.10.1960, GS 1/59, NJW 1961, 798 ff; siehe noch Rn 11.
[4] Eingeführt durch Art. 2 Nr. 1b) des Gesetzes über Teilzeitarbeit und befristete Arbeitsverträge und zur Änderung und Aufhebung arbeitsrechtlicher Bestimmungen vom 21.12.2000, BGBl. 2000 I, 1966.

Arbeitsverträgen auf das Teilzeit- und Befristungsgesetz. Neben den von der Rechtsprechung des BAG entwickelten Anforderungen an eine wirksame Sachgrundbefristung hatte der Gesetzgeber in § 1 Abs. 1 bis Abs. 3 des Gesetzes über arbeitsrechtliche Vorschriften zur Beschäftigungsförderung (BeschfG) vom 26.4.1985[5] idF des Arbeitsrechtlichen Gesetzes zur Förderung von Wachstum und Beschäftigung vom 25.9.1996[6] unter bestimmten Voraussetzungen Befristungen ohne Sachgrund zugelassen, die im Kern in das Teilzeit- und Befristungsgesetz übernommen worden sind.[7]

Die Regelung des § 14 konkretisiert das in § 1 u.a. niedergelegte Ziel, die **Voraussetzungen für die Zulässigkeit befristeter Arbeitsverträge festzulegen**, und setzt als Herzstück der im Teilzeit- und Befristungsgesetz enthaltenen Regelungskomplexe zum Schutz befristet beschäftigter Arbeitnehmer[8] wesentlich § 5 Nr. 1 der Rl. 1999/70/EG vom 28.6.1999 zu der Rahmenvereinbarung über befristete Arbeitsverträge[9] um. Nach dieser gemeinschaftsrechtlichen Bestimmung haben die Mitgliedstaaten **zur Vermeidung des Missbrauchs aufeinander folgender befristeter Arbeitsverträge** oder -verhältnisse eine oder mehrere der folgenden Maßnahmen zu ergreifen: 2

- **sachliche Gründe**, die die Verlängerung solcher Verträge oder Verhältnisse rechtfertigen;[10]
- die insgesamt **maximal zulässige Dauer** aufeinander folgender Arbeitsverträge oder -verhältnisse;[11]
- die **zulässige Zahl der Verlängerungen** solcher Verträge oder Verhältnisse.[12]

Dabei gehen die Sozialpartner der Rahmenvereinbarung, wie die hierzu vorangestellten allgemeinen Erwägungsgründe deutlich machen, davon aus, dass zwar einerseits unbefristete Arbeitsverträge die übliche Form des Beschäftigungsverhältnisses darstellen,[13] jedoch andererseits befristete Arbeitsverträge für die Beschäftigung in bestimmten Branchen, Berufen und Tätigkeiten charakteristisch sind und den Bedürfnissen der Arbeitgeber und Arbeitnehmer entsprechen können.[14] Entsprechend diesen Vorgaben soll mit der Regelung des § 14 ein ausgewogenes Verhältnis zwischen flexibler Organisation der Arbeit auf der einen Seite und Sicherheit für die Arbeitnehmer auf der anderen Seite erreicht werden, das die Inanspruchnahme befristeter Arbeitsverträge auf einer für 3

---

5 BGBl. 1985 I, 710.
6 BGBl. 1996 I, 1476, aufgehoben durch Art. 3 des Gesetzes über Teilzeitarbeit und befristete Arbeitsverträge und zur Änderung und Aufhebung arbeitsrechtlicher Bestimmungen vom 21.12.2000, BGBl. 2000 I, 1966.
7 Siehe noch folgend Rn 4 ff.
8 Dazu gehören neben den mit § 14 in engem Zusammenhang stehenden Bestimmungen des § 16 über die Folgen einer unwirksamen Befristung und des § 17 über die Anrufung des Arbeitsgerichts die Vorschrift des § 15 betr. das Ende des befristeten Arbeitsvertrages, das in § 4 Abs. 2 niedergelegte Diskriminierungsverbot sowie die in §§ 18 ff enthaltenen Regelungen zur Verbesserung der Chancen befristet beschäftigter Arbeitnehmer auf eine Dauerbeschäftigung, siehe den Überblick zu den verschiedenen Regelungskomplexen in BT-Drucks. 14/4374, 13 f.
9 ABl. EG L 175/43 vom 10.7.1999. Die Rahmenvereinbarung wurde abgeschlossen von den Sozialpartnern EGB, UICE und CEEP.
10 Siehe § 5 Nr. 1 lit.a) der Rahmenvereinbarung.
11 Siehe § 5 Nr. 1 lit.b) der Rahmenvereinbarung.
12 § 5 Nr. 1 lit.c) der Rahmenvereinbarung.
13 Siehe Erwägungsgrund Nr. 6 der Rahmenvereinbarung.
14 Siehe Erwägungsgrund Nr. 8 der Rahmenvereinbarung.

Arbeitgeber und Arbeitnehmer akzeptablen Grundlage ermöglicht.[15] Die in § 14 niedergelegte Konzeption des Rechts der Zulässigkeit befristeter Arbeitsverträge wird dabei von einem **gestuften Regel-Ausnahme-Verhältnis** geprägt: In Übereinstimmung mit dem Erwägungsgrund Nr. 6 der Rahmenvereinbarung **soll das unbefristete Arbeitsverhältnis aus sozialpolitischen Gründen weiterhin der Normalfall der Beschäftigung bleiben**,[16] von dem allerdings bei Vorliegen eines Sachgrundes für die Befristung abgewichen werden kann.[17] Darüber hinaus werden unter bestimmten Voraussetzungen sachgrundlose Befristungen zugelassen, die sich wiederum als Ausnahmen zu der Regel, dass Befristungen grundsätzlich nur bei Vorliegen eines Sachgrundes möglich sein sollen, darstellen.[18]

4   Die Zulässigkeit einer **Befristung mit Sachgrund** ist in § 14 Abs. 1 geregelt.[19] Mit dem Erfordernis eines die Befristung rechtfertigenden Sachgrundes wird, wie die Gesetzesbegründung ausführt,[20] **an die Rechtsprechung des BAG vor Inkrafttreten des Teilzeit- und Befristungsgesetzes angeknüpft**, wonach die Befristung eines Arbeitsvertrages durch einen sachlichen Grund gerechtfertigt sein muss, wenn ansonsten mit der Befristung der für unbefristete Arbeitsverhältnisse geltende Kündigungsschutz nach dem Kündigungsschutzgesetz umgangen würde.[21] In § 14 Abs. 1 Satz 2 hat der Gesetzgeber einen **Katalog typischer Befristungsgründe** aufgestellt, um der Praxis und den Gerichten eine Orientierung zu geben, welche sachlichen Gründe eine Befristung rechtfertigen können.[22]

5   Die **Tatbestände zulässiger sachgrundloser Befristungen** sind in den Regelungen des § 14 Abs. 2 bis Abs. 3 normiert. § 14 Abs. 2 übernimmt im Kern die Regelung des § 1 Abs. 1 BeschFG und lässt **bis zur Dauer von zwei Jahren unter bestimmten Voraussetzungen die kalendermäßige Befristung eines Arbeitsvertrages ohne Vorliegen eines sachlichen Grundes zu**.[23] Damit soll es Arbeitgebern ermöglicht werden, auf eine unsichere und schwankende Auftragslage sowie wechselnde Marktbedingungen durch Neueinstellungen flexibel reagieren und ihre Wettbewerbsfähigkeit sichern zu können.[24] Durch Art. 2 des Gesetzes zur Reformen am Arbeitsmarkt vom 24.12.2003[25] ist in § 14 Abs. 2a ein weiterer Tatbestand der sachgrundlosen Befristung eingeführt worden. Hiernach ist in den **ersten vier Jahren nach der Gründung eines Unternehmens die kalendermäßige Befristung eines Arbeitsvertrages ohne Vorliegen eines sachlichen Grundes bis zur Dauer von vier Jahren zulässig**.[26] Schließlich enthält § 14 Abs. 3 eine weitere Ausnahme von dem Grundsatz, dass die Befristung des Arbeitsvertrages stets eines sachlichen Rechtfertigungsgrundes bedarf. Nach § 14 Abs. 3 Satz 1 ist die kalendermäßige Befristung eines Arbeitsvertrages **ohne Vorliegen eines sachli-**

---

15 Siehe die Gesetzesbegründung in BT-Drucks. 14/4374, 13.
16 Siehe BT-Drucks. 14/4374, 12.
17 Siehe noch folgend Rn 13 ff.
18 Siehe BT-Drucks. 14/4374, 13; zu diesem Regel- Ausnahmeverhältnis noch Rn 8 ff.
19 Dazu Rn 43 ff.
20 Siehe BT-Drucks. 14/4374, 13.
21 Siehe aber zur Lösung von Begründung und Begrenzung der Notwendigkeit eines sachlichen Rechtfertigungsgrundes für die wirksame Befristung eines Arbeitsvertrages von dem Umgehungsverbot des Kündigungsschutzgesetzes folgend Rn 28.
22 Siehe BT- Drucks. 14/4374, 13.
23 Siehe näher Rn 115 ff.
24 Siehe BT-Drucks. 14/4374, 14.
25 BGBl. 2003 I, 3002.
26 Siehe näher Rn 128 ff.

chen Grundes bis zu einer Dauer von fünf Jahren zulässig, wenn der Arbeitnehmer bei Beginn des befristeten Arbeitsverhältnisses das 52. Lebensjahr vollendet hat und unmittelbar vor Beginn des befristeten Arbeitsverhältnisses mindestens vier Monate beschäftigungslos im Sinne des § 119 Abs. 1 Nr. 1 des Dritten Buches Sozialgesetzbuch gewesen ist, Transferkurzarbeitergeld bezogen oder an einer öffentlich geförderten Beschäftigungsmaßnahme nach dem Zweiten oder Dritten Buch Sozialgesetzbuch teilgenommen hat. Nach Satz 2 ist auch die **mehrfache Verlängerung des Arbeitsvertrages** bis zur Gesamtdauer von fünf Jahren zulässig.

Als allgemeine Voraussetzung für die Wirksamkeit der Befristung eines Arbeitsvertrages unabhängig davon, ob es sich um eine solche mit oder ohne Sachgrund handelt, ist in § 14 Abs. 4 zur Erhöhung der Rechtssicherheit[27] geregelt worden, dass die **Befristung der Schriftform** bedarf.[28] Insoweit hat das ursprünglich auch auf die Befristung von Arbeitsverträgen bezogene Schriftformgebot des § 623 BGB keine Bedeutung mehr.[29]

Von der in § 14 niedergelegten allgemeinen Regelung zur Zulässigkeit der Befristung von Arbeitsverträgen bleiben **besondere gesetzliche Vorschriften über die Befristung von Arbeitsverträgen** wie zB § 21 BErzGG oder auch §§ 57a ff HRG unberührt. Das wird in § 23 ausdrücklich klargestellt[30] und gelangt auch in der Gesetzesbegründung zum Ausdruck.[31]

II. Befristung mit Sachgrund (§ 14 Abs. 1)

1. Grundlagen

a) Regel-Ausnahme-Konzeption des § 14 Abs. 1

Gemäß der Regelung des § 14 Abs. 1 Satz 1 ist die Befristung eines Arbeitsvertrages zulässig, wenn sie durch einen **sachlichen Grund** gerechtfertigt ist. In Ergänzung hierzu nennt Satz 2 von § 14 Abs. 1 typische Befristungsgründe, um der Praxis und den Gerichten eine Orientierung zu geben, welche Gründe als gerechtfertigt anzusehen sind.[32]

Mit dem, vorbehaltlich der in § 14 Abs. 2 – Abs. 3 geregelten Ausnahmen,[33] in § 14 Abs. 1 aufgestellten Erfordernis des Vorliegens eines Sachgrundes für die wirksame Befristung eines Arbeitsvertrages bringt das Gesetz zum Ausdruck, dass **der unbefristete Arbeitsvertrag**, also ein solcher, der nicht auf bestimmte Zeit geschlossen ist,[34] die Regel, der befristete Arbeitsvertrag[35] die Ausnahme

---

27 Siehe BT-Drucks. 14/4374, 14.
28 Siehe dazu näher Rn 153.
29 In § 623 BGB sind deshalb durch Art. 2 Nr. 2 des Gesetzes über Teilzeitarbeit und befristete Arbeitsverträge und zur Änderung und Aufhebung arbeitsrechtlicher Bestimmungen vom 21.12.2000, BGBl. 2000 I, 1966, die Worte „sowie die Befristung" gestrichen worden.
30 Siehe Rn 3.
31 Siehe BT-Drucks. 14/4374, 13.
32 Siehe Gesetzesbegründung, BT-Drucks. 14/4374, 13.
33 Siehe noch Rn 115 ff.
34 Siehe § 3 Rn 6 ff.
35 Siehe noch folgend Rn 29 ff.

sein soll.³⁶ Das Gesetz spiegelt damit die rechtstatsächliche Situation wider, dass unbefristete Arbeitsverhältnisse nach wie vor den „Normalfall der Beschäftigung"³⁷ darstellen und befristete Arbeitsverhältnisse um ein Vielfaches übersteigen.³⁸

10 Die gesetzliche Festlegung der Befristung des Arbeitsvertrages als Ausnahmetatbestand bedeutet im Vergleich mit der bis zum Inkrafttreten des Teilzeit- und Befristungsgesetzes zum 1.1.2001 geltenden Rechtslage **eine grundlegende Abwendung von dem bis dahin maßgebenden Gesetzesrecht und der hieran anknüpfenden Rechtsprechung des BAG zum Verhältnis zwischen unbefristeten und befristeten Arbeitsverträgen.** Gemäß der vor Inkrafttreten des Teilzeit- und Befristungsgesetzes auch für den Arbeitsvertrag als Unterfall des Dienstvertrages geltenden Regelung des § 620 Abs. 1 BGB endigt das Dienstverhältnis mit dem Ablauf der Zeit, für die es eingegangen ist. Diese Bestimmung geht von der Regel aus, dass jedes dienstvertragliche Dauerschuldverhältnis (auch) auf bestimmte Zeit geschlossen werden kann,³⁹ ohne dass es dafür eines besonderen Grundes bedarf.

11 Die damit nach bürgerlichem Recht uneingeschränkt bestehende Vertragsfreiheit auch hinsichtlich der Befristung des Dienstvertrages hat **das BAG bezogen auf Arbeitsverträge beginnend mit dem Beschluss des Großen Senats vom 12.10.1960**⁴⁰ dahin beschränkt, dass eine Befristung des Arbeitsvertrages unwirksam ist, sofern dadurch **zwingende Vorschriften des Kündigungsschutzrechts umgangen werden,**⁴¹ **wovon auszugehen war, wenn die Befristung nicht von einem sachlichen Grund getragen ist.**⁴² Die damit aus Gründen des Arbeitnehmerschutzes, dem BAG kam es darauf an, dass dem Arbeitnehmer der durch den Kündigungsschutz vermittelte Bestandsschutz nicht willkürlich durch sachgrundlose Befristung entzogen werden konnte,⁴³ eingeführte Befristungskontrolle von Arbeitsverträgen stellte allerdings nicht die bürgerlich-rechtliche Regel von der grundsätzlichen Befristbarkeit jedes Dienstvertrages und damit auch des Arbeitsvertrages in Frage. Das gelangte in der Befristungsrechtsprechung des BAG wesentlich darin zum Ausdruck, dass **das Erfordernis eines Sachgrundes für die Wirksamkeit einer Befristung als Ausnahmetatbestand zum Zwecke der Vermeidung einer Umgehung des Kündigungsschutzes begriffen wurde.**⁴⁴ Mit

---

36 Siehe nur Rolfs, § 14 Rn 1; Preis/Gotthardt, DB 2000, 2065 ff (2069), die allerdings diese Regel bereits in der ursprünglichen Fassung des § 623 BGB zum Ausdruck gebracht sahen, aaO und dies. NZA 2000, 348 ff (356); Däubler, ZIP 2001, 217 ff (222).
37 Siehe Gesetzesbegründung, BT-Drucks. 14/4374, 12.
38 Nach der Gesetzesbegründung zum Teilzeit- und Befristungsgesetz hatten 1999 von 28,4 Mio. Arbeitnehmern lediglich 2,34 Mio. Arbeitnehmer einen befristeten Arbeitsvertrag, was einer Befristungsquote von 8,3 v.H. entsprach, siehe BT-Drucks. 14/4374, 12. Auch die Sozialpartner der Rahmenvereinbarung über befristete Arbeitsverträge gehen in ihrem Erwägungsgrund Nr. 6 davon aus, dass unbefristete Arbeitsverträge die übliche Form des Beschäftigungsverhältnisses sind, siehe ABl. EG L 175/46.
39 Siehe nur Palandt/Putzo, BGB, 65. Aufl., § 620 Rn 1.
40 NJW 1961, 798 ff.
41 Und zwar objektiv, auf eine Umgehungsabsicht des Arbeitgebers kam es nicht an, siehe BAG, 12.10.1960, GS 1/59, NJW 1961, 798 ff (799).
42 Siehe BAG, 12.10.1960, GS 1/59, NJW 1961, 798 ff (799). In diesem Fall trat nach Auffassung des BAG die objektive Funktionswidrigkeit des Vertrages zutage, weil er den Arbeitnehmer des Bestandsschutzes für sein Arbeitsverhältnis beraubt, siehe BAG, aaO
43 Siehe BAG, 12.10.1960, GS 1/59, NJW 1961, 798 ff (799).
44 Siehe BAG, 12.10.1960, GS 1/59, NJW 1961, 798 ff (800). Siehe auch Hromadka, NJW 2001, 400 ff (403).

der Regelung der Sachgrundbefristung in § 14 Abs. 1 Satz 1 ist **dieses Regel-Ausnahme-Verhältnis für befristete Arbeitsverträge umgekehrt worden**, bürgerlich-rechtlich dadurch abgesichert, dass § 620 Abs. 1 BGB für auf bestimmte Zeit abgeschlossene Arbeitsverträge aufgrund des zum 1.1.2001 eingeführten § 620 Abs. 3 BGB,[45] der insoweit auf das Teilzeit- und Befristungsgesetz verweist, nicht mehr gilt.

Konsequenzen hat die Umkehrung des Regel-Ausnahme-Verhältnisses auf der **materiell-rechtlichen Ebene**, sprich bezogen auf die Anforderungen der Befristungskontrolle selbst, insofern, als mit der Konzeption des § 14 Abs. 1 Satz 1 **das Erfordernis des Sachgrundes von der Frage des Vorliegens einer Umgehung des Kündigungsschutzrechts gelöst worden ist**.[46] Die Befristungskontrolle hat damit eine Ausweitung erfahren.[47] Darüber hinaus sind mit der Regel-Ausnahme-Konzeption des § 14 Abs. 1 Satz 1 **beweislastrechtliche Folgen** verbunden. Im Hinblick darauf, dass das Gesetz u.a. gerade auch durch die Konstruktion von Regel-Ausnahme-Tatbestand zum Ausdruck bringt, welche Partei im Falle eines non liquet das Risiko der Beweislosigkeit tragen soll,[48] wird mit der Einordnung der sachlich begründeten Befristung als Ausnahmetatbestand für das Vorliegen eines Sachgrundes und damit die Wirksamkeit der Befristung **demjenigen die objektive Beweislast auferlegt, der sich auf die Wirksamkeit der Befristung beruft**. Das wird im Regelfall der Arbeitgeber sein. Vor dem Inkrafttreten des Teilzeit- und Befristungsgesetzes war das anders: Im Hinblick darauf, dass das Erfordernis eines Sachgrundes aus den oben genannten Gründen als Ausnahme zu der nach § 620 Abs. 1 BGB grundsätzlich bestehenden Möglichkeit der Befristung auch von Arbeitsverträgen begriffen wurde, hatte im Streitfall der Arbeitnehmer grundsätzlich die Beweislast für das Fehlen eines die Befristung rechtfertigenden Grundes zu tragen.[49]

b) Sachgrund als Rechtfertigungsgrund für die Befristung

Der **Begriff des sachlichen Grundes**, dessen Vorliegen eine Befristung des Arbeitsvertrages rechtfertigt, wird weder in der Regelung des § 14 Abs. 1 noch anderweit gesetzlich näher bestimmt. Das Gesetz nennt zwar in § 14 Abs. 1 Satz 2 nicht abschließend („insbesondere") einen, wesentlich auf der Grundlage der Rechtsprechung des BAG,[50] aufgestellten Katalog von Sachgründen, deren Vorliegen eine Befristung rechtfertigt. Eine Definition des sachlichen Grundes als solche wird jedoch auch damit nicht gegeben, vielmehr handelt es sich allein um eine Aufzählung von Beispielsfällen ganz unterschiedlicher Art, die (nun-

---

45 Durch Art. 2 Nr. 1 lit. b) des Gesetzes über Teilzeitarbeit und befristete Arbeitsverträge und zur Änderung und Aufhebung arbeitsrechtlicher Bestimmungen vom 21.12.2000, BGBl. 2000 I, 1966.
46 Anders allerdings die Begründung zum Gesetzentwurf, BT-Drucks. 14/4374, 18. Siehe noch folgend Rn 28.
47 Siehe noch folgend zum Anwendungsbereich Rn 28.
48 Siehe nur Zöller/Greger, ZPO, 26. Aufl., Vor § 284 Rn 17a.
49 BAG, 12.10.1960, GS 1/59, NJW 1961, 798 ff (800): Danach war vor dem Hintergrund der von der Vertragsfreiheit umfassten Möglichkeit auch zur Befristung von Arbeitsverträgen (§ 620 Abs. 1 BGB) von einer Vermutung für deren Rechtswirksamkeit auszugehen, wenn nicht der Arbeitnehmer den Ausnahmetatbestand eines fehlenden Sachgrundes darlegte und im Streitfall nachwies.
50 Siehe BT-Drucks. 14/4374, 13.

mehr) kraft Gesetzes als die Befristung rechtfertigende Sachgründe anerkannt sind.

14 Im Hinblick darauf, dass es sich bei der Aufzählung in § 14 Abs. 1 Satz 2 lediglich um einen Beispielskatalog handelt und deshalb auch weitere, in dieser Norm nicht ausdrücklich genannte sachliche Gründe eine Befristung rechtfertigen können, kann auf eine nähere Beschreibung dessen, was unter dem Begriff des sachlichen Grundes zu verstehen ist, nicht ganz verzichtet werden. Insoweit hat bereits der Große Senat des BAG in seiner grundlegenden Entscheidung zur Befristungskontrolle vom 12.10.1960[51] eine **Konkretisierung** vorgenommen, die auch im Rahmen von § 14 Abs. 1 brauchbar ist und sich in den gesetzlich genannten Beispielsfällen widerspiegelt. Danach muss es sich bei die eine Befristung rechtfertigenden Gründen um „verständige" bzw „vernünftige" Gründe derart handeln, dass die wirtschaftlichen oder sozialen Verhältnisse der Vertragsparteien oder jedenfalls einer Vertragspartei für die Befristung des Arbeitsvertrages sprechen diese muss die „sachliche Rechtfertigung in sich tragen".[52] Hiervon ausgehend lassen sich **verallgemeinernd die Anforderungen an das Vorliegen eines sachlichen Grundes** zumindest dahingehend präzisieren, dass

- erstens aus einer **objektivierten Sicht** – „verständiger" bzw „vernünftiger" Grund[53] – zu beurteilen ist, ob der Grund für die Befristung dieselbe als sachlicher Grund trägt, weshalb (rein) subjektive Vorstellungen der Vertragsparteien nicht ausreichen,
- zweitens **der Grund die Befristung als solche** tragen muss, dh, es bedarf eines **inneren Zusammenhangs** zwischen dem geltend gemachten Grund und der Befristung selbst derart, dass jener diese bei verständiger Betrachtung bedingt, um als sachlicher Grund anerkannt zu werden, woraus u.a. folgt, dass sachliche Gründe für die Einstellung eines Arbeitnehmers überhaupt als solche nicht ausreichen und von dem Sachgrund für die Befristung zu unterscheiden sind,[54] und
- drittens das Vorliegen eines rechtfertigenden Sachgrundes bereits dann angenommen werden kann, wenn **die sich darin widerspiegelnden und als vernünftig anzuerkennenden Interessen einer Vertragspartei für eine Befristung sprechen**.

15 Aus dem Umstand, dass (nur) die Befristung des Arbeitsvertrages als solche durch einen sachlichen Grund gerechtfertigt sein muss, um wirksam ein Arbeitsverhältnis auf bestimmte Zeit begründen zu können, folgt notwendig, dass **es für die Frage des Vorliegens eines sachlichen Grundes auf den Zeitpunkt der Vereinbarung der Befristungsabrede ankommt**,[55] der mit dem Zeitpunkt des Abschlusses des Arbeitsvertrages zusammen fallen kann, jedoch nicht muss.[56] Die Anknüpfung an den Zeitpunkt der Vereinbarung der Befristungsabrede für die

---

51 NJW 1961, 798 ff.
52 BAG, 12.10.1960, GS 1/59, NJW 1961, 798 ff (799).
53 Siehe etwa auch BAG, 23.1.2002, 7 AZR 440/00, NZA 2002, 665 f (666), das auf die Handlungsweise eines „verständigen Arbeitgebers" abstellt, und BAG, 26.8.1988, 7 AZR 101/88, AP Nr. 124 zu § 620 BGB Befristeter Arbeitsvertrag, zu III.
54 Zutreffend etwa BAG, 24.9.1997, 7 AZR 669/96, NZA 1998, 419 f (420).
55 So die ganz übereinstimmende Auffassung in Rechtsprechung und Literatur, siehe nur BAG GS, 12.10.1960, GS 1/59, NJW 1961, 798 ff (799 f); BAG, 23.1.2002, 7 AZR 440/00, NZA 2002, 665 ff (666); BAG, 6.12.2000, 7AZR 262/99, NZA 2001, 721 ff (723); BAG, 17.4.2002, 7 AZR 283/01, EzA § 620 BGB Nr. 191; aus der Literatur siehe nur MünchArbR/ *Wank*, Ergänzungsband, 2. Aufl., § 116 Rn 71.
56 Zu einem Auseinanderfallen kommt es etwa bei einer nachträglichen Befristung des Arbeitsvertrages, siehe dazu noch folgend Rn 36 ff.

Beurteilung, ob ein sachlicher Grund gegeben ist, bedingt je nach Art des Sachgrundes **eine in diesem Zeitpunkt seitens des Arbeitgebers vorzunehmende Prognose**, dh, eine zukunftsbezogene Einschätzung dahingehend, dass für die Beschäftigung des befristet eingestellten Arbeitnehmers über das vorgesehene Vertragsende hinaus kein Bedarf besteht.[57] Eine solche Prognose ist zB bei den in § 14 Abs. 1 Satz 2 genannten sachlichen Gründen des nur vorübergehend bestehenden betrieblichen Bedarfs an der Arbeitsleistung[58] oder auch der Beschäftigung eines Arbeitnehmers zur Vertretung eines anderen Arbeitnehmers[59] erforderlich. Die Prognoseentscheidung des Arbeitgebers muss im Zeitpunkt der Befristungsabrede von **konkreten Anhaltspunkten** getragen sein, die mit einiger Sicherheit den Schluss zulassen, dass über das vorgesehene Vertragsende hinaus für eine Beschäftigung des befristet eingestellten Arbeitnehmers kein Bedarf mehr besteht.[60] Wegen der Maßgeblichkeit des Zeitpunkts der Befristungsabrede für die Beurteilung des Vorliegens eines sachlichen Grundes ist es ohne Bedeutung für die Wirksamkeit der Befristung, **wenn sich die Prognose im Nachhinein nicht bestätigt**.[61] In diesem Fall hat der Arbeitgeber, der sich auf die Wirksamkeit der Befristung beruft, im Hinblick auf die ihn treffende Darlegungs- und Beweislast für das Vorliegen eines sachlichen Grundes die ihm bei Vertragsschluss bekannten Tatsachen vorzubringen, die jedenfalls zum damaligen Zeitpunkt den hinreichend sicheren Schluss erlaubten, dass nach Ablauf der Befristung kein konkreter Bedarf mehr an der Arbeitsleistung des eingestellten Arbeitnehmers bestehen werde.[62] **Wird hingegen die Prognose durch die spätere Entwicklung bestätigt,** so besteht nach der Rechtsprechung des BAG eine ausreichende Vermutung dafür, dass sie hinreichend fundiert erstellt worden ist. Insoweit ist es dann Sache des Arbeitnehmers, Tatsachen vorzutragen, nach denen zumindest im Zeitpunkt der Vereinbarung der Befristungsabrede die Prognose des Arbeitgebers nicht gerechtfertigt war.[63] Im Falle wiederholter sukzessiver Sachgrundbefristungen mit demselben Arbeitnehmer können allerdings die Häufigkeit der Befristungen und die Gesamtbefristungsdauer nach der ständigen Rechtsprechung des BAG Indizien für das Fehlen eines Sachgrundes sein im Hinblick darauf, dass sich die Prognosen in der Vergangenheit jedenfalls als unzu-

---

[57] Siehe nur BAG, 17.4.2002, 7 AZR 283/01, EzA § 620 BGB Nr. 191; BAG, 6.12.2000, 7 AZR 262/99, NZA 2001, 721 ff (722); BAG, 24.9.1997, 7 AZR 669/96, AP Nr. 192 zu § 620 BGB Befristeter Arbeitsvertrag; aus der Literatur siehe nur MünchArbR/*Wank*, Ergänzungsband, 2. Aufl., § 116 Rn 71 mwN; zum Prognoseprinzip im Befristungsrecht näher Oberthür, DB 2001, 2246 ff.
[58] § 14 Abs. 1 Satz 2 Nr. 1, hierzu etwa BAG, 17.4.2002, 7 AZR 283/01, EzA § 620 BGB Nr. 191, siehe näher Rn 44 ff.
[59] § 14 Abs. 1 Satz 2 Nr. 3, siehe zB BAG, 23.1.2002, 7 AZR 440/00, NZA 2002, 665 f; BAG, 6.12.2000, 7 AZR 262/99, NZA 2001, 721 ff, näher dazu Rn 57 ff.
[60] Siehe nur BAG, 17.4.2002, 7 AZR 283/01, EzA § 620 BGB Nr. 191; BAG, 6.12.2000, 7 AZR 262/99, NZA 2001, 721 ff (722); BAG, 28.3.2001, 7 AZR 701/99, NZA 2002, 666 ff (668).
[61] BAG, 23.1.2002, 7 AZR 440/00, NZA 2002, 665 f (666). Siehe auch schon BAG GS, 12.10.1960, GS 1/59, NJW 1961, 798 ff (800), wonach „nachträglich eingetretene Ereignisse, wie zB eine Schwangerschaft, dem Arbeitgeber das einmal einwandfrei entstandene Recht nicht mehr nehmen können, sich auf eine Befristung des Arbeitsvertrages zu berufen."
[62] Siehe etwa BAG, 17.4.2002, 7 AZR 283/01, EzA § 620 BGB Nr. 191; BAG, 28.3.2001, 7 AZR 701/99, NZA 2002, 666 ff (668); BAG, 12.9.1996, 7 AZR 790/95, NZA 1997, 313 ff (315).
[63] BAG, 17.4.2002, 7AZR 283/01, EzA § 620 BGB Nr. 191; BAG, 28.3.2001, 7 AZR 701/99, NZA 2002, 666 ff (668); BAG, 12.9.1996, 7 AZR 790/95, NZA 1997, 313 ff (315).

treffend erwiesen haben.[64] Hier steigen mit zunehmender Dauer der Beschäftigung die Anforderungen an den Sachgrund der Befristung derart, dass eine erneute Befristung nur noch dann sachlich gerechtfertigt sein kann, wenn bei Abschluss des befristeten Vertrages hinreichend sichere konkrete Anhaltspunkte für den endgültigen Wegfall des Beschäftigungsbedarfs nach dem Ablauf der bestimmten Zeit vorliegen.[65] Dieser erhöhte Begründungsbedarf bezüglich des Vorliegens eines sachlichen Grundes ändert allerdings nichts daran, **dass sachlich begründete Befristungen auch sukzessiv mit ein und demselben Arbeitnehmer unbegrenzt zulässig sind.**

16 Die Anknüpfung an den Zeitpunkt der Vereinbarung der Befristungsabrede für die Frage, ob für die Befristung des Arbeitsverhältnisses ein sachlicher Rechtfertigungsgrund gegeben war, **weist das Risiko einer zu diesem Zeitpunkt zwar aufgrund der bekannten Tatsachen zutreffenden, jedoch durch die nachfolgende Entwicklung nicht bestätigten Prognose über den wegfallenden Beschäftigungsbedarf dem Arbeitnehmer zu:** Die Befristungsabrede bleibt wirksam[66] und der sich auf die Befristung berufende Arbeitgeber handelt trotz zwischenzeitlicher Änderung der tatsächlichen Verhältnisse nicht rechtsmissbräuchlich.[67] Der Arbeitnehmer hat in diesen Fällen einer sich entgegen der ursprünglich zutreffenden Prognose aufgrund veränderter Umstände ergebenden Möglichkeit zur Weiterbeschäftigung in Übereinstimmung mit der jedenfalls im Ergebnis überzeugenden Rechtsprechung des BAG nach Ablauf der Befristung auch **keinen Wiedereinstellungsanspruch.**[68] Wenn das BAG dieses Ergebnis unter vergleichender Bezugnahme auf seine kündigungsschutzrechtliche Rechtsprechung, wonach einem betriebsbedingt gekündigten Arbeitnehmer ein Wiedereinstellungsanspruch zustehen kann, sofern sich zwischen dem Ausspruch der Kündigung und dem Ablauf der Kündigungsfrist unvorhergesehen eine Weiterbeschäftigungsmöglichkeit ergibt,[69] wesentlich damit begründet, anders als im Falle der Kündigung eines unbefristeten Arbeitsverhältnisses werde dem lediglich befristet beschäftigten Arbeitnehmer nicht ein auf Dauer angelegter Besitzstand entzogen, dieser müsse vielmehr davon ausgehen, dass er auch bei einer nachträglichen Änderung der Verhältnisse seinen Arbeitsplatz verlieren wird und der Arbeitgeber frei ist, mit dem Arbeitnehmer einen neuen Arbeitsvertrag zu schließen,[70] so ist das zwar zutreffend, jedoch als entscheidender Begründungsansatz für die Ablehnung eines Wiedereinstellungsanspruchs nicht überzeugend. **Der wesentli-**

---

64 BAG, 6.12.2000, 7 AZR 262/99, NZA 2001, 721 ff (722); BAG, 11.11.1998, 7 AZR 328/97, NZA 1999, 1211 f (1211 f); BAG, 22.11.1995, 7 AZR 252/95, NZA 1996, 878 ff (879); BAG, 11.12.1991, 7 AZR 431/90, NZA 1992, 883 ff (886).
65 BAG, 6.12.2000, 7 AZR 262/99, NZA 2001, 721 ff (722); BAG, 22.11.1995, 7 AZR 252/95, NZA 1996, 878 ff (879); BAG, 11.12.1991, 7 AZR 431/90, NZA 1992, 883 ff (886).
66 Siehe nur BAG, 23.1.2002, 7 AZR 440/00, NZA 2002, 665 f (666).
67 Siehe schon BAG GS, 12.10.1960, GS 1/59, NJW 1961, 798 ff (800), hier allerdings unabhängig von der Konstellation einer sich nicht bestätigenden Prognoseentscheidung des Arbeitgebers bezogen auf den Fall des Eintritts einer Schwangerschaft während der Dauer des befristeten Arbeitsverhältnisses.
68 Siehe BAG, 20.2.2002, 7 AZR 600/00, NZA 2002, 896 ff (898 f). Siehe auch schon BAG GS, 12.10.1960, GS 1/59, NJW 1961, 798 ff (800) zur Ablehnung einer Weiterbeschäftigungsverpflichtung bei nachträglich eintretenden Ereignissen, die „dem Arbeitgeber das einmal einwandfrei entstandene Recht (zur Befristung, Verf.) nicht nehmen können".
69 Siehe nur BAG, 28.6.2000, 7 AZR 904/98, NZA 2000, 1097 ff (1099 ff) mwN
70 BAG, 20.2.2002, 7 AZR 600/00, NZA 2002, 896 ff (899).

che Gesichtspunkt für die Versagung eines solchen Anspruchs ist vielmehr darin zu sehen, dass das Gesetz nach § 14 Abs. 1 die Befristung des Arbeitsvertrages bei Vorliegen eines Sachgrundes erlaubt, es für die Frage der zulässigen Befristung allein auf das Bestehen des Sachgrundes im Zeitpunkt der Befristungsabrede ankommt und das nach der gesetzlichen Regelung mangels anderweitiger Bestimmungen auch bei solchen Sachgrundbefristungen gilt, die ihrer Natur nach eine prognostische Einschätzung der Entwicklung der tatsächlichen Verhältnisse durch den Arbeitgeber fordern. Damit ist nach der gesetzlichen Konzeption der Sachgrundbefristung (auch) in diesen Fällen das Risiko des Auseinanderfallens von Prognose und Wirklichkeit dem Arbeitnehmer zugewiesen, was eine Korrektur letztlich fehlerhafter Prognosen über eine Weiterbeschäftigungspflicht oder einen Wiedereinstellungsanspruch nach Ablauf einer wirksam vereinbarten Befristung ausschließt. Der hier vertretene Begründungsansatz hat im Unterschied zu dem auf die Intensität des arbeitsvertraglichen Bestandsschutzes abstellenden Ansatz des BAG zur Folge, **dass er uneingeschränkt zur Versagung eines Wiedereinstellungsanspruchs auch in Fällen etwa der (zulässigen) nachträglichen Befristung eines zunächst unbefristeten Arbeitsverhältnisses führt**, was das BAG von seinem Ausgangspunkt her allerdings nicht ohne weiteres gelten lassen will.[71]

Das Gesetz verlangt in § 14 Abs. 1 Satz 1, dass die Befristung des Arbeitsvertrages durch einen sachlichen Grund gerechtfertigt ist. Das bedeutet, dass für die Befristung des Arbeitsvertrages als solche, also den Abschluss desselben auf bestimmte Zeit, ein sachlicher Grund gegeben sein muss. Demgegenüber bedarf die **Dauer der Befristung** für sich allein keiner sachlichen Rechtfertigung.[72] Das folgt neben dem Wortlaut des § 14 Abs. 1 Satz 1 wesentlich aus dem Zweck der Befristungskontrolle: Diese soll nach der Lösung von dem Gedanken der Vermeidung einer Umgehung des Kündigungsschutzrechts[73] zum Schutze der Arbeitnehmer sicherstellen, dass von der nunmehr gesetzlich als „Normalfall der Beschäftigung"[74] anerkannten Regel des unbefristeten Arbeitsvertrages[75] vorbehaltlich der in § 14 Abs. 2 – 3 statuierten Ausnahmen nur soll abgewichen werden können, wenn dies durch einen sachlichen Grund legitimiert ist. Mithin geht es bei der Befristungskontrolle allein um die Frage, ob für die Befristung als solche ein sachlicher Grund gegeben ist, nicht aber darum, ob statt der vereinbarten Befristungsdauer eine andere Befristungsdauer sachgerecht wäre.[76] 17

Die fehlende Notwendigkeit einer sachlichen Begründung der Befristungsdauer selbst bedeutet jedoch nicht, dass die Dauer der Befristung im Rahmen der Befristungskontrolle, sprich bei der Prüfung des Vorliegens eines sachlichen Grundes für 18

---

71 Siehe das obiter dictum in BAG, 20.2.2002, 7 AZR 600/00, NZA 2002, 896 ff (899).
72 Siehe nur BAG, 6.12.2000, 7 AZR 262/99, NZA 2001, 721 ff (722); BAG, 11.11.1998, 7 AZR 328/97, NZA 1999, 1211 f (1211); BAG, 26.8. 1988, 7 AZR 101/88, AP Nr. 124 zu § 620 BGB Befristeter Arbeitsvertrag, zu III.
73 Siehe schon oben Rn 8 ff und folgend Rn 28.
74 Siehe BT-Drucks. 14/4374, 13.
75 Siehe oben Rn 9.
76 So zutreffend BAG, 26.8.1988, 7 AZR 101/88, AP Nr. 124 zu § 620 BGB Befristeter Arbeitsvertrag, zu III.

die Befristung als solche, völlig belanglos wäre.[77] **Vielmehr kann die vereinbarte Dauer der Befristung neben anderen Umständen Rückschlüsse darauf zulassen, ob für die Befristung des Arbeitsvertrages als solche ein Sachgrund vorliegt oder lediglich vorgeschoben ist.**[78] Zwar müssen sich der gewählte Zeitpunkt der Beendigung des Vertrages und der Zeitpunkt des Wegfalls des für die Zulässigkeit der Befristung geltend gemachten Grundes nicht notwendig decken.[79] Das macht bereits die Befristungsregelung des § 21 Abs. 1 BEEG für die dort besonders geregelten Vertretungsfälle bei Ausfall eines Arbeitnehmers wegen Kinderbetreuung deutlich, wonach die Befristung auch „für Teile" der Vertretungszeit erfolgen kann.[80] **Allerdings muss sich die gewählte Dauer des Vertrages am Sachgrund für die Befristung orientieren und mit diesem im Einklang stehen.**[81] So kann es ein Indiz für einen fehlenden Sachgrund sein, wenn die vereinbarte Dauer des Arbeitsvertrages über den Zeitraum des angegebenen Befristungsgrundes hinausgeht, wie etwa in dem Fall, dass ein Arbeitnehmer zur Erledigung einer bestimmten Aufgabe befristet eingestellt wird, sich die Befristung des Vertrages jedoch über einen längeren Zeitraum erstreckt, als dies zur Erledigung der Aufgabe erforderlich war.[82] Bleibt die Befristungsdauer hinter dem Zeitraum des angegebenen Befristungsgrundes zurück, zB wird der Vertreter für eine kürzere Zeit eingestellt im Vergleich mit dem im Zeitpunkt der Befristung feststehenden Zeitraum des Ausfalls der Stammkraft, so ist gleichermaßen im Rahmen der Befristungskontrolle zu prüfen, ob sich hieraus Rückschlüsse auf das (Nicht)Vorliegen des Sachgrundes ziehen lassen. Allerdings ist insoweit zu beachten, dass es im Belieben des Arbeitgebers steht, etwa in Fällen eines besonderen Arbeitsanfalls oder des Ausfalls einer Stammkraft überhaupt eine Ersatzkraft einzustellen, weshalb er grundsätzlich auch in der Entscheidung frei bleibt, die Befristungsdauer im Vergleich mit dem Zeitraum des Befristungsgrundes für eine kürzere Zeit zu regeln.[83] Die besondere Befristungsregelung des § 21 Abs. 1 BErzGG sieht dann auch ausdrücklich die Möglichkeit der **zeitlichen Inkongruenz von Befristungsgrund und Befristungsdauer** vor. In den Fällen des Zurückbleibens der Befristungsdauer hinter der Dauer des Befristungsgrundes kann deshalb hierdurch der Sachgrund selbst erst dann in Frage gestellt sein, wenn die Dauer der Befristung des Arbeitsvertrages derart hinter der voraussichtlichen Dauer des Befristungsgrundes zurückbleibt, dass eine sinnvolle, dem Sachgrund der Befristung entsprechende Mitarbeit des Arbeitnehmers nicht mehr möglich erscheint.[84]

---

[77] Siehe dazu grundlegend BAG, 26.8.1988, 7 AZR 101/88, AP Nr. 124 zu § 620 BGB Befristeter Arbeitsvertrag, zu III; außerdem etwa BAG, 11.11.1998, 7 AZR 328/97, NZA 1999, 1211 f (1211); BAG, 6.12.2000, 7 AZR 262/99, NZA 2001, 721 ff (722).
[78] Siehe BAG, 26.8.1988, 7 AZR 101/88, AP Nr. 124 zu § 620 BGB Befristeter Arbeitsvertrag, zu III; BAG, 6.12.2000, 7 AZR 262/99, NZA 2001, 721 ff (722); BAG, 11.11.1998, 7 AZR 328/97, NZA 1999, 1211 f (1211).
[79] Siehe nur BAG, 26.8.1988, 7 AZR 101/88, AP Nr. 124 zu § 620 BGB Befristeter Arbeitsvertrag, zu III.
[80] Siehe auch BAG, 6.12.2000, 7 AZR 262/99, NZA 2001, 721 ff (722).
[81] Siehe BAG, 26.8.1988, 7 AZR 101/88, AP Nr. 124 zu § 620 BGB Befristeter Arbeitsvertrag, zu III.
[82] Siehe BAG, 26.8.1988, 7 AZR 101/88, AP Nr. 124 zu § 620 BGB Befristeter Arbeitsvertrag, zu III.
[83] Siehe BAG, 11.11.1998, 7 AZR 328/97, NZA 1999, 1211 f (1211).
[84] Siehe BAG, 26.8.1988, 7 AZR 101/88, AP Nr. 124 zu § 620 BGB Befristeter Arbeitsvertrag, zu III.

Jedenfalls bei einem kalendermäßig befristeten Arbeitsvertrag[85] hängt die Wirksamkeit der Befristung vorbehaltlich anderweitiger gesetzlicher oder kollektivvertraglicher Vorgaben nicht davon ab, ob der die Befristung rechtfertigende sachliche Grund **selbst zum Gegenstand der vertraglichen Vereinbarungen gemacht worden ist oder dem Arbeitnehmer bei Vertragsschluss mitgeteilt wurde**.[86] Nach der Rechtsprechung des BAG vor dem Inkrafttreten des Teilzeit- und Befristungsgesetzes ist es vielmehr ausreichend, dass der sachliche Grund im Zeitpunkt der Vereinbarung der Befristungsabrede **objektiv vorlag**.[87] Daran hat sich mit der Kodifizierung der Zulässigkeit der Befristung in § 14 nichts geändert. § 14 Abs. 1 fordert das Vorliegen eines sachlichen Grundes für die Rechtfertigung einer Befristung, die Regelung verlangt nicht, dass der Sachgrund selbst Inhalt der Vereinbarung der Parteien über die Befristung des Arbeitsvertrages ist. Anderes folgt auch nicht aus dem in § 14 Abs. 4 enthaltenen Schriftformgebot.[88] Dieses ist, wie die Regelung ausdrücklich bestimmt, hinsichtlich der Befristung des Arbeitsvertrages zu beachten, nicht gefordert ist etwa im Sinne eines **Zitiergebots** die Einhaltung der Schriftform auch bezogen auf den Grund der Befristung. Insoweit gilt nur für den zweckbefristeten Arbeitsvertrag etwas anderes im Hinblick darauf, dass bei Fehlen einer kalendermäßigen Befristung die der Schriftform bedürftige Befristung des Arbeitsvertrages **allein aus der Bezeichnung des Zwecks** hervorgehen kann[89]. 19

Im Hinblick darauf, dass das **objektive Vorliegen** eines Sachgrundes im Zeitpunkt der Vereinbarung der Befristungsabrede für die Wirksamkeit einer kalendermäßigen Befristung ausreicht, muss der Sachgrund **weder Gegenstand der Befristungsvereinbarung sein noch im Zusammenhang mit dieser ausdrücklich im Arbeitsvertrag bezeichnet werden**.[90] Des weiteren folgt aus dem Erfordernis eines lediglich objektiven Vorliegens des Sachgrunds, dass die ausdrückliche Nennung eines oder mehrerer Sachgründe in der Befristungsabrede den Arbeitgeber nicht hindert, sich **für die Wirksamkeit einer Befristung auf weitere, nicht erwähnte Sachgründe zu berufen**,[91] die allerdings die Befristung auch nur tragen können, wenn sie im Zeitpunkt der Befristungsabrede objektiv gegeben waren. Es ist jedoch zu beachten, dass in einem erheblichen qualitativen Auseinanderfallen zwischen dem im Arbeitsvertrag bezeichneten Sachgrund und einem später geltend gemachten anderen Sachgrund ein Indiz gesehen werden kann, dass der nunmehr angeführte Rechtfertigungsgrund im Zeitpunkt der Vereinbarung der Befristungsabrede objektiv nicht vorgelegen hat.[92] Des Weiteren schließt die 20

---

85 Siehe § 3 Rn 7 ff.
86 Siehe BAG, 22.10.2003, 7 AZR 666/02, ZTR 2004, 370 f (371); BAG, 26.7.2000, 7 AZR 51/99, NZA 2001, 546 ff (548 f); BAG, 24.4.1996, 7 AZR 719/95, NZA 1997, 196 ff (199); BAG, 6.12.1989, 7 AZR 441/89, NZA 1990, 741 ff (744); BAG, 4.6.2003, 7 AZR 489/02, NZA 2003, 1143 ff (1144).
87 Siehe BAG, 22.10.2003, 7 AZR 666/02, ZTR 2004, 370 f (371); BAG, 26.7.2000, 7 AZR 51/99, NZA 2001, 546 ff (548 f); BAG, 24.4.1996, 7 AZR 719/95, NZA 1997, 196 ff (199); BAG, 4.6.2003, 7 AZR 489/02, NZA 2003, 1143 ff (1144).
88 Siehe dazu noch Rn 153 ff.
89 Siehe noch Rn 157.
90 Siehe BAG, 22.10.2003, 7 AZR 666/02, ZTR 2004, 370 f (371); BAG, 26.7.2000, 7 AZR 51/99, NZA 2001, 546 ff (548 f), BAG, 24.4.1996, 7 AZR 719/95, NZA 1997, 196 ff (199).
91 Siehe BAG, 22.10.2003, 7 AZR 666/02, ZTR 2004, 370 f (371); BAG, 26.7.2000, 7 AZR 51/99, NZA 2001, 546 ff (548 f).
92 Siehe BAG, 24.4.1996, 7 AZR 719/95, NZA 1997, 196 ff (199).

Bezeichnung des Sachgrundes in der Befristungsabrede grundsätzlich nicht aus, sich auf einen der in § 14 Abs. 2 – Abs. 3 normierten Tatbestände der sachgrundlosen Befristung zu berufen.[93] Angesichts eines auch insoweit fehlenden gesetzlichen Zitiergebots und der in § 14 Abs. 4 enthaltenen Beschränkung des Schriftformgebots auf die Befristung des Arbeitsvertrages selbst reicht das objektive Vorliegen eines dieser Tatbestände aus. Damit besteht im Grundsatz kein Hinderungsgrund für den Arbeitgeber, **sich bei Unwirksamkeit der Befristung unter dem Aspekt des vertraglich bezeichneten Sachgrundes auf das Vorliegen eines die Befristung tragenden Tatbestands der sachgrundlosen Befristung zu berufen.** Anderes gilt nur dann, wenn die Arbeitsvertragsparteien in Verbindung mit der vertraglichen Nennung eines bestimmten Sachgrundes zugleich ausdrücklich oder konkludent die Möglichkeit einer sachgrundlosen Befristung ausgeschlossen haben.[94] Hiervon kann allerdings nur ausgegangen werden, wenn die Erklärung des Arbeitgebers, die Befristung auf einen bestimmten Sachgrund stützen zu wollen, vom Empfängerhorizont des Arbeitnehmers aus dahin verstanden werden musste, dass die Befristung **allein von dem arbeitgeberseits bezeichneten Sachgrund und dessen Bestehen abhängig** sein soll.[95] Die Frage eines entsprechenden konkludenten Ausschlusses sachgrundloser Tatbestände, dem § 22 Abs. 1 im Hinblick darauf nicht entgegensteht, dass hiermit zugunsten des Arbeitnehmers von den Vorschriften des Teilzeit- und Befristungsgesetzes abgewichen wird,[96] ist unter Berücksichtigung aller Umstände des Einzelfalles durch Auslegung der vertraglichen Vereinbarung zu ermitteln.[97] Die ausdrückliche Bezeichnung eines Sachgrundes allein reicht für die Annahme eines entsprechenden Ausschlusswillens nicht aus, vielmehr müssen weitere Umstände hinzutreten.[98]

21 Nach denselben Grundsätzen ist die **Frage der Selbstbindung des Arbeitgebers** in dem umgekehrten Fall zu beurteilen, dass im Zusammenhang mit der Vereinbarung der Befristungsabrede ausdrücklich auf den Tatbestand einer sachgrundlosen Befristung nach § 14 Abs. 2 – Abs. 3 Bezug genommen wird. Die bloße vertragliche Bezugnahme auf eine entsprechende Regelung besagt weder ausdrücklich noch konkludent, dass die Vertragsparteien übereinstimmend den Willen hatten, die Wirksamkeit der Befristung ausschließlich von dem Vorliegen der Voraussetzungen des bezeichneten Tatbestands sachgrundloser Befristung abhängig zu machen.[99] Der Arbeitgeber kann sich für den Fall, dass der benannte sachgrundlose Befristungstatbestand die Befristung nicht trägt, grundsätzlich gleichwohl auf das Vorliegen eines sachlichen Rechtfertigungsgrundes berufen, sofern dieser im Zeitpunkt der Befristungsabrede gegeben war.

22 Gleiches gilt schließlich für die Frage der Selbstbindung im Falle der ausdrücklichen Benennung eines bestimmten Sachgrundes bei Vereinbarung der Befristung. Dem Arbeitgeber ist nur dann die **grundsätzlich mögliche Berufung auf**

---

93 Siehe BAG, 4.6.2003, 7 AZR 489/02, NZA 2003, 1143 ff (1144), hier bezogen auf § 1 Abs. 2 BeschFG 1996.
94 Siehe BAG, 4.6.2003, 7 AZR 489/02, NZA 2003, 1143 ff (1144 f), hier zu § 1 Abs. 2 BeschFG 1996.
95 Siehe BAG, 4.6.2003, 7 AZR 489/02, NZA 2003, 1143 ff (1145).
96 Siehe BAG, 5.6.2002, 7 AZR 241/01, NZA 2003, 150 ff (152).
97 Siehe BAG, 4.6.2003, 7 AZR 489/02, NZA 2003, 1143 ff (1145).
98 Siehe BAG, 4.6.2003, 7 AZR 489/02, NZA 2003, 1143 ff (1145).
99 Siehe BAG, 26.7.2000, 7 AZR 51/99, NZA 2001, 546 ff (548 f), hier zu § 1 BeschFG 1996.

andere Sachgründe verschlossen, wenn nach den oben dargelegten Grundsätzen der Wille entnommen werden kann, die Zulässigkeit der Befristung ausschließlich auf den genannten Sachgrund zu stützen.

Für die **Befristungspraxis** empfiehlt sich aus Arbeitgebersicht vor dem Hintergrund, dass für die Wirksamkeit einer Befristung nach § 14 Abs. 1 das objektive Vorliegen eines sachlichen Grundes genügt, die Vereinbarung über die kalendermäßige Befristung auf die ausdrückliche Bezeichnung der Vertragsdauer zu beschränken und **zur Vermeidung einer möglichen Selbstbindung** von einer Bezeichnung des Sachgrundes selbst abzusehen, soweit diese nicht gesetzlich oder kollektivvertraglich zwingend vorgegeben ist.

c) Anwendungsbereich von § 14 Abs. 1

Gemäß der Regelung des § 14 Abs. 1 Satz 1 muss die „Befristung eines Arbeitsvertrages" durch einen sachlichen Grund gerechtfertigt sein. Damit wird **der persönliche, sachliche und zeitliche Anwendungsbereich von § 14 Abs. 1 festgelegt**. Zugleich wird dadurch wegen der Anknüpfung des § 14 Abs. 4 an die Befristung eines Arbeitsvertrages auch der **Geltungsbereich des Schriftformgebots** bestimmt.[100]

(1) Persönlicher Anwendungsbereich

Nach § 14 Abs. 1 Satz 1 gilt das Sachgrunderfordernis als Zulässigkeits- bzw. Wirksamkeitsvoraussetzung (nur) für die Befristung eines Arbeitsvertrages. Die Regelung setzt mithin den **Abschluss eines Arbeitsvertrages** voraus, für dessen Vorliegen mangels einer eigenständigen Definition im Rahmen des Teilzeit- und Befristungsgesetzes von den **allgemeinen Grundsätzen zur Bestimmung des Arbeitnehmerbegriffs** auszugehen ist. Danach muss es sich um einen privatrechtlichen Vertrag handeln, aufgrund dessen jemand zur Leistung von Diensten für einen anderen in persönliche Abhängigkeit gegen Entgelt verpflichtet wird.[101] Entscheidend ist mithin für den persönlichen Anwendungsbereich von § 14 Abs. 1, ob Dienste kraft vertraglicher Verpflichtung als Arbeitnehmer geleistet werden, sprich im Rahmen eines Arbeitsverhältnisses. Insoweit enthält § 14 Abs. 1 keine Einschränkung, sondern gilt für alle Verträge, auf deren Grundlage eine Dienstleistung als Arbeitnehmer erbracht wird.

Erfasst werden zunächst **alle Arbeitsverhältnisse unabhängig von der Rechtsform des Arbeitgebers.** Das Sachgrunderfordernis ist deshalb sowohl von privatrechtlich wie auch von öffentlich-rechtlich organisierten Arbeitgebern zu beachten. Voraussetzung ist allerdings immer, dass die Dienste auf der Grundlage einer arbeitsvertraglichen Verpflichtung und damit als Arbeitnehmer geleistet werden. Deshalb findet § 14 Abs. 1 Satz 1 keine Anwendung auf befristete Dienstleistungsverhältnisse, **die auf öffentlich-rechtlicher Grundlage bestehen**, sprich insbesondere von **Beamten, Richtern und Soldaten**. Des Weiteren unterfallen Vereinbarungen über die befristete Erbringung von Dienstleistungen **selbständig tätiger Personen** nicht dem Sachgrunderfordernis nach § 14 Abs. 1 Satz 1. Insoweit gilt uneingeschränkt Vertrags(Befristungs)freiheit im Sinne von § 620

---

100 Siehe dazu Rn 153 ff.
101 Siehe nur Dütz, Arbeitsrecht 11. Aufl., Rn 29 ff.

Abs. 1 BGB bzw., im Falle werkvertraglicher Grundlage, nach § 631 BGB. Zu den Arbeitsverträgen im Sinne des § 14 Abs. 1 Satz 1 gehört auch nicht der **Ausbildungsvertrag** im Sinne des Berufsbildungsgesetzes. Auszubildende sind nicht Arbeitnehmer,[102] die Zulässigkeit der Befristung des Berufsausbildungsvertrages bestimmt sich nach den Vorschriften des Berufsbildungsgesetzes.[103]

27 Der sachlichen Rechtfertigung bedarf es unabhängig davon, mit welchem Arbeitnehmer eine Befristung des Arbeitsvertrages vereinbart wird. Damit kommt § 14 Abs. 1 Satz 1 insbesondere auch bei **Arbeitnehmern in leitenden Positionen** zur Anwendung. Zwar enthält das Befristungsrecht des Teilzeit- und Befristungsgesetzes keine dem § 6 vergleichbare Regelung, die besonders hervorhebt, dass auch Arbeitnehmer in leitenden Positionen Teilzeitarbeit zu ermöglichen ist.[104] Daraus kann allerdings nicht der Schluss gezogen werden, dass die Befristungsbestimmungen auf Arbeitsverträge mit leitenden Mitarbeitern keine Anwendung finden würden. Ein entsprechender Umkehrschluss verbietet sich schon deshalb, weil § 6 seiner Zielsetzung nach keine Abgrenzungsfunktion zum Befristungsrecht zukommt, sondern mit dieser Regelung Arbeitgeber u.a. ausdrücklich aufgefordert werden sollen, Teilzeitarbeit auf allen Unternehmensebenen und damit auch für Mitarbeiter in leitenden Stellungen zu ermöglichen.[105] Im Übrigen gibt § 14 Abs. 1 Satz 1 mit der uneingeschränkten Einbeziehung von Arbeitsverträgen für eine Ausklammerung befristeter Arbeitsverträge mit leitenden Mitarbeitern nichts her.

28 Schließlich entfaltet § 14 Abs. 1 Satz 1 seine Schutzwirkung bezogen auf alle Arbeitsverträge und damit für alle Arbeitnehmer **unabhängig von dem persönlichen und sachlichen Anwendungsbereich des Kündigungsschutzrechts, insbesondere des Kündigungsschutzgesetzes**.[106] Das Sachgrunderfordernis gilt deshalb auch für Befristungen von Arbeitsverträgen, die eine Dauer von 6 Monaten nicht überschreiten, wie auch in Fällen, in denen der befristete Arbeitsvertrag mit Arbeitnehmern abgeschlossen wird, deren Betrieb oder Verwaltung die in § 23 Abs. 1 Sätze 2 und 3 KSchG bezogen auf die Zahl der beschäftigten Arbeitnehmer bestimmten Schwellenwerte nicht übersteigt.[107] Weder die Verweisungsregelung des § 620 Abs. 3 BGB noch die Bestimmung des § 14 Abs. 1 Satz 1 enthalten Anhaltspunkte, aus denen eine Beschränkung der Befristungskontrolle auf den Anwendungsbereich des Kündigungsschutzgesetzes entnommen werden könnte. Vielmehr hat der Gesetzgeber mit der Neuregelung des Befristungsrechts die vor dem Hintergrund des § 620 Abs. 1 BGB **richterrechtlich entwickelte Anbindung der Befristungskontrolle an die Vermeidung einer Umgehung des gesetzlichen Kündigungsschutzes**[108] **aufgegeben** und die Zulässigkeit der Befristung eines jeden Arbeitsvertrages vorbehaltlich der in § 14 Abs. 2 – 3 bestimmten

---

102 Siehe § 10 Abs. 2 BBiG.
103 Siehe § 21 Abs. 1 BBiG.
104 Zur Bedeutung dieser Regelung siehe näher § 6 Rn 2 ff.
105 Siehe § 6 Rn 2 ff.
106 Siehe BAG, 6.11.2003, 2 AZR 690/02, ZTR 2004, 488 ff (488 f); BAG, 14.1.2004, 7 AZR 213/03, NZA 2004, 719 ff (721).
107 Siehe BAG, 6.11.2003, 2 AZR 690/02, ZTR 2004, 488 ff (489); BAG, 14.1.2004, 7 AZR 213/03, NZA 2004, 719 ff (721).
108 Siehe schon oben Rn 11.

Ausnahmen von dem Vorliegen eines diese rechtfertigenden sachlichen Grundes abhängig gemacht.[109]

(2) Sachlicher Anwendungsbereich

§ 14 Abs. 1 Satz 1 stellt das Sachgrunderfordernis für die Befristung eines Arbeitsvertrages auf. Hierbei handelt es sich nach der Legaldefinition des § 3 Abs. 1 Satz 2 um einen auf bestimmte Zeit geschlossenen Arbeitsvertrag, der nach der Unterscheidung in § 3 Abs. 1 Satz 2 entweder als kalendermäßig befristeter Arbeitsvertrag oder als zweckbefristeter Arbeitsvertrag abgeschlossen werden kann. Sachgrundbedürftig ist, wie der Wortlaut von § 14 Abs. 1 Satz 1 eindeutig zum Ausdruck bringt, **die Vereinbarung über die Befristung selbst, sprich die Befristungsabrede**, nicht aber der Arbeitsvertrag als solcher. Eine sachgrundbedürftige Befristungsabrede liegt auch vor, wenn **beide Varianten des befristeten Arbeitsvertrages verbunden werden**, dh, ein und derselbe Arbeitsvertrag sowohl kalendermäßig befristet wie auch zweckbefristet wird.[110] Eine solche Gestaltung ist nach dem Grundsatz der Vertragsfreiheit zulässig.[111] In diesen Fällen endet das Arbeitsverhältnis mit der zeitlich früheren Befristung, es sei denn, diese ist unwirksam oder der Arbeitnehmer wird über diesen Termin hinaus weiter beschäftigt, dann entscheidet die Befristung zum zweiten Termin.[112] Vorstellbar ist eine solche Kombination zB in dem Fall, dass eine Stammkraft vorübergehend ausfällt und ein Arbeitnehmer als Vertreter für die Durchführung einer bestimmten Aufgabe eingestellt wird, längstens jedoch bis zu einem kalendermäßig bestimmten Zeitpunkt. 29

Für die Frage, ob eine Vereinbarung im Sinne einer sachgrundbedürftigen Befristungsabrede vorliegt, ist nicht die von den Parteien des Arbeitsvertrages gewählte Bezeichnung maßgebend, sondern der **Regelungsgehalt der getroffenen Vereinbarung**.[113] Deshalb handelt es sich zB bei einem **Aufhebungsvertrag**, der seinem Inhalt nach nicht auf die Beendigung des Arbeitsverhältnisses, sondern auf dessen Fortsetzung für bestimmte Zeit gerichtet ist, materiell-rechtlich um eine Befristung des Arbeitsvertrages im Sinne von § 14 Abs. 1 Satz 1, die deshalb zu ihrer Wirksamkeit eines rechtfertigenden sachlichen Grundes bedarf.[114] Im Hinblick darauf, dass der Abschluss eines das Arbeitsverhältnis beendenden Aufhebungsvertrages nach 30

---

109 Siehe BAG, 6.11.2003, 2 AZR 690/02, ZTR 2004, 488 ff (489); BAG, 14.1.2004, 7 AZR 213/03, NZA 2004, 719 ff (721). Siehe im Übrigen dazu, dass die gegenteiligen Ausführungen in der Gesetzesbegründung, BT-Drucks. 14/4625, 18 die Ablösung der Befristungskontrolle von der Vermeidung einer Umgehung des Kündigungsschutzes nicht in Frage stellen können, BAG, 6.11.2003, 2 AZR 690/02, ZTR 2004, 488 ff (489).
110 Siehe schon § 3 Rn 29 ff.
111 Siehe BAG, 21.4.1993, 7 AZR 388/92, NZA 1994, 167 ff (168).
112 Siehe BAG, 21.4.1993, 7 AZR 388/92, NZA 1994, 167 ff (168).
113 Siehe BAG, 12.1.2000, 7 AZR 48/99, NZA 2000; 718 ff (719); BAG, 7.3.2002, 2 AZR 93/01, DB 2002, 1997 f (1998).
114 Siehe BAG, 12.1.2000, 7 AZR 48/99, NZA 2000; 718 ff (719), hier noch auf der Grundlage der richterrechtlich entwickelten Befristungskontrolle mit der Begründung, damit solle eine funktionswidrige Verwendung des Rechtsinstituts des befristeten Arbeitsvertrages in der Form eines Aufhebungsvertrages ausgeschlossen werden. Auf die damit angesprochene Vermeidung einer Umgehung des Kündigungsschutzes kommt es nach dem Inkrafttreten des Teilzeit- und Befristungsgesetzes nicht mehr an. Zur Anwendung der Befristungskontrolle auf Aufhebungsverträge siehe auch BAG, 7.3.2002, 2 AZR 93/01, DB 2002, 1997 f (1998); kritisch hierzu Rolfs, § 14 Rn 63, allerdings ohne nähere Begründung.

dem Grundsatz der Vertragsfreiheit grundsätzlich zulässig ist und keiner besonderen Rechtfertigung bedarf,[115] ist eine Abgrenzung dahingehend erforderlich, wann sich ein Aufhebungsvertrag seinem Inhalt nach als Befristung darstellt und damit der Befristungskontrolle nach § 14 Abs. 1 Satz 1 unterfällt. Davon ist nach der zutreffenden Rechtsprechung des BAG jedenfalls dann auszugehen, wenn der in der als Aufhebungsvertrag bezeichneten Vereinbarung **gewählte Beendigungszeitpunkt die im Falle einer Kündigung zu beachtende Kündigungsfrist**[116] **um ein Vielfaches überschreitet** und es im Übrigen an den für einen Aufhebungsvertrag typischen Vereinbarungen – Freistellung, Urlaubsregelung, Abfindung – fehlt.[117]

31 Über § 21 findet § 14 Abs. 1 des weiteren Anwendung, wenn statt einer Befristung des Arbeitsvertrages dieser unter einer **auflösenden Bedingung** geschlossen, also die Beendigung des Arbeitsverhältnisses von dem Eintritt eines zukünftigen ungewissen Ereignisses[118] abhängig gemacht wird.[119]

32 § 14 Abs. 1 Satz 1 fordert das Vorliegen eines rechtfertigenden Sachgrundes für die Befristung eines Arbeitsvertrages. Deshalb findet die Regelung **keine Anwendung auf die Befristung einzelner Vertragsbedingungen.**[120] Die Unanwendbarkeit von § 14 Abs. 1 Satz 1 auf die Befristungskontrolle einzelner Vertragsbedingungen folgt nicht nur aus dem Wortlaut der Regelung, die von der Befristung des Arbeitsvertrages spricht und nicht einzelner Vertragsbedingungen, und dem systematischen Zusammenhang mit § 3 Abs. 1 Satz 2, wonach das Gesetz unter einem befristeten Arbeitsvertrag nur einen solchen versteht, dessen Laufzeit insgesamt begrenzt ist,[121] sondern insbesondere auch aus dem in § 1 zum Ausdruck gelangenden Sinn der Befristungskontrolle, die ihrem Inhalt nach auf die Prüfung der Zulässigkeit der Befristung von Arbeitsverträgen als solchen gerichtet ist.[122] Aus denselben Gründen folgt auch die Unanwendbarkeit des Schriftformgebots nach § 14 Abs. 4 auf die Befristung einzelner Vertragbedingungen[123] sowie der Regelung des § 15 Abs. 5 betreffend die rechtlichen Folgen einer Fortsetzung des Arbeitsverhältnisses nach dem Ablauf der Befristung[124] wie auch des § 17 über die Erhebung der Befristungsklage.[125]

---

115 Siehe BAG, 12.1.2000, 7 AZR 48/99, NZA 2000; 718 ff (719); BAG, 7.3.2002, 2 AZR 93/01, DB 2002, 1997 f (1998).
116 Sofern, wie häufig bei älteren Arbeitnehmern, die ordentliche Kündigung ausgeschlossen ist, ist auf die Kündigungsfrist, die bei Zulässigkeit der ordentlichen Kündigung maßgebend wäre, abzustellen.
117 Siehe BAG, 12.1.2000, 7 AZR 48/99, NZA 2000; 718 ff (719).
118 Siehe nur Palandt/*Heinrichs*, BGB, 65. Aufl., Einf. § 158 Rn 1.
119 Siehe näher § 21 Rn 4.
120 Siehe ausführlich zur Unanwendbarkeit von § 14 Abs. 1 BAG, 14.1.2004, 7 AZR 213/03, NZA 2004, 719 ff (721 ff); aA etwa Annuß/Thüsing/*Maschmann*, § 14 Rn 16.
121 Siehe zu § 3 Rn 5.
122 Siehe ausführlich die überzeugende Begründung des BAG, BAG, 14.1.2004, 7 AZR 213/03, NZA 2004, 719 ff (721 f). Die gegenteilige Auffassung (zB Annuß/Thüsing/*Maschmann*, § 14 Rn 16), wonach § 14 Abs. 1 Satz 1 seinem Wortlaut nach nicht auf die Befristung des Arbeitsvertrages als solchem beschränkt sei und im Übrigen die Befristungskontrolle nach dieser Vorschrift erst recht für die Befristung einzelner Vertragsbedingungen gelten müsse, kann demgegenüber nicht überzeugen.
123 Siehe BAG, 3.9.2003, 7 AZR 106/03, NZA 2004, 255 ff (256). Siehe noch Rn 160.
124 Siehe BAG, 3.9.2003, 7 AZR 106/03, NZA 2004, 255 ff (256), hierzu § 15 Rn 74.
125 Siehe BAG, 14.1.2004, 7 AZR 213/03, NZA 2004, 719 ff (720 f); BAG, 4.6.2003, 7 AZR 406/02, BB 2003, 1683 f (1683); zur inhaltsgleichen Regelung des § 1 Abs. 5 Satz 1 BeschFG 1996 siehe BAG, 23.1.2002, 7 AZR 563/00, NZA 2003, 104 f (104). Siehe noch § 17 Rn 6.

Trotz der Unanwendbarkeit der Befristungskontrolle nach § 14 Abs. 1 Satz 1 **bedarf auch die Befristung einzelner Vertragsbedingungen**, die in der (Gerichts)Praxis vor allem als Fall der befristeten Arbeitszeiterhöhung Relevanz erlangt,[126] nach der ständigen Rechtsprechung des BAG **zu ihrer Rechtfertigung eines sachlichen Grundes**, soweit die Gefahr einer objektiven Umgehung des gesetzlichen Änderungskündigungsschutzes besteht.[127] Das ist bezogen auf die Befristung solcher Vertragsbedingungen der Fall, die zum **Kernbereich des Arbeitsverhältnisses** gehören, wie zB der Umfang der Arbeitszeit, und deren Änderung unmittelbar das Verhältnis von Leistung und Gegenleistung beeinflusst.[128] Die zur Vermeidung einer Umgehung des Änderungskündigungsschutzes gerechtfertigte Kontrolle der Befristung einzelner Vertragsbedingungen unter dem Gesichtspunkt des Vorliegens eines sachlichen Grundes ist durch das Inkrafttreten des Teilzeit- und Befristungsgesetzes nicht obsolet geworden. Aus der Unanwendbarkeit der befristungsrechtlichen Vorschriften dieses Gesetzes auf die Befristung einzelner Vertragsbedingungen kann nicht der Schluss gezogen werden, dass diese uneingeschränkt zulässig sein soll. Gegenteilig spricht die Zielsetzung dieses Gesetzes, u.a. die Rechtsstellung befristet beschäftigter Arbeitnehmer zu stärken, und die gleichzeitige Nichtregelung der Befristung einzelner Vertragsbedingungen dafür, dass das Gesetz die insoweit von der Rechtsprechung entwickelten Grundsätze zur Befristungskontrolle einzelner Vertragsbedingungen unangetastet lassen wollte.[129] Damit steht die wirksame Befristung einzelner Vertragsbedingungen insoweit, als es um die Bestimmung des Verhältnisses von Leistung und Gegenleistung geht, auch nach dem Inkrafttreten des Teilzeit- und Befristungsgesetzes und unabhängig davon unter dem Vorbehalt des Vorliegens eines sachlichen Grundes.

33

Daran hat sich auch nichts durch das **Gesetz zur Modernisierung des Schuldrechts vom 26.11.2001**[130] geändert, das im Zuge u.a. der Integration des **Rechts der AGB-Kontrolle** in die §§ 305 ff BGB auch Arbeitsverträge der Inhaltskontrolle nach § 307 ff BGB unterwirft, soweit vorformulierte Arbeitsbedingungen im Sinne des § 305 Abs. 1 BGB verwendet werden.[131] Damit findet § 307 Abs. 1 BGB grundsätzlich auch auf die vorformulierte Befristung einzelner Arbeitsvertragsbedingungen Anwendung.[132] Eine unangemessene Benachteiligung durch eine formularmäßige Vertragsbestimmung im Sinne dieser Regelung ist dann gegeben, wenn der Verwender durch einseitige Vertragsgestaltung missbräuch-

34

---

126 Siehe nur die Fallkonstellationen in den Entscheidungen BAG, 23.1.2002, 7 AZR 563/00, NZA 2003, 104 f; BAG, 4.6.2003, 7 AZR 406/02, BB 2003, 1683 f; BAG, 3.9.2003, 7 AZR 106/03, NZA 2004, 255 ff; BAG, 14.1.2004, 7 AZR 213/03, NZA 2004, 719 ff.
127 Siehe nur BAG, 14.1.2004, 7 AZR 213/03, NZA 2004, 719 ff (721 ff) mit zahlreichen Nachweisen aus der Rechtsprechung (aaO 721).
128 Siehe BAG, 21.4.1993, 7 AZR 297/92, NZA 1994, 476 ff (476 f) unter Anlehnung an die Rechtsprechung zu wegen Umgehung des gesetzlichen Änderungskündigungsschutzes unwirksamen arbeitsvertraglichen Vereinbarungen, die dem Arbeitgeber einseitig das Recht zur Änderung des Umfangs der Arbeitszeit einräumen, BAG, 12.12.1984, 7 AZR 509/83, NJW 1985, 2151 ff (2152 f); siehe jüngst BAG, 14.1.2004, 7 AZR 213/03, NZA 2004, 719 ff (721).
129 Zutreffend BAG, 14.1.2004, 7 AZR 213/03, NZA 2004, 719 ff (721).
130 BGBl. 2001 I, 3138.
131 Die Einbeziehung von Arbeitsverträgen in die AGB-Kontrolle folgt aus § 310 Abs. 4 Satz 2 BGB.
132 Offen gelassen von BAG, 14.1.2004, 7 AZR 213/03, NZA 2004, 719 ff (722).

lich eigene Interessen auf Kosten seines Vertragspartners durchzusetzen versucht, ohne von vornherein dessen Belange hinreichend zu berücksichtigen und ihm einen angemessenen Ausgleich zuzugestehen.[133] Danach ist im Rahmen von § 307 Abs. 1 BGB die Frage einer unangemessenen Benachteiligung des Vertragspartners des Verwenders im Wege einer umfassenden Abwägung der schutzwürdigen Interessen beider Parteien im Einzelfall vorzunehmen.[134] Eben **diese Interessenabwägung** erfolgt bereits nach der bisherigen Rechtsprechung des BAG **durch das Erfordernis eines sachlichen Grundes**, um die grundsätzlich bestehende Vertragsfreiheit des Arbeitgebers und die im Interesse des Arbeitnehmers bestehenden Anforderungen des Änderungskündigungsschutzes in Einklang zu bringen. Die arbeitsgerichtlich entwickelten Grundsätze zur Befristungskontrolle sind bei der Anwendung des § 307 Abs. 1 BGB als im Arbeitsrecht geltende Besonderheiten, zu denen auch die richterrechtlich entwickelten Prinzipien gehören,[135] zu beachten. Von daher steht nichts entgegen, das Sachgrunderfordernis für vorformulierte Befristungen einzelner Arbeitsvertragsbedingungen als Ausdruck der nach § 307 Abs. 1 BGB geforderten Interessenabwägung auch bei einer Kontrolle nach dieser Regelung beizubehalten und damit zugleich die Prüfung auf das Vorliegen eines rechtfertigenden Sachgrundes zu beschränken. Auch lediglich zur einmaligen Verwendung bestimmte vorformulierte Befristungen einzelner Arbeitsvertragsbedingungen unterfallen der Kontrolle nach § 307 Abs. 1 BGB. Diese Abweichung vom Erfordernis des § 305 Abs. 1 Satz 1 BGB[136] ergibt sich aus der vom BAG bejahten Anwendbarkeit der für Verbraucherverträge geltenden Vorschrift des § 310 Abs. 3 Nr. 2 BGB auf Arbeitsverträge vor dem Hintergrund, dass der Arbeitnehmer als Verbraucher im Sinne des § 13 BGB anzusehen ist.[137]

35 Als **rechtfertigender Sachgrund zB für die befristete Erhöhung der Arbeitszeit** sind etwa die Vertretung eines zeitweilig ausfallenden Mitarbeiters[138] oder auch die Abdeckung eines vorübergehenden Mehrbedarfs[139] anerkannt. Im Hinblick auf das Unanwendbarkeit auch von § 17 muss der Arbeitnehmer die Unwirksamkeit der Befristung einer einzelnen Vertragsbedingung im Rahmen einer **allgemeinen Feststellungsklage nach § 256 ZPO** überprüfen lassen.[140] Die Geltendmachung der Unwirksamkeit der Befristung durch den Arbeitnehmer verstößt nicht gegen Treu und Glauben (§ 242 BGB).[141] Eine Verwirkung kommt nur in Betracht, wenn der Arbeitnehmer mit der Geltendmachung der Unwirksamkeit längere Zeit gewartet hat und der Arbeitgeber deswegen annehmen durfte, nicht

---

133 Siehe zur inhaltsgleichen Regelung des § 9 Abs. 1 AGBG BGH, 3.11.1999, VIII ZR 269/98, NJW 2000, 1110 ff (1112); BGH, 4.11.1992, VIII ZR 235/91, BGHZ Bd. 120, 108 ff (118); BGH, 8.3.1984, IX ZR 144/83, BGHZ Bd. 90, 280 ff (284).
134 Siehe BGH, 3.11.1999, VIII ZR 269/98, NJW 2000, 1110 ff (1112).
135 Siehe nur Thüsing, NZA 2002, 591 ff (593).
136 Danach liegen Allgemeine Geschäftsbedingungen nur dann vor, wenn es sich um „für eine Vielzahl von Verträgen" vorformulierte Vertragsbedingungen handelt.
137 Siehe näher BAG, 25.5.2005, 5 AZR 572/04, AP § 310 BGB Nr. 1 m. zust. Anm. Preis/Franz; Hümmerich/Holthausen, NZA 2002, 173 ff (174 ff); Däubler, NZA 2001, 1329 ff (1333); aA etwa Lingemann, NZA 2002, 181 ff (183 f).
138 Siehe etwa BAG, 4.6.2003, 7 AZR 406/02, BB 2003, 1683 f (1684).
139 BAG, 14.1.2004, 7 AZR, 213/03, NZA 2004, 719 ff (722).
140 Siehe BAG, 4.6.2003, 7 AZR 406/02, zu I, insoweit nicht in BB 2003, 1683 f wiedergegeben.
141 BAG, 14.1.2004, 7 AZR 213/03, NZA 2004, 719 ff (723).

mehr in Anspruch genommen zu werden, er sich darauf eingerichtet hat und ihm die Erfüllung des Anspruchs unter Berücksichtigung aller Umstände des Einzelfalles nach Treu und Glauben nicht mehr zuzumuten ist.[142]

(3) Zeitlicher Anwendungsbereich

Aus dem sachlichen Anwendungsbereich von § 14 Abs. 1 Satz 1, wonach (nur) die Vereinbarung über die Befristung eines Arbeitsvertrages der sachlichen Rechtfertigung bedarf, nicht aber der Arbeitsvertrag selbst,[143] ergeben sich **Konsequenzen für den zeitlichen Anwendungsbereich von § 14 Abs. 1 Satz 1**. Die Befristungskontrolle kommt nicht nur zum Tragen, wenn der **Abschluss des Arbeitsvertrages und die Vereinbarung der Befristungsabrede** zusammen fallen, der Arbeitsvertrag also von vornherein lediglich als ein befristeter abgeschlossen wird.

36

Wegen der in § 14 Abs. 1 Satz 1 angelegten Trennung zwischen Arbeitsvertrag und allein sachgrundbedürftiger Befristungsabrede unterliegt auch die **nachträgliche Befristung eines Arbeitsvertrages** der Befristungskontrolle nach dieser Vorschrift.[144] Das war bereits vor dem Inkrafttreten des Teilzeit- und Befristungsgesetzes in der unter Anknüpfung an § 620 Abs. 1 BGB entwickelten arbeitsgerichtlichen Rechtsprechung zur Befristungskontrolle mit der Begründung anerkannt, dass auch durch die nachträgliche Befristung eines unbefristeten Arbeitsvertrages eine objektive Umgehung des zwingenden Kündigungsschutzrechts möglich war, weshalb die nachträgliche Befristung eines zunächst unbefristeten Arbeitsverhältnisses nur bei Vorliegen eines rechtfertigenden Sachgrundes für zulässig erachtet wurde.[145] Unter der Geltung des § 14 Abs. 1 Satz 1 und der damit erfolgten Lösung der Befristungskontrolle von der Vermeidung einer Umgehung des zwingenden Kündigungsschutzes[146] kommt es für die Sachgrundbedürftigkeit einer nachträglichen Befristung nicht mehr auf den Umgehungsaspekt an. Das Erfordernis einer sachlichen Rechtfertigung folgt ohne weiteres und unabhängig davon, ob ein Kündigungsschutz besteht, daraus, dass nach § 14 Abs. 1 Satz 1 die Vereinbarung über die Befristung sachgrundbedürftig ist, die Befristungsabrede aber auch zeitlich nach Abschluss des Arbeitsvertrages dergestalt getroffen werden kann, dass ein zunächst unbefristetes Arbeitsverhältnis durch einen befristeten Arbeitsvertrag abgelöst wird. Um eine nach § 14 Abs. 1 Satz 1 sachgrundbedürftige nachträgliche Befristung handelt es sich auch dann, wenn die Befristungsabrede im Zusammenhang mit einer arbeitgeberseits erklärten Änderungskündigung durch **die Annahme des auf Abschluss eines befristeten Arbeitsvertrages gerichteten Änderungsangebots** seitens des Arbeitnehmers geschlossen wird.[147] Der Arbeitnehmer kann sich in diesem Fall auch

37

---

142 Siehe BAG, 14.1.2004, 7 AZR 213/03, NZA 2004, 719 ff (723).
143 Siehe oben Rn 29.
144 Siehe nur MünchArbR/*Wank*, Ergänzungsband, 2. Aufl., § 116 Rn 70.
145 Siehe BAG, 3.8.1961, 2 AZR 117/60, NJW 1961, 2085 (nur Leitsatz); BAG, 24.1.1996, 7 AZR 496/95, NZA 1996, 1089 ff (1090); BAG, 26.8.1998, 7 AZR 349/97, NZA 1999, 476 f (476); BAG, 27.4.2004, 9 AZR 18/03, DB 2004, 2534 ff (2536), hier zur wirksamen Befristung eines Altersteilzeit-Arbeitsverhältnisses noch auf der Grundlage der arbeitsgerichtlichen Befristungskontrolle.
146 Siehe oben Rn 28.
147 Siehe BAG, 8.7.1998, 7 AZR 245/97, NZA 1999, 81 f (82).

dann auf die Unwirksamkeit der nachträglichen Befristung wegen eines fehlenden Sachgrundes berufen, wenn er gegen die Änderungskündigung nicht nach §§ 4 Satz 2, 2 KSchG vorgegangen ist.

38 Aus den oben genannten Gründen unterliegt auch ein Aufhebungsvertrag der Befristungskontrolle nach § 14 Abs. 1 Satz 1, der seinem Inhalt nach nicht auf die Beendigung des Arbeitsverhältnisses, sondern **auf dessen Fortsetzung für bestimmte Zeit** gerichtet ist und sich damit materiell-rechtlich als eine Vereinbarung über die Befristung eines bis dahin unbefristeten Arbeitsverhältnisses darstellt.[148]

d) Unabdingbarkeit des § 14 Abs. 1

39 Gemäß § 22 Abs. 1 kann von § 14 Abs. 1 nicht zuungunsten des Arbeitnehmers abgewichen werden. Die Regelung des § 14 Abs. 1 ist damit **einseitig zwingendes Gesetzesrecht**, eine Abweichung zulasten der Arbeitnehmer ist weder einzelvertraglich noch kollektivvertraglich möglich. Für Arbeitnehmer günstigere Vereinbarungen können auf den jeweiligen Vertragsebenen getroffen werden.

40 Eine **für den Arbeitnehmer günstigere arbeitsvertragliche Regelung** liegt etwa darin, wenn mit der Vereinbarung einer sachgrundlosen Befristungsabrede zugleich der Wille der Vertragspartner zum Ausdruck gebracht wird, dass dem Arbeitgeber im Falle der Unwirksamkeit der sachgrundlosen Befristung eine Berufung auf das Vorliegen eines sachlichen Grundes versagt sein soll.[149] Zulässig sind darüber hinaus auch einzelvertragliche Vereinbarungen, mit welchen die Berufung des Arbeitgebers auf das Vorliegen bestimmter Sachgründe beschränkt wird, der Arbeitgeber sich also für den Fall, dass diese im Zeitpunkt der Vereinbarung der Befristungsabrede nicht vorgelegen haben,[150] entgegen dem Grundsatz, dass es allein auf das objektive Vorliegen eines Sachgrundes ankommt, nicht auf andere Sachgründe berufen kann, mögen diese auch im Zeitpunkt der Befristungsabrede gegeben gewesen sein.

41 **Kollektivvertraglich** können entsprechend von § 14 Abs. 1 Satz 1 abweichende, für die Arbeitnehmer günstigere Regelungen getroffen werden. So kann ein Tarifvertrag entgegen dem Grundsatz, dass der Sachgrund im Zeitpunkt der Befristungsabrede lediglich objektiv vorliegen und deshalb in der Abrede selbst nicht bezeichnet werden muss, die ausdrückliche Nennung des Sachgrundes in der Vereinbarung über die Befristungsabrede vorschreiben. Eine günstigere Regelung ist auch dann gegeben, wenn ein Tarifvertrag die wirksame Befristung eines Arbeitsvertrages allein bei Vorliegen bestimmter Sachgründe zulässt. Darüber hinaus ist es möglich, dass ein Tarifvertrag bestimmte, in der Befristungsabrede festzulegende so genannte Befristungsgrundformen[151] vorsieht mit der

---

148 Siehe BAG, 12.1.2000, 7 AZR 48/99, NZA 2000, 718 ff (719), siehe auch schon oben zum Begriff der Befristung im Sinne von § 14 Abs. 1 Satz 1 Rn 30.
149 Siehe schon oben Rn 20. Siehe BAG, 5.6.2002, 7 AZR 241/01, NZA 2003, 150 ff (152) zu dem umgekehrten Fall, dass durch die Nennung eines bestimmten Sachgrundes in der Befristungsabrede sachgrundlose Befristungstatbestände bei Vorliegen eines entsprechenden Willens der Vertragsparteien zulässigerweise ausgeschlossen werden können, hier zu § 1 Abs. 1 BeschFG 1996.
150 Zum Beurteilungszeitpunkt siehe oben Rn 15.
151 Z.B. die befristete Einstellung als Zeitangestellter oder als Angestellter für vorübergehend anfallende Aufgaben, siehe BAG, 28.3.2001, 7 AZR 701/99, NZA 2002, 666 ff.

Folge, dass sich der Arbeitgeber nicht auf Sachgründe berufen kann, die nicht einer der im Arbeitsvertrag auf der Grundlage des Tarifvertrages vereinbarten Befristungsgrundform zugeordnet werden können.[152]

e) Verhältnis zu anderen Befristungsregelungen

Nach der Bestimmung des § 23 bleiben **besondere Regelungen über die Befristung von Arbeitsverträgen** nach anderen gesetzlichen Vorschriften unberührt. Hierzu gehören etwa § 21 BEEG, § 1 des Gesetzes über befristete Arbeitsverträge mit Ärzten in der Weiterbildung wie auch §§ 57a ff HRG. Die Anwendbarkeit des § 14 Abs. 1 als allgemeine Regelung der Sachgrundbefristung ist nur dann ausgeschlossen, wenn eine besondere gesetzliche Befristungsvorschrift als lex specialis abschließend die Zulässigkeit der Befristung regelt. In diesem Fall kann sich der Arbeitgeber bei Nichtvorliegen der Voraussetzungen der besonderen Befristungsvorschrift nicht auf das Vorliegen eines Sachgrundes nach § 14 Abs. 1 berufen.

42

2. Sachgründe nach § 14 Abs. 1 Satz 2

In § 14 Abs. 1 Satz 2 ist unter Anknüpfung an die ständige Rechtsprechung des BAG ein **Katalog von typischen Sachgründen** aufgenommen worden, bei deren Vorliegen die Befristung eines Arbeitsvertrages gerechtfertigt ist.[153] Der Katalog ist **nicht abschließend,** so dass dadurch weder solche Sachgründe ausgeschlossen werden, die zwar nicht ausdrücklich genannt werden, jedoch von der Rechtsprechung bereits vor Inkrafttreten des Teilzeit- und Befristungsgesetzes als eine Befristung tragende Rechtfertigungsgründe anerkannt waren,[154] noch die Entwicklung neuer Sachgründe gehindert wird.[155] Methodisch stellen die in § 14 Abs. 1 Satz 2 genannten Gründe eine **gesetzliche Konkretisierung** des in § 14 Abs. 1 Satz 1 aufgestellten Sachgrunderfordernisses[156] mit der Folge dar, dass bei Vorliegen eines der benannten Sachgründe ohne weiteres von der Zulässigkeit der Befristung des Arbeitsvertrages auszugehen ist.

43

a) Vorübergehender betrieblicher Bedarf an der Arbeitsleistung (§ 14 Abs. 1 Satz 2 Nr. 1)

Gemäß § 14 Abs. 1 Satz 2 Nr. 1 liegt ein sachlicher Grund vor, wenn **der betriebliche Bedarf an der Arbeitsleistung nur vorübergehend besteht.** Dieser Sachgrund war bereits vor dem Inkrafttreten des Teilzeit- und Befristungsgesetzes in der Rechtsprechung des BAG anerkannt[157] und **umfasst wesentlich**

44

---

152 Siehe BAG, 28.3.2001, 7 AZR 701/99, NZA 2002, 666 ff (667 f); BAG, 17.4.2002, 7 AZR 283/01, NZA 2002, 1111 (nur Leitsätze).
153 Siehe BT-Drucks. 14/4374, 18.
154 Siehe noch Rn 102 ff.
155 Siehe BT-Drucks. 14/4374, 18.
156 Siehe dazu näher oben Rn 13 ff.
157 Siehe nur BAG, 8.4.1992, 7 AZR 135/91, NZA 1993, 694 ff; BAG, 3.12.1997, 7 AZR 651/96, AP Nr 196 zu § 620 BGB Befristeter Arbeitsvertrag; BAG, 26.8.1998, 7 AZR 349/97, 1999, 476 f; BAG, 22.3.2000, 7 AZR 758/98, NZA 2000, 881 ff.

zwei Fallkonstellationen:[158] zum einen den Fall eines vorübergehend erhöhten Arbeitskräftebedarfs,[159] zum anderen den Fall eines künftig wegfallenden Arbeitskräftebedarfs.[160] Nicht unter Nr. 1 fällt die befristete Einstellung zur Vertretung eines zB wegen Krankheit ausgefallenen Arbeitnehmers. Abgesehen davon, dass der Sachgrund der Vertretung in § 14 Abs. 1 Satz 2 Nr. 3 ausdrücklich eine eigenständige Regelung gefunden hat,[161] besteht in diesem Fall der betriebliche Bedarf an der Arbeitsleistung auch nicht nur vorübergehend.[162] Der Sachgrund des nur zeitweiligen Bedarfs kann im Hinblick auf die Sachgrundbedürftigkeit allein der Befristungsabrede[163] sowohl die Befristung des Arbeitsvertrages von vornherein wie auch die nachträgliche Befristung eines zunächst unbefristeten Arbeitsverhältnisses rechtfertigen.[164]

45 Nach der ständigen Rechtsprechung des BAG setzt der Sachgrund des vorübergehenden betrieblichen Bedarfs an der Arbeitsleistung des Arbeitnehmers voraus, **dass im Zeitpunkt des Vertragsschlusses bzw der Vereinbarung über die Befristungsabrede mit hinreichender Sicherheit zu erwarten ist, dass für eine Beschäftigung des befristet eingestellten Arbeitnehmers über das vorgesehene Vertragsende hinaus kein Bedarf besteht.**[165] Dafür hat der Arbeitgeber eine **Prognose** zu erstellen, der konkrete Anhaltspunkte zugrunde liegen müssen.[166] Die Prognose ist unabdingbarer Teil des Sachgrundes für die Befristung[167] und hat sich darauf zu beziehen, ob im Zeitpunkt des Ablaufs der Befristung mit hinreichender Wahrscheinlichkeit kein Bedarf mehr an der Weiterbeschäftigung des Arbeitnehmers besteht.[168] Insoweit hat der Arbeitgeber im Rahmen eines Rechtsstreits über die Wirksamkeit der Befristungsabrede die **tatsächlichen Grundlagen der Prognose** darzulegen, damit der Arbeitnehmer die Möglichkeit erhält, deren Richtigkeit zum Zeitpunkt des Vertragsschlusses zu überprüfen.[169] Die bloße Behauptung von Sachverhalten, die für sich einen nur vorübergehenden Bedarf an der Arbeitsleistung begründen könnten, reicht nicht aus. Vielmehr müssen entsprechende Tatsachen im Zeitpunkt des Vertragsschlusses eine hinreichend sichere Prognose über den nachfolgend wegfallenden Bedarf und die fehlende

---

158 Siehe auch BT-Drucks. 14/4374, 18 f.
159 Siehe etwa BAG, 11.2.2004, 7 AZR 362/03, NZA 2004, 978 ff; BAG, 17.4.2002, 7 AZR 283/01, EzA § 620 BGB Nr. 191; BAG, 12.9.1996, 7 AZR 790/95, NZA 1997, 313 ff.
160 BAG, 3.12.1997, 7 AZR 651/96, AP zu § 620 BGB Nr. 196 Befristeter Arbeitsvertrag, hier bezogen auf den Fall einer Betriebsstilllegung.
161 Siehe noch Rn 57 ff.
162 Kritisch zu der Aufteilung zwischen Nr. 1 und Nr. 3 MünchArbR/*Wank*, Ergänzungsband, 2. Aufl, § 116 Rn 86.
163 Siehe oben Rn 29.
164 Siehe hierzu BAG, 26.8.1998, 7 AZR 349/97, NZA 1999, 476 f (477).
165 Siehe nur BAG, 11.2.2004, 7 AZR 362/03, NZA 2004, 978 ff (979); BAG, 25.8.2004, 7 AZR 7/04, NZA 2005, 357 ff (359); siehe hierzu Petrovicki, NZA 2006, 411 ff (412 f).
166 Siehe BAG, 11.2.2004, 7 AZR 362/03, NZA 2004, 978 ff (979); BAG, 14.1.2004, 7 AZR 213/03, NZA 2004, 719 ff (722); BAG, 5.6.2002, 7 AZR 241/01, NZA 2003, 149 ff (151); BAG, 12.9.1996, 7 AZR 790/95, NZA 1997, 313 ff (315). Siehe allgemein zum Erfordernis der Prognose bei der Frage des Vorliegens eines Sachgrundes oben Rn 15 f; siehe bezogen auf § 14 Abs. 1 Satz 2 Nr. 1 Plander, DB 2002, 1002 ff (1004 f).
167 Siehe BAG, 14.1.2004, 7 AZR 213/03, NZA 2004, 719 ff (722); BAG, 5.6.2002, 7 AZR 241/01, NZA 2003, 149 ff (151); BAG, 15.2.2006, 7 AZR 241/05.
168 Siehe BAG, 17.4.2002, 7 AZR 283/01, EzA zu § 620 BGB Nr. 191.
169 Siehe BAG, 14.1.2004, 7 AZR, 213/03, NZA 2004, 719 ff (722); BAG, 5.6.2002, 7 AZR 241/01, NZA 2003, 149 ff (151); BAG, 22.3.2000, 7 AZR 758/98, NZA 2000, 881 ff (882).

Weiterbeschäftigungsmöglichkeit begründen.[170] So hat der Arbeitgeber etwa durch die Vorlage von Berechnungsunterlagen die Prognose eines nur vorübergehenden Bedarfs zu untermauern.[171] Ist der Arbeitgeber bei der Planung des betrieblichen Bedarfs an der Arbeitsleistung in dem Sinne (auch) fremdbestimmt, dass er zeitlich begrenzt Aufträge für Dritte durchführt, ohne dass feststeht, ob er danach Anschlussaufträge erhält, so entbindet ihn das zwar nicht von der Prognose über den künftig wegfallenden Bedarf der Arbeitsleistung, **jedoch ist die Fremdbestimmtheit der Planungsmöglichkeiten bei den materiellen Anforderungen an die Prognose zu berücksichtigen.**[172] Das erlangt etwa dann Bedeutung, wenn ein öffentlich-rechtlich organisierter Träger wie zB die Bundesagentur für Arbeit eine von ihm wahrzunehmende Daueraufgabe[173] durch einen unabhängigen Träger durchführen lässt und der Auftrag jeweils nur für einen begrenzten Zeitraum erteilt wird.[174]

Die **Ungewissheit der künftigen Bedarfsentwicklung als solche** reicht für die Rechtfertigung einer Befristung nach Nr. 1 nicht aus. Diese Unsicherheit gehört zum **typischen unternehmerischen Risiko des Arbeitgebers**, das er nicht durch den Abschluss befristeter Arbeitsverträge auf die Arbeitnehmer abwälzen kann.[175] So kann sich der Arbeitgeber bei einem nicht oder nur schwer vorhersehbaren quantitativen Bedarf nicht darauf berufen, mit befristeten Arbeitsverträgen könne er leichter oder schneller auf Bedarfsschwankungen reagieren.[176] Ebenso wenig soll nach der Rechtsprechung des BAG bei der auftragsweisen Durchführung „sozialstaatlicher Aufgaben"[177] für öffentlich-rechtlich organisierte Träger im Falle einer nur zeitlich begrenzten Auftragserteilung die Abhängigkeit von künftigen Haushaltsmitteln oder Drittmitteln und die hieraus resul-

46

---

170 Siehe BAG, 12.9.1996, 7 AZR 790/95, NZA 1997, 313 ff (315); BAG, 3.12.1997, 7 AZR 651/96, AP zu § 620 BGB Nr. 196 Befristeter Arbeitsvertrag, hier zu dem Fall einer befristeten Einstellung, nachdem sich der Arbeitgeber bereits vor Vertragsschluss zur Schließung des Betriebs entschlossen hatte.
171 Siehe BAG, 12.9.1996, 7 AZR 790/95, NZA 1997, 313 ff (315).
172 Siehe BAG, 22.3.2000, 7 AZR 758/98, NZA 2000, 881 ff (883).
173 Z.B. Ausbildungsmaßnahmen.
174 Siehe zB BAG, 8.4.1992, 7 AZR 135/91, NZA 1993, 694 ff; BAG, 11.2.2004, 7 AZR 362/03, NZA 2004, 978 ff (979f.), hier jeweils Auftragnehmer der Bundesagentur für Arbeit betreffend. Siehe auch BAG, 22.3.2000, 7 AZR 758/98, NZA 2000, 881 ff. Das BAG spricht insoweit von der Übertragung sozialstaatlicher Aufgaben als Teil einer Daueraufgabe des staatlichen Auftraggebers, deren Übertragung für sich allein keinen hinreichenden Sachgrund für die Befristung der Arbeitsverhältnisse der bei dem Auftragnehmer angestellten Arbeitnehmer darstellt, siehe BAG, 22.3.2000, 7 AZR 758/98, NZA 2000, 881 ff (883), siehe auch nach folgend Rn 46.
175 Siehe BAG, 5.6.2002, 7 AZR 241/01, NZA 2003, 149 ff (151); BAG, 22.3.2000, 7 AZR 758/98, NZA 2000, 881 ff (882); BAG, 26.8.1998, 7 AZR 450/97, NZA 1999, 149 ff (150); BAG, 12.9.1996, 7 AZR 790/95, NZA 1997, 313 ff (315); BAG, 8.4.1992, 7 AZR 135/91, NZA 1993, 694 ff (695). Insoweit stehen dem Arbeitgeber allerdings die – begrenzten – Tatbestände der sachgrundlosen Befristung nach § 14 Abs. 2-3 zur Verfügung, siehe dazu Rn 115 ff.
176 Siehe BAG, 22.3.2000, 7 AZR 758/98, NZA 2000, 881 ff (882); BAG, 8.4.1992, 7 AZR 135/91, NZA 1993, 694 ff (695).
177 Siehe schon oben Rn 45 in Verbindung mit Fn. 177.

tierende Unsicherheit über Anschlussaufträge ausreichen.[178] Im Zusammenhang mit der Durchführung eines zeitlich begrenzten Forschungsauftrags verlangt das BAG sogar für eine die Befristung rechtfertigende fundierte Prognose des Arbeitgebers, dass dieser konkrete Tatsachen dafür vorträgt, es seien keine Anschlussprojekte zu erwarten, die nach Beendigung des Forschungsauftrags eine Weiterbeschäftigung des Arbeitnehmers ermöglichen könnten.[179] Die Behauptung, es habe nicht mit Anschlussaufträgen gerechnet werden können, stelle keine auf Grund konkreter Tatsachen nachvollziehbare Prognose dar.[180]

47 Mag dem BAG auch darin zu folgen sein, dass ein Arbeitgeber als Auftragnehmer öffentlich-rechtlicher Träger das Risiko der Ungewissheit über die zur Verfügungstellung von Haushaltsmitteln für eine weitere Beauftragung nicht auf die Arbeitnehmer abwälzen kann und insoweit wie jeder andere Arbeitgeber auch das normale unternehmerische Risiko der Auftragsakquisition tragen muss, so sind die vom BAG aufgestellten Anforderungen an den Prognoseinhalt **jedenfalls zu hoch**, soweit es im Falle der Durchführung zeitlich und sachlich begrenzter Forschungsaufträge für eine ausreichende Prognose seitens des Arbeitgebers konkrete Tatsachen dafür verlangt, dass keine Anschlussprojekte zu erwarten sind.[181] Damit werden konkrete Anhaltspunkte über Vorgänge gefordert, die **außerhalb des Verantwortungsbereichs des Arbeitgebers** und in der alleinigen Kompetenz des auftragserteilenden Dritten liegen. Für eine fundierte Prognose muss es hier deshalb ausreichen, wenn der Arbeitgeber die Tatsachen, aus denen sich die zeitliche und/oder sachliche Begrenztheit des Auftrags ergibt, darlegt. Schon das begründet die ausreichende Prognose, dass nach Ablauf des Projekts der Bedarf an der Arbeitsleistung des zu dessen Durchführung befristet eingestellten Arbeitnehmers entfällt. Solange der Arbeitgeber Anhaltspunkte, die für ein Anschlussprojekt sprechen, nicht hat, kann er nicht mit der Vermutung belastet werden, es würden entsprechende Aufträge erfolgen. Darauf läuft aber die Forderung des BAG hinaus, konkrete Tatsachen dafür vortragen zu müssen, dass keine Anschlussprojekte zu erwarten seien.

48 Das Vorliegen des Sachgrundes und insbesondere der die Prognose im Zeitpunkt der Vereinbarung der Befristungsabrede tragenden hinreichenden Tatsachen **hat im Streitfall der sich auf die Wirksamkeit der Befristung berufende Arbeitgeber darzulegen und zu beweisen**.[182] Allerdings kommt dem Arbeitgeber insoweit eine Erleichterung zugute, als im Falle einer durch die spätere tatsächliche Entwicklung **bestätigten Prognose** eine ausreichende Vermutung dafür besteht, dass sie hinreichend fundiert erstellt worden ist. Es ist dann Sache des Arbeitnehmers, Tatsachen vorzutragen, nach denen zumindest im Zeitpunkt der Verein-

---

178 Siehe BAG, 22.3.2000, 7 AZR 758/98, NZA 2000, 881 ff (882 f); BAG, 8.4.1992, 7 AZR 135/91, NZA 1993, 694 ff (695); einschränkend jüngst BAG, 11.2.2004, 7 AZR 362/03, NZA 2004, 978 ff (980) für den Fall, dass einem Maßnahmeträger die Erledigung staatlicher Daueraufgaben vertraglich übertragen wird und feststeht, dass Anschlussmaßnahmen erst nach einer vielwöchigen Unterbrechung in Betracht kommen. Hier wird der Sachgrund des nur vorübergehenden Bedarfs an der Arbeitsleistung des Arbeitnehmers anerkannt (BAG, aaO).
179 Siehe BAG, 5.6.2002, 7 AZR 241/01, NZA 2003, 149 ff (151); siehe auch BAG, 15.2.2006, 7 AZR 241/05.
180 Siehe BAG, 5.6.2002, 7 AZR 241/01, NZA 2003, 149 ff (151).
181 Siehe BAG, 5.6.2002, 7 AZR 241/01, NZA 2003, 149 ff (151).
182 Siehe schon allgemein oben Rn 12.

barung der Befristungsabrede die Prognose nicht gerechtfertigt war.[183] Hat sich **die Prognose nicht bestätigt**, so ist es Sache des Arbeitgebers, die ihm bei der Vereinbarung der Befristungsabrede bekannten Tatsachen vorzubringen, die jedenfalls zum damaligen Zeitpunkt den hinreichend sicheren Schluss erlaubten, dass nach dem Ablauf der Befristung kein Bedarf mehr an der Arbeitsleistung des eingestellten Arbeitnehmers bestehen werde.[184]

Die Befristung nach § 14 Abs. 1 Satz 2 Nr. 1 rechtfertigt sich aus dem Gesichtspunkt, dass der Arbeitgeber für den befristet beschäftigten Arbeitnehmer nur im Hinblick auf einen wegfallenden Bedarf an Arbeitsleistung Verwendung hat. Daraus folgt nicht nur, **dass die Befristungsabrede unwirksam ist**, wenn der Wegfall des Bedarfs trotz im Zeitpunkt des Vertragsschlusses bekannter gegenteiliger Tatsachen **falsch prognostiziert** wird. Vielmehr ist die Befristung nach der Rechtsprechung des BAG auch dann unwirksam, wenn der Arbeitgeber aus Anlass des vorübergehenden Bedarfs an Arbeitsleistung **mehr Arbeitnehmer befristet einstellt**, als es gerade zur Deckung des vorübergehenden Bedarfs erforderlich ist.[185] Hiernach muss sich die Zahl der befristet eingestellten Arbeitnehmer im Rahmen des vorübergehenden Bedarfs halten, darf diesen also nicht überschreiten.[186] Damit trägt der Arbeitgeber bei der seinerseits im Zeitpunkt der Befristungsabrede vorzunehmenden Prognose auch das Risiko, den Umfang des vorübergehenden betrieblichen Bedarfs an Arbeitsleistung und die dementsprechend erforderliche Zahl von Arbeitnehmern zutreffend einzuschätzen. Auch insoweit ist allerdings davon auszugehen, dass es für die Frage der richtigen Einschätzung allein auf die im Zeitpunkt des Vertragsschlusses bekannten Tatsachen ankommen kann, so dass eine durch die spätere Entwicklung widerlegte bzw nicht bestätigte Prognose gleichwohl nicht zur Unwirksamkeit der Befristungen führt. Eine solche Konstellation kann zB auftreten, wenn der Umfang des vorübergehenden Bedarfs sich im Nachhinein als geringer erweist, als er im Zeitpunkt des Vertragsschlusses verständig prognostiziert werden konnte. Wurde die Prognose über die erforderliche Zahl der Arbeitnehmer von vornherein fehlerhaft vorgenommen, so ist auf der Grundlage der Rechtsprechung des BAG davon auszugehen, dass jede aus Anlass des vorübergehenden Bedarfs vorgenommene Befristung unwirksam ist.

b) Befristung im Anschluss an eine Ausbildung oder ein Studium (§ 14 Abs. 1 Satz 2 Nr. 2)

Gemäß der Regelung des § 14 Abs. 1 Satz 2 Nr. 2 liegt ein sachlicher Grund vor, wenn die Befristung **im Anschluss an eine Ausbildung oder ein Studium** erfolgt, um den Übergang des Arbeitnehmers in eine Anschlussbeschäftigung zu erleichtern. Nach der Gesetzesbegründung wird mit diesem Sachgrund, der als ein die Befristung eines Arbeitsvertrages rechtfertigender **sozialer Überbrückungstatbestand** in der Rechtsprechung des BAG auch schon vor Inkrafttreten des Teil-

---

[183] Siehe BAG, 17.4.2002, 7 AZR 283/01, EzA zu § 620 BGB Nr. 191; BAG, 12.9.1996, 7 AZR 790/95, NZA 1997, 313 ff (315) und schon oben Rn 15.
[184] Siehe BAG, 17.4.2002, 7 AZR 283/01, EzA zu § 620 BGB Nr. 191; BAG, 12.9.1996, 7 AZR 790/95, NZA 1997, 313 ff (315).
[185] Siehe BAG, 12.9.1996, 7 AZR 790/95, NZA 1997, 313 ff (315).
[186] Siehe BAG, 12.9.1996, 7 AZR 790/95, NZA 1997, 313 ff (315).

zeit- und Befristungsgesetzes anerkannt war,[187] an **tarifliche Regelungen** angeknüpft,[188] die Arbeitgeber verpflichten, Auszubildenden nach erfolgreich bestandener Abschlussprüfung grundsätzlich die Übernahme in ein befristetes Arbeitsverhältnis anzubieten.[189] Wie die Gesetzesbegründung weiter hervorhebt, soll mit diesem Befristungsgrund der Erfahrung Rechnung getragen werden, dass Befristungen den Berufsstart erleichtern können.[190] Das steht im Einklang mit der tarifvertraglichen Beschäftigungssicherungsklauseln im vorgenannten Sinne seitens des BAG beigemessenen Zwecksetzung. Danach sollen diese verhindern, dass Auszubildende in unmittelbarem Anschluss an ihre Berufsausbildung arbeitslos werden. Diesen soll vielmehr durch eine an das Ausbildungsverhältnis anschließende Weiterbeschäftigung in einem Arbeitsverhältnis der Erwerb von Berufspraxis ermöglicht werden, um die Vermittlungschancen auf dem Arbeitsmarkt zu verbessern.[191]

51 Die Befristung muss im Anschluss an eine Ausbildung oder ein Studium erfolgen. Unter dem nicht weiter präzisierten **Begriff der Ausbildung** ist jedenfalls, wie gerade auch die aus der Gesetzesbegründung zu entnehmende Anknüpfung an tarifliche Beschäftigungssicherungsregelungen ohne weiteres deutlich macht, die Berufsausbildung im Sinne der §§ 1 Abs. 1, Abs. 3, 10 ff BBiG zu verstehen. Von dem **Begriff des Studiums** wird jede berufsqualifizierende Ausbildung wissenschaftlicher Art, sei es an einer Hochschule, Fachhochschule oder vergleichbaren Institutionen, erfasst. Darüber hinaus sind in den Begriff der Ausbildung auch Maßnahmen der **beruflichen Fortbildung** und **beruflichen Umschulung** im Sinne des § 1 Abs. 4, Abs. 5 BBiG einzubeziehen.[192] Einem solch weiten Verständnis des Begriffs der Ausbildung steht zunächst der Wortlaut dieses Befristungsgrundes nicht entgegen. Der Terminus Ausbildung ist unspezifisch. Des weiteren kann systematisch nichts Gegenteiliges aus den Regelungen der §§ 10 und 19 entnommen werden, die von Aus- und Weiterbildungsmaßnahmen im Zusammenhang mit der arbeitgeberseitigen Pflicht zur Förderung von teilzeitbeschäftigten und befristet beschäftigten Arbeitnehmern sprechen.[193] Diesen Vorschriften kommt angesichts ihres begrenzten Kontexts keinerlei negative Ausgrenzungsfunktion bezogen auf den Begriff der Ausbildung im Sinne des § 14 Abs. 1 Satz 2 Nr. 2 zu. Eine Verengung dieses Begriffs auf den der Berufsausbildung gemäß §§ 1 Abs. 1, Abs. 3, 10 ff BBiG kann auch nicht daraus entnommen werden, dass für den hier in Frage stehenden Befristungsgrund ausweislich der Gesetzesbegründung tarifvertragliche Regelungen zur Beschäftigungssicherung nach Abschluss der Berufsausbildung als Vorbild dienten. Mag hierin auch der primäre Anlass für die Aufnahme des Befristungsgrundes in den Katalog des § 14 Abs. 1 Satz 2 gelegen haben, so hat eine entsprechende Begrenzung keinen

---

187 Siehe BAG, 14.10.1997, 7 AZR 811/96, NZA 1998, 778 ff (779).
188 Siehe die Gesetzesbegründung in BT-Drucks. 14/4374, 19.
189 Siehe zB die Tarifregelungen in BAG, 14.10.1997, 7 AZR 811/96, NZA 1998, 778 ff; BAG, 14.5.1997, NZA 1998, 50 ff; näher zur tarifvertraglichen Beschäftigungssicherung durch befristete Übernahme von Auszubildenden Kohte, NZA 1997, 457 ff.
190 BT-Drucks. 14/4374, 19.
191 Siehe BAG, 14.10.1997, 7 AZR 811/96, NZA 1998, 778 ff (779).
192 A.A. Däubler, ZIP 2001, 217 ff (223); wohl auch Lakies, DZWIR 2001, 1 ff (10); offen gelassen von Kliemt, NZA 2001, 296 ff (298).
193 Siehe zu dem Begriff der Aus- und Weiterbildungsmaßnahmen im Sinne dieser Vorschriften § 10 Rn 9 ff und § 19 Rn 11 ff.

Niederschlag im Wortlaut der Norm gefunden, dieser spricht vielmehr offen von Ausbildung und erfasst deshalb jede Art derselben und insofern auch Fortbildungs- und Umschulungsmaßnahmen. Letztlich entscheidend getragen wird dieses weite Verständnis von Sinn und Zweck der Regelung. Das im Gesetz selbst formulierte Ziel, die Befristung zuzulassen, um den Übergang des Arbeitnehmers in eine Anschlussbeschäftigung zu erleichtern, ist nicht weniger relevant, wenn es darum geht, einen Arbeitnehmer nach einer Fortbildung oder Umschulung wieder langfristig das Arbeitsleben zu integrieren, als dies nach dem Abschluss einer Erstausbildung der Fall ist. Vielmehr geht es gerade auch dann darum, die Vermittlungschancen von fortgebildeten und umgeschulten Arbeitnehmern auf dem Arbeitsmarkt zu verbessern und insoweit auch von dem Instrument der sachlich begründeten Befristung Gebrauch machen zu können. Deshalb greift der Befristungsgrund nach § 14 Abs. 1 Satz 2 Nr. 2 auch im Anschluss an Maßnahmen der Fortbildung und Umschulung, soweit die Voraussetzungen im Übrigen gegeben sind.

Der Sachgrund nach Nr. 2 setzt weiter voraus, dass die Befristung „im Anschluss" an die Ausbildung bzw das Studium erfolgt. Zutreffender Ansicht nach wird damit **nicht eine Nahtlosigkeit** zwischen Ausbildung bzw Studium und Aufnahme der befristeten Tätigkeit gefordert.[194] Auf der anderen Seite folgt aus Wortlaut und Zweck der Regelung, dass ein **zeitlicher Zusammenhang** zwischen beiden Abschnitten gegeben sein muss, weil nur dann die Funktion als sozialer Überbrückungstatbestand zum Tragen kommen kann. Das Erfordernis eines Anschlusses der Befristung macht in jedem Fall deutlich, dass der zwischen Ausbildung bzw Studium und befristetem Arbeitsvertrag liegende Zeitraum im Höchstfall nur einige Monate umfassen kann. Eine allgemein gültige Zeitgrenze lässt sich im Hinblick darauf nicht festlegen, dass in die Beurteilung, ob ein Anschluss im Sinne dieser Vorschrift gegeben ist, auch das finale Tatbestandselement der Überbrückungsfunktion einfließt. Die Frage kann deshalb nur einzelfallbezogen entschieden werden, wobei allerdings der in der Literatur zT vertretenen Auffassung zuzustimmen ist, wonach ein **Zeitraum von mehr als einem Jahr zwischen dem Abschluss der Ausbildung bzw des Studiums und der befristeten Einstellung** idR nicht mehr dem Kriterium des Anschlusses genügen dürfte.[195] 52

Das Gesetz enthält des Weiteren keine ausdrückliche Vorgabe hinsichtlich des **zulässigen Umfangs der Befristungsdauer.** Hier ist jedoch aus dem Zweck der sozialen Überbrückungsfunktion zu folgern, dass auf der Grundlage von § 14 Abs. 1 Satz 2 Nr. 2 **Langzeitbefristungen nicht in Betracht kommen.**[196] Denn die Befristung muss von dem Ziel getragen sein, den Übergang des Arbeitnehmers in eine Anschlussbeschäftigung zu erleichtern. Im Hinblick darauf sowie unter Berücksichtigung der insoweit bestehenden Übereinstimmung mit dem Zweck der erleichterten Befristung nach § 14 Abs. 2 Satz 1, der u.a. dahin geht, die befristete Beschäftigung ohne Sachgrund als Alternative zur Arbeitslosigkeit und zugleich möglichen Weg in eine Dauerbeschäftigung zuzulassen,[197] liegt es 53

---

194 Siehe etwa Däubler, ZIP 2001, 217 ff (223); Kliemt, NZA 2001, 296 ff (297).
195 Siehe Däubler, ZIP 2001, 217 ff (223); zu eng Kliemt, NZA 2001, 296 ff (297), der generell eine sechsmonatige Unterbrechung für zu lang erachtet.
196 Zutreffend Däubler, ZIP 2001, 217 ff (223); Kliemt, NZA 2001, 296 ff (298); Lakies, DZWIR 2001, 1 ff (10).
197 Siehe die Gesetzesbegründung in BT-Drucks. 14/4374, 14.

nahe, sich für die zulässige Dauer der Befristung nach § 14 Abs. 1 Satz 2 Nr. 2 an der **Zeitgrenze des § 14 Abs. 2 Satz 1** zu orientieren. Denn das Gesetz bringt hier zum Ausdruck, dass bis zur Höchstgrenze von zwei Jahren eine sachgrundlose Befristung auch unter dem Gesichtspunkt ihrer Funktion als „Brücke zur Dauerbeschäftigung"[198] zulässig sein soll.[199]

54 Schließlich fordert der Tatbestand des § 14 Abs. 1 Satz 2 Nr. 2, dass die Befristung von dem **Ziel getragen ist, den Übergang des Arbeitnehmers in eine Anschlussbeschäftigung zu erleichtern.** Damit wird weder vorausgesetzt, dass es um eine Anschlussbeschäftigung bei demselben Arbeitgeber geht,[200] noch dass überhaupt im Zeitpunkt der Befristungsabrede eine konkrete Aussicht auf eine Anschlussbeschäftigung besteht. Entsprechende Beschränkungen des Anwendungsbereichs lassen sich dem Wortlaut der Regelung nicht entnehmen und stünden im Widerspruch zu der sozialen Überbrückungsfunktion des Befristungsgrundes: Die zeitnahe befristete Beschäftigung nach Abschluss einer Ausbildung oder eines Studiums erleichtert den Eintritt in das Berufsleben gerade auch dann, wenn noch kein Dauerarbeitsplatz konkret in Aussicht steht, sondern es vielmehr darum geht, ein Abrutschen in die Arbeitslosigkeit zu vermeiden und den Erwerb von Berufspraxis in dem erlernten Beruf zu ermöglichen, die dann als Basis den Weg in eine Dauerbeschäftigung leichter eröffnet, als dies aus einer Situation der Arbeitslosigkeit heraus möglich wäre.

55 Hiervon ausgehend können auch **keine überzogenen Anforderungen an die Darlegung und im Streitfall den Nachweis des Vorliegens der für den Befristungsgrund maßgebenden Tatsachen** gestellt werden, wie das in der Literatur zT geschieht. So soll der Arbeitgeber gehalten sein, darzulegen, weshalb gerade die Befristung den Übergang in eine Anschlussbeschäftigung erleichtert.[201] Diese Anforderung würde zu einer weitgehenden Entwertung des Befristungsgrundes führen und übersieht, dass die zeitnahe befristete Einstellung eines Arbeitnehmers nach dem Abschluss einer Ausbildung oder eines Studiums die Vermutung des Ziels in sich trägt, den Übergang des Arbeitnehmers in eine Anschlussbeschäftigung zu erleichtern. Es ist dann Sache des Arbeitnehmers, darzulegen und ggf zu beweisen, dass im Zeitpunkt der Vereinbarung der Befristungsabrede andere Gründe für die Befristung entscheidend waren, aber jedenfalls nicht die Zielsetzung der sozialen Überbrückung. Aus Arbeitgebersicht empfiehlt es sich in jedem Fall, **in der Befristungsabrede den Überbrückungszweck ausdrücklich festzuhalten,** auch wenn die Wirksamkeit der Befristung allein das objektive Vorliegen des Befristungsgrundes fordert.[202]

56 Vor dem Hintergrund des hier umgrenzten Anwendungsbereichs des Befristungsgrundes nach § 14 Abs. 1 Satz 2 Nr. 2 kann die in der Literatur zT vertretene **Auffassung von der Überflüssigkeit der ausdrücklichen Normierung dieses Sachgrundes**[203] nicht geteilt werden. Zwar ist es zutreffend, dass sich Befristun-

---

198 Siehe BT-Drucks. 14/4374, 14.
199 Anders etwa Däubler, ZIP 2001, 217 ff (223) und Kliemt, NZA 2001, 296 ff (298), wonach Befristungen nach § 14 Abs. 1 Satz 2 Nr. 2 nicht über ein Jahr hinaus zulässig sein sollen. Siehe auch von Steinau-Steinrück/Oelkers, NJW-Spezial 2005, 33 ff (33).
200 Anderer Ansicht etwa Kliemt, NZA 2001, 296 ff (298).
201 Siehe Lakies, DZWIR 2001, 1 ff (10).
202 Siehe oben Rn 19 ff.
203 So etwa Preis/Gotthardt, DB 2001, 2065 ff (2071).

gen mit dem Zweck der sozialen Überbrückung nach Abschluss einer Ausbildung oder eines Studiums auch unter den in § 14 Abs. 1 Satz 2 Nr. 6 geregelten Sachgrund einordnen ließen.[204] Allerdings ist dieser Befristungsgrund sehr viel allgemeiner formuliert und erfasst über § 14 Abs. 1 Satz 2 Nr. 2 hinaus gehende Sachverhalte,[205] weshalb es aus Gründen der Rechtssicherheit und praktischen Handhabbarkeit begrüßenswert ist, dass der Gesetzgeber den wichtigen Fall der Anschlussbefristung nach Ausbildung bzw Studium als in der Person des Arbeitnehmers liegenden Befristungsgrund explizit normiert hat. Hinzu kommt, dass § 14 Abs. 1 Satz 2 Nr. 2 **die Härte des Anschlussverbots nach § 14 Abs. 2 Satz 2**[206] erheblich mildert, indem eine von der sozialen Überbrückungsfunktion getragene befristete Einstellung nach Ausbildung oder Studium gerade auch dann zulässig ist, wenn der Arbeitnehmer vor dem Zeitpunkt des Abschlusses der Ausbildung oder des Studiums bereits einmal bei dem Arbeitgeber beschäftigt war. Die Gesetzesbegründung weist insoweit ausdrücklich auf den **Werkstudenten** hin, der auch nach Abschluss des Studiums bei dem Arbeitgeber befristet beschäftigt werden kann, bei dem er bereits während des Studiums gearbeitet hat.[207] Losgelöst von diesem Beispiel trägt § 14 Abs. 1 Satz 2 Nr. 2 alle Befristungen, die nach Abschluss einer Ausbildung oder eines Studiums mit dem geforderten sozialen Überbrückungszweck vorgenommen werden, unabhängig davon, ob der befristet eingestellte Arbeitnehmer vor oder während der Ausbildung oder des Studiums bereits befristet oder unbefristet bei demselben Arbeitgeber beschäftigt war. Das gerade durch Aufnahme des Befristungsgrundes nach § 14 Abs. 1 Satz 2 Nr. 2 in Abgrenzung zu § 14 Abs. 2 Satz 2 klargestellt zu haben, ist verdienstvoll.

c) Beschäftigung zur Vertretung eines anderen Arbeitnehmers (§ 14 Abs. 1 Satz 2 Nr. 3)

Gemäß § 14 Abs. 1 Satz 2 Nr. 3 liegt ein sachlicher Grund vor, wenn **der Arbeitnehmer zur Vertretung eines anderen Arbeitnehmers beschäftigt wird.** Damit ist nunmehr im Teilzeit- und Befristungsgesetz der bereits vom BAG in ständiger Rechtsprechung anerkannte[208] und im einzelnen entfaltete **Befristungsgrund der Vertretung** allgemein geregelt worden, nachdem dieser zuvor schon in § 21 Abs. 1 BEEG für bestimmte Fallgestaltungen[209] eine ausdrückliche gesetzliche Ausformung gefunden hatte,[210] der in Bezug auf den allgemein anerkannten Sachgrund der Vertretung bestätigende, klarstellende Bedeutung beigemessen wurde.[211]

57

Nach der ständigen Rechtsprechung des BAG liegt der **sachliche Rechtfertigungsgrund einer Befristung wegen Vertretung** darin, dass der Arbeitgeber zu

58

---

204 Siehe Preis/Gotthardt, DB 2001, 2065 ff (2071).
205 Siehe noch Rn 84 ff.
206 Siehe Rn 117 ff.
207 Siehe BT-Drucks. 14/4374, 19.
208 Siehe nur BAG, 6.12.2000, 7 AZR 262/99, NZA 2001, 721 ff mwN.
209 Bezogen auf den Ausfall eines Arbeitnehmers wegen eines Beschäftigungsverbots nach dem Mutterschutzgesetz, einer Elternzeit oder Arbeitsfreistellung zur Betreuung eines Kindes.
210 Siehe BAG, 6.12.2000, 7 AZR 262/99, NZA 2001, 721 ff (722).
211 Siehe BAG, 6.12.2000, 7 AZR 262/99, NZA 2001, 721 ff (722); BAG, 29.10.1998, 7 AZR 477/97, NZA 1999, S. 478 f (479).

einem vorübergehend wegen Krankheit, Urlaub oder aus sonstigen Gründen ausfallenden Mitarbeiter bereits in einem Rechtsverhältnis steht und mit der Rückkehr dieses Mitarbeiters rechnet.[212] Im Hinblick darauf besteht für die Wahrnehmung der an sich dem ausfallenden Mitarbeiter obliegenden Arbeitsaufgaben durch eine Vertretungskraft von vornherein nur ein **zeitlich begrenztes Bedürfnis**.[213] Im Unterschied zur Vertretung als solcher bedarf die vertraglich vereinbarte Befristungsdauer keiner eigenen sachlichen Rechtfertigung.[214] Daran hat sich auch durch die Normierung des Befristungsgrundes der Vertretung in § 14 Abs. 1 Satz 2 Nr. 3 nichts geändert.[215] Hiernach wird lediglich gefordert, dass ein Arbeitnehmer zur Vertretung eines anderen beschäftigt wird, nicht aber, dass dies auch für die Dauer des Ausfalls des Stammarbeitnehmers geschehen muss. **Der Arbeitgeber ist frei, den Arbeitsausfall überhaupt zu überbrücken, aus diesem Grunde verbleibt ihm auch die Entscheidung, die Vertretung nur für eine kürzere Zeit zu regeln.**[216] Das wird im Übrigen durch die besondere Vorschrift des § 21 Abs. 1 BEEG bestätigt, die eine Einstellung zur Vertretung ausdrücklich auch „für Teile" der Ausfallzeiten zulässt.[217] Der Befristungsdauer kann im Zusammenhang mit der Wirksamkeit des Befristungsgrundes der Vertretung nur insofern Bedeutung zukommen, als sie neben anderen Umständen darauf hinweisen kann, dass der Sachgrund für die Befristung nur vorgeschoben ist.[218]

59 Der Arbeitnehmer muss zur Vertretung eines anderen Arbeitnehmers beschäftigt werden, womit das Gesetz das **Erfordernis eines Kausalzusammenhangs** zwischen dem Ausfall eines Stammarbeitnehmers und der nur vorübergehenden Einstellung eines Arbeitnehmers deutlich macht.[219] Für das Vorliegen der Voraussetzung des ursächlichen Zusammenhangs ist es notwendig und ausreichend, dass die Vertretungskraft gerade wegen des durch den zeitweiligen Ausfall des zu vertretenden Mitarbeiters entstehenden vorübergehenden Beschäftigungsbedarfs beschäftigt wird.[220] Diesem Erfordernis wird auch in den Fällen der so genannten **mittelbaren Vertretung**,[221] dh, wenn der Vertreter nicht unmittelbar die Auf-

---

212 Siehe BAG, 10.3.2004, 7 AZR 402/03, NZA 2004, 925 ff (926); BAG, 20.2.2002, 7 AZR 600/00, NZA 2002, 896 ff (897); BAG, 6.12.2000, 7 AZR 262/99, NZA 2001, 721 ff (722); BAG, 13.10.2004, 7 AZR 654/03, NZA 2005, 469 ff (471); BAG, 24.5.2006, 7 AZR 640/05.
213 Siehe BAG, 10.3.2004, 7 AZR 402/03, NZA 2004, 925 ff (926); BAG, 6.12.2000, 7 AZR 262/99, NZA 2001, 721 ff (722); BAG, 24.5.2006, 7 AZR 640/05.
214 Siehe BAG, 20.2.2002, 7 AZR 600/00, NZA 2002, 896 ff (897); BAG, 13.10.2004, 7 AZR 654/03, NZA 2005, 469 ff (471); BAG, 6.12.2000, 7 AZR 262/99, NZA 2001, 721 ff (722) mwN
215 Siehe aber die wohl eher rhetorischen Zweifel von Preis/Gotthardt, DB 2001, 2065 ff (2071) wie auch Kliemt, NZA 2001, 296 ff (298).
216 Siehe BAG, 20.2.2002, 7 AZR 600/00, NZA 2002, 896 ff (897 und 899); BAG, 6.12.2000, 7 AZR 262/99, NZA 2001, 721 ff (722) mwN; BAG, 24.5.2006, 7 AZR 640/05.
217 Siehe auch BAG, 20.2.2002, 7 AZR 600/00, NZA 2002, 896 ff (899), hier auch zur Ablehnung eines Wiedereinstellungsanspruchs, wenn sich nach Ablauf der Befristung ein neuer Vertretungsbedarf ergibt (aaO, 898 f) und schon oben Rn 16; BAG, 6.12.2000, 7 AZR 262/99, NZA 2001, 721 ff (722).
218 Siehe BAG, 20.2.2002, 7 AZR 600/00, NZA 2002, 896 ff (897); BAG, 6.12.2000, 7 AZR 262/99, NZA 2001, 721 ff (722). s. schon Rn 18.
219 Siehe BAG, 10.3.2004, 7 AZR 402/03, NZA 2004, 925 ff (927).
220 Siehe BAG, 10.3.2004, 7 AZR 402/03, NZA 2004, 925 ff (927).
221 Siehe BAG, 10.3.2004, 7 AZR 402/03, NZA 2004, 925 ff (926); BAG, 25.8.2004, 7 AZR 32/04, NZA 2005, 472 ff; BAG, 15.2.2006, 7 AZR 232/05, NZA 2006, 781 ff (782).

gaben des zu vertretenden Mitarbeiters übernimmt, genügt.[222] Nach der zutreffenden Rechtsprechung des BAG bleiben die **Versetzungs- und Umsetzungsbefugnis** des Arbeitgebers auch im Zusammenhang mit der befristeten Einstellung eines Arbeitnehmers zur Vertretung unberührt.[223] Der Arbeitgeber kann deshalb nicht nur darüber bestimmen, ob der Ausfall eines Stammarbeitnehmers überhaupt im Wege der befristeten Beschäftigung eines anderen Arbeitnehmers kompensiert werden soll, sondern für diesen Fall auch, welchem Arbeitnehmer er die Arbeitsaufgaben des Stammarbeitnehmers zuweist.[224] Erforderlich ist allein die Wahrung des ursächlichen Zusammenhangs zwischen dem zeitweiligen Ausfall des Stammarbeitnehmers und der befristeten Einstellung des Aushilfsarbeitnehmers, weshalb der Arbeitgeber in Fällen mittelbarer Vertretung darauf zu achten und konkret zu belegen hat, wie die Verteilung der Arbeitsaufgaben umorganisiert worden ist, um die Vertretung über eine entsprechende Kausalkette mit dem vorübergehenden Ausfall des Stammarbeitnehmers begründen zu können.[225]

Bei einem Arbeitgeber mit einer Vielzahl von Organisationseinheiten (Betrieben, Dienststellen) mit einem dauernden Vertretungsbedarf – so genannter **Gesamtvertretungsbedarf**[226] – wird dem Kausalitätserfordernis losgelöst von der grundsätzlich personenbezogenen Einzelvertretung wie auch dem in den einzelnen Organisationseinheiten bestehenden Vertretungsbedarf nach der Rechtsprechung des BAG auch dann Rechnung getragen, wenn es bei der befristeten Einstellung von Arbeitnehmern allein um die Deckung eines Bedarfs geht, der ohne den Ausfall vorhandener Stammarbeitnehmer gar nicht entstehen würde.[227] So genügt es für die Zulässigkeit der befristeten Beschäftigung von Lehrkräften im Bezirk einer Schulverwaltungsbehörde, **wenn sich die Zahl der befristet eingestellten Aushilfslehrkräfte für ein Schuljahr im Rahmen des Gesamtvertretungsbedarfs innerhalb des Bezirks hält**.[228] Diese **Relativierung des Kausalitätserfordernisses** im Sinne der befristeten Einstellung zur Deckung eines Gesamtvertretungsbedarfs ist auch im Rahmen des § 14 Abs. 1 Satz 2 Nr. 3 anzuerkennen, und zwar für alle Arbeitgeber, die für bestimmte Zeiträume aufgabenbezogen einen solchen Bedarf betriebs- bzw. dienststellenübergreifend ermitteln können. 60

Der befristet eingestellte Arbeitnehmer muss zur Vertretung **eines anderen Arbeitnehmers** beschäftigt werden, wie es in § 14 Abs. 1 Satz 2 Nr. 3 ausdrücklich heißt. Nach der Gesetzesbegründung soll der Befristungsgrund der Vertretung auch Anwendung finden, **wenn ein Arbeitnehmer einen Beamten zu vertreten hat**.[229] Das ist im Hinblick darauf nicht selbstverständlich, als das Teilzeit- 61

---

222 Siehe BAG, 10.3.2004, 7 AZR 402/03, NZA 2004, 925 ff (926); aA Lakies, DZWIR 2000, 1 ff (10); zweifelnd auch Preis/Gotthardt, DB 2001, 2065 ff (2071).
223 Siehe BAG, 10.3.2004, 7 AZR 402/03, NZA 2004, 925 ff (926).
224 Siehe BAG, 10.3.2004, 7 AZR 402/03, NZA 2004, 925 ff (926); BAG, 15.2.2006, 7 AZR 232/05, NZA 2006, 781 ff (782); BAG, 24.5.2006, 7 AZR 640/05.
225 Siehe BAG, 10.3.2004, 7 AZR 402/03, NZA 2004, 925 ff (926).
226 Siehe BAG, 3.12.1986, 7 AZR 354/85, AP Nr. 110 zu § 620 BGB Befristeter Arbeitsvertrag.
227 Siehe BAG, 3.12.1986, 7 AZR 354/85, AP Nr. 110 zu § 620 BGB Befristeter Arbeitsvertrag.
228 Siehe BAG, 3.12.1986, 7 AZR 354/85, AP Nr. 110 zu § 620 BGB Befristeter Arbeitsvertrag.
229 Siehe BT-Drucks. 14/4374, 19. Diese Auffassung wird in der Literatur unter Hinweis auf die Gesetzesbegründung geteilt, siehe nur Lakies, DZWIR 2001, 1 ff (10); Kliemt, NZA 2001, 296 ff (298).

und Befristungsgesetz seinem Anwendungsbereich nach (nur) auf Arbeitnehmer im Rechtssinne zugeschnitten ist und es deshalb besonderer Begründung bedarf, wieso der Begriff des Arbeitnehmers im Rahmen von § 14 Abs. 1 Satz 2 Nr. 3 insoweit losgelöst von dem arbeitsrechtlichen Begriff zu verstehen sein soll. Der Grund hierfür ist darin zu sehen, dass die befristete Einstellung wegen Vertretung wesentlich deshalb zugelassen wird, damit der Arbeitgeber den Ausfall einer Person, mit deren Rückkehr zu rechnen ist, zur Erledigung der von dieser wahrgenommenen Arbeitsaufgaben überbrücken kann. **Im Vordergrund steht also die Möglichkeit zur Kompensation des Ausfalls, nicht die Rechtsbeziehung, auf deren Grundlage die vorübergehend ausfallende Person die Aufgabe, zu deren Erledigung der Vertreter eingestellt wird, wahrnimmt.** Deshalb kann es sich bei dem Vertretenen auch um einen Beamten handeln, in Konsequenz der Bedeutungslosigkeit der Rechtsbeziehung aber auch um einen vorübergehend **ausfallenden freien Mitarbeiter**, dem gegenüber der Arbeitgeber zur Auftragserteilung nach seiner Rückkehr vertraglich weiter gebunden ist. Im übrigen lässt sich die Bedeutungslosigkeit der Rechtsbeziehung des Arbeitgebers zu der ausfallenden Person damit begründen, dass insoweit die auf Arbeitnehmer ausgerichtete Schutzfunktion des Teilzeit- und Befristungsgesetzes keine Relevanz hat, denn es geht um den Schutz des zur Vertretung befristet eingestellten Arbeitnehmers.

62 Notwendiger Teil des Sachgrundes der Vertretung ist eine **Prognose des Arbeitgebers im Zeitpunkt der Vereinbarung der Befristungsabrede**[230] über den voraussichtlichen Wegfall des Vertretungsbedarfs.[231] Diese Prognose hat sich darauf zu beziehen, ob zu erwarten ist, dass der vertretene Mitarbeiter seine Arbeit überhaupt wieder aufnehmen wird.[232] Wenn nicht besondere Umstände vorliegen, kann der Arbeitgeber grundsätzlich davon ausgehen, dass die zu vertretende Stammkraft zurückkehren wird.[233] Anderes gilt nur **bei erheblichen Zweifeln an der Rückkehr**,[234] sofern sich diese dem Arbeitgeber nach dem objektiven Geschehensablauf im Zeitpunkt des Vertragsschlusses aufdrängen müssen.[235] Das kann etwa dann der Fall sein, wenn für den Arbeitgeber in diesem Zeitpunkt erkennbar ist, dass ein Arbeitnehmer wegen familiärer Verpflichtungen auf Dauer an der Rückkehr gehindert ist.[236] Nicht ausreichend ist die Unsicherheit darüber, ob eine Stammkraft nach dem Ablauf der Befristung erneut ausfällt.[237] Des Weiteren hindert auch ein seitens der Stammkraft gestellter Rentenantrag nicht die Prognose ihrer Rückkehr.[238]

63 Bei der Prognoseentscheidung braucht seitens des Arbeitgebers **keine Rücksicht darauf genommen zu werden, zu welchem Zeitpunkt mit der Rückkehr des zu

---

230 Siehe schon oben Rn 15 f.
231 BAG, 10.3.2004, 7 AZR 402/03, NZA 2004, 925 ff (927); BAG, 20.2.2002, 7 AZR 600/00, NZA 2002, 896 ff (897); BAG, 6.12.2000, 7 AZR 262/99, NZA 2001, 721 ff (722).
232 BAG, 6.12.2000, 7 AZR 262/99, NZA 2001, 721 ff (722); BAG, 22.11.1995, 7 AZR 252/95, AP Nr. 178 zu § 620 BGB Befristeter Arbeitsvertrag.
233 BAG, 20.2.2002, 7 AZR 600/00, NZA 2002, 896 ff (897).
234 BAG, 20.2.2002, 7 AZR 600/00, NZA 2002, 896 ff (897).
235 BAG, 11.11.1998, AP Nr. 204 zu § 620 BGB Befristeter Arbeitsvertrag.
236 Vgl. BAG, 11.11.1998, AP Nr. 204 zu § 620 BGB Befristeter Arbeitsvertrag.
237 BAG, 6.12.2000, 7 AZR 262/99, NZA 2001, 721 ff (723).
238 BAG, 10.3.2004, 7 AZR 402/03, NZA 2004, 925 ff (927).

vertretenden Mitarbeiters zu rechnen ist.[239] Deshalb muss sich der Arbeitgeber zB vor der Vereinbarung der Befristungsabrede nicht nach der gesundheitlichen Entwicklung eines aus Krankheitsgründen ausgefallenen Stammarbeitnehmers erkundigen.[240] Im Falle der befristeten Einstellung zur Vertretung eines freigestellten Betriebsrats- bzw Personalratsmitgliedes ist der Arbeitgeber nicht gehalten, Informationen über die Pläne des Mitgliedes für die Zukunft nach Ablauf der Amtsperiode einzuholen.[241]

Die Prognose muss sich, um die Befristung wegen Vertretung wirksam begründen zu können, auch **nicht darauf erstrecken, ob der zu vertretende Arbeitnehmer seine Tätigkeit in vollem Umfang wieder aufnehmen wird**.[242] Auch wenn die Stammkraft nach ihrer Rückkehr nur in einem reduzierten Umfang wieder tätig wird, so entfällt damit der Vertretungsbedarf in dem bisherigen Umfang.[243]   64

Bei **wiederholten Befristungen**[244] sind an die Begründetheit der Prognose gesteigerte Anforderungen zu stellen,[245] dh, im Falle der Befristung wegen der Vertretung bedarf es einer besonders sorgfältigen Prüfung, ob noch mit einer Rückkehr der Stammkraft zu rechnen ist.[246] Allerdings gelten auch hier die allgemeinen Grundsätze, weshalb die Richtigkeit der Prognose nur in Frage gestellt wird, wenn im Zeitpunkt der Vereinbarung der Befristungsabrede aufgrund konkreter Anhaltspunkte erhebliche Zweifel bestanden, ob die Stammkraft ihre Tätigkeit überhaupt wieder aufnehmen wird.[247] Im Übrigen kommt es auch hier nicht auf den zu erwartenden Zeitpunkt der Rückkehr an.[248]   65

d) Eigenart der Arbeitsleistung (§ 14 Abs. 1 Satz 2 Nr. 4)

Gemäß § 14 Abs. 1 Satz 2 Nr. 4 liegt ein sachlicher Grund vor, wenn **die Eigenart der Arbeitsleistung die Befristung rechtfertigt**. Nach der Gesetzesbegründung bezieht sich dieser Befristungsgrund insbesondere auf das von der Rechtsprechung aus der Rundfunkfreiheit abgeleitete **Recht der Rundfunkanstalten, programmgestaltende Mitarbeiter** aus Gründen der Programmplanung lediglich für eine bestimmte Zeit zu beschäftigen.[249] Darüber hinaus wird auf das mit der **Freiheit der Kunst** begründete **Recht der Bühnen** verwiesen, entsprechend dem vom Intendanten verfolgten künstlerischen Konzept Arbeitsverträge mit Solisten jeweils befristet abzuschließen.[250]   66

---

239 BAG, 20.2.2002, 7 AZR 600/00, NZA 2002, 896 ff (897); BAG, 6.12.2000, 7 AZR 262/99, NZA 2001, 721 ff (722).
240 BAG, 20.2.2002, 7 AZR 600/00, NZA 2002, 896 ff (897).
241 BAG, 20.2.2002, 7 AZR 600/00, NZA 2002, 896 ff (898).
242 BAG, 6.12.2000, 7 AZR 262/99, NZA 2001, 721 ff (722); anders BAG, 11.12.1991, NZA 1992, 883 ff (886).
243 Zutreffend BAG, 6.12.2000, 7 AZR 262/99, NZA 2001, 721 ff (722).
244 Siehe dazu, dass grundsätzlich nur die Befristung des letzten Arbeitsvertrages auf ihre Rechtfertigung zu prüfen ist, BAG, 10.3.2004, 7 AZR 402/03, NZA 2004, 925 ff (926).
245 Siehe schon oben Rn 15.
246 Siehe BAG, 22.11.1995, 7 AZR 252/95, AP Nr. 178 zu § 620 BGB Befristeter Arbeitsvertrag.
247 Siehe BAG, 20.2.2002, 7 AZR 600/00, NZA 2002, 896 ff (997).
248 Siehe BAG, 22.11.1995, 7 AZR 252/95, AP Nr. 178 zu § 620 BGB Befristeter Arbeitsvertrag.
249 Siehe BT-Drucks. 14/4374, 19.
250 Siehe BT-Drucks. 14/4374, 19.

67 Diese Begründung wie auch der hiervon losgelöste Gesetzeswortlaut machen deutlich, dass die Anerkennung des hier in Frage stehenden Befristungsgrundes nicht auf die vorgenannten Fälle beschränkt ist. In Abgrenzung zu dem Befristungsgrund nach § 14 Abs. 1 Satz 2 Nr. 6, wonach in der Person des Arbeitnehmers liegende Gründe die Befristung rechtfertigen können,[251] muss sich der Sachgrund im Sinne des § 14 Abs. 1 Satz 2 Nr. 4 aus der **Eigenart der Arbeitsleistung** ergeben, dh, durch den **Charakter der arbeitsvertraglich begründeten Verpflichtung des Arbeitnehmers** bedingt sein. Gefordert ist mithin ein **innerer Zusammenhang** zwischen dem Inhalt der Arbeitspflicht und der Befristung, jener muss aus sich selbst heraus für die zeitliche Begrenzung des Arbeitsvertrages sprechen. Ist das der Fall, so wird über § 14 Abs. 1 Satz 2 Nr. 4 das Recht zur Befristung gesetzlich anerkannt. Insoweit verbietet sich die in der Literatur zT vertretene Auffassung von der Notwendigkeit einer restriktiven Auslegung.[252] Die Rechtfertigung der Befristung aufgrund der Eigenart der Arbeitsleistung ist notwendig, aber auch ausreichend.

68 Die Eigenart der Arbeitsleistung kann die Befristung des Arbeitsvertrages aus **verfassungsrechtlichen Gründen** rechtfertigen. Insoweit ist zunächst die Befugnis der Rundfunk- und Fernsehanstalten anerkannt, Arbeitsverträge mit **Arbeitnehmern, die gestaltenden Einfluss auf die Programminhalte nehmen**, zu befristen.[253] Die Zulässigkeit der Befristung folgt aus dem in Art. 5 Abs. 1 Satz 2 GG niedergelegten verfassungsrechtlichen Schutz der Freiheit des Rundfunks, von dem auch das Recht der Rundfunkanstalten umfasst wird, der ihrem Auftrag entsprechenden Vielfalt der zu vermittelnden Programminhalte auch bei der Auswahl, Einstellung und Beschäftigung der Rundfunkmitarbeiter Rechnung zu tragen.[254] Im Hinblick darauf, dass die Vielfalt des Programms wesentlich von den personellen Voraussetzungen abhängt, beinhaltet die Rundfunkfreiheit auch die Entscheidung, ob programmgestaltende Mitarbeiter, zu denen etwa **Regisseure, Moderatoren, Kommentatoren, Wissenschaftler und Künstler gehören**, fest angestellt oder befristet werden.[255] Hingegen gilt die Befristungsfreiheit nicht bezogen auf Mitarbeiter, die ihrer arbeitsvertraglichen Verpflichtung nach **nicht unmittelbar den Inhalt des Programms mitgestalten**.[256] Hier besteht kein verfassungsrechtlich begründetes Bedürfnis, der geforderten Vielfalt des Programms und den sich ständig ändernden Publikumsinteressen durch flexiblen Personaleinsatz in Gestalt von befristeten Arbeitsverträgen Rechnung tragen zu müssen.

69 Die Rundfunkfreiheit rechtfertigt die Befristung des Arbeitsvertrages mit einem programmgestaltenden Mitarbeiter, **ohne dass weitere Gründe für die Befristung erforderlich sind**.[257] Gleichwohl verlangt das BAG in seiner einschlägigen Rechtsprechung bis zum Inkrafttreten des Teilzeit- und Befristungsgesetzes eine einzelfallbezogene Abwägung dahingehend, dass, sofern der Schutzbereich der Rundfunkfreiheit berührt ist, die **Belange der Rundfunkanstalt und des betroffenen**

---

251 Siehe nachfolgend Rn 84 ff.
252 So etwa Lakies, DZWIR 2001, 1 ff (10); HWK/*Schmalenberg*, § 14 TzBfG Rn 34.
253 Grundlegend BVerfG, 13.1.1982, 1 BvR 848/77, NJW 1982, 1447 ff; BAG, 22.4.1998, 5 AZR 342/97, NZA 1998, 1336 ff, BAG 11.12.1991, NZA 1993, 354 ff.
254 Siehe BVerfG, 13.1.1982, 1 BvR 848/77, NJW 1982, 1447 ff (1447).
255 Siehe BVerfG, 13.1.1982, 1 BvR 848/77, NJW 1982, 1447 ff (1448).
256 Siehe BVerfG, 13.1.1982, 1 BvR 848/77, NJW 1982, 1447 ff.
257 Siehe BAG, 22.4.1998, 5 AZR 342/97, NZA 1998, 1336 ff (1339); BAG, 11.12.1991, 7 AZR 128/91, NZA 1993, 354 ff.(356).

Arbeitnehmers im Rahmen einer Einzelfallabwägung einander gegenüber zu stellen sind, um die Frage der Zulässigkeit der Befristung zu beantworten.[258] Abwägungskriterien sollen die Intensität des Einflusses des Mitarbeiters auf die Gestaltung des Programms und die Gefahr, dass die Rundfunkanstalt im Falle eines Bestandsschutzes – sprich bei Unzulässigkeit der Befristung – nicht mehr dem Auftrag der Programmvielfalt und den sich ändernden Publikumsinteressen Rechnung tragen kann, sein.[259] Das ist inkonsequent vor dem Hintergrund, dass die verfassungsrechtliche Begründung der Befristungsfreiheit von Rundfunk- und Fernsehanstalten allein daran anknüpft und darin begründet ist, ob ein Mitarbeiter programmgestaltend tätig ist und damit Einfluss auf die Vielfalt des Programms nehmen kann. Dieser Anknüpfungspunkt lässt für eine Abwägung mit Bestandsschutzinteressen des Arbeitnehmers keinen Raum, sondern rechtfertigt aus sich heraus die Befristung. Abzugrenzen ist allein, ob eine programmgestaltende Tätigkeit des Arbeitnehmers gegeben ist.

Jedenfalls mit Inkrafttreten des Teilzeit- und Befristungsgesetzes ist im Rahmen von § 14 Abs. 1 Satz 2 Nr. 4 **für eine entsprechende Abwägung kein Ansatzpunkt mehr**. Das Gesetz stellt als Sachgrund allein auf die Eigenart der Arbeitsleistung ab. Rechtfertigt diese, wie bei programmgestaltenden Mitarbeitern, die Befristung, so ist diese zulässig, ohne dass es noch auf die Einzelfallabwägung ankäme, ob ein Bestandsschutz die Rundfunkfreiheit gefährden könnte. Damit ist nicht ausgeschlossen, dass sich in bestimmten Fallkonstellationen eine Rundfunkanstalt nicht auf die Wirksamkeit der Befristung des Arbeitsvertrages mit einem programmgestaltenden Mitarbeiter berufen kann. Nach dem **Grundsatz des venire contra factum proprium** ist das insbesondere der Fall, wenn ein solcher Arbeitnehmer längere Zeit im Wege von Kettenbefristungen beschäftigt worden ist, sofern darin deutlich wird, dass ein Bedürfnis nach personellem Wechsel nicht besteht und eine erneute Befristung nicht auf zusätzliche Aspekte gestützt werden kann, die wiederum eine nur zeitlich begrenzte Kontinuität rechtfertigen könnten. Ob ein solchermaßen widersprüchliches Verhalten vorliegt, ist im Einzelfall zu prüfen. Diese Anknüpfung vermeidet aber die **Relativierung des Befristungsgrundes**, die das BAG bislang über das Erfordernis einer zusätzlichen Interessenabwägung vornimmt.[260]

70

Des Weiteren rechtfertigt das durch Art. 5 Abs. 3 GG geschützte **Recht der Kunstfreiheit** die Vereinbarung einer Befristungsabrede wie auch einer auflösenden Bedingung mit **künstlerisch tätigen Arbeitnehmern**, um auf diese Weise zu gewährleisten, dass der Arbeitgeber seine künstlerischen Vorstellungen verwirklichen und dem Abwechslungsbedürfnis des Publikums Rechnung

71

---

258 Siehe BAG, 22.4.1998, 5 AZR 342/97, NZA 1998, 1336 ff (1339); BAG 11.12.1991, 7 AZR 128/91, NZA 1993, 354 ff (356). Das BAG beruft sich hierfür auf die grundlegende Entscheidung des Bundesverfassungsgerichts (BVerfG 13.1.1982, 1 BvR 848/77, NJW 1982, 1447 ff), die dafür allerdings nichts hergibt: Das Bundesverfassungsgericht betont zwar auch die Schranken der Rundfunkfreiheit, relativiert unter Hinweis darauf jedoch nicht die Befristungsfreiheit bezogen auf programmgestaltende Mitarbeiter, sondern führt aus, dass diesen deshalb nicht jeglicher Schutz genommen werden kann und muss, und zwar konkret bezogen auf die sozialversicherungsrechtliche Absicherung, aaO S. 1149 f.
259 BAG, 22.4.1998, 5 AZR 342/97, NZA 1998, 1336 ff (1340).
260 So prüft das BAG die lang andauernde Beschäftigung als Indiz für ein fehlendes Bedürfnis eines personellen Wechsels im Rahmen der Interessenabwägung, siehe BAG, 22.4.1998, 5 AZR 342/97, NZA 1998, 1336 ff (1340).

tragen kann.[261] Entscheidende Kriterien für die Zulässigkeit der Befristung des Arbeitsvertrages sind die, **dass der Arbeitnehmer künstlerisch tätig ist und insoweit individuelle Leistungen erbringt.**[262] Wirksam ist danach etwa die Befristung von Arbeitsverträgen mit **Theaterschauspielern, Kapellmeistern, Choreografen oder auch Dramaturgen.**[263] Darüber hinaus können nach der Rechtsprechung des BAG Arbeitsverträge mit **Schauspielern,** die etwa in Fernsehserien eine bestimmte Rolle übernehmen, bezogen auf den Zeitpunkt zeitlich begrenzt abgeschlossen werden, zu dem die Rolle in der Serie nicht mehr enthalten ist, sofern die Entscheidung über den Wegfall der Rolle maßgeblich auf künstlerischen Erwägungen und dem Bedürfnis einer Anpassung an den Publikumsgeschmack beruht.[264] Dass damit zugleich wirtschaftliche Interessen verfolgt werden, hindert die aus der künstlerischen Eigenart der Arbeitsleistung folgende Zulässigkeit der Befristung des Arbeitsvertrages nicht.[265]

72 Verfassungsrechtlich getragen aufgrund der Eigenart der Arbeitsleistung ist weiterhin die **Zulässigkeit der Befristung von Arbeitsverträgen mit Mitarbeitern von Abgeordneten und Parlamentsfraktionen,** wobei das BAG zur Voraussetzung macht, dass die Arbeitnehmer **arbeitsvertraglich zur fachlichen Beratung und/ oder politischen Bewertung von Vorgängen verpflichtet sind.**[266] Abgeordnete wie auch Fraktionen sind von Verfassungs wegen frei in ihrer Entscheidung, Inhalt und Ziele ihrer politischen Arbeit zu bestimmen.[267] Hierzu gehört notwendig im Zeitpunkt der Konstituierung des Parlaments die Möglichkeit zur freien Entscheidung darüber, von welchen Mitarbeitern sich Abgeordnete und Parlamentsfraktionen bei ihrer politischen Arbeit während der Legislaturperiode unterstützen lassen wollen.[268] Diesem verfassungsrechtlich verbürgten Recht wird arbeitsrechtlich durch die Zulässigkeit der Befristung der Arbeitsverträge mit Mitarbeitern Rechnung getragen. **Wenn das BAG diese Möglichkeit allerdings auf Arbeitsverhältnisse mit zur fachlichen und politischen Beratung eingestellten wissenschaftlichen Mitarbeitern beschränken will,**[269] **so ist diese Begrenzung fragwürdig und abzulehnen.** Denn auch bezogen auf nicht fachlich oder politisch beratendes Personal erlangt die aus der verfassungsrechtlichen Stellung der Abgeordneten und Parlamentsfraktionen abgeleitete Freiheit Bedeutung, möglichst nur Arbeitnehmer beschäftigen zu müssen, deren Unterstützung sie bei der Verfolgung ihrer politischen Ziele sicher sein können. Im Hinblick darauf muss die Befristungsmöglichkeit auch bezogen auf solche Mitarbeiter gegeben sein, die zwar vordergründig reine Verwaltungs- und Organisationstätigkeiten

---

261 Siehe BAG, 28.8.1998, 7 AZR 263/97, NZA 1999, 442 ff; BAG, 2.7.2003, 7 AZR 612/02, NZA 2004, 311 ff, hier zur Wirksamkeit einer auflösenden Bedingung.
262 Siehe BAG, 28.8.1998, 7 AZR 263/97, NZA 1999, 442 ff (443).
263 Siehe BAG, 2.7.2003, 7 AZR 612/02, NZA 2004, 311 ff (313); BAG, 28.8.1998, 7 AZR 263/97, NZA 1999, 442 ff (443), hier zur Befristung des Arbeitsvertrages mit einer Schauspielmusikerin.
264 Siehe BAG, 2.7.2003, 7 AZR 612/02, NZA 2004, 311 ff (312 f), hier zur Zulässigkeit einer auflösenden Bedingung; siehe hierzu zustimmend Joch/Klichowski, NZA 2004, 302 ff.
265 Zutreffend, BAG, 2.7.2003, 7 AZR 612/02, NZA 2004, 311 ff (312), hier zu einer auflösenden Bedingung.
266 Siehe BAG, 26.8.1998, 7 AZR 450/97, NZA 1999, 149 ff (150), hier bezogen auf den wissenschaftlichen Mitarbeiter einer Parlamentsfraktion.
267 Siehe BAG, 26.8.1998, 7 AZR 450/97, NZA 1999, 149 ff (150).
268 Siehe BAG, 26.8.1998, 7 AZR 450/97, NZA 1999, 149 ff (150).
269 Siehe BAG, 26.8.1998, 7 AZR 450/97, NZA 1999, 149 ff (150).

als arbeitsvertragliche Aufgaben haben, gleichwohl jedoch für die Verwirklichung der politischen Ziele unabdingbar sind und deshalb Arbeitnehmer des Vertrauens von Abgeordneten und Parlamentsfraktionen sein müssen. Das erfordert die Freiheit, entsprechendes Personal einstellen und befristet beschäftigen zu können.

Nichts anderes kann für die Universitäten sub specie Art. 5 Abs. 3 GG gelten, soweit nichtwissenschaftliches Personal nicht in der allgemeinen Universitätsverwaltung beschäftigt ist, sondern **unmittelbar im Lehr- und Forschungsbereich selbst, etwa in den Sekretariaten von Lehrstühlen.** Auch hier wird durch die Eigenart der Arbeitsleistung, Unterstützung der wissenschaftlichen Tätigkeit der Professoren, die diese auf der Grundlage der durch Art. 5 Abs. 3 GG gewährleisteten Freiheit von Wissenschaft und Forschung wahrnehmen, gefordert, entsprechende Arbeitsverhältnisse befristet bzw auflösend bedingt abschließen zu können. Nur dann können Wissenschaftler ihren Aufgaben in der Lehre und dem besonders sensiblen Bereich der Forschung uneingeschränkt nachkommen, **wenn sie auch im nichtwissenschaftlichen Bereich die Möglichkeit haben, Personen bzw Arbeitnehmer ihres Vertrauens beschäftigen zu können.** Das wiederum setzt voraus, dass mit der Berufung an eine Universität diese als Arbeitgeber die Möglichkeit haben muss, das dem Wissenschaftler aufgrund der Berufungszusage zustehende nichtwissenschaftliche Personal befristet oder auflösend bedingt, etwa für den Fall der Rufannahme an eine andere Universität, einstellen zu können, damit der Wissenschaftler nicht vorhandenes Personal übernehmen muss, sondern auf ihn unterstützende Arbeitnehmer seines Vertrauens zurückgreifen kann. Der Anwendbarkeit von § 14 Abs. 1 Satz 2 Nr. 4 insoweit stehen nicht die Vorschriften der §§ 57a ff HRG betr. die Zulässigkeit der Befristung von Arbeitsverträgen mit wissenschaftlichem und künstlerischem Personal an Hochschulen entgegen. Hiervon wird das nichtwissenschaftliche Personal nicht erfasst und im Übrigen kann diesen Regelungen keine Aussage darüber entnommen werden, dass nichtwissenschaftliches Personal nicht nach allgemeinen Grundsätzen befristet beschäftigt werden kann. Hierzu gehört gerade auch § 14 Abs. 1 Satz 2 Nr. 4, auf dessen Grundlage unter Berücksichtigung von Art. 5 Abs. 3 GG aus den vorgenannten Gründen die Befristung der Arbeitsverträge von nichtwissenschaftlichen Mitarbeitern im unmittelbaren Bereich von Lehre und Forschung wegen der Eigenart der Arbeitsleistung zulässig ist.

Die Eigenart der Arbeitsleistung kann eine Befristung auch rechtfertigen, **ohne dass hierfür eine besondere verfassungsrechtliche Legitimation gegeben sein muss.** So ist in der Rechtsprechung des BAG unter den Schlagworten **Fluktuations-, Austausch- bzw Rotationsprinzip**[270] die Zulässigkeit der Befristung bei Tätigkeiten anerkannt, die ihrem arbeitsvertraglichen Inhalt nach einen Aktualitätsbezug voraussetzen, der im Falle unbefristeter Einstellung nicht gewährleistet ist. Das gilt etwa für die **Befristung des Arbeitsvertrages einer ausländischen Lehrkraft** an einer deutsch-amerikanischen Schule, zu deren Konzept es gehört, die Schüler (auch) von ausländischen Lehrern unterrichten zu lassen, die zeitnah Kultur-, Sprach- und Erziehungswissen aus ihrem Heimatland mitbringen.[271]

---

270 Siehe BAG, 13.5.1982, 2 AZR 87/80, AP Nr. 68 zu § 620 BGB Befristeter Arbeitsvertrag; BAG, 12.9.1996, 7 AZR 64/96, NZA 1997, 378 ff (379).
271 Siehe BAG, 12.9.1996, 7 AZR 64/96, NZA 1997, 378 ff (379).

Das ist bei Personen, die bereits längere Zeit außerhalb ihres Heimatlandes tätig sind, nicht gewährleistet.[272] Der Befristungsgrund kann allerdings nur tragen, wenn der Arbeitgeber das von ihm entwickelte Konzept auch tatsächlich einhält.[273] Bezogen auf die **Tätigkeit von Fremdsprachenlektoren** an Hochschulen hat das BAG zunächst auch in der Erteilung aktualitätsbezogenen Unterrichts in der Heimatsprache einen sachlichen Grund für die Befristung gesehen.[274] Unter Übernahme einer Entscheidung des EuGH, wonach dieser Befristungsgrund nicht mit der Grundfreiheit der Freizügigkeit vereinbar ist,[275] hat das BAG seine Rechtsprechung insoweit geändert,[276] erkennt jedoch das Ziel der Gewährleistung eines laufenden kulturellen Austauschs als Rechtfertigungsgrund für die Befristung von Lektorenverträgen an, sofern die entsprechenden Stellen tatsächlich dem internationalen Austausch dienen.[277] Hierfür bedarf es zum Nachweis entsprechender Vereinbarungen zwischen Hochschulen oder einer entsprechenden Verwaltungspraxis.[278]

75 Des Weiteren ist in der Rechtsprechung des BAG anerkannt, dass wegen der Eigenart der **Arbeitsleistung eines Sporttrainers** die Befristung unter dem Gesichtspunkt des so genannten **Verschleißtatbestands** gerechtfertigt ist, wenn dieser arbeitsvertraglich zur Betreuung von Spitzensportlern oder besonders talentierten Nachwuchssportlern verpflichtet ist, weil mit dieser Aufgabe die Gefahr verbunden ist, dass im Laufe der Zeit die Fähigkeit des Trainers zu weiterer Motivation der anvertrauten Sportler regelmäßig nachlässt.[279] Voraussetzung für die wirksame Befristung ist allerdings, dass die Befristung überhaupt geeignet ist, der Gefahr eines Verschleißes in der Beziehung zwischen Trainer und Sportler vorzubeugen.[280] Daran fehlt es etwa, wenn die Befristung des Arbeitsvertrages einen längeren Zeitraum umfasst, als die zu betreuenden Sportler überhaupt in der Obhut des Trainers bleiben.[281] Jenseits dieses für Sporttrainer als Befristungsgrund anerkannten Verschleißtatbestands kann der bei längerer Ausübung desselben Berufs auftretende Verschleiß im Sinne eines zur bloßen Routine führenden Abnutzungsprozesses nicht als aus der Eigenart der Arbeitsleistung folgender Sachgrund anerkannt werden.[282] Diese Abnutzungsprozesse haben nicht unmittelbar etwas mit der Eigenart der Arbeitsleistung zu tun, sondern sind durch den Zeitfaktor der Ausübung einer Tätigkeit bedingt.

---

272 Siehe BAG, 12.9.1996, 7 AZR 64/96, NZA 1997, 378 ff (379).
273 Siehe BAG, 12.9.1996, 7 AZR 64/96, NZA 1997, 378 ff (380).
274 Siehe BAG, 13.5.1982, 2 AZR 87/80, AP Nr. 68 zu § 620 BGB Befristeter Arbeitsvertrag.
275 Siehe EuGH, 20.10.1993, C-272/92, NZA 1994, 115 f, hier zu Befristungsvorschriften des HRG.
276 Siehe BAG, 15.3.1995, 7 AZR 737/94, NZA 1995, 1169 ff (1171 f); BAG, 20.9.1995, 7 AZR 70/95, NZA 1996, 696 f (697).
277 Siehe BAG, 15.3.1995, 7 AZR 737/94, NZA 1995, 1169 ff (1171 f); BAG, 20.9.1995, 7 AZR 70/95, NZA 1996, 696 f (697).
278 Siehe BAG, 20.9.1995, 7 AZR 70/95, NZA 1996, 696 f (697).
279 Siehe BAG, 19.6.1986, 2 AZR 570/85; BAG, 29.10.1998, 7 AZR 436/97, NZA 1999, 646 ff (647); BAG, 15.4.1999, 7 AZR 437/97, NZA 2000, 102 f (103). Siehe hierzu auch Dieterich, NZA 2000, 857 ff mwN, der allerdings zu restriktiv im Grundsatz nur eine Befristung mit Fortsetzungsanspruch zulassen will (aaO, 862).
280 Siehe BAG, 29.10.1998, 7 AZR 436/97, NZA 1999, 646 ff (647).
281 Siehe BAG, 29.10.1998, 7 AZR 436/97, NZA 1999, 646 ff (647); BAG, 15.4.1999, 7 AZR 437/97, NZA 2000, 102 f (103).
282 So zutreffend ausdrücklich vor Inkrafttreten des Teilzeit- und Befristungsgesetzes BAG, 15.4.1999, 7 AZR 437/97, NZA 2000, 102 f (103).

Über die schon nach der arbeitsgerichtlichen Befristungskontrolle anerkannten Fallgruppen hinaus lässt § 14 Abs. 1 Satz 2 Nr. 4 die Befristung zu, sofern die Voraussetzung einer Rechtfertigung derselben aufgrund der Eigenart der Arbeitsleistung gegeben ist. **Dieser Befristungsgrund hat nicht einen auf dem Stand der Rechtsprechung im Zeitpunkt des Inkrafttretens des Teilzeit- und Befristungsgesetzes verharrenden status quo festgeschrieben,** sondern rechtfertigt davon losgelöst alle Befristungen, die den Tatbestand erfüllen. Insoweit ist die These einer restriktiven Auslegung[283] verfehlt, jedenfalls wenn sie dahin zielt, den Anwendungsbereich von § 14 Abs. 1 Satz 2 Nr. 4 auf die Fallkonstellationen zu begrenzen, die bislang schon von der Rechtsprechung anerkannt waren. So spricht nichts dagegen, z.B. **in der Werbebranche Arbeitsverträge mit künstlerisch tätigen Mitarbeitern** auf der Grundlage von § 14 Abs. 1 Satz 2 Nr. 4 zu befristen, um sicher zu stellen, dass die künstlerischen Vorstellungen des Arbeitgebers verwirklicht werden und dem Bedürfnis nach fortwährender Kreativität und neuen Ideen durch eine entsprechende Flexibilität beim Personaleinsatz Rechnung getragen werden kann.

76

e) Befristung zur Erprobung (§ 14 Abs. 1 Satz 2 Nr. 5)

Gemäß § 14 Abs. 1 Satz 2 Nr. 5 liegt ein sachlicher Grund vor, wenn die **Befristung zur Erprobung** erfolgt. Bereits vor Inkrafttreten des Teilzeit- und Befristungsgesetzes war der Zweck der Erprobung des Arbeitnehmers in der Rechtsprechung des BAG als sachlicher Grund für den Abschluss eines befristeten Arbeitsvertrages allgemein anerkannt,[284] schon hat der Große Senat des BAG in seiner grundlegenden Entscheidung vom 12.10.1960 zum Erfordernis eines sachlichen Grundes für die Wirksamkeit der Befristung eines Arbeitsverhältnisses[285] „Arbeitsverträge zur Probe" als Beispiel für die Rechtfertigung einer Befristung ausdrücklich genannt.[286] Der **Zweck der Erprobung** des Arbeitnehmers ist darauf gerichtet, die persönliche und fachliche Eignung des Arbeitnehmers im Hinblick auf die dauernde Übernahme einer bestimmten Tätigkeit festzustellen,[287] weshalb dieser Sachgrund nur gegeben ist, wenn der Arbeitgeber eine längerfristige, allein im Wege der Kündigung zu beseitigende arbeitsvertragliche Bindung für den Fall der Bewährung beabsichtigt.[288] Darüber hinaus fehlt es an dem Sachgrund der Erprobung lediglich dann, wenn der Arbeitnehmer **bereits ausreichende Zeit** bei dem Arbeitgeber mit der im Rahmen des befristeten Arbeitsverhältnisses zu erfüllenden Aufgabe beschäftigt war und der Arbeitgeber die Fähigkeiten des Arbeitnehmers deshalb ausreichend beurteilen konnte.[289]

77

---

283 Siehe schon oben Rn 67.
284 Siehe BAG, 23.6.2004, 7 AZR 636/03, NZA 2004, 1333 ff (1335); BAG, 31.8.1994, 7 AZR 983/93, AP Nr. 163 zu § 620 BGB Befristeter Arbeitsvertrag; BAG, 15.3.1978, 5 AZR 831/76, AP Nr. 45 zu § 620 BGB Befristeter Arbeitsvertrag; BAG, 15.3.1966, 2 AZR 211/65, AP Nr. 28 zu § 620 BGB Befristeter Arbeitsvertrag.
285 NJW 1961, 798 ff.
286 Siehe BAG GS, 12.10.1960, GS 1/59, NJW 1961, 798 ff (799).
287 Siehe die Begründung zu § 14 Abs. 1 Satz 2 Nr. 5, BT-Drucks. 14/4374, 19. Siehe auch BAG, 15.3.1966, 2 AZR 211/65, AP Nr. 28 zu § 620 BGB Befristeter Arbeitsvertrag.
288 Siehe BAG, 12.9.1996, 7 AZR 64/96, NZA 1997, 378 ff (379).
289 Siehe BAG, 23.6.2004, 7 AZR 636/03, NZA 2004, 1333 ff (1335); BAG, 31.8.1994, 7 AZR 983/93, AP Nr. 163 zu § 620 BGB Befristeter Arbeitsvertrag; BAG, 15.3.1966, 2 AZR 211/65, AP Nr. 28 zu § 620 BGB Befristeter Arbeitsvertrag.

Hiervon ausgehend ist eine Befristung zur Erprobung auch dann zulässig, wenn der bereits zuvor bei dem Arbeitgeber beschäftigte Arbeitnehmer im Rahmen des (weiteren) befristeten Arbeitsverhältnisses **eine andere oder höherwertige Tätigkeit ausübt**, deren Anforderungen sich von der bisherigen Tätigkeit unterscheiden und deshalb die Erprobung rechtfertigen.[290] Der Sachgrund der Erprobung ist insoweit **allein tätigkeitsbezogen**.

78 Wie die anderen Sachgründe im Sinne des § 14 Abs. 1 ist auch der Sachgrund der Erprobung lediglich **objektive Wirksamkeitsvoraussetzung** für die Befristung eines Arbeitsverhältnisses.[291] Es kommt deshalb nach der zutreffenden Rechtsprechung des BAG allein darauf an, ob im Zeitpunkt der Vereinbarung der Befristung[292] der Erprobungszweck gegeben war, hingegen ist es nicht erforderlich, dass der Erprobungszweck Vertragsinhalt geworden ist.[293] Aus diesem Grunde muss der Erprobungszweck auch **nicht schriftlich** zwischen den Arbeitsvertragsparteien vereinbart werden. Das macht im Übrigen der Wortlaut des § 14 Abs. 4 deutlich, wonach die Befristung des Arbeitsvertrages der Schriftform bedarf, nicht aber der der Befristung zugrunde liegende sachliche Grund.[294] Hiervon ausgehend hat die **Abgrenzung zu einem unbefristeten Arbeitsverhältnis**, zu dessen Beginn eine Probezeit vereinbart ist, zu erfolgen: Allein maßgebend ist das Vorliegen einer das Schriftformgebot des § 14 Abs. 4 beachtenden Vereinbarung über einen auf bestimmte Zeit geschlossenen Arbeitsvertrag im Sinne des § 3 Abs. 1.[295] Im Hinblick darauf, dass ein befristeter Probearbeitsvertrag nur als kalendermäßig befristeter Arbeitsvertrag möglich ist, muss aufgrund der Vereinbarung der Endzeitpunkt des Arbeitsvertrages zumindest bestimmbar sein.[296] Ist das der Fall, so ist das Vorliegen eines unbefristeten Arbeitsvertrages unter Vereinbarung einer anfänglichen Probezeit ausgeschlossen.

79 Die **Befristungsdauer** als solche bedarf keiner sachlichen Rechtfertigung.[297] Sie muss sich allerdings am Befristungsgrund orientieren und mit diesem derart in Einklang stehen, dass sie nicht gegen das Vorliegen eines sachlichen Grundes spricht.[298] Deshalb kann der Sachgrund der Erprobung die Befristung **nur für einen dem Zweck angemessenen Zeitraum rechtfertigen**.[299] Denn der Arbeitnehmer soll nicht unangemessen lange darüber im Unklaren bleiben, ob eine

---

290 Siehe BAG, 23.6.2004, 7 AZR 636/03, NZA 2004, 1333 ff (1335), hier zur Unterscheidung zwischen den Tätigkeiten eines Bearbeiters und eines Sachbearbeiters beim Arbeitsamt.
291 Siehe BAG, 23.6.2004, 7 AZR 636/03, NZA 2004, 1333 ff (1334); siehe schon allgemein oben Rn 19.
292 Zur Maßgeblichkeit dieses Zeitpunkts siehe bezogen auf die Erprobung BAG, 31.8.1994, 7 AZR 983/93, AP Nr. 163 zu § 620 BGB Befristeter Arbeitsvertrag und allgemein oben Rn 15.
293 Siehe BAG, 23.6.2004, 7 AZR 636/03, NZA 2004, 1333 ff (1334 f); anders BAG, 31.8.1994, 7 AZR 983/93, AP Nr. 163 zu § 620 BGB Befristeter Arbeitsvertrag; weitere Nachweise zur insoweit wechselhaften Rechtsprechung in BAG, 23.6.2004, 7 AZR 636/03, NZA 2004, 1333 ff (1334).
294 Siehe BAG, 23.6.2004, 7 AZR 636/03, NZA 2004, 1333 ff (1334); dazu noch Rn 158.
295 Siehe dazu § 3 Rn 6 ff.
296 Siehe § 3 Rn 7.
297 Siehe BAG, 23.6.2004, 7 AZR 636/03, NZA 2004, 1333 ff (1335); BAG, 31.8.1994, 7 AZR 983/93, AP Nr. 163 zu § 620 BGB Befristeter Arbeitsvertrag. Siehe schon oben Rn 17.
298 Siehe BAG, 23.6.2004, 7 AZR 636/03, NZA 2004, 1333 ff (1335); BAG, 31.8.1994, 7 AZR 983/93, AP Nr. 163 zu § 620 BGB Befristeter Arbeitsvertrag.
299 Siehe BAG, 15.3.1978, 5 AZR 831/76, AP Nr. 45 zu § 620 BGB Befristeter Arbeitsvertrag.

Beschäftigung auf Dauer in Frage kommt oder nicht.[300] Zutreffend zieht das BAG als **grundsätzlichen Orientierungsmaßstab für die Angemessenheit der Befristungsdauer** eines Probearbeitsverhältnisses die sechsmonatige Wartefrist des § 1 Abs. 1 KSchG heran.[301] Hier gelangt die gesetzgeberische Wertung zum Ausdruck, dass einerseits der Arbeitgeber vor dem Eingreifen des Kündigungsschutzgesetzes und der damit verbundenen Beschränkung seiner Kündigungsmöglichkeiten sechs Monate Zeit hat, sich darüber schlüssig zu werden, ob der Arbeitnehmer persönlich und fachlich geeignet ist, andererseits der Arbeitnehmer über diesen Zeitraum die Ungewissheit über die Entwicklung seines Arbeitsverhältnisses zu einem bestandsgeschützten Arbeitsverhältnis hinzunehmen hat.[302] Nichts steht entgegen, diese Wertung des Gesetzgebers für die Angemessenheit der Befristungsdauer eines Probearbeitsverhältnisses fruchtbar zu machen, so dass im Regelfall eine Befristung zum Zwecke der Erprobung jedenfalls bis zu sechs Monate zulässig ist.

Abhängig von den Anforderungen der auszuübenden Tätigkeit und der Qualifikation und Leistungsfähigkeit des Arbeitnehmers kann allerdings **auch eine über sechs Monate hinausgehende Befristungsdauer** zulässig sein.[303] Anerkannt ist das etwa für die befristete Erprobung von Lehrern, die einen Zeitraum jedenfalls von einem Schuljahr umfassen kann,[304] nicht aber von 33 Monaten.[305] Darüber hinaus kann die Ausübung künstlerischer oder wissenschaftlicher Tätigkeiten wegen der damit verbundenen Anforderungen eine über sechs Monate hinaus gehende Probezeit rechtfertigen.[306] 80

Der Zweck der Erprobung eines Arbeitnehmers kann grundsätzlich auch den **wiederholten Abschluss befristeter Arbeitsverträge** rechtfertigen,[307] wenn nach Ablauf der Befristung noch kein sicheres Urteil über die Geeignetheit des Arbeitnehmers für eine dauernde Tätigkeit gefällt werden kann. Allerdings muss auch in Fällen sukzessiver Probebefristungen die Angemessenheit der Befristungsdauer im Verhältnis zu der auszuübenden Tätigkeit gewahrt werden.[308] Will der Arbeitgeber bei Zweifeln an der Leistungsfähigkeit des Arbeitnehmers nach Ablauf der Befristung das Risiko einer weiteren, möglicherweise unwirksamen Probezeitbefristung vermeiden, dem Arbeitnehmer jedoch noch eine Chance auf Bewährung geben, so sollte er den vom BAG **aufgezeigten Weg einer unbefristeten Einstellung, verbunden mit dem Vorbehalt der Kündigung für den Fall, dass der Arbeitnehmer den Beanstandungen nicht Rechnung trägt**, gehen.[309] Mit dem Vorbehalt, der nach Ansicht des BAG einer Abmahnung gleich steht,[310] wird für den Arbeitgeber die Möglichkeit einer personen- oder verhaltensbedingten Kün- 81

---

300 Siehe BAG, 15.3.1978, 5 AZR 831/76, AP Nr. 45 zu § 620 BGB Befristeter Arbeitsvertrag.
301 Siehe BAG, 15.3.1978, 5 AZR 831/76, AP Nr. 45 zu § 620 BGB Befristeter Arbeitsvertrag.
302 Siehe BAG, 15.3.1978, 5 AZR 831/76, AP Nr. 45 zu § 620 BGB Befristeter Arbeitsvertrag.
303 Siehe BAG, 15.3.1978, 5 AZR 831/76, AP Nr. 45 zu § 620 BGB Befristeter Arbeitsvertrag.
304 Siehe BAG, 31.8.1994, 7 AZR 983/93, AP Nr. 163 zu § 620 BGB Befristeter Arbeitsvertrag.
305 Siehe BAG, 15.3.1966, 2 AZR 211/65, AP Nr. 28 zu § 620 BGB Befristeter Arbeitsvertrag.
306 Siehe BAG, 15.3.1978, 5 AZR 831/76, AP Nr. 45 zu § 620 BGB Befristeter Arbeitsvertrag. Hier wurde allerdings eine Probezeit von 23 Monaten für die Tätigkeit einer Ressortleiterin beim Fernsehen als zu lang angesehen.
307 Siehe BAG, 15.3.1966, 2 AZR 211/65, AP Nr. 28 zu § 620 BGB Befristeter Arbeitsvertrag.
308 Siehe BAG, 15.3.1978, 5 AZR 831/76, AP Nr. 45 zu § 620 BGB Befristeter Arbeitsvertrag.
309 Siehe BAG, 15.3.1978, 5 AZR 831/76, AP Nr. 45 zu § 620 BGB Befristeter Arbeitsvertrag.
310 Siehe BAG, 15.3.1978, 5 AZR 831/76, AP Nr. 45 zu § 620 BGB Befristeter Arbeitsvertrag.

digung erleichtert. Allerdings ist nicht zu verkennen, dass hier der Arbeitgeber gleichwohl das Risiko des Nachweises eines Kündigungsgrundes trägt, das er bei Zweifeln über die Leistungsfähigkeit des Arbeitnehmers nach Ausschöpfung der angemessenen Befristungsdauer am besten dadurch vermeidet, dass er keinen neuen Arbeitsvertrag schließt.

82 Mit dem Ablauf der Befristungsdauer endet das zum Zwecke der Erprobung begründete und befristete Arbeitsverhältnis. Im Hinblick darauf, dass es für die Wirksamkeit der Befristung auf die Verhältnisse im Zeitpunkt des Vertragsschlusses ankommt,[311] ist es, wenn denn in diesem Zeitpunkt der Sachgrund der Erprobung objektiv gegeben war, **für die Beendigung des Arbeitsverhältnisses unerheblich, ob sich der Arbeitnehmer bewährt hat oder nicht.**[312] Auch im Falle der Bewährung besteht kein Anspruch auf Begründung eines unbefristeten Arbeitsverhältnisses. Die Wirksamkeit einer sachlich begründeten Befristung und die Beendigung des auf bestimmte Zeit geschlossenen Arbeitsvertrages nach Ablauf der Befristungsdauer werden auch nicht dadurch in Frage gestellt, dass der Arbeitnehmer aufgrund einer arbeitgeberseitigen Zusage einen Anspruch auf Abschluss eines weiteren (unbefristeten) Arbeitsvertrages hat.[313] Ein solcher, im Wege der Leistungsklage durchzusetzender Anspruch[314] kann eine davon rechtlich unabhängig, zulässigerweise vereinbarte Befristung nicht beeinträchtigen.[315] Sofern es im unmittelbaren Anschluss an die Befristung zur Erprobung zur Begründung eines unbefristeten Arbeitsverhältnisses kommt, wird die vorausgegangene Vertragszeit im befristeten Arbeitsverhältnis auf die sechsmonatige Wartezeit des § 1 Abs. 1 KSchG angerechnet.[316] Das ist konsequent, weil es sich bei dieser Wartefrist der Sache nach um eine „gesetzliche Probezeit" handelt.[317] Die Vereinbarung eines befristeten Probearbeitsverhältnisses beinhaltet regelmäßig den Willen der Arbeitsvertragsparteien, das befristete Arbeitsverhältnis während der Probezeit ordentlich kündigen zu können.[318] Die Regelung des § 15 Abs. 3 steht nicht entgegen, weil die einzelvertragliche Vereinbarung im Sinne dieser Vorschrift auch konkludent geschlossen werden kann.[319] Darüber hinaus scheitert eine stillschweigende Zulassung der ordentlichen Kündigung auch nicht an dem Schriftformerfordernis des § 14 Abs. 4, dieses ist nur auf die Befristung selbst bezogen.[320]

83 Im Hinblick auf die nach § 14 Abs. 2 sachgrundlos mögliche kalendermäßige Befristung eines Arbeitsvertrages bis zur Höchstdauer von zwei Jahren ist der Arbeitgeber bei der erstmaligen Einstellung eines Arbeitnehmers für die Feststellung von Eignung und Leistungsfähigkeit nicht auf die Vereinbarung einer Pro-

---

311 Siehe BAG, 31.8.1994, 7 AZR 983/93, AP Nr. 163 zu § 620 BGB Befristeter Arbeitsvertrag und schon oben Rn 78 sowie Rn 15.
312 Siehe BAG, 31.8.1994, 7 AZR 983/93, AP Nr. 163 zu § 620 BGB Befristeter Arbeitsvertrag.
313 Siehe BAG, 23.6.2004, 7 AZR 636/03, NZA 2004, 1333 ff (1335); BAG, 25.4.2001, 7 AZR 113/00, EzA § 620 Nr. 117.
314 Siehe BAG, 23.6.2004, 7 AZR 636/03, NZA 2004, 1333 ff (1335).
315 Siehe BAG, 23.6.2004, 7 AZR 636/03, NZA 2004, 1333 ff (1335).
316 Siehe BAG, 12.2.1981, 2 AZR 1108/78, DB 1981, 2498 ff (2498).
317 So die Formulierung von BAG, 15.3.1978, 5 AZR 831/76, AP Nr. 45 zu § 620 BGB Befristeter Arbeitsvertrag.
318 BAG, 4.7.2001, 2 AZR 88/00, ZTR 2002, 172 f (172).
319 Siehe § 15 Rn 56.
320 Siehe noch Rn 157.

bezeitbefristung angewiesen. Die praktische Bedeutung des Sachgrundes der Erprobung dürfte deshalb insoweit gering sein. **Aus Arbeitgebersicht spricht alles dafür, von § 14 Abs. 2 Gebrauch zu machen**, weil dann der enge Rahmen der für den Sachgrund der Erprobung angemessenen Befristungsdauer von idR sechs Monaten nicht eingehalten werden muss. Darüber hinaus ist wegen des Anschlussverbots nach § 14 Abs. 2 Satz 2 eine sachgrundlose Befristung nach einer Befristung zur Erprobung ausgeschlossen. Umgekehrt kann ein befristetes Probearbeitsverhältnis auch nach einer sachgrundlosen Befristung im Sinne des § 14 Abs. 2 Satz 1 vereinbart werden, wenn der Arbeitnehmer nach Ablauf des sachgrundlos befristeten Arbeitsvertrages eine ihren Anforderungen nach andere oder höherwertige Tätigkeit ausübt.[321] Ist das nicht der Fall, dh, sind die jeweiligen Tätigkeiten ihrem Inhalt nach im Wesentlichen identisch, dann ist eine anschließende Befristung zur Erprobung unzulässig, weil der Arbeitgeber bereits während der Zeit der sachgrundlosen Befristung, sofern diese den Zeitraum einer angemessenen Probezeit umfasste, Gelegenheit hatte, Eignung und Leistungsfähigkeit des Arbeitnehmers beurteilen zu können.[322]

f) In der Person des Arbeitnehmers liegende Gründe (§ 14 Abs. 1 Satz 2 Nr. 6)

Gemäß der Regelung des § 14 Abs. 1 Satz 2 Nr. 6 liegt ein sachlicher Grund auch vor, **wenn in der Person des Arbeitnehmers liegende Gründe die Befristung rechtfertigen**. In der Gesetzesbegründung werden zur Erläuterung dieses Sachgrundes unter Bezugnahme auf die Rechtsprechung des BAG als Beispiele für einen personenbedingten Rechtfertigungsgrund im Sinne der Nr. 6 die vorübergehende Beschäftigung eines Arbeitnehmers aus sozialen Gründen und das Vorliegen einer lediglich befristeten Aufenthaltserlaubnis genannt.[323] Darüber hinaus wird ausdrücklich darauf hingewiesen, dass nach § 611a BGB (heute §§ 1, 7 AGG) das Geschlecht kein in der Person des Arbeitnehmers liegender Grund für die Befristung eines Arbeitsvertrages ist.[324]

84

In Abgrenzung zu dem in § 14 Abs. 1 Satz 2 Nr. 4 geregelten Sachgrund der Eigenart der Arbeitsleistung, wonach die Befristung durch den Charakter der arbeitsvertraglich begründeten Verpflichtung des Arbeitnehmers bedingt sein muss,[325] **kommt nach Nr. 6 eine zulässige Befristung nur in Betracht, wenn diese unabhängig von der Art der Arbeitsleistung durch in der Person des Arbeitnehmers liegende Gründe gerechtfertigt ist**. Das heißt nichts anderes, als dass für die Befristung Ursachen aus der individuellen Sphäre des Arbeitnehmers in dem Sinne maßgebend sein müssen, dass sie den Abschluss eines Arbeitsvertrages lediglich auf bestimmte Zeit aus sich heraus bedingen. **Nicht ausreichend als personenbedingter Befristungsgrund sind insoweit persönliche Merkmale des Arbeitnehmers als solche,** wie gerade auch die Gesetzesbegründung mit dem Hinweis auf das Geschlecht des Arbeitnehmers deutlich macht.[326] Das ist zutreffend, weil das Geschlecht eines Arbeitnehmers für sich betrachtet weder ein

85

---

321 Siehe auch Kliemt, NZA 2001, 296 ff (298); Lakies, DZWIR 2001, 1 ff (11).
322 Vgl. BAG, 31.8.1994, 7 AZR 983/93, AP Nr. 163 zu § 620 BGB Befristeter Arbeitsvertrag u. oben Rn 77.
323 Siehe BT-Drucks. 14/4374, 19.
324 BT-Drucks. 14/4374, 19.
325 Siehe oben Rn 66 ff.
326 BT-Drucks. 14/4374, 19.

befristetes noch ein unbefristetes Arbeitsverhältnis bedingt, mithin kein maßgeblicher Grund für die Vereinbarung eines Arbeitsverhältnisses lediglich auf bestimmte Zeit sein kann. Das gilt darüber hinaus **auch für andere persönliche Merkmale wie etwa Behinderung, Religionszugehörigkeit, sexuelle Ausrichtung und insbesondere auch das Alter eines Arbeitnehmers.** Deshalb kann entgegen der in der Literatur überwiegend vertretenen Auffassung[327] **das Erreichen einer bestimmten Altersgrenze kein in der Person des Arbeitnehmers liegender Rechtfertigungsgrund für die Befristung des Arbeitsverhältnisses sein.** Das Alter eines Arbeitnehmers als solches steht in keinem inneren Zusammenhang mit der Frage, ob ein Arbeitsverhältnis zu befristen ist oder nicht, und kann deshalb kein maßgebender Grund für die zulässige Befristung eines Arbeitsvertrages auf den Zeitpunkt des Erreichens einer bestimmten Altersgrenze im Sinne der Nr. 6 sein. Das wird darüber hinaus an den Gründen deutlich, mit denen das BAG die Befristung von Arbeitsverhältnissen in Gestalt des Erreichens einer berufsspezifischen oder generellen Höchstaltersgrenze[328] rechtfertigt. Während jene mit der Sicherung einer ordnungsgemäßen Erfüllung der Berufstätigkeit und dem Schutz vor schwer wiegenden Gefahren für den Arbeitnehmer und/oder Dritte, die aus der Ausübung einer Tätigkeit jenseits eines bestimmten Alters resultieren können, begründet werden,[329] sind generelle Altersgrenzen nach Ansicht des BAG wesentlich durch das Bedürfnis des Arbeitgebers nach einer sachgerechten und berechenbaren Personal- und Nachwuchsplanung verbunden mit dem Vorhandensein einer wirtschaftlichen Absicherung des Arbeitnehmers in Gestalt einer Alterssicherung zulässig.[330] Bei diesen, nach Ansicht des BAG die Befristung von Arbeitsverhältnissen durch Höchstaltersgrenzen tragenden Gründen handelt es sich nicht um solche, die aus der Sphäre des Arbeitnehmers kommen, sprich: in der Person des Arbeitnehmers selbst liegen. Das gilt auch für die Begründung berufsspezifischer Altersgrenzen, die ein den Arbeitnehmer und/oder Dritte gefährdendes Nachlassen der Leistungsfähigkeit ab einem bestimmten Alter typischerweise unterstellt, nicht aber an die individuelle Situation des betroffenen Arbeitnehmers anknüpft. Deshalb können entsprechende **Altersgrenzenvereinbarungen jedenfalls nicht über § 14 Abs. 1 Satz 2 Nr. 6** gerechtfertigt werden.[331]

86 Nach der ständigen Rechtsprechung des BAG, auf die auch in der Gesetzesbegründung Bezug genommen wird,[332] kann eine **soziale Überbrückungsmaßnahme** die Befristung eines Arbeitsverhältnisses rechtfertigen, wenn ein Arbeitgeber seinen früheren Beschäftigten, dessen Arbeitsverhältnis wirksam beendet worden ist oder der seine Ausbildung abgeschlossen hat, zur Vermeidung von Übergangsschwierigkeiten oder zur Verbesserung seiner Arbeitsmarktchancen

---

327 Siehe etwa Rolfs, Rn 51 ff; Kliemt, NZA 2001, 296 ff (298); zweifelnd HWK/*Schmalenberg*, § 14 TzBfG Rn 48.
328 Zur Unterscheidung von berufsspezifisch begründeten Altersgrenzen und generellen Altersgrenzen siehe BAG, 12.10.1960, GS 1/59, EzA Nr. 2 zu § 620 BGB Altersgrenze.
329 Siehe nur BAG, 27.11.2002, 7 AZR 414/01, NZA 2003, 812 f (812); BAG, 20.2.2002, 7 AZR 600/00, NZA 2002, 789 ff (792); BAG, 6.3.1986, 7 AZR 262/58, AP Nr. 1 zu § 620 BGB Altersgrenze, jeweils Piloten von Verkehrsflugzeugen betreffend.
330 Siehe etwa BAG, 19.11.2003, 7 AZR 296/03, DB 2004, 1045 f (1045).
331 Siehe zur Befristung durch Altersgrenzen noch folgend Rn 111 ff.
332 BT-Drucks. 14/4374, S. 19.

befristet weiterbeschäftigt.³³³ Allerdings werden soziale Motive des Arbeitgebers nur dann als Sachgrund anerkannt, wenn das Interesse des Arbeitgebers, aus sozialen Erwägungen mit dem Arbeitnehmer lediglich einen befristeten Arbeitsvertrag zu schließen, auch angesichts des Interesses des Arbeitnehmers an einer unbefristeten Beschäftigung schutzwürdig ist.³³⁴ Deshalb können soziale Beweggründe nach der **Rechtsprechung des BAG nur dann eine Befristung rechtfertigen, wenn es ohne den sozialen Überbrückungszweck überhaupt nicht zur Begründung eines Arbeitsverhältnisses, und zwar auch nicht eines befristeten, gekommen wäre.**³³⁵ Für den Abschluss des befristeten Arbeitsvertrages müssen gerade die sozialen Belange des Arbeitnehmers ausschlaggebend gewesen sein, hingegen nicht die betrieblichen Interessen des Arbeitgebers.³³⁶ An das Vorliegen eines Sachverhalts sozialer Überbrückung sind strenge Anforderungen zu stellen, um zu verhindern, dass vorgeblich soziale Erwägungen des Arbeitgebers zum Vorwand für eine Befristung genommen werden.³³⁷ Erforderlich sind deshalb konkrete tatsächliche Anhaltspunkte, die bei verständiger Würdigung darauf schließen lassen, dass betriebliche Interessen des Arbeitgebers als Motiv für die befristete Beschäftigung nicht ausreichen.³³⁸ Allerdings brauchen entsprechende Eigeninteressen des Arbeitgebers nicht ganz zu fehlen, dh, die Tatsache, dass eine sinnvolle Beschäftigung des Arbeitnehmers möglich ist, hindert nicht notwendig die Annahme, der Arbeitsvertrag wäre ohne den sozialen Aspekt nicht abgeschlossen worden.³³⁹

Ausgehend von diesen Grundsätzen hat das BAG etwa die Absicht des Arbeitgebers, einem Arbeitnehmer bei der Überwindung von Übergangsschwierigkeiten nach dem Abschluss des Vorbereitungsdienstes als Vermessungsassessor zu helfen, um ihm insbesondere berufspraktische Erfahrung zu verschaffen, die Suche nach einem Arbeitsplatz zu erleichtern und Arbeitslosigkeit zu vermeiden, als Sachgrund in Gestalt eines sozialen Überbrückungszwecks anerkannt, weil die Einstellung – hier durch ein Land als Arbeitgeber – nur aufgrund zweckgebundener Mittel im Rahmen eines **Sonderprogramms zur Vermeidung von Arbeitslosigkeit** möglich war.³⁴⁰ Der Umstand, dass der Arbeitnehmer auch sinnvolle und notwendige Arbeit leisten sollte, wurde insoweit als unerheblich angesehen.³⁴¹ Aus sozialen Gründen sachlich gerechtfertigt ist nach Ansicht des BAG auch die **Befristung des Arbeitsvertrages nach Abschluss der Promotion**, um dem Arbeitnehmer die Suche nach einem neuen Arbeitsplatz aus einer Beschäftigung

87

---

333 Siehe nur BAG, 7.7.1999, 7 AZR 232/98, NZA 1999, 1335 f (1335); BAG, 3.10.1084, 7 AZR 132/83, AP Nr. 88 zu § 620 BGB Befristeter Arbeitsvertrag; vgl auch schon BAG GS, 12.10.1960, GS 1/59, NJW 1961, 798 ff (799).
334 BAG, 3.10.1084, 7 AZR 132/83, AP Nr. 88 zu § 620 BGB Befristeter Arbeitsvertrag.
335 BAG, 7.7.1999, 7 AZR 232/98, NZA 1999, 1335 f (1335); BAG, 3.10.1084, 7 AZR 132/83, AP Nr. 88 zu § 620 BGB Befristeter Arbeitsvertrag.
336 BAG, 7.7.1999, 7 AZR 232/98, NZA 1999, 1335 f (1335); BAG, 3.10.1084, 7 AZR 132/83, AP Nr. 88 zu § 620 BGB Befristeter Arbeitsvertrag.
337 BAG, 3.10.1084, 7 AZR 132/83, AP Nr. 88 zu § 620 BGB Befristeter Arbeitsvertrag.
338 BAG, 3.10.1084, 7 AZR 132/83, AP Nr. 88 zu § 620 BGB Befristeter Arbeitsvertrag.
339 BAG, 7.7.1999, 7 AZR 232/98, NZA 1999, 1335 f (1336); BAG, 3.10.1084, 7 AZR 132/83, AP Nr. 88 zu § 620 BGB Befristeter Arbeitsvertrag.
340 BAG, 3.10.1084, 7 AZR 132/83, AP Nr. 88 zu § 620 BGB Befristeter Arbeitsvertrag.
341 BAG, 3.10.1084, 7 AZR 132/83, AP Nr. 88 zu § 620 BGB Befristeter Arbeitsvertrag.

heraus zu ermöglichen.³⁴² Demgegenüber schließt der Einsatz eines befristet eingestellten Arbeitnehmers auf einer Stelle mit Vertretungsbedarf die Annahme des Sachgrundes „soziale Überbrückungsmaßnahme" nach Auffassung des BAG grundsätzlich aus, weil hier der Einsatz des Arbeitnehmers vorrangig im dienstlichen Interesse liege.³⁴³ Anderes könne nur gelten, wenn der Arbeitgeber das Fehlen des dienstlichen Interesses durch entsprechenden Sachvortrag belege, etwa dass die Arbeit des ausfallenden Mitarbeiters von anderen Mitarbeitern aufgefangen werde, nicht aber von dem aus sozialen Gründen nur befristet eingestellten Arbeitnehmer.³⁴⁴

88 Diese Entscheidung des BAG macht deutlich, dass die Befristung des Arbeitsvertrages aus sozialen Gründen **für den Arbeitgeber sehr risikobehaftet ist.** Zwar verlangt das BAG nicht, dass der Arbeitgeber jenseits sozialer Motive überhaupt keine Eigeninteressen mit der vorübergehenden Beschäftigung des Zwecks sozialer Überbrückung eingestellten Arbeitnehmers verfolgen darf,³⁴⁵ gefordert wird aber zugleich, dass diese völlig im Hintergrund stehen müssten. Damit stellt das BAG Anforderungen auf, die verständige Arbeitgeber eher davon abhalten, aus sozialen Gründen Arbeitnehmer mit Problemen auf dem Arbeitsmarkt für eine vorübergehende Zeit zu beschäftigen. Um im Interesse solcher Arbeitnehmer dem sozialen Überbrückungszweck als Sachgrund für Befristungen Relevanz zu erhalten, **sollte es keine Rolle spielen, welches Eigeninteresse der Arbeitgeber zusätzlich mit der befristeten Einstellung verfolgt,** etwa auch den Einsatz als Vertreter bei Ausfall eines Arbeitnehmers.³⁴⁶ Allein entscheidend für die Anerkennung als Sachgrund muss es sein, dass **bezogen auf die Person des befristet beschäftigten Arbeitnehmers der soziale Überbrückungszweck gegeben ist und realisiert wird.** In der Hilfestellung für einen Arbeitnehmer, der nach einer Ausbildung oder der Beendigung eines Arbeitsverhältnisses von seinem bisherigen Arbeitgeber nicht auf Dauer beschäftigt werden soll, sei es mangels Vorhandenseins einer entsprechenden Stelle oder aus Gründen seiner Eignung und/oder Leistungsfähigkeit, liegen der Kern und die innere Rechtfertigung dieses Sachgrundes, weshalb es nicht darauf ankommen kann, welche Eigeninteressen der Arbeitgeber zusätzlich verfolgt. Maßgebend sollte allein sein, dass der Arbeitgeber aus sozialen Gründen, die im Zusammenhang stehen mit der Person eines bestimmten Arbeitnehmers, gerade diesen Arbeitnehmer (noch) für eine vorübergehende Zeit beschäftigt.

89 Als weiterer in der Person des Arbeitnehmers liegender Grund für die sachliche Rechtfertigung der Befristung eines Arbeitsvertrages ist der **ernsthafte Wunsch des Arbeitnehmers nach einem lediglich auf bestimmte Zeit geschlossenen Arbeitsvertrag** anerkannt.³⁴⁷ Der Wunsch des Arbeitnehmers kann nach der

---

342 BAG, 19.8.1981, 7 AZR 252/79, AP Nr. 60 zu § 620 BGB Befristeter Arbeitsvertrag; BAG, 7.3.1980, 7 AZR 177/78, AP Nr. 54 zu § 620 BGB Befristeter Arbeitsvertrag.
343 BAG, 7.7.1999, 7 AZR 232/98, NZA 1999, 1335 f (1336).
344 BAG, 7.7.1999, 7 AZR 232/98, NZA 1999, 1335 f (1336).
345 BAG, 7.7.1999, 7 AZR 232/98, NZA 1999, 1335 f (1336); BAG, 3.10.1084, 7 AZR 132/83, AP Nr. 88 zu § 620 BGB Befristeter Arbeitsvertrag.
346 Was im Übrigen nach § 14 Abs. 1 Satz 2 Nr. 3 selbständig eine Befristung rechtfertigen könnte.
347 Siehe BAG, 26.8.1998, 7 AZR 349/97, NZA 1999, 476 ff (477); BAG, 15.3.1978, 5 AZR 831/76, AP Nr. 45 zu § 620 BGB Befristeter Arbeitsvertrag; BAG GS, 12.10.1960, GS 1/59, NJW 1961, 798 ff (799).

Rechtsprechung des BAG die Befristung allerdings nur begründen, wenn sich der Arbeitnehmer aufgrund einer besonderen Interessenlage für ein nur vorübergehendes Arbeitsverhältnis entscheidet.[348] Mit der Anerkennung dieses Sachgrundes soll solchen Fällen Rechnung getragen werden, in denen das Interesse des Arbeitnehmers zur Verabredung einer zeitlich begrenzten Beschäftigung führt, weil der Arbeitnehmer von vornherein nicht in ein Dauerarbeitsverhältnis treten will.[349] Insoweit muss zum Ausdruck gelangen, dass der Arbeitnehmer eine von ihm gewünschte rechtliche Gestaltung in Form der Befristung durchsetzt, weshalb hier eine Befristungskontrolle entbehrlich ist.[350]

Hiervon ausgehend stellt der Wunsch des Arbeitnehmers jedenfalls dann einen die Befristung rechtfertigenden Sachgrund dar, **wenn der Arbeitnehmer im Zeitpunkt des Vertragsschlusses zwischen einem befristeten und einem unbefristeten Arbeitsverhältnis wählen kann** und sich für die Befristung entscheidet.[351] Hingegen kann in der Bereitschaft des Arbeitnehmers, einen befristeten Arbeitsvertrag zu vereinbaren, kein ausreichender Sachgrund gesehen werden, wenn der Arbeitnehmer damit nur die Alternative der Beschäftigungslosigkeit vermeiden will. Hierin äußert sich nicht ein besonderer Wunsch des Arbeitnehmers nach einem zeitlich befristeten Vertrag,[352] sondern bloß der ganz allgemeine Wunsch nach einer Beschäftigung überhaupt. Ebenso wenig beruht die Befristung auf einem Wunsch des Arbeitnehmers im vorbeschriebenen Sinne, wenn dieser nur die Wahlmöglichkeit zwischen einem günstigeren befristeten Arbeitsverhältnis und dem Verbleib in einem unbefristeten Arbeitsverhältnis zu schlechteren Arbeitsbedingungen hat.[353] Dasselbe gilt für den Fall, dass ein Arbeitnehmer allein zwischen der Beendigung seines bisherigen Arbeitsverhältnisses und der vorübergehenden Weiterbeschäftigung in einem befristeten Anschlussarbeitsverhältnis wählen kann.[354]

90

Ein in der Person des Arbeitnehmers liegender Rechtfertigungsgrund für die Befristung des Arbeitsvertrages ist auch gegeben, wenn der Arbeitnehmer für den Aufenthalt und/oder die Aufnahme einer Beschäftigung in der Bundesrepublik Deutschland einer **Genehmigung** bedarf und diese nur für einen befristeten Zeitraum erteilt worden ist. So kann die **Befristung der Aufenthaltserlaubnis** eines ausländischen Arbeitnehmers nach den Vorschriften des Aufenthaltsgesetzes grundsätzlich einen sachlichen Grund für die Befristung des Arbeitsvertrages darstellen.[355] Dasselbe gilt in Fällen einer nur **befristet erteilten Arbeitsgenehmigung**, wie dies etwa für Staatsangehörige der nach dem Vertrag vom 16.4.2003 zur Europäischen Union beigetretenen Mitgliedstaaten nach § 284 Abs. 2 SGB III möglich ist. Allerdings kann die aus der Befristung entsprechender Genehmigungen folgende Besorgnis, der Arbeitnehmer werde nach deren Ablauf die arbeitsvertraglich geschuldeten Dienste nicht mehr erbringen können, nur dann die Befristung des Arbeitsvertrages rechtfertigen, wenn im Zeitpunkt des Vertragsschlusses eine hinreichend sichere Prognose erstellt werden kann, dass die

91

---

348 BAG, 15.3.1978, 5 AZR 831/76, AP Nr. 45 zu § 620 BGB Befristeter Arbeitsvertrag.
349 BAG, 15.3.1978, 5 AZR 831/76, AP Nr. 45 zu § 620 BGB Befristeter Arbeitsvertrag.
350 BAG, 15.3.1978, 5 AZR 831/76, AP Nr. 45 zu § 620 BGB Befristeter Arbeitsvertrag.
351 BAG, 26.8.1998, 7 AZR 349/97, NZA 1999, 476 ff (477).
352 Siehe die Formulierung des BAG GS, 12.10.1960, GS 1/59, NJW 1961, 798 ff (799).
353 BAG, 26.8.1998, 7 AZR 349/97, NZA 1999, 476 ff (477).
354 BAG, 15.3.1978, 5 AZR 831/76, AP Nr. 45 zu § 620 BGB Befristeter Arbeitsvertrag.
355 BAG, 12.1.2000, 7 AZR 863/98, NZA 2000, 722 ff (723).

weitere Erteilung einer Aufenthaltserlaubnis oder Arbeitsgenehmigung nicht erfolgen wird.[356] Insoweit muss der darlegungs- und beweispflichtige Arbeitgeber konkrete Anhaltspunkte vortragen, wobei für die Begründetheit einer derartigen Prognose auch von Bedeutung ist, inwieweit sich in der Vergangenheit entsprechende Prognosen als unzutreffend erwiesen haben.[357] Eine Befristung des Arbeitsvertrages ist jedenfalls unzulässig, wenn im Zeitpunkt der Vereinbarung der Befristung völlig offen ist, ob eine nur befristet erteilte Aufenthaltserlaubnis oder Arbeitsgenehmigung nach ihrem Ablauf verlängert wird.[358]

92 Anders als bei dem Sachgrund der Vertretung, bei dem die Befristungsdauer den voraussichtlichen Zeitraum des Vertretungsbedarfs nicht ausschöpfen muss,[359] ist im Falle einer Befristung nach Nr. 6 wegen des Vorliegens einer lediglich befristeten Aufenthalts- und/oder Arbeitsgenehmigung eine **zeitliche Kongruenz** zwischen der Dauer der Befristung des Arbeitsvertrages und der Dauer der Genehmigung zu fordern. Der Grund hierfür liegt darin, dass die Befristung des Arbeitsvertrages gerade mit der nur begrenzten Dauer entsprechender Erlaubnisse gerechtfertigt wird und deshalb eine davon abweichende kürzere Dauer des Arbeitsvertrages und damit in diesem Fall die Befristung selbst nicht mehr ursächlich durch diesen in der Person des Arbeitnehmers liegenden Befristungsgrund bedingt sein wird.

g) Haushaltsrechtlich begründete Befristung (§ 14 Abs. 1 Satz 2 Nr. 7)

93 Nach der Regelung des § 14 Abs. 1 Satz 2 Nr. 7 liegt ein die Befristung des Arbeitsvertrages rechtfertigender Grund vor, wenn der Arbeitnehmer aus Haushaltsmitteln vergütet wird, die haushaltsrechtlich für eine befristete Beschäftigung bestimmt sind, und der Arbeitnehmer entsprechend beschäftigt wird.[360] In der Gesetzesbegründung wird zur Erläuterung dieses Sachgrundes lediglich darauf hingewiesen, dass sich die sachliche Rechtfertigung für die Befristung aus der zeitlichen Begrenzung von Haushaltsmitteln, etwa für bestimmte Forschungsprojekte, ergebe. Im Übrigen wird ausgeführt, nach der Rechtsprechung sei Voraussetzung, dass die Mittel haushaltsrechtlich für die befristete Beschäftigung bestimmt sind und der Arbeitnehmer zulasten dieser Mittel eingestellt und beschäftigt wird.[361] Hiernach ist davon auszugehen, dass mit dem **Tatbestand der haushaltsrechtlich begründeten Befristung** an die von der Rechtsprechung des BAG bereits vor in Kraft treten des Teilzeit- und Befristungsgesetzes insoweit entwickelten Anforderungen angeknüpft werden soll, diese also als Maßstab für den hier in Frage stehenden Sachgrund heranzuziehen sind.[362]

94 Nach der Rechtsprechung des BAG können haushaltsrechtliche Gründe die Befristung eines Arbeitsvertrages rechtfertigen, wenn der öffentliche Arbeitgeber **zum Zeitpunkt des Vertragsschlusses aufgrund konkreter Tatsachen die Prog-**

---

356 BAG, 12.1.2000, 7 AZR 863/98, NZA 2000, 722 f (723).
357 BAG, 12.1.2000, 7 AZR 863/98, NZA 2000, 722 f (723); allgemein zu den Anforderungen an eine begründete Prognose bei Ungewissheitstatbeständen oben Rn 15 f.
358 Siehe zur Aufenthaltserlaubnis BAG, 12.1.2000, 7 AZR 863/98, NZA 2000, 722 f (723).
359 Siehe oben Rn 58.
360 Siehe zur Vereinbarkeit dieses Sachgrundes mit der europäischen Befristungsrichtlinie und der grundgesetzlichen Bestandsschutzpflicht Löwisch, NZA 2006, 457 ff.
361 Siehe BT-Drucks. 14/4374, S. 19.
362 So im Ergebnis auch Gräfl/Arnold/*Gräfl*, TzBfG, § 14 Rn 182.

nose erstellen kann, dass für die Beschäftigung des Arbeitnehmers Haushaltsmittel nur vorübergehend zur Verfügung stehen.[363] Allerdings reichen für eine entsprechende Prognose **bloße Ungewissheiten über die künftige haushaltsrechtliche Entwicklung** nicht aus.[364] So können etwa weder die zeitliche Begrenzung des Haushaltsplans durch das Haushaltsjahr noch eine zu erwartende allgemeine Mittelkürzung oder auch die haushaltsrechtliche Anordnung allgemeiner Einsparungen eine Befristung von Arbeitsverträgen rechtfertigen.[365] Nicht anders als in der Privatwirtschaft kann die Ungewissheit darüber, ob künftig noch Mittel für eine bestimmte Stelle zur Verfügung stehen, kein Sachgrund für eine Befristung sein.[366]

Für die eine Befristung rechtfertigende Prognose einer nur vorübergehenden Verfügbarkeit von Haushaltsmitteln ist nach der Rechtsprechung des BAG grundsätzlich erforderlich und ausreichend, dass die Vergütung des befristet eingestellten Arbeitnehmers aus einer **konkreten Haushaltsstelle** erfolgt, die **von vornherein nur für eine bestimmte Zeitdauer bewilligt worden ist und anschließend fortfallen soll**.[367] In einem solchen Fall kann nach Ansicht des BAG davon ausgegangen werden, dass sich der Haushaltsgesetzgeber mit den Verhältnissen gerade dieser Stelle befasst und festgestellt hat, dass für die Beschäftigung eines Arbeitnehmers auf dieser Stelle nur ein vorübergehender Bedarf besteht.[368] Darüber hinaus weist das BAG darauf hin, dass der öffentliche Arbeitgeber gehalten ist, keine Verpflichtungen einzugehen, die haushaltsrechtlich nicht gedeckt sind.[369] Vor diesem Hintergrund ist die im Zeitpunkt des Vertragsschlusses seitens des öffentlichen Arbeitgebers anzustellende Prognose[370] einer nur begrenzten Verfügbarkeit von Haushaltsmitteln gerechtfertigt, die wiederum als sachlicher Grund für die Befristung des Arbeitsvertrages anerkannt wird.[371] Das BAG sieht hierin eine **Parallelwertung zur privatwirtschaftlichen Unternehmerentscheidung** darüber, welche Arbeitsleistungen in welchem Zeitraum und in welchem Umfang durch die Beschäftigung von Arbeitnehmern erbracht werden sollen, die als solche bis zur Willkürgrenze nicht der gerichtlichen Kontrolle unterliegt.[372] Für die öffentliche Hand könne nichts anderes gelten, auch wenn

95

---

363 BAG, 24.10.2001, 7 AZR 542/00, NZA 2002, 443 f (443); BAG, 7.7.1999, NZA 2000, 591 f (592).
364 BAG, 16.1.1987, 7 AZR 487/85, NZA 1988, 279 f (279); BAG, 27.1.1988, 7 AZR 292/87, AP Nr. 116 zu § 620 BGB Befristeter Arbeitsvertrag; BAG, 24.10.2001, 7 AZR 542/00, NZA 2002, 443 f (443); BAG, 22.3.2000, 7 AZR 758/98, NZA 2000, 881 ff (882).
365 BAG, 16.1.1987, 7 AZR 487/85, NZA 1988, 279 f (279); BAG, 27.1.1988, 7 AZR 292/87, AP Nr. 116 zu § 620 BGB Befristeter Arbeitsvertrag.
366 BAG, 16.1.1987, 7 AZR 487/85, NZA 1988, 279 f (279); BAG, 27.1.1988, 7 AZR 292/87, AP Nr. 116 zu § 620 BGB Befristeter Arbeitsvertrag.
367 BAG, 27.1.1988, 7 AZR 292/87, AP Nr. 116 zu § 620 BGB Befristeter Arbeitsvertrag; BAG, 22.3.2000, 7 AZR 758/98, NZA 2000, 881 ff (882); BAG, 24.10.2001, 7 AZR 542/00, NZA 2002, 443 f (443 f).
368 BAG, 16.1.1987, 7 AZR 487/85, NZA 1988, 279 f (279); BAG, 27.1.1988, 7 AZR 292/87, AP Nr. 116 zu § 620 BGB Befristeter Arbeitsvertrag; BAG, 22.3.2000, 7 AZR 758/98, NZA 2000, 881 ff (882); BAG, 24.10.2001, 7 AZR 542/00, NZA 2002, 443 f (444).
369 BAG, 24.10.2001, 7 AZR 542/00, NZA 2002, 443 f (444).
370 Siehe nur BAG, 24.10.2001, 7 AZR 542/00, NZA 2002, 443 f (444).
371 BAG, 16.1.1987, 7 AZR 487/85, NZA 1988, 279 f (279); BAG, 27.1.1988, 7 AZR 292/87, AP Nr. 116 zu § 620 BGB Befristeter Arbeitsvertrag; BAG, 7.7.1999, 7 AZR 609/97, NZA 2000, 591 f (592).
372 BAG, 16.1.1987, 7 AZR 487/85, NZA 1988, 279 f (279).

hier wegen der Bindung der öffentlichen Arbeitgeber an das Haushaltsrecht die Entscheidung durch den Haushaltsgesetzgeber getroffen werde.[373]

96 Für die Befristung ist die ausdrückliche Zuordnung des befristet eingestellten Arbeitnehmers zu einer konkreten vorübergehend freien Planstelle nicht erforderlich. Es muss nur sichergestellt sein, **dass der Arbeitnehmer aus den Mitteln dieser Stelle vergütet wird**.[374] Das gelangt auch im Tatbestand des § 14 Abs. 1 Satz 2 Nr. 7 zum Ausdruck, wenn es dort heißt, dass der Arbeitnehmer aus Haushaltsmitteln vergütet wird, die haushaltsrechtlich für eine befristete Beschäftigung bestimmt sind. Des Weiteren spielt es keine Rolle, ob über die Befristung hinaus ein tatsächliches Bedürfnis für die weitere Verrichtung der dem Arbeitnehmer übertragenen Aufgaben besteht.[375] Maßgebend ist allein, ob **haushaltsrechtlich eine Stelle bewilligt ist**, auf welcher der Arbeitnehmer beschäftigt werden kann.[376] Der öffentliche Arbeitgeber kann auch dann haushaltsrechtlich begründet befristen, wenn er aufgrund der im Zeitpunkt des Vertragsschlusses zu erstellenden Prognose deshalb mit dem Wegfall von Haushaltsmitteln rechnen muss, weil eine für einen Beamten ausgewiesene Planstelle infolge haushaltsrechtlicher Ermächtigung nur vorübergehend mit einem Arbeitnehmer besetzt werden darf und demzufolge die entsprechenden Haushaltsmittel nur zeitlich begrenzt zur Verfügung stehen.[377] Die eine Befristung rechtfertigende Prognose einer nur vorübergehenden Verfügbarkeit von Haushaltsmitteln kann nach Ansicht des BAG nicht darauf gestützt werden, dass bei einer Stelle im Haushaltsplan ein auf einen Zeitpunkt in einem künftigen Haushaltsjahr datierter **Wegfallvermerk (sog. kw-Vermerk)** angebracht ist. Ein solcher Vermerk rechtfertigt allein nicht die Feststellung, die Stelle werde tatsächlich mit einiger Sicherheit zu dem festgelegten Zeitpunkt entfallen. Solche Vermerke haben nur die Funktion eines Erinnerungspostens für die jeweils nächste Haushaltsaufstellung.[378] Die Regelung des § 14 Abs. 1 Satz 2 Nr. 7 fordert nach der Rechtsprechung des BAG eine **zweckgebundene Zuweisung der Haushaltsmittel für die Erledigung von zeitlich begrenzten Tätigkeiten**.[379] Werden Haushaltsmittel allein für die befristete Beschäftigung von Arbeitnehmern ausgewiesen, ohne dass damit eine besondere Zweckbestimmung verbunden wird, so sind die Voraussetzungen des § 14 Abs. 1 Satz 2 Nr. 7 nicht gegeben mit der Folge, dass allein die Ausweisung von Haushaltsmitteln für die befristete Beschäftigung von Arbeitnehmern keinen sachlichen Grund für den Abschluss eines befristeten Arbeitsvertrages darstellt.[380]

97 Werden **private Arbeitgeber von einem Träger öffentlicher Verwaltung mit der Durchführung von Aufgaben betraut**, so rechtfertigt nach der Rechtsprechung des BAG die Ungewissheit darüber, ob der Träger öffentlicher Verwaltung auch im folgenden Haushaltsjahr wieder entsprechende Mittel zur Verfügung hat, den privaten Arbeitgeber nicht zur Befristung von Arbeitsverhältnissen für den Zeit-

---

373 BAG, 16.1.1987, 7 AZR 487/85, NZA 1988, 279 f (279); siehe hierzu noch kritisch folgend Rn 97.
374 BAG, 24.10.2001, 7 AZR 542/00, NZA 2002, 443 f (444).
375 BAG, 24.1.1996, 7 AZR 496/95, NZA 1996, 1089 ff (1092).
376 BAG, 24.1.1996, 7 AZR 496/95, NZA 1996, 1089 ff (1092).
377 BAG, 7.7.1999, 7 AZR 609/97, NZA 2000, 591 f (592).
378 BAG, 16.1.1987, 7 AZR 487/85, NZA 1988, 279 f (280).
379 BAG, 18.10.2006, 7 AZR 419/05.
380 BAG, 18.10.2006, 7 AZR 419/05.

raum, für den dem öffentlichen Auftraggeber haushaltsrechtlich Mittel zur Verfügung gestellt worden sind.[381] Demzufolge hat der von der öffentlichen Hand beauftragte private Arbeitgeber **arbeitsrechtlich das Risiko der haushaltsrechtlichen Entwicklung zu tragen.** Das steht zwar im Einklang mit dem Ausgangspunkt des BAG zur Zulässigkeit haushaltsrechtlich begründeter Befristungen durch öffentliche Arbeitgeber, die sich gleichfalls nicht auf die bloße Ungewissheit der haushaltsrechtlichen Entwicklung berufen können.[382] Allerdings ist zu beachten, dass der Haushaltsgesetzgeber durch Erfüllung der vom BAG aufgestellten und im Tatbestand des § 14 Abs. 1 Satz 2 Nr. 7 übernommenen Anforderungen zugunsten der öffentlichen Arbeitgeber **darüber entscheiden kann, ob arbeitsrechtlich Befristungen zulässig sind oder nicht.** Dabei spielt der tatsächliche Beschäftigungsbedarf keine Rolle,[383] was allerdings für private Arbeitgeber anders ist, die für eine zulässige Befristung das Vorliegen des in § 14 Abs. 1 Satz 2 Nr. 1 normierten Sachgrundes nachweisen müssen, wonach im Zeitpunkt der Vereinbarung über die Befristungsabrede mit hinreichender Sicherheit zu erwarten sein muss, dass für eine Beschäftigung des befristet eingestellten Arbeitnehmers über das vorgesehene Vertragsende hinaus kein Bedarf besteht.[384] Insoweit werden öffentliche Arbeitgeber bei entsprechender, den Anforderungen des § 14 Abs. 1 Satz 2 Nr. 7 genügender haushaltsrechtlicher Gestaltung im Vergleich zu privaten Arbeitgebern privilegiert. Die vom BAG regelmäßig bemühte Parallelwertung zwischen privatwirtschaftlicher Unternehmerentscheidung und Entscheidung des Haushaltsgesetzgebers[385] ist deshalb nicht ganz zutreffend, weil für den Haushaltsgesetzgeber und damit auch den öffentlichen Arbeitgeber **die Frage des tatsächlichen Bedarfs an Beschäftigung keine Rolle spielt,** wenn der Haushaltsplan den vom BAG aufgestellten Anforderungen genügt.

h) Gerichtlicher Vergleich

Nach § 14 Abs. 1 Satz 2 Nr. 8 liegt ein sachlicher Grund für die Befristung eines Arbeitsvertrags auch vor, wenn die Befristung auf einem **gerichtlichen Vergleich** beruht. Mit diesem Sachgrund wird, wie auch die Gesetzesbegründung ausdrücklich hervorhebt, die ständige Rechtsprechung des BAG übernommen, wonach die Befristung in einem gerichtlichen Vergleich, auf welche sich die Parteien zur Beendigung eines Rechtsstreits einigen, stets sachlich gerechtfertigt ist.[386] Der wesentliche Grund für die Anerkennung des gerichtlichen Vergleichs als Sachgrund wird darin gesehen, dass die Parteien durch gegenseitiges Nachgeben nach einem Streit einen Mittelweg zur Wiederherstellung des Rechtsfriedens wählen und die Mitwirkung des Gerichts in aller Regel verhindert, dass

98

---

381 BAG, 8.4.1992, 7 AZR 135/91, NZA 1993, 694 ff (695); BAG, 22.3.2000, 7 AZR 758/98, NZA 2000, 881 ff (882 f); siehe schon oben Rn 45 ff und noch kritisch hierzu folgend im Text.
382 Siehe oben Rn 95 f.
383 Siehe oben Rn 96.
384 Siehe oben Rn 46.
385 Siehe nur BAG, 27.1.1988, 7 AZR 292/87, AP Nr. 116 zu § 620 BGB Befristeter Arbeitsvertrag.
386 BAG; 18.12.1979, 2 AZR 129/78, AP Nr. 51 zu § 620 BGB Befristeter Arbeitsvertrag; BAG, 9.2.1984, 2 AZR 402/83, AP Nr. 7 zu § 620 BGB Bedingung; BAG, 22.2.1984, 7 AZR 435/82, AP Nr. 80 zu § 620 BGB Befristeter Arbeitsvertrag; BAG, 24.1.1996, 7 AZR 496/95, NZA 1996, 1089 ff (1091).

die Interessen einer Partei unangemessen berücksichtigt werden.[387] Aus diesem Grund setzt der Sachgrund des gerichtlichen Vergleichs nach § 14 Abs. 1 Satz 2 Nr. 8 **neben der Mitwirkung des Gerichts** am Zustandekommen des befristeten Arbeitsverhältnisses **das Bestehen eines offenen Streits der Parteien über die Rechtslage** hinsichtlich des zwischen ihnen bestehenden Rechtsverhältnisses zum Zeitpunkt des Vergleichsschlusses voraus.[388] Vereinbaren die Parteien in einem prozessbeendenden Vergleich die Fortsetzung des Arbeitsverhältnisses unter einer **auflösenden Bedingung**, so trägt auch diese aus den vorgenannten Gründen ihre sachliche Rechtfertigung in sich.[389]

99 Nach dem Wortlaut der Regelung des § 14 Abs. 1 Satz 2 Nr. 8 ist es irrelevant, welcher **Streitgegenstand** dem Rechtsstreit, der durch gerichtlichen Vergleich beendet wird, zugrunde liegt. Zum Teil wird allerdings die Auffassung vertreten, dass ein gerichtlicher Vergleich nur dann als Sachgrund anerkannt werden könne, wenn dadurch ein **Rechtsstreit über den Bestand des Arbeitsverhältnisses**, seien es vor allem eine Kündigungsschutzklage oder eine Entfristungsklage, beendet werde.[390] Hierfür spricht auch die Gesetzesbegründung insofern, als dort ausgeführt wird, dass durch die Vereinbarung eines befristeten Arbeitsvertrages im Rahmen eines gerichtlichen Vergleichs ein Rechtsstreit über eine vorausgegangene Kündigung, die Wirksamkeit einer Befristung oder eine sonstige Bestandsstreitigkeit beendet wird.[391] Jedoch ist auf der anderen Seite zu berücksichtigen, dass abgesehen von der Irrelevanz des Streitgegenstandes nach dem Wortlaut der Regelung der Grund für die Anerkennung des gerichtlichen Vergleichs als Sachgrund dafür spricht, dass es auf den Streitgegenstand des Verfahrens, das durch den gerichtlichen Vergleich beendet wird, nicht ankommt. Wenn die auf einem gerichtlichen Vergleich beruhende Befristung deshalb sachlich gerechtfertigt ist, weil die Parteien einen Mittelweg zur Wiederherstellung des Rechtsfriedens wählen und die Mitwirkung des Gerichts in aller Regel verhindert, dass die Interessen einer Partei unangemessen berücksichtigt werden,[392] so trägt dieses Argument **jeden Prozessvergleich als Sachgrund einer vereinbarten Befristung unabhängig von dem Streitgegenstand des Verfahrens**. Hierfür spricht auch die der Regelung des § 14 Abs. 1 Satz 2 Nr. 8 zugrunde liegende Rechtsprechung des BAG, nach der ein gerichtlicher Vergleich nicht nur im Falle von Bestandsschutzstreitigkeiten als Sachgrund für eine Befristung anerkannt ist,[393] sondern zum Beispiel auch im Rahmen eines Verfahrens, das einen Streit über den Status als Arbeitnehmer oder freier Mitarbeiter zum Gegenstand hatte.[394] Im Hinblick darauf ist davon auszugehen, dass jede auf einem gerichtlichen Vergleich beruhende Befristung unabhängig vom Streitgegenstand des beendeten Verfahrens sachlich gerechtfertigt ist.

---

387 BAG, 18.12.1979, 2 AZR 129/78, AP Nr. 51 zu § 620 BGB Befristeter Arbeitsvertrag; BAG, 9.2.1984, 2 AZR 402/83, AP Nr. 7 zu § 620 BGB Bedingung; BAG, 22.2.1984, 7 AZR 435/82, AP Nr. 80 zu § 620 BGB Befristeter Arbeitsvertrag.
388 BAG, 26.4.2006, 7 AZR 366/05.
389 BAG, 9.2.1984, 2 AZR 402/83, AP Nr. 7 zu § 620 BGB Bedingung.
390 So etwa Gräfl/Arnold/*Gräfl*, TzBfG, § 14, Rn 190.
391 BT-Drucks. 14/4374, S. 19.
392 Siehe nur BAG, 9.2.1984, 2 AZR 402/83, AP Nr. 7 zu § 620 BGB Bedingung.
393 Siehe zum Kündigungsschutzverfahren und zum Feststellungsstreit über die Wirksamkeit der Befristung eines Arbeitsverhältnisses zB BAG, 18.12.1979, 2 AZR 129/78, AP Nr. 51 zu § 620 BGB Befristeter Arbeitsvertrag.
394 Siehe BAG, 22.2.1984, 7 AZR 435/82, AP Nr. 80 zu § 620 BGB Befristeter Arbeitsvertrag.

Nach der vor dem Inkrafttreten des Teilzeit- und Befristungsgesetzes ergangenen Rechtsprechung des BAG konnte auch in einem **außergerichtlichen Vergleich** ein sachlicher Befristungsgrund liegen.[395] Voraussetzung war das Vorliegen eines offenen Streits der Parteien über die Rechtslage hinsichtlich des zwischen ihnen bestehenden Rechtsverhältnisses, der im Vergleichswege durch gegenseitiges Nachgeben beendet wurde.[396] 100

Der Gesetzgeber hat trotz und in Kenntnis dieser Rechtsprechung in § 14 Abs. 1 Satz 2 Nr. 8 ausdrücklich lediglich die auf einem gerichtlichen Vergleich beruhende Befristung als sachlich gerechtfertigt anerkannt. Hiernach ist davon auszugehen, dass **die in einem außergerichtlichen Vergleich vereinbarte Befristung nach Inkrafttreten des Teilzeit – und Befristungsgesetzes nicht mehr als solche ihren Sachgrund in sich trägt**, sondern einer besonderen sachlichen Rechtfertigung bedarf. Dafür spricht auch die Gesetzesbegründung zu § 14 Abs. 1 Satz 2 Nr. 8, in welcher für die Anerkennung des gerichtlichen Vergleichs als ausreichender Sachgrund für eine Befristung gerade darauf abgestellt wird, dass die Mitwirkung des Gerichts hinreichende Gewähr für die Wahrung der Schutzinteressen des Arbeitnehmers biete.[397] Gerade hieran fehlt es bei einer außergerichtlich vereinbarten Befristung, weshalb aus dem Umkehrschluss zu § 14 Abs. 1 Satz 2 Nr. 8 und auf der Grundlage der Gesetzesbegründung vor dem Hintergrund der dem Gesetzgeber bekannten Rechtsprechung des BAG davon auszugehen ist, dass die in einem außergerichtlichen Vergleich vereinbarte Befristung als solche sachlich nicht gerechtfertigt ist.[398] Aus diesen Gründen verbietet es sich auch, an der Rechtsprechung des BAG zur sachlichen Rechtfertigung der vergleichsweise außergerichtlich vereinbarten Befristung mit der Begründung festzuhalten, § 14 Abs. 1 Satz 2 enthalte einen nicht abschließenden Beispielskatalog, weshalb es nicht ausgeschlossen sei, in einem außergerichtlichen Vergleich weiterhin einen sonstigen sachlichen Befristungsgrund zu sehen.[399] Zwar ist es zutreffend, dass der Gesetzgeber die in Betracht kommenden Sachgründe nicht abschließend aufgezählt hat.[400] Jedoch ist es nach dem Vorgesagten methodisch ausgeschlossen, eine auf einem außergerichtlichen Vergleich beruhende Befristung als sachlich gerechtfertigt anzuerkennen. 101

3. Sonstige Sachgründe

Wie der einleitende Wortlaut des § 14 Abs. 1 Satz 2 mit der Verwendung des Wortes „insbesondere" deutlich macht, ist die Aufzählung von Sachgründen in den Nummern 1 bis 8 von § 14 Abs. 1 Satz 2 **nicht abschließend**. Durch diesen Katalog gesetzlich ausdrücklich genannter Sachgründe sollen weder von der 102

---

395 BAG, 4.3.1980, AP Nr. 53 zu § 620 BGB Befristeter Arbeitsvertrag; BAG, 22.2.1984, 7 AZR 435/82, AP Nr. 80 zu § 620 BGB Befristeter Arbeitsvertrag; BAG, 24.1.1996, 7 AZR 496/95, NZA 1996, 1089 ff (1091).
396 BAG, 22.2.1984, 7 AZR 435/82, AP Nr. 80 zu § 620 BGB Befristeter Arbeitsvertrag; BAG, 24.1.1996, 7 AZR 496/95, NZA 1996, 1089 ff (1091).
397 BT-Drucks. 14/4374, S. 19.
398 Ebenso im Ergebnis Lakies, DZWIR 2001, S. 1 ff (12); Kliemt, NZA 2001, 296 ff (298); Preis/Gotthardt, DB 2000, 2065 ff (2072); Däubler, ZIP 2001, 217 ff (223); Gräfl/Arnold/ *Gräfl*, TzBfG, § 14, Rn 191; Annuß/Thüsing/*Maschmann*, TzBfG, § 14, Rn 68.
399 So etwa Böwer, TzBfG § 14, Rn 217 ff.
400 Siehe noch folgend Rn 102 ff.

Rechtsprechung bereits vor dem Inkrafttreten des Teilzeit- und Befristungsgesetzes anerkannte noch zukünftig weitere Sachgründe als möglicher Rechtfertigungsgrund für die Befristung eines Arbeitsvertrages ausgeschlossen werden.[401] Sonstige, in dem Katalog des § 14 Abs. 1 Satz 2 nicht genannte Sachgründe können die Befristung eines Arbeitsvertrages jedoch nur rechtfertigen, wenn sie den **Wertungsmaßstäben des § 14 Abs. 1 entsprechen und den in § 14 Abs. 1 Satz 2 Nr. 1 bis 8 genannten Sachgründen von ihrem Gewicht her gleichwertig sind.**[402] Davon ist auszugehen, wenn ein rechtlich anerkennenswertes Interesse, und zwar idR auf Seiten des Arbeitgebers, daran besteht, anstelle eines unbefristeten ein befristetes Arbeitsverhältnis zu vereinbaren.[403]

103 Unter Zugrundelegung dieser Grundsätze ist eine **Reihe sonstiger Sachgründe anerkannt,** zu denen im Wesentlichen die folgend genannten gehören.[404]

104 Ein sonstiger Sachgrund liegt vor, wenn der Arbeitgeber einen Arbeitnehmer befristet einstellt, um **den Zeitraum bis zur Arbeitsaufnahme eines anderen von ihm eingestellten Arbeitnehmers zu überbrücken.** Entscheidend für die Anerkennung dieses Sachgrundes ist allerdings, dass sich der Arbeitgeber bereits im Zeitpunkt des befristeten Vertragsschlusses gegenüber dem später einzustellenden Arbeitnehmer **vertraglich gebunden** hat.[405]

105 Des Weiteren ist eine Befristung sachlich gerechtfertigt, wenn der befristet eingestellte Arbeitnehmer bis zu dem Zeitpunkt beschäftigt werden soll, zu welchem **ein Auszubildender des Arbeitgebers seine Berufsausbildung beendet** und der Arbeitgeber dessen Übernahme in ein Arbeitsverhältnis zugesagt oder zumindest konkret beabsichtigt hat.[406] Insoweit wird ein berechtigtes Interesse des Arbeitgebers an einer nur vorübergehenden Beschäftigung des befristet eingestellten Arbeitnehmers im Hinblick darauf anerkannt, dass er den Auszubildenden unter erheblichem Aufwand für seine Zwecke ausbildet und bei Ende der Berufsausbildung auch eine Beschäftigungsmöglichkeit zur Verfügung steht.[407]

106 Ebenfalls unter dem Gesichtspunkt einer nur vorübergehenden Beschäftigungsmöglichkeit kann die **Anhängigkeit einer Konkurrentenklage** um eine dauerhaft zu besetzende Stelle die Befristung des Arbeitsvertrages mit einem auf dieser Stelle beschäftigten Arbeitnehmer bis zum Abschluss des Rechtsstreits mit dem Konkurrenten sachlich rechtfertigen.[408] Hier besteht ein anerkennenswertes Interesse des Arbeitgebers an einer nur zeitlich begrenzten Beschäftigung, weil er im Zeitpunkt des Vertragsschlusses mit dem befristet eingestellten Arbeitnehmer aufgrund konkreter Tatsachen damit rechnen muss, dass er diesen nur für eine vorübergehende Zeit beschäftigen kann.[409]

107 Aus demselben Grund kann der Arbeitgeber einen Arbeitsvertrag sachlich gerechtfertigt befristen, wenn der auf dem Arbeitsplatz an sich dauerhaft

---

401 BAG, 16.3.2005, 7 AZR 289/04, NZA 2005, 923 ff (926).
402 BAG, 16.3.2005, 7 AZR 289/04, NZA 2005, 923 ff (926).
403 BAG, 16.3.2005, 7 AZR 289/04, NZA 2005, 923 ff (926). S. auch oben Rn 14.
404 Siehe den Überblick bei Braun, MdR 2006, 609 ff.
405 BAG, 6.11.1996, 7 AZR 909/95, AP Nr. 188 zu § 620 BGB Befristeter Arbeitsvertrag; siehe auch schon BAG, 3.7.1970, 2 AZR 380/69, AP Nr. 33 zu § 620 BGB Befristeter Arbeitsvertrag.
406 BAG, 6.11.1996, 7 AZR 909/95, AP Nr. 188 zu § 620 BGB Befristeter Arbeitsvertrag.
407 BAG, 6.11.1996, 7 AZR 909/95, AP Nr. 188 zu § 620 BGB Befristeter Arbeitsvertrag.
408 BAG, 16.3.2005, 7 AZR 289/04, NZA 2005, 923 ff (926).
409 BAG, 16.3.2005, 7 AZR 289/04, NZA 2005, 923 ff (926).

beschäftigte Arbeitnehmer **unter Fortbestehen des Arbeitsverhältnisses entsandt wird** und die Rückkehrmöglichkeit dieses Arbeitnehmers gesichert ist.[410]

Der Arbeitgeber kann einen Arbeitsvertrag sachlich gerechtfertigt befristen, wenn ihm der befristet eingestellte Arbeitnehmer im Rahmen der **Förderung von Arbeitsbeschaffungsmaßnahmen nach Maßgabe der §§ 260 ff SGB III** durch die Agentur für Arbeit zugewiesen worden ist und die Dauer der Befristung mit der Zuweisung korrespondiert.[411] Den inneren Grund für die sachliche Rechtfertigung dieser Befristung hat das BAG zunächst in Parallele zu den Grundsätzen der haushaltsrechtlichen Befristung[412] darin gesehen, dass der Träger der Maßnahme als Drittmittelempfänger wie auch die zuständige Agentur für Arbeit sich konkret mit der Beschäftigung der betreffenden Arbeitnehmer und der Dauer ihrer Tätigkeit im Rahmen der Maßnahme befasst haben und den Einsatz der betreffenden Arbeitnehmer als nur auf Zeit erforderlich ansehen.[413] Später hat das BAG darauf verwiesen, die Anerkennung der sachlichen Rechtfertigung sei darin begründet, dass der ausschlaggebende Grund für die Einstellung, nämlich die Übernahme eines erheblichen Kostenanteils durch die Agentur für Arbeit, seinerseits nur sachlich befristet vorliegt.[414] Die Befristungskontrolle ist bei aufgrund geförderter Arbeitsbeschaffungsmaßnahmen befristeten Arbeitsverträgen auf die Prüfung beschränkt, **ob die Laufzeit des Vertrages am konkreten Förderungszeitraum orientiert ist.** Das Vorliegen der gesetzlichen Voraussetzungen der Förderung einer Arbeitsbeschaffungsmaßnahme wird nicht geprüft.[415]

108

Anders als die Förderung von Arbeitsbeschaffungsmaßnahmen stellt die **Gewährung von Eingliederungszuschüssen nach §§ 217 ff SGB III** durch die Agentur für Arbeit zur Eingliederung von Arbeitnehmern mit Vermittlungshemmnissen keinen sachlichen Grund zur Befristung der Arbeitsverhältnisse mit den entsprechenden Arbeitnehmern dar.[416] Der Grund für die unterschiedliche Behandlung im Vergleich zur Förderung von Arbeitsbeschaffungsmaßnahmen liegt darin, dass diese auf die zeitweilige Schaffung zusätzlicher Arbeitsplätze ausgerichtet sind, dem arbeitsrechtlich durch die Möglichkeit der Befristung Rechnung getragen wird, während die Eingliederungszuschüsse zum Ziel haben, dem Arbeitgeber einen Ausgleich dafür zu gewähren, dass der eingestellte Arbeitnehmer mit Vermittlungshemmnissen während der Einarbeitung nur eine Minderleistung erbringt.[417]

109

Die Vereinbarung einer **auflösenden Bedingung** des Inhalts, dass das Arbeitsverhältnis bei **Eintritt einer vollen Erwerbsminderung** endet, ist sachlich gerechtfertigt.[418] Das anerkennenswerte Interesse des Arbeitgebers zur Aufnahme einer

110

---

410 BAG, 14.7.2005, 8 AZR 392/04, NZA 2005, 1411 ff (1415); siehe auch BAG, 28.8.1996, 7 AZR 849/95, AP Nr. 181 zu § 620 BGB Befristeter Arbeitsvertrag.
411 BAG, 3.12.1982, 7 AZR 622/80, AP Nr. 72 zu § 620 BGB Befristeter Arbeitsvertrag; BAG, 15.2.1995, 7 AZR 680/94, AP Nr. 166 zu § 620 BGB Befristeter Arbeitsvertrag.
412 Siehe dazu oben Rn 93 ff.
413 Siehe BAG, 3.12.1982, 7 AZR 622/80, AP Nr. 72 zu § 620 BGB Befristeter Arbeitsvertrag.
414 BAG, 12.6.1987, 7 AZR 389/86, AP Nr. 114 zu § 620 BGB Befristeter Arbeitsvertrag; siehe auch BAG, 15.2.1995, 7 AZR 680/94, AP Nr. 166 zu § 620 BGB Befristeter Arbeitsvertrag.
415 BAG, 15.2.1995, 7 AZR 680/94, AP Nr. 166 zu § 620 BGB Befristeter Arbeitsvertrag.
416 BAG, 11.12.1991, 7 AZR 170/91, AP Nr. 145 zu § 620 BGB Befristeter Arbeitsvertrag.
417 BAG, 11.12.1991, 7 AZR 170/91, AP Nr. 145 zu § 620 BGB Befristeter Arbeitsvertrag.
418 BAG, 1.12.2004, 7 AZR 135/04, NZA 2006, 211 ff (213).

entsprechenden Bedingung liegt in der Annahme, dass nach Eintritt der Erwerbsminderung künftig die arbeitsvertraglich geschuldete Leistung nicht mehr erbracht werden kann.[419]

111 Nach ständiger Rechtsprechung des BAG ist die Befristung von Arbeitsverhältnissen durch **einzel- oder kollektivvertraglich vereinbarte Höchstaltersgrenzen**, bei deren Erreichen das Arbeitsverhältnis ohne weiteres endet, sachlich gerechtfertigt.[420] Hierbei handelt es sich um einen **sonstigen Sachgrund**, weil das Erreichen einer bestimmten Altersgrenze kein in der Person des Arbeitnehmers liegender Rechtfertigungsgrund iSv. § 14 Abs. 1 Satz 2 Nr. 6 für die Befristung des Arbeitsverhältnisses sein kann.[421]

112 Nach der Rechtsprechung des BAG sind sog. **generelle Höchstaltersgrenzen**, das sind solche, die ohne Anknüpfung an die Ausübung einer bestimmten Berufstätigkeit und die damit verbundenen Gefahren die Dauer des Arbeitsverhältnisses auf den Zeitpunkt des Erreichens eines bestimmten Alters, idR des 65. Lebensjahres, begrenzen, von einem Sachgrund getragen.[422] Wesentlich begründet wird das mit dem Bedürfnis des Arbeitgebers nach einer sachgerechten und berechenbaren Personal- und Nachwuchsplanung, die das Bestandsschutzinteresse des Arbeitnehmers jedenfalls dann überwiege, wenn dieser durch den Bezug einer gesetzlichen Altersrente wegen Vollendung des 65. Lebensjahres abgesichert ist.[423] Dabei kommt es nach Ansicht des BAG für die Wirksamkeit der Befristung nicht auf die konkrete wirtschaftliche Absicherung des Arbeitnehmers bei Erreichen der Altersgrenze an.[424] Unabhängig davon, dass die Rechtsprechung des BAG zur Zulässigkeit der Befristung durch generelle Höchstaltersgrenzen bereits nach nationalem Recht abzulehnen ist,[425] ist **gemeinschaftsrechtlich** zweifelhaft, ob diese Altersgrenzen mit dem Verbot der Altersdiskriminierung nach der Richtlinie 2000/78/EG vereinbar sind. Zwar kann eine unterschiedliche Behandlung wegen des Alters nach Art. 6 Abs. 1 der Richtlinie 2000/78/EG gerechtfertigt sein, wenn die Ungleichbehandlung objektiv und angemessen ist und im Rahmen des nationalen Rechts durch ein legitimes Ziel, worunter insbesondere rechtmäßige Ziele aus den Bereichen Beschäftigungspolitik, Arbeitsmarkt und berufliche Bildung zu verstehen sind, gerechtfertigt und die Mittel zur Erreichung dieses Ziels angemessen und erforderlich sind. Jedoch verstoßen Altergrenzenregelungen, wie der Europäische Gerichtshof in der Mangold-Entscheidung vom 22.11.2005[426] zu § 14 Abs. 3 ausgesprochen hat,[427] gegen den **Grundsatz der Verhältnismäßigkeit**, wenn das Alter des betroffenen Arbeitnehmers **das einzige Kriterium** für die Befristung des Arbeitsvertrages darstellt, ohne dass nachgewiesen

---

419 BAG, 1.12. 2004, 7 AZR 135/04, NZA 2006, 211 ff (213), hier zu einer entsprechenden tarifvertraglichen Regelung.
420 Siehe aus jüngerer Zeit BAG, 27.7.2005, 7 AZR 433/04, NZA 2006, 37 ff (39); BAG, 21.7.2004, 7 AZR 589/03, ZTR 2005, 255 ff (256).
421 Siehe schon näher oben Rn 85.
422 Siehe jüngst wieder BAG, 27.7.2005, 7 AZR 433/04, NZA 2006, 37 ff (39) mwN aus der Rechtsprechung des BAG.
423 Siehe BAG, 27.7.2005, 7 AZR 433/04, NZA 2006, 37 ff (39).
424 BAG, 27.7.2005, 7 AZR 433/04, NZA 2006, 37 ff (39).
425 Siehe ausführlich Boecken, Wie sollte der Übergang vom Erwerbsleben in den Ruhestand rechtlich gestaltet werden?, Gutachten B zum 62. Deutschen Juristentag Bremen 1998, B 31 ff.
426 Rs.C-144/04, DB 2005, 2638 ff.
427 Siehe noch folgend Rn 136 ff.

wäre, dass eben die Festlegung der bestimmten Altersgrenze im Hinblick auf das verfolgte Ziel erforderlich wäre.[428] Der damit geforderte **substantielle Nachweis**, dass gerade die übliche Altersgrenze von 65 Jahren für eine berechenbare Personal- und Nachwuchsplanung des Arbeitgebers erforderlich ist, dürfte kaum gelingen. Soweit generelle Höchstaltersgrenzen auch mit der typischerweise nachlassenden Leistungsfähigkeit älterer Arbeitnehmer gerechtfertigt werden,[429] dürfte ein entsprechender substantieller Nachweis zur Rechtfertigung einer bestimmten Altersgrenze gleichfalls schwierig sein. Irrelevant ist insoweit, dass der deutsche Gesetzgeber in Umsetzung der Richtlinie 2000/78/EG in § 10 Nr. 5 AGG ausdrücklich bestimmt hat, dass eine gerechtfertigte unterschiedliche Behandlung wegen des Alters auch eine Vereinbarung sein kann, die die Beendigung des Beschäftigungsverhältnisses ohne Kündigung zu einem Zeitpunkt vorsieht, zu dem der oder die Beschäftigte eine Rente wegen Alters beantragen kann. Auch diese nationale gesetzliche Zulässigkeitserklärung muss sich an den Vorgaben der Richtlinie 2000/78/EG messen lassen.

Ebenso wie bei den generellen Höchstaltersgrenzen geht das BAG bzgl der aus **berufsspezifischen Gründen aufgestellten Altersgrenzen**, das sind solche, die an die besonderen Anforderungen einer Tätigkeit und die damit verbundenen Gefahren anknüpfen, davon aus, dass die dadurch bewirkte Befristung des Arbeitsvertrages sachlich gerechtfertigt ist.[430] So ist etwa eine Altersgrenze von 60 Jahren für Piloten von Passagierflugzeugen im Hinblick darauf gerechtfertigt, dass das Cockpit-Personal überdurchschnittlichen psychischen und physischen Belastungen ausgesetzt ist, in deren Folge das Risiko altersbedingter Ausfallserscheinungen und unerwarteter Fehlreaktionen zunimmt.[431] Die Altersgrenze sichert deshalb nicht nur die ordnungsgemäße Erfüllung der Berufstätigkeit, sondern dient darüber hinaus dem Schutz von Leben und Gesundheit der Besatzungsmitglieder und der Passagiere.[432] Weiter weist das BAG zur Rechtfertigung darauf hin, es entspreche der allgemeinen Lebenserfahrung, dass die Gefahr einer Beeinträchtigung der Leistungsfähigkeit generell mit zunehmendem Alter größer wird.[433] Das BAG verneint auch eine unzulässige Diskriminierung wegen Alters iSd. Richtlinie 2000/78/EG unter Hinweis darauf, dass eine aus berufsspezifischen Gründen aufgestellte Altersgrenze nach Art. 6 Abs. 1 der Richtlinie 2000/78/EG gerechtfertigt ist.[434] Dieser Auffassung des BAG ist grundsätzlich zuzustimmen[435] **mit der Einschränkung**, dass bei den jeweiligen berufsspezifischen Altersgrenzen zu prüfen ist, ob sich das Ziel der Vermeidung von Risiken für Arbeitnehmer und Dritte nicht auch durch die regelmäßige Überprüfung der körperlichen und geistigen Leistungsfähigkeit erreichen lässt. Nur wenn darin

113

---

428 Siehe EuGH, 22.11.2005, C-144/04, DB 2005, 2638 ff (2640).
429 Siehe etwa BAGE 29, 133 ff (135), 2 AZR 284/86; BAG, BB 1988, 1820 ff (1821).
430 Siehe nur BAG, 25.2.1998, 7 AZR 641/96, BAGE 88, 118 ff (121); BAG, 6.3.1986, 7 AZR 262/58, AP Nr. 1 zu § 620 BGB Altersgrenze; BAG, 20.2.2002, 7 AZR 600/00, AP Nr. 18 zu § 620 BGB Altersgrenze.
431 BAG, 21.7.2004, 7 AZR 589/03, ZTR 2005, 255 ff (256).
432 BAG, 21.7.2004, 7 AZR 589/03, ZTR 2005, 255 ff (256).
433 BAG, 21.7.2004, 7 AZR 589/03, ZTR 2005, 255 ff (256).
434 BAG, 21.7.2004, 7 AZR 589/03, ZTR 2005, 255 ff (257).
435 Siehe schon Boecken, Wie sollte der Übergang vom Erwerbsleben in den Ruhestand rechtlich gestaltet werden?, Gutachten B zum 62. Deutschen Juristentag Bremen 1998, B 35.

kein ausreichendes Mittel zu sehen ist, kann der in einer Altersgrenzenbefristung liegende Eingriff in die Berufsfreiheit als verhältnismäßig angesehen werden.

4. Beweislast

116 Beruft sich der Arbeitgeber zur Rechtfertigung der Befristung eines Arbeitsvertrages auf das Vorliegen eines Sachgrundes, **so trifft ihn wegen der Regel-Ausnahme-Konzeption des § 14 Abs. 1 die Beweislast dafür**, dass die tatsächlichen Voraussetzungen für das Vorliegen eines Sachgrundes gegeben sind.[436]

III. Sachgrundlose Befristung nach § 14 Abs. 2

115 Die Regelung des § 14 Abs. 2 enthält eine **Ausnahme** von dem Grundsatz des § 14 Abs. 1, wonach die Befristung des Arbeitsvertrages eines sachlich rechtfertigenden Grundes bedarf. Insoweit wird von einer sog. **erleichterten Befristung** gesprochen.[437] Während § 14 Abs. 2 Sätze 1 und 2 die Voraussetzungen der sachgrundlosen Befristung normieren, lässt § 14 Abs. 2 Satz 3 Abweichungen hiervon durch Tarifvertrag zu, die nach Maßgabe des § 14 Abs. 2 Satz 4 einzelvertraglich übernommen werden können.

1. Voraussetzungen der sachgrundlosen Befristung

a) Höchstbefristungsdauer und zulässige Anzahl von Verlängerungen

116 Gemäß § 14 Abs. 2 Satz 1 ist die kalendermäßige Befristung eines Arbeitsvertrages **ohne Vorliegen eines sachlichen Grundes bis zur Dauer von zwei Jahren zulässig**. Bis zu dieser Gesamtdauer von zwei Jahren ist auch die höchstens **dreimalige Verlängerung** eines kalendermäßig befristeten Arbeitsvertrages zulässig. Damit regelt § 14 Abs. 2 Satz 1 sowohl die Höchstbefristungsdauer wie auch die höchst zulässige Anzahl von Vertragsverlängerungen innerhalb der Höchstdauer von zwei Jahren.[438] Bei der **Vereinbarung über die Verlängerung** innerhalb der Höchstbefristungsdauer handelt es sich um ein **Rechtsgeschäft in Gestalt einer Befristungsabrede**.[439] Die Verlängerung bedarf deshalb zu ihrer Wirksamkeit der **Schriftform** nach § 14 Abs. 4. Eine wirksame Verlängerung im Sinne des § 14 Abs. 2 Satz 1 setzt voraus, dass sie noch **während der Laufzeit des zu verlängernden Vertrages vereinbart und nur die Vertragsdauer geändert wird, nicht aber die übrigen Arbeitsbedingungen**.[440] Das gilt auch, wenn die Arbeitsbedin-

---

436 Siehe dazu schon oben Rn 12.
437 Siehe die Begründung zum Gesetzentwurf, BT-Drucks. 14/4374, S. 19.
438 Siehe BAG, 15.1.2003, 7 AZR 535/02, NZA 2003, 1092 ff (1092).
439 Siehe BAG, 19.10.2005, 7 AZR 31/05, NZA 2006, 154 f (154); BAG, 15.1.2003, 7 AZR 535/02, NZA 2003, 1092 ff (1092), hier im Zusammenhang mit der Anwendbarkeit des Teilzeit- und Befristungsgesetzes auf die Verlängerung eines noch unter der Geltung des Beschäftigungsförderungsgesetzes 1996 abgeschlossenen kalendermäßig befristeten Vertrages.
440 BAG, 15.1.2003, 7 AZR 535/02, NZA 2003, 1092 ff (1093); BAG, 25.5.2005, 7 AZR 286/04; BAG, 19.10.2005, 7 AZR 31/05, NZA 2006, 154 f (155); BAG, 18.1.2006, 7 AZR 178/05, NZA 2006, 605 ff (606); BAG, 23.8.2006, 7 AZR 12/06.

gungen für den Arbeitnehmer günstiger sind.[441] Wird die Verlängerung erst nach Ablauf der Befristungsdauer vorgenommen, so handelt es sich um den **Neuabschluss** eines sachgrundlos befristeten Arbeitsvertrages, der aufgrund des Anschlussverbots nach § 14 Abs. 2 Satz 2 unzulässig ist.[442] Der Begriff der Verlängerung bezieht sich ausschließlich auf die Laufzeit des Vertrages.[443] Das bedeutet, dass der im Zeitpunkt des Abschlusses der Verlängerungsvereinbarung bestehende Vertragsinhalt nicht geändert werden darf.[444] Dadurch soll der Arbeitnehmer davor geschützt werden, dass der Arbeitgeber die zeitlich begrenzte Fortsetzung des Arbeitsverhältnisses nach § 14 Abs. 2 Satz 1 davon abhängig macht, dass der Arbeitnehmer geänderte Arbeitsbedingungen akzeptiert oder dass der Arbeitnehmer durch das Angebot anderer und möglicherweise günstigerer Arbeitsbedingungen zum Abschluss eines weiteren sachgrundlos befristeten Arbeitsvertrages veranlasst wird.[445] Anlässlich einer Verlängerung im Sinne des § 14 Abs. 2 ist die Änderung des Vertragsinhalts zulässig, wenn die Veränderung auf einer Vereinbarung beruht, die **bereits vor dem Zeitpunkt der Verlängerung zwischen den Arbeitsvertragsparteien getroffen worden ist**, oder wenn der Arbeitnehmer im Zeitpunkt der Verlängerung einen **Anspruch auf die Vertragsänderung** hat.[446] Werden die Arbeitsbedingungen **während der Laufzeit eines sachgrundlos befristeten Arbeitsvertrages** einvernehmlich geändert, so ist das befristungsrechtlich ohne Bedeutung, weil damit keine erneute, die bereits bestehende Befristungsabrede ablösende Befristung vorgenommen wird.[447] Das gilt etwa für die Änderung sowohl der geschuldeten Tätigkeit wie auch der Vergütung.[448]

b) Anschlussverbot

§ 14 Abs. 2 Satz 2 regelt das sog. **Anschlussverbot**. Danach ist eine Befristung ohne Sachgrund nicht zulässig, wenn mit demselben Arbeitgeber bereits zuvor ein befristetes oder unbefristetes Arbeitsverhältnis bestanden hat. Nach der Gesetzesbegründung sollen mit dem Anschlussverbot sog. **Befristungsketten**, die durch einen Wechsel zwischen Befristungen mit und ohne Sachgrund ermöglicht würden, verhindert werden.[449] Aus diesem Grund lässt das Teilzeit- und Befristungsgesetz nur für die **Ersteinstellung** die Möglichkeit einer sachgrundlosen Befristung zu.[450]

Seinem Anwendungsbereich nach gilt das Anschlussverbot für **jeden befristeten Arbeitsvertrag** und damit auch für Befristungen bis zu sechs Monaten wie auch für befristete Arbeitsverträge mit Arbeitnehmern in Kleinbetrieben im Sinne von § 23 Abs. 1 KSchG.[451] Der Grund hierfür liegt darin, dass mit der Neurege-

---

441 BAG, 23.8.2006, 7 AZR 12/06.
442 BAG, 19.10.2005, 7 AZR 31/05, NZA 2006, 154 f (155); zum Anschlussverbot siehe noch folgend Rn 117 ff.
443 BAG, 18.1.2006, 7 AZR 178/05, NZA 2006, 605 ff (606).
444 BAG, 18.1.2006, 7 AZR 178/05, NZA 2006, 605 ff (606).
445 Siehe BAG, 18.1.2006, 7 AZR 178/05, NZA 2006, 605 ff (607).
446 BAG, 23.8.2006, 7 AZR 12/06.
447 BAG, 19.10.2005, 7 AZR 31/05, NZA 2006, 154 f (154 f); BAG, 18.1.2006, 7 AZR 178/05, NZA 2006, 605 ff (606); BAG, 23.8.2006, 7 AZR 12/06.
448 BAG, 19.10.2005, 7 AZR 31/05, NZA 2006, 154 f (154 f).
449 Siehe die Gesetzesbegründung, BT-Drucks. 14/4374, S. 19.
450 BAG, 10.11.2004, 7 AZR 101/04, NZA 2005, 514 ff (515).
451 BAG, 6.11.2003, 2 AZR 690/02, NZA 2005, 218 ff (219); BAG, 13.5.2004, 2 AZR 426/03.

lung des Befristungsrechts die zuvor richterrechtlich unter Anknüpfung an das Kündigungsschutzgesetz entwickelte Befristungskontrolle, mit der eine Umgehung des Kündigungsschutzes verhindert werden sollte, aufgegeben worden ist.[452]

119 Das Anschlussverbot greift ein, wenn mit demselben Arbeitgeber **bereits zuvor ein befristetes oder unbefristetes Arbeitsverhältnis bestanden hat**. Für die Anwendbarkeit des § 14 Abs. 2 Satz 2 kommt es auf den Vertrag an, der dem auf § 14 Abs. 2 gestützten und höchstens dreimal verlängerbaren Zeitvertrag vorausgeht.[453] Handelte es sich bei jenem früheren Vertrag um ein befristetes oder unbefristetes Arbeitsverhältnis, so ist die sachgrundlose Befristung unzulässig. Nach dem eindeutigen Wortlaut des § 14 Abs. 2 Satz 2 ist das Anschlussverbot darauf beschränkt, die sachgrundlose Befristung für den Fall eines schon früher durchgeführten Arbeitsverhältnisses auszuschließen. Deswegen hindern **andere frühere Vertragsverhältnisse** als Arbeitsverhältnisse die sachgrundlose Befristung nicht.[454] Aus diesem Grunde findet das Anschlussverbot keine Anwendung, wenn der sachgrundlos befristete Arbeitnehmer zuvor bereits als **Praktikant** bei demselben Arbeitgeber tätig war.[455] Ebenso kann ein befristeter Arbeitsvertrag ohne Sachgrund mit einem Arbeitnehmer im Anschluss an ein **Berufsausbildungsverhältnis** geschlossen werden.[456] Ein anderes früheres Vertragsverhältnis liegt auch vor, wenn der sachgrundlos befristete Arbeitnehmer zuvor aufgrund einer **selbständigen Tätigkeit** in einer vertraglichen Beziehung zu dem Arbeitgeber des sachgrundlos befristeten Arbeitsvertrages gestanden hat.[457]

120 Das Anschlussverbot greift weiterhin nur ein, wenn das frühere Arbeitsverhältnis mit **demselben Arbeitgeber** bestanden hat, sprich mit dem Arbeitgeber, mit dem der sachgrundlos befristete Arbeitsvertrag geschlossen wird. Arbeitgeber im Sinne des § 14 Abs. 2 Satz 2 ist der **Vertragsarbeitgeber**, also die natürliche oder juristische Person, mit der der Arbeitnehmer den befristeten Arbeitsvertrag geschlossen hat. Von einem vorhergehenden Arbeitsvertrag mit demselben Arbeitgeber kann deshalb nur dann gesprochen werden, wenn es sich bei dem Vertragspartner des Arbeitnehmers bei beiden Verträgen um **dieselbe natürliche oder juristische Person handelt**.[458] Die danach erforderliche Identität der Vertragsparteien[459] ist nicht gegeben bei einer **umwandlungsrechtlichen** Verschmelzung im Wege der Aufnahme durch Übertragung des Vermögens eines Rechtsträgers (übertragender Rechtsträger) als Ganzes auf einen anderen bestehenden Rechtsträger (übernehmender Rechtsträger) nach § 2 Nr. 1 UmwG. Zwischen dem übertragenden Rechtsträger, der nach § 20 Abs. 1 Nr. 1 UmwG mit Eintragung der Verschmelzung erlischt, und dem übernehmenden Rechtsträger besteht **rechtlich keine Identität**, sodass ein früheres Arbeitsverhältnis mit dem übertra-

---

452 BAG, 6.11.2003, 2 AZR 690/02, NZA 2005, 218 ff (219); BAG, 13.5.2004, 2 AZR 426/03; siehe schon oben Rn 28.
453 BAG, 18.1.2006, 7 AZR 178/05, NZA 2006, 605 ff (606).
454 BAG, 19.10.2005, 7 AZR 31/05, NZA 2006, 154 f (155).
455 BAG, 19.10.2005, 7 AZR 31/05, NZA 2006, 154 f (155).
456 Siehe die Gesetzesbegründung, BT-Drucks. 14/4374, S. 20.
457 S. auch Lembke, NJW 2006, 325 ff (326).
458 BAG, 10.11.2004, 7 AZR 101/04, NZA 2005, 514 ff (515); BAG, 22.6.2005, 7 AZR 363/04.
459 BAG, 18.8.2005, 8 AZR 523/04, NZA 2006, 145 ff (147).

genden Rechtsträger dem Abschluss eines sachgrundlos befristeten Arbeitsvertrages mit dem übernehmenden Rechtsträger nicht entgegensteht.[460]

Das Anschlussverbot kommt auch bei einem **Betriebsübergang** zur Anwendung, wenn der Erwerber nach § 613a Abs. 1 Satz 1 BGB in ein zwischen dem Veräußerer und dem Arbeitnehmer abgeschlossenes und im Zeitpunkt des Betriebsübergangs noch bestehendes Arbeitsverhältnis eingetreten ist.[461] In diesem Fall kann der Erwerber nach Beendigung des Arbeitsverhältnisses mit dem Arbeitnehmer nicht einen sachgrundlos befristeten Arbeitsvertrag schließen, weil bereits zuvor ein Arbeitsverhältnis zu demselben Arbeitgeber bestanden hat. Das Anschlussverbot greift allerdings dann nicht ein, wenn das frühere Arbeitsverhältnis bei dem Betriebsveräußerer **vor dem Zeitpunkt des Betriebsübergangs nach § 613a Abs. 1 Satz 1 beendet worden ist**.[462] Hier fehlt es an einer Identität der Arbeitsvertragsparteien, wenn der vor dem Betriebsübergang bei dem Veräußerer ausgeschiedene Arbeitnehmer von dem Erwerber sachgrundlos befristet neu eingestellt wird.[463] 121

Anders als die Vorgängerregelung des § 1 Abs. 3 BeschfG 1996 enthält das Anschlussverbot des § 14 Abs. 2 Satz 2 keine zeitliche Begrenzung. D.h., dass es auf den **zeitlichen Abstand** zwischen dem früheren Arbeitsverhältnis und dem zu einem späteren Zeitpunkt bei demselben Arbeitgeber begründeten sachgrundlos befristeten Arbeitsverhältnis nicht ankommt.[464] Das Anschlussverbot greift also unabhängig davon, wann vor der Befristung ohne Sachgrund in der Vergangenheit ein Arbeitsverhältnis bestanden hat.[465] Im Hinblick darauf steht dem Arbeitgeber vor der Einstellung eines sachgrundlos befristeten Arbeitnehmers ein **Fragerecht** dahingehend zu, ob der Arbeitnehmer bereits zu einem früheren Zeitpunkt bei ihm beschäftigt war.[466] Wird diese Frage seitens des Arbeitnehmers wahrheitswidrig beantwortet, so kann der Arbeitgeber den dann wegen der unzulässigen sachgrundlosen Befristung unbefristeten Arbeitsvertrag nach § 123 BGB anfechten.[467] 122

c) Beweislast

Beruft sich der Arbeitgeber auf das Vorliegen der Voraussetzungen für die sachgrundlose Befristung nach § 14 Abs. 2 Satz 1, so trifft ihn die **Beweislast**. Der Arbeitnehmer hat hingegen das Vorliegen der Tatsachen darzulegen und im Streitfall zu beweisen, aus denen sich ein Anschlussverbot nach § 14 Abs. 2 Satz 2 ergibt. 123

---

460 BAG, 10.11.2004, 7 AZR 101/04, NZA 2005, 514 ff (516); BAG, 22.6.2005, 7 AZR 363/04.
461 Siehe BAG, 18.1.2006, 7 AZR 178/05, NZA 2006, 605 ff (606).
462 BAG, 18.8.2005, 8 AZR 523/04, NZA 2006, 145 ff (147); BAG, 22.6.2005, 7 AZR 363/04.
463 BAG, 18.8.2005, 8 AZR 523/04, NZA 2006, 145 ff (147).
464 BAG, 6.11.2003, 2 AZR 690/02, NZA 2005, 218 ff (220); BAG, 13.5.2004, 2 AZR 426/03.
465 Vgl. auch die Gesetzesbegründung, BT-Drucks. 14/4374, S. 19.
466 Siehe die Gesetzesbegründung, BT-Drucks. 14/4374, S. 19.
467 Siehe auch die Gesetzesbegründung, BT-Drucks. 14/4374, S. 19.

2. Tarifvertragsdispositivität

124 Gemäß § 14 Abs. 2 Satz 3 kann durch **Tarifvertrag** die **Anzahl der Verlängerungen** oder die **Höchstdauer** der Befristung abweichend von § 14 Abs. 2 Satz 1 festgelegt werden. Damit werden die Höchstbefristungsdauer wie auch die höchst zulässige Anzahl von Vertragsverlängerungen tarifvertragsdispositiv gestellt. § 22 Abs. 1 macht deutlich, dass insoweit neben günstigeren Regelungen auch abweichende tarifvertragliche Regelungen zuungunsten der Arbeitnehmer zulässig sind. Nicht zur Disposition der Tarifvertragsparteien steht das **Anschlussverbot**. Bezüglich der Höchstbefristungsdauer und der Anzahl der Verlängerungen enthält das Gesetz keine Beschränkungen für die Tarifvertragsparteien. § 14 Abs. 3 Satz 3 schließt nicht aus, dass tarifvertraglich überhaupt die sachgrundlose Befristung ausgeschlossen wird.[468]

125 Von § 14 Abs. 2 Satz 1 abweichende Tarifverträge gelten nach § 4 Abs. 1 TVG unmittelbar und zwingend für die unter den Geltungsbereich des Tarifvertrages fallenden **tarifgebundenen Arbeitgeber und Arbeitnehmer**. Darüber hinaus kann die unmittelbare und zwingende Wirkung des Tarifvertrages in dessen Geltungsbereich für nicht tarifgebundene Arbeitgeber und Arbeitnehmer durch **Allgemeinverbindlicherklärung** nach § 5 TVG hergestellt werden.

126 Die Regelung des § 14 Abs. 2 Satz 1 ist allein tarifvertragsdispositiv. Durch **Betriebsvereinbarung** können deshalb keine abweichenden Regelungen getroffen werden.

127 Nach § 14 Abs. 2 Satz 4 ist es möglich, dass im Geltungsbereich eines von § 14 Abs. 2 Satz 1 abweichenden Tarifvertrages **nicht tarifgebundene Arbeitgeber und Arbeitnehmer** die Anwendung der tariflichen Regelungen einzelvertraglich vereinbaren. Gemeint sind die tariflichen Regelungen, soweit sie abweichend von § 14 Abs. 2 Satz 1 die **Zulässigkeit der sachgrundlosen Befristung bezogen auf die Höchstbefristungsdauer und die Anzahl der Verlängerungen** regeln.[469] Die einzelvertragliche Vereinbarung ist nur für Arbeitgeber und Arbeitnehmer zulässig, die unter den Geltungsbereich des Tarifvertrages fallen, also in **sachlicher, persönlicher und räumlicher Hinsicht** von dem Tarifvertrag erfasst würden, wenn sie Mitglieder der vertragsschließenden Tarifvertragsparteien wären.[470] Die einzelvertragliche Bezugnahme auf einen Tarifvertrag im Sinne des § 14 Abs. 2 Satz 3 bedarf **nicht der Schriftform** nach § 14 Abs. 2, weil diese Bezugnahme nicht eine Befristungsabrede zum Inhalt hat.[471]

IV. Sachgrundlose Befristung nach Unternehmensgründung gemäß § 14 Abs. 2a

128 Eine weitere Ausnahme von dem in § 14 Abs. 1 niedergelegten Grundsatz des Erfordernisses eines Sachgrundes für die Rechtfertigung der Befristung eines Arbeitsvertrages enthält § 14 Abs. 2a. Gemäß Satz 1 dieser Regelung ist in den ersten vier Jahren nach der **Gründung eines Unternehmens** die kalendermäßige

---

468 Siehe Gräfl/Arnold/*Gräfl*, TzBfG, § 14 Rn 236 f.
469 Siehe Gräfl/Arnold/*Gräfl*, TzBfG, § 14 Rn 239; Boewer, TzBfG, § 14 Rn 264.
470 Siehe auch Gräfl/Arnold/*Gräfl*, TzBfG, § 14 Rn 239.
471 Zutreffend Boewer, TzBfG, § 14 Rn 265.

Befristung eines Arbeitsvertrages ohne Vorliegen eines sachlichen Grundes bis zur Dauer von vier Jahren zulässig. Bis zu dieser Gesamtdauer kann ein kürzerer befristeter Arbeitsvertrag mehrfach verlängert werden. Die Regelung des § 14 Abs. 2a Satz 3 bestimmt, **welcher Zeitpunkt für die Gründung des Unternehmens im Sinne von Satz 1 maßgebend ist.** Nach § 14 Abs. 2a Satz 2 gilt der Tatbestand der sachgrundlosen Befristung nach Unternehmensgründung **nicht für Neugründungen im Zusammenhang mit der rechtlichen Umstrukturierung von Unternehmen und Konzernen.** Schließlich bestimmt § 14 Abs. 2a Satz 4, dass auf die Befristung eines Arbeitsvertrages nach § 14 Abs. 2a Satz 1 die Regelungen des § 14 Abs. 2 Sätze 2 bis 4 entsprechende Anwendung finden.

1. Voraussetzungen der sachgrundlosen Befristung

Die Zulässigkeit der sachgrundlosen Befristung nach Unternehmensgründung ist durch Art. 2 des Gesetzes zu Reformen am Arbeitsmarkt vom 24.12.2003[472] zum 1.1.2004 in § 14 eingefügt worden. Nach der Begründung zum Entwurf des Gesetzes zu Reformen am Arbeitsmarkt soll § 14 Abs. 2a Existenzgründern die Entscheidung zu Einstellungen erheblich erleichtern.[473] Die Erleichterung in Gestalt einer über § 14 Abs. 2 hinausgehenden Möglichkeit der sachgrundlosen Befristung wurde im Hinblick darauf für erforderlich gehalten, dass für Existenzgründer der **wirtschaftliche Erfolg besonders ungewiss** sei und sich in der Aufbauphase kaum abschätzen lasse, wie sich das **Unternehmen entwickeln** und wie hoch der **Personalbedarf** sein wird.[474]

129

Gemäß § 14 Abs. 2a Satz 1 ist in den ersten vier Jahren nach der Gründung eines Unternehmens die kalendermäßige Befristung eines Arbeitsvertrages ohne Sachgrund bis zur Dauer von vier Jahren zulässig. Für die Bestimmung des Zeitpunkts der Gründung des Unternehmens ist nach § 14 Abs. 2a Satz 3 die Aufnahme einer Erwerbstätigkeit maßgebend, die gemäß § 138 Abgabenordnung der Gemeinde oder dem Finanzamt anzuzeigen ist. Entscheidend für den Beginn der Vierjahresfrist nach der Gründung des Unternehmens ist mithin nicht der Zeitpunkt der Anzeige, sondern der **Zeitpunkt der tatsächlichen Aufnahme der Erwerbstätigkeit**, bzgl derer eine Mitteilungspflicht nach § 138 Abgabenordnung besteht.[475]

130

§ 14 Abs. 2a Satz 1 erlaubt nur die **kalendermäßige Befristung eines Arbeitsvertrages ohne Sachgrund,** nicht erfasst werden deshalb zweckbefristete Arbeitsverträge. Für **auflösend bedingte Arbeitsverträge** gilt die Privilegierung des § 14 Abs. 2a Satz 1 gleichfalls nicht, wie aus § 21 hervorgeht, der insoweit nicht die entsprechende Geltung dieses Tatbestands der sachgrundlosen Befristung anordnet.[476]

131

Die sachgrundlose Befristung ist in den ersten vier Jahren nach der Gründung eines Unternehmens bis zur Dauer von vier Jahren zulässig. Das bedeutet, dass die Befristung des Arbeitsvertrages bis zur Dauer von vier Jahren **zu jedem belie-**

132

---

472 BGBl. 2003 I, 3002.
473 Siehe BT-Drucks. 15/1204, S. 10.
474 BT-Drucks. 15/1204, S. 10.
475 Siehe Bauer/Krieger, Kündigungsrecht Reformen 2004, 2004, Rn 139; Bader, NZA 2004, 65 ff (76).
476 Siehe auch Bauer/Krieger, Kündigungsrecht Reformen 2004, 2004, Rn 138; Lakies, in: Düwell, Das reformierte Arbeitsrecht, 2005, Kap. 1, Rn 44.

bigen Zeitpunkt innerhalb des Vierjahreszeitraums nach Gründung des Unternehmens, damit also auch noch am Ende dieses Zeitraums vorgenommen werden kann.[477] Entscheidend ist allerdings der **Zeitpunkt des Beginns der Tätigkeit**, nicht der des Vertragsschlusses.[478]

133 Bis zu der Gesamtbefristungsdauer von vier Jahren ist auch die **mehrfache Verlängerung** eines kalendermäßig befristeten Arbeitsvertrages zulässig. Der Begriff der Verlängerung und die insoweit maßgebenden Anforderungen stimmen mit § 14 Abs. 2 Satz 1 überein.[479] Anders als nach dieser Regelung begrenzt § 14 Abs. 2a Satz 1 die Anzahl der möglichen Verlängerungen innerhalb der Höchstbefristungsdauer von vier Jahren nicht. Die Verlängerungsmöglichkeit besteht auch dann, wenn der Vierjahreszeitraum nach der Gründung des Unternehmens abgelaufen ist, sofern nur die **erste kalendermäßige Befristung des Arbeitsvertrages innerhalb dieses Zeitraums vorgenommen worden ist.**[480] Die Möglichkeit der sachgrundlosen Befristung nach § 14 Abs. 2a Satz 1 gilt nur für neu gegründete Unternehmen. Mit der Anknüpfung an den Begriff des Unternehmens wird auf die **Gründung des Rechtsträgers** abgestellt, weshalb etwa die Errichtung eines weiteren Betriebs durch ein bereits existierendes Unternehmen nicht unter den Anwendungsbereich von § 14 Abs. 2a Satz 1 fällt.[481] Rechtsträger können **natürliche Personen, Personengesellschaften und juristische Personen** sein.[482] Das Privileg der sachgrundlosen Befristung nach § 14 Abs. 2a Satz 1 gilt gemäß § 14 Abs. 2a Satz 3 nicht für **Neugründungen im Zusammenhang mit der rechtlichen Umstrukturierung von Unternehmen und Konzernen**. Diese Einschränkung entspricht § 112a Abs. 2 Satz 2 BetrVG betreffend die **Erzwingbarkeit des Sozialplans bei Personalabbau**, von der gleichfalls umstrukturierungsbedingte Neugründungen nicht ausgenommen sind. Das Tatbestandsmerkmal der Neugründung im Zusammenhang mit der rechtlichen Umstrukturierung von Unternehmen und Konzernen ist nicht anders als in § 112a Abs. 2 Satz 2 dahin zu verstehen, dass dieses immer dann vorliegt, wenn unternehmerische Tätigkeiten zukünftig von einem anderen Rechtsträger wahrgenommen werden und dessen Neugründung gerade mit der Übertragung der Tätigkeiten im Zusammenhang steht.[483] Relevante Beispiele für Neugründungen im Sinne des § 14 Abs. 2a Satz 2 sind danach zB Verschmelzungen und Spaltungen nach Maßgabe der §§ 2 ff und 123 ff UmwG.[484] Wird ein Betrieb(steil) nach § 613a BGB auf ein neu gegründetes Unternehmen übertragen, so hindert das nicht die Möglichkeit der sachgrundlosen Befristung nach § 14 Abs. 2a Satz 1 im Hinblick darauf, dass diese Regelung an die Neugründung des Unternehmens anknüpft.[485]

---

477 Siehe Gräfl/Arnold/*Gräfl*, TzBfG, § 14 Rn 247; Lakies, in: Düwell, Das reformierte Arbeitsrecht, 2005, Kap. 1, Rn 48.
478 Siehe Bauer/Krieger, Kündigungsrecht Reformen 2004, 2004, Rn 141.
479 Siehe dazu oben Rn 116.
480 A.A. Lakies, in: Düwell, Das reformierte Arbeitsrecht, 2005, Kap. 1 Rn 46.
481 Siehe Gräfl/Arnold/*Gräfl*, TzBfG, § 14 Rn 246; Lakies, in: Düwell, Das reformierte Arbeitsrecht, 2005, Kap. 1 Rn 47.
482 Lakies, in: Düwell, Das reformierte Arbeitsrecht, 2005, Kap. 1 Rn 47.
483 Siehe zu § 112a BetrVG Oetker, in: GK-BetrVG, 8. Aufl., § 112a Rn 249.
484 Siehe zu weiteren Fällen Oetker, in: GK-BetrVG, 8. Aufl, § 112a Rn 249 ff, hier bezogen auf § 112a Abs. 2 Satz 2 BetrVG.
485 Siehe Bauer/Krieger, Kündigungsrecht Reformen 2004, 2004, Rn 140.

2. Anschlussverbot und Tarifvertragsdispositivität

Gemäß der Regelung des § 14 Abs. 2a Satz 4 finden auf die sachgrundlose Befristung des Arbeitsvertrages nach § 14 Abs. 2a Satz 1 die Bestimmungen des § 14 Abs. 2 Sätze 2 bis 4 entsprechende Anwendung. Damit gelten das **Anschlussverbot** des § 14 Abs. 2 Satz 2[486] gleichermaßen wie die Regelung des § 14 Abs. 2 Satz 3 zur **Tarifvertragsdispositivität**[487] und die Möglichkeit der **einzelvertraglichen Vereinbarung** entsprechender tarifvertraglicher Abweichungen nach § 14 Abs. 2 Satz 4[488] auch für die sachgrundlose Befristung nach Unternehmensgründung. Der Verweis auf die entsprechende Anwendung des § 14 Abs. 2 Satz 3 bedeutet, dass tarifvertraglich die **Höchstbefristungsdauer** von vier Jahren verlängert und verkürzt werden kann und die Möglichkeit besteht, die **Anzahl** der nach § 14 Abs. 2a Satz 1 nicht begrenzten **Verlängerungen** zu beschränken.[489] Die Nichterwähnung von § 14 Abs. 2a Satz 4 in § 22 steht einer tarifvertraglichen Abweichung zulasten der Arbeitnehmer nicht entgegen, weil § 14 Abs. 2 Sätze 3 und 4 in § 22 in Bezug genommen werden.

134

3. Beweislast

Beruft sich der Arbeitgeber auf die Zulässigkeit einer sachgrundlosen Befristung nach § 14 Abs. 2a, so hat er bei einem Streit über das Vorliegen der Voraussetzungen die insoweit maßgebenden Tatsachen zu beweisen. **Der Arbeitnehmer** ist hingegen beweispflichtig, wenn die ein Anschlussverbot begründenden Tatsachen streitig sind.

135

V. Sachgrundlose Befristung wegen Alters nach § 14 Abs. 3

1. Unanwendbarkeit von § 14 Abs. 3

Gemäß § 14 Abs. 3 Satz 1 a.F. bedurfte die Befristung eines Arbeitsvertrages keines sachlichen Grundes, wenn der Arbeitnehmer bei Beginn des befristeten Arbeitsverhältnisses das 58. Lebensjahr vollendet hatte. Sätze 2 und 3 schlossen die Zulässigkeit der **Altersbefristung** aus, wenn zu einem vorhergehenden unbefristeten Arbeitsvertrag mit demselben Arbeitgeber ein enger sachlicher Zusammenhang bestand. Durch das Erste Gesetz für moderne Dienstleistungen am Arbeitsmarkt vom 23.12.2002[490] ist in § 14 Abs. 3 a.F. ein Satz 4 angefügt worden, wonach bis zum 31.12.2006 § 14 Abs. 3 Satz 1 mit der Maßgabe anzuwenden war, dass an die Stelle des 58. Lebensjahres das 52. Lebensjahr trat.

136

Aus den Gesetzesbegründungen zur Einführung der sachgrundlosen Befristung wegen Alters wie auch der vorübergehenden Absenkung der Altersgrenze von der Vollendung des 58. Lebensjahres auf die Vollendung des 52. Lebensjahres ging hervor, dass mit der Bestimmung das **beschäftigungspolitische Ziel** verfolgt wurde, der Arbeitslosigkeit älterer Arbeitnehmer durch die Erleichterung der

137

---

486 Dazu oben Rn 117 ff.
487 Siehe oben Rn 124 ff.
488 Siehe dazu Rn 127 ff.
489 Siehe auch Gräfl/Arnold/*Gräfl*, TzBfG, § 14 Rn 254.
490 BGBl. 2002 I, 4607.

Befristung von Arbeitsverträgen gegenzusteuern. Darin liege auch der maßgebende Rechtfertigungsgrund für die Ungleichbehandlung der von § 14 Abs. 3 erfassten Arbeitnehmer gegenüber anderen Arbeitnehmern.[491]

138 Von Anfang an sind **Bedenken gegen die Vereinbarkeit der sachgrundlosen Altersbefristung nach § 14 Abs. 3 a.F. mit dem Gemeinschaftsrecht**, insbesondere im Hinblick auf die Vorgaben der Befristungsrichtlinie 1999/70/EG geltend gemacht worden.[492] In der **Mangold-Entscheidung** vom 22.11.2005[493] hat der Europäische Gerichtshof ausgesprochen, dass § 14 Abs. 3 Satz 4 a.F. gegen Gemeinschaftsrecht verstößt und von den nationalen Gerichten nicht anzuwenden ist.[494] Die den Arbeitgebern mit § 14 Abs. 3 Satz 4 a.F. eröffnete Möglichkeit zur sachgrundlosen Befristung von Arbeitsverträgen mit Arbeitnehmern, die das 52. Lebensjahr vollendet haben, stellt eine unmittelbare, auf dem Alter beruhende Ungleichbehandlung im Sinne von Art. 1, 2 der Richtlinie 2000/78/EG dar, die nicht durch Art. 6 Abs. 1 der Richtlinie 2000/78/EG gerechtfertigt werden kann.[495] Zwar sieht der Europäische Gerichtshof das Ziel der Förderung der beruflichen Eingliederung arbeitsloser älterer Arbeitnehmer grundsätzlich als eine objektive und angemessene Rechtfertigung der auf dem Merkmal des Alters beruhenden Ungleichbehandlung an.[496] Allerdings wird nach Ansicht des Europäischen Gerichtshofs der den Mitgliedstaaten bei der Wahl der Maßnahmen zur Erreichung ihrer Ziele zustehende Ermessensspielraum überschritten, wenn die nationale Vorschrift **das Alter des betroffenen Arbeitnehmers als einziges Kriterium** für die Befristung des Arbeitsvertrages vorsehe, sofern nicht nachgewiesen sei, dass die Festlegung einer Altersgrenze unabhängig von der Struktur des jeweiligen Arbeitsmarktes und der persönlichen Situation des Betroffenen zur beruflichen Eingliederung arbeitsloser älterer Arbeitnehmer erforderlich sei.[497] Deshalb verstößt § 14 Abs. 3 Satz 4 a.F. gegen den Grundsatz der Angemessenheit und Erforderlichkeit der eingesetzten Mittel zur Erreichung des verfolgten Ziels. Der Feststellung der nicht gerechtfertigten Ungleichbehandlung durch § 14 Abs. 3 Satz 4 a.F. und der daraus folgenden Unvereinbarkeit mit der Richtlinie 2000/78/EG steht nach Auffassung des Europäischen Gerichtshofs nicht entgegen, dass im Zeitpunkt der Entscheidung die Frist zur Umsetzung der Richtlinie 2000/78/EG noch nicht abgelaufen war. Der EuGH begründet das u.a. damit, dass das grundsätzliche Verbot u.a. der Altersdiskriminierung **seinen Ursprung in den verschiedenen völkerrechtlichen Verträgen und den gemeinsamen Verfassungstraditionen der Mitgliedstaaten habe** und deswegen **als allgemeiner Grundsatz des Gemeinschaftsrechts anzusehen sei**.[498] Aus diesem Grunde hängt nach Ansicht des Europäischen Gerichtshofs die Wahrung des allgemeinen Grundsatzes der Gleichbehandlung insbesondere im Hinblick auf das

---

[491] Siehe die Gesetzesbegründungen in BT-Drucks. 15/25, S. 40 und BT-Drucks. 14/4374, S. 20.
[492] Siehe etwa Blanke, AiB 2000, 728 ff (735); Däubler, ZIP 2001, 217 ff (224); Rolfs, TzBfG, § 14 Rn 100; Kohte, BB 2002, Heft 48, S. I; Schlachter, RdA 2004, 352 ff (356); siehe auch Lakies, in: Düwell, Das reformierte Arbeitsrecht, 2005, Kap. I Rn 61 ff.
[493] C-144/04, DB 2005, 2638 ff.
[494] EuGH, 22.11.2005, C-144/04, DB 2005, 2638 ff (2640).
[495] EuGH, 22.11.2005, C-144/04, DB 2005, 2638 ff (2639).
[496] EuGH, 22.11.2005, C-144/04, DB 2005, 2638 ff (2639).
[497] EuGH, 22.11.2005, C-144/04, DB 2005, 2638 ff (2640).
[498] EuGH, 22.11.2005, C-144/04, DB 2005, 2638 ff (2640).

Alter nicht von dem Ablauf der Umsetzungsfrist für die Richtlinie 2000/78/EG ab.[499]

Der Verstoß von § 14 Abs. 3 Satz 4 a.F. gegen das Gemeinschaftsrecht und insbesondere Art. 6 Abs. 1 der Richtlinie 2000/78/EG hatte zur Folge, dass die nationalen Gerichte § 14 Abs. 3 Satz 4 a.F. **nicht anwenden durften**.[500] Das BAG hat sich in seinem der Mangold-Entscheidung des Europäischen Gerichtshofs nachfolgenden Urteil vom 26.4.2006[501] der Auffassung des Europäischen Gerichtshofs angeschlossen und die Bestimmung des § 14 Abs. 3 Satz 4 a.F. gleichfalls für durch die nationalen Gerichte unanwendbar erklärt. Darüber hinaus hat das BAG ausgesprochen, dass § 14 Abs. 3 Satz 4 a.F. auch nicht unter dem Gesichtspunkt des **Vertrauensschutzes auf Befristungsabreden, die vor dem 22.11.2005 getroffen wurden**, anwendbar ist, weil der Europäische Gerichtshof die zeitlichen Wirkungen seines Unanwendbarkeitsausspruchs nicht begrenzt hat.[502] 139

Für die **Praxis** hatte diese Rechtsprechung zur Folge, dass eine sachgrundlose Befristung wegen Alters nicht wirksam auf § 14 Abs. 3 Satz 4 a.F. gestützt werden konnte. 140

2. Neuregelung des § 14 Abs. 3

Unter dem Datum des 12.12.2006 ist der **Entwurf eines Gesetzes zur Verbesserung der Beschäftigungschancen älterer Menschen aus dem Bundesministerium für Arbeit und Soziales**[503] veröffentlicht worden, der in Art. 1 eine **Neuregelung des § 14 Abs. 3** enthält. Diese Neuregelung tritt zum 1.5.2007 in Kraft.[504] Gemäß § 14 Abs. 3 Satz 1 ist die kalendermäßige Befristung eines Arbeitsvertrages ohne Vorliegen eines sachlichen Grundes bis zu einer Dauer von fünf Jahren zulässig, wenn der Arbeitnehmer bei Beginn des befristeten Arbeitsverhältnisses das 52. Lebensjahr vollendet hat und unmittelbar vor Beginn des befristeten Arbeitsverhältnisses mindestens vier Monate beschäftigungslos gewesen ist, Transferkurzarbeitergeld bezogen oder an einer öffentlich geförderten Beschäftigungsmaßnahme nach dem Zweiten oder Dritten Buch Sozialgesetzbuch teilgenommen hat. Nach § 14 Abs. 3 Satz 2 ist bis zu der Gesamtdauer von fünf Jahren auch die mehrfache Verlängerung des Arbeitsvertrages zulässig. 141

Ziel der Neuregelung ist es, die **Zulässigkeit der sachgrundlosen Altersbefristung** vor dem Hintergrund der Mangold-Entscheidung des Europäischen Gerichtshofs[505] **europarechtskonform** auszugestalten. An der Zulässigkeit der sachgrundlosen Altersbefristung ab Vollendung des 52. Lebensjahres wird im Hinblick darauf festgehalten, dass die Beschäftigungssituation älterer Arbeitsuchender 142

---

499 EuGH, 22.11.2005, C-144/04, DB 2005, 2638 ff (2640); zur Kritik an der Entscheidung des EuGH siehe aus der Literatur Giesen, SAE 2006, 45 ff; Bauer/Arnold, NJW 2006, 6 ff; Preis, NZA 2006, 401 ff; Reichold, ZESAR 2006, 55 ff; Thüsing, ZIP 2005, 2149 ff; Nikolai, DB 2005, 2641 ff; Laber/Goetzmann, ArbRB 2006, 51 ff; Koenigs, DB 2006, 49 ff.
500 EuGH, 22.11.2005, C-144/04, DB 2005, 2638 ff (2640).
501 DB 2006, 1734 ff.
502 BAG, DB 2006, 1734 ff (1738).
503 BT-Drucks. 16/3793.
504 Siehe Art. 1 und 4 III des Gesetzes zur Verbesserung der Beschäftigungschancen älterer Menschen vom 19.4.2007 (BGBl. Teil I, 538).
505 EuGH, 22.11.2005, C-144/04, DB 2005, 2638 ff.

nach wie vor besonders schwierig ist und den Unternehmen mit der Befristungsmöglichkeit wegen Alters ohne Sachgrund die Einstellung älterer Arbeitsuchender erleichtert werden soll.[506]

a) Voraussetzungen der sachgrundlosen Befristung nach § 14 Abs. 3

143 § 14 Abs. 3 Satz 1 erlaubt die sachgrundlose Befristung wegen Alters nicht anders als § 14 Abs. 2 und Abs. 2a nur für die **kalendermäßige Befristung** eines Arbeitsvertrages im Sinne von § 3 Abs. 1.[507] Ausgeschlossen ist damit die sachgrundlose Zweckbefristung wegen Alters.

144 Des Weiteren ist die kalendermäßige Befristung ohne Sachgrund wegen Alters nach der Neuregelung nur **bis zu einer Dauer von fünf Jahren** zulässig. Mit dieser Festlegung einer **Höchstdauer der sachgrundlosen Befristung** soll den Anforderungen der Richtlinie 1999/70/EG des Rates vom 28. Juni 1999 zu der EGB-UNICE-CEEP-Rahmenvereinbarung über befristete Arbeitsverträge[508] Rechnung getragen werden, nach der befristete Arbeitsverträge nur zulässig sind, wenn dafür sachliche Gründe vorliegen oder wenn deren Höchstdauer oder die Zahl der Vertragsverlängerungen begrenzt ist.[509] Wird die Altersbefristung nach § 14 Abs. 3 Satz 1 für einen kürzeren Zeitraum als fünf Jahre vereinbart, so ist nach § 14 Abs. 3 Satz 2 bis zu der Gesamtdauer von fünf Jahren auch die mehrfache Verlängerung des Arbeitsvertrages zulässig. Der Begriff der Verlängerung und die insoweit zu stellenden Anforderungen stimmen mit der Verlängerung nach § 14 Abs. 2 Satz 1 überein.[510] Anders als in § 14 Abs. 2 Satz 1 begrenzt § 14 Abs. 3 Satz 2 nicht die Höchstanzahl zulässiger Verlängerungen.

145 Die sachgrundlose Befristung gemäß § 14 Abs. 3 ist weiterhin nur zulässig, wenn der Arbeitnehmer bei Beginn des befristeten Arbeitsverhältnisses das **52. Lebensjahr vollendet hat**. Die durch das Erste Gesetz für moderne Dienstleistungen am Arbeitsmarkt vom 23.12.2002[511] in § 14 Abs. 3 Satz 4 a.F. eingefügte und zum 31.12.2006 ausgelaufene Altersgrenze von 52 Jahren soll damit auch zur maßgebenden Altersgrenze für die Zulässigkeit sachgrundloser Befristungen wegen Alters werden. Die darin liegende **Ungleichbehandlung im Vergleich zu jüngeren Arbeitnehmern** ist im Hinblick auf das gemeinschaftsrechtliche Verbot der Altersdiskriminierung nach Art. 1, 2 der Richtlinie 2000/78/EG auf der Grundlage von Art. 6 Abs. 1 der Richtlinie 2000/78/EG gerechtfertigt, wonach die Mitgliedstaaten vorsehen können, dass Ungleichbehandlungen wegen des Alters keine Diskriminierung darstellen, sofern sie angemessen sind und im Rahmen des nationalen Rechts durch ein legitimes Ziel, worunter insbesondere rechtmäßige Ziele aus den Bereichen Beschäftigungspolitik, Arbeitsmarkt und berufliche Bildung zu verstehen sind, gerechtfertigt sind. Die Festlegung der Altersgrenze von 52 Jahren ist beschäftigungspolitisch begründet im Hinblick darauf, dass die Arbeitsmarktsituation für Arbeitnehmer dieses Alters und älterer Arbeitnehmer besonders schwierig ist.[512] Hinzu kommt, dass **die Festlegung**

---

506 Siehe die Begründung zum Entwurf, S. 7 ff.
507 Siehe dazu § 3 Rn 7 ff.
508 Siehe schon oben Rn 2 f.
509 Siehe schon oben Rn 2.
510 Siehe dazu näher oben Rn 116.
511 BGBl. 2002 I, 4607.
512 Siehe die Begründung zum Entwurf, S. 7 ff, 9 f.

der Altersgrenze nicht das einzige Kriterium für die Zulässigkeit der sachgrundlosen Befristung ist, sondern die geplante Neuregelung in Übereinstimmung mit der Mangold-Entscheidung des Europäischen Gerichtshofs[513] zusätzliche Voraussetzungen, die alternativ erfüllt sein können, für die Wirksamkeit einer sachgrundlosen Altersbefristung aufstellt.

Gemäß § 14 Abs. 3 Satz 1 muss der Arbeitnehmer, der das 52. Lebensjahr vollendet hat, **unmittelbar vor Beginn des befristeten Arbeitsverhältnisses mindestens vier Monate beschäftigungslos gewesen sein.** Der Begriff der **Beschäftigungslosigkeit** ist in § 119 Abs. 1 Nr. 1 SGB III definiert und bedeutet, dass eine Person nicht in einem Beschäftigungsverhältnis[514] steht. Dazu gehören gemäß § 119 Abs. 3 SGB III auch Personen, die eine Beschäftigung, selbständige Tätigkeit oder Tätigkeit als mithelfender Familienangehöriger ausüben, sofern diese Arbeits- oder Tätigkeitszeit weniger als 15 Stunden wöchentlich umfasst. Mit der Verwendung des Begriffs „beschäftigungslos" in § 14 Abs. 3 Satz 1 wird mithin **nicht gefordert**, dass der befristet eingestellte Arbeitnehmer vor Vertragsschluss vier Monate **arbeitslos** gewesen ist, was nach § 119 Abs. 1 SGB III neben der Beschäftigungslosigkeit voraussetzen würde, dass der Arbeitnehmer während dieser Zeit auch Eigenbemühungen entfaltet hat und den Vermittlungsbemühungen der Agentur für Arbeit zur Verfügung stand (siehe § 119 Abs. 1 Nr. 2 und 3 SGB III). Darauf kommt es nach dem eindeutigen Gesetzeswortlaut nicht an.[515] Es wird allein auf die Beschäftigungslosigkeit abgestellt, dh, auf die Nichtausübung einer nichtselbständigen Tätigkeit oberhalb der Grenzen des § 119 Abs. 3 SGB III. Erfasst werden deshalb auch Personen, die **zwar beschäftigungslos, jedoch nicht arbeitslos** (gemeldet) sind im Sinne der Voraussetzungen für den Anspruch auf Arbeitslosengeld nach §§ 117 ff.[516] Darüber hinaus gelten als beschäftigungslos auch Personen, die an Maßnahmen der aktiven Arbeitsförderung wie zB Maßnahmen der Eignungsfeststellung und Trainingsmaßnahmen zur Verbesserung der Eingliederungsaussichten iS § 48 SGB III oder der beruflichen Weiterbildung im Sinne von § 77 SGB III teilnehmen.[517] Diese sind zwar nicht arbeitslos im Sinne des § 119 Abs. 1 SGB III, jedoch ohne Beschäftigung nach Maßgabe des § 119 Abs. 1 Nr. 1 SGB III.

Alternativ zum Erfordernis der viermonatigen Beschäftigungslosigkeit unmittelbar vor Beginn des befristeten Arbeitsverhältnisses reicht es als zusätzliche Voraussetzung neben dem Überschreiten der Altersgrenze nach § 14 Abs. 3 Satz 1 auch aus, wenn der sachgrundlos befristet eingestellte Arbeitnehmer unmittelbar vor Beginn des Arbeitsverhältnisses **Transferkurzarbeitergeld** bezogen hat. Das Transferkurzarbeitergeld ist in § 216b SGB III geregelt als Leistung zur Vermeidung von Entlassungen und Verbesserung von Vermittlungsaussichten für Personen, deren Beschäftigungsmöglichkeit infolge einer Betriebsänderung dauerhaft weggefallen ist. Die Zeiten des Bezuges von Transferkurzarbeitergeld werden den Zeiten der Beschäftigungslosigkeit gleichgestellt, um diesen Personen zusätzliche Chancen bei der Suche nach einer neuen Arbeit zu eröffnen.[518] Schließlich stehen den Zeiten der Beschäfti-

---

513 EuGH, 22.11.2005, C-144/04, DB 2005, 2638.
514 Siehe § 7 Abs. 1 SGB IV.
515 Siehe auch Begründung zum Entwurf, S. 7 f.
516 Siehe auch Begründung zum Entwurf, S. 7 f.
517 Siehe auch Begründung zum Entwurf, S. 7 f.
518 Siehe Begründung zum Entwurf, S. 7 f.

gungslosigkeit alternativ nach § 14 Abs. 3 Satz 1 auch Zeiten gleich, während der der befristet eingestellte Arbeitnehmer an einer **öffentlich geförderten Beschäftigungsmaßnahme nach dem Zweiten oder Dritten Buch Sozialgesetzbuch** teilgenommen hat. Hierzu gehören die Arbeitsbeschaffungsmaßnahmen nach §§ 260 ff SGB III sowie Arbeitsgelegenheiten nach § 16 Abs. 3 SGB II. Mit der Gleichstellung von Teilnehmern an solchen Maßnahmen im Rahmen von § 14 Abs. 3 Satz 1 sollen die individuellen Integrationschancen verbessert werden.[519]

148 § 14 Abs. 3 Satz 1 setzt weiter voraus, dass die viermonatige Dauer der Beschäftigungslosigkeit, des Bezuges von Transferkurzarbeitergeld oder der Teilnahme an einer öffentlich geförderten Beschäftigungsmaßnahme **unmittelbar vor Beginn des sachgrundlos befristeten Arbeitsverhältnisses** liegt. Hiermit ist eine zeitliche Nahtlosigkeit zwischen den vorgenannten Zeiten und dem Beginn des befristeten Arbeitsverhältnisses gefordert, dieses muss direkt an jene Zeiten anschließen. Der Viermonatszeitraum muss **zusammenhängend** sein.[520] Das folgt daraus, dass der mindestens viermonatige Zeitraum unmittelbar vor dem Beginn des befristeten Arbeitsverhältnisses liegen muss und es bei der Zulassung der sachgrundlosen Altersbefristung gerade darum geht, längere Zeit beschäftigungslosen oder gleichgestellten Personen neue Einstellungschancen zu eröffnen. **Kurzzeitige Unterbrechungen** des Viermonatszeitraums etwa durch die Wahrnehmung von Aushilfstätigkeiten schaden nicht.[521]

149 Im Hinblick darauf, dass das Wirksamkeitserfordernis einer dem sachgrundlos befristeten Arbeitsvertrag unmittelbar vorausgehenden Beschäftigungslosigkeit oder gleichgestellten Situation aus der Sphäre des Arbeitnehmers kommt und sich der Kenntnis des Arbeitgebers entzieht, hat dieser vor Abschluss des befristeten Arbeitsvertrages **ein Fragerecht** bzgl **des Vorliegens der Zeiten von Beschäftigungslosigkeit** bzw **gleichgestellter Zeiten,** um die Unwirksamkeit der Befristung mit der Folge des § 16 Satz 1 zu vermeiden. Antwortet der Arbeitnehmer nicht wahrheitsgemäß und ist die Altersbefristung deshalb unwirksam, so kann der Arbeitgeber den nach § 16 Satz 1 unbefristeten Arbeitsvertrag gemäß § 123 Abs. 1 BGB anfechten.[522]

b) Kein Anschlussverbot

150 Anders als § 14 Abs. 2 Satz 2 a.F. enthält § 14 Abs. 3 **kein Anschlussverbot**.[523] Das bedeutet, dass die sachgrundlose Befristung wegen Alters nach § 14 Abs. 3 auch zulässig ist, wenn der Arbeitnehmer bereits zuvor bei demselben Arbeitgeber befristet oder unbefristet in einem Arbeitsverhältnis gestanden hat. Damit kann nach einer Befristungsdauer bis zu fünf Jahren auf der Grundlage von § 14 Abs. 3 **erneut ein sachgrundlos befristeter Arbeitsvertrag wegen Alters** bis zur Höchstdauer von fünf Jahren geschlossen werden, sofern im Zeitpunkt dieser neuen Befristung die Voraussetzungen des § 14 Abs. 3 wiederum vorliegen.[524]

---

519 Siehe Begründung zum Entwurf, S. 7 f.
520 Siehe Begründung zum Entwurf, S. 7 f.
521 Siehe Begründung zum Entwurf, S. 7 f.
522 Siehe auch Begründung zum Entwurf, S. 7 f.
523 Siehe dazu näher oben Rn 117 ff.
524 Siehe auch Begründung zum Entwurf, S. 7 f.

c) Unabdingbarkeit

Die Regelung des § 14 Abs. 3 ist **einzelvertraglich und kollektivvertraglich unabdingbar**, soweit Abweichungen zumgunsten des Arbeitnehmers in Frage stehen (siehe § 22 Abs. 1).[525] Anders als die sachgrundlosen Befristungsmöglichkeiten nach § 14 Abs. 2 und Abs. 2a ist § 14 Abs. 3 damit auch nicht tarifvertragsdispositiv ausgestaltet.

151

d) Beweislast

Beruft sich der **Arbeitgeber** auf die Zulässigkeit einer sachgrundlosen Befristung nach § 14 Abs. 3, so hat er bei einem Streit über das Vorliegen der Voraussetzungen die insoweit maßgebenden Tatsachen zu beweisen. Hierzu gehören insbesondere die Einhaltung der fünfjährigen Höchstbefristungsdauer, die Vollendung des 52. Lebensjahres des Arbeitnehmers bei Beginn des befristeten Arbeitsverhältnisses sowie die Tatsachen, dass der befristet eingestellte Arbeitnehmer unmittelbar vor Beginn des befristeten Arbeitsverhältnisses mindestens vier Monate eine der in § 14 Abs. 3 Satz 1 genannten Zeiten verbracht hat.

152

VI. Schriftformerfordernis nach § 14 Abs. 4

Gemäß § 14 Abs. 4 bedarf die Befristung eines Arbeitsvertrages zu ihrer Wirksamkeit der Schriftform. Bis zur Regelung des **Schriftformerfordernisses** in § 14 Abs. 4 bedurfte die Befristung eines Arbeitsvertrages nach der zum 1.5.2000 in Kraft getretenen Bestimmung des § 623 BGB[526] der Schriftform. Mit Inkrafttreten des Teilzeit- und Befristungsgesetzes ist das Schriftformerfordernis bezogen auf Befristungen von Arbeitsverträgen aus § 623 BGB[527] in § 14 Abs. 4 übernommen worden.

153

1. Schutzzweck und Anwendungsbereich

Der **Zweck des Schriftformerfordernisses** geht im Hinblick auf die besondere Bedeutung der Befristung, die ohne weitere rechtsgeschäftliche Erklärung zur Beendigung des Arbeitsverhältnisses führt, dahin, größtmögliche Rechtssicherheit zu gewährleisten.[528] Der Arbeitnehmer soll bei Vertragsbeginn durch das Lesen der Vereinbarungen erkennen, dass er keinen Dauerarbeitsplatz erhält, um ggf den Vertragsschluss zugunsten anderer Angebote ablehnen zu können.[529] Darüber hinaus kommt dem Schriftformerfordernis die Funktion der Beweiserleichterung zu. Durch Einhaltung der Schriftform soll unnötiger Streit der

154

---

525 Art. 1 des Entwurfs eines Gesetzes zur Verbesserung der Beschäftigungschancen älterer Menschen sieht keine Änderung von § 22 vor.
526 Eingefügt durch Art. 2 des Gesetzes zur Vereinfachung und Beschleunigung des arbeitsgerichtlichen Verfahrens (Arbeitsgerichtsbeschleunigungsgesetz) vom 30.3.2000, BGBl. 2000 I, 333.
527 Geändert durch Art. 2 Nr. 2 des Gesetzes über Teilzeitarbeit und befristete Arbeitsverträge und zur Änderung und Aufhebung arbeitsrechtlicher Bestimmungen vom 21.12.2000, BGBl. 2000 I, 1966.
528 BAG, 16.3.2005, 7 AZR 289/04, NZA 2005, 923 ff (925).
529 BAG, 16.3.2005, 7 AZR 289/04, NZA 2005, 923 ff (925).

Arbeitsvertragsparteien über das Vorliegen und den Inhalt einer Befristung vermieden werden.[530]

155 Dem Schriftformgebot unterfallen **vertraglich vereinbarte Befristungen**. Ist in einem **Tarifvertrag** eine Befristung des Arbeitsverhältnisses geregelt, so gilt diese nach § 4 Abs. 1 TVG unmittelbar und zwingend für die tarifgebundenen Arbeitgeber und Arbeitnehmer, einer besonderen einzelvertraglich schriftlich niedergelegten Befristungsabrede bedarf es hier nicht. Findet ein Tarifvertrag, der eine Befristung enthält, kraft einzelvertraglicher Bezugnahme auf ein Arbeitsverhältnis Anwendung, dann fordert das Schriftformgebot nach § 14 Abs. 4, dass **die Bezugnahme schriftlich** erfolgt.[531]

156 Das Schriftformgebot des § 14 Abs. 4 gilt nicht für **Arbeitsverträge, die vor dem Inkrafttreten** des Teilzeit- und Befristungsgesetzes geschlossen worden sind.[532] § 14 Abs. 4 kann wegen fehlender Übergangsvorschriften im Teilzeit- und Befristungsgesetz nur auf Sachverhalte angewendet werden, die sich seit dem 1.1.2001 in seinem Geltungsbereich verwirklichen.[533]

2. Gegenstand des Schriftformerfordernisses

157 **Gegenstand** des Schriftformerfordernisses ist nach dem eindeutigen Wortlaut des § 14 Abs. 4 die **Befristung eines Arbeitsvertrages**. Der Schriftform bedarf deshalb nicht der Arbeitsvertrag als solcher, sondern **lediglich die Befristungsabrede**. Insoweit wird allerdings jede Befristung des Arbeitsvertrages dem Schriftformgebot unterworfen.[534] Erfasst werden sowohl der kalendermäßig befristete wie auch der zweckbefristete Arbeitsvertrag im Sinne von § 3 Abs. 1.[535] Im Falle eines **kalendermäßig befristeten Arbeitsvertrages** muss die schriftliche Vereinbarung über die Befristung das **Datum des Fristablaufs oder den Zeitraum der Vertragsdauer** beinhalten.[536] Im Hinblick darauf, dass bei einem **zweckbefristeten Arbeitsvertrag** die Dauer des Arbeitsverhältnisses allein durch den Vertragszweck bestimmt wird, muss die Vereinbarung über die Befristung auch den **Vertragszweck bezeichnen**.[537] Denn die Vereinbarung einer Zweckbefristung beinhaltet notwendig die Angabe des Zwecks, aus dem sich gerade die Befristung und damit die Dauer des Arbeitsverhältnisses ergibt.[538]

158 **Nicht dem Schriftformgebot unterliegt der Sachgrund**, welcher der Befristung zugrunde liegt und diese rechtfertigt.[539] Das folgt sowohl aus dem Wortlaut des § 14 Abs. 4, der nur die Befristung selbst dem Schriftformerfordernis unterwirft, wie auch aus dessen Klarstellungs-, Beweis- und Warnfunktion, die auf die ver-

---

530 BAG, 16.3.2005, 7 AZR 289/04, NZA 2005, 923 ff (925).
531 Siehe Gräfl/Arnold/*Gräfl*, TzBfG, § 14 Rn 307.
532 Allerdings war für ab dem 1.5.2000 getroffene Befristungsvereinbarungen das in § 623 BGB auch insoweit niedergelegte Schriftformerfordernis zu beachten.
533 BAG, 1.12.2004, 7 AZR 135/04, NZA 2006, 211 ff (213).
534 BAG, 21.12.2005, 7 AZR 541/04, NZA 2006, 321 ff (323).
535 BAG, 21.12.2005, 7 AZR 541/04, NZA 2006, 321 ff (323).
536 BAG, 21.12.2005, 7 AZR 541/04, NZA 2006, 321 ff (323).
537 BAG, 21.12.2005, 7 AZR 541/04, NZA 2006, 321 ff (323).
538 BAG, 21.12.2005, 7 AZR 541/04, NZA 2006, 321 ff (323).
539 BAG, 23.6.2004, 7 AZR 636/03, NZA 2004, 1333 ff (1334); BAG, 21.12.2005, 7 AZR 541/04, NZA 2006, 321 ff (323).

einbarte Befristung, nicht auf den Befristungsgrund bezogen ist.[540] Der sachliche Grund der Befristung ist lediglich **objektive Wirksamkeitsvoraussetzung** für die Befristung des Arbeitsvertrages nach § 14 Abs. 1,[541] er muss deshalb in der schriftlichen Befristungsvereinbarung nicht niedergelegt sein. Bei der Zweckbefristung ist wegen der Notwendigkeit, den Vertragszweck in der schriftlichen Befristungsabrede zu bezeichnen,[542] davon auszugehen, dass damit auch der Sachgrund für die Befristung benannt ist.[543]

Von dem Schriftformgebot wird zunächst die **erstmalige Befristung eines Arbeitsvertrages** erfasst. Darüber hinaus gilt das Schriftformerfordernis auch für die **Verlängerung** eines sachgrundlos befristeten Arbeitsvertrages nach § 14 Abs. 2 Satz 1 oder Abs. 2a Satz 1.[544] Denn auch die Verlängerung eines befristeten Arbeitsvertrages als Vereinbarung eines neuen Beendigungstermins stellt eine Befristung dar.[545] Des Weiteren ist die Schriftform zu beachten, wenn ein **ursprünglich unbefristeter Arbeitsvertrag nachträglich befristet wird**. Das gilt auch für einen **Aufhebungsvertrag**, der seinem Inhalt nach nicht auf die Beendigung des Arbeitsverhältnisses, sondern auf dessen Fortsetzung für bestimmte Zeit gerichtet ist.[546] Das Schriftformerfordernis kommt weiter zum Tragen, wenn die Arbeitsvertragsparteien **nach einer Kündigung eine vertragliche Vereinbarung über die befristete Weiterbeschäftigung des Arbeitnehmers** bis zur rechtskräftigen Entscheidung über die von ihm erhobene Kündigungsschutzklage treffen.[547] Hierbei handelt es sich um eine von § 14 Abs. 4 erfasste **Zweckbefristung** des Arbeitsvertrages, sofern vereinbart wird, dass der Arbeitnehmer bis zum **rechtskräftigen Abschluss des Kündigungsschutzprozesses** weiter beschäftigt werden soll.[548] Wird hingegen eine Vereinbarung über die Weiterbeschäftigung des Arbeitnehmers bis zur rechtskräftigen Abweisung der Kündigungsschutzklage getroffen, so steht die Beschäftigung unter der **auflösenden Bedingung** der Klageabweisung.[549] Insoweit findet, wie auch bei sonstigen auflösenden Bedingungen, das Schriftformgebot über § 21 entsprechende Anwendung.

159

Nicht zum Tragen kommt das Schriftformgebot des § 14 Abs. 4 bei der Befristung **einzelner Arbeitsbedingungen**, zB einer zeitlich begrenzten Erhöhung der Arbeitszeit.[550] Das folgt sowohl aus dem Wortlaut des § 14 Abs. 4, der lediglich die Befristung des Arbeitsvertrages als solche der Schriftform unterwirft, wie auch aus Sinn und Zweck des Schriftformgebots, das wesentlich darauf zielt, dem Arbeitnehmer Klarheit über die nur begrenzte Dauer des Arbeitsvertrages zu verschaffen.[551]

160

---

540 BAG, 23.6.2004, 7 AZR 636/03, NZA 2004, 1333 ff (1334).
541 BAG, 23.6.2004, 7 AZR 636/03, NZA 2004, 1333 ff (1334).
542 Siehe oben Rn 157.
543 Vgl. BAG, 21.12.2005, 7 AZR 541/04, NZA 2006, 321 ff (323).
544 BAG, 16.3.2005, 7 AZR 289/04, NZA 2005, 923 ff (924).
545 BAG, 16.3.2005, 7 AZR 289/04, NZA 2005, 923 ff (924).
546 Siehe zur Anwendung des Befristungsrechts bei Abschluss eines Aufhebungsvertrages oben Rn 30.
547 BAG, 22.10.2003, 7 AZR 113/03, NZA 2004, 1275 ff (1276).
548 BAG, 22.10.2003, 7 AZR 113/03, NZA 2004, 1275 ff (1276).
549 BAG, 22.10.2003, 7 AZR 113/03, NZA 2004, 1275 ff (1276).
550 BAG, 3.9.2003, 7 AZR 106/03, NZA 2004, 255 ff (256); BAG, 14.1.2004, 7 AZR 390/03, ZTR 2005, 53 (53); siehe schon oben Rn 32 ff zur Unanwendbarkeit des § 14 Abs. 1 auf die Befristung einzelner Arbeitsbedingungen.
551 BAG, 3.9.2003, 7 AZR 106/03, NZA 2004, 255 ff (256); BAG, 14.1.2004, 7 AZR 390/03, ZTR 2005, 53 (53).

3. Zeitpunkt der Beachtung der Schriftform

161 Nach § 14 Abs. 4 bedarf die Befristung eines Arbeitsvertrages zu ihrer Wirksamkeit der Schriftform. Daraus folgt, dass das Schriftformgebot **im Zeitpunkt der Vereinbarung der Befristung** zu beachten ist, anderenfalls ein Verstoß gegen § 14 Abs. 4 die Unwirksamkeit der Befristungsabrede zur Folge hat.[552]

162 Eine nur **mündlich** und damit unter Verstoß gegen § 14 Abs. 4 getroffene Befristungsvereinbarung wird nicht durch eine **nach Vertragsbeginn erfolgte schriftliche Niederlegung der Befristung** rückwirkend wirksam.[553] Das folgt insbesondere auch nicht aus § 141 Abs. 1 BGB, wonach die **Bestätigung** eines nichtigen Rechtsgeschäfts durch denjenigen, der es vorgenommen hat, als erneute Vornahme zu beurteilen ist. Der Bestätigung als Neuvornahme kommt allerdings keine Rückwirkung auf den Zeitpunkt der Vornahme des Rechtsgeschäfts zu,[554] kann mithin die Folgen der Unwirksamkeit einer nur mündlichen Befristungsabrede nicht beseitigen. Nichts anderes ergibt sich unter Berücksichtigung der Zweifelsregelung des § 141 Abs. 2, wonach im Falle der Bestätigung eines nichtigen Vertrages die Parteien verpflichtet sind, einander das zu gewähren, was sie haben würden, wenn der Vertrag von Anfang an gültig gewesen wäre. Diese Regelung ist auf die nach Vertragsbeginn erfolgte schriftliche Niederlegung einer nur mündlich und deshalb unwirksam getroffenen Befristungsabrede nicht anwendbar, weil **der mündlich geschlossene Arbeitsvertrag mit Ausnahme der Befristungsabrede Wirksamkeit entfaltet**[555] und deshalb die Rechtsgrundlage für die Rechte und Pflichten der Arbeitsvertragsparteien bildet.[556] Im Übrigen ergeben sich aus einer Befristung keine Ansprüche, die schon für die Zeit vor der Bestätigung erfüllt werden könnten.[557] Einer analogen Anwendung des § 141 Abs. 2 auf die nachgeholte Schriftform der Befristungsabrede stehen wesentlich Sinn und Zweck des Schriftformerfordernisses entgegen. Der damit vor allem verfolgten Zielsetzung, dem Arbeitnehmer im Zeitpunkt des Vertragsschlusses Klarheit über die zeitliche Begrenzung des Arbeitsverhältnisses zu verschaffen,[558] könnte nicht Rechnung getragen werden, wenn unter analoger Anwendung des § 141 Abs. 2 im Ergebnis die Wirksamkeit der ursprünglich unwirksamen Befristungsabrede herbeigeführt würde.[559]

163 Durch eine nach Vertragsbeginn erfolgende schriftliche Niederlegung einer zunächst nur mündlich getroffenen Befristungsabrede kann zwar grundsätzlich der wegen Formnichtigkeit der Befristungsabrede nach § 16 Satz 1 unbe-

---

552 Siehe noch folgend Rn 167 f.
553 BAG, 1.12.2004, 7 AZR 198/04, NZA 2005, 575 ff (576); BAG, 16.3.2005, 7 AZR 289/04, NZA 2005, 923 ff (924); siehe hierzu Bahnsen, NZA 2005, 676 ff (677); Preis, NZA 2005, 714 ff (716 f).
554 Siehe BGH, 1.10.1999, V ZR 168/98, NJW 1999, 3704 f (3705); BAG, 1.12.2004, 7 AZR 198/04, NZA 2005, 575 ff (576); BAG, 16.3.2005, 7 AZR 289/04, NZA 2005, 923 ff (924); Boecker, BGB-AT, 2007, Rn 483.
555 Siehe noch Rn 167.
556 BAG, 1.12.2004, 7 AZR 198/04, NZA 2005, 575 ff (576 f); BAG, 16.3.2005, 7 AZR 289/04, NZA 2005, 923 ff (924 f).
557 BAG, 1.12.2004, 7 AZR 198/04, NZA 2005, 575 ff (577); BAG, 16.3.2005, 7 AZR 289/04, NZA 2005, 923 ff (925).
558 Siehe oben Rn 154.
559 BAG, 1.12.2004, 7 AZR 198/04, NZA 2005, 575 ff (577); BAG, 16.3.2005, 7 AZR 289/04, NZA 2005, 923 ff (925).

fristete Arbeitsvertrag[560] wirksam befristet werden. Das setzt allerdings voraus, dass die Arbeitsvertragsparteien **übereinstimmende, gerade auf diese Rechtsfolge gerichtete Willenserklärungen abgeben**, nämlich eine neue Befristungsvereinbarung zu treffen. An einer entsprechenden Willensrichtung fehlt es, wenn es den Arbeitsvertragsparteien lediglich darum geht, die fehlende Schriftform einer zunächst nur mündlich getroffenen Befristungsabrede nachzuholen.[561]

4. Anforderungen an die Einhaltung der Schriftform

Die Anforderungen an die nach § 14 Abs. 4 für die Wirksamkeit der Befristung einzuhaltende **Schriftform** bestimmen sich nach § 126 BGB. Gemäß § 126 Abs. 1 BGB muss im Falle gesetzlich vorgeschriebener Schriftform die Urkunde von dem Aussteller **eigenhändig durch Namensunterschrift** oder mittels notariell beglaubigten Handzeichens unterzeichnet werden. Unter dem Begriff der Urkunde ist eine schriftlich verkörperte und vom Aussteller unterzeichnete Gedankenerklärung zu verstehen.[562] Die urkundlich niedergelegt Befristungsabrede muss vom Aussteller eigenhändig durch Namensunterschrift unterzeichnet werden. Damit ist gefordert, dass die eigenhändige Namensunterschrift die in der Urkunde verkörperte Gedankenerklärung **räumlich abschließt**, also unterhalb des niedergelegten Textes steht.[563] Weiter ist die Unterzeichnung mit dem **Familiennamen** erforderlich, um die Identifizierbarkeit des Ausstellers sicherzustellen.[564] Schließlich ist mit der Eigenhändigkeit der Namensunterschrift gefordert, dass der Name vom Aussteller **handschriftlich** unter den Text der Urkunde gesetzt wird.[565] Damit ist dem Schriftformgebot nicht Genüge geleistet bei der Verwendung von Stempeln, ebenso wenig reichen Kopien eigenhändig unterschriebener Urkunden wie auch Telfaxkopien, weil in diesen Fällen die Unterschrift nur vom Original übernommen wird.[566]

164

Im Hinblick darauf, dass es sich bei der Befristungsabrede um eine vertragliche Vereinbarung handelt, muss nach § 126 Abs. 2 Satz 1 BGB die Unterzeichnung der Parteien **grundsätzlich auf derselben Urkunde** erfolgen. Eine Erleichterung sieht § 126 Abs. 2 Satz 2 BGB insofern vor, als es bei der Aufnahme mehrerer gleich lautender Urkunden über die Befristungsabrede ausreicht, wenn jede der Arbeitsvertragsparteien die für die andere Partei bestimmte Urkunde unterzeichnet. Für die Einhaltung der Schriftform der Befristungsabrede ist es hingegen nicht genügend, wenn die Arbeitsvertragsparteien **jeweils nur ihre eigenen Willenserklärungen** – Angebot oder Annahme zum Abschluss der Befristungsabrede – eigenhändig unterschreiben.[567] Ebenso ist es unzureichend, wenn der Arbeitgeber durch ein von ihm eigenhändig unterzeichnetes Schreiben dem Arbeitnehmer ein Angebot zur Aufnahme einer befristeten Tätigkeit unterbreitet und dieser das Angebot **durch tatsächliche Arbeitsaufnahme** annimmt, jedoch das

165

---

560 Siehe noch Rn 167.
561 Siehe BAG, 1.12.2004, 7 AZR 198/04, NZA 2005, 575 ff (577).
562 BGH, 24.9.1997, XII ZR 234/95, BGHZ 136, 357 ff (362).
563 BGH, 24.9.1997, XII ZR 234/95, BGHZ 136, 357 ff (362).
564 BGH, 25.10.2002, V ZR 279/01, BGHZ 152, 255 ff (259 f).
565 Siehe BAG, 21.9.1999, 9 AZR 893/98, NJW 2000, 1060 ff (1062).
566 Siehe BGH, 28.1.1993, IX ZR 259/91, BGHZ 121, 224 ff (229).
567 Vgl. BGH, 13.11.1963, V (ZR 8/62, BGHZ 40, 255 ff (261).

Angebot nicht selbst eigenhändig unterzeichnet.[568] Auch hier fehlt es an der nach § 14 Abs. 4 geforderten Schriftform im Sinne des § 126 BGB. Anderes gilt dann, wenn der Arbeitnehmer das Schriftstück mit dem Angebot des Arbeitgebers ebenfalls eigenhändig unterzeichnet.[569]

166 Gemäß § 126 Abs. 3 BGB kann die Schriftform durch die **elektronische Form** nach § 126a BGB ersetzt werden, weil dies – anders als in § 623 BGB – durch § 14 Abs. 4 nicht ausgeschlossen ist. Praktisch bedeutungslos, jedoch nach § 126 Abs. 4 BGB möglich ist die Ersetzung der Schriftform durch notarielle Beurkundung der Befristungsabrede. Gemäß § 127a kann die notarielle Beurkundung bei einem gerichtlichen Vergleich durch Aufnahme der Erklärungen in ein nach den Vorschriften der ZPO errichtetes Protokoll ersetzt werden. Im Hinblick darauf, dass die notarielle Beurkundung die Schriftform ersetzt, ist § 14 Abs. 4 auch durch **Protokollierung der Befristungsabrede in einem arbeitsgerichtlichen Vergleich** Genüge geleistet.

5. Rechtsfolgen bei Verstoß gegen das Schriftformerfordernis

167 Wird das Schriftformerfordernis des § 14 Abs. 4 nicht beachtet, so hat das gemäß § 125 Satz 1 BGB die **Nichtigkeit einer nur mündlich getroffenen Befristungsabrede** zur Folge.[570] Der Arbeitsvertrag im Übrigen ist **wirksam** und gilt nach § 16 Satz 1 **als auf unbestimmte Zeit geschlossen**.[571] Allerdings kann der Arbeitsvertrag für den Fall, dass die Befristung allein wegen des Mangels der Schriftform unwirksam ist, gem. § 16 Satz 2 auch vor dessen (unwirksam) vereinbarten Ende ordentlich gekündigt werden. Will sich der Arbeitnehmer auf die Formnichtigkeit der Befristungsabrede berufen, so muss er innerhalb von drei Wochen nach dem vereinbarten Ende des befristeten Arbeitsvertrages die Befristungskontrollklage nach § 17 Satz 1 erheben.[572]

168 Die **Geltendmachung der Unwirksamkeit der Befristungsabrede durch den Arbeitnehmer verstößt nicht gegen Treu und Glauben** nach § 242 BGB.[573] Zwar wird von dem Grundsatz der Beachtlichkeit der Formnichtigkeit unter Berufung auf § 242 BGB eine Ausnahme gemacht, wenn es nach den gesamten Umständen des Einzelfalles mit dem die Privatrechtsordnung durchdringenden Gedanken von Treu und Glauben unvereinbar wäre, ein der gesetzlich vorgeschriebenen Form ermangelndes Rechtsgeschäft an dem Formmangel scheitern zu lassen.[574] Hiervon ist vor allem in zwei Fallkonstellationen auszugehen: zum einen dann, wenn die Berufung auf die Formnichtigkeit durch einen Vertragsteil für den anderen zu einer Existenzgefährdung bzw -vernichtung führen würde, zum anderen dann, wenn dem die Formnichtigkeit geltend machenden Vertragsteil eine besonders schwere Treuepflichtverletzung gegenüber dem

---

568 Siehe BAG, 22.10.2003, 7 AZR 113/03, NZA 2004, 1275 ff (1277).
569 BAG, 26.7.2006, 7 AZR 514/05.
570 BAG, 1.12.2004, 7 AZR 198/04, NZA 2005, 575 ff (576); BAG, 16.3.2005, 7 AZR 289/04, NZA 2005, 923 ff (924).
571 BAG, 1.12.2004, 7 AZR 198/04, NZA 2005, 575 ff (576); BAG, 16.3.2005, 7 AZR 289/04, NZA 2005, 923 ff (924).
572 Siehe näher § 17 Rn 26 ff.
573 BAG, 1.12.2004, 7 AZR 198/04, NZA 2005, 575 ff (577 f); BAG, 16.3.2005, 7 AZR 289/04, NZA 2005, 923 ff (925).
574 Siehe nur BGH, 24.4.1998, V ZR 197/97, BGHZ 138, 339 ff (348).

anderen Vertragsteil vorzuwerfen ist.[575] Liegen diese Voraussetzungen nicht vor, wobei im Hinblick auf die hier in Frage stehende Formnichtigkeit der Befristungsabrede allein der zweiten Fallkonstellation praktische Relevanz zukommt, ist davon auszugehen, dass dem Arbeitnehmer die Berufung auf den Formmangel nicht versagt ist. Das folgt auch aus § 17 Satz 1, wonach es bei vertraglichen Befristungsabreden regelmäßig erlaubt ist, diese auf ihre Zulässigkeit hin zu überprüfen. Die Beteiligung des Arbeitnehmers als solche an der Vereinbarung einer wegen Formnichtigkeit unwirksamen Befristungsabrede stellt keinen Grund dar, die Formnichtigkeit wegen § 242 BGB außer Acht zu lassen.[576]

§ 15 Ende des befristeten Arbeitsvertrages

(1) Ein kalendermäßig befristeter Arbeitsvertrag endet mit Ablauf der vereinbarten Zeit.

(2) Ein zweckbefristeter Arbeitsvertrag endet mit Erreichen des Zwecks, frühestens jedoch zwei Wochen nach Zugang der schriftlichen Unterrichtung des Arbeitnehmers durch den Arbeitgeber über den Zeitpunkt der Zweckerreichung.

(3) Ein befristetes Arbeitsverhältnis unterliegt nur dann der ordentlichen Kündigung, wenn dies einzelvertraglich oder im anwendbaren Tarifvertrag vereinbart ist.

(4) Ist das Arbeitsverhältnis für die Lebenszeit einer Person oder für längere Zeit als fünf Jahre eingegangen, so kann es von dem Arbeitnehmer nach Ablauf von fünf Jahren gekündigt werden. Die Kündigungsfrist beträgt sechs Monate.

(5) Wird das Arbeitsverhältnis nach Ablauf der Zeit, für die es eingegangen ist, oder nach Zweckerreichung mit Wissen des Arbeitgebers fortgesetzt, so gilt es als auf unbestimmte Zeit verlängert, wenn der Arbeitgeber nicht unverzüglich widerspricht oder dem Arbeitnehmer die Zweckerreichung nicht unverzüglich mitteilt.

Literatur: *Bauer*, Neue Spielregeln für Teilzeitarbeit und befristete Arbeitsverträge, NZA 2000, 1039; *Blanke*, Der Gesetzentwurf der Bundesregierung über Teilzeitarbeit und befristete Arbeitsverträge, AiB 2000, 728; *Däubler*, Das geplante Teilzeit- und Befristungsgesetz, ZIP 2000, 1961; *Dörner*, Der befristete Arbeitsvertrag, München 2004; *Dörner*, Kontrolle befristeter Arbeitsverhältnisse nach dem neuen Recht im TzBfG, NZA Sonderbeilage 16/2003, 33; *Gotthardt/Beck*, Elektronische Form und Textform im Arbeitsrecht: Wege durch den Irrgarten, NZA 2002, 876; *Hromadka*, Befristete und bedingte Arbeitsverhältnisse neu geregelt, BB 2001, 621; *Kliemt*, Der neue Teilzeitanspruch – Die gesetzliche Neuregelung der Teilzeitarbeit ab dem 1.1.2001, NZA 2001, 63; *Kramer*, Die arbeitsvertragliche Abdingbarkeit des § 625 BGB, NZA 1993, 1115; *Lakies*, Das Teilzeit- und Befristungsgesetz, DZWIR 2001, 1; *Link/Fink*, Das neue Recht für Arbeitsverträge, AuA 2001, 204; *Nehls*, Die Fortsetzung des beendeten Dienst- oder Arbeitsverhältnisses nach §§ 625 BGB/15 Abs. 5 TzBfG, DB 2001, 2718; *Oetker*, Sozialauswahl bei Teilzeitbeschäftigung, RdA 1999, 267; *Preis/Gotthardt*, Neuregelung der Teilzeitarbeit und befristeten Arbeitsverhältnisse, DB 2000, 2065; *Preis/Gotthardt*, Das Teilzeit- und Befristungsgesetz, DB 2001, 145; *Richardi/Annuß*, Der neue § 623 BGB – Eine Falle im Arbeitsrecht?, NJW 2000, 1231; *Richardi/Wlotzke*, Münchener Handbuch für Arbeitsrecht. Ergänzungsband, München 2001; *Schimana/von Glasz*, Befristete Arbeitsverhältnisse und Nichtverlängerungsmitteilung, AuR 2002, 365; *Schliemann*, Das Arbeitsrecht im BGB, 2. Auflage, Berlin 2002; *Sowka*, Es lebe die Zweckbefristung – trotz Teilzeit- und Befristungsgesetzes, DB 2002, 1158; *von Koppenfels*,

---

575 Siehe nur BGH, 24.4.1998, V ZR 197/97, BGHZ 138, 339 ff (348).
576 Siehe auch BAG, 1.12.2004, 7 AZR 198/04, NZA 2005, 575 ff (578); BAG, 16.3.2005, 7 AZR 289/04, NZA 2005, 923 ff (925.).

Die außerordentliche arbeitgeberseitige Kündigung einzel- und tarifvertraglich unkündbarer Arbeitnehmer, Berlin 1998; *Worzalla/Will/Mailänder/Worch/Heise*, Teilzeitarbeit und befristete Arbeitsverträge, München 2001

I.	Allgemeines	1
II.	Das Ende des Arbeitsverhältnisses mit einer kalendermäßigen Befristung, § 15 Abs. 1 TzBfG	7
III.	Das Ende des Arbeitsverhältnisses mit einer Zweckbefristung, § 15 Abs. 2 TzBfG	14
1.	Zweckerreichung	15
2.	Zweckfortfall	22
3.	Die Unterrichtungspflicht	28
	a) Rechtscharakter und Inhalt der Unterrichtung	31
	b) Fristen	36
	c) Form	40
	d) Besondere Fehlergruppen	43
IV.	Kündigungsmöglichkeiten beim befristeten Arbeitsverhältnis, § 15 Abs. 3 TzBfG	52
V.	Kündbarkeit bei Verträgen mit einer Befristung über fünf Jahre bzw auf Lebenszeit, § 15 Abs. 4 TzBfG	61

1.	Voraussetzungen	64
2.	Rechtsfolge	69
VI.	Fortsetzung des befristeten Arbeitsverhältnisses nach dem Befristungsende, § 15 Abs. 5 TzBfG	72
1.	Fortsetzung des Arbeitsverhältnisses	75
2.	Mit Wissen des Arbeitgebers	76
3.	Fehlender Widerspruch des Arbeitgebers bei kalendermäßiger Befristung	80
4.	Fehlende Mitteilung des Arbeitgebers bei Zweckbefristungen	84
5.	Rechtsfolge sowie Darlegungs- und Beweislast	90
6.	Doppelbefristungen im Rahmen des § 15 Abs. 5 TzBfG	92
VII.	Fortsetzungs- und Wiedereinstellungsansprüche trotz wirksamer Befristung	96

I. Allgemeines

1 Grundsätzlich endet ein (wirksam) befristetes Arbeitsverhältnis von selbst, ohne weiteres Zutun der Vertragsparteien bzw eines der Vertragsparteien mit Erreichen der vereinbarten Frist oder mit der (verabredeten) Zweckerreichung; es bedarf zur Beendigung insbesondere keiner (schriftlichen) Kündigungserklärung oder einer sonstigen Unterrichtung durch den Arbeitgeber.[1] Wenn die Vorschrift des § 15 TzBfG gleichwohl nähere Bestimmungen über das Ende des befristeten Arbeitsverhältnisses enthält, verfolgt sie daher im Wesentlichen die **Funktion, für Klarheit und Sicherheit im Rechtsverkehr zu sorgen**.[2] Zu diesem Zweck trifft die Vorschrift vor allem unterschiedliche Regelungen über die **zeitliche Befristung** (Abs. 1) und die **Zweckbefristung** (Abs. 2); daher ist sie immer auch im Zusammenhang mit § 3 zu sehen.[3] Der Gesetzgeber hat mit dieser Vorschrift versucht, verschiedene, zuvor an unterschiedlichen Stellen enthaltene Regelungen zur **Beendigung von befristeten Arbeitsverhältnissen** zusammenzuführen; darüber hinaus hat er auch solche Regelungen, die durch die Rechtsprechung entwickelt worden sind, wenn auch mit einigen Modifikationen, in das Gesetz aufgenommen.[4] § 15 TzBfG ist daher vor allem vor dem Hintergrund zu sehen, dass

---

1 BAG 10. Juni 1992–7 AZR 346/91 – EzA Nr. 116 zu § 620 BGB; Sievers, § 15 Rn 3.
2 Kliemt NZA 2001, 301.
3 Rolfs § 15 Rn 1.
4 Meinel/Heyn/Herms, § 15 Rn 1.

der Gesetzgeber hier eine einheitliche Kodifikation zur Beendigung befristeter Arbeitsverhältnisse schaffen wollte.[5]

§ 15 TzBfG stellt als eine allgemeine Regelung eine **lex generalis** dar. Dies hat zur Folge, dass § 15 TzBfG auch bei befristeten Arbeitsverhältnissen, die auf spezialgesetzlicher Grundlage abgeschlossen wurden, zur Anwendung kommt, wenn nicht besondere, abweichende Regelungen diesbezüglich vorhanden sind.[6] Diese Feststellung ist gesetzlich in § 23 TzBfG verankert, demzufolge „besondere" gesetzliche Regelungen über Befristungen unberührt bleiben – denn dies bedeutet, dass „allgemeine" Bestimmungen wie in § 15 TzBfG anzuwenden sind. Je nach Geltungsumfang der spezialgesetzlichen Regelung kommt infolgedessen die *lex generalis* des § 15 TzBfG zum Tragen.[7] Gleichwohl geht die „allgemeine Vorschrift" des § 15 TzBfG auch anderen, noch allgemeineren Bestimmungen vor; dies gilt etwa gegenüber den §§ **624 und 625 BGB**. 2

Gemäß § 22 TzBfG sind die Vorschriften des § 15 TzBfG als **zwingendes Gesetzesrecht** anzusehen. Von ihnen kann somit nicht zuungunsten des Arbeitnehmers abgewichen werden, weder durch einzelvertragliche Abmachung noch durch Kollektivvertrag. Die Vorschrift ist jedoch – dies folgt aus dem allgemeinen Gesetzeszweck – nur einseitig zwingend, so dass Abweichungen zugunsten des Arbeitnehmers unverändert möglich sind.[8] Anzuwenden ist § 15 TzBfG auf alle befristeten Arbeitsverhältnisse, das heißt, auch auf Arbeitnehmer, die einen Sonderkündigungsschutz genießen.[9] 3

Die fünf Absätze des § 15 TzBfG enthalten, entsprechend den gesetzgeberischen Zweckvorstellungen (vgl § 15 Rn 1), **eine Reihe sehr unterschiedlicher, heterogener Regelungen**. § 15 Abs. 1 TzBfG betrifft die Rechtsfolgen eines wirksam kalendermäßig befristeten Arbeitsvertrages, § 15 Abs. 2 TzBfG dagegen diejenigen eines wirksam zweckbefristeten Arbeitsvertrages. § 15 Abs. 1 TzBfG übernimmt die Regelung des § 620 Abs. 1 BGB, die jetzt nur noch für freie Dienstverträge gilt, als Sondervorschrift über die Beendigung **kalenderbefristeter Arbeitsverträge**.[10] Die bei § 15 Abs. 2 TzBfG vorgesehene „Auslauffrist" greift die von der Rechtsprechung des BAG entwickelten Grundsätze in Bezug auf wirksame **Zweckbefristungen** auf, doch ist die dort genannte Frist kürzer als die bisher von der Rechtsprechung[11] eingeräumte, da das BAG ursprünglich von der gesetzlichen Mindestkündigungsfrist ausging, welche für das Arbeitsverhältnis gesetzlich oder tarifvertraglich gilt. § 15 Abs. 3 und 4 TzBfG bestimmen, unter welchen Voraussetzungen die Beendigung eines befristeten bzw eines auf Lebenszeit oder für eine längere Zeit als fünf Jahre eingegangenen Arbeitsverhältnisses durch Ausspruch einer Kündigung möglich ist. 4

§ 15 Abs. 3 TzBfG setzt in Übereinstimmung mit dem bisherigen § 620 BGB stillschweigend voraus, dass befristete Arbeitsverhältnisse nicht ordentlich kündbar 5

---

5 MünchKommBGB/Hesse, § 15 TzBfG Rn 1.
6 BT-Drucks. 14/4373 S. 22; Preis/Gotthardt DB 2000, 2074.
7 So auch Arnold/Gräfl/Arnold § 15 Rn 2, mit einem Beispiel zum Gesetz über befristete Arbeitsverhältnisse mit Ärzten in der Weiterbildung, welches nur die Zeit-, nicht die Zweckbefristung kennt, so dass § 15 Abs. 2 TzBfG nicht zur Anwendung komme; § 15 Abs. 5 TzBfG hingegen könne sehr wohl relevant werden.
8 Arnold/Gräfl/Rambach § 22 Rn 4.
9 BT-Drucks. 14/4347 S. 20; KSchR/Däubler § 15 TzBfG Rn 3.
10 Maschmann, in: Annuß/Thüsing, § 15 Rn 1.
11 BAG 12. Juni 1987–7 AZR 8/86 – AP Nr. 113 zu § 620 BGB Befristeter Arbeitsvertrag.

sind, lässt jedoch entsprechende Klauseln in Arbeits- und Tarifverträgen zu. Er entspricht damit auch der bisherigen Rechtsprechung zur **Kündigungsmöglichkeit befristeter Arbeitsverhältnisse**, die er im Wesentlichen umsetzt.[12] § 15 Abs. 4 TzBfG beschränkt **langfristige Bindungen** des Arbeitnehmers und regelt folglich einen Gegenstand, den man im Kontext der Befristung nicht vermuten würde. Die Vorschrift übernimmt damit die Regelung des § 624 BGB, welche nun ausschließlich für freie Dienstverhältnisse Anwendung findet.

6 § 15 Abs. 5 TzBfG betrifft schließlich die **Rechtsfolgen einer Fortsetzung des Arbeitsverhältnisses** durch Weiterarbeit über das vereinbarte Ende bzw die Zweckerreichung hinaus und bestimmt, unter welchen Voraussetzungen sich das Arbeitsverhältnis aufgrund dieser Tatsache auf unbestimmte Zeit verlängert. Dies entspricht insoweit im Wesentlichen der Regelung des § 625 BGB zum allgemeinen Dienstvertragsrecht und zur Fortsetzung nach anderen Beendigungstatbeständen; die allgemeine Vorschrift des BGB wird daher für den Bereich der Arbeitsverhältnisse durch § 15 Abs. 5 TzBfG verdrängt.[13]

II. Das Ende des Arbeitsverhältnisses mit einer kalendermäßigen Befristung, § 15 Abs. 1 TzBfG

7 Nach § 15 Abs. 1 TzBfG endet ein kalendermäßig befristeter Arbeitsvertrag mit **Ablauf der vereinbarten Zeit**. Inhaltlich enthält die Vorschrift keine Abweichung von § 620 BGB, demzufolge das Dienstverhältnis mit dem Ablauf der Zeit endet, für die es eingegangen ist.[14] Das Ende des Arbeitsverhältnisses mit einer kalendermäßigen Befristung im Sinne von § 3 Abs. 1 Satz 2 1. Alt TzBfG ergibt sich damit automatisch; einer Kündigung bedarf es hierzu nicht. Ebenso wenig ist eine gesonderte schriftliche Unterrichtung über den Ablauf der Vertragsdauer seitens des Arbeitgebers an den Arbeitnehmer für die Beendigung des Arbeitsverhältnisses erforderlich.[15] Zwar wird insofern auch vertreten, die Schutzbedürftigkeit des Arbeitnehmers mache auch bei kalendermäßig befristeten Arbeitsverhältnissen ohne Sachgrund eine Nichtverlängerungsmitteilung erforderlich.[16] Doch hat das Gesetz von einer solchen **Mitteilungspflicht**, die in § 15 Abs. 2 TzBfG für die Zweckerreichung vorgesehen ist (aber auch dort keine Kündigung!), hier abgesehen; so lässt sich schon aufgrund des Schweigens des Gesetzes und aus systematischer Hinsicht eine Mitteilungspflicht nicht begründen. Zudem macht auch die Schutzbedürftigkeit des Arbeitnehmers sie nicht erforderlich. Denn der Arbeitnehmer weiß von dem Ende des Arbeitsverhältnisses; er kann rechtzeitig vor (dem bekannten) Ende nach Verlängerungsabsichten des Arbeitgebers fragen; schon bei Abschluss ist ihm der Endtermin bekannt, so dass ein Hinweis auf das Vertragsende nicht nochmals gesondert zu ergehen hat.

8 Eine **Hinweispflicht** besteht jedoch nach § 2 Abs. 2 Nr. 3 SGB III: Danach soll der Arbeitgeber den Arbeitnehmer auf die Pflicht zur unverzüglichen Meldung

---

12 Mestwerdt, in: HK-KSchG, § 15 TzBfG Rn 1.
13 Meinel/Heyn/Herms, § 15 Rn 2.
14 Ascheid/Preis/Schmidt-Backhaus, § 15 TzBfG Rn 1.
15 ErfKomm/Müller-Glöge § 15 TzBfG Rn 1.
16 So Schminana/von Glasz AuR 2002, 368.

bei der Bundesagentur für Arbeit hinweisen.[17] Dieser Hinweis kann jedoch bereits im Arbeitsvertrag selbst erfolgen, also durch seine **Aufnahme in die Vertragsurkunde**. Der Arbeitgeber kommt somit seiner entsprechenden Pflicht nach, wenn er beispielsweise einen Passus in den Vertrag aufnimmt, demzufolge der Arbeitnehmer „nach § 37b SGB III verpflichtet ist, sich spätestens drei Monate vor Beendigung des Arbeitsverhältnisses persönlich bei der Agentur für Arbeit arbeitssuchend zu melden". Ist das Arbeitsverhältnis für eine kalendermäßige Befristung unter drei Monate vereinbart, muss der Hinweis erfolgen, dass der Arbeitnehmer sich unverzüglich bei der Agentur zu melden hat.

Aufgrund des Umstandes, dass das Arbeitsverhältnis automatisch endet, **bedarf es darüber hinaus auch nicht der Anhörung oder Zustimmung des Betriebsrats**, etwa nach § 102 BetrVG oder § 103 BetrVG, sofern ein Betriebsratsmitglied betroffen ist; in paralleler Gestaltung ist auch die Einschaltung des Personalrats nach § 79 BPersVG nicht verlangt. Auch die ansonsten möglicherweise notwendige Zustimmung bzw zustimmende Entscheidung einer anderen Stelle (etwa nach § 9 MuSchG, § 18 BEEG oder § 85 SGB IX) ist nicht erforderlich; dies ist deshalb von Bedeutung, weil die Vorschrift auch für Arbeitsverhältnisse gilt, die einem besonderen Kündigungsschutz unterliegen.[18] 9

Das kalendermäßig wirksam befristete Arbeitsverhältnis endet automatisch zum vereinbarten Beendigungszeitpunkt. Dies kann das Ende eines Kalendertages, einer Woche, eines Monats oder eines anderen Zeitraumes sein. Wurde das Ende einer bestimmten Kalenderwoche oder eines bestimmten Monats vereinbart, endet das Arbeitsverhältnis mit Ablauf des Sonntags der angegebenen Woche oder mit Ablauf des letzten Tages des vereinbarten Monats. Wurde eine Frist vereinbart, die sich nach Wochen, Monaten oder Jahren bemisst, gelten die **§§ 187 Abs. 2, 188 Abs. 2 BGB**.[19] Der Tag des Beginns des Arbeitsverhältnisses wird in der Fristberechnung mitgezählt (§ 187 Abs. 2 BGB), die Frist endet mit Ablauf des Tages, der durch seine Benennung oder seine Zahl dem Tage des Fristbeginns entspricht (§ 188 Abs. 2 BGB). 10

Aus dem zuvor Gesagten folgen dann die unterschiedlichen Beispielsfälle: Beginnt das auf eine Woche befristete Arbeitsverhältnis etwa an einem Mittwoch, endet es mit Ablauf des Dienstags der Folgewoche. Beginnt das Arbeitsverhältnis am 1. Januar und ist eine dreimonatige Befristung Vertragsgegenstand, so endet das Arbeitsverhältnis mit Ablauf des 31. März. Auch bei einem Beginn der dreimonatigen Befristung etwa am 1. Dezember bleibt es bei dem 28. (oder 29.) Februar als dem Befristungsende (§ 188 Abs. 3 BGB). 11

Entsprechendes gilt, wenn die Befristung für die Dauer der Sommerferien in einem Bundesland vereinbart ist: Das Arbeitsverhältnis endet dann mit Ablauf des letzten Ferientages. Die Vertragsfreiheit erlaubt es auch, die Befristung zu einem im Verlaufe eines Tages liegenden Zeitpunkt wirksam zu vereinbaren.[20] Ein **fester Beendigungszeitpunkt** muss aber jedenfalls im Arbeitsvertrag enthalten sein, andernfalls ist die Befristungsabrede nicht hinreichend bestimmt (zB 12

---

17 Eine entsprechende Pflicht verneint zu Unrecht ErfKomm/Müller-Glöge § 15 TzBfG Rn 1; wie hier Arnold/Gräfl/Arnold § 15 Rn 8.
18 BT-Drucks. 14/4374 S. 20; Dörner, Arbeitsvertrag Rn 888; KR/Lipke/Bader, § 15 TzBfG Rn 4.
19 KR/Lipke/Bader, § 15 TzBfG Rn 5.
20 KR/Lipke/Bader, § 15 TzBfG Rn 5.

Formulierung für ca. 6 Monate, für einige Wochenenden). Mangelnde Klarheit in der Bestimmbarkeit kann schließlich zu einem unbefristeten Arbeitsverhältnis führen.[21] Einer schriftlichen Unterrichtung des Arbeitnehmers durch den Arbeitgeber über den Ablauf der Vertragsdauer bedarf es bei der Kalenderbefristung indessen (nach der hier vertretenen Ansicht) nicht.[22]

13 Wenn auch die Regelung des § 15 TzBfG insgesamt zwingend ist, **können doch Tarifverträge Abweichungen vorsehen**, sofern sie zugunsten der Arbeitnehmer wirken.[23] Vorzufinden sind solche günstigeren Regelungen vor allem im Bühnenbereich, dies gilt etwa für den Zugang der so genannten Nichtverlängerungsmitteilung im Tarifrecht der Bühnen: So findet sich in Tarifverträgen beispielsweise eine Regelung, nach der sich der Arbeitsvertrag um eine Spielzeit verlängert, wenn dem Arbeitnehmer nicht bis zum 31. Oktober der Spielzeit, mit deren Ablauf der Vertrag endet, mitgeteilt wird, dass der Vertrag nicht verlängert werden soll.[24]

III. Das Ende des Arbeitsverhältnisses mit einer Zweckbefristung, § 15 Abs. 2 TzBfG

14 § 15 Abs. 2 TzBfG enthält eine **eigenständige gesetzliche Bestimmung** über das Ende eines zweckbefristeten Arbeitsvertrages. Danach endet ein wirksam zweckbefristeter (vgl § 3 Abs. 1 Satz 2 2. Alt.) Arbeitsvertrag mit der Erreichung des Zwecks automatisch; darüber hinaus verlangt die Beendigung jedoch über die Zweckerreichung hinaus zusätzlich eine **schriftliche Unterrichtung über die Zweckerreichung**: Das Gesetz bestimmt insofern, dass das Arbeitsverhältnis unabhängig vom tatsächlichen Zeitpunkt des Zweckeintritts frühestens zwei Wochen nach Zugang der schriftlichen Unterrichtung des Arbeitnehmers durch den Arbeitgeber endet.[25] Über die Verweisung in § 21 TzBfG gilt § 15 Abs. 2 TzBfG entsprechend auch für auflösende Bedingungen: Daraus folgt, dass der **Eintritt der auflösenden Bedingung** in gleicher Weise wie die Zweckerreichung zur Beendigung des (auflösend bedingten) Arbeitsvertrages führt.

1. Zweckerreichung

15 Nach § 15 Abs. 2 TzBfG endet ein zweckbefristeter Arbeitsvertrag mit der Erreichung des Zwecks. Voraussetzung ist demzufolge für das Ende des Arbeitsverhältnisses, dass der vereinbarte Zweck[26] tatsächlich eingetreten ist.[27] Da die **Zweckerreichung** vielfach nicht klar ersichtlich ist oder sich jedenfalls Streit über den genauen Zeitpunkt hierzu ergeben kann, hat der Gesetzgeber zusätzlich festgelegt, dass der Arbeitgeber den Arbeitnehmer schriftlich über den Zeitpunkt

---

21 Vgl. schon die Kommentierung zu § 3 Rn 9; ErfKomm/Müller-Glöge § 3 TzBfG Rn 3.
22 Vgl. schon oben, § 15 Rn 7.
23 Vgl. schon oben § 15 Rn 3.
24 Vgl. hierzu die Entscheidung des BAG 28. August 1998–7 AZR 263/97 – AP Nr. 53 zu § 611 BGB Bühnenengagementsvertrag Ascheid/Preis/Schmidt-Backhaus, § 15 Rn 92; KR/Bader, § 3 TzBfG Rn 38.
25 Dazu § 15 Rn 28.
26 Oder die vereinbarte auflösende Bedingung, vgl § 15 Rn 14.
27 BAG 27. Juni 2001–7 AZR 157/00 – NZA 2002, 351.

der Zweckerreichung zu informieren hat; das Arbeitsverhältnis endet dann frühestens zwei Wochen nach Zugang dieser schriftlichen Unterrichtung. Auf diese Weise wird die Unsicherheit für den Arbeitnehmer im zweckbefristeten Arbeitsverhältnis behoben. In dieser Verlängerungsphase besteht das Arbeitsverhältnis mit allen beiderseitigen Rechten und Pflichten fort, mit entsprechenden Folgen zur Entgeltzahlungspflicht bei Arbeitsunfähigkeit oder zum Verbot von Konkurrenztätigkeiten. § 15 Abs. 2 TzBfG schiebt das Ende des Arbeitsverhältnisses nur hinaus: Nach der gesetzlichen Formulierung endet das Arbeitsverhältnis erst mit Ablauf der Verlängerungsspanne. Ist das nicht interessengerecht, können die Vertragsparteien dem durch einen (gemäß § 623 BGB formbedürftigen) Aufhebungsvertrag entgehen. Ein zweckbefristetes Arbeitsverhältnis endet somit (von selbst) nur, wenn kumulativ zwei Voraussetzungen erfüllt sind: Als erste Voraussetzung schreibt das Gesetz wiederum das **objektive Erreichen des vertraglich vereinbarten Zwecks** voraus. Dem Arbeitnehmer muss zudem (mindestens) zwei Wochen vor der Zweckerreichung eine **schriftliche Unterrichtung über die Zweckerreichung** zugegangen sein.[28]

Unsicherheiten können sich in der Frage der Zweckerreichung ergeben: Die Gesetzesbegründung nennt das Beispiel der **Projektarbeit**: Schon hier wird deutlich, dass die Bestimmung des Zeitpunkts der Zweckerreichung Schwierigkeiten bereiten kann. So ist zweifelhaft, ob die Zweckerreichung bei einer Projektarbeit schon mit Verschriftlichung des Abschlussberichts erreicht sein soll oder mit Abnahme durch den Auftraggeber. Probleme können zudem auch auftreten, wenn der Zeitpunkt der Zweckerreichung für den Arbeitnehmer nicht eindeutig nach objektiven Kriterien zu bestimmen ist.[29] Dies kann zum Beispiel der Fall sein, wenn mehrere Arbeitnehmer für ein bestimmtes Projekt eingestellt worden sind, dieses im Wesentlichen beendet ist, jedoch mit dem Abschluss des Projektes noch Aufräumarbeiten verbunden sind bzw ein Abschlussbericht zu fertigen ist, der aufgrund fachlicher Voraussetzungen nur von bestimmten Arbeitnehmern erstellt werden kann oder ein Projekt dem Auftraggeber erst in einer zeitlich nachfolgenden Präsentation vorgestellt wird. Dann stellt sich die Frage, ob der vereinbarte Zweck des Arbeitsverhältnisses in dieser Situation für die nicht mehr erforderlichen Arbeitnehmer erreicht ist. Die **Rechtsprechung ist hier recht restriktiv**. So hat das BAG in einer Situation, in der fünfundfünfzig Mitarbeiter zweckbefristet für das Projekt „Währungsumstellung" eingestellt waren (die Zweckbefristung war wie folgt formuliert: „Frau G wird ab dem 1.5.1994 eingestellt als vollbeschäftigte Angestellte auf bestimmte Zeit als Angestellte für folgende Aufgaben von begrenzter Dauer: Prüferin der Gruppe Währungsumstellung für die Zeit bis zum Wegfall der Aufgabe der Gruppe Währungsumstellung (...)"), bei der beabsichtigten Reduzierung der Gruppe um die Hälfte eine Zweckerreichung verneint. Dies begründete es mit dem Argument, da die vertragliche Vereinbarung auf den Wegfall der Aufgabe der Gruppe Währungsumstellung abstelle, führe die Reduzierung der Aufgabe als solche nicht zu einer Zweckerreichung und damit auch nicht zu einem Ende des zweckbefristeten Arbeitsverhältnisses.[30]

---

28 Dazu sogleich in § 15 Rn 28.
29 Vgl. Mestwerdt, in: HK-KSchG, § 15 TzBfG Rn 6.
30 BAG 27. Juni 2001–7 AZR 157/00 – NZA 2002, 351.

17 Im Hinblick auf die zuvor geschilderten Schwierigkeiten bei der Bestimmung des Termins der Zweckerreichung, muss **Ausgangspunkt** für die Bestimmung dieses Zeitpunktes grundsätzlich zunächst die **vertragliche Befristungsvereinbarung** sein. Diese sollte daher möglichst genau gefasst sein. In diesem Zusammenhang ist von Bedeutung, dass auf die **Eindeutigkeit der Vertragsklausel** schon deshalb besonderer Wert zu legen ist, weil ansonsten zweifelhaft bleiben kann, ob tatsächlich eine Zweckbefristung gewollt ist; denkbar wäre nämlich auch, dass die vereinbarte „Zweckbefristung" in Wahrheit eine vertragliche Kündigungsfrist darstellt. Gegebenenfalls muss der Klausel im Wege der Auslegung entnommen werden, auf welches konkrete Ereignis die Arbeitsvertragsparteien im Rahmen der Zweckbefristung abgestellt haben. Leitlinie muss jedoch auch hier ein **objektiver Maßstab** sein.[31] Infolgedessen führt allein die subjektive Einschätzung einer der Vertragsparteien nicht zu einer ausreichenden Bestimmung des Beendigungszeitpunkts. Zum Teil wird hier indes – die Rechtsprechung hat sich diesbezüglich noch nicht festgelegt – verlangt, dem Arbeitgeber müsse ein gewisser **Beurteilungsspielraum** gegenüber dem einzelnen Arbeitnehmer im Hinblick auf die Bestimmung des durch die schriftliche Unterrichtung herbeizuführenden Endes des zweckbefristeten Arbeitsverhältnisses eingeräumt werden.[32] Daraus würde dann beispielsweise folgen, dass es dann, wenn ein Projekt fachlich abgeschlossen ist, dem pflichtgemäßen Ermessen des Arbeitgebers obliegt, ob das zweckbefristete Arbeitsverhältnis mit dem fachlichen Abschluss eines Projektes durch Unterrichtung der Arbeitnehmer aufgelöst ist und der Arbeitgeber Aufräum-/Abrüstarbeiten durch seine Stammbelegschaft vornehmen lässt oder ob er erst nach Abschluss dieser Arbeiten von einer Zweckerreichung ausgeht und die Arbeitnehmer entsprechend unterrichtet.[33] Von Bedeutung wird diese Fragestellung vor allem auch im Hinblick auf die Frage, wann bzw zu welchem Zeitpunkt der Arbeitgeber den Arbeitnehmer über die Zweckerreichung unterrichten muss und ob ihm für den Benachrichtigungszeitpunkt ein Ermessensspielraum zusteht.[34]

18 Eine besondere **Schwierigkeit** ergibt sich für die Frage der Beendigung eines zweckbefristeten oder auch auflösend bedingten Arbeitsverhältnisses dann, wenn der Zeitpunkt der Zweckerreichung oder der auflösenden Bedingung für den Arbeitgeber **nicht eindeutig nach objektiven Kriterien zu bestimmen** ist,[35] wenn er ihn also nicht kennt und auch nicht kennen muss. Eine solche Fallkonstellation ist etwa denkbar, wenn eine auflösende Bedingung oder Zweckbefristung deshalb erfolgt, weil der Arbeitnehmer dies wünscht und/oder die auflösende Bedingung bzw die Zweckbefristung auf Gründen in der Person des Arbeitnehmers selbst beruht,[36] beispielsweise bei einem Arbeitsvertrag, der bis zu dem geplanten Wegzug des Arbeitnehmers aus der Beschäftigungsstadt dauern soll. In diesem Fall erfährt der Arbeitgeber möglicherweise – wenn ihn der Arbeitnehmer nicht dementsprechend informiert – nichts von dem Ende des Arbeitsverhältnisses, so dass sich dieses zunächst, trotz Zweckerreichung bzw Eintritt der auflösenden Bedingung, fortsetzt.

---

31 Boewer, § 15 Rn 14.
32 So etwa von Sievers, § 15 Rn 6; kritischer demgegenüber Arnold/Gräfl/Arnold § 15 Rn 14.
33 So auch Mestwerdt, in: HK-KSchG, § 15 TzBfG Rn 6.
34 Dazu vgl Kommentierung § 15 Rn 35.
35 Mestwerdt, in: HK-KSchG, § 15 TzBfG Rn 6.
36 Hromadka BB 2001, 676; Ring § 15 Rn 14.

Einer Ansicht nach[37] sei die Konsequenz für den Arbeitgeber jedoch in dieser 19
Konstellation erträglich, da die Frist des § 15 Abs. 5 TzBfG für den „unverzüglichen" Widerspruch erst ab Kenntnis des Arbeitgebers vom Ende des Arbeitsverhältnisses gilt. Daher sei eine **teleologische Reduktion des § 15 Abs. 2 TzBfG** auf die Fälle, in denen die Zweckbefristung oder die auflösende Bedingung von Kriterien abhängig ist, die nicht aus der Sphäre des Arbeitnehmers stammen bzw dem Arbeitgeber zugänglich sind, **nicht erforderlich**. Zwar vermöge eine Unterrichtung durch den Arbeitgeber in diesen Fällen tatsächlich wenig sinnvoll erscheinen.[38] Auch sei für eine derartige Reduktion in Anbetracht des eindeutigen Wortlauts von § 15 Abs. 2 TzBfG, der ausdrücklich eine schriftliche Unterrichtung des Arbeitnehmers über den Zeitpunkt der Zweckerreichung vorschreibt, kein Raum. Eine Differenzierung zwischen bestimmten Arten von Zweckbefristungen finde zudem keine gesetzliche Grundlage. § 15 Abs. 2 TzBfG diene der Rechtssicherheit (zB im Fall der Gewährung einer Berufsunfähigkeitsrente) und mache deshalb selbst in diesen Fällen eine Unterrichtung nicht überflüssig.[39]

Nach einer anderen, vorzugswürdigen Ansicht ist § 15 Abs. 2 TzBfG in diesen 20
Fällen **teleologisch zu reduzieren**. Wo der Arbeitnehmer besser als der Arbeitgeber weiß, wann der den Vertrag beendende Zeitpunkt erreicht ist, macht eine entsprechende Unterrichtung keinen Sinn und ist vielmehr als bloßer sinnentleerter Formalismus anzusehen.[40] Richtigerweise endet das Arbeitsverhältnis somit auch in einem solchen Fall mit der **objektiven Zweckerreichung**. Teilt der Arbeitnehmer dem Arbeitgeber die Zweckerreichung nicht mit, so besteht nach deren Eintritt ein **fehlerhaftes Arbeitsverhältnis**, welches der Arbeitgeber wie stets jederzeit durch einseitige Erklärung beenden kann.[41] Erfährt der Arbeitgeber doch erst später von der Zweckerreichung, so trifft ihn in entsprechender Anwendung von § 15 Abs. 5 TzBfG die Obliegenheit, der Fortsetzung des Arbeitsverhältnisses unverzüglich zu widersprechen, will er das Entstehen eines unbefristeten Arbeitsverhältnisses verhindern.

Hinsichtlich der **Darlegungs- und Beweislast** gelten die allgemeinen Regelungen. 21
Das bedeutet, dass der Arbeitgeber für die Zweckerreichung, den Zeitpunkt von deren Eintritt sowie für den Zugang, den richtigen Inhalt und die Form der Unterrichtung nach § 15 Abs. 2 TzBfG darlegungs- und beweispflichtig ist, sofern er sich auf die Beendigung des Arbeitsverhältnisses beruft.[42] Das folgt daraus, dass alle diese Umstände Voraussetzung der rechtsvernichtenden Einwendung des Vertragsendes sind. Dies führt zu dem sinnvollen Rat an die Praxis, den Parteien schon aus Beweiszwecken zu empfehlen, den zu erreichenden Zweck detailliert im schriftlichen Arbeitsvertrag festzuhalten.[43] Hat der Arbeitgeber nach objektiver Zweckerreichung und trotz entsprechender Aufforderung keine schriftliche oder keine inhaltlich zutreffende Unterrichtung vorgenommen

---

[37] Rolfs § 15 Rn 13.
[38] So auch Ascheid/Preis/Schmidt-Backhaus, § 15 TzBfG Rn 6, der aber gleichwohl eine teleologische Reduktion nicht für berechtigt hält.
[39] Sievers, § 15 Rn 10; Holwe/Kossens § 15 Rn 10; KR/Lipke/Bader, § 15 TzBfG Rn 12b.
[40] Meinel/Heyn/Herms, § 15 Rn 6; Mestwerdt, in: HK-KSchG, § 15 TzBfG Rn 10.
[41] Dazu Joussen, in: Rolfs/Giesen BeckOK § 611 BGB Rn 126.
[42] Arnold/Gräfl/Arnold § 15 Rn 16.
[43] Vgl. schon oben, § 15 Rn 17; so auch Meinel/Heyn/Herms, § 15 Rn 7; Worzalla/Will § 15 Rn 6.

und kündigt der Arbeitnehmer daraufhin außerordentlich, so liegt die Darlegungs- und Beweislast für die objektive Zweckerreichung sowie die erfolglose Aufforderung und deren Zugang beim Arbeitnehmer.[44]

2. Zweckfortfall

22 Eine besondere Situation, die nicht mit derjenigen der Zweckerreichung gleichzusetzen ist, ergibt sich dann, wenn der im Arbeitsvertrag genannte und **vereinbarte Zweck unerreichbar** wird. In diesen Fällen spricht man häufig von einem „**Zweckfortfall**". Fraglich ist, welches weitere Schicksal das zweckbefristete Arbeitsverhältnis dann nehmen soll. Gemeint sind etwa die Fälle, in denen ein dauerhafter Arbeitsbedarf im Rahmen der Normalsauslastung befriedigt werden soll, also etwa die Vertretung eines erkrankten Mitarbeiters vereinbart wird, dieser jedoch nach der Genesung nicht zurückkehrt, sondern kündigt. Möglich ist auch als Hintergrund für eine Zweckbefristung, dass nur ein vorübergehend gesteigerter Arbeitskräftebedarf gestillt werden soll, gemeint ist beispielsweise die Befristung des Arbeitsverhältnisses zum Zweck der Durchführung einer Werbekampagne, diese Kampagne jedoch kurzfristig abgesagt wird; denkbar ist auch, dass eine Einstellung zum Zwecke der Durchführung eines bestimmten Projektes vorgenommen wird, dieses Projekt aber deshalb nicht mehr erbracht werden kann, weil der Projektgegenstand weggefallen ist.

23 Eine gesetzliche Regelung besteht für diese Fälle nicht; insbesondere kann in diesem Fall des Zweckfortfalls nicht eine Zweckerreichung gesehen werden. Dafür sind die Sachverhalte zu unterschiedlich. Ob gleichwohl § 15 Abs. 2 TzBfG zur Anwendung kommen soll mit der Folge, dass in diesen Fällen das Arbeitsverhältnis zum Ende kommt, wird uneinheitlich beurteilt. **Zum Teil wird an der Regelung des § 15 Abs. 2 TzBfG auch für diesen Fall festgehalten**: Das Beschäftigungsende ergebe sich erst mit Zweckerreichung; könne der Zweck nicht mehr erreicht werden, weil er fortgefallen sei, bleibe es gleichwohl dabei, dass der tatsächliche Eintritt der Zweckerreichung der früheste Zeitpunkt der Vertragsbeendigung sein könne: Das bedeutet, dass der Arbeitgeber das Risiko dafür trage, dass die von ihm verfolgten Zwecke auch effektiv erreichbar sind – ihm obliegt, mit anderen Worten, das **Wirtschaftsrisiko**, aus dem folge, dass er das Risiko dafür trage, dass der von ihm verfolgte Zweck tatsächlich erreichbar ist. Kann der Zweck nicht mehr erreicht werden, bleibe dem Arbeitgeber, so diese Ansicht, lediglich die Möglichkeit einer ordentlichen betriebsbedingten Kündigung; sei diese Kündigungsmöglichkeit im Arbeitsvertrag nicht vereinbart, käme allenfalls eine außerordentliche Kündigungsmöglichkeit nach § 626 BGB in Betracht.[45]

24 Eine derart pauschale Zuweisung der Folgen des Zweckfortfalls zulasten des Arbeitgebers kann jedoch nicht überzeugen. **Vielmehr ist es entscheidend, den wirklichen oder gegebenenfalls mutmaßlichen Willen der Parteien in den Blick zu nehmen** – und daraus folgt, dass je nach Fallgestaltung zu differenzieren ist. Die Vertragsparteien haben diese Situation des Zweckfortfalls nicht bedacht; doch steht regelmäßig einer **ergänzenden Vertragsauslegung** nichts im Wege, also die Berücksichtigung dessen, was die Parteien vereinbart hätten, wenn sie

---

44 KR/Lipke/Bader, § 15 TzBfG Rn 18.
45 So KSchR/Däubler § 15 TzBfG Rn 4; etwas vorsichtiger und differenzierter, aber im Ergebnis ebenso Bayreuther, in: Rolfs/Giesen, BeckOK § 15 TzBfG Rn 12; Boewer, § 15 Rn 15.

auch die Möglichkeit eines Zweckfortfalls bedacht hätten.[46] Bei einer derartigen ergänzenden Vertragsauslegung ist nicht nur der mutmaßliche Parteiwille in Rechnung zu stellen, sondern auch der Gesetzeszweck, demzufolge § 15 Abs. 2 TzBfG dem Arbeitnehmer durch die frist- und formgebundene Unterrichtung die Zeit gegeben werden soll, sich auf das vorher nicht bekannte Ende des Arbeitsverhältnisses einzustellen.[47]

Eine derartige ergänzende Vertragsauslegung wird dann in der Regel dazu führen, dass die Frage, welches Schicksal das zweckbefristete Arbeitsverhältnis bei Zweckfortfall erleidet, **davon abhängt, was die Parteien genau vereinbart haben.** Haben die Parteien eine Befristung für den Zweck vereinbart, dass ein bestimmtes Projekt betreut werden soll, und wird dieses Projekt dann dauerhaft weitergeführt, fällt zwar der ursprüngliche Zweck fort, denn das Arbeitsverhältnis sollte nur für dieses vorübergehende Projekt bestehen. Doch kann dann von einer Beendigung des Arbeitsverhältnisses nicht ausgegangen werden: Denn den Parteien wird es dann regelmäßig um die Beteiligung an dem Projekt gegangen sein, nicht darum, dass es sich um ein „kurzfristiges" oder „vorübergehendes" Projekt gehandelt hat. War die Zweckbefristung somit allein darauf ausgerichtet, einen vorübergehend gesteigerten Arbeitsbedarf zu decken und fällt mit dem Zweckfortfall auch der vorübergehende Arbeitsbedarf fort, kann man nicht davon ausgehen, dass die Parteien für diesen Fall ein gleichwohl fortdauerndes Arbeitsverhältnis gewollt hätten (also in dem Fall, in dem jemand nur für ein bestimmtes Projekt eingestellt wird, das nicht mehr realisiert werden kann). Vielmehr wird man hier, so wie es auch § 15 Abs. 2 TzBfG für die Zweckerreichung vorsieht, davon auszugehen haben, dass das Arbeitsverhältnis (unter Beachtung der Zweiwochen-Frist) endet.[48] Dafür spricht, dass es in diesen Fällen keine Rolle spielt, ob der vorübergehend erforderliche Bedarf entfällt, weil der Zweck erreicht wurde, oder deshalb, weil er nicht mehr erreicht werden kann oder fortfällt. Hier spricht die (ergänzende) Vertragsauslegung dafür, dass der Zweckfortfall zur Beendigung des befristeten Arbeitsverhältnisses führen soll, **mithin die Regelung in § 15 Abs. 2 TzBfG Anwendung finden soll.**[49]

Sollte umgekehrt mit der Zweckbefristung im Rahmen eines bestehenden Arbeitskräftebedarfs ein nur **vorübergehender Vertretungsbedarf** befriedigt werden, ging es, mit anderen Worten, um die Abdeckung im Rahmen des dauerhaften Arbeitsbedarfs im Rahmen der Normalauslastung, wenn also beispielsweise der vertretene, erkrankte Arbeitnehmer nicht zurückkehrt,[50] hat der **Zweckfortfall** (der vertretene Arbeitnehmer kehrt nicht zurück) **keine Auswirkung im Sinne von § 15 Abs. 2 TzBfG:** Der Beschäftigungsbedarf besteht weiter, und das gleiche gilt für das Arbeitsverhältnis.[51] Denn hier wird es den Parteien (insbesondere dem Arbeitgeber) vor allem darum gegangen sein, den Normalbedarf an Arbeitskräften konstant zu halten – und dies kann er durchaus auch mit dem zunächst zweckbefristet eingestellten Vertreter. Hier den Zweckfortfall hinsichtlich der

---

[46] BAG 26. Juni 1996–7 AZR 674/95 – AP Nr. 23 zu § 620 BGB Bedingung.
[47] BT-Drucks. 14/4373 S. 20.
[48] Mestwerdt, in: HK-KSchG, § 15 TzBfG Rn 7; Meinel/Heyn/Helms § 15 Rn 8a; Arnold/Gräfl/Arnold § 15 Rn 20.
[49] S. auch Dörner NZA Sonderbeilage 16/2003, 40.
[50] BAG 26. Juni 1996–7 AZR 67495 – AP Nr. 23 zu § 620 BGB Bedingung; ähnlich BAG 24. September 1997–7 AZR 669/96 – AP Nr. 192 zu § 620 BGB Befristeter Arbeitsvertrag.
[51] So auch Maschmann, in: Annuß/Thüsing, § 15 Rn 2; Meinel/Heyn/Helms § 15 Rn 8a.

Rechtsfolgen mit der Zweckerreichung gemäß § 15 Abs. 2 TzBfG gleichzusetzen, ist daher nicht anzunehmen. Infolgedessen kommt es zu einem unbefristeten Arbeitsverhältnis, der Arbeitgeber kann dann jedoch gegebenenfalls kündigen.[52]

27 Kommt auch die ergänzende Vertragsauslegung nicht zum Ziel, beispielsweise in **gänzlich ungewöhnlichen Situationen,** die eine Zuordnung in dem oben dargelegten Sinne nicht ermöglichen, ist zuletzt auch die Anwendung der Regelungen zum **Wegfall der Geschäftsgrundlage** denkbar. Dann könnte sich nach § 313 Abs. 3 Satz 2 BGB ein Sonderkündigungsrecht für diese Situation ergeben.[53]

3. Die Unterrichtungspflicht

28 Im Falle des § 15 Abs. 2 TzBfG, also bei den zweckbefristeten Arbeitsverhältnissen, genügt jedoch nicht allein die Zweckerreichung zur Beendigung des Arbeitsverhältnisses; zusätzlich erforderlich ist die **Unterrichtung des Arbeitnehmers über die eingetretene Zweckerreichung.** Dieses gegenüber der Beendigung eines kalendermäßig befristeten Arbeitsverhältnisses zusätzliche Erfordernis beruht auf der Überlegung, dass der Arbeitnehmer den genauen Endzeitpunkt bei der Zweckbefristung nicht kennt und meist auch nicht kennen kann.[54] Damit ist er in einer ungleich schwierigeren Situation als der kalendermäßig befristete Beschäftigte, dies um so mehr, wenn der Zeitpunkt der Zweckerreichung nicht nur für ihn nicht voraussehbar ist, sondern möglicherweise auch nur sehr weit innerhalb eines nicht überschaubaren Zeitraums in der Zukunft liegt.[55] Dies führt dazu, dass der zweckbefristet Beschäftigte letztlich wie derjenige, dem fristlos gekündigt wird, von dem plötzlichen Auslaufen seines Arbeitsvertrages überrascht werden kann.[56] Auf diese Weise drohten Zweckbefristungen von Anfang an mit dem durch die Kündigungsfristen des § 622 BGB gewährten temporären Beendigungsschutz in Konflikt zu geraten.[57]

29 **Vor Geltung des BeschFG bzw. der Regelungen des TzBfG** hatte die Rechtsprechung, nach einigen Schwankungen, aus diesem Grund, das heißt zur Verhinderung der Umgehung der Kündigungsfristen und ihrer schützenden Intentionen, eine so genannte „Vorwarnfrist" oder auch „Ausflauffrist" entwickelt: Diese Frist entsprach der gesetzlich oder tariflich geltenden Kündigungsfrist; das zweckbefristete Arbeitsverhältnis, so die Vorstellung insbesondere des BAG, sollte erst mit Ablauf dieser, der Mindestkündigungsfrist entsprechenden Auslauffrist enden.[58] Darüber hinaus versuchte das BAG dem skizzierten Konflikt zusätzlich dadurch zu entkommen, dass es befand, die Frist beginne erst dann zu laufen, wenn der Arbeitnehmer vom Arbeitgeber über die bevorstehende oder die bereits erfolgte Zweckerreichung unterrichtet worden sei oder auf andere Weise Kenntnis erlangt habe.[59]

---

52 Vgl. § 16 Rn 16.
53 So auch MünchKommBGB/Hesse, § 15 TzBfG Rn 23.
54 BT-Drucks. 14/4374 S. 10.
55 Ascheid/Preis/Schmidt-Backhaus, § 15 TzBfG Rn 4.
56 KSchR/Däubler § 14 TzBfG Rn 5.
57 Rolfs § 15 Rn 12.
58 BAG 26. März 1986–7 AZR 599/84 – AP Nr. 103 zu § 620 BGB Befristeter Arbeitsvertrag; BAG 12. Juni 1987–7 AZR 8/86 – AP Nr. 113 zu § 620 BGB Befristeter Arbeitsvertrag.
59 Ebenda.

Diese Rechtsprechung hat der Gesetzgeber explizit in das Gesetz aufnehmen wollen; dabei ist er jedoch auch geringfügig von den richterrechtlichen Grundsätzen inhaltlich abgewichen.[60] Nach der **gesetzgeberischen Zielvorstellung** sollen die schriftliche Unterrichtung sowie die Auslauffrist von zwei Wochen es dem Arbeitnehmer zeitlich ermöglichen, sich auf das bevorstehende Ende des Arbeitsverhältnisses einzustellen; er soll insbesondere die Gelegenheit haben, sich nach einem anderen Arbeitsplatz umzusehen – eine angesichts der Arbeitsmarktsituation allerdings etwas fragwürdige Begründung.[61]

a) Rechtscharakter und Inhalt der Unterrichtung

Unbeschadet des genauen Inhalts der Unterrichtung,[62] gilt die Benachrichtigung von ihrem **Rechtscharakter** her gesehen als eine **Wissenserklärung**; sie stellt nach einhelliger und zutreffender Auffassung keine Willenserklärung dar.[63] Dazu fehlt ihr bereits das entscheidende Charakteristikum, dass sie nämlich nicht auf die unmittelbare Herbeiführung einer Rechtsfolge gerichtet ist. Insofern handelt es sich bei ihr auch nicht um ein Gestaltungsrecht. Vielmehr stellt sie eine Wissenserklärung dar, die **Rechtsfolgen treten bei ihr von Gesetzes wegen ein.**[64] Auch wenn somit der Charakter einer Willenserklärung nicht gegeben ist, so handelt es sich bei der Unterrichtung gleichwohl um eine geschäftsähnliche Handlung, auf die die Vorschriften über Willenserklärungen entsprechende Anwendung finden.[65]

§ 15 Abs. 2 TzBfG gibt den **handlungsverpflichteten Akteur** an: Danach muss der Arbeitgeber den (genauen) Zeitpunkt der Zweckerreichung nennen. Der Wortlaut der Vorschrift lässt deutlich erkennen, dass es „der Arbeitgeber" ist, der die Unterrichtung vorzunehmen hat. Dies ist jedoch nicht zu eng zu verstehen. Ausreichend ist daher auch die Unterrichtung durch einen Vertreter, also durch jede kündigungs- und abschlussberechtigte Person, die im Namen des Arbeitgebers tätig wird.[66] Weil aber „der Arbeitgeber" der nach dieser Vorschrift Verpflichtete ist, genügt andererseits nicht, dass der Arbeitnehmer nur zufällig oder durch einen Dritten Kenntnis von der Zweckerreichung erlangt. Die Benachrichtigung durch einen Dritten setzt infolgedessen die Auslauffrist nicht wirksam in Gang. Dies wird man schon aus Gründen der Rechtssicherheit (für beide betroffenen Parteien) verlangen müssen. Wie indes bereits dargelegt,[67] ist nach der hier vertretenen Ansicht der Arbeitgeber jedoch nicht zu einer Unterrichtung verpflichtet, wenn die Zweckbefristung oder auflösende Bedingung aus der Sphäre des Arbeitnehmers stammt bzw in seiner Person liegt, ohne dass ein betrieblicher Bezug bestünde. Das heißt, in solchen Fällen endet das Arbeitsverhältnis unmittelbar mit der Zweckerreichung; entgegen einer ebenfalls vertretenen Ansicht

---

60 BT-Drucks. 14/4374 S. 10.
61 ähnlich kritisch auch Meinel/Heyn/Herms, § 15 Rn 15; Link/Fink AuA 2001, 208; zu der Dauer der Frist im einzelnen vgl noch unter § 15 Rn 36.
62 Dazu noch in § 15 Rn 34.
63 S. nur ArbG Berlin 27. November 2003–79 Ca 22206/03 – LAGE Nr. 2 zu § 15 TzBfG; Erf-Komm/Müller-Glöge § 15 TzBfG Rn 2; Holwe/Kossens § 15 Rn 13.
64 Worzalla/Will § 15 Rn 7; Ascheid/Preis/Schmidt-Backhaus, § 15 Rn 7.
65 S. etwa Palandt/Heinrichs, Überbl vor § 104 Rn 6; dies hat Folgen unter anderem bei der Bestimmung eines Formerfordernisses, dazu noch § 15 Rn 40.
66 KR/Lipke/Bader, § 15 Rn 11; Boewer, § 15 Rn 23.
67 Vgl. § 15 Rn 18.

bedarf es dann nicht noch zusätzlich der Unterrichtung – auch dies ein Hinweis darauf, dass es sich bei ihr eben nicht um eine rechtsgestaltende Willens-, sondern lediglich um eine Wissenserklärung handelt (die bei fehlendem Wissen des Arbeitgebers dann auch nicht verlangt werden kann). Gleichwohl sollte der Arbeitgeber, aus Gründen der Sicherheit und aufgrund des Umstandes, dass die Rechtslage wie dargelegt umstritten ist und eine höchstrichterliche Rechtsprechung hierzu noch aussteht, eine Unterrichtung vornehmen bzw der Fortsetzung des Arbeitsverhältnisses widersprechen, sobald er von der Zweckerreichung erfährt, um auf diese Weise in jedem Fall die Rechtsfolge des § 15 Abs. 5 Satz 2 TzBfG zu vermeiden, also die Umwandlung des zweckbefristeten in ein unbefristetes Arbeitsverhältnis.

33   Wenn es sich bei der Unterrichtung auch nicht um eine Willens-, sondern Wissenserklärung handelt,[68] gelten doch die **Regelungen über die Willenserklärung entsprechend.** Dies gilt insbesondere für die Wirksamkeitsvoraussetzungen wie Anfechtung oder Geschäftsfähigkeit,[69] dies gilt aber auch für die Regelung des Zugangs, die aufgrund des Umstandes, dass durch die Erklärung eine Frist in Gang gesetzt wird, besondere Bedeutung erlangen kann. Die Unterrichtung ist, da die Rechtsfolgen erst mit dem Zugang beim Arbeitnehmer ausgelöst werden, eine **empfangsbedürftige Wissenserklärung**, daher gelten **§ 130 BGB und die hierzu entwickelten Rechtsgrundsätze entsprechend.** Demnach ist bzw gilt die Unterrichtung als zugegangen, sobald sie in den Machtbereich des Adressaten gelangt ist und nach allgemeinen, verkehrsüblichen Maßstäben mit einer Kenntnisnahme seinerseits gerechnet werden kann; dies gilt unabhängig davon, ob der Empfänger dann tatsächlich Kenntnis von der Unterrichtung genommen hat oder ob er von der Kenntnisnahme aufgrund welcher Umstände auch immer abgehalten worden ist.[70] Insofern ist auch keine abweichende Auslegung aus Arbeitnehmerschutzgründen geboten: Ein Anlass, von den bewährten Grundsätzen abzuweichen, besteht nicht, wenn dies auch zum Teil vertreten wird: Für die Unterrichtung nach § 15 Abs. 2 TzBfG nicht auf die regelmäßige Kenntnisnahmemöglichkeit, sondern auf die tatsächliche Kenntnisnahme abzustellen,[71] überzeugt nämlich schon deshalb nicht, weil dadurch (wie sonst auch beim Zugang einer Willenserklärung) die Beweisführung für den von der Beweislast betroffenen Arbeitgeber[72] nahezu unmöglich würde: Denn dieser Zeitpunkt der tatsächlichen Kenntnisnahme kann vom Arbeitgeber *de facto* nicht bewiesen werden.

34   § 15 Abs. 2 TzBfG gibt den erforderlichen **Inhalt der Benachrichtigung** nur ungenau vor: Danach muss der Arbeitgeber den Arbeitnehmer „über den Zeitpunkt der Zweckerreichung" informieren. Doch lässt sich aus dem Gesamtzusammenhang der Norm erschließen, dass der Beendigungszeitpunkt unter genauer Angabe des Tages bezeichnet werden muss. Erforderlich ist **Benennung des exakten Zeitpunkts der Zweckerreichung.** Die Darstellung der Zweckerreichung muss aber nicht die einzelnen Gründe angeben. Eine genaue und nachvollziehbare Darstellung der Zweckerreichung, die im Streitfall dann auch von einem

---

68 Vgl. oben § 15 Rn 31.
69 Zur Form s. unten § 15 Rn 40.
70 BAG 11. November 1992–2 AZR 328/92 – AP Nr. 18 zu § 130 BGB Zugang; Erman/Palm § 130 Rn 7.
71 So KSchR/Däubler § 15 TzBfG Rn 10.
72 Palandt/Heinrichs § 130 Rn 21.

Gericht anerkannt würde, ist dementsprechend nicht erforderlich – dies verlangt schon der Wortlaut der Vorschrift nicht und ist auch systematisch nicht geboten: Denn es geht hier allein darum, dass der Arbeitnehmer sich auf das bevorstehende Ende des Arbeitsverhältnisses einstellen kann, dafür genügt eine Angabe des genauen Zeitpunktes.[73] Daraus folgt jedoch zugleich, dass der Zeitpunkt, also der **Beendigungstag selbst, taggenau** anzugeben ist, denn nur so kann der Arbeitnehmer das genaue Ende bestimmen und sich entsprechend darauf einstellen. Demzufolge genügen ungenaue Angaben wie „in Kürze", „während der kommenden zwei Wochen", „voraussichtlich zum Monatsende" den Anforderungen des § 15 Abs. 2 TzBfG nicht; eine derart ungenaue Zeitbenennung hat dann zur Folge, dass die Auslauffrist des § 15 Abs. 2 TzBfG nicht in Gang gesetzt wird.[74]

§ 15 Abs. 2 TzBfG verlangt, dass der Arbeitgeber den Arbeitnehmer über den Zeitpunkt „der Beendigung" unterrichten muss. Fraglich ist, wann von einer „Beendigung" auszugehen ist – diese Fragestellung wird vor allem auch im Hinblick auf die Frage bedeutsam, wann bzw zu welchem Zeitpunkt der Arbeitgeber den Arbeitnehmer über die Zweckerreichung unterrichten muss und ob ihm für den Benachrichtigungszeitpunkt ein **Ermessensspielraum** zusteht.[75] Grundsätzlich ist Voraussetzung, dass der Beendigungstatbestand selbst hinreichend deutlich vereinbart war und dieser Tatbestand dann auch tatsächlich eintritt.[76] Ebenso unstreitig ist, dass der Arbeitgeber einen genauen Beendigungstag angeben muss.[77] Nicht geklärt ist jedoch, was in solchen Fällen gelten soll, in denen zwar vorab theoretisch hinreichend bestimmt festgelegt ist, welche Zweckerreichung bzw welche auflösende Bedingung gegeben sein muss, damit das Ende der Beschäftigung eintritt, in denen aber im konkreten Einzelfall Unsicherheiten bestehen, ob der Zweck schon (wie verabredet) eingetreten ist: Denkbar ist dies, wenn etwa die Befristung für ein bestimmtes Projekt vereinbart ist, zum Ende des Projekts hin jedoch noch **nachlaufende (zum Beispiel Aufräum-)Arbeiten** anfallen, **deren Zuordnung zum Projekt bejaht, aber auch verneint** werden kann. Zwar ist grundsätzlich für die Zweckerreichung ein objektiver Maßstab anzulegen,[78] und für diese kann insbesondere kein subjektiver Maßstab des Arbeitgebers gelten – schon deshalb nicht, weil diesbezüglich entscheidend ist, dass der Arbeitnehmer sich (objektiv) auf einen Beendigungstatbestand einstellen können muss. Doch für die genannten Fälle wird man von einem **Beurteilungsspielraum des Arbeitgebers** auszugehen haben. Denn an ihm liegt es, eine „Wissenserklärung" abzugeben; eine solche setzt jedoch das Wissen selbst voraus; dieses Wissen festzustellen, ist daher eine Angelegenheit primär des Arbeitgebers, was auch einen gewissen Beurteilungsspielraum über die Grundlage des Wissens, also über die Frage, ob eine Zweckerreichung eingetreten ist, impliziert.[79]

35

---

73 Wie hier Boewer, § 15 Rn 26; KR/Lipke/Bader, § 15 TzBfG Rn 13; Maschmann, in: Annuß/Thüsing, § 15 Rn 6; MünchKommBGB/Hesse, § 15 TzBfG Rn 14; aA hingegen KSchR/Däubler § 15 TzBfG Rn 6; Dörner, Arbeitsvertrag Rn 901.
74 Ascheid/Preis/Schmidt-Backhaus, § 15 Rn 9; HWK/Schmalenberg § 15 Rn 6.
75 Dazu vgl bereits oben § 15 Rn 17.
76 Vgl. BAG 27. Juni 2001–7 AZR 157/00 – NZA 2002, 351.
77 Vgl. zuvor § 15 Rn 32.
78 Vgl. oben § 15 Rn 17.
79 S. sehr ausführlich dazu und im Ergebnis wie hier Meinel/Heyn/Herms, § 15 Rn 12; aA Ascheid/Preis/Schmidt-Backhaus, § 15 Rn 8.

b) Fristen

36 Angelehnt an die frühere, von der Rechtsprechung entwickelte Auslauffrist sieht auch § 15 Abs. 2 TzBfG nunmehr eine **Zweiwochenfrist** vor. Das Arbeitsverhältnis endet danach nicht unmittelbar bzw. automatisch mit Zweckerreichung, sondern frühestens zwei Wochen nach Zugang der schriftlichen Unterrichtung über den Zeitpunkt der Zweckerreichung. **Sinn dieser Frist** ist nach der Gesetzesbegründung, dem Arbeitnehmer die Zeit zu geben, sich auf das bevorstehende Ende der Beschäftigung einzustellen und sich einen neuen Arbeitsplatz zu suchen.[80] Für die Fristberechnung gelten die allgemeinen Regelungen des BGB; die Frist beginnt mit dem Zugang der Unterrichtung zu laufen, auch hier gelten die **Fristregeln des BGB** uneingeschränkt, der Zugang bemisst sich nach § 130 BGB.[81] Für die Fristberechnung gilt daher nach § 187 Abs. 1 BGB, dass der Tag des Zugangs nicht mitzählt, das Fristende richtet sich nach § 188 Abs. 2 BGB. Es kommt also zur Anwendung der Grundregel, der zufolge der Tag des Fristendes regelmäßig der Tag ist, der zwei Wochen später denselben Namen trägt wie der des Fristbeginns, also des Zugangs: Geht demzufolge die Unterrichtung an einem Mittwoch zu, endet die Frist zwei Wochen später ebenfalls an einem Mittwoch, 24 Uhr.

37 Inwieweit § 193 BGB zur Anwendung kommt, ist umstritten. Dies betrifft die Frage, ob das Fristende auf den nächsten Werktag hinausgeschoben wird, wenn es auf einen Sonnabend, Sonn- oder Feiertag fällt. **Zum Teil wird hier vertreten, § 193 BGB käme nicht zur Anwendung**, so dass die Frist nach der Grundregel unabhängig davon endet, um welchen Wochentag es sich handelt, also auch an einem Sonnabend oder Sonn- bzw. Feiertag. Begründet wird dies, wenn überhaupt, allein mit dem Hinweis darauf, bei Kündigungen im Arbeitsrecht fände § 193 BGB keine Anwendung.[82] Dies kann jedoch nicht überzeugen. **Vielmehr ist davon auszugehen, dass § 193 BGB für die Unterrichtung anzuwenden ist.**[83] Dies folgt schon daraus, dass die Regelungen über Willenserklärungen grundsätzlich auf Wissenserklärungen anzuwenden sind, dies gilt im Hinblick auf § 193 BGB auch für geschäftsähnliche Handlungen.[84] Etwas anderes gilt im Arbeitsrecht für Kündigungen nur deshalb, weil den Kündigungsfristen eine Schutzfunktion zukommt: Dann aber darf die Frist zur Erklärung der Kündigung nicht gemäß § 193 BGB verlängert werden, denn andernfalls würde die Frist zwischen Abgabe und Wirkung der Kündigung zulasten des Kündigungsempfängers verkürzt.[85] Darum geht es vorliegend aber nicht. Es handelt sich schon nicht um eine Kündigungserklärung.[86] Auch ist die Situation nicht vergleichbar: Bei der Kündigung hat sich die Rechtsprechung von Schutzerwägungen zugunsten des Arbeitnehmers leiten lassen, die dazu führen, dass § 193 BGB ausnahmsweise nicht anwendbar sein soll. Dies ist aber anders in dem Fall des § 15 Abs. 2 TzBfG: Dort kann nämlich eine Verkürzung eines Zeitraums zwischen Abgabe und Wirkung der Erklärung nicht eintreten, da es sich eben nicht um eine rechts-

---

80 BT-Drucks. 14/4374 S. 10.
81 Vgl. dazu auch oben § 15 Rn 31.
82 So Sievers, § 15 Rn 11; ErfKomm/Müller-Glöge § 15 TzBfG Rn 4; Arnold/Gräfl/Arnold § 15 Rn 30 mit Verweis auf BAG 13. Oktober 1976–5 AZR 638/75 – AP Nr. 9 zu § 130 BGB.
83 So auch ohne nähere Begründung Maschmann, in: Annuß/Thüsing, § 15 Rn 7.
84 Erman/Palm § 193 Rn 1.
85 BAG 5. März 1970–2 AZR 112/69 – AP Nr. 1 zu § 193 BGB.
86 So auch ausdrücklich MünchKommBGB/Hesse, § 15 TzBfG Rn 24.

gestaltende Kündigung (mit anschließender Kündigungsfrist) handelt, sondern um eine bloße Mitteilung des Beendigungszeitpunkts (wegen Zweckerreichung). Ein Schutzbedarf zugunsten des Arbeitnehmers, der eine Abweichung von § 193 BGB geböte, liegt also nicht vor. Im Gegenteil: Hier die Anwendung des § 193 BGB abzulehnen, wirkte sich sogar zum Nachteil des Arbeitnehmers aus, der entgegen der Grundregel des § 193 BGB nun auch an einem Sonn- und Feiertag sowie Sonnabend mit einem Ablauf der Zweiwochenfrist rechnen muss. Folglich ist § 193 BGB auf die Unterrichtung anwendbar.

Die Frist, die zwischen Unterrichtung und Beendigung des Arbeitsverhältnisses liegen muss, muss mindestens zwei Wochen betragen. Die im Gesetzesentwurf ursprünglich vorgesehene Frist von vier Wochen wurde nicht in den Gesetzestext übernommen.[87] **Kritisiert wird die kurze Fristdauer vor allem im Hinblick auf die Absicht, die hinter der Unterrichtungspflicht überhaupt steht**[88] – ein sinnvolles „Einstellen" des Arbeitnehmers auf das Ende der Beschäftigung oder gar die Suche eines neuen Arbeitsplatzes seien in dieser Frist nicht zu realisieren.[89] Zum Teil wird sogar – unter Hinweis auf eine Entscheidung des BVerfG zur Schließung der Akademie der Wissenschaften der DDR und der dort enthaltenen Forderung nach einer vierwöchigen Frist[90] – die **Verfassungsmäßigkeit dieser kurzen Frist** bezweifelt.[91] Doch lässt sich diese Entscheidung aufgrund ihres besonderen Sachverhalts nicht in dieser Weise übertragen.[92] Da es aufgrund des Umstandes, dass der Arbeitnehmer ja um die (Zweck-)Befristung weiß, nicht darum geht, in vergleichbarer Weise einen Vertrauenstatbestand schützen zu müssen (wie dies bei der Entscheidung des BVerfG der Fall war), wird man daher hier davon ausgehen können, dass der Gesetzgeber sich mit seiner Zweiwochenfrist innerhalb des ihm zustehenden Ermessensrahmens bewegt.[93] 38

Die sehr kurze Frist des § 15 Abs. 2 TzBfG ist indes nicht beidseitig zwingend. Da sie als **Schutzvorschrift** zugunsten des Arbeitnehmers angelegt ist, kann sie folgerichtig auch sowohl einzel- als auch kollektivvertraglich (durch Tarifvertrag wie auch Betriebsvereinbarung) verlängert werden. Demgegenüber ist eine Verkürzung der Frist nicht möglich.[94] Darüber hinaus muss der Arbeitgeber die Frist insofern nicht strikt einhalten, als es sich um eine **Mindestfrist** handelt: Er kann den Arbeitnehmer also auch zu einem früheren Zeitpunkt unterrichten.[95] 39

c) Form

Hinsichtlich der Form der bei der Zweckbefristung erforderlichen Unterrichtung enthält § 15 Abs. 2 TzBfG die Vorgabe, dass diese „schriftlich" erfolgen muss. Fraglich ist, ob die Vorschrift mit dem **Erfordernis der Schriftlichkeit** maßgeblich auf die Schriftformregelung in § 126 BGB rekurriert. Diese Vorschrift gilt unmit- 40

---

87 Abgedruckt als Referentenentwurf in NZA 2000, 1045.
88 S. dazu schon § 15 Rn 28.
89 Link/Fink AuA 2001, 208; Blanke AiB 2000, 739; Preis/Gotthardt, DB 2000, 2073; Bauer NZA 2000, 1042.
90 BVerfG 10. März 1992–1 BvR 454/91 – NJW 1992, 1373.
91 KSchR/Däubler § 15 Rn 9; ders. ZIP 2000, 1967.
92 So auch Meinel/Heyn/Herms, § 15 Rn 15.
93 KR/Lipke/Bader, § 15 TzBfG Rn 7.
94 So auch Bauer NZA 2000, 1042.
95 Bayreuther, in: Rolfs/Giesen, BeckOK § 15 TzBfG Rn 6.

telbar nur für Rechtsgeschäfte bzw für Willenserklärungen. Doch kommt sie nach verbreiteter Ansicht für eine Wissenserklärung, so wie sie hier gegeben ist, grundsätzlich entsprechend zur Anwendung.[96] Dies würde bedeuten, dass die Unterrichtung, die § 15 Abs. 2 TzBfG verlangt, dem Arbeitnehmer im Original zugehen und eigenhändig vom Aussteller, also dem „Arbeitgeber" bzw seinem entsprechenden Vertreter[97] durch Namensunterschrift unterzeichnet sein muss. Etwas anderes gilt jedoch dann, wenn der Normzweck oder die andere Interessenlage etwas anderes verlangen bzw ermöglichen.[98] Insofern ist rechtlich entscheidend, dass **„Schriftlichkeit" nicht unwillkürlich zugleich auch „gesetzliche Schriftform" im Sinne des § 126 BGB** meint: Entscheidend ist also, welche gesetzgeberische Intention hinter der Anordnung der Schriftlichkeit steht, nur anhand derer kann entschieden werden, ob eine allgemeine Schriftform genügt oder die gesetzliche Schriftform gemäß § 126 BGB verlangt ist.

41 Im Hinblick auf die **besonderen Fallgestaltungen**, in denen eine Urkunde in originaler Papierform nicht vorliegt, werden in diesem Zusammenhang unterschiedliche Auffassungen vertreten. Überwiegend wird vertreten, dass eine Benachrichtigung durch ein **Telefax** nicht genügt.[99] Begründet wird dies vor allem mit Hinweis darauf, dass § 126 BGB entsprechend anzuwenden sei, „Unterrichtung" meine hier „Schriftform" im Sinne des § 126 BGB,[100] und in dessen Rahmen genügt eben ein Telefax zur Wahrung der Schriftlichkeit nicht.[101] Gleiches solle dann auch für die Vorlage einer **Kopie** oder eines **Telegramms** gelten. Dies kann jedoch nicht überzeugen. Vielmehr ist mit einer anderen im Schrifttum vertretenen Auffassung davon auszugehen, dass § 15 Abs. 2 TzBfG nicht auf die „gesetzliche Schriftform" des § 126 BGB verweist, sondern lediglich eine „schriftliche Unterrichtung" verlangt, für die die Unterrichtung in Schriftform welcher Art auch immer genügt.[102] Unmittelbar ist § 126 BGB auf die Unterrichtung ohnehin nicht anwendbar, da es sich, wie erläutert, nicht um eine Willenserklärung, sondern lediglich um eine Wissenserklärung handelt. Doch auch eine analoge Anwendung ist nicht geboten, denn durch die Unterrichtung erfolgt keine Rechtsgestaltung, sondern sie dient allein einem **Informationszweck**: Der Arbeitnehmer soll wissen, wann die Vertragsbeziehung (durch die Zweckerreichung) endet, darauf soll er sich verlässlich einstellen können. Dies kann er, wenn ihm ein entsprechendes Schriftstück vorliegt. Die Schriftlichkeit dient insofern hier vor allem dem Ziel, dass Missverständnisse vermieden werden und eine eindeutige, klare Beweislage gegeben ist. Eine eigenhändige Unterschrift ist daher nicht erforderlich, so dass auch ein Fax oder Telegramm genügt. Gleiches gilt für die – in der Praxis freilich unwahrscheinliche – Mitteilung per SMS.

---

96 Ascheid/Preis/Schmidt-Backhaus, § 15 Rn 8; Dörner, Arbeitsvertrag Rn 895.
97 Vgl. oben § 15 Rn 32.
98 So insbesondere BAG 11. Juni 2002–1 ABR 43/01 – NJW 2003, 843; Palandt/Heinrichs § 126 Rn 1.
99 Maschmann, in: Annuß/Thüsing, § 15 Rn 4; Meinel/Heyn/Helms § 15 Rn 13; Bayreuther, in: Rolfs/Giesen BeckOK § 15 TzBfG Rn 5; BGH 30. Juli 1997–8 ZR 244/96 – NJW 1997, 3169; ErfKomm/Müller-Glöge § 15 TzBfG Rn 2.
100 Gotthardt/Beck NZA 2002, 881; Ascheid/Preis/Schmidt-Backhaus, § 15 TzBfG Rn 7; ArbRBGB/Dörner § 620 Rn 273.
101 Ermann/Palm § 126 Rn 11.
102 So auch Boewer, § 15 Rn 27; Sievers, § 15 Rn 9 mit Verweis auf die Entscheidungen des BAG vom 11. Oktober 2000–5 AZR 313/99; BAG 11. Juni 2002–1 ABR 43/01 – NJW 2003, 843.

Ebenfalls umstritten ist indes, ob die Benachrichtigung auf elektronischem Wege, 42
also via **Email**, ausreichend ist, um die Formvorgabe der Schriftlichkeit zu wahren.
Hier gelten die zuvor angesprochenen Grundsätze entsprechend, zumal § 126
Abs. 3 BGB diesbezüglich sogar direkt den Weg weisen kann (wenn er auch nicht
direkt anwendbar ist). Demzufolge kann der Arbeitgeber den Arbeitnehmer auch
durch Email benachrichtigen. Dies ist mit derselben Argumentation wie zum Telefax nicht nur in rechtlicher Hinsicht geboten, sondern gerade auch in praktischer
Hinsicht, da die Kommunikation vermehrt auf diesem Wege erfolgt.[103]

d) Besondere Fehlergruppen

Gerade das Zusammenspiel von Zweckerreichung und der entsprechenden 43
Unterrichtung über dieses Ereignis kann in unterschiedlicher Hinsicht zu **Unregelmäßigkeiten** bzw **Fehlern** führen. Dabei kann es jeweils fraglich sein, wie
sich der aufgetretene Fehler auf das zweckbefristete Arbeitsverhältnis auswirkt,
insbesondere, ob es dann zu dem Ende der Beschäftigung kommt oder ob das
Arbeitsverhältnis möglicherweise weiterläuft. Grundsätzlich gilt entsprechend
der Formulierung des Tatbestandes des § 15 Abs. 2 TzBfG („und"), dass das
Arbeitsverhältnis nur dann endet, wenn beide Voraussetzungen, also Zweckerreichung und Unterrichtung vorliegen. Damit ist jedoch noch nichts darüber ausgesagt, was geschieht, wenn die **Unterrichtung und Zweckerreichung zwar beide
grundsätzlich gegeben sind, aber nicht miteinander in Einklang** stehen. Aus der
Regelung in § 15 Abs. 5 TzBfG, die die unbefristete Fortgeltung des Arbeitsverhältnisses unter den dort genannten Voraussetzungen anordnet, kann jedoch
nicht ohne Weiteres im Umkehrschluss gefolgert werden, dass in den hier angesprochenen Fällen das Arbeitsverhältnis jedenfalls nur befristet fortgelten würde.
Im Einzelnen gilt es daher zu differenzieren.

Dies gilt zunächst und zuvorderst für die Situation, in der der tatsächliche Zweck- 44
eintritt und der in der schriftlichen Unterrichtung mitgeteilte Termin über die Zweckerreichung auseinanderfallen. Dieses Auseinanderfallen kann dabei in beiderlei
Richtungen erfolgen: Es kann entweder der Zweck zu einem früheren Termin eintreten als in der Unterrichtung genannt; umgekehrt kann aber auch die Zweckerreichung erst nach dem in der Unterrichtung angegebenen Zeitpunkt erfolgen. Beide
Fälle sind auch hinsichtlich ihrer Rechtsfolgen sorgfältig zu unterscheiden.

Die erste denkbare Fallgestaltung betrifft die Situation, dass die **Zweckerreichung früher** eintritt, **als** dies durch die Unterrichtung dem Arbeitnehmer von 45
dem Arbeitgeber **angekündigt** wurde. Gemeint sind etwa Fälle, in denen der
Arbeitgeber den Arbeitnehmer über das Projektende, auf welches hin das
Arbeitsverhältnis befristet war, unterrichtet hat, dieses Projektende jedoch
bereits einige Tage zuvor eintritt. In diesem Fall ergibt sich schon aus der allgemeinen Anwendung des Gesetzes selbst, dass das Rechtsverhältnis erst mit
dem in der Unterrichtung angekündigten Zeitpunkt endet, nicht bereits vorher
mit der Zweckerreichung. Denn beide Tatbestandsvoraussetzungen müssen
gegeben sein, also auch die Unterrichtung, die inhaltlich auf einen Punkt aus-

---

[103] Wie hier auch Meinel/Heyn/Herms, § 15 Rn 13; ErfKomm/Müller-Glöge § 15 TzBfG Rn 2;
KR/Lipke/Bader, § 15 TzBfG Rn 11; Gotthardt/Beck NZA 2002, 880; aA, allerdings ohne
nähere Begründung, Sievers, § 15 Rn 9; Maschmann in: Annuß/Thüsing, § 15 Rn 4;
Ascheid/Preis/Schmidt-Backhaus, § 15 Rn 8; Rolfs § 15 Rn 14; Kliemt NZA 2001, 302.

gerichtet und mithin erst zu diesem Zeitpunkt eine Wirkung entfalten kann. Einer erneuten Mitteilung bedarf es in diesem Zeitpunkt regelmäßig nicht.[104] Dies ergibt sich schon daraus, dass eine solche Befristung inhaltlich keinen Sinn machen, sondern lediglich eine überflüssige Formalität darstellen würde. Denn der Arbeitnehmer weiß, wann das Arbeitsverhältnis endet, er benötigt also nicht noch eine zusätzliche, erneute Information nur deshalb, weil die Zweckerreichung früher erfolgte. Eine Beschwer des Arbeitnehmers ist insofern in diesem Fall nicht gegeben. Etwas anderes folgt auch nicht aus der Bestimmung in § 15 Abs. 5 TzBfG: Es kommt hier also insbesondere auch keine Umwandlung des zweckbefristeten in einen unbefristeten Arbeitsvertrag in Betracht, weil der Arbeitgeber durch die vorgenommene (wenn auch terminlich unzutreffende) Unterrichtung zu verstehen gegeben hat, dass er einer solchen Umwandlung widerspricht.[105]

46 Anders kann allenfalls darüber zu urteilen sein, ob der Arbeitgeber gegebenenfalls noch einmal eine **erneute Unterrichtung** abgeben „kann" (eben nicht „muss"). Dies könnte in den in der Praxis allerdings wohl eher seltenen Fällen nützlich sein, wenn der Arbeitgeber sehr frühzeitig eine Unterrichtung durchgeführt hat und das Projektende, also die Zweckerreichung, sehr viel früher eintritt als angekündigt – wenn dann die Unterrichtung unter Beachtung der Zweiwochenfrist noch sinnvoll ist, kann der Arbeitgeber eine erneute Unterrichtung vornehmen mit der Folge, dass dann nach Ablauf der zwei Wochen das Arbeitsverhältnis endet.[106] Von einem „**Verbrauch**" **der Unterrichtungsmöglichkeit** kann insofern nicht ausgegangen werden. Grundsätzlich verbleibt nämlich dem Arbeitnehmer die ihm ohnehin zugedachte Zweiwochenfrist, um sich auf die neue Situation einzustellen. Allenfalls in ungewöhnlichen Extremsituationen kann hier aus Vertrauensschutzgründen etwas anderes geboten sein, wenn nämlich der Arbeitnehmer schon entsprechende Dispositionen im Hinblick auf die Vertragsbeendigung getroffen hat.

47 Umgekehrt verhält sich die Situation, wenn der **Zweck erst nach dem in der Unterrichtung benannten Zeitpunkt erreicht** wird, wenn also für die Zweckerreichung durch den Arbeitgeber der Tag X genannt wird, die Zweckerreichung jedoch tatsächlich erst vier Wochen später erfolgt. Gelegentlich spricht man hier auch von der „**verzögerten Zweckerreichung**". Auch hier hilft allein die Anwendung des Tatbestandes des § 15 Abs. 2 TzBfG weiter: Da beide Elemente, Zweckerreichung und Unterrichtung, vorliegen müssen, endet das Arbeitsverhältnis nicht zu dem von der Unterrichtung genannten Termin, sondern besteht fort; das heißt, das Ende des Arbeitsverhältnisses kann frühestens mit dem Zeitpunkt der Zweckerreichung eintreten.[107] Fraglich ist jedoch, ob in dieser Situation der Arbeitgeber den Arbeitnehmer nochmals über die Zweckerreichung unterrichten, die Unterrichtung nach § 15 Abs. 2 TzBfG also wiederholen muss. Die Ansichten hierüber gehen auseinander. Dabei wird man entsprechend dem Zweck der Unterrichtung deren Wiederholung grundsätzlich verlangen müssen,

---

104 So auch Arnold/Gräfl/Arnold § 15 Rn 36; Sievers, § 15 Rn 2; Sowka DB 2002, 1159; ErfKomm/Müller-Glöge § 15 TzBfG Rn 3; MünchKommBGB/Hesse, § 15 TzBfG Rn 14; aA Ascheid/Preis/Schmidt-Backhaus, § 15 Rn 8.
105 Wie hier Arnold/Gräfl/Arnold § 15 Rn 36.
106 So auch Bayreuther in: Rolfs/Giesen § 15 TzBfG Rn 8.
107 ErfKomm /Müller-Glöge § 15 TzBfG Rn 3; Dörner Arbeitsverträge Rn 904.

wenn nicht besondere Umstände gegeben sind, die ausnahmsweise die Unterrichtungspflicht entfallen lassen, etwa weil nur eine ganz geringfügige Verzögerung eintritt, die die erneute Unterrichtung zu einer bloßen Förmelei macht, oder weil der Arbeitnehmer selber Ursache der Verzögerung ist. Doch im Regelfall ist eine Wiederholung schon deshalb geboten, weil sich der Arbeitnehmer dann erneut darauf einstellen können muss, dass das Arbeitsverhältnis in den nächsten (zwei) Wochen endet. Infolgedessen **verlangt der Zweck der Unterrichtung selbst eine Wiederholung bei verzögertem Zweckeintritt**.[108]

Dies gilt in gleichem Maße auch dann, wenn der Arbeitgeber dem Arbeitnehmer nicht unbewusst einen falschen Beendigungstermin mitgeteilt hat, sondern ihn **bewusst falsch unterrichtet** hat. Auch hier bedarf es also einer erneuten Mitteilung, der ursprünglichen fehlerhaften Mitteilung kommt insofern keine Rechtswirkung zu, da sie ins Leere geht.[109] Der Arbeitgeber muss also in diesem Fall, um eine wirksame Beendigung herbeizuführen, den Arbeitnehmer erneut über den Termin der Beendigung unterrichten. Hier wie im Fall der unbeabsichtigten Verzögerung wird dem Arbeitnehmer häufig ein **Sonderkündigungsrecht** eingeräumt.[110] Demzufolge könne er das Arbeitsverhältnis mit einer angemessenen Ankündigungsfrist zu dem in der Mitteilung genannten Zeitpunkt auflösen, ohne dass er hierfür Gründe angeben müsste. Ein solches Sonderkündigungsrecht lässt sich jedoch gesetzlich nicht herleiten. Überzeugender erscheint es vielmehr, dem Arbeitgeber für den Fall, dass der Arbeitnehmer bereits im Vertrauen auf die Beendigung über seine Arbeitskraft neu disponiert hat, gemäß § 242 BGB zu verwehren, sich auf den (fortgesetzten) Vertrag zu berufen und vom Arbeitnehmer die Arbeitsleistung zu verlangen. Denn dieser ist in seinem Vertrauen auf die Beendigung zu schützen, dem Arbeitgeber hingegen kann die Einwendung des **venire contra factum proprium** entgegengehalten werden.[111]

Neben diesen beiden zuvor geschilderten Situationen ist zusätzlich denkbar, dass der Arbeitgeber die Unterrichtung nicht fristgerecht durchführt, das heißt, dass die **Unterrichtung nicht rechtzeitig** (das heißt zwei Wochen) **vor der Zweckerreichung** erfolgt. Legt man auch hier den Wortlaut der Norm zugrunde, ergibt sich, dass das Arbeitsverhältnis dann mit Ablauf der Zweiwochenfrist endet, es bis dahin also mit allen Rechten und Pflichten fortbesteht: Denn in diesem Zeitpunkt sind beide Voraussetzungen (Fristablauf und Zweckerreichung) gegeben.[112] Etwas anderes ergibt sich dann auch nicht aus § 15 Abs. 5 TzBfG, demzufolge das Arbeitsverhältnis als unbefristetes besteht, wenn es nach Fristablauf bzw Zweckerreichung widerspruchslos fortgesetzt wird. Denn § 15 Abs. 5 TzBfG kann überhaupt erst zur Anwendung kommen, wenn § 15 Abs. 2 TzBfG

---

108 Wie hier Ascheid/Preis/Schmidt-Backhaus, § 15 Rn 10; Sievers, § 15 Rn 25; Bayreuther in: Rolfs/Giesen BeckOK § 15 TzBfG Rn 10; Sowka DB 2002, 1159; Meinel/Heyn/Herms, § 15 Rn 23, die grundsätzlich verlangen, der Arbeitgeber müsse sich am einmal angekündigten Termin festhalten lassen, bei fehlender Zweckerreichung bestehe das Arbeitsverhältnis befristet fort, er könne dies nur durch eine erneute Unterrichtung vermeiden; wieder anders MünchKommBGB/Hesse, § 15 TzBfG Rn 14, der eine automatische Auslauffrist von zwei Wochen nach Zweckerreichung annimmt, ohne dies allerdings näher zu begründen.
109 Sehr scharf formuliert von KR/Lipke/Bader, § 13; Ascheid/Preis/Schmidt-Backhaus, § 15 Rn 9.
110 So von Meinel/Heyn/Herms, § 15 Rn 23; Bayreuther in: Rolfs/Giesen BeckOK § 15 TzBfG Rn 10.
111 So auch Boewer, § 15 Rn 37.
112 Wie hier auch Meinel/Heyn/Herms, § 15 TzBfG Rn 20.

vollständig erfüllt ist, wenn also Zweckerreichung und Ablauf der Zweiwochenfrist gegeben sind. Dies ist in der hier genannten Fallkonstellation jedoch noch nicht der Fall, sondern erst dann, wenn das Arbeitsverhältnis auch noch nach Ablauf der in der Unterrichtung enthaltenen Zweiwochenfrist fortgesetzt wird.

50 Bei einer **formwidrigen Unterrichtung**, die also nicht die Schriftform eingehalten hat, sondern mündlich erfolgt, wird die zweiwöchige Auslauffrist selbst nicht in Gang gesetzt. Das gleiche gilt, sofern **gar keine Unterrichtung** erfolgt – eine formwidrige Unterrichtung steht letztlich der ausbleibenden Unterrichtung gleich. Insofern mangelt es ja auch bereits in beiden Konstellationen an einer der beiden Beendigungsvoraussetzungen, die in § 15 Abs. 2 TzBfG genannt sind. Auch ein unbefristetes Arbeitsverhältnis über § 15 Abs. 5 TzBfG kommt hier schon deshalb zunächst, das heißt bis zum Zeitpunkt der Zweckerreichung, nicht zustande. Erst wenn die Zweckerreichung tatsächlich eintritt, kann es dann zu einem unbefristeten Arbeitsverhältnis kommen, wenn der Arbeitgeber dann nicht unverzüglich widerspricht. Teilt also der Arbeitgeber dann dem Arbeitnehmer nicht die Zweckereichung unverzüglich mit und setzt der Arbeitnehmer das Arbeitsverhältnis mit Wissen des Arbeitgebers fort, gilt das Arbeitsverhältnis nach einhelliger Auffassung als auf unbestimmte Zeit verlängert.[113] Ob der in diesem Zusammenhang zur Verhinderung der Verlängerung erforderliche Widerspruch dann ebenfalls schriftlich erfolgen muss oder formlos erfolgen kann, ist umstritten.[114]

51 Da es sich hierbei jedoch um eine **Schutzregelung zugunsten des Arbeitnehmers** handelt, die Umwandlung in ein unbefristetes Arbeitsverhältnis also zu seinen Gunsten erfolgt, ist es folgerichtig, in einer derartigen Situation, wenn die Verlängerung als Folge einer form- oder inhaltswidrigen Unterrichtung für den Arbeitnehmer ungünstig ist, dem Arbeitnehmer eine Möglichkeit zu eröffnen, sich nach der Zweckerreichung von dem Arbeitsverhältnis loszusagen. Mit der Zweckerreichung ist nämlich eigentlich das Arbeitsverhältnis beendet, die Fortsetzungsregelung soll ja lediglich dazu dienen, ihn vor Nachteilen zu bewahren. Hat er diese nicht zu gewärtigen, etwa weil er sich, auch ohne erfolgte Unterrichtung des Arbeitgebers, bereits auf die Zweckerreichung eingestellt und sich eine neue Arbeitsstelle gesucht hat, wäre es mit dem Gedanken des § 15 TzBfG unvereinbar, ihn gegen seinen Willen an das unbefristete Arbeitsverhältnis zu binden. Daher muss im Vordergrund stehen, dass der Arbeitnehmer sich auf die Arbeitsleistung bis zur Zweckerreichung eingestellt und sich auch nur zu dieser vertraglich verpflichtet hat. **Der Arbeitgeber kann den Arbeitnehmer infolgedessen nicht dazu zwingen, das Arbeitsverhältnis fortzusetzen**, es besteht somit ein Recht des Arbeitnehmers, auf die Fortsetzung zu verzichten.[115]

---

[113] Maschmann in: Annuß/Thüsing, § 15 Rn 5; Meinel/Heyn/Helms § 15 Rn 22; Preis/Gotthardt DB 2001, 151.
[114] S. dazu § 15 Rn 85.
[115] Wie hier auch Ascheid/Preis/Schmidt-Backhaus, § 15 Rn 13; Maschmann in: Annuß/Thüsing, § 15 Rn 5; Arnold/Gräfl/Arnold § 15 Rn 37; aA ErfKomm/Müller-Glöge § 15 Rn 7; KR/Lipke/Bader, § 15 Rn 8.

IV. Kündigungsmöglichkeiten beim befristeten Arbeitsverhältnis, § 15 Abs. 3 TzBfG

Grundsätzlich ist ein befristet eingegangenes Arbeitsverhältnis, einer Grundregel des Zivilrechts für alle Dauerschuldverhältnisse folgend, nicht ordentlich kündbar. Diese Grundregel, die das BAG schon seit jeher auch für Arbeitsverhältnisse anerkennt,[116] bestätigt indirekt auch § 15 Abs. 3 TzBfG, dem zufolge ein befristetes Arbeitsverhältnis nur dann **ordentlich kündbar** ist, wenn **einzelvertraglich** oder im anwendbaren **Tarifvertrag** die Möglichkeit der Kündigung des befristet vereinbarten Beschäftigungsverhältnisses vereinbart worden ist.   52

Dem Wortlaut der Vorschrift folgend sind alle Befristungen bzw. Befristungsarten von der Regelung des § 15 Abs. 3 TzBfG erfasst, das heißt sowohl die **kalendermäßigen** als auch die **Zweckbefristungen**. Infolgedessen unterfallen der Möglichkeit, eine ordentliche Kündbarkeit zu vereinbaren, auch Verträge, die eine Altersgrenze vorsehen. Denn bei diesen handelt es sich um eine kalendermäßige Befristung, wenn das Arbeitsverhältnis mit der Vollendung eines bestimmten Lebensjahres enden soll.[117]   53

Sofern § 15 Abs. 3 TzBfG lediglich die Möglichkeit der Vereinbarung einer ordentlichen Kündigung vorsieht, gilt für die **außerordentliche Kündigung**, dass diese ohnehin stets gegeben ist: Wie in jedem anderen Dauerschuldverhältnis ist auch in einem – befristeten – Arbeitsverhältnis die Möglichkeit zur außerordentliche Kündigung stets möglich; sie ist auch nicht abdingbar. Umgekehrt bedeutet dies, dass eine solche Kündigung auch nicht explizit vereinbart werden muss. § 626 BGB kommt also auch im befristeten Arbeitsverhältnis zur Anwendung. Beide Parteien haben demzufolge uneingeschränkt das Recht, bei Vorliegen eines wichtigen Grundes den befristeten Arbeitsvertrag nach § 626 BGB zu kündigen. Ein vereinbartes Kündigungsrecht, das vorsieht, sich von dem Vertrag aus bestimmten, als „wichtig" bezeichneten Gründen zu lösen, wird man infolge des zuvor Gesagten in der Regel nicht als die Vereinbarung einer außerordentlichen Kündigungsmöglichkeit ansehen können, denn diese Möglichkeit besteht immer. Vielmehr wird man hier, zumindest dann, wenn eine Kündigungsfrist vereinbart ist, die der tariflichen bzw. gesetzlichen entspricht oder sie gar übersteigt, davon auszugehen haben, dass nicht die außerordentliche Kündigung ausgeschlossen wird, sondern das Recht zur ordentlichen Kündigung nach § 15 Abs. 3 TzBfG vereinbart wurde.[118]   54

Eine Besonderheit in Bezug auf die ordentliche Kündbarkeit gilt in der **Insolvenz**: Hier findet sich die gegenüber § 15 Abs. 3 TzBfG speziellere Regelung des § 113 InsO: Danach können befristete Arbeitsverhältnisse in der Insolvenz des Arbeitgebers, abweichend von den Regelungen, die sonst für befristete Arbeitsverhältnisse gelten, mit einer Frist von drei Monaten zum Monatsende gekündigt werden. Hier ist insbesondere keinerlei Vereinbarung über die Möglichkeit zu einer ordentlichen Kündigung erforderlich.   55

---

116 Vgl. etwa BAG 19. Juni 1980–2 AZR 660/78 – AP Nr. 55 zu § 620 BGB Befristeter Arbeitsvertrag; jünger noch BAG 25. Februar 1998–2 AZR 279/97 – AP Nr. 195 zu § 620 Befristeter Arbeitsvertrag.
117 Vgl. Kommentierung in § 3 Rn 11; s. auch Dörner Arbeitsverträge Rn 913.
118 So auch BAG 25. Februar 1998–2 AZR 279/97 – AP Nr. 195 zu § 620 Befristeter Arbeitsvertrag; Maschmann in: Annuß/Thüsing, § 15 Rn 11.

56 Die Kündigungsmöglichkeit kann nach § 15 Abs. 3 TzBfG zunächst **einzelvertraglich vereinbart** werden. Eine bestimmte **Form der Vereinbarung** sieht die Vorschrift nicht vor: Sie ist demzufolge formlos möglich, insbesondere die Schriftform, die sonst in § 15 – etwa in Abs. 2 – vorgesehen ist, ist nicht einzuhalten; da es sich bei der Vereinbarung über die Möglichkeit zur Kündigung auch noch nicht um die Kündigung selbst handelt, greift auch § 623 BGB nicht ein. Grundsätzlich muss die **Vereinbarung hinreichend klar und eindeutig** sein, also etwa deutlich formulieren, dass das Arbeitsverhältnis während der Befristung ordentlich kündbar ist. Da jedoch die Schriftform nicht erforderlich ist, kann die Vereinbarung infolgedessen auch konkludent erfolgen; sie kann sich darüber hinaus auch aus den Umständen ergeben.[119] Ein solcher Wille muss sich dann aber ebenfalls klar und eindeutig aus den Umständen bzw aus der vorzunehmenden Auslegung ergeben. Denkbar ist dies etwa dann, wenn Kündigungsfristen in den (befristeten) Arbeitsvertrag aufgenommen werden,[120] wie dies etwa der Fall ist, wenn im Vertrag neben der Befristung vereinbart ist, dass das Arbeitsverhältnis von beiden Seiten unter Einhaltung der gesetzlichen Frist des § 622 BGB gekündigt werden kann. Auch aus einer Probezeit, die vereinbarungsgemäß einem befristeten Arbeitsverhältnis vorgelagert sein soll, kann auslegend geschlossen werden, dass konkludent mit der Vereinbarung der Probezeit zugleich auch eine ordentliche Kündbarkeit vereinbart werden sollte;[121] dies findet sich etwa dort, wo zwischen den Parteien vereinbart wird: „Das Arbeitsverhältnis wird auf ein Jahr befristet. Davon sollen die ersten drei Monate als Probezeit dienen." Hier kann man die **Probezeit** letztlich nur als Vereinbarung der Möglichkeit der ordentlichen Kündigung verstehen, so wie sich dies auch aus § 622 Abs. 3 BGB ergibt.

57 Wenn demzufolge auch eine Schriftlichkeit nicht erforderlich ist, so ist sie aus Beweisgründen gleichwohl dringend anzuraten: Beruft sich nämlich der Arbeitgeber im Streitfall darauf, dass eine Kündigungsmöglichkeit nach § 15 Abs. 3 TzBfG mündlich vereinbart war (was möglich ist: Denn nur die Befristung selbst ist gemäß § 14 Abs. 4 TzBfG schriftlich niederzulegen!), so hat er diesen für ihn günstigen Umstand **darzulegen und zu beweisen**. Dies wird ihm regelmäßig kaum gelingen, ihm bleiben allenfalls die Beweismittel der Zeugen- bzw Parteivernehmung, welche kaum zum erhofften Ziel führen werden.

58 Neben der Möglichkeit, einzelvertraglich die ordentliche Kündigungsmöglichkeit zu vereinbaren, sieht § 15 Abs. 3 TzBfG zusätzlich vor, dass diese Vereinbarung auch in dem anwendbaren **Tarifvertrag** enthalten sein kann. Schon der Wortlaut lässt deutlich werden, dass eine derartige Vereinbarung nicht durch eine Betriebsvereinbarung getroffen werden kann.[122] Dies gilt jedoch nur hinsichtlich der normativen Wirkung einer Betriebsvereinbarung. Das bedeutet, dass in dem Fall der Vereinbarung einer ordentlichen Kündbarkeit befristeter Arbeitsverhältnisse durch die Betriebsparteien – sofern sie denn hinsichtlich der Sperrwirkung des § 77 Abs. 3 BetrVG überhaupt möglich sind – die Arbeitsvertragsparteien einzelvertraglich auf diese Betriebsvereinbarung oder Regelungs-

---

119 BAG 4. Juli 2001–2 AZR 88/00 – NZA 2002, 288; Bayreuther in: Rolfs/Giesen BeckOK § 15 TzBfG Rn 14; Boewer, § 15 Rn 43.
120 MünchKommBGB/Hesse, § 15 TzBfG Rn 28.
121 BAG 4. Juli 2001–2 AZR 88/00 – NZA 2002, 288; Arnold/Gräfl/Arnold § 15 Rn 45.
122 ErfKomm/Müller-Glöge § 15 TzBfG Rn 13; KSchR/Däubler § 15 TzBfG Rn 14; Meinel/Heyn/Herms, § 15 Rn 32; Dörner Arbeitsverträge Rn 916.

abrede Bezug nehmen können – dann kann auch diese Vereinbarung für die Parteien des Arbeitsvertrags Geltung erlangen mit der Folge, dass der befristete Arbeitsvertrag gemäß § 15 Abs. 3 TzBfG ordentlich kündbar ist.

Die ordentliche Kündbarkeit kann in einem **anwendbaren Tarifvertrag** vereinbart sein. Fraglich ist, wann im Sinne des § 15 Abs. 3 TzBfG von einem „anwendbaren" Tarifvertrag auszugehen ist. Hier wird man prinzipiell ähnlich zu argumentieren haben wie schon bei der Betriebsvereinbarung. Das bedeutet, dass zwar grundsätzlich unter „anwendbar" derjenige zu verstehen ist, der infolge der beiderseitigen Tarifgebundenheit oder infolge einer Allgemeinverbindlicherklärung für das betreffende Arbeitsverhältnis gilt. Es genügt darüber hinaus jedoch auch eine Inbezugnahme durch die Arbeitsvertragsparteien: Ein Tarifvertrag ist infolgedessen **anwendbar im Sinne des § 15 Abs. 3 TzBfG, wenn einzelvertraglich seine Anwendbarkeit vereinbart worden ist**, unabhängig davon, ob es sich um einen fachfremden oder einen fachspezifischen Tarifvertrag handelt.[123] Auf die Einschlägigkeit des Tarifvertrags kommt es demgegenüber nicht an[124] – eine derartige Verengung widerspräche dem Wortlaut der Bestimmung, denn „anwendbar" ist ein Tarifvertrag auf den Einzelvertrag auch durch seine **Inbezugnahme**. Ausreichend ist auch die Inbezugnahme nur einer einzelnen Tarifbestimmung,[125] wie etwa der Nr. 7 2y BAT Abs. 3. Entscheidend ist, dass die Tarifbestimmung dann jedoch die ordentliche Kündigung im Arbeitsverhältnis ausdrücklich zulassen muss.

Ist nach den zuvor dargelegten Grundsätzen die ordentliche Kündigung möglich, so gilt dies **für beide Parteien**: Sowohl Arbeitgeber als auch der Arbeitnehmer haben dann das Recht, sich durch die ordentliche Kündigung vom befristeten Arbeitsvertrag zu lösen. Eine Kündigungsmöglichkeit allein für den Arbeitgeber ist demgegenüber nicht zulässig. Zwar könnte man insofern anführen, eine dem § 622 Abs. 6 BGB entsprechende Regelung sei in den § 15 Abs. 3 TzBfG gerade nicht aufgenommen worden, zudem sei der Arbeitnehmer vor einer überlangen Bindung durch § 15 Abs. 4 TzBfG hinreichend geschützt.[126] Doch sind Kündigungserschwerungen zu Lasten des Arbeitnehmers generell unzulässig, wie aus dem Rechtsgedanken des § 622 Abs. 6 BGB deutlich erkennbar wird.[127] Infolgedessen muss das Recht zur ordentlichen Kündigung, wenn es vereinbart wird, für beide Seiten gelten. Ist dies nicht der Fall, ist die vereinbarte ordentliche Kündigungsmöglichkeit entweder unwirksam oder, sofern dies die Auslegung der Vertragsklausel zulässt, umzudeuten in eine beiderseitige Kündigungsmöglichkeit.[128] Kündigt dann der Arbeitgeber zulässigerweise das befristete Arbeitsverhältnis ordentlich, ist er dann jedoch an die **allgemeinen Kündigungsschutzregeln**, die zugunsten des Arbeitnehmers gelten, gebunden. Eine ordentliche Kündigung des Arbeitgebers muss infolgedessen insbesondere die Anforderungen des KSchG erfüllen, gleichermaßen müssen die Voraussetzungen des besonderen Kündigungsschutzes beachtet werden.[129]

---

123 KR/Lipke/Bader, § 15 TzBfG Rn 22; Mestwerdt in: HK-KSchG, § 15 TzBfG Rn 19; Arnold/Gräfl/Arnold § 15 Rn 49; MünchKommBGB/Hesse, § 15 TzBfG Rn 29.
124 So aber KSchR/Däubler § 15 TzBfG Rn 14; Boewer, § 15 Rn 44.
125 Dörner, Arbeitsvertrag Rn 918.
126 Vgl. hierzu Staudinger/Preis § 620 BGB Rn 179.
127 KR/Lipke/Bader, § 15 TzBfG Rn 20a; KSchR/Däubler § 15 TzBfG Rn 13.
128 Dörner, Arbeitsvertrag Rn 920.
129 Mestwerdt in: HK-KSchG, § 15 TzBfG Rn 14; Meinel/Heyn/Herms, § 15 TzBfG Rn 29; HWK/Schmalenberg § 15 TzBfG Rn 13.

Joussen

V. Kündbarkeit bei Verträgen mit einer Befristung über fünf Jahre bzw auf Lebenszeit, § 15 Abs. 4 TzBfG

61 Für besonders langfristig befristete Arbeitsverhältnisse sieht § 15 Abs. 4 TzBfG eine eigenständige Kündigungsregelung vor: Anders als bei kürzeren Befristungszeiten, in denen nach § 15 Abs. 3 TzBfG eine ordentliche Kündbarkeit vereinbart werden muss, wenn sie möglich sein soll, ist eine ordentliche Kündigung bei Verträgen mit einer Laufzeit von über fünf Jahren bzw bei solchen, die auf Lebenszeit einer Person befristet sind, immer möglich. Eine **eigenständige Vereinbarung ist nicht erforderlich**. Es gilt dann lediglich eine **besondere Kündigungsfrist**, nämlich nach § 15 Abs. 4 Satz 2 TzBfG eine Kündigungsfrist von sechs Monaten. Inhaltlich übernimmt die Bestimmung diejenige des § 624 BGB, der infolgedessen, seit Inkrafttreten des TzBfG, allein noch auf Dienstverträge anzuwenden ist; für befristete Arbeitsverhältnisse geht somit § 15 Abs. 4 TzBfG als *lex specialis* vor. Gerade durch § 15 Abs. 4 TzBfG und die Übernahme der Regelung des § 624 BGB hat der Gesetzgeber noch einmal deutlich werden lassen, dass allein die lebenslange Bindung zweier Vertragsparteien, auch im Bereich des Arbeitsrecht, nicht bereits als solche eine sittenwidrige Knebelung darstellt, sondern prinzipiell möglich ist. So weit reicht die Vertragfreiheit des Einzelnen.[130]

62 Wie die allgemeine bürgerlichrechtliche Norm des § 624 BGB soll auch die spezialgesetzliche Bestimmung primär dem **Schutz des Arbeitnehmers** dienen: Dieser soll vor einer übermäßigen Einschränkung seiner persönlichen (Vertrags-)Freiheit geschützt werden: Zwar ermöglicht diese es, sich auch sehr langfristig, sogar auf Lebenszeit zu binden, doch darf diese lange Bindung nicht zu einer unauflöslichen Bindung werden; vielmehr muss es jeder Vertragspartei noch möglich sein, sich auch aus derart langfristigen Bindungen zu lösen.[131] § 15 Abs. 4 TzBfG enthält somit ein **besonderes Kündigungsrecht des Arbeitnehmers**, welches einseitig zwingend wirkt: Die Regelung ist insofern nicht zuungunsten des Arbeitnehmers abdingbar (vgl auch § 22 TzBfG). Das Kündigungsrecht steht allein dem Arbeitnehmer, nicht hingegen dem Arbeitgeber zu. Dieser ist daher, da eine sittenwidrige Knebelung des Arbeitgebers mit einer möglichen Verweisung auf § 138 BGB regelmäßig nicht gegeben sein wird, auch bei derart langfristigen (befristeten) Arbeitsverträgen auf die **allgemeinen** Beendigungstatbestände verwiesen, insbesondere auf die **außerordentliche Kündigung** nach § 626 BGB, aber auch auf den **Fortfall jeglicher Beschäftigungsmöglichkeit**, hier kann ausnahmsweise eine Sittenwidrigkeit nach § 138 BGB vorliegen, so dass der Arbeitgeber das Arbeitsverhältnis, unter Wahrung einer Auslauffrist, entsprechend beenden kann.[132]

63 Die Grundsätze, die die Rechtsprechung zur außerordentlichen Kündigung eines tariflich unkündbaren Arbeitnehmers entwickelt hat,[133] sind auf die hier in § 15 Abs. 4 TzBfG angesprochenen Situationen indes nicht ohne weiteres übertragbar. Dies liegt daran, dass der Arbeitgeber sich an einer individualvertraglich ausgehandelten Vereinbarung sehr viel eher wird festhalten müssen als an einer übergreifenden Tarifregelung, die unterschiedslos für alle Arbeitsverhältnisse der entsprechenden Branche gilt. Weil der Arbeitgeber sich freiwillig so langfris-

---

130 BAG 25. März 2004–2 AZR 153/03 – AP Nr. 60 zu § 138 BGB.
131 BAG 24. Oktober 1996–2 AZR 845/96 – AP Nr. 37 zu § 256 ZPO.
132 BAG 25. März 2004–2 AZR 153/03 – AP Nr. 60 zu § 138 BGB.
133 Dazu von Koppenfels, passim.

tig gebunden hat, kann er sich **nur in besonderen Ausnahmesituationen von dieser Bindung lösen**, etwa dann, wenn Umstände eintreten, die das vom Arbeitgeber einzelvertraglich übernommene Risiko nicht mehr decken und daher letzten Endes zu einem „**Wegfall der Geschäftsgrundlage**" führten.[134]

1. Voraussetzungen

Nach § 15 Abs. 4 TzBfG können Arbeitsverträge, die auf Lebenszeit einer Person oder für längere Zeit als fünf Jahre eingegangen sind, vom Arbeitnehmer mit einer **Frist von sechs Monaten** gekündigt werden. Voraussetzung ist also nach der ersten Tatbestandsvariante, dass das Arbeitsverhältnis „auf Lebenszeit einer Person" eingegangen ist. Die offene gesetzliche Formulierung „einer Person" lässt erkennen, dass hier keine Festlegung erfolgen sollte: Es kann sich also um die Lebenszeit des Arbeitgebers, des Arbeitnehmers oder auch einer dritten Person, etwa einer zu betreuenden Angehörigen des Arbeitgebers, handeln.[135] Rechtstechnisch handelt es sich hierbei um eine **Zweckbefristung**; sie bedarf auf Grund der Bestimmung des § 14 Abs. 4 TzBfG der **Schriftform**.

Derartige Konstellationen mit einer lebenslangen Bindung sind in der Realität nicht nur höchst selten; insofern sie daher als Ausnahmesituation anzusehen sind, muss eine derartige lange Befristung eindeutig aus den Vereinbarungen erkennbar sein oder sich doch zumindest unzweideutig aus den Umständen ergeben.[136] Nicht ausreichend ist insofern vor allem die Formulierung, es werde ein Ruhegehalt für den Fall der Dienstunfähigkeit gewährt.[137] Denn im Zweifel entspricht es nicht dem Willen der Parteien, eine derart lange, nämlich lebenslange Bindung einzugehen und das Recht der ordentlichen Kündigung auszuschließen.[138] Insbesondere darf sie nicht mit der allgemeinen Zusage einer „**Lebensstellung**" verwechselt werden, die häufig allein zum Inhalt hat, dass das ordentliche Kündigungsrecht des Arbeitgebers ausgeschlossen sein oder dass die Kündigungsfrist verlängert werden soll oder dass an die Kündigungsgründe höhere Anforderungen zu stellen sein sollen.[139] Im Zweifel wird jedoch davon auszugehen sein, dass keine Bindung auf Lebenszeit vereinbart ist, sondern allein eine – dann allerdings im Einzelnen auszulegende – vertragliche Vereinbarung über eine Lebens- bzw Dauerstellung. Denn eine **Bindung auf Lebenszeit ist so ungewöhnlich, dass sie eindeutig verabredet sein muss**, etwa durch Formulierungen wie „Das Arbeitsverhältnis ist auf Lebenszeit des Arbeitgebers geschlossen, es ist nicht ordentlich kündbar".

Nach der zweiten Tatbestandsvariante ist die ordentliche Kündbarkeit auch dann gegeben, wenn das Arbeitsverhältnis „**für längere Zeit als fünf Jahre eingegangen ist**". Diese Art der Befristung ist also der Befristung auf Lebenszeit gleichgestellt. Anders als bei der Lebenszeitbefristung geht es hier jedoch nicht ledig-

---

[134] S. auch Bayreuther in: Rolfs/Giesen BeckOK § 15 TzBfG Rn 18.
[135] So auch schon die Gesetzesbegründung, BT-Drucks. 14/4373 S. 20; Ascheid/Preis/Schmidt-Backhaus, § 15 TzBfG Rn 32.
[136] Erman/Belling § 624 BGB Rn 3; KSchR/Zwanziger § 624 BGB Rn 9.
[137] Erman/Belling § 624 BGB Rn 3.
[138] So auch LAG Düsseldorf 9. Mai 1968–2 Sa 93/68 – AR-Blattei ES 1080 Nr. 3.
[139] Maschmann in: Annuß/Thüsing, § 15 Rn 13 mit Nachweisen aus der älteren Rechtsprechung; s. auch MünchKommBGB/Schwedtner § 624 BGB Rn 9.

lich um eine bestimmte Form der Befristung, sondern sowohl um **Zeitbefristungen als auch**, in gleichem Maße, um Arbeitsverhältnisse, die **zweckbefristet** sind, sofern die Zweckerreichung erst nach mehr als fünf Jahren eintritt. Auflösend bedingte Arbeitsverträge sind hingegen nicht erfasst; hier steht schon § 21 TzBfG entgegen, der nicht auf § 15 Abs. 4 TzBfG verweist.[140] Dabei ist zur Bestimmung der Laufzeit nicht auf den Zeitpunkt des Vertragsschlusses, sondern auf die vorgesehene Dauer des Arbeitsverhältnisses abzustellen; die 5-Jahres-Frist wird dabei zudem nicht ab Abschluss, sondern **ab Vollzug des Arbeitsverhältnisses** gerechnet, das heißt beginnend mit seiner Aktualisierung.

67 **Besonderheiten** ergeben sich, wenn **mehrere Befristungen** erfolgen. So greift die Regelung des § 15 Abs. 4 TzBfG wie gesagt nur dann, wenn von Anfang an ein längerer Zeitraum als fünf Jahre beabsichtigt ist. Sie greift infolgedessen umgekehrt dann nicht, wenn der Vertrag nur deshalb länger fortdauert, weil der beabsichtigte Zweck nicht innerhalb von fünf Jahren erreicht wurde. Sie greift zudem auch dann nicht, wenn ein Arbeitnehmer für lediglich vier Jahre angestellt wird, im Anschluss daran aber wiederum eine weitere auf drei Jahre befristete Beschäftigung erfolgt. Beide Arbeitsverhältnisse für sich gesehen unterfallen nämlich dann nicht der Voraussetzung des § 15 Abs. 4 TzBfG. Dies gilt sogar dann, wenn ein auf fünf Jahre eingegangenes Arbeitsverhältnis (das eben nicht „länger als fünf Jahre" dauern soll) nach dem Ablauf der fünf Jahre verlängert wird; dies sogar dann, das heißt § 15 Abs. 4 TzBfG greift mit seiner Möglichkeit zur ordentlichen Kündigung dann nicht ein, wenn ein Arbeitsvertrag zunächst für die Dauer von fünf Jahren geschlossen wird und sich dieser Vertrag mangels Aufkündigung um weitere fünf Jahre verlängert.[141]

68 Etwas anderes kann sich nur dann ergeben, wenn möglicherweise eine **Umgehung** des § 15 Abs. 4 TzBfG in Rede steht: Dies kann etwa der Fall sein, wenn das auf fünf Jahre eingegangene Arbeitsverhältnis schon frühzeitig vor Ablauf der Vertragszeit um weitere fünf Jahre verlängert wird, wenn etwa bei einer Einstellung für fünf Jahre erfolgt, dann aber bereits nach zwei Jahren eine Verlängerung von vier Jahren verabredet wird. Denn hier wird man davon ausgehen können – sofern nicht andere Umstände etwas anderes ergeben –, dass der Arbeitgeber den Arbeitnehmer von vornherein für eine längere Zeit als fünf Jahre binden wollte, so dass eine Umgehung des § 15 Abs. 4 TzBfG denkbar erscheint. Das heißt bei einer so frühzeitigen Verlängerung ist von einem Vertrag über mehr als fünf Jahre auszugehen, so dass der Arbeitnehmer auch eine entsprechende Kündigungsmöglichkeit nach § 15 Abs. 4 TzBfG hat. **Maßgebliches Entscheidungskriterium** für die Frage, ob hier eine Umgehung vorliegt, wird sein, ob der Arbeitnehmer in der betreffenden Situation die Umstände zu übersehen vermag, die für die erneute Bindung bedeutsam sein können, so dass er in der Lage ist, einen Entschluss über die Fortsetzung bzw Kündigung des Arbeitsverhältnisses zu treffen.[142] In diesem Zusammenhang wird man regelmäßig davon ausgehen können, dass eine Verlängerung innerhalb des letzten Jahres der Laufzeit des befristeten Arbeitsverhältnis-

---

140 Wie hier Dörner Arbeitsverträge Rn 926; Boewer, § 15 Rn 53; aA hingegen ErfKomm/Müller-Glöge § 15 TzBfG Rn 24.
141 BAG 19. Dezember 1991–2 AZR 363/91 – NZA 1992, 543.
142 Arnold/Gräfl/Arnold § 15 Rn 59; MünchKommBGB/Hesse, § 15 TzBfG Rn 38.

ses demzufolge keine Umgehung darstellen wird. Denn dann kann ein Arbeitnehmer in der Regel die Folgen seines Tuns ausreichend abschätzen.[143]

2. Rechtsfolge

Kommt § 15 Abs. 4 TzBfG zur Anwendung, liegt also ein Lebenszeitarbeitsverhältnis oder ein auf über fünf Jahre befristetes Arbeitsverhältnis in dem zuvor dargestellten Sinne vor, hat der Arbeitnehmer ein Recht, das Arbeitsverhältnis ordentlich zu kündigen. § 15 Abs. 4 TzBfG enthält somit ein **besonderes Kündigungsrecht**,[144] das in Satz 2 der Vorschrift um eine dazugehörige Kündigungsfrist, nämlich sechs Monate, ergänzt bzw näher konkretisiert ist. Spricht der Arbeitnehmer seine Kündigung auf der Basis dieser Vorschrift aus, ist er an die allgemeinen Vorschriften gebunden; insbesondere muss er infolgedessen das **Schriftformerfordernis** des § 623 BGB beachten.   69

Eine erstmalige Kündigungsmöglichkeit besteht bei derartigen besonderen Arbeitsverhältnissen **erstmals nach Ablauf der ersten fünf Jahre**; sind diese jedoch einmal abgelaufen, ist die Kündigung jederzeit – unter Berücksichtigung der sechsmonatigen Frist – möglich, § 622 BGB kommt insofern nicht zur Anwendung; insbesondere kann die Kündigung dann ohne Rücksicht auf den 15. oder das Monatsende ausgesprochen werden, also zu jedem Termin.[145] Aufgrund der Voraussetzung, dass jedenfalls die fünf Jahre abgelaufen sein müssen, damit § 15 Abs. 4 TzBfG eingreifen kann, dauert ein derartiges längerfristiges Arbeitsverhältnis jedenfalls mindestens fünf Jahre zuzüglich der sechs Monate der Auslauffrist. Beginnt also das auf sieben Jahre befristete Arbeitsverhältnis am 1. Juni 2005, kann der Arbeitnehmer erstmals am 2. Juni 2012 kündigen, und dies zum 2. Dezember 2012. Wird von einem Arbeitnehmer – der Arbeitgeber kann ja seinerseits nicht nach § 15 Abs. 4 TzBfG kündigen[146] – vor Ablauf der fünf Jahre gekündigt, kann seine Kündigung in eine solche zum frühest möglichen Zeitpunkt umgedeutet werden, also in eine Kündigung zum Ablauf der fünf Jahre zuzüglich der sechs Monate.[147]   70

Die Vorschrift des § 15 Abs. 4 TzBfG ist **einseitig zwingend**. Aus dieser Unabdingbarkeit, der zufolge sie nicht zulasten des Arbeitnehmers abbedungen werden kann, folgt, dass auch die Kündigungsfrist des § 15 Abs. 4 Satz 2 TzBfG nicht verlängert werden kann; dies folgt unmittelbar aus **§ 22 TzBfG**. Denn eine derartige Verlängerung würde den Arbeitnehmer länger als gesetzlich vorgesehen an den Vertrag binden und somit seine Lösemöglichkeit erschweren. Umgekehrt kann jedoch konsequenterweise eine Verkürzung zwischen den Parteien vereinbart werden, denn eine solche kollidiert mit dem angesprochenen Schutzzweck der Norm gerade nicht.[148] Eine **Verwirkung des Kündigungsrechts** ist angesichts des Umstandes, dass es nicht an eine zeitliche Vorgabe geknüpft ist, kaum vor-   71

---

143 Mit dieser Frist auch BAG 19. Dezember 1991–2 AZR 363/91 – NZA 1992, 543.
144 Das BAG spricht insofern von einem „Sonderkündigungsrecht", BAG 25. März 2004–2 AZR 153/03 – AP Nr. 60 zu § 138 BGB.
145 BAG 24. Oktober 1996–2 AZR 845/96 – AP Nr. 37 zu § 256 ZPO; Kliemt NZA 2001, 302.
146 Vgl. oben § 15 Rn 62.
147 So auch KSchR/Zwanziger § 624 BGB Rn 6; Ascheid/Preis/Schmidt-Backhaus, § 624 BGB Rn 21; KR/Fischermeier § 624 BGB Rn 27.
148 Meinel/Heyn/Helms § 15 Rn 40.

stellbar; man wird sie allenfalls auf der Basis des § 242 BGB dann annehmen können, wenn der Arbeitnehmer eine Kündigung zwar ankündigt, sie aber über einen längeren Zeitraum nicht ausübt. Doch dürften solche Fallgestaltungen in der Praxis nicht vorkommen. Nicht verdrängt durch das Sonderkündigungsrecht des § 15 Abs. 4 TzBfG wird die Möglichkeit auch des Arbeitnehmers, bei Vorliegen eines wichtigen Grundes außerordentlich nach § 626 BGB zu kündigen. Dies gilt sowohl vor Ablauf der fünf Jahre als auch nachher. Spricht der Arbeitnehmer vor Ablauf der fünf Jahre eine außerordentliche Kündigung aus, sind die Anforderungen, die an das Vorliegen eines wichtigen Grundes zu stellen sind, nicht niedriger als sonst, nur weil die ordentliche Kündigung zu diesem Zeitpunkt noch ausgeschlossen ist.

VI. Fortsetzung des befristeten Arbeitsverhältnisses nach dem Befristungsende, § 15 Abs. 5 TzBfG

72 Die Bestimmung des § 15 Abs. 5 TzBfG enthält als **lex specialis für Arbeitsverträge** eine Regelung, die § 625 BGB allgemein für Dienstverträge enthält; beide Normen stimmen hinsichtlich der kalendermäßigen Befristung inhaltlich weitgehend überein, § 15 Abs. 5 TzBfG nimmt jedoch zusätzlich noch die zweckbefristeten Arbeitsverhältnisse hinzu: Somit gilt ein Arbeitsverhältnis kraft Gesetzes als auf unbestimmte Zeit geschlossen, wenn es nach Ablauf der Zeit, für die es eingegangen ist, oder nach Zweckerreichung mit Wissen des Arbeitgebers fortgesetzt wird, es sei denn, der Arbeitgeber widerspricht unverzüglich oder teilt dem Arbeitnehmer die Zweckerreichung unverzüglich mit. Rechtstechnisch enthält die Vorschrift somit eine **Fiktion**: Das Gesetz fingiert in den genannten Fällen das (Fort-)Bestehen eines unbefristeten Arbeitsverhältnisses, welches mit Ausnahme der zeitlichen Komponente dann zu den geltenden Bedingungen fortgesetzt wird. Beweggrund für diese Regelung ist das Bedürfnis nach **Rechtssicherheit** und **Rechtsklarheit**: Die Vorschrift soll, so die Begründung des Gesetzgebers, einem „praktischen Bedürfnis" Rechnung tragen, wenn das Vertragsverhältnis ohne klare Vereinbarung nach Fristablauf bzw Zweckerreichung fortgesetzt wird.[149]

73 Die im Gegensatz zu § 625 BGB[150] **nicht abdingbare Vorschrift des § 15 Abs. 5 TzBfG**[151] gilt hinsichtlich ihres Anwendungsbereichs ausschließlich für **befristete** und **auflösend bedingte Arbeitsverhältnisse**. Sie greift aber prinzipiell nur in den Fällen, in denen ein befristetes (oder auflösend bedingtes) Arbeitsverhältnis ohne Vereinbarung einer neuen Rechtsgrundlage fortgesetzt wird; denkbar ist dies auch dann, wenn ein befristetes Probearbeitsverhältnis über die Probezeit hinaus fortgesetzt wird. Auch hier entsteht somit unter den Voraussetzungen des § 15 Abs. 5 TzBfG ein unbefristetes Arbeitsverhältnis.[152] Aufgrund der vorrangigen *lex specialis* zu Berufsausbildungsverhältnissen in § 24 BBiG, wonach ein Arbeitsverhältnis als auf unbestimmte Zeit begründet gilt, wenn der Auszubil-

---

149 BT-Drucks. 14/4374 S. 21.
150 Vgl. nur KR/Fischermeier § 625 BGB Rn 112.
151 Vgl. § 22 TzBfG; einhellige Ansicht, s. nur MünchKommBGB/Hesse, § 15 TzBfG Rn 43; ErfKomm/Müller-Glöge § 15 TzBfG Rn 33; Hromadka BB 2001, 676; Nehls DB 2001, 2720.
152 BAG 11. August 1988–2 AZR 53/88 – AP Nr. 5 zu § 625 BGB.

dende im Anschluss an das Berufsausbildungsverhältnis weiter beschäftigt wird und die Parteien hierzu nicht ausdrücklich etwas anderes vereinbart haben, kommt § 15 Abs. 5 TzBfG für diese Arbeitsverhältnisse nicht zur Anwendung. Ebenfalls **nicht** zur Anwendung kommt sie, wenn der Arbeitnehmer **nach einem sonstigen Beendigungstatbestand** weiterhin für seinen Arbeitgeber tätig wird, also etwa nach einer Kündigung, einem Aufhebungsvertrag oder einer Anfechtung. Insofern ist der Wortlaut des § 15 Abs. 5 TzBfG eindeutig; in solchen Fällen kommt es stattdessen zu einer Anwendung des § 625 BGB.[153] Ebenfalls keine Anwendung findet § 15 Abs. 5 TzBfG, auch dies lässt sich schon dem Wortlaut der Vorschrift entnehmen, auf die Fortgeltung nur **befristeter einzelner Vertragsbedingungen:** Es genügt demzufolge nicht, dass lediglich einzelne Arbeitsbedingungen auslaufen.[154] Auch eine entsprechende Anwendung dieser Vorschrift auf die Befristung einzelner Vertragsbedingungen kommt nicht in Betracht.[155]

74

1. Fortsetzung des Arbeitsverhältnisses

Erste Voraussetzung für die Rechtsfolge der Fiktion des unbefristet fortgesetzten Arbeitsverhältnisses ist nach § 15 Abs. 5 TzBfG, dass das Arbeitsverhältnis nach seinem Ablauf fortgesetzt wird. Dies ist der Fall, wenn der Arbeitnehmer seine vertraglich geschuldeten Dienste auch nach dem eigentlichen Beendigungszeitpunkt (kalendermäßig bestimmt oder Zweckerreichung bzw Eintritt der auflösenden Bedingung) weiterhin erbringt. Gemeint ist damit die auch **nach Beendigungszeitpunkt stattfindende tatsächliche Erbringung der Arbeitsleistung**, die der Arbeitnehmer bewusst und gewollt als Erfüllung seiner ihm obliegenden vertraglichen Pflichten tätigt. Das bedeutet, dass es nicht genügt, dass der Arbeitnehmer lediglich die ihm zukommende Gegenleistung des Arbeitgebers, also die Vergütung, stillschweigend in Empfang nimmt, ohne seinerseits die Vertragspflichten zu erbringen. Fraglich ist, ob Gleiches gilt, wenn der Arbeitgeber den Arbeitnehmer von der Arbeit freistellt, etwa durch **Gewährung des Erholungsurlaubs:** Doch auch hierin liegt keine Fortsetzung des Arbeitsverhältnisses im Sinne von § 15 Abs. 5 TzBfG.[156] Die Gegenansicht, die eine Fortsetzung schon darin sieht, dass der Arbeitgeber den Arbeitnehmer am letzten Tag des Arbeitsverhältnisses „für eine Woche" in den Urlaub schickt und über das Vertragsende hinaus den Lohn entrichtet,[157] überzeugt demgegenüber nicht. Denn wenn die Norm darauf gerichtet ist, Rechtssicherheit zu bewirken,[158] dann muss verlangt werden, dass **nicht jede Verhaltensweise, die mit einem Arbeitsverhältnis zu tun hat,** als „Fortsetzung" gelten kann, **sondern nur solche, die bewusst und gewollt**

75

---

[153] Einhellige Auffassung, s. etwa BAG 3. September 2003–7 AZR 106/03 – AP Nr. 4 zu § 14 TzBfG; KSchR/Däubler § 15 Rn 33; Meinel/Heyn/Herms, § 15 Rn 43.
[154] BAG 3. September 2003–7 AZR 106/03 – AP Nr. 4 zu § 14 TzBfG; BAG 14. Januar 2004–7 AZR 213/03 – AP Nr. 10 zu § 14 TzBfG.
[155] Arnold/Gräfl/Arnold § 15 Rn 66.
[156] BAG 2. Dezember 1998–7 AZR 508/97 – NZA 1999, 482; BAG 20. Februar 2002–7 AZR 662/00 – ZTR 2002, 439; Dörner Arbeitsverträge Rn 932; ErfKomm/Müller-Glöge § 15 TzBfG Rn 35; Boewer, § 15 Rn 70; Bayreuther in: Rolfs/Giesen, BeckOK § 15 TzBfG Rn 21; Meinel/Heyn/Herms, § 15 Rn 44.
[157] So etwa Ascheid/Preis/Schmidt-Backhaus, § 15 TzBfG Rn 62; KR/Fischermeier § 625 BGB Rn 25; Maschmann in: Annuß/Thüsing, § 15 Rn 18.
[158] Vgl. oben § 15 Rn 72.

die Erfüllung der eigentlichen Leistungspflicht darstellt. Darüber hinaus spricht gegen die zuletzt genannte Ansicht, dass § 15 Abs. 5 TzBfG ausweislich seines Wortlauts eine Fortsetzung gerade „mit Wissen des Arbeitgebers" verlangt (dazu sogleich noch). Dieses Tatbestandsmerkmal kann jedoch, legt man die Norm systematisch aus, nur dann Sinn machen, wenn die Fortsetzung selbst durch eine andere Person als den Arbeitgeber erfolgt.[159]

2. Mit Wissen des Arbeitgebers

76 Des Weiteren verlangt § 15 Abs. 5 TzBfG, dass nicht nur der Arbeitnehmer seine Tätigkeit fortsetzt, sondern diese Fortsetzung zudem auch „**mit Wissen des Arbeitgebers**" erfolgt. Das Arbeitsverhältnis wird somit nur dann als unbefristetes fingiert, wenn die Fortsetzung, das heißt die Erbringung der Arbeitsleistung durch den Arbeitnehmer, dem Arbeitgeber positiv bekannt ist; nicht ausreichend ist demgegenüber, dass der Arbeitgeber die Erbringung hätte kennen müssen. Infolgedessen genügt insbesondere auch nicht, dass lediglich Umstände vorliegen, aus denen der Arbeitgeber hätte schließen können bzw müssen, dass der Arbeitnehmer die Arbeitsleistung noch erbringt.[160]

77 Das Wissen des Arbeitgebers meint jedoch nicht allein seine persönliche positive Kenntnis. Vielmehr wird ihm auch das Wissen derjenigen Mitarbeiter zugerechnet, die berechtigt sind, für den Arbeitgeber bzw für das Unternehmen einen Arbeitsvertrag abzuschließen, die, allgemeiner gesprochen, zur Vertretung des Arbeitgebers befugt sind – hier kommt der **Rechtsgedanke des § 166 BGB** entsprechend zur Anwendung. Nicht ausreichend ist demgegenüber die Kenntnis bloß von Kollegen oder eines Fachvorgesetzten des Arbeitnehmers darüber, dass dieser seine Arbeit noch weiterhin erbringt.[161] Entscheidend für die Zurechnung zulasten des Arbeitgebers ist in diesem Zusammenhang die angesprochene personalrechtliche Vertretungsbefugnis. Diese kommt bei juristischen Personen den vertretungsberechtigten Organmitgliedern ebenso zu wie den sonstigen Vertretern, die personalrechtliche Befugnisse haben. Umgekehrt hat diese Befugnis, die zur Zurechnung führt, beispielsweise ein Schulleiter nicht, daher ist seine Kenntnis dem Arbeitgeber ebenso wenig zuzurechnen wie die Kenntnis eines Institutsleiters an einer Hochschule, da beide nicht zum Abschluss des Arbeitsvertrages berechtigt sind.[162] Während für die Kenntnis selbst nicht bloß Umstände genügen, aus denen das weitere Tätigwerden erkennbar wird,[163] kommen für die Zurechnung der Kenntnis die **Grundsätze der Duldungs- und Anscheinsvollmacht** sehr wohl zur Anrechnung, denn insoweit handelt es sich bei § 15 Abs. 5 TzBfG (wie auch bei § 625 BGB) um die Fiktion eines schlüssigen Verhaltens.[164]

---

159 So auch Meinel/Heyn/Herms, § 15 Rn 44 mit Verweis auf BAG 2. Dezember 1998–7 AZR 508/97 – NZA 1999, 482.
160 So auch BAG 18. September 1991–7 AZR 364/90 – Kurztext bei iuris, ansonsten n.v.
161 BAG 24. Oktober 2001–7 AZR 620/00 – AP Nr. 9 zu § 57c HRG; BAG 20. Februar 2002–7 AZR 662/02 – ZTR 2002, 439; Worzalla/Will/Mailänder/Worch-Heise § 15 TzBfG Rn 20.
162 BAG 20. Februar 2002–7 AZR 662/02 – ZTR 2002, 439.
163 Vgl. oben § 15 Rn 75.
164 S. auch BAG 13. August 1987–2 AZR 122/87 – Orientierungssatz juris, ansonsten n.v.

Nicht einhellig geklärt ist die Frage, welchen **Umfang** die Kenntnis des Arbeit- 78
gebers haben muss. Grundsätzlich muss sie sich zunächst auf die **tatsächliche Arbeitsleistung** des Arbeitgebers beziehen, dies ist noch unstreitig. Der Arbeitgeber (oder die entsprechende Zurechnungsperson) muss also wissen, dass der Arbeitnehmer tatsächlich weiter arbeitet; an einem solchen Wissen fehlt es etwa dann, wenn der Arbeitnehmer im Außendienst weiter arbeitet, ohne dass dies dem im Innendienst befindlichen Arbeitgeber bekannt ist.[165] Ob demgegenüber zusätzlich zu verlangen ist, dass der Arbeitgeber resp. sein Vertreter auch noch Kenntnis vom **Ablauf der Vertragslaufzeit** haben, ist hingegen umstritten, im Ergebnis jedoch zu verneinen. Zum Teil wird eine derartig weite Kenntnis mit dem Argument verlangt, in dieser Situation sei zumindest ein potenzielles Erklärungsbewusstsein des Arbeitgebers erforderlich, denn letztlich handele es sich hier um eine Vertragsverlängerung.[166] Doch wird eine solch **extensive Auslegung** der Vorschrift schon vom Wortlaut nicht gestützt: Denn die Formulierung „Fortsetzung mit Wissen des Arbeitgebers" bezieht sich grammatikalisch allein auf die Tätigkeit als solche, nicht hingegen auf das Wissen um das Ende der Vertragslaufzeit. Hinzu kommt, dass § 15 Abs. 5 TzBfG in systematischer Hinsicht wesentlich auf die Perspektive des Arbeitnehmers abstellt, das heißt darauf, ob dieser angesichts des Verhaltens des Arbeitgebers davon ausgehen durfte, er wolle ihn weiterbeschäftigen; eine solche Perspektive kann sich jedoch allein auf das Wissen um die fortgesetzte Tätigkeit selbst stützen. Schließlich spricht ein weiteres systematisches Argument für ein **engeres Verständnis**: Das Wissen um das Ende des Arbeitsverhältnisses und um die weitere Tätigkeit sind auf zwei unterschiedlichen Ebenen angesiedelt. Die extensive Auslegung, die beide auf einer Ebene zusammenführt und verlangt, dass der Arbeitgeber auch wissen muss, dass der Vertrag beendet ist, würde dazu führen, dass der Anwendungsbereich des § 15 Abs. 5 TzBfG letztlich nie eröffnet wäre: Denn in diesen Fällen läge stets eine zumindest stillschweigende Vertragsverlängerung vor, nicht anders könnte ein solches „Weiterarbeitenlassen" bei Kenntnis von der eigentlichen Vertragsbeendigung verstanden werden. Eine Fiktion, wie sie § 15 Abs. 5 TzBfG vorsieht, wäre dann überflüssig. Eine derart weite **Aushöhlung der Schutzvorschrift** scheint unangemessen und daher unzutreffend.[167]

Darlegen und beweisen muss den Umstand, dass die Tätigkeit des Arbeitnehmers 79
mit Wissen des Arbeitgebers erfolgt ist, nach den allgemeinen Beweislastregelungen derjenige, der sich auf diese ihm günstige Tatsache beruft. Da der Arbeitnehmer regelmäßig von der Fiktion begünstigt ist, die sich als Folge des § 15 Abs. 5 TzBfG ergibt, liegt die Darlegungs- und Beweislast für diesen Umstand somit bei ihm.[168]

---

165 Vgl. die Entscheidung des LAG Hessen 15. Oktober 1971–5 Sa 173/71 – ARST 1973, 37.
166 So etwa BAG 13. August 1987–2 AZR 122/87 – Orientierungssatz juris, ansonsten n.v.; BAG 30. November 1984–7 AZR 539/83 – AP Nr. 1 zu § 22 MTV Ausbildung; MünchKommBGB/Schwerdtner § 625 BGB Rn 9; ErfKomm/Müller-Glöge § 15 TzBfG Rn 34; Arnold/Gräfl/Arndold § 15 Rn 73; Dörner, Arbeitsvertrag Rn 933; Boewer, § 15 Rn 83.
167 Wie hier auch LAG Düsseldorf 26. September 2002–5 Sa 748/92 – NZA-RR 2003, 175; Meinel/Heyn/Herms, § 15 Rn 46; KSchR/Däubler § 625 BGB Rn 17; Worzalla/Will § 15 TzBfG Rn 21; KR/Fischermeier § 625 BGB Rn 30; Maschmann in: Annuß/Thüsing, § 15 Rn 20; Bayreuther in: Rolfs/Giesen BeckOK § 15 TzBfG Rn 22; Ascheid/Preis/Schmidt-Backhaus, § 15 TzBfG Rn 24; Staudinger/Preis § 625 BGB Rn 21; Rolfs § 15 Rn 31; Kramer NZA 1993, 1116.
168 Vgl. auch BAG 25. Oktober 2000–7 AZR 537/99 – AP Nr. 7 zu § 1 BeschFG 1996.

3. Fehlender Widerspruch des Arbeitgebers bei kalendermäßiger Befristung

80 Die Fiktion eines unbefristeten Arbeitsverhältnisses verlangt jedoch über die beiden genannten Voraussetzungen hinaus – Fortsetzung der Tätigkeit, mit Wissen des Arbeitgebers – zusätzlich, dass sich der Arbeitgeber, im weitesten Sinne gesprochen, passiv verhält, und zwar abhängig davon, um welche Form der Befristung es sich handelt: Bei einer kalendermäßigen Befristung tritt die Fiktion nur dann ein, wenn der Arbeitgeber der Fortsetzung des bislang befristeten Arbeitsverhältnisses nicht unverzüglich widerspricht;[169] bei einer **Zweckbefristung** bzw bei einer auflösenden Bedingung kommt die Fiktion zur Geltung, wenn der Arbeitgeber dem Arbeitnehmer die Zweckerreichung oder den Eintritt der auflösenden Bedingung nicht unverzüglich mitteilt.[170]

81 Für den Fall, dass es sich bei der Befristung um eine **kalendermäßige** handelt, kann der Arbeitgeber entsprechend dem zuvor Gesagten die Fiktion, das heißt das Entstehen eines unbefristeten Arbeitsverhältnisses, nur dadurch verhindern, dass er der Fortsetzung der Tätigkeit und damit des Arbeitsverhältnisses unverzüglich widerspricht. Rechtstechnisch handelt es sich bei dem **Widerspruch** um eine einseitige, empfangsbedürftige Willenserklärung, die ausdrücklich oder auch konkludent erfolgen kann – der Widerspruch ist nämlich insbesondere nicht an eine Form gebunden, sondern kann formlos (aus Beweiszwecken ist allerdings die schriftliche Erklärung sehr ratsam!) und darüber hinaus auch konkludent erklärt werden; hier zeigt sich wieder die Nähe zu § 625 BGB und der zu dieser Vorschrift vertretenen Ansicht.[171] Eine konkludente Widerspruchserklärung kann etwa in dem Umstand gesehen werden, dass der Arbeitgeber erklärt, er sei nur bereit, den Arbeitnehmer kurzzeitig weiterzubeschäftigen oder auch darin, dass der Arbeitgeber dem Arbeitnehmer die Arbeitspapiere aushändigt.[172] Ein **konkludenter Widerspruch** liegt auch vor, wenn während des Laufes des Arbeitsverhältnisses ein Rechtsstreit über die angeblich rechtswidrige Befristung geführt und das Arbeitsverhältnis über das Fristende hinaus fortgesetzt wird: Dann liegt nämlich in dem vom Arbeitgeber im Entfristungsprozess gestellten Klageabweisungsantrag zugleich auch ein Widerspruch gegen die Fortsetzung des Arbeitsverhältnisses im Sinne von § 15 Abs. 5 TzBfG.[173] Insofern in dem Angebot auf eine befristete Weiterbeschäftigung konkludent ein Widerspruch im Sinne von § 15 Abs. 5 TzBfG zu sehen ist, liegt darin zugleich auch ein Angebot auf den Abschluss eines neuen Arbeitsverhältnisses: Hier kann der Arbeitnehmer entweder zustimmen: Dann kommt ein neues befristetes Arbeitsverhältnis zustande, das dann aber wieder hinsichtlich der Befristung formbedürftig ist; fehlt es dann an der Schriftlichkeit, kommt es zu einem unbefristeten Arbeitsverhältnis. Lehnt hingegen der Arbeitnehmer das Angebot des Arbeitgebers ab, bleibt es bei dem Widerspruch des Arbeitgebers, das Arbeitsverhältnis endet daher in diesem Fall.

---

169 Dazu sogleich § 15 Rn 81.
170 § 15 Rn 84.
171 S. etwa BAG 26. Juli 2000–7 AZR 51/99 – AP Nr. 4 zu § 1 BeschFG 1996; BAG 23. Januar 2002–7 AZR 611/00 – AP Nr. 230 zu § 620 BGB Befristeter Arbeitsvertrag; ErfKomm/Müller-Glöge § 15 TzBfG Rn 42; Richardi/Annuß NJW 2000, 1231.
172 So in der Entscheidung BAG 26. Juli 2000–7 AZR 51/99 – AP Nr. 4 zu § 1 BeschFG 1996.
173 So LAG Köln 10. März 1995–13 Sa 842/94 – NZA-RR 1996, 202.

Der Widerspruch ist, nach nahezu einhelliger Auffassung in der **Rechtsprechung** 82
und Literatur und entgegen dem insofern engeren Wortlaut, in **zeitlicher Hinsicht** nicht daran gebunden, dass das Arbeitsverhältnis bereits beendet, die kalendermäßige Befristung also schon erfüllt ist. Vielmehr kann der Widerspruch auch schon – kurz – vor Ablauf der Befristung erfolgen. Dem ist zuzustimmen; der Schutz des Arbeitnehmers, der sich auf das definitive Ende soll einstellen können, verlangt hier nichts anderes; und dem Arbeitgeber ist insofern nicht ein unnötiges Abwarten auf das Ende aufzuladen.[174] Inhaltlich muss der Widerspruch aber jedenfalls unmissverständlich deutlich werden lassen, dass der Arbeitgeber der Ansicht ist, das befristete Arbeitsverhältnis sei beendet und er sei nicht bereit, weiterhin die Arbeitsleistung des Arbeitnehmers, die dieser ja ausübt, entgegenzunehmen.

Der Widerspruch muss allerdings, auch dies ein zeitliches Erfordernis, „**unverzüglich**" erfolgen: Der Arbeitgeber muss also unverzüglich, und das bedeutet nach § 121 BGB ohne schuldhaftes Zögern, widersprechen, um die Rechtsfolgen des § 15 Abs. 5 TzBfG zu verhindern. Diesbezüglich besteht Streit darüber, ab wann dieses „unverzüglich" gilt, wann also diese kurze Widerspruchsfrist beginnt. Hier wird man davon ausgehen müssen, dass es genügt, dass der Arbeitgeber allein Kenntnis von dem Umstand erlangt hat, dass der Arbeitnehmer weiter arbeitet, seine Tätigkeit also fortsetzt, eine weitergehende Kenntnis ist demgegenüber nicht geboten.[175] Unverzüglich als „ohne schuldhaftes Zögern" ist inhaltlich eine reine Einzelfallentscheidung. **In der Regel** findet sich die Aussage, dass ein Widerspruch innerhalb von **einer Woche** jedenfalls noch unverzüglich sei: Der Arbeitgeber hat also nach dieser weit verbreiteten Ansicht, sobald er Kenntnis von der Weiterarbeit des Arbeitnehmers erlangt hat, noch eine Woche Zeit, seinen Widerspruch zu erklären.[176] Ist hingegen eine Wartezeit von länger als einer Woche gegeben, ist regelmäßig von einem Widerspruch auszugehen, der nicht mehr unverzüglich im Sinne des § 15 Abs. 5 TzBfG ist. Will der Arbeitgeber sicher gehen, ist ihm jedenfalls zu raten, die Wochenfrist nicht auszuschöpfen: Denn gerade im allgemeinen Zivilrecht wird regelmäßig ein Abwarten von einer Woche nicht mehr als unverzüglich angesehen. Und stets gilt, dass allein maßgeblich die Umstände des Einzelfalls sind. Insbesondere die Rechtsprechung hatte bislang ohnehin nur über sehr viel kürzere Zeiträume zu entscheiden, so etwa den Zeitraum von fünf Tagen bzw nur einem Tag.[177] Daher sollte der Arbeitgeber im Zweifel eher früher seinen Widerspruch einlegen, um die Rechtsfolge des § 15 Abs. 5 TzBfG zu verhindern. Die Darlegungs- und Beweislast für den Zugang des Widerspruchs und für seine Rechtzeitigkeit trägt der Arbeitgeber.[178] 83

---

[174] BAG 5. Mai 2004–7 AZR 629/03 – AP Nr. 27 zu § 1 BeschFG 1996; Meinel/Heyn/Herms, § 15 Rn 51; Holwe/Kossens § 15 Rn 37.
[175] So auch Ascheid/Preis/Schmidt-Backhaus, § 15 TzBfG Rn 24; KR/Fischermeier § 625 BGB Rn 36; Maschmann in: Annuß/Thüsing, § 15 Rn 22; vgl auch bereits oben zum Wissen des Arbeitgebers in § 15 Rn 76.
[176] S. etwa Holwe/Kossens § 15 Rn 37; kritisch zu dieser Einschätzung indes Arnold/Gräfl/Arnold § 15 Rn 77.
[177] BAG 1. Dezember 1960–3 AZR 588/58 – AP Nr. 1 zu § 625 BGB; BAG 13. August 1987–2 AZR 122/87 – Orientierungssatz bei juris, ansonsten n.v.
[178] Holwe/Kossens § 15 Rn 37.

4. Fehlende Mitteilung des Arbeitgebers bei Zweckbefristungen

84 Anders als § 625 BGB und über diesen in seinem Tatbestand hinausgehend enthält § 15 Abs. 5 TzBfG zusätzlich noch eine Reaktionspflicht des Arbeitgebers für den Fall, dass nicht eine kalendermäßige, sondern eine **Zweckbefristung** bzw eine **auflösende Bedingung** vorliegt und der Arbeitnehmer trotz Zweckerreichung bzw Eintritt der auflösenden Bedingung seine Tätigkeit fortsetzt. In diesem Fall kommt die nämliche Fiktion wie bei der kalendermäßigen Befristung zur Geltung, das heißt, es gilt das bislang befristete Arbeitsverhältnis nunmehr als unbefristetes, wenn der Arbeitgeber dem Arbeitnehmer die Zweckerreichung oder den Eintritt der auflösenden Bedingung nicht unverzüglich mitteilt, sofern das Arbeitsverhältnis fortgesetzt wird. Diese **Mitteilung** ist in einer Parallele zum fehlenden Widerspruch bei der kalendermäßigen Befristung zu sehen. Wie dort der Arbeitgeber zum unverzüglichen Widerspruch verpflichtet ist, wenn der Arbeitnehmer seine Tätigkeit nach Beendigung des Arbeitsverhältnisses fortsetzt, gilt beim zweckbefristeten Arbeitsverhältnis die Pflicht des Arbeitgebers, dem Arbeitnehmer mitzuteilen, dass der Zweck des Arbeitsverhältnisses erreicht sei. Und wie beim Widerspruch im Rahmen der kalendermäßigen Befristung gilt auch für die Mitteilung gemäß § 15 Abs. 5 TzBfG, dass diese „**unverzüglich**" zu erfolgen hat, und zwar unverzüglich, nachdem der Arbeitgeber erfahren hat, dass der Arbeitnehmer trotz Zweckerreichung seine Tätigkeit fortsetzt.

85 In diesem Zusammenhang sind die **beiden Mitteilungspflichten**, die den Arbeitgeber bezüglich der Zweckerreichung treffen, **deutlich voneinander zu trennen**, das heißt die beiden Vorschriften des § 15 Abs. 2 und Abs. 5 TzBfG betreffen zwei verschiedene Obliegenheiten des Arbeitgebers. Unabhängig von der **besonderen Mitteilungspflicht**, die nur in dem Fall besteht, dass der Arbeitnehmer die Tätigkeit trotz erreichter Frist fortsetzt, besteht nämlich jedenfalls die Pflicht des Arbeitgebers aus § 15 Abs. 2 TzBfG. Umgekehrt muss der Arbeitgeber, will er die Rechtsfolge des § 15 Abs. 5 TzBfG verhindern, jedenfalls den Arbeitnehmer – gegebenenfalls nochmals – auf die Zweckerreichung hinweisen. Schon aus dieser erforderlichen Trennung ergibt sich, dass die Wirksamkeitsvoraussetzungen nicht zwangsläufig identisch sind, sondern sich vielmehr nach dem jeweiligen Tatbestand richten. So verlangt zwar § 15 Abs. 2 TzBfG für die Vorabmitteilung, also für die Mitteilung über das bevorstehende Befristungsende durch Zweckerreichung, eine schriftliche Form;[179] dies gilt jedoch für die Mitteilung, die die Rechtsfolge des § 15 Abs. 5 TzBfG verhindern soll, nicht: Diese kann daher **grundsätzlich formlos**, insbesondere auch mündlich bzw konkludent erfolgen. Dafür spricht schon der eindeutige, vor allem von § 15 Abs. 2 TzBfG abweichende Wortlaut, der das Schriftformerfordernis gerade nicht aufnimmt. Zudem ist auch der Widerspruch bei der kalendermäßigen Befristung nach § 15 Abs. 5 TzBfG formlos möglich, dieser ist jedoch parallel zu der Mitteilung zu sehen, so dass auch für das Formerfordernis Gleiches gelten muss.[180] Die Schriftformfreiheit ändert indes nichts daran, dass aus Beweiszwecken stets die Schriftlichkeit

---

179 Vgl. auch oben § 15 Rn 40.
180 Wie hier ErfKomm/Müller-Glöge § 15 TzBfG Rn 39; KR/Fischermeier § 625 Rn 29; Arnold/Gräfl/Arnold § 15 Rn 80; Hromadka BB 2001, 676; Dörner, Arbeitsvertrag Rn 941; Lakies DZWIR 2001, 15; aA hingegen Maschmann in: Annuß/Thüsing, § 15 Rn 22; Ascheid/Preis/Schmidt-Backhaus, § 15 TzBfG Rn 80; Boewer, § 15 Rn 90; KSchR/Däubler § 15 TzBfG Rn 19; Kliemt NZA 2001, 302.

zu empfehlen ist; dies auch angesichts des Umstands, dass die Literaturmeinung hier gespalten ist und eine höchstrichterliche Entscheidung noch aussteht.

Hinsichtlich der Erforderlichkeit der Mitteilung nach § 15 Abs. 5 TzBfG ist jedoch zu differenzieren. Denn anders als bei dem Widerspruch bezüglich der kalendermäßigen Befristung gibt es bei der Zweckbefristung (bzw auflösenden Bedingung) Situationen, in denen bereits eine Mitteilung ähnlicher Natur – entsprechend § 15 Abs. 2 TzBfG – über den (allerdings noch bevorstehenden) Zweckeintritt vorliegt. Je nachdem, wie weit der Arbeitgeber dieser vorlaufenden Pflicht nachgekommen ist, ergibt sich für die Mitteilungspflicht nach § 15 Abs. 5 TzBfG, die verhindern soll, dass das Arbeitsverhältnis bei Fortsetzung nach Zweckerreichung als unbefristet gilt, Folgendes: Denkbar ist zunächst der vorgesehene **Regelfall**, dass der Arbeitgeber den Arbeitnehmer rechtzeitig vor Zweckerreichung nach § 15 Abs. 2 TzBfG informiert hat und die Zweckerreichung dann auch zu dem genannten (oder auch früheren) Zeitpunkt eintritt. Setzt dann der Arbeitnehmer sein Arbeitsverhältnis nach Zweckerreichung mit Wissen des Arbeitgebers fort, greift § 15 Abs. 5 TzBfG: Der Arbeitgeber muss also – nochmals – die Zweckerreichung mitteilen, um dessen Rechtsfolge zu vermeiden.

Etwas **differenzierter** ist die Situation, in der der Arbeitgeber den Arbeitnehmer nach § 15 Abs. 2 TzBfG informiert, der Zweck tatsächlich aber erst später als zu dem mitgeteilten Zeitpunkt eintritt. In diesem Fall läuft das Arbeitsverhältnis weiter bis zur Zweckerreichung, die Fortsetzung der Tätigkeit durch den Arbeitnehmer ist hier keine, die zur Rechtsfolge des § 15 Abs. 5 TzBfG führt, denn bis zur Zweckerreichung handelt es sich noch um das ursprüngliche befristete Arbeitsverhältnis. Der Arbeitgeber muss dann ja sogar im Regelfall die Mitteilung nach § 15 Abs. 2 TzBfG nochmals wiederholen. Erst wenn dann der Zweck (verspätet) erreicht wird und der Arbeitnehmer dann seine Tätigkeit fortsetzt, kann es zur Anwendung des § 15 Abs. 5 TzBfG kommen, so dass der Arbeitgeber nunmehr die Zweckerreichung – formlos! – mitteilen muss, will er dessen Rechtsfolge verhindern.

Liegt die Situation vor, dass der Arbeitgeber die **Mitteilung nach § 15 Abs. 2 TzBfG zu spät** vornimmt, er also den Arbeitnehmer erst so spät über die bevorstehende Zweckerreichung informiert, dass die Zweiwochenfrist erst nach diesem Ereignis abläuft, gilt das oben Gesagte:[181] Das befristete Arbeitsverhältnis endet erst nach Fristablauf, erst dann sind beide Tatbestandselemente des § 15 Abs. 2 TzBfG gegeben. Das bedeutet, bis zu diesem Zeitpunkt führt die Weiterarbeit des Arbeitnehmers noch nicht zur Rechtsfolge des § 15 Abs. 5 TzBfG. Erst nach dem Fristablauf muss der Arbeitgeber dann die Mitteilung nach Abs. 5 machen, will er dessen Rechtsfolge und seine Fiktion verhindern.

Ist überhaupt **keine oder eine formfehlerhafte Vorabmitteilung** über die anstehende Zweckerreichung nach § 15 Abs. 2 TzBfG erfolgt, wird die zweiwöchige Auslauffrist selbst nicht in Gang gesetzt.[182] Insofern mangelt es ja auch bereits in beiden Konstellationen an einem der beiden Beendigungsvoraussetzungen, die in § 15 Abs. 2 TzBfG genannt sind. Auch ein unbefristetes Arbeitsverhältnis über § 15 Abs. 5 TzBfG kommt hier schon deshalb zunächst, das heißt bis zum

---

181 § 15 Rn 47.
182 Vgl. oben § 15 Rn 50.

Joussen

Zeitpunkt der Zweckerreichung, nicht zustande. Erst wenn die Zweckerreichung tatsächlich eintritt, kann es dann zu einem unbefristeten Arbeitsverhältnis werden, wenn der Arbeitgeber nicht unverzüglich widerspricht. Teilt also der Arbeitgeber dann dem Arbeitnehmer nicht die Zweckerreichung unverzüglich mit und setzt der Arbeitnehmer das Arbeitsverhältnis mit Wissen des Arbeitgebers fort, gilt das Arbeitsverhältnis nach einhelliger Auffassung als auf unbestimmte Zeit verlängert.[183]

5. Rechtsfolge sowie Darlegungs- und Beweislast

90 Liegen die Voraussetzungen des § 15 Abs. 5 TzBfG vor, kommt es zu der bereits mehrfach angesprochenen Fiktion: Das Arbeitsverhältnis, das bislang kalender- oder zweckbefristet oder auflösend bedingt war, gilt nun als auf unbestimmte Zeit verlängert. Da es sich hier um eine **gesetzliche Fiktion** handelt, kommt eine Anfechtung des entstehenden unbefristeten Vertrages aus Gründen, die sich auf die Fiktion beziehen, nicht in Betracht. Inhaltlich kommt es somit zu einer **unbefristeten Fortführung des Arbeitsverhältnisses**, wobei die bisherigen Rechte und Pflichten der Vertragsparteien nicht berührt werden,[184] es sei denn, es handelt sich um solche Vertragsrechtsstellungen, die mit dem unbefristeten Charakter des Rechtsverhältnisses nicht vereinbar sind.[185] Dies sind vor allem solche Bestimmungen, die die Beendigung des (ursprünglich befristeten) Vertrages betreffen; grundsätzlich werden dann hier etwa die gesetzlichen Kündigungsfristen eingreifen. Sämtliche andere Vertragsbestandteile, etwa Entgelthöhevereinbarungen oder Vertragsstrafen oder Arbeitszeitregelungen bleiben unverändert bestehen.[186]

91 Hinsichtlich der **Darlegungs- und Beweislast** gelten die allgemeinen Regelungen. Möchte sich der Arbeitnehmer auf die Fiktion des § 15 Abs. 5 TzBfG berufen, möchte er also die Rechtsfolge des unbefristeten Vertrages einfordern, muss er darlegen und gegebenenfalls beweisen, dass er seine Tätigkeit nach Vertragsende mit Wissen des Arbeitgebers fortgesetzt hat.[187] Gelingt ihm dies oder steht unstreitig fest, dass eine solche Fortsetzung mit Wissen des Arbeitgebers erfolgt ist, liegt es am Arbeitgeber darzulegen und zu beweisen, dass er der Fortsetzung unverzüglich widersprochen bzw die entsprechende Mitteilung unverzüglich gemacht hat.[188]

6. Doppelbefristungen im Rahmen des § 15 Abs. 5 TzBfG

92 Im Fall einer grundsätzlich möglichen **Doppelbefristung** ergeben sich besondere Schwierigkeiten. In diesen Fällen werden beide Befristungstypen miteinander verbunden. Das Vertragsverhältnis enthält in diesen Fällen neben einer Zweck-

---

[183] Maschmann in: Annuß/Thüsing, § 15 Rn 5; Meinel/Heyn/Helms § 15 Rn 22; Preis/Gotthardt DB 2001, 151.
[184] BAG 4. August 1988–6 AZR 354/86 – veröffentlicht bei juris; BAG 11. August 1988–2 AZR 53/88 – AP Nr. 5 zu § 635 BGB.
[185] Ascheid/Preis/Schmidt-Backhaus, § 15 TzBfG Rn 84.
[186] LAG Hamm 15. September 1997–19 Sa 979/97 – LAGE Nr. 5 zu § 625 BGB.
[187] BAG 25. Oktober 2000–7 AZR 537/99 – AP Nr. 7 zu § 1 BeschFG 1996.
[188] BAG 30. November 1984–7 AZR 539/83 – AP Nr. 1 zu § 22 MTV Ausbildung.

befristung zusätzlich eine kalendermäßige Befristung.[189] Eine solche Kombination bietet sich insbesondere in **Vertretungsfällen** an: Denkbar wäre also etwa, eine Befristung, die zum Zwecke einer Vertretung eines erkrankten Arbeitnehmers eingestellt wird, dergestalt zu formulieren, dass das Beschäftigungsverhältnis „solange andauern soll, bis der erkrankte Kollege wieder seinen Dienst aufnimmt, längstens jedoch bis zum 31. März". Mit einer solchen **Kombination** kann das Arbeitsverhältnis zu dem zuerst eintretenden Beendigungszeitpunkt beendet werden; es kann aber auch über diesen Zeitpunkt hinaus noch bis zum Eintritt des zweiten, in der Vereinbarung enthaltenen Befristungsgrundes fortgesetzt werden und bei dessen Eintritt enden. § 625 BGB war, zumindest nach der Rechtslage vor Inkrafttreten des TzBfG, in diesen Fällen durch die Vereinbarung einer Doppelbefristung als konkludent abbedungen anzusehen, so dass es hier nicht zu einer stillschweigenden (unbefristeten) Verlängerung durch die bloße Fortsetzung eines befristeten Arbeitsverhältnisses kam.

Die Wirksamkeit einer solchen Kombination ist, so der Grundsatz, für jede einzelne der beiden Befristungsteile zu überprüfen; ihre **Wirksamkeit ist jeweils getrennt und unabhängig voneinander zu beurteilen**.[190] Tritt das die erste Befristung begründende Ereignis (Tag oder Zweckerreichung) ein, setzt sich dann jedoch nach § 15 Abs. 5 TzBfG das Arbeitsverhältnis als unbefristetes fort, wenn nicht der Arbeitgeber unverzüglich widerspricht oder dem Arbeitnehmer die Zweckerreichung unverzüglich mitteilt. 93

In der rechtswissenschaftlichen **Literatur** ist die **Zulässigkeit einer solchen Kombination nicht unumstritten**; es wird vielmehr diskutiert, ob nicht – entgegen dem Wortlaut des § 15 Abs. 5 TzBfG – auch nach Eintritt des ersten Ereignisses zunächst das Arbeitsverhältnis weiterhin nur befristet fortdauere, nämlich bis zum Eintritt des zweiten Ereignisses. Die Diskussion entzündet sich an dem Umstand, dass § 22 Abs. 1 TzBfG nunmehr die Regelung des § 15 Abs. 5 TzBfG für zwingend erklärt. Das **bisherige Erklärungsmuster** einer **konkludenten Abbedingung** des **§ 625 BGB**[191] greift daher nicht mehr. Doch wird gleichwohl zum (überwiegenden) Teil vertreten, auch unter Geltung des TzBfG seien Doppelbefristungen wie zuvor wirksam und zu handhaben, das heißt, dass auch nach Eintritt des ersten Ereignisses weiterhin von einem (auf das zweite Ereignis hin) befristeten Arbeitsverhältnis auszugehen sei. Dazu werden **unterschiedliche Erklärungsmuster** vertreten. So ergebe sich aus dem **Zweck der Regelung**, dass § 15 Abs. 5 TzBfG im Falle einer wirksam vereinbarten Doppelbefristung für die Weiterbeschäftigung über den ersten Beendigungszeitpunkt hinaus bis zum Eintritt des zweiten Beendigungszeitpunkts nicht anzuwenden sei.[192] Die Fiktion des § 15 TzBfG könne daher erst bei einer Weiterbeschäftigung über den zweiten Beendigungszeitraum hinaus eintreten. Diese **teleologische Reduktion**[193] wird ergänzt durch ein Argument, demzufolge der Anwendungsbereich des § 15 Abs. 5 TzBfG von vornherein auf diejenigen Fälle beschränkt wird, in denen die 94

---

189 BAG 3. Oktober 1984–7 AZR 192/83 – AP Nr. 87 zu § 620 BGB Befristeter Arbeitsvertrag; BAG 21. April 1993–7 AZR 388/92 – AP Nr. 148 zu § 620 BGB Befristeter Arbeitsvertrag.
190 BAG 15. August 2001–7 AZR 263/00 – AP Nr. 5 zu § 21 BErzGG; ErfKomm/Müller-Glöge, § 3 TzBfG Rn 18; Bayreuther, in: Rolfs/Giesen, BeckOK § 3 TzBfG Rn 4.
191 Vgl. die Kommentierung zu § 3 Rn 29.
192 Annuß in Annuß/Thüsing, § 3 Rn 5; KR/Bader, § 3 TzBfG Rn 48; Boewer, § 3 Rn 34; Dörner, Arbeitsvertrag Rn 55; Meinel/Heyn/Herms, § 15 TzBfG Rn 59a; Arnold/Gräfl/dies., § 3 Rn 18.
193 So MünchKommBGB/Hesse, § 15 TzBfG Rn 55.

Parteien keinerlei Regelung über die Fortsetzung des Arbeitsverhältnisses getroffen haben.[194]

95 Dieser Auffassung kann jedoch nicht gefolgt werden; sie ist erkennbar darauf gerichtet, die genannten Doppelbefristungen „zu retten"; doch findet schon die **teleologische Reduktion im Gesetz keinen Anhaltspunkt**. Vielmehr wird man hier dem eindeutig erkennbaren, in § 22 Abs. 1 TzBfG deutlich zum Ausdruck gekommenen Willen des Gesetzgebers Rechnung zu tragen haben. Einer konkludenten Abbedingung des § 625 BGB, so wie noch vor Inkrafttreten des TzBfG in der Verabredung einer Doppelbefristung gesehen, steht nunmehr § 15 Abs. 5 TzBfG entgegen: Diese Vorschrift, die als *lex specialis* zu § 625 BGB anzusehen ist, ist nämlich gemäß § 22 Abs. 1 TzBfG nicht abdingbar, somit zwingend. Daraus wird zu Recht gefolgert, dass die bloße Fortführung des Arbeitsverhältnisses nach Eintritt der ersten Bedingung zu einem unbefristeten Arbeitsverhältnis führen muss, entsprechend der Bestimmung in § 15 Abs. 5 TzBfG.[195] Dem ist zuzustimmen, denn das Gesetz hat in § 22 Abs. 1 TzBfG eindeutig die **zwingende Wirkung** festgelegt, die entgegenstehende Ansicht wird insofern dieser gesetzlichen Anordnung nicht gerecht. Von § 15 Abs. 5 TzBfG darf somit nicht zuungunsten des Arbeitnehmers abgewichen werden – eine Abbedingung des § 15 Abs. 5 TzBfG ist jedoch schon deshalb ungünstig für den Arbeitnehmer, weil ihm somit der Zugang zu einer unbefristeten Beschäftigung nach Erreichen der ersten Befristung verwehrt wird.

VII. Fortsetzungs- und Wiedereinstellungsansprüche trotz wirksamer Befristung

96 Unabhängig von § 15 Abs. 5 TzBfG, der eine Fiktion eines unbefristeten im Anschluss an ein befristetes Arbeitsverhältnis nur unter den dort genannten, engen Voraussetzungen vorsieht, sind **weitere Fallgestaltungen** möglich, in denen es nach Fristablauf zu einer Weiterbeschäftigung kommen kann. Die bereits zu § 620 BGB lange Zeit diskutierte Fragestellung ist vom TzBfG nicht ausdrücklich geregelt, sondern besteht fort. Kein Anspruch auf Weiterbeschäftigung – was rechtlich ohnehin deutlich von der Fiktion des § 15 Abs. 5 TzBfG zu unterscheiden ist! – besteht insbesondere dann, wenn sich im Anschluss an eine befristete Beschäftigung aufgrund neuer Umstände und entgegen der ursprünglichen Prognose die **bloße Möglichkeit der Weiterbeschäftigung** ergibt.[196]

97 Gleichwohl gibt es in verschiedenen Situationen und auf der Grundlage unterschiedlicher dogmatischer Erwägungen in der Rechtsprechung gelegentlich Versuche, Ansprüche auf eine befristete oder auch unbefristete Fortsetzung eines Arbeitsverhältnisses zu ermöglichen. Denkbar ist zunächst, dass sich die Berufung des Arbeitgebers auf die Befristung und das damit verbundene Auslaufen des Arbeitsverhältnisses als rechtsmissbräuchlich darstellen kann. Dieser Einwand kann jedoch nur in ganz besonderen Ausnahmefällen denkbar sein, wobei

---

194 In diesem Sinne Sowka DB 2002, 1160.
195 So etwa Ascheid/Preis/Schmidt-Backhaus, § 3 TzBfG Rn 30; ErfKomm/Müller-Glöge, § 3 TzBfG Rn 18.
196 BAG 20. Februar 2002–7 AZR 600/00 – AP Nr. 11 zu § 1 KSchG 1969 Wiedereinstellung; ErfKomm/Müller-Glöge § 15 TzBfG Rn 9.

die Rechtsprechung allenfalls in den Fällen der §§ 226, 826 BGB, also der **Schikane** und des Verstoßes **gegen die guten Sitten**, einen solchen **Rechtsmissbrauch** zumindest angedacht hat. Der Große Senat hat sich hier einer positiven Bewertung enthalten,[197] zum Teil haben einzelne Senate den Gedanken weiterverfolgt.[198] Doch stößt die Vorstellung, eine Berufung auf den Rechtsmissbrauchseinwand könne zu einer Fortsetzung des befristeten Arbeitsvertrags führen, auch auf berechtigte Einwände. Insbesondere wird zu wenig bedacht, dass dieser Einwand in seiner Rechtsfolge nicht zu einem unbefristeten Rechtsverhältnis führen kann, sondern allenfalls den Anspruch auf die Abgabe einer Willenerklärung beinhalten kann.[199]

Auch eine **Vertragsfiktion** oder eine **Vertragsverlängerung** auf den **Grundsatz von Treu und Glauben gemäß § 242 BGB** zu stützen, ist im Regelfall nicht möglich. Zwar hat das BAG gelegentlich erwogen, den Arbeitgeber an einen Arbeitsvertrag über die Befristung hinaus aus Treu und Glauben und unter dem Gesichtspunkt eines **berechtigten Vertrauens** des Arbeitnehmers in den weiteren Fortbestand des Arbeitsvertrages zu binden.[200] Werde nämlich dem Arbeitnehmer erklärt, man würde ihn gerne auf Dauer beschäftigen, man habe jedoch leider nur eine zeitlich befristete Aufgabe zur Verfügung, für die man ihn brauche, so kann eine spätere Berufung auf die Befristung gegen den Grundsatz von Treu und Glauben verstoßen, wenn die Tätigkeit entgegen der ursprünglichen Einschätzung auf Dauer anfalle. In dieser Situation genügt jedoch nicht allein die später überraschend anfallende Arbeit. Vielmehr muss Zusätzliches hinzukommen. Entscheidend ist, dass zusätzlich noch ein positives Verhalten des Arbeitgebers gegeben ist, aus dem der Arbeitnehmer geradezu zwingend den Schluss ziehen durfte, dass er im Anschluss an die Befristung weiter beschäftigt werde, etwa dadurch, dass der Arbeitgeber ihm signalisiert, die Entfristung sei eine bloße Formsache oder wenn während der Befristungszeit schon Verhandlungen geführt oder Vorkehrungen getroffen werden, die die berechtigte Erwartung des Arbeitnehmers wecken, nach der Befristung werde es zu einer Fortsetzung kommen. Erforderlich ist also ein **Verhalten des Arbeitgebers, das die Erwartungen des Arbeitnehmers auf eine Fortsetzung der Tätigkeit verstärkt**; nicht ausreichend hingegen ist es, dass der Arbeitnehmer lediglich subjektiv die Hoffnung hegt bzw erwartet, der Arbeitgeber werde ihn schon nach Fristablauf weiterbeschäftigen.[201] Maßgeblich ist also nicht die Erwartungshaltung des Arbeitnehmers allein, sondern der Umstand, dass der Arbeitgeber einen entsprechenden Vertrauenstatbestand geschaffen hat.[202] In diesen seltenen Situationen, die mit denjenigen vergleichbar sind, die zu einem vorvertraglichen Schadensersatz aufgrund des Abbruchs der Vertragsverhandlungen führen und an den gleichen Maßstäben wie diese auch zu messen sind,[203] kann dann in der Tat ein **Anspruch**

98

---

[197] BAG 12. Oktober 1960 – Großer Senat 1/59 – 3 AZR 65/56 – AP Nr. 16 zu § 620 BGB Befristeter Arbeitsvertrag.
[198] So etwa in einem *obiter dictum* BAG 24. Oktober 2001–7 AZR 686/00 –AP Nr. 9 zu § 57c HRG.
[199] So auch Dörner Arbeitsverträge Rn 948.
[200] BAG 29. Januar 1987–2 AZR 109/86 – AP Nr. 1 zu § 620 BGB Saisonarbeit.
[201] BAG 26. August 1998–7 AZR 450/97 – AP Nr. 202 zu § 620 BGB Befristeter Arbeitsvertrag.
[202] BAG 26. April 1995–7 AZR 936/94 – AP Nr. 174 zu § 620 BGB Befristeter Arbeitsvertrag.
[203] Dazu ausführlich Joussen in: Rolfs/Giesen BeckOK § 611 BGB Rn 6.

auf eine **Fortsetzung** entstehen, sei es, dass man hier § 826 BGB, sei es die Grundsätze der *culpa in contrahendo* heranzieht, wobei der Schadensersatz dann in der Naturalrestitution, das heißt im Abschluss eines Arbeitsvertrags, liegt.

99 Anders als in diesen Fällen, wo sich eine Fortsetzung des Arbeitsverhältnisses allein aus Vertrauensschutzgründen ergeben kann, sind die Fälle zu beurteilen, in denen eine **feste vertragliche Zusage** besteht, sei sie individual- oder kollektivvertraglich vereinbart. So können die Vertragsparteien bereits während der Befristungszeit vereinbaren, nach Ablauf der Befristung werde es zu einem unbefristeten Vertrag kommen. In einem derartigen **Vorvertrag** werden regelmäßig besondere Bedingungen vereinbart sein, die erfüllt werden müssen, damit es zum Abschluss des späteren Vertrages kommt. Sind sie jedoch gegeben, hat der Arbeitnehmer dann einen schuldrechtlichen Anspruch auf den Abschluss eines weiteren Arbeitsvertrages erworben.[204]

100 Zulässig, wenngleich in der Praxis selten, ist zudem eine **Tarifklausel**, der zufolge der Arbeitgeber verpflichtet ist, befristet Beschäftigte im Anschluss an den Befristungsablauf in ein unbefristetes Arbeitsverhältnis zu übernehmen; wenn solche Klauseln bestehen, beziehen diese sich allerdings in der Regel nur auf **bestimmte Beschäftigungsgruppen**, vor allem auf die Übernahme von Auszubildenden. Denkbar ist darüber hinaus, Saisonarbeitskräften einen Anspruch auf eine erneute befristete Beschäftigung in der kommenden Saison tarifvertraglich einzuräumen.[205] Neben einer konkreten, verbindlichen Pflicht zur Übernahme kann ein Tarifvertrag zudem vorsehen, dass der Arbeitgeber nach billigem Ermessen entscheiden soll, ob er einen befristet Beschäftigten, insbesondere einen Auszubildenden übernimmt. Derartige Klauseln finden sich vor allem in Tarifverträgen des öffentlichen Dienstes, beispielsweise in der Protokollnotiz Nr. 4 zu Nr. 1 der SR 2y BAT. In diesen Fällen muss die Entscheidung dann ermessensfehlerfrei sein. Die Erwägungen zu § 315 BGB bzw § 106 GewO können hier eine grobe Richtschnur bilden. Ein Anspruch auf eine Dauereinstellung ergibt sich in solchen Situationen jedoch nicht.[206]

§ 16 Folgen unwirksamer Befristung

Ist die Befristung rechtsunwirksam, so gilt der befristete Arbeitsvertrag als auf unbestimmte Zeit geschlossen; er kann vom Arbeitgeber frühestens zum vereinbarten Ende ordentlich gekündigt werden, sofern nicht nach § 15 Abs. 3 die ordentliche Kündigung zu einem früheren Zeitpunkt möglich ist. Ist die Befristung nur wegen des Mangels der Schriftform unwirksam, kann der Arbeitsvertrag auch vor dem vereinbarten Ende ordentlich gekündigt werden.

Literatur: *Kania*, Befristete Arbeitsverträge, 2. Auflage, Köln 2001; *Kleinsorge*, Teilzeitarbeit und befristete Arbeitsverträge – ein Überblick über die Neuregelung, MDR 2001, 181; *Link/Fink*, Pflichten beachten, Rechte nutzen, AuA 2001, 252; *Preis/Gotthardt*, Das Teilzeit- und Befristungsgesetz, DB 2001, 145; *Richardi/Annuß*, Gesetzliche Neuregelung von Teilzeitarbeit und Befristung, BB 2000, 2201; *Schliemann*, Das Arbeitsrecht im BGB, 2. Auflage, Berlin 2002; *von*

---

204 Ascheid/Preis/Schmidt-Backhaus, § 15 TzBfG Rn 119.
205 Dazu BAG 20. Oktober 1967–3 AZR 467/66 – AP Nr. 30 zu § 620 BGB Befristeter Arbeitsvertrag.
206 BAG 6. November 1996–7 AZR 909/95 – AP Nr. 188 zu § 620 BGB Befristeter Arbeitsvertrag.

Koppenfels, Rechtsfolgen formunwirksamer Befristungsabreden – Probleme der Neuregelung der §§ 14 ff TzBfG, ArbuR 2001, 201

I.	Allgemeines	1	IV.	Kündigungsfrist nach § 16 Satz 2 TzBfG	13
II.	Die Fiktionsregelung in § 16 Satz 1 1. Halbsatz TzBfG	5	V.	Problemfälle	14
III.	Die ordentliche Kündigung des fingierten unbefristeten Arbeitsverhältnisses gemäß § 16 Satz 1 2. Halbsatz TzBfG	8	VI.	Kündigungsmöglichkeit durch den Arbeitnehmer	18

I. Allgemeines

Die Bestimmung in § 16 TzBfG regelt die Folgen, die sich aus einer Befristung ergeben, die rechtsunwirksam ist. Damit stellt sie eine *lex specialis* zu der allgemeinen Bestimmung des § 139 BGB dar: Soweit dort geregelt ist, dass im Zweifel die Nichtigkeit eines Teils eines Rechtsgeschäfts zur Nichtigkeit des ganzen Rechtsgeschäfts führt, ordnet § 16 TzBfG hiervon abweichend eine Fiktion an. Für den Fall, dass eine von den Parteien vorgenommene **Befristungsabrede** unwirksam ist – aus welchen Gründen auch immer –, wird statt der Gesamtnichtigkeit ein unbefristetes Arbeitsverhältnis fingiert. Hinter dieser **Fiktion** steht die Überlegung, dass man nur auf diese Weise, durch die Trennung der einzelnen, unwirksamen Befristungsabrede auf der einen und der ganzen vertraglichen Vereinbarung auf der anderen Seite, die erhalten bleiben soll, dem eigentlichen Schutzgedanken des Gesetzes, so wie er schon aus § 1 TzBfG deutlich wird, gerecht werden kann. Wenn der Arbeitnehmer durch die gesetzlichen Bestimmungen insgesamt einen gewissen Schutz (auch vor Benachteiligungen, aber darüber hinaus generell) genießen soll, sofern er „nur" befristet (oder teilzeit-)beschäftigt ist, so würde man ihm „Steine statt Brot" geben, ließe man hier die Zweifelsregel des § 139 BGB zur Anwendung kommen. Ließe man nämlich aus dem Umstand, dass die Befristungsabrede unwirksam ist, die Gesamtnichtigkeit des Vertrages folgen, hätte der Arbeitnehmer nicht nur nichts gewonnen, sondern im Gegenteil alles verloren: Er hätte aufgrund der Nichtigkeit einer Vertragsbestimmung, die ohnehin zu seinem Schutz unter besonderer gesetzlicher Aufsicht steht, überhaupt keinen Vertrag mehr in den Händen. Diese Folge umgeht die Anordnung der Fiktion in § 16 Satz 1 TzBfG; und dies in ähnlicher Weise, wie dies auch aus anderen gesetzlichen Zusammenhängen bekannt ist, etwa aus der Bestimmung in § 306 Abs. 2 BGB, dem zufolge ebenfalls der gesamte Vertrag bestehen bleibt und sich nach den gesetzlichen Vorschriften richtet, wenn eine allgemeine Geschäftsbedingung unwirksam ist.

Im Ergebnis kodifiziert § 16 Satz 1 TzBfG dabei keine neue Idee des Gesetzgebers, sondern greift ein schon lange entwickeltes und beständig wiederholtes **Richterrecht** auf, welches bereits seit den sechziger Jahren des 20. Jahrhunderts die Ansicht vertrat, dass die Folge der Unwirksamkeit einer Befristungsabrede nicht die Unwirksamkeit des gesamten Arbeitsvertrags nach sich zieht,[1] sondern

---

1 BAG 12. Oktober 1960 – Großer Senat 1/59 – 3 AZR 65/56 – AP Nr. 16 zu § 620 BGB Befristeter Arbeitsvertrag; seitdem ständige Rechtsprechung, s. nur BAG 12. September 1996–7 AZR 790/95 – AP Nr. 182 zu § 620 BGB Befristeter Arbeitsvertrag.

allein die Unwirksamkeit der Befristungsabrede.[2] Die Fiktionsregelung in § 16 TzBfG stellt sich somit als eine **Schutzregelung zugunsten des Arbeitnehmers** dar.[3] Aus dieser Blickrichtung ist sie dann im Zweifelsfalle auch auszulegen.

3 Die Regel und die Fiktion des § 16 Satz 1 1. Halbsatz TzBfG werden ergänzt um Bestimmungen **zur Kündigungsmöglichkeit**. Wenn nämlich auch eine Fiktion eines unbefristeten Arbeitsverhältnisses vorgesehen ist, so bedeutet dies nicht, dass der Arbeitgeber sich von diesem nicht lösen könnte. Doch enthält § 16 Satz 1 2. Halbsatz TzBfG hierzu eine besondere, den Arbeitnehmer noch weiter schützende Regelung. Ihr zufolge kann sich der Arbeitgeber zwar lösen – zu der Frage, inwieweit eine Lösung seitens des Arbeitnehmers möglich ist bzw unter welchen Voraussetzungen, dazu s. § 16 Rn 18 –, doch wird die Kündigungsmöglichkeit in zeitlicher Hinsicht eingeschränkt: Erstmals möglich ist sie erst zu dem Zeitpunkt, zu dem der Arbeitsvertrag infolge seiner Befristung geendet hätte, wäre nicht die Fiktion des 1. Halbsatzes zum Tragen gekommen. Der Arbeitgeber wird hierdurch also, wenn nicht eine besondere Kündigungsmöglichkeit nach § 15 Abs. 3 TzBfG vereinbart wurde, an eine **Mindestdauer** gebunden: Der Arbeitsvertrag, der nunmehr unbefristet wirksam ist, kann regelmäßig frühestens zum Zeitpunkt der ursprünglich vorgesehenen Befristung gekündigt werden. Weil es sich auch hierbei um eine Regelung zugunsten des Arbeitnehmers handelt, der wiederum durch die Fiktion nicht schlechter stehen soll als er bei Geltung der Befristung gestanden hätte, wird allgemein und mit Recht geschlossen, der Arbeitnehmer selbst könne zu jedem Zeitpunkt kündigen; die Gesetzesformulierung, die allein auf den Arbeitgeber verweist, deutet dies schon an, und auch der Zweck des Gesetzes spricht für diese Ansicht.[4]

4 Von dieser besonderen Regelung zur Kündigungsfrist, genauer: zum Zeitpunkt, zu dem eine Kündigung durch den Arbeitgeber möglich sein soll, weicht § 16 Satz 2 TzBfG nochmals ab: Danach soll in dem Fall, dass sich die Rechtsunwirksamkeit allein aus einem Verstoß gegen das **Schriftformerfordernis** für die Befristungsabrede ergibt, auch der Arbeitgeber vor dem vereinbarten Ende ordentlich kündigen können.

II. Die Fiktionsregelung in § 16 Satz 1 1. Halbsatz TzBfG

5 Die Regelung in § 16 Satz 1 1. Halbsatz TzBfG beinhaltet die Kernaussage der Vorschrift und zugleich eine der wichtigsten Schutzmechanismen des Gesetzes überhaupt: Ihr zufolge gilt ein Arbeitsverhältnis, dessen Befristung rechtsunwirksam erfolgt ist, als auf **unbestimmte Zeit** geschlossen. Auf diese Weise soll der Arbeitnehmer, der schon „nur" einen befristeten Arbeitsvertrag erhält, zumindest insoweit geschützt werden, als ihm gegenüber nicht auch noch eine **rechtsunwirksame Befristung** erfolgt. Die wirksamste Sanktion gegen eine unwirksame Befristung ist die Anordnung einer Fiktion eines unbefristeten Arbeitsverhältnisses.

---

2 HWK/Schmalenberg § 16 TzBfG Rn 1.
3 KSchR/Däubler § 16 TzBfG Rn 1; s. auch Kleinsorge MDR 2001, 181.
4 So auch Ascheid/Preis/Schmidt-Backhaus, § 16 Rn 9; KR/Lipke/Bader, § 16 Rn 2; Rolfs § 16 Rn 13; kritisch zu dieser Beschränkung, jedoch aufgrund des eindeutigen Wortlauts zustimmend Meinel/Heyn/Herms, § 16 Rn 6.

Folgt man dieser Vorstellung, so ist es dann auch nur konsequent, diese Fiktion in allen Fällen eintreten zu lassen, in denen die Befristung rechtsunwirksam war. Eine Verengung des Anwendungsbereichs auf die Fälle der Rechtsunwirksamkeit nach § 14 TzBfG vorzunehmen, überzeugt demgegenüber nicht. Gleichwohl wird dies vertreten, insbesondere mit Verweis auf die **Entstehungsgeschichte der Norm**.[5] Doch kann eine solche Einschränkung schon vom Wortlaut her nicht überzeugen, der explizit allgemein von einer „rechtsunwirksamen Befristung" spricht, also keinerlei Ausnahmen erkennen lässt. Zudem ist systematisch zu berücksichtigen, dass das Gesetz selbst in § 23 TzBfG deutlich macht, dass die allgemeinen Normen des TzBfG, zu denen § 16 zu zählen ist, auch für spezialgesetzliche Regelungstatbestände zur Anwendung kommen.[6] Dafür spricht schließlich auch der Zweck der Vorschrift, denn im Interesse eines **effektiven Arbeitnehmerschutzes** kann auch in den spezialgesetzlichen Befristungsfällen, sofern dort keine spezielleren Vorschriften gegeben sind, dem Arbeitnehmer nicht einfach die Unwirksamkeit des Arbeitsvertrags zugemutet werden.[7]

Demzufolge kommen nicht nur **Verstöße gegen § 14 TzBfG** in Betracht, also ein fehlender sachlicher Grund für die Befristung, ein Fehlen der Voraussetzungen für eine sachgrundlose Befristung oder der Mangel der Schriftform, sondern auch Verstöße gegen eine unwirksame Befristungsformulierung („Befristung auf ca. 4 Wochen"), sowie eine Zweckbefristung, bei der der Zweck nicht eindeutig erkennbar ist. In gleicher Weise unwirksam können Befristungsabreden wegen eines Verstoßes gegen ein Mitbestimmungsrecht sein. Dies ist dann möglich, wenn sich ein solches Mitbestimmungsrecht auch auf die Befristung des Arbeitsverhältnisses erstreckt, wie dies in manchen Personalvertretungsgesetzen der Länder vorgesehen ist.[8]

III. Die ordentliche Kündigung des fingierten unbefristeten Arbeitsverhältnisses gemäß § 16 Satz 1 2. Halbsatz TzBfG

Die Anordnung der Fiktion eines unbefristeten Arbeitsverhältnisses wird im Halbsatz 2 des § 16 Satz 1 TzBfG flankiert von der Regelung, die dem **Arbeitgeber die Möglichkeit der ordentlichen Kündigung** eröffnet. Die Möglichkeit selbst ist dabei lediglich als unmittelbare Konsequenz aus der Fiktion des unbefristeten Arbeitsverhältnisses anzusehen, einer solchen Regelung bedürfte es daher nicht, wenn sie nicht noch einen zusätzlichen Regelungsgehalt hätte: Dieser ist in der Anordnung eines besonderen Kündigungstermins zu sehen: § 16 Satz 1 2. Halbsatz TzBfG ordnet für den Arbeitgeber[9] eine Mindestdauer, eine **Mindestbindung** an. Anders also noch zu Zeiten vor der Geltung des TzBfG, als

---

5 Etwa von Ascheid/Preis/Schmidt-Backhaus, § 16 TzBfG Rn 1; ErfKomm/Müller-Glöge § 16 Rn 1, dort allerdings mit dem Verweis auf eine mögliche entsprechende Anwendung für andere Unwirksamkeitsgründe.
6 BT-Drucks. 14/4373 S. 22.
7 Wie hier auch Arnold/Gräfl/Spinner § 16 Rn 5; MünchKommBGB/Hesse, § 16 TzBfG Rn 2; KR/Lipke/Bader, § 16 TzBfG Rn 1; ArbRBGB/Dörner § 620 BGB Rn 296; Maschmann in: Annuß/Thüsing, § 16 Rn 2; Meinel/Heyn/Herms, § 16 Rn 3.
8 S. etwa § 72 Abs. 1 Nr. 1 LPVG NRW; s. auch Holwe/Kossens § 16 Rn 5.
9 Nicht für den Arbeitnehmer!, s. bereits oben § 16 Rn 3.

die Rechtsprechung für beide Seiten eine zeitliche Mindestbindung vorsah,[10] ist nunmehr nur noch der Arbeitgeber zeitlich in der Möglichkeit zur ordentlichen Kündigung eingeschränkt: Sofern nichts anderes gemäß § 15 Abs. 3 TzBfG vereinbart ist bzw die Sonderreglung des § 16 Satz 2 TzBfG eingreift, also die Unwirksamkeit der Befristung aus der mangelnden Schriftform resultiert, kann der Arbeitgeber das aufgrund der Unwirksamkeit der Befristungsabrede nunmehr fingierte unbefristete Arbeitsverhältnis frühestens zum vereinbarten (obsolet gewordenen) Befristungsende ordentlich kündigen.

9 Die Kündigungsmöglichkeit, die sich hier für den Arbeitgeber ergibt, stellt die Möglichkeit zur ordentlichen Kündigung in ihrer „üblichen" Gestalt dar; lediglich die Fristen werden gesondert geregelt (dazu sogleich). Das bedeutet insbesondere, dass sämtliche Bestimmungen über die Wirksamkeit der Kündigung zur Anwendung kommen. Dies gilt vor allem für die Regelungen des Kündigungsschutzgesetzes. Will also der Arbeitgeber ordentlich kündigen, muss diese Kündigung insbesondere sozial gerechtfertigt im Sinne von § 1 KSchG sein. Auch muss aus der Kündigungserklärung hinreichend deutlich werden, dass es sich um eine Kündigung des fingierten, unbefristeten Arbeitverhältnisses handelt. Insofern findet der **Bestimmtheitsgrundsatz** vollumfänglich Anwendung, der gerade bei Gestaltungserklärungen von Bedeutung ist, damit sich der Erklärungsempfänger bzw -gegner entsprechend auf die neu gestaltete Rechtslage einstellen kann.

10 In diesem Zusammenhang ist umstritten, inwieweit bei der **Zweckbefristung** die Mitteilung des Arbeitgebers nach § 15 Abs. 2 TzBfG zugleich auch als eine ordentliche Kündigung angesehen werden kann. Die Frage lautet, ob in einer Mitteilung über den Zeitablauf, die für die Beendigung des befristeten Arbeitsverhältnisses erforderlich ist, zugleich auch eine Kündigungserklärung liegt. Dies kann jedoch schon aufgrund des angesprochenen Bestimmtheitsgrundsatzes nicht angenommen werden: Im Regelfall wird nämlich die bloße Mitteilung über die Zweckerreichung nicht so deutlich formuliert sein, dass sie zugleich auch als Kündigung verstanden werden kann. Zudem ist zu beachten, dass es sich bei der Mitteilung lediglich um eine Wissens-, bei der Kündigung hingegen um eine Willenserklärung handelt,[11] so dass schon die unterschiedliche Rechtsnatur dieser beiden Erklärungen einem entsprechenden Verständnis widerspricht. Teilt also der Arbeitgeber dem Arbeitnehmer das bevorstehende Ende der Befristung mit, so wird darin in der Regel keine (auch keine vorsorgliche) Kündigung des wegen einer unwirksamen Befristung als unbefristet geltenden Arbeitsvertrags zu sehen sein.[12] Nur ausnahmsweise soll hier möglicherweise eine **Umdeutung** bzw **eine Auslegung** nach §§ 133, 157 BGB dazu führen können, dass eine solche, eigentlich als Wissenserklärung angelegte Äußerung des Arbeitgebers auch als Kündigung aufzufassen ist und dies vom Arbeitnehmer auch so verstanden werden musste.[13] Doch erscheint dies angesichts der fundamental unterschiedlichen

---

10 S. nur BAG 14. Januar 1982–2 AZR 245/80 – AP Nr. 64 zu § 620 BGB Befristeter Arbeitsvertrag; Preis/Gotthardt DB 2001, 151.
11 S. Kommentierung zu § 15 Rn 31.
12 So die einhellige Auffassung, s. etwa BAG 28. Oktober 1986–1 ABR 16/85 – AP Nr. 32 zu § 118 BetrVG 1972; KR/Lipke/Bader, § 16 TzBfG Rn 12; Maschmann in: Annuß/Thüsing, § 16 Rn 22; Bayreuther in: Rolfs/Giesen BeckOK § 16 TzBfG Rn 10; Sievers, § 16 Rn 10.
13 So zumindest BAG 5. März 1970–2 AZR 175/69 – AP Nr. 34 zu § 620 BGB Befristeter Arbeitsvertrag.

Rechtsnatur der beiden Erklärungen mehr als fraglich. Allenfalls in der wohl sehr seltenen Ausnahmesituation, in der dem Arbeitgeber bereits bewusst war, dass die Situation Anlass zum Streit geben würde und er somit nicht nur ein Wissen erklären, sondern eben auch eine Willenserklärung in Form einer Kündigung abgeben wollte, kann man hier zu einem anderen Ergebnis kommen. Doch dann liegt eben in der Erklärung auch nicht bloß eine Wissensmitteilung, sondern (auch) ein Rechtsgestaltungswille.[14]

In Bezug auf die **Kündigungsfrist** ergibt sich im Regelfall des § 16 Satz 1 2. Halbsatz TzBfG für den Arbeitgeber nach dem zuvor Gesagten die Möglichkeit, das Arbeitsverhältnis – unabhängig von der unverändert und immer bestehenden Möglichkeit zur außerordentlichen Kündigung[15] – zu demjenigen Zeitpunkt ordentlich zu kündigen, zu dem es ausgelaufen wäre, wäre die Befristungsabrede nicht rechtsunwirksam gewesen. Die Kündigung ist dann zwar schon auch bereits vorher möglich, sie kann also auch bereits zuvor ausgesprochen werden, doch ist das Arbeitsverhältnis dann jedenfalls so lange fortzusetzen, wie es gedauert hätte, wäre die Befristung wirksam gewesen.[16] Ist beispielsweise ein Arbeitsverhältnis kalendermäßig befristet für den Zeitraum vom 1.1. bis zum 30.4. und fehlt für diese Befristung ein erforderlicher sachlicher Grund, darf die Kündigung frühestens zum 30.4. erklärt werden. Ist das ursprünglich vorgesehene **Befristungsende** erreicht bzw überschritten, besteht für den Arbeitgeber dann keine Einschränkung hinsichtlich der ordentlichen Kündbarkeit mehr.[17]

11

Eine Einschränkung der zuvor genannten Art besteht für den Arbeitgeber darüber hinaus auch dann nicht, wenn zwischen den Parteien des Arbeitsverhältnisses zwar eine (unwirksame) Befristung vereinbart war, zugleich jedoch auch gemäß § 15 Abs. 3 TzBfG verabredet wurde, dass eine ordentliche Kündigung auch während der Befristung möglich sein solle. Diese Regelung ist konsequent: In diesen Fällen ist der Arbeitnehmer nämlich nicht in gleichem Maße schutzbedürftig wie in den Fällen, in denen ausschließlich eine Befristung, das heißt keine ordentliche Kündbarkeit vereinbart wurde. Bestand nämlich eine solche **Kündigungsvereinbarung**, musste er ohnehin damit rechnen, dass sein befristetes Arbeitsverhältnis frühzeitig enden würde. Daher ist er auch dann, wenn die Befristungsabrede unwirksam ist, nicht in zusätzlicher Weise davor zu bewahren, dass eine vorzeitige ordentliche Kündigung erfolgt: Der Arbeitnehmer soll insofern auch nicht besser gestellt werden als er stünde, wäre die Befristungsabrede wirksam. Daraus folgt, dass in den Fällen, in denen eine (unwirksame) Befristung vorliegt, diese aber begleitet ist von einer vereinbarten ordentlichen Kündbarkeit, der Arbeitgeber nicht das ursprüngliche Vertragsende abwarten muss, will er ordentlich kündigen. Vielmehr muss er lediglich die einschlägige Kündigungsfrist einhalten.

12

---

14 ähnlich streng wie hier auch Boewer, § 16 Rn 19.
15 S. Dörner, Arbeitsvertrag Rn 978.
16 Mestwerdt in: HK-KSchG, § 16 TzBfG Rn 7.
17 KSchR/Däubler § 16 TzBfG Rn 3.

IV. Kündigungsfrist nach § 16 Satz 2 TzBfG

13 Beruht die Unwirksamkeit der Befristung allein auf der Formunwirksamkeit, also auf einem Verstoß gegen das **Schriftformerfordernis** des § 14 Abs. 4 TzBfG, ordnet § 16 Satz 2 TzBfG eine Sonderregelung im Hinblick auf die Kündigungsfrist an. In diesen Fällen sieht diese Vorschrift als einheitliche Rechtsfolge für Arbeitnehmer wie Arbeitgeber vor, dass das Arbeitsverhältnis vor dem ursprünglich vorgesehenen Beschäftigungsende ordentlich gekündigt werden kann. Alleinige Voraussetzung ist dabei, dass die Befristungsabrede ausschließlich wegen eines Mangels der Schriftform unwirksam ist.[18] Im Ergebnis handelt es sich hierbei um eine Folge daraus, dass bei einem Schriftformverstoß von Beginn an ein unbefristetes Arbeitsverhältnis fingiert wird; dieses ist dann auch von Beginn an ordentlich kündbar, wobei allein die allgemeinen Bestimmungen des Kündigungsschutzes zu berücksichtigen sind.[19] Eine gesonderte Verabredung der Möglichkeit zur ordentlichen Kündigung, etwa im Sinne von § 15 Abs. 3 TzBfG, bedarf es in diesem Falle nicht. Letztlich stellt diese Kündigungsmöglichkeit, die nicht an die Frist des § 16 Satz 1 TzBfG gebunden ist, eine erhebliche Abmilderung der Sanktion dar, die § 14 Abs. 4 TzBfG eigentlich vorsieht, nämlich die Anordnung eines unbefristeten Arbeitsverhältnisses für den Fall, dass der Arbeitgeber die Schriftform in Bezug auf die Befristungsabrede missachtet.[20] Nachvollziehbar ist diese besondere Begünstigung nicht, insbesondere bleibt unverständlich, wieso der Schriftformmangel nicht zu einer **Mindestbindung** führt, denn für den Arbeitnehmer ist es letztlich unerheblich, auf welchem Mangel die Befristungsabrede beruht, die tatsächlichen Folgen sind für ihn nämlich gleich: Er stellt sich auf das eigentlich vorgesehene, nunmehr unwirksame Befristungsende ein. Warum der Arbeitgeber bei einem Schriftformmangel dann aber vorzeitig kündigen können soll, ist nicht nachvollziehbar, auch die Gesetzesbegründung gibt hierüber keinen Aufschluss.[21]

V. Problemfälle

14 Im Zusammenhang mit der Frage der Kündigung(smöglichkeit) bei einem fingierten unbefristeten Arbeitsverhältnis ergeben sich gelegentlich auf Grund unterschiedlicher Aspekte Streitfälle bzw Probleme. Dies betrifft zunächst die Situation, in der materielle wie formelle Unwirksamkeitsgründe aufeinander treffen, das heißt die Fälle, in denen sich die Unwirksamkeit der Befristungsabrede nicht nur etwa aus einem fehlenden Sachgrund ergibt, sondern auch noch wegen eines Verstoßes gegen das Schriftformerfordernis nach § 14 Abs. 4 TzBfG. In diesen besonderen Fällen der **Kumulation verschiedener Unwirksamkeitsgründe** kann § 16 Satz 2 TzBfG nicht zur Anwendung kommen. Denn dieser ist – schon ausweislich seines Wortlauts – eindeutig auf die Fälle beschränkt, die „nur" wegen des Mangels der Schriftform unwirksam sind. Deutlicher kann ein Gesetzestext nicht werden. Eine Unwirksamkeit, die nicht „nur" auf einem for-

---

18 Zu den Sonderfällen sogleich noch, § 16 Rn 13.
19 Vgl. bereits oben § 16 Rn 8.
20 So auch Link/Fink AuA 2001, 252; Arnold/Gräfl/Spinner § 16 Rn 9.
21 Vgl. insgesamt kritisch hierzu auch Boewer, § 16 Rn 18; von Koppenfels AuA 2001, 201; Richardi/Annuß, DB 2000, 2205.

mellen Mangel beruht, bleibt also allein unter Rückgriff auf die Bestimmung des § 16 Satz 1 TzBfG ordentlich kündbar, das heißt frühestens zum vereinbarten Ende des Beschäftigungsverhältnisses.[22]

Da § 16 Satz 1 TzBfG die Möglichkeit zur ordentlichen Kündigung an den **Zeitpunkt des ursprünglichen Befristungsendes** bindet, ergeben sich gegebenenfalls Schwierigkeiten, diesen Zeitpunkt zu benennen, wenn das Befristungsende selbst unklar ist. Dies ist in aller Regel unproblematisch, vor allem im häufigsten Fall der Unwirksamkeit infolge eines fehlenden Sachgrundes. Doch im Fall der unklaren kalendermäßigen Befristung, also beispielsweise dann, wenn eine Befristung „für ca. 4 Wochen" vereinbart wurde, ist nicht nur die Bestimmung des Befristungsendes schwierig, sondern in deren Folge dann auch die Bestimmung des Zeitpunkts, zu dem erstmalig eine ordentliche Kündigung möglich sein soll. Greift man auf den **Schutzzweck des § 16 TzBfG** zurück, so liegt es nahe, dass bei einer mehrdeutigen kalendermäßigen Befristung auf das späteste denkbare Befristungsende zurückzugreifen ist,[23] so dass der Arbeitgeber bis zu diesem zeitlich spätesten Termin an das Arbeitsverhältnis (mindestens) gebunden ist.[24] 15

Ist eine **Zweckbefristung** bzw **eine auflösende Bedingung** vereinbart, so ist ebenfalls unklar, zu welchem Zeitpunkt bei einer **unzureichenden Bestimmtheit** der Zweckerreichung eine Kündigung möglich sein soll (Beispiel: „Befristet durch das Projektende" und das Projektende selbst ist völlig offen). In einem solchen Fall wird regelmäßig davon auszugehen sein, dass eine arbeitgeberseitige Kündigung jederzeit möglich ist. Eine Befristungsabrede ist wirksam nicht gegeben, infolgedessen besteht zwischen den Vertragsparteien ein unbefristetes Arbeitsverhältnis. Daraus folgt, dass eine ordentliche Kündbarkeit zu bejahen ist. Die Fristbindung an § 16 Satz 1 2. Halbsatz TzBfG kann jedoch schon deshalb nicht greifen, weil das früheste vereinbarte Ende nicht gegeben ist. Daher wird zum Teil sogar explizit die Anwendbarkeit des § 16 TzBfG als solchem verneint.[25] Zum Teil wird über eine analoge Anwendung von § 16 Satz 2 TzBfG das gleiche Ergebnis erzielt, so dass der Arbeitgeber ohne Beachtung eines bestimmten Endtermins (unter Beachtung der allgemeinen Vorschriften!) kündigen kann.[26] Entscheidend bleibt aber, dass das Befristungsende wirklich unbestimmbar ist, eine vorschnelle Unbestimmbarkeit anzunehmen, ist aus den Schutzgründen des § 16 TzBfG zu vermeiden, denn der Arbeitnehmer verliert in diesen Fällen ja die Mindestbindung.[27] 16

Kann bei einer Zweckbefristung bzw auflösenden Bedingung die Bedingung nicht mehr eintreten bzw der Zweck nicht mehr erreicht werden, liegt also eine Situation der Fallgruppe „**Unmöglichkeit der Zweckerreichung**" vor, ergibt sich ebenfalls die Frage nach der Rechtsfolge. Sofern bereits umstritten war, inwieweit in diesen Fällen überhaupt noch eine Zweckbefristung angenommen werden kann oder ob nicht vielmehr darauf abzustellen ist, dass dann – im Wege der **Vertragsauslegung** – doch von keiner Befristung auszugehen ist, ist 17

---

22 So die einhellige Auffassung, s. nur Sievers, § 16 Rn 7; Meinel/Heyn/Herms, § 16 Rn 9; MünchKommBGB/Hesse, § 16 Rn 8.
23 So auch Mestwerdt in: HK-KSchG, § 16 TzBfG Rn 7.
24 So auch KR/Lipke/Bader, § 16 TzBfG Rn 11.
25 So etwa von Meinel/Heyn/Herms, § 16 Rn 10.
26 So etwa von KR/Lipke/Bader, § 16 TzBfG Rn 10; Boewer, § 16 Rn 10.
27 Mit dieser vorsichtigen Einschätzung auch Arnold/Gräfl/Spinner § 16 Rn 13.

dies eine Frage des § 15 Abs. 2 TzBfG[28]. Sollte also mit der Zweckbefristung im Rahmen eines bestehenden Arbeitskräftebedarfs ein nur vorübergehender Vertretungsbedarf befriedigt werden, ging es, mit anderen Worten, um die Abdeckung im Rahmen des dauerhaften Arbeitsbedarfs im Rahmen der Normalauslastung, wenn also beispielsweise der vertretene, erkrankte Arbeitnehmer nicht zurückkehrt,[29] hat der Zweckfortfall (der vertretene Arbeitnehmer kehrt nicht zurück) keine Auswirkung im Sinne von § 15 Abs. 2 TzBfG: Der Beschäftigungsbedarf besteht weiter, und das gleiche gilt für das Arbeitsverhältnis.[30] Denn hier wird es den Parteien (insbesondere dem Arbeitgeber) vor allem darum gegangen sein, den Normalbedarf an Arbeitskräften konstant zu halten – und dies kann er durchaus auch mit dem zunächst zweckbefristet eingestellten Vertreter. Hier den Zweckfortfall hinsichtlich der Rechtsfolgen mit der Zweckerreichung gemäß § 15 Abs. 2 TzBfG gleichzusetzen, ist daher nicht anzunehmen. Infolgedessen kommt es zu einem unbefristeten Arbeitsverhältnis, der Arbeitgeber kann dann jedoch gegebenenfalls kündigen. Fraglich ist dann allerdings, zu welchem Zeitpunkt eine ordentliche Kündigung möglich ist. Zum Teil wird vertreten, der Arbeitgeber könne bei einer derartigen Nichterreichbarkeit des Zwecks unter Einhaltung einer „angemessenen Frist" kündigen, die zwischen anderthalb und zwei Jahren liege.[31] Woher diese Zeitspanne abgeleitet wird, bleibt indes unklar, sie ist auch nicht nachvollziehbar. Vielmehr wird man dann, wenn und sobald feststeht, dass der Zweck nicht mehr erreicht werden kann, davon auszugehen haben, dass das Arbeitsverhältnis mangels wirksamer Befristung als unbefristetes gilt. Und als solches ist es dann ordentlich kündbar, wie jedes andere unbefristete Arbeitsverhältnis auch; Besonderheiten, etwa aus § 16 Satz 1 TzBfG kommen dann nicht zum Tragen.[32] Unproblematisch ist die Situation ohnehin dann, wenn gemäß § 15 Abs. 3 TzBfG eine ordentliche Kündigungsmöglichkeit vereinbart war.

VI. Kündigungsmöglichkeit durch den Arbeitnehmer

18   Die Rechtsfolge des § 16 TzBfG, nämlich die Fiktion sowie die besonderen Regelungen zu der Frage, zu welchem Zeitpunkt gekündigt werden kann, ist von Gesetzes wegen, zumindest in Satz 1, einseitig angeordnet: Ist das Arbeitsverhältnis unwirksam befristet, gilt es als unbefristet, der Arbeitgeber kann jedoch eine ordentliche Kündigung mit der Besonderheit des § 16 Satz 1 TzBfG erklären. Fraglich ist, ob sich auch der **Arbeitnehmer** auf das Befristungsende berufen kann, wenn die Befristung selbst unwirksam vereinbart worden ist. Eine solche Möglichkeit ergibt sich jedoch schon bereits aus § 17 TzBfG, wonach die unwirksame Befristung als von Anfang an wirksam gilt, wenn es der Arbeitnehmer unterlässt, gegen diese rechtzeitig gerichtlich vorzugehen. Das bedeutet, dass es genügt, dass der Arbeitnehmer die Klagefrist des § 17 TzBfG verstreichen

---

28 Vgl. daher die Kommentierung dort, v.a. § 15 Rn 25ff.
29 BAG 26. Juni 1996–7 AZR 67495 – AP Nr. 23 zu § 620 BGB Bedingung; ähnlich BAG 24. September 1997–7 AZR 669/96 – AP Nr. 192 zu § 620 BGB Befristeter Arbeitsvertrag.
30 So auch Maschmann, in: Annuß/Thüsing, § 15 Rn 2; Meinel/Heyn/Helms § 15 Rn 8a.
31 KSchR/Däubler § 21 TzBfG Rn 26.
32 Im Ergebnis so auch Arnold/Gräfl/Spinner § 16 Rn 18.

lässt; gesondert kündigen muss er nicht.[33] Dafür spricht insbesondere auch der Zweck der Vorschrift, die dem **Arbeitnehmerschutz** dienen soll. Mit diesem wäre es nicht vereinbar, würde man dem Arbeitnehmer die Möglichkeit nehmen, sich auf die (unwirksame) Befristung zu berufen. Das bedeutet, der Arbeitnehmer muss auch das Recht haben, sich auf die bei Wirksamkeit der Befristung eintretenden Rechtsfolgen zu berufen.[34]

§ 17 Anrufung des Arbeitsgerichts

Will der Arbeitnehmer geltend machen, dass die Befristung eines Arbeitsvertrages rechtsunwirksam ist, so muss er innerhalb von drei Wochen nach dem vereinbarten Ende des befristeten Arbeitsvertrages Klage beim Arbeitsgericht auf Feststellung erheben, dass das Arbeitsverhältnis auf Grund der Befristung nicht beendet ist. Die §§ 5 bis 7 des Kündigungsschutzgesetzes gelten entsprechend. Wird das Arbeitsverhältnis nach dem vereinbarten Ende fortgesetzt, so beginnt die Frist nach Satz 1 mit dem Zugang der schriftlichen Erklärung des Arbeitgebers, dass das Arbeitsverhältnis auf Grund der Befristung beendet sei.

Literatur: *Backhaus*, Das neue Befristungsrecht, Sonderbeilage NZA 24/2001, 8; *Bader*, Das Gesetz zu Reformen am Arbeitsmarkt: Neues im Kündigungsschutzgesetz und im Befristungsrecht, NZA 2004, 65; *Bader*, Klagefrist bei formunwirksamen Befristungen in Arbeitsverträgen?, NZA 2000, 635; *Bauer*, Befristete Arbeitsverhältnisse unter neuen Vorzeichen, BB 2001, 2473; *Däubler*, Das geplante Teilzeit- und Befristungsgesetz, ZIP 2000, 1961; *Dörner*, Der befristete Arbeitsvertrag, München 2004; *Dörner*, Die Befristung von Arbeitsverhältnissen nach § 620 BGB und § 1 BeschFG 1996 – Rückblick und Ausblick, ZTR 2001, 485; *Hanau*, Probleme der Neuregelung der Betriebsverfassung, ZIP 2001, 1981; *Hoß/Lohr*, Befristete Arbeitsverhältnisse, MR 1998, 313; *Kania*, Die Befristung von Arbeitsverhältnissen nach dem neuen Beschäftigungsförderungsgesetz, DStR 1997, 373; *Kliemt*, Das neue Befristungsrecht, NZA 2001, 296; *Künzl*, Die Befristungsschutzklage nach § 1 Abs. 5 BeschFG 2000, ZTR 2000, 392; *Lakies*, Das Teilzeit- und Befristungsgesetz, DZWIR 2001, 1; *Löwisch*, Änderungen der Betriebsverfassung durch das Betriebsverfassungs-Reformgesetz, BB 2001, 1734; *Nehls*, Die Fortsetzung des beendeten Dienst- oder Arbeitsverhältnisses nach § 625 BGB/§ 15 Absatz 5 TzBfG, DB 2001, 2718; *Preis*, Das arbeitsrechtliche Beschäftigungsförderungsgesetz, NJW 1996, 3369; *Preis/Gotthardt*, Das Teilzeit- und Befristungsgesetz, DB 2001, 145; *Preis/Lindemann*, Mitbestimmung bei der Teilzeitarbeit und befristeter Beschäftigung, NZA-Sonderheft 2001, 33; *Richardi/Annuß*, Der neue § 623 BGB – Eine Falle im Arbeitsrecht?, NJW 2000, 1231; *Richardi/Wlotzke*, Münchener Handbuch für Arbeitsrecht. Ergänzungsband, München 2001; *Rolfs*, Erweiterte Zulässigkeit befristeter Arbeitsverträge durch das arbeitsrechtliche Beschäftigungsförderungsgesetz, NZA 1996, 1134; *Rolfs*, Schriftform der Kündigungen und Beschleunigung des arbeitsgerichtlichen Verfahrens, NJW 2000, 1227; *Schliemann*, Das Arbeitsrecht im BGB, 2. Auflage, Berlin 2002; *Trenkle*, Die Vorbehaltserklärung im Arbeitsrecht, NZA 2000, 1089; *Vossen*, Die Befristungsklage nach § 1 Abs. 5 Satz 1 BeschFG, NZA 2000, 704; *Vossen*, Die Entfristungsklage nach § 17 Satz 1 TzBfG, in: Bauer (Hrsg.), Festschrift für Peter Schwerdtner zum 65. Geburtstag, München 2003, 693; *Vossen*, Die Befristungsklage nach § 1 V 1 BeschFG 1996, NZA 2000, 704; *Wisskirchen*, Erleichterte Zulassung befristeter Arbeitsverträge nach dem Beschäftigungsförderungsgesetz, DB 1998, 722; *Worzalla/Will/Mailänder/Worch/Heise*, Teilzeitarbeit und befristete Arbeitsverträge, München

---

33 ErfKomm/Müller-Glöge § 16 TzBfG Rn 5; Meinel/Heyn/Herms, § 16 Rn 13; KSchR/Däubler § 16 Rn 7.
34 So auch Boewer, § 16 Rn 14; Ascheid/Preis/Schmidt-Backhaus, § 16 TzBfG Rn 10; Kania/Gilberg Arbeitsverträge Rn 54; aA KR/Lipke/Bader, § 16 Rn 3, die dem Arbeitnehmer die Berufung auf das unwirksame Befristungsende verwehren und eine Kündigung des Arbeitsverhältnisses durch den Arbeitnehmer für erforderlich halten, so auch RGRK/Dörner § 620 BGB Rn 158.

I. Allgemeines 1	1. Fiktionswirkung nach §§ 17 Satz 2 TzBfG, 7 1. Halbsatz KSchG 39
II. Der Anwendungsbereich 5	
III. Die Klage nach § 17 Satz 1 TzBfG 15	
1. Der Klageantrag 16	2. Die entsprechende Anwendung der §§ 5 und 6 KSchG gemäß § 17 Satz 2 TzBfG 41
2. Die Klagefrist im Regelfall, § 17 Satz 1 TzBfG 26	
	a) § 5 KSchG 42
3. Die Klagefrist im Fall des § 17 Satz 3 TzBfG 35	b) § 6 KSchG 45
IV. Rechtsfolgen 38	V. Darlegungs- und Beweislast .. 46

I. Allgemeines

1 § 17 TzBfG enthält die zentrale prozessuale Bestimmung des Gesetzes, die unmittelbar an ihre Vorgängerregelung in **§ 1 Abs. 5 BeschFG** anknüpft. Diese wird durch § 17 TzBfG ersetzt.[1] Satz 3 der Vorschrift stellt demgegenüber eine Ergänzung gegenüber der alten Rechtslage dar. Galt bis zur Vorgängerregelung in § 1 Abs. 5 BeschFG noch der Grundsatz, dass der Arbeitnehmer, der die Unwirksamkeit einer Befristungsabrede geltend machen wollte, überhaupt keine Klagefrist einhalten müsse, enthält nunmehr § 17 TzBfG vor allem eine **Präklusionsfrist**; auf diesem Wege war schon von § 1 Abs. 5 BeschFG 1985 die bislang einzige Möglichkeit, sein Klagerecht „zu verlieren", nämlich die sehr umständlich begründbare Verwirkung,[2] abgelöst worden. In Unterschied zu der Vorgängerregelung gilt die Präklusionsfrist des § 17 TzBfG jedoch nunmehr sowohl für den befristeten als auch – über die Verweisung in § 21 TzBfG – für den auflösend bedingten Arbeitsvertrag.

2 Nach § 17 TzBfG muss daher die Unwirksamkeit einer Befristungsabrede innerhalb von drei Wochen durch Klage beim Arbeitsgericht geltend gemacht werden. Wird die Klage nicht innerhalb der Dreiwochenfrist erhoben, ist die Befristung (bzw entsprechend: ist die auflösende Bedingung) wirksam, wie sich aus dem Verweis auf § 7 KSchG ergibt. Dabei ist zu beachten, dass § 17 TzBfG, wie schon die Vorgängernorm, eine **materiell-rechtliche Ausschlussfrist** enthält, wie dies auch bei § 7 KSchG der Fall ist.[3] Das heißt, auf ihre Einhaltung muss das Arbeitsgericht achten, ohne dass der Arbeitgeber auf die Versäumung seitens des klagenden Arbeitnehmers hinweisen bzw sich auf diese berufen muss. Die Folge der **Versäumung der Frist** ist daher auch hier, dass die Klage nicht als unzulässig, sondern als unbegründet abzuweisen ist.[4] Weitgehend ist, wie schon hier deutlich wird, das Klageverfahren im Befristungsrecht an dasjenige im Kündigungsschutzrecht angeglichen; die Anwendbarkeit der §§ 5 bis 7 KSchG, die von § 17 Satz 2 TzBfG angeordnet ist, ist daher folgerichtig.

3 Eine besondere Regelung zur **Fristberechnung** bzw zum Fristbeginn enthält § 17 Satz 3 TzBfG, der für den Fall gilt, dass der Arbeitnehmer nach der Beendigung

---

[1] So dass aufgrund der wörtlichen Übereinstimmung auch auf ältere Rechtsprechung (mit Vorsicht) zurückgegriffen werden kann, so auch Vossen, FS Schwerdtner, 694.
[2] Dazu noch BAG 7. März 1980–7 AZR 177/78 – AP Nr. 54 zu § 620 Befristeter Arbeitsvertrag.
[3] So die allgemeine Meinung, s. nur ErfKomm/Müller-Glöge § 17 TzBfG Rn 13; Maschmann in: Annuß/Thüsing, § 17 Rn 1; Dörner, Arbeitsvertrag Rn 981; Rolfs NZA 1996, 1136; Vossen, NZA 2000, 707; Künzl ZTR 2000, 392.
[4] Ascheid/Preis/Schmidt-Backhaus, § 17 TzBfG Rn 17.

des Arbeitsverhältnisses weiter arbeitet und der Arbeitgeber dieser Weiterarbeit unverzüglich gemäß § 15 Abs. 5 TzBfG widerspricht. Denn dann beginnt die Klagefrist erst mit dem Zeitpunkt des Zugangs der schriftlichen Widerspruchserklärung zu laufen.

Der **Normzweck** der Präklusionsvorschrift des § 17 TzBfG liegt, wie stets bei einer Anordnung einer derartigen Frist, vor allem in der beabsichtigten Rechtssicherheit und Rechtsklarheit: Es soll, nach Ablauf einer verhältnismäßig kurzen Zeitdauer, für alle Beteiligten klar sein und klar werden, was gilt und was Recht ist. Daher ist, sobald die drei Wochen abgelaufen sind, die Rechtslage eindeutig geklärt: Ist die Frist nicht zur Klageerhebung genutzt worden, ist die Befristung als wirksam anzusehen. Es besteht dann abschließende Klarheit über den Rechtszustand zwischen den beiden Parteien.[5]

4

II. Der Anwendungsbereich

§ 17 TzBfG enthält eine Regelung, die auf sämtliche Befristungsabreden Anwendung findet.[6] Sie gilt somit unterschiedslos für die kalendermäßige Befristung, die Zweckbefristung, die Befristung mit und diejenige ohne Sachgrund. Die Präklusionsfrist gilt darüber hinaus, als allgemeine Vorschrift, auch für Befristungen, die auf **Sondergesetzen** beruhen, also etwa für solche nach § 57a HRG oder den Nachfolgeregelungen im WissZeitVG oder nach § 21 BEEG; Gleiches gilt für Befristungen, die ihre Grundlage in **tarifvertraglichen Normen** haben. Infolge der Regelung in § 21 TzBfG gilt die Frist auch für auflösende Bedingungen; der Streit, der in diesem Zusammenhang noch im Rahmen der Vorgängerregelung bestand, ist damit überholt.[7]

5

Ist somit die Vorschrift des § 17 TzBfG auf alle Befristungsabreden anwendbar, ist umstritten, ob sie auch für die Befristung – oder auflösende Bedingung – nur **einzelner Vertrags-** bzw **Arbeitsbedingungen** Anwendung findet. Zum Teil wird dies ausdrücklich bejaht;[8] begründet wird die Anwendung der Klagefrist auf diese Fälle vor allem mit einem (vermeintlichen) Wertungswiderspruch, der bestünde, müsse der Arbeitnehmer den Verlust des gesamten Arbeitsvertrags innerhalb von drei Wochen nach dem vereinbarten Laufzeitende vor dem Arbeitsgericht angreifen, wohingegen er den Verlust einzelner Bedingungen zeitlich unbegrenzt angehen dürfe. Die Parallelwertung zu § 4 KSchG sowie der Verweis in § 17 Satz 2 TzBfG auf § 7 KSchG sprächen zudem ebenfalls dafür, die Klagefrist des § 17 TzBfG auch auf die Befristung einzelner Arbeitsbedingungen anzuwenden.[9] Diese weite **Auslegung** der Vorschrift ist jedoch nicht überzeugend. Man wird vielmehr davon auszugehen haben, dass die Befristung einzelner

6

---

5   Zu diesem Regelungszweck s. auch BT-Drucks. 13/4612 S. 13; näher auch BAG 23. Januar 2002–7 AZR 563/00 – AP Nr. 12 zu § 1 BeschFG 1996; Sievers, § 17 Rn 1.
6   Vgl. umfassend zu dem Anwendungsbereich der Vorschrift Vossen, FS Schwerdtner, 694.
7   S. dazu etwa BAG 23. Februar 2000–7 AZR 906/98 – AP Nr. 25 zu § 1 BeschFG 1996.
8   Maschmann, in: Annuß/Thüsing, § 17 Rn 2.
9   Maschmann, in: Annuß/Thüsing, § 17 Rn 2; Ascheid/Preis/Schmidt-Backhaus, § 17 TzBfG Rn 6.

Arbeitsbedingungen nicht in den Anwendungsbereich der Vorschrift fällt.[10] Für diese Ansicht, dass § 17 TzBfG auf die Befristung einzelner Vertragsbedingungen nicht anwendbar ist, lässt sich zunächst der Wortlaut der Vorschrift anführen, der von der „Befristung des Arbeitsvertrags" spricht. Damit liegt nahe, dass nur solche Abreden von der Dreiwochenfrist des § 17 TzBfG erfasst sind und entsprechend beanstandet werden müssen, die zu einer Beendigung des gesamten Arbeitsvertrags führen. Ergänzend spricht systematisch für eine enge Auslegung der Vorschrift, dass in ihr eine dem § 4 KSchG entsprechende Unterscheidung zwischen Voll- und Teilbefristung fehlt. Schließlich führt auch die teleologische Auslegung zu diesem Schluss: Die Vorschrift verfolgt in erster Linie das Ziel der Rechtssicherheit und Rechtsklarheit; insbesondere der Arbeitnehmer – der im Zentrum der Schutzintention des gesamten Gesetzes steht – soll durch die kurze Klagefrist schnell Gewissheit über den Fortbestand des ganzen Arbeitsverhältnisses haben. Weil nämlich für den Arbeitnehmer der (Fort-)Bestand des Arbeitsverhältnisses bzw dessen Nichtfortbestand fundamental ist, soll die kurze Frist zu einer raschen Klärung führen. Dies ist jedoch bei der Befristung nur einzelner Vertragsbedingungen nicht in gleichem Maße erforderlich. Daher ist es hier auch nicht geboten, die Klagefrist derart zu verkürzen, was an sich ja immer auch einen Eingriff darstellt, der einer Rechtfertigung bedarf. Eine solche ist bei Befristungen, die den Bestand des gesamten Arbeitsverhältnisses betreffen, zu bejahen, bei nur einzelnen Vertragsbedingungen hingegen nicht. Infolgedessen handelt es sich bei einer Klage zur Überprüfung einzelner Vertragsbedingungen um eine allgemeine Feststellungsklage nach § 256 ZPO.[11]

7 § 17 TzBfG erfasst nicht nur sämtliche Befristungen, sondern erfasst sind zudem sämtliche Gründe, die zur Unwirksamkeit der Befristung führen können, also sowohl solche, die sich aus dem TzBfG selbst ergeben als auch solche, die außerhalb des Gesetzes begründet sind.[12] Das bedeutet, dass insbesondere auch die Unwirksamkeit der Befristung aufgrund eines Verstoßes gegen das **Schriftformerfordernis** innerhalb der kurzen Klagefrist zu rügen ist; damit hebt sich § 17 TzBfG in seinem Anwendungsbereich in diesem Punkt deutlich von § 4 KSchG ab.[13] Sofern gelegentlich vertreten wird, hinsichtlich des **Anwendungsbereichs** müsse insofern eine Einschränkung vorgenommen werden, als eine Unwirksamkeit, die sich aus einem besonders schwerwiegenden Rechtsverstoß ergebe, auch noch nach Ablauf der Dreiwochenfrist gerügt werden könne, ist dies nicht überzeugend.[14] Hier ist dem Ziel der Rechtssicherheit und Rechtsklarheit der Vorzug zu geben, die nicht mehr gewährleistet wären, würde man beginnen, Ausnahme um Ausnahme zuzulassen, die ihrerseits (Was ist ein „besonders schwerwiegen-

---

10 So auch die ganz überwiegende Ansicht, s. etwa BAG 14. Januar 2004–7 AZR 213/03 – AP Nr. 10 zu § 14 TzBfG; ErfKomm/Müller-Glöge § 17 TzBfG Rn 6; Mestwerdt in: HK-KSchG, § 17 TzBfG Rn 19; KR/Lipke/Bader, § 17 TzBfG Rn 17; Boewer, § 17 Rn 6; Meinel/Heyn/ Herms, § 17 Rn 2; Dörner, Arbeitsvertrag Rn 996.
11 So auch BAG 23. Januar 2002–7 AZR 563/00 – AP Nr. 12 zu § 1 BeschFG 1996; Meinel/ Heyn/Herms, § 17 Rn 2.
12 S. auch Gesetzesbegründung, BT-Drucks. 14/4374 S. 21, zur Ausnahme der Unwirksamkeit infolge mangelnder Bestimmtheit s. § 17 Rn 9.
13 LAG Düsseldorf 26. September 2002–5 Sa 748/02 – NZA-RR 2003, 175; Mestwerdt in: HK-KSchG, § 17 TzBfG Rn 17; Arnold/Gräfl/Spinner § 17 Rn 4; Ascheid/Preis/Schmidt-Backhaus, § 17 TzBfG Rn 8.
14 So aber KSchR/Däubler § 17 TzBfG Rn 3; ders. ZIP 2000, 1968 mit Verweis auf einen Verstoß gegen das Diskriminierungsverbot bzw die guten Sitten.

der Rechtsverstoß"?) unklar sind. Daher verbleibt es bei der ausnahmslosen Geltung der Frist für alle Unwirksamkeitsgründe.

Sind somit sämtliche Unwirksamkeitsgründe erfasst, kann die Vorschrift aber nicht so weit ausgelegt werden, dass die Präklusionsfrist auch noch für Klagen gilt, ob überhaupt eine Befristungsabrede getroffen wurde. Die Dreiwochenfrist gilt somit für Klagen mit einem derartigen Streitgegenstand nicht.[15] Zwar wird diesbezüglich auch vertreten, die Dreiwochenfrist gelte auch dann, wenn der Arbeitgeber bestreitet, einen unbefristeten Arbeitsvertrag geschlossen zu haben, also für die Fälle, in denen es um eine **fehlende Befristungsabrede** als solche geht.[16] Doch spricht schon der Wortlaut dagegen, auch diesen Streit der Frist des § 17 TzBfG zu unterwerfen: Denn dieser verpflichtet den Arbeitnehmer nur dann zur Einhaltung der Klagefrist, wenn er die Unwirksamkeit der Befristung geltend machen möchte – dies setzt aber gerade eine Befristungsabrede voraus. § 17 TzBfG ist demzufolge bei einem Streit darüber, ob überhaupt eine Befristung vorliegt, unanwendbar, da es nicht um die Wirksamkeit einer Befristung, sondern um deren Existenz geht. Folglich muss der Arbeitnehmer dann, wenn er festgestellt wissen möchte, dass mangels einer Befristung ein unbefristetes Arbeitsverhältnis zustande gekommen ist, eine **allgemeine Feststellungsklage** gemäß § 256 Abs. 1 ZPO in Verbindung mit § 495 ZPO, § 46 Abs. 2 Satz 1 ArbGG erheben.[17] Rein vorsorglich ist ihm zusätzlich zu raten, diese Feststellungsklage im Wege der objektiven Klagehäufung mit einem Feststellungsantrag nach § 17 Satz TzBfG zu verbinden; dies ist insbesondere dann vorteilhaft, wenn sich im Rahmen der allgemeinen Feststellungsklage herausstellt, dass doch eine Befristungsabrede vorhanden ist, deren Unwirksamkeit dann (hilfsweise bzw zusätzlich) geltend gemacht werden soll.[18]

Vergleichbar kommt die Frist des § 17 TzBfG auch dann nicht zur Anwendung, wenn der Arbeitnehmer geltend machen will, die Befristungsabrede bzw die Vereinbarung einer auflösenden Bedingung seien **nicht hinreichend bestimmt**.[19] Zwar ist der Gegenauffassung zuzugeben, dass auch eine nicht ausreichend bestimmte Befristung eine unwirksame Befristung darstellt,[20] so dass prinzipiell § 17 TzBfG eingreifen müsste.[21] Doch kann dies für die besondere Situation, in der die Unwirksamkeit sich aus der mangelnden Bestimmtheit ergibt, regelmäßig nicht gelten, da die Verkürzung der Klagefrist und damit die Präklusion hier schon tatbestandlich nicht eingreifen können: Diese knüpfen nämlich an das vereinbarte Ende des befristeten Arbeitsvertrags an, doch gerade dies ist in diesem Fall nicht auszumachen. Folglich kann schon die Frist als solche nicht zu laufen beginnen, so dass die Präklusion in diesem Zusammenhang nicht zur Geltung

---

15 BAG 20. Februar 2002–7 AZR 662/00 – ZTR 2002, 439; Ascheid/Preis/Schmidt-Backhaus, § 17 TzBfG Rn 15; Boewer, § 17 Rn 10; Dörner, Arbeitsvertrag Rn 995; KR/Lipke/Bader, § 17 TzBfG Rn 5; Meinel/Heyn/Herms, § 17 Rn 6; Sievers, § 17 Rn 4.
16 So von Maschmann, in: Annuß/Thüsing, § 17 Rn 3; KR/Spilger § 623 BGB Rn 221.
17 So auch Vossen, FS Schwerdtner, 2003, 696.
18 Vgl. Sievers, § 17 Rn 13.
19 Wie hier auch Ascheid/Preis/Schmidt-Backhaus, § 17 TzBfG Rn 14; Boewer, § 17 Rn 8; Sievers, § 17 Rn 5; ErfKomm/Müller-Glöge § 17 TzBfG Rn 6; Vossen, FS Schwerdtner, 2003, 697; aA; Maschmann, in: Annuß/Thüsing, § 17 Rn 3; KR/Lipke/Bader, § 17 TzBfG Rn 5.
20 Vgl. auch Kommentierung zu § 3 Rn 9.
21 Vgl. oben § 17 Rn 7, wonach sämtliche Unwirksamkeitsgründe erfasst sind.

kommen kann, mithin auch die Regelung in § 17 Satz 1 TzBfG leer läuft.[22] Auch passen das Klageziel sowie der punktuelle Streitgegenstand nicht: § 7 1. **Halbsatz KSchG**, der gemäß § 17 Satz 2 TzBfG zur Anwendung kommt, fingiert nämlich nur, dass der Arbeitsvertrag wirksam befristet wurde, nicht aber, dass das Arbeitsverhältnis aufgrund der wirksamen Befristung beendet worden ist.[23] Der Arbeitnehmer kann dann jedoch im Wege der allgemeinen Feststellungsklage gemäß § 256 ZPO vorgehen und vom Gericht feststellen lassen, dass zwischen ihm und dem Arbeitgeber ein unbefristetes Arbeitsverhältnis besteht. Die Klagefrist des § 17 Satz 1 TzBfG kann bei einer unbestimmten Fassung allenfalls dann zur Anwendung kommen, wenn der Arbeitgeber gemäß § 15 Abs. 2 TzBfG eine Mitteilung an den Arbeitnehmer macht, dass das Befristungsende bevorstehe. Damit würde die bislang noch unklare Befristung insoweit konkretisiert, dass dann auch der Fristbeginn feststellbar ist – in diesen Fällen wären vom Arbeitnehmer also die drei Wochen zu beachten.[24]

10 Ebenso wenig findet die Klagefrist Anwendung, wenn nicht über die Rechtswirksamkeit einer Befristung Streit besteht, sondern darüber, ob die **auflösende Bedingung**, für die § 17 TzBfG ja ebenfalls gilt,[25] auch tatsächlich eingetreten bzw ob der Zweck, dessen Erreichung das Fristende bewirken sollte, auch tatsächlich erreicht ist. Denn in diesen Fällen geht es allein um eine tatsächliche Frage, nicht darum, ob die Regelung rechtswirksam ist, also etwa ein entsprechender Sachgrund für sie vorliegt.[26] Auch hier steht dem Arbeitnehmer allein die allgemeine Feststellungsklage offen, ohne Rücksicht auf (die Frist des) § 17 TzBfG.[27] Allenfalls kann in diesen Fällen dann noch der **Grundsatz der Verwirkung** zur Anwendung kommen. Schließlich greift die Präklusionsfrist auch dann nicht ein, wenn der Arbeitnehmer festgestellt haben möchte, dass allein aufgrund einer widerspruchslosen Fortsetzung eines befristeten Arbeitsverhältnisses ein unbefristetes entstanden ist, wenn es also um die Rechtsfolge gemäß § 15 Abs. 5 ZPO geht. Auch hier geht es nämlich um eine allgemeine Feststellungsklage nach § 256 ZPO, die zum Ziel hat, das Bestehen eines unbefristeten Arbeitsvertrages, nicht darum, die Unwirksamkeit einer Befristungsklausel festzustellen.[28]

11 Besondere Beachtung verdienen im Zusammenhang mit § 17 Satz 1 TzBfG schließlich noch die so genannten, in der Rechtsprechung und Literatur schon seit langem umstrittenen und diskutierten „**Kettenarbeitsverhältnisse**". Schließen die Parteien mehrfach befristete Arbeitsverhältnisse hintereinander ab, ist nach ständiger Rechtsprechung (seit 1985) für die Frage, ob ein Sachgrund für eine Befristung vorliegt, allein noch der letzte befristete Arbeitsvertrag auf seine Rechtmäßigkeit hin zu untersuchen.[29] Die Parteien bringen nämlich, so die

---

22 So auch Boewer, § 17 Rn 9; Ascheid/Preis/Schmidt-Backhaus, § 17 TzBfG Rn 9.
23 BAG 16. April 2003–7 AZR 119/02 – AP Nr. 2 zu § 17 TzBfG.
24 ähnlich auch Meinel/Heyn/Herms, § 17 Rn 6a.
25 Vgl. oben § 17 Rn 1.
26 So auch Bayreuther in: Rolfs/Giesen, BeckOK § 17 Rn 3; MünchKommBGB/Hesse, § 17 TzBfG Rn 4.
27 So auch BAG 23. Juni 2004–7 AZR 440/03 – AP Nr. 5 zu § 17 TzBfG.
28 So auch Boewer, § 17 Rn 27; Meinel/Heyn/Herms, § 17 Rn 6b; Ascheid/Preis/Schmidt-Backhaus, § 17 TzBfG Rn 35; KR/Lipke/Bader, § 17 TzBfG Rn 27; aA KSchR-Däubler § 17 TzBfG Rn 6.
29 BAG 11. Dezember 1985–7 AZR 329/84 – AP Nr. 100 zu § 620 BGB Befristeter Arbeitsvertrag; BAG 13. Oktober 2004–7 AZR 218/04 – NZA 2005, 401; BAG 10. März 2004–7 AZR 402/03 – AP Nr. 11 zu § 14 TzBfG.

rechtstechnische Vorstellung, mit der erneuten Befristung zum Ausdruck, dass sie ihre Vertragsbeziehung gleichsam auf neue Beine stellen wollen, dass also allein der jüngste, neue Vertrag für das zwischen ihnen Geltende maßgeblich sein soll. Zugleich heben die beiden Vertragsparteien regelmäßig, das heißt soweit sie nichts anderes vereinbaren, ein etwaiges unbefristetes Arbeitsverhältnis auf, das entstanden wäre, sollte die vorherige Befristung unwirksam gewesen sein.[30]

Letztlich wird diese Rechtsprechung auch durch die Bestimmung des § 17 Satz 1 TzBfG gestützt und bestätigt: Wenn nämlich nach drei Wochen vorherige Arbeitsverhältnisse wegen des Fristablaufs nicht mehr angreifbar sind, so ist dies im Ergebnis identisch mit der Vorstellung, dass die Parteien ihre Vertragsbeziehung durch einen neuen befristeten Vertrag neu ordnen wollen.[31] Fraglich ist jedoch, wie in **Zweifelsfällen** zu entscheiden ist. Gemeint ist hier die Situation, dass der Arbeitnehmer zwar einen befristeten Folgevertrag unterschreibt bzw eingeht, aber gleichwohl die vorherige Befristung überprüfen lassen will. Abdingbar ist § 17 Satz 1 TzBfG jedenfalls nicht.[32] Doch heißt dies nicht, dass der Arbeitnehmer eine gerichtliche Überprüfung beantragen *muss*. Er kann sicherlich freiwillig auf die Klage nach § 17 TzBfG verzichten. Doch darf ein solcher Verzicht wiederum nicht vorschnell allein in der Unterschrift unter einen neuen Arbeitsvertrag gesehen werden. Denn hier wird es dem Arbeitnehmer zumeist allein darum gehen, weiterhin (zumindest befristet) beschäftigt zu sein, nicht darum, konkludent auf seine Klagemöglichkeit zu verzichten. Das bedeutet, allein der Abschluss eines **Folgevertrags** verwehrt es dem Arbeitnehmer nicht, sich innerhalb der drei Wochen für die Überprüfung des alten Arbeitsvertrags zu entscheiden. Hier wird man die ständige Rechtsprechung im Licht der Bestimmung des § 17 TzBfG auszulegen haben. 12

Wenn auch die Parteien also ihre Vertragsbeziehung nur noch auf die neue Vereinbarung stützen und das Alte hinter sich lassen wollen, so kann, muss aber darin nicht notwendigerweise ein **Verzicht des Arbeitnehmers auf die Möglichkeit der Klageerhebung** liegen. Verzichtet er nicht, etwa indem er ausdrücklich oder auch konkludent einen **Vorbehalt** erhebt,[33] dem zufolge er eine Überprüfung des vorherigen trotz des Abschlusses eines neuen Arbeitsvertrages beabsichtigt, steht ihm diese Klagemöglichkeit nach dem unabdingbaren § 17 Satz 1 TzBfG innerhalb der Dreiwochenfrist nach Ablauf des alten Vertrags offen. Ein solcher konkludenter Vorbehalt, den auch die Rechtsprechung trotz ihres Ansatzes stets anerkannt hat[34] ist insbesondere darin zu sehen, dass die Klage zur Überprüfung der Rechtswirksamkeit der vorherigen Befristung bereits anhängig, also dem Arbeitgeber bereits zugestellt war.[35] Ist die Klage noch nicht zugestellt, genügt ein bloßer Vorbehalt aufgrund der Regelung des § 17 TzBfG nun nicht mehr – vielmehr muss der Arbeitnehmer, zusätzlich zu dem Vorbehalt, der ja allein dazu dient, dem Arbeitgeber zu signalisieren, dass eine Überprüfung des 13

---

30 BAG 10. März 2004–7 AZR 402/03 – AP Nr. 11 zu § 14 TzBfG.
31 ähnlich ErfKomm/Müller-Glöge § 17 TzBfG Rn 7.
32 So zu Recht Rolfs § 17 Rn 6.
33 Zu den möglichen Vorbehalten s. Trenkle NZA 2000, 1091.
34 S. nur BAG 13. Oktober 2004–7 AZR 218/04 – NZA 2005, 401; BAG 10. März 2004–7 AZR 402/03 – AP Nr. 11 zu § 14 TzBfG; insgesamt kritisch zur Rechtsprechung Bayreuther in: Rolfs/Giesen, BeckOK § 17 TzBfG Rn 7.
35 BAG 10. März 2004–7 AZR 402/03 – AP Nr. 11 zu § 14 TzBfG.

vorherigen Vertrages trotz des vereinbarten „Auf-neue-Beine-Stellens" noch erfolgen soll, dann auch noch innerhalb der Dreiwochenfrist die Klage nach § 17 TzBfG erheben. Der Vorbehalt allein genügt hier nicht. Er ist mithin letztlich eher deklaratorischer Natur.

14 Jedenfalls überprüfbar ist, auch bei Kettenarbeitsverträgen, der vorherige Vertrag dann, wenn es sich bei dem neuen Vertrag lediglich um einen so genannten **„Annex-Vertrag"** handelt, also nicht einen eigentlichen Neuabschluss, sondern nur um einen unselbstständigen Annex, eine nachlaufende Fortsetzung des bisherigen Vertrages. Hier hat die Rechtsprechung schon seit jeher eine Überprüfung des vorherigen Vertrages zugelassen.[36] Dies ist etwa der Fall, wenn noch **Restarbeiten** erledigt werden sollen, zu dessen Ausführung noch einmal eine (Zweck-)Befristung vereinbart wird. In diesen Fällen, die inhaltlich eine geringfügige Anpassung der ursprünglich vereinbarten Vertragszeitdauer an veränderte Umstände darstellen, der Sachgrund für die Befristung aber derselbe bleibt,[37] endet das befristete Arbeitsverhältnis mit Auslaufen der ursprünglichen Frist bzw mit Erreichen des ursprünglich vereinbarten Zwecks, so dass für dessen mögliche Überprüfung – hier haben die Parteien nicht ihre Vertragsbeziehungen auf neue Beine stellen und das vorherige Rechtsverhältnis endgültig abhaken wollen – die Klagefrist des § 17 Satz 1 TzBfG gilt, beginnend mit der ursprünglichen Zweckerreichung.[38] Diese ist dann jedoch jedenfalls einzuhalten; wird sie versäumt, ist die Befristung des vorherigen befristeten Arbeitsvertrags rechtswirksam.

III. Die Klage nach § 17 Satz 1 TzBfG

15 Möchte der Arbeitnehmer die Rechtsunwirksamkeit einer Befristung gerichtlich überprüfen lassen, muss er eine Klage nach § 17 TzBfG erheben. Dabei ist zunächst abhängig von dem angestrebten Ziel des Arbeitnehmers darauf zu achten, welchen **Klageantrag** er stellt;[39] darüber hinaus ist entscheidend, wie die dreiwöchige Klagefrist im Einzelnen zu handhaben ist. Dies gilt für den „Normal- bzw Regelfall" nach § 17 Satz 1 TzBfG[40] in gleicher Weise wie für die besondere Situation, in der das Arbeitsverhältnis nach Fristablauf fortgesetzt wird, was Gegenstand der Regelung in § 17 Satz 3 TzBfG ist.[41] Schließlich hat das Gesetz noch die Regelungen der §§ 5 bis 7 KSchG für anwendbar erklärt, § 17 Satz 2 TzBfG.[42]

1. Der Klageantrag

16 Der Klageantrag, der vom Arbeitnehmer zu stellen ist, wird durch die Bestimmung in § 17 Satz 1 TzBfG schon im Wesentlichen vorgegeben. Nach dieser Vorschrift richtet sich die Entfristungsklage auf die **Feststellung**, „dass das Arbeits-

---

36 BAG 31. Januar 1990–7 AZR 125/89 – AP Nr. 1 zu § 57b HRG.
37 BAG 15. Februar 1995–7 AZR 680/94 – AP Nr. 166 zu § 620 BGB Befristeter Arbeitsvertrag.
38 Dazu auch BAG 25. August 2004–7 AZR 7/04 – NZA 2005, 357.
39 Dazu § 17 Rn 16.
40 Vgl. § 17 Rn 26.
41 Dazu § 17 Rn 35.
42 Dazu § 17 Rn 39.

verhältnis aufgrund der Befristung nicht beendet ist" Mit dieser Formulierung, die eng an diejenige des § 4 KSchG angelehnt ist, macht das Gesetz – wie auch dort – deutlich, dass ihm ein punktueller Streitgegenstand vorschwebt. Das bedeutet, dass Streitgegenstand der Entfristungsklage allein eine einzelne, ganz bestimmte Befristungsabrede ist, deren Unwirksamkeit festgestellt werden soll.[43] Es geht somit in der Klage – und daher auch im Antrag bzw. in der Urteilsformel – ausschließlich um den Streit(gegenstand), ob das Arbeitsverhältnis durch die zu einem bestimmten Zeitpunkt vereinbarte Befristung und somit zu dem in dieser Vereinbarung genannten Termin ausgelaufen ist.[44]

Je nach Befristungsart und je nach Fallgestaltung lassen sich infolgedessen unterschiedliche Klageanträge formulieren: Soll die Unwirksamkeit einer **kalendermäßigen Befristung** festgestellt werden, empfiehlt sich für den Klageantrag eine Formulierung wie: „Es wird beantragt festzustellen, dass das Arbeitsverhältnis zwischen der Arbeitnehmerin X und dem Arbeitgeber Y nicht aufgrund der kalendermäßigen Befristung gemäß dem Vertrag vom 24. Mai 2005 zum 30. November 2005 beendet wurde".[45] Aufgrund der engen gesetzlichen Vorgaben und der Strahlkraft der punktuellen Streitgegenstandstheorie muss in dem Klageantrag jedenfalls eindeutig erkennbar sein, gegen welche konkrete Befristungsbestimmung sich die Klage richtet; sind mehrere Befristungsabreden in Streit, sind alle einzeln anzugeben.

Bei einer **Zweckbefristung** wiederum kann der Klageantrag darauf gerichtet sein festzustellen, „dass das Arbeitsverhältnis zwischen dem Arbeitnehmer X und dem Arbeitgeber Y nicht aufgrund der vereinbarten Zweckbefristung ‚Erstellung eines Werbetrailers für die Z-AG' gemäß dem Vertrag vom 24. Mai 2005 zum 30. November 2005 beendet wurde". Vergleichbar würde es sich als Klageantrag bei einer für unwirksam gehaltenen auflösenden Bedingung lesen, dem zufolge festzustellen ist, „dass das Arbeitsverhältnis zwischen dem Arbeitnehmer X und dem Arbeitgeber Y nicht durch den Eintritt der auflösenden Bedingung ‚Abschluss der Arbeiten zum Werbetrailer für die Z-AG' gemäß dem Vertrag vom 24. Mai 2005 zum 30. November 2005 beendet wurde."

Bis zum Inkrafttreten des § 17 TzBfG (bzw seiner Vorgängernorm im BeschFG) war regelmäßig noch im Klageantrag ein zweiter Streitgegenstand formuliert, nämlich – um bei den vorangehenden Beispielen zu bleiben – die Formulierung „sondern dass das Arbeitsverhältnis über den 30. November 2005 hinaus als unbefristetes Arbeitsverhältnis fortbesteht". Eine derartige **Erweiterung des Klageantrages** ist heute infolge der Regelung des § 17 TzBfG nicht mehr erforderlich, will der Kläger allein festgestellt wissen, dass die Befristung unwirksam ist. Denn diese Feststellung führt dann ohnehin unwillkürlich zu der erwünschten Folge, dass stattdessen ein unbefristetes Rechtsverhältnis besteht. Dies folgt aus dem punktuellen Streitgegenstand der Klage, infolgedessen bei einem stattgebenden Urteil zugleich darüber entschieden wird, dass jedenfalls zum streitigen **Auflösungszeitpunkt** ein Arbeitsverhältnis zwischen den Parteien bestanden hat –

---

43 KR/Lipke/Bader, § 17 TzBfG Rn 11; Arnold/Gräfl/Spinner § 17 Rn 10; Mestwerdt in: HK-KSchG, § 17 TzBfG Rn 5; HWK/Schmalenberg § 17 TzBfG Rn 8; Bayreuther in: Rolfs/Giesen, BeckOK § 17 TzBfG Rn 20.
44 BAG 16. April 2003–7 AZR 119/02 – AP Nr. 2 zu § 17 TzBfG; BAG 22. März 2000–7 AZR 581/98 – AP Nr. 1 zu § 1 BeschFG 1996.
45 S. etwa BAG 28. Juni 2000–7 AZR 920/98 – AP Nr. 2 zu § 1 BeschFG 1996.

welches dann infolge der Bestimmung des § 16 TzBfG unbefristet ist.[46] Es handelt sich in diesem Fall insofern allein um die Klarstellung der aus der festzustellenden Unwirksamkeit ohnehin sich ergebenden Rechtsfolge.[47]

20 Wie bereits zu Geltungszeiten der vorherigen Rechtslage ist jedoch auch unter Geltung des §17 TzBfG eine solche Erweiterung des Klageantrags möglich, sofern die Voraussetzungen der **objektiven Klagehäufung** gegeben sind. Dann ist jedoch zu unterscheiden bzw durch Auslegung des Klageantrags (in Verbindung mit seiner Begründung) zu ermitteln, was der Kläger genau beantragen wollte. Denkbar ist zum einen, dass er, wie soeben dargestellt, noch – sozusagen in altem Denken verhaftet – wie früher routinemäßig den Zusatz „sondern fortbesteht" angefügt hat und damit allerdings nur die Rechtsfolge deutlich machen möchte, die bei (festgestellter) Unwirksamkeit der streitgegenständlichen Befristung ohnehin eintritt.[48] Denkbar ist zum anderen aber auch, dass der Kläger mit diesem derart formulierten Antrag zugleich auch einen eigenständigen, zweiten Klageantrag stellen möchte, der eine allgemeine Feststellungsklage nach § 256 ZPO darstellt. Eine solche Verbindung ist – als objektive Klagehäufung gemäß § 260 ZPO – grundsätzlich zulässig,[49] sie müsste sich jedoch durch **Auslegung** des Klageantrags aber auch als solche ergeben. So spricht etwa für einen zweiten (Feststellungs-)Antrag, dass zwischen den Parteien auch noch Streit darüber herrscht, ob das Arbeitsverhältnis aufgrund eines anderen Befristungstatbestandes als der zwischen den Parteien streitigen Befristungsabrede sein Ende gefunden hat, ähnlich, wenn auch noch streitig zwischen ihnen ist, zu welchem Zeitpunkt das Arbeitsverhältnis beendet worden sein soll.[50] Ist also außer der Befristung noch ein weiterer Beendigungstatbestand in Streit oder droht ein Streit hierüber und kann dies auch der Klageschrift bzw Klagebegründung entnommen werden, wird dies regelmäßig dafür sprechen, dass der Kläger zusätzlich zu dem Antrag nach § 17 TzBfG auch noch einen weiteren Antrag im Rahmen einer allgemeinen Feststellungsklage gemäß § 256 ZPO stellen wollte.[51] Das heißt, ein derartiger zusätzlicher Antrag empfiehlt sich insbesondere dann, wenn der klagende Arbeitnehmer zu befürchten hat, dass der Beklagte überraschend weitere Beendigungstatbestände in den Prozess einführt, wie eine zwischenzeitlich ausgesprochene (und auch mögliche, vgl § 15 Abs. 3 TzBfG) Kündigung.[52]

21 Dann ist jedoch von entscheidender Bedeutung, dass der Kläger für diese allgemeine Feststellungsklage noch ein **besonderes Feststellungsinteresse** deutlich werden lassen muss. Liegt dieses nämlich bei einer Klage nach § 17 TzBfG schon

---

46 S. auch Boewer, § 17 Rn 35; Vossen, FS Schwerdtner, 2003, 701; ErfKomm/Müller-Glöge § 17 TzBfG Rn 18.
47 BAG 22. Juni 2005–7 AZR 363/04 – EzBAT Nr. 17 zu SR 2y BAT TzBfG; BAG 20. April 2004–7 AZR 293/ 04 – NZA 2005, 933.
48 Vgl. soeben § 17 Rn 19; s. auch Ascheid/Preis/Schmidt-Backhaus, § 17 TzBfG Rn 71; Sievers, § 17 Rn 1; zu der parallelen Situation im § 4 KSchG aus der Rechtsprechung etwa BAG 16. März 1994–8 AZR 97/93 – AP Nr. 29 zu § 4 KSchG 1969.
49 Allgemeine Meinung, s. nur BAG 10. Oktober 2002–2 AZR 622/01 – AP Nr. 49 zu § 4 KSchG; Vossen NZA 2000, 707; Maschmann in: Annuß/Thüsing, § 17 Rn 14.
50 S. etwa BAG 24. Oktober 2001–7 AZR 542/00 – AP Nr. 229 zu § 620 BGB Befristeter Arbeitsvertrag; BAG 4. Dezember 2002–7 AZR 545/01 – AP Nr. 17 zu § 1 BeschFG 1996; Dörner ZTR 2001, 489; Vossen, FS Schwerdtner, 2003, 702.
51 Maschman in: Annuß/Thüsing, § 17 Rn 14; Bauer BB 2001, 2477.
52 Vgl. dazu BAG 13. Mai 2004–2 AZR 426/03 – EzBAT Nr. 10 zu SR 2y BAT TzBfG.

aufgrund des Umstandes vor, dass der Kläger nur durch die rechtzeitige Klage die Unbefristetheit des Arbeitsvertrages feststellen lassen kann bzw die Befristung bei nicht rechtzeitiger Klageerhebung als von Anfang rechtswirksam gilt,[53] und das Feststellungsinteresse somit stets zu bejahen ist, wenn der Arbeitgeber zu erkennen gibt, an der vereinbarten, angegriffenen Befristung festhalten zu wollen, müsste dieses Interesse für die allgemeine Feststellungsklage gesondert begründet werden können. Während also bei der Klage allein nach § 17 TzBfG das Feststellungsinteresse nicht gesondert erforderlich ist,[54] muss dies, für den Fall, dass die Auslegung einen **separaten Klageantrag** ergibt, für den allgemeinen Feststellungsantrag gesondert begründet werden, etwa dadurch, dass der Arbeitnehmer Umstände vorbringt, aus denen sich die Befürchtung ergibt, der Arbeitgeber werde sich auf weitere Beendigungstatbestände berufen.[55] Gelingt dem Kläger diese Darlegung des Feststellungsinteresses nicht, ist dieser Antrag hinsichtlich der allgemeinen Feststellungsklage nach § 256 ZPO unzulässig und mit der entsprechenden Kostenfolge abzuweisen. Insbesondere die bloß floskelhafte Verwendung des Zusatzes „sondern fortbesteht" kann ein Feststellungsinteresse nicht begründen und ist daher – um jedenfalls die Kostenfolge infolge einer Abweisung als „unzulässig" zu vermeiden – nicht zu verwenden.

Erhebt der Kläger allein den Antrag festzustellen, „dass zwischen den Parteien ein unbefristetes Arbeitsverhältnis besteht", so handelt es sich auf den ersten Blick um eine allgemeine Feststellungsklage nach § 256 ZPO; zu Geltungszeiten des **§ 1 BeschFG** hatte das BAG eine derart weite Formulierung für zulässig erachtet und einen solchen Antrag für bestimmt genug gehalten.[56] Ob dies unter Geltung des § 17 TzBfG immer noch in dem Maße möglich ist, erscheint zweifelhaft. Mit Recht ist das BAG vielmehr, da jetzt eine spezielle Klageregelung in § 17 TzBfG an der Hand ist, der Ansicht, dass ein solcher Klageantrag unzureichend ist; dies gilt selbst dann, wenn der Kläger den unbefristeten Fortbestand des Arbeitsverhältnisses über ein bestimmtes Datum hinaus festgestellt wissen möchte, und zwar unabhängig davon, dass es sich dabei exakt um das Datum handelt, das in der zwischen den Parteien getroffenen Befristungsabrede als Endzeitpunkt für den Arbeitsvertrag angegeben war.[57] Hier kommt allenfalls noch eine **Umstellung des Klageantrags** nach § 17 Satz 2 TzBfG, § 6 KSchG in Betracht, was jedoch spätestens bis zum Schluss der mündlichen Verhandlung in der ersten Instanz erfolgt sein muss.

Anders stellt es sich hingegen dar, wenn der Klageantrag nicht so allgemein wie vorangehend beschrieben gefasst ist, sondern so, dass er einer Auslegung zugänglich ist, die den Streitgegenstand des § 17 TzBfG hinreichend erkennen lässt. Das heißt, stellt der Kläger hinsichtlich einer streitigen auflösenden Bedingung den Antrag festzustellen, dass „das Arbeitsverhältnis der Parteien über den 27. Juni 2006 hinaus fortbesteht", kann das Klagebegehren ausgelegt werden: und zwar

---

53 S. § 17 Satz 2 TzBfG iVm § 7 KSchG; insofern liegt hier eine Parallele zu der Situation des § 4 KSchG vor, bei dem sich das Feststellungsinteresse stets aus § 7 KSchG ergibt, so auch Erf-Komm/Müller-Glöge § 17 TzBfG Rn 18.
54 So auch BAG 26. Juli 2000–7 AZR 43/99 – AP Nr. 26 zu § 1 BeschFG 1996.
55 Dazu schon soeben, § 17 Rn 20; s. auch Mestwerdt in: HK-KSchG, § 17 TzBfG Rn 11.
56 S. BAG 12. Oktober 1979–7 AZR 960/77 – AP Nr. 48 zu § 620 BGB Befristeter Arbeitsvertrag.
57 BAG 16. April 2004–7 AZR 119/02 – AP Nr. 2 zu § 17 TzBFG; kritisch hierzu: Bayreuther in: Rolfs/Giesen, BeckOK § 17 TzBfG Rn 21.

dahingehend, dass festgestellt werden soll, dass die auflösende Bedingung, die zum 27. Juni eingetreten ist, unwirksam ist.[58] Im Wesentlichen lässt sich zwar die Tendenz des BAG feststellen, Klageanträge wohlwollend und großzügig auszulegen,[59] gleichwohl sollte angesichts der drohenden Konsequenz (Abweisung als unzulässig mit Kostenfolge) großer Wert auf die Antragsfassung gelegt werden. Denn verlassen kann man sich auf eine derart weite Auslegung nicht.[60] Dies zeigt sich auch daran, dass eine bloße **Leistungsklage** des Arbeitnehmers, mit der er sein Arbeitsentgelt oder die Weiterbeschäftigung für die Zeit nach Ablauf der Befristung begehrt, den Anforderungen des § 17 Satz 1 TzBfG regelmäßig nicht genügt.[61] Erhebt der Kläger zugleich mit dem Antrag einen solchen auf vorläufige Weiterbeschäftigung bis zum rechtskräftigen Abschluss des Verfahrens, wird dieser Antrag, so zumindest die Auslegung der Rechtsprechung, regelmäßig als ein **uneigentlicher Eventualantrag** zu sehen sein, der nur für den Fall gestellt ist, dass mit dem Feststellungsantrag obsiegt wird.[62]

24 Hinsichtlich der allgemeinen Voraussetzungen für die Klagerhebung gelten für eine Klage nach § 17 TzBfG keine Besonderheiten. Dies gilt für die Form der Klagerhebung, die den Anforderungen des § 253 ZPO genügen muss, ebenso wie für die Frage, welches Gericht zuständig und wer aktiv- bzw passivlegitimiert ist. Die Verweisung des **§ 46 Abs. 2 ArbGG auf die Regelungen der ZPO** kommt hier vollumfänglich zur Anwendung.[63] Zu der Verteilung der jeweiligen Darlegungs- (und dann auch:) Beweislast sind die Ausführungen zu § 14 TzBfG hier maßgeblich.[64]

25 Wenn auch § 17 Satz 1 bzw § 17 Satz 3 TzBfG vorgeben, innerhalb welcher Frist die Klage spätestens anhängig gemacht sein muss, um die Fiktionswirkung zu verhindern,[65] so bedeutet dies nicht, dass die Klage nicht auch bereits vor **Ablauf der Befristung** erhoben werden kann: Es spricht insofern nichts dagegen, bereits vor Ablauf der Befristung selbst im Wege der Feststellungsklage geltend zu machen, dass die Befristung unwirksam ist und somit das Arbeitsverhältnis durch das Erreichen des Befristungsendes nicht auslaufen, sondern als unbefristetes Arbeitsverhältnis fortbestehen wird. Der Arbeitnehmer muss also nicht die Beendigung des Arbeitsverhältnisses abwarten. Wenn auch der Gesetzeswortlaut insofern etwas anderes nahe legt, insofern § 17 Satz 1 TzBfG etwa davon spricht, der Arbeitnehmer müsse die Unwirksamkeit einer Befristungsabrede innerhalb von drei Wochen „nach dem vereinbarten Ende des befristeten Arbeitsvertrages geltend machen", so darf dieses „nach" nicht exklusiv verstanden werden. Zum einen ermöglicht schon der Wortlaut auch ein Verständnis, dem zufolge eigentlich „spätestens nach" gemeint ist. Auch wäre der **Sinn und Zweck der Vor-**

---

58 So auch BAG 1. Dezember 2004–7 AZR 135/04 – AP Nr. 13 zu § 59 BAT.
59 Mit dieser Einschätzung auch Ascheid/Preis/Schmidt-Backhaus, § 17 TzBfG Rn 55, mit Verweis auf die in der Tat großzügige Auslegung in BAT 28. Juni 2000–7 AZR 920/98 – AP Nr. 2 zu § 1 BeschFG 1996.
60 S. nur BAG 3. November 1999–7 AZR 683/98 – RzK I 9a Nr. 167.
61 BAG 16. April 2003–7 AZR 119/02 – AP Nr. 2 zu § 17 TzBfG; ErfKomm/Müller-Glöge § 17 TzBfG Rn 18; MünchKommBGB/Hesse, § 17 TzBfG Rn 27.
62 So BAG 24. BAG 24. Oktober 2001–7 AZR 542/00 – AP Nr. 229 zu § 620 BGB Befristeter Arbeitsvertrag.
63 Vgl. die ausführliche Darstellung in Arnold/Gräfl/Spinner § 17 Rn 17ff.
64 Vgl. näher dort.
65 Dazu s. § 17 Rn 35.

schrift, Rechtssicherheit und Rechtsklarheit zu schaffen, verfehlt, würde man den Arbeitnehmer (und den Arbeitgeber!) länger als nötig im Unklaren darüber lassen, ob die Befristung wirksam oder unwirksam ist. Daher steht es dem Arbeitnehmer offen, für die Klage nicht erst das Befristungsende abzuwarten, sondern die Befristungsabrede auch schon vor Ablauf des Vertrags überprüfen zu lassen. Dies unterscheidet im Übrigen die Klage nach § 17 TzBfG von derjenigen nach § 4 KSchG: Ist bei jener nämlich, wie dargelegt, eine vorherige Klageerhebung möglich, ist dies bei dieser ausgeschlossen, da eine Kündigung als Gestaltungsrecht überhaupt erst dann in der Welt und damit überprüfbar ist, wenn sie ausgesprochen ist, demgegenüber besteht die vertragliche Befristungsabrede – wenn auch möglicherweise unwirksam – schon seit Vertragsschluss, ist also der Überprüfung auch schon zu diesem Zeitpunkt zugänglich.[66]

2. Die Klagefrist im Regelfall, § 17 Satz 1 TzBfG

Neben den Fragestellungen um die richtige Antragsstellung[67] ist es die **Klagefrist**, die für die Rechtsfolgen des § 17 TzBfG zentrale Bedeutung hat. Möchte der Arbeitnehmer nämlich die Rechtsunwirksamkeit einer Befristung (oder auflösenden Bedingung) gerichtlich geltend machen und somit das Ziel eines unbefristeten Arbeitsverhältnisses gemäß § 16 TzBfG erreichen, muss er seine Klage innerhalb eines bestimmten, vom Gesetz vorgegebenen Zeitraums erheben. Dabei unterscheidet § 17 TzBfG zwei Situationen: Während Satz 1 auf den Regelfall zugeschnitten ist, enthält Satz 3 eine Regelung für den besonderen Fall, dass das Arbeitsverhältnis nach Ablauf der Befristung fortgesetzt worden ist. 26

§ 17 Satz 1 TzBfG verlangt, dass der Arbeitnehmer, der geltend macht, dass die Befristung (bzw auflösende Bedingung) im Arbeitsvertrag rechtsunwirksam ist, seine Feststellungsklage innerhalb von drei Wochen nach dem vereinbarten Ende des befristeten Arbeitsvertrags Feststellungsklage beim Arbeitsgericht erhebt. Ist die Fristlänge somit eindeutig bestimmt, ergeben sich in manchen Situationen Schwierigkeiten, den **Fristbeginn** bestimmen zu können. Dies gilt vor allem für Zweckbefristungen. Rechtstechnisch ist die Frist des § 17 TzBfG, genauso wie diejenige des § 4 Satz 1 KSchG, als eine prozessuale Klagefrist anzusehen, die jedoch **materiell-rechtliche Wirkung** hat; es handelt sich bei ihr somit um eine Frist, deren Nichteinhaltung zur Abweisung mangels Begründetheit, nicht mangels Zulässigkeit führt.[68] 27

Ist das Ende des befristeten Arbeitsverhältnisses einmal ermittelt (dazu sogleich für die unterschiedlichen Fälle der kalendermäßigen und der Zweckbefristung), erfolgt die **Berechnung der Dreiwochenfrist** ab diesem Zeitpunkt gemäß den §§ 187ff. BGB, §§ 222 Abs. 1, Abs. 2, 495 ZPO, § 46 Abs. 2 Satz 1 ArbGG.[69] Da 28

---

66 S. hierzu BAG 1. Dezember 1999–7 AZR 236/98 – AP Nr. 21 zu § 57b HRG; BAG 28. Juni 2000–7 AZR 920/98 – AP Nr. 2 zu § 1 BeschFG 1996; Ascheid/Preis/Schmidt-Backhaus, § 17 TzBfG Rn 53; Holwe/Kossens § 17 Rn 32; MünchKommBGB/Hesse, § 17 TzBfG Rn 29; MünchHdbArbR/Wank § 116 Rn 302; Kliemt NZA 2001, 302; Hoß/Lohr MDR 1998, 323; Kania DStR 1997, 377; Preis NJW 1997, 3373; Wisskirchen DB 1998, 725.
67 Dazu zuvor § 17 Rn 16.
68 ErfKomm/Müller-Glöge § 17 TzBfG Rn 13; Dörner, Arbeitsvertrag Rn 981; Vossen, FS Schwerdtner, 2003, 703; Künzl ZTR 2000, 392; Rolfs NZA 1996, 1139.
69 KR/Lipke/Bader, § 17 TzBfG Rn 15; Boewer, § 17 Rn 12; MünchHdbArbR/Wank § 116 Rn 287.

§ 17 Satz 3 TzBfG lediglich den Zeitpunkt des Fristbeginns gegenüber der Situation des § 17 Satz 1 TzBfG verändert, gilt die Art der Fristberechnung für beide Fälle gleich. Zwar ist umstritten, ob die Fristberechnung nach §§ 187 Abs. 1, 188 Abs. 2 BGB[70] oder nicht vielmehr nach § 187 Abs. 2, 188 Abs. 2 BGB zu erfolgen hat[71] – dabei ist aufgrund des Wortlauts der Vorschrift, der die Klagerhebung bis zu drei Wochen „nach" dem Ende des Beschäftigungsverhältnisses vorschreibt, der zweitgenannten Ansicht zu folgen. Denn das Beschäftigungsverhältnis endet erst an dem errechneten Tag um 24 Uhr. Doch kommen beide Ansichten zum gleichen Ergebnis, so dass der Streit nicht weiter relevant ist. Die Frist endet in jedem Fall drei Wochen später an dem Tag, der in seiner Benennung dem Tag entspricht, der das Ende des befristeten Beschäftigungsverhältnisses markiert. Endet also das – sei es kalendermäßig, sei es zweckbefristete Arbeitsverhältnis am Dienstag, den 6. Juni, so endet die Frist drei Wochen später am Dienstag, 27. Juni, um 24 Uhr. Ob sie nun am 6. Juni (so die Lösung, die § 187 Abs. 1 BGB zum Ausgang wählt) oder am 7. Juni beginnt (so die Lösung, die § 187 Abs. 2 BGB bevorzugt), ist dann unerheblich. Fällt der letzte Tag der Frist auf einen Samstag, Sonntag oder anerkannten Feiertag, endet die Frist jedenfalls gemäß § 193 BGB an dem auf diesen Tag folgenden Werktag.

29 Den Fristbeginn bei einer **kalendermäßigen Befristung** zu bestimmen, ist regelmäßig recht einfach. Nach dem Wortlaut des § 17 Satz 1 TzBfG beginnt diese mit dem vereinbarten Ende des befristeten Arbeitsvertrages. „Vereinbartes Ende" ist dabei derjenige Tag, an dem der Arbeitsvertrag nach der zwischen den Parteien getroffenen Abrede auslaufen soll. Hier steht regelmäßig ein bestimmtes Datum, ein eindeutiger Termin fest („24. Mai 2006"), an dem das Arbeitsverhältnis endet. Dies folgt schon aus § 15 Abs. 1 TzBfG. In diesen Fällen endet das Arbeitsverhältnis um 24 Uhr des bestimmten Tages, die Frist beginnt sodann zu laufen, das Fristende ergibt sich aus dem zuvor Gesagten.[72] Ist ausnahmsweise bei einer kalendermäßigen Befristung der Termin nicht genau bestimmt, sondern lediglich bestimmbar, so ergeben sich ebenfalls keine Schwierigkeiten. Der Fristbeginn setzt dann an dem jeweils durch die Bestimmbarkeit sich ergebenden bestimmten Termin an. Ist also vereinbart, das Arbeitsverhältnis solle bis zum Ablauf der Schulferien in Thüringen dauern, so endet das Arbeitsverhältnis an einem bestimmten Tag, auch wenn dieser nicht explizit genannt ist. Es genügt eben dann die **Bestimmbarkeit**.[73] Ist die Befristung deshalb unwirksam, weil der Endzeitpunkt eines kalendermäßig befristeten Arbeitsverhältnisses nicht exakt festgelegt ist, so ist fraglich, wann die Frist zu laufen beginnt. Angesichts des Schutzzwecks, den § 17 TzBfG wie auch das ganze Gesetz verfolgen, wird man hier davon ausgehen können, dass dann dem Arbeitnehmer ein möglichst langer Zeitraum zugestanden werden soll, jedenfalls soll die ihm zur Verfügung stehende Klagefrist nicht kürzer sein als nötig. Daher beginnt die Klagefrist des § 17 Satz 1 TzBfG in diesem besonderen Fall mit dem Datum, der im Wege der Auslegung als der letzte mögliche Beendi-

---

70 So etwa ErfKomm/Müller-Glöge § 17 TzBfG Rn 8; Meinel/Heyn/Herms, § 17 Rn 21; Ascheid/Preis/Schmidt-Backhaus, § 17 TzBfG Rn 50.
71 So Bayreuther in: Rolfs/Giesen, BeckOK § 17 TzBfG Rn 11; KR/Lipke/Bader, § 17 TzBfG Rn 15.
72 § 17 Rn 28.
73 Vgl. die Kommentierung zu § 3, Rn 7f.

gungstermin ermittelt werden kann.⁷⁴ Ist also als kalendermäßige Befristung vereinbart, das Arbeitsverhältnis solle zwischen dem 3. und 24. Mai 2005 enden, so ist diese Befristung unwirksam, weil sie den Beendigungstermin nicht erkennen lässt. Die Klagefrist beginnt dann jedoch erst am 24. Mai zu laufen.

Häufig sehr viel schwieriger als bei der kalendermäßigen Befristung stellt sich die Situation bei der **Zweckbefristung** dar. Zwar gilt auch hier die Vorschrift des § 17 Satz 1 TzBfG uneingeschränkt, insbesondere die Frist*berechnung* erfolgt nach dem gleichen Modus wie im Fall der kalendermäßigen Befristung,⁷⁵ doch ist nicht immer eindeutig klar oder ohne weiteres klärbar, wann das vereinbarte Ende im Sinne dieser Norm anzusetzen ist, an dem der Frist*beginn* ja festzumachen ist. Ganz gleich gelagerte Probleme können sich dann auch bei einer **auflösenden Bedingung** ergeben. Hier herrscht über den Fristbeginn dementsprechend auch in unterschiedlicher Hinsicht Streit. Entscheidend ist es, sich in diesem Zusammenhang die unterschiedlichen denkbaren Konstellationen vor Augen zu führen, die sich daraus ergeben, dass zur Beendigung eines zweckbefristeten Arbeitsvertrages (oder auflösend bedingten Arbeitsvertrages) nicht allein die Zweckerreichung, sondern gemäß § 15 Abs. 2 TzBfG zusätzlich auch noch die Mitteilung des Arbeitgebers über die bevorstehende Zweckerreichung notwendig ist.

Möglich ist diesbezüglich zunächst, dass sich Zweckerreichung und Mitteilung nach § 15 Abs. 2 TzBfG im vorgesehenen Verhältnis zueinander befinden, dass also die **Mitteilung des Arbeitgebers**, der Zweck werde erreicht und das zweckbefristete Arbeitsverhältnis ende somit, dem Arbeitnehmer rechtzeitig, das heißt zwei Wochen vor der Zweckerreichung zugeht. In diesem – einfachen – Fall beginnt die Klagefrist des § 17 Satz 1 TzBfG zu dem Zeitpunkt zu laufen, der sich aus der Mitteilung des Arbeitgebers ergibt und der in dieser genannt ist. Dies folgt schon daraus, dass nach § 15 Abs. 2 TzBfG das Ende des zweckbefristeten Vertrags beide Elemente – Zweckerreichung und zusätzlich Mitteilung – voraussetzt, um dadurch das Vertragsende eindeutig bestimmbar zu machen. Daraus folgt dann auch, dass in dem Fall, in dem die **tatsächliche Zweckerreichung** ausnahmsweise früher als zu dem vom Arbeitgeber mitgeteilten Zeitpunkt eintritt, die Klagefrist ebenfalls mit Erreichen des mitgeteilten Termins beginnt. Denn auch in diesem Fall endet das Vertragsverhältnis erst mit Erreichung dieses Termins.⁷⁶ Ist also vom Arbeitgeber am 24. Mai eine Zweckerreichung für den 27. Juni mitgeteilt, wird der konkrete Zweck, etwa die Fertigstellung eines Werbetrailers für einen Kunden einer PR-Agentur, aber schon am 20. Juni erreicht, so beginnt die Klagefrist gleichwohl erst am 28. Juni zu laufen – und endet dann drei Wochen später, also am 18. Juli (sofern dieser nicht ein Sonnabend oder Sonn- bzw Feiertag ist).

Möglich ist des weiteren, dass sich Mitteilung und Zweckerreichung umgekehrt zum zuvor dargestellten Fall zueinander verhalten, dass also die Mitteilung nicht rechtzeitig erfolgt ist, so dass die zwei Wochen, die § 15 Abs. 2 TzBfG vorsieht, erst nach der Zweckerreichung ablaufen. Diese Konstellation ist in der Literatur

---

74 So auch Arnold/Gräfl/Spinner § 17 Rn 36; Maschmann in: Annuß/Thüsing, § 17 Rn 8; KR/Lipke/Bader, § 17 TzBfG Rn 16.
75 Vgl. die Ausführungen zuvor, § 17 Rn 29.
76 Dazu schon Kommentierung zu § 15 Rn 45; wie hier auch HWK/Schmalenberg § 17 TzBfG Rn 4; Vossen, FS Schwerdtner, 2003, 704.

heftig umstritten. Zum Teil wird vertreten, die Klagefrist beginne in dieser Situation (frühestens) am Tage nach dem Zugang der schriftlichen Unterrichtung.[77] Auf der anderen Seite wird der Zeitpunkt der Zweckerreichung als Fristbeginn in diesem Fall angesehen, gleichgültig, wann die Mitteilung eingetroffen sei und somit gleichgültig, wie lange noch die Zweiwochenfrist über die Zweckerreichung hinausgehe.[78] Schließlich ist jedoch auch zu finden, der Fristbeginn sei an den Ablauf der Zweiwochenfrist gebunden, das heißt, die Frist beginne erst dann, wenn die Zweiwochenfrist abgelaufen sei.[79]

33 Auch hier hat das zu § 15 Abs. 2 TzBfG Gesagte für die richtige Beurteilung der Situation Konsequenzen: Da das befristete Arbeitsverhältnis in dieser Konstellation erst mit Ablauf der Zweiwochenfrist endet und auch § 15 Abs. 5 TzBfG hier nicht zur Anwendung kommt,[80] beginnt auch die Frist des § 17 Satz 1 TzBfG erst mit diesem späteren Termin, das heißt, die Klagefrist beginnt nicht schon mit der Zweckerreichung, auch nicht am Tag nach dem Zugang der Unterrichtung, sondern vielmehr erst mit Ablauf der Frist, die § 15 Abs. 2 TzBfG vorgibt. Denn auch zu diesem Zeitpunkt endet erst das befristete Beschäftigungsverhältnis. Zwar kann man hiergegen durchaus einwenden, der **Wortlaut** des § 17 Satz 1 TzBfG widerspräche dieser Lösung, da dieser eindeutig von dem „vereinbarten Ende" spreche, vereinbart sei jedoch allein die Zweckerreichung, nicht der Termin der Mitteilungsfrist.[81] Doch würde man die Vorschrift des § 17 Satz 1 TzBfG zu eng sehen, wenn man sie hierauf reduzierte. Erforderlich ist ihre **Auslegung auch in systematischer und teleologischer Hinsicht**. Das bedeutet, sie ist zum einen mit § 15 Abs. 2 TzBfG zusammenzulesen, der – wie angesprochen – deutlich werden lässt, dass das Ende des Beschäftigungsverhältnisses bei einer Zweckbefristung erst dann erreicht ist, wenn die Zweiwochenfrist in der genannten besonderen Konstellation abgelaufen ist – dies ist dann eben auch erst das „vereinbarte Ende" (insofern ist der Wortlaut auch zugunsten der hier vertretenen Ansicht auslegbar!). Zum anderen ist teleologisch zu berücksichtigen, dass es zwar maßgeblich darum geht, durch die kurze Klagefrist Rechtsklarheit und Rechtssicherheit zu schaffen. Dem Arbeitnehmer sollen dadurch aber nicht zugleich die Rechte genommen werden, die ihm § 15 Abs. 2 TzBfG gibt. Die Mitteilung dient dazu, dass der Arbeitnehmer sich auf die Zweckerreichung einstellen kann. Dann darf dieser Zweck nicht dadurch unterlaufen werden, dass die Klagefrist des § 17 Satz 1 TzBfG durch eine Hintertür verkürzt wird, und das heißt insbesondere nicht dadurch, dass man jetzt doch plötzlich den Zeitpunkt der objektiven Zweckerreichung als Maßstab nimmt. Daher ist in dieser Konstellation davon auszugehen, dass die Dreiwochenfrist erst mit Ablauf der zwei Wochen des § 15 Abs. 2 TzBfG beginnt.[82] Hat also der Arbeitgeber dem Arbeitnehmer die Zweckerreichung am 1. Juni mitgeteilt, ist der Zweck dann aber bereits am 5. Juni eingetreten, beginnt die Dreiwochenfrist des § 17 Satz 1 TzBfG nach der hier vertretenen Ansicht erst am 15. Juni zu laufen.

---

77 ErfKomm/Müller-Glöge § 17 TzBfG Rn 9; Ascheid/Preis/Schmidt-Backhaus, § 17 TzBfG Rn 21; Maschmann in: Annuß/Thüsing, § 17 Rn 5.
78 So Boewer, § 17 Rn 19.
79 In diesem Sinne Dörner, Arbeitsvertrag Rn 1005; KSchR/Däubler § 17 TzBfG Rn 5; im Ergebnis so wohl auch Bayreuther in: Rolfs/Giesen, BeckOK § 17 TzBfG Rn 13.
80 S. § 15 Rn 49; ebenso Meinel/Heyn/Herms, § 15 Rn 20.
81 So auch Meinel/Heyn/Herms, § 17 Rn 8a.
82 Eingehend zu dieser Konstellation auch Meinel/Heyn/Herms, § 17 Rn 8ff.

Auch eine weitere „Problemsituation", die aus der doppelten Anforderung des § 15 Abs. 2 TzBfG resultiert, ist durch Rückgriff auf das Verständnis dieser Vorschrift zu lösen: Gemeint ist die Situation der so genannten „**verzögerten Zweckerreichung**", in der die Mitteilung des Arbeitgebers also einen bestimmten Termin für die Zweckerreichung nennt, diese sich aber noch verzögert und erst beispielsweise drei Wochen später eintritt.[83] Insofern wirkt das zu § 15 Abs. 2 TzBfG Gesagte hier fort: Da beide Elemente, Zweckerreichung und Unterrichtung, vorliegen müssen, endet das Arbeitsverhältnis nicht zu dem von der Unterrichtung genannten Termin, sondern besteht fort, das heißt, das Ende des Arbeitsverhältnisses kann frühestens mit dem Zeitpunkt der Zweckerreichung eintreten. Daraus folgt konsequenterweise, dass auch die Klagefrist erst mit dem Zeitpunkt der Zweckerreichung zu laufen beginnen kann, erst zu diesem Zeitpunk ist das „vereinbarte Ende" der Beschäftigung nämlich erreicht. Ist also der Termin für die Zweckerreichung in einer Mitteilung des Arbeitgebers für den 24. Mai angekündigt, tritt aber tatsächlich erst am 27. Juni ein, so beginnt die dreiwöchige Klagefrist des § 17 Satz 1 TzBfG erst mit der Zweckerreichung, also am 27. bzw 28. Juni.

3. Die Klagefrist im Fall des § 17 Satz 3 TzBfG

Die Vorschrift des § 17 Satz 3 TzBfG, die erst im Laufe des Gesetzgebungsverfahrens hinzugefügt worden ist,[84] ist von vielen Streitigkeiten begleitet, ihr **Anwendungsbereich** erscheint vielen insgesamt sehr dunkel und aus dem Wortlaut nicht verständlich.[85] Inhaltlich regelt sie eine ganz besondere Fallkonstellation: Ausweislich ihres Wortlauts enthält sie eine Regelung zum Beginn der Klagefrist für den Fall, dass das Arbeitsverhältnis nach dem vereinbarten Ende fortgesetzt wird. Kommt es zu einer derartigen Fortsetzung, beginnt die Frist zur Erhebung der Klage nach § 17 Satz 1 TzBfG mit dem Zugang der schriftlichen Erklärung des Arbeitgebers, dass das Arbeitsverhältnis aufgrund der Befristung beendet sei. Welche Fälle von dieser Regelung tatsächlich erfasst sind, wird vielfach problematisiert, ist aber im Ergebnis anhand der Auslegung der Vorschrift recht deutlich zu lösen.

Der Anwendungsbereich des § 17 Satz 3 TzBfG ist im Ergebnis verschwindend gering und beschränkt sich allein auf den Fall, dass der Arbeitgeber nachträglich von der **Weiterarbeit des Arbeitnehmers** erfährt und dann gemäß § 15 Abs. 5 TzBfG der Fortsetzung widerspricht.[86] Das bedeutet vorab, dass vom Anwendungsbereich der Vorschrift nicht die Fälle erfasst sind, in denen nach Ablauf einer Befristung ein neues befristetes Arbeitsverhältnis vereinbart wird, wenn also die Parteien das Arbeitsverhältnis auf der Grundlage einer neuen Vereinbarung – befristet – fortsetzen.[87] Und auch der Regelfall des § 15 Abs. 5 TzBfG, das heißt der Fall, der in dieser Vorschrift vor der Ausnahmeregelung („ , wenn

---

83 Vgl. dazu § 15 Rn 47.
84 Vgl. BT-Drucks 14/425 S. 12.
85 So etwa Preis/Gotthardt DB 2001, 151; MünchKommBGB/Hesse, § 17 TzBfG Rn 11.
86 Vgl. § 15 Rn 72ff.; wie hier auch ErfKomm/Müller-Glöge § 17 TzBfG Rn 12; Arnold/GräflSpinner § 17 TzBfG Rn 47; MünchKommBGB/Hesse, § 17 TzBfG Rn 12; KSchR/ Däubler § 17 TzBfG Rn 6; ArbRBGB/Dörner § 620 Rn 324.
87 Bayreuther in: Rolfs/Giesen, BeckOK § 17 TzBfG Rn 14; Arnold/Gräfl/Spinner § 17 Rn 46.

der Arbeitgeber ... ") beschrieben ist, unterfällt nicht dem Anwendungsbereich des § 17 Satz 3 TzBfG. Das bedeutet, dass dann, wenn der Arbeitnehmer nach Vertragsende seine Arbeit mit Wissen des Arbeitgebers fortsetzt, nach § 15 Abs. 5 1. Halbsatz TzBfG ein unbefristetes Arbeitsverhältnis zustande kommt – § 17 Satz 3 TzBfG macht hier mit seiner Klagefrist schon deshalb keinen Sinn, weil der Arbeitnehmer keinerlei Interesse daran hat, eine Klage zu erheben – denn er hat ein unbefristetes Arbeitsverhältnis „gewonnen", für eine Klage über die Unwirksamkeit der vorherigen Befristung besteht keine Veranlassung.[88] Rechtstechnisch fehlt es für eine solche (Feststellungs-)Klage an dem **erforderlichen Feststellungsinteresse.**

37 Sind demzufolge die zuvor genannten Situationen nicht von § 17 Satz 3 TzBfG erfasst, beschränkt sich der Anwendungsbereich dieser Vorschrift, wie schon angedeutet, allein auf die Situation des gesamten § 15 Abs. 5 TzBfG.[89] Erfasst ist dabei nur dessen 2. Halbsatz, wenn also der Arbeitnehmer seine Beschäftigung fortsetzt, der Arbeitgeber aber davon zunächst nichts weiß, es erfährt und dann, um die Rechtsfolge des § 15 Abs. 5 1. Halbsatz TzBfG, also ein unbefristetes Arbeitsverhältnis zu verhindern, der Fortsetzung **unverzüglich widerspricht.** Ist es somit zu einer Fortsetzung des Arbeitsverhältnisses gekommen, ist der Arbeitgeber nach § 15 Abs. 5 TzBfG zur Verhinderung der Entstehung eines unbefristeten Arbeitsverhältnisses verpflichtet, der Fortsetzung zu widersprechen – tut er dies und geht die entsprechende schriftliche Mitteilung des Arbeitgebers beim Arbeitnehmer ein, dass das Arbeitsverhältnis aufgrund der Befristung beendet sei, so beginnt aufgrund der Regelung des § 17 Satz 3 TzBfG erst mit dem Zugang dieser Erklärung der Fristlauf für die Klageerhebung. Insofern geht Satz 3 dem Satz 1 vor, ist also *lex specialis*: Die Frist beginnt nämlich hier nicht mit dem vereinbarten Beschäftigungsende, sondern erst mit **Zugang des Widerspruchs** des Arbeitgebers, der Fristbeginn nach Satz 1 wird – rechtstechnisch gesehen – gehemmt.[90] Dies ist auch interessengerecht: Denn der Arbeitnehmer, der aufgrund der Weiterbeschäftigung mit Wissen des Arbeitgebers zunächst davon ausgehen durfte, dass ein unbefristetes Arbeitsverhältnis entsteht, muss nun, da ein Widerspruch das Entstehen des unbefristeten Arbeitsverhältnisses verhindert, die Gelegenheit haben, die vollen drei Wochen auszuschöpfen, um die möglicherweise unwirksame Befristungsklausel gerichtlich anzugreifen. Daraus folgt dann auch, dass nur dann, wenn die Fortsetzung der Beschäftigung mit Wissen des Arbeitgebers erfolgt, diese Verschiebung des Fristbeginns gerechtfertigt ist. Weiß der Arbeitgeber davon nichts, sondern arbeitet der befristet Beschäftigte – trotz der Kenntnis um das Ende der Beschäftigung – auf eigene Faust weiter, ist er nicht schutzwürdig. Die Frist beginnt daher in die-

---

88 So auch Ascheid/Preis/Schmidt-Backhaus, § 17 TzBfG Rn 29; ErfKomm/Müller-Glöge § 17 TzBfG Rn 12; Nehls DB 2001, 2721; Kliemt NZA 2001, 303.
89 AA hierzu Preis/Gotthardt DB 2001, 151; Boewer, § 17 Rn 24, die die Kalenderbefristung aus dem Anwendungsbereich des § 17 Satz 3 TzBfG ausschließen wollen, mit ihrer Begründung von einer erforderlichen teleologischen Reduktion jedoch nicht überzeugen können, denn auch wenn bei der kalendermäßigen Befristung das Beschäftigungsende genau feststeht, kann es durchaus sein, dass eine stillschweigende Fortsetzung mit Wissen des Arbeitgebers zunächst stattzufinden scheint, so dass sich der Arbeitnehmer darauf einstellt, der Arbeitgeber dann jedoch nach § 15 Abs. 5 TzBfG doch widerspricht.
90 Maschmann in: Annuß/Thüsing, § 17 Rn 9; KR/Lipke/Bader, § 17 TzBfG Rn 32.

sem Fall regelmäßig mit dem vereinbarten Ende der Beschäftigung.[91] Ist also der Arbeitnehmer befristet beschäftigt bis zum 30. April und setzt seine Beschäftigung mit Wissen des Arbeitgebers danach fort, widerspricht jedoch der Arbeitgeber unverzüglich dieser Fortsetzung, also etwa am 2. Mai, dann beginnt die Klagefrist nach § 17 Satz 3 TzBfG erst mit diesem Datum, nicht schon am 30. April, dem eigentlich vereinbarten Ende der Beschäftigung.

IV. Rechtsfolgen

Abhängig davon, wie sich der Arbeitnehmer nach dem Beschäftigungsende bei einer unwirksamen Befristung des Arbeitsverhältnisses verhält, gestalten sich die Rechtsfolgen. Gegebenenfalls kommt es zu einer **Fiktion** der Wirksamkeit der Befristung, wenn er nämlich die Klagefrist des § 17 Satz 1 (gegebenenfalls in Verbindung mit Satz 3) TzBfG versäumt. Erhebt er jedoch die Klage rechtzeitig innerhalb der einschlägigen drei Wochen, kann die Befristung gerichtlich überprüft werden. Für diese Klage finden dann, nach § 17 Satz 2 TzBfG, die Bestimmungen der §§ 5 bis 7 KSchG Anwendung.

38

1. Fiktionswirkung nach §§ 17 Satz 2 TzBfG, 7 1. Halbsatz KSchG

Für den Fall, dass der Arbeitnehmer die nach § 17 Satz 1 TzBfG bzw nach § 17 Satz 1, 3 TzBfG zu berechnende Dreiwochenfrist versäumt, stellt sich eine Fiktion ein, die vergleichbar ist mit derjenigen nach § 4 KSchG. Es wird nämlich fingiert, dass die Befristung von Anfang an wirksam war und das Arbeitsverhältnis wie vorgesehen bzw verabredet mit ihrem Ablauf beendet wurde. Diese Fiktion folgt aus § 7 KSchG, auf den § 17 Satz 2 TzBfG verweist. Das Arbeitsverhältnis gilt somit bei Versäumen der Klagefrist als beendet, so wie es durch die kalendermäßige bzw Zweckbefristung oder auflösende Bedingung vorgesehen war.[92] Das bedeutet, dass nach Ablauf der Frist **sämtliche Unwirksamkeitsgründe** als geheilt anzusehen sind.[93] Davon umfasst ist insbesondere auch ein Verstoß gegen das **Schriftformgebot** des § 14 Abs. 4 TzBfG[94]. Dies gilt gleichermaßen, wenn der Arbeitnehmer, der zunächst fristgemäß eine Klage nach § 17 TzBfG erhoben hat, diese wieder zurücknimmt – dies ist ohne weiteres im Rahmen der prozessualen Vorgaben möglich, doch schließt sich daran dann unwillkürlich die Fiktion des § 17 Satz 2, § 7 KSchG an.[95]

39

---

91 So auch Meinel/Heyn/Herms, § 17 Rn 9; aA Bayreuther, in: Rolfs/Giesen, BeckOK § 17 TzBfG Rn 16; MünchKommBGB/Hesse, § 17 TzBfG Rn 13, der jedoch zugibt, dass die Berufung des Arbeitnehmers auf die Bestimmung des § 17 Satz 3 TzBfG gegebenenfalls „treuwidrig" sein könne.
92 BAG 16. April 2003–7 AZR 119/02 – AP Nr. 2 zu § 17 TzBfG; Rolfs § 17 Rn 8.
93 Dörner, Arbeitsvertrag Rn 1007; Arnold/Gräfl/Spinner § 17 Rn 63.
94 So die ganz herrschende Auffassung, s. schon oben § 17 Rn 7; so auch LAG Düsseldorf 26. September 2002–5 Sa 748/02 – NZA-RR 2003, 175; KR/Lipke/Bader, § 17 TzBfG Rn 5; Erf-Komm/Müller-Glöge § 17 TzBfG Rn 13; Backhaus, Sonderbeilage NZA 2001, 13; Richardi/Annuß NJW 2000, 1235; Rolfs NJW 2000, 1228; aA Bader NZA 2000, 636; Schaub NZA 2000, 348.
95 BAG 26. Juni 2002–7 AZR 122/01 – AP Nr. 14 zu § 1 BeschFG 1996; KR/Bader, § 17 TzBfG Rn 50; Ascheid/Preis/Schmidt-Backhaus, § 17 TzBfG Rn 62.

40 Ist die Klage hingegen fristgemäß erhoben, tritt die zuvor beschriebene Fiktion nicht ein. Entscheidend ist, dass die Klage innerhalb der drei Wochen „erhoben" ist, der Arbeitnehmer die Unwirksamkeit also rechtzeitig „geltend gemacht" hat. Die Anforderungen für die Geltendmachung ergeben sich dabei aus den allgemeinen prozessualen Vorgaben. Geltend gemacht ist daher nach § 253 Abs. 1 ZPO, § 495 ZPO, § 46 Abs. 2 Satz 1 ArbGG der Anspruch erst dann, wenn die **Klageschrift dem Beklagten zugestellt ist**, das heißt, innerhalb der drei Wochen muss die Schrift dem Arbeitgeber zugestellt sein, wobei dem Arbeitnehmer hier § 167 ZPO zu Hilfe kommt. Ist nämlich die Einreichung der Klageschrift am letzten Tag der Dreiwochenfrist erfolgt oder die Klage am letzten Tag der Frist zu Protokoll der Geschäftsstelle erklärt, ist die Zustellung noch rechtzeitig, wenn sie „demnächst" erfolgt. Insofern greift die Rückwirkung der Zustellung nach dieser Vorschrift auch im vorliegenden Fall.

2. Die entsprechende Anwendung der §§ 5 und 6 KSchG gemäß § 17 Satz 2 TzBfG

41 Die Verweisung in § 17 Satz 2 TzBfG bezieht sich nicht nur auf die Fiktionswirkung in § 7 KSchG, sondern bezieht auch die Vorschriften **der §§ 5 und 6 KSchG** in die Klagesystematik nach § 17 TzBfG mit ein, also die Regelungen zur nachträglichen Zulassung einer verspäteten Entfristungsklage sowie diejenigen zur verlängerten Anrufungsfrist nach § 6 KSchG.

a) § 5 KSchG

42 Der gemäß § 17 Satz 2 TzBfG entsprechend anwendbare § 5 KSchG ermöglicht es, auch bei einer gegen eine Befristung oder auflösenden Bedingung gerichteten Klage, wie auch bei einer Kündigungsschutzklage, einen Antrag auf nachträgliche Zulassung verspäteter Klagen zu stellen. Wie auch im Rahmen des § 5 KSchG gilt somit auch hier, dass einem solchen Antrag stattzugeben ist, wenn der Arbeitnehmer trotz der Aufwendung aller ihm nach Lage der Umstände zuzumutenden Sorgfalt **an der rechtzeitigen Klageerhebung verhindert war**. Die Klage ist ihm also nachträglich zuzulassen, wenn der Arbeitnehmer unverschuldet die rechtzeitige Klagerhebung nicht betrieben hat. Dabei hängt es maßgeblich von den **Umständen des Einzelfalls** ab, welche Obliegenheiten den Arbeitnehmer diesbezüglich treffen, welche Umstände also dazu führen können, dass dem Antrag auf nachträgliche Zulassung stattzugeben ist.

43 Aufgrund der Tatsache, dass bei der **kalendermäßigen Befristung** das Ende des Beschäftigungsverhältnisses schon von vornherein feststeht, wird man daher in diesen Fällen einen strengeren Maßstab anzulegen haben als bei einer Zweckbefristung bzw auflösenden Bedingung. Denn dort ist dem Arbeitnehmer nicht stets bekannt, wann der Zweck erreicht bzw die auflösende Bedingung eingetreten ist. In diesen Fällen ist daher konsequenterweise der **Maßstab** bezüglich dessen, was der Arbeitnehmer im Hinblick auf eine Fristversäumnis zu vertreten hat, großzügiger zu bemessen.[96] Im Einzelfall können insbesondere Urlaub oder eine längere geplante

---

[96] Differenzierend wie hier etwa Maschmann in: Annuß/Thüsing, § 17 Rn 13; Bayreuther in: Rolfs/Giesen BeckOK § 17 TzBfG Rn 18; Ascheid/Preis/Schmidt-Backhaus, § 17 TzBfG Rn 58; strenger hingegen Arnold/Gräfl/Spinner § 17 Rn 54.

krankheitsbedingte Abwesenheit nicht dazu führen, dass dem Antrag stattzugeben ist – denn insofern trifft den Arbeitnehmer eine Pflicht, Vorsorge dafür zu treffen, dass er über eingehende Post informiert wird. Dies ist bei unerwarteten Krankenhausaufenthalten wieder anders zu beurteilen. Insgesamt wird man dem Arbeitnehmer jedoch keinesfalls Erkundigungspflichten auferlegen können, etwa dergestalt, dass er sich auch bei kurzfristiger Abwesenheit zuvor darüber informieren müsste, ob ein verfolgter Zweck demnächst erreicht werde.[97]

Hat der Arbeitnehmer einen Antrag nach §§ 17 Satz 2 TzBfG, 5 KSchG auf nachträgliche Zulassung der Entfristungsklage gestellt – ein Antrag des Arbeitnehmers ist in diesem Zusammenhang jedenfalls erforderlich –, entscheidet über diesen gemäß § 5 Abs. 4 Satz 1 KSchG (anzuwenden ebenfalls über § 17 Satz 2 TzBfG) die Kammer des für die Hauptsache zuständigen Arbeitsgerichts durch Beschluss. Dieser kann dann auch ohne mündliche Verhandlung ergehen. Der Antragsteller muss dabei gemäß § 5 Abs. 2 Satz 2 KSchG in seinem Antrag Tatsachen **glaubhaft machen**, die ein **Verschulden** bei der Versäumung der Dreiwochenfrist ausschließen; zudem muss er den Zeitpunkt angeben, zu dem das Hindernis für die Klageerhebung behoben war. 44

b) § 6 KSchG

Entsprechend dem Verweis in § 17 Satz 2 TzBfG findet schließlich auch § 6 KSchG Anwendung auf die Entfristungsklage. Damit ist die kündigungsschutzrechtlich bekannte **verlängerte Anrufungsfrist** auch auf diese Klage nach dem TzBfG anwendbar. Demzufolge genügt es, um die Fiktionswirkung des § 7 TzBfG zu vermeiden, wenn der Arbeitnehmer sich zwar innerhalb von drei Wochen anders als durch eine Feststellungsklage nach 17 TzBfG, also etwa durch eine Leistungsklage (auf zu zahlenden Lohn beispielsweise), an das Gericht wendet, so dass dem Arbeitgeber deutlich wird, dass der Arbeitnehmer nicht bereit ist, das Ende des Vertragsverhältnisses aufgrund der Befristung hinzunehmen. Hat er eine derartige Klage erhoben, kann er dann bis zum Schluss der mündlichen Verhandlung in erster Instanz, so § 6 KSchG, die Unwirksamkeit der Befristung geltend machen. Dies ist damit gemeint, wenn die Vorschrift anordnet, dass der Arbeitnehmer im Verlauf des Prozesses auch noch Unwirksamkeitsgründe geltend machen kann, auf die er sich innerhalb der Frist noch nicht berufen hatte. Die Anwendung dieser Vorschrift umfasst dabei **sämtliche Klagen**, bei denen die Wirksamkeit gerade der Befristung (die zunächst nicht explizit angegriffen wurde) eine Vorfrage für den eigentlich erhobenen Antrag darstellt.[98] Neben der bereits angesprochenen Leistungsklage fällt hierunter somit insbesondere auch die Klage des Arbeitnehmers auf Weiterbeschäftigung, die dieser zunächst auf die §§ 611, 613, 242 BGB stützt. Hier kann der Arbeitnehmer die Klage also im Laufe der Verhandlung noch umstellen, sofern die Erhebung innerhalb der Dreiwochenfrist erfolgt war. 45

---

97 So auch Ascheid/Preis/Schmidt-Backhaus, § 17 TzBfG Rn 59.
98 LAG Düsseldorf 6. Dezember 2001–11 Sa 1204/01 – AuR 2002, 270; Vossen, FS Schwerdtner, 2003, 712; zu den Folgen der Neufassung des § 6 KSchG mit Wirkung vom 1. Januar 2004 s. Bader NZA 2004, 65.

V. Darlegungs- und Beweislast

46 Für die Fragen der **Darlegungs- und Beweislast** hinsichtlich der materiellen Fragestellungen sei auf die Ausführungen zu den einzelnen Vorschriften verwiesen, insbesondere also zu § 14 TzBfG für die Frage des (Nicht-)Vorliegens eines Befristungsgrundes.[99] Nur im Hinblick auf die **Klagefrist** und ihre Einhaltung selbst gilt eigenständig hier anzumerken, dass der Arbeitgeber dann den Beginn der Klagefrist darzulegen und zu beweisen hat, wenn er sich auf deren Nichteinhaltung durch den klagenden Antragssteller beruft. Hier gilt Gleiches wie zur Kündigungsschutzklage.[100] Es obliegt also ihm, darzulegen und gegebenenfalls zu beweisen, dass das „vereinbarte Ende" eingetreten ist. Umgekehrt ist der Arbeitnehmer als Kläger darlegungs- und beweispflichtig, was die rechtzeitige Klageerhebung angeht. Dies entspricht ebenfalls der Situation im Kündigungsschutzprozess.[101]

§ 18 Information über unbefristete Arbeitsplätze

Der Arbeitgeber hat die befristet beschäftigten Arbeitnehmer über entsprechende unbefristete Arbeitsplätze zu informieren, die besetzt werden sollen. Die Information kann durch allgemeine Bekanntgabe an geeigneter, den Arbeitnehmern zugänglicher Stelle im Betrieb und Unternehmen erfolgen.

Literatur: *Hanau*, Probleme der Neuregelung der Betriebsverfassung, ZIP 2001, 1981; *Hromadka*, Befristete und bedingte Arbeitsverhältnisse neu geregelt, BB 2001, 621; *Kliemt*, Das neue Befristungsrecht, NZA 2001, 296; *Lakies*, Das Teilzeit- und Befristungsgesetz, DZWIR 2001, 1; *Löwisch*, Änderungen der Betriebsverfassung durch das Betriebsverfassungs-Reformgesetz, BB 2001, 1734; *Preis/Lindemann*, Mitbestimmung bei der Teilzeitarbeit und befristeter Beschäftigung, NZA-Sonderheft 2001, 33; *Richardi/Wlotzke*, Münchener Handbuch für Arbeitsrecht. Ergänzungsband, München 2001; *Schliemann*, Das Arbeitsrecht im BGB, 2. Auflage, Berlin 2002; *Worzalla/Will/Mailänder/Worch/Heise*, Teilzeitarbeit und befristete Arbeitsverträge, München 2001

I.	Allgemeines	1	III. Die Rechtsfolgen eines Pflichtverstoßes	7
II.	Die Unterrichtungspflicht nach § 18 Satz 1 TzBfG	2	IV. Beteiligung des Betriebsrats	10

I. Allgemeines

1 § 18 TzBfG enthält eine eigenständige **Informationsverpflichtung des Arbeitgebers:** Dieser ist danach verpflichtet, die befristet beschäftigten Arbeitnehmer über entsprechende unbefristete Arbeitsplätze zu informieren, wenn solche im Betrieb bzw. im Unternehmen besetzt werden sollen. Die Vorschrift, die gemäß § 21 TzBfG auch für auflösend bedingte Arbeitsverhältnisse relevant ist, setzt inhaltlich § 6 Nr. 1 der Europäischen Rahmenvereinbarung über befristete Arbeitsverhältnisse[1] in nationales Recht um. Zusammen mit § 7 TzBfG, dem

---

[99] Entsprechend der Grundsatzentscheidung des BAG aus dem Jahr 1960, BAG 12. Oktober 1960–3 AZR 65/69 – AP Nr. 16 zu § 620 BGB Befristete Arbeitsverhältnisse.
[100] S. auch Ascheid/Preis/Schmidt-Backhaus, § 17 TzBfG Rn 86.
[101] Vgl. dazu BAG 22. Februar 1980–7 AZR 295/78 – AP Nr. 6 zu § 1 KSchG 1969 Krankheit.
[1] Also der **Richtlinie 1999/70/EG** vom 28. Juni 1999, ABl. Nr. 75 S. 42.

die Norm zumindest zum Teil entspricht und der seinerseits teilzeitbeschäftigte Arbeitnehmer betrifft, hat § 18 TzBfG den innerbetrieblichen[2] Arbeitsmarkt im Visier. Die bislang lediglich befristet Beschäftigten sollen – da eine befristete Beschäftigung grundsätzlich als nicht positiv angesehen wird – die Gelegenheit erhalten, sich auf entsprechende unbefristete, freie Arbeitsstellen zu bewerben; Ziel ist somit die Ermöglichung des Übergangs von einer befristeten in eine (als höherwertig angesehene) unbefristete Beschäftigung.[3] Denn die befristet Beschäftigten sollen, so die Vorstellung der europäischen Vorlage, „die gleichen Chancen auf einen sicheren Arbeitsplatz haben wie andere Arbeitnehmer". Gerade hier wird deutlich, wovon das Gesetz insgesamt ausgeht: dass nämlich eine befristete Beschäftigung für den Arbeitnehmer stets ein Minus, ja ein Malus gegenüber einer dauerhaften Anstellung darstellt. Abgeschwächt wird die gesamte Zielsetzung der Vorschrift jedoch dadurch, dass sie für einen Verstoß gegen die Pflicht durch den Arbeitgeber keine Sanktion für diesen enthält; dies lässt ihre Sinnhaftigkeit insgesamt fragwürdig erscheinen.[4]

II. Die Unterrichtungspflicht nach § 18 Satz 1 TzBfG

§ 18 TzBfG enthält in seinem Satz 1 vom Wortlaut her völlig undifferenziert lediglich die Pflicht, befristet Beschäftigte über „entsprechend unbefristete Arbeitsplätze" zu informieren, die besetzt werden sollen. Nicht ganz deutlich wird aus diesem Teil der Vorschrift, wie weit der **räumliche Anwendungsbereich** der Informationspflicht reicht. Liest man Satz 1 jedoch mit Satz 2 zusammen, wird deutlich, dass der Arbeitgeber verpflichtet ist, Informationen über freie unbefristete Arbeitsverhältnisse weiterzugeben, die sich unternehmensweit finden; die Vorschrift ist also nicht betriebsintern zu verstehen, sondern bezieht sich auf das **gesamte Unternehmen**.[5] Ist daher ein Unternehmen aus mehreren Betrieben zusammengesetzt, erfüllt der Arbeitgeber seine Informationspflicht nur dann ausreichend, wenn er die befristet Beschäftigten über entsprechende freie unbefristete Stellen in allen Betrieben des Unternehmens informiert.[6]

Der Arbeitgeber muss den Arbeitnehmer über „entsprechende" unbefristete Arbeitsplätze informieren. Unerheblich und auch vom Wortlaut der Norm nicht verlangt ist, dass die betreffenden **Arbeitnehmer einen Veränderungswunsch artikulieren**, also vom Arbeitgeber erbeten haben, entsprechend informiert zu werden, oder dass sie dem Arbeitgeber allgemein mitgeteilt haben, dass sie auf einen unbefristeten Arbeitsplatz wechseln möchten. Der Arbeitgeber ist also, anders als in der Parallelvorschrift des § 7 Abs. 2 TzBfG beim Teilzeitbeschäftigten, insoweit verpflichtet, von sich aus entsprechende Informationen weiterzugeben.[7] Fraglich ist jedoch, wie zu ermitteln ist, ob es sich bei einem freien auch

---

2 Das heißt nicht nur betrieblich, sondern auch denjenigen innerhalb des Unternehmens, dazu s. § 18 Rn 2.
3 BT-Drucks. 14/4374 S. 21.
4 Ähnlich kritisch Holwe/Kossens § 18 Rn 1.
5 Sievers, § 18 Rn 2.
6 So auch Dörner, Arbeitsvertrag Rn 110; MünchKommBGB/Hesse, § 18 TzBfG Rn 2; Erf-Komm/Müller-Glöge § 18 TzBfG Rn 2; Bayreuther in: Rolfs/Giesen, BeckOK § 18 TzBfG Rn 1; MünchHdbArbR/Wank § 116 Rn 303.
7 So auch Bayreuther in: Rolfs/Giesen, BeckOK § 18 TzBfG Rn 6; Meinel/Heyn/Herms, § 18 Rn 4; Dörner, Arbeitsvertrag Rn 113.

Joussen

zugleich um einen „**entsprechenden**" Arbeitsplatz handelt. Denkbar ist in diesem Zusammenhang sowohl eine arbeitsplatz- als auch eine arbeitnehmerbezogene Auslegung der Vorschrift: So kann eine Informationspflicht auf der einen Seite nur dann vorliegen, wenn ein vergleichbarer freier Arbeitsplatz vorhanden ist, und zwar unabhängig davon, ob der konkrete Arbeitnehmer, der zu informieren wäre, persönlich auch für diesen unbefristeten Arbeitsvertrag geeignet wäre; ausreichend sollen dann der allgemeine Ausbildungsstand und die Berufserfahrung sein.[8] Auf der anderen Seite kann man diesen Begriff auch in gewisser Weise enger so auslegen, dass (arbeitsplatzbezogen) nur solche Arbeitsplätze als „entsprechend" in Betracht kommen, den die noch befristeten Arbeitnehmer aufgrund ihrer konkreten, individuellen Eignung auch tatsächlich ausüben können, die also inhaltlich mit dem befristeten Arbeitsverhältnis zumindest im Wesentlichen übereinstimmen.[9] Angesichts des Normzwecks des § 18 TzBfG wird man der erstgenannten Ansicht folgen müssen, das heißt, die Informationspflicht ist auch auf solche Arbeitsplätze auszudehnen, die von dem betreffenden Arbeitnehmer allein aufgrund seiner Eignung auch tatsächlich wahrgenommen werden können – entscheidend sind insofern der Ausbildungsstand und die berufliche Erfahrung, nicht, ob der konkrete Arbeitsplatz auch mit dem freien Arbeitsplatz allgemein vergleichbar ist.[10] Inhaltlich hat der Arbeitgeber einen Beurteilungsspielraum, inwieweit eine Vergleichbarkeit gegeben ist – diesen kann er zusätzlich noch dadurch erweitern, dass er selbst das Anforderungsprofil des Arbeitsplatzes definieren kann, den er als unbefristeten Arbeitsplatz ausschreiben kann.[11]

4 Über die **Art und Weise der Unterrichtung** enthält die Vorschrift keine weiteren Angaben; das Gleiche gilt auch hinsichtlich des Zeitpunkts, zu dem eine Unterrichtung erfolgen muss. Alle diese Voraussetzungen wird man daher nur anhand der Auslegung dieses Tatbestands ermitteln können, wobei in besonderem Maße zu berücksichtigen ist, dass es sich bei dieser Pflicht zur Unterrichtung um eine **Nebenpflicht des Arbeitgebers** handelt, die diesen aus dem bereits bestehenden Arbeitsvertrag mit seinem befristeten Arbeitnehmer trifft.[12] Nimmt man erneut den Zweck der Unterrichtungspflicht als Maßstab, so wird man verlangen müssen, dass die Unterrichtung zeitlich so rechtzeitig erfolgt, dass eine Bewerbung aller entsprechend geeigneten befristeten Arbeitnehmer des Betriebs resp. des Unternehmens auf die freie, unbefristete Stelle überhaupt noch möglich ist.[13] Zudem muss der betreffende Arbeitnehmer noch ausreichend Gelegenheit haben, sich zu entscheiden. Eine Information ein, zwei Tage vor Ablauf der Bewerbungsfrist ist daher sicher zu kurz.

5 Auf welche Weise die Unterrichtung zu erfolgen hat, schreibt § 18 TzBfG nur im Ansatz vor. Wenn § 18 Satz 2 TzBfG es dem Arbeitgeber ermöglicht, die Unter-

---

8 So etwa Rolfs § 18 Rn 2; MünchHdbArbR/Wank § 116 Rn 303; KSchR/Däubler § 14 TzBfG Rn 2.
9 So etwa ErfKomm/Müller-Glöge § 18 TzBfG Rn 6; Meinel/Heyn/Herms, § 18 Rn 2; Arnold/Gräfl/Spinner § 18 Rn 3; vgl auch BT-Drucks. 14/4625 S. 21.
10 In diesem Sinne auch Lakies DZWIR 2001, 17; Kliemt NZA 2001, 304; Worzalla/Will § 18 Rn 3; Annuß in: ders./Thüsing, § 18 Rn 3; HWK/Schmalenberg § 18 TzBfG Rn 4.
11 S. auch Hanau ZIP 2001, 1987; Preis/Lindemann NZA-Sonderheft 2001, 35.
12 Boewer, § 18 Rn 15; zu der Frage, ob eine Pflichtverletzung dann auch zu einem Schadensersatzanspruch führen kann, s. § 18 Rn 8.
13 So auch KR/Bader, § 18 Rn 4; HWK/Schmalenberg § 18 TzBfG Rn 3.

richtung auch durch **allgemeine Bekanntgabe** an geeigneter, den Arbeitnehmern zugänglicher Stelle im Betrieb und Unternehmen vorzunehmen, ist im Umkehrschluss daraus anzunehmen, dass der Gesetzgeber primär eine **individuelle Unterrichtung** vor Augen hatte.[14] Wie der Arbeitgeber eine solche individuelle Unterrichtung vornimmt, bleibt allein ihm überlassen, sie kann insbesondere auch mündlich erfolgen, doch empfiehlt sich schon aus Beweiszwecken eine schriftliche Unterrichtung, wobei auch eine solche per Email ausreicht. Entscheidend ist dabei nur, dass der Arbeitgeber alle fraglichen Arbeitnehmer erreicht und unterrichtet, die für den konkreten Dauerarbeitsplatz in Betracht kommen. Um hier Lücken zu vermeiden, ist daher regelmäßig ratsam, auf die Alternative des § 18 Satz 2 TzBfG zurückzugreifen, also auf eine allgemeine Unterrichtung.

Diese allgemeine Bekanntgabe muss, um den Vorgaben des § 18 TzBfG zu entsprechen, an einer geeigneten, den Arbeitnehmern **zugänglichen Stelle im Betrieb oder Unternehmen** erfolgen. Entscheidend ist allein, dass die in Betracht kommenden Arbeitnehmer von der freien Stelle ohne Schwierigkeiten und Aufwand erfahren können. Daher kann diese allgemeine Form der Unterrichtung über eine Hauszeitung genauso erfolgen wie über eine Rundmail, das Intranet oder durch einen Aushang am Schwarzen Brett, an dem man gemeinhin Informationen über freie Stellen auszuhängen pflegt;[15] nicht ausreichend ist hingegen eine bloße „**Pseudoausschreibung**" wie sie häufig im öffentlichen Dienst zu finden ist, wenn also die Stelle allein durch die Auslage der Ausschreibung in der Personalabteilung erfolgt; denn dann kann der Zweck der Unterrichtung nicht erreicht werden. Wichtig ist zudem, dass in dem Fall, in dem ein Unternehmen mehrere Betriebe hat, die allgemeine Bekanntmachung in allen Betrieben des Unternehmens gleichermaßen erfolgt.

III. Die Rechtsfolgen eines Pflichtverstoßes

Eine **eigenständige Sanktion** für den Fall, dass der Arbeitgeber seiner Unterrichtungspflicht nicht oder nicht ausreichend nachkommt, sieht § 18 TzBfG nicht vor. Dies ist aber auch nicht erforderlich. Denn die Unterrichtungspflicht des Arbeitgebers stellt eine Nebenpflicht des Arbeitsvertrages dar, der diesen bereits mit den befristet Beschäftigten verbindet.[16] Infolgedessen ergeben sich, neben einem in der Praxis irrelevanten Anspruch auf Leistung, also auf Information über freie unbefristete, entsprechende Arbeitsplätze,[17] mögliche Sanktionen bereits aus der vertraglichen Pflichtverletzung: Das bedeutet, dass sich der Arbeitgeber, der seine Pflicht aus § 18 TzBfG verletzt, vom Prinzip her einem **Schadensersatzanspruch** des befristet beschäftigten Arbeitnehmers aussetzt. Anspruchsgrundlage für diesen Anspruch ist § 280 Abs. 1 BGB. Ein Schutzgesetz im Sinne von § 823 Abs. 2 BGB stellt die Vorschrift des § 18 TzBfG jedoch nach einhelliger Ansicht nicht dar.[18]

---

14 So auch ErfKomm/Müller-Glöge § 18 TzBfG Rn 3.
15 S. auch KR/Bader, § 18 TzBfG Rn 8; Kliemt NZA 2001, 304.
16 MünchKommBGB/Hesse, § 18 TzBfG Rn 4; Boewer, § 18 Rn 15.
17 Meinel/Heyn/Herms, § 18 Rn 4.
18 S. nur Arnold/Gräfl/Spinner § 18 Rn 8; Holwe/Kossens § 18 Rn 7; Rolfs § 18 Rn 1; Erf-Komm/Müller-Glöge § 18 TzBfG Rn 10; Kliemt NZA 2001, 304.

8 Der **Inhalt des Schadensersatzanspruchs** richtet sich nach §§ 249ff BGB. Er könnte daher rein theoretisch sogar darin liegen, dem nicht informierten Arbeitnehmer einen Anspruch auf den unbefristeten Arbeitsvertrag zu verschaffen; denn grundsätzlich ist **Naturalrestitution** verlangt. Doch scheidet dieser Anspruch regelmäßig aus. Denn ein solcher Anspruch könnte nur dann zugesprochen werden, wenn festgestellt werden könnte, dass der nicht oder nicht ausreichend informierte Arbeitnehmer die unbefristete Stelle erhalten hätte, wenn er ausreichend und rechtzeitig informiert worden wäre.[19] Dies ist jedoch schon deshalb kaum vorstellbar, weil der Arbeitgeber selbst dann, wenn er ausreichend unterrichtet hat, nicht dazu verpflichtet ist, den befristet Beschäftigten auf die unbefristete Dauerstelle zu setzen. Daher liegt die Schadensersatzfolge regelmäßig nicht in einem Anspruch auf Beschäftigung auf dem freien Arbeitsplatz, über den der Arbeitgeber nicht (ausreichend) informiert hat. Das heißt, der Arbeitnehmer kann aus den soeben dargestellten Gründen in aller Regel nicht verlangen, unbefristet allein deshalb weiterbeschäftigt zu werden, weil er nicht rechtzeitig gemäß § 18 TzBfG vom Arbeitgeber über die freie Stelle informiert wurde.

9 Doch auch ein **sonstiger, auf Geld gerichteter Schadensersatz** wird regelmäßig in der Praxis aus Gründen der **Darlegungs- und Beweislast** nicht in Betracht kommen. Denn Voraussetzung für den Anspruch ist nicht nur die Pflichtverletzung, sondern auch, dass der Arbeitgeber den Verstoß gegen § 18 TzBfG zu vertreten hat. Hier wird es für den Arbeitnehmer regelmäßig kaum möglich sein, darzulegen und im Streitfall zu beweisen, dass bei entsprechender und rechtzeitiger Information der Arbeitsplatz mit ihm besetzt worden wäre. Das bedeutet: Ein Schadensersatzanspruch dürfte zumeist daran scheitern, dass es dem Arbeitnehmer praktisch nicht möglich ist zu beweisen, dass er die ihm nicht mitgeteilte Stelle erhalten hätte. Gelingt dem Arbeitnehmer wider Erwarten dieser Beweis ausnahmsweise, stellt sich dann die Frage nach der Höhe des Schadensersatzanspruchs. Zum Teil wird hier mit guten Gründen eine Begrenzung gefordert.[20]

IV. Beteiligung des Betriebsrats

10 Eine Besonderheit ergibt sich bei einer Stellenbesetzung, vor der nach § 18 TzBfG eine Unterrichtung nach § 18 TzBfG vorzunehmen ist, aus kollektivrechtlicher Sicht. Nimmt der Arbeitgeber nämlich eine Stellenbesetzung vor, ohne dass er zuvor über diese Stelle nach § 18 TzBfG die in Betracht kommenden befristet beschäftigten Arbeitnehmer des Betriebs und Unternehmens über die freie Stelle informiert hat, kann der Betriebsrat nach § 99 Abs. 2 Nr. 3 BetrVG seine Zustimmung zu der Einstellung des externen Bewerbers verweigern. Denn nach diesem **Mitbestimmungsrecht** kann der Betriebsrat zu einer beabsichtigten unbefristeten Einstellung seine Zustimmung dann verweigern, wenn der Arbeitgeber einen gleich geeigneten, bereits bei ihm befristet Beschäftigten unberücksichtigt lassen will.[21]

---

19 S. auch Staudinger/Preis § 620 BGB Rn 192.
20 Vgl. Bayreuther in: Rolfs/Giesen, BeckOK § 18 TzBfG Rn 8.
21 Dazu auch Löwisch BB 2001, 1734.

§ 19 Aus- und Weiterbildung

Der Arbeitgeber hat Sorge zu tragen, dass auch befristet beschäftigte Arbeitnehmer an angemessenen Aus- und Weiterbildungsmaßnahmen zur Förderung der beruflichen Entwicklung und Mobilität teilnehmen können, es sei denn, dass dringende betriebliche Gründe oder Aus- und Weiterbildungswünsche anderer Arbeitnehmer entgegenstehen.

Literatur: *Boecken*, Wie sollte der Übergang vom Erwerbsleben in den Ruhestand rechtlich gestaltet werden?, Gutachten B für den 62. Deutschen Juristentag Bremen 1998, B 141 ff; *Kliemt*, Das neue Befristungsrecht, NZA 2001, 296 ff

I. Normzweck 1	b) Angemessenheit der Aus- und Weiterbildungsmaßnahmen 15
II. Gleichbehandlung von befristet beschäftigten Arbeitnehmern bei angemessenen Aus- und Weiterbildungsmaßnahmen .. 4	III. Ausnahmen von der Gleichbehandlungspflicht 17
1. Verpflichtung des Arbeitgebers zur Gleichbehandlung 4	IV. Folgen eines Verstoßes gegen die Gleichbehandlungspflicht . 21
2. Angemessene Aus- und Weiterbildungsmaßnahmen 10	V. Ergänzende Regelungen 24
a) Aus- und Weiterbildungsmaßnahmen 11	

I. Normzweck

Mit der Regelung des § 19 wird § 6 Abs. 2 der gemeinschaftsrechtlichen Rahmenvereinbarung über befristete Arbeitsverträge (Rl 99/70/EG) umgesetzt. Ziel der Vorschrift ist es nach der Gesetzesbegründung, den Arbeitgeber zu verpflichten, **dass an für Arbeitnehmer des Unternehmens vorgesehenen Aus- und Weiterbildungsmaßnahmen auch befristet beschäftigte Arbeitnehmer teilnehmen können,** damit deren Chancen auf einen Dauerarbeitsplatz verbessert werden.[1] Damit bezweckt § 19 nicht anders als die entsprechende Regelung des § 10 für teilzeitbeschäftigte Arbeitnehmer die **Verwirklichung der Gleichbehandlung von befristet beschäftigten Arbeitnehmern mit unbefristet beschäftigten Arbeitnehmern** bei der Durchführung von Aus- und Weiterbildungsmaßnahmen, soweit diese – insoweit besteht ein Unterschied zu § 10 – sich im Hinblick auf die nur befristete Dauer des Arbeitsverhältnisses als angemessen darstellen. Von der Gleichbehandlung mit dieser Maßgabe soll nur dann abgewichen werden können, wenn dringende betriebliche Gründe oder Aus- und Weiterbildungswünsche anderer Arbeitnehmer entgegenstehen.

Mit der Verfolgung des Ziels der Verwirklichung von Gleichbehandlung im Bereich der Aus- und Weiterbildung enthält § 19 eine **Konkretisierung** des in § 4 Abs. 2 S.1 niedergelegten allgemeinen Verbots der Diskriminierung von befristet beschäftigten Arbeitnehmern[2] und verengt die hiernach bestehende Möglichkeit der Rechtfertigung einer unterschiedlichen Behandlung bei Vorliegen eines Sachgrundes[3] auf die **beiden ausdrücklich genannten Rechtfertigungsgründe.** Inso-

1

2

---

1 BT-Drucks. 14/4374, S. 21.
2 Siehe auch Boewer, § 19 Rn 7; Annuß/Thüsing/*Annuß*, § 19 Rn 2.
3 Siehe näher § 4 Rn 62 ff.

weit kommt § 19 im Verhältnis zu § 4 Abs. 2 S. 1 eigenständige Bedeutung zu.[4]

3   § 19 ist ausdrücklich lediglich auf befristet beschäftigte Arbeitnehmer und deren Teilnahmemöglichkeit an Aus- und Weiterbildungsmaßnahmen bezogen. Über den **allgemeinen Gleichbehandlungsgrundsatz** ist der Arbeitgeber allerdings auch gehindert, unbefristet beschäftigte Arbeitnehmer in diesem Bereich im Vergleich mit befristet beschäftigten Arbeitnehmern zu benachteiligen, wenn nicht ein sachlicher Grund für eine unterschiedliche Behandlung gegeben ist. Allerdings reicht hier jeder anerkennenswerte sachliche Grund aus, eine Verengung auf die nach § 19 allein möglichen Rechtfertigungsgründe kommt im Rahmen des allgemeinen Gleichbehandlungsgrundsatzes nicht in Betracht.

II. Gleichbehandlung von befristet beschäftigten Arbeitnehmern bei angemessenen Aus- und Weiterbildungsmaßnahmen

1. Verpflichtung des Arbeitgebers zur Gleichbehandlung

4   Gemäß § 19 hat der Arbeitgeber Sorge zu tragen, dass auch befristet beschäftigte Arbeitnehmer an angemessenen Aus- und Weiterbildungsmaßnahmen zur Förderung der beruflichen Entwicklung und Mobilität teilnehmen können. Trotz der, gerade auch im Vergleich mit dem allgemeinen Diskriminierungsverbot des § 4 Abs. 2 S.1 („ ... darf ... nicht.") weichen Formulierung ist nicht anders als bei § 10,[5] von einer **Verpflichtung des Arbeitgebers zur Gleichbehandlung** befristet beschäftigter Arbeitnehmer in dem durch § 19 erfassten Bereich auszugehen.[6] Die Regelung dispensiert deshalb nicht von der nach § 4 Abs. 2 S. 1 sowieso bestehenden Gleichbehandlungspflicht, sondern konkretisiert diese für angemessene Aus- und Weiterbildungsmaßnahmen, was vor allem daraus deutlich wird, dass das Gesetz Ausnahmetatbestände formuliert, bei deren Vorliegen allein der Arbeitgeber von der bezeichneten „Sorgetragung", sprich Verpflichtung zur Gleichbehandlung entlastet wird.

5   Der Regelungsgehalt von § 19 erschöpft sich in der Anordnung einer Verpflichtung des Arbeitgebers zur Gleichbehandlung von befristet beschäftigten Arbeitnehmern bei der Teilnahme an angemessenen Aus- und Weiterbildungsmaßnahmen. Eine **Verpflichtung zur Durchführung** bzw **Finanzierung entsprechender Maßnahmen** als solche wird dem Arbeitgeber nicht auferlegt.[7] Die Vorschrift des § 19 begründet damit **keinen originären Anspruch** von befristet beschäftigten Arbeitnehmern auf Teilnahme an angemessenen Aus- und Weiterbildungsmaßnahmen. Vielmehr kann eine solche nur über den Anspruch auf Gleichbehandlung durchgesetzt werden, was allerdings voraussetzt, dass der Arbeitgeber anderen Arbeitnehmern entsprechende Maßnahmen gewährt und ein Rechtfertigungsgrund im Sinne von § 19 für eine Ungleichbehandlung nicht eingreift.

---

4   A.A. wohl Rolfs, § 19 Rn 1, der der Vorschrift des § 19 lediglich „ im wesentlichen Appellcharakter " zugestehen will; ebenso Kliemt, NZA 2001, 296 ff (304).
5   Siehe dazu § 10 Rn 4.
6   Siehe auch Annuß/Thüsing/ *Annuß*, §19 Rn 2, der von einem Anspruch auf gleiche Teilhabe spricht.
7   Siehe nur Rolfs § 19 Rn 2; Annuß/Thüsing/*Annuß* § 19 Rn 2; HWK/Schmalenberg, § 19 TzBfG Rn 2.

Mangels Anspruchs auf Durchführung einer angemessenen Aus- und Weiterbildungsmaßnahme gegen den Arbeitgeber besteht auch jenseits einer Gleichbehandlungsverpflichtung **kein Anspruch auf Finanzierung** von Seiten des befristet beschäftigten Arbeitnehmers selbst initiierten Maßnahmen. Übernimmt der Arbeitgeber die Kosten einer Maßnahme, so finden die von der Rechtsprechung entwickelten allgemeinen Grundsätze über die Zulässigkeit der Vereinbarung von Rückzahlungsklauseln Anwendung.[8] **6**

Die in § 19 bestimmte Gleichbehandlungspflicht besteht **während der gesamten Dauer des Arbeitsverhältnisses.** Damit hat der Arbeitgeber auch bei der Aufstellung sogenannter Sozialpläne, in denen aus Anlass einer Betriebsänderung Aus- und Weiterbildungsmaßnahmen mit dem Betriebsrat vereinbart und die unter den Voraussetzungen des § 216a SGB III,[9] insbesondere bei angemessener finanzieller Beteiligung des Arbeitgebers[10] durch die Agenturen für Arbeit gefördert werden, für die Gleichbehandlung von befristet beschäftigten Arbeitnehmern Sorge zu tragen. Insoweit werden die bereits nach § 75 Abs.1, 96 Abs. 2 BetrVG bestehenden betriebsverfassungsrechtlichen Pflichten ergänzt und konkretisiert. **7**

Die Regelung des § 19 gibt aufgrund ihrer Konzeption als Gleichbehandlungsgebot bezogen auf befristet beschäftigte Arbeitnehmer im Vergleich mit unbefristet beschäftigten Arbeitnehmern **keine Handhabe gegen Ungleichbehandlungen von Arbeitnehmern bei Aus- und Weiterbildung aus anderen Gründen**, etwa wegen des Geschlechts oder wegen Alters.[11] **8**

Bei geschlechtsbezogener Benachteiligung ist § 7 AGG einschlägig. Im Falle von Diskriminierungen wegen Alters gilt dasselbe. **9**

2. Angemessene Aus- und Weiterbildungsmaßnahmen

Die Gleichbehandlungspflicht des Arbeitgebers nach § 19 bezieht sich auf die Teilnahme befristet beschäftigter Arbeitnehmer an angemessenen Aus- und Weiterbildungsmaßnahmen zur Förderung der beruflichen Entwicklung und Mobilität. Mit der Begrenzung entsprechender Maßnahmen auf die **Förderung beruflicher Zwecke** ist klargestellt, dass Maßnahmen außerhalb dieses Bereichs, etwa aus privaten, ehrenamtlichen, religiösen oder politischen Gründen, nicht erfasst werden. **10**

a) Aus- und Weiterbildungsmaßnahmen

Der **Begriff der Aus- und Weiterbildungsmaßnahmen zwecks Förderung bestimmter beruflicher Zielsetzungen** ist im Vergleich mit anderen gesetzlichen Regelungen betreffend die berufliche Qualifizierung von Arbeitnehmern unspezifisch und sehr weit. So wird im Berufsbildungsgesetz von Berufsbildung gespro- **11**

---

8 Siehe hierzu näher HWK/Thüsing, § 611 BGB Rn 460.
9 Eingeführt durch Art. 1 Nr. 120 des Dritten Gesetzes für moderne Dienstleistungen am Arbeitsmarkt, BGBl 2003 I S. 2848.
10 Siehe § 216a I S. 2 SGB III.
11 Zur Problematik einer „altersselektiven Qualifizierungspraxis" mit der Folge eines weitgehenden Ausschlusses älterer Arbeitnehmer von betrieblichen und öffentlichen Weiterbildungsmaßnahmen siehe näher Boecken, Wie sollte der Übergang vom Erwerbsleben in den Ruhestand rechtlich gestaltet werden?, Gutachten B für den 62. Deutschen Juristentag Bremen 1998, B 141 ff.

chen, worunter gemäß § 1 Abs. 1 BBiG neben der hier nicht interessierenden Berufsausbildungsvorbereitung die Berufsausbildung,[12] die berufliche Fortbildung[13] und die berufliche Umschulung[14] zu verstehen sind. In den einschlägigen betriebverfassungsrechtlichen Vorschriften ist gleichfalls von Berufsbildung mit der Unterscheidung betrieblicher und außerbetrieblicher Maßnahmen der Berufsbildung die Rede,[15] für deren Bestimmung im Ausgangspunkt die Begriffsbildung des § 1 Abs. 1 BBiG maßstabbildend ist.[16] § 81 Abs. 4 S. 1 Nr. 2 und 3 SGB IX spricht ebenfalls von Maßnahmen der beruflichen Bildung, derbezüglich schwerbehinderte Menschen gegenüber ihrem Arbeitgeber einen Anspruch auf bevorzugte Berücksichtigung[17] bzw Erleichterung der Teilnahme[18] haben. Die Begriffswahl des § 19 findet sich noch am ehesten im SGB III wieder, wo zwischen Maßnahmen zur Förderung der Berufsausbildung[19] und der beruflichen Weiterbildung[20] unterschieden wird.[21]

12 Im Hinblick darauf, dass aus der Gesetzesbegründung zu § 19[22] ebenso wenig wie zu der vergleichbaren Regelung des § 10[23] für teilzeitbeschäftigte Arbeitnehmer keine Anhaltspunkte dafür zu entnehmen sind, dass der Gesetzgeber mit der Formulierung Aus- und Weiterbildung eine neue Begrifflichkeit beruflicher Qualifizierung schaffen wollte, ist davon auszugehen, dass hierunter zumindest im Kern **die klassische Trias beruflicher Bildung im Sinne des § 1 BBiG bestehend aus Berufausbildung, beruflicher Fortbildung und beruflicher Umschulung** zu verstehen ist.[24] Sollten hiervon Maßnahmen nicht erfasst werden, so ist in Anlehnung an die Rechtsprechung des BAG zur beruflichen Bildung im Sinne der §§ 96 ff BetrVG darauf abzustellen, ob eine Maßnahme **gezielt Kenntnisse, Erfahrungen und Fähigkeiten zur beruflichen Qualifizierung vermittelt**.[25]

13 Zu den Aus- und Weiterbildungsmaßnahmen im Sinne des § 19 gehören **innerbetriebliche und außerbetriebliche Maßnahmen**. Unter letzteren sind Berufsbildungsmaßnahmen zu verstehen, die von einem privaten oder staatlichen Träger unabhängig vom Arbeitgeber durchgeführt werden.

14 Die in Betracht kommenden Berufsbildungsmaßnahmen, bezüglich derer die Teilnahme auch von befristet beschäftigten Arbeitnehmern durch die Gleichbehandlungspflicht des Arbeitgebers sichergestellt werden soll, sind nicht nur solche, mit denen die berufliche Entwicklung des befristet beschäftigten Arbeitnehmers in dem Sinne gefördert wird, dass sie eine **Qualifizierung im Rahmen der bisherigen Tätigkeit** zum Inhalt haben. Ausdrücklich werden auch Maßnahmen

---

12 §§ 1 Abs. 3, 4 ff BBiG.
13 §§ 1Abs. 4, 53 ff BBiG.
14 §§ 1 Abs. 5, 58 ff BBiG.
15 Siehe §§ 96 ff BetrVG.
16 Siehe Fitting, BetrVG, 21. Auflage, § 96 Rn 9ff.
17 Bei innerbetrieblichen Maßnahmen (Nr. 2).
18 Bei außerbetrieblichen Maßnahmen (Nr. 3).
19 §§ 49 ff SGB III.
20 §§ 77 ff SGB III.
21 Siehe hierzu ausführlich Bernhardin: Spellbring/Eicher, Kasseler Handbuch des Arbeitsförderungsrechts, 2003, §§ 17, S. 1043ff.
22 Siehe BT-Drucks. 14/4374, S. 21.
23 Siehe BT-Drucks. 14/4374, S. 18.
24 Siehe auch zu § 10 Rn 10 f.
25 Siehe BAG, 23.4.1991, 1 ABR 49/90, NZA 1991, S. 817 ff (819); Fitting, BetrVG, 21. Auflage, § 96 Rn 10 mwN

zur Förderung der beruflichen Mobilität erwähnt, womit – nicht anders als bei § 10[26] – auch die **Qualifizierung zur Ausübung einer anderen beruflichen Tätigkeit**, sprich Maßnahmen der beruflichen Umschulung erfasst werden.

b) Angemessenheit der Aus- und Weiterbildungsmaßnahmen

Im Unterschied zu der für teilzeitbeschäftigte Arbeitnehmer maßgebenden Regelung des § 10 ordnet § 19 die Gleichbehandlungspflicht nur **in Bezug auf angemessene Bildungsmaßnahmen** an. Diese Beschränkung der arbeitgeberseitigen Verpflichtung erklärt sich daraus, dass der befristet beschäftigte Arbeitnehmer nur vorübergehend in einem Arbeitsverhältnis zum Arbeitgeber steht und von daher dem Arbeitgeber nur in eingeschränkterem Umfang eine Belastung mit Bildungsmaßnahmen auch zugunsten des befristet beschäftigten Arbeitnehmers zugemutet werden soll[27]. Nach der Gesetzesbegründung ist im Rahmen der Angemessenheit insbesondere zu berücksichtigen, ob die Maßnahme im Hinblick auf die Art der Tätigkeit des Arbeitnehmers, die vorgesehene Dauer der Aus- und Weiterbildungsmaßnahme und den für den Arbeitgeber entstehenden Kostenaufwand in Betracht kommen kann.[28] Angesichts dessen, dass die Gleichbehandlungspflicht in § 19 auf Bildungsmaßnahmen auch zur Förderung der beruflichen Mobilität gerichtet und die Regelung als solche ihrem Zweck nach die Chancen befristet beschäftigter Arbeitnehmer auf einen Dauerarbeitsplatz verbessern soll,[29] ist eine Maßnahme nicht schon per se deshalb unangemessen, weil der Arbeitnehmer hierdurch eine über die Befristungsdauer hinausreichende Qualifikationssteigerung erfährt.[30] Allerdings dürfen hier die **Zumutbarkeitsanforderungen zu Lasten des Arbeitgebers** nicht überspannt werden, so dass eine Unangemessenheit jedenfalls dann zu bejahen ist, wenn der Nutzen einer Qualifizierung wegen der Kürze der Befristung wesentlich nur potentiell nachfolgenden Arbeitgebern zugute kommen kann.[31]

Die **Frage der Angemessenheit ist objektiv zu bestimmen** unter Berücksichtigung der oben genannten, wesentlich maßgebenden Gesichtspunkte. Darauf, was Arbeitnehmer und Arbeitgeber für angemessen halten, kommt es nicht an, weshalb für die Beurteilung der Angemessenheit auch bedeutungslos ist, unter welchen Bedingungen der Arbeitgeber die Teilnahme von unbefristet beschäftigten Arbeitnehmern zulässt.[32] Letzteres kann ein Gleichbehandlungsproblem aufwerfen, sagt aber nichts über die Angemessenheit aus.

III. Ausnahmen von der Gleichbehandlungspflicht

Die benachteiligende Ungleichbehandlung von befristet beschäftigten Arbeitnehmern in Bezug auf die Teilnahme an angemessenen beruflichen Bildungsmaßnah-

---

26 Siehe zu § 10 Rn 13.
27 Vgl. Boewer, § 19 Rn 10; Annuß/ Thüsing/*Annuß*, § 19 Rn 4.
28 Siehe BT-Drucks. 14/4374, S. 21.
29 BT-Drucks. 14/4374, S. 21.
30 Siehe auch Annuß/Thüsing/*Annuß*, § 19 Rn 4; aA MünchArbR/Wank, Ergänzungsband, 2. Auflage, § 116 Rn 305.
31 Vgl. Boewer, § 19 Rn 10.
32 A.A. Annuß/Thüsing/*Annuß*, § 19 Rn 4.

men ist sachlich nur gerechtfertigt, wenn **dringende betriebliche Gründe oder Aus- und Weiterbildungswünsche anderer Arbeitnehmer** entgegenstehen. Andere Sachgründe, die unter Umständen im Rahmen von § 4 Abs. 2 Satz 1 eine Ungleichbehandlung tragen könnten, kommen nicht in Betracht.[33]

18 Mit dem **Erfordernis eines dringenden betrieblichen Grundes** werden an die Rechtfertigung einer Ungleichbehandlung im Rahmen von § 19 höhere Anforderungen gestellt als an die Ablehnung einer Verringerung und Neuverteilung der Arbeitszeit, wofür nach § 8 Abs. 4 Satz 1 betriebliche Gründe ausreichen. Im Hinblick auf die Konkretisierung bloß betrieblicher Gründe durch die Regelbeispiele[34] in § 8 Abs. 4 Satz 2 spricht gesetzessystematisch zunächst alles dafür, dass eine wesentliche Beeinträchtigung von Organisation, Arbeitsablauf oder der Sicherheit im Betrieb nicht ausreichen kann.[35] Allerdings ist zu berücksichtigen, dass § 8 Abs. 4 Satz 2 im Zusammenhang mit Satz 1 zwar sagt, was jedenfalls betriebliche Gründe sind, damit aber nicht ausschließt, dass die dort genannten wesentlichen Beeinträchtigungen nicht auch dringende betriebliche Gründe sein können. Deshalb sind die in § 8 Abs. 4 Satz 2 genannten Regelbeispiele durchaus auch im Rahmen von § 19 heranzuziehen und es ist im Einzelfall zu prüfen, ob die wesentliche Belastung über die Intensität einer hinreichenden Gewichtigkeit im Sinne der Interpretation des BAG zum betrieblichen Grund nach § 8 Abs. 4 Sätze 1, 2[36] hinausgeht und damit einen dringenden betrieblichen Grund darstellt. Das kann nur im Einzelfall beurteilt werden.

19 Dringende betriebliche Gründe können danach gegeben sein, wenn die Teilnahme des befristet beschäftigten Arbeitnehmers an einer Bildungsmaßnahme eine **erhebliche Beeinträchtigung des Betriebsablaufs** zur Folge hätte.[37] Der Ausschlusstatbestand kann darüber hinaus erfüllt sein, wenn die Durchführung der Aufgabe, deretwegen der Arbeitnehmer befristet eingestellt worden ist, **eine Abkömmlichkeit ausschließt**, etwa weil die Aufgabe ansonsten nicht zeitgerecht bewältigt werden kann und die Erledigung durch einen Vertreter nicht möglich ist.[38]

20 Eine Ungleichbehandlung kann auch aufgrund der **Berücksichtigung von Aus- und Weiterbildungswünschen anderer Arbeitnehmer** gerechtfertigt sein. Dieser Sachgrund kann nur in Betracht kommen, wenn die Zahl der sich für eine Berufsbildungsmaßnahme bewerbenden Arbeitnehmer das Kontingent der verfügbaren Aus- und Weiterbildungsplätze übersteigt. Hier muss der Arbeitgeber eine Auswahl treffen, die er analog § 315 BGB **nach billigem Ermessen** vor-

---

33 Siehe oben Rn 2 zur rechtlichen Bedeutung von § 19.
34 BAG, 18.2.2003, 9 AZR 164/02, NZA 2003, 1392 ff (1295).
35 Die Verursachung unverhältnismäßiger Kosten ist bereits über das Tatbestandsmerkmal der Angemessenheit der Aus- und Weiterbildungsmaßnahme erfasst.
36 Siehe BAG, 16.3.2004, 9 AZR 323/03, NZA 2004, S. 1047 ff (1050), BAG, 18.3.2003, 9 AZR 164/02, DB 2004, S. 319 ff (320 f); BAG, 18.2.2003, 9 AZR 164/02, NZA 2003, 1392 ff (1394 f), siehe zu § 8 Rn 35 ff.
37 Siehe HWK/Schmalenberg, § 19 TzBfG Rn 4, der allerdings für den Begriff des dringenden betrieblichen Grundes an § 7 Abs. 1 BUrlG anknüpfen will.
38 Siehe auch Boewer, § 19 Rn 12. Wolfs, § 19 Rn 4 führt aus, dass bereits der Sachgrund nach § 14 einen dringenden betrieblichen Grund ergeben kann. Das trifft nur mit der Maßgabe zu, dass die mit einem Sachgrund implizierte Unabkömmlichkeit sich auch in den tatsächlichen Umständen widerspiegelt.

zunehmen hat.[39] Bei den Kriterien für die Ausübung des billigen Ermessens ist der Arbeitgeber grundsätzlich frei, soweit die Entscheidung von nachvollziehbaren Sachgründen getragen ist.[40] Neben seinem betrieblichen Interesse und dem Gleichbehandlungsinteresse des befristet beschäftigten Arbeitnehmers kann der Arbeitgeber berufliche und soziale Gesichtspunkte in die Auswahlentscheidung einbeziehen.

IV. Folgen eines Verstoßes gegen die Gleichbehandlungspflicht

Verstößt der Arbeitgeber gegen die Gleichbehandlungspflicht nach § 19, so hat der betroffene Arbeitnehmer einen Anspruch auf Gleichbehandlung, der auf **Gleichstellung mit den begünstigten Arbeitnehmern gerichtet ist**. Nicht anders als bei einem Verstoß gegen das allgemeine Diskriminierungsverbot des § 4 Abs. 2 kann der Gleichbehandlungsverpflichtung nur durch eine Begünstigung des benachteiligten befristet beschäftigten Arbeitnehmers Genüge geleistet werden.[41]

21

Der Inhalt des Gleichstellungsanspruchs richtet sich danach, in Bezug worauf der befristet beschäftigte Arbeitnehmer benachteiligt worden ist. Geht es um die Teilnahme an einer Bildungsmaßnahme überhaupt, so ist der Anspruch auf **Freistellung zum Zwecke der Teilnahme** gerichtet. Besteht die Benachteiligung darin, dass der Arbeitgeber zwar die Teilnahme ermöglicht, im Unterschied zu anderen Arbeitnehmern aber nicht die Kosten der Bildungsmaßnahme übernehmen will, so hat der Arbeitnehmer aufgrund Gleichbehandlung einen **Anspruch auf Kostenübernahme**. Der befristet beschäftigte Arbeitnehmer kann seinen Anspruch auf Gleichbehandlung im Wege der **Leistungsklage** arbeitsgerichtlich durchsetzen. Das gilt auch für den Fall, dass der Anspruch wegen der Bildungswünsche anderer Arbeitnehmer von einer billigem Ermessen entsprechenden Auswahlentscheidung des Arbeitgebers abhängig ist. Zwar ist, wenn die Entscheidung nicht der Billigkeit entspricht, analog § 315 Abs. 3 BGB die Auswahl durch Gestaltungsurteil zu treffen, jedoch ist insoweit anerkannt, dass **unmittelbar auf die Leistung** geklagt werden kann, die bei einer der Billigkeit entsprechenden Entscheidung geschuldet wird.[42] Die Geltendmachung des Gleichbehandlungsanspruchs auf Freistellung zur Teilnahme an einer angemessenen Bildungsmaßnahme im Wege **einstweiliger Verfügung** gemäß §§ 935, 940 ZPO iVm § 62 Abs. 2 ArbGG ist zwar grundsätzlich denkbar.[43] Jedoch wird es für den Erlass einer entsprechenden Befriedigungsverfügung regelmäßig an dem Erfordernis des Verfügungsgrundes, wonach der Gläubiger auf sofortige Erfül-

22

---

39 Siehe die Beschlussempfehlung und den Bericht des Ausschusses für Arbeit und Sozialordnung, BT-Drucks. 14/4625, S. 21. Im ursprünglichen Gesetzentwurf war noch Auswahl unter beruflichen oder sozialen Gesichtspunkten vorgesehen, siehe BT-Drucks. 14/4374, S. 10 und 21. Von der Auswahl nach billigem Ermessen wird allgemein ausgegangen, siehe nur Rolfs, § 19 Rn 5; Boewer, § 19 Rn 13; Annuß/Thüsing/*Annuß*, § 19 Rn 6; HWK/Schmalenberg, § 19 TzBfG, Rn 5.
40 Zutreffend Boewer, § 19 Rn 13.
41 Siehe zur sogenannten „Anpassung nach oben" bezogen auf § 4 Abs. 2 Satz 2 BAG, 11.12.2003, 6 AZR 64/03, NZA 2004, S. 723 ff (726).
42 Siehe BGH, 2.4.1964, VII ZR 203/62, BGHZ Bd. 41, S. 271 ff (280); BGH, 24.11.1995, V ZR 174/94, NJW 1996, S. 1054 ff (1055).
43 Siehe auch Boewer, § 19 Rn 15; Annuß/Thüsing/*Annuß*, § 19 Rn 7.

lung dringend angewiesen sein muss,[44] fehlen. Insoweit ist zu berücksichtigen, dass die Gleichbehandlung auch dadurch hergestellt werden kann, dass der befristet beschäftigte Arbeitnehmer zu einem späteren Zeitpunkt an einer vergleichbaren Bildungsmaßnahme teilnehmen kann. Beruft sich der Arbeitgeber demgegenüber auf die in Kürze ablaufende Befristung, dann wird es schon wegen der Unangemessenheit der Bildungsmaßnahme an einem Verfügungsanspruch fehlen.

23 Ebenfalls grundsätzlich denkbare **Schadensersatzansprüche** nach Maßgabe der §§ 280 Abs.1, 241 Abs. 2, 242 BGB wegen Nebenpflichtverletzung (§ 19) werden regelmäßig daran scheitern, dass der Arbeitnehmer keinen Schaden, etwa aus entgangenem Gewinn im Hinblick auf seine Verdienstmöglichkeiten aufgrund der Teilnahme an einer Bildungsmaßnahme, wird nachweisen können. Besteht die Benachteiligung darin, dass den befristet beschäftigten Arbeitnehmer eine Kostenübernahme versagt wurde und hat er die Finanzierung der Bildungsmaßnahme selbst übernommen, so können die aufgewendeten Kosten als Schaden geltend gemacht werden. § 19 ist Schutzgesetz im Sinne des § 823 Abs. 2 BGB.

V. Ergänzende Regelungen

24 Befristet beschäftigte **schwerbehinderte Menschen** haben gegenüber ihrem Arbeitgeber nach § 81 Abs. 4 Satz 1 Nr. 2 SGB IX einen Anspruch auf bevorzugte Berücksichtigung bei innerbetrieblichen Maßnahmen der beruflichen Bildung zur Förderung ihres beruflichen Fortkommens, und nach § 81 Abs.4 Satz 1 Nr.3 SGB IX bei außerbetrieblichen Maßnahmen der beruflichen Bildung Anspruch auf Erleichterung der Teilnahme in für den Arbeitgeber zumutbarem Umfang. Dieser Anspruch besteht gemäß § 81 Abs.4 Satz 3 unter anderem nicht, soweit seine Erfüllung für den Arbeitgeber nicht zumutbar oder mit unverhältnismäßigen Aufwendungen verbunden wäre. Diese Ausschlussgründe stellen höhere Anforderungen als der dringende betriebliche Grund im Sinne von § 19. Die Ansprüche nach § 81 Abs.4 Satz 1 Nr. 2 und 3 SGB IX bestehen neben § 19 und wirken sich im Rahmen des Rechtfertigungsgrundes der Berücksichtigung von Bildungswünschen anderer Arbeitnehmer auf der Grundlage billigen Ermessens bei der arbeitgeberseits zu treffenden Auswahlentscheidung aus.

25 **Kollektivarbeitsrechtlich** haben Arbeitgeber und Betriebsrat nach § 96 Abs. 2 Satz 1 BetrVG darauf zu achten, dass unter Berücksichtigung der betrieblichen Notwendigkeiten den Arbeitnehmern die Teilnahme an betrieblichen oder außerbetrieblichen Maßnahmen der Berufsbildung ermöglicht wird. Zwar wird anders als für teilzeitbeschäftigte Arbeitnehmer in § 96 Abs. 2 Satz 2 BetrVG nicht ausdrücklich darauf hingewiesen, dass auch deren Belange im Rahmen von § 96 Abs. 2 Satz 1 BetrVG zu berücksichtigen sind. Das bedeutet allerdings nicht, dass die in § 96 Abs. 2 Satz 1 BetrVG niedergelegte Verpflichtung für Arbeitgeber und Betriebsrat nicht auch auf befristet beschäftigte Arbeitnehmer bezogen ist. Diese Verpflichtung besteht neben der nach § 19 allein an den Arbeitgeber adressierten Gleichbehandlungspflicht.

---

44 Zöller/*Vollkommer*, ZPO, 26. Auflage § 940 Rn 6.

§ 20 Information der Arbeitnehmervertretung

Der Arbeitgeber hat die Arbeitnehmervertretung über die Anzahl der befristet beschäftigten Arbeitnehmer und ihren Anteil an der Gesamtbelegschaft des Betriebes und des Unternehmens zu informieren.

Literatur: *Dörner*, Der befristete Arbeitsvertrag, München 2004; *Lakies*, Das Teilzeit- und Befristungsgesetz, DZWIR 2001, 1; *Richardi/Wlotzke*, Münchener Handbuch für Arbeitsrecht. Ergänzungsband, München 2001; *Schliemann*, Das Arbeitsrecht im BGB, 2. Auflage, Berlin 2002; *Worzalla/Will/Mailänder/Worch/Heise*, Teilzeitarbeit und befristete Arbeitsverträge, München 2001

I.	Allgemeines 1	III.	Inhalt des Informationsanspruchs 6
II.	Träger und Verpflichteter des Informationsanspruchs 3	IV.	Durchsetzung des Anspruchs . 10

I. Allgemeines

§ 20 TzBfG enthält eine besondere **Verpflichtung des Arbeitgebers**, der die 1 Arbeitnehmervertretung darüber zu informieren hat, wie viele befristet beschäftigte Arbeitnehmer bei ihm tätig sind und wie hoch ihr Anteil an der Gesamtbelegschaft des Betriebs und des Unternehmens ist. Inhaltlich werden auf diese Weise bereits bestehende Pflichten (nochmals) zum Teil konkretisiert: Denn eine derartige **Pflicht zur Information** zumindest gegenüber dem Betriebsrat ergibt sich bereits aus den Vorschriften der §§ 80 Abs. 2, 92 Abs. 1 BetrVG.[1] Wenn der Gesetzgeber gleichwohl nochmals aktiv geworden ist und die Pflicht nochmals normiert, so hat er damit in erster Linie versucht, der europäischen Vorgabe möglichst nahe zu kommen: § 20 TzBfG setzt nämlich mit **§ 7 Abs. 2 der Rahmenvereinbarung für befristete Arbeitsverträge** vom 18. März 1999 und dieser folgend dann der **Richtlinie 1999/70/EG** vom 28. Juni 1999[2] um und ist vom Wortlaut her infolgedessen auch nicht auf Betriebsräte beschränkt, sondern zielt allgemein auf die „Arbeitnehmervertretung" ab.

Ziel der erneut normierten Informationspflicht, die für Teilzeitbeschäftigte eine 2 Parallele in § 7 Abs. 3 TzBfG findet, ist es nach Vorstellung des Gesetzgebers, es den Arbeitnehmervertretern besser zu ermöglichen, Einfluss auf die betriebliche Einstellungspraxis zu nehmen und zugleich die Einhaltung der gesetzlichen Vorschriften über befristete Arbeitsverhältnisse zu überwachen.[3] Dieses Ziel soll nicht nur für befristet Beschäftigte verfolgt werden, sondern auch für Arbeitnehmer, die auf der Grundlage eines auflösend bedingten Arbeitsvertrags tätig werden, § 20 TzBfG gilt nämlich gemäß dem Verweis in § 21 TzBfG auch für diese Arbeitsverträge.[4]

---

1 Bayreuther in: Rolfs/Giesen, BeckOK § 20 TzBfG; vorsichtiger, nämlich als „Ergänzung" wertend Worzalla/Will § 20 Rn 2; s. auch BAG 15. Dezember 1998–1 ABR 9/98 – AP Nr. 56 zu § 80 BetrVG 1972.
2 ABl. EG Nr. L 175 S. 43.
3 S. diesbezüglich BT-Drucks. 14/4373 S. 21; in diesem Sinne auch Sievers, § 20 Rn 1.
4 KR/Bader, § 20 TzBfG Rn 1.

II. Träger und Verpflichteter des Informationsanspruchs

3   Nach dem Wortlaut des § 20 TzBfG ist Träger des Informationsanspruchs (bzw genauer: Begünstigter der Informationsverpflichtung des Arbeitgebers) die „**Arbeitnehmervertretung**". Nicht ganz deutlich ist, was unter diesem Begriff zu subsumieren ist. Unstreitig ist dabei noch, dass jedenfalls Betriebs- und Personalräte unter den Begriff der Arbeitnehmervertretung fallen, wobei die Vorschrift nicht zwischen den unterschiedlichen vertikalen Ebenen differenziert. Daraus folgt, dass Träger des Informationsanspruchs sicherlich auch der Gesamtbetriebsrat sowie, im öffentlichen Bereich, der Gesamtpersonalrat sowie der Hauptpersonalrat sind.[5]

4   Doch ist der Begriff der „**Arbeitnehmervertretung**" schon vom Wortlaut her nicht eingeschränkt, auch ergibt sich aus der zugrunde liegenden Richtlinie keinerlei Begrenzung des Anwendungsbereichs. Daher wird man die Träger des Informationsanspruchs umfassend verstehen müssen, eine Einschränkung ist nicht zu rechtfertigen. Der Umstand, dass sowohl der nationale als auch der europäische Gesetzgeber den weitesten Begriff gewählt haben, lässt nur den Schluss zu, dass der Arbeitgeber gegenüber sämtlichen Vertretungen verpflichtet ist, die in seinem Betrieb bzw Unternehmen zur Vertretung der Arbeitnehmer gebildet sind. Daraus folgt, dass neben den bereits genannten Gremien alle Institutionen einen entsprechenden Informationsanspruch haben, denen gesetzlich ein Vertretungsrecht zugunsten von Arbeitnehmern gegenüber dem Arbeitgeber zugestanden ist. Demzufolge sind etwa auch der Sprecherausschuss für leitende Angestellte sowie kirchliche Mitarbeitervertretungen und Betriebsvertretungen bei alliierten Streitkräften informationsberechtigt gemäß § 20 TzBfG.[6] Aufgrund des umfassenden Verständnisses sind auch der Jugend- und Auszubildendenvertretung sowie der Schwerbehindertenvertretung ein Informationsanspruch zuzubilligen: Denn auch diese vertreten Arbeitnehmer, ein Ausschluss vom Informationsrecht des § 20 TzBfG ist daher nicht zu rechtfertigen.[7] Gleiches gilt, soweit besondere Gremien nach § 3 Abs. 1 Nr. 4 und 5 BetrVG gebildet worden sind, denn auch diese stellen „Arbeitnehmervertretungen" im eigentlichen Wortsinne dar.[8]

5   Verpflichtet aus der Vorschrift des § 20 TzBfG ist der „**Arbeitgeber**". Damit ist entsprechend dem allgemeinen arbeitsrechtlichen Wortgebrauch diejenige natürliche oder juristische Person gemeint, zu der ein Arbeitsverhältnis besteht. Daraus folgt dann konsequenterweise auch, dass einem Konzernbetriebsrat kein Informationsrecht aus § 20 TzBfG zusteht: Denn wenn auch der Begriff der „Arbeitnehmervertretung" umfassend zu verstehen ist, so ist er doch in Relation zum Verpflichteten zu sehen. Ein Konzern kann jedoch im Verhältnis zur Arbeitnehmervertretung nicht Arbeitgeber sein, der Konzernbetrieb ist nicht

---

5 So die allgemeine Meinung, s. nur Holwe/Kossens § 20 Rn 3; Annuß in: Annuß/Thüsing, § 20 Rn 2; Arnold/Gräfl/Spinner § 20 Rn 7; ErfKomm/Müller-Glöge § 20 TzBfG Rn 1; Boewer, § 20 Rn 3; s. jedoch andererseits auch ArbRBGB/Dörner § 620 BGB Rn 332.
6 So auch Meinel/Heyn/Herms, § 20 Rn 2a; MünchHdbArbR/Wank § 116 Rn 304; KSchR/Däubler § 20 TzBfG Rn 1; Lakies DZWIR 2001, 17.
7 Wie hier Dörner, Arbeitsvertrag Rn 116; aA Annuß in: Annuß/Thüsing, § 20 Rn 2; KR/Bader, § 20 TzBfG Rn 7; Arnold/Gräfl/Spinner § 20 Rn 8.
8 Wie hier ErfKomm/Müller-Glöge § 20 TzBfG Rn 1; KR/Bader, § 20 TzBfG Rn 4; aA Annuß in: Annuß/Thüsing, § 20 Rn 2.

beim „Arbeitgeber" gebildet, folglich besteht auch kein Informationsanspruch dieser Vertretung, im übrigen dann auch nicht ein Informationsanspruch eines möglicherweise vorhandenen europäischen Betriebsrats; Gleiches gilt dann konsequenterweise auch für den Konzernsprecherausschuss.[9]

III. Inhalt des Informationsanspruchs

Der Inhalt der vom Arbeitgeber zu erteilenden Information ist in § 20 TzBfG genau vorgezeichnet: Er ist auf die Anzahl der befristet beschäftigten Arbeitnehmer sowie auf deren Anteil an der Gesamtbelegschaft des Betriebs oder des Unternehmens bezogen. Der Wortlaut, der von „des Betriebs und des Unternehmens" spricht, lässt dabei deutlich werden, dass die Informationspflicht des Arbeitgebers sich nicht auf eine der beiden Bereiche beschränkt, vielmehr besteht sie für beide Ebenen, nicht hingegen für die Konzerebene. Mit der genauen positiven Bestimmung des **Umfangs der Informationspflicht** ist umgekehrt, sozusagen negativ, auch bestimmt, was nicht vom Arbeitgeber mitgeteilt werden muss. So muss er der jeweiligen Arbeitnehmervertretung beispielsweise nicht mitteilen, welche Dauer die jeweiligen Befristungen haben, er muss zudem keine Angaben über die Personen machen, die befristet beschäftigt sind, genauso wenig über die (Sach-)Gründe der Befristung oder in welcher Betriebsabteilung die Arbeitnehmer befristet beschäftigt sind.[10]

So eindeutig der **Inhalt** der Informationspflicht vom Gesetz auch geregelt ist, so unklar bleibt sie indes an anderen Stellen. Nicht eindeutig aus dem Gesetz ersichtlich ist zum einen, welche Arbeitnehmervertretung zu informieren ist. Grundsätzlich genügt der Arbeitgeber seiner Pflicht, wenn er das Vertretungsorgan der jeweiligen Ebene informiert, also etwa den Betriebsrat über die Zahlen auf der Betriebs-, den Gesamtbetriebsrat über diejenigen auf der Unternehmensebene. Verlangen jedoch die einzelnen Arbeitnehmervertretungen umfassende Informationen, also etwa der Betriebsrat oder die Jugend- und Auszubildendenvertretung über die Unternehmenszahlen, so lässt sich aus § 20 TzBfG nicht entnehmen, dass der Arbeitgeber diese Information insoweit verweigern könnte. Auch hier ist er demzufolge von der Informationspflicht betroffen.

Zum anderen ist von § 20 TzBfG nicht geregelt, wie oft die Arbeitnehmervertretungen in Erfüllung der Pflicht aus dieser Vorschrift zu informieren sind. Dies ist daher von dem **Sinn und Zweck** der Informationspflicht aus zu beurteilen. Das bedeutet zunächst, dass kein Informationsverlangen der einzelnen Vertretung vorausgesetzt ist, vielmehr muss der Arbeitgeber von sich aus informierend tätig werden. Doch verlangen Sinn und Zweck der Regelung umgekehrt auch nicht, dass der Arbeitgeber die Vertretungen nunmehr täglich informieren müsste. Stattdessen wird man verlangen müssen, dass der Arbeitgeber die Vertretungen stets auf dem aktuellen Stand halten muss, denn nur dann können sie entsprechend und dem Ziel der Informationspflicht gemäß (re-)agieren. Der Arbeitgeber muss also dann informieren, wenn sich maßgebliche Zahlen und Zahlenverhältnisse verändern; ratsam erscheint es insofern, eine regelmäßige automatische

---

9 Holwe/Kossens § 20 Rn 3; Arnold/Gräfl/Spinner § 20 Rn 8; Annuß in: Annuß/Thüsing, § 20 Rn 2.
10 Boewer, § 20 Rn 10.

Benachrichtigung vorzusehen, die in ihrem Turnus von der Höhe der Varianz der Zahlen abhängt. Doch auch zwischenzeitlich kann der Betriebsrat im Zweifel eine Aktualisierung des Zahlenmaterials verlangen, jedenfalls dann, wenn ihm konkrete Anhaltspunkte dafür vorliegen, dass sich die Zahlen einschneidend verändert haben. Hilfreich kann es in diesem Zusammenhang sein, wenn die Betriebspartner sich schon vorab darauf einigen, dass in einem gewissen Turnus der Arbeitgeber neue Zahlen vorlegt, oder dann, wenn sich die Zahlen signifikant verändern.

9 An eine bestimmte **Form** ist die Information nicht gebunden; sie kann daher insbesondere auch mündlich erteilt werden. Aus § 20 TzBfG kann keine Pflicht des Arbeitgebers hergeleitet werden, dem Betriebsrat Unterlagen über die informationspflichtigen Zahlen zukommen zu lassen.

IV. Durchsetzung des Anspruchs

10 § 20 TzBfG formuliert eine Pflicht des Arbeitgebers, damit korrespondiert rechtstechnisch ein entsprechender **Anspruch des Betriebsrats**. Kommt der Arbeitgeber dem erhobenen Anspruch der Arbeitnehmervertretung nicht nach, kann diese den Informationsanspruch im **Beschlussverfahren** vor dem zuständigen Arbeitsgericht geltend machen; das Arbeitsgericht ist zuständig, da es sich hier letztlich um eine „Angelegenheit aus dem Betriebsverfassungsgesetz" handelt, § 2a Abs. 1 Nr. 1 ArbGG, da durch § 20 TzBfG wie dargelegt die Pflicht des Arbeitgebers aus § 80 Abs. 2 BetrVG konkretisiert wird.

§ 21 Auflösend bedingte Arbeitsverträge

Wird der Arbeitsvertrag unter einer auflösenden Bedingung geschlossen, gelten § 4 Abs. 2, § 5, § 14 Abs. 1 und 4, § 15 Abs. 2, 3 und 5 sowie die §§ 16 bis 20 entsprechend.

Literatur: *Appel/Kaiser*, Gesetz zur Beschleunigung des arbeitsgerichtlichen Verfahrens, AuR 2000, 283; *Bayreuther*, Formlose Weiterbeschäftigung während des Kündigungsrechtsstreits – Grundstein für ein unbefristetes Arbeitsverhältnis?, DB 2003, 1736; *Bengelsdorf*, Die Anwendbarkeit der §§ 14, 21 TzBfG auf die Weiterbeschäftigungsverhältnisse während eines Kündigungsschutzverfahrens, NZA 2005, 277; *Boewer*, Der auflösend bedingte Arbeitsvertrag im Lichte des § 21 TzBfG, in: Bauer/Boewer (Hrsg.), Festschrift für Peter Schwerdtner zum 65. Geburtstag, München 2003, 37; *Buschmann/Dieball/Stevens-Bartol*, TZA – Das Recht der Teilzeitarbeit, 2. Auflage, Frankfurt 2001; *Dörner*, Der befristete Arbeitsvertrag, München 2004; *Dollmann*, Chancen und Risiken im Umgang mit dem allgemeinen Weiterbeschäftigungsanspruch in Bestandsstreitigkeiten, BB 2003, 2681; *Ehrich*, Die Zulässigkeit von auflösenden Bedingungen in Arbeitsverträgen, DB 1992, 1186; *Enderlein*, Die Reichweite des Arbeitnehmerschutzes im Fall des auflösend bedingten Arbeitsvertrags, RdA 1998, 90; *Falkenberg*, Zulässigkeit und Grenzen auflösender Bedingungen im Arbeitsvertrag, DB 1979, 590; *Felix*, Zulässigkeit und Besonderheiten auflösend bedingter Arbeitsverträge, NZA 1994, 111; *Füllgraf*, Die auflösende Bedingung im Arbeitsvertrag, NJW 1982, 738; *Hromadka*, Befristete und bedingte Arbeitsverhältnisse neu geregelt, BB 2001, 621; *Kliemt*, Der neue Teilzeitanspruch – Die gesetzliche Neuregelung der Teilzeitarbeit ab dem 1.1.2001, NZA 2001, 63; *Lakies*, Das Teilzeit- und Befristungsgesetz, DZWIR 2001, 1; *Preis/Gotthardt*, Neuregelung der Teilzeitarbeit und befristeten Arbeitsverhältnisse, DB 2000, 2065; *Richardi*, Das Gleichbehandlungsgebot für Teilzeitarbeit und seine Auswirkung auf Entgeltregelungen, NZA 1992, 625; *Richardi/Annuß*, Gesetzliche Neuregelung von Teilzeitarbeit und Befristung, BB 2000, 2201; *Richardi/Wlotzke*, Münchener Handbuch für Arbeitsrecht. Ergänzungsband, München 2001; *Ricken*, Annahmeverzug und Prozessbeschäftigung während des Kündigungsrechtsstreits, NZA 2005, 323; *van den Woldenberg*, Rechtliche Grenzen einer vorzeitigen Beendigung eines Arbeitsverhältnisses ohne Kündigung – auflösende Bedingung, NZA 1999, 1033; *Worzalla/Will/Mailänder/Worch/Heise*, Teilzeitarbeit und befristete Arbeitsverträge, München 2001

I. Allgemeines 1	b) Die einzelnen Sachgründe nach § 14 Abs. 1 Satz 2 TzBfG 13
II. Begriffliches 4	4. Das Schriftformerfordernis, § 14 Abs. 4 TzBfG 28
III. Die entsprechende Geltung der genannten Vorschriften 7	5. Das Ende des auflösend bedingten Arbeitsvertrages, § 15 TzBfG 29
1. Das Diskriminierungsverbot, § 4 Abs. 2 TzBfG 8	6. Die übrigen anwendbaren Vorschriften, §§ 16 bis 20 TzBfG 32
2. Das Benachteiligungsverbot, § 5 TzBfG 9	
3. Die Sachgrundbefristung, § 14 Abs.1 TzBfG 10	
a) Allgemeines 11	

I. Allgemeines

Lange Zeit herrschte Unsicherheit darüber, wie **auflösend bedingte in Relation zu befristeten Arbeitsverhältnissen** zu bewerten sind; diese Unsicherheit rührte vor allem aus dem Umstand her, dass die beiden genannten Arten eines Arbeitsvertrags in vielen Fällen kaum voneinander zu unterscheiden sind, die Abgrenzung beider Beendigungsformen infolgedessen häufig und im Einzelfall zu ganz erheblichen Schwierigkeiten führen kann. Gleichwohl war in Rechtsprechung und Literatur gerade der auflösend bedingte Arbeitsvertrag immer wieder mit großer Skepsis gesehen worden; das BAG etwa dachte explizit darüber nach, ihn grundsätzlich für unwirksam zu halten, wenn die auflösende Bedingung nicht ausnahmsweise vornehmlich dem Interesse des Arbeitnehmers diene oder ihr Eintritt allein von seinem Willen abhänge.[1] Diese strikte und sehr enge Einstellung hat die Rechtsprechung jedoch im Laufe der Zeit zugunsten einer positiveren Einschätzung relativiert und – wie den befristet bedingten Arbeitsvertrag – auch den auflösend bedingten Arbeitsvertrag, der für den Arbeitnehmer nicht uneingeschränkt vorteilhaft war, für zulässig erachtet, wenn ein sachlicher Grund für die auflösende Bedingung vorhanden war und durch die Bedingung dem Arbeitnehmer nicht der Schutz zwingender **Kündigungsschutzvorschriften** genommen wurde.[2] Diese Art der Annäherung zwischen befristeten und auflösend bedingten Arbeitsverträgen wurde von der Rechtsprechung bewusst in Kauf genommen; gelegentlich wurde explizit auf eine Differenzierung zwischen den beiden Formen verzichtet weil die rechtlichen Maßstäbe für ihre jeweilige Zulässigkeit ohnehin als gleich angesehen wurden.[3]

1

---

1 BAG 9. Juli 1981–2 AZR 788/78 – AP Nr. 4 zu § 620 BGB Bedingung; zweifelnd hinsichtlich der generellen rechtlichen Zulässigkeit auch Ehrich DB 1992, 1186; Enderlein RdA 1998, 90; van den Woldenberg NZA 1999, 1033; kategorisch die Zulässigkeit verneinend Falkenberg DB 1979, 590; Füllgraf NJW 1982, 738.
2 S. die unterschiedlichen Entwicklungsstadien etwa in BAG 17. Februar 1983–2 AZR 208/81 – AP Nr. 74 zu § 620 BGB Befristeter Arbeitsvertrag; sodann BAG 4. Dezember 1991–7 AZR 344/90 – AP Nr. 17 zu § 620 BGB Bedingung.
3 So etwa von BAG 26. Juni 1996–7 AZR 674/95 – AP Nr. 23 zu § 620 BGB Bedingung; Arnold/ Gräfl/ Rambach § 21 Rn 4.

2 Vor dem Hintergrund dieser Rechtsprechung, die ihren Widerhall auch in zahlreichen Stellungnahmen in der Literatur fand, hat der Gesetzgeber in § 21 TzBfG eine Regelung vorgenommen, die im Wesentlichen die aufgezeigten, zuletzt von der Rechtsprechung vertretenen Grundsätze kodifiziert, so dass die Grundsätze der Rechtmäßigkeitskontrolle von befristeten Arbeitsverträgen auch auf auflösend bedingte Verträge übertragen werden können. Daraus folgt, dass auch bei einer auflösenden Bedingung vor allem ein Sachgrund für diese Fallgestaltung vorliegen muss, um auf diese Weise zu verhindern, dass Regelungen des besonderen Kündigungsschutzes umgangen werden. Auch darüber hinaus ist der auflösend bedingte Arbeitsvertrag **in weiten Bereichen in gleicher Weise zu beurteilen wie ein zweck- oder zeitbefristeter Vertrag** [4]. In der Praxis kommt der auflösend bedingte Arbeitsvertrag indes nur selten vor.[5]

3 Die weitgehende **Gleichstellung** des auflösend bedingten Arbeitsvertrages mit dem befristeten Vertrag stellt jedoch nicht nur eine Kodifizierung der zuvor schon praktizierten Rechtsprechung dar, sondern ist zugleich auch eine Umsetzung europäischer Vorgaben: § 3 Nr. 1 der Rahmenvereinbarung über befristete Arbeitsverhältnisse definiert nämlich seinerseits den befristet Beschäftigten als „eine Person mit einem direkt zwischen dem Arbeitgeber und dem Arbeitnehmer geschlossenen Arbeitsvertrag oder -verhältnis, dessen Ende durch objektive Bedingungen wie das Erreichen eines bestimmten Datums, die Erfüllung einer bestimmten Aufgabe oder das Eintreten eines bestimmten Ereignisses bestimmt wird". Mit dieser Formulierung umfasst die europäische Definition somit die auflösend bedingten Arbeitsverträge und setzt sie den befristeten auf diese Weise gleich, da sie nicht zwischen dem sicheren und lediglich möglichen Eintritt des Ereignisses unterscheidet.[6] Wenn daher auch die deutsche Umsetzung in § 3 Abs. 1 TzBfG insofern nicht ausreicht und die europäische Vorgabe nicht weit genug in das deutsche Recht übernimmt,[7] wird dieses Manko durch § 21 TzBfG doch weitgehend ausgeglichen. Dass die deutsche Umsetzung diesen Umweg macht und in § 3 TzBfG zumindest lückenhaft ist, ist infolgedessen im Ergebnis nicht wirklich problematisch, weil eben in § 21 TzBfG eine weitestgehende Gleichstellung dieser beiden Vertragstypen angeordnet ist; Relevanz konnte die Differenzierung bislang lediglich noch dadurch erhalten, dass § 21 TzBfG nicht auch auf § 14 Abs. 3 TzBfG verweist; da dessen Anwendung jedoch mittlerweile aufgrund der europäischen Entscheidung in der **Rechtssache Mangold** obsolet ist,[8] ist auch hier kein Anlass mehr für eine Differenzierung zwischen diesen beiden Vertragstypen. Dies ist auch der Grund dafür, dass die oft schwierige Unterscheidung zwischen zweckbefristeten und auflösend bedingten Arbeitsverträgen nahezu vollständig an Bedeutung verloren haben.[9]

---

4 Boewer, Festschrift Schwerdtner, 44; MünchKommBGB/Hesse, § 21 TzBfG Rn 2; Sievers, § 2 Rn 8.
5 Rolfs § 21 Rn 1.
6 KSchR/Däubler § 21 TzBfG Rn 6; Preis/Gotthardt DB 2000, 2070; Appel/Kaiser AuR 2000, 286; MünchArbR/Wank, § 116 Rn 38.
7 S. schon die Einschätzung in der Kommentierung zu § 3 Rn 1.
8 EuGH 22. November – Rs. C 144/04 (Mangold) – NZA 2005, 1345; BAG 26. April 2006–7 AZR 500/04 – BB 2006, 1858.
9 Bayreuther, in: Rolfs/Giesen, BeckOK § 3 TzBfG Rn 3.

II. Begriffliches

Der Begriff der auflösenden Bedingung, wie er dem TzBfG und insbesondere § 21 zugrunde liegt, entspricht demjenigen, der aus dem allgemeinen Zivilrecht und dort insbesondere aus § 158 Abs. 2 BGB bekannt ist. Eine auflösende Bedingung liegt daher vor, wenn nicht nur der Zeitpunkt des zur Beendigung führenden Ereignisses, sondern auch der Eintritt dieses Ereignisses selbst ungewiss ist.[10] Bei auflösend bedingten Arbeitsverträgen handelt es sich also nicht um befristete Arbeitsverträge im Sinne von § 3 TzBfG. Der maßgebliche Unterschied zwischen den beiden Vertragstypen liegt in der **Gewissheit des relevanten Ereignisses**: Bei einer Zweckbefristung sind sich die Parteien sicher darüber, dass der Zweck erreicht werden wird, sie wissen allein nicht, wann dies der Fall sein wird. Bei einer auflösenden Bedingung hingegen wissen die Parteien nicht einmal, ob das zu einer Beendigung führende Ereignis selbst überhaupt eintreten wird; wenn es aber eintritt, führt dies zur Beendigung der Vertragsbeziehung.[11] Bei der auflösenden Bedingung ist also bereits ungewiss, ob das zukünftige Ereignis, das zur Beendigung des Arbeitsverhältnisses führen soll, überhaupt eintreten wird.[12] Worauf sich die Parteien geeinigt haben – auf eine Befristung oder auf eine auflösende Bedingung –, ist durch **Auslegung** der getroffenen Vereinbarungen zu ermitteln.

Eine genaue Differenzierung zwischen den beiden Beendigungsformen ist wie angesprochen nicht (mehr) erforderlich. Dasselbe Ereignis kann sogar eine auflösende Bedingung oder eine Zweckbefristung darstellen – dies folgt daraus, dass die Frage, ob es sich um ein ungewisses oder um ein ungewisses zukünftiges Ereignis handelt, hinsichtlich ihrer Beantwortung allein von der **subjektiven Einschätzung der Parteien** abhängt:[13] Entscheidend für die Qualifizierung als die eine oder die andere Beendigungsform ist infolgedessen der Wille der Parteien, der aus der Auslegung des Vertragstextes sowie durch die Beurteilung der gesamten Umstände bei Vertragsschluss zu ermitteln ist. Sofern somit die subjektive Einschätzung maßgeblich ist, kommt es insbesondere nicht darauf an, ob die Ungewissheit tatsächlich objektiv vorliegt.[14] Weil die Unterscheidung infolge des § 21 TzBfG nahezu unbedeutend geworden ist (und dies noch mehr, soweit § 14 Abs. 3 TzBfG nunmehr als europarechtswidrig eingestuft ist), kann auch der früher noch gelegentlich vorzufindenden Auffassung nicht gefolgt werden, der zufolge für die Rechtskontrolle von auflösenden Bedingungen ein strengerer Maßstab gefordert wurde als für die Kontrolle von kalendermäßigen oder Zweckbefristungen. Die Verweisung in § 21 TzBfG ist infolgedessen auch insoweit gleichstellend zu verstehen.[15]

---

10 So auch die Vorstellung des Gesetzgebers, s. BT-Drucks. 14/4373 S. 21.
11 BAG 19. Januar 2005–7 AZR 250/04 – AP Nr. 262 zu § 620 BGB Befristeter Arbeitsvertrag.
12 Vgl. dazu BAG 9. Februar 1984–2 AZR 402/83 – AP Nr. 7 zu § 620 BGB Bedingung; BAG 22. Oktober 2003–7 AZR 113/03 – AP Nr. 6 zu § 14 TzBfG; HWK/Schmalenberg § 21 TzBfG Rn 1.
13 Worzalla/Will § 21 Rn 2.
14 ErfKomm/Müller-Glöge § 21 TzBfG Rn 3; Holwe/Kossens § 21 Rn 4; Boewer, § 21 Rn 5; Annuß in: Annuß/Thüsing, § 21 Rn 1; Enderlein RdA 1998, 91; Hromadka BB 2001, 625.
15 BAG 3. September 2003–7 AZR 661/02 – AP Nr. 1 zu § 59 BAT-O; LAG Hamm 16. Januar 2003–16 Sa 1126/02 – NZA-RR 2003, 468; Bayreuther in: Rolfs/Giesen, BeckOK § 21 TzBfG Rn 4; aA Rolfs § 21 Rn 2; s. auch Lakies DZWIR 2001, 8.

6 Wie beim befristeten Arbeitsverhältnis gilt auch bei der auflösenden Bedingung, dass das zur Beendigung führende Ereignis hinreichend bestimmt ist. Die entsprechende Vereinbarung einer auflösenden Bedingung muss infolgedessen ausdrücklich und unmissverständlich erfolgen;[16] insbesondere genügt es nicht, dass allein die Auslegung des Vertrages zur Herleitung einer auflösenden Bedingung führt.[17] Ausreichend ist allerdings auch hier, dass das zur Beendigung führende Ereignis zumindest hinreichend objektiv bestimmbar ist. Es darf jedoch nicht allein vom **Willen des Arbeitgebers** abhängen, da ansonsten der wesentliche Gesetzeszweck, die Vermeidung des Umgehens der kündigungsschutzrechtlichen Bestimmungen, nicht erreicht werden könnte.[18] Kann die Bedingung selbst nicht mehr eintreten und steht dies objektiv fest, besteht das zunächst auflösend bedingte Arbeitsverhältnis unbedingt fort. Dieses kann der Arbeitgeber dann grundsätzlich ordentlich kündigen, es bedarf dann aber regelmäßig einer entsprechenden Vereinbarung nach § 15 Abs. 3 TzBfG, wobei gelegentlich mit guten Gründen erwogen wird, bei fehlender Abrede dem Arbeitgeber zumindest nach einer Frist von etwa zwei Jahren die Kündigung zu ermöglichen.[19]

III. Die entsprechende Geltung der genannten Vorschriften

7 § 21 TzBfG ordnet die Anwendung einer Reihe von Vorschriften des Gesetzes an, die *expressis verbis* nur für befristete Arbeitsverträge gelten. Die Verweisung in § 21 TzBfG führt damit zu einer **entsprechenden Anwendung der einzelnen Bestimmungen**. Zentral ist dabei die Anwendbarkeitserklärung in Bezug auf das Erfordernis eines sachlichen Grundes nach § 14 Abs. 1 TzBfG, doch auch weitere Vorschriften finden auf auflösend bedingte Arbeitsverträge Anwendung.

1. Das Diskriminierungsverbot, § 4 Abs. 2 TzBfG

8 Wie Arbeitnehmer, die aufgrund einer befristeten Vereinbarung beschäftigt werden, genießen auch auflösend bedingt tätige Arbeitnehmer den Schutz des **Diskriminierungsverbots** nach § 4 Abs. 2 TzBfG, die Vorschrift ist entsprechend anwendbar, so dass eine Benachteiligung wegen der nur auflösend bedingten Beschäftigung unzulässig ist, wenn nicht ausnahmsweise ein die Benachteiligung rechtfertigender Grund gegeben ist. Besonderheiten ergeben sich hier nicht, vielmehr finden die Erläuterungen zu § 4 Abs. 2 TzBfG uneingeschränkt Anwendung. Auf diese kann daher verwiesen werden. Auch wenn ein Verweis auf § 3 Abs. 2 TzBfG in § 21 TzBfG nicht explizit erfolgt, ergibt sich aus dem Umstand, dass § 4 Abs. 2 TzBfG „entsprechend" anzuwenden ist, dass die Schlechterbehandlung in Bezug zu einem „vergleichbaren" Arbeitnehmer nach § 3 Abs. 2 TzBfG zu bestimmen ist.[20] Allerdings kann das Diskriminierungsverbot des § 4 Abs. 2 TzBfG wie stets so auch hier nur für auflösend bedingt Beschäftigte unter-

---

16 Meinel/Heyn/Herms, § 21 Rn 5.
17 KR/Bader, § 21 TzBfG Rn 20; MünchKommBGB/Hesse, § 21 TzBfG Rn 6.
18 S. auch BAG 20. Dezember 1984–2 AZR 3/84 – AP Nr. 9 zu § 620 BGB Bedingung; BAG 4. Dezember 1991–7 AZR 344/90 – AP Nr. 17 zu § 620 BGB Bedingung; Ascheid/Preis/Schmidt-Backhaus, § 21 TzBfG Rn 7.
19 KSchR/Däubler § 21 TzBfG Rn 26.
20 KR/Bader, § 21 TzBfG Rn 7 spricht hier von einem Redaktionsversehen.

2. Das Benachteiligungsverbot, § 5 TzBfG

Nach § 5 TzBfG darf ein Arbeitgeber einen Arbeitnehmer nicht wegen der Inanspruchnahme von Rechten nach diesem Gesetz benachteiligen. Dieses **Benachteiligungsverbot** gilt uneingeschränkt auch für Arbeitnehmer, die aufgrund eines auflösend bedingten Arbeitsvertrages beschäftigt sind. Die Ausführungen zu § 5 TzBfG können daher hier entsprechend herangezogen werden.

3. Die Sachgrundbefristung, § 14 Abs.1 TzBfG

Ein auflösend bedingter Arbeitsvertrag bedarf stets eines die auflösende Bedingung **sachlich rechtfertigenden Grundes**; anders als bei Befristungen gilt hier keine Ausnahmemöglichkeit, da § 21 TzBfG explizit nicht auf § 14 Abs. 2, 2a und 3 TzBfG verweist, also gerade nicht auf die Möglichkeiten, die das Gesetz – ausnahmsweise – für eine sachgrundlose Befristung vorsieht.

a) Allgemeines

Der uneingeschränkte Verweis auf § 14 Abs. 1 TzBfG und die dort geregelten Voraussetzungen über das Erfordernis eines Sachgrundes machen deutlich, dass eine auflösende Bedingung immer eines Sachgrundes bedarf, das heißt nicht nur dann, wenn durch die Bedingung eine zwingende kündigungsrechtliche Bestimmung objektiv umgangen werden kann, sondern auch wenn dies überhaupt nicht in Gefahr steht. Der Gesetzgeber hat mit dieser Verweisvorgabe jegliche auflösende Bedingung an die Vorgaben des § 14 Abs. 1 TzBfG geknüpft, dies gilt insbesondere dann, wenn der Arbeitnehmer bis zum Eintritt der auflösenden Bedingung und der dadurch verursachten Beendigung des Arbeitsverhältnisses noch gar nicht in den Anwendungsbereich des **KSchG** fällt, etwa weil er noch nicht die sechsmonatige Wartezeit des **§ 1 Abs. 1 KSchG** erfüllt hat – auch in diesen Fällen ist somit ein sachlicher Grund für die auflösende Bedingung gemäß §§ 21, 14 Abs. 1 TzBfG erforderlich.[22]

Die Gleichstellung von befristeten und auflösend bedingten Arbeitsverträgen über § 21 TzBfG macht, wie schon angesprochen,[23] deutlich, dass hinsichtlich des an den Sachgrund **anzulegenden Maßstabs** kein Unterschied zwischen befristeten und auflösend bedingten Arbeitsverhältnissen zu machen ist: Zwar wird auch vertreten, dass die allgemeinen Kriterien, die an einen Sachgrund einer Befristung anzulegen sind, nur mit einem strengeren Maßstab auch auf die auflösende Bedingung zu übertragen sind.[24] Doch kann dies aus den bereits genann-

---

21 AA KSchR/Däubler § 21 TzBfG Rn 22.
22 Sievers, § 21 Rn 8; ErfKomm/Müller-Glöge § 21 TzBfG Rn 2.
23 S. oben § 21 Rn 5.
24 So etwa von Ascheid/Preis/Schmidt-Backhaus, § 21 TzBfG Rn 12; KSchR/Däubler § 21 TzBfG Rn 4.

ten Gründen nicht überzeugen. Vielmehr wird man hier davon auszugehen haben, dass auch bei auflösenden Bedingungen derjenige Maßstab anzulegen ist, der für die Beurteilung von Befristungsgründen gilt.[25]

b) Die einzelnen Sachgründe nach § 14 Abs. 1 Satz 2 TzBfG

13 Wie bei der Beurteilung des Sachgrundes bei befristeten Arbeitsverhältnissen, gilt auch hier die Struktur des § 14 Abs. 1 TzBfG; nach Satz 1 dieser Bestimmung verlangt daher ein auflösend bedingter Arbeitsvertrag zu seiner Wirksamkeit einen sachlichen Grund. Nach Abs. 1 Satz 2 können sachliche Gründe insbesondere in einer der dort beispielhaft aufgezählten **Rechtfertigungen** liegen. Grundsätzlich sind daher die genannten Beispielsfälle auch auf auflösend bedingte Arbeitsverträge als Rechtfertigungsgründe übertragbar, doch ist zu beachten, dass es hier gemäß § 21 TzBfG nur um eine entsprechende Anwendung geht. Das bedeutet, dass nicht jeder der in § 14 Abs. 1 Satz 2 TzBfG aufgezählten Gründe auch für die auflösende Bedingung eine Rechtfertigung darstellt.[26] Doch prinzipiell sind die Erwägungen, die zur sachlichen Rechtfertigung befristeter Arbeitsverträge entwickelt worden sind, auch hier anwendbar.[27] Entsprechend kann auf die zu § 14 TzBfG erfolgten Ausführungen verwiesen werden, hier sollen im Folgenden allein die für auflösende Bedingungen geltenden Spezifika angesprochen werden.

14 Eine auflösende Bedingung könnte infolgedessen zunächst grundsätzlich gerechtfertigt sein, wenn ein vorübergehender Bedarf an Arbeitsleistung gedeckt werden soll, § 21 in Verbindung mit § 14 Abs. 1 Satz 2 Nr. 1 TzBfG. Völlig ausgeschlossen werden kann dies nicht; zwar findet sich vereinzelt, auflösende Bedingungen aus diesem Sachgrund seien etwa für Saison- und Kampagnebetriebe zumindest in Tarifverträgen zuzulassen, wenn diese nämlich den anerkannten Grundsätzen zur Rechtfertigung von Befristungen in **Saisonarbeitsverhältnissen** entsprechen.[28] Doch kann dieser Vorstellung im Prinzip nicht gefolgt werden. Vielmehr scheidet der Sachgrund des § 14 Abs. 1 Satz 2 Nr. 1 TzBfG für auflösende Bedingungen regelmäßig aus: Ließe man diesen Sachgrund nämlich zu, würde man auf diese Weise das unternehmerische Wirtschaftsrisiko vollständig auf den Arbeitnehmer überwälzen; dies widerspricht jedoch der **Risikoverteilung im Arbeitsverhältnis**, die zugunsten des Arbeitnehmers gerade auch durch die Bestimmungen im TzBfG gewahrt werden soll.[29] Hinzu kommt, dass unter dem Stichwort des unternehmerischen Risikos der vorübergehende Bedarf an der Arbeitsleistung systematisch nur schwer mit der auflösenden Bedingung in Einklang zu bringen ist: Bei dem nur vorübergehenden Bedarf handelt es sich nämlich um eine Prognoseentscheidung, die klassisch dem unternehmerischen Bereich zuzuordnen ist; eine auflösende Bedingung ist jedoch an ein ungewisses

---

25 Wie hier KR/Bader, § 21 TzBfG Rn 17, ErfKomm/Müller-Glöge § 21 Rn 4; Kliemt NZA 2001, 303; Hromadka BB 2001, 625; differenzierend Annuß in: Annuß/Thüsing, § 21 Rn 9.
26 So auch MünchKommBGB/Hesse, § 21 TzBfG Rn 9.
27 Meinel/Heyn/Herms, § 21 Rn 9; KSchR/Däubler § 21 TzBfG Rn 12; vorsichtiger hingegen Ascheid/Preis/Schmidt-Backhaus, § 21 TzBfG Rn 9.
28 Vgl. KR/Bader, § 21 TzBfG Rn 23; s. auch BAG 28. August 1987–7 AZR 249/86 – ZTR 1988, 101.
29 Wie hier auch Meinel/Heyn/Herms, § 21 Rn 10; KSchR/Däubler § 21 TzBfG Rn 18; Bayreuther in: Rolfs/Giesen, BeckOK § 21 TzBfG Rn 12; aA Annuß in: Annuß/Thüsing, § 21 Rn 19.

Ereignis in der Zukunft gebunden – eine solche auf die Zukunft gerichtete Prognoseentscheidung auf der einen Seite kann dann nicht zulasten des Arbeitnehmers in einer auflösenden Bedingung aufgehen, dies würde die dem Arbeitgeber obliegende Risikoentscheidung auf den Arbeitnehmer abwälzen. Richtigerweise hat daher das BAG eine auflösende Bedingung eines Vereinsspielers für unzulässig erachtet, die den Bestand des Arbeitsverhältnisses davon abhängig machte, dass der Verein in der nachfolgenden Saison die Lizenz erhält. Denn der Erhalt der Lizenz ist ein Risiko, das der Verein als Arbeitgeber zu tragen hat, dies kann er nicht auf dem Umweg über eine auflösende Bedingung (unter Geltung des TzBfG wäre dies auf dem Umweg über § 14 Abs. 1 Satz 2 Nr. 1 TzBfG) auf den Arbeitnehmer übertragen.[30]

Eine auflösende Bedingung kann gemäß § 21 in Verbindung mit § 14 Abs. 1 Satz 2 Nr. 2 TzBfG auch **im Anschluss an eine Ausbildung oder an ein Studium** sachlich gerechtfertigt sein. Hier ergeben sich keine Unterschiede zu der Situation der Befristung eines Arbeitsverhältnisses. In Betracht kommt eine auflösende Bedingung in dieser Beispielsgruppe etwa dann, wenn eine Folgebeschäftigung bzw ein Anschlussvertrag zur auflösenden Bedingung erklärt wird. Dies kommt jedoch kaum vor. 15

Sachlich rechtfertigen kann eine auflösende Bedingung auch die **Vertretung eines abwesenden Arbeitnehmers**, dessen Rückkehr ungewiss ist. Häufig wird bei einer solchen Konstellation ohnehin eine Zweckbefristung gegeben sein, so dass Unterschiede gerade hier nicht gegeben sind. Jedenfalls endet der Arbeitsvertrag, unabhängig davon, ob die Parteien eine Zweckbefristung oder eine auflösende Bedingung gewählt haben, mit der Rückkehr des Erkrankten. Problematisch ist hier, was passiert, wenn der Erkrankte überhaupt nicht mehr zurückkehrt, sondern aus dem Arbeitsverhältnis zwischenzeitlich ausscheidet. In diesen Fällen würde, hat man eine auflösende Bedingung vereinbart, der Bedingungseintritt unmöglich, so dass, wie dargelegt[31] ein unbedingtes Arbeitsverhältnis entstünde. Das Gleiche ergibt sich, wenn eine Zweckbefristung vereinbart ist, der Zweck jedoch nicht mehr erreicht werden kann. In der Regel empfiehlt sich hier daher eine Kombination von auflösender Bedingung und Zweckbefristung.[32] 16

Auch die **Eigenart der Arbeitsleistung** kann gemäß § 21 in Verbindung mit § 14 Abs. 1 Satz 2 Nr. 4 TzBfG eine auflösende Bedingung eines Arbeitsverhältnisses sachlich rechtfertigen. Dies dürfte vor allem im Rundfunk- und Fernsehbereich in Betracht kommen, etwa dann, wenn bei einer Serie mit einem Darsteller vereinbart wird, dass das Arbeitsverhältnis mit dem Darsteller dann enden soll, wenn die Rolle in der Serie nach der Entwicklung des Drehbuchs bzw Plots nicht mehr enthalten ist. Doch ist hierbei Vorsicht geboten, da in dieser Situation schnell die auflösende Bedingung deshalb unwirksam sein kann, weil ihr Eintritt allein durch den Willen des Arbeitgebers eintreten kann. Daher wird zu Recht verlangt, **dass in diesen Fällen eine Einschränkung vorgenommen wird**: Das 17

---

30 Vgl. BAG 9. Juli 1981–2 AZR 788/78 – AP Nr. 4 zu § 620 BGB Bedingung; ebenso KR/Bader, § 21 TzBfG Rn 57; KSchR/Däubler § 21 TzBfG Rn 18; aA hingegen Annuß in: Annuß/Thüsing, § 14 Rn 19, wo er jedoch nicht ganz nachvollziehbar unterschiedliche Situationen der Übertragung des wirtschaftlichen Risikos differenzieren möchte.
31 Vgl. oben § 21 Rn 6.
32 S. auch HWK/Schmalenberg § 21 TzBfG Rn 8; zur Kombination von kalendermäßiger und Zweckbefristung s. Kommentierung zu § 3.

BAG hat diese vorgenommen, indem es die sachliche Rechtfertigung einer solchen auflösenden Bedingung nur dann gesehen hat, wenn die Entscheidung über das Ausscheiden der Rolle aus der Serie maßgeblich auf künstlerischen Erwägungen des Arbeitgebers beruht, so dass rein voluntative Elemente zumindest eingedämmt sind.[33]

18 Eine auflösende Bedingung kann gerechtfertigt sein, wenn sie zur **Erprobung** erfolgt; dies folgt aus § 21 in Verbindung mit § 14 Abs. 1 Satz 2 Nr. 5 TzBfG. Dies hatte das BAG schon vor Geltung des Gesetzes angenommen, als es die Erprobung als Sachgrund für eine auflösende Bedingung eines Arbeitsverhältnisses einer Geigerin in einem Rundfunkorchester zu beurteilen hatte.[34] Auch hier wird man **jedoch wieder insofern kritisch** bzw **einschränkend sein müssen**, als der Eintritt der auflösenden Bedingung nicht allein vom Arbeitgeber abhängig sein muss. So bejahte das BAG die Zulässigkeit in dem angesprochenen Fall maßgeblich auch deshalb, weil die auflösende Bedingung derart formuliert war, dass der Bestand des Arbeitsverhältnisses nicht nur davon abhängig gemacht wurde, dass die Musikerin ein „erfolgreiches Vorspiel" absolvierte, sondern insbesondere auch davon, dass das Vorspiel die Zustimmung der Mehrheit der übrigen Orchestermitglieder fand. Generell muss also die Eignung, die durch die Erprobung ermittelt werden soll, in gewisser Weise objektivierbar sein oder objektiv festgestellt werden, sie darf nicht allein von der subjektiven Einschätzung des Arbeitgebers abhängig sein. Dies ist etwa auch dann der Fall, wenn die fehlende Eignung durch die Nichtvorlage eines Gesundheitsattests feststellbar ist, die Vorlage selbst aber auflösende Bedingung im Rahmen der Erprobung war.[35]

19 **In der Person des Arbeitnehmers liegende Gründe** können gemäß § 21 in Verbindung mit § 14 Abs. 1 Satz 2 Nr. 6 TzBfG ebenfalls eine auflösende Bedingung grundsätzlich rechtfertigen. Dies dürfte sogar als der häufigste Sachgrund für eine auflösende Bedingung überhaupt anzusehen sein. Dabei lassen sich unter diese Befristungsbeispiele ganz unterschiedliche Fälle subsumieren, die jedenfalls aber nach § 14 Abs. 1 Satz 1 TzBfG eine sachliche Rechtfertigung bilden können, so dass eine genaue Zuordnung zur Nr. 6 ohnehin nicht erforderlich ist. Ein in der Person des Arbeitnehmers liegender Grund kann beispielsweise der Wunsch des Arbeitnehmers sein, nur auflösend bedingt beschäftigt zu werden. Wie bei der Befristung auf Wunsch des Arbeitnehmers ist hier freilich besondere Vorsicht geboten; **aufgrund der großen Missbrauchsgefahr gelten auch hier die hohen Anforderungen**, die an einen derartigen Wunsch zu stellen sind und die bereits aus dem Befristungsrecht bekannt sind.[36] Das heißt insbesondere, dass nicht allein das bloße Einverständnis des Arbeitnehmers mit einer auflösenden Bedingung genügt; vielmehr wird man verlangen müssen, dass die auflösende Bedingung – beispielsweise die auflösende Bedingung, dass das Arbeitsverhältnis dann enden soll, wenn der Arbeitnehmer eine neue Arbeitsstelle findet – gerade auf den ausdrücklichen Wunsch des Arbeitnehmers in den Vertrag aufgenommen worden ist.[37]

---

33 BAG 2. Juli 2003–7 AZR 612/02 – AP Nr. 29 zu § 620 BGB Bedingung; LAG Köln 22. Juni 1998–3 Sa 184/98 – NZA-RR 1999, 512; KR/Bader, § 21 TzBfG Rn 27; als zu schwach wird diese Einschränkung angesehen von Meinel/Heyn/Herms, § 21 Rn 12.
34 BAG 7. Mai 1980–5 AZR 593/78 – AP Nr. 36 zu § 611 BGB Abhängigkeit.
35 S. HWK/Schmalenberg § 21 TzBfG Rn 10.
36 Meinel/Heyn/Herms, § 21 Rn 17; KR/Bader, § 21 TzBfG Rn 29.
37 BAG 4. Dezember 2002–7 AZR 492/01 – AP Nr. 28 zu § 620 BGB Bedingung.

In der Person des Arbeitnehmers liegende Gründe, die die Vereinbarung einer auflösenden Bedingung für das Arbeitsverhältnis rechtfertigen können, sind zudem die Ergebnisse einer **Einstellungsuntersuchung**. Wird das Arbeitsverhältnis also auflösend bedingt für den Fall geschlossen, dass eine noch ausstehende Eingangsuntersuchung negativ ausfällt, so ist diese auflösende Bedingung nach § 21 in Verbindung mit § 14 Abs. 1 Satz 2 Nr. 6 TzBfG gerechtfertigt.[38] Dabei müssen jedoch auch hier wieder im Vorhinein die **Kriterien** genau festgelegt werden, wann ein Ergebnis einer solchen Untersuchung im Sinne der auflösenden Bedingung „negativ" sein soll, um zu verhindern, dass der Arbeitgeber allein im Nachhinein (willkürlich) den Eintritt der Bedingung herbeiführen kann; als ein solches objektives Kriterium kann es gelten, wenn schon im Voraus auf das Attest eines unabhängigen Arztes abgestellt wird.[39] Ähnlich ist es als gerechtfertigt anzusehen, wenn ein Arbeitsverhältnis im Hinblick auf eine erforderliche behördliche Erlaubnis auflösend bedingt ist, das Arbeitsverhältnis also aufgelöst sein soll, wenn eine solche Erlaubnis, beispielsweise eine Aufenthaltsgenehmigung oder eine behördliche Erlaubnis im Sicherheitsbereich, nicht (mehr) vorliegt.[40]

Problematisch erscheint demgegenüber eine auflösende Bedingung hinsichtlich der **gesundheitlichen Eignung** des Arbeitnehmers; insbesondere ungerechtfertigt ist es, wenn das Arbeitsverhältnis durch den Eintritt einer Krankheit, die den Arbeitnehmer die Ausübung der Arbeit nicht mehr ermöglicht, auflösend bedingt sein soll. Anders als bei der (gerechtfertigten Situation der) Einstellungsuntersuchung ist hier nämlich zu bedenken, dass bei Bestehen des Arbeitsverhältnisses bestimmte **gesetzliche Schutzregelungen und Wertungen zugunsten des Arbeitnehmers** eingreifen: So ist es mit den Regelungen des EFZG unvereinbar, das Auftreten einer Krankheit zu einer auflösenden Bedingung zu machen. Auch würden die Grundsätze des Kündigungsschutzes gerade in diesem Fall besonders eklatant verletzt; eine solche auflösende Bedingung, nach der das Arbeitsverhältnis mit Auftreten einer Krankheit automatisch enden soll, ist daher nicht im Sinne von § 14 Abs. 1 Satz 2 Nr. 6 TzBfG gerechtfertigt.[41] Dies gilt insbesondere auch für die Vereinbarung, dass das Arbeitsverhältnis auflösend bedingt für den Fall geschlossen ist, dass der Arbeitnehmer, der bereits alkoholgefährdet war und (beispielsweise aus sozialer Motivation heraus) dennoch eingestellt wird, (wieder) alkoholrückfällig wird.[42] Nicht gerechtfertigt ist daher auch eine Vereinbarung, dass ein Arbeitsverhältnis dann enden solle, wenn krankheitsbedingte Ausfallzeiten, die ein bestimmtes Maß überschreiten, unwillkürlich zur Beendigung des Arbeitsverhältnisses führen sollen; auch hier werden die Prinzipien des EFZG umgangen.[43] Aus vergleichbaren Erwägungen heraus sind solche Bedingungen, die an andere gesetzlich geschützte Parameter

---

38 LAG Berlin 16. Juli 1990–9 Sa 43/90 – DB 1990, 2223; Arnold/Gräfl/Rambach § 21 Rn 14.
39 Mit dieser Vorsicht auch MünchKommBGB/Hesse, § 21 TzBfG Rn 17; zu weitgehend, weil gänzlich ablehnend Ascheid/Preis/Schmidt-Backhaus, § 21 TzBfG Rn 15.
40 BAG 25. August 1999–7 5 AZR 75/98 – AP Nr. 24 zu § 620 BGB Bedingung; Annuß in: Annuß/Thüsing, § 21 Rn 20.
41 So auch schon LAG Berlin 8. November 1960–5 Sa 72/60 – BB 1961, 95; Ascheid/Preis/Schmidt-Backhaus, § 21 TzBfG Rn 242; KSchR/Däubler § 21 TzBfG Rn 14; aA Annuß in: Annuß/Thüsing, § 21 Rn 21.
42 LAG München 29. Oktober 1987–4 Sa 783/87 – BB 1988, 348.
43 LAG Baden-Württemberg 15. Oktober 1990–15 Sa 92/90 – DB 1991, 918.

anschließen, als nicht gerechtfertigt anzusehen, etwa die Vereinbarung, dass das Arbeitsverhältnis bei Eintritt in eine Gewerkschaft automatisch enden soll, hier ist der Verstoß gegen die Koalitionsfreiheit des Arbeitnehmers offensichtlich.[44] Ein Verstoß gegen die Regelungen des BBiG liegt vor und damit keine sachliche Rechtfertigung, wenn ein Berufsausbildungsverhältnis ohne weiteres endet, wenn das Zeugnis des Auszubildenden in bestimmten vereinbarten Fächern nicht ausreichend ist.[45] Eine auflösende Bedingung aus persönlichen Gründen ist von der Rechtsprechung auch in dem Fall als gerechtfertigt angesehen worden, in dem der Vertrag eines Trainers für den Fall des Abstiegs unter die zweite Bundesliga beendet sein soll.[46]

22 Wie das Anknüpfen an derartige persönliche Umstände nur mit großer Vorsicht als Rechtfertigung anzusehen ist, sind auch auflösende Bedingungen, die **an ein bestimmtes Verhalten des Arbeitnehmers anknüpfen**, in der Regel nicht als gerechtfertigt im Sinne des § 21 in Verbindung mit § 14 Abs. 1 Satz 2 Nr. 6 TzBfG anzusehen. Insofern gilt auch hier, dass verhaltensbedingte Gründe grundsätzlich nicht zum Anlass einer auflösenden Bedingung genommen werden können, weil und soweit auf diese Weise der dem Arbeitnehmer zustehende **Kündigungsschutz** ausgehebelt würde.[47] Denn in diesen Fällen ist dem Arbeitnehmer prinzipiell der Kündigungsschutz zu gewähren; das gilt beispielhaft für den Fall, in dem im Arbeitsvertrag vereinbart ist, das Beschäftigungsverhältnis solle jedenfalls enden, wenn der Arbeitnehmer nicht nach dem Urlaub am ersten Arbeitstag seine Arbeit wieder antrete. Hier liegt zwar eine Vertragsverletzung des Arbeitnehmers vor, doch diese ist unter der Wertung des § 1 KschG bzw § 626 BGB zu bewerten, nicht aber, ohne deren Wertungsmöglichkeiten, als automatische Beendigungsmöglichkeit durch eine auflösende Bedingung.[48]

23 In eine ähnliche Kategorie wie die genannten verhaltens- oder personenbedingten Gründe, die eine auflösende Bedingung wegen der Gefahr der Umgehung gesetzlicher Schutzvorschriften meist nicht zu rechtfertigen vermögen, fällt die Vereinbarung, der zufolge das Arbeitsverhältnis enden solle, **wenn der Arbeitnehmer erwerbsgemindert oder erwerbsunfähig im Sinne von § 43 SGB VI** wird. Eine solche Vereinbarung stellt eine auflösende Bedingung dar; die Rechtsprechung ist hier der Ansicht, dass zumindest die Erwerbsunfähigkeit für sich genommen eine auflösende Bedingung nicht rechtfertigen könne. Eine Rechtfertigung sei erst dann möglich, wenn eine derartige Vereinbarung den Zeitpunkt der Beendigung des Arbeitsverhältnisses exakt bestimme; denn die Einbindung der Interessen der betroffenen Arbeitnehmer durch die Anbindung an die rentenrechtliche Versorgung rechtfertige den Auflösungstatbestand ohne Kündigung.[49] Hinter dieser Argumentation steht folgende überzeugende Erwägung: Grundsätzlich ist zwar der Eintritt einer Erwerbsunfähigkeit wie auch einer Krankheit nicht geeignet, eine auflösende Bedingung zu rechtfertigen, weil dadurch in die Bestandsschutzrechte des Betroffenen eingegriffen wird. Doch ist zu berücksich-

---

44 BAG 2. Juni 1987–1 AZR 651/85 – AP Nr. 49 zu Art. 9 GG.
45 BAG 5. Dezember 1985–2 AZR 61/85 – AP Nr. 10 zu § 620 BGB Bedingung.
46 BAG 4. Dezember 2002–7 AZR 492/01 – AP Nr. 247 zu § 620 BGB Befristeter Arbeitsvertrag.
47 Wie hier Meinel/Heyn/Herms, § 21 Rn 21; MünchKommBGB/Hesse, § 21 TzBfG Rn 20; Arnold/Gräfl/Rambach § 21 Rn 15; aA ErfKomm/Müller-Glöge § 21 TzBfG Rn 6.
48 So auch BAG 19. Dezember 1974–2 AZR 565/73 – AP Nr. 3 zu § 620 BGB Bedingung.
49 BAG 11. März 1998–7 AZR 101/97 – AP Nr. 8 zu § 59 BAT.

tigen, dass dieser eine außerhalb der gesetzlichen Rentenversicherung bestehende Versorgung durch den Arbeitgeber oder eine Versorgungseinrichtung, nämlich die Erwerbsminderungsrente, erhält, zu der der Arbeitgeber beigesteuert hat. Erhält daher der Arbeitnehmer eine Erwerbsminderungsrente, ist daher grundsätzlich eine auflösende Bedingung gerechtfertigt. Daher sind die häufig anzutreffenden **Regelungen in Tarifverträgen** gerechtfertigt, denen zufolge das Arbeitsverhältnis endet, wenn dem Arbeitnehmer ein Bescheid des Rentenversicherungsträgers über die Feststellung einer vollen oder teilweisen Erwerbsminderung zugestellt wird. Eine solche Regelung findet sich zum Beispiel in § 33 Abs. 2 bis 4 TVöD sowie in § 59 BAT. Die auflösende Bedingung kann dann sogar rückwirkend greifen, wenn sie nämlich die rückwirkende Beendigung des Arbeitsverhältnisses zum Ablauf des Monats vor Rentenbeginn vorsieht.[50] Auch ist es gerechtfertigt, eine auflösende Bedingung für den Fall festzusetzen, wenn der Arbeitnehmer den Rentenantrag in dieser Situation schuldhaft verzögert und ihm ein entsprechendes amtsärztliches Gutachten bekannt gegeben wird.[51] Entscheidend ist in diesem Zusammenhang zweierlei: Zum einen muss die im Grundsatz also gerechtfertigte Beendigungsklausel hinreichend bestimmt deutlich werden lassen, wann das Arbeitsverhältnis endet, nicht ausreichend ist daher eine Vereinbarung, dass das Arbeitsverhältnis enden solle, sobald die nach den rentenrechtlichen Vorschriften erforderlichen Voraussetzungen einer Erwerbsunfähigkeit vorliegen; denn dann bleibt letztlich unklar, wann dies der Fall ist.[52] Zum anderen ist einschränkend zu beachten, dass eine Beendigung durch die auflösende Bedingung dann als unverhältnismäßig und damit ungerechtfertigt anzusehen ist, wenn der Arbeitnehmer noch auf seinem bisherigen oder einem anderen Arbeitsplatz weiterbeschäftigt werden kann, sofern ihm dies nach seinem Leistungsvermögen zumutbar ist. In diesen Fällen greifen nämlich die oben genannten Rechtfertigungsgründe nicht mehr ohne weiteres ein. Der Arbeitnehmer muss dann jedoch eine entsprechende Weiterbeschäftigung verlangen, der Arbeitgeber muss sie nicht von sich aus prüfen.[53] Macht also der Arbeitnehmer (der Rechtsprechung zufolge: innerhalb von zwei Wochen nach Zugang des Rentenbescheids) geltend, dass er die Leistung noch erbringen kann, endet das Arbeitsverhältnis nicht durch die auflösende Bedingung.[54]

Die Vereinbarung einer Altersgrenze stellt keine auflösende Bedingung, sondern 24 eine Befristung dar, wie dies mittlerweile auch von der höchstrichterlichen Rechtsprechung gesehen wird. Eine Anwendung von § 14 über § 21 TzBfG kommt daher nicht in Betracht.[55]

Eine auflösende Bedingung nach § 21 in Verbindung mit § 14 Abs. 1 Satz 2 Nr. 7 25 TzBfG als sachlich gerechtfertigt anzusehen, scheidet grundsätzlich aus: **Haushaltsgründe** sind nämlich schon deshalb nicht für eine auflösende Bedingung geeignet, da sie gerade nicht, wie dies für diesen Beendigungstatbestand konstitu-

---

50 BAG 31. Juli 2002–7 AZR 118/01 – AP Nr. 19 zu § 620 BGB Altersgrenze; Bayreuther in: Rolfs/Giesen, BeckOK § 21 TzBfG Rn 8.
51 BAG 23. Juni 2004–7 AZR 440/03 – AP Nr. 5 zu § 17 TzBfG.
52 Vgl. BAG 27. Oktober 1988–2 AZR 109/88 – AP Nr. 16 zu § 620 BGB Bedingung.
53 BAG 9. August 2000–7 AZR 749/98 – AP Nr. 10 zu § 59 BAT; Gräfl/Arnold/Rambach § 21 Rn 21.
54 Dörner, Arbeitsvertrag Rn 367.
55 Vgl. hierzu auch die Kommentierung in § 3 Rn 11.

tiv ist, auf eine ungewisse Situation abstellen.⁵⁶ Hier **ist vielmehr von einer Sondervorschrift auszugehen**, die – wie auch der Wortlaut explizit deutlich macht – allein für befristet Beschäftigte gilt.

26 In einem **gerichtlichen Vergleich** kann über § 21 in Verbindung mit § 14 Abs. 1 Satz 2 Nr. 8 TzBfG eine auflösende Bedingung gerechtfertigt vereinbart werden; hier gilt nichts anders als zur Befristung auch. Die bisherige Zustimmung der Rechtsprechung hat auch unter Geltung des TzBfG unverändert Berechtigung.⁵⁷

27 Nicht von den Beispielsfällen des § 14 Abs. 1 Satz 2 TzBfG erfasst, aber gleichwohl als sachlicher Rechtfertigungsgrund möglich ist die Vereinbarung, dass ein Arbeitsverhältnis auflösend bedingt durch die **Niederlage in einer Konkurrentenklage** sein soll.⁵⁸ Gleichfalls zulässig ist die auflösende Bedingung für den Fall, dass der Betriebs- bzw Personalrat seine Zustimmung zur Einstellung verweigert.⁵⁹ Möglich ist schließlich auch die Vereinbarung, dass das Arbeitsverhältnis auflösend bedingt im Rahmen eines **Kündigungsschutzprozesses** für den Fall fortgesetzt wird, dass die Kündigungsschutzklage rechtskräftig abgewiesen wird;⁶⁰ hier ist nur zu beachten, dass das Schriftformgebot des § 21 in Verbindung mit § 14 Abs. 4 TzBfG gewahrt bleiben muss, damit nicht nach § 16 Satz 1 TzBfG ein unbedingter, unbefristeter Arbeitsvertrag zustande kommt.⁶¹ Dabei genügt zur Wahrung der Schriftform regelmäßig auch ein gerichtlicher Teilvergleich.⁶² Wird von den Parteien eines Kündigungsschutzprozesses die vorläufige Weiterbeschäftigung des Arbeitnehmers vereinbart, so wird darin sogar regelmäßig ein auflösend bedingtes Arbeitsverhältnis gesehen; bei einer rein tatsächlichen Weiterbeschäftigung gilt dies ebenfalls, so dass auch hierin eine im Zweifel auflösend bedingte Vereinbarung liegt, nämlich auflösend bedingt für den Fall des Obsiegens des Arbeitgebers im Prozess.⁶³

4. Das Schriftformerfordernis, § 14 Abs. 4 TzBfG

28 § 21 TzBfG verweist für die auflösend bedingten Arbeitsverträge ausdrücklich auch auf das Schriftformgebot des § 14 Abs. 4 TzBfG. Auch diese unterliegen somit dem **Schriftformerfordernis**.⁶⁴ Dies gilt, wie soeben bereits angesprochen,⁶⁵ insbesondere auch dann, wenn der Arbeitnehmer nach einer Arbeitgeberkündigung Kündigungsschutzklage erhoben hat und die Vertragsparteien sich

---

56 So die ganz überwiegende Ansicht, s. nur KR/Bader, § 21 TzBfG Rn 46; Meinel/Heyn/Herms, § 21 Rn 15; Ascheid/Preis/Schmidt-Backhaus, § 21 TzBfG Rn 16; MünchKommBGB/Hesse, § 21 TzBfG Rn 22; aA jedoch Annuß in: Annuß/Thüsing, § 21 Rn 25.
57 BAG 9. Februar 1984–7 AZR 402/83 – AP Nr. 7 zu § 620 BGB Bedingung.
58 BAG 16. März 2005 - 7 AZR 289/04 – AP Nr. 16 zu § 14 TzBfG.
59 BAG 17. Februar 1983–2 AZR 208/81 – AP Nr. 74 zu § 620 BGB Arbeitsvertrag.
60 BAG 4. September 1986–6 AZR 636/84 – AP Nr. 22 zu § 611 BGB Beschäftigungspflicht.
61 Wie hier auch BAG 22. Oktober 2003 – AP Nr. 6 zu § 14 TzBfG; LAG Nürnberg 25. Juni 2004–9 Sa 151/04 – NZA-RR 2005, 18; Dörner, Arbeitsvertrag Rn 72; Dollmann BB 2003, 2688; Ricken NZA 2005, 281; aA hingegen KR/Fischermeier § 625 BGB Rn 34; Bayreuther DB 2003, 1738; Bengelsdorf NZA 2005, 281.
62 MünchKommBGB/Hesse, § 21 TzBfG Rn 25.
63 BAG 4. September 1986–6 AZR 636/84 – AP Nr. 22 zu § 611 BGB Beschäftigungspflicht; s. auch Ricken NZA 2005, 329.
64 BAG 1. Dezember 2004–7 AZR 135/04 – AP Nr. 13 zu § 59 BAT; BAG 23. Juni 2004–7 AZR 440/03 – AP Nr. 5 zu § 17 TzBfG.
65 S. zuvor in § 21 Rn 27.

dann über eine Weiterbeschäftigung einigen, die auflösend bedingt durch die Niederlage des Arbeitnehmers im Prozess sein soll. Hier wahrt der gerichtliche Teilvergleich jedoch die Schriftform nach §§ 127a, 126 Abs. 4 BGB.[66] Der Umfang der Schriftformklausel ist für auflösend bedingte Arbeitsverträge identisch mit demjenigen von befristeten Verträgen. Es gilt insbesondere das Gebot, dass die schriftliche Dokumentation umfassend sein muss: Es ist also entscheidend, dass vor allem die auflösende Bedingung selbst so umfassend schriftlich niedergelegt wird, dass dem **Bestimmtheitsgebot** Rechnung getragen ist. Dies ist der Fall, wenn der Eintritt des Ereignisses, an den die Beendigung des Arbeitsverhältnisses als auflösende Bedingung geknüpft wird, objektiv aus dem Schriftlichen erkennbar ist.[67] Die auflösende Bedingung muss also so genau und verständlich beschrieben sein, dass im Streitfall allein anhand des Vertragstextes objektiv erkennbar und beurteilbar ist, ob die Bedingung eingetreten und das Arbeitsverhältnis damit aufgelöst ist oder nicht. Es muss insgesamt nur die auflösende Bedingung selbst schriftlich niedergelegt sein, nicht erforderlich ist hingegen, dass der Arbeitsvertrag im Übrigen verschriftlicht ist.

5. Das Ende des auflösend bedingten Arbeitsvertrages, § 15 TzBfG

Wird der Arbeitsvertrag unter einer auflösenden Bedingung geschlossen, so gilt nach § 21 TzBfG auch § 15 TzBfG in seinen Absätzen 2, 3 und 5 entsprechend. Daraus folgt zunächst, dass das auflösend bedingte Arbeitsverhältnis nur mit Eintritt der Bedingung endet. Da § 15 Abs. 2 TzBfG entsprechend anwendbar ist, gilt jedoch hier wie auch bei der Befristung, dass auch das auflösend bedingte Arbeitsverhältnis frühestens zwei Wochen nach Zugang einer schriftlichen Mitteilung über den Bedingungseintritt endet, um so dem Arbeitnehmer die (zumindest theoretische) Gelegenheit zu geben, sich rechtzeitig um einen neuen Arbeitsplatz zu bemühen. **Tarifvertraglich** kann hier auch eine längere Mitteilungsfrist verlangt sein, wie dies etwa in der Protokollnotiz Nr. 6 zu Nr. 1 SR 2y in den Fällen der Fall ist, in denen die auflösende Bedingung nicht auf Gründen in der Person des Arbeitnehmers beruht – hier beträgt dann **die Auslauffrist nicht zwei, sondern vier Wochen**, wenn, so die Voraussetzung, das Arbeitverhältnis bei Bedingungseintritt länger als ein Jahr bestanden hat.[68] Die Kommentierungen zum Ende des befristeten Arbeitsverhältnisses und den entsprechenden Problemfällen gelten hier entsprechend. 29

Ebenfalls entsprechend anwendbar ist über § 21 TzBfG die Bestimmung in § 15 Abs. 3 TzBfG; demzufolge sind auch auflösend bedingte Arbeitsverhältnisse **nur dann ordentlich kündbar**, wenn dies einzelvertraglich oder im anwendbaren Tarifvertrag so vereinbart worden ist.[69] Auch hier gelten die Kommentierungen zu § 15 TzBfG weitgehend entsprechend. Besonders hinzuweisen ist auf den Umstand, dass die Vereinbarung einer ordentlichen Kündbarkeit auch konkludent erfolgen kann.[70] Daraus folgt, dass gerade bei auflösenden Bedingungen, die häufig von einem **langjährigen Bestand des Arbeitsverhältnisses ausgehen** – 30

---

66 S. hierzu auch BAG 22. Oktober 2003–7 AZR 113/03 – AP Nr. 6 zu § 14 TzBfG.
67 HWK/Schmalenberg § 21 TzBfG Rn 17.
68 S. dazu auch nunmehr § 30 Abs. 1 Satz 1 TVöD.
69 S. hierzu Boewer, FS Schwerdtner, 2003, 43; kritisch früher etwa Felix NZA 1994, 1118.
70 Vgl. § 15 Rn 56.

Joussen

wie dies vor allem bei der auflösenden Bedingung der Erwerbsunfähigkeit der Fall ist –, eine Vereinbarung über eine vorzeitige ordentliche Kündbarkeit häufig aus dem Vertrag durch Auslegung ergeben kann; dies etwa dann, wenn im Arbeitsvertrag zwar eine entsprechende auflösende Bedingung vereinbart ist, zugleich aber Kündigungsfristen vorgesehen sind, die darauf hindeuten, dass zugleich auch die ordentliche Kündbarkeit gemäß § 21 in Verbindung mit § 15 Abs. 3 TzBfG vereinbart sein soll.[71] Will man jedoch ganz sicher gehen, sollte die ordentliche Kündigung auch hier, wie ebenfalls im Bereich der befristeten Arbeitsverhältnisse, ausdrücklich vereinbart werden.

31 Auch die **Fortsetzungsklausel des § 15 Abs. 5 TzBfG** findet auf auflösend bedingte Arbeitsverträge gemäß § 21 TzBfG entsprechende Anwendung. Wird somit das auflösend bedingte Arbeitsverhältnis mit Wissen des Arbeitgebers nach Eintritt der Bedingung fortgesetzt, so gilt es auf unbestimmte Zeit verlängert, wenn nicht der Arbeitgeber unverzüglich widerspricht oder er dem Arbeitnehmer nicht den Eintritt der auflösenden Bedingung unverzüglich mitteilt. Hier gelten keine Besonderheiten gegenüber der Regelung zu den befristeten Arbeitsverhältnissen selbst, daher kann auf die dortige Kommentierung verwiesen werden.

6. Die übrigen anwendbaren Vorschriften, §§ 16 bis 20 TzBfG

32 Anwendbar sind schließlich über die Verweisungsnorm in § 21 TzBfG auch die Vorschriften der §§ 16 bis 20 TzBfG. Hier ergeben sich gegenüber den Kommentierungen zu den befristeten Arbeitsverhältnissen nur wenige Besonderheiten. Zu beachten ist zunächst, dass zwar auch der die Folgen unwirksamer Befristungen regelnde § 16 TzBfG auf unwirksame auflösende Bedingungen grundsätzlich anwendbar ist. Doch werden durch die entsprechende Anwendbarkeit dieser Vorschrift aufgrund des lückenhaften Verweises in § 21 TzBfG allein die Unwirksamkeitsgründe des § 14 Abs. 1 sowie Abs. 4 TzBfG erfasst.[72] Daraus folgt, dass die eigentlich weitreichende Regelung des § 16 TzBfG, die grundsätzlich sämtliche Unwirksamkeitsgründe erfasst,[73] beschränkt ist auf die Unwirksamkeitsgründe des § 14 Abs. 1 sowie Abs. 4 TzBfG. Infolgedessen werden bei der auflösenden Bedingungen nur diese Unwirksamkeitsgründe erfasst, nur ein Verstoß gegen sie kann zu einem unbefristeten, unbedingten Vertrag führen. Ist daher keine sachliche Rechtfertigung nach § 14 Abs. 1 TzBfG (entsprechend anwendbar über § 21 TzBfG) gegeben, kann der Arbeitgeber sich nicht auf eine sachgrundlose auflösende Bedingung berufen, da § 14 Abs. 2 TzBfG nicht zum Tragen kommen kann. Daher **entsteht in diesen Fällen ein unbedingtes Arbeitsverhältnis**. Dieses kann vom Arbeitgeber, vorbehaltlich einer eigenen Regelung gemäß § 15 Abs. 3 TzBfG, nicht ordentlich gekündigt werden, wohl aber vom Arbeitnehmer. Ist hingegen ein unbedingtes Arbeitsverhältnis wegen eines Verstoßes gegen § 14 Abs. 4 TzBfG fingiert, besteht wie bei einem befristeten Arbeitsverhältnis, das gegen diese Norm verstößt, zwar ein unbedingtes Arbeits-

---

71 So auch MünchKommBGB/Hesse, § 21 TzBfG Rn 29; ErfKomm/Müller-Glöge § 21 TzBfG Rn 9.
72 Wie hier Meinel/Heyn/Herms, § 21 Rn 26; Holwe/Kossens § 21 Rn 31; Ascheid/Preis/Schmidt-Backhaus, § 21 TzBfG Rn 24; aA MünchKommBGB/Hesse, § 21 TzBfG Rn 31.
73 Vgl. die Kommentierung zu § 16 Rn 7.

verhältnis, dieses kann jedoch dann von beiden Seiten entsprechend der gesetzlichen Regelung auch vor dem eigentlichen Beendigungszeitpunkt ordentlich gekündigt werden.[74]

Die Regelung des § 17 TzBfG ist ebenfalls auf auflösend bedingte Arbeitsverhältnisse entsprechend anwendbar; damit sind die frühere Rechtslage zu § 1 Abs. 5 BeschFG und Rechtsprechung[75] überholt. Daraus folgt, dass der Arbeitnehmer, der die **Unwirksamkeit einer auflösenden Bedingung** geltend machen möchte, dies gemäß § 17 TzBfG innerhalb **von drei Wochen nach der Beendigung des Arbeitsverhältnisses** beim Arbeitsgericht im Wege einer Feststellungsklage tun muss. Er muss daher beantragen festzustellen, dass das Arbeitsverhältnis nicht aufgrund der auflösenden Bedingung beendet worden ist. Insofern gelten die Kommentierungen zu § 17 TzBfG hier uneingeschränkt entsprechend. 33

Entsprechend anwendbar sind schließlich auch **die Informations- und Weiterbildungsbestimmungen der §§ 18 bis 20 TzBfG**. Besonderheiten ergeben sich im Hinblick auf auflösend bedingte Arbeitsverhältnisse nicht. Bei der Informationspflicht des Arbeitgebers gegenüber der Arbeitnehmervertretung ist allerdings zu beachten, dass der Arbeitgeber eine getrennte Aufstellung beider Gruppen vorzunehmen hat, also der befristet Beschäftigten auf der einen und der auflösend bedingt Beschäftigten auf der anderen Seite.[76] Nur so kann der Zweck der Vorschrift angemessen erreicht werden, da die Arbeitnehmervertretung nur dann, wenn sie weiß, wie groß jede einzelne Gruppe ist, entsprechend reagieren und etwa ihre gesetzliche Kontrollpflicht adäquat wahrnehmen kann.[77] 34

---

74 Meinel/Heyn/Herms, § 21 Rn 26; kritisch hierzu Annuß in: Annuß/Thüsing, § 21 Rn 13.
75 BAG 23. Februar 2000–7 AZR 906/98 – AP Nr. 25 zu § 1 BeschFG 1985.
76 Wie hier auch Bayreuther in: Rolfs/Giesen, BeckOK § 21 TzBfG Rn 26; KSchR/Däubler § 21 TzBfG Rn 28; Holwe/Kossens § 21 Rn 33; aA Worzalla/Will § 21 Rn 17.
77 S. auch BT-Drucks. 14/4374 S. 21.

Vierter Abschnitt

Gemeinsame Vorschriften

§ 22 Abweichende Vereinbarungen

(1) Außer in den Fällen des § 12 Abs. 3, § 13 Abs. 4 und § 14 Abs. 2 Satz 3 und 4 kann von den Vorschriften dieses Gesetzes nicht zuungunsten des Arbeitnehmers abgewichen werden.

(2) Enthält ein Tarifvertrag für den öffentlichen Dienst Bestimmungen im Sinne des § 8 Abs. 4 Satz 3 und 4, § 12 Abs. 3, § 13 Abs. 4, § 14 Abs. 2 Satz 3 und 4 oder § 15 Abs. 3, so gelten diese Bestimmungen auch zwischen nicht tarifgebundenden Arbeitgebern und Arbeitnehmern außerhalb des öffentlichen Dienstes, wenn die Anwendung der für den öffentlichen Dienst geltenden tarifvertraglichen Bestimmungen zwischen ihnen vereinbart ist und die Arbeitgeber die Kosten des Betriebes überwiegend mit Zuwendungen im Sinne des Haushaltsrechts decken.

Literatur: *Bauer*, Neue Spielregeln für Teilzeitarbeit und befristete Arbeitsverhältnisse, NZA 2000, 1039; *Buschmann/Dieball/Stevens-Bartol*, TZA – Das Recht der Teilzeitarbeit, 2. Auflage, Frankfurt 2001; *Däubler*, ZIP 2001, 217; *Dörner*, Der befristete Arbeitsvertrag, München 2004; *Kliemt*, Der neue Teilzeitanspruch – Die gesetzliche Neuregelung der Teilzeitarbeit ab dem 1.1.2001, NZA 2001, 63; *Müller-Volbehr*, Teilzeitarbeit und kirchliche Arbeitsverhältnisse, NZA 2002, 301; *Richardi/Annuß*, Gesetzliche Neuregelung von Teilzeitarbeit und Befristung, BB 2000, 2201; *Richardi/Wlotzke*, Münchener Handbuch für Arbeitsrecht. Ergänzungsband, München 2001; *Rolfs*, Das neue Recht der Teilzeitarbeit, RdA 2001, 129; *Schliemann*, Arbeitsrecht im BGB, München 2002; *von Hoyningen-Huene*, Öffnungsklauseln für Kirchen in Arbeitsrechts-Gesetzen?, RdA 2002, 65; *Worzalla/Will/Mailänder/Worch/Heise*, Teilzeitarbeit und befristete Arbeitsverträge, München 2001

I.	Allgemeines	1		3. Abweichungen zugunsten des Arbeitnehmers	14
II.	Abweichungen zuungunsten des Arbeitnehmers, § 22 Abs. 1 TzBfG	4	III.	Sonderregelungen im Bereich des öffentlichen Dienstes, § 22 Abs. 2 TzBfG	16
1.	Grundsatz	5			
2.	Ausnahmen	8			

I. Allgemeines

1 Die Regelung in § 22 TzBfG macht in erster Linie, und das heißt in ihrem Abs. 1, deutlich, dass die Vorschriften des gesamten Gesetzes grundsätzlich zwingendes Recht darstellen, und zwar **einseitig zwingendes Recht**. Von diesem Grundsatz ordnet sie zugleich auch abschließend die Ausnahmen an, das heißt diejenigen Fälle, in denen ausnahmsweise eine **Abweichung – durch Tarifvertrag –** auch zuungunsten der Arbeitnehmer möglich ist. Damit stellt der Gesetzgeber explizit klar, dass die Vorschriften des TzBfG regelmäßig nicht dispositiv sind, sie enthalten also zwingende Mindestregelungen. Im Ergebnis beinhaltet § 22 Abs. 1 TzBfG jedoch in Bezug auf die Tariföffnung lediglich eine überflüssige Wieder-

holung, denn diese ist in den genannten Normen ohnehin schon angeordnet; insofern hat die Vorschrift rein **deklaratorischen Charakter**.

§ 22 Abs. 2 TzBfG greift die **Vorgängerregelung in § 6 Abs. 2 BeschFG** wieder auf. Die Vorschrift erweitert den Anwendungsbereich von Tarifverträgen des öffentlichen Dienstes auf diejenigen Arbeitsverhältnisse, die eigentlich nicht dem Geltungsbereich des abgeschlossenen Tarifvertrags unterfallen. Diese Erweiterung knüpft die Vorschrift allerdings an die Voraussetzung, dass die jeweiligen Einrichtungen aus Haushaltsmitteln finanziert werden. Diese Sonderregelung betrifft in erster Linie die in Form einer GmbH organisierten, nicht tarifgebundenen Forschungsgemeinschaften wie die Fraunhofer-Gesellschaft oder auch die Max-Planck-Gesellschaft.[1]

Keine Sonderregelung wird in § 22 TzBfG mehr den **Kirchen** sowie den **öffentlich-rechtlichen Religionsgemeinschaften** zugestanden. Anders als noch in der Vorgängerregelung, die in § 6 Abs. 3 BeschFG vorsah, dass die Genannten den Tarifvertragsparteien gleichgestellt und ihnen das Recht zugestanden wurde, von den Vorschriften über die Teilzeitarbeit abweichende Vereinbarungen zu treffen, enthält das TzBfG eine solche Privilegierung nicht mehr. Die **Arbeitsvertragsrichtlinien**, die in diesem Bereich geschlossen werden und die nach der ständigen sowie zutreffenden Rechtsprechung des BAG Tarifverträgen nicht gleichzusetzen sind, können – so die hinter dieser Gesetzesänderung stehende Idee – allein durch individualvertragliche Bezugnahme im Einzelarbeitsvertrag Geltung erlangen, nicht hingegen kraft normativen Geltungsanspruchs der Richtlinie selbst.[2] Dies genügte dem Gesetzgeber nicht, da er hierin, rechtstechnisch zu Recht, eine einzelvertragliche Abweichung von den Bestimmungen des TzBfG sah, die gerade nicht (mehr) möglich sein sollte. Ob dies allerdings noch mit der verfassungsrechtlich durch Art. 140 GG in Verbindung mit Art. 137 Abs. 3 WRV abgesicherten Stellung des „Dritten Weges" vereinbar ist, erscheint fraglich. Hierin dürfte vielmehr ein zu starker Eingriff des Staates gesehen werden.[3]

II. Abweichungen zuungunsten des Arbeitnehmers, § 22 Abs. 1 TzBfG

Die Grundaussage des § 22 Abs. 1 TzBfG ist ein Kernbestandteil des gesamten Gesetzes und macht deutlich, dass die Zielrichtung des TzBfG eindeutig auf den Schutz der von ihm besonders bedachten Arbeitnehmergruppen ausgerichtet ist. Von diesem Grundsatz[4] kann nämlich nur in wenigen Ausnahmefällen zulasten

---

1 Vgl. die Gesetzesbegründung hierzu in BT-Drucks 591/00 S. 38; Worzalla/Will § 22 Rn 4.
2 S. nur BAG 6. November 1996–5 AZR 334/95 – AP Nr. 1 zu § 10a AVRCaritasverband; BAG 28. Januar 1998–4 AZR 491/96 – AP Nr. 11 zu § 12 AVRCaritasverband.
3 Kritisch hierzu auch MünchKommBGB/Hesse, § 22 TzBfG Rn 3; Müller-Volbehr NZA 2002, 301; Richardi/Annuß DB 2001, 2203; Rolfs RdA 2001, 142; von Hoyningen-Huene RdA 2002, 69f.; aA ErfKomm/Müller-Glöge § 22 TzBfG Rn 2.
4 § 22 Rn 5.

des Arbeitnehmers abgewichen werden.[5] Anders zu beurteilen sind hingegen Abweichungen, die sich zugunsten von Arbeitnehmern auswirken.[6]

1. Grundsatz

5 Die Bestimmungen des TzBfG sind grundsätzlich **einseitig zwingendes Recht**; von ihnen kann prinzipiell, das heißt soweit das Gesetz nicht selbst etwas anderes vorsieht, nicht abgewichen werden. Insbesondere individualvertraglich ist eine Abweichung zuungunsten der Arbeitnehmer ausgeschlossen, sie wird auch nicht an irgendeiner Stelle des Gesetzes – anders als die **Abweichung mittels Tarifvertrags** – zugelassen. Dies macht deutlich, welch hohen Stellenwert der Gesetzgeber dem von ihm verfolgten Schutzzweck eingeräumt hat.[7] Gleiches gilt für Abweichungen durch Dienst- oder Betriebsvereinbarungen[8] oder durch sonstige arbeitsrechtliche Gestaltungsmittel wie etwa der betrieblichen Übung.[9] Aus diesem generellen Verbot, von den Regelungen des TzBfG abzuweichen, folgt etwa die Unzulässigkeit einer Tarifnorm, die die Ankündigungsfrist bei der Zweckbefristung, so wie sie sich aus § 15 Abs. 2 TzBfG ergibt, verkürzt.[10]

6 Anders scheint dies allein in **§ 8 Abs. 4 sowie** in **§ 15 Abs. 3 TzBfG** zu sein. Hier könnte man dem Gesetzestext entnehmen, es sei einzelvertraglich etwas anderes vereinbart als das Gesetz vorsieht. Doch stellen beide Vorschriften **keine Öffnungsklauseln** dar, die zuungunsten des Arbeitnehmers wirken würden. § 8 Abs. 4 Sätze 3 und 4 TzBfG sehen vor, dass die Ablehnungsgründe für ein Teilzeitbegehren tarif- bzw einzelvertraglich konkretisiert werden können – eine Konkretisierung ist jedoch keine Abweichung vom Gesetzestext, im Gegenteil, sie stellt lediglich eine bei der Gesetzesregelung verbleibende Präzisierung dar. Und auch die Bestimmung in § 15 Abs. 3 TzBfG enthält keine Bestimmung, die abweichende Vereinbarungen zulasten des Arbeitnehmers beinhaltet: Vielmehr stellt diese Regelung eine Gesetz gewordene Auslegungsregel dar, der zufolge die ordentliche Kündbarkeit eines befristeten Arbeitsvertrags einzelvertraglich wie durch Tarifvertrag vereinbart werden kann. Das bedeutet, normiert wird hier allein die Voraussetzung für die Kündigung eines Arbeitsverhältnisses, also eine vertraglich zulässige Gestaltungsmöglichkeit, die ihrerseits mit den rechtlichen Regelungen zur Zulässigkeit einer Befristung nicht in unmittelbarem Zusammenhang steht. Sie ist daher von dem Grundsatz des Abweichungsverbots nicht betroffen. Beide Vorschriften, § 8 Abs. 4 sowie § 15 Abs. 3 TzBfG mussten daher auch nicht in § 22 Abs. 1 TzBfG aufgenommen werden.[11]

7 Der Grundsatz der Bestimmung des § 22 Abs. 1 TzBfG geht dahin, dass die Vorschriften des Gesetzes, vorbehaltlich der angesprochenen Ausnahmen, **einseitig zwingend** sind. Dies ist **in zweierlei Hinsicht** zu **präzisieren**: Zum einen besteht

---

5 § 22 Rn 8.
6 § 22 Rn 14.
7 Meinel/Heyn/Herms, § 22 Rn 1; KR/Bader, § 22 TzBfG Rn 2; HWK/Schmalenberg § 22 TzBfG Rn 1; Bayreuther in: Rolfs/Giesen, BeckOK § 22 TzBfG Rn 1.
8 S. § 22 Rn 13.
9 Boewer, § 22 Rn 5.
10 Vgl. Bauer NZA 2000, 1042; KSchR/Däubler § 22 TzBfG Rn 2.
11 So auch, mit jeweils differierenden Begründungen, Meinel/Heyn/Herms, § 22 Rn 9; Thüsing in: Annuß/Thüsing, § 22 Rn 8; Ascheid/Preis/Schmidt-Backhaus, § 22 TzBfG Rn 15; MünchKommBGB/Hesse, § 22 TzBfG Rn 6.

die Möglichkeit der Abweichung zugunsten der Arbeitnehmer;[12] zum anderen ist zu beachten, dass § 17 TzBfG als zweiseitig zwingend anzusehen ist; aufgrund des Umstandes, dass es sich bei dieser Norm um eine Ergänzung zu § 4 KSchG handelt, die somit eine quasi-prozessuale Ordnungsvorschrift darstellt, kann von dieser aus Gründen der Sicherheit des prozessualen Rechtsverkehrs überhaupt nicht abgewichen werden, weder zugunsten noch zuungunsten der Arbeitnehmer; insofern ist das Prozessrecht, dem diese Vorschrift trotz ihrer Einordnung als materiellrechtlicher Fristbestimmung hier zuzuordnen ist, der Gestaltungsmöglichkeit der Parteien in jeder Hinsicht entzogen.[13]

2. Ausnahmen

Von dem generellen Verbot, von den Vorschriften des Gesetzes abzuweichen, sind **Ausnahmen für drei Bereiche** vorgesehen. In diesen, von § 22 Abs. 1 TzBfG nochmals genannten Gebieten ist somit eine Abweichung auch zulasten der befristet und teilzeitbeschäftigten Arbeitnehmer grundsätzlich zulässig. Dabei stellt die **Nennung** der drei Gebiete **in § 22 Abs. 1 TzBfG** einen **lediglich deklaratorischen** Akt dar, denn die Normen selbst, auf die verwiesen wird, enthalten bereits die Tarifdispositivität, insofern sie selbst bereits vom Wortlaut her die Möglichkeit eröffnen, dass von den gesetzlichen Vorgaben durch Tarifvertrag abgewichen werden kann. Gemeint ist zum einen die Regelung über die Mindestdauer der täglichen und wöchentlichen Arbeitszeit und der Vorankündigungsfrist bei Arbeit auf Abruf gemäß § 12 Abs. 3 TzBfG – hier kann also ein Tarifvertrag anderes vorsehen als das Gesetz, und zwar auch eine für die betroffenen Arbeitnehmer schlechtere Regelung; zum anderen ist gleichermaßen betroffen die Vertretungsregelung bei Arbeitsplatzteilungen gemäß § 13 Abs. 4 TzBfG; schließlich, als dritter Bereich, sind durch Tarifvertrag verschlechternde Vereinbarungen im Bereich der Befristung möglich, nämlich hinsichtlich der Regelung der Anzahl der Verlängerungen gemäß § 14 Abs. 2 Satz 3 sowie hinsichtlich der Regelung der Höchstbefristungsdauer bei befristeten Arbeitsverträgen ohne Sachgrund gemäß § 14 Abs. 2 Satz 4 TzBfG. Weicht ein Tarifvertrag über die genannten Bereiche hinaus zuungunsten der Arbeitnehmer von den gesetzlichen Bestimmungen des TzBfG ab, so ist diese Tarifregelung wegen eines Verstoßes gegen eine gesetzliche Bestimmung unwirksam.[14]

8

Diese drei vom Gesetz **genannten Bereiche sind tarifdispositiv**: Durch Tarifvertrag kann somit von ihnen abgewichen werden, auch zulasten des Arbeitnehmers. So kann etwa in einem Tarifvertrag gemäß § 12 Abs. 3 TzBfG die Mindestdauer der täglichen Arbeitszeit bei der Abrufarbeit verkürzt werden, auch ist zulässig, weniger bestimmte oder unbestimmte Tages- und Wochenarbeitsleistungen zu vereinbaren. Denkbar wären daher beispielsweise so genannte „Bandbreitenregelungen", das heißt die Vereinbarung von „etwa 16 bis 20 Wochenstunden".[15] Zulässig ist dann auch die Vereinbarung einer „durchschnittlichen

9

---

12 Daher: „einseitig zwingend", dazu § 22 Rn 5.
13 Nahezu allgemeine Auffassung, s. nur Ascheid/Preis/Schmidt-Backhaus, § 22 TzBfG Rn 2; HWK/Schmalenberg § 22 TzBfG Rn 2; KR/Bader, § 22 TzBfG Rn 2, Boewer, § 22 Rn 6; aA wohl nur ArbRBGB/Dörner § 620 Rn 365.
14 MünchKommBGB/Hesse, § 22 TzBfG Rn 11.
15 Vgl. auch Kliemt NZA 2001, 70.

Wochenarbeitszeit" bei diesem Arbeitstypus.[16] Zulässig ist entsprechend der Öffnung in § 22 Abs. 1 TzBfG zudem die Verkürzung der Ankündigungsfrist bei der Abrufarbeit, etwa auf ein oder zwei statt der in § 12 Abs. 2 TzBfG vorgesehenen vier Tage. Hier wird man allerdings eine Grenze dort ziehen müssen, wo es dem Arbeitnehmer überhaupt nicht mehr möglich ist, sich auf eine abgerufene Arbeitsleistung einzustellen. Diese Grenze ist sicher bei einer einstündigen Vorankündigungsfrist erreicht, zulässig ist es hingegen, einen halben Tag Vorlaufzeit zu vereinbaren.

10 Der Abweichung durch Tarifvertrag zugänglich ist auch die Vertretungsregelung bei Arbeitsplatzteilung, also beim **Job-Sharing**. Gemäß § 13 Abs. 4 TzBfG kann hier eine weitergehende Vertretungsregelung vorgesehen werden; so ist eine tarifvertragliche Regelung möglich, der zufolge jeder Beteiligte beim Ausfall eines anderen zum Einspringen verpflichtet ist. Schließlich ist auch die Regelung zur sachgrundlosen Befristung erweiterbar, wie sich aus § 14 Abs. 2 Satz 3 und 4 ergibt.[17]

11 Sofern § 22 Abs. 1 TzBfG (deklaratorisch) die Zulässigkeit der Abweichung zulasten der Arbeitnehmer in den genannten Ausnahmefällen vorsieht, ergibt sich aus den in Bezug genommenen Normen, dass eine solche **Abweichung nur durch Tarifvertrag** möglich ist. Ohne Schwierigkeiten stellt sich die Situation dar, wenn ein entsprechender abweichender Tarifvertrag normative Geltung auf das Arbeitsverhältnis hat, da beide Seiten der Normativität des Tarifvertrags unterliegen, sei es, dass beide den vertragsschließenden Parteien angehören, sei es, dass der Tarifvertrag gemäß § 5 TVG für allgemeinverbindlich erklärt worden ist. Problematisch ist jedoch die Situation, in der eine **Tarifbindung erst zu Laufzeiten des Vertrages** entsteht: Ist **auch dann** eine **verschlechternde Abweichung möglich**? Dies hängt davon ab, ob man die jeweilige in Frage stehende Norm als eine Beendigungs- oder eine Abschlussnorm ansieht, denn während bei einer Beendigungsnorm genügt, dass die normative Wirkung zu dem Zeitpunkt eintritt, zu dem auch die Beendigung erfolgen soll, muss bei Abschlussnormen die Tarifbindung schon bei Abschluss des Arbeitsvertrags gegeben sein. Insbesondere bei Befristungsnormen, also in den Fällen des § 14 Abs. 2 TzBfG, ist jedoch unklar, zu welcher Gruppe sie zu zählen sind. Dies ist grundsätzlich durch Auslegung der jeweils in Frage stehenden Norm zu ermitteln. Richtigerweise wird man sie infolgedessen zu den Abschlussnormen zu zählen haben, so dass sie nur dann ihre (verschlechternde) Wirkung entfalten können, wenn schon bei Abschluss des Arbeitsvertrags eine Tarifbindung bestand. Denn sie begrenzen von Beginn an, schon vom Abschluss des Arbeitsvertrags, dessen Laufzeit.[18]

12 Darüber hinaus lassen sämtliche genannten Ausnahmeregelungen zusätzlich zu, dass nicht tarifgebundene Arbeitgeber und Arbeitnehmer einen verschlechternden Tarifvertrag individualvertraglich in Bezug nehmen. Voraussetzung dafür ist jedoch, dass sich die entsprechenden Vertragsparteien im Geltungsbereich des jeweiligen Tarifvertrags befinden, gemeint ist damit der fachliche, sachliche,

---

16 So auch Kliemt NZA 2001, 70; KSchR/Däubler § 22 TzBfG Rn 20.
17 Vgl. die Kommentierung dort.
18 So auch BAG 27. April 1988–7 AZR 593/84 – AP Nr. 4 zu § 1 BeschFG 1985; BAG 14. Februar 1990–7 AZR 68/89 – AP Nr. 12 zu § 1 BeschFG 1985; Ascheid/Preis/Schmidt-Backhaus, § 22 TzBfG Rn 3; MünchKommBGB/Hesse, § 22 TzBfG Rn 10; Dörner, Arbeitsvertrag Rn 457; ErfKomm/Müller-Glöge § 22 TzBfG Rn 4; aA Thüsing in: Annuß/Thüsing, § 22 TzBfG Rn 10.

persönliche und räumliche Geltungsbereich. Umgekehrt ist es den Tarifvertragsparteien nicht möglich, durch **tarifliche Öffnungsklauseln** abweichende Regelungen durch eine Betriebs- oder Dienstvereinbarung zuzulassen – denn dann würde es sicht nicht mehr um eine Abweichung „durch Tarifvertrag" handeln.[19]

Durch **Betriebsvereinbarung** sowie **Einzelarbeitsvertrag** (wenn es sich nicht um eine Inbezugnahme auf einen Tarifvertrag handelt, vgl die vorangehende Erläuterung) kann nicht von den Vorschriften des Gesetzes, auch nicht von den Ausnahmefällen, zulasten der Arbeitnehmer abgewichen werden. 13

3. Abweichungen zugunsten des Arbeitnehmers

Während eine **Abweichung** von den Regelungen des TzBfG zulasten der Arbeitnehmer weitgehend unzulässig und nur in den von § 22 Abs. 1 TzBfG nochmals aufgezählten Bereichen möglich ist, kann zugunsten des Arbeitnehmers regelmäßig von den zu seinem Schutz gedachten Bestimmungen abgewichen werden. Eine solche Abweichung ist jedenfalls durch Tarifvertrag möglich.[20] Günstiger ist eine solche tarifliche Regelung für den Arbeitnehmer dann, wenn sie das Schutzniveau, das durch das TzBfG beabsichtigt ist, übertrifft, also dann, wenn sie ihm einen höheren Bestandsschutz vermitteln als dieser durch das Gesetz erreicht wird. Ein solch **höherer Bestandsschutz** liegt vor allem darin, dass der Abschluss der prinzipiell für weniger gut befundenen befristeten Verträge an strengere Voraussetzungen geknüpft wird oder sogar für bestimmte Bereiche vollständig ausgeschlossen wird.[21] Im konkreten Einzelfall ist durch einen **normativen Günstigkeitsvergleich** festzustellen, ob eine vom Gesetz abweichende Regelung im Tarifvertrag für den einzelnen Arbeitnehmer günstiger ist oder nicht. Entscheidend ist dabei jedoch, den richtigen Vergleichsparameter anzuwenden: Verglichen werden müssen die beiden normativen Regelungen (des Gesetzes und des Tarifvertrags), nicht die Lage des Arbeitnehmers mit einer der beiden Regelungen. Entscheidend ist also beispielsweise nicht, ob es für den Arbeitnehmer günstiger ist, einen befristeten Arbeitsplatz oder gar keinen zu haben.[22] 14

Auch durch **Betriebsvereinbarung** kann zugunsten der Arbeitnehmer von den Regelungen des TzBfG abgewichen werden; in Betracht kommen hier angesichts des Regelungsgegenstandes jedoch nur freiwillige Betriebsvereinbarungen nach § 88 BetrVG; dies setzt indes gemäß § 77 **Abs. 3** BetrVG voraus, dass es sich nicht um Arbeitsbedingungen handelt, die durch Tarifvertrag geregelt sind oder üblicherweise geregelt werden. Wie beim Tarifvertrag wird man hier einen **normativen Günstigkeitsvergleich** anzustellen haben. In gleicher Weise kann individualvertraglich zugunsten des Arbeitnehmers von den Bestimmungen des TzBfG abgewichen werden. 15

---

19 Wie hier MünchKommBGB/Hesse, § 22 TzBfG Rn 5; Meinel/Heyn/Herms, § 22 Rn 10; aA KSchR/Däubler § 22 TzBfG Rn 24.
20 BAG 27. September 2000–7 AZR 390/99 – NZA 2001, 556; Boewer, § 22 Rn 9.
21 S. dazu BAG 31. August 1994–7 AZR 983/93 – AP Nr. 163 zu § 620 BGB Befristeter Arbeitsvertrag; KR/Bader, § 22 TzBfG Rn 4; Däubler ZIP 2001, 225.
22 So auch BAG 25. September 1987–7 AZR 315/86 – AP Nr. 1 zu § 6 BeschFG 1985; BAG 28. Februar 1990–7 AZR 143/89 – AP Nr. 14 zu § 1 BeschFG 1985.

III. Sonderregelungen im Bereich des öffentlichen Dienstes, § 22 Abs. 2 TzBfG

16 § 22 Abs. 2 TzBfG enthält eine Sonderregelung für den Bereich des **öffentlichen Dienstes** und erweitert für diesen die Möglichkeiten einer Inbezugnahme von Tarifverträgen des öffentlichen Dienstes über den eigentlichen Geltungsbereich hinaus. Anders als die einschlägigen Regelungen des TzBfG sonst, die allein ermöglichen, verschlechternde Regelungen durch die Inbezugnahme auf einen einschlägigen Tarifvertrag zu vereinbaren, kann in dem angesprochenen Bereich auch die Geltung eines Tarifvertrages vereinbart werden, der an sich fachlich und räumlich nicht anwendbar wäre und der von den wenigen tarifdispositiven Bestimmungen des TzBfG zulasten der Arbeitnehmer abweicht.

17 Die Regelung reagiert inhaltlich auf die haushaltsrechtlichen Besonderheiten des öffentlichen Dienstes: Hier ist es weitgehend üblich, den **BAT** bzw nunmehr den **TVöD** individualvertraglich in Bezug zu nehmen; dabei handelt es sich nicht allgemein um eine „Üblichkeit", sondern die von öffentlichen Haushalten bezuschussten Arbeitgeber sind vielmehr durch entsprechende Auflagen hierzu verpflichtet, auch wenn die jeweiligen Tarifverträge für den konkreten Betrieb an sich nicht einschlägig sind.[23] Dies ist gerade bei bestimmten Organisationen der Fall, die zwar im weitesten Sinne der öffentlichen Hand zuzuordnen sind, aber privatrechtlich, etwa in Form einer GmbH organisiert sind, beispielsweise bei der Fraunhofer Gesellschaft oder der Max-Planck-Gesellschaft.[24] Nach den Grundregelungen des TzBfG könnte hier eine Inbezugnahme auf den TVöD mit seinen möglicherweise verschlechternden Regelungen nicht erfolgen, weil sich dieser ja gerade auf den öffentlichen Dienst erstreckt und somit nicht einschlägig wäre. Diese Lücke schließt § 22 Abs. 2 TzBfG, der ausnahmsweise, bei Vorliegen von zwei Voraussetzungen, auch in diesen Fällen eine individualvertragliche Inbezugnahme auf einen nicht einschlägigen Tarifvertrag ermöglicht.

18 Es müssen also, um eine solche extensive Inbezugnahme zu ermöglichen, zwei Voraussetzungen gegeben sein: Zum einen verlangt § 22 Abs. 1 TzBfG, dass die Geltung der abweichenden Bestimmungen zwischen Arbeitgeber und Arbeitnehmer vereinbart wird. Dabei bedarf es der Vereinbarung der Geltung der gesamten tariflichen Bestimmungen für den konkreten Arbeitsvertrag, nicht genügend ist hingegen, dass lediglich einzelne Bestimmungen eines Tarifvertrages einbezogen werden.[25] Entscheidend ist dabei zusätzlich, dies folgt bereits aus dem Wortlaut des § 22 Abs. 2 TzBfG, dass der in Bezug genommene Tarifvertrag mit Ausnahme seines auf den öffentlichen Dienst beschränkten Geltungsbereichs in räumlicher, fachlicher und persönlicher Hinsicht einschlägig ist. Das heißt, dass auch § 22 Abs. 2 TzBfG nicht die Möglichkeit eröffnet, auf Angestellte einen für Arbeiter geltenden Tarifvertrag anzuwenden.

19 Zusätzliche, zweite Voraussetzung für die Eröffnung der Erweiterung des § 22 Abs. 2 TzBfG ist, dass der Arbeitgeber die Kosten des Betriebs überwiegend mit Zuwendungen im Sinne des Haushaltsrechts deckt. **Zuwendungen** im Sinne dieser Vorschrift sind diejenigen, die sich aus der **Legaldefinition des § 14 Haus-**

---

23 S. hierzu auch Buschmann/Dieball/Stevens-Bartol § 22 TzBfG Rn 28.
24 BT-Drucks. 14/4374 S. 22.
25 Ascheid/Preis/Schmidt-Backhaus, § 22 TzBfG Rn 9; Meinel/Heyn/Herms, § 22 Rn 15; KSchR/Däubler § 22 TzBfG Rn 27; MünchKommBGB/Hesse, § 22 TzBfG Rn 18.

haltsgrundsätzegesetz ergeben:[26] Gemeint sind also Ausgaben und Verpflichtungsermächtigungen für Leistungen an Stellen außerhalb der Verwaltung des Bundes oder des Landes zur Erfüllung bestimmter Zwecke. Dies schließt insbesondere auch vertragliche Entgeltleistungen aus Austauschverträgen hierunter zu subsumieren.[27] Überwiegend ist die Finanzierung des Betriebs (und das heißt nicht: des Unternehmens), wenn der Arbeitgeber mehr als die Hälfte seiner gesamten tatsächlichen Kosten über Zuwendungen erstattet erhält; gemeint sind dabei die tatsächlich anfallenden Betriebskosten.[28]

§ 23 Besondere gesetzliche Regelungen

Besondere Regelungen über Teilzeitarbeit und über die Befristung von Arbeitsverträgen nach anderen gesetzlichen Vorschriften bleiben unberührt.

Die Regelung in § 23 TzBfG hat primär **klarstellende Funktion**. Sie macht deutlich, dass das Gesetz zwar Regelungen zugunsten teilzeit- und befristet Beschäftigter enthält, es sollen aber unabhängig davon spezialgesetzliche Bestimmungen durch sie nicht verdrängt werden. Das **TzBfG** versteht sich infolgedessen **als Auffanggesetz**, als *lex generalis* zu anderen gesetzlichen Regelungen, die ebenfalls Bestimmungen zum Schutz der beiden begünstigten Arbeitnehmergruppen enthalten. Dieses Selbstverständnis hat eine doppelte Konsequenz: Grundsätzlich gehen die spezialgesetzlichen Regelungen den allgemeinen Bestimmungen aus dem TzBfG vor, soweit sie gleiche Sachverhalte regeln. Fehlt jedoch umgekehrt eine Regelung in der *lex specialis*, greift als Auffangregelung diejenige aus dem TzBfG ein. Dies war auch der Gedanke, der dem Gesetzgeber bei der Konzeption des Gesetzes vorschwebte.[1]   1

Allgemein für alle Befristungs- und Teilzeitarbeitsverhältnisse gelten daher diejenigen Regelungen, die nur im TzBfG enthalten sind. Dies ist zunächst diejenige in § 17 TzBfG, aber auch §§ 14 Abs. 4 TzBfG, 15 und 16 sowie die §§ 3, 4 und 17 bis 19 TzBfG beanspruchen generelle Anwendbarkeit. Gerade das **Diskriminierungsverbot des § 4 TzBfG** wird darüber hinaus auch **als Auslegungshilfe** für andere Diskriminierungsverbote gelten können.   2

Andere gesetzliche Regelungen im Sinne des § 23 TzBfG finden sich an ganz unterschiedlichen Stellen der Rechtsordnung, sie finden sich für bestimmte Arbeitnehmergruppen und sowohl auf Bundes- als auch auf Landesebene. Besondere gesetzliche Regelungen finden sich für beide Schutzrichtungen des Gesetzes. So sind für den Bereich der Teilzeitarbeit insbesondere das **Altersteilzeitgesetz** und **§ 15 BEEG** sowie die **§§ 8, 10 und 12** des **Frauenfördergesetzes** zu nennen. Auch **§ 81 Abs. 5 SGB IX** enthält spezialgesetzliche Vorschriften für diesen Bereich, die einen Anspruch schwerbehinderter Arbeitnehmer auf Teilzeitbeschäftigung vorsehen, wenn die kürzere Arbeitszeit wegen Art und Schwere der Behinderung notwendig ist.   3

---

26 BGBl. 1969 I S. 1273.
27 So auch Ascheid/Preis/Schmidt-Backhaus, § 22 TzBfG Rn 11.
28 KSchR/Däubler § 22 TzBfG Rn 28; ErfKomm/Müller-Glöge § 22 TzBfG Rn 2.
1 S. BT-Drucks. 14/3474 S. 22.

Joussen

4 Im Bereich der Befristung von Arbeitsverhältnissen sind ebenfalls zahlreiche *leges speciales* zu finden, die meist – im Verhältnis zu § 14 TzBfG – geringere Anforderungen für die Befristung von Arbeitsverhältnissen für bestimmte Bereiche oder besondere Einzelfälle festlegen sowie eigenständige Regelungen über die generelle Zulässigkeit, die Dauer oder die Kündigung befristeter Arbeitsverträge enthalten. Gerade hier gilt, dass dann, wenn die spezialgesetzlichen Regelungen bestimmte Fragen nicht regeln, die allgemeinen Regelungen des TzBfG zur Anwendung kommen, etwa das Schriftformerfordernis des § 14 Abs. 4 TzBfG sowie die Rechtsfolge einer unwirksamen Befristung, die in § 16 TzBfG übergreifend geregelt ist. Spezialgesetzliche Regelungen zu Befristungen finden sich primär in den Bestimmungen des HRG, nämlich in den §§ 57a ff HRG bzw künftig in den Regelungen des WissZeitVG, die für den wissenschaftlichen Mittelbau an Hochschulen den Abschluss von befristeten Arbeitsverträgen über § 14 TzBfG hinaus ermöglichen. Des weiteren sind Befristungen in der besonderen Situation der Vertretung einer Elternschaft möglich nach § 21 BEEG, im Rahmen von Berufsausbildungsverhältnissen nach § 14 Abs. 1 BBiG, für Ärzte in der Weiterbildung nach dem Gesetz über befristete Arbeitsverträge mit Ärzten in der Weiterbildung vom 15. Mai 1986 sowie im Rahmen der Arbeitnehmerüberlassung nach den entsprechenden Bestimmungen des AÜG, vor allem des § 9 AÜG.

Stichwortverzeichnis

Die fetten Zahlen bezeichnen die Paragraphen, die mageren Zahlen die Randnummern

Ablehnung 8 138
Abrufarbeit 2 17, **9** 6; **12** 1 ff., **22** 8 f.
- Abgrenzung **12** 16 ff.
- Anwendungsbereich **12** 12 f
- Ausbildungsverhältnisse **12** 14
- Begriff **12** 4
- billiges Ermessen **12** 8
- Dauer und Umfang **12** 2, **21** ff.
- ergänzende Vertragsauslegung **12** 28
- Flexibilisierung der Leistungserbringung **12** 5
- gesetzlicher Mindestschutz **12** 1
- Krankheit **12** 11
- Leistungsstörungen **12** 11
- Leistungsverweigerungsrecht **12** 33
- modifiziertes Entgeltausfallprinzip **12** 11
- öff.-re. Religionsgesellschaften **12** 3
- Rechtsnatur **12** 6
- Schutzregelungen **12** 20 ff.
- tägliche Arbeitszeit **12** 29 f., 38
- Tarifvertragsdispositivität **12** 2, 36 ff.
- unechte Leiharbeitsverhältnisse **12** 13
- Urlaub **12** 11
- Verbotsgesetz **12** 26, 33
- Vergütung **12** 10, 34
- Vorankündigungsfrist **12** 2, 31 ff.
Abweichende Vereinbarungen 22 1 ff.
- Abrufarbeit **22** 8 f.
- Arbeitsvertragsrichtlinien der Kirchen und öffentlichrechtlichen
- Religionsgemeinschaften **22** 3
- Ausnahmen **22** 8 ff.
- Job-Sharing **22** 10
- Sonderregelungen für öffentlichen Dienst **22** 16 f.
- Tarifvertrag **22** 1, 8, 11 f.
- Verhältnis zu § 8 IV sowie §15 III TzBfG **22** 6
- Vorgängerregelung **22** 2 f.
- zugunsten des Arbeitnehmers **22** 14 ff.
- zuungunsten des Arbeitnehmers **22** 4 ff.
Allgemeiner arbeitsrechtlicher Gleichbehandlungsgrundsatz 4 5, 9,11,21, 62, **21** 8
Altersbefristung 14 136 ff.
- Altersdiskriminierung **14** 138
- Erstes Gesetz für moderne Dienstleistungen am Arbeitsmarkt **14** 136
- Neuregelung **14** 141 ff.
- Praxis **14** 140
- Unanwendbarkeitsausspruch **14** 139
- Ziel **14** 137
Altersgrenze 21 24
Altersteilzeit 8 203
- besondere gesetzliche Regelungen zur Teilzeitarbeit **23** 3
Altersteilzeitgesetz 8 203
Änderungskündigung 3 5, **8** 164, 179, **11** 5, 9, 25 ff.
Ankündigungsfrist 8 106 ff.
Änderungsmöglichkeiten 8 173 ff.
Änderungsschutzklage 8 164
Anfängliche Unmöglichkeit 8 151
Angestellter
- Differenzierung zum Arbeiter **2** 30
Annahmeverzug 9 39; **12** 10, 30
Annex-Vertrag 17 14
Anschlussbeschäftigung 14 50 ff.
- Anschluss **14** 52
- Ausbildung **14** 51
- Befristungsdauer **14** 53
- Beschäftigungssicherungsklauseln **14** 50
- Fortbildung **14** 51
- Studium **14** 51
- Umschulung **14** 51
- Werkstudent **14** 56
Anschlussverbot 14 117 ff., 150
- Ausbildungsverhältnis **14** 119
- Befristungsketten **14** 117
- Betriebsübergang **14** 121
- Fragerecht **14** 122
- Praktikanten **14** 119
- selbstständige Tätigkeit **14** 119
- Unternehmensgründung **14** 134
- Vertragsarbeitgeber **14** 120
- zwingendes Recht **14** 124
Anwendungsbereich 2 5, **17** 3,7, **23** 2
Anzeigeobliegenheit des Arbeitnehmers 9 13 ff.
- Adressat **9** 17
- empfangszuständiger Vertreter **9** 17
- Form **9** 14

Stichwortverzeichnis

- Inhalt 9 16
- Rechtsnatur 9 15

Äquivalenzverhältnis 8 166 ff.

Arbeiter
- Differenzierung zum Angestellten 2 30

Arbeitgeber
- Ausübung eines Gestaltungsrechts 3 10
- Begriff 20 5
- Disposition über Zweckerreichung 3 13
- einseitige Beendigung des Arbeitsverhältnisses 3 10
- Informationsverpflichtung 18 1, 20 5
- Mindestbindung 16 8, 13
- Mitteilung 17 31
- Nebenpflicht 18 4
- ordentliche Kündigung 16 8
- Tarifbindung 2 37 f.
- Zuschüsse zum Kantinenessen0 4 51

Arbeitnehmer 2 6 ff, 5 4, 8 9 ff.
- s. abweichende Vereinbarungen
- allgemeiner Arbeitnehmerbegriff 6 4; 14 25 f.
- Berufung auf das Befristungsende 16 18
- effektiver Arbeitnehmerschutz 16 6
- Eigenschaft des geringfügig Beschäftigten 2 40
- erwerbsgemindert oder erwerbsunfähig 21 23
- in leitender Position 6 1, 3, 4; 8 14, 60; 14 27
- Verzicht auf Klageerhebung 17 13
- Weiterarbeit 17 36

Arbeitnehmerähnliche Person 2 8, 3 3

Arbeitnehmerschutz 5 4, 16 18

Arbeitnehmerüberlassung
- Sonderregelung zur Befristung 23 4

Arbeitnehmervertretung 20 3 f.
- Begriff 20 3 f.
- Informationsanspruch 20 1 f.
- Informationspflicht des Arbeitgebers 20 1, 6

Arbeitsanforderungen 4 38

Arbeitsbedingungen 4 22, 27, 65, 17 6

Arbeitsbereitschaft 12 17

Arbeitsentgelt 4 47 ff.

Arbeitsgerichtsgesetz
- § 46 Abs. 2 17 24

Arbeitsplatzteilung
- s. Job-Sharing
- Änderungskündigung 13 18
- Arbeitsplatzwechsel 13 19
- Begriff 13 3

- Betriebsgruppe 13 7
- Eigengruppe 13 7
- Kündigung aus anderen Gründen 13 18
- Kündigungsverbot 13 15 ff.
- Leistungsbestimmungsrecht 13 3
- Tarifdispositivität 13 20
- Turnusarbeit 13 19
- Umgehungsgeschäfte 13 17
- Unterrichtungspflicht 13 4
- Verbotsgesetz 13 21
- Vergütungsanspruch 13 5
- Vertretungspflicht 13 8 ff.
- Zumutbarkeit 13 13 f.
- Zweckbefristung 13 17

Arbeitsschutz 4 30

Arbeitsvertrag 2 15
- auf unbestimmte Zeit 3 9
- Risikoverteilung 21 14

Arbeitszeit 4 18
- Dauer 4 23, 34, 36, 50
- konkludente Änderung 8 89
- Lage 4 24
- Referenzbetrachtung 8 99
- tatsächlicher Regelumfang 8 89
- Überstunden 8 89
- Verringerung aus familiären Gründen 4 3 8

Auffanggesetz 23 1

Auflösend bedingtes Arbeitsverhältnis 3 21 f., 15 14, 66, 16 16, 17 10, 30, 21 1 ff.
- anzulegender Maßstab 21 12
- Ausbildung und Studium 21 15
- Eigenart der Arbeitsleistung 21 17
- Einstellungsuntersuchung 21 20
- Erprobung 21 18
- gesundheitliche Eignung des Arbeitnehmers 21 21
- Geltendmachung der Unwirksamkeit 21 33
- Gewissheit des relevanten Ereignisses 21 4
- Haushaltsgründe 21 25
- in Person des Arbeitnehmers liegende Gründe 21 19
- in Relation zu befristeten Arbeitsverhältnissen 21 1 ff.
- Informationsanspruch 20 2
- Konkurrentenklage 21 27
- Missbrauchsgefahr 21 19
- ordentliche Kündbarkeit 21 30
- Schutzregelungen und Werten zugunsten des Arbeitnehmers 21 21

Stichwortverzeichnis

- subjektive Einschätzung der Parteien 21 5
- unbedingtes Arbeitsverhältnis 21 16, 32
- Verhalten des Arbeitnehmers 21 22
- Vertretung 21 16
- Wille des Arbeitgebers 21 7

Auflösungszeitpunkt 17 19

Aus- und Weiterbildung 2 9 f., **10** 1 ff.; **19** 1 ff., **23** 4
- Angemessenheit der Bildungsmaßnahmen 19 15 f.
- Anspruch auf Freistellung 10 20; 19 22
- Anspruch auf Kostenübernahme 10 20; 19 22
- Begriff 19 11 ff.
- berufliche Kriterien 10 17
- billiges Ermessen 10 17; 19 20, 22
- dringende betriebliche Gründe 10 15; 19 18
- Erforderlichkeit der Qualifizierung 10 17
- ergänzende Regelungen 10 24 f.; 19 24 f.
- Förderung beruflicher Zwecke 10 9 f.
- gerichtliche Überprüfung 10 19
- Gleichbehandlungspflicht s. dort
- innerbetriebliche und außerbetriebliche Maßnahmen 10 12; 19 13
- Kostenaufwand 10 16
- Notwendigkeit der Qualifizierung 10 17
- Sinnhaftigkeit der Qualifizierung 10 17
- Sozialkriterien 10 18
- Trias beruflicher Bildung 10 11; 19 12
- Umschulung 19 14
- zur Unzeit 10 16

Aushilfe 3 19
Auslegung 16 10, **17** 6, 20, 33, **21** 4, 30
Ausschlussfrist 17 2
Ausschreibungspflicht 7 1 ff.
- Eignung als Teilzeitarbeitsplatz 7 4
- Entscheidungsmacht des Arbeitnehmers 7 5
- Inhalt 7 3 ff.
- Missbrauchskontrolle 7 5
- Verstoß gegen Ausschreibungspflicht 7 6 ff.

Austauschbarkeit 2 31, 3 35
Auswahlentscheidung 9 26 ff.
- Arbeitszeitwünsche anderer 9 34
- Beurteilungsspielraum 9 27
- billiges Ermessen 9 34
- Dokumentationspflicht 9 28
- gerichtliche Kontrolle 9 27, 36

- Regelungsspielraum 9 42
- soziale Kriterien 9 34

Auswahlkriterien 9 26

Beendigung befristeter Arbeitsverhältnisse
- auflösende Bedingung 15 14
- außerordentliche Kündigung 15 54
- Bestimmtheit/Bestimmbarkeit der Befristungsabrede 15 12
- Beteiligung des Betriebsrates 15 9
- Fehlergruppen 15 43 ff.
- Insolvenz 15 55
- kalendermäßige Befristung 15 7 ff.
- keine Fortsetzungspflicht des Arbeitnehmers 15 51
- lex generalis 15 2
- ordentliche Kündigung 15 52 ff.
- Unabdingbarkeit 15 3, 13, 62, 71, 73
- Verhältnis zu anderen Vorschriften 15 2, 7, 27, 55, 72 f.
- Zweckbefristung 15 14 ff.

Befristet beschäftigte Arbeitnehme
- Arbeit zu ungünstigen Zeiten 4 67
- Arbeitsbedingungen 4 65
- Begriffsbestimmung 3 2
- Bemessungszeitraum 4 70
- Beschäftigungsbedingungen 4 75
- Betriebliche Altersvorsorge 4 74
- Betriebstreue 4 72
- Entgelt 4 70 f.
- s. Informationsanspruch der Arbeitnehmervertretung über
- befristete Beschäftigung
- Nutzung betrieblicher Sozialeinrichtungen 4 69
- Regel/Ausnahmeverhältnis 4 66
- Schlechterbehandlung 4 64
- Sozialplan 4 68
- Spezialgesetzliche Regelung 23 4
- Vorbeschäftigung 4 76
- Vorenthaltung von Leistungen/Vergünstigungen 4 65

Befristetes Arbeitsverhältnis
- Anwendungsbereich des TzBfG 23 4
- Legaldefinition 3 6
- Rahmenvereinbarung für befristete Arbeitsverträge 20 1
- spezialgesetzliche Regelungen 23 4

Befristung
- Ablauf 17 25
- Abschließende Definition 3 7
- Arten 3 6
- Ausnahmecharakter 1 13

445

Stichwortverzeichnis

- Ende 16 11
- Kalendermäßige 3 7, 17 17, 29, 43
- Konkret bestimmte Dauer 3 8
- Probearbeitsverhältnis 3 4
- Unwirksamkeit 3 9, 16 5
- Vertragsbedingungen 3 5
- Zweckbefristung 3 12, 16 10, 16, 17 18, 22 5

Befristung
- Zulässigkeit s. dort

Befristungsabrede 14 116, 16 1, 17 8

Befristungsquote 1 11

Benachteiligungsverbot 4 1, 21 9
- Anscheinsbeweis 5 21 ff.
- arbeitgeberseitiges Verhalten 5 6f
- Arbeitnehmer und leitende Angestellte 5 4
- arbeitnehmerähnliche Personen 5 4
- Benachteiligung 5 5 ff.
- freie Mitarbeiter 5 4
- gesetzliches Verbot 5 16
- Kausalität 5 15
- Leistungsanspruch 5 18 f.
- Maßnahme 5 7
- Maßregelungsabsicht des Arbeitgebers 5 15
- Recht des Arbeitnehmers nach dem TzBfG 5 9 f., 13 f.
- Schadensersatzanspruch aus § 280 Abs. 1 BGB 5 17
- Unabdingbarkeit 5 2
- Verbotsgesetz iSv § 823 Abs. 2 BGB 5 17
- Verhältnis zu § 612a BGB 5 1
- Zeitpunkt der Rechtsausübung 5 8
- zulässige Rechtsausübung 5 11 f.

Bereitschaftsdienst 12 17

Berufserfahrung 4 38

Beschäftigung zur Vertretung 14 57 ff.
- Beamte 14 61
- freie Mitarbeiter 14 61
- Gesamtvertretungsbedarf 14 60
- Kausalzusammenhang 14 59 f.
- mittelbare Vertretung 14 59
- Prognose 14 62 ff.
- Versetzungsund Umsetzungsbefugnis 14 59
- wiederholte Befristung 14 65

Beschäftigungsanspruch 8 153
- Beschäftigungsaufbau
- s. Zielsetzung arbeitsmarktpolitischer Motivation

Beschäftigungsdauer 4 28

Beschäftigungsförderungsgesetz
- BeschFG 1 1, 4 2, 17 1, 17 22

Beschäftigungssicherung
- s. Zielsetzung arbeitsmarktpolitischer Motivation

Bestand des Arbeitsverhältnisses 21 29

Bestimmbarkeit 17 29
- der Befristungsabrede 15 12

Bestimmtheit 16 9, 16, 17 9, 21 6, 8

Betriebsinterner Vergleichsmaßstab 3 37

Betriebliche Ablehnungsgründe 8 34 ff.
- Betriebsvereinbarung 8 79
- Beurteilungszeitpunkt 8 80
- Bindung an Betriebsvereinbarung 8 43
- Drei-Stufen-Prüfung 8 44 ff., 158
- eingeschränkter Überprüfungsmaßstab 8 42, 46, 48
- Einstellen einer Ersatzkraft 8 53, 61
- Häufung von Teilzeitbegehren 8 59
- kollektivrechtliche Regelungen 8 63 ff.
- Konkretisierungsbefugnis der Tarifvertragsparteien 8 76 ff.
- Leiharbeitnehmer/ freie Mitarbeiter 8 54
- Missbrauchskontrolle 8 46
- nachwirkender Tarifvertrag 8 78
- Organisationskonzept 8 42, 44 ff.
- Tarifvertrag 8 72
- typisierende Gründe 8 74
- Überforderungsschutz 8 75
- Überschreitung von Schwellenwerten 8 71
- unternehmerische Entscheidungsfreiheit 8 42
- unverhältnismäßige Kosten 8 58, 61
- Vertrauensperson 8 60
- wesentliche Beeinträchtigung von Arbeitgeberinteressen 8 55 ff.

Betriebliche Organisationskonzepte 8 42, 44 ff.
- Akquise-Tätigkeit 8 46
- Änderung von Organisationskonzepten 8 50
- Dienstleistungskonzept 8 46
- Großhandelsbetriebskonzept 8 46
- Kapazitätsverteilung 8 46
- künstlerische Belange 8 46
- pädagogisches Konzept 8 46
- Schichtorganisationskonzept 8 46
- servicefreundliches Organisationskonzept 8 46

Stichwortverzeichnis

Betriebsrat
- Durchsetzung des Informationsanspruchs 20 10
- Mitbestimmung 3 4, 8 189 ff.; 9 41 f.; 12 42 ff.; 13 23 f.; 15 9, 18 10
- Vorschlagsrecht zur Förderung von Teilzeitarbeit 6 5
- Zustimmungsverweigerungsrecht des Betriebsrats 9 41

Betriebstreue 4 72

Betriebsübergang 8 20

Betriebsvereinbarung 8 193
- Abweichung von Regelung des TzBfG 22 13, 15

Beurteilungszeitraum 2 19

Bewährungsaufstieg 4 27,38

Bezugszeitraum 2 39

Bühnenengagementsvertrag 15 13

Bundeserziehungsgeldgesetz (BErzGG)
- besondere gesetzliche Regelung zur Teilzeitarbeit 23 3

Chancengleichheit
- s. Zielsetzung gleichstellungspolitischer Motivation

Darlegungs- und Beweislast 3 15, 4 60, 75, 5 20 f., 8 156 ff.; 9 40; 11 32 f., 14 48, 91, 114, 123, 135, 152; 15 21, 57, 79, 91, 18 9

Dienstvertrag 3 3

Differenzierungsverbot 4 48

Diskriminierung 3 33
- Fallgruppen 4 37
- Geschlechterdiskriminierung Art. 141 EG 4 14
- Kausalität 4 22
- Mittelbare Diskriminierung 4 10, 19
- Nutzung betrieblicher Sozialeinrichtungen 4 69
- Rechtfertigung 4 35, 36
- Regel/Ausnahmeverhältnis 4 66
- sachlicher Grund 4 33
- Sozialplan 4 68
- Struktur der Diskriminierungsprüfung 4 10
- Überbetriebliche Regelung 4 20
- Ungleichbehandlung 4 11
- Unmittelbare Diskriminierung 4 10
- Vergleichbarkeit 4 20
- Vorenthalten von Vergünstigungen 4 65

Diskriminierungsschutz 1 15 ff., 2 30
- als Zielsetzung 1 3, 14 ff.

Diskriminierungsverbot 2 10, 29, 34, 4 1, 5, 21 8
- Absicht des Arbeitgebers 4 32
- Anpassung „nach oben" 4 59
- Anspruchsgrundlage 4 12
- Arbeitsbedingung 4 22, 27, 65
- Arbeitsschutz 4 30
- Arbeitszeit 4 18, 34
- Auslegungshilfe 23 2
- Beschäftigungsdauer 4 28
- Bestandsschutz der bevorzugten Gruppe 4 12
- Betriebsbzw. Kollektivvereinbarung 4 31
- Entgeltbereich 4 16, 18
- Erforderlichkeit 4 34
- Kriterium für Schlechterbehandlung 4 23
- Kündigungsschutz 4 28
- Leitlinien 4 37
- persönlicher Anwendungsbereich 4 6
- räumlicher Anwendungsbereich 4 7
- Rechtsfolgen 4 58
- Regelungsmaterie 4 12
- sachlicher Anwendungsbereich 4 8
- Sozialauswahl 4 29
- Struktur der Diskriminierungsprüfung 4 21
- Tarifvertragsparteien 4 56
- Unteilbare Leistung 4 58
- Urlaub 4 18
- Weiterbildung 4 18
- zugunsten befristet Beschäftigter 4 62 ff.
- zugunsten Teilzeitbeschäftigter 4 16 ff.
- Zwingendes Recht 4 9

Dokumentation 8 118

Doppelbefristung 3 17, 29 ff., 15 92 ff.
- Wirksamkeit 3 30, 15 93
- Zulässigkeit 3 31, 15 94
- zwingende Wirkung 15 95

Dreiwochenfrist 17 28, 45, 21 33

Eigenart der Arbeitsleistung 14 66 ff.
- Abwägung 14 69 f.
- ausländische Lehrkraft 14 74
- Begriff 14 67
- Fluktuations-, Austauschbzw. Rotationsprinzip 14 74
- Kunstfreiheit 14 66, 71

Stichwortverzeichnis

- Lektorenverträge **14** 74
- Mitarbeiter von Abgeordneten und Parlamentsfraktionen **14** 72
- programmgestaltende Mitarbeiter **14** 66, 68
- Rundfunkfreiheit **14** 66, 68
- Sporttrainer/ Verschleißtatbestand **14** 75
- Universitäten **14** 73
- venire contra faktum proprium **14** 70
- Werbebranche **14** 76

Einschätzungsprärogative 8 73

Einschränkung der Vertragsfreiheit 11 10

Einstweiliger Rechtsschutz 8 159 ff.; **9** 40; **10** 22; **19** 22

Einwendungsausschluss 8 114

Elektronische Form 8 123

Elternzeit 8 199 ff.

Entgeltbegriff
- im engeren Sinn **4** 49

Entgeltbereich 4 16,47 f.

Entgeltleistung 4 18

Entsprechung 18 3

Erörterungspflicht 8 112

Erprobung 14 77 ff.
- Anrechnung auf Wartezeit **14** 82
- Befristungsdauer **14** 79 f.
- Ende **14** 82
- objektive Wirksamkeitsvoraussetzung **14** 78
- Tätigkeitsbezogenheit **14** 77
- wiederholte Befristung **14** 81
- Zweck **14** 77

Erwägungen zum Erlass des TzBfG
- rechtlich bindende **1** 1
- rechtspraktische **1** 2

Eventualantrag 17 23

Existenzgründer 14 129

Fehlerhaftes Arbeitsverhältnis 8 151; **12** 27

Feststellungsinteresse 8 154; **17** 21, 36

Feststellungsklage 8 154; **17** 8

Fiktion 16 1, **17** 38

Flexible Arbeitszeitvereinbarung 2 18

Folgevertrag 17 12

Fortsetzung des Arbeitsverhältnisses nach Befristungsende 15 72
- Abdingbarkeit **15** 73
- Fortsetzung **15** 75
- Kenntnis des Arbeitgebers **15** 76 ff

- Kenntnis vom Ablauf der Vertragslaufzeit **15** 78
- Mitteilungspflicht **15** 84 ff.
- Widerspruch **15** 80 ff.

Fortsetzungsklausel 21 31

Frauenarbeit 4 3

Frauendiskriminierung
- mittelbare **4** 3

Frauenfördergesetz
- besondere gesetzliche Regelung zur Teilzeit **23** 3

Freie Arbeitsplätze 9 20

Freie Mitarbeiter 2 8

Fristbeginn 17 27

Fristberechnung
- § 17 TzBfG **17** 3

Fristversäumnis 17 2

Garderobenpersonal 2 27

Geltendmachung des Verringerungsanspruchs 8 96 ff.
- Adressat **8** 105
- Ankündigungsfrist **8** 106 ff.
- Auslegung **8** 103
- Bestimmtheit **8** 99 ff., 148
- Beurteilungszeitpunkt **8** 149 ff.
- einheitliches Angebot **8** 101 f., 121, 133, 147
- Essentialia negotii **8** 98
- Feststellungsklage **8** 154
- Form **8** 104
- Leistungsklage **8** 146
- Rechtsnatur **8** 98
- Rechtsweg **8** 145
- Verhandlungsobliegenheit **8** 113 ff.
- Verhandlungspflicht **8** 110 ff.
- Vertragslösung **8** 111

Gemeinschaftsrechtliche Rahmenvereinbarung über Teilzeitarbeit 6 1

Gerichtlicher Vergleich 14 98 ff.
- auflösende Bedingung **14** 98
- außergerichtlicher Vergleich **14** 100 f.
- Streitgegenstand **14** 99

Geringfügig Beschäftigter 2 40

Geschlechterdiskriminierung 4 14, 23

Glaubhaftmachung 8 161; **17** 44

Gleichbehandlungsgrundsatz Art. 3 GG 4 15

Gleichbehandlungspflicht 10 1 ff.; **19** 4 ff.
- Ausnahmen **10** 14 ff.; **19** 17 ff.
- Verstoß **10** 20 ff.; **19** 21 ff.

Stichwortverzeichnis

Gleitzeitregelungen 12 16
Gruppenspezifisch 2 24
Günstigkeitsprinzip 8 68 f., 193
Günstigkeitsvergleich 4 17, 22 14 f.
- kollektiver 8 69

Haushaltsrechtlich begründete Befristung 14 93 ff.
- Parallelwertung zur privatwirtschaftlichen Unternehmerentscheidung 14 95, 97
- private Arbeitgeber 14 97
- Prognose 14 94 f.
- Wegfallvermerk 14 96

Hochschule
- besondere gesetzliche Befristungsregelungen 23 4

Hochschulrahmengesetz
- besondere Befristungsregelungen 23 4

Höchstdauer 3 24, 27

Informationsanspruch der Arbeitnehmervertretung über befristete Beschäftigung 20 1 ff.
- Beschlussverfahren 20 10
- Durchsetzung des Anspruchs 20 10
- Form 20 9
- Geltungsbereich 20 2
- Inhalt 20 6 f.
- Sinn und Zweck der Regelung 20 8
- Träger des Informationsanspruchs 20 3 f.
- Verpflichteter des Informationsanspruchs 20 5
- Ziel 20 2

Informationsanspruch der Arbeitnehmervertretung über Teilzeitarbeit 7 20 ff.
- Adressat der Unterrichtung 7 22 f.
- Einsichtnahme in Unterlagen 7 26
- Form 7 25 ff.
- Informationszeitpunkt 7 24
- Inhalt 7 21
- Verstoß gegen Informationspflicht 7 28

Informationspflicht des Arbeitgebers
- s. Informationsanspruch der Arbeitnehmervertretung
- (Verpflichteter)
- s. Verpflichtung des Arbeitgebers

Informationspflicht des Arbeitgebers über unbefristete Arbeitsplätze 18 1 ff.
- allgemeine Bekanntgabe 18 3
- Art u. Weise 18 4

- Darlegungs und Beweislast 18 9
- individuelle Unterrichtung 18 4
- Nebenpflicht 18 4
- Pseudoausschreibung 18 6
- räumlicher Anwendungsbereich 18 2
- Sanktion 18 7
- Schadensersatzanspruch 18 7 ff.
- Unternehmen 18 2
- zugängliche Stelle 18 6

Jahreszeitraum 2 19
Job-Sharing 22 10
- Vertretungsregelung bei Arbeitsplatzteilung 22 8

Kausalitätserfordernis 4 22
Kettenarbeitsverhältnisse 17 11
Kettenbefristung 3 26
Kirche
- Arbeitsvertragsrichtlinien 22 3
Kirchenrechtliche Regelungen 8 203
Klageantrag 17 15
- Erweiterung 17 19
- separat 17 21
- Umstellung 17 22
Klageerhebung
- Verhinderung 17 42
Klagefrist 8 155; 17 26
Klagehäufung
- objektiv 17 20
Klageschrift
- Zustellung 17 40
Kleinunternehmerklausel 8 25
- Berechnung des Schwellenwerts 8 26 ff.
- Berechnungszeitpunkt 8 33
- Personen in Berufsbildung 8 28
- ruhendes Arbeitsverhältnis 8 30
- sonstige Beschäftigte 8 29
- vorübergehend ins Ausland entsandte Arbeitnehmer 8 31
Kollektiver Bezug 8 192
Konkurrentenklage 21 27
Konzernsprecherausschuss 20 5
Korrekturrecht 8 181 ff., 193
- Ausübung 8 187
- verhaltensbedingte Kündigung 8 188
Kündbarkeit langfristig befristeter Arbeitsverträge
- Abdingbarkeit 1561
- Arbeitsverhältnis auf Lebenszeit 15 62, 71

Stichwortverzeichnis

- Befristung für mehr als fünf Jahre **15** 64 f.
- besondere Kündigungsfrist **15** 61 ff.
- besonderes Kündigungsrecht des Arbeitnehmers **15** 68
- frühester Zeitpunkt **15** 62, 68
- Umgehung des § 15 Abs. 4 TzBfG **15** 66 ff.

Kündigungsfrist 16 11
Kündigungsmöglichkeit 16 3
Kündigungsschutz 4 28
Kündigungsschutzgesetz
- § 1 KschG **16** 9, **21** 10
- § 4 KSchG **22** 7
- §§ 5, 6 KSchG **17** 41
- § 7 KSchG **17** 9
- § 23 Abs. 1 Satz 4 KschG **2** 25

Kündigungsschutzprozess 21 27
Kündigungsschutzvorschriften 21 1, 22
Kündigungsverbot
- Änderung des Umfangs der Teilzeitbeschäftigung **11** 12 f.
- Änderungskündigung **11** 5, 9, 25 ff.
- Anscheinsbeweis **11** 33
- Anwendung des KSchG **11** 26
- arbeitnehmerseitige Kündigung **11** 9 ff.
- betriebsbedingte Kündigung **11** 25 ff.
- eigenständiges **11** 8
- Funktion **11** 6
- Kausalzusammenhang **11** 15 ff.
- Klagefrist **11** 20 f.
- Kündigung aus anderen Gründen **11** 22 ff.
- Kündigungsarten **11** 9
- Motivation des Arbeitgebers **11** 17
- Organisationskonzept **11** 27
- Rechtsfolgen **11** 19 ff.
- Umgehungsverbot **11** 9 ff.
- Unabdingbarkeit **11** 4
- unternehmerische Entscheidungsbefugnis **11** 27, 31
- Verhältnis zu § 612a BGB **11** 1
- Weigerung des Arbeitnehmers **11** 14 ff.

Kündigungsvereinbarung 16 12
Kündigungszeitpunkt 3 24

Leistungsklage 8 146, 188; **9** 39; **10** 21; **17** 23; **19** 22
Leistungsverfügung 8 160
Leitender Angestellter 2 7, **20** 4
Lokale Bezugsgröße 3 34

Mangold-Entscheidung 3 23; **14** 112, 138; **21** 3
Mindestdauer 3 24 ff., **16** 3
Mindeststundenzahl 2 25
Mitteilungspflicht 8 119 ff.; **15** 84 ff.
- Abgrenzung zur Mitteilungspflicht nach § 15 Abs. 2 TzBfG **15** 85
- Form **8** 123 f., 128 ff.
- Formfreiheit **15** 85
- Mitteilungsfrist **8** 125 ff.
- Unbeachtlichkeit von Formmängeln **8** 124
- unverzüglich **15** 84
- Zweckbefristung **15** 84

Nachträgliche Befristung 3 20
NachweisG 2 15
Neufestsetzung von Arbeitszeit 8 39
Normalarbeitsverhältnis 1 5

Objektiver Empfängerhorizont 3 16
Obliegenheit s. Verhandl.O.
Öffentlicher Dienst
- Erstreckung des BAT bzw. TvÖD
- auf sonstige Arbeitsverhältnisse **22** 17
- Sonderregelungen **22** 16 f.

Öffnungsklausel 8 79
Ordentliche Kündigung befristeter Arbeitsverhältnisse
- einzelvertragliche Vereinbarung **15** 56
- langfristig befristete Arbeitsverhältnisse **15** 61 ff.
- Vereinbarung im Tarifvertrag **15** 58 f.

Ordentliche Kündigungsmöglichkeit 3 28

Parteiwille 3 28
Passive Stellvertretung 8 105
Personen in Berufsbildung 8 28
Personenbezogene Befristungsgründe 14 84 ff.
- Alter **14** 85
- befristete Arbeitsgenehmigung **14** 91
- befristete Aufenthaltserlaubnis **14** 91
- Befristung auf Wunsch **14** 89
- Befristungsdauer **14** 92
- soziale Überbrückungsmaßnahme **14** 86 ff.

Persönlicher Anwendungsbereich 6 4
Persönlicher Bezugsaspekt 2 20

Stichwortverzeichnis

Positive Forderungsverletzung s. Schadensersatzanspruch
Präklusionsfrist **17** 1
Projektarbeit **15** 16
Pro-rata-temporis-Grundsatz **4** 49, 59, 63; **8** 170 ; **10** 20
Pseudoausschreibung **18** 6

Rahmenvereinbarungen
- "Pool-Lösungen" **12** 15

Rahmenvereinbarung über befristete Arbeitsverträge **1** 1, 12, **20** 1
Rahmenvereinbarung über Teilzeitarbeit **1** 1, **2** 29, 36, **11** 22
Räumlicher Bezugspunkt **2** 14
Rechtsmissbrauch **8** 115
Rechtsnatur des TzBfG **1** 4
- Auffanggesetz bzw. lex generalis **23** 1
- einseitig zwingendes Recht **22** 1, 5, 7

Rechtsweg **8** 145
Referentenentwurf Beschäftigungschancen älterer Menschen **14** 141 ff.
- Anschlussverbot **14** 150
- Beschäftigungslosigkeit **14** 146
- Fragerecht **14** 149
- Höchstbefristungsdauer und Verlängerung **14** 144
- kalendermäßige Befristung **14** 143
- Transferkurzarbeitergeld **14** 147
- Unabdingbarkeit **14** 151
- Ungleichbehandlung **14** 145

Regelarbeitszeit **2** 26
Regelmäßige Wochenarbeitszeit **2** 14
Restarbeit **17** 14
Richterrecht **16** 2
Richtlinie 1990/90/EG **3** 1
Richtlinie 1997/81/EG **1** 1, **2** 34, **4** 2, **7** 2; **10** 1; **11** 3
Richtlinie 1999/70/EG **1** 1, **4** 4, 62, **14** 2, 144; **18** 1, **20** 1
Richtlinie 2000/78/EG **14** 138
Rufbereitschaft **12** 18

Sachgrund **3** 20
- Rechtfertigung **21** 13

Sachgrundbefristung **21** 10
Sachgrundlose Befristung **14** 115
- Altersbefristung s. dort
- Änderung des Vertragsinhalts **14** 116
- Anschlussverbot s. dort
- Höchstbefristungsdauer **14** 116, 133, 134
- Neuabschluss **14** 116
- Schriftformerfordernis **14** 153 ff.
- Tarifvertragsdispositivität **14** 124 ff., 134
- Unternehmensgründung **14** 128 ff.
- Verlängerung s. dort

Saisonarbeit **3** 13, **21** 14
Sanktion **18** 7
Schadensersatzanspruch **8** 151; **9** 39; **10** 23; **15** 98, **18** 7; **19** 23
Schlechterbehandlung **4** 17,64, 72
Schriftformerfordernis **14** 153 ff.; **15** 40 ff., **16** 4, 11, **17** 7, 39, **21** 28
Schutzgesetz **3** 16; **10** 23; **19** 23
Schutzregelung zugunsten des Arbeitnehmers **16** 2
Schutzzweck **16** 15
Schwerbehinderter Arbeitnehmer **8** 163, 181, 198
- Anspruch auf Teilzeit **23** 3

Sondergesetze **17** 5
Sonderleistungen **8** 171 f.
Sonstige Befristungsgründe **14** 102 ff.
- Anhängigkeit einer Konkurrentenklage **14** 106
- Arbeitsbeschaffungsmaßnahmen **14** 108
- auflösende Bedingung **14** 110
- Eingliederungszuschüsse **14** 109
- Höchstaltersgrenzen **14** 111 ff.
- Überbrückung **14** 104 f.
- vorübergehende Entsendung eines Arbeitnehmers **14** 107

Sozialstaatsprinzip **12** 37
Sperrfrist **8** 81, 134 ff., 179, 198
- Beginn **8** 140 ff.

Stellenausschreibung **2** 32, **3** 36
Stellenbeschreibung **2** 32, **3** 36
Suspendierung von Hauptleistungspflichten **8** 202
Synallagma **8** 167

Tarifliche Eingruppierung **3** 35
Tarifliche Öffnungsklauseln **22** 12
Tarifliche Regelung **2** 28, **4** 38
Tariflicher Vergleichsmaßstab **3** 37
Tarifliches Vollzeitarbeitsniveau **2** 20

Stichwortverzeichnis

Tarifvertrag 2 15, 36 f., 3 38, 4 73, 8 72; 12 2; 22 8, 11
- s. abweichende Vereinbarung
- Ausnahmeregelung 4 57
- Bindung 4 57
- Brancheneinschlägigkeit 12 41
- nachwirkender 8 78
- Öffnungsklausel 22 12
- Persönlicher Anwendungsbereich 4 57
- Spezialitätsgrundsatz 2 37
- Verringerungsanspruch 8 205
- § 17 TzBfG 17 5
- § 21 TzBfG 21 23, 29

Tarifvertrag im öffentlichen Dienstag
- Erstreckung auf sonstige Arbeitsverhältnisse 22 16 f.

Tätigkeitsbezogener Vergleichsmaßstab 3 34

Tätigkeitsprofil 9 26

Teilkündigungsrecht s. Korrekturrecht

Teilrente 8 204

Teilzeitarbeit
- s. Altersteilzeit
- s. Bundeserziehungsgeldgesetz
- s. Frauenfördergesetz
- Arbeitnehmer in leitender Position s. dort
- Auslegungsmaxime 6 3
- Förderung 1 6 ff.
- Förderungspflicht des Arbeitgebers 6 1 ff., 8 3
- Sonderregelungen 23 3
- Vorschlagsrecht des Betriebsrats zur Beschäftigungssicherung 6 5

Teilzeitbeschäftigter Arbeitnehmer
- Arbeitszeitreduktionen 4 43,53
- Arbeitszeitvolumen 4 44
- betriebliche Altersvorsorge 4 54
- Betriebsratsmitglied 4 41
- Betriebsvereinbarung 4 31
- Bevorzugung 4 19
- Darlehen 4 55
- Gleitzeit 4 42
- Kollektivvereinbarung 4 31
- Kriterium für die Schlechterbehandlung 4 23
- Kündigung 4 44
- Legaldefinition 2 12
- Schichtplan 4 24
- Sozialauswahl 4 29
- Soziale Lage 4 45
- Vergleich zu Vollzeitbeschäftigten 4 20 f.

- Voller Entgeltanspruch gesetzlicher Feiertrag 4 26
- Ziel der Informationspflicht 20 2
- Zinssatz 4 55

Teilzeitquote 1 7

Träger des Informationsanspruchs 20 3 f.

Transfersozialpläne 10 7

Transparenz 8 119

Überbetrieblich
- Ebene 2 27
- Regelung 4 20

Überstundenvereinbarung 12 19

Überstundenvergütung 4 52

Umdeutung 16 10

Unangemessene Benachteiligung 14 34

unbefristetes Arbeitsverhältnis 1 12
- als Regelfall 1 12

Ungleichbehandlung 4 11

Unternehmensumwandlung 8 20

Unterrichtungspflicht 15 28 ff.
- Anwendbarkeit des § 193 BGB 15 37
- Ausnahme 15 19 f., 33
- entsprechende Anwendung der Regeln über Willenserklärungen 15 33
- erneute Unterrichtung 15 46 ff.
- Form 15 40 ff., 50
- gesetzgeberische Zielvorstellung 15 30
- Handlungsverpflichteter Akteur 15 32
- Informationszweck 15 41
- Inhalt 15 34 f.
- Mindestfrist 15 39
- Rechtscharakter 15 31 f.
- Verfassungsmäßigkeit der Zweiwochenfrist 15 38

Unwirksamkeitsgründe
- Heilung 17 39
- Kumulation 16 14

Urlaubsgrundsätze 4 18

Veränderungswunsch 18 3
- Beschränkung auf Dauer und Lage 7 12
- Rechtsnatur 7 11

Vereinbarung 5 7
- von Altersgrenzen 3 11

Verfügungsanspruch 8 161

Verfügungsgrund 8 161, 162

Vergleich 21 26

Vergleichbar unbefristet beschäftigter Arbeitnehmer 3 33 ff

Stichwortverzeichnis

Vergleichbare Tätigkeit 2 31
Vergleichbarer Vollzeitbeschäftigter 2 13, 20, 23, 4 16
Vergütungsgruppe 2 32, 3 36
Verhältnis zwischen zweck- und kalendermäßiger Befristung 3 17
Verhandlungsobliegenheit 8 113 ff.
Verhandlungspflicht 8 110 ff.
Verlängerung 14
- Änderung des Vertragsinhalts 14 116
- Form 14 116
- Inhalt 14 116
- nach Unternehmensgründung 14 133 f.
- Neuabschluss 14 116
- Rechtsnatur 14 116
- zulässiger Umfang 14 116, 133

Verlängerungsanspruch 9 1
- "anderer" Arbeitsplatz 9 23 f.
- "entsprechender" Arbeitsplatz 9 21
- Anspruch auf bevorzugte Berücksichtigung 9 1, 10 ff.
- Anzeigeobliegenheit des Arbeitnehmers s. dort
- dringende betriebliche Gründe 9 30 ff.
- gleiche Eignung 9 25
- Kausalität 9 38
- Kontrollmaßstab 9 21
- Mitverschulden 9 38
- negative Voraussetzungen 9 12, 29 ff.
- persönlicher Anwendungsbereich 9 4 ff.
- positive Voraussetzungen 9 11, 13 ff.
- sachlicher Anwendungsbereich 9 8
- Schadensersatz 9 38
- Teilzeitarbeit-Förderungskonzept 9 2
- Unmöglichkeit 9 37
- Vergütung 9 35
- Vertragsänderung 9 35
- zeitlicher Anwendungsbereich 9 9

Verpflichtung des Arbeitgebers 20 1, 5

Verringerung von Arbeitszeit 8 1 ff.
- Anspruch auf Verringerung der vertraglich vereinbarten Arbeitszeit 8 1
- Anspruchsvoraussetzungen 8 6
- Arbeitnehmer in leitender Position 8 14, 60
- Arbeitnehmereigenschaft 8 9 ff.
- arbeitsmarktpolitische Zielsetzung 8 3
- Auszubildende 8 15, 22
- Beamte, Richter, Soldaten 8 11
- befristet Beschäftigte 8 13, 62
- Berechnung der Wartefrist 8 23 f.
- Beteiligung des Betriebsrats 8 189 ff.
- Betriebsübergang 8 20
- Elternzeit 8 199 ff.
- Fiktion 8 132
- freie Mitarbeiter 8 11
- gemeinschaftsrechtliche Vorgaben 8 2
- Gesellschafter 8 11
- Kleinunternehmerklausel s.dort
- Leiharbeitnehmer 8 21
- Mitglieder von Vertretungsorganen 8 11
- Neufestsetzung von Arbeitszeit 8 39
- persönlicher Anwendungsbereich 8 9 ff.
- Reduzierung kraft Gesetzes 8 131
- ruhendes Arbeitsverhältnis 8 16, 94, 198, 202
- Sperrfrist 8 81, 134 ff.
- Synallagma 8 166 ff.
- Tarifvertrag 8 34
- Teilzeitbeschäftigte 8 12
- Unabdingbarkeit 8 8
- Unternehmensumwandlung 8 20
- Verfassungsmäßigkeit des gesetzlichen Verringerungsanspruchs 8 5
- Vollzeitbeschäftigte 8 12
- Vorbehalt des Nichtvorliegens betrieblicher Gründe 8 34 ff.
- Wartefrist 8 17 ff.
- Wechsel von Beamtenin Arbeitsverhältnis 8 22

Verringerungsanspruch 8 86 ff.
- Anspruch auf Neuverteilung 8 87
- Anspruchskonkurrenz 8 197 ff.
- Essentialia negotii 8 98
- flexible Arbeitszeitgestaltung 8 90
- Geltendmachung s. dort
- sachliche und zeitliche Schrankenlosigkeit 8 92, 93
- Streitwert 8 164 f.
- Unabdingbarkeit 8 95
- unbefristete Herabsetzung 8 91
- vertraglich vereinbarte Arbeitszeit 8 88 ff.
- Vertragsänderung 8 86

Verschulden 17 44
Versetzung 8 196; 9 41
Verstoß gegen § 14 TzBfG 16 7
Vertrag
- Änderung 8 86
- Angebot 8 98 ff.
- Annahme 8 120
- fingierte Willenserklärung 8 137
- Auslegung 16 17
- Bedingungen 17 6
- Vertragslösung 8 111, 143, 169, 198

Vertretungsfälle 3 13, 29

Stichwortverzeichnis

Verurteilung zu rückwirkender Vertragsänderung 9 39
Verwirkung 8 115, 155; 17 10
Vorbehalt 17 13
Vorenthaltung einer Leistung
- s. Benachteiligungsverbot/Benachteiligung
- befristeter Arbeitnehmer 4 65

Vorübergehender betrieblicher Bedarf 14 44 ff.
- Folgen unrichtiger Prognose 14 49
- Forschungsaufträge 14 46 f.
- Fremdbestimmtheit von Planungsmöglichkeiten 14 45
- sozialstaatliche Aufgaben 14 46 f.
- unternehmerisches Risiko 14 46

Wartefrist 8 17 ff.
Weisungsrecht/ Direktionsrecht 8 100, 112, 181, 188; 9 21; 12 5, 8, 30, 33, 43
Weiterbeschäftigungsanspruch 15 96 ff.
- § 826 BGB 15 98
- bloße Möglichkeit der Weiterbeschäftigung 15 96
- culpa in contrahendo 15 98
- Rechtsmissbrauch 15 97
- Tarifklausel 15 100
- Treu und Glauben 15 98
- Vorvertrag 15 99

Weiterbildung 4 18
Widerspruch 15 80 ff.
- Zugang 17 37
- frühester Zeitpunkt 15 82
- kalendermäßige Befristung 15 81
- unverzüglich 15 83

Wirkung
- materiell rechtlich 17 26

Wochenarbeitszeit 2 11, 22 9

Zeitliche Befristung
- Hinweispflicht 15 8
- Mitteilungspflicht 15 7
- Widerspruch 15 81 ff.
- Zeitablauf 157

Zeitpunkt
- Befristungsende 1615

Zeitungszusteller 2 27
Zielsetzung des TzBfG 22 4
- arbeitsmarktpolitische Motivation 1 7
- Diskriminierungsschutz 1 3
- flexible Arbeitsorganisation 1 2
- Förderung von Teilzeitarbeit 1 6 ff.
- gleichstellungspolitische Motivation 1 9
- Schutz der Arbeitnehmer 22 4
- Zulässigkeit befristeter Arbeitsverhältnisse 1 11

Zulässigkeit der Befristung
- AGB-Kontrolle 14 34
- Anschlussbeschäftigung s. dort
- Aufhebungsvertrag 14 30, 38
- auflösende Bedingung 14 31
- Befristungspraxis 14 23
- Beschäftigung zur Vertretung s. dort
- Beurteilungszeitpunkt 14 15 ff.
- Beweislast 14 114
- beweislastrechtliche Folgen 14 12
- Dauer 14 17, 53
- Eigenart der Arbeitsleistung s. dort
- einseitig zwingendes Gesetzesrecht 14 39 ff.
- einzelne Vertragsbedingungen 14 32 ff.
- Erprobung s. dort
- Feststellungsklage 14 35
- Gerichtlicher Vergleich s.dort
- gestuftes Regel-Ausnahme-Verhältnis 14 3, 8 ff.
- Haushaltsrechtlich begründete Befristung s. dort
- nachträgliche Befristung 14 37
- Personenbezogene Befristungsgründe s. dort
- persönliche Sachgrundbedürftigkeit 14 25 ff.
- Prognoseentscheidung 14 15, 48 f., 62 ff.
- Sachgrund 14 13 ff.
- sachgrundlose Befristung s. dort
- sachliche Sachgrundbedürftigkeit 14 29 ff.
- Schriftform 14 6, 153 ff.
- Selbstbindung des Arbeitgebers 14 21 ff.
- Sonstige Befristungsgründe s. dort
- Unabhängigkeit vom Kündigungsschutzrecht 14 28
- vorübergehender betrieblicher Bedarf s. dort
- Wiedereinstellungsanspruch 14 16
- Zitiergebot 14 19

Zustimmung 8 136 f.
Zuwendung
- Definition 22 19

Zwangsvollstreckung 8 150

Stichwortverzeichnis

Zweckbefristung 3 12, 22, 17 30, 22 5
- Aushilfe 3 19
- Darlegungsund Beweislast 3 15
- Erkennbarkeit des Befristungsgrundes 3 15
- Inkongruenz von Zweckerreichung und Unterrichtung 15 43 ff.
- künftiges Ereignis oder bestimmte Umstände 3 12
- Mitteilungspflicht 15 84 ff.
- Probearbeitszeit 3 18
- Unterrichtungspflicht 15 28 ff.
- Zweckerreichung 15 15 ff.
- Zweckfortfall 15 22 ff.
- Zweiwochenfrist 15 36

Zweckerreichung
- Ausgangspunkt 15 17
- Beurteilungsspielraum des Arbeitgebers 15 17, 35
- Darlegungsund Beweislast 15 21
- Eindeutigkeit der Vertragsklausel 15 17
- tatsächlich 17 31
- teleologische Reduktion 15 19 f.
- Unmöglichkeit 16 17
- verzögerte 17 34

Zweckfortfall 15 22 ff.
- Anwendbarkeit des § 15 Abs. 2 TzBfG 15 23, 25
- ergänzende Vertragsauslegung 15 24 f.
- vorübergehender Vertretungsbedarf 15 26